铸 建 组 织 运 营 发 展 的 锦 绣 前 程

这是一份上级送给下级，下级赠予上级的珍贵礼物。

卓越领导与管理的体系纲要

上

张 明——著

中国华侨出版社

·北京·

图书在版编目（CIP）数据

卓越领导与管理的体系纲要 / 张明著 . -- 北京：
中国华侨出版社 , 2021.4
　　ISBN 978-7-5113-8022-7

　　Ⅰ . ①卓… Ⅱ . ①张… Ⅲ . ①企业管理－组织管理
学－通俗读物 Ⅳ . ① F272.9-49

中国版本图书馆 CIP 数据核字 (2021) 第 031538 号

卓越领导与管理的体系纲要

著　　者：张　明
责任编辑：姜薇薇
封面设计：张　悦
经　　销：新华书店
开　　本：880 毫米 ×1230 毫米　　1/16　　印张：51　　字数：1298 千字
印　　刷：河南省环发印务有限公司
版　　次：2021 年 4 月第 1 版　　2021 年 4 月第 1 次印刷
书　　号：ISBN 978-7-5113-8022-7
定　　价：158.00 元

中国华侨出版社　北京市朝阳区西坝河东里 77 号楼底商 5 号　邮编：100028
法律顾问：陈鹰律师事务所
编 辑 部：（010）64443056　　　传　　真：（010）64439708
发 行 部：0371-69529270
网　　址：www.oveaschin.com　　E - m a i l：oveaschin@sina.com

如果发现印装质量问题，影响阅读，请与印刷厂联系调换。

精彩论述集锦

★ 在一切都是那么井然有序或合情合理，而没有任何明显错误，甚至时常使人扬扬自得的背景下，组织的运营却一步一步地滑入万劫不复的深渊，日趋成为俯拾皆是却又令人们深感疑惑的奇异景观。（总论）

★ "国无常强，无常弱。奉法者强则国强，奉法者弱则国弱。"——国家没有永久的强盛，也没有永久的衰弱。制定与执行国家法律的人精明强干，国家就一定强大；制定与执行国家法律的人平庸软弱，国家就一定衰弱。（第一章第一节）

★ 在真正出色的战略和真正强有力的领导者之间有着显著的联系。（第一章第二节）

★ "自古不谋万世者，不足谋一时；不谋全局者，不足谋一域。"——自古以来，缺乏长远发展的思维意识，短期思考的质量必将受到显著的限制；没有全局运行的通盘考虑，局部思维的水平必然遭受严重的削弱。（第一章第三节）

★ 组织运营发展的全局责任，不仅是领导人胸前最为闪亮耀眼的职业胸牌，而且也是一切卓越的职业智慧、才能与价值，睿智成熟的辨识、创造或展示的普遍的关键途径和强大动力。（第一章第三节）

★ 任何高质量的专业运行策略，无一不是通过对人的强大能动性创造智慧与力量的远见卓识的辨识、激发和运用，而得以睿智积极地展示的。（第一章第四节）

★ 今天，高度发展的科学的哲学成就，已经成为人们超越一切自然、社会和自身思维，所有复杂艰难挑战时极其重要而强大的支持与推动力量。（第一章第五节）

★ 领导人经过深思熟虑所做出的重要决策，通常并非仅仅对于进入头脑中的各类信息，予以常规的分析与推断的逻辑思考，而是必将运用经过长期积累和精心提炼，所形成的成熟稳定的思想体系中的重要思维意识，对其给予精细缜密的筛选、修补与加工，才能形成最终的判断和决心。因此，头脑中的思想意识，无不成为领导人的整体职业素养与价值的普遍关键的决定性因素。（第一章第五节）

★ 在实践中，领导人一旦缺乏头脑中组织运营全貌的完整准确图画睿智积极的支持和指示，他所做出的战略规划、布局或指挥，都极易把组织推向极其被动的运营境地。（第二章第一节）

★ 面对错综复杂、扑朔迷离的内外环境，如何睿智成熟地避免落入各类繁杂次要事务的陷阱，并以此卓有成效地肩负起自身全局的核心职责，正日趋成为广泛组织领导人普遍面临的职业挑战。（第二章第二节）

★ 任何高速成长中的组织，无不时常在包含着一定的痛苦，却又是极为坚定的舍弃中，创造或把握着更为积极的发展机遇。（第二章第二节）

★ 任何事物的运行，无不具有自身固有而强大的惯性力。组织的当前运营状况，不仅是内外因素及其关系最为真实的反映，而且也是联结历史背景与未来前景极其关键的节点。无视运营的历史背景与惯性力量，而试图引领或创造组织光明灿烂的发展前景，无疑将蒙受被未来事实无情嘲弄的极大风险。（第二章第三节）

★ 如果自身整体运营能力的提升或发展，不足以应对持续的环境变化，那么即使曾经拥有最为崇高的理想、强大的力量或辉煌的成就，组织衰退或没落的必然结局，必将任何力量都难以有效阻挡。（第二章第三节）

★ 面对浩瀚无边且与自身职业有着千丝万缕影响关系的知识和信息的海洋，如何高质量地编织捕捞职业智慧与才能的重要资源力量的认知渔网，正日趋成为广泛领域各类职业人士，普遍的关键任务和艰巨挑战。（第二章第四节）

★ "能自得师者王，谓人莫已若者亡。好问则裕，自用则小。"——能够自己寻得老师的人就会成就王业，总是以为别人不如自己必将遭受毁灭。爱好询问，才能就会充裕；只凭自己，力量必然弱小。（第二章第五节）

★ 愈是睿智成熟的领导管理者，愈能深入辨识高质量职业进程或成就，卓有成效创造的复杂与艰难，因而愈是能够以极其谦逊和诚恳的姿态，努力争取外部一切积极智慧力量的坚强支持。（第二章第五节）

★ 领导人的自我意识，不仅是自身整体思想结构与行为方式，最为根本的决定性因素，而且还无不对部属乃至整体组织的思维或行为力量，具有极其关键而强烈的决定性影响。因此，构建积极成熟的自我意识，普遍成为领导职业素养或成就的高质量发展，极其重要的关键途径和核心的任务。（第三章第一节）

★ 遇事总是难以抑制高人一筹的意念，并试图在任何背景下都予以充分的展现，无不恰恰成为浅薄领导素养的显著表露。（第三章第一节）

★ 优秀的职业人士，无不把对组织或团队的责任和义务，置于一切工作思维与行为的优先位置，甚至为了组织更高质量的全局进程或成就，而不惜做出个人或局部利益的最大牺牲，并以此充分昭示他们组织运行发展中流砥柱的坚强力量。（第三章第二节）

★ "勿谓无知，居高听卑；勿谓何害，积小成大。乐不可极，极乐成哀；欲不可纵，纵欲成灾。"——不要说不知道，处在高位要了解民情；不要说没有祸害，积累小毛病可以成为大祸害。快乐不可达到极点，

乐极生悲；情欲不可放纵，纵欲成灾。（第三章第三节）

★　领导人如果不能有效地掌控，自身个人利益或享乐的价值倾向，并依据以身作则积极奉献和进取强大的行为力量，卓有成效地引领或推动整体团队，高质量价值体系的有效构建与持续发展，那么，他的任何崇高的职业愿望都必将难见天日。（第三章第三节）

★　道德意识的积极形成与充分实践，不仅是人们对一定本性特征事物必然存在的积极的运行变化方式进行足够深入而准确辨识的坚强支撑，而且也是人们推进事物积极的运行发展、高质量思维与行为卓越创造极其强大的推动力量。因此，它普遍成为人们的整体智慧与才能最为核心的体现，以及高质量思想体系最为核心的构成。（第三章第四节）

★　信念是人们对头脑中各种积极的思维意识睿智成熟地提炼，所铸建形成的最具强大力量和宝贵价值的思想理念，从而成为整体思想体系的质量和职业智慧的高度，普遍关键的决定性因素。（第三章第五节）

★　领导人总是通过信念意识的积极引导，为组织各种复杂多变环境中，指示正确的航向与路线；通过信念愿景的有效激励，为组织激发和凝聚超越一切艰难险阻，整体坚强的行进力量。广泛的实践充分显示，如果缺乏崇高坚定信念的积极引导与激励，领导人必将无以展示真正卓越的职业才华。（第三章第五节）

★　人的心智远比体力的耗费更为艰辛，而它的恢复又需要更多的时间和艰难的过程。事实上，心智潜能的极度消耗或透支，无不是项极为痛苦的煎熬，它甚至能够摧垮曾经意志极其坚强人的精神，身体极为强健人的健康。（第四章第一节）

★　在组织的全局日益受到人的智力性因素，难以完全清晰辨识或直接掌控的复杂背景中，领导人积极迎接挑战的坚强意志或信心等非智力性因素，无不展现着更为关键的决定性价值，并日趋成为卓越领导人极其重要的素养构成。（第四章第一节）

★　只有通过艰难的挑战，才能卓有成效地创造或激发生命的旺盛活力，这是自然界中的普遍法制。同样，高超的职业素养或领导才能，无一不需艰辛的实践磨炼就能积极铸就。因此，广泛的实践中，鲜有领导人未曾历经艰难职业挑战或严重挫折，而能够真正步入卓越的行列。（第四章第二节）

★　领导人通常具有较强的洞察辨识事物的能力。然而，如果因此在诸多因素、关系与变化，纵横交错扑朔迷离的复杂环境中，总是臆断自己一定比任何身临其境的他人，掌握着更为深入准确的客观实际，无疑是自欺欺人的妄自尊大。（第四章第二节）

★　即使最为精明强干、最具远见卓识的睿智贤能之士，也难以对职业进程中的各种艰难挑战或严峻风险，及其积极有效的应对方式，完全具有先见之明而了如指掌或成竹在胸。（第四章第三节）

★ 领导或导师最为重要的职责与价值之一，就是努力引导和推动人们，通过职业内外各种积极因素与力量，更为深入的准确地分析、思考与辨识，从而有效铸建与持续提升超越一切自卑与恐惧的坚定信心。（第四章第三节）

★ 人性中的相互性无不显著可触——你对我冷若冰霜，我必定对你视而不见；你对我无微不至地关爱，我对你必然休戚与共地牵挂。因此，在各种协作与影响日趋广泛深入的环境中，高度的热忱正日益成为各类组织强整体大运营能力，不可丝毫轻视的重要资源因素。（第四章第四节）

★ 领导人的智慧力量，如果不能有力地支持其坚强意志的牢固铸建与充分展示，并以此卓有成效地推动超越一切艰难险阻的积极行动，那么，它的价值无疑将会受到极大的限制。（第四章第五节）

★ "为政之要，惟在得人。用非其才，必难致治。"——治理国家最重要的环节，就在于能否得到优秀的人才。如果所用之人缺乏足够的德才素养，政事必然难以得到高水平的治理。（第五章第一节）

★ 作为卓越领导的重要方式，以及优良职业进程或成就创造的关键途径，领导人必须能够把组织全局的战略思维有效地激发和转化为中坚队伍所有成员共同的强烈愿景和奋发努力的职业目标。（第五章第一节）

★ "世不绝圣，国不乏贤，能得其师者王，得其友者霸。"——世上不会没有圣人，国家不会缺少贤人，能得到他们做老师的，可以称王，得到他们做朋友的，可以称霸。（第五章第一节）

★ 领导人自身的职业素养，是组织中坚队伍的整体实力，普遍关键的决定性因素；中坚队伍的整体力量，普遍成为领导人的职业智慧与才能，极其显著而重要的展示。（第五章第二节）

★ 任何背景下，领导人都必须竭尽所能，最为坚强有力地肩负起卓有成效铸建优秀中坚人才脱颖而出的良好环境，艰巨而关键的责任。（第五章第三节）

★ 错误是任何职业探索，以及人的成长进程中极具宝贵价值的重要成果。事实上，任何有所建树的卓越人士，无一未曾经历过铭心刻骨的职业错误或曲折。（第五章第四节）

★ 真正对中坚人才的职业进程或成就，具有关键决定性价值的核心素养，通常隐含在他们头脑思维意识的最深处。它们绝不是通过一张学历证明，一纸职业简历，若干场景模拟，几次当面问答，或者其他想象而设计的方式，就能够予以充分而准确的识别。（第五章第五节）

★ 领导进程中所遭遇的各种复杂艰难挑战，普遍与中坚队伍整体力量的薄弱存在着密切的关联。（第五章第五节）

★　成熟积极的自我意识与学习能力，是任何组织的中坚成员，在复杂艰难的环境中，睿智坚强地带领一支团队奋发进取，勇攀职业高峰极其关键的核心职业素养。（第六章第一节）

★　进取精神或动力的缺失，通常表现为对待自身工作的敷衍塞责；对待上级工作指令的唯唯诺诺；对待相关联工作责任的竭力推诿；对待下级员工气势凌人的武断态度；对待工作进程中困难的虚夸渲染。（第六章第二节）

★　一个团队如果不能卓有成效地构建和推进，奉献团队的积极组织文化与价值观，那么，任何背景下，它的整体运营发展的能力，都必将受到极大的制约。（第六章第二节）

★　全局利益至高无上的成熟思维意识，能够睿智坚强地把人们推上，有效超越各种表面、局部或暂时因素限制更为积极的职业境地，从而远见卓识地辨识和把握，各类复杂事物的运行、作用与变化潜在的力量或价值，并以此展现出高超的职业智慧与才能。（第六章第三节）

★　任何背景下，中坚人员都必须能够睿智坚强地，把自身组织中坚或骨干力量的职业身份，牢固地置于头脑思维意识的核心位置，并以此把全局的利益与价值，作为一切职业思维和行为的指南。（第六章第四节）

★　组织的中坚人员，无论拥有怎样崇高远大的理想、满腹经纶的学识、眼花缭乱的经历，归根结底，如果缺乏足够高质量实践素养的坚强支撑，那么，他的整体职业智慧、才能或价值，无疑将会受到极其显著的限制。（第六章第五节）

★　毫无疑问，任何领导管理者的头脑中，无不充满着各式各样的意图、目标、方案、计划、流程等团队运行发展的思维构想。然而，任何奇妙绝伦的思维构想，如果缺乏员工的推进主体，及其强大能动性创造智慧与才能坚强有力的支撑，它们无一不将成为飘忽空中的泡沫。（第七章第一节）

★　纵观当今广泛社会各领域，轻视员工的教育培训，而能登上运营发展的高峰，或者能够长期居于行业的领先地位，而不被赶超的组织或团队已极难寻觅。（第七章第二节）

★　教育培训工作卓有成效地推进，领导人无不需要肩负起最为关键的责任，并以此指导制定并积极推动，广大员工职业素养教育和发展的战略规划。（第七章第二节）

★　强大团队能够轻易超越的风险挑战，会瞬间摧毁或扫荡脆弱个人或小团体，经年累月孜孜不息的艰辛成果。（第七章第三节）

★　如果员工对于组织的运营发展，全无任何的意见或诉求，这极有可能意味着，组织的兴衰荣辱对其

已经没有太大的关联。（第七章第三节）

★　专业岗位任何运行质量的检查、考核与评价，必须同时对它的直接上级岗位或机构，所需承担的指导和监督责任，进行相应的检查、考核与评价。（第七章第四节）

★　推进积极的思维行为的高度统一，任何背景下，领导管理者都必须能够成熟牢固地确立，整体运营发展强大力量坚强铸就的根本，并以此有效激发和提升各环节组成高质量的灵活性创造力。（第七章第五节）

★　分布各运行环节的中坚或骨干团队，是组织整体运营发展力量的关键决定性因素。在整体思维行为高度统一的进程中，他们无不既要坚强展示以身作则的榜样力量，又要卓有成效地肩负各环节统一的指导和监管的重要职责。（第七章第五节）

★　任何领导管理者一旦顽强超越各种艰难险阻，坚强攀登并稳健屹立于广受景仰的职业高峰，他们无不极其清晰地辨识和深切地感受，巍峨的高峰无不就是广大员工强大的能动性创造智慧与力量，满怀豪情的积极迸发和团结一心的高度汇聚。（第八章第一节）

★　组织运营发展进程中的各种意见或矛盾分歧，普遍源自信息充分沟通的显著障碍。（第八章第二节）

★　人的本性特征中，无不具有极其显著而强烈的相互支持和关爱的天性，这也是整体社会文明进步与持续发展，最为重要而坚强的推动力量。（第八章第二节）

★　高质量领导或管理卓有成效地创造，无不需要深入辨识并充分融入强烈的情感力量，而不是把自己部属或广大员工，视作毫无智慧情感的机器随意驱使。（第八章第三节）

★　任何背景下，领导管理者无不需要竭尽所能，努力依据自身高质量的职业素养，积极激励并铸就整体团队，敢于藐视一切艰难、迎接任何挑战的坚强信心和勇气，并以此卓有成效地创造不畏艰险、奋发进取，组织运营发展的积极氛围和强大动力。（第八章第三节）

★　人们耳闻目睹所有感人肺腑、催人奋进，极具强大感染力量的高尚职业精神与行为，无一不是受到强烈事业意愿的坚强激发和推动，而绝非那些浅薄庸碌之辈的可怜臆断，仅仅是为了追逐个人更多的物质利益或糜烂享受。（第八章第四节）

★　深入准确地辨识并以此卓有成效地激发、提升和展示，广大员工强大的能动性创造智慧与力量，无不成为各类组织攀登运营高峰的必由之路和坚强动力。（第八章第五节）

★ 人们能动性创造力的显著脆弱，通常并非源自他们的辨识思维或专业技能，存在着难以逾越的挑战，而是普遍缺乏积极而强大的精神、情感或行为动力，坚强有力的支撑。（第八章第五节）

★ 任何背景下，如果个人的智慧力量难以有效地承担或推进，某项长期艰巨挑战的重要工作，持续高质量的运行与发展，那么，更具强大创造力团队的积极构建，无疑将成为一种极其关键而睿智的选择。（第九章第一节）

★ 领导人一旦缺乏准确识别与有效运用，各类资源因素及其相互作用与持续变化，潜在积极力量或价值的睿智思维能力，以及超越自身职业及其组织运营发展，各种艰难责任或表面与暂时利益诱惑的挑战，成熟思想意识坚强有力的支撑，创建并推进组织高质量的全局战略，必将成为他们难以逾越的职业鸿沟。（第九章第二节）

★ 任何高质量的组织结构，无不能够通过对广阔的外部环境中，各种重要资源因素或力量远见卓识地辨识，及其自身资源能力卓有成效转化的积极探索和推进，从而睿智坚强地铸就并展示自身整体运营发展，与时俱进的强大智慧与力量。（第九章第三节）

★ 是否有利于组织基本信念或共同愿景实现的根本，无不成为任何制度设置的必要性及其质量与价值，准确判断的基本依据和原则。（第九章第四节）

★ 遭受严重挫折或失败的组织，很少源自严密制度的缺失。相反，缺乏足够高质量文化体系的坚强支撑，没有任何组织能够登上运营发展的高峰。（第九章第四节）

★ 变革，从更为深刻的哲学思维立场予以审视，就是把组织资源能力的持续积累，以及运营思维意识或意愿不断提高量的变化，卓有成效地转化为战略构成或运营机制上的积极升华，从而实现整体运营发展力量质的飞跃，并因此成为组织成长壮大不可或缺的重要途径。（第九章第五节）

★ 领导人如果缺乏坚不可摧的成熟职业信念，以及奋发进取积极意识的坚强支撑与推动，在各种变革风险和阻力的困扰中，他无不极易发现维持组织现有运营格局更多的充足依据。（第九章第五节）

★ 复杂多变的环境中，任何高质量的专业运行策略，无一不是从多种方式的假设与推断，细致缜密的思考中脱颖而出。（第十章第一节）

★ 管理者所能支配的资源力量，与所需承担的管理责任或任务，时常会存在一段显著的差距。这种差距，正是管理者需要运用高质量的专业策略，卓有成效地构造牢固通畅的连接桥梁，并以此淋漓展示自身卓越智慧与才能的重要职业舞台。（第十章第一节）

★ 任何专业环节进程预测或计划设置的蓝图，无不需要通过一系列专业、局部或阶段性节点的成果，积极地布置和连接才能予以有效地绘制。（第十章第二节）

★ 计划的功效既可能显示出积极的正面力量，即能够有效限制各种不利因素的干扰；也可能产生显著消极的负面影响，即因为坚持既定的计划，却丧失了极为有利的发展机遇，或者因拒绝改变而陷入极其被动或艰难的运行境地。（第十章第二节）

★ 产品或服务，不仅是整体组织运营或专业环节运行的价值，高质量展示和发展的根本，而且也是密切联结内外资源力量普遍关键的决定性因素。（第十章第三节）

★ 是否具备完整资源体系构成睿智成熟的思维意识，无不成为组织的全局战略路线及其专业环节的运行策略，各种分歧和争执普遍而重要的根源。（第十章第三节）

★ 肩负专业工作运行最为重要责任的人员或机构，必须拥有运行规范的设置或选择的主要权力，才能卓有成效地承担其推进和使用的相应责任。（第十章第四节）

★ 人类的两大天性，已经在漫长的历史进程中，并仍将在永无止境的未来，进行着顽强而激烈的抗争，从而展示着自身思维或行为的显著特征：一方面，具有明显偏爱或倾向所熟知事物的习性，并时常在思想意识的深处视其为理所当然；另一方面，有着强烈的探索事物的未知领域，以及更高质量运行发展方式的积极意愿，并以此展现着自身文明进步最为根本而强大的动力。（第十章第五节）

★ 任何管理的创新，如果不能为组织高质量的全局进程或成就，提供坚强有力的支持，那么，它的质量与价值无疑将会受到极大的限制，并极易产生显著的负面影响。（第十章第五节）

★ 缺乏对长远使命的准确辨识和把握，组织无不极易成为一台丧失灵魂、鼠目寸光，随时因盲目飞舞而支散架落的机器；一艘迷失航向、丧失动力，时刻因随波逐流被惊涛骇浪吞噬的航船。（第十一章第一节）

★ 使命设置最为重要的价值之一，就是能够卓有成效地推动人们或组织，把自身职业或运营的思维与行为，睿智坚强地置于更为积极而长远的发展目标，并以此有效避免落入短期或表面利益的陷阱。（第十一章第一节）

★ 一个不能卓有成效地学习和借鉴，外部科学积极的领导与管理方法，及其先进文化意识故步自封的组织，必将难以步入真正优秀的行列。（第十一章第二节）

★ 究竟局限于少数的精英，还是睿智积极地依靠，全体成员整体强大的能动性创造智慧和力量，在日

趋复杂多变的背景下，正日益成为组织的环境适应能力，及其运营发展前程命运的显著分水岭。（第十一章第二节）

★ 长期而广泛的运行进程中，人们思维与行为规范准则的扭曲或丧失，普遍成为社会严重动荡的重要根源。而动荡的社会环境中，没有任何群体或组织的长远根本利益，能够得到切实的坚强保障。（第十一章第三节）

★ 远见卓识地推进组织或产品品牌，持续高质量地营建和发展，无不需要睿智成熟的辨识，它的成长长期性与损毁瞬间性的显著特征，从而以百倍的谨慎，确保其远离毁灭性灾难的侵蚀。（第十一章第三节）

★ 所有成熟、正直和善良的人们，无不拥有强烈的整体社会繁荣和睦的美好意愿。然而，卓越的政治思维与崇高的社会理想间，时常横亘着一条鸿沟，唯有充分依靠并积极展示整体社会各类群体，相互间密切支持与协作的强大创造力量，才能予以睿智坚强地超越。（第十一章第四节）

★ 当某些评论人士源于浅显的局部思维，或机械地引述历史与外部的案例大放厥词，责难政府对事关社会全局事务的过度干预，却反而充分暴露了，自身对政府最为核心的社会全局责任的浅陋认知。（第十一章第四节）

★ 如果缺乏最为强大的致力于社会全局高质量进程，积极的政治与政府力量坚强有力的推动和保障，那么，那些强大的社会因素或势力，无不极易把整体社会的运行，推向最利于攫取自身局部利益的方向或路线，并因此把社会的全局推入极度混乱的境地。（第十一章第五节）

★ 任何组织或团队，陷入极其艰难或被动的全局运营境地，无不与其巩固基础的显著缺失，存在着极为密切的关联。（第十二章第一节）

★ 实践中，缺乏积极坚强的合作同盟，睿智成熟思维意识的有力支撑，在日益复杂多变的环境中，任何组织独舞在运营舞台上的时间正变得日趋短暂。（第十二章第二节）

★ 目标对象的价值意愿，与组织的专业运行资源能力，通常横亘着一道显著的鸿沟。产品专业方案的设计，就是努力设置连接它们的稳固桥梁。广泛的实践中，产品的服务性能与品质，普遍成为连接桥梁整体力量的集中体现，并以此从根本上决定着，组织产品和运营发展的整体价值。（第十二章第三节）

★ 职业进程中，人们遭遇的最为复杂而艰难的挑战，时常并非物质资源因素的辨识或应对专业性技术的缺失，而是相互间协作存在的无端猜疑，及其对应尽相互责任的推诿或逃避。（第十二章第四节）

★ 缺乏远见卓识的管理技术，睿智坚强的支持和推动，而试图实现某项专业性技术，独自卓有成效的

提升或展示，无疑将成为一项难以逾越的艰难挑战。（第十二章第四节）

★ 通过长期的艰难探索和实践，人们已经日趋普遍而成熟地意识到，唯有人们、组织或群体之间的积极平等与密切互助，才能充分展示他们本性中潜在的强大创造智慧和力量，并以此睿智坚强地铸建或提升，共同高质量生存与发展积极的整体环境，从而使其成为社会科学文明的运行和进步，普遍的重要标志、强大动力与必然趋势。（第十二章第五节）

前 言

PREFACE

各类组织持续高质量的运营发展，不仅是社会文明进步和繁荣昌盛的最根本与强大的推动力，也是影响人们的职业成就和人生价值的最关键与显著的因素，长期以来，一直受到社会各界贤能睿智之士的高度关注，并通过正反两方面的广泛实践成果，深入成熟地洞察和辨识，身居最高位领导人的职业素养的关键决定性价值，以及中坚骨干队伍的整体力具有重要深远影响的普遍客观事实。

然而，随着社会各领域日新月异的发展，以及相互间联系或影响的日趋广泛深入，组织持续高质量运营发展的睿智坚强的创造，正日益面临前所未有的复杂而艰难的挑战。以至于即使是那些最具思维智慧、顽强意志和行为动力的领导管理者，面对错综复杂、风云变幻的内外局势，以及组织全局运营或重要环节运行与发展的重任，也时感心力交瘁而难堪重负，甚至把组织运营或自身职业的进程与成就，归于非人力所能的天命之使然。

尽管如此，通过长期广泛积极的探索和实践，人们已经普遍而成熟地意识到，任何复杂事物的运行发展，无不受到纵横交错的内外因素及其关系与变化显著而重要的影响。对它的远见卓识的辨识和推进，无不需要涵盖各项重要因素、关系与变化，以及强大思维和行为体系睿智坚强的支撑。事实上，辨识或把握高质量领导与管理思维行为体系时的显著缺陷，在日趋复杂多变的内外环境中，正日益成为侵蚀或限制组织的卓越运营进程与成就的普遍关键因素。

本书以广泛领域中组织或团队持续高质量的运营发展普遍涉及的各项运行环节和阶段，以及各种重要内外因素的组成与关系为背景，提炼并创立了组织运营发展的全局核心概念，及其卓有成效地辨识、把握或推进战略领导睿智成熟思维和行为的原则与方法。

依据组织全局的根本立场和原则，辩证对立统一、事物内外因素的关系，人的能动性创造力与价值，以及主要矛盾和矛盾的主要方面等一系列哲学思维的原理，并根据长期广泛的研究与实践的积极成果，我们创建了组织全局的领导和局部或专业环节的管理及其相互间密切的联结与支持，以及睿智强大的运营发展思维与行为体系的灵魂。

在此基础上，本书全面、深入、系统地探索和分析了，任何胸怀崇高理想、志在有所作为的领导管理者，要想睿智坚强地铸建组织的光明灿烂的锦绣前程，无不需要集中心智、有远见卓识地辨识和把握组织运营发展的全局，以及由此形成的各项重要资源因素或局部环节，高质量构建、运行与协作的卓有成效的推进，一系列积极成熟的思维行为的原则和方法，及其相互间密切融合与对完整体系坚强有力的支持。

道不远人。事实上，这些积极的思维行为原则或方法，正日益受到睿智贤能之士或资深职业人士普遍的青睐和高度重视，并以此成为他们卓越的职业智慧与才能、根本而重要的铸建和展示途径，以及高质量实践进程或成就和卓有成效创造的坚强基石与强大动力。

不仅如此，这些原则和方法所涉及的资源对象或工作环节，普遍具有显著而重要的独立性特征与价值，及其密切联系和影响的辩证统一关系，并以此共同构成了组织持续高质量运营发展，卓越领导与管理完整系统的实践和理论的体系。换而言之，任何组织的繁荣强盛或衰颓没落，专业理论的积极价值或负面影响，都能够据此睿智成熟地识别其对应的深刻背景。

必须依赖一个远见卓识、胸怀理想、坚韧不拔的坚强领导核心，以全面准确地辨识和把握组织运营发展的全局；必须睿智坚强地铸建与发展，适应自身运营全局特征强大的中坚骨干队伍，以坚强有力地支持和推动各项重要环节工作，持续高质量地运行与协作；必须睿智积极地构建和激发全体员工强大的能动性的创造智慧与力量，以卓有成效地提升和展示整体内外资源因素及其关系与变化高质量的全局价值；必须准确识别并牢固把握全局领导与局部或专业管理的核心任务，睿智坚强地肩负起组织领导和管理的艰巨职责；必须能够全面准确地辨识和应对外部环境各项重要的因素及其变化，远见卓识地推进内外资源因素的密切联结或融合（图0-0-0-1）。

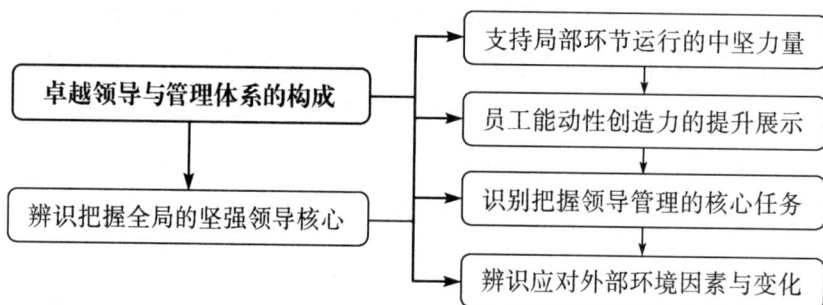

图 0-0-0-1　卓越领导与管理体系的构成

为坚强有力地支持和帮助广大读者全面深入地理解并创造性地运用，本书创建了组织领导与管理完整思维和行为的体系，不仅对涉及的全局、战略、领导、文化、科学等一系列的重要概念作了更为贴近实践思维的积极定义或描述，而且在每章、节、项的论述前置部分，都设置了相应内容全局或整体背景下，卓有成效推进的逻辑关系图表，并以此形成了整体体系浑然一体的纲要集成，以及任何全局背景下组织持续高质量的运营发展，及其卓越的领导与管理实践、睿智坚强创造的指示或参照的完形地图。

自始至终，作者所坚持的宗旨，是努力为面对各种复杂、艰难挑战的领导人，能够远见卓识地辨识和把握组织运营发展的全局，提供坚强有力的支持；为承担各类重要环节管理任务的组织中坚力量，能够卓有成效地创造专业环节的运行与协作和更高质量的全局价值提供成熟积极的帮助；为倾心组织卓越的全局进程与成就或有志攀登更为重要组织岗位的职业人士，能够有效提升整体的职业智慧与才能，提供积极可循的借鉴；为组织运营发展专业的研究人员能够睿智成熟地辨识或选择并积极地探索方向和道路，提供富有价值的参考（图0-0-0-2）。

```
┌─────────────────────────────┐      ┌──────────────────────────────┐
│  本书创作的宗旨和努力方向      │────→│  为组织中坚职责的承担提供帮助    │
└─────────────────────────────┘      └──────────────────────────────┘
              │                       ┌──────────────────────────────┐
              │                  ────→│  为攀登重要岗位的人士提供借鉴    │
              ↓                       └──────────────────────────────┘
┌─────────────────────────────┐      ┌──────────────────────────────┐
│  为领导人辨识把握全局提供支持   │ ───→│  为研究人员积极的探索提供参考    │
└─────────────────────────────┘      └──────────────────────────────┘
```

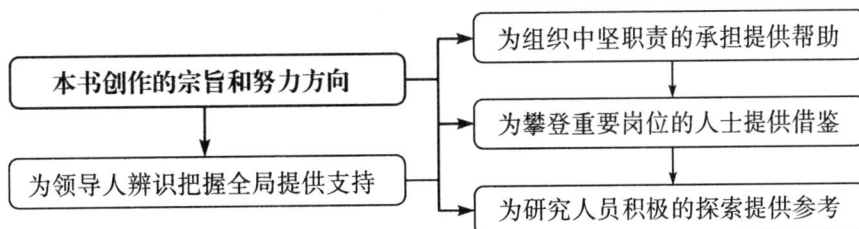

图 0-0-0-2　**本书创作的宗旨和努力方向**

千百年来，先哲们对社会、人性与事物的根本特征以及它们的密切联系和变化发展极其深邃的探索与揭示，所展示的卓越思维智慧和经典思想，历经无数风雨涤荡所铸就的民族精魂，无不成为我们致力组织繁荣发展的积极实践的重要而强大的力量源泉。

几百年来，伴随着辉煌灿烂的物质成就，发达地区睿智贤能的研究与实践者向世人充分地展现了高超而精湛的组织领导和管理的思想和技能。以谦逊的态度审视与借鉴其深厚而积极的思维或行为的原则和方法，对我们自身的卓越实践或研究，无疑具有极其重要与深远的宝贵价值。

三十多年来，作者倾尽心力于组织运营发展的积极实践，并在坚持不懈的学习探索中，卓有成效地创造了必需的若干重要背景，及其密切联结和作用系统的原则与方法，推动社会文明进步和繁荣发展的美好意愿与坚定信念，以及为广泛领域中组织持续高质量的运营发展的艰难跋涉的实践者提供坚强有力支持的强烈愿望，一直成为我们超越各种艰辛挑战，完成本书所有工作的根本而强大的动力（图 0-0-0-3）。

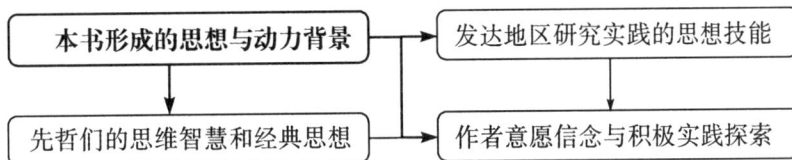

```
┌─────────────────────────────┐      ┌──────────────────────────────┐
│  本书形成的思想与动力背景      │────→│  发达地区研究实践的思想技能     │
└─────────────────────────────┘      └──────────────────────────────┘
              │                                    │
              ↓                                    ↓
┌─────────────────────────────┐      ┌──────────────────────────────┐
│  先哲们的思维智慧和经典思想    │ ───→│  作者意愿信念与积极实践探索     │
└─────────────────────────────┘      └──────────────────────────────┘
```

图 0-0-0-3　**本书形成的思想与动力背景**

- 目 录 -
CONTENTS

第一部分　　总　论

第二部分　　领导管理者的素养及其发展

第五部分　　领导与管理的核心任务

第六部分　　外部环境的准确辨识与应对

第一部分

※

总　论

组织运营强大的思维力量

王昌龄的《出塞》篇脍炙人口，被誉为唐人七绝的压卷之作："秦时明月汉时关，万里长征人未还。但使龙城飞将在，不教胡马度阴山。"——秦汉时期的明月依然照耀着今日的边关，去塞外征战的将士纵横万里还未归还。如果攻袭龙城的大将军卫青和飞将军李广仍然健在，那绝对不会让敌人的兵马越过阴山。

的确，通过长期的积极实践与思考，人们已经广泛而深刻地意识到，身居重要岗位人士的职业素养，以及由此推进展示的思维与行为方式，无不对组织或团队整体运营发展的能力、进程或成就，具有普遍关键的决定性价值。

然而，对于一个组织或团队的兴衰荣辱，具有决定性影响的重要岗位人士，究竟应该拥有怎样高质量的素养构成，以及如何在日趋复杂多变的内外环境中，睿智坚强地展示自身卓越的职业智慧与才能，并以此来卓有成效地铸建组织或团队，运营发展光明灿烂的锦绣前程？迄今为止，仍然处于人们探索与实践的幼儿时期。

本书把研究探索的重点置于一个整体组织或团队持续高质量运营发展进行睿智坚强地创造或推进所需依据的若干重要而强大的智慧与力量，以及它们卓有成效地铸建或展示，相应背景、原则和方法所形成的完整体系及其纲要。显然，体系纲要中的原则与方法，无不成为各类团队中的重要岗位人士，高质量的职业素养及其思维与行为的方式，睿智成熟地构建、发展或展示的关键途径和强大动力。

天下大事必作于细。为此，我们首先分析了组织运营发展的广泛探索与实践中普遍面临的若干重要而艰难的挑战，并以此提出了它们高质量的进程或成就，远见卓识地创造必须遵循的关键思维立场与原则。并在此基础上，通过强大哲学思维最为根本的对立统一法则，以及广泛领域中组织持续高质量运营发展最为核心的全局和对应的局部背景的探讨，构建了全局的领导与局部或专业的管理、对立统一关系基础上密切的联结和支持、各类组织或团队卓越的进程与成就、卓有成效创造或展示的关键原则和坚强力量（图1-0-0-1）。

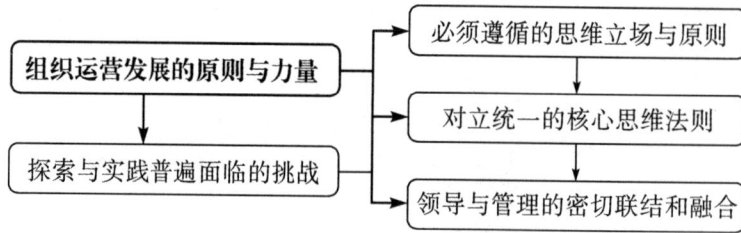

图 1-0-0-1　组织运营发展的原则与力量

一、探索与实践普遍面临的挑战

在日趋复杂多变的内外环境中，对运营发展全局及其价值睿智成熟的辨识和把握；局部或专业环节对运营全局积极有力的支持与推动；轻视或忽略组织根本因素的坚强的决定性力量；全局背景下各项重要环节工作的组成，以及对高质量运行原则或方法，远见卓识的辨识与推进；内外各类资源因素密切联结和融合的卓有成效的创造，正日益成为组织运营发展睿智积极的探索与实践所普遍面临的艰难挑战和制约因素（图 1-0-0-2）。

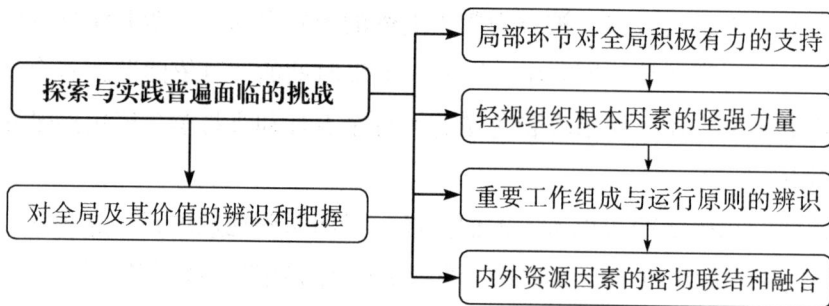

图 1-0-0-2　探索与实践普遍面临的挑战

（一）对全局及其价值的辨识和把握

任何趋于衰退中的组织，都必然有其积极的创造或成就；所有蒸蒸日上的团队，也必然存在诸多的艰辛与失落。事实上，任何组织或团队的运营发展，无一不是通过内在资源能力和卓有成效的构建、提升与展示，以睿智坚强去辨识和应对外部各种机遇或挑战的进程。

然而，对于自身各类资源能力的构建与提升，以及对外部各种机遇或挑战的辨识与应对，是否具有组织整体和长远运营发展最为积极的价值，却往往受到人们的显著轻视与忽略，并因此成为组织持续高质量运营进程或成就，远见卓识创造普遍而关键的侵蚀性因素。于是，在一切都是那么井然有序或合情合理，而没有任何明显错误，甚至时常使人扬扬自得的背景下，组织的运营却一步一步地滑入万劫不复的深渊，日趋成为人们俯拾皆是却又令人们深感疑惑的奇异景观。

事实上，任何组织或团队持续高质量的运营发展，无不具有压倒一切的关键和核心价值的全局。无视或背离运营发展的全局这一最具关键最为强大的核心辨识思维的智慧与立场，任何运营局部环节或阶段的资源组成，及其运行发展的能力与进程和有效构建与质量评价推进的价值，都必将受到极其显著的限制，并极易陷入捉襟见肘、极为被动的运营境地。

（二）局部环节对全局积极有力的支持

任何组织高质量的全局进程或成就，无不需要各类局部或专业环节的积极运行发展，及其密切联结与协作的坚强有力的支撑。事实上，随着人类科学技术及其社会各领域运行方式日新月异地快速发展，组织各局部环节的专业特征也随之日益显著。它们的运行水平及其相互间密切联结与协作的质量，无不对组织的全局产生日趋关键而深远的重要影响。

正因如此，长期以来，研究领域对组织各类局部或专业环节，高质量的运行与发展方式，进行了广泛而深入的探索，并创造了极其丰富、极具价值的理论成果。然而，实践中，如何依据睿智成熟的全局思维与行为的根本立场，以及局部环节特定的内外资源因素的构成及其关系与变化，卓有成效地为组织全局高质量的进程或成就提供坚强有力的支持，无不成为各类组织的局部或专业环节，积极有效的运行与发展所普遍面临的核心任务和艰难挑战。

（三）轻视组织根本因素的坚强力量

缺乏成熟牢固的全局意识，在广泛的实践中，最具负面影响或侵蚀力量之一的就是必将显著地限制人们对组织根本人的因素，及其强大的能动性创造力的关键决定性价值，以及远见卓识地洞察、提升或展示的智慧与才能。事实上，任何组织的构建、运营与发展和一切高尚或美好的意愿，如果缺乏人的因素根本，及人的强大能动性的创造智慧与力量对其坚强有力的支持和推动，就都将成为难以触及的海市蜃楼。

然而，面对具有高度智慧与情感和强大能动性创造力的显著特征，并对各类工作的运行或发展具有普遍关键决定性价值的人的因素，一些浅显的领导管理的研究与实践者，时常把它们等同于只能机械地接受指令运转，并随时可以更新替换的机器，从而淋漓尽致地显示着自身拙劣肤浅的领导管理的智慧与才能，显著限制着组织运营发展的全局进程和成就。

（四）重要工作组成与运行原则的辨识

在涉及广泛的内外资源因素及其纵横交错、扑朔迷离的相互作用与持续变化的复杂的环境中，组织运营发展全局的卓越进程和成就，睿智坚强地辨识与创造，无不需要各项重要环节工作的组成，及其高质量运行与协作的原则和方法，远见卓识地识别与推进坚强有力的支撑。

换而言之，在日趋复杂多变的内外环境中，事关全局的各项重要环节工作，及其卓有成效地运行与协作的原则和方法，辨识或推进的显著缺陷与脆弱，正日益成为组织高质量运营发展的全局所普遍关键的限制因素或侵蚀力量。

（五）内外资源因素的密切联结和融合

内外资源因素的密切联结和融合，不仅是广泛领域中组织的卓有成效的构建、运营与发展，及一切积极价值的创造和实现的最为根本而重要的途径，而且也是整体运营发展能力持续高质量的提升与展示的最为关键而强大的推动力量。事实上，通过长期的积极探索和实践，人们已经日趋广泛而深刻地意识到，内外资源因素的密切联结和融合，对组织卓越的全局进程或成就具有普遍关键的决定性价值。

然而，缺乏睿智成熟全局意识的坚强有力的支撑，浅显狭隘的文化价值思维意识显著地限制人们，而高瞻远瞩地洞察并把握外部环境与变化，成为组织运营发展全局不可或缺的重要组成，及积极价值和强劲动力的不竭之源。甚而至于把包括从最为密切合作伙伴的环境因素中乘人之危攫取的短暂利益、饮鸩止渴或涸泽而渔式的拙劣行为，愚蠢地视为自身非凡智慧或才能的重要印证，以致任何力量也难以挽回他们趋于彻底毁灭的最终命运。

二、必须遵循的思维立场与原则

辨识思维的立场与原则，是人们高质量地辨识和应对一切复杂事物的强大的智慧与力量，以及睿智坚强地创造或展示普遍关键的决定性因素。卓有成效地铸建组织运营发展的卓越进程和成就，在广泛的实践中，无不需要组织设置的根本目的及其运营的实质，各项先进科学成果强大力量的积极运用，全局思维立场成熟牢固的确立，睿智成熟的哲学思维原则的牢固遵循，以及完整系统的强大辨识思维体系的有效构建和远见卓识地洞察或推进的坚强有力的支撑（图1-0-0-3）。

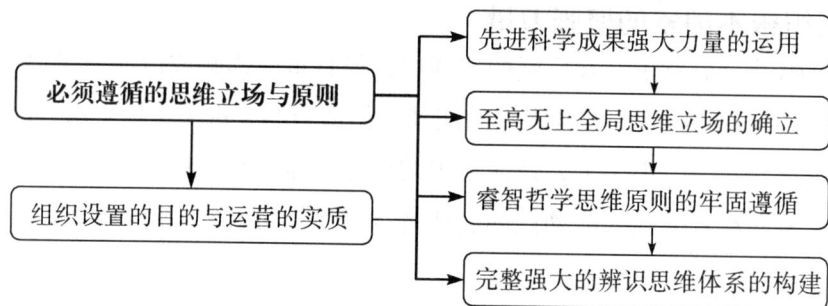

图1-0-0-3　必须遵循的思维立场与原则

（一）组织设置的目的与运营的实质

组织高质量的运营发展，通常受到广泛的内外因素、关系与变化的极其复杂而重要的影响。它的卓有成效创造，无不需要组织设置或构建的根本目的与宗旨，及其运营发展的实质和重心和深入准确地辨识与把握的坚强有力的支撑。

事实上，组织设置构建的根本目的与宗旨，无不成为广泛领域中组织，睿智坚强地辨识和推进，内外环境中各种积极的资源因素及其关系与变化；与时俱进地创建和提升，整体强大的运营与发展的能力；卓有成效地构造和推广，卓越的运营产品与服务；远见卓识地创造和实现，整体运营发展持续高质量的价值；积极有效地识别并应对外部环境及其变化的整体强大的智慧与力量，从而成熟准确地把握运营发展、内外资源因素的密切联结，及其相互积极作用或转化的实质和重心的关键保障与坚强动力。

（二）先进科学成果强大力量的运用

科学是依据特定辨识思维的立场，对广泛事物内在主要因素的构成、关系与变化，及其形成的本性特征，在一定外部因素的作用条件下形成的整体运行变化的必然性规律所给予的完整系统性的揭示和运用，并以此成为人们卓越的思维智慧与积极的行为力量，从而睿智坚强地创造和展示普遍的关键途径与强大动力。

任何组织卓有成效的构建及其持续高质量的运营发展，尽管存在着各类区域、行业与内外资源条件的显著差异，然而，它们无不涉及重要的自然科学与人文科学的积极成果。事实上，任何组织睿智成熟的构建、运营和发展，无不受到自然科学与人文科学及其密切联结的坚强推动。

（三）至高无上全局思维立场的确立

任何组织卓越的运营发展进程或成就，无不受到广泛的内外资源因素，及其相互作用与持续变化的显著而重要的影响。因此，身居最高位置并承担组织持续高质量运营发展的最为重要而艰巨职责的领导人，必须能够有远见卓识地铸建和确立并卓有成效地超越各种局部、短期或表面因素的显著限制的全局思维立场和意识。

事实上，任何领导人，如果缺乏足够睿智成熟的全局思维的立场、意识或智慧，那么在日新月异的社会运行发展的进程中，他所领导的团队将时刻面临着被惊涛骇浪无情吞噬的巨大运营风险。

（四）睿智哲学思维原则的牢固遵循

哲学时常被倾向追逐立竿见影的最大直接利益的浅显人士，嘲讽为空虚缥缈、毫无价值的虚言。然而，它的确是从人们对自然、社会与人的思维进行长期探索与实践的积极成就中，精心提炼的高度智慧的精华。事实上，人们所遭遇的所有复杂而艰难的挑战，如果缺乏成熟哲学思维的强大智慧力量的坚强支撑，必将显著地限制辨识与应对的整体能力。因此，爱因斯坦曾经断称："哲学是全部科学研究之母。"

海尔领导人张瑞敏，曾把一个濒于倒闭的百十人的小厂推向世界，跻身最为强大的企业行列，在总结成功经验时，就曾直言称运用了老子的哲学思想和西方的管理方法。

组织持续高质量的运营发展，无不涉及广泛的自然、社会与人的思维因素，普遍复杂而艰难的挑战。睿智成熟的哲学思维的原则和智慧，通常能够把领导人推上高屋建瓴的积极的职业高度，支持他在各种错综复杂的纷乱迷雾中，远见卓识地辨识并选择光明灿烂的前行方向和道路；帮助他睿智准确地识别和把握，各种复杂艰难的背景下，自身团队蕴含的潜在强大的积极力量，从而卓有成效地激发和创造组织整体无往不胜的坚强动力。

（五）完整强大的辨识思维体系的构建

任何积极的思维意识，如果以其孤立地辨识或应对，则具有诸多不同性质的因素、关系与变化，所形成的复杂事物运行及其相互间的联系或作用。显然，它们的价值和质量都必将受到极其显著的限制。

因此，对于涉及不同性质的内外资源因素、关系与变化，组织的持续高质量的运营发展，显而易见，无不需要完整强大的辨识思维体系和睿智坚强的构建与支持，才能得以卓有成效地创造。事实上，在日趋复杂多变的内外环境中，任何组织运营发展的严重挫折或失败，无一不是缺乏与时俱进、完整强大的辨识思维体系的坚强支撑，并因此导致某些重要环节的运行或相互间联结作用的显著缺陷产生。

三、对立统一的核心思维法则

不受外力或受到的外力相互平衡时，任何物体总是保持静止或均速直线运动的状态，这就是著名的牛顿第一定律。通过长期的探索和实践，人们已经日趋睿智而深刻地意识到，不同因素间的相互联系或作用是一切事物运行变化的根本动力。事实上，推动任何事物的积极运行变化，人们无不需要通过相应的作用因素，进行睿智有效的辨识和构造才能得以顺利实现。

因此，卓有成效地推进涉及广泛的自然、社会与人的思维因素，复杂组织持续高质量的运营发展，人们无不需要睿智成熟地辨识它们一切运行变化普遍存在的、不同因素相互联系或作用的根本力量，以及由此展示的对立统一规律的核心法则，并以此远见卓识构建组织运营发展进程中睿智积极的对立统一的核心思维法则（图 1-0-0-4）。

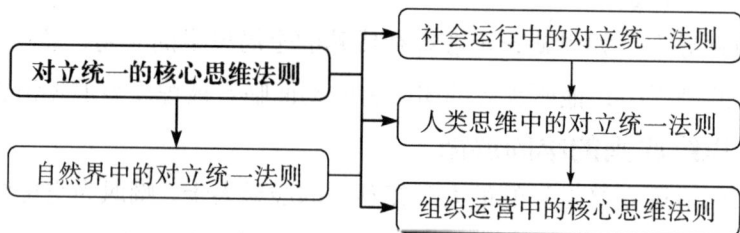

图 1-0-0-4　对立统一的核心思维法则

（一）自然界中的对立统一法则

众所周知，中国古代著名的四大发明，曾经对人类文明的进步做出了杰出的贡献。其中指南针能够有效地帮助人们在茫茫大海中准确地辨识前行的航向，这无疑对航海业的发展具有极为重要的价值。然而人们对磁性的认识，包括后来对电的了解，如果孤立地看待它们，那么其固有本性价值无疑受到了极大的限制。终有一天，人类揭示了磁与电相互作用关系的原理，仅仅一百多年的时间，自身的工作与生活方式就得到了翻天覆地的变化。

同样，当人们用孤立的目光审视物质的质量与能量的属性时，它也是平淡无奇的。然而，当爱因斯坦写出 $E=mc^2$ 的一刹那，世人无不为之震惊。更为奇妙的还有，我们在审视自身的渊源时，为什么最远古的单亲细胞繁殖会神奇地演化为双亲遗传后代，以至于每个人都拥有自己最为亲近的双亲？人类居住的星球除一个源源不断地供给能量的太阳之外，为什么还要有一个看似并无多大价值的月亮？

时至今日，高度的智慧力量，已经能够睿智坚强地引导和支持我们去卓有成效地辨识或应对各类复杂的事物。我们也必须努力寻找、构建或推动因其中两种核心的因素相互的联系与作用所构成的对立统一的矛盾关系，并以此为基础向外予以积极的延伸和扩展，以及远见卓识的思维和行为的重要原则与方法。

为此，我们无不极其惊讶于两千多年前，《老子》极为睿智而精辟的论断："道生一，一生二，二生三，三生万物。万物负阴而抱阳，冲气以为和。"——世界的最高法则，无不表现为任何整体事物中，都必然包含着两种最为核心的因素。这两种因素的相互联系与作用，从根本上决定着事物的本质属性与外部表现。不同事物的本性与表现，就构成了丰富多彩的万物世界。而自身两种核心因素相互作用地位的改变，所呈现的事物成长或衰亡的变化，就构成了勃勃生机的自然世界。

（二）社会运行中的对立统一法则

社会的运行发展，通常涉及极其广泛而复杂的因素、关系与变化。尽管如此，两种因素间对立统一的法则，依然是人们高质量辨识与应对各类社会运行发展的问题或挑战时的普遍的关键途径和强大动力。为此，20 世纪 50 年代，毛泽东曾就当时社会运行发展的若干主要问题，提出过著名的《论十大关系》报告。

被誉为中国改革开放总设计师的邓小平，在面临世界人口最多的国家的发展前程和命运的关键之际，提出了著名的"两个坚持"——"四项基本原则"是立国之本，改革开放是强国之路，二者相互统一、依存和促进，推动了中国社会的高速发展。

在社会经济领域，存在计划经济与市场经济两种基本的模式。当中国由计划经济转向市场经济，许多人抱着对"有计划，按比例"中央集权经济的强烈厌倦，以及对完全宽松和自由的市场经济的急切期盼之时，美国经济学家、诺贝尔经济学奖得主萨缪尔森，却提出了这样的辩证意见："中国过去长期实行的是苏联模式的中央计划经济，它造成了普遍的效率低下并使大批国有企业亏损。但是，如果实行完全的自由市场经济，那也是非常大的错误。我认为应该保持政府在经济中的重要角色……一味地追求单纯的自由市场经济，像撒切尔夫人领导下的英国，到90年代就产生了很大的问题。"

换言之，宏观计划与微观市场方式的对立统一或密切融合，才是中国经济持续健康发展的睿智而正确的道路。否则，不仅社会经济的发展必然会产生极其严峻的挑战或严重的困难，政府也必将难以对整体社会的运行实施卓有成效的领导与管理。

（三）人类思维中的对立统一法则

人们的思维智慧，总是源于对自然、社会及自身所包含的不同事物相互间联系或作用的关系，或者同一件事物不同运行阶段相互间关系的辨识。换而言之，事物内部或之间存在的两种不同因素之间相互联系或作用的对立统一关系，普遍成为人们思维推进或智慧形成的根本基础。

（四）组织运营中的核心思维法则

当我们把审视的目光，聚焦于一个组织或团队长远运营发展的状态时，显而易见，对立统一法则依然是它的一切思维与行为的根本基础，并由此呈现着当前运营与未来发展、短期利益与长远价值、内部资源与外部条件、人的因素与物质资源、产品的构造与外部的推广、组织的结构与运营的制度及文化、竞争与合作、自身资源能力的优势与劣势、外部的机遇与挑战等难以尽数的重要关系的表现。

尽管如此，在各类关系表现中，对组织的长远运营发展中最具关键决定性价值的核心关系，无疑是组织的全局与各局部环节或运行阶段的相互关系。

目前组织运营发展的研究成果丰富多彩、争奇斗艳，它们的精微甚至涉及员工岗位操作的动作表现、高层主管的会议形式、各类器具放置的细节安排等规范。然而，这些成果时常并未能给组织提供足够强大的前行动力。究其原因在于，这些研究成果通常只是限于某些局部环节的运行方式，而没有充分辨识并考虑组织至为关键的全局核心，因而其实践价值的广泛性或成效性，无疑会受到极其显著的限制。

不仅如此，组织运营广泛实践者的困惑与挑战，还普遍源自高质量辨识和把握组织全局需要依靠的坚强基础与力量，以及需要采取的重要途径；源自各类局部环节或因素的更高质量全局价值创造与提升的有效方式；源自卓有成效地推进全局与局部的密切联结和支持积极有效的方法。

四、领导与管理的密切联结和融合

当我们把研究探索的重点，集中到一个由人的因素为根本，且相对独立的组织或团队持续高质量的运营发展时，无不需要深入准确地辨识和把握它们所展示并依托的整体人的因素，及其强大能动性创造智慧与力量的最为根本而显著的特征。换言之，致力于人的组织或团队卓越进程与成就的一切辨识思维，无不需要通过人的因素作用或推动，才能得以卓有成效地实施和实现。

在此基础上，还必须能够远见卓识地洞察或识别任何组织持续高质量的运营发展所依据的全局核心，以及身居团队最高位置领导人对此的关键职责，及其睿智坚强地承担所需的若干素养构成和重要的领导方法（图1-0-0-5）。

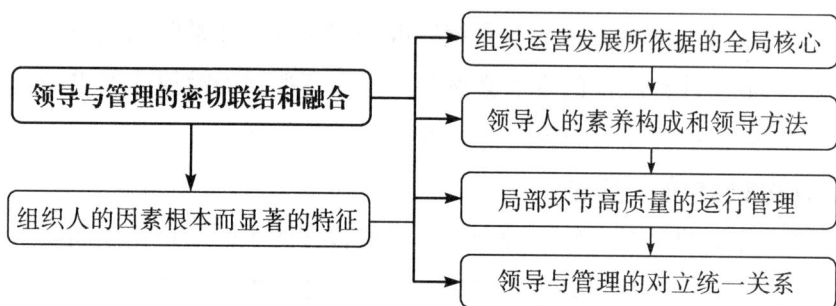

```
                              ┌─────────────────────────┐
                         ┌───→│  组织运营发展所依据的全局核心  │
┌──────────────────┐     │    └─────────────────────────┘
│ 领导与管理的密切联结和融合 │────┤    ┌─────────────────────────┐
└──────────────────┘     ├───→│  领导人的素养构成和领导方法    │
         │               │    └─────────────────────────┘
         ↓               │    ┌─────────────────────────┐
┌──────────────────┐     ├───→│   局部环节高质量的运行管理   │
│ 组织人的因素根本而显著的特征 │──┤    └─────────────────────────┘
└──────────────────┘     │    ┌─────────────────────────┐
                         └───→│   领导与管理的对立统一关系    │
                              └─────────────────────────┘
```

图 1-0-0-5　领导与管理的密切联结和融合

广泛的实践显示，即使拥有着美好意愿、超强才能与强大权力的领导人，也时常难以如愿以偿地掌控组织全局的进程。事实上，任何组织的运营发展，都必然存在具有压倒一切的关键决定性力量和价值，及全局与局部最为重要或核心的对立统一关系。因此，各项局部环节高质量运行管理的积极创造，并以此构建形成全局领导与局部管理的密切联结和支持的对立统一关系，无不成为一切组织或团队运营发展的锦绣前程，以及睿智坚强地铸建普遍的关键途径和强大的决定性力量。

（一）组织人的因素根本而显著的特征

任何组织的构建、运营和发展，都必然包含着极其关键的人的因素，以及由此展示的强大能动性创造智慧与力量的最为根本而显著的特征。事实上，通过长期广泛的探索和实践，人们已经日趋成熟而深刻地意识到，任何组织的卓越领导与管理的关键途径和强大动力，无不在于能够远见卓识地辨识和推进整体人的因素强大的潜在能动性创造智慧与力量的卓有成效的提升和展示，并以此从根本上决定着领导管理者整体的职业智慧、才能与价值。

（二）组织运营发展所依据的全局核心

组织整体长远的运营发展，通常受到事先难以准确预见、辨识和把握广泛的内外因素、关系与变化的极其复杂而显著的影响。以至于人们时常臆断，迄今为止，没有任何人的思维智慧与才能，能够对其可能遭遇的错综复杂、变幻莫测的各类艰难挑战或有利机遇的远见卓识的辨识与应对原则或方法，予以真正卓有成效地探索和提炼。它的运营进程与成就，必将主要取决于非常人所能感知和掌控其组织或最高领导人冥冥中的必然命运。

尽管如此，通过长期的深入探索与积极实践，日趋广泛的睿智贤能之士已日益成熟而深刻地意识到：任何复杂多变环境中的组织，无不存在各种内外资源因素及其相互作用与持续变化所形成的运营发展的全局核心；任何组织持续高质量的运营发展，无不从根本上取决于各项重要的运营环节和阶段及其密切联结的远见卓识辨识和推进的卓越全局工作。睿智坚强地承担运营发展的全局，艰巨而核心的职责，无不成为任何组织领导人的整体卓越的职业智慧、才能与价值得到持续高质量的构建、提升或展示的普遍的关键途径和强大动力。

（三）领导人的素养构成和领导方法

要想卓有成效地肩负起涉及广泛的内外资源因素，及其相互关系与持续变化的组织持续高质量运营发展的全局，以及艰巨而核心的职责，显而易见，领导人无不需要睿智成熟的辨识思维智慧，以及积极强大的情感行为动力所支持形成的卓越的职业素养与才能对其的坚强有力的支撑。

不仅如此，在日趋复杂多变的内外环境中，远见卓识地辨识并推进各项重要资源因素或局部专业工作的积极运行发展，及其相互间的密切联结和支持，并以此睿智坚强地创造组织全局的卓越进程或成就，领导人还必须能够全面准确地辨识和掌握，致力于高质量的组织全局所需采取的战略领导的关键工作方法。

（四）局部环节高质量的运行管理

即使领导人拥有超强的个人职业智慧与才能，娴熟地掌握着全局战略的领导方法，组织持续高质量的运营发展，依然可能成为难以企及的美好梦想。事实上，依据对立统一的根本法则，全局领导只是组织整体和长远高质量的运营发展，在一组最为重要或核心的对立统一关系中，通常居于主导地位的主要方面因素。它的强大力量与卓越价值的睿智坚强的创造或展示，无不需要对立统一关系中的另一方面因素，即局部环节管理的积极有力的支持和推动。

换言之，任何组织的局部或专业环节，高质量运行管理的积极创造，无不需要睿智成熟地依据组织运营发展的全局背景，并以此通过自身内外资源条件的构成，及其对变化趋势全面准确的辨识，卓有成效地设置并推进局部环节运行发展的积极目标和策略，从而实现对组织全局的坚强有力支持的根本任务与职责。

（五）领导与管理的对立统一关系

在广泛的实践中，全局的领导与局部环节的管理，通常构成了组织持续高质量运营发展中一组最为重要或核心的对立统一关系。它们中的任何一方，失去了另外一方的坚强支撑，其力量与价值都必将受到极大的削弱或限制。

全局的领导，在对立统一的矛盾关系中，通常居于主导的地位。换言之，缺乏睿智坚强的全局领导，任何局部或专业环节的运行管理，都必将难以创造与展示组织运营发展持续高质量的价值。因此，被誉为领导学权威的约翰·科特，曾经形象地辩称："取得成功的方法是，75%—80%靠领导，20—25%靠管理。"

然而，局部环节运行管理的水平或质量，不仅时常会对组织运营的全局，具有极其显著或重要的影响，而且在更为深层次的立场或角度中，往往存在自身明显的全局特征或性质。因此，全局的领导与局部环节的管理，所体现的一组核心的对立统一的辩证关系，以及由此形成的相互间密切联结和融合的根本原则，不仅是哲学思维智慧的高度展示与积极成果，而且也是任何组织或团队运营发展的卓越进程和成就的睿智坚强创造的关键途径与强大动力。

第一章

组织的领导和管理概论

组织运营存在共同的原则

　　组织卓有成效的构建、运营和发展，不仅是人们智慧与力量的充分展示、普遍的重要途径和强大动力，而且也是人类社会的文明进步极其关键和显著的标志。然而，由于组织的积极构建、运营或发展通常受到广泛的内外资源因素，及其关系与变化错综复杂的重要影响，因此，长期以来，它一直成为人们普遍的艰难挑战和争议焦点。

　　尽管如此，一些有远见卓识的研究或实践者，通过长期睿智积极的探索和总结，已经成熟深入地辨识一些重要的原则与方法，以及对组织高质量进程及其繁荣强盛的普遍关键价值。为此，美国维尔京公司前领导人布兰森曾经辩称："如果你能够将一个企业经营得很好的话，那么你就可以将任何一个企业经营得很好。"

　　具有较高历史地位和显赫职业成就的先哲管仲，在其《管子》中曾高瞻远瞩地提出了极具启迪后人与借鉴意义的事物高质量运行发展基本原则的永恒价值，以及睿智成熟探知的积极途径：

　　"疑今者，察之古；不知来者，视之往。万事之生也，异趣而同归，古今一也。"——如果对今天的事物及其应对方式存在疑惑，可以在过去的历史进程中寻找答案；如果对未来的事物变化趋势难以确定，可以审视它曾经的历史轨迹。各种事物的形成与发展，尽管具体的内容或方式存在着明显的差异，但必定具有共同的运行规律和基本原则，古今各种事物无不如此。

本章的主要目的与内容

　　本章的主要目的，是努力和读者共同探讨并构建组织的高质量运营发展所依据的不可或缺的核心工作与任务、涉及的主要环节或因素的组成，以及它们积极有效地推进所需遵循的基本原则。睿智成熟地辨识和把握相关核心工作及其组成环节与基本原则，不仅是组织高质量运营发展完整思维与行为体系卓有成效构建或提升的坚实基础和关键途径，而且也是我们积极推进后续分析与研究的极其重要而强大的支持和推动力量。

众所周知，高瞻才能远瞩，高屋易于建瓴。因此，在开始的"光耀千秋的民族思想瑰宝"第一节，我们试图把读者推上人类思维智慧的制高点，努力让长盛不衰、最优秀先哲经典的思想吹拂头脑。显然，这对睿智成熟的职业思维智慧与行为能力卓有成效的构建或展示，具有普遍强大的推动力量和关键的决定价值。

随着西方工业革命的成功推进与实践，以及现代社会各领域日新月异的快速发展，卓越的研究或实践者为此构建了举世瞩目的、绚丽灿烂的管理理论与原则。在本章第二节，我们将和读者共同感受这些曾经对社会各领域高质量运行发展产生重要而深远影响的若干理论成就。

我们积极推进或评价组织高质量的运营发展，显而易见，必须牢固立足于它的整体与长远进程的根本立场。思维与行为的立场或重心，显著受限于某些特定的局部环节或阶段，将会严重削弱人们的职业智慧与才能。在本章第三节，我们以组织运营发展高质量思维与行为体系，睿智坚强地构建和展示全局的根本立场，来阐述了组织的全局及其卓有成效地辨识和推进，所需依据并形成的战略与领导的核心工作方法，以及它们通常包含或涉及的主要内容。

根据唯物辩证法的对立统一法则，以及全局、战略与领导的概念及其关系，我们在本章第四节，把探索研究的重点置于组织构成及其运营的部分或专业的局部环节，并以此构建了它们高质量全局价值睿智坚强创造所必须依据的具体实际、积极灵活的专业运行策略，以及运行策略高质量设置与推进的专业管理，及其卓有成效推动或展示所需遵循的基本原则。

最后在本章第五节，我们重点探讨了全局与局部及其领导与管理的相互支持密切融合的对立统一关系，并以此分析和构建了组织持续高质量的运营发展所需依赖的若干重要领域或环节的工作，以及它们各自包含的主要内容及其所需遵循的原则框架。这样，我们就有效地建立了睿智坚强地推进组织持续高质量的运营发展所必须坚持的战略领导与各专业环节管理，以及辩证的对立统一原则下完整的思维和行为体系（图1-1-0-1）。

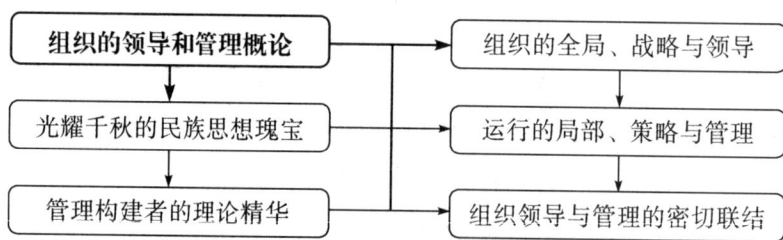

图 1-1-0-1　组织的领导和管理概论

第一节　光耀千秋的民族思想瑰宝

卓越智慧才能的强大推动力量

透过扑朔迷离、飘忽不定的层层迷雾，在准确辨识和把握复杂环境中，组织光明的前行方向与道路，已被广泛视作领导人必须具备的积极智慧与才能。然而，尽管高水平的智慧才能价值极其关键，并已日益受到复杂艰难职业背景下的人们对其的广泛关注与期待，但如何卓有成效地创造或获取这一稀有资源的强大力量，迄今为止，广泛范围中的组织领导人，依然未能得到足够坚强的支持。

中国古典名著《吕氏春秋》，曾把人们的远见视为整体智慧的差异和最具关键的决定性因素，并提出了从历史背景中构建卓越智慧才能的论断：

"智所以相过，以其长见与短见也。今之于古也，犹古之于后世也；今之于后世，亦犹今之于古也。故审知今则可知古，知古则可知后，古今前后一也。故圣人上知千岁，下知千岁也。"

——人们的智慧之所以彼此存在差异，是由于有的人具有远见，有的人目光短浅。今天相对于古代，就像是古代跟将来的关系一样；今天相对于将来，也就像是今天跟古代的关系一样。因此，深入地分析与辨识今天的事情，就能够清楚地掌握古代的情况；同样，掌握了古代事物的变化规律，就可以清晰地预知将来的情况，古今前后的运行规律一脉相承。所以最具贤能的人能够上知千年，下知千年。

对于学习与借鉴先人智慧的重要价值，中国早期最具贤能的重臣傅说，也曾作了这样的充分肯定："人求多闻，时惟建事，学于古训乃有获。事不师古，以克永世，匪说攸闻。"——人们追求学多识广，是为了要成就事业，努力学习先人提出的思想行为原则，才能积极把握有所作为的正确途径。成就事业不善于借鉴前人的思想精华，而能够保持长久的兴旺强盛，这不是我傅说所知道的。

儒家学派创始人孔子，也曾作过这样的自我评价："吾非生而知之者，好古，敏以求之者也。"——我不是天生就具备广泛的知识，只是偏好学习前人的教诲，并勤奋地探求其中的精髓与原则的人。

的确，对历经无数实践荡涤与验证的先哲经典思想或智慧精华的积极把握，无疑能够有力地支持领导人去更为准确地辨识组织繁荣兴旺的前行方向和行进道路，因而普遍成为他们步入职业优秀行列极其强大的动力。

在社会运行和民族文化长期发展的进程中，形成了儒家、道家与法家三个影响较大的经典思想学派。通常而言，儒家倾向于对人的思想行为价值的研究，道家侧重于对事物运行基本哲学原理的探索，法家则偏向于对社会或组织运行方法的分析。

在本节，我们遴选了若干具有广泛影响和代表性的儒家、道家与法家的经典论述，以使读者在感受先哲最具价值的思想精华的同时，也为本书完整思想体系的构建做了基础铺垫（表1-1-1-1）。

儒家思想经典论断	《大学》	1. 领导人应承担的核心职责； 2. 个人素养的修炼及其人生职业的成就
	《中庸》	1. 事物本性、思维与行为准则及其教育； 2. 事物本性与实际情境的紧密联结
道家思想经典论断	《老子》	1. 事物运行变化两类关键性的决定因素； 2. 把重点置于事物自身的能力上
	《庄子》	1. 实现至治的关键组成环节及其推进的程序； 2. 应对事物的原则与权变的统一
法家思想经典论断	《韩非子》	1. 成为贤明国君必须遵循的关键法则； 2. 国家兴衰荣辱的决定性因素
	《管子》	1. 实现长治久安的基本要求； 2. 国家治乱与安危之本

表 1-1-1-1　　本节包含的儒家、道家与法家思想经典论断

一、儒家思想经典论断

儒家经典是影响民族思维乃至影响世界文化意识的最为深远的思想学说之一，在近千年的时间里，曾被作为国家选士策论的主题。儒家经典思想及其论述，涉及了极为广泛的领域与内容。这里选取了部分对组织高质量运行及其领导管理思想极具广泛与重要指导或借鉴价值的内容。

（一）《大学》

1. 领导人应承担的核心职责

"大学之道，在明明德，在亲民，在止于至善。"——优秀理论学说揭示或倡导的原则，总是旨在帮助人们辨识与弘扬崇高的德行；在于教育和激励人们积极提升自身的素养；向人们指示所应实现的崇高目标，及其高质量的思维与行为方式。

"大学"，直接的意思是指重要职业人士所应掌握的学说或优秀的理论。而整个作品，则主要阐述了领导人所应承担的核心职责：弘扬崇高的德行，教育和激励人们积极提升自身素养，以及指示组织的崇高目标，及其实现所需的高质量思维与行为方式。这也是领导人自身价值，以及组织光明前程积极创造的重要途径。

2. 个人素养的修炼及其人生职业的成就

"古之欲明明德于天下者，先治其国；欲治其国者，先齐其家；欲齐其家者，先修其身；欲修其身者，先正其心；欲正其心者，先诚其意：欲诚其意者，先致其知；致知在格物。

物格而后知至，知至而后意诚，意诚而后心正，心正而后身修，身修而后家齐，家齐而后国治，国治而后天下平。自天子以至于庶人，壹是皆以修身为本。其本乱而未治者否矣。"——前古那些希望在天下弘扬崇高德行的人，总是先努力治理好自己的邦国；要治理好自己的邦国，必须先管理好自己的家庭及家族；要管理好自己的家庭及家族，必须先把自身的素养修炼好；要把自身的素养

修炼好，必须先构建起优良成熟的自我情感意识；要构建起优良成熟的自我情感意识，就要先铸建成高质量的思想体系；要铸建成高质量的思想体系，就要掌握足够广泛与深厚的知识技能；要掌握足够广泛与深厚的知识技能，唯一的途径就在于深入实际，认真学习、探索和把握事物的本质及其运行变化的规律。

通过深入实际，对事物本质及其运行变化规律的认真学习、探索和把握，才能使自己掌握足够广泛与深厚的知识技能；只有掌握了足够广泛与深厚的知识技能，才能铸建成高质量的思想体系；铸建成高质量的思想体系，才能构建起优良成熟的自我情感意识；构建起优良成熟的自我情感意识，才能把自身的素养修炼好；自身的素养修炼好，才能管理好自己的家庭及家族；只有管理好自己的家庭及家族，才能治理好自己的邦国；治理好自己的邦国，才能在天下弘扬崇高的德行从而实现天下的太平。

上自天子，下至平民百姓，所有人都必须以自身的素养修炼为根本。如果自身素养修炼的根本被扰乱破坏，那么，所有致力于家庭及家族的和睦、国家的治理、天下的太平意愿，都必将是缘木求鱼，难以如愿以偿。

长期以来，后人已经习惯把《大学》所阐述的基本原则概括为"三纲八目"。这些原则不仅具有严密的逻辑性与系统性，而且经过两千多年的风雨沧桑，它们的宝贵价值已为广泛的社会文明发展与进步的实践所反复验证，并得到极其普遍的认可与尊崇。为此，孙中山先生曾对其作了极为自豪与高度的评价："中国政治哲学，谓其为最有系统之学。无论国外任何政治哲学家都未见到，都未说出，为中国独有之宝贝。"

（二）《中庸》

1. 事物本性、思维与行为准则及其教育

"天命之谓性，率性之谓道，修道之谓教。道也者，不可须臾离也；可离，非道也。"——自然所赋予事物的自身特征，称之为"事物的本性"；充分辨识和展示事物本性中的积极因素，称之为"正确的思维与行为原则"；揭示并传授正确的思维与行为原则称之为"教育"。正确的思维与行为原则，任何时刻不能背离；如果背离了相应的原则，还能创造良好的实践成果，那原先的设定就不能被称为正确的思维与行为原则。

显然，这对组织领导或管理，及其人们职业的高质量推进，具有极为重要的指导价值。

（1）任何事物都存在着人力难以改变的本性特征。高质量地推进事物的运行，必须尊重事物的本性特征。

（2）应对事物的正确思维与行为原则，应该更为充分地辨识和展示事物本性中的积极因素，并努力避免其消极的因素。

（3）广泛地推动积极的思维与行为准则的探索、总结和传授，是以人的因素为核心的组织进行高质量运行发展创造必须坚持的重要原则。

2. 事物本性与实际情境的紧密联结

"喜怒哀乐之未发，谓之中；发而皆中节，谓之和。中也者，天下之大本也；和也者，天下之达道也。致中和，天地位焉，万物育焉。"——喜怒哀乐的情感是人所固有的本性特征，事物的本性特征尽管没有显露，但却客观地存在于事物的自身，称之为"中"；事物的本性得以充分展现，

并符合当时内外的实际情境，称之为"和"。"中"的含义，是指天下万物所固有的最为根本的本性特征；"和"的含义，则阐明了天下万物的运行，所应遵循的符合内外实际情境的最高运行原则。实现了"中"与"和"的要求，世间的万物都能安于自身的位置，有条不紊地得以成长与壮大。

这里的"中"，为事物没有显露但已经具备的内在固有的本性特征；"和"，是指事物本性特征的充分展露，必须能够符合或适应内外情境的具体实际。睿智积极地展示事物潜在的力量或价值，任何背景下，都必须既要尊重事物固有的本性特征，也要符合内外情境的具体要求。

二、道家思想经典论断

道家的思维及其学说，通常倾向于广泛事物高质量运行发展所应遵循基本原则的探讨与揭示，因而具有显著的哲学性特征。就组织领导与管理普遍的实践而言，由于具体或细微的事务性工作，一般都拥有较为成熟的专业运行方法的支持或限定，因而时常难以体现道家学说的宝贵价值。而与此相对的，在涉及复杂多变背景下，全局重要事项的深入辨识及其高质量应对，道家学说则通常能够展示其极为强大的支持力量。

（一）《老子》

1. 事物运行变化两类关键性的决定因素

"道可道，非常道；名可名，非常名。无名，天地之始；有名，万物之母。故常'无'欲，以观其妙；常'有'欲，以观其徼。此两者，同出而异名，同谓之玄，玄之又玄，众妙之门。"——一件特定事物的运行规律及其应对原则，如果把它具体而完整地予以揭示与表述，就一定不会适用于其他普遍存在的事物。事物的某个概念或特征，如果予以准确地诠释与定义，就一定不能适合事物广泛存在的其他的概念或特征的描述。

（尽管如此，有两个概念或因素，在一切事物的运行变化过程中，具有极其重要的决定性价值。）"无"，是对天地间一切事物起始时，就拥有的自身本质属性的描述；"有"，是对所有事物生存、运行与变化所需外部条件的反映。所以，通常以"无"的概念所阐释的事物自身本质属性的立场，可以探索与揭示事物运行变化自身本性构成的奥秘；而与此相对应的，以"有"的概念，可以观察与把握事物运行变化所依据的外部条件。

自身的本质特征与外部的变化条件，共同存在或作用于事物运行变化的整个过程，但却有着各自不同的作用形式与特征，并通常都表现得极其复杂与深奥。事物的本性与变化的条件，可能会形成各种错综复杂的组合，但却是研究与推动事物运行变化的关键途径。

在此基础上，《老子》还提出了"有无相生"的哲学论断：

"有生于无"——外部条件的准确辨识与充分运用，是由事物自身的内在能力所决定的。

"无生于有"——任何事物自身资源能力的构成，总是由原有的外部因素，通过特定途径或方式的积极转化得以形成。

2. 把重点置于事物自身的能力上

"为无为，事无事，味无味。大小多少，报怨以德。图难于其易，为大于其细。天下难事，必作于易，天下大事，必作于细。是以圣人终不为大，故能成其大。夫轻诺必寡信，多易必多难。是以圣人犹难之，故终无难矣。"——努力推进最终成就决定性的自身能力的提升，从事事物内在积极因素积聚的事务，品尝那些自身本性特征所形成的味道。事物总是遵循从小到大逐步成长、从多到少逐渐增长的辩证的反向变化。因此，要努力以积极的德行去化解一切仇怨。应对艰难的事情，应该从易于解决的部分入手；推进庞大的事物，应该从细小的组成进行。天下的难事，总是从易于解决的部分逐步推进完成；天下的大事，总是从能够实现的小事逐渐推动实现。所以，那些最为贤能的人士，始终都不会脱离自身的实际，急功近利于过高的目标，能够积极推进或成就崇高的事业。无视实际的轻易承诺，必然难以履行信约；经常把事情看得很容易，一定会屡遭挫折。所以，最为贤能的人士，总是以极其艰难的态度谨慎地应对所面临的事务，始终不会遭遇难以超越的挑战。

铸建积极成熟的辩证思维的智慧与才能，是一项极其艰难的挑战。然而，深入准确地辨识事物客观存在的相互对立的因素，相互联系与相互作用的方式，以及特定条件下的变化或转换的趋势，在日趋复杂多变的环境中，无疑成为领导管理者高水平职业智慧或才能的积极构建，以及组织高质量运营进程或成就的卓越创造的极其重要而强大的推动力量。

（二）《庄子》

1.实现至治的关键组成环节及其推进的程序

"古之明大道者，先明天而道德次之，道德已明而仁义次之，仁义已明而分守次之，分守已明而形名次之，形名已明而因任次之，因任已明而原省次之，原省已明而是非次之，是非已明而赏罚次之。赏罚已明而愚知处宜，贵贱履位，仁贤不肖袭情。必分其能，必由其名。以此事上，以此畜下，以此治物，以此修身；知谋不用，必归其天，此之谓太平，治之至也。

故书曰：'有形有名'，形名者，古人有之，而非所以先也。古之语大道者，五变而形名可举，九变而赏罚可言也。骤而语形名，不知其本也；骤而语赏罚，不知其始也。倒道而言，迕道而说者，人之所治也，安能治人！骤而语形名赏罚，此有知治之具，非知治之道；可用于天下，不足以用天下。此之谓辩士，一曲之人也。"——古时通晓治理最为重要原则的贤能之士，总是首先探索与掌握各种事物的本性特征，再探索寻求其运行的规律，并把事物的本性特征与运行规律作为行事的准则；事务特征、运行规律及行事的准则明确后，再努力发挥人的积极力量，确定与具体实际相适当的行为方式；为积极发挥人的力量，更为有效地推进适宜的行为方式，会把整体工作进行适当的划分，并确定所划分的各环节组成的工作目标或任务；相应环节的工作目标或任务确定以后，会根据工作推进的实际需要，设置相应的工作职位与权利；工作职位与权利设定以后，再根据职位与权利具体状况，选择适当的人员来承担工作职责；对于承担相应职位与权利的人员，将根据其工作推进与完成的情况，按照一定的标准进行评价考核；根据相应的评价考核，就能够明确相应职位人员的职业表现；依据相应的职业表现，对相关人员进行对应的奖励或处罚。奖励与处罚实施以后，还应该按照他们的职业技能与品行素养高低，结合相应岗位的实际要求进行适当的调整，使他们都能够处在适宜的位置上。对人的能力与素养的判定，必须根据当时的具体实际来进行，而不宜把最终工作业绩作为评价的唯一依据。必须区分各自不同的才能与特长，必须依据各自不同的职位与权利等岗位要求。以这样的原则来执行上级的指令，领导自己的下属，管理相应的事物，修炼自身的素养；偏离与违背上述基本原则的技巧不轻易使用，坚持按照事物的本性特征与运行规律，确定自己的思维与行为方式，这样叫作不盲动、不妄为，使得工作能够处于持续、稳定的运行中，这是治理的最佳模式与程序。

有些书上曾强调："需要给从事治理的人相应的职位与权利。"对于职位与权利的重要价值，前人早就有过明确阐述，不过并不是把这项工作放在最先位置。前人探讨治理最为重要的原则时，是从探索事物的本性特征及其运行规律开始的，经过五个阶段的工作程序，才设置相应工作的职位与权利；经过九个阶段的工作程序，才实施奖励与处罚的工作。骤然谈论治理人员的职位与权利，是不知道它们所形成的根本与基础的；骤然强调赏罚问题，是不知道赏罚形成的原因与背景的。把治理的原则及其程序，倒逆进行分析讨论，或者违背相应原则或程序，进行片面的强调，这样的人只能被治理，怎么能够治理好他人呢！骤然谈论治理的职位与权利、奖励与处罚工作，这种人只是懂得一定治理的手段或工具，而对治理的根本原则与程序缺乏足够深入的把握。这样的人可以被相应的组织来任用，但不能承担需要把握各类复杂因素或力量大局的重任。这种人可以讲是掌握了一定的治理方法，但只能承担一个局部或环节的工作。

这段论述极其明确、详尽地分析了领导管理工作必须遵循的若干重要原则与程序。这对于我们准确评价、验证或改进自身领导管理工作所奉行的原则、推进的程序，以及工作水平与质量提升的积极推动，无疑具有极其重要的指导或借鉴价值。

2. 应对事物的原则与权变的统一

"知道者必达于理，达于理者必明于权，明于权者不以物害己。至德者，火弗能热，水弗能溺，寒暑弗能害，禽兽弗能贼。非谓其薄之也，言察乎安危，宁于祸福，谨于去就，莫之能害也。故曰：'天在内，人在外，德在乎天'。知天人之行，本乎天，位乎得；蹢躅而屈伸，反要而语极。"——懂得事物存在自身的本性特征及其运行变化规律，必然能够把握思维与行为的基本原则；能够把握思维与行为的基本原则，必定能够懂得不同事物及其条件下的相对不同的应对方法；懂得不同事物及条件下的相对不同的应对方法，必然不会因外部的事物而损伤自己。能够严格按照事物的本质特征及运行规律，选择与决定自己行为的人，烈焰不能灼烧他们，洪水不能沉溺他们，严寒酷暑不能侵扰他们，飞禽走兽不能伤害他们。从根本上来说，不是水火的危险、寒暑的侵扰和禽兽的伤害，能够特别关照他而使其能幸免，而是指他们能够明察所面对事物的安危，深刻准确地判断其间的祸福，谨慎地选择放弃还是追求，因而没有什么东西能够伤害他们。所以说：天性决定了事物自身的本性，人的行为只是在于选择如何去应对，人的德行判定原则在于是否符合当时事物的天性。懂得尊重事物天性的人，就会立足于事物所固有的天性，选择自己恰当的行为；懂得尊重事物本性前提下的灵活机动与屈伸无常，这就把握了最高的行为准则。

原则性与灵活性的结合，是积极应对事物，以及有效展开领导与管理工作所必须坚持的基本准则。在组织运营发展进程中，最为重要的原则不是来自上级的指示，而是应该立足于客观事物的本性及其运行规律。同样，灵活性不能背离组织自身的本性特征及运营规律。否则，组织运营或个人职业必将遭受严重的挫折。

三、法家思想经典论断

法家的思维及其学说，通常涉及能够对组织或社会运行产生直接而重要影响的因素或方法的探索。它的核心内容主要包括法规制度、运行方式及其力量态势，即人们通常所指的"法、术、势"三个方面。由于它一直倾向于组织或社会良好运行进程与成就创造，可以采取的更为积极有效方式的探索与研究，因此，长期以来，积累了大量极具实践指导与借鉴价值的成果，并以此受到了广泛实践者的普遍重视。

（一）《韩非子》

1.成为贤明国君必须遵循的关键法则

"道者，万物之始，是非之纪也。是以明君守始以知万物之源，治纪以知善败之端。

明君之道，使智者尽其虑，而君因以断事，故君不穷于智；贤者敕其材，君因而任之，故君不穷于能；有功则君有其贤，有过则臣任其罪，故君不穷于名。是故不贤而为贤者师，不智而为智者正。臣有其劳，君有其功，此之谓贤主之经也。"——本性特征及运行规律，是各种事物形成之初就自身所固有的，是否符合相应的本性特征与运行规律，是判断一切思维及行为正确与否的标准。因此，贤明的国君，总是坚持事物初时就固有的本性特征与运行规律，以把握事物各种运行变化的根据，并据此研究与设置相应的判断标准，来检验和评价各种决定治理成败的关键举措。

贤明的国君应该坚持的治理国家的基本原则是，使拥有智慧的人进行充分的思考，国君据此来决断国事，所以自己的智力不会穷尽；鼓励有才能的贤者充分发挥才干，国君据此来任用他们，所以自己的能力不会穷尽；建立了功绩则国君就拥有了贤能的名声，出现了过失则臣下必须承担罪责，所以自己的名声不会受到玷污。因此，不是特别贤能却是贤能人的老师，缺乏高超的智慧却是智者的长官。臣下承担劳苦，国君拥有功绩，这是成为贤明国君最为关键的法则。

2.国家兴衰荣辱的决定性因素

"国无常强，无常弱。奉法者强则国强，奉法者弱则国弱。……今皆亡国者，其群臣官吏皆务所以乱，而不务所以治也。其国乱弱矣，又皆释国法而私其外，则是负薪而救火也，乱弱甚矣。"——国家没有永久的强盛，也没有永久的衰弱。制定与执行国家法律的人精明强干，国家就一定强大；制定与执行国家法律的人平庸软弱，国家就一定衰弱。……如今那些衰亡的国家，是因为它们的群臣官吏都专干那些造成国家混乱的事情，而不致力于能够使得天下实现大治的事务。如果国家已经混乱衰弱了，制定与执行国家法律的人，又都无视或丢弃国法而营私舞弊，这就如同背着干柴去救火，国家的混乱衰弱只会加剧。

（二）《管子》

1.实现长治久安的基本要求

"言是而不能立，言非而不能废，有功而不能赏，有罪而不能诛。若是而能治民者，未之有也。是必立，非必废，有功必赏，有罪必诛；若是安治矣？未也。是何也？曰：形势、器械未具，犹之不治也。形势、器械具，四者备，治矣。"——正确的事情仅是放在嘴上予以肯定，而不能积极地推行；错误的现象也仅是口头上的批评，而不能有效地废止；有功劳而得不到实质性的奖赏；有罪过而不予以严厉的处罚。像这样而能治理好民众，是从来没有过的。正确的事务坚决推行，错误的事情坚决废止，有功必赏，有罪必罚，这就可以治理好了吗？这还是不行。为什么呢？因为，缺乏适当的组织运行机制与时机，以及必要的工作器具，仍然是不能治理好民众。适当的组织运行机制与时机，以及必要的工作器具具备了，再确实推进上述的四项措施，那就可以治理好民众了。

2. 国家治乱与安危之本

"君之所审者三：一曰：德不当其位；二曰：功不当其禄；三曰：能不当其官。此三本者，治乱之原也。

君之所慎者四：一曰：大德不至仁，不可以授国柄。二曰：见贤不能让，不可与尊位。三曰：罚避亲贵，不可使主兵。四曰：不好本事，不务地利，而轻赋敛，不可与都邑。此四务者，安危之本也。——国君必须仔细审查的有三个问题：一是官员的品德素养不能担当其职责；二是官员建立的功绩与得到的俸禄不相称；三是官员的能力难以承担其官职。这三个根本准则是国家治乱的根源。

对于国君来讲，选择与确定自己的重臣，必须谨慎地对待以下四种情况：一是能够严格按照各种事务的实际，采取相应的措施，但不能充分辨识与发挥人的因素潜在力量的人，不能授予事关国家全局的重权；二是对待贤能的人才，极其傲慢而不能谦逊尊重，不可把他放在尊贵的位置上；三是对于亲近与显贵的人触犯刑律，不能以律处罚，不可让他统帅军队；四是对于那些无视根本性的重要事务，不注重促进生产，而轻易加重赋税的人，不可以让他担任独当一面的地方长官。这四条原则，事关国家安危的根本。

先哲经典的思想与智慧，无疑是我们今天各类组织，高质量领导与管理进程或成就的积极创造时极其宝贵的财富和强大的推动力量。然而，这只是我们卓越智慧才能坚强铸建的纵向资源。事实上，近两个世纪以来，发达地区工业文明的迅猛发展，在创造举世惊叹的辉煌物质成就的同时，也缔造了绚烂夺目的管理理论。接下来的一节，我们将和读者一起感受，若干优秀管理思想的创造者，为我们高质量组织领导与管理的积极推进，所创建的横向的力量资源。

第二节　管理缔造者的理论精华

他山之石，可以攻玉

在近代的工业文明进程中，发达国家与地区曾经创造了前所未有的辉煌的物质成就。与此同时，诸多睿智之士也缔造了令人目不暇接、缤纷灿烂的管理理论或方法。其中，有些理论所阐述的原则与方法的重要价值，已经得到了组织高质量实践的广泛而积极的验证。因而，它们不仅成为组织运营发展普遍的重要推动力量，而且也是人类社会文明进程所共同拥有的宝贵智慧财富。

尽管如此，深入准确地辨识和把握任何优秀理论的原则或方法，并以此创造自身组织持续高质量的运营进程与成就，还需要领导人睿智成熟地洞察和掌握它们创立形成的背景及其可能存在的限定因素。事实上，领导管理者最为核心的职业价值之一，就在于不仅要努力探索和掌握各类优秀运营理论所揭示的积极原则或方法，而且要把它们与自身组织的具体实践，予以创造性地紧密联结。

为此，通用电气集团前领导人韦尔奇曾经辩称："我们并不称自己是世界管理思想的开创者，但我们敢称自己是最渴望追求有效方法的人。不论这些方法的来源如何，只要是好方法，我们都极力欢迎。我们毫不胆怯地采纳并应用这些新的方法。"[16]

在本节中，我们选取了八项具有广泛影响的管理理论，并对其展开了简要的介绍和分析。目的是使读者通过这些理论所涉及的重点内容，及其持有立场或思维倾向的感受，能够更为全面准确地辨识和把握组织在高质量领导或管理的卓越创造中所需依据的各项重要工作的构成，并以此为后续完整纲要体系的内容设置及其背景达到全面深入的理解提供积极有效的支持（表 1-1-2-1）。

弗雷德里克·温·泰勒	1. 管理的基本原则
	2. 科学管理的实质
亨利·法约尔	1. 管理的五大基本职能
	2. 管理的一般原则
亚伯拉罕·马斯洛	1. 人本心理学方法论
	2. 人的需要层次的理论
	3. 组织领导管理中的激励
赫伯特·亚历山大·西蒙	1. 组织的运行与信息的处理
	2. 决策的一般程序
彼得·杜拉克	1. 组织的目标管理模式
	2. 成熟经营理念应包含的主要内容

哈罗德·孔茨	1. 管理模式划分及其重点
	2. 管理工作所涉及的主要职能
彼得·圣吉	1. 学习与系统思考
	2. 学习型组织的五项修炼
迈克尔·波特	1. 组织战略与领导人的关系
	2. 企业竞争战略及五种环境因素

表1-1-2-1　本节讨论的八项管理理论与方法

一、弗雷德里克·温·泰勒

（一）管理的基本原则

泰勒将管理定义为确切了解你希望员工们干些什么，然后设法使他们用最好、最节约的方法完成它。因此，这种管理的模式也被普遍称为任务管理。的确，就管理最直接来理解，它的存在就是为了提高团队的劳动生产率，或工作效率。

泰勒提出了管理的四个基本原则：

1. 对员工的工作进行深入的研究，建立一种严格的科学用以替代单凭经验做事的办法；

2. 科学地挑选工人，并进行培训和教育，使之成长；

3. 管理部门与工人的亲密协作，以保证一切工作都按已发展起来的科学原则去推进；

4. 资方和工人们之间在工作和职责上几乎是均分的，资方把自己比工人更胜任的那部分工作承揽下来。

（二）科学管理的实质

科学管理不是任何一种效率措施，不是一种取得效率的措施，也不是一组或一批取得效率的措施。它不是一种新的成本核算制度，不是一种新的工资制度，不是一种计件工资制度，不是一种分红制度，不是一种奖金制度；它也根本不是一种支配工人的计划，不是拿着秒表观察一个人的工作并记下他的情况；它不是工时研究，不是动作研究或对工人动作的分析；它不是印制大量文件并交给工人说："这就是你们的制度，必须严格执行。"它不是分工工长制或职能工长制，也不是在谈到科学管理时一般人所想到的任何方法。一般人在听到"科学管理"这个词时就会想到一种或几种上面所谈到的方法，但是科学管理不是其中的任何一种方法。

科学管理的实质是在一切企业或机构中的员工们的头脑中，进行的一场完全的思想革命，也就是所有的员工在对待自己的工作、对待自己的同伴、对待自己的雇主时所应当承担责任的一种完全的思想革命。同时，也是管理方面的工厂、监工、雇主、董事会进行的一场完全的思想革命，要求他们在对待自己的同事、对待自己的员工和所有日常工作问题的责任上，进行的一场完全的思想革命。没有员工与管理双方在思想上的一场完全的革命，科学管理就不能存在。双方完全的伟大思想革命就是科学管理的实质。

在科学管理中，劳资双方在思想上需要进行的伟大革命就是：双方不再把注意力放在盈余分配上，他们将注意力转向增加盈余的数量上，使盈余增加到最终使如何分配盈余的争论成为不必要。他们将会明白，当他们停止互相对抗，转为向一个方向并肩前进时，他们共同努力所创造出来的盈利会大得惊人。正是沿着这条双方思想完全的变革路线，用和平代替斗争，用全心全意兄弟般的合作代替相互猜疑，双方成为朋友而不是对头，我认为科学管理必须沿着这条路线发展。

另一个思想的转变对科学管理的存在是绝对重要的。那就是无论是员工还是工长，双方都必须承认，对工厂内的一切事情，要用准确的科学研究和知识来代替旧式的个人判断或个人意见。这包括每项工作所采用的方法和完成每项工作所需要的时间。

因此，在企业中，劳资双方都必须实现这样的思想意识的改变：双方合作尽到生产最大盈利的责任；必须用科学的知识来代替个人的见解或个人的经验知识，否则，就谈不上科学管理。

二、亨利·法约尔

（一）管理的五大基本职能

法约尔提出了这样的管理定义："管理是普遍的一种单独活动，有自己的一套知识体系，由各种职能构成，管理者通过完成各种职能来实现一个目标过程。"

法约尔将管理活动分为计划、组织、指挥、协调和控制五大管理职能，并对每一个职能都进行了相应的分析和讨论。

1. 计划，就是探索未来，制订行动计划。

（1）管理应当预见未来，如果说预见性不是管理的全部，那至少也是其中一个基本的部分。

（2）计划工作表现的场合有许多，并且有不同的方法。它的主要表现、明显标志和最有效的工具就是行动计划。行动计划既反映出了所要达到的结果，又指出了所遵循的行动路线、通过的阶段和所使用的手段。

2. 组织，就是建立企业的物质和社会的双重结构。

好的计划需要有好的组织。组织是对企业计划执行的分工。组织一个企业就是为企业的经营提供所有必要的原料、设备、资本、人员。

3. 指挥，就是使其人员发挥作用。

指挥是一种以某些工人品质和对管理一般原则的了解为基础的艺术。

4. 协调，就是连接、联合、调和所有的活动及力量。

协调是指企业的一切都要和谐地配合，目的就是使企业的工作能够顺利地进行，并有利于企业获取成功。协调的另一种功能就是使职能的社会组织机构和物质设备机构之间保存一定的比例。

5. 控制，就是注意是否一切都按已制定的规章和下达的命令进行。

控制是要证实一下是否各项工作都与已定计划相符合，是否与下达的指标及已定规则相符合。控制的目的在于指出工作中的缺点和错误，以便纠正并避免重犯。

（二）管理的一般原则

为了使管理者能很好地履行各种职能，法约尔提出了管理的 14 项一般原则：

1. 劳动分工原则。劳动分工不只适用于技术工作，而且也适用于管理工作，应该通过分工来提高管理工作的效率。

2. 权力与责任原则。有权力的地方，就有责任。责任是权力的孪生物，是权力的必然结果和必要补充。

3. 纪律原则。纪律应包括两个方面，即企业与所属人员之间的协定和人们对这个协定的态度及对协定遵守的情况。

4. 统一指挥原则。一个下级人员只能接受一个上级的命令。如果两个领导人同时对同一个人或同一件事行使他们的权力，就会出现混乱。

5. 统一领导原则。对于力求达到同一目的的全部活动，只能有一个领导人和一项计划。

6. 个人利益服从整体利益原则。因为无知、贪婪、自私、懒惰以及人类的一切冲动，会经常性地使人为了个人利益而忘掉整体利益。

7. 人员的报酬原则。人员的报酬，首先要考虑的是维持职工的最低生活消费和企业的基本经营状况，这是确定人员报酬的一个基本出发点。

8. 集中原则。指的是组织权力的集中与分散的问题，要找到适合于该企业的最佳适度。

9. 等级制度原则。是将有利于组织加强统一指挥原则，保证组织内信息联系的畅通。

10. 秩序原则。包括物品的秩序原则和人的社会秩序原则。

11. 公平原则。根据实际情况对职工的劳动表现进行善意的评价，同时不忽视任何原则，不忘掉总体利益

12. 人员稳定原则。一个人要适应他的新职位，并做到能很好地完成他的工作，这需要时间。因此，要努力保持人员的稳定。

13. 首创精神。人的自我实现需求的满足，是激励人们的工作热情和工作积极性的最有利因素。

14. 人员的团结原则。自己队伍的分裂是组织的严重错误和损失。

三、亚伯拉罕·马斯洛

（一）人本心理学方法论

马斯洛所推动和发展的人本主义方法论，反对在科学研究中，把人当作动物和机器，或者盲目照搬自然科学研究方法的机械主义方法论。倡导以"问题为中心"而不是以"方法为中心"，以"整体动力论"消解科学与价值的矛盾，提倡性善论和对健康人格的研究，重视人的潜能、自由、责任和尊严，强调人性与社会价值的统一，建立起以人为中心的"人本主义"心理学方法论。

对于人性本质，马斯洛做出了以下的探索和结论：

1. 对于人的心身关系问题，持心身合一的一元论观点，此观点显示在其所建立的需求层次论中，从生理需求到心理需求的发展是前后连续的。

2. 对于天性与教养关系问题，持人性本善的观点，认为人类的天赋善根，是其一生发展的内在潜力。

3. 对于知识来源问题，持综合观点，他认为理性主义所讲的先天理性、经验主义所讲的后天经

验及现象论所指直觉，全都是知识的来源，而直觉则是一切知识的基础。

4.对于自由意志与决定论问题，他强调个人的行为决定于他自己，决定于他自己的需求和自由意志，此点正显示马斯洛思想的"人本"特征。

（二）人的需求层次的理论

1.生理需求。对食物、水、空气和住房等的需求都是生理需求，这类需求的级别最低，人们在转向较高层次的需求之前，总是尽力满足这类需求。

2.安全需求。安全需求包括对人身安全、生活稳定以及免遭痛苦、威胁或疾病的需求。

3.社交需求。社交需求包括对友谊、爱情以及隶属关系的需求。

4.尊重需求。尊重需求既包括对成就或自我价值的个人感觉，也包括他人对自己的认可与尊重。

5.自我实现的需求。自我实现需求的目标是自我实现，或是发挥潜能。

人的行为是由需求引起的，而行为的目的是为了满足需求。如果管理能够满足人的需求，或使人们感觉到满足需求的可能性，那就说明管理者的激励措施运用得很成功。

（三）组织领导管理中的激励

激励是指调动人的积极性、主动性、创造性，以实现组织目标，并满足个人需要的过程。激励的中心环节是需要及满足需要的过程。

激励是影响组织绩效的重要因素之一，是协调组织目标与个人需要的重要方式，是组织管理的核心问题。

四、赫伯特·亚历山大·西蒙

（一）组织的运营与信息的处理

西蒙认为，组织是指人类群体当中的信息沟通与相互关系的复杂模式，它向每个成员提供决策所需要的大量信息和决策前提、目标及态度。一个组织可分为三个层次：最下层是基本工作过程；中间一层是程序化决策过程；最上一层是非程序化决策过程。企业成员在决策时，深受他现有工作应具备的有关知识的深度和广度的影响。

信息联系在决策过程中具有重要作用，在今天信息丰富的环境中，关键性的任务是对信息进行过滤，加工处理成各个组成部分，稀有的资源是处理信息的能力。

（二）决策的一般程序

1.收集情报阶段。收集企业所处的环境中有关经济、技术、社会等方面的情报并加以分析，以便为拟定和选择计划提供依据。

2.拟订计划阶段。以企业所需解决的问题为目标，依据前面所收集的情报，拟订可能的备选方案。

3.选定计划阶段。根据对当前的情况分析和对未来的发展预测，从各个备选方案中选定一个。

4.对已定方案进行评估。第四阶段是对已做出的抉择进行评估，也可称为审查活动。

五、彼得·杜拉克

（一）组织的目标管理模式

目标管理是一个组织中的上级与下级管理人员共同制定一个目标，该目标应同每个人的工作成果相联系，通过确立目标，规定他的主要职责范围，并用这些目标作为经营一个单位和评价每一名成员所做贡献的标准。

其目标管理思想的主要内容包括以下几个方面。

第一，明确目标的性质。杜拉克将企业的目标分为战略性的、策略性的以及方案和任务。一般来说，战略性目标和高级策略目标关系到企业的成败，由最高管理部门制定；中级策略目标由中层管理部门制定；初级管理目标由基层管理人员制定；方案和任务由一般员工制定。

第二，指出了目标管理成功的先决条件。

1. 高层管理部门不只限于战略目标的制定，并为其实现担负主要的责任，而且还要参加高级策略目标的制定。

2. 下级也应参加目标的制定并为其实现担负一定责任。

3. 要有充分的情报资料。

4. 各级管理人员对实现目标的手段都应有一定程度的控制权。

5. 对由于实行目标管理而带来的风险予以激励。

6. 对员工要有充分的信心。

第三，划分了目标管理的三个阶段。第一阶段是确定目标阶段；第二阶段是目标管理的具体实施阶段；第三阶段是检查和评价工作绩效阶段。

战略规划关心的是最根本的问题，即组织发展的方向和本身能力的匹配问题。战略规划不是"科学方法对企业决策的应用"，而是思想、分析、想象和判断的应用，它更强调责任而不是侧重于技术分析。

（二）成熟经营理念应包含的主要内容

任何一个成功都必须有其成熟的经营理念，主要包括三个部分：第一，对组织所处环境——社会及其结构、市场、顾客、技术等的设想，以及关于外部环境的设想，决定了一个组织将因为什么得到回报；第二，关于组织的使命、具体任务的设想，这些设想规定了组织将什么看作是有意义的；第三，是关于实现组织使命所需的核心能力的设想，关于核心能力的设想则明确了组织必要的努力方向，以维护领先地位。

六、哈罗德·孔茨

（一）管理模式划分及其重点

孔茨认为，早期从事管理理论研究与著述的，都是有实际管理经验的人员。20世纪50年代后，从事管理理论研究的主要是高等学府中受过专门训练但却缺乏实际管理经验的人。管理方面的学术论著如雨后春笋般地出现，带来了众说纷纭、莫衷一是的乱局，并逐渐失去实际管理人员的信任。

孔茨对主要的管理理论做了系统的分析和总结，划分为以下的主流学派。

1. 管理过程学派。他们把管理看作是在组织中通过别人或同别人一起完成工作的过程。应该从理论上分析这个过程，并加以概括与总结，确定一些基础性的原理，从而形成一种管理理论。通过传授管理过程中包含的基本原则，改进管理实践。

2. 经验（或案例）学派。这个学派通过分析经验（常常就是案例）来研究管理。其依据是，管理学者和实际管理工作者通过研究各色各样的成功和失败的管理案例，就能理解管理问题，自然地学会有效地进行管理。

3. 决策理论学派。他们的基本观点是，由于决策是管理的主要任务，因而应集中研究决策问题。他们认为，管理是以决策为特征的，所以管理理论应围绕决策这个核心来建立。

4. 人际关系学派。这个学派认为，既然管理是通过别人或同别人一起去完成工作的，那么对管理学的研究就必须围绕人际关系这个核心来进行。这个学派注重管理中"人"的因素，认为在人们为实现其目标而结成团体一起工作时，他们应该互相了解。

5. 群体行为学派。它所关注的主要是群体中人的行为，以社会学、人类学和社会心理学为基础，着重研究各种群体行为方式。从小群体的文化和行为方式，到大群体的行为特点，都在它研究之列。它也常被称为"组织行为学"。

6. 数学学派或"管理科学"学派。他们把管理看成是一个数学模型和程序的系统。认为只要管理、组织、计划或决策是一个逻辑过程，就能用数字符号和运算关系来予以表示。这个学派的主要方法就是模型，借助于模型的建立，把问题用基本关系和选定目标表示出来。

7. 权变理论学派。这个学派强调，管理者的实际工作取决于所处的环境条件，环境变化同管理对策之间存在着一种积极的相互关系，管理者可以针对管理的具体情况，来确定一种适应它的高度规范化的组织形式去展开有效的管理工作。

8. 社会协作系统学派。他们把有组织的企业，看成是一个受到文化环境影响与支配的社会有机体。对组织职权制度基础，非正式组织的影响，以及有关社会因素的分析和对管理理论的研究与管理实践水平的提高具有推动作用。

9. 社会技术系统学派。他们认为只分析企业中的社会因素是不够的，还必须注意其技术方面。他们认为，企业中的技术系统对社会系统有很大的影响，个人的态度和群体行为，都受到人们在其中工作的技术系统的重大影响。因此，必须把企业中的社会系统与技术系统结合起来考虑，确保这两个系统的相互协调。

10. 系统学派。他们认为系统方法是形成、表述和理解管理思想最为有效的手段。所谓系统，实质上就是由相互联系或相互依存的一组事物，或其组合所形成的复杂统一体。它们不仅包含系统内部的各个环节与组成，而且都在与它们的环境相互起作用，因而都受到环境因素的影响。

11. 经理角色学派。这个学派主要通过观察经理的实际活动，来明确经理角色的内容。他们认为，企业的经理们并不是按照人们通常认为的那种职能分工行事的，即并不是只从事计划、组织、指挥、协调和控制等工作，而是还进行许多别的工作。

（二）管理工作所涉及的主要职能

孔茨把各项管理工作划分为五类职能。

1.计划职能。计划包括定义组织的目标,开发一个全面的分层计划体系,以综合和协调各种活动。

2.组织职能。组织工作就是要创造一种促使人们完成任务的环境,它要经过策划而建立起一种正式的角色分配结构体系,使得人们通过履行自己的职责而协调配合,顺利地实现计划所设定的目标。

3.人事职能。人事职能包括对员工的选择、雇用、考评、培养和其他一些有关员工的工作。

4.指挥职能。指挥的意义在于调动部下的积极性,带领、引导他们为实现目标而努力。

5.控制职能。控制与计划相辅相成,缺一不可。计划确定以后,还需对其执行过程进行监督,及时纠正偏差,以保证计划的实现。

七、彼得·圣吉

(一)学习与系统思考

在一个变化越来越迅速的年代,每个组织和个人都必须经由新的学习不断超越自我。圣吉称未来成功的企业必将是"学习型组织",因为变动时代唯一持久的竞争能力,是有能力比你的竞争对手学习得更快更好。

组织智障,即组织或团队在学习及思维方面存在的障碍,妨碍了组织的成长,并最终导致了组织的衰败。这种障碍最明显地表现在,组织缺乏一种系统思考的能力,从而失掉了对组织整体运行的把握。要使企业茁壮成长,必须把企业变成一种学习型组织,以此来克服组织智障。

(二)学习型组织的五项修炼

1.第一项修炼,自我超越。它要求个人不断学习并加深自己的真正愿望,集中精力,培养耐心,以自己真正向往的事情为起点,为自己的最高意愿而生活。

2.第二项修炼,改善心智模式。心智模式是根深蒂固于心中的,影响我们如何了解这个世界,以及如何采取行动的许多假设、成见,甚至图像、印象等。因此,要以更加开放的心态容纳别人。

3.第三项修炼,建立共同愿景。共同愿景指的是一个组织中,各个成员发自内心的共同目标,它能够帮助组织培养其成员主动而真诚地奉献和投入。

4.第四项修炼,团队学习。团队的智慧总是高于个人的智慧,当团队真正在学习的时候,不仅团队能产生出色的效果,其成员的成长速度也比其他的学习方式快。

5.第五项修炼,系统思考。企业和人类的其他活动一样,也是一个系统,也都受到细微且息息相关的行动所牵连,彼此相互影响,因此必须进行系统思考的修炼。

八、迈克尔·波特

(一)组织战略与领导人的关系

战略事关抉择和权衡,事关通过精心选择而达到与众不同的结果。它与运营有效性完全是两码事,运营涉及的事情其实没有必要做出抉择,它事关怎样才能使每个人达到最佳和每项业务应该做什么。

一个组织的主要战略家必须是领导人——CEO。一个企业要想成功，就必须有一个强有力的领导者，他始终愿意做出抉择、给出权衡。在真正出色的战略和真正强有力的领导者之间有着显著的联系。战略就是要确保一个企业，每天所做的成千上万的事情，都朝着同一个基本方向运行。对一个领导者来说，最为关键的工作，是要提供能使大家齐心协力而有条不紊的东西，确保这种独特地位得到长久维持。

（二）企业竞争战略及五种环境因素

迈克尔·波特对于企业竞争的环境因素，提出了竞争战略"五力分析"模式。

1. 产业新进入者的威胁。进入本行业有哪些壁垒？它们阻碍新进入者的作用有多大？本企业怎样确定自己的地位？

2. 供货商的议价能力。供货商的品牌或价格特色？供货商的战略中本企业的地位？供货商之间的关系？从供货商之间转移的成本？

3. 买方的议价能力。本企业的部件或原材料产品占买方成本的比例？各买方之间是否有联合的危险？本企业与买方是否具有战略合作关系？

4. 替代品的威胁。替代品限定了本企业产品的最高价，替代品对本企业不仅有威胁，可能也带来机会。

5. 现有企业的竞争。行业内竞争者的均衡程度，增长速度、固定成本比例、本行业产品或服务的差异化程度、退出壁垒等，决定了一个行业内的竞争激烈程度。

上述管理理论所涉原则与方法的重要价值，迄今为止，已经为众多的组织实践所广泛验证。事实上，能够登上领导或管理岗位的职业人士，已很少不具备一定高度的管理理论素养或方法技能。然而，实践中的职业挫折或失败，以及各种工作进程中的艰难困扰，依然时常与广泛的领导管理者形影相随。

的确，如何把各项领导管理积极的原则与方法与自身实践的实际进行最为密切的联结与融合，在日趋复杂多变的环境中，正日益成为广泛的实践者普遍面临的艰难挑战。下一节，我们将以一个组织更高质量的全局实践进程，及其成就的卓越创造为中心，和读者共同探讨高水平的组织战略领导实践所应遵循的若干思维原则及其推进方法。

第三节　组织的全局、战略与领导

铸建睿智成熟的全局意识

在风云变幻的复杂内外环境中，远见卓识地指引和创造组织持续高质量的运营发展，已被广泛认为其最高领导的卓越职业智慧、才能与价值有效展示的关键途径，以及必须肩负的最为根本和核心的职责。然而，随着各种内外因素及其关系与变化的日趋复杂，在亮丽光鲜的运营背景中，曾经高耸挺拔的组织大厦顷刻间轰然塌陷，无不成为当今社会令人扼腕叹息却又匪夷所思的普遍现象。

的确，涉及诸多内外因素及其关系与变化，以及复杂事物运行发展睿智成熟的辨识和应对，在长期以来，一直成为人们职业智慧与才能普遍而艰难的挑战，以及广泛孜孜探寻的重要议题。对此，《尚书》曾谆谆告诫："慎厥初，惟厥终，终以不困；不惟厥终，终以困穷。"——需要谨慎于事物的初始，更要特别注重于它的终局，这样始终都不会陷入困窘；如果轻视它的终局，迟早必然会陷入困境。

清代的陈澹然也曾为此断称："自古不谋万世，不足谋一时；不谋全局者，不足谋一域。"——自古以来，缺乏长远发展的思维意识，短期思考的质量必将受到显著的限制；没有全局运行的通盘考虑，局部思维的水平必然遭受严重的削弱。

本节中，我们首先从对复杂事物运行发展卓有成效地辨识和应对的积极方法入手，提出了任何组织持续高质量运营发展的睿智坚强创造最为核心的全局概念，并探讨了这一核心思想或思维的重要价值。接着，为了支持广泛的实践者远见卓识地把握和应对复杂而艰难的全局挑战，我们构建了睿智积极地辨识组织全局的五维思维模式。

睿智成熟地辨识和创造复杂事物运行全局的卓越进程，显然，无不需要卓有成效工作方法的坚强有力的支撑。为此，我们根据广泛而积极的实践，引出了组织运营发展全局战略的重要概念和工作方式，及其睿智坚强推进所需包含的若干主要内容。在此基础上，我们进一步提出了，领导人的职业智慧、才能与价值在于组织全局高质量进程或成就的积极创造，以及战略方法作为组织的卓越领导的普遍强大动力和重要途径的论断（图1-1-3-1）。

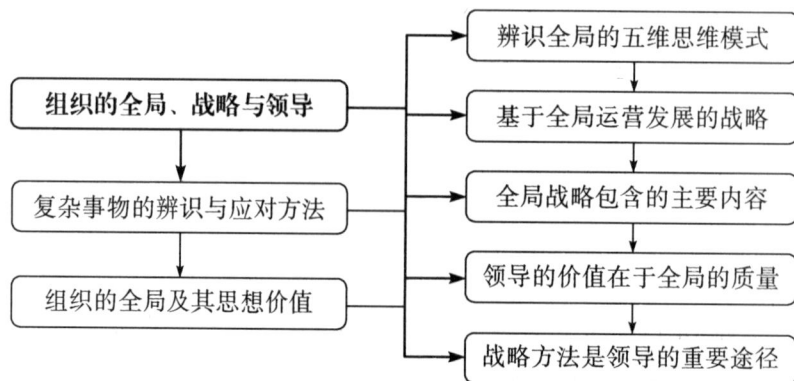

图 1-1-3-1　组织的全局、战略与领导

一、复杂事物的辨识与应对方法

睿智积极地辨识与应对复杂的事物，是职业人士时常面临的工作任务，也是人们职业智慧或能力普遍的挑战与检验。复杂的事物，通常包含着诸多组成环节或因素，及其相互间的关系与持续的变化。事物之所以呈现出它的复杂性，普遍源于各种表象的背后或深处隐含着使人难以直观识别，但却对其运行变化具有决定性影响的本质因素。

事物的复杂性，通常还体现在与外部环境的因素存在着各种形式的动因或相互影响的关系，并由此形成内外因素的不同作用的结构及其状态，而表现着事物运行变化不同的阶段或进程。

复杂事物高质量的辨识与应对，普遍需要运用各类专业性的分析方法，来把整体事物有效分解为能够直接施加作用或影响若干专业或局部环节与因素的组成，并根据对事物整体及其变化全过程的意愿或需要，以内外因素更为积极的相互作用或影响的方式，创造或推进事物最具价值的运行变化（图 1-1-3-2）。

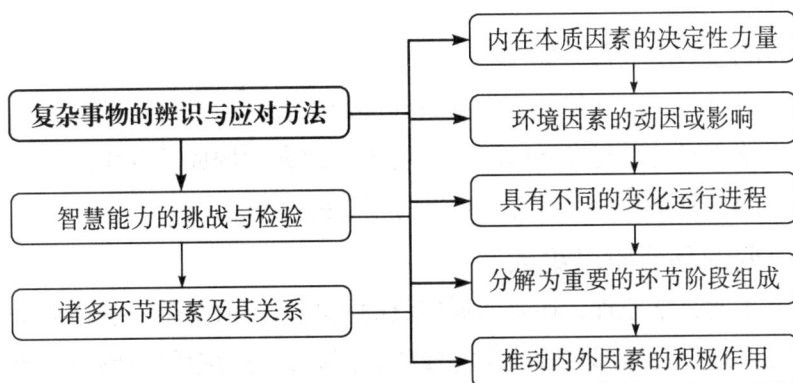

图 1-1-3-2　**复杂事物的辨识与应对方法**

（一）智慧能力的挑战与检验

对复杂事物更高质量的辨识与应对，不仅是人们工作积极地推进时普遍难以避免的艰难挑战，而且也是人类文明进步与社会发展的最为强大的推动力量。因此，长期以来，它一直成为人们职业智慧与力量最为重要的评价或检验标准。广泛的实践中，任何真正重要或宝贵的工作价值的卓越创造，无一不是通过对复杂事物高质量辨识与应对的推进得以实现的。因此，娴熟地掌握其基本的思维原则或技能方法，就成为创造优良工作成绩极其重要的职业素养。

（二）诸多环节因素、关系与变化

任何复杂的事物及其运行，都必然包含着诸多的组成环节或因素，以及它们相互间的作用关系与变化。其中，绝大多数环节因素、关系或变化，在一定的运行意愿或目标背景下，所产生的影响都较为有限。然而，高质量地辨识与应对复杂事物，则必须深入准确地辨识和把握那些对事物整体运行具有重要影响，且通常较为有限的环节因素及其相互关系的变化。

对于极其复杂的卓越领导人的素养构成，长期以来，一直存在着极为广泛的争议。然而，必须成为通晓行业的专家，似乎成为许多人毋庸置疑的必备技能。当内外交困的 IBM 起用来自食品行业的郭士纳担任 CEO 时，业内发出了不绝于耳的嘲讽声。有趣的是，"国际饼干制造商"英文简称恰好也是 IBM。于是有人断称，在郭士纳的领导下，IBM 必将成为饼干制造商。但郭士纳用自身卓越而显赫的领导业绩，否定了领导人资深的行业知识或经历，具有职业高质量进程与成就中不可或缺的决定性价值的臆断。

（三）内在本质因素的决定性力量

复杂事物准确辨识与应对的挑战，时常体现着必须对它的内在本质因素及其特征形成足够深入而牢固的把握。本质因素决定着事物一切重要的性质表现特征。除非改变事物本质因素的构成及关系，否则人们将难以抗拒本质因素对各种性质特征与表现的强大决定性力量。

（四）环境因素的动因或影响

无论人们是否能够主动积极地予以辨识或运用，事物总是与其生存发展的外部环境存在着千丝万缕的作用影响关系。事实上，人们对于复杂事物的辨识与应对，时常是出于外部某项或某些特定的动因，或者需要推进使用外部的作用或影响的手段与工具，以创造或推动事物更为积极的运行。因此，对事物的准确辨识或积极应对，必须全面审视其与外部环境因素，可能存在的相互影响、作用、联结或转换的机理和形式。

（五）具有不同的变化运行进程

复杂事物的运行进程，时常伴随着内部或外部因素及其关系的持续变化，而体现出具有明显差异的发展阶段。根据不同的运行发展阶段，事物内外因素的构成及其作用关系的变化，以及持续推进其积极运行发展的方法或手段，时常需要进行相应的改变。

（六）分解为重要的环节阶段组成

无论是根据基本的哲学原理，还是依据广泛的实践，任何复杂的事物都是由不同专业性特征的环节或具有不同关系地位的局部与阶段所构成的。因此，努力把复杂事物有效分解或设置为若干重要的且现有的资源能力能够有效作用的专业性的局部组成环节或运行阶段，就成为它的有效应对最为基本而关键的方法。重要环节或阶段未能得到准确地分解与设置，或者目前的资源能力难以有效地予以作用和推动，都必将极大地限制事物的应对质量。

（七）推动内外因素的积极作用

任何事物的运行变化，都是一定内在因素和外部因素共同作用的结果。因此，睿智成熟地辨识和应对事物的运行变化，无不需要全面准确地识别并卓有成效地推进事物内外因素相互间的密切联结和积极作用。

不仅如此，外部的因素通过一定积极有效的方式，能够卓有成效地转化为事物内在因素的有机组成，并以此睿智坚强地推动事物本性特征的质的提升和发展，则更具普遍而重要的积极实践价值。事实上，五彩缤纷的世间万物，无一不是充分吸取了外部环境中的丰富养分而展示着勃勃生机；任何组织的繁荣兴旺，无一不是通过高质量产品服务的卓越创造和推广，而获取了外部环境广泛积极的资源力量，从而对自身运营发展坚强有力的支持。

二、组织的全局及其思想价值

组织的全局，是以各环节、阶段与内外等关系及其变化为基础，系统、完整与长远地审视、评价或推进组织高质量的运营发展所形成的思想意识及其思维与行为的重要方式。它不仅决定着人们辨识与推动组织运营的思维或行为水平，而且也是组织内在资源能力构成及其价值的重要判定标准，以及外部环境因素性质与质量的关键评价依据（图1-1-3-3）。

全局的思想意识，能够为组织光明前行方向的设置和强大行进动力的创造，提供坚强有力的支持。因此，轻视或背离全局的核心原则，无不成为组织运营发展的各类缺陷以及严重挫折的普遍而重要的根源。

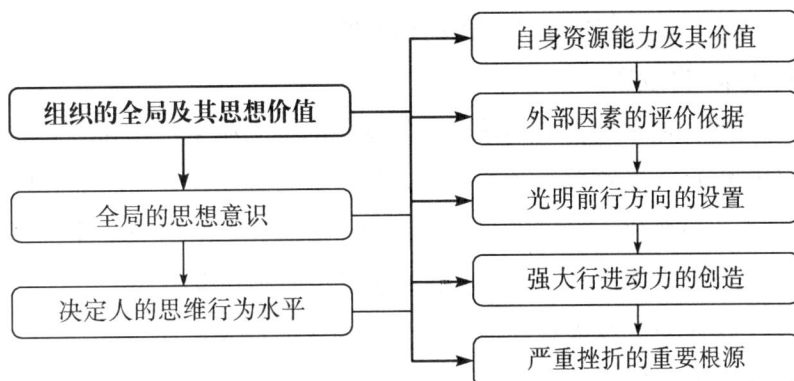

图1-1-3-3　组织的全局及其思想价值

（一）全局的思想意识

全局的思想意识，对复杂事物辨识与应对的质量或水平，具有极其重要的决定性影响。它通常需要人们既能够看清事物各环节或因素及其主要关系而构成的相互作用和联系的系统，也要准确识别内外因素及其关系的变化所呈现的事物各运行阶段的全过程，还要深入辨识事物与外部环境间各种因素相互作用、联结或转换的状态与趋势。否则，面对复杂的事物构成及其运行，必将陷入捉襟见肘、顾此失彼的窘困境地。

（二）决定人的思维行为水平

广泛的组织实践中，人们时常会对某些专业环节或领域、某一进程阶段或特定外部环境下的工作产生不同的看法或意见。这也是组织自身力量出现内损甚至导致严重分裂的重要根源。

全局的思想意识，则能够有力地支持人们，超越某些局部的环节、阶段与环境背景的限制，从而牢固地站在组织整体运营发展最为核心的位置，以更为开阔的视野和长远的立场，推进更利于组织高质量进程与成就的积极创造和高水平的思维活动与行为选择，并以此成为组织兴旺强盛最为坚强的推动力量。

（三）自身资源能力及其价值

全面准确地辨识与判断自身资源的能力及其价值，是积极地创造组织高质量进程及其成就，极其重要的基础与普遍艰难的挑战。对资源能力及其价值的判断，必须以组织全局需要的核心为依据，否则某项关键资源能力的重要全局价值及其所应具有的地位，极易被某些次要的因素所替代，从而极大地削弱了全局进程的质量。

广泛的组织实践中，人们时常轻视全局的思想原则，而以某些局部环节、阶段或特定外部因素，对资源能力及其价值进行评价判断，从而极易导致全局性的严重挫折。

（四）外部因素的评价依据

外部环境对于组织的全局，具有极其重要的决定性影响。同时，全局的需要也是外部因素的性质及其价值高低最为关键的判定标准与评价依据。作为组织运营全局构成的重要因素，一切外部因素都必须与内在的资源能力进行密切的联结，才能充分体现出它的积极潜在价值。

因此，在广泛的实践中，同样的外部因素在不同的内在资源力量及其全局背景下，必将呈现出价值的性质及其量化上的明显差异。同时，创造或推进组织高质量的全局进程，必须把外部环境因素的准确辨识与积极应对置于整体工作关键而核心的位置。

（五）光明前行方向的设置

组织的设置或构建，通常源于外部环境及其变化的更高质量辨识和应对的根本目的。睿智成熟的全局思维，无不能够卓有成效地支持和推动人们，更为客观、全面而准确地识别外部环境各项重要因素的构成及其关系与变化，并以此远见卓识地设置或选择对组织整体智慧与力量及其长远进程或成就，具有普遍关键决定性价值的运营发展的愿景、使命和方向。

广泛的实践中，为了更为积极有效地适应外部因素的构成及其关系与变化，更高质量地争取外部一切积极因素的坚强有力的支持，组织通常还需要根据自身资源能力的构成实际，以及与外部因素密切联结与作用的根本原则，对整体运营发展的进程予以具有显著外部因素特征和重点运营阶段的划分或设置，从而实现内外因素的高度匹配与融合，并以此创造组织持续高质量运营发展的光明灿烂的前程。

（六）强大行进动力的创造

任何组织持续高质量运营的发展卓有成效的创造，在广泛的实践中，无不需要强大运营或行进动力的坚强有力的支撑。更具远见卓识的全局思维，无疑能够睿智坚强地支持和推动人们在诸多内在资源因素及其关系与变化的复杂背景下，全面准确地辨识并积极有效地推进自身各类专业资源或能力的卓有成效的构建、联结和作用，从而睿智积极地创造组织整体运营发展的强大动力，并以此充分展示高质量的行进路线。

（七）严重挫折的重要根源

在日趋复杂多变的内外环境中，缺乏睿智成熟全局思维意识的坚强有力的支持，极易导致各类严重问题与挫折的产生，并以此显著限制组织运营发展的进程或成就。这些问题通常表现为：

1. 无视组织的全局背景，孤立地看待或评价相关专业环节的运行能力与价值；

2. 缺乏整体或长远的全局思维，难以全面准确地辨识和把握各专业环节、运行阶段和内外因素间相互联系、影响与作用的关系；

3. 难以对对于组织长远运营发展具有重要决定性价值的根本因素，予以深入准确地洞察和识别，并因此时常为各种表象所迷惑或控制，从而使组织运营陷入极度尴尬的被动境地；

4. 在日新月异的环境中，得过且过或自设桎梏，难以从更高质量的全局高度，审视组织更为积极的发展前景；

5. 好高骛远、眼高手低，看不到组织的繁荣强大，需要不同量变进程的逐步积累；

6. 看不到广泛内外因素的密切联结与作用对组织持续高质量运营发展的决定性价值。过于倾心内外环境中某些个别资源因素，而显著忽略整体资源因素及其密切联结作用的重要价值。

三、辨识全局的五维思维模式

对事关全局各项重要因素或专业环节工作予以全面准确的辨识和把握，无疑成为高质量全局思维意识的卓有成效构建压倒一切的重要基础。不仅如此，全局思维意识睿智成熟的铸建，还需要各项重要因素或专业环节工作的相互间作用或影响关系的坚强有力的支持。我们分别以线型和面型来描述各项重要因素或专业环节的工作，及其相互间的联结与作用关系，就形成了全局思维的一维和二维的辨识方式（图1-1-3-4）。

组织的根本性因素，无不对全局运营发展的进程或成就，具有普遍重要的决定性影响。同时，它又总是隐含在组织运营各种表象的内部深处。因此，我们视其为全局的第三维因素。外部环境是任何组织运营发展的整体价值，以及兴衰荣辱极其关键的决定因素，因而普遍成为组织全局的重要组成，并以此表现为全局思维的第四维构成。在外部环境四维因素的基础上，全局所呈现的持续变化发展的进程，就构成了它的第五维因素。

这样，重要因素或工作、各项重要因素的工作的关系、根本性因素、外部环境因素及其持续运行发展的进程，就构成了广泛实践中组织或复杂事物运行发展的全局的五维思维模式（图1-1-3-4、图1-1-3-5）。

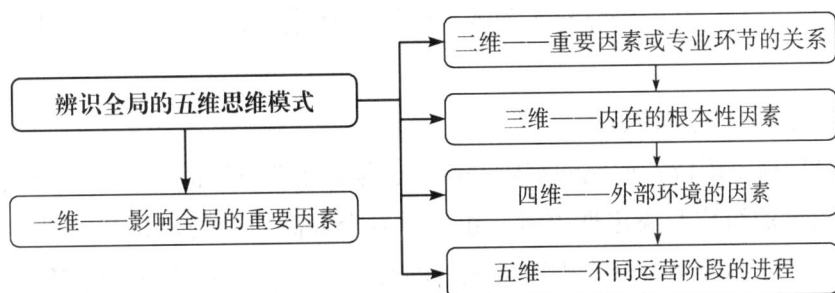

图 1-1-3-4　**辨识全局的五维思维模式**

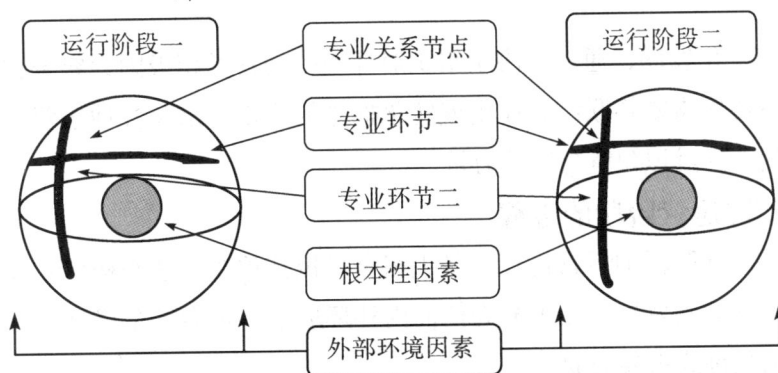

图 1-1-3-5　**全局五维思维模式的结构**

（一）一维——影响全局的重要因素

重要因素或专业环节的工作是任何组织运营发展的全局，远见卓识地辨识和推进的根本基础。组织运营发展进程中，所展示的整体强大力量或严重挫折，无不与各项重要因素的构成，及其专业环节工作的运行质量，存在着显著密切的关联。

全局背景下，对各项重要因素或专业环节工作的辨识与把握，并非要成为相关专业知识或技能的权威，而是需要深入准确地识别它们对全局的影响与价值。实践中，承担全局重要责任的领导人若过于偏爱或沉湎于某些特定的专业因素或工作，反而时常会成为全局高质量把握的重要限制力量。

（二）二维——重要因素或专业环节的关系

组织运营的实质，就是各种专业性环节或资源因素，相互间的影响、作用与联结的活动进程。因此，深入而准确地把握各主要专业环节间相互作用的关系，就成为全局辨识或推进的重要组成。

然而，从各种专业环节或因素的作用表现中，推断出在一定环境条件下所存在的准确相互关系，以及在各种纵横交错的关系中，厘清其中关键的作用或影响，并非简单轻松的工作。长期以来，它一直成为广泛实践中的组织结构、制度与文化设置推进，以及各类研究作品所涉及的主要内容。

（三）三维——内在的根本性因素

根本性的因素，在任何环境背景中都必将对组织的兴衰荣辱产生极其重要的决定性影响。由于它通常隐藏在组织运营各种表象的背后，如同参天大树或夺目鲜花的植根于土壤之中。因此，它不仅成为全局辨识与推进的极其重要的组成，而且也是人们全局思维水平与质量最为主要的影响因素。

根系没有挺拔的雄姿与耀眼的色彩，因而时常被人们所轻视或忽略。然而，其一旦萎靡不振或力量不济，则必将严重制约组织全局的进程与高度。反之，营造任何雄伟的大厦，都必须首先夯实稳固的根基。据此，日趋广泛的研究与实践者，已就人力资源作为组织最为根本性因素，形成了日益普遍的共识。

（四）四维——外部环境的因素

外部环境，是任何组织设置形成的重要基础，也是其运营发展的一切资源力量的源泉，因而成为组织全局极其关键的组成与决定性因素。组织运营全局高质量的辨识和推进，必须能够全面准确地识别与把握，外部环境中对全局进程或成就的具有显著影响的各类重要因素及其关系和变化，并努力根据环境因素远见卓识地分析和判断，卓有成效地推动自身整体资源力量，做出主动而积极的反应。

全局的形势及其变化发展，通常取决于组织对环境中的各类积极因素睿智积极的识别、争取和运用的水平，内外资源因素密切联结、作用或转化推进的质量，以及各种运营负面因素积极有效地化解的能力和整体运营的辨识智慧与行动力量。

（五）五维——不同运营阶段的进程

随着时间推移的不同阶段的运营进程，是组织全局极其重要的核心构成。在广泛的实践中，努力推进组织与时俱进地运营发展，无不成为任何内外环境中，致力于全局高质量进程与成就的领导人所普遍面临的最为关键或重要的职责。

然而，卓有成效地推进组织持续高质量的运营发展，无不涉及诸多变化的内外资源因素，及其错综复杂的相互作用关系。因此，睿智成熟地识别并兼顾组织运营进程中，各个发展阶段的连续性及其密切联结的整体性，就普遍成为组织卓越的全局进程或成就，远见卓识的辨识和创造，必须坚持的重要原则。

四、基于全局运营发展的战略

全局的思维和任务，普遍存在于各类组织以及其他包含着运行的诸多环节、阶段与内外因素作用关系和复杂事物或工作卓有成效推进的广泛实践中。由于涉及诸多内外因素及其关系或变化，使得人们即使殚精竭虑、竭尽心智，也时常难以有效避免职业挫折的严重侵扰。这种背景下，得到积极而强大力量的有力支持，无疑成为人们普遍的强烈愿望。

据此，我们引入了对组织或复杂工作的高质量全局能够给予坚强有力支持的战略思维的原则与方法，并以此探讨了高质量的全局战略通常所需包含的运行规律性的深入探索与准确把握，重要资源因素、能力及其相互关系的辨识与规划，以及具有全局权威性指导原则的设置与实践的重要内涵（图1-1-3-6）。

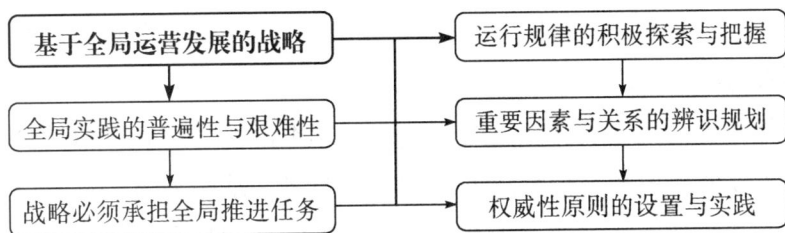

图 1-1-3-6 **基于全局运营发展的战略**

（一）全局实践的普遍性与艰难性

推动组织运营或复杂事物运行的持续高质量的进程与成就，无论当事人是否具备睿智成熟的全局思维智慧或意识，最终都必将构建起整体、长远与内外关系的卓有成效的思维与行为方式。不仅如此，任何研究作品或成果，如果不能对复杂实践中更高质量的全局进程或成就提供坚强有力的支持，那么它的价值无疑将会受到极大的限制。因此，全局的实践具有显著的普遍性特征。

同时，由于组织或复杂事物的全局，通常受到诸多内外因素及其关系与变化的重要影响，因此它的准确辨识与积极推动普遍成了广泛实践中的艰难挑战，以至于即使人们殚精竭虑，也时常难以摆脱职业挫折或失败的侵扰。

（二）战略必须承担全局推进任务

据此，我们已经能够清晰而深刻地感知，战略是专门用以承担或推进高质量全局任务的工具与力量。显然，战略的核心与精髓，就是必须要对全局形成最为坚强有力的支持，否则，必将丧失其应用的强大力量或积极价值。此外，战略所需包含的规律性、重要性及其原则性特征，也是其卓越辨识与设置，及其坚强力量充分展示的重要保障。

因此，所谓战略，就是指为了创造组织或复杂工作高质量的全局进程与成就，根据整体内外资源因素的构成及其关系和变化，所呈现的运行必然性规律的准确辨识，并以此对重要内在资源能力的结构，以及内外因素相互作用的关系予以系统地规划和设置，从而形成具有全局的核心意义与价值及其整体运行方向、路线和目标权威性的指导原则和蓝图。

（三）运行规律的积极探索与把握

整体战略工作极为艰难、极具关键的环节，是对组织或面临的复杂事物，在一定内在本性特征及其外部因素作用背景下所呈现的必然运行规律的睿智成熟的辨识与把握。缺乏对组织运营或事物运行必然性规律，及其强大力量的全面准确的辨识与把握，不仅卓越的战略规划或设置难以推进，甚至将无法理解战略实践的全局核心价值。

典型的有，作为资深研究学者，美国的皮尔逊就曾断称："如果战略存在的话，它是混乱而不完整的，实践时常是一团糟。"而保罗·戴蒂则断然认为，战略仅仅是"一个迷惑人的概念"。

的确，事物的运行规律，通常受到内在的本性特征、外部的环境因素及其内外因素相互作用的重要影响，属于较为复杂的哲学范畴。因此，优秀的战略家，无不具备深厚的哲学素养。

（四）重要因素与关系的辨识规划

组织或复杂事物的运行，通常包含着众多的内外因素，及其相互间的作用影响关系和持续的变化。然而，高质量的战略作为全局的强大支持与推动力量，通常只应对全局进程或成就以及具有显著影响的各类重要因素、关系与变化，予以睿智积极的辨识、规划和推进。与此同时，还必须努力避免各种次要因素、关系或变化，可能对全局的积极思维与行为所产生的负面影响和干扰。

（五）权威性原则的设置与实践

战略的思维及其力量与价值，在广泛的实践中，无不需要通过各种权威性的运营原则进行远见卓识地设置和推进才能得以积极而充分的展示。换言之，战略通常不涉及各种局部或专业环节具体的运行方式，但却必须能够全面准确地设置和界定各专业环节、运营阶段及其主要内外因素关系的构建，需要共同遵循的基本原则，以及各项基本原则得以积极有效实践落实的保障途径与措施。

五、全局战略包含的主要内容

全局战略辨识的水平和推进的质量，从根本上决定着组织整体运营发展的能力，体现着领导人职业的智慧与才能。它的卓有成效的创造通常包括：战略信息体系的积极构建与运行，以及由此对内外资源因素及其关系与变化所形成的全面准确的识别和把握；组织长远运营发展愿景和使命，远见卓识的辨识与设置；外部资源因素及其关系与变化背景下，战略运营或推进方向的睿智成熟的确立；内在各项重要资源能力的构建，及其相互联结与作用形成的高质量战略路线的积极设定；战略运营发展的整体意图和目标体系的准确设置；整体战略高质量推进各项重要的支持政策与保障措施，积极有效的设定和实施等一系列相互联系和影响的主要内容或工作（图1-1-3-7）。

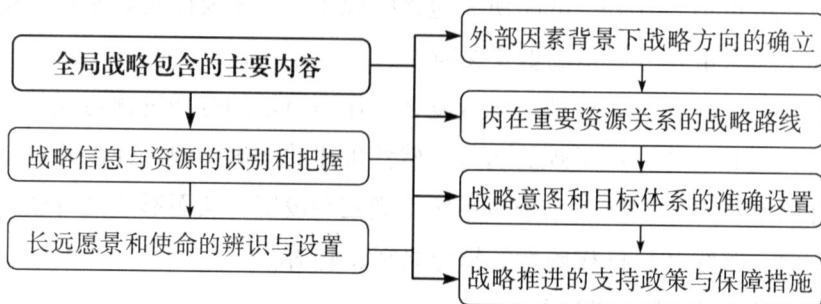

图1-1-3-7 全局战略包含的主要内容

（一）战略信息与资源的识别和把握

在复杂多变的环境中，任何卓越全局战略的积极创造或推进，都必须得到高质量信息体系的坚强支撑。缺乏足够全面完整信息的有力支持，任何睿智的领导人即使采用世界上最为先进的方法手段，都难以创造卓越的战略进程或成就。因此，任何背景下，领导人都必须竭尽所能、不遗余力地构建对全局战略水平及其成就具有决定性价值的高质量信息体系。

实践中，几乎所有的严重挫折与失败，都与战略信息未能准确地把握有着极为密切的关联。高质量信息资源的应对，必须注意的重点主要包括：

1. 切勿用自身的主观愿望，去替代客观的事实；

2. 任何实践都无法得到所有重要的信息。因此，根据通情与达理的原则，对已知信息进行分析，而推断可能未知的重要信息，就是项极其重要的战略素养；

3. 信息资源是决定一切有形、无形和人力资源，以及外部需求与潜在积极力量价值的关键因素。因此，任何时候都必须站在全局质量及其战略成败的高度予以最为积极而又谨慎的应对；

4. 在具有重大风险的内外环境中，必须努力运用一切积极而有效的手段或方式，争取信息的足够准确与完整；

5. 注意重点信息的收集处理，避免为表面、次要或虚假的信息所干扰与迷惑。

（二）长远愿景和使命的辨识与设置

个人或组织的信念通常不属于战略涉及的内容，但它形成所需的社会运行规律高度辨识思维方式的智慧，及其最为长远的孜孜追求的行为动力，是任何高质量组织战略的设置与推进的极其强大的推动力量。因此，任何卓越的组织或战略家，必定具有坚定不移、牢不可摧的坚定信念。

从根本上说，信念是对广泛社会发展进步总体必然趋势，深入辨识所形成的长远愿景。它与一定组织内在资源能力及其外部环境的密切联结，无疑就能够对组织运营发展的必然规律性及其坚强支持的组织运营发展的积极愿景，予以远见卓识的辨识。强烈的愿景，必将能够有力地支持组织有效铸建起牢固责任意识和积极长远价值，及高质量全局创造强大推动力量的极其重要的战略使命。

使命源于积极的社会与组织运营发展的愿景，也是人们智慧力量高度升华的成果。同时，强烈的使命意识，又能够有力地支持人们更为深入准确地辨识与创造性地推进内外资源力量更为密切的联结与融合。因而，它普遍成为人们智慧能力积极提升的强大动力，以及组织高质量全局战略的重要组成。

（三）外部因素背景下战略方向的确立

外部环境所存在的资源因素，在任何背景下，都不仅是组织或复杂事物持续高质量运行发展所需的整体强大资源力量的根本来源，而且也是它们运行发展的价值得以积极实现、准确评价或持续提升的重要依据。因此，对外部环境所持有的基本思维立场或方法，以及积极运用或作用的基本行为方式，就普遍形成了对广泛范围中组织运营发展的进程与成就最具关键决定性价值的基本方向。

显然，基本方向的任何严重偏差或错误，无不将会严重地削弱组织运营发展全局战略的整体质量或水平，并极易背离自身的根本信念而导致运营的彻底失败。因此，积极辨识、设置或推进高质量的全局战略，必须把准确识别与积极应对外部环境资源因素的战略方向，成熟牢固地置于一切工作的首位。

（四）内在重要资源关系的战略路线

众所周知，内因是事物变化的根本。事物的根本特征，通常取决于自身主要因素的构成，及其相互间联结作用的关系。对于"无为而治"的思想，传统的方式一般理解为，必须尊重内在的本性特征才能积极有效地推进事物的运行发展。但更为深入而准确的理解方式，则是应该努力通过事物自身主要构成因素，及其相互间联结或作用更高质量整体结构的有效创造，以实现更为积极的事物内在的本性特征，从而实现对"无"的卓有成效的作为。

高质量全局战略的准确辨识与积极推进，无疑需要特别注重并着力组织或复杂事物，内在资源因素及其密切联结或作用的整体强大潜在力量卓有成效的识别、提升与展示。与主要涉及外部环境资源因素的方向重点相对应，以创造自身资源因素及其密切联结的强大力量为核心，所展现的运营思维或行为方式，就形成了战略设置与推进的基本行进路线。

对于广泛的经济组织或企业的战略推进路线，通常可以根据自身资源能力的构成及其关系特征，选择集中型或密集型、一体化、多元化以及战略联盟运营发展等基本方式。

（五）战略意图和目标体系的准确设置

通过内外资源因素广泛而深入的辨识，及其战略运营基本方向与路线的思考设置，资深的职业人士通常都能够在头脑中形成一定阶段的战略运营意图。战略意图在复杂多变的内外环境中，通常能够直接而准确地体现组织的战略愿景和使命。

尽管如此，由于战略的基本方向和路线，一般具有涉及内外资源因素或力量的不同的侧重，并且又具有高度原则性的指导特征。而战略意图在诸多不确定因素及其变化的环境中，显然又难以有效承担密切联结内外各类资源因素的重任。因此，战略目标的辨识及其设置，就成为密切融合整体内外资源力量，创造高质量全局战略进程与成就的不可或缺的重要任务。

对全局高质量战略进程或成就的积极创造具有强大推动力量的战略目标，无不表现为涉及各重要运行环节或因素及其相互作用或影响关系的完整体系。它一般需要包括或涵盖内部资源能力的运营发展，外部环境重要因素作用的成果，内外资源因素相互联结或转化，各重要战略单位与阶段所需实现的任务，以及整体战略进程所需达到高度等定性或定量的目标。

（六）战略推进的支持政策与保障措施

为充分激发各运营环节或资源因素的组成，推动或执行既定战略使命、方向、路线与目标的积极性，以及相互间密切支持协作的主动性，并有效限制各类负面因素的阻力，从而创造高质量的全局战略进程或成就，完整的战略构成要素，还必须包含根据内外整体资源因素构成及其关系和变化的运营实际所设置形成的战略高质量推进的积极有效的支持政策。

不仅如此，战略的辨识、规划与推进的整体进程，还必然包含着诸多内外不确定或不断变化的因素，及其相互间的作用关系。为在复杂多变的内外形势下，能够卓有成效地推进自身各类资源力量，以及内外因素间积极的相互作用关系，并有效避免各种内外因素及其关系的变化可能对组织的战略进程产生的严重侵蚀，还必须根据内外形势的判断及其具体的推进需求，设置坚强有力的战略保障措施。

六、领导的价值在于全局的质量

身居最高位置的领导人，必须肩负起组织运营发展高质量全局的重任，这也是他们自身职业才能与价值最为根本而重要的展示途径。全局卓越领导的积极创造，在广泛的实践中，最为关键的就在于通过对组织运营发展基本规律的深入把握，并以此把组织既有的资源力量的背景，与即将开创的积极运营前景予以最为密切的联结。

为此，领导人必须能够准确辨识与积极创造组织运营发展的坚强的核心力量，以推动内在各类资源能力及其相互间密切作用持续高质量的提升；深入辨识并把握更为广泛的组织外部环境中，所存在的更具积极的社会价值及其充分展示的基本方式；通过内外资源因素更为密切联结与融合的有效推动，以实现高质量全局进程与成就的积极创造（图1-1-3-8）。

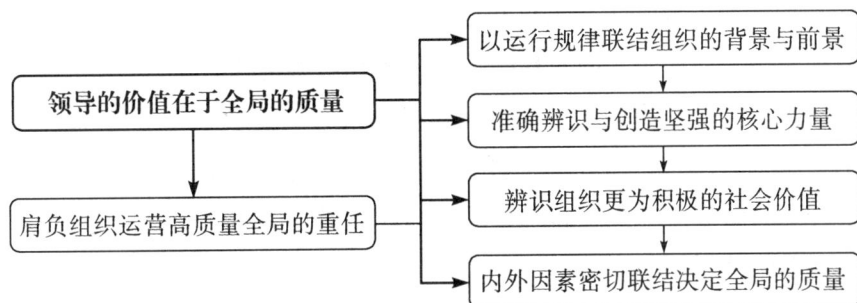

图 1-1-3-8　领导的价值在于全局的质量

（一）肩负组织运营高质量全局的重任

任何时候，领导人都必须能够远见卓识地辨识并确立自身对组织全局高质量运营发展所应肩负责任的睿智而成熟的意识。事实上，组织运营发展的全局责任，不仅是领导人胸前最为闪亮耀眼的职业胸牌，而且也是一切卓越的职业智慧、才能与价值，睿智成熟的辨识、创造或展示的普遍的关键途径和强大动力。

因此，领导人必须集中心智、竭尽全力，努力通过职业智慧才能的积极提升与充分展示，全面准确地辨识并卓有成效地推进事关全局的各种重要因素、关系与变化，从而睿智坚强地超越各类次要因素的干扰、迷惑或控制。为此，美国科恩费里国际有限公司前领导人莱斯特·科恩曾经辩称："领导需要有在上面不为日常事务弄得手忙脚乱，而站在事务工作之上、高瞻远瞩地看清全局的才能。"

（二）以运行规律联结组织的背景与前景

准确辨识与把握诸多复杂的因素、关系及其变化，并以此推进或创造高质量的组织全局，无疑是一项极其艰难的职业挑战。然而，通过长期的实践探索与总结，人们已经日趋广泛而深入地意识到，一定内在的资源因素及其相互间的作用，所形成的自身本性特征或运营能力，在一定的外部环境及其内外因素相互联结或作用下，能够呈现一种运行必然趋势的规律性。内在因素、外部环境及其相互作用所体现的运营历史或轨迹，通常构成了组织运营发展的背景。

在广泛的实践中，事物的运行或组织的运营背景与发展前景，总是存在着千丝万缕的必然联系。事实上，对内在资源因素及其作用所形成的本性特征或运营能力，一定外部环境及其内外联结或作用所呈现的运行必然规律性，以及它们共同展现的整体运行背景足够深入而准确的辨识，普遍成为事物或组织高质量发展前景的睿智坚强创造的关键而强大的推动力量。

因此，具有高水平战略素养的领导人，无不特别关注战略的方向和路线，以及这对辩证统一关系核心因素的辨识、设置与推进。在广泛的实践中，战略的方向，通常决定着内外因素密切联结作用，所能够实现的全局运营发展进程与成就；战略的路线，则普遍决定着内在资源因素及其作用关系，所形成的自身本性特征和运营发展。卓越的领导人无一不是通过对组织运营发展的背景及其规律进行远见卓识的辨识和把握，并依据卓越的战略方向与路线的坚强有力的支撑，卓有成效地铸建组织运营发展光明灿烂的锦绣前程。

（三）准确辨识与创造坚强的核心力量

坚强的核心力量，不仅是组织内在整体强大资源能力最为重要的体现，而且也是内外因素密切作用或联结的最为关键的推动力量。因此，对运营发展核心力量的价值，及其睿智坚强铸建方式的远见卓识的辨识和把握，无不成为领导人卓有成效地创造组织全局高质量的进程与成就，并以此展示自身卓越的职业智慧与才能，所普遍面临的关键任务和艰难挑战。

坚强的核心力量，必须能够有效地推动组织自身的人力、无形与有形资源的密切融合，推进各类专业资源能力的持续提升和推进内外因素更为积极的相互作用或联结。显然，各环节工作的中坚骨干，必然成为各种运营背景下，组织高质量进程与成就最具决定性的核心力量。

（四）辨识组织更为积极的社会价值

外部环境的因素，不仅是组织运营价值得以实现和提升的决定性力量，而且也是其发展所需各类资源的重要来源。因此，它的深入准确地辨识与应对的水平或质量，通常决定着组织运营发展方向的设置或选择水平，并因此成为组织全局进程与成就，最具决定性的核心工作之一。

在广泛的运营发展环境中，领导人必须努力超越各种故步自封意识的限制，以更为广阔的视野和长远的立场，深入辨识组织更为积极的社会价值，并努力通过自身整体运营能力持续提升的积极推动，以及最具远见和智慧的社会责任的担当，创造组织更高质量的全局进程与成就。

（五）内外因素密切联结决定全局的质量

组织内在资源能力的组成及其作用方式，外部产品服务需求的识别与满足质量，以及由此形成的整体内外资源因素，相互间联结形式或水平普遍而显著的差异，构成了组织千姿百态的运营发展进程和表现。在广泛的实践中，睿智积极地辨识、创造或推进内在资源能力高质量的组成与作用，外部需求卓有成效的满足，并以此形成内外资源因素相互间的密切联结和融合，普遍成为组织领导人必须承担的关键职责，以及职业价值得以展示的重要途径。

七、战略方法是领导的重要途径

创造卓越的领导进程与成就，必须遵循人类认识和实践最为基本的特征与原则，以及由此所形成的旨在积极辨识和推进组织运营发展高质量全局的战略方法。在广泛的实践中，对事物的积极推动必须以完整准确的认识为基础。因此，战略辨识就成为卓越领导普遍的坚实基础。高质量的战略领导和极其复杂而艰难的挑战，还普遍地存在于必须睿智成熟地兼顾各运行环节、阶段及其整体内外因素密切联结作用所构成的全局，以及由此形成的运行方向、路线与目标的构思和规划中。

人们的辨识思维智慧，如果缺乏高质量实践的有力支持，无不难以展示任何积极有效的价值。因此，辨识及其规划推进的实践，普遍成为战略领导的核心任务。不仅如此，领导人还必须能够根据认识与实践的持续循环反复的辩证关系原则，努力推进战略实践质量的持续提升，并以此展示卓越的战略领导智慧、才能和素养（图1-1-3-9）。

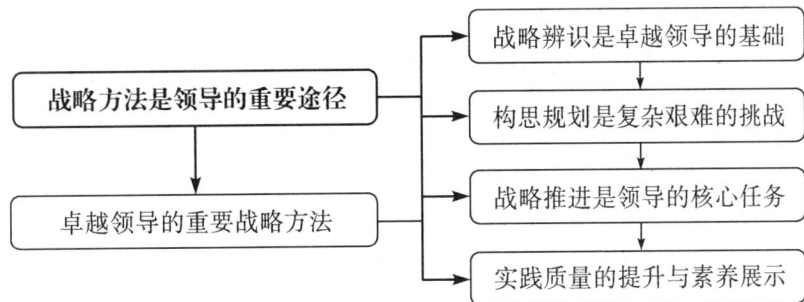

图 1-1-3-9　战略方法是领导的重要途径

（一）卓越领导的重要战略方法

组织的领导，通常是项涉及广泛的内外资源因素、关系与变化，且极其复杂而艰难的工作。它的卓越进程或成就睿智坚强创造的积极方式，长期以来，一直成为人们广泛的思维和实践，及意见分歧或争执的普遍焦点。

源于全局思想或思维，及其唯物辩证法哲学原则的战略方法，是关于自然、社会与人的思维最一般科学原理的积极实践，并普遍成为组织卓越领导睿智成熟的创造，极其关键而强大的支持与推动力量。换言之，任何领导人如果背离了全局的思维与行为的核心准则，必将无以睿智坚强地肩负起自身复杂而艰巨的领导职责。

（二）战略辨识是卓越领导的基础

对客观事物及其运行变化全面准确的辨识，是人们高质量思维与行为睿智积极的创造或展示，普遍的坚实基础和强大动力。因此，对内外各类重要资源因素及其关系与变化进行全面、客观和准确的辨识，就普遍成为高质量战略工作或进程、远见卓识创造的关键基础和坚强动力。

在战略辨识广泛的实践中，领导人极其显著而严重的缺陷，是时常偏离内外各类重要因素、关系与变化的全面、客观、准确辨识的基本原则，并选择某些具有明显局部或暂时性质的表现，或者臆断的"事实"，来支持自身既有的强烈主观意愿或倾向。

（三）构思规划是复杂艰难的挑战

战略构思、预测与规划的水平，无不对其整体运行的进程或质量，具有普遍关键的决定性影响，并以此成为领导人职业智慧与才能极其重要的体现。《中庸》对事物运行预测的重要价值，曾作了这样的高度强调与经典论述："凡事豫则立，不豫则废；言前定，则不跲；事前定，则不困；行前定，则不疚；道前定，则不穷。"——任何事情，事先作了充分的预测与思考，实施起来就能够成功，而缺乏足够的预测和准备，就必将遭受失败；说话前做了准备，就不会因理屈词穷而陷入尴尬；做事前有了准备，就不会遇到无法应对的困难；行动前做了准备，就不会因产生错误而后悔；按照事物的基本原则做了准备，就不会缺少积极应对的有效办法。

然而，战略的积极构思与规划，通常需要依据内外各种重要的资源因素，及其相互作用和持续变化全面准确的辨识，从而推断并绘制形成全局运行的进程蓝图。而全局蓝图高质量的绘制，又必将涉及事先难以准确地识别、判断或掌控的诸多不确定的重要因素、关系或变化。因此，战略的构思与规划，普遍成为组织领导进程中，极其复杂而艰难的挑战。

（四）战略推进是领导的核心任务

任何高质量的战略辨识或规划，如果缺乏卓有成效实施或推进坚强有力的支持，显然，它们的所有价值都必将难见天日。因此，睿智坚强的战略实施或推进，普遍成为战略领导极其重要的组成，以及领导人必须承担的最为核心的职责。

卓有成效的战略实施或推进，通常需要以战略的愿景与使命，及其方向和路线为原则，以战略规划方案或蓝图为行动依据，对战略的目标给予各环节、阶段的分解落实，并以此睿智积极地设置或推进组织运营的权力、责任结构、制度和文化体系，以及相应的运营政策与保障措施。

（五）实践质量的提升与素养展示

任何背景下，领导人的职业智慧、才能和素养，都是组织繁荣强盛与兴旺发达，最具关键决定性的核心资源力量。尽管领导人的整体素养构成及其关系，以及持续高质量提升和展示的积极方式，长期以来一直受到人们最为广泛的关注，然而，迄今为止，它依然成为人们普遍辨识薄弱与实践争执的重要议题。

根据认识与实践唯物辩证关系的基本准则，人的认识和实践的能力，绝非浅显地表现为一次性认识到实践的简单形式。卓越的领导智慧、才能和素养，无一不是形成于认识与实践的持续循环或相互作用和推动的进程中。

换言之，卓越的领导智慧、才能和素养，总是伴随着领导人对内外各类重要资源因素及其相互关系与变化趋势更高质量的辨识和把握，并以此通过战略的实施与验证，及其调整或变革等积极方式的卓有成效的推进，实现战略实践质量持续高质量的提升，从而得以睿智坚强地展示。

第四节　运行的局部、策略与管理

天下大事，必作于细

通过长期而广泛的积极探索与实践，人们已经日趋睿智而成熟地意识到，任何事物或工作的运行发展，卓有成效地辨识和推进的复杂艰难性，无不源自众多的内外资源因素构成及其相互作用与持续变化，并以此呈现出其运行发展的各局部环节和阶段显著而重要的特征。

换而言之，睿智积极地依据成熟牢固的全局立场和思维，远见卓识地辨识和推进各重要运行环节或阶段的持续高质量的运行发展及其相互间的密切联结，无不成为各类复杂事物或艰难工作的卓越进程与成果，睿智坚强创造的重要途径和强大动力。

为此，《老子》曾经告诫："治大国若烹小鲜。"——治理大国应该像烹饪美味的菜肴，需要准确掌握其调料的构成，并按照制作的程序有条不紊地进行。《中庸》也曾辩称："君子之道，辟如行远，必自迩；辟如登高，必自卑。"——贤能之士应对复杂事物的原则，就好比是行远路，一定是从最近的地方起步；好比是攀登高峰，一定是从最低的地方开始。

本节，我们把探索研究的目光与重点，转移到全局构成的局部。通过相应的逻辑推导和思维提炼，试图建立一定全局背景下，具有独特专业特征的局部环节，高质量辨识或应对所需遵循的若干原则和方法。

我们首先提出并分析了事物或组织局部的概念，及其通常的表现形式与特征，并以此探讨了局部专业环节或工作对于它们全局运行发展的重要价值，以及睿智成熟辨识与应对局部环节工作，所应建立并遵循的基本原则和方法。

人们对于局部专业环节或工作积极辨识的探求，无一不是为了实现更高质量的应对目的。为此，我们构建了基于全局背景与专业特征的局部环节工作得到睿智积极推进的策略概念，并探讨了一般性策略通常涉及的主要内容。任何时候，牢固地坚持全局的背景、原则或需求，并以此立足于具体专业或局部环节实际的管理核心，无不取决于自身环节更高质量全局价值的创造。因此，运行策略高质量的设置与推进，无疑就成了各类专业管理卓越创造的重要途径（图1-1-4-1）。

```
┌─────────────────────┐        ┌──────────────────────┐
│ 运行的局部、策略与管理  │───────→│ 应对局部环节的原则和方法 │
└─────────────────────┘        └──────────────────────┘
          │                    ┌──────────────────────┐
          │                    │ 基于局部实际的运行策略  │
          ↓                    └──────────────────────┘
┌─────────────────────┐        ┌──────────────────────┐
│ 组织的局部及其表现形式  │───────→│ 一般策略涉及的主要内容  │
└─────────────────────┘        └──────────────────────┘
          │                    ┌──────────────────────┐
          │                    │ 管理核心在于全局的价值  │
          ↓                    └──────────────────────┘
┌─────────────────────┐        ┌──────────────────────┐
│ 局部工作的特征及其价值  │───────→│ 策略是卓越管理的重要途径 │
└─────────────────────┘        └──────────────────────┘
```

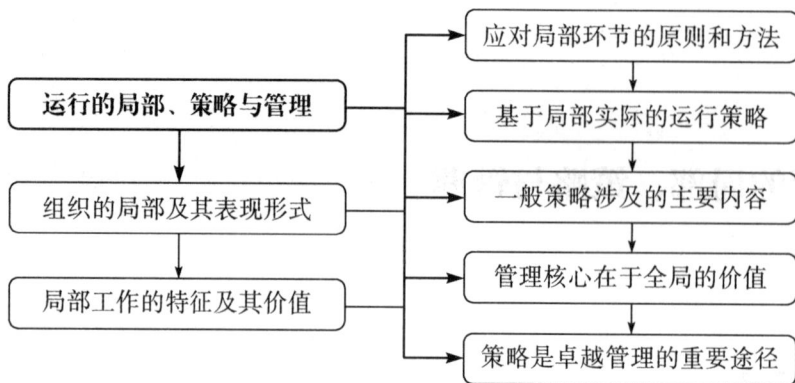

图 1-1-4-1　运行的局部、策略与管理

一、组织的局部及其表现形式

任何事物或组织的局部环节，总是存在着一定的整体或全局背景。对局部环节形成的整体或全局背景，及其表现形式的全面准确的理解把握，无疑成为高质量辨识与应对它的重要基础。通常，按照事物或组织局部环节形成的背景，以及主要表现形式的特征，可以把它们划分为功能型、区域型、流程型、上下型、并列型以及时间型等基本类型（图 1-1-4-2）。在广泛的实践中，复杂事物或组织各类局部环节完整的构成体系，通常又是这些基本类型相互联结或融合的复合体。

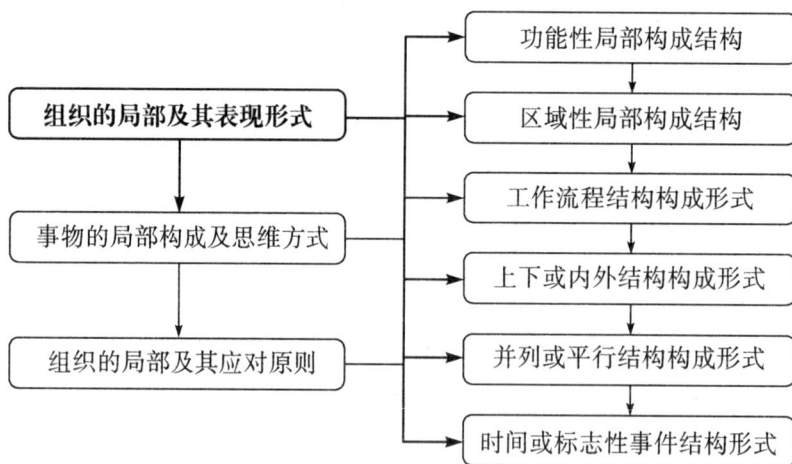

```
┌─────────────────────┐        ┌──────────────────────┐
│ 组织的局部及其表现形式  │───────→│ 功能性局部构成结构     │
└─────────────────────┘        └──────────────────────┘
          │                    ┌──────────────────────┐
          │                    │ 区域性局部构成结构     │
          │                    └──────────────────────┘
          ↓                    ┌──────────────────────┐
┌─────────────────────┐        │ 工作流程结构构成形式   │
│ 事物的局部构成及思维方式 │──────→└──────────────────────┘
└─────────────────────┘        ┌──────────────────────┐
          │                    │ 上下或内外结构构成形式 │
          │                    └──────────────────────┘
          ↓                    ┌──────────────────────┐
┌─────────────────────┐        │ 并列或平行结构构成形式 │
│ 组织的局部及其应对原则  │──────→└──────────────────────┘
└─────────────────────┘        ┌──────────────────────┐
                               │ 时间或标志性事件结构形式 │
                               └──────────────────────┘
```

图 1-1-4-2　组织的局部及其表现形式

（一）事物的局部构成及思维方式

任何事物，无论是微小、庞大还是简单、复杂，都必然由若干相互联系或作用的部分组成。事物的局部，通常是指以整体或全局运行的背景，及其一定专业性的思维立场或方式，审视相应部分组成所存在的固有特征，与其他关联部分相互联系或作用的关系，以及在事物运行变化进程中的地位与价值，从而为整体事物运行变化卓有成效的辨识和应对，提供坚强有力的支持。

在广泛的实践中，局部专业性的辨识思维方式，是卓有成效地识别和把握事物组成部分固有的性质特征、运行变化的条件与形态与其他关联部分相互联系或作用的关系，以及在整体或全局运行发展中的作用与地位，从而睿智积极地支持或推动人们远见卓识地创造、提升并展示事物整体或全局运行更高质量进程与价值的普遍的重要途径和强大动力。

作为工业管理发展进程中的典型事例，在来复枪的制造过程中，一个工匠可以完成整体枪支的制作。但如果以局部专业性的思维方式，把枪支的制作分解为枪管、枪栓、扳机和弹槽等组成部分，从而实行专业化的制造与协作。这样，工匠的相关专业特长，就能够得到更为积极而充分的提升和展示，从而实现整体枪支的制造质量以及制作工效的显著提高。

（二）组织的局部及其应对原则

由高度能动性创造智慧与力量人的因素所构成的组织，通常能够睿智积极地选择设置、持续提升与有效推进各专业局部环节资源能力的组成和运行，以及关联局部环节相互间的密切支持与协作，从而卓有成效地创造和展示专业局部环节积极的全局价值，以及组织运营发展整体强大的力量和持续高质量的进程。换而言之就是：

1. 积极设置、提升与推进局部环节资源能力的组成和运行；

2. 积极设置、提升与推进关联局部环节相互间的密切支持与协作；

3. 卓有成效地创造和展示专业局部环节积极的全局价值；

4. 卓有成效地创造和展示组织整体的强大力量和高质量进程。

已普遍成为广泛实践中，组织专业局部环节睿智成熟地辨识与应对所必须遵循的重要原则。事实上，任何遭受严重挫折或失败的组织，无不源自某项关键局部环节的运行，或者某些重要局部环节的密切支持与协作，对整体力量或全局进程的支持，所呈现的显著脆弱或严重缺陷。

（三）功能性局部构成结构

随着科学技术及其组织专业化分工与协作方式的日益发展，功能性局部构成结构已日趋成为各类组织或团队最为重要的组成形式之一。功能性构成结构，突出强调并展现了局部组成资源能力的专业性特征，从而成为专业环节高质量的运行发展、各专业环节相互间的密切支持与协作，以及整体组织资源能力的价值，卓有成效提升和展示的重要途径和强大动力。

（四）区域性局部构成结构

区域性局部构成结构，通常是按照局部构成及其运行的空间位置，对部分组成进行设置的方式。这种结构，能够有效提升局部环节运行进程中，各类资源辨识、获取、作用与传输的效率，因而成为广泛范围中组织最为主要的结构构成形式之一。

（五）工作流程结构构成形式

流程结构形式，是把组织的主要工作，视为一个从前往后不断延续推进的完整系统。各局部环节都是整体系统中的部分组成，并通过对系统运转协调有序的推动，实现各自的运行价值。科特曾把整体流程系统，视为一种不断增值的"价值链"，以帮助人们更为准确地辨识与提升局部组成环节的运行价值。

（六）上下或内外结构构成形式

事实上，无论怎样强调民主的价值，或者淡化权力的层次或因素，任何组织高质量的运营进程，无一能够脱离严格高效的责、权、利体系，以及思维与行为高度统一的有力支撑。因此，区分责任、权力与利益的上下或内外结构形式，就成为大多数组织不可或缺的重要局部组成方式。

（七）并列或平行结构构成形式

并列或平行结构形式，通常是指局部环节之间，本身并不存在明显的直接作用或影响。它们相互间的关系，往往需要通过对全局共同支持的形式或力量才能得以体现。事实上，实践中如果看不到全局对自身长远运行的决定性影响，并列或平行局部之间，通常就难以做出主动协助或支持的行为。

（八）时间或标志性事件结构形式

时间与标志性事件，通常是组织运营进程的重要划分依据。时间作为一种特殊资源，是任何局部环节运行或全局运营不可或缺的重要条件，也是它们进程质量普遍的重要评价依据。因此，同样的工作成果或资源能力，由于时间因素的影响，通常也会显示出明显差异的价值。

标志性事件作为工作进程的重要表现，不仅全面体现着工作的质量或水平，还时常成为各类工作资源相互联结或作用的关系，以及人们工作方式改变的显著分水岭。

二、局部工作的特征及其价值

任何组织的局部环节，都存在形成背景、资源构成及其价值展示途径的显著的差异性，以及工作高质量推进所必须采取的专业性方式的具体特征。在广泛的实践中，专业局部环节不仅是任何组织整体构建及其运营的重要基础，而且也是全局工作高质量推进所有坚强力量的策源地。

通过组织运营进程中，各类局部环节及其相互作用表现的分析，人们通常能够全面准确地辨识自身存在的优势或薄弱的运行环节，并以此对相应专业资源能力予以积极有效地提升和运用。同时，专业局部环节，还是组织高质量辨识与应对内外运营机遇或挑战极其重要的支持和推动力量（图1-1-4-3）。

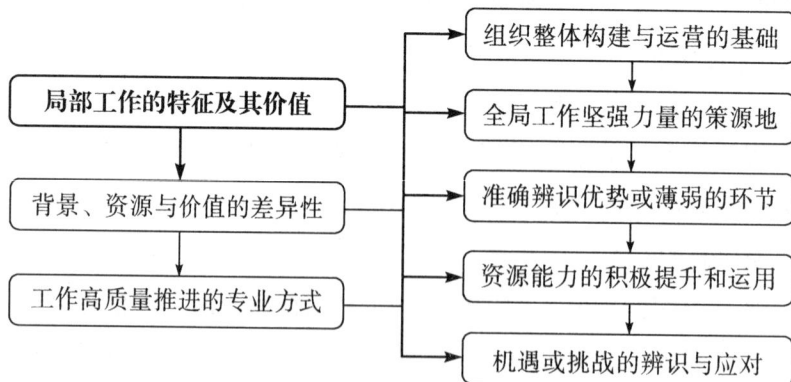

图 1-1-4-3　局部工作的特征及其价值

（一）背景、资源与价值的差异性

无论拥有怎样的知识技能或经验积累，高质量推进某项具有局部性质的专业工作，首要的任务就是必须能够全面深入地辨识专业局部工作所产生的全局背景，专业资源能力的构成及其关系，局部工作运行价值积极创造或体现的主要方式，以及相关人员所必须具备的职业技能与素养等一系列重要因素所存在的具体特征。

换而言之，全面深入地辨识和掌握局部环节的特征，与其他专业环节所存在的差异性，是人们根据工作的内外具体实际，卓有成效地提升和展示自身积极的职业智慧与才能，并以此创造优良的工作进程或业绩的普遍的坚实基础和强大动力。

对于准确辨识专业环节具体特征的重要价值，尹宾商在其《白豪子兵》中，曾作了这样形象的论述："良将用兵，若良医疗病。病万变，药亦万变。病变，而药不变，厥病弗能疗也。"——优秀的将领指挥作战，就像高明的医生治疗伤病。人的疾病千变万化，治疗的药物也必须随其变化。如果病症变化了，而治疗的药物却不随其变化，那么疾病必然难以得到有效医治。

（二）工作高质量推进的专业方式

专业局部环节工作卓有成效地推进，必须采取符合资源能力构成及其相互作用关系的特征，并适应全局运行背景与自身价值展示基本途径的特定的运行推动方式。换而言之，高水平的专业性意识及其实践，必须立足于资源能力构成及其关系的特征，同时还需要充分考虑全局运行发展的需求，以及局部环节运行能力与价值，持续高质量提升和展示的基本原则。忽略其中任何因素，都必将显著削弱专业局部环节工作的进程和业绩。

（三）组织整体构建与运营的基础

任何组织睿智成熟的构建，都必须首先全面准确地辨识和把握它的积极有效运营所需依据的各类重要工作，以及主要专业或局部运行环节的组成，并以此进行各类运营资源能力及其关系的设置。不仅如此，任何组织持续高质量的运营发展，还无不需要通过各类局部环节的积极运行，及其相互间的密切支持与协作的卓有成效地推进，才能得以有效实现。因此，各类专业或局部运行环节，普遍成为组织高质量构建与运营的重要基础。

（四）全局工作坚强力量的策源地

组织全局工作更高质量的运行或推进，是所有志在有所建树的领导人孜孜追求的方向。在广泛的实践中，领导人任何旨在创造组织更高质量全局进程或成就的坚强力量，无一不是通过对某个或某些重要专业局部环节运行能力的提升，或者运行方式与途径的改善，或者专业局部环节相互间的密切支持与协作的睿智积极的推动，才能得以卓有成效的实现。因此，专业局部环节，无不成为全局工作更高质量的进程或成就，远见卓识创造的所有坚强力量的策源地。

（五）准确辨识优势或薄弱的环节

组织运营发展对整体优势或薄弱环节全面准确地辨识，是高质量地设置、提升与改进各类专业环节运行的资源能力的卓有成效地推进专业局部环节相互间的密切支持与协作和远见卓识地确立全局战略的路线、目标与政策的重要保障。而对优势或薄弱环节睿智准确地判断，通常需要根据各重要局部环节，专业资源能力的构成和作用，以及局部环节相互间支持与协作的关系，在组织整体运营进程中的表现及其支持力量，全面深入地分析和辨识才能得以有效实现。

（六）资源能力的积极提升和运用

在各种资源因素相互间的作用或影响日趋广泛而深入的复杂内外环境中，整体资源能力卓有成效地提升和运用，已日益成为组织高质量的运营进程或成就的普遍的重要保障和强大动力。事实上，深入细致地审视和分析组织运营进程中的严重挫折，无不能够清晰地洞察或识别某些重要局部环节的资源力量，或者相互间密切支持与协作的能力中所存在的显著薄弱或缺陷的环节。

（七）机遇或挑战的辨识与应对

在日趋复杂多变的内外环境中，睿智成熟地辨识与应对运营进程中的各种机遇或挑战，无不需要充分依靠各类局部环节的专业能力，及其密切支持与协作所形成的整体强大力量。因此，即使是在专业分工极其严密的组织运营中，睿智积极地铸建、提升和展示各类局部环节专业运行及其密切支持与协作的整体强大的智慧和力量，已日益成为组织运营复杂机遇或挑战进行卓有成效辨识与应对的重要途径。

三、应对局部环节的原则和方法

对于局部环节高质量运行进程卓有成效地进行创造，专业管理人员普遍需要若干重要原则和方法的睿智积极辨识与推进的坚强有力的支撑。其中首要的原则，就是确立全局背景下，兼顾相关各方需求的局部环节运行发展的目标，并以此对内外资源因素的构成及其作用关系的能力，给予整体适应性的分析。在广泛的实践中，对局部环节运行发展的历史，以及类似专业环节运行实践的分析研究，普遍成为内外资源因素的构成及其关系与运行发展目标的整体适应性的全面准确辨识和把握的重要途径与支持力量（图1-1-4-4）。

尽管如此，睿智成熟地立足于内外资源因素与关系，及其运行发展目标的灵活创造性原则，并以此设置形成的高质量的专业运行方案与计划，则是任何复杂多变的环境中，专业管理人员整体职业智慧与才能卓有成效展示的普遍的关键途径和强大动力。依据运行方案与计划，客观细致地推演并描绘，局部环节运行发展的整体蓝图，普遍成为相应目标背景下，对运行方案和计划的可行性与严密性进行睿智积极辨识和把握的不可或缺的重要工作（图1-1-4-4）。

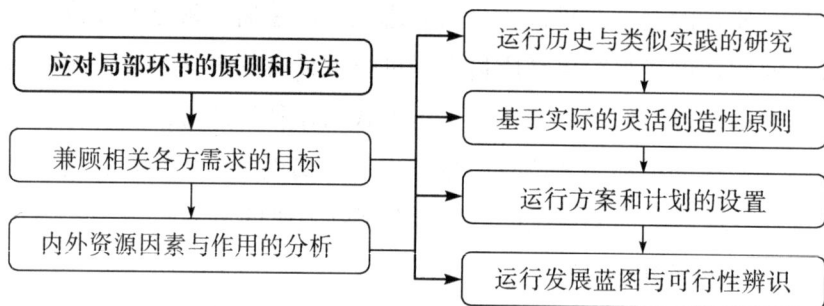

图1-1-4-4 应对局部环节的原则和方法

（一）兼顾相关各方需求的目标

运行目标是组织整体与局部环节，以及各局部环节相互间密切联结与协作的重要指南，也是局部环节资源能力及其价值，卓有成效提升和展示的强大动力。因此，致力于局部环节运行发展高质量的进程或业绩，首要的任务就是根据组织的全局及其相关各方面，对自身运行发展的需求予以全面深入的辨识，并以此远见卓识地设置对自身环节运行质量或水平具有关键决定性价值的积极、全面而适宜的目标体系。

（二）内外资源因素与作用的分析

睿智成熟地辨识全局和局部不同背景下，目标与资源关系的表现特征，对于推进高质量的局部思维，具有普遍关键的影响和价值。就全局而言，高质量战略目标远见卓识的设置，通常需要对内外各类重要资源因素及其关系与变化进行全面深入的辨识和把握，并以此形成明确战略方向与路线原则的坚强有力的支撑。

而局部环节，则通常需要根据全局及其相关各方的需求，先行设定专业环节运行发展的目标体系，再依据运行目标对内外资源因素的构成及其关系与变化，进行相关专业性的分析与评估，从而形成局部环节的运行方案和计划。唯有如此，才能通过积极的专业运行手段或方式，卓有成效地设置与推进创造局部环节运行高质量的全局价值。

（三）运行历史与类似实践的研究

在扑朔迷离、复杂多变的环境中，人们已经日趋普遍而成熟地意识到，对自身运行历史与外部类似专业机构或环节的广泛实践进行积极而深入的分析和研究，不仅已经日益成为各种理论原则或逻辑推断结论准确辨识与把握的重要途径，而且也是创造专业局部环节高质量进程或成就，不可或缺的重要途径和强大动力。

尽管如此，过于沉湎于自身的历史或迷信于他人的成就，而无视整体工作运行发展内外背景的具体实际，依然成为我们今天实践挫折普遍而重要的根源。为此，当中国的企业呈现出争先恐后地尊奉西方的管理理念及其优良的实践方式之际，通用电气公司前领导人韦尔奇则提出了这样的忠告："我认为中国不应当受到西方管理理念的困扰，那些都是胡说八道。我认为中国应当自行其是。而且在中国成长和繁荣的过程中，中国将创立一些体系，这种体系会长久成功下去。我觉得中国需要的是活力、激情和决胜的决心与信心。"

（四）基于实际的灵活创造性原则

在广泛的实践中，基于运行发展的各方需求与整体目标，以及内外资源因素构成的具体实际，睿智积极地推进各种专业资源或能力的有效构建与提升，及其密切联结和作用灵活创造性的思维与行为原则，无不成为各类专业局部环节高质量的运行进程和业绩，及其专业管理人员卓越的职业智慧、才能与价值，得以卓有成效铸建或展示的普遍的关键途径和强大动力。

对于依据具体实际的灵活创造性原则的关键价值，《孙子兵法》也曾作过这样的深入论述："凡战者，以正合，以奇胜。故善出奇者，无穷如天地，不竭如江河。终而复始，日月是也；死而复生，四时是也。"——凡是作战，以基本的原则作为指导，以灵活的方式取得胜利。所以，善于创造各种灵活方法的人，他的奇妙手段将层出不穷，就像天地之间的变化而无穷无尽，各种方法的创造就像江河的流水一样，永不枯竭。各种积极手段的运用，就像日月运行周而复始；就像四季更替，去了又来。

（五）运行方案和计划设置

基于内外实际的灵活创造性原则睿智坚强的推进，无不需要努力超越某些专业资源与能力，构建提升或联结作用浅显孤立的思维，并以此卓有成效地综合形成专业局部环节高质量的整体运行方案，以及由此制定形成的各项资源与能力，积极有效供给、构建或作用的周密推进计划的坚强有力的支撑。

专业局部环节整体的运行方案与计划，是任何创造性思维卓有成效推进或展示的普遍的关键途径和强大动力。事实上，任何奇妙积极的创意构想，如果不能形成完整而周密的专业环节的运行方案和计划，那么它的任何举世无双价值都必将难见天日。

（六）运行发展蓝图与可行性辨识

作为重要思维成果的运行方案与计划，通常涉及诸多内外因素、关系及其变化，并对专业环节整体的运行进程与业绩，具有普遍关键的决定性影响。因此，依据方案或计划对各项资源因素的构成，及其关系与变化所给予的设置，客观细致地推演并描绘局部环节运行发展的整体蓝图，就普遍成为相应目标背景下，对运行方案和计划的可行性与严密性进行睿智积极辨识和把握的不可或缺的重要工作。

四、基于局部实际的运行策略

基于局部环节的运行发展策略，通常是根据相关各方需求与既定的运行目标，通过对内外资源因素的构成及其关系与变化进行卓有成效的探索、提升和推动，以创造专业局部环节对全局进程更为强大的支持力量，并以此展示自身更高质量运行价值的重要工作方法。显然，它为各类组织的管理人员，睿智成熟地创造专业局部环节高质量的运行进程与业绩，提供了坚强有力的支持（图1-1-4-5）。

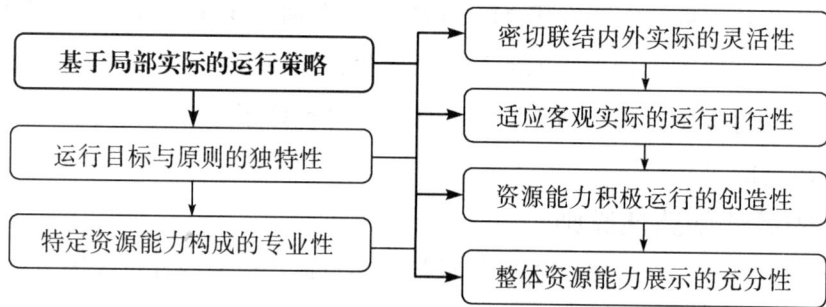

图 1-1-4-5　基于局部实际的运行策略

对于专业局部环节高水平的运行策略进行卓有成效的创造和推进，通常需要专业管理人员睿智成熟地辨识并把握专业环节运行目标与原则的独特性、特定资源能力构成的专业性、密切联结内外资源因素构成实际的灵活性、适应客观实际及变化的运行可行性、资源能力积极运行的创造性，以及整体资源能力潜在价值展示的充分性等的相互支持密切融合的若干要求。

（一）运行目标与原则的独特性

任何局部专业环节，无论它属于何种行业或性质的组织，都必然存在自身形成与运行的全局背景、主要资源能力的构成及其关系，以及与其他相关专业局部环节密切协作的特定方式和要求。这些背景特征从根本上体现并决定着专业局部环节高质量进程、业绩或价值，独特的运行目标及其所需遵循的基本原则。

对运行目标与原则独特性进行成熟而深入的辨识，无不成为有效超越各种表面或次要因素、对人们睿智思维或判断的显著限制，并以此全面准确地识别并把握，对高质量运行策略的积极创造与推进具有重要影响的因素及其关系和变化的普遍的强大支持与推动力量。

（二）特定资源能力构成的专业性

任何资源的高质量运行，及其相互间密切作用的积极推动，都必须遵循资源因素内在的本性特征，以及有效作用所需依据的特定专业方式。同时，在专业环节运行的实践中，还普遍存在着充分运用自身的专业能力，对相关环节提供更为强大专业支持的要求。资源构成特征、密切作用方式及其对相关环节的专业支持，无不体现着局部环节运行的显著专业性特点。

（三）密切联结内外实际的灵活性

任何高质量的策略，都必须能够有效解决复杂的专业实际问题，或者创造局部环节更为积极的运行进程与价值。因此，牢固立足于专业环节的内外具体实际，并努力采取各种灵活积极、富有成效的方式，把各类重要资源因素按照既定的运行目标，予以密切的联结和融合，就普遍成为专业策略高质量辨识与设置必须坚持的重要原则。

（四）适应客观实际的运行可行性

经过精心探索设置的专业运行策略，未能实现预期的运行进程和业绩，在复杂多变的环境中，时常成为人们难以逾越并令人气馁或尴尬的艰难挑战。因此，专业运行策略高质量的设置与推进，通常需要就各种重要的内外资源因素，在相应的构造、联结与作用方式的背景下，对专业环节运行的整体进程与既定目标的匹配性，予以全面缜密的分析和推断。专业环节运行进程与既定目标的匹配性，通常就构成了专业策略高质量的设置或推进的极其重要的可行性要求。

（五）资源能力积极运行的创造性

在广泛的实践中，一定内外资源因素的构成，在特定的联结作用方式及其运行目标的背景下，时常会超越人们预先设想的价值，并以此体现出专业运行策略的资源能力或价值强大的创造性特征。的确，积极的创造性作为专业策略的灵魂，对专业局部环节的进程与成就，具有普遍关键的决定性价值。

为此，《尉缭子》就曾论述了优秀的将领，必须坚强展示的创造性力量及其主要的限制因素："将者，上不制于天，下不制于地，中不制于人。……夫心狂，目盲，耳聋，以三悖率人者难矣。"——作为一名将领，必须努力超越各种因素的限制，而做到上不制于天，下不制于地，中不制于人。……如果内心狂躁，目光短浅，信息不灵，具有这样三种缺陷的将领，要想统帅军队取得胜利必将极为困难。

（六）整体资源能力展示的充分性

根据相应的运行目标与原则，积极推进专业局部环节内外资源因素的整体潜在力量或价值更为充分地展示，显而易见，是任何专业管理者及其策略设置，必须承担的最为重要的核心任务。因此，在运行策略的思考与设置过程中，专业管理人员必须深入反复地对比与验证各种潜在或备选的策略，对于整体内外资源因素所蕴含的价值，进行更为充分的展示。

由此可见，任何故步自封或得过且过的行事风格，都必将严重制约专业管理者的整体职业素养，而难以创造高水平的专业运行策略，及专业环节高质量的运行进程与业绩。

五、一般策略涉及的主要内容

在组织全局运营及其相关联环节运行的需求积极满足，以及自身资源能力的价值或力量更为充分展示的基本原则背景下，专业运行策略通常应包含或涉及专业局部环节运行目标的设定，专业资源能力主要构成及其关系的辨识，专业资源的组织、配置与作用推进基本方式的设置，运行的重点或难点及其应对方法的确立，局部环节运行方案与计划的设置，以及针对内外变化风险的预案设计等主要内容（图1-1-4-6）。

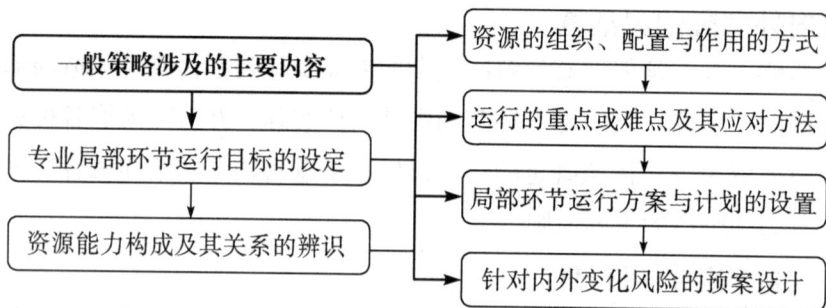

图 1-1-4-6　一般策略涉及的主要内容

（一）专业局部环节运行目标的设定

目标是一切正确思维与行为的指南。高质量专业策略的创造与设置的根本基础或首要任务，就是根据全局及与其相关联环节密切协作的要求，确立局部环节运行所需实现的目标。

局部环节运行目标，通常会包括多种专业或工作的任务。在实践中，最具挑战并令人为难的，莫过于专业任务间存在的显著对立或冲突。对于整体运行目标体系中，所存在的显著对立或冲突的重要任务构成，专业管理人员必须使自己的上级，对此形成充分的了解与掌握，并在自身最大权限背景下，努力设置或选择对全局更具价值与支持力量的运行策略。

（二）资源能力构成及其关系的辨识

同样的资源因素，在不同的目标或作用关系背景下，时常会呈现出能力与价值的显著差异。因此，在一定目标前提下，对局部环节主要资源能力的构成，及其更为积极的相互作用关系予以合乎资源性质的假设与全面深入的分析，就成为高质量专业策略睿智积极创造或展示的普遍的关键工作。

通常，有形资源承担着各项工作运行的直接推动任务，并且能够方便地对其运行或作用的状况进行定量的分析。无形资源一般需要通过有形资源的支持，才能展示其强大的积极力量。而人力资源的价值，则必须通过对有形或无形资源的作用，才能得以充分体现。

（三）资源的组织、配置与作用的方式

资源因素是一切工作顺利推进或业绩创造，不可或缺的重要决定性力量。任何专业策略的实质，都是对一定局部环节运行内外背景条件下，各类资源因素更为深入准确的辨识，并以此对相互间作用更为积极有力的推动。

因此，高质量的专业运行策略，必须对局部环节有效运行所需各类资源的组织，一定时间、空间条件下的有效配置与供给，以及相互联结或作用推进的基本方式，做出符合内外实情与逻辑的充分而详尽的判断和设置，并有效避免关键的专业运行策略，落入主观臆断、一厢情愿或捉襟见肘的尴尬境地。

（四）运行的重点或难点及其应对方法

完整的局部环节运行策略，通常涉及诸多内外资源因素，及其相互关系与持续变化。其中必然

会存在对局部环节的运行进程和质量，具有极其关键或重要影响的重点因素与关系，以及事先难以准确判断或把握的不确定变化的难点部分。

　　根据重点或难点的因素、关系与变化对于整体工作进程的影响，在广泛的实践中，在有形资源基本供给保障的前提下，对它们卓有成效辨识和应对就普遍成为无形资源的积极力量和价值得到睿智成熟创造或展示的关键途径。而人力资源整体能动性创造智慧与力量，又是强大无形资源能力普遍关键的决定性因素。因此，把重点或难点工作睿智积极辨识与应对的重心，最大限度地置于人力资源强大能动性智慧和力量，卓有成效地创造、激发与展示，就普遍成为它们卓有成效推进的重要途径和强大动力。

（五）局部环节运行方案与计划的设置

　　具有真正高质量实践价值的专业环节运行策略，不是仅仅停留在框架形式上或某些片面孤立的设想。事实上，许多实践案例的分析，之所以时常会给人们带来思维或行为上的误导，主要的原因之一就在于它难以展现具体实践的内外全貌。同样，某些貌似绝伦神奇的设想，在构建或设置周密运行方案或计划的过程中，就可能呈现出千疮百孔、漏洞百出的真相。

　　因此，运行策略必须通过专业环节各类重要资源因素，及其相互作用和进程程序的深入细致的分析、构建与设置，并以此形成完整周密的运行方案及其详尽的推进计划，才能卓有成效地展示高度的运行可行性及其卓越的实践价值。

（六）针对内外变化风险的预案设计

　　通过长期广泛的实践，人们已经日趋普遍而成熟地意识到，价值与风险无不是对形影相随的孪生兄弟。换而言之，具有高质量实践价值的专业策略，通常也都会隐含着显著的运行风险。因此，在复杂多变的内外环境中，根据各类资源因素及其关系与变化可能产生严重负面影响的重大风险，来设计针对性的积极应对预案，就普遍成为高质量专业策略不可或缺的重要组成。

六、管理核心在于全局的价值

　　根据传统的文化思想以及广泛范围中的普遍实践，我们分析探讨了组织运营进程中，一定资源组成及其相互作用所构成的专业性工作的高质量运行思维或行为创造的管理内涵，及其所依据的全局背景与专业性特征的基本原则，并以此提出了任何专业管理的积极推进，都必须牢固地立足于需要体现的全局价值及其内外各类重要影响因素的根本基础，以及由此推动的专业运行能力的构建和持续有效提升的基本观念和看法。

　　广泛的实践充分显示，任何高水平专业管理的卓越创造，都必须得到致力全局价值及其专业环节资源能力积极展示的高质量专业运行策略的坚强支撑。因此，努力通过自身资源能力的潜在强大力量，及其内外资源因素密切联结或作用更为积极的探索与推动，并以此展示专业环节运行更高质量的全局价值，就成为一切专业管理卓越创造的核心任务（图1-1-4-7）。

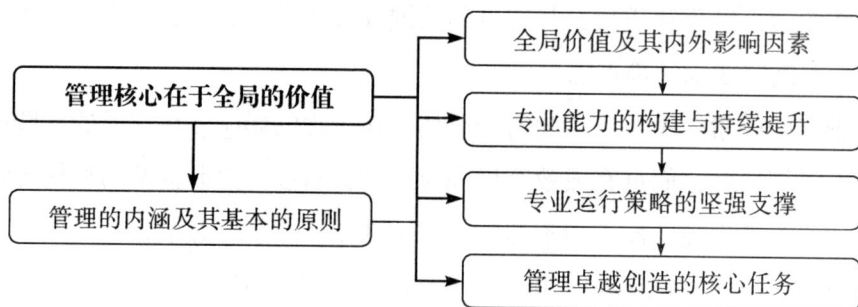

图 1-1-4-7　管理核心在于全局的价值

（一）管理的内涵及其基本的原则

就整体而言，管理的概念及其思维，源于社会专业化的分工与运行。迄今为止，它的研究与实践，已经涉及社会运行的工业、农业、建设、科教等各领域的工作。现今，人们已经普遍地倾向于，把所有在一定全局背景下，致力于具有任何专业性特征的工作，高质量运行方式的探索与推进，都视作为管理这项工作所应涉及或所需承担的任务。

根据源远流长的文化传承及其广泛的现代社会实践，高度浓缩的专业性管理的精髓应该包括两个方面的核心内涵："管"的实质是对人们思维行为或事物运行变化的限定。在实践中，它通常包含着更为广泛的全局背景，对专业环节或工作的限定，以及整体专业环节或工作对各类专业资源因素及其关系的限定两个基本的维度或层次。

而"理"的含义则是，传统的文化思想及其广泛的作品，通常是指事物的主要因素构成及其关系的表现，以及由此形成的本性特征与变化规律。现代的思维意识，则普遍延伸为积极推进事物的运行变化，所需遵循的相应规范或条理。显然，在广泛的实践中，事物的构成因素与关系，及其形成的本性特征和运行规范，无不成为各类专业管理卓有成效地创造或推进普遍所需深入准确辨识的重要任务，以及睿智主动遵循的基本原则。

事实上，睿智成熟地识别管理中"管"的限定实质，以及"理"的事物本性特征与运行规范的含义，通常就能够深入准确地辨识和掌握。根据一定组织或团队全局运营发展的需要，以及自身运行资源能力的构成及其关系与变化，卓有成效地进行辨析和推进，从而创造专业或局部运行环节的持续高质量全局价值的管理内涵；全局对局部环节的限定，专业环节对资源能力的构成及其关系与变化的限定，以及遵循专业资源的本性特征，及其相互间密切联结作用专业性规范的管理基本原则。

（二）全局价值及其内外影响因素

任何高质量专业管理的卓越创造，都必须特别关注并准确把握专业环节运行的全局价值及其所形成的依据或背景。全局的价值，从根本上决定着专业环节的运行及其管理推进的方向，决定着它获取持续发展的资源能力。

不仅如此，专业管理卓有成效地推进，还必须对自身全局价值的实现与提升，所存在的各类支持或限定因素，形成足够全面而深入的辨识。在广泛的实践中，这不仅是各类管理人员牢固地立足于自身的内外实际来更高质量地设置与推进专业管理运行策略的根本基础，而且也是各种复杂艰难环境中，有效争取内外积极因素坚强有力支持的关键保障，同时还是积极应对或避免各类负面因素对专业环节高质量进程严重侵扰的重要途径和强大动力。

（三）专业能力的构建与持续提升

专业管理卓有成效地创造或推进最为重要的职责和途径之一，就是通过对自身的全局价值，及其内外资源因素特征深入而准确的辨识，并以此有效推动各类资源因素相互间的密切联结与作用，从而实现整体专业环节运行能力的积极构建，以及运行进程中各项重要专业能力的持续积极提升。在广泛实践中，专业能力的有效构建与持续提升的积极推动，从根本上体现着专业管理人员的整体职业智慧和才能，决定着专业环节运行发展的价值与力量。

（四）专业运行策略的坚强支撑

专业环节高质量的运行发展，通常受到诸多内外资源因素，及其相互作用与持续变化显著而重要的影响。因此，专业环节管理卓有成效地推进，无不需要涵盖各类重要资源因素及其关系与变化的高质量的专业运行策略，睿智成熟辨识和设置的坚强有力的支撑。

不仅如此，在广泛的实践中，任何高质量的专业运行策略，无一不是通过对人的强大能动性创造智慧与力量的远见卓识的辨识、激发和运用，而得以睿智积极地展示的。

（五）管理卓越创造的核心任务

随着人类社会科学技术水平，及其专业化分工与协作运行方式的日新月异的快速发展，各类专业资源能力卓有成效地构建，及其相互间密切联结与作用睿智积极地推进，所展示的强大力量和积极价值，正日趋成为广泛领域中组织的专业管理持续高质量创造或发展的关键途径和强大动力。

这种背景下，努力根据专业环节运行发展的内外实际，睿智积极地探索、构建并展示各类专业资源因素及其密切联结与作用强大的潜在力量，并以此卓有成效地创造自身运行更为积极全局价值的高质量专业策略，就普遍成为专业管理卓越推进的重要途径与核心任务。

七、策略是卓越管理的重要途径

在涉及诸多内外因素及其关系与变化的复杂背景下，任何专业管理卓有成效的推进，无不需要得到睿智成熟地立足于自身积极的全局价值，及其内外资源因素的构成、关系与变化实际，高质量运行策略坚强有力的支撑。

在广泛的实践中，高质量的运行策略，通常能够睿智积极地引导或推动专业管理人员，依据所应承担的全局责任与任务，及其内外环境的具体实际，努力设置或确立更为积极主动的专业环节运行发展的目标，并以此准确辨识和把握，专业环节运行能力积极构建、提升与展示的重点，以及高质量运行方案与计划卓有成效的设计。

不仅如此，遵循各类资源因素的本性特征及其密切联结与作用的基本原则，是任何高质量专业策略睿智成熟创造所需坚持的核心思维。因此，高质量的运行策略，无不成为各类资源高效的规范化运行与作用，以及基于内外实际的灵活性管理创新的普遍的重要途径和强大动力（图1-1-4-8）。

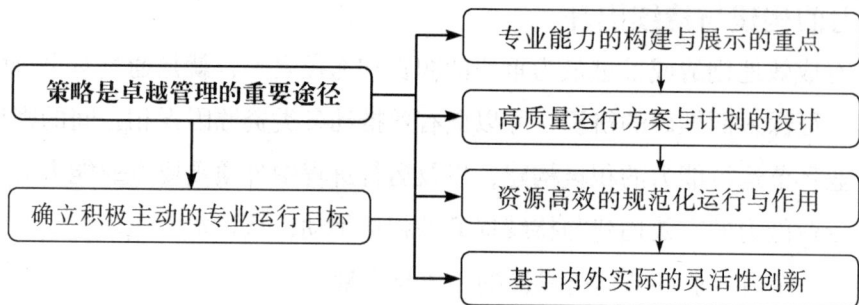

图 1-1-4-8　策略是卓越管理的重要途径

（一）确立积极主动的专业运行目标

目标是一切思维或行为高质量推进的根本基础与强大动力。在广泛的实践中，如何把所需承担的全局任务，及其关联环节的运行责任，在自身特定资源能力构成的背景下，有效转化为积极主动的专业环节运行目标，已普遍成为各类管理人员面临的关键任务，以及极其复杂而艰难的职业挑战。

专业策略睿智积极地辨识与创造，通常能够卓有成效地引导和推动专业管理人员，主动根据全局运营及其关联环节运行的需求，把辨识思维的目光，更为积极而客观地聚焦于自身环节的内外实际，并以此高质量地分析与设置具有高度实践指导或成果价值的专业运行发展的分项目标，从而有效避免复杂艰难环境中，运行方向的迷失与行为力量的薄弱。

（二）专业能力的构建与展示的重点

对内外资源因素及其相互联结与作用的更高质量全局价值的积极辨识、构建或推动，是一切专业策略卓有成效创造与推进的核心。运行策略通过专业环节运行目标，及其全局价值形成背景的睿智成熟的引导，通常能够积极有效地支持或推动管理人员全面深入地辨识和把握，在诸多内外资源因素及其关系与变化复杂环境中，对专业环节进程或业绩具有的显著重要影响，以及专业运行能力构建、提升与展示的重点，并以此展现高质量的管理智慧与才能。

（三）高质量运行方案与计划的设计

缺乏缜密积极运行方案及其计划的坚强有力的支撑，在涉及诸多内外因素、关系或变化复杂的环境中，专业管理无不极易陷入防不胜防或捉襟见肘、处处被动应付的混乱尴尬境地。因此，在主要资源因素及其作用方式的远见卓识的辨识与设置的基础上，高质量运行方案与计划缜密的积极设计，就普遍成为专业管理运行策略及其进程，以及各种重要内外因素、关系与变化的卓有成效识别、创造或推进的关键途径和强大动力。

（四）资源高效的规范化运行与作用

通过长期的实践探索与总结，人们已经日趋普遍而成熟地意识到，依据各类资源因素的本性特征及其相互联结或作用的专业化方式，无不成为内外资源因素整体构成的积极力量与价值进行卓有成效地辨识、创造和展示，必须遵循的重要原则与途径。

因此，依据内在的本性特征，及其相互联结或作用的专业化途径，专业资源高效的规范化运行与作用方式的睿智积极的辨识和推进，正日益成为复杂多变环境中，各类专业环节的运行管理与策略，及其高质量的全局运营价值，卓有成效创造的普遍的强大动力。事实上，缺乏专业资源高效的规范化运行与作用，睿智成熟策略思维坚强有力的支撑，没有任何专业管理能够创造或展示卓越的进程和水平。

（五）基于内外实际的灵活性创新

睿智积极地超越自身及其同类实践的方式或成就，以及相关研究及理论所确定的原则与方法，而把思维行为的重心成熟牢固地置于全局背景下，对内外资源因素的组成及其关系与变化的具体实际，以及运行发展更为积极的全局力量和价值进行卓有成效的灵活性创新，已普遍成为广泛实践中，专业环节运行策略及其管理的睿智坚强创造和展示的关键与灵魂。

事实上，任何专业管理者，如果缺乏全局积极力量和价值基础上，专业环节运行各种重要资源因素的组成及其关系与变化，卓有成效地辨识和应对的高度灵活性的创新能力，那么，他的职业智慧和才能必将受到极其显著的限制。因此，专业环节运行发展灵活性的创新，在日趋复杂多变的环境中，正日益成为高水平的运行策略，及其高质量的管理进程和业绩进行睿智积极创造的普遍的关键途径和强大动力。

第五节　　组织领导与管理的密切联结

极其重要的职业素养

　　长期以来，人们对组织高质量进程或成就卓越创造的背景，以及坚强的支持与推动力量，进行了广泛而深入的持续探索，并总结与提炼了极具价值的思想智慧和理论方法。其中，高度一致的观念或意见是，身居最高位置的领导人，由于掌握着各类重要资源能力的构成，及其作用关系形式的最终决定权力，因而成为组织的全局进程或兴衰荣辱的普遍关键的决定性因素。

　　尽管如此，睿智成熟的领导实践者或分析家，依据自身的丰富实践与深邃思维，则通常认为，卓有成效地创造庞大而复杂组织的高质量进程与成就，完全依靠少数个人的神奇力量，只不过是一种浅显的主观臆断。它的卓越进程或成就，无不从根本上取决于组织运营发展强大的整体智慧和力量。

　　我们依据唯物辩证法与历史唯物论的基本思想法则，古今内外各类组织运营发展所呈现的必然规律性，以及自身长期的实践探索与思考，提出了任何组织高质量进程或成就卓有成效的创造，无不需要睿智积极的全局领导与专业管理的密切支持和协作辩证的对立统一关系的坚强有力支撑的论断。

　　在此基础上，我们以一个完整的组织为背景，就其卓越的领导与管理以及高质量进程或成就卓有成效地创造，所普遍依据的领导人职业素养的积极构建与发展、组织坚强中坚队伍的建设、广大员工的组织根本与力量源泉、领导与管理的核心任务，以及外部环境的准确辨识与应对等若干重要运营因素或环节工作的组成，展开了全面深入的分析和探讨，并以此构建了组织高质量领导与管理的完整体系（图 1-1-5-1）。

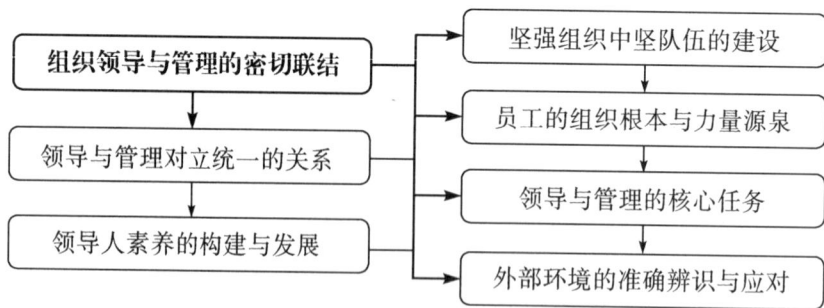

图 1-1-5-1　组织领导与管理的密切联结

一、领导与管理对立统一的关系

　　组织的运营通常涉及广泛范围中的自然物质资源及其演变的器械物资、整体社会文明进步的状况及其各类群体的相互关系、不同职业岗位人们的思维与行为方式等诸多因素，以及它们错综复杂的相互作用和持续变化。显然，涉及自然、人类社会及其人的思维与行为关系，一般性科学原理的哲学思想与原则，无疑成为组织运营发展高质量思维智慧创造或展示的强大推动力量。

任何复杂的事物，都必然存在一组对其运行变化最具决定性力量的主要矛盾或对立统一关系，以及在相互作用关系中居于主导地位的因素。通过长期而广泛的实践，人们已经日趋普遍而深入地意识到，即使饱经艰难而曲折的历程，也不能完全认定某一组织彻底失败的必然归宿；纵然曾经无比耀眼而备受广泛的倾慕，也难以断定一个组织能够永葆旺盛的活力。

因此，组织的全局及其战略领导的质量，就成为组织兴衰荣辱最具决定性价值的因素。而与此相对应的各主要专业或局部环节运行管理的水平，也必将对组织运营发展的进程与成就，产生极其重要的影响。战略领导和专业管理所形成的全局与局部的对立统一关系，就成为组织运营发展的卓越进程与成就最为坚强的推动力量。

尽管如此，如果缺乏对组织持续高质量运营发展所涉及的各重要领域因素或工作，及其相互间密切联结与作用的高质量推进必须所依据的基本原则、途径或方法，全面准确辨识和把握坚强有力的支持，领导管理者的职业挫折或失败，仍将会与其形影相随。因此，在广泛的实践中，这些原则、途径或方法，就构成了组织的卓越领导与管理，不可或缺的完整体系的纲要（图 1-1-5-2）。

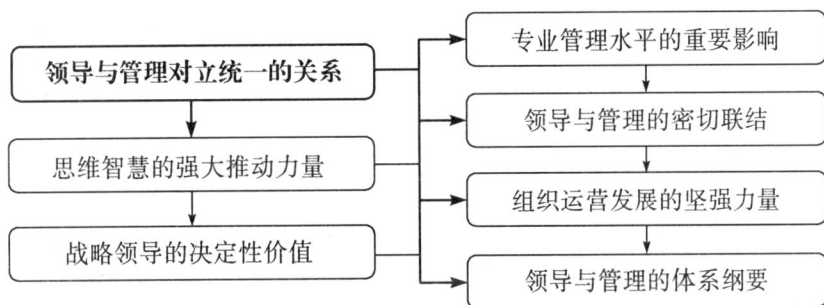

图 1-1-5-2　领导与管理对立统一的关系

（一）思维智慧的强大推动力量

通过看得见、摸得着的直接感知，就能辨别出事物的某些表面特征，显然，这无须依赖于人的特有高度智慧。唯有凭借长期的思维积累，能够根据事物孤立的部分表象，准确推断其联系的、完整的、本质的因素，才是真正智慧力量的充分展示。根据自然、社会与人的思维行为形式最为普遍的表现，所提炼升华而形成的哲学思想，无疑是人类现阶段所能依靠的强大的智慧力量。

任何组织的运营状况，都是人们思想高度或思维极限的集中体现。它的进程及其成就的质量能否得到进一步的提升，将关键取决于运营的最高权力者，是否拥有足够高度的辨识思维，以及坚强行为卓越创造的智慧能力。显然，能够依据事物的主要矛盾及其矛盾主要方面的哲学思想，对组织全局质量最具决定性价值或力量的一组因素关系，及其相互作用所呈现的地位，睿智成熟地进行辨识与应对，已在广泛的实践中普遍成为组织卓越进程与成就的积极创造的高度思维智慧的强大推动力量。

（二）战略领导的决定性价值

战略极其显著的表现特征，就是把辨识思维或行为推动的重心，毫不动摇地稳固于组织的全局。因此，战略领导的质量或水平，是组织全局进程与成就，最具决定性价值或力量的因素。

显然，战略领导最为核心的任务，就是努力通过各种资源因素及其关系，更为积极融合或作用方式的探索与推动，并以此创造组织全局更高质量的进程与成就。换言之，战略领导总是通过对各类重要环节及其作用关系的有效构建、指导或推动而得以实现。因此，战略领导对各局部环节的运行质量，通常具有极为关键的决定性影响。事实上，广泛的实践充分显示，如果战略领导存在严重的缺陷，相关局部环节的运行质量或价值都将会受到极其显著的限制。

（三）专业管理水平的重要影响

局部专业环节的管理，作为组织最为关键的主要矛盾的构成因素，显然，对其全局运营的进程与成就，具有普遍重要的影响或价值。

1. 全局是由各局部及其关系所组成

任何全局的工作，都是由各局部环节及其相互间的关系或变化所构成的。事实上，所有卓越的战略领导，无一不是通过对全局具有重要影响的局部环节，及其相互间的作用关系与变化，远见卓识地辨识与推动而得以积极展示的。

2. 局部的专业管理对全局的重要支持

作为对立统一关系的重要组成因素，局部专业环节相对于全局来说并非总是处于完全受制、毫无作为的被动地位。它时常会对全局的质量展现出极其强大的支持力量，并因此而创造全局工作的重大突破，或积极扭转全局进程极其被动的艰难局面。显然，这无疑成为广泛的实践中，专业局部环节管理的重要价值或力量所充分展示的关键途径。

作为杰出的政治家，孔子对专业局部环节的全局价值，也体现着极其高超的辨识思维。《论语》中曾描述他对弟子季康子这样指教："子言卫灵公之无道也，康子曰：'夫如是，奚而不丧？'孔子曰：'仲叔圉治宾客，祝鮀治宗庙，王孙贾治军旅，夫如是，奚其丧？'"——孔子批评卫灵公的无道，季康子问道："既然如此，为什么他没有败亡呢？"孔子说："因为他有仲叔圉专门接待宾客，祝鮀专业管理宗庙祭祀，王孙贾专心统率军队作战，像这样各重要环节事务都能应对得极为出色，怎么会败亡呢？"

3. 局部工作提升的重要途径

根据对立统一矛盾的主要与次要方面关系的基本准则，居于相互作用关系主导地位的全局，毫无疑问，应该展现出更为积极而强大的推动力量。换言之，努力推进各类专业或局部环节的管理人员，铸建形成更为积极而成熟的全局思维意识，并以此创造或推进专业环节更具全局价值的高质量运行，就成为局部环节工作有效提升的极其关键而重要的途径。

（四）领导与管理的密切联结

对于组织运营发展进程中最具决定性价值和力量的主要对立统一关系，深入而准确地辨识和掌握全局领导与专业管理，各自所需肩负的重要职责，思维和行为高度一致基础上的有机融合与密切协作，以及一定内外条件下领导与管理性质的相互转化，无疑成为广泛领域各类组织，卓越的领导与管理及其高质量的进程和成就，极为重要的基础与强大的推动力量。

1. 努力肩负起自身的职责

无论依据矛盾双方积极作用准则的逻辑，还是长期而广泛的实践和全局领导与专业局部管理，任何一方力量的缺失或严重的薄弱，都必将显著削弱组织诸多复杂关系中，最具决定性价值的主要矛盾的力量，以及由此而创造的整体运营发展的动力，从而不可避免地使组织陷入极其艰难的运营困境。因此，全局的领导人或专业环节的管理者，都必须深入准确地辨识，并积极有效地肩负起各自所需承担的重要职责。

对此，《尚书》就曾提出了这样的论断："后克艰厥后，臣克艰厥臣，政乃乂。黎民敏德。"——君主能够承担自己的艰难工作，才能成为真正的君主；臣下能够承担自己艰难的事情，才能成为称职的大臣。只有君臣都能够各自承担起自己的工作职责，政事才能得到治理，众民也就能勤勉于德行了。

"元首明哉！股肱良哉！庶事康哉！元首丛脞哉！股肱惰哉！万事堕哉！"——君王英明啊！大臣贤良啊！诸事安康啊！君王琐碎啊！大臣懈怠啊！诸事荒废啊！

2. 密切联结为完整的整体

显而易见，对立统一的矛盾双方必须形成相互间的密切联结与积极作用，才能充分展示各自及其相互融合整体的高质量价值。因此，全局领导与专业管理相互间的密切联结，就成为广泛领域中各类组织，整体运营能力最具决定性的力量。唐初重臣魏徵曾以人的头脑与四肢的关系，对全局领导与专业管理密切联结与融合的重要价值，作了极其形象的论述：

"君为元首，臣作股肱，齐契同心，合而成体。体或不备，未有成人。然则首虽尊高，必资手足以成体。君虽明哲，必藉股肱以致治。委弃股肱，独任胸臆，具体成理，非所闻也。"

——国君就好像是人的脑袋，臣子就好像是四肢，脑袋和四肢协调默契，才能构成一个完整的人体。人体的脑袋或四肢不完备，就不能成为一个完整的人。脑袋虽然高贵重要，但必须有四肢的配合，才能成为一个完整的人体。国君虽然英明，但依然需要大臣们的有力支持，才能将国家治理好。国君如果把作为股肱的大臣抛开，只凭自己的独断专行，能治理好国家的，我从来没有听说过。

的确，能够保持持久旺盛生命力的优秀组织，无不向人们充分展示着全局战略领导与专业局部管理间的密切联结与支持。这种联结与支持的关系，全然超越了历史或区域的限制，而成为广泛实践中任何组织高质量运营发展，必须遵循的根本哲学原则。

惠普公司前董事长菲奥里纳，也曾辨识了这一原则的重要价值："惠普拥有卓越的工程技术，而我拥有战略性眼光，这正是惠普所需要的。"

3. 领导管理性质地位的转换

正如所有矛盾的双方，在一定条件或背景下，会产生性质或地位的相互转换。领导与管理作为一组对立统一的矛盾关系，其性质或地位在广泛的实践中，也普遍会由于内外因素及其关系，或人们的视野变化而产生相应的转换。

实践中最为显著的，就是任何组织在更为广泛的社会或行业环境中，具有典型的局部或专业性特征；组织某些复杂的或由多项工作所构成的专业局部领域，通常会存在运行进程中必须兼顾的多种分项专业或运行阶段的全局特征。

不仅如此，在通常条件下，全局对任何局部环节，都具有强大的制约或限制力量。但在特定的环境或背景下，个别局部的表现可能对全局具有极其重要的决定性影响。人们所熟知的一战或一局定出整场比赛的胜负，无疑就是这种情境的典型表现。

（五）组织运营发展的坚强力量

组织高质量的运营发展，是整体社会文明进步与人们职业成就，极其重要而强大的推动力量。长期以来，它一直成为世人广泛关注的议题，以及锲而不舍的强烈追求，并在不断的探索和实践中，提炼形成了唯有全局领导与局部管理的密切协作，才能共同铸就推进组织高质量运营发展的坚强力量的成熟而卓越的思想原则。

《尚书》曾经辩称："圣有谟训，明征定保，先王克谨天戒，臣人克有常宪，百官修辅，厥后惟明明。"——圣人对治国原则的训诫，已经为世事所反复验证，可以用来安邦定国：先王总是能够谨慎对待上天的警戒，大臣总是能够遵守法度，百官修治职事，尽心辅佐君主，君主因此充分展示了无比的贤明。

《吕氏春秋》也曾阐述国家治理的最佳途径："明君者，非遍见万物也，明于人主之所执也。有术之主者，非一自行之也，知百官之要也。知百官之要，故事省而国治也。明于人主之所执，故权专而奸止。奸止则说者不来，而情谕矣；情者不饰，而事实见矣。此谓之至治。"——贤明的君主，并非普遍地明察万事万物，而是要明察君主所应坚守的基本准则。精明能干的君主，不是一切都亲自去做，而是要精通治理百官的要则。能够精通治理百官的要则，就能够少涉及具体事务而实现国家大治。明察君主所应坚守的准则，就能够掌控大权而不受奸邪的干扰。奸邪止息，各种矫情就不会出现，这样各种世事实情就能够清晰地显现。真情不加虚饰，各种事情的实际也就能够得到准确地辨识。这是治理国家的最佳途径。

今天，高度发展的科学的哲学成就，已经成为人们超越一切自然、社会和自身思维，所有复杂艰难挑战时极其重要而强大的支持与推动力量。事实上，人们已经日趋广泛而成熟地辨识内在的主要矛盾对事物的性质及其运行变化的决定性价值，并能够站在更高的思维层次，深入准确地洞察全局领导与专业管理的密切协作和支持，共同推动组织持续高质量的运营发展。

（六）领导与管理的体系纲要

通过对全局的战略领导与局部的专业策略管理，及其相互作用关系的探讨，我们已经掌握了任何组织背景下，领导与管理这对主要对立统一关系的客观存在，及其对组织的运营发展所蕴含的最为强大的力量与关键价值，以及它们各自所涉及的核心内容。

长期以来，人们对组织高质量运营的方式或方法，进行了极其广泛而深入的探索、研究与总结，并建立了极为丰富、极具价值的理论原则或实践方法。然而，任何组织的构建及其所有工作的运行，如果脱离了人的因素及其足够高质量职业素养的有力推动，包括全局战略领导与专业策略管理在内的所有的方式方法或理论原则的价值，都必将受到极大的限制或难见天日。因此，唯有通过对人性的深入研究，并把各种理论方法与人的辨识思维智慧，及其情感行为动力的具体职业素养，进行最为紧密的联结与融合，才能充分展示出整体组织强大的潜在运营力量。

从根本上说，任何组织的构建、运营与发展，无不为了更为积极地适应或应对外部环境的根本目的。事实上，所有组织持续高质量的运营或发展，都是通过外部需求价值的准确辨识与积极创造，并以此源源不断地获取所需的各类资源或力量而得以实现。因此，内外资源因素更为密切联结与融合的推动，普遍成为广泛领域中组织领导与管理的一切工作最终指向的核心。

综上所述，我们就能够顺理成章地把领导人职业素养的构建与发展、坚强组织中坚队伍的建设，组织的根本与力量的源泉、领导与管理的核心任务，及其外部环境的准确辨识与应对，综合形成组织繁荣强盛所依所托，以及卓越领导与管理的积极创造不可或缺的完整体系纲要。

二、领导人素养的构建与发展

长期而广泛的实践充分显示，领导人职业素养的构建质量与发展水平，对于组织的运营以及个人的职业进程和成就，具有极其关键的决定性价值。然而，领导人究竟应该具备怎样高质量的素养构成，并如何依据相互间的密切作用关系，积极推动它们持续高水平的发展；迄今为止，依然成为人们普遍面临的极其艰难的挑战。

我们根据人们广泛实践中的普遍表现，传统文化思维的优秀成果及其基本的哲学原理，提出了领导人必须具备全面准确辨识组织的认知能力、高层次思想结构的积极铸建，以及强大稳固情感行为动力的有效创造三个方面密切联系作用的重要构成，及其持续发展的积极途径（图 1-1-5-3）。

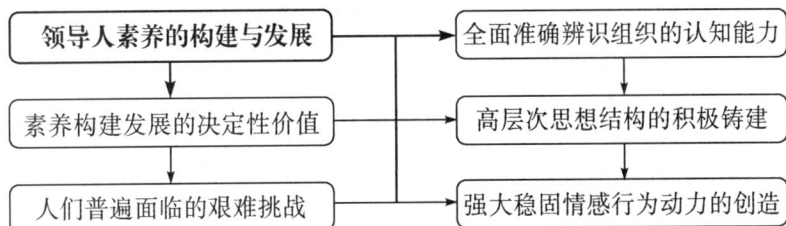

图 1-1-5-3　领导人素养的构建与发展

（一）素养构建发展的决定性价值

长期以来，人们对自身素养在职业进程与成就创造中的价值或地位，一直存在着广泛的争议和显著的分歧。的确，人们不需要深邃的洞察智慧就能准确判断，树木在和煦的春风中会呈现出勃勃生机，但在烈火中必将化为灰烬。然而，在毫无生命的荒芜沙漠上，显然无论怎样适宜的条件都难以形成旖旎的春色。

事实上，尽管外部的环境对事物的运行变化，具有极为重要的影响。然而，事物内在的根本属性，则更具关键性的决定价值。不仅如此，人的思辨智慧及其能动性行为力量，通常还能够对职业的外部环境，进行卓有成效的选择或作用。因此，任何对自身素养高质量构建，及其积极发展的决定性价值缺乏足够深入的辨识与卓有成效的推动，而只是一味抱怨外部环境艰险的领导人，无疑将会给自身职业和组织运营的前程，蒙上浓厚的阴霾。

为此，《吕氏春秋》曾提出了"凡事之本，必先治身"的论断：

"汤问于伊尹曰：'欲取天下，若何？'伊尹对曰：'欲取天下，天下不可取；可取，身将先取。'凡事之本，必先治身，啬其大宝。善响者不于响于声，善影者不于影于形，为天下者不于天下于身。——汤王问伊尹："要治理好天下，应该怎么办？"伊尹回答："一心只想治理天下，天下不可能治理好；如果说天下可以治理好的话，那首先要把自身的素养修炼好。"大凡做好事情的根本，是首先必须修炼好自身的素养，提升与珍惜自身的宝贵价值。提高响声的根本，不在响声，而在于声源；改善影子的根本，不在于影子，而在于产生影子的形体；治理好天下的根本，不在于天下的状况，而在于治理者的素养水平。

（二）人们普遍面临的艰难挑战

由于组织的运营全局及其战略领导，通常涉及极为广泛而复杂的内外因素、关系及其持续的变化。长期以来，领导人的素养构成及其相互间的作用关系，以及一定内外背景下，有效推进其积极提升与充分展示的方式，一直成为人们所普遍面临的极其艰难的挑战。极为典型的是，施乐公司前总经理卡恩斯曾断言："几乎所有的总经理都认为，一家公司最高领导人所涉及的经营方法是一件神秘的事情，任何一种有价值的分析都无法说明它。"

尽管如此，根据世界可知性的基本哲学思想，以及唯物辩证法关于物质与意识关系，及其人的情感行为能动性基本原则，并积极借鉴《大学》的经典思想体系，在自身长期的学习、思考与实践基础上，我们仍然坚持了不懈的探索研究，并认为：

1. 任何卓越领导人的思维与行为方式，与我们普通人具有完全一致的本质特征，并没有额外的神力给予特殊的支持，因而可以进行卓有成效的分析与研究；

2. 领导人的思维，同样源自对外部客观世界的认识。他们的卓越，通常是因为得到了对客观实际更高质量辨识思维方法的积极支持。而长期职业历程中辨识思维的积累、提炼与升华，则能够有力地推动他们，铸建形成更为积极、成熟与稳定的思想体系；

3. 完整成熟思想体系的构成，能够为他们提供极其坚强的情感与行为动力。这也是他们有效激励和创造组织持续强大的前行动力，从而展示高质量领导素养极其重要的基础。

（三）全面准确辨识组织的认知能力

人的认知能力是整体职业素养积极构建与发展，最为根本的基础和决定性推动力量。就普遍意义而言，人的任何行为都受到一定思想意识的支配。而人的所有头脑中的思想及其可能的变化，最终都必将取决于对外部世界的辨识与认知能力。

领导人无不需要承担，涉及内外诸多因素、关系及其持续变化复杂环境中，组织正确的前行方向、路线及其强大的行进动力，准确识别与积极创造的艰难职责。显然，缺乏足够高度的辨识思维认知能力，则必将难以有效肩负起自身的领导职责。因此，任何职业背景或环境中，领导人都必须把辨识思维认知能力的构建提升，置于整体职业素养充分展示或积极发展的核心位置。

（四）高层次思想结构的积极铸建

持续对外部世界及自身行为成果的感知、积累与提炼，必然会在人们的头脑中逐步形成某些领域事物一定固化性的思维意识。人的若干主流思维意识，通过相互的影响、联结与作用，又必然将在头脑中融合升华为较为稳定的思想意识。人的思想意识，源自对外部事物及自身经历的长期辨识和认知，但同时又对外部事物辨识认知的倾向与能力，产生极为重要的反向影响。

领导人经过深思熟虑所做出的重要决策，通常并非仅仅对于进入头脑中的各类信息，予以常规的分析与推断的逻辑思考，而是必将运用经过长期积累和精心提炼，所形成的成熟稳定的思想体系中的重要思维意识，对其给予精细缜密的筛选、修补与加工，才能形成最终的判断和决心。

辨识思维属于认知的范畴，而决策则必将通过固有思想意识的强烈作用与精细耕作。显而易见，缺乏足够高层次思想体系的有力支撑，领导人必将难以在复杂多变的内外环境中，为组织指出一条光明灿烂的前行道路。因此，头脑中的思想意识，无不成为领导人的整体职业素养与价值的普遍关键的决定性因素。

（五）强大稳固情感行为动力的创造

领导人的职业特征，远非许多人臆断的锃亮的汽车、猩红的地毯、前呼后拥的人群或金碧辉煌的办公室那么耀眼。事实上，必须直面自身智慧与意志极限的艰难挑战，成为领导人最为普遍而显著的职业特征。因此，如果缺乏积极而强大的情感行为动力的坚强有力的支持和推动，没有任何领导人能够在长期复杂而艰难的挑战中，创造并展示令人敬仰的职业进程或成就。

积极成熟的情感行为动力，源于高层次的思想意识，而不仅仅是职业的乐趣、荣耀或其他狭隘的个人利益就能够坚强支撑的。它们往往超越了职业的范畴，而形成于对人生更高价值的积极追求。

实践中，行为的动力正日益为更多的组织所重视、青睐与推崇。的确，任何组织，如果缺乏足够坚强的积极行动，在瞬息万变、变幻莫测的机遇与挑战的转换中，极易陷入整体运营的被动境地。事实上，在日趋竞争激烈的外部环境中，领导人无一不面临着通过自身榜样的力量，凝聚与激发组织强大行为动力的艰巨任务。

三、坚强组织中坚队伍的建设

广泛的实践中，领导人时常会陷入中坚人才队伍的建设，及其各类艰难工作挑战积极应对方式的有效探索，工作中心选择的迷茫境地。我们依据普遍的实践表现与传统的文化思维，以及对立统一关系的基本原则，提出了人的素养对一切工作方式积极探索与推进的决定性价值，以及中坚队伍和领导人的密切协作，共同构成组织运营发展最具决定性力量的对立统一关系的论断（图1-1-5-4）。事实上，任何强大而卓越的优秀组织，无不拥有一支坚强的中坚队伍，及其积极成熟的发展模式。

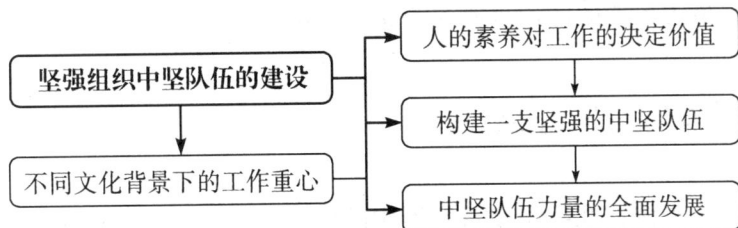

图 1-1-5-4 坚强组织中坚队伍的建设

（一）不同文化背景下的工作重心

在组织运营发展推动力量的探索研究中，普遍存在着一种极其关键而又极为显著的思维差异。一种观念认为，人的自身素养决定着一切工作高质量推进，各类积极方式或方法的探索、把握与推动的能力，因而把获取或得到高素质人才，视作组织运行的核心工作；而另一种理念恰恰相反，任何人只要掌握了工作卓有成效地推进等一系列行之有效的积极方式或方法，他就必将能够创造组织运营发展的强大推动力量，于是把各类工作有效推进的方式或方法，作为研究与推广的重心。

（二）人的素养对工作的决定价值

显然，资深的职业人士很容易感受不同思维倾向的普遍性，并能够清晰地辨识东西方文化在组织运营发展力量思维意识上的差异根源。事实上，在西方管理理论的研究及其成果中，事关组织人才的议题往往较少涉及，而把思维的重心普遍置于各类背景下的工作积极推进方式或方法的探索。

与此相对应的中国传统的实践及其所形成的文化思维，则更注重于人的职业素养构建，及其中坚队伍发展的探索与推动。譬如，早期重要的研究作品《尚书》就曾强调："德惟治，否德乱。与治同道，罔不兴；与乱同事，罔不亡。终始慎厥与，惟明明后。"——用有德的人就能够实现治理，不用有德的人就会出现动荡。采取与治者相同的措施，没有不兴盛的；与致乱者共事，没有不灭亡的。终始谨慎地选择自己的同事，才是英明的君主。

我们通过人的因素与工作方法关系的普遍实践表现，并依据对立统一的基本原则，明确地把人的因素置于这一矛盾的主要方面。换而言之，一方面，高素质的人才对各类积极工作方式的探索、创造与运用，具有极其重要的决定性价值；任何工作方式的有效实施，都必须适应推进人员的实际才能。另一方面，高质量的工作方式或方法，是人们职业素养提升的重要推动力量。

（三）构建一支坚强的中坚队伍

无论拥有怎样积极或有利的资源因素，中坚人才或骨干队伍，对于任何组织而言，都是其运营发展的必要条件。缺乏坚强中坚力量的有力支撑，任何组织的健康运营都难以持久地维系。因此，建立一支坚强的中坚队伍，是任何组织领导人都必须首先承担的重要职责。

（四）中坚队伍力量的全面发展

任何背景下，组织的运营发展都必将伴随着内外环境因素及其关系的持续变化。创造组织更高质量的运营进程与成就，无不依赖于更为强大的资源能力，及其更为密切作用关系的坚强支撑。而资源能力及其作用关系的创造与推进质量，在广泛的实践中，无不取决于承担各专业或局部环节管理工作的中坚人员及其所构成的骨干队伍的力量。

因此，积极推进中坚队伍整体力量的全面发展，就普遍成为领导人创造组织运营，及其自身职业高质量进程与成就，最为重要的途径与强大的支持力量。

四、员工的组织根本与力量源泉

对于人的因素或人力资源，在组织运营发展中的地位与价值，长期以来，由于不同文化背景或实践方式的差异，一直存在着广泛的意识分歧或意见争议。其中的分歧根源或争议焦点，无不源自于各类工作运行方式或推进途径与人的主观能动性智慧力量，以及由此而形成的人力资源与组织的有形、无形等各类资源因素两个基本关系上，所存在的思维意识上的不同倾向。

中华民族悠久的历史及其形成的核心文化，一直把人的因素视作社会组成及其运行的根本，以及进步发展一切力量的源泉，并最终决定着领导人职业进程的质量与成就的高度。极为典型的是，《荀子》曾以船与水的关系思维意识，作有这样的深入论述：

"传曰：'君者，舟也；庶人者，水也。水则载舟，水则覆舟。'此之谓也。故君人者，欲安，则莫若平政爱民矣；欲荣，则莫若隆礼敬士矣；欲立功名，则莫若尚贤使能矣。是君人者之大节也。三节者当，则其余莫不当矣。三节者不当，则其余虽曲当，犹将无益也。"——古书上说："君主，好比是船；百姓，好比是水。水能载船，水也能翻船。"说的就是这个道理。所以统治人民的君主，要想安定，就没有比调整好政策、爱护人民更好的了；要想荣耀，就没有比尊崇礼义、敬重文人更好的了；要想建立功业和名望，就没有比推崇品德高尚的人、使用有才能的人更好的了。这些是当君主的关键。这三个关键都做得恰当，那么其余的就没有什么不恰当了。这三个关键做得不恰当，那么其余的即使处处恰当，还是毫无裨益的。

显然，积极铸造人的因素组织运营与事业推进的稳固基础，并通过人的因素强大能动性智慧力量的充分激发，从而积极创造组织持续高质量进程的坚强动力，就成为组织的卓越领导与管理所必须深入辨识和牢固把握的核心任务与途径。

（一）铸造稳固的组织与事业基础

在广泛的实践中，人的因素不仅是所有组织构建形成的基础，而且也是领导管理者一切个人事业成就卓越创造的根基。铸造稳固的基础，最具决定性的力量，就是牢固地把人的因素置于组织运营或事业推进的一切工作核心地位成熟而坚定的意识，而不是把人的因素等同于无思维意识与情感特征的物质资源。

稳固基础的铸造形成，还必须得到员工职业素养与技能的教育培训的强大凝聚力的铸建创造，工作岗位职责的设置运行，思想行为的高度统一等一系列卓有成效的系统性重要措施的坚强支撑。

（二）组织高质量进程的坚强动力

长期以来，对于最广泛人的因素或广大员工蕴含着组织运营发展难以限量而最强大力量的论断，许多人一直心存疑惑，甚而至于一些自恃显贵之人时常对此嗤之以鼻。然而，广泛的实践充分显示，能否铸就形成这一极其关键的成熟思维意识，在日趋复杂多变的内外环境中，正日益成为领导管理者职业智慧才能的卓越或平庸的最为显著的分水岭。

充分激发广大员工潜在的强大力量，由于需要与广大员工血肉相连、密切融合的坚强支持，因而成为领导管理实践中普遍的艰难挑战。人的因素强大力量的积极创造，在实践中，通常还需要得到通畅的沟通渠道、积极的组织氛围、高度的事业意识，以及基于人的能动性核心的工作积极性、主动性与创造性充分激发的有力支持。

五、领导与管理的核心任务

复杂背景下的组织运行发展，通常会受到范围广泛的内外因素与关系，及其持续变化的重要影响。它的高质量进程与成就的积极创造，必须通过战略领导与各环节专业管理，对自身所需肩负的核心工作任务，及其积极推动方式的准确辨识与把握，才能得以顺利实现。

（一）组织的战略领导

卓有成效的战略领导，无不饱受极其复杂的内外广泛因素、关系与变化的艰难挑战和侵扰。因此，构建一个坚强有力的领导核心，就普遍成为它的卓越创造所必须首先面对的关键任务。事实上，缺乏足够强大核心力量的坚强支撑，领导人的任何崇高理想或雄心壮志，都极易被内外的洪流所涤荡而付之东流。

科学务实战略的设置与推动，是所有领导人都必须倾尽心力的核心任务。战略领导，通常还需肩负起组织资源能力结构，及其高质量运营发展所依据的制度和文化体系构建的重要任务。在持续变化的内外环境中，高质量领导的卓越创造，归根结底，必须通过永不停顿的积极的组织变革才能得以实现。

（二）专业环节的管理

根据组织全局的价值及其相关联环节协作的需求，以及自身内外资源因素构成的实际，设置与创造积极的专业环节运行目标及其有效实现的策略，无不对各类专业管理的进程与业绩，具有极其关键的决定性影响。一定目标与策略背景下，整体工作的预测及其运行方案和计划的设置与推进，是所有专业管理都必须着力的重点。

专业环节各类资源构成的运行效率，是专业管理水平与价值极其重要的体现，它通常需要相关专业背景下，高质量运行规范的坚强支撑。依据内外资源能力运行实际的积极创新，是专业管理水平持续发展极其强大的推动力量，因而普遍成为一切优良管理创造的精髓。

六、外部环境的准确辨识与应对

外部环境是组织构建形成与运营发展，极其重要的基础和强大的动力。它与内部资源能力的相互作用，不仅普遍地表现为事物运行发展的内外因素关系，及对立统一矛盾关系两种基本的哲学属性，而且还显著地体现着有机智慧生命体积极辨识与应对外部环境的主动性特征。

就组织应对外部环境的基本形式而言，一种主要以通过更为积极的适应方式，来提升应对的水平或质量，它们通常涉及环境中的社会与政治因素；另一种则必须能够有所作为，而创造应对的主动地位，主要包括环境中的行业与科技因素。

（一）积极适应社会与政治因素

领导人最为核心的职责之一，就是根据组织资源能力的构成特征及其广泛社会文明进步的需求，为组织准确选择与设定持续高质量运营发展的极其关键而具决定性价值的运营使命。并努力通过组织积极形象的铸建，及其外部各种支持力量的充分创造，以及自身内在适应能力的持续提升，以卓有成效地推进运营使命的顺利实现。

从根本上说，任何组织的运营发展，都必然受到政治或政府因素的重要影响。任何睿智的领导人或管理者，都会主动地提升对它们更为深入而准确的理解，并采取各种积极的应对方式，以营造组织更为良好的运营发展环境。

（二）创造行业与科技的主动地位

任何行业环境中，组织都必须坚持稳固运营基础条件下，积极发展的基本原则。在专业化分工与协作日益成为社会发展主流趋势的背景中，组织必须积极缔造更为广泛的运营合作同盟。组织产品外部传输通道的质量，对其整体运营的水平及其价值的形成与提升，无不具有极其重要的决定性影响。

组织的专业技术，是专业管理水平及其发展的重要支持力量。而战略领导，从根本上说，就是自然科学、社会科学及人文科学的密切融合的所推动的高度智慧的积极实践。

第二部分

※

领导管理者的素养及其发展

领导者职业素养的决定性价值

长期以来，尽管人们对于组织卓越的运营进程或成就所受到的各种内外因素及其关系或变化的影响，一直存在着广泛而显著的分歧。然而，居于最高位置领导人的职业素养，对于组织兴衰荣辱的关键决定性价值，却普遍得到了理论与实践界高度一致的认同。

对于自身素养的关键决定性价值，事实上，一直为睿智成熟的领导人所普遍感知。唐太宗曾就此作过极其深刻的思考与分析："若安天下，必须先正其身，未有身正而影曲，上治而下乱者。朕每思伤其身者不在外物，皆由嗜欲以成其祸。若耽嗜滋味，玩悦声色，所欲既多，所损亦大，既妨政事，又扰生民。且复出一非理之言，万姓为之解体，怨既作，离叛亦兴。朕每思此，不敢纵逸。"——要想治理好天下，必须首先端正自身。世上没有身正影斜的现象，也没有上治下乱的道理。我常想，损伤自身的不在外部事物，都是由自身的贪欲而酿成祸患。倘若贪恋美味，沉湎声色，想要得到的越多，所受的损失就越大，既妨碍国家政事，又侵扰百姓。如果再讲出一些不明智的话来，就会导致民心涣散。怨恨一旦产生，自然就众叛亲离。我每每想到这些，就不敢有一丝一毫的放纵和懈怠。

尽管如此，由于领导人的职业进程与成就，通常受到自身及其整体组织等诸多内外因素、关系或变化错综复杂的重要影响，并在自身未能形成充分辨识或理解的背景下，任何强大的外部思维与行为的力量或价值，都必将受到极其显著的限制。因此，对于组织兴旺强盛至为关键的领导人职业素养的睿智积极的构建、发展和展示，迄今为止，不仅是领导人自身普遍面临的极其重要而艰难的挑战，而且也成为人们最为广泛关注的神秘议题之一。

伟大的思想家、军事家毛泽东，曾高屋建瓴地深刻揭示了战场上的正确指挥，所呈现的一般性规律与表现："指挥员的正确的部署来源于正确的决心，正确的决心来源于正确的判断，正确的判断来源于周到的和必要的侦察，和对于各种侦察材料的连贯起来的思索。"这里以深邃目光所揭示的部署、决心、判断以及材料的侦察与思索，高质量的实践与严密的逻辑性进程，无疑给我们睿智成熟地辨识并设置领导人职业素养完整的结构体系，提供了坚强有力的支持。

我们根据唯物辩证法的基本原理，前面所述的《大学》的系统思维，以及长期广泛的卓越实践，提出了领导者的辨识思维能力、思想意识结构以及情感行为动力具有密切联系或影响三个方面的素养构成要素。在广泛的实践中，领导人及其重要岗位人士的高质量职业素养睿智积极的构建、发展与展示，无不需要首先着力于组织和职业岗位内外资源因素及其关系与变化全面准确的辨识，并以此建立积极成熟的思想意识结构，从而铸建形成强大稳固的情感行为力量。

不仅如此，根据辩证法的原则以及人们普遍高质量的实践，强大稳固的情感行为动力通常又能够对积极成熟的思想意识结构的形成和内外资源因素全面准确辨识思维能力的提升，产生坚强的支持和推动力量。而积极成熟的思想意识结构，无疑又是内外资源因素及其关系与变化，睿智成熟辨识或把握的不可或缺的重要坚强动力。因此，这些要素的密切融合相互支持，无不成为领导人或重要岗位人士卓有成效地构建、发展并展示自身卓越的职业智慧与才能，并以此创造持续高质量的职业进程的普遍的关键途径和强大动力。

第二章

睿智成熟的辨识思维能力

领导人极其重要的核心技能

人的辨识思维能力，是一切高质量的职业智慧与才能，卓有成效地进行构建、提升和展示的不可或缺的坚实基础与强大动力。在各种内外因素纵横交错、复杂多变的环境中，睿智成熟的辨识思维能力，普遍成为领导人卓越的职业进程、成就或价值的远见卓识创造和展示极其重要的核心技能。

为此，作为中国古代智慧化身的《鬼谷子》，曾就辨识思维能力与极具智慧才能的"圣人"关系，做了这样的深刻论述：

"奥若稽古，圣人之在天地间也，为众生之先。观阴阳之开阖以名命物，知存亡之门户；筹策万类之终始，达人心之理，见变化之联焉，而守司其门户。故圣人之在天下也，自古及今，其道一也。"——纵观自远古至今的历史，可知圣人生活在世界上，就是要成为大众的引导者。他们通过对相互对立因素作用与变化的深入辨析，而对事物的性质及其运行的特征做出准确的判断，并以此识别和掌握事物产生与消亡的关键环节；通过对各类事物起始到终极的运行进程，以及人的思维与情感特征全面深入的分析，从而能够远见卓识地辨识人们作用于事物将会形成的运行变化的必然趋势，并以此睿智积极地把握各种重要的因素或环节。所以，圣人能够诞生于世界，自古至今无一不是遵循了辨识与把握事物运行变化的根本原则。

尽管如此，由于组织持续高质量的运营发展，通常受到广泛的内外资源因素，及其相互作用与持续变化错综复杂的重要影响。迄今为止，卓有成效地构建、提升和展示，睿智成熟的辨识思维能力，依然成为领导人普遍面临的极其关键和艰难的职业挑战，以及广泛组织卓越的领导进程或成就，极其重要而显著的限制性因素。

在广泛的实践中，人们对复杂事物睿智积极地辨识，无一不是从各类局部的组成因素或环节，及其相互作用与影响的关系予以展开或推进。因此，全面准确地辨识并把握组织各类专业资源因素及其相互作用或联系的关系所形成的运营发展全貌，就普遍成为领导人辨识思维的智慧与才能的卓有成效构建、提升和展示的坚实基础（图2-2-0-1）。

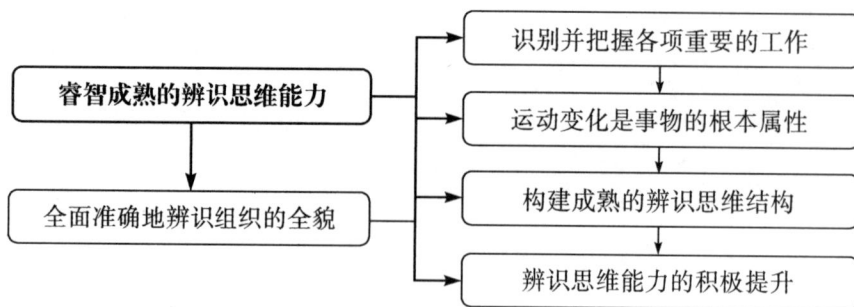

图 2-2-0-1 睿智成熟的辨识思维能力

不仅如此，领导人辨识思维能力的限制，还普遍地表现为对组织运营发展的全局，具有重要影响的因素及相互关系的睿智深入洞察或识别的显著缺陷。事实上，在各种内外因素及其关系的全面准确辨识的基础上，远见卓识地洞察、识别并把握对组织运营发展的全局具有显著影响的各类重要因素、关系或工作，无不成为战略领导的卓越进程与成就，卓有成效创造所不可或缺的关键技能和强大动力。

在任何背景下，睿智坚强地率领或推动组织持续高质量的运营发展，无不成为领导人必须肩负的核心职责。因此，远见卓识地辨识和把握事物运动与变化的根本属性，并以更为积极、开阔和长远的视野或立场，为组织指引光明灿烂的前行方向和道路，就普遍成为卓越战略领导的核心智慧与才能。

卓有成效地辨识和把握，组织运营发展的全貌、各项重要的因素环节及其持续的运行变化，在广泛的实践中，绝不是件轻松简单的工作或任务，它们无不需要积极成熟的辨识思维结构的坚强有力的支撑。因此，领导人必须能够根据组织运营，以及自己职业内外环境的具体实际，睿智成熟地探索和总结自身辨识思维能力，持续高质量提升的积极有效的方式与途径。

第一节 全面准确地辨识组织的全貌

卓越战略领导的基石

全面准确地辨识对组织运营发展的全局具有显著而重要影响的内外因素，及其相互联系或作用关系的全貌，普遍成为卓越的战略领导，睿智积极创造的坚强基石和关键任务。然而，由于组织全局的影响因素及其关系与变化，时常纵横交错或错综复杂，以至于迄今为止，对它们进行全面准确的辨识，依然成为广泛的实践者所普遍面临的极其艰难的职业挑战。

事实上，领导人如果缺乏组织运营全貌积极辨识的睿智成熟意识及其有效推进方式坚强有力的支撑，那么，卓越的战略领导，无疑将会成为难以逾越的艰难挑战。

本节中，我们依据积极实践及其逻辑思维，对全面准确地辨识组织全貌的方法和原则，展开了逐层的分析与探讨。显然，识别并提炼出对组织的运营全局，具有显著影响的各类专业因素与局部环节的组成，无不成为对它的全貌的卓有成效辨识的根本基础。不仅如此，任何事物都必然存在正反两方面的属性，能否成熟深入地洞察各类因素或环节所存在的整体运营的积极力量与负面障碍，无不对组织全貌的准确辨识具有普遍的重要影响。

各类资源因素的密切作用或协作，是组织运营发展一切强大动力的源泉，并以此构成了组织完整的运营体系。在广泛的实践中，睿智成熟地构建组织完整的运营体系，高质量的系统性整体思维，无不成为组织运营发展全貌的准确辨识的普遍的关键途径和核心任务。

高质量的系统性整体辨识思维模式，还能够睿智坚强地支持和推动人们，远见卓识地洞察与把握各项内外资源因素相互联结和作用的关系，并以此深入准确地识别组织运营发展全貌的各类专业资源因素组成的特征及其价值（图 2-2-1-1）。

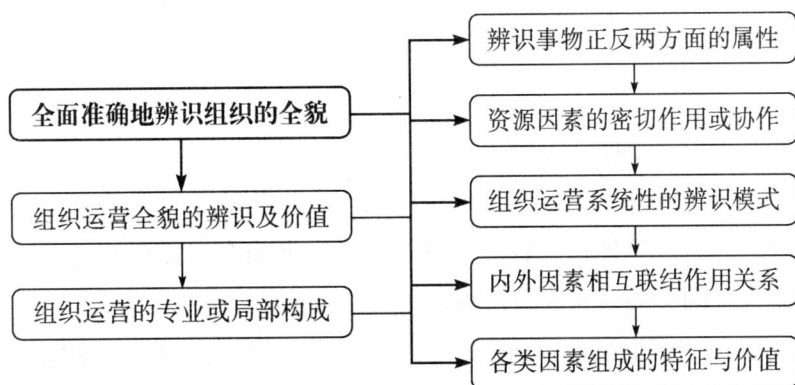

图 2-2-1-1　**全面准确地辨识组织的全貌**

一、组织运营全貌的辨识及价值

对组织全貌进行全面准确的辨识，通常需要对整体运营质量具有显著影响的所有因素及其关系给予充分的识别。一定环境中，为了提高相关重要因素或关系的辨识与应对水平，还时常需要对它们的形成或作用背景，予以更深层次的分析和把握。

组织全貌睿智成熟的辨识，是内在资源构成潜在能力的充分提升和展示，外部机遇或挑战的有效识别与应对，以及整体高质量运营发展卓有成效创造的普遍的重要基础与强大动力。因此，它对组织领导或管理的水平，无不具有普遍关键的决定性影响，并以此成为战略领导卓越创造或推进的第一要务（图2-2-1-2）。

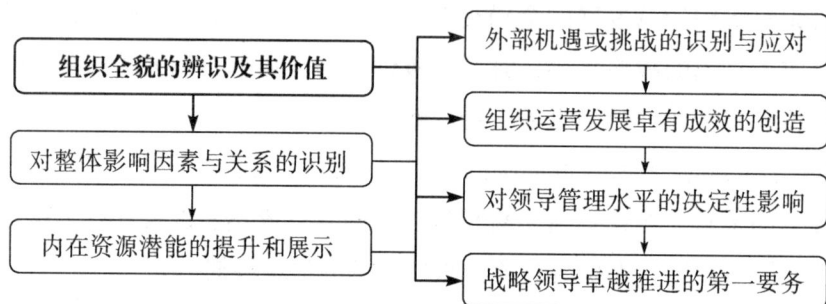

图 2-2-1-2 组织全貌的辨识及其价值

（一）对整体影响因素与关系的识别

全貌的睿智积极的辨识，通常是指在一定稳定的背景下，对组织或复杂事物的整体运行具有显著影响的各种内外因素，及其相互作用或影响关系的完整准确的识别。这种相对静止条件下的全貌辨识，显然能够极大地降低动态背景下，组织或复杂事物运行进程中的各类因素及其关系全面准确辨析的难度。因此，它普遍成为广泛实践中，组织或复杂事物运行发展卓有成效地辨识与推进的不可或缺的重要基础和强大支持力量。

（二）内在资源潜能的提升和展示

对组织运营全貌的积极辨识，是睿智成熟地把握各类资源构成的本性特征，及其相互作用关系原则的重要基础。实践中，任何推进各项资源构成密切联结与作用的高质量运行策略或方式的积极创造，无不需要得到它们共同构成的组织全貌的卓有成效辨识坚强有力的支持。因此，对组织全貌高质量的辨识，普遍成为组织内在资源构成、潜在能力与价值积极提升或充分展示的不可或缺的重要基础与强大动力。

（三）外部机遇或挑战的识别与应对

具有关键性影响的外部环境因素，是任何组织或复杂事物的运行全貌，全面准确辨识的普遍的核心工作之一。同时，睿智成熟地识别各种表现背景下，事物客观存在的正反两方面对立统一因素的本性特征，无不成为它的全貌卓有成效辨识的重要途径或方法。

因此，致力于辨识和把握组织运营的全貌，睿智成熟的思维意识，通常能够坚强有力地支持和推动人们更为积极主动地识别与应对外部环境所存在的各类运营机遇或挑战。

（四）组织运营发展卓有成效的创造

在广泛的实践中，运营全貌睿智成熟的辨识的最具关键而核心的价值，就是通过内在资源能力及其密切协作的潜在力量和外部环境存在的机遇或挑战，全面准确的识别和把握，能够支持人们卓有成效地推动内外资源因素，更为积极的相互联结与作用，从而创造整体组织运营发展的强大力量。事实上，任何组织整体强大运营力量睿智积极的创造，无不需要运营全貌全面准确辨识的坚强有力的支撑。

（五）对领导管理水平的决定性影响

组织领导管理任何高质量的思维或行为，无不需要各类资源因素的构成及其关系的全面准确辨识的坚强有力的支撑。在广泛的实践中，对组织整体运营或专业环节运行、各类资源因素及其关系辨识得越是全面准确，全局战略或专业策略的设置与推进，将越呈现出高质量的进程。事实上，领导管理进程或成就的显著限制，无不与各类资源因素及其关系全面准确的辨识所产生的重大偏差或严重缺陷，存在着极其密切的关联。

因此，组织运营或专业环节运行的全貌和全面准确辨识的质量，无不对领导管理的水平与进程，具有普遍关键的决定性影响。

（六）战略领导卓越推进的第一要务

战略领导通常涉及广泛的内外资源因素及其关系与变化。显然，如果缺乏组织运营发展各类重要资源因素与关系，及其在全局进程中的价值和地位的全面准确辨识的坚强有力的支撑，任何战略领导的方向、路线与目标，以及各项重要的保障政策或措施，卓有成效地设置和推进，都必将丧失根本而坚实的基础。因此，对组织运营全貌全面准确的辨识，普遍成为战略领导卓越创造或推进的第一要务。

二、组织运营的专业或局部构成

专业资源因素与局部运行环节的构成，是组织整体运营发展的根本基础。对它们全面准确的识别和把握，无不成为组织全貌睿智成熟辨识的关键途径和强大动力。战略领导通常涉及众多资源因素或专业环节的卓有成效的辨识、构建与运行推进。因此，准确识别并把握各类重要的资源因素与运行环节的组成，就普遍成为战略领导卓越推进的首要任务（图 2-2-1-3）。

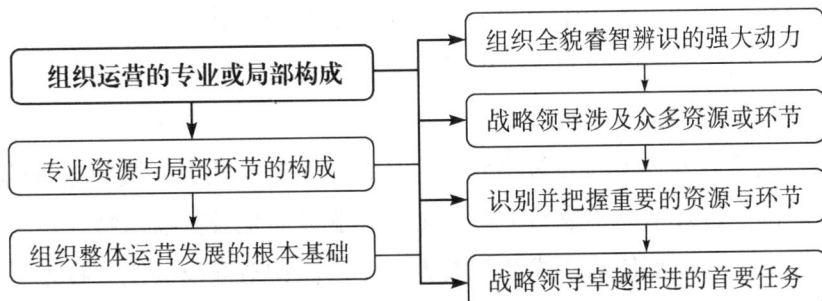

图 2-2-1-3　组织运营的专业或局部构成

（一）专业资源与局部环节的构成

任何复杂事物睿智积极的辨识，无不需要通过各项专业因素或局部环节的构成，及其相互间的联结与作用关系，深入准确的划分和识别才能得以有效实现。因此，对各类专业资源因素或局部运行环节构成的深入细致的分解和剖析，普遍成为组织运营全貌全面准确的辨识，不可或缺的关键途径。

（二）组织整体运营发展的根本基础

任何组织睿智积极的创造，无不需要各类重要资源因素和局部运行环节构成的卓有成效辨识、构建与联结的坚强有力的支撑；任何组织卓越的运营发展进程，无不需要各类重要资源因素或局部运行环节的构成，及其相互间的密切联结与协作的持续高质量的创造、提升或展示睿智坚强的支持。因此，专业资源因素与局部运行环节的构成，普遍成为组织及其积极运营发展根本而坚实的基础。

（三）组织全貌睿智辨识的强大动力

任何组织的运营发展，无不受到广泛资源因素或局部环节的构成与运行，及其相互间的联结作用和持续变化的显著而重要的影响。因此，对各类重要资源因素与局部运行环节构成的全面准确的识别和把握，无不成为组织运营全貌睿智成熟辨识的强大动力。换而言之，组织全貌辨识把握的重大缺陷，无不与其中重要资源因素或局部环节的构成在整体背景下的性质特征或价值地位识别的显著偏差，存在着普遍的密切关联。

（四）战略领导涉及众多资源或环节

致力于组织全局高质量进程与成就的战略领导，无不需要通过对广泛资源因素或局部运行环节的构成，及其相互间的密切联结与作用关系的全面准确的辨识、设置和推动，才能得以睿智坚强地创造。事实上，越是复杂的全局背景，越需要深入准确地掌握各类重要资源因素或局部运行环节的基本特征，及其相互间密切联结与作用关系的卓有成效设置和推进的方式。

在广泛的实践中，尽管战略领导的挫折无不呈现着千姿百态的表现差异。然而，对各项重要资源因素或局部运行环节的构成，及其相互间密切联结与作用的方式的全面准确辨识和把握的缺失，无不成为它们显著的共同根源。

（五）识别并把握重要的资源与环节

全面准确地辨识组织或复杂事物的全貌，人们通常需要在头脑中勾画出包含着各类重要资源因素或局部环节构成及其协会联结与作用关系的图画，并根据对客观具体情况的全面了解和掌握，以及自身辨识思维的分析与判断，在图画上清晰标注出它们相应的状态。在实践中，领导人一旦缺乏头脑中组织运营全貌的完整准确图画的睿智积极的支持和指示，他所做出的战略规划、布局或指挥，都极易把组织推向极其被动的运营境地。

尽管涉及不同领域或内外环境的显著差异，但是在广泛的实践中，组织运营的全貌无不包含以下重要资源因素或局部运行环节的构成与关系：①产品服务对象及其需求特征；②产品构成特征及其需求满足状况；③产品的外部传输方式及其效力；④产品构造涉及的主要技术原理；⑤产品构造工艺涉及的程序、原辅材料与器械；⑥自身资源构成的专业特征与行业地位；⑦各类运营资源的供应状况；⑧人员的素养及其职责承担状况；⑨外部环境其他重要影响因素；⑩各项重要工作的运行标准及其质量的评价依据和方法。

（六）战略领导卓越推进的首要任务

任何背景下，战略识别都是战略领导高质量推进的基石。显而易见，作为战略识别的重要构成，对组织整体运营具有显著或重要影响的各类资源因素或局部环节，以及它们所具备的专业运行能力及其相互作用关系的全貌进行全面准确的辨识和把握，就普遍成为战略领导卓有成效的推进所面临的首要任务。

三、辨识事物正反两方面的属性

任何事物所必然存在的正反两方面属性，对组织的运营发展具有普遍的重要影响。由于反面因素通常隐藏于事物一定外在表象的背后，因而它对正面因素及其事物的影响具有显著的隐蔽性特征，并成为人们全面准确地辨识事物的普遍、强大的限制性力量。对正反两方面因素客观清晰地进行识别，是人们辨识洞察才能与远见的重要支持力量。因此，领导人对运营全貌全面准确地辨识，必须能够根据组织内外环境的具体实际，努力掌握各类重要资源因素及其关系的正反两方面的特征（图2-2-1-4）。

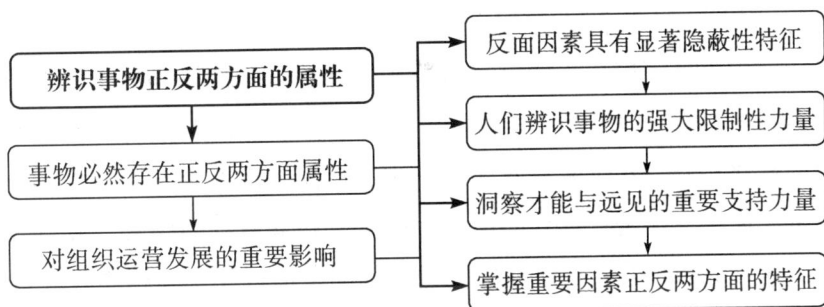

图 2-2-1-4　辨识事物正反两方面的属性

（一）事物必然存在正反两方面属性

内在正反两方面因素对立统一的作用关系，是任何事物的形成、成长与衰亡普遍根本而强大的推动力量。在广泛事物运行的研究中，无一不是为了寻求正面力量的提升与展示和负面因素的削弱或限制的卓有成效的推进方法或途径。然而，对于实践者而言，无论采取怎样的行为方式，都必将难以完全分离因素所固有的正反两方面的属性，及其对工作推动进程潜在的重要影响，并以此成为所有职业挑战的根源。

（二）对组织运营发展的重要影响

在广泛的实践中，领导人所做出的任何决策，及其设置或选择的任何组织运营方式，无一不具有正面积极的重要意义或价值。然而，组织运营或自身职业挫折的阴影，却总是伴随着负面因素的幽灵不请自到，且绝难拒之门外。事实上，推出任何一项正面的举措，都必然需要承担与之俱来的负面影响。只是通常情况下，在组织特定的运营内外环境中，负面因素力量展露的时机未到或较为弱小。因此，事物必然存在的正反两方面属性的特征，无疑对组织的运营发展及其兴衰荣辱，具有普遍深远而重要的决定性影响。

在内外交困的背景中，清政府历经各种争执与反复权衡，依据世界最先进的管理体制和装备，组建了一支新式的军队，以期挽回即将倾覆的命运。然而，这支军队所拥有的先进积极的思维意识，却坚强地支持了他们的武昌义举，反而成了埋葬封建王朝的最为强大的力量。

（三）反面因素具有显著隐蔽性特征

事物的外部表现总是由占据更为强大力量的一方所控制。如果仅仅依据事物的外在表象，通常难以直观而清晰地识别反面因素的存在。换而言之，在自身的力量不够强大，或者时机未有足够成熟的条件下，反面因素总是屈从于强大的正面力量。尤其是在受到正面力量强力限制的背景下，它无不呈现出极其乖巧和柔弱的神态，甚至蜷缩于一隅而令人察觉。因此，反面因素通常具有显著的隐蔽性特征。

（四）人们辨识事物的强大限制性力量

只是从外在的表象辨识事物的性质特征，通常只能看到决定外部表现的较为强大的一种因素或力量，而难以深入准确地识别反面因素的存在与力量。显然，由此而形成的事物价值或变化的判断，极易与实际的状况存在较大的偏差。

事实上，看不到事物外在表象背后的反面因素的存在，无不成为复杂背景下，人们辨识思维能力普遍显著或强大的限制性力量，也是各种意识分歧或意见争执，最为主要的根源之一。

（五）洞察才能与远见的重要支持力量

在日趋复杂多变的内外环境中，人们已经日益广泛而深入地意识到组织的领导人或重要岗位职业人士的辨识思维的洞察才能与远见的重要价值。洞察才能，通常是指在一定主流运行整体背景下，只是根据极其细微的蛛丝马迹，甚至未有丝毫的表现，就能够准确判断所存在的限制或改变主流运行的内外因素与力量；远见，就是根据当前所存在的各种正面或反面因素，及其相互间作用关系的表现，进行全面深入的辨识和判断，从而准确推知事物未来运行变化的趋势或状态。

显然，在各种复杂迷乱的表象中，能够深入准确地识别正面因素或力量的背后所必然隐含的与其相反的因素与力量，无不成为领导人睿智的洞察才能与远见，以及组织运营全貌全面准确辨识普遍的重要支持力量。

（六）掌握重要因素正反两方面的特征

事物反面因素的显著作用或强烈展露，正日趋成为组织运营发展进程中的普遍现象。为此，领导人必须努力通过自身高质量的洞察才能，及其职业远见智慧的卓有成效的构建，以深入准确地辨识各类重要工作或事物，在一定外在表象背后所存在的正反两方面的因素及其力量与特征，并以此卓有成效地创造睿智积极的应对方式。

实践中，领导人远见卓识地辨识并掌握以下典型而重要的正反因素的作用表现，无不对复杂内外背景下，组织运营高质量进程或成就睿智坚强地创造，具有普遍的重要影响和价值：

1.组织的发展壮大，总是在超越各种艰难挑战中得以实现；

2.人性中包含着积极与消极的因素，人的素养会因此而不断变化；

3.极其快速的顺利发展，必将蕴藏着产生严重危机的负面因素；

4.一项极具价值或强大力量的举措，必然隐含着极大的风险；

5.显而易见且蜂拥而上，通常就难以成为积极有利的运营机遇；

6.遭受严重挫折或失败的组织中，必定存在极具价值的因素与力量。

四、资源因素的密切作用或协作

内在因素相互间的密切联系与作用，是任何事物运行变化根本而强大的动力。任何组织睿智积极的构建与运营，无不需要各类资源因素密切联结和协作的坚强支持。事实上，各类资源因素间的密切作用或协作，不仅是组织整体运营能力普遍关键的决定性力量，而且也是它们自身潜在能力和价值的卓有成效提升与展示的重要途径。

因此，对各类资源因素或运行环节，相互间密切作用与协作的关系和方式的睿智成熟地辨识与把握，就普遍成为领导管理者职业智慧与才能的核心体现，以及组织运营全貌卓有成效辨识的关键途径和任务。在广泛的实践中，人的职业素养普遍占据着组织各类资源因素或运行环节相互间的密切作用或协作的核心地位（图 2-2-1-5）。

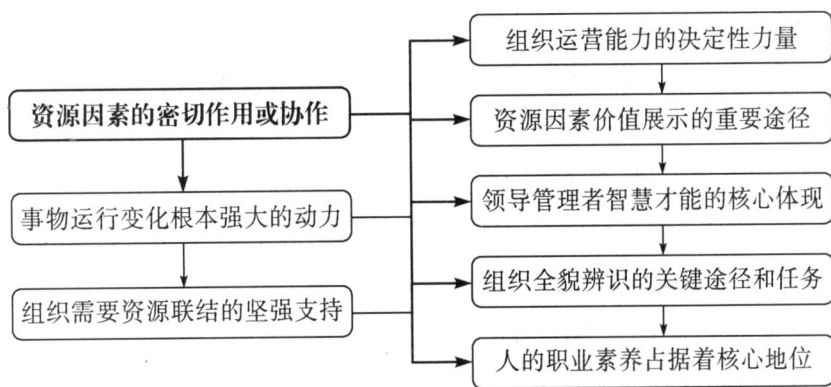

图 2-2-1-5　资源因素的密切作用或协作

（一）事物运行变化根本强大的动力

众所周知，任何事物的内在因素，无不存在着广泛的相互联系、作用或影响的关系。任何事物的形成与运行变化，都不仅取决于它的内在因素的组成，而且还普遍受到各类重要组成因素的相互联系或作用关系的显著影响。事实上，不同因素的组成及其相互联系与作用的关系，无不成为事物的性质特征，以及运行变化的能力或进程的普遍根本而强大的决定性力量。因此，睿智成熟地辨识事物的全貌，无不需要全面准确地识别并把握，对事物的性质特征和运行变化具有显著影响的各类因素组成及其相互间的联系或作用的关系。

（二）组织需要资源联结的坚强支持

组织睿智积极的构建，无一不是为了推进各类资源因素组成的相互间的密切联结与作用，并以此卓有成效地创造整体强大运营力量的根本目的。不仅如此，任何组织持续高质量的运营发展，无不需要各类资源因素密切支持与协作的坚强支撑。因此，各类组成资源的密切联结与协作，不仅是组织高质量的构建和运营所普遍关键的决定性因素，而且也是组织本性特征最为核心的体现。

（三）组织运营能力的决定性力量

通过长期的实践探索和总结，人们已经日趋广泛而深刻地意识到，各类资源因素或运行环节相互间的密切支持与协作，无不成为组织运营发展整体能力及其进程或成就的普遍关键的决定性力量。因此，对各类重要资源因素或运行环节的密切支持与协作的方式进行卓有成效的辨识和推进，已普遍成为全局战略路线的核心组成及卓越战略领导的关键途径和任务。事实上，组织全局战略的严重挫折，无不表现为某些重要资源因素或运行环节相互间密切支持与协作所存在的显著缺陷。

（四）资源因素价值展示的重要途径

一些浅显的研究或评论者，时常会竭力鼓吹并广泛推介某个显赫运营业绩的组织、某项强大专业资源能力或环节运行的高质量价值，或者独树一帜的积极构建或推进的方式。然而，其他实践者一旦借以高度的效仿，则往往难以行之有效而如愿以偿，甚至反而成为整体运营的显著限制力量。

事实上，各专业资源或环节相互间的密切支持与协作，以及由此铸建形成的整体组织强大的运营发展力量，不仅是各类专业资源或环节的运行能力和质量的深入准确辨识或评价的根本依据，而且也是它们潜在的力量和价值，卓有成效提升与展示的重要途径。因此，脱离专业资源或环节密切联结与作用的关系结构，孤立地判断和评价某项专业资源或环节的运行能力与价值，无不极易给它们相互间密切的支持与协作，带来显著的负面影响。

（五）领导管理者智慧才能的核心体现

组织整体运营发展的能力、进程或成就，在广泛的实践中，无不受到各类资源因素与运行环节相互间的密切支持或协作的普遍关键的决定性影响。因此，根据组织各类资源因素的构成实际，及其全局运营发展的方向和目标，睿智成熟地辨识并推进整体资源因素或运行环节密切支持与协作的积极方式，并以此卓有成效地创造和展示，各类资源因素或运行环节相互联结与作用的整体强大的运营发展能力，就普遍成为领导管理者卓越职业智慧或才能的核心体现。

（六）组织全貌辨识的关键途径和任务

在广泛的实践中，睿智成熟的职业人士，能够根据已知因素受到的作用影响，远见卓识地推断存在的未知因素及其性质和能力；能够依据不同因素固有的本性特征，卓有成效地辨识和创造它们密切联结作用的积极方式。事实上，成熟积极地依据事物普遍联系的基本准则，卓有成效地辨析和把握各类资源因素或运行环节相互联系与作用的关系，并以此睿智坚强地超越各类孤立、机械辨识思维的限制，无不成为组织运营全貌全面准确辨识的关键途径和任务。

（七）人的职业素养占据着核心地位

人的因素在各类工作资源的联结或作用关系中，无不占据着普遍的主导地位，并以此成为各种工作运行或推进质量的关键决定性力量。不仅如此，组织各项专业环节相互间的密切支持与协作所铸就展示的整体强大运营能力，还普遍地取决于团队背景下人们高度一致的共同愿景，以及工作主动积极的支持与协作，睿智成熟的职业思维意识，及其积极有效方式进行远见卓识构建与推进的智慧或能力。因此，人的职业素养普遍成为组织各类协作关系，卓有成效辨识与推进的核心因素，并日趋受到各类组织领导管理者普遍的高度重视。

五、组织运营系统性的辨识模式

通过长期的实践探索与总结，人们已经日趋广泛而成熟地意识到，系统性的方法或模式，是睿智积极地辨识与推进包含多种因素及其相互作用复杂事物运行变化的重要途径。通过整体背景下运行流程或进程的系统分析，人们通常能够清晰地识别并把握，多种因素在复杂的相互关系中所呈现的各自作用的形式、价值与地位。复杂的事物还时常显著地表现为多个或多层次的子系统，及其相互作用与融合所形成的复合系统，组织无疑就是一种典型的复合系统。

在系统性辨识思维的支持下，人们通常能够全面准确地识别和把握，运营资源输入端与产品服务输出端之间，组织系统依据一系列的专业活动，所展示的整体资源价值的增值能力，并根据增值活动中各专业单元的表现，有效判断整体系统构成的优势或劣势运行环节。不仅如此，组织作为一种典型的具有高度智慧的动态闭环自适应系统，还具有显著的体现整体运营活力、辨识与应对内外各种变化的自我调整或自适应能力（图 2-2-1-6）。

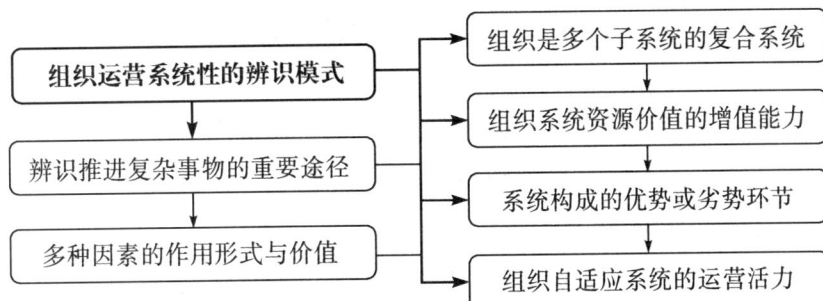

图 2-2-1-6　组织运营系统性的辨识模式

（一）辨识推进复杂事物的重要途径

所谓牵一发而动全身，无疑是对领导人所普遍面对的，多种因素纵横交错联系与作用、复杂事物或组织全局辨识和应对艰难挑战的形象描绘。在这种背景下，如果缺乏睿智强大系统思维方式的坚强有力的支撑，无疑将极易导致复杂事物或组织全局应对的严重挫折与灾难。

系统性的思辨与行为方式，是人们通过长期的实践探索和总结，所创造构建的辨识与应对复杂事物科学有效的重要方法。它的基本原则是把多种因素及其关系视作能够完成一定独立运行功能的整体，并通过对运行的给予条件及其输出成果的分析，完整准确地识别各组成单元的构成，相互间作用关系的方式、价值与地位，以及整体系统对外部条件及其变化的反应能力。

（二）多种因素的作用形式与价值

系统思辨方式最为重要而强大的力量之一，就是能够睿智积极地支持人们，通过整体系统运行的输入与输出因素的分析研究，准确识别并把握它的各种组成单元或因素，及其相互作用关系所展现的性质特征、联系方式、运行价值与地位表现。换而言之，系统性的辨识模式，能够把人们推上睿智成熟的整体思维高度，从而全面准确地识别和把握各种组成单元或因素及其相互间关系的客观表现，并以此卓有成效地推进它们持续高质量的联结与作用的创造整体运行的强大能力和积极价值。

（三）组织是多个子系统的复合系统

任何系统的设置或系统性的思维方式，如果不能卓有成效地支持或推动人们在一定的整体背景下，睿智积极地创造或推进各类组成单元或因素及其高质量的联结作用关系，那么，它们的价值无疑将会受到极大的限制。因此在实践中，人们普遍创造了复杂事物设置多个分系统，或者庞大系统分解为多层次子系统，以及它们相互作用与融合所形成的复合系统积极有效的思辨方式。这样，分系统或子系统，就成为复合系统的构成单元或因素。显然，广泛领域中的组织，无疑就是一种典型的多个分、子系统的复合系统。

（四）组织系统资源价值的增值能力

就自然或社会运行的广泛领域而言，任何系统的形成及其正常运转，都必须能够实现一定整体外部环境背景下，专业性资源的输入与输出价值增值的功能。缺乏专业资源价值增值根本功能的坚强有力的支撑，不仅系统长期的运转或发展将会受到极大的限制，而且极易给外部环境的整体运行带来显著的损害。

因此，作为广泛社会环境中的组织，必须能够创造整体社会的运行发展，一定专业性资源价值增值的基本功能；作为组织背景下的专业性系统，必须能够创造整体组织的运营发展所需的专业性资源价值增值的根本职能。

显然，通过一定专业性资源的输入，实现更高质量的资源输出价值或增值能力，无不成为一切系统的积极构成或运行，睿智成熟辨识、设置和推进的关键途径。

（五）系统构成的优势或劣势环节

根据各专业单元的组成及其相互间的联系或作用关系，在整体系统运行价值的形成或增值中的表现，人们通常能够全面准确地识别和判断，整体系统的构成与运行所存在的优势或劣势环节，并以此为各专业单元的组成或相互间的联系作用方式，更为成熟积极地设置或改进和整体系统更高质量运行的推进，提供坚强有力的支持。

（六）组织自适应系统的运营活力

闭环系统，是通过对整体系统或主要工作单元运行结果的准确检测和评价，并把相应信息反馈到系统的适当位置，以实现对运行中各种内外负面的扰动及时有效的清除，从而确保整体系统稳定工作的重要结构形式。自适应系统，通常是指能够依据系统运行的内外环境变化，自动调整自身的运行结构或状况，以积极有效地适应各种变化，从而达到优良运行效果的系统结构形式。自适应闭环系统，无疑是一种既能够自行适应外部环境的变化，又能积极清除自身因素对系统稳定运行不良扰动的高级系统结构形式。

显而易见，任何具有智慧并健康的有机体，无一不是自适应闭环系统。以人的因素为核心所构建形成的组织，对内外环境各类变化的准确识别与积极应对所体现的整体运营活力，无不展示着高度智慧的动态闭环自适应系统的典型特征。

六、内外因素相互联结作用关系

外部环境对组织的运营发展，具有普遍关键的决定性影响。运营进程中，组织无不与外部环境的因素，存在着密切而复杂的相互联结与作用的关系。因此，对内外因素相互联结作用关系的识别，就普遍成为对组织运营全貌进行全面准确辨识的重要组成和任务。

从根本上说，对外部环境及其变化的辨识与应对能力，决定并体现着包括广泛领域的组织的一切有机体运行成长的生命活力。系统的思维模式，不仅是人们睿智成熟地辨识的内在因素及其作用关系的有效手段，而且也是准确分析和识别，内外因素相互联结与作用关系的重要途径。

通常，组织系统纵向前置的输入端，决定着各种运营资源的获取能力；系统纵向后置的输出端，决定着组织运营价值的传输与实现能力。实践中，组织系统内在运行因素及其关系，还受到横向平行外部环境因素的广泛影响。外部因素及其变化的作用与影响，既会给组织的运营带来负面的挑战，也将为其发展提供积极的机遇（图 2-2-1-7）。

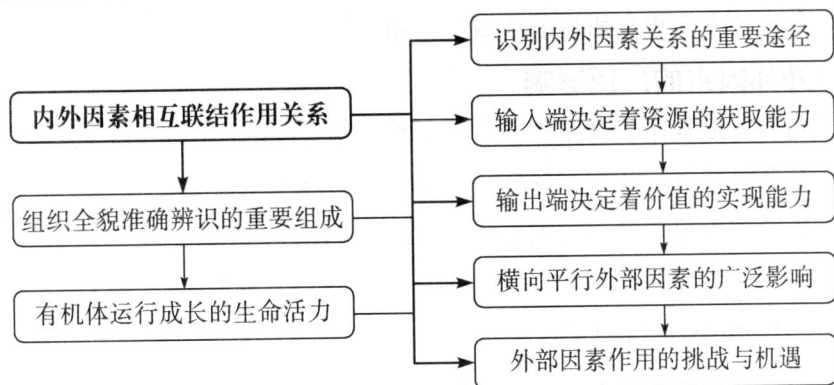

图 2-2-1-7　内外因素相互联结作用关系

（一）组织全貌准确辨识的重要组成

组织任何运营发展的进程或成就，无不与外部环境的因素存在着千丝万缕的联系。事实上，任何组织的运营发展，无一不是通过对外部环境的因素及其变化，以及内外资源因素的密切联结或作用，睿智积极的辨识与推进而得以实现的。因此，对内外资源因素相互联结或作用关系的深入洞察与识别，普遍成为对组织运营全貌全面准确地进行辨识和把握所不可或缺的重要组成与任务。

（二）有机体运行成长的生命活力

任何有机体的生命活力的最为显著而重要的表现，就是必须能够与外部环境及其变化，保持积极健康的相互间的作用关系。即能够通过外部环境及其变化的准确辨识，以及自身行为的积极反应，有效获取活动生长所需的各种资源或养分。任何对外部环境及其变化，准确辨识与积极反应能力的削弱，都必然意味有机生命活力的衰退。

（三）识别内外因素关系的重要途径

由高度能动性创造智慧与力量，人的因素所构建形成的各类组织，是人们高质量辨识和应对外部环境及其变化的最为重要的方式，并因此普遍与外部环境存在着极其密切的相互作用或影响的复杂关系。这些关系通常既表现为外部环境对组织运营发展的关键决定性影响，同时还体现为组织的行为，对外部环境的普遍重要影响。完整高质量的系统思维模式，则是人们睿智积极地辨识和把握复杂背景下组织运营的内外因素相互作用或影响关系的普遍重要途径。

（四）输入端决定着资源的获取能力

任何组织持续的运营发展，无不需要各类所需资源因素充分供给坚强有力的支撑。组织系统运营流程的纵向前置端口，通常成为各类重要资源因素的输入节点。对输入端口与外部环境联结作用的质量或水平，深入客观的审视和分析，通常能够全面准确地辨识或判断组织获取所需有形、无形及人力等资源因素的能力，从而根据组织运营发展的需要及其外部环境的实际，采取更为积极有效的应对方式，以确保各类重要资源因素的充分供给。

（五）输出端决定着价值的实现能力

与纵向前置资源因素的输入端口相对应，运营流程的后置端口，通常成为组织系统整体运营成果的输出节点。对输出端口与外部环境联结作用的质量或水平进行深入客观的审视与分析，无不能够全面准确地辨识或判断，组织产品服务的外部推广与传输，以及自身运营价值卓有成效创造和实现的整体能力，并把组织运营的思维，引向至为关键的系统功能与目标对象需求高度融合和匹配的重心，从而创造组织运营发展更高质量的成就与价值。

（六）横向平行外部因素的广泛影响

在组织系统运营发展进程中，内部各环节因素及其相互间的作用关系，还普遍受到外部环境中，社会、政治、行业及其科技等广泛因素横向平行的显著或重要影响。完整准确地识别外部环境各类平行因素，对系统运营进程显著而重要的影响，无不成为组织全貌卓有成效的辨识，以及高质量运营发展睿智积极创造的重要任务。

（七）外部因素作用的挑战与机遇

根据组织系统运营进程中，内外因素相互间的作用或影响关系，以及外部因素对整体系统运营价值的支持或限制力量，人们通常能够准确地辨识或判断，外部环境中所存在的负面挑战和积极机遇。换而言之，对环境中的挑战或机遇的准确识别，必须依据内外因素相互作用或影响的关系，以及对组织运营价值的支持或限制的具体分析，才能得出正确的结论。

七、各类因素组成的特征与价值

任何组织的运营发展，无不需要各类积极因素及其相互作用坚强有力的支持。系统性的思维模式，通过整体背景下对各类内外因素的组成及其作用方式的深入分析，通常能够睿智积极地支持人们全面准确地辨识内在专业性资源的特征与价值，以及内在资源因素所形成的专业运行能力；辨识外部环境所存在的资源因素，及其表现的形式和价值，以及内外因素密切联结作用所形成的整体组织系统的运营能力（图 2-2-1-8）。

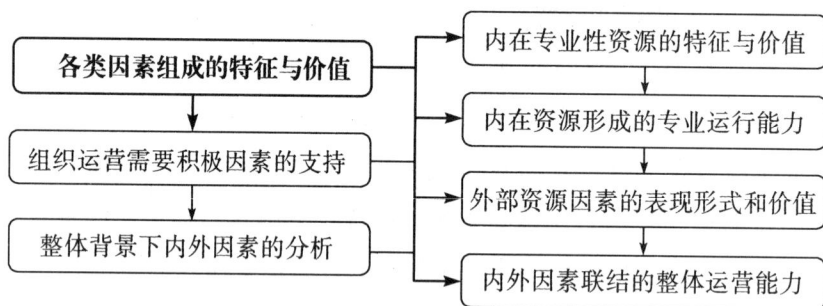

图 2-2-1-8　各类因素组成的特征与价值

（一）组织运营需要积极因素的支持

任何组织的运营发展，毫无疑问，都必然需要各类积极的内外因素，及其相互间密切联结或作用的坚强有力的支撑。各类积极的因素，无疑成为广泛领域中组织的运营发展所不可或缺的重要资源力量。事实上，对各类潜在资源因素及其相互联结或作用的力量与价值，充分辨识和有效展示的质量与水平，无不从根本上体现着领导管理者的职业智慧和才能，决定着整体组织运营发展的进程与成就。

（二）整体背景下内外因素的分析

对内外资源因素的本性特征，及其相互间密切联结或作用的方式与价值，缺乏足够睿智成熟的识别或把握，在广泛的实践中，无不成为领导管理者的职业智慧与才能，以及组织运营发展的进程或成就的普遍显著而重要的限制性力量。因此，卓有成效地支持和推动广泛组织及其领导管理者，远见卓识地辨识和把握内外各类资源因素，及其相互间密切联结与作用的强大力量或积极价值，长期以来，无不成为组织运营发展的研究与实践的倾力重心和智慧挑战。

通过长期的积极探索与实践，人们已经日趋广泛而深刻地意识到，涵盖各类重要内外因素及其相互联结与作用系统性的思维模式或方法，无不能够通过广阔而完整的整体背景与视野，卓有成效地引领和推动广大研究或实践者睿智积极地超越各种孤立或局部辨识思维的限制，并以此成为全面准确地识别和把握复杂事物的各类重要因素及其作用关系的全貌的普遍的关键途径和强大力量。

（三）内在专业性资源的特征与价值

通过长期的实践，人们已经习惯于把一切有形的物质因素，或能够以直接定量方式衡量价值的资源因素称之为有形资源。而把其他没有具体的物质形态构成，但在组织运营发展进程中具有显著的积极推动力量，且自身的价值存在高度不确定性的资源因素称之为无形资源。

人的因素对所有工作的运行发展，以及有形和无形资源价值的提升与展示，具有普遍关键的决定性影响，并以此成为人的因素所构成的组织系统与其他一切自然形成的运行系统，所存在的最为根本与重要的差异。事实上，把人的因素独立地划为人力资源，无不充分显示了人们对组织中人的因素作用和价值，所呈现的广泛成熟的高度重视与认可。

（四）内在资源形成的专业运行能力

专业资源与专业运行环节，是组织系统全面准确辨识中，所需着力把握的相互联结或融合的两种重要因素。通常，专业资源是专业运行环节的构成要素，一个专业环节必然会包含有形、无形及人力多种资源因素，以及它们相互间的作用关系。而专业运行环节则是一定专业资源的价值进行积极构建、提升或展示的重要途径。

两种因素全面准确的辨识，在广泛的实践中，无不需要密切联结相互支持的反复深入的推进。换而言之，就一般性组织系统的辨识方式而言，通常以专业资源的构成为基础，对它们的本性特征及其相互间的联结与作用所形成的专业环节运行能力，予以全面深入的识别和把握。同时，对专业环节运行能力的把握，又能够对各项专业资源构成的本性特征，以及它们相互间更高质量的联结与作用关系，形成更为积极而准确的识别。

（五）外部资源因素的表现形式和价值

外部环境中的积极因素，是任何组织运营发展不可或缺的重要推动力量。长期以来，人们总是倾向于把能够定量核算成账目上的资金价值，或自身能够完全拥有和支配的内在因素，视作组织运营的资源构成。然而在广泛的实践中，任何局限于专业核算账目的价值，或自身完全拥有与支配的意识，以及内在因素构成的思维，都必将显著限制组织运营重要资源及其关系的远见卓识辨识的智慧与能力。

事实上，外部环境中的产品或服务的需求因素，是一切组织运营发展最为根本而强大的支持与推动力量，并以此成为广泛范围中组织最为核心的资源构成。不仅如此，广泛外部环境中的社会、政治、行业和科技等领域中的积极因素，也是任何组织持续高质量运营发展的极其重要的推动力量和资源构成。因此，全面准确地辨识组织的运营全貌，必须努力超越局限于内在因素及其关系的思维限制，而以组织系统运营更为睿智开阔的视野，远见卓识地洞察或识别外部环境中所存在的组织运营发展各项重要的资源构成。

（六）内外因素联结的整体运营能力

组织是人们卓有成效地辨识并展示包括自身在内的各类因素潜在的积极力量或价值的重要途径和强大动力。随着各类因素相互作用或影响的日趋广泛深入，人们已经日益普遍而深刻地意识到，准确辨识与积极推进内外资源因素的密切联结或融合，并以此铸建形成更为强大的运营发展能力，已日渐成为组织高质量的运营进程或成就的睿智坚强创造的关键决定性力量。

因此，任何背景下，如果不能睿智成熟地识别并把握组织内外各项重要因素及其联结作用所形成的整体运营发展能力的具体实际，那么，任何组织全貌辨识的质量与价值，都必将受到极其显著的限制。

第二节　辨识并把握各项重要的工作

对重要工作的辨识与把握

通过长期积极的探索与实践，人们已经日趋广泛而成熟地感知，任何复杂事物的运行进程，通常只是受到少数因素、关系与变化的显著而重要的影响。与此对应，绝大多数因素及其关系与变化的作用，所呈现的力量或价值都极为有限。事实上，睿智成熟地辨识并把握对组织全局的进程或成就具有显著重要影响的少数因素和工作，无不成为战略领导卓有成效推进的核心思维与根本原则。

为此，《鬼谷子》曾经辩称："持枢，谓春生、夏长、秋收、冬藏，天之正也，不可干而逆之。逆之者，虽成必败。故人君亦有天枢，生养成藏，亦不可干而逆之。逆之，虽盛必衰。此天道，人君之大纲也。"——把握事物的重要因素，就像是春季的耕种、夏季的生长、秋季的收割、冬季的储藏，按照天时推进的正常运作，而决不可改变或违背的原则。违背这样原则的人，即使暂时得以成功，最后也必然会失败。所以作为人君，也应该参照天时运行所表现的生养成藏的原则，来辨识和把握自己的重要事务，而不可改变与违背。如果违背了这样的基本原则，即使暂时兴盛，也必将趋于衰落。把握事物的重要因素与环节，是人君治国最为重要的原则。

然而，在存在千丝万缕联系和扑朔迷离变化的众多因素所构成的复杂事物运行发展的进程中，远见卓识地洞察和识别少数重要的工作，并把有限的资源力量投入到各项至关重要的运行环节，在广泛的实践中，无不成为人们智慧与才能极限的艰难挑战。事实上，任何组织或团队运营发展的进程和成就，无不与各类重要环节的工作，睿智积极地辨识和把握存在着密切的关联。

本节中，我们对组织运营或复杂事物运行发展，具有的普遍重要而显著影响的根本、关键、重点、节点与难点等工作环节或因素，及其相应的表现特征和基本的应对原则及方式，分别展开了探讨。最后，集中分析了睿智积极地构建和提升辨识并把握复杂背景下各项重要工作的实践能力，普遍所应遵循的基本原则和采取的应对方法（图 2-2-2-1）。

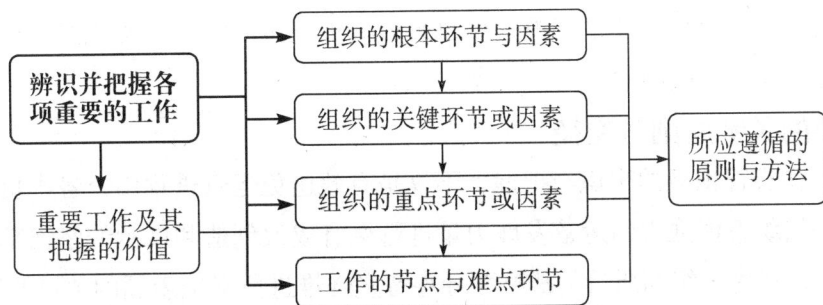

图 2-2-2-1　辨识并把握各项重要的工作

一、重要工作及其把握的价值

重要工作，通常是指对在复杂事物的运行或组织的运营进程中，具有决定或深远影响的工作组成。依据主要的表现特征，睿智成熟地识别并把握各项重要的工作，是所有战略领导卓有成效创造或推进的关键原则与途径。在广泛的实践中，对重要工作的积极辨识和把握，普遍决定着组织运营发展的整体进程与质量，并以此成为领导人整体职业素养的核心体现。因此，在任何背景下，领导人都必须能够持续高质量地构建与提升辨识和把握各项重要工作睿智牢固的积极意识，并努力把有限的组织资源力量集中于重要的工作环节中（图 2-2-2-2）。

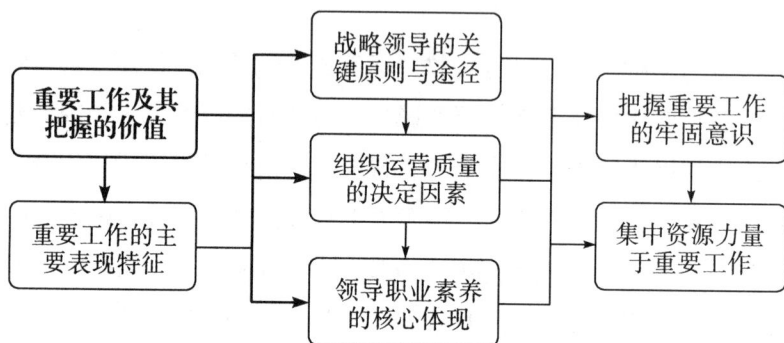

图 2-2-2-2　重要工作及其把握的价值

（一）重要工作的主要表现特征

对不同背景下主要表现特征深入准确的识别，是卓有成效辨识并把握各项重要工作的普遍的关键基础和强大动力。重要工作环节或因素，通常具有以下几项主要表现特征：

1. 对整体组织或复杂事物的根本属性及其运行进程，具有显著而深远影响的根本性因素或工作；

2. 对组织或复杂事物等其他若干因素或工作的形成、运行及其质量，具有主导或决定影响的关键性因素与工作；

3. 对整体组织运营或复杂事物运行的进程，以及既定发展目标的实现，具有决定价值或重大影响的重点因素与工作；

4. 两个以上重要局部或专业工作的交汇点，并对整体运营或相关环节工作运行的质量，具有显著或重大影响的节点工作环节；

5. 对组织或复杂事物的内外变化具有较大的敏感度，且极易产生整体重大负面影响的敏感风险工作环节或因素；

6. 对全局进程具有显著而重要的影响，但卓有成效地推进所需专业资源或技能，还未能形成充分准确应对的难点工作环节或因素。

（二）战略领导的关键原则与途径

对各种重要工作睿智积极的辨识与把握，不仅是有效避免运营进程中，各类负面因素侵扰的有力保障，而且也是组织整体强大的运营发展力量进行卓有成效创造和展示的坚强基石。因此，在广泛的实践中，它普遍成为组织高质量的战略领导睿智坚强推进所必须遵循的关键原则和重要途径。

事实上，任何战略领导的卓越实践或进程，无不需要以各类重要工作环节或因素的具体表现为基础，并以此努力使得组织全局的运营发展，既能够卓有成效地兼顾所有的重要工作或因素，又睿智成熟地避免某些次要工作环节对有限战略资源力量的低值耗费，从而实现重要工作与战略领导的密切联结和高度统一。

（三）组织运营质量的决定因素

对组织全局运营进程或质量的影响程度与方式，是任何复杂多变的环境中，各项重要的工作环节或因素的睿智成熟识别与判断的根本依据和标准。因此，对重要工作或因素的辨识与把握的水平，无不对组织全局运营的进程或质量，具有普遍关键的决定性影响。事实上，所有战略领导实践中，所出现的重大失误与挫折，无一不与未能睿智积极地辨识并把握相关重要的工作环节或因素存在着密切的关联。

（四）领导职业素养的核心体现

根据组织运营发展的内外实际，持续高质量地辨识并把握所有至关重要的工作环节或因素，在广泛的实践中，时常只能成为一种美好的愿望。事实上，即使是那些最具卓越智慧与才能的领导人，也难以总是能够睿智坚强地超越这一最为复杂而艰巨的职业挑战。尽管如此，卓有成效地辨识并把握组织运营全局各项重要的工作环节和因素，无不成为领导人整体职业素养普遍的核心体现。

《孟子》也曾以人的辨识器官为例，形象深刻地阐述了注重事物的重要环节，对于人们整体职业素养的关键决定性价值：

公都子问曰："钧是人也，或为大人，或为小人，何也？"

孟子曰："从其大体为大人，从其小体为小人。"

公都子曰："钧是人也，或从其大体，或从其小体，何也？"

孟子曰："耳目之官不思，而蔽于物。物交物，则引之而已矣。心之官则思，思则得之，不思则不得也，此天之所与我者。先拉乎其大者，则其小者弗能夺也，此为大人而已矣。"——公都子问道："同样是人，有的成为君子，有的成为小人，这是为什么呢？"

孟子说："注重事物的重要环节就能够成为君子，局限于事物的次要环节就必然成为小人。"

公都子说："同样是人，有的人能够注重事物的重要环节，有的人却局限于次要的因素，这又是什么原因呢？"

孟子说："眼睛与耳朵这类器官不会思考，就容易被外物所蒙蔽。事物之间相互影响，就把它们引入辨识的迷途。心这个器官则有思考的能力，思考就能清晰辨识事物，不思考则不能予以准确识别，思考的能力是上天赋予我们的天性。首先把握事物的重要环节，就不会受到次要因素的限制，这就是人们能够步入君子行列的根本原因。"

（五）把握重要工作的牢固意识

任何极其艰难的运营背景，都难以判定组织的彻底失败；无论多么耀眼的发展成就，也不能支撑组织永久的旺盛活力。在广泛的实践中，任何组织失败抑或活力的展示，无不从根本上取决于它的领导人对各项重要工作环节或因素的睿智坚强辨识并把握的质量和水平。因此，任何背景下，领导人都必须能够睿智成熟地构建与提升辨识并把握各项重要工作的牢固积极的职业意识，并以此卓有成效地铸建组织运营和自身职业持续高质量进程的坚实基础与强大动力。

（六）集中资源力量于重要工作

重要环节或因素的运行质量，无不对复杂事物推进的全局进程与高度，具有普遍关键的决定性价值。因此，在复杂多变的环境中，对全局进程或成就具有关键决定性价值的各项重要的工作环节或因素，及其相互间作用和影响的关系与地位，予以全面准确的辨识和把握，就普遍成为组织战略领导的核心任务与工作。

为此，领导人必须努力把能够调配的最为强大的资源力量，根据相互作用或影响的关系与地位，集中到各项重要的工作环节中。广泛的实践充分显示，集中强大的资源力量于重要的工作环节中，已普遍成为组织卓越的战略领导睿智坚强的创造所必须遵循的极其关键的原则与方法。

二、组织的根本环节或因素

根本环节或因素作为一种重要的资源力量，通常隐含在各种表象深处，具有作用发力悠缓、持续和顽强，以及影响广泛而深远的显著特征。在广泛的实践中，它是任何组织强大的有机生命力及其持续运营发展的动力，以及全局战略路线的辨识与设置质量的极其关键的决定性因素。

透过各种表象而能够深入准确地识别根本性环节或因素的决定力量与价值，在广泛的实践中，无不成为卓越战略领导普遍面临的艰难挑战。同时，也是领导人职业洞察与辨识才能极为关键的决定性因素。对于卓越的战略领导及其强大的支持和推动力量的睿智坚强的创造或展示，领导人无不需要准确而牢固把握组织的根本因素，以及整体构成质量持续提升发展的积极有效方式（图 2-2-2-3）。

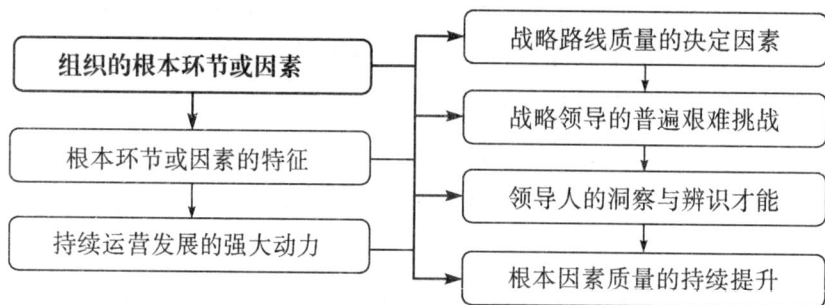

图 2-2-2-3　组织的根本环节或因素

（一）根本环节或因素的特征

根本的环节或因素，是事物本性特征及其各种外部表现，最具决定性的资源力量构成。对它的准确辨识与把握，是高质量推进或应对任何复杂事物的运行变化的极其强大的支持力量，以及不可或缺的重要工作。

根本环节因素所决定的事物实质，通常具有隐含在各种表象深处的特点。不仅如此，它对事物运行的作用表现，又普遍体现着发力悠缓、持续和顽强，以及影响广泛而深远的显著特征。

因此，就广泛的组织实践而言，人们时常由于各种表象的迷惑和影响，而难以准确辨识并把握根本的环节或因素，及其作用的决定力量与价值。然而，持续的轻视或兼顾缺陷的积累，一旦使其呈现出显著的负面反应，则将会给组织的全局带来极其严重的侵害，并且任何作用于表面的浅显的挽救措施，都难以形成真正有效的价值。

（二）持续运营发展的强大动力

在组织整体运营发展进程中，根本的环节或因素，通常承担着各类专业资源与能力的卓有成效的构建、运行及其相互作用与转换的最为基础而重要的工作。因此，它的运行方式、力量与价值，尽管在各环节或细节的工作上，通常表现着柔缓、弱小或量变的特点，但就组织整体或全局运营发展而言，则具有普遍持续性、广泛性和顽强性的显著特征。

（三）战略路线质量的决定因素

根本环节或因素，对于组织运营发展各类资源能力的构建与运行，及其密切联结协作的质量和持续改善提升的水平，具有普遍重要的决定性影响。因此，对它的性质与价值特征的睿智成熟的辨识与把握，无不成为远见卓识地识别或界定各类资源能力及其相互作用的方式与地位，并以此卓有成效地判断和设置整体运营战略路线的重要决定力量。事实上，根本因素及其运行价值与地位特征判断中的任何显著偏差，都必将导致运营战略路线及其主要资源能力关系辨识与设置上的严重缺陷。

因此，孔子曾经辩称："君子务本，本立而道生。"——睿智贤能的职业人士，总是会特别关注事物的根本。根本的环节或因素确立了，应对事物的基本原则和方法也就能够自然形成。

（四）战略领导的普遍艰难挑战

肩负组织最为重要全局战略责任的领导人，如果缺乏足够深邃而成熟的辨识思维，并以此深入准确地识别和把握组织的根本因素及其所蕴含的持续、广泛与积极的力量，以及对全局高质量进程和成就的决定性价值，那么，他所能够创造并运用的战略力量，必将受到极其显著的限制。

为此，《礼记》曾经谆谆告诫人们："君子曰：大道不官，大德不器，大信不约，大时不齐。察于此四者，可以有志于本矣。三王之祭川也，皆先河而后海，或源也，或委也，此之谓务本。"——君子说：道行极高的人不限于担任一种官职；懂得大道理的人不局限于特定的用处；极具诚信的人不必靠立约来约束；天有四时而不只有一季。能够深入辨识这四种现象所存在的深刻背景，就能立志并致力于任何事物的根本。夏、商、周三代君王总是首先祭祀河川而后祭海，因为前者是水的来源，后者是水的汇集处，这就叫作致力于根本。

（五）领导人的洞察与辨识才能

在诸多因素及其关系与变化的错综复杂、扑朔迷离的背景下，远见卓识地透过各种表面、孤立或暂时的现象，睿智成熟地识别深层次的根本因素，及其作用力量或价值形成的机理与方式，并以此卓有成效地把握组织运营发展全局的主动，无不成为领导人高水平的职业洞察与辨识才能的普遍强大的推动力量和关键的决定因素。

《吕氏春秋》也曾论述了辨识并把握事物根本因素的重要价值："凡物之然也，必有故。而不知其故，虽当，与不知同，其卒必困。先王、名士、达师之所以过俗者，以其知也。国之存也，国之亡也，身之贤也，身之不肖也，亦皆有以。圣人不察存亡、贤不肖，而察其所以也。"——大凡事物的运行变化，必然存在着它的根源。如果不知道它的根源，即使应对行为暂时得当，也与不了解事物是一样的，最终必然会陷入困境。先王、名士、达师之所以超越平庸之辈，是因为他们能够掌握事物运行变化的根源。

国家的生存，国家的灭亡，人的贤明，人的不肖，也都必然存在各自的根源。圣人不去考察国家的存亡和人的贤明或不肖的表象，而是考察形成它们的根源。

（六）根本因素质量的持续提升

在准确辨识根本环节或因素的基础上，努力站在全局进程或成就的更高层次，卓有成效地采取各种积极的方式，推进根本因素构成质量的持续提升，是复杂事物高质量运行发展的坚强推动，以及组织卓越战略领导的积极创造所必须遵循的关键原则，及其最具决定性价值的重要途径。

为此，孔子曾辩称："听讼，吾犹人也，必也使无讼乎！"——对于审理诉讼，我和其他人一样，希望将案情审断得曲直分明。但我不同的是，希望诉讼这类事件不再发生，达到绝迹才好！

三、组织的关键环节或因素

在错综复杂的内外环境中，每当人们试图开创更为积极的崭新工作局面，无不强烈地感受到关键环节或因素所存在的极其强大的决定性力量。然而，在实践中，如果缺乏对关键环节或因素主要表现特征的深入准确的辨识、高质量全局思维意识的坚强支撑、各主要局部环节的密切联系、卓越的专业智慧与才能的有力推动，以及对它的远见卓识洞察和把握，就会成为人们普遍难以超越的艰难挑战。

关键环节或因素辨识与应对的质量，在广泛的实践中，是整体战略领导的进程或成就的极其重要的决定性因素。它卓有成效地推进，普遍需要领导人必须根据全局进程的内外具体实际，予以深入准确的分析和判断，并努力确保足够强大资源力量的有力支持（图2-2-2-4）。

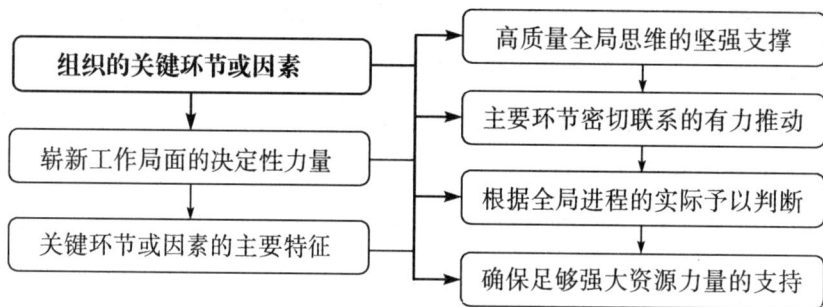

图 2-2-2-4　组织的关键环节或因素

（一）崭新工作局面的决定性力量

超越种种艰难的内外挑战，并以此开创更为积极的崭新工作局面，成了卓越战略领导进程中普遍面临的艰巨任务。在复杂多变的内外环境中，任何卓越的战略领导进程，无不需要全局运营关键性环节或因素，远见卓识辨识和把握的坚强有力的支撑。事实上，任何组织运营发展严重挫折的产生或辉煌成就的铸就，无不闪烁着关键性环节或因素显著高大的身躯。任何轻视关键性环节或因素的领导人，不仅绝难创造令人景仰的职业成就，而且必将陷入极其艰难的职业境地。

（二）关键环节或因素的主要特征

通常，只要论及关键一词，人们的头脑中就会浮现出打开铁锁的钥匙，控制流水的关闸，或者关闭大门的横木。的确，在广泛的实践中，关键的环节或因素，一般是指复杂事物的运行或组织的运营进程中，所存在的少量工作环节或因素，其存在状况或运行质量，对整体进程具有极其重要的决定性影响，或者是有效推进其他若干重要环节工作的基础。组织的关键环节或因素，通常具有以下主要特征与表现：

1. 对全局和其他主要专业环节工作的进程，具有极其重要的决定性影响。

2. 由于不同组织运营内外实际的普遍差异，它们通常存在着显著的具体组织的独特性特征。

3. 组织内外形势的不断变化，使其具有明显的时效性特征。

4. 资源消耗显著增加的趋势。即关键环节或因素，如果得不到及时处理，后续的应对必将耗费更多的资源力量。

5. 影响的正反两方面表现。即关键环节或因素的及时有力应对，通常能够对全局高质量进程产生积极强大的推动力量；反之，则必将给运营全局带来极其严重的负面影响。

（三）高质量全局思维的坚强支撑

关键环节或因素的表现特征，决定了唯有具备深邃积极的全局思维意识，才能对其做出远见卓识的洞察和识别。换而言之，对于关键环节或因素卓有成效地辨析和判断，无不需要牢固立足于广阔长远的全局辨识思维的根本立场，并以此睿智积极地超越关键环节或因素的自身资源构成或运行的特征的局部思维限制坚强有力的支撑。

（四）主要环节密切联系的有力推动

在复杂事物的运行或组织的运营进程中，对关键环节与因素睿智准确的辨识和把握，无不需要各主要局部环节及其密切联系或作用的卓越智慧与才能的坚强有力的支持和推动。缺乏主要局部环节的密切联系或作用，且由此对全局运营发展的重要价值，远见卓识辨识或把握睿智积极的支持和推动，以及关键环节或因素深邃洞察的智慧与才能，无不将会受到极其显著的限制。

公元200年春，袁绍的十万大军曾与曹操的两万军队，在官渡对峙了数月，双方都陷入了粮草短缺的困境。袁绍依仗兵力的绝对优势，希望能够早日决战。而决战对于曹操而言，几乎无任何胜算的可能，于是只得打算放弃官渡。但谋士荀彧却劝说曹操，坚守官渡以耐心等待时机。

不久，袁绍的谋士许攸前来投奔，建议曹操攻取袁绍的粮草基地乌巢。随着乌巢被迅速攻占，袁军顷刻间军心涣散，遂而土崩瓦解。此后，后勤补给的维护与阻断，就时常成为战场主动地位争夺的关键。

（五）根据全局进程的实际予以判断

对关键环节或因素睿智积极的辨识与应对，是创造任何复杂工作运行发展的整体主动的普遍重要而强大的支持和推动力量。然而，由于显著的独特性特征，对关键环节或因素卓有成效的识别与把握，无不需要成熟牢固地立足于复杂事物或组织的内外资源因素和专业运行环节的构成，及其相互联系与作用关系具体实际的坚强支撑。

辨识和应对工作卓有成效地推进，在广泛的实践中，时常需要运用假设和推断的思维方式。包括对潜在关键环节或因素完全具备抑或并不成熟，或者运行能力增加与减少一定数量背景的假设。尤其是相应背景条件下，可能对全局运营或其他重要环节的运行，所产生的积极或消极进程与成果的细致缜密的推断。

（六）确保足够强大资源力量的支持

对于缜密分析并准确判定的关键性环节或因素，领导人必须以组织持续高质量运营发展的卓有成效创造和展示的高超智慧与坚定意志，努力投入最为强大的资源力量，予以足够坚强而积极的支持。广泛的实践充分显示，对关键性环节或因素，任何资源力量投入或支持上的不足，所导致运行上的显著缺陷，都必将让组织付出更为高昂的代价，甚至陷入极其被动或艰难的全局困境。

四、组织的重点环节或因素

重点环节或因素，通常是指对组织的全局进程与成就具有直接重要影响的少数工作环节或因素。因此，对它们的准确辨识和把握，就普遍成为组织战略领导的重要工作构成。通常，在组织使命与战略目标实现进程中的重要地位，是重点环节或因素判断与设定的主要依据；而对整体内外资源运行效率具有重要的影响，是它们共同的显著特征。

就广泛范围中组织而言，以其核心产品的价值设定及实现为中心或主线的相关工作，包括产品需求特征的准确辨识与把握、产品或服务的性能设置及其形成质量、产品外部的推广方式与过程效力，普遍成为战略领导必须特别关注的重点环节与因素（图 2-2-2-5）。

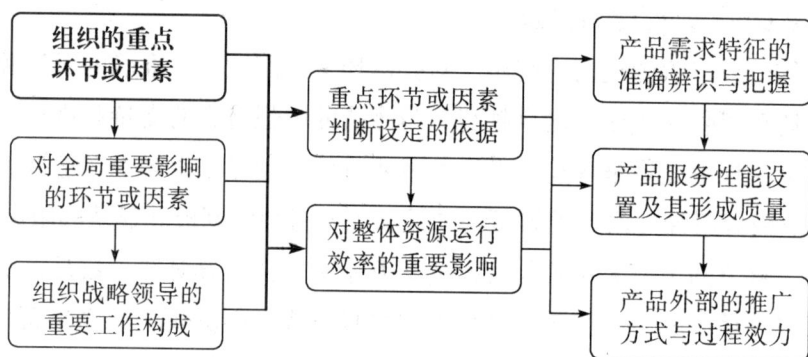

图 2-2-2-5　组织的重点环节或因素

（一）对全局重要影响的环节或因素

在任何复杂多变的运营环境中，组织都必然存在少数对全局的进程与成就具有直接重要影响的工作环节或因素。睿智成熟地辨识并把握这些少数的重点环节或因素，无不成为领导人以有限的资源力量进行卓有成效地创造组织持续高质量的运营全局，并以此展示自身卓越的职业智慧与才能的普遍的关键途径和强大动力。

在广泛的实践中，对若干主要表现特征的深入洞察和准确识别，无疑成为领导人睿智成熟地辨识并把握组织运营发展的重点环节或因素的不可或缺的强大支持与推动力量（图 2-2-2-6）。

1. 对组织全局进程具有显著重要影响的工作环节或因素；

2. 在组织使命实现进程中，占据着重要的地位或具有强大的推动力量；

3. 直接决定或显著影响，战略目标体系中某项或数项重要指标完成的质量；

4. 各类资源相对集中，尤其是涉及较大份额的人力或无形资源；

5. 对其他广泛的环节或因素的运行质量，具有显著而重要的直接影响；

6.数量较少或较为有限。

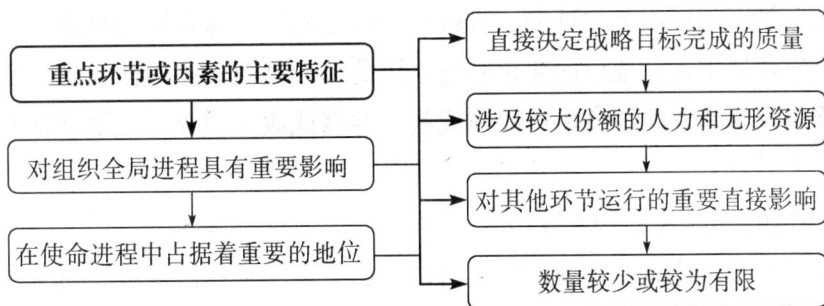

图 2-2-2-6　重点环节或因素的主要特征

（二）组织战略领导的重要工作构成

面对错综复杂、扑朔迷离的内外环境，如何睿智成熟地避免落入各类繁杂次要事务的陷阱，并以此卓有成效地肩负起自身全局的核心职责，正日趋成为广泛组织领导人普遍面临的职业挑战。

重点环节或因素的思辨行为方式，不仅是唯物辩证法主要矛盾基本原则的重要实践体现，而且能够睿智坚强地支持领导人能够成熟积极地摆脱各种繁杂次要事务桎梏的束缚，从而把组织与自身有限的资源力量，远见卓识地投入事关全局的各项重要工作中去。因此，对重点环节或因素全面准确的辨识和把握，普遍成为组织战略领导的重要工作构成与任务。

（三）重点环节或因素判断设定的依据

通过长期的积极探索与实践，人们已经日趋广泛而成熟地意识到，依据组织长远运营发展的使命及其战略目标，卓有成效推进体现的价值或所居的地位，无不成为复杂多变的环境中，各类重点工作环节或因素得到睿智准确判断与设定的普遍的关键途径。换而言之，如果缺乏远见卓识的运营发展使命，以及积极完善的全局战略目标的坚强有力的支撑，领导人必将难以睿智积极地辨识并把握各类重点的工作环节或因素。

（四）对整体资源运行效率的重要影响

组织的使命与战略目标，无不源自对组织运营的内外资源条件的全面准确的辨识和设置。因此，对内外资源整体利用或运行效率的重要影响，普遍成为重点环节或因素共同的显著特征。

在广泛的实践中，人们普遍通过运营方向的积极设置来确立充分利用组织外部资源条件的重点工作或因素；依据运营路线的准确判断，形成对内在资源条件重点环节或因素的有效设定，并以此创造内外资源条件的密切联结与作用的更为积极强大的整体力量。换言之，运营方向和路线远见卓识的设置，无不成为组织内外整体资源因素卓有成效的利用或运行，以及全局重点的工作环节或因素，进行睿智成熟的辨识与把握的普遍的关键途径和强大动力。

（五）产品需求特征的准确辨识与把握

对目标对象需求的积极有效的满足，普遍成为广泛领域中组织整体运营方向的核心构成。而目标对象需求持续高质量的满足，又无不需要对象的产品需求特征与变化趋势的全面准确辨识和把握的坚强有力的支撑。因此，对目标对象需求特征和变化趋势全面准确的辨识与把握，就成为组织战略领导卓有成效推进的普遍的重点工作与任务。

（六）产品服务性能设置及其形成质量

组织运营所创造的产品或服务的性能，直接体现着它的生存与发展的整体能力；它们的构成质量，直接决定着竞争环境中运营地位的变化趋势。因此，产品或服务的性能设置及其形成质量，无不从根本上决定着组织运营发展的整体进程与成就，并以此成为领导人必须卓有成效推进的全局工作重点。

（七）产品外部的推广方式与过程效力

产品外部的推广方式及其运行过程中的效力，对组织产品及其运营价值的实现与发展，具有普遍重要的决定性影响。因此，领导人必须能够睿智成熟地根据组织运营的内外环境，卓有成效地辨识、选择或创造更为积极、先进与高效的产品外部推广和传输方式，并以此睿智坚强地铸建或展示组织产品及其运营价值提升发展的卓越进程。

五、工作的节点与难点环节

随着专业分工与密切协作日益广泛而深入的发展，以及更高质量运行目标或方式的选择设置，在组织运营进程中，不可避免地会出现涉及多项专业工作交汇的节点环节，或者依据现有的资源能力，难以充分准确应对的难点工作环节。显然，节点或难点工作环节的应对质量，普遍会对组织的全局产生显著的影响，从而成为领导人所需关注的重要工作。

节点或难点环节工作高质量的应对，通常需要成熟的专业素养与责任意识的坚强支撑。为此，领导人需要在全面准确地把握相关环节工作的专业构成，及其运行全局价值的基础上，配备足够精明强干的中坚力量，并设置积极有效的运行政策与保障措施，才能予以卓有成效的应对（图2-2-2-7）。

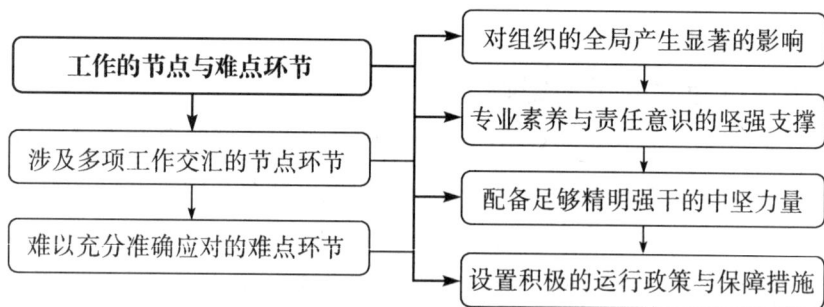

图 2-2-2-7　工作的节点与难点环节

（一）涉及多项工作交汇的节点环节

随着各环节专业分工与密切协作的运行方式的日益广泛而深入的发展，组织运营进程中必将存在大量的不同专业环节，或多种因素相互联结与作用的运行节点。对于多项重要专业工作或因素交汇形成的节点运行环节，领导人如果对此视而不见或漫不经心，显然，则极易成为组织全局或自身职业高质量进程显著的限制性因素。

（二）难以充分准确应对的难点环节

为了有效推进内外资源整体价值卓有成效的提升与展示，并以此积极创造组织更高质量的全局进程或成就，人们无不殚精竭虑、竭尽所能，以设置选择各种更为先进的专业环节或因素的运行方式。然而，实践中，难点的工作环节也时常由此应运而生：对整体环节工作的运行程序或方式的理解与认识，还不够完善和成熟；对相关工作积极有效推进的专业技能，还未形成足够熟练地掌握；专业环节的运行进程，还存在着较多难以完全掌控的变数。

显然，设置选择的运行目标越高，难点的挑战越复杂而艰巨。如果其中难点环节的应对质量或水平对全局的进程具有显著而重要的影响，那么，几乎没有任何领导人敢于等闲视之或淡然置之。

（三）对组织的全局产生显著的影响

如果相关的难点工作，不足以对全局进程产生显著或重要的影响，那么，予以果断舍弃无疑是个极其明智的选择。事实上，任何高速成长中的组织，无不时常在包含着一定的痛苦，却又是极为坚定的舍弃中，创造或把握着更为积极的发展机遇。然而，与此相反，对重要节点与难点环节或因素的丝毫忽略，无不极易把组织推入极度混乱或被动的运营深渊。

在广泛的实践中，组织的严重挫折或失败，无不与重要节点或难点环节应对的显著缺陷，存在着普遍密切的关联。反之，对节点或难点应对水平的不断提升，无疑能够积极推进专业环节的运行能力，及其密切联结所形成的整体运营能力的持续发展，因而普遍成为组织高质量进程卓越创造的强大推动力量。

（四）专业素养与责任意识的坚强支撑

节点或难点环节，通常涉及多项工作的交汇联系与作用，或者极为复杂而未能成熟掌握的专业因素。因此，对它们进行卓有成效的应对，无疑需要成熟的专业素养及其积极的探索精神，尤其是能够高质量地兼顾多项专业环节运行，及其全局牢固责任意识坚强有力的支撑。在这种背景下，显而易见，领导人完全依赖或主要依靠自身的职业智慧与才能，时常并非睿智成熟的选择。

（五）配备足够精明强干的中坚力量

高质量地推进节点或难点环节工作的积极运行，领导人通常需要根据它们运行发展的全局价值与整体影响，远见卓识地为其配置精明强干的中坚力量，并通过全局背景下的应对原则和运行目标的明确指示，顽强进取精神与牢固责任意识的充分激励，运行内外信息和参考推进方式的积极提供，卓有成效地创造它们持续高质量的运行进程，从而睿智成熟地远离极易耗费自身大量的宝贵精力，且极其复杂专业性事务探索与应对的职业深渊。

（六）设置积极的运行政策与保障措施

重要节点或难点工作环节的应对质量，通常对组织全局的进程或成就，具有极其关键而显著的直接影响。因此，领导人必须能够根据组织全局运营与发展的具体实际，睿智积极地为其高质量的运行，提供强大资源力量的支持和保障。各类运行的有效激励性政策，以及积极的专业保障性措施的卓有成效的设置与推进，已普遍成为广泛的实践中领导人采取的积极有效的方式或方法。

六、所应遵循的原则与方法

把握各项重要工作成熟而牢固的思维意识，以及根据各自的运行或表现特征，全面准确地掌握它们的辨识方式，已普遍成为领导人整体职业素养的极其重要的组成。创造组织卓越的全局进程与成就，领导人必须特别倾力于根本环节或因素的辨识与把握，并努力争取或集中内外各种积极的资源力量，确保关键性环节工作的顺利推进。

确立并依据组织的使命和战略目标，卓有成效地识别并把握各项重点的工作环节，是组织领导高质量进程的强大推动力量；努力提高节点与难点环节工作的运行质量，是组织整体运营发展能力持续积极提升的重要途径。所有重要工作睿智成熟地辨识和把握，都必须牢固立足于组织运营发展的内外实际，这也是组织全局高质量的进程或成就卓有成效创造所必须遵循的核心原则（图2-2-2-8）。

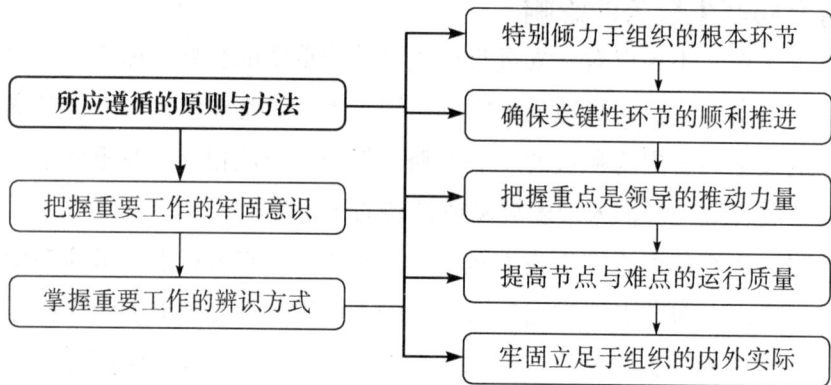

图 2-2-2-8　所应遵循的原则与方法

（一）把握重要工作的牢固意识

领导人必须努力构建倾力于各项重要工作的成熟而牢固的职业思维意识，并以此有效避免把有限的宝贵时间或精力，过多地耗费在无关全局的烦琐事务，或者仅仅是自己感兴趣的专业问题上。

实践中，为了卓有成效地构建并巩固、把握各项重要工作成熟积极的职业意识，领导人必须经常性地检查和审视自身的职业思维或行为，是否集中于事关组织全局的各项重要工作，以及有无存在明显的偏差并得以及时的纠正；组织的各项重要工作环节或因素，是否都得到了自己足够的兼顾，有无存在显著或严重的缺漏。

（二）掌握重要工作的辨识方式

在复杂多变的内外环境中，卓有成效地辨识并把握各项重要的工作环节或因素，普遍需要领导人睿智成熟的假设，及其缜密的逻辑推断思维能力的坚强有力的支撑。

假设的思维，通常是对相关环节或因素，给予不同时间与数量等状态的设定。逻辑推断的思维，是在相关环节或因素时间数量等假设的基础上，对相互间联结与作用的能力或关系给予的推演，并以此形成组织运营发展全局进程的分析与判断。

时间的假设，可以对某项环节或因素的可能状况，提前或延续一定的时间，以此审视组织全局的运营将会受到的影响。数量的假设，就是对某项环节运行能力或因素构成，增加或减少一定的数量，并以此推断全局运营将会产生的变化。睿智成熟的假设与推断思维能力，对复杂背景下重要环节因素远见卓识的辨识，及其战略领导的整体智慧与才能，具有普遍关键的决定性价值。

（三）特别倾力于组织的根本环节

根本的环节或因素，犹如高耸大厦的根基和参天大树的根系，是组织各项工作运行及其全局运营发展，卓有成效创造的普遍的坚实基础和强大动力。事实上，任何创造并展示强大运营发展智慧与力量的卓越组织或团队，无一不把根本环节或因素睿智积极的构建与发展，置于一切运营工作的中心位置，并对此全力以赴、竭尽心力。因此，睿智坚强地创造并展示组织卓越的全局进程与成就，领导人无不需要特别倾力于组织的根本环节或因素的持续高质量提升与发展的重要工作。

（四）确保关键性环节的顺利推进

关键的环节或因素，是任何复杂内外环境中，组织运营发展必然存在，并对诸多的重要环节或因素，及其组织全局的进程与成就，具有极其显著而重要影响的构成。因此，领导人在事关组织全局的进程与成就的复杂而重要的运营阶段或时刻，必须以更为开阔长远的全局思维与胸襟，睿智成熟地辨识组织运营发展的关键，并努力争取或集中内外各种积极而强大的资源力量，以确保关键性环节工作的顺利推进，从而展示战略领导的卓越智慧与才能。

（五）把握重点是领导的推动力量

重点的环节或因素，是一定长远愿景和使命背景下，组织运营发展价值及其战略目标卓有成效地实现，以及高质量战略领导最为直接而强大的推动力量。因此，身居组织运营发展核心位置的领导人，在任何背景下，都必须努力根据内外资源条件的构成，及其密切联结作用的关系与运行变化的趋势，对组织全局进程的重点环节或因素，予以全面准确的辨识和设置；并通过有限的内在资源力量，对外部环境中相对无限的潜在资源条件，给予睿智积极的选择与作用，从而创造组织运营发展更高质量的进程和价值。

（六）提高节点与难点的运行质量

在各类专业技术日新月异地快速发展，各种专业因素日益地密切联系或作用背景下，节点与难点环节正日趋成为广泛领域中组织整体强大的运营发展能力，得到卓有成效创造或提升普遍的重要限制性因素。

因此，创造组织运营及其战略领导的卓越进程与成就，领导人无不需要竭尽所能、不遗余力地推进组织中坚队伍坚强力量卓有成效的铸建和发展，并以此通过各项专业运行能力，及其密切支持与协作整体强大智慧力量的积极创造，睿智坚强地推进各类节点与难点环节运行质量的持续提升。

（七）牢固立足于组织的内外实际

领导人最为宝贵的职业智慧、才能与价值，无一不是通过特定的内外环境中，组织持续高质量运营发展各项重要的工作环节的全面准确地辨识与把握，而得以睿智坚强地展示的。因此，创造并展示自身卓越的职业智慧、才能与价值，领导人无不需要努力借助并超越各种理论方法的探索总结，以及自身或他人职业成功经验与失败教训的分析积累，并成熟牢固地立足于组织运营发展的内外实际，从而把各种理论方法、经验教训与具体实际，予以睿智积极的联结、融合与升华。

第三节　运动变化是事物的根本属性

战略领导的核心任务

运动与变化，是任何事物都必然存在的根本属性。在复杂多变的环境中，远见卓识地辨识、引领与推动组织持续高质量的运营发展，不仅是战略领导必须承担的核心任务，而且也是领导人普遍面临的极为复杂而艰难的挑战。广泛的实践显示，领导人头脑中建立的运动变化是任何事物的根本属性，睿智成熟与时俱进的牢固积极意识，并以此超越一切故步自封思维的限制，无不具有的普遍关键的决定性价值。

不仅如此，为了卓有成效地引领与推动组织的运营发展，领导人还必须对事物运动变化的决定性因素，及其产生的必然规律性形成足够深入的理解，并以此把运行的历史背景与发展前景进行密切的联结与融合。

实践中，准确辨识与把握组织运营发展的动力，无疑是高质量战略领导极其强大的推动力量。而超越外部变化的自身内在力量的有效创造与提升，则是居于一切变化主动有利地位的重要基础。组织积极运营发展的引领与推动，领导人通常还需要设置并采取内外因素更为密切联结阶段性的战略方式（图2-2-3-1）。

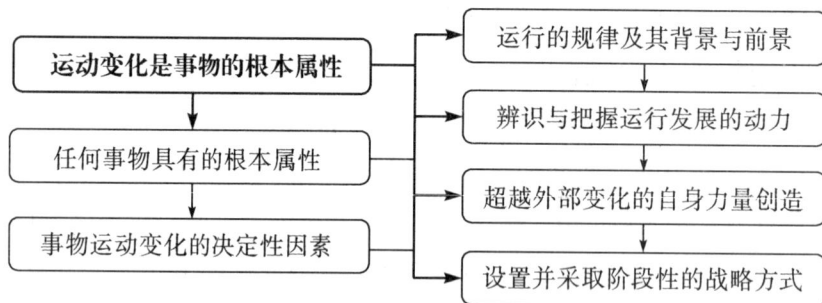

图 2-2-3-1　运动变化是事物的根本属性

一、任何事物具有的根本属性

运动与变化是任何事物的根本属性，也是一切工作机遇或挑战的重要根源，并普遍成为人们高质量思维或行为，必须坚持的重要原则。在广泛的实践中，对事物运动变化的基本形式，深入准确地进行辨识与把握，是领导人在复杂多变的环境中，有效引领与推动组织高质量进程，以及全局运行主动地位的积极创造，极其重要而强大的推动力量（图2-2-3-2）。

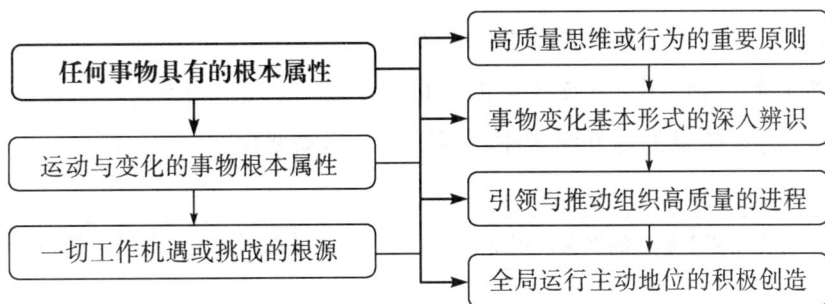

图 2-2-3-2　任何事物具有的根本属性

（一）运动与变化的事物根本属性

运动与变化是事物的根本属性，道理似乎再浅显不过。然而，任何时候，都能够深入成熟地洞察事物永恒运动变化的属性，并以此作为一切思维与行为的根本指南，以及事物睿智积极应对方式的强大支持力量，时常并非如庭前漫步般的轻松事情。

事实上，人们在惬意舒坦的环境中，往往会拒绝或限制变化；在苦难煎熬的背景下，又无不期盼或推动改变。然而，超越各种主观倾向的制约，而能准确辨识和积极遵循客观的必然规律，无不成为人们居于事物运行变化的主动地位，以及高质量职业素养得到充分展示的普遍强大的推动力量和关键的决定性因素。

（二）一切工作机遇或挑战的根源

事物的运动变化，是一切进步发展根本而强大的推动力量。事实上，人们的一切工作与职业机遇，都源自各行各业的运行发展。因此，美国电话电报公司前领导人布朗曾经辩称："人类学的毕业生们表现得最好，也最全面，因为他们最适应变化，而变化正引领我们这个高速度、高科技世界的未来。"

然而，运动变化也不可避免地给人们带来了无休止的艰难挑战：必须改变已经熟知而令人留恋的事物；艰辛营建的优势瞬间灰飞烟灭；困境中依然会雪上加霜；各种压力似乎永无停顿或丝毫减轻的迹象。在广泛的实践中，任何职业的挫折或失败，无一不是未能准确地辨识或应对事物的运动变化，而缠绕在人们身上的痛苦煎熬。

（三）高质量思维或行为的重要原则

深入准确地辨识运动变化的根本属性与客观存在，并努力根据内在本性及其外部环境的实际，创造与推进更为积极的发展，限制或改变各类负面的变化，是应对任何事物高质量思维或行为所必须坚持的重要原则。

三星的运营发展令人瞩目。事实上，为推动企业的积极成长，以创造全球的领先地位，前领导人李健熙曾为此殚精竭虑："要具备世界一流的竞争力，必须勇于改变，除了老婆孩子，其他什么都要改变。"

（四）事物变化基本形式的深入辨识

准确辨识与积极推进事物的运动变化，长期以来一直是人们实践中普遍面临的艰难挑战。事实上，掌握它们若干基本的影响因素与表现形式，是有效提升职业的实践智慧和才能的极其重要而强大的支持力量（图 2-2-3-3）：

1. 事物自身组成，尤其是重要成分及其质量的变化；

2. 事物组成成分之间，相互联系、作用力量或关系地位的变化；

3.事物运动变化外部环境因素及其关系的改变；

4.外部与事物自身因素作用方式或关系的变化；

5.对于有机体，存在持续的内外因素相互间转化的运动变化。

```
┌─────────────────────────┐      ┌─────────────────────────┐
│ 事物变化基本形式的深入辨识 │ ───► │ 事物外部环境因素与关系的改变 │
└─────────────────────────┘      └─────────────────────────┘
┌─────────────────────────┐      ┌─────────────────────────┐
│ 事物自身组成及其质量的变化  │ ───► │ 外部与事物自身因素作用的变化 │
└─────────────────────────┘      └─────────────────────────┘
┌─────────────────────────┐      ┌─────────────────────────┐
│ 事物成分之间作用关系的变化  │ ───► │ 有机体内外因素相互转化的变化 │
└─────────────────────────┘      └─────────────────────────┘
```

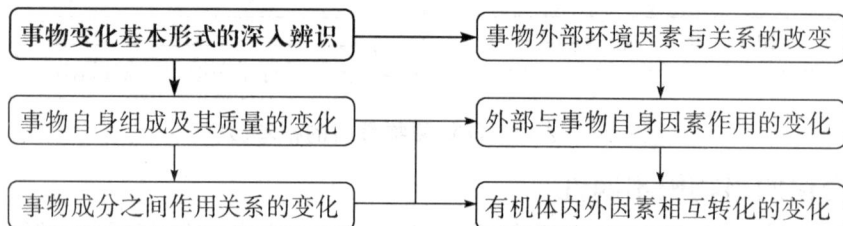

图 2-2-3-3　事物变化基本形式的深入辨识

事物组成成分及其相互作用关系，通常决定着事物自身的本性特征，是事物运动变化最具决定性的根本因素。任何事物的变化，都存在特定外部因素的作用。以上五种变化，通常相互影响、密切融合，共同构成了我们世界丰富多彩的运动发展。

（五）引领与推动组织高质量的进程

如果缺乏对事物运动的主动作用与影响，一切认识或识别变化的行为价值，都必将受到极大限制。事实上，任何实践活动，从根本上说，都是为了推动工作或事物的更为积极而有效的运行变化。

不仅如此，就深入辨识与主动作用事物运动变化，所主要涉及的事物内在构成及其关系的改变，广泛外部因素更为准确识别，以及内外作用关系更为积极地推动而表现的方法与价值的本质而言，普通人的工作与领导人的职业存在着高度的一致性。只是领导人引领与推动组织持续高质量的运行进程中所及因素及其作用关系更具显著的广泛性、复杂性和重要性。

（六）全局运行主动地位的积极创造

创造组织高质量全局运行的主动地位，是领导人必须肩负的最为核心的职责，也是普遍面临的最为艰难的挑战。广泛的实践显示，领导人作为兴衰荣辱最为关键的组织核心组成，其头脑中的思想层次或智慧质量具有极其重要的决定性影响。

领导人如果对自身的职业信念或价值观，可能受到的各种负面狭隘观念的侵蚀，缺乏足够成熟的感知与警惕，那么，在日趋复杂多变的环境中，他必将难以有效超越个人利益或思维智慧的限制，并以此睿智坚强地承担组织持续高质量运营发展的卓有成效推进艰巨而重要的职责。

组织的产品与服务，是密切联结内外关系最为重要的因素。领导人必须能够准确辨识，曾经坚强支持与推动组织优异业绩创造的产品或服务，在持续变化的内外环境中，原有价值与力量的显著衰退，从而需要与时俱进地赋予组织产品与服务更为积极的性能、质量与内涵。

二、事物运动变化的决定性因素

通过长期的研究探索与实践总结，人们已经能够深入地感知，事物运动变化的具体表现，无一不是由内外因素的共同作用所决定。其中，内在的自身因素具有根本性的决定价值，而外部因素则有着极其重要的决定性影响。外部因素的影响，又总是通过对特定内在因素的作用而形成。

健康有机体的活力，不仅体现着通过自身肌体构成与关系的改变，形成更为积极适应或应对外部因素及其变化的能力，而且表现为积极外部因素的吸收，及其自身构成的有效同化，以增强应对外部环境的整体力量（图2-2-3-4）。

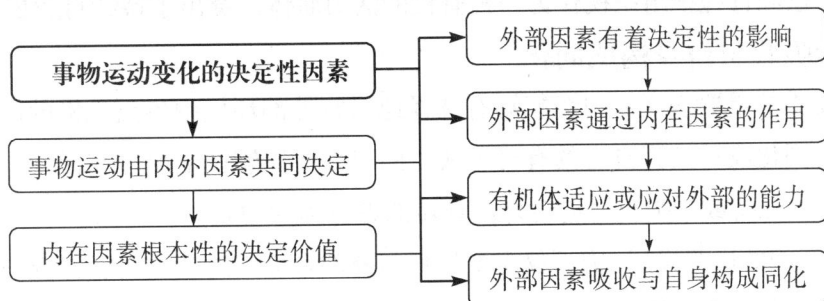

图 2-2-3-4　事物运动变化的决定性因素

（一）事物运动由内外因素共同决定

任何事物的存在状况及其运动变化的趋势，都是由特定的自身因素与外部环境，以及相互间的作用关系所共同决定的。因此，准确辨识事物的运动变化，必须同时兼顾与识别，事物自身的能力构成与外部环境的状况，以及两者之间相互联系作用的关系。忽略或无视三者任何方面的因素，都可能导致分析结论的偏差或错误。

（二）内在因素根本性的决定价值

没有自身的构成，就没有事物的存在。内在因素的构成及其关系，决定着事物的本质属性，以及各种外部背景下的不同表现，因而成为运动变化的根本。最为典型的，就是同样的外部环境对于不同的组织，由于整体自身资源能力的差异，就可能存在良好的发展机遇或者艰难运行挑战的显著区别。

因此，深入辨识与理解内在因素的变化根本，对于组织把自身能力的提升，牢固地置于高质量运行发展的核心地位，具有极其重要的指导或借鉴价值。

（三）外部因素有着决定性的影响

尽管自身因素对于事物的运动变化，具有极其重要的决定性价值，然而，外部环境因素，也无不存在任何时候都不可轻视的决定性影响。它们两者的状况及其作用形式，共同决定着特定的事物在特定的环境中，所展示的特定表现及其运动变化的趋势。事实上，广泛的实践中，缺乏足够的相应产品或服务的外部需求，以及各类运行资源的持续供给，没有任何组织能够得以有效构建持续高质量的运营与发展。

（四）外部因素通过内在因素的作用

外部环境通过内在因素而产生作用，是众所周知的哲学结论。然而，对于作用的基本形式，迄今为止，依然是包括哲学研究也极少涉及的课题。事实上，对于广泛的外部因素，必须通过对应内在因素专业性的影响，而产生有效作用的基本方式，深入而准确地进行辨识，是领导人高质量把握组织的专业分工，及其密切协作的积极推动，极为重要而强大的思维支持力量。

（五）有机体适应或应对外部的能力

健康有机体最为显著的活力表现之一，就是随着外部环境的变化，能够不断地调整或改变自身肌体的构成，以及构成间更为有效的相互作用功能，以形成更为积极的适应或应对环境及其变化的能力。事实上，为了凸显运行发展的根本力量，以及积极适应或应对环境的构建与成长背景，许多研究者及其作品，已经日趋把组织视作为一种有机的活力肌体，突出了持续自我更新的关键价值。

（六）外部因素吸收与自身构成同化

作为有机生命力的重要表现，组织能够有选择地吸收外部环境中各类积极的因素，并通过自身肌体的有效作用，同化或转换为自身的有机组成。同时，还能够修复肌体在活动进程中，可能形成的各类创伤，并以此保持或增强自身应对外部环境的整体强大力量。

事实上，任何组织的运行发展，都不仅需要依赖与外部环境间的产品、资源持续转换的坚强支持，而且还需具备不断修复或更新退化受损肌体的能力。不仅如此，旺盛生命力的组织通常还显著地表现为，能够在更高层次上深入辨识并积极推动更具长远运营发展价值的人力资源，及其无形资源的有效吸收与同化的智慧力量。

三、运行的规律及其背景与前景

通过长期的研究与实践，人们已经深入辨识了，任何事物在一定外部条件下，由于特定的内外因素及其相互间的联系与作用，无不呈现着相应运动变化的规律性。组织的运营发展规律，是其特定内外因素及其相互联结作用的必然表现。对它的睿智成熟洞察和把握，无不成为领导人远见卓识地引领与推动，组织运营发展普遍关键而强大的智慧力量。

然而，由于组织的运行规律，通常涉及人及社会因素极为复杂的关系影响。因此，领导人必须通过对组织的构建及其运行的历史背景，形成足够深入的分析辨识，才能对未来的发展前景作出准确的判断（图2-2-3-5）。

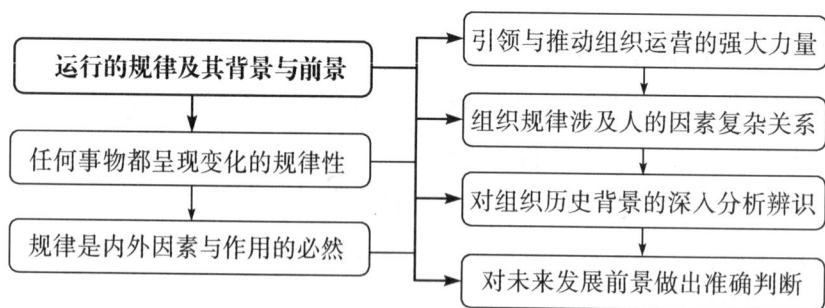

图 2-2-3-5 运行的规律及其背景与前景

（一）任何事物都呈现变化的规律性

通过长期的探索思考和实践总结，人们已经广泛深入地意识到，一定的内在构成、外部环境及其内外联结方式，必然会形成特定事物运动变化趋势。人们通常把一定内外条件下的必然趋势，称之为事物运行的规律。事实上，人们的生活、学习或工作，无不与辨析或运用事物间内在的本质联系，所形成的运动变化规律，存在着密切的关联。并且对它们的理解或运用水平，普遍成为人们辨识与应对事物的整体素养，以及生活和工作的质量，极其强大的支持力量与重要的决定因素。

举例来说，人们无不积极推崇任何背景下，思维或行为高度通情达理的原则与素养。事实上，通情达理不仅要求人们对一定环境中所存在的"情"，以及事物内在本性所呈现的"理"，予以足够的尊重与遵循，而且还特别强调对"情""理"，所需实现的"通""达"要求或原则。因此，完整准确地识别事物的变化规律，尤其是组织的运行发展规律，必须全面深入地辨识自身因素、外部环境，及其内外联结方式的作用与价值。

（二）规律是内外因素与作用的必然

哲学研究中，通常把事物本质的必然联系称之为规律。根据这种基本思维，当我们把关注的重点，置于多种复杂因素作用下，某项特定事物运行的必然趋势就能够较为容易地辨识。事物的本性特征与外部环境的因素，及其它们的联系方式一旦确立，事物就必然地会按照相应的规律而运动变化。就这个意义上说，人们无法对事物的规律加以改变。

然而，人的智慧又时常体现在，通过一定内在本性特征与外部环境因素，及其一定联系作用方式背景下，对于事物运动变化规律的深入辨识和掌握，能够创造性地对事物的内在构成，外部环境因素的存在，及其相互作用方式的改变，从而卓有成效地实现对复杂事物运动变化主动控制与推进的目的。

（三）引领与推动组织运营的强大力量

对于把引领与推进组织的积极运营发展，作为核心职责的领导人而言，深入而准确地辨识一定内外因素，及其相互作用关系背景下，组织运营发展的必然性规律，无疑是其高质量职业进程与成就的积极创造，极其关键而强大的支持力量。

《鬼谷子》曾经提出了需要把握事物运行变化的次序，以及专业环节的能力及其优势与不足等重点的意见："圣人一守司其门户，审察其所先后，度权量能，校其伎巧短长。"——卓越的贤能之士，总是能够始终把握事物运动变化的关键。并以此深入辨识运动变化的先后次序，分析各组成环节所处的地位与能力，检验相应的专业优势或不足的具体状况。

（四）组织规律涉及人的因素复杂关系

由于自身构成及其外部环境中，所存在的最为关键而核心的，具有高度智慧与情感人的因素决定性作用，从而使得组织运营规律的研究、探索及其实践，成为迄今为止人类社会运行发展最具艰难挑战的工作。

人的因素，蕴含着根本性的智慧力量、情感因素与协作行为的特征差异。显而易见，如果无视或撇开这些根本性的因素，使其类同于普遍无思维意识物质的研究与实践，必然难以真实准确地辨识，占据着一切工作核心地位人的因素所构成组织的运营规律。

外部环境的作用或影响，也与广泛的普通事物存在着显著的差异。这种差异突出地表现在，对组织运营发展至为关键的产品，会受到产品对象需求特征持续变化的影响，以及各种运营或发展竞争的限制与制约。

人的因素所构成的组织内外本质特征，及其相互作用所产生的高度复杂性，通常会使得越是资深睿智的领导人，越是洞察出其中因素及其作用关系可能产生的变异，从而无不保持如临深渊、如履薄冰的高度谨慎。

（五）对组织历史背景的深入分析辨识

缺乏足够深厚历史知识底蕴的坚强支撑，人们已经日趋广泛地意识到，复杂多变的环境中，鲜有领导人能够真正高瞻远瞩，从而坚定稳步地跨入远见卓识的优秀行列。事实上，内外环境中人的智慧、情感及其文化特征，以及以产品服务为中心的各类积极或限定因素，通常会形成组织极其复杂而独特的运营发展的必然趋势。这种特定的内外环境因素及其关系，往往会极大地限制任何依据其他组织运营的实践经验或方法对自身未来运营趋势进行分析、总结的准确性。而与此对应，对组织自身运营历史背景，以及所展现的必然规律的深入辨识，却无不具有极为重要而积极的实践借鉴价值。

不仅如此，任何事物的运行，无不具有自身固有而强大的惯性力。组织的当前运营状况，不仅是内外因素及其关系最为真实的反映，而且也是联结历史背景与未来前景极其关键的节点。无视运营的历史背景与惯性力量，而试图引领或创造组织光明灿烂的发展前景，无疑将蒙受被未来事实无情嘲弄的极大风险。

（六）对未来发展前景做出准确判断

广泛的实践中，根据历史运行的背景，准确辨识与把握内外环境中，人的或社会各重要领域因素，以及密切联结内外作用关系的产品，在整体发展进程中的价值与地位，及其形成的必然性趋势，无不成为引领与推动组织高质量运行前景，极其关键而强大的支持力量。

《吕氏春秋》对古今社会运行法令或方法设置的背景，以及人性高度一致性的论述，无疑对领导人准确把握组织的前景，具有宝贵的借鉴价值："凡先王之法，有要于时也。时不与法俱在，法虽今而在，犹若不可法。故释先王之成法，而法其所以为法。先王之所以为法者，何也？先王之所以为法者，人也，而已亦人也。故察己则可以知人，察今则可以知古。古今一也，人与我同耳。"——凡是先王所设置的社会运行法令或方法，都是根据当时实际而制定。时间与法令方法不能同时存在，即使过去的法令方法还能看到，也是不能直接运用的。因此必须抛弃先王的法令方法，而借鉴它们形成的依据。那么先王的依据是什么？先王制定法令制度的根据是人，自己本身也是人。所以明察自己就可以推知别人，明察现在就可推知古代。古代和现在具有本质的一致性，别人和自己的本性也完全相同。

四、辨识与把握运行发展的动力

根据对立统一规律的核心原则，不同因素间的相互作用，是事物运动变化最为根本的动力。卓有成效地引领与推动组织高质量的进程，领导人必须对其运营发展所包含的若干重要因素及其关系的力量，形成足够深入而准确的辨识，这也是他们高水平职业才能的关键基础。通常，领导人必须深入把握至关重要的全局与局部，人的因素与各类物质资源，以及自身因素与外部环境的作用关系。

高质量进程的创造，领导人还需要努力推进，整体组织各领域的上级与下级，各专业环节之间，以及各类无形与有形资源间密切融合的协同关系（图2-2-3-6）。

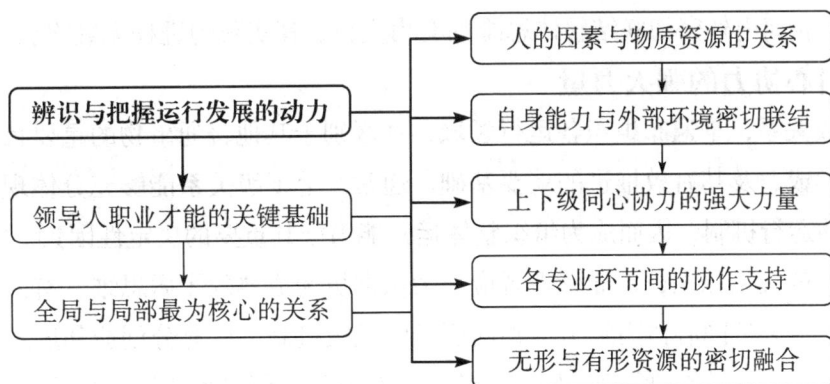

图 2-2-3-6 **辨识与把握运行发展的动力**

（一）领导人职业才能的关键基础

在纵横交错复杂多变的内外环境中，准确辨识组织高质量运营的方向与道路，并以此创造无往不胜的强大前行动力，已日趋被人们广泛地视作领导才能的核心构成。对此，科恩费里公司前领导人莱斯特科恩曾经辩称："真正的领导人看起来脑袋里装有一只罗盘使他或她看到盲区。我并不是讲那些完全不切合实际的幻想家，而是指那些能够向前看的人，能够看清前方道路的人，看到潜在的可能选择的人。"

然而，高水平的领导核心才能并非轻易成就，它通常需要牢固的对立统一原则下的两点论与重点论，密切融合成熟思维的坚强支持。因此，全面而深入地辨识各重要因素间，相互作用与密切联结，所能形成的整体组织强大的行进动力，就成为领导人高水平职业才能极其关键的基础。

（二）全局与局部最为核心的关系

任何形势下，领导人都必须能够深入辨析组织的全局对于整体运行质量及其成就的决定性价值，并努力超越各种思维与行为的限制，而把自身职业的重心牢固地集中于更高质量的全局进程。

不仅如此，他还需要根据自身成熟的对立统一意识，积极创造各重要专业或局部环节，高质量运行的内外环境与条件，以形成全局与局部这对组织最为核心作用关系，密切的支持与融合。

（三）人的因素与物质资源的关系

人的因素是一切组织中，最具创造性活力的资源力量，也是其他所有资源因素价值展示质量，以及整体组织运营能力最为根本的决定因素。广泛的实践充分显示，无视或忽略人的整体高质量素养的积极推动，任何旨在创造物资资源高质量价值，或组织先进运营方式努力的成效，都必将受到极大的限制。

然而，人的因素强大力量，通常又需要借助于一定的物质手段，才能得以充分的体现。因此，人的因素与物质资源的关系，普遍成为各类组织强大前行动力，最具决定性的因素之一。

（四）自身能力与外部环境密切联结

内外因素的相互作用，是任何事物运行变化都不可或缺的重要核心关系。广泛的实践中，任何组织高质量进程的积极创造，无一不是通过对内外资源因素，更为深入准确的辨识及其密切高效的联结，卓有成效地进行推动而得以实现。

不仅如此，立足于长远发展的立场，人们已经日趋广泛地意识到，对组织自身能力的优势与不足，以及环境中所存在的机遇或挑战，深入准确识别的关键价值。然而，它们准确辨识的质量及应对或运用的水平，如果脱离内外密切联结整体思维的有力支持，其实践的进程无疑将会受到极大的限制。

（五）上下级同心协力的强大力量

工作的上下级关系，是遍布组织各运行领域，并区别于其他普通事物的重要特征，也是组织领导与管理工作的形成，及其有效推进的重要基础。通常，上下级关系能够充分体现，组织的结构、制度与文化独有的运行机制，因而成为组织整体运营能力极其重要的决定性因素。

根据对立统一的关系原则，领导管理者应努力依据更为成熟的矛盾思维，有效构建与维护组织各运行领域，上下级人员同心协力致力于共同愿景的积极机制，以充分创造和展示相互作用关系的积极力量，有效消减或限制各种负面的阻力，从而卓有成效地创造整体组织高质量运行的强大动力。

（六）各专业环节间的协作支持

随着整体社会专业化运行的日趋深入，以及科学技术日新月异的快速发展，组织内部的专业分工及其密切协作，已日趋成为高质量运行所需采取的重要方式。

实践中，任何专业环节高质量运行的积极创造，无一能够脱离其他环节的有力支持。它们的运行价值，也无不需要与其他环节运行的密切协作，才能得以有效实现或提升。因此，各专业环节间的紧密联结，就成为组织整体运营能力与质量，极其重要的决定性因素。

（七）无形与有形资源的密切融合

物资资源的运行方式，及其得到的外部支持力量，通常对其最终形成的运行价值，具有极为关键的决定性影响。因此，深入辨识运行方式与支持力量，所产生构成的无形资源，在有形物资资源运行进程中的作用或价值，及其它们密切联结融合的积极推动，就成为组织整体强大资源能力的有效创造，以及充分展示极其重要的工作。

五、超越外部变化的自身力量创造

外部环境因素及其对组织的作用影响，无不处于持续变化进程中，组织运营的机遇或挑战也因此而形成。人们通常对自身优势与劣势环节的准确辨识，也必须依据具体环境因素的背景，才能形成真正的实践价值。

组织运营发展的积极创造，从根本上说，必须使得自身能力的提升，能够超越外部环境的变化，这也是组织成长或衰败最为关键的分水岭。自身能力的积极提升，还必须依据外部环境的变化而设置推进，并努力以更为开阔的思维，卓有成效地吸收外部环境中各种积极的因素与力量（图2-2-3-7）。

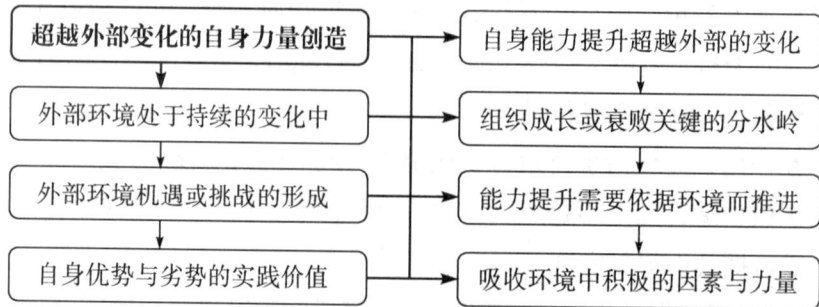

图2-2-3-7　超越外部变化的自身力量创造

（一）外部环境处于持续的变化中

外部环境对于组织的运营质量与价值，具有极其重要的决定性影响。同时，环境因素作用于组织的方式或力量，又总是处于持续的变化中。因此，准确辨识、积极构建并持续提升，对环境因素及其变化更为强大的适应与应对能力，就成为组织全局高质量进程或成就的卓越创造，极其重要的核心任务。

（二）外部环境机遇或挑战的形成

在各类变化日趋快捷而影响深远的运营背景下，人们已经日渐广泛地意识到，外部环境中所出现的积极机遇或负面挑战，对于组织的全局进程具体极其重要的影响。然而，机遇或挑战的形成，以及对于组织全局影响的准确辨识，无不需要牢固立足于组织自身资源能力的实际。如果脱离自身整体能力及其全局方向或目标的基本背景，那么，对于外部机遇或挑战的辨识，无疑将极易陷入主观臆断的陷阱。

（三）自身优势与劣势的实践价值

复杂多变环境中，组织高质量运营进程的积极创造，无不需要扬长避短行进路线的坚强支撑。因此，准确辨识与把握自身资源能力构成，及其相互作用关系整体结构中，所存在的优势或劣势运行环节，就成为一项极其重要的任务。

然而，实践中，组织的优势或劣势，时常只是一种随着环境的变化，而高度转换的相对概念。换而言之，随着环境的变化，原先的优势可能迅疾变为行进的负担或阻碍，而先前的薄弱环节则可能担当起坚强的中流砥柱。因此，牢固立足于环境及其变化的实际，就成为自身资源能力优势或劣势的准确判断，及其高质量的实践必须坚持的重要原则。

（四）自身能力提升超越外部的变化

组织运营进程中的外部机遇或挑战，通常需要根据内在资源能力的实际，才能得以充分地辨识与判断；而自身优势或劣势环节，又无不需要依据外部环境因素及其变化的具体状况，以及相应的战略目标才能予以准确地识别和判定。因此，内外因素就构成了组织运营发展，一组极其重要的对立统一关系。

在这对矛盾关系中，自身能力如果占据着主导地位，就能够把握整体运营发展的主动，从而形成有效应对外部机遇或挑战的强大力量。反之，就极易陷入整体运营的被动境地。因此，努力采取各种有效措施，积极提升组织整体的运营能力，以使其超越外部的变化，就成为领导人把握整体组织运营主动的关键。

（五）组织成长或衰败关键的分水岭

作为各类组织外部环境的整体社会，及其各领域进步与发展的潮流势不可挡。这种强大的力量，使得任何组织无论持有怎样强烈繁荣昌盛的美好愿望，却无不呈现着顺之者昌逆之者亡的必然趋势。

事实上，如果自身整体运营能力的提升或发展，不足以应对持续的环境变化，那么即使曾经拥有最为崇高的理想、强大的力量或辉煌的成就，组织衰退或没落的必然结局，必将任何力量都难以有效阻挡。因此，自身能力发展与外部环境变化的对比，无不成为广泛领域中组织，成长或衰败最为关键的分水岭。

（六）能力提升需要依据环境而推进

随着运行专业化的纵深发展，及其各类竞争的日趋激烈，组织整体运营能力有效提升的方式，已日益成为创造全局运营主动地位的关键，而倍受人们的普遍关注。实践中，高质量设置与推进运营能力的有效提升，必须全面审视内外因素及其作用关系的实际。即既要牢固地立足于自身现有资源能力，及其既定的战略路线和目标，同时还需更为准确地辨识和把握，高质量应对外部环境及其变化的基本方向。

（七）吸收环境中积极的因素与力量

充分吸收环境中各类积极的因素或力量，是准确辨识与应对外部因素及其变化能力，持续高质量提升的重要方式与途径。事实上，任何组织的运营发展，从根本上说，就是持续地依据一定的规则及其专业化的手段，把外部各类积极正面的因素，有效转化为组织运营更为强大的资源力量。因此，辨识与吸收环境中积极因素与力量的能力，普遍成为组织成长活力最为核心的体现。

六、设置并采取阶段性的战略方式

整体社会持续的进步与发展，为各类组织的运行成长，提供了极其广阔而难以限量的无限机遇。但在捕获或应用机遇的同时，由于自身能力所存在的必然限制，挑战或风险也必将因此而难以完全避免。这种背景下，睿智地集中自身有限的资源力量，并针对性选择一定时期适当的外部应对因素，从而形成长远进程的各运行阶段，并以此创造发展的量变到质变稳固方式，就成为组织长期运营必须遵循的重要原则（图 2-2-3-8）。

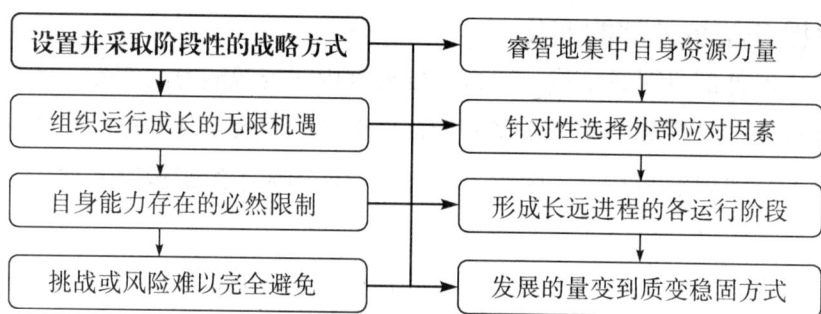

图 2-2-3-8　设置并采取阶段性的战略方式

（一）组织运行成长的无限机遇

社会永不停滞的发展潮流，使得任何旨在推动其繁荣进步，并努力维护其整体利益，遵循其运行规则的组织，能够通过自身使命与战略的积极改进，各类广泛合作方式与专业能力的构建提升，而拥有着极其广阔的无限发展机遇。事实上，任何从弱到强、从小到大逐步成长壮大的组织，无一不是在社会整体文明进步的背景下，准确辨识并积极把握了进程中所出现的各种有利机遇。

（二）自身能力存在的必然限制

面对广阔的社会需求及其发展的各类机遇，鲜有组织不会深感或呈现，自身资源能力的显著欠缺。的确，任何组织总是源于某些专业资源能力，或者密切协作支持关系的缺失，而受限于整体进程一定的质量与高度。组织全局的根本，就是在持续变化的外部机遇与自身力量间，努力构建一座最为宽敞而坚实的联系桥梁。

（三）挑战或风险难以完全避免

领导人时常梦寐以求并呕心沥血于，组织更高质量全局进程或成就的积极创造。因此，当极为良好的机遇呈现眼前，往往会令人兴奋不已而心潮激荡。然而，辩证统一的原则却深刻显示，任何机遇都必将伴随着相应的挑战与风险。

事实上，组织的重大挫折或失败，时常都是源于对成长机遇或显赫业绩的过度追逐，而忽略了其间必然存在的挑战与风险。因此，拥有成熟的辩证思维力量坚强支撑，所形成的有效超越各类机遇光鲜亮丽的身躯，而淋漓洞察其间挑战或风险阴影的深邃目光，无不成为卓越领导人高度智慧与远见卓识的强大推动力量。

（四）睿智地集中自身资源力量

长期以来，面对事关全局的关键机遇，及其结伴而至的挑战风险，人们已经深入辨识了集中强大资源力量，予以充分应对的重要原则。实践中，分散的资源力量，时常会因为处处难以把握绝对的主动，而造成更多物质或精神的无谓耗费。

（五）针对性选择外部应对因素

根据集中优势力量的原则，以及资源能力构成的具体特征，组织需要对外部的广泛机遇，及其应对的具体事项或因素，加以针对性的匹配选择。通常，外部的机遇或挑战，无论怎样复杂多变，都必将遵循一定能够有效辨识的趋势，这也是组织战略方向设置的重要依据。与此同时，组织自身的资源能力，也能够随着运行的进程，而得以持续地增强与提升。

（六）形成长远进程的各运行阶段

变化的外部环境及其增强的自身能力，适时而密切的联结与融合，时常会呈现出组织长远运行发展的不同阶段。组织的运行阶段，不仅是自身能力与外部环境密切联结的必然，而且也是组织运行规律及其战略进程的重要体现。因此，依据一定阶段构成的思维方式，无不成为广泛实践中，准确辨识组织运行规律，创造高质量全局战略进程，极其重要的方法或途径。

（七）发展的量变到质变稳固方式

任何组织的运行发展，无不需要遵循事物的运动变化，由量变到质变的普遍科学原则。尽管远大的理想或崇高的信念，对于领导人卓越的职业成就，具有极其强大的推动力量。然而，如果缺乏牢固立足于组织内外实际，及其密切联结所形成的阶段性运行模式科学方法，以及成长壮大由量变到质变的稳固方式基本原则，足够成熟意识的坚强支撑，那么，他所引领的组织，必将时刻蒙受被进程中各种惊涛骇浪所吞没的巨大风险。

第四节　构建成熟的辨识思维结构

组织整体智慧的重要基础

人们的认知能力不仅是一切智慧才能的根本基础，而且也是高质量职业素养有效铸建的强大推动力量。广泛的实践中，领导人的认知能力，是组织运营整体智慧力量，及其兴衰荣辱最具关键的决定性因素。然而，由于认知能力的积极铸建与发展，通常涉及广泛的内外因素及其相互作用的复杂影响，因此，它普遍成为人们高质量职业进程或成就的重要限制因素。

尽管如此，通过长期的探索与实践，人们已经日趋广泛而深入地意识到，任何事物强大力量的形成，无不需要多种因素密切联结与支持，所形成的坚强稳固结构的有力支撑。因此，高水平认知能力的有效构建与持续提升，无疑也必须依靠高质量认知结构的坚强支持。

学习是认知能力及其结构，卓有成效构建和发展的根本基础与强大动力。缺乏高水平学习能力的坚强支撑，在日新月异快速发展的环境中，人们的智慧才能必将被层出不穷新的知识与技能所淹没。

思考是人的智慧才能最为核心的体现。它不仅能够有效地支持人们，通过获取的有限信息准确推断事物的未知因素及其全貌，而且能够帮助人们通过表象把握本质，并以此对各种背景下事物的内外关系，及其运行变化趋势做出准确的判断。

实践不仅是一切认知的根本目的和坚强动力，而且也是人们认知能力水平的集中体现，以及正确认知的重要途径与验证标准。高水平认知能力的积极构建与持续提升，必须努力把学习、思考与实践，三种认知方式进行密切地联结和融合，以形成相互支持坚强稳固的认知结构（图2-2-4-1）。

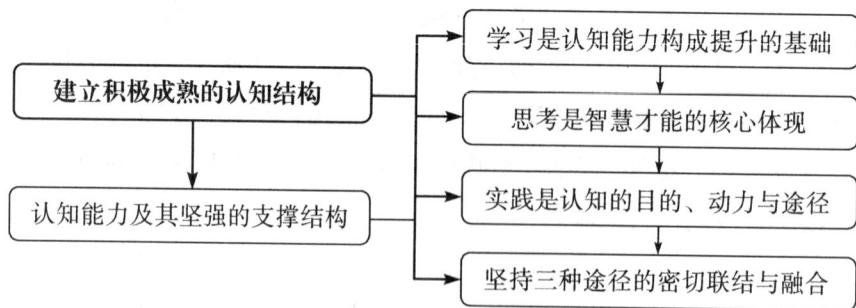

图 2-2-4-1　建立积极成熟的认知结构

一、认知能力及其坚强的支撑结构

深入而准确地认识和感知，事物的组成、性质及其运行变化趋势的能力，对人们的职业素养与价值，具有极其重要的决定性影响。高水平的认知能力，通常需要高质量认知结构的坚强支撑。

在长期的探索实践中，人们已经日趋广泛地意识到，学习与思考是任何工作高质量推进，不可或缺的重要组成。而实践的能力与成就，则是人的认知能力最为核心的体现。因此，人的认知能力整体水平，必须通过知、行、成密切融合的质量，才能得以完整准确地判定。人们高水平认知能力的积极构建与持续提升，还必须能够准确辨识和有效超越若干时常存在的主要负面因素的限制（图2-2-4-2）。

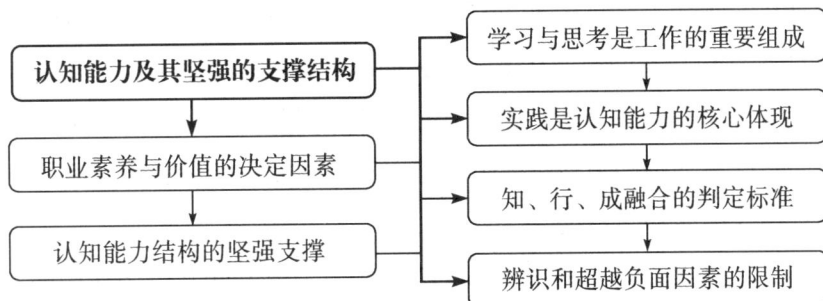

图 2-2-4-2　认知能力及其坚强的支撑结构

（一）职业素养与价值的决定因素

组织高质量的进程及其成就，通常涉及极为复杂的内外因素、关系与变化。高水平领导与管理的创造或推进，必须依靠足够的认知能力，对它们全面、深入、准确辨识提供坚强支撑。因此，认知能力无不成为广泛领域中领导管理者，职业素养与价值极其关键的决定性因素。

对此，《吕氏春秋》曾作了这样论述："使治乱存亡若高山之与深溪，若白垩之与黑漆，则无所用智，虽愚犹可矣。且治乱存亡则不然。如可知，如可不知；如可见，如可不见。故治乱存亡，其始若秋毫。察其秋毫，则大物不过矣。"——假如国家盛衰存亡的区别，如同高山和深涧，白土和黑漆那样泾渭分明，那就无须运用智慧，即使愚蠢的人也能够很好地治理。然而兴衰存亡的根源并非如此。它们似乎可知，又好像不可知；依稀可见，却又难以辨识。所以兴衰存亡的根源，起始总是犹如秋毫那么细微。能够明察秋毫，重大的事情才不至于出现严重的过失。

（二）认知能力结构的坚强支撑

长期以来，尽管人们对于自身的认知能力，进行了广泛而持久的探索，然而，由于人们的职业通常涉及不同性质、相互作用、持续变化的诸多因素。因此，就此职业素养及其进程与成就的决定性力量，形成方式的辨识或理解的水平，依然普遍处于稚嫩的幼儿时期。以至于，对于领导人的职业智慧、才能或成就，必将取决于法力无边的神灵或天生的力量，依然成为许多人时常的臆断。

对于失稳、脆弱、乏力或低能事物的积极应对，通常，物理学采取架设支撑；化学医学添加新的成分；文学设置更多精彩情节；逻辑学增加新的限定因素；哲学则构建更为积极的矛盾关系，从而以此积极构建起稳定、坚强、有力与高效的事物运行结构。因此，深入辨识与积极营建稳固坚强的运行结构，是高质量应对一切复杂事物，必须坚持的重要原则与方法。

在认知结构中，学习能力是最为根本的基础；实践能力是整体结构力量最为集中的体现；思考能力则是整体结构紧密联结的枢纽。三者间的相互支持与密切融合，共同承担着人们智慧才能关键的辨识任务。

（三）学习与思考是工作的重要组成

随着各类专业化运行的日趋深入，各种新的知识与技能的持续形成或创造，以及不同资源因素相互间作用影响关系的日益密切和复杂，学习与思考能力无不成为人们各类工作高质量推进，极为关键的重要组成与决定力量。

广泛的实践中，人们的学习能力，不仅是其职业能力或地位，最为根本而重要的决定性因素，而且也是其职业成就积极创造，最为强大的推动力量。因此孔子曾经辩称："性相近也，习相远也。"——人的本性极为相近，只是由于学习的差异，而造成了职业及其成就的巨大差别。

在各类关系与变化日趋复杂的内外环境中，人们亦已普遍地意识到，思考与学习密切联结融合的重要价值。对此，孔子也曾有过著名的论断："学而不思则罔，思而不学则殆。"——只是学习而不去思考，必将陷入茫然无措的境地；只是空想而不去学习，则必然难以避免臆断的侵害。

（四）实践是认知能力的核心体现

广泛的职业背景中，无论人们采取怎样的学习或思考，及其相互联结作用的方式，如果不能坚强有力地支持高质量的实践，那么，他的整体认知能力必将受到极大的限制。

事实上，实践不仅是人们学习或思考认知能力，及其相互间密切联结最为强大的推动力量，也是它们质量水平最具权威的验证标准，并在日趋复杂的内外职业环境中，日益成为不可或缺的重要认知途径。因此，实践的能力与成就，普遍成为人们整体职业认知能力最为核心的体现。

（五）知、行、成融合的判定标准

对评价标准的准确辨识与设置，无疑成为认知能力高质量构建发展的关键基础。就广泛组织运营背景而言，如果把缺乏强而有力行为的人士，赋予高水平的认知能力，无疑将会招致广泛的异议。因此，积极的行为，普遍成为广泛的实践中，一切高质量认知能力的核心体现。对此，王阳明曾在其著名《传习录》中断称："知之真切笃实处即是行，行之明觉精察处即是知。知行功夫，本不可离。真知即所以为行，不行不足谓之知。"

尽管如此，仅是机械或表面的行为，依然难以准确反映认知能力的真实水平。事实上，对于复杂职业环境下的认知能力，人们已经日趋普遍地根据最终的行为成就而予以判断。因此，知、行、成三位一体的密切融合，已日益成为广泛组织及其职业人员，整体认知能力的质量与水平，完整准确的评价标准。

（六）辨识和超越负面因素的限制

复杂多变环境中，组织运营或人们职业所产生或存在的任何缺陷与不足，无不与认知能力的脆弱存在着密切的关联。因此，运营或职业进程中，定期对自身认知能力的水平或质量，进行深入的分析和客观的检验，以此准确辨识学习、思考与实践，及其相互间联结所存在的制约与限制因素，并努力采取卓有成效的改善措施予以积极的提升，从而不断超越既有的认知能力或水平，就成为推进运营或职业的持续发展，极其重要的任务和方法。

二、学习是认知能力构成提升的基础

人们的智慧是一切职业成就的决定性力量。学习就是借助他人智慧力量的重要途径，并因此而成为人类文明进步与发展，最为强大的动力与显著的标志。学习不仅是人们认知能力，及其整体职业素养的重要基础，而且也是组织整体运营核心能力，积极构建与持续提升的关键。因此，它普遍成为领导管理素养与成就，极其重要的决定性因素。

组织运行内外环境的日趋复杂多变，不断对人们的学习能力，提出新的更高要求。广泛的运营或职业进程充分显示，与思考、实践的密切联结，是组织或人们学习能力持续提升的重要方式；唯有高质量的主动学习，才能更为积极有效地避免组织运营或职业进程的被动，及其挫折与失败所产生的更为高昂的代价（图2-2-4-3）。

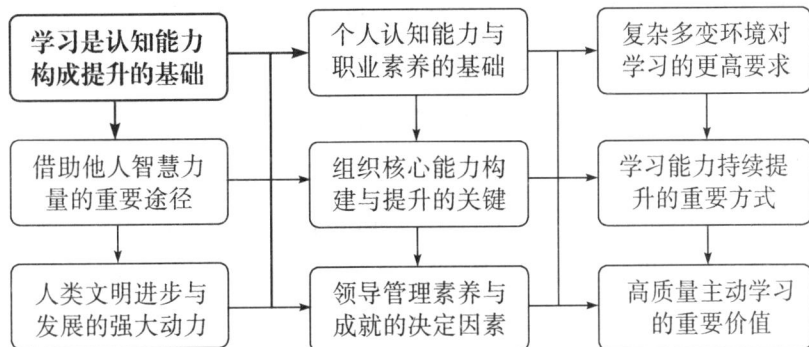

图 2-2-4-3　学习是认知能力构成提升的基础

（一）借助他人智慧力量的重要途径

借助于外部因素的力量，实现自身特定的目的，是人类智慧才能最为根本而重要的体现。因此，对相关知识技能的充分学习，无疑成为积极借助于他人的智慧力量，有效推进自身职业才能的提升，以及高质量工作业绩的创造，极其关键而重要的途径。

我们的先哲很早以前，就曾深入辨识了学习的重要价值。《荀子》曾专门作有《劝学》的精彩论述：

"吾尝终日而思矣，不如须臾之所学也；吾尝跂而望矣，不如登高之博见也。登高而招，臂非加长也，而见者远；顺风而呼，声非加疾也，而闻者彰。假舆马者，非利足也，而致千里；假舟楫者，非能水也，而绝江河。君子生非异也，善假于物也。"——我曾经整天地思索，但不如学习片刻之所得；我曾经跂起脚跟瞭望，但不如登上高处所见之广阔。登上高处招手，手臂并没有加长，但远处的人能看得见；顺着风向呼喊，声音并没有加强，但听见的人觉得很清楚。凭借车马的人，并不是善于走路，却能到达千里之外；凭借船、桨的人，并不是善于游泳，但能渡过江河。君子生性并非与人不同，只是善于凭借外物罢了。

（二）人类文明进步与发展的强大动力

专业性的知识或技能，无一不是人们经过广泛而深入的探索与实践，所提炼或积累的高度智慧的结晶和成果，因而成为人类社会文明进步最为宝贵的财富。对它们卓有成效地学习，无疑能够有力地支持人们迅速掌握，准确辨识与高质量应对事物的积极方法。因此，高质量的学习行为，不仅是人类文明发展最为强大的推动力量，而且也是整体社会文明进步最为显著的标志。

长期以来，所有远见卓识的贤能志士，无不深入辨析着高质量的学习，并对人们各类成就的决定性价值，不遗余力地加以竭力倡导与积极推动。对此，孔子就曾极其自信地断称："十室之邑，必有忠信如丘者焉，不如丘之好学也。"——即使只有十户人家的小村子，也一定有像我这样讲忠信的人，只是不如我那样好学罢了。

（三）个人认知能力与职业素养的基础

缺乏足够的学习能力与行为，以及由此所掌握的足够知识与技能的坚强支撑，人们必然难以形成对事物高水平的认知能力，及其工作积极推进高质量的职业素养。著名诗人李白曾作有"小时不识月，呼作白玉盘。又疑瑶台镜，飞在青云端"，描绘儿童天真烂漫之态的词句。但职业人士的缺知少识，无疑将会粉碎或葬送一切美妙的职业理想或愿景。

因此，《尚书》曾经辩称："惟学逊志，务时敏，厥修乃来。允怀于兹，道积于厥躬。惟教学半，念终始典于学，厥德修罔觉。"——学习必须心志谦逊，务必时刻努力，所学知识才能日积月累。牢记并践行这些原则，治道的才能就能够在自己身上逐步形成。教人是学习的一半，头脑中自始至终不背离学问的精髓，德行的提升就会在不知不觉中实现。

孔子曾经就人们的积极素养，由于缺乏足够学习力量的支持而沦为职业的缺陷，作了这样的深入论述："好仁不好学，其蔽也愚；好知不好学，其蔽也荡；好信不好学，其蔽也贼；好直不好学，其蔽也绞；好勇不好学，其蔽也乱；好刚不好学，其蔽也狂。"——追求仁德而缺乏学习，就易于出现受人愚弄的弊端；追求智慧而缺乏学习，就易于出现行为放荡不羁的弊端；追求诚信而缺乏学习，就易于出现被人利用而害人害己的弊端；追求直率而缺乏学习，就易于出现说话尖刻伤人的弊端；追求勇敢而缺乏学习，就易于出现闯祸作乱的弊端；追求刚强而缺乏学习，就易于出现狂妄自大的弊端。

（四）组织核心能力构建与提升的关键

复杂背景或环境中，组织的运行通常涉及诸多内外因素、关系及其变化的影响。如果缺乏足够广泛高质量专业知识技能的坚强支撑，它的运行进程与成就，必将受到极其显著的制约。因此，对各项专业知识技能持续高质量的学习，无不成为广泛领域中的组织各项专业运行及其整体运营强大力量的积极构建与持续提升，最具关键的核心能力。

（五）领导管理素养与成就的决定因素

组织领导与管理高质量的推进，从根本上将依赖于，领导管理者对整体组织或专业运行环节，内外资源能力与作用关系，及其运行变化趋势，准确的辨识与深入的把握。因此，领导管理者高水平的学习能力，就普遍成为他们领导智慧与才能的关键决定性因素。

对此，《吕氏春秋》曾经辩称："圣人生于疾学。不疾学而能为魁士名人者，未之尝有也。"——极具贤能的圣人，只有在努力学习中造就。缺乏努力学习的坚强支持，而能够成为贤士名人，还从未出现过。

（六）复杂多变环境对学习的更高要求

随着社会文明进步的快速发展，日新月异的内外资源因素及其关系，正日趋把各类组织的运行，推入前所未有的艰难而复杂的境地。这种背景下，任何学习上的能力轻视或行为低效，都可能导致组织美好前程的丧失。

彼得·圣吉曾经通过对若干失败或成功组织的研究，提出了著名的学习型组织构建的理论，并得到理论与实践界的广泛认同。的确，一个组织如果不能有效构建与持续发展，涵盖各运行环节、阶段的系统性学习体系，在各类变化日趋快捷复杂的内外环境中，其运行的前景必将笼罩着浓厚的阴霾。

（七）学习能力持续提升的重要方式

任何知识或技能的形成，无一不是在一定的资源或条件背景下，由一定知识技能结构的专业人员，以一定的思维立场或逻辑程序与方式，提炼加工而创造形成。其中的资源条件、专业技能或思维方式等因素，无疑将会与其他的广泛实践存在相当的差异。

因此，对他人的研究或实践，所提炼总结而形成的知识技能高质量的学习，无不需要与自身的深入思考，以及工作推进的实践进行密切的联结与融合，才能形成强大的职业推动力量。事实上，职业进程中知识技能的学习，一旦缺乏与自身的积极思考及其实践的密切联结，极易出现各种不良的后果。

（八）高质量主动学习的重要价值

在校非职业性的专门学习，其间的各类欠缺或错误，通常都具有足够的弥补与纠错机会，水平质量的差距也并非都能立即显示出严重的后果，且缺乏直接实践价值的强大动力。然而，职业进程中，一旦缺乏高质量的主动学习，及其由此所形成的足够专业知识技能的坚强支撑，在复杂多变的内外环境中，不仅难以创造任何高水平的职业表现，而且极易产生工作上的显著缺陷或被动。

因此，孔子曾经形象地辩称："学如不及，犹恐失之。"——学习知识应该持有，像全力追赶也捕捉不到某项东西，还唯恐完全失去它的迫切态度。壳牌公司前领导人赫斯，也曾根据日趋激烈的竞争环境而断称："比竞争者更迅速地学习，这种能力可能是你唯一经得起考验的竞争优势。"

三、思考是智慧才能的核心体现

通过部分因素的表现及其一定的思维方式，能够在头脑中准确感知事物的未知因素或全貌，以及运行变化趋势的思考能力，无不成为复杂背景下，人们的智慧才能最为关键而核心的体现。领导管理者的思考能力，无疑是其整体职业素养与价值，充分展示最为重要而强大的推动力量。

人们高水平思考的形成或积极推进，通常需要一系列基本构成与力量的有力支持。其中，对事物良好的愿望构建，是一切积极思考产生的根本基础；对事物主要构成的分解及其关系的准确辨识，是任何思考活动高质量推进，都不可或缺的重要途径；对未知因素的合理而准确的假设，以及相应假设基础上事物运行状况的推断，是思考能力最具决定性的精髓；思考过程与结论的综合梳理和修正，是整体思考能力及其成果的集中体现（图 2-2-4-4）。

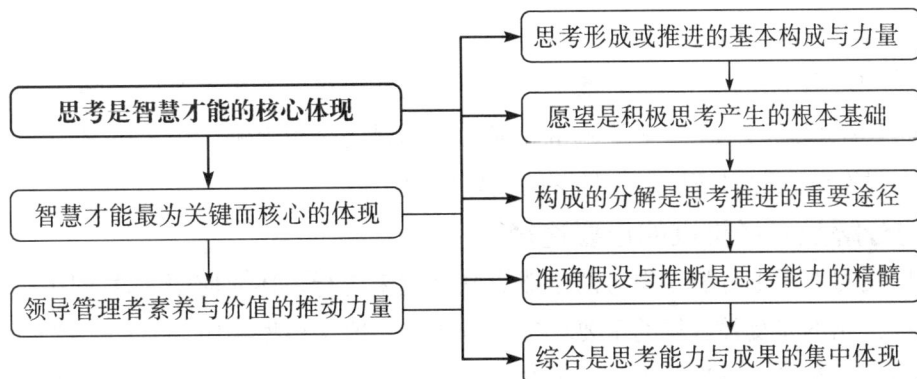

图 2-2-4-4　思考是智慧才能的核心体现

（一）智慧才能最为关键而核心的体现

人类所拥有的最为强大力量，无疑是其头脑中所拥有的高度智慧。而能够坚强有力地支持人们，从外部的表象辨析事物的内在本质，从片面的组成辨识事物整体的状况，从过去的表现识别事物未来的运行，从各孤立的事物中看到它们的相互联系——总而言之，能够从容易感知的浅显表现中，准确推断出更具积极价值、广泛、长远或深层的因素，所展示的思维或思考能力，无疑占据着一切智慧才能的核心地位。

《尚书》曾经深入辨识了人们思考能力的关键价值，并言简意赅地断称："惟圣罔念作狂，惟狂克念作圣。"——圣人不思考就会变成狂人，狂人能够思考就能变成圣人。

（二）领导管理者素养与价值的推动力量

组织领导与管理的进程，无不需要在极其有限的信息背景下，去面对诸多的复杂因素、关系及其变化。因此，根据孤立、暂时与浅层表象，深刻洞察和准确辨识，事物整体、长远或深层因素高水平的思考能力，就成为他们职业素养及其价值，高质量展示强大的推动力量。

为此，保罗·盖蒂曾经这样强调优秀管理者的特征："我判断一个人是不是或将是不是好的主管人才的方法是：看他独立思考及活动的能力——他应该有才智及能力去产生构想、发展计划、制定方案、解决困难及适应情况，而不是不断地向上司要求指示。"

（三）思考形成或推进的基本构成与力量

作为人的智慧才能核心体现的思考能力，对广泛职业人士的整体素养与成就，具有极其关键的决定性价值。因此，长期以来，它的积极构建与持续提升，不仅伴随着人们职业的整体进程，受到了极其广泛的关注，而且也普遍成为各领域职业人士智慧才能极限的艰难挑战。

尽管如此，根据复杂事物背景下，全局与局部关系构建的基本思维原则或方法，要高质量地把握全局，必须进行适当的局部分解与综合。因此，任何背景下的思考卓有成效地推进，依然需要一系列基本构成强大力量的坚强支撑。对基本构成及其力量特征的深入辨识与娴熟把握，普遍成为人们高质量思维或高水平思考能力，积极构建与持续提升的重要途径。

就广泛的实践而言，思考的形成与推进，通常包括愿望、分析、假设、推断与综合五项有机联结、相互融合与持续循环的组成环节或步骤。

（四）愿望是积极思考产生的根本基础

复杂多变背景下的思考，通常是项极其艰难与费神的工作，甚而至于能够粉碎极为顽强人的意志。因此，人们一旦对某项事物的价值缺乏足够深入的辨识，以及由此所形成的强烈积极愿望的有力支撑，通常就难以做出任何真正实践价值的思考。

广泛的实践中，对事物强烈的良好愿望，无不成为积极思考的根本基础与强大动力。事实上，当一个具有正常思维智慧的人士，对某项事物显示着明显的呆板迟钝、愚笨不堪的表现，通常都是由于他的头脑中没有建立起对该项事物足够的良好愿望。

（五）构成的分解是思考推进的重要途径

人们已经广泛习惯于把分析与思考两个概念联结起来进行表述或使用。这是因为分析是任何完整思考有效推进，无不涉及并依靠的重要环节。分析，一般是根据相应的愿望，把事物的组成分解为若干主要的构成，并以此更为深入地辨识各组成间相互联系的方式与地位，以准确地判断、积极地作用于该项事物应该着力的重点或采取的方法。

（六）准确假设与推断是思考能力的精髓

思考最为艰难的挑战时常源自人们通常对于复杂多变的事物，并非总能得到所希望构成或关系，足够充分而准确的信息资源，而使得分析思维时常难以顺利地予以推进。这种背景下，根据有限的构成及其关系或变化表现的信息，既高瞻远瞩又洞察细微，以极其睿智卓有成效地假设或设定未知的组成因素，并以此对它们相互间的作用关系或变化，进行合乎内外情理与严密逻辑思维的推断，从而准确辨识事物更具价值的部分或整体表现，就成为思考能力最具决定性的精髓。

《吕氏春秋》曾经对推断的思维作了这样论述："有道之士，贵以近知远，以今知古，以益所见知所不见。故审堂下之阴，而知日月之行，阴阳之变；见瓶水之冰，而知天下之寒，鱼鳖之藏也；尝一脟肉，而知一镬之味，一鼎之调。"——有道之人，他们的可贵之处在于由近的可以推知远的，由现在的可以推知古代的，由见到的可以推知见不到的。所以，观察堂屋下面的阴影，就可以知道日月运行的情况，阴阳变化的情况；看到瓶里的水结了冰，就知道天下已经寒冷，鱼鳖已经潜藏了；尝一块肉，就可以知道一锅肉的味道，一鼎肉制作烹饪的情况。

（七）综合是思考能力与成果的集中体现

对某项事物的深入思考，通常会涉及相互联系、多个层次的渐进式多种假设，而每种假设又必然会出现多种可能的推断结论。因此，根据已经掌握的因素及其关系的实际，对假设与推断思维，进行更符合相关因素专业性特征，及其逻辑性的修正与比选的综合，就成为密切联结与融合事物各组成环节或运行阶段，以及思考过程各构成环节与推进步骤，并以此形成能够有效运用或积极推进的思考成果，从而体现整体高水平思考能力极其重要的工作。

四、实践是认知目的、动力与途径

没有实践的需要，就没有人们主动积极的认知行为。就普遍意义而言，更高质量的实践需要，是人们所有认知行为最为根本的目的，以及价值创造最为重要的途径，因而成为认知质量持续提升最为强大的动力。

长期以来，实践不仅是人们认知事物最为原始与重要的手段，而且也是认知质量与水平最具权威的检验标准。同时，任何实践高质量的创造与发展，都必须依靠高水平学习与思考能力的有力支持（图 2-2-4-5)。

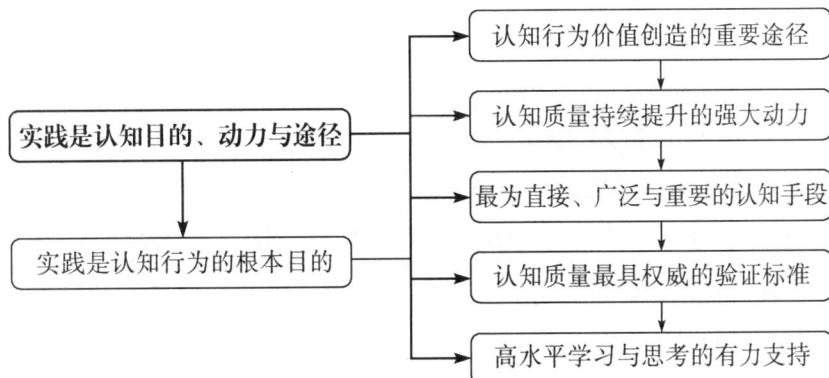

图 2-2-4-5　**实践是认知目的、动力与途径**

（一）实践是认知行为的根本目的

任何认知行为的积极推进，都必须首先深入辨识它们最为根本的目的，在于更高质量实践进程与成就创造的原则。脱离了明确实践方向的有力支撑，任何认知的行为都必将失去坚强根基，而陷入被实践无情嘲弄的境地。尽管道理如此显而易见，但却时常被人们所忽略。

对此，《尚书》曾经引叙了殷商贤臣傅说的强调："非知之艰，行之惟艰。王忱不艰，允协于先王成德。惟说不言，有厥咎。"——不是知道它艰难，而是践行它艰难。王诚心不感觉到践行的艰难，就接近于先王的盛德。我傅说如果不说，就有罪过了。

（二）认知行为价值创造的重要途径

实践是人们所有认知成果价值的积极创造不可或缺的重要途径和强大的推动力量。事实上，任何优秀的实践者，无不能够深入地辨识实践对于人们认知价值的决定性作用，而予以竭力的强调与推动。福布斯就曾辨识了人们行动的关键性价值："未来的成功者，就是那些能够将想法充分付诸行动的人。"

（三）认知质量持续提升的强大动力

实践是人们认知能力及其质量持续提升最为强大的推动力量。人们唯有在迫切或强烈的实践需求强大力量推动下，才能更为积极而高效地努力学习和深入探索思考事物更为深层次的本质、密切的联系及其运行变化的规律，并以此创造更高质量的认知成果。因此，恩格斯曾经辩称："社会一旦有技术上的需要，则这种需要就会比十所大学更能把科学推向前进。"[32]

（四）最为直接、广泛与重要的认知手段

人类所有的知识技能及其科学的专业理论，无不首先起源并被广泛的实践所持续地完善与发展。同时，人们对他人所提炼或总结的知识及技能的学习，或者对事物相互关系、运行变化的思考，无不需要通过自身的身体力行，才能形成足够深入与准确的理解和把握。

事实上，任何认知方式，如果缺乏实践或高度模拟实践实验的有力支持，那么它的质量必将受到极大的制约。因此，实践成为人们认知事物，最具直接、广泛与重要的途径或手段。

（五）认知质量最具权威的验证标准

人们所有的认知过程或成果的质量，尽管某些特定条件下，可以依据或参照成熟的理论准则予以评价或检验。但在广泛的组织运行或职业推进中，实践则是人们认知的质量，最具权威的验证标准。换而言之，缺乏足够持续高质量实践成果的坚强支撑，任何认知的能力或知识的理论体系，都必将黯然失色。

（六）高水平学习与思考的有力支持

复杂多变背景下持续高质量的实践，普遍涉及诸多专业因素及其相互关系作用与变化的广泛影响。因此，足够高水平的学习与思考能力，无不成为它的积极创造不可或缺的坚强支持力量。事实上，人们头脑中所能够涌现的任何卓越的领导人或管理者，鲜有学习或思考上的显著缺陷，倒是相反的事实无不充斥着社会运行的各个角落。

五、坚持三种途径的密切联结与融合

高水平认知能力的积极构建与发展，必须坚持学习与思考的密切联结和融合，坚持高质量思考的实践方向与目标，坚持实践的认知核心地位。在此基础上，还必须努力推动学习、思考与实践三种认知方式间，高度的融合、渗透与统一，从而形成坚强稳固的认知结构。认知结构的积极运行，还是人们成熟思想意识体系形成的重要基础（图 2-2-4-6）。

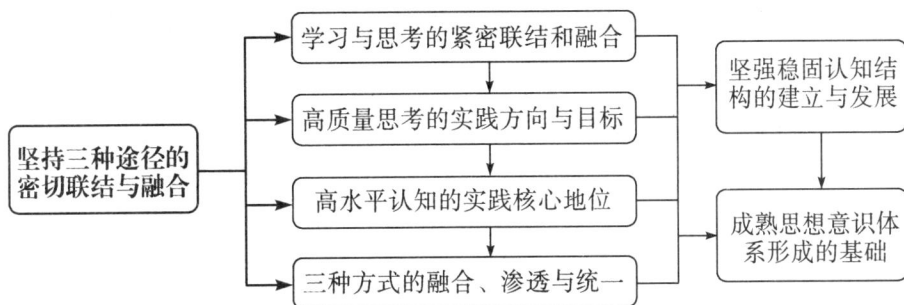

图 2-2-4-6　坚持三种途径的密切联结与融合

（一）学习与思考的紧密联结和融合

迄今为止，学习与思考，对于人们高水平认知能力的重要价值，已经得到了极其广泛而高度的认同。然而，如果它们相互孤立或分离，则必将显著降低着各自的效能与价值。也就是说，任何背景下的学习，如果缺乏足够充分而深入思考的坚强支撑，则必然难以高质量地掌握相关知识技能的精髓，及其实践中积极灵活的创造运用。

同样，人们的思考，如果没有长期学习所积累的广博深厚专业知识技能的有力支持，那么，它的进程、结论或成果的质量，也必将受到极大的限制。因此，学习与思考的密切联结和融合，已经日趋成为人们提升自身认知能力，极其重要的途径。

（二）高质量思考的实践方向与目标

在科研院校、文学创作或创新活动中，人们时常受到指引或鼓励，努力减少各种限制而推动开放式奇异的思维。然而，处于极其复杂与影响深远的组织实践的重心位置，领导管理者任何思考卓有成效地推进，无不需要牢固坚持更为积极的实践方向与目标。

事实上，身居重要岗位的领导人或管理者，通常很少缺乏各种独具匠心的奇妙构想。相反，如何把各种奇思妙想卓有成效地转化为卓越的组织实践，才是他们普遍面临的艰难挑战。拿破仑·波拿巴曾深刻感知了实践行动的关键价值："深思熟虑是必须的，但是到了该行动的时候，就应该停止思考，马上行动。"

（三）高水平认知的实践核心地位

现代社会最为显著的特征之一，就是各类新的知识与专业技能，如同雨后春笋般层出不穷而令人目不暇接。面对浩瀚无边且与自身职业有着千丝万缕影响关系的知识和信息的海洋，如何高质量地编织捕捞职业智慧与才能重要资源力量的认知渔网，正日趋成为广泛领域各类职业人士的普遍的关键任务和艰巨挑战。

事实上，面对复杂多变的内外环境，任何职业人士，如果不能把自身的认知力量，牢固地聚集于实践的核心位置，那么，对其而言，高质量的职业进程或成就必将遥不可及。

战国时期赵国名将赵奢的儿子赵括，自幼学习兵法，谈战论略，即使他的父亲也难不倒他。于是，自以为才干已天下无人可比。但赵奢却无不为此而忧心忡忡，并对其母亲表示："战争事关国家将士的存亡生死，括儿竟视其如此轻松。赵国如果以其为将，击败赵国的一定是他。"

果然不出赵奢所料，赵括接替廉颇后，便无视秦赵两国整体力量的实际，立刻更改原先防御作战的方针，并轻易落入秦将白起诱敌深入分割歼灭的陷阱。结果，长平之战不仅使得赵括命送沙场，赵军被坑杀四十余万，赵国自此元气大伤并一蹶不振，而且成为中国古代军事史上最早、规模最大、最为残酷的战役。

（四）三种方式的融合、渗透与统一

事物的运动变化，通常需要多种因素的相互作用，才能得以顺利实现。因此，人们对事物高水平的认知，无不需要积极自动地推进学习、思考与实践，三种方式的密切融合、渗透与统一。

融合，通常是指对事物认知的高质量推进，必须充分依靠或发挥三种认知方式各自存在的力量；渗透，则是强调以一种方式为主的认知过程中，努力借助于另外两种形式力量的支持；统一，是对复杂环境与个人有限精力背景下，重要职业岗位人士的学习、思考与实践认知行为范围，必须牢固地立足于工作高质量推进实践的限定。

（五）坚强稳固认知结构的建立与发展

人们坚强稳固的认知结构，是一切职业智慧、思想意识及其行为动力，积极构建与提升的基石。因此，它的建立与发展，无疑成为广泛职业人士高质量工作进程与成就积极创造最为根本而重要的职责。事实上，高质量认知结构所能够创造的强大推动力量，无不能够有效地支持人们超越任何职业行业或内外环境所存在的限制，而展示出积极良好的整体职业素养。

（六）成熟思想意识体系形成的基础

坚强稳固认知结构长期高质量的运转，能够有力地支持人们逐步建立并持续坚定，对长远职业进程或成就具有极其重要影响所涉及的主要因素本质及其力量与价值形成方式、稳定的思想意识或理念。而成熟坚定的思想意识，不仅能够有力地推动人们的认知能力更高质量的持续发展，而且也是他们积极超越各类职业负面因素侵蚀的强大力量，因而无不成为广泛领域高素养职业人士最为显著的共同特征。

第五节　辨识思维能力的积极提升

职业持续发展的核心动力

认知能力是人们整体的素养智慧以及职业的进程或成就极其关键的决定性因素。任何职业环境中，领导人都必须牢固铸建自身高水平认知能力，及其持续提升关键价值的成熟意识，并对认知能力卓有成效地提升，所需坚持的基本原则与采取的有效途径，形成足够深入的辨识和把握。这是创造组织运行及其自身职业高质量进程与成就，压倒一切的重要基础和决定性的推动力量。

随着组织运营发展所及内外资源因素、关系与变化日趋的繁多、深入而复杂，完整、准确、及时地摄取各类重要运营因素，促进信息网络体系的构建与发展，已日益成为高质量领导或管理，普遍的关键任务和艰难挑战。这种背景下，如果缺乏足够强大的智囊力量的有力支撑，领导管理者的职业进程或成就，无疑将会受到极大的制约。

不仅如此，在各种信息或意见蜂拥而至，且时常令人眼花缭乱的复杂环境中，领导管理者还必须能够深入掌握与运用各种有效的专业性认知工具，以卓有成效地提升对各类因素、关系与变化，在全局或整体工作进程中的表现、地位或价值，独自高水平准确判断及其高质量积极应对的能力（图2-2-5-1）。

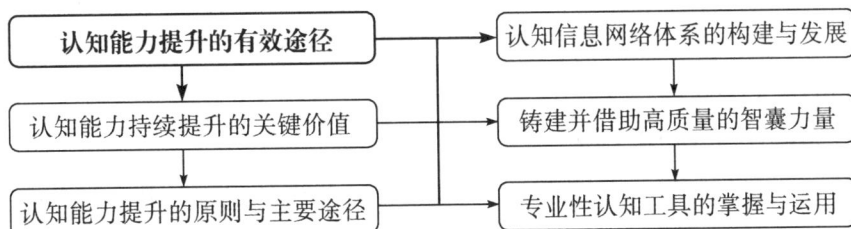

图 2-2-5-1　认知能力提升的有效途径

一、认知能力持续提升的关键价值

组织的领导与管理，无不涉及广泛的内外因素、关系及其变化，所构成的大量专业性知识或信息，并因此而普遍成为极具挑战的复杂艰难工作。广泛的实践显示，人们的所有思维与行为，无不取决于对事物的认知状况。因此，认知能力及其持续地提升，就成为领导管理者职业进程与成就，极其关键的决定性因素（图2-2-5-2）。

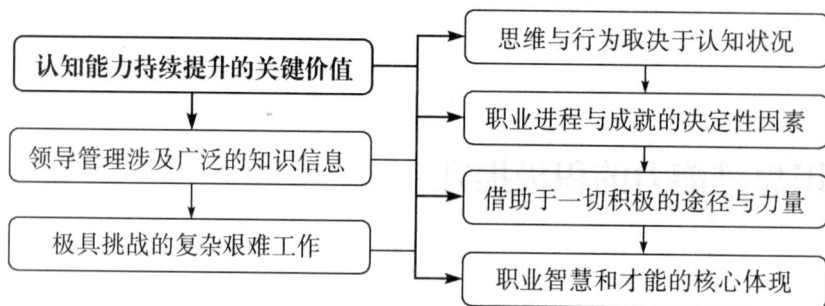

图 2-2-5-2　认知能力持续提升的关键价值

认知能力卓有成效地提升，必须努力借助于一切人的或物的积极途径与力量，这也是领导管理者的职业智慧和才能，极其关键而核心的体现。

（一）领导管理涉及广泛的知识信息

广泛的实践中，组织的领导与管理，普遍涉及各种内外因素、关系与变化，大量的专业性知识与信息。因此，如果缺乏足够高质量认知能力，对领导管理者思维或行为的坚强支撑，显而易见，必将无以积极创造他们的职业，及其组织运行高质量的进程或成就。事实上，组织领导或管理实践中所产生的严重缺陷或挫折，无不与领导管理者认知能力的脆弱存在着显著而密切的关联。

（二）极具挑战的复杂艰难工作

由于知识或信息的分散、虚假、多变及其不充分等诸多不利因素的影响，领导管理进程中的深入思考与准确决策，以及各专业环节高质量运行及其相互间密切协作的积极推动，普遍成为极其复杂而艰难的挑战。不仅如此，领导管理工作任何重大的缺陷或偏差，无不给组织带来极其严重的损害。因此，在日趋复杂多变的环境中，领导管理者的辨识思维能力，无不成为组织高质量运营发展，日益稀缺与关键的资源力量。

《尚书》曾经辨识了领导人认知能力的重要价值及其艰难挑战，并为此而谆谆告诫："疑谋勿成，百志惟熙。无稽之言勿听，弗询之谋勿庸。"——可疑之谋不要实行，各种思虑应当广阔。无信验的话不要听，独断的谋划不要用。

（三）思维与行为取决于认知状况

长期而广泛的实践充分显示，人们的行为总是受制于一定的思维及其意识。而思维的材料及其推进，以及相应意识的形成，则无不需要通过一定认知能力，对事物状态的反映或感知，及其相互联系与作用的有力支持。事实上，即使面对同一组织或专业环节的资源与关系，由于领导管理者的认知能力不同，所存在的反映水平或准确识别的差异，也必然会产生迥然不同的思维与行为表现。

（四）职业进程与成就的决定性因素

深刻而牢固地掌握了人的思维与行为对客观事物辨识与反应的本质，就能够深入理解领导管理者的认知能力及其持续高质量地发展，无不成为他们职业进程与成就，极其关键的决定性因素。广泛的实践充分显示，缺乏足够强大认知能力的坚强支撑，没有任何领导管理者能够步入卓越的行列；提升人们的认知水平，无不成为领导或管理实践，极其重要的方式或途径。

（五）借助于一切积极的途径与力量

居于重要岗位的领导管理者，任何背景下，都必须能够站在自身职业长远发展与价值展示，以及组织更高质量全局进程及其成就，睿智坚强创造最为根本的立场，深入审视和识别自身辨识思维能力，积极构建与持续提升的关键决定性价值，并竭尽所能努力借助或运用一切积极的途径与力量，卓有成效地推动自身辨识思维能力持续发展的卓越进程。

（六）职业智慧和才能的核心体现

认知能力提升到足够的高度，就能够有力地支持人们，把自身的思维或行为，悠然自如地统一到事物的本性，及其相应环境条件下运行的必然规律中，从而牢固地把握职业进程的整体主动，并有效避免由于认知的重大缺陷或偏差而可能造成的严重职业挫折。因此，善于依靠一切积极的途径或力量，有效推动自身认知能力的持续提升，无不成为领导管理者职业智慧才能，最为显著而核心的体现。

二、认知能力提升的原则与主要途径

对职业进程真实的客观实际准确地辨识，是有效超越各类复杂因素的影响或限制，从而展示高水平认知能力最具关键性的原则。认知能力的积极提升，还必须努力把握事关工作全局的各重要环节或因素，以及相互间关系的状况和可能的变化趋势。并牢固地把认知能力及其持续地提升，置于职业实践及其发展的核心位置。

认知信息网络体系的构建与发展，是一切认知能力充分展示与有效提升最为根本的基础。作为显著的智力性活动行为，努力设置并借助内外高质量的智囊力量，已日趋成为复杂职业环境中，认知能力积极提升极其重要的途径。在专业化运行日趋显著的背景下，各类专业性认知工具的有效掌握和运用，也是领导管理者更高水平认知能力的创造，极其强大的推动力量（图2-2-5-3）

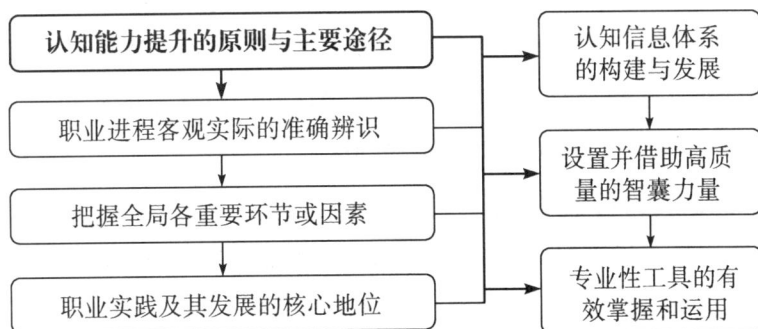

图 2-2-5-3　认知能力提升的原则与主要途径

（一）职业进程客观实际的准确辨识

认知是人的头脑对外部事物，及其关系或运动变化状况的反映。显然，遵循事物真实的客观实际，是一切正确或高水平认知形成最为关键的基础。然而，人的头脑又是一种具有强烈情感意念与思维选择的器官，它时常会使得人们的认知过程与结果，偏离事物真实的客观存在或实际。事实上，广泛职业中所产生的各类偏差或错误，往往是因为以头脑中的主观臆想或意念，替代事物真实的客观实际而形成。

因此，《论语》曾特别记载了弟子们对孔子，尊重客观实际的高度评价："子绝四——毋意，毋必，毋固，毋我。"——先生杜绝了四种弊病：没有主观臆断，没有必定倾向，没有固执己见，没有自以为是。

（二）把握全局各重要环节或因素

事物的重要环节或因素，无不对其运行变化以及与其他事物相互间的作用关系，具有极为关键的决定性影响。因此，任何背景下，牢固坚持至高无上的全局立场，并努力通过各种专业化方法的积极运用，从而全面把握各重要组成，及其相互间作用关系与运行变化趋势，就成为高质量认知能力的积极展示或持续提升，必须坚持的关键原则或方法。

对于把握事物重要组成或因素的价值，子贡曾经辩称："文武之道，未坠于地，在人。贤者识其大者，不贤者识其小者，莫不有文武之道焉。"——周文王、武王的治世之道，并没有坠地而消失，还依然存在于人世间。只是唯有贤能之人，才能深入准确地辨识把握它们重要部分的价值，而平庸之辈只能看到它们次要或表面的因素，其实无处不能体现文武之道的重要价值。

（三）职业实践及其发展的核心地位

认知能力对于人们整体职业素养，及其实践质量与发展水平，无不具有极其关键的决定性价值。因此，任何环境中，致力于高质量职业进程或成就的积极创造，都必须努力把认知能力的持续提升，置于职业实践及其发展的核心地位。

事实上，正如孔子所言，"工欲善其事，必先利其器"。——做工的人想把活儿做好，必须首先使他的工具锋利。领导人如果缺乏持续提升，自身辨识思维智慧能力睿智成熟的意识，那么，在日新月异变化且日趋复杂挑战的内外环境中，严重的职业挫折或失败，任何力量都难以有效阻挡。

（四）认知信息体系的构建与发展

领导管理者鲜有不对更为积极的职业进程与成就，持有强烈的期望并为之而竭尽心智。然而，由于他们的职业，通常涉及极为复杂的内外因素、关系及其变化。一旦缺乏涵盖各重要环节或因素，完善认知信息体系的坚强支持，各种艰难或挫折必将如影随形而难以避免。

因此，涉及各重要专业资源、关系和变化，高质量认知信息体系的构建与发展，普遍成为领导管理者认知能力的质量及其提升，极为关键而重要的途径。

（五）设置并借助高质量的智囊力量

领导管理者获取职业高质量进程，必需的充分而真实信息，时常并非是件容易的事情。换而言之，通过各类蛛丝马迹或极其有限的信息，而能够准确辨识与掌握，各项重要因素及其全局进程的实情，无不成为他们整体认知力量，最为严峻而真正的考验。事实上，没有任何卓越的领导人或管理者，能够完全凭借个人的力量，而直接接触、辨识或掌握通常对全局，具有重要影响的极其繁多复杂的所有工作。

对此，《尚书》曾经断称："能自得师者王，谓人莫己若者亡。好问则裕，自用则小。"——能够自己寻得老师的人就会成就王业，总是以为别人不如自己必将遭受毁灭。爱好询问，才能就会充裕；只凭自己，力量必然弱小。

《吕氏春秋》也曾阐述了贤明正直人士，对领导人掌握实情的重要价值："欲知平直，则必准绳；欲知方圆，则必规矩；人主欲自知，则必直士。故天子立辅弼，设师保，所以举过也。夫人故不能自知，人主犹其。存亡安危，勿求于外，务在自知。尧有欲谏之鼓，舜有诽谤之木，汤有司过之士，武王有戒慎之鼗，犹恐不能自知。"——要知道平直，一定要依靠水准墨线；要知道方圆，一定要依靠圆规矩尺；君主要想了解自己的过失，一定要依靠正直之士。所以天子设立辅弼，设置师保，就是用以发现自身的过错。人本来就很难准确辨识自身的实际，天子尤为严重。国存身安不用到外部寻求，关键在于准确掌握自身的真实状况。尧有供想进谏的人敲击的鼓，舜有供书写批评意见的木柱，汤有主管纠正过失的官吏，武王有供告诫君主的人所甩的摇鼓。即使选样，他们仍担心不能了解自身的真实情况。

（六）专业性工具的有效掌握和运用

经过长期的探索与实践，人们已经普遍而深入意识到，积极创造和借助各类专业性的工具，能够积极提升自身本性所固有的力量，这也是人类智慧才能最为显著与核心的特征之一。因此，随着组织及其各环节专业化运行的日趋深入，努力学习掌握或创造运用，各项与时俱进且行之有效的专业性认知工具，已日益成为领导管理者卓有成效地提升自身辨识思维能力的重要途径。

三、认知信息网络体系的构建与发展

对可能涉及的各项重要因素、关系及其变化信息，完整准确地获取与辨识，无不成为各类职业高质量推进的坚强基石。因此，积极构建完善的信息网络体系，就成为职业高质量推进的首要任务。通常，获取职业信息的网络体系，可以分为正式与非正式两种互为补充的基本形式。任何背景下，领导管理者都必须深入掌握并积极推进，对自身职业质量具有关键决定性价值的正式信息网络的构建和发展。

部属是自身职业最具决定性的根本力量，也是信息体系中最为重要的组成。专门项目或专业环节运行信息，是正式网络体系运转涉及的主要内容。广泛的职业或社会交往，在相互影响或依赖日趋密切的内外环境中，正日益成为领导管理者信息来源的重要途径（图 2-2-5-4）。

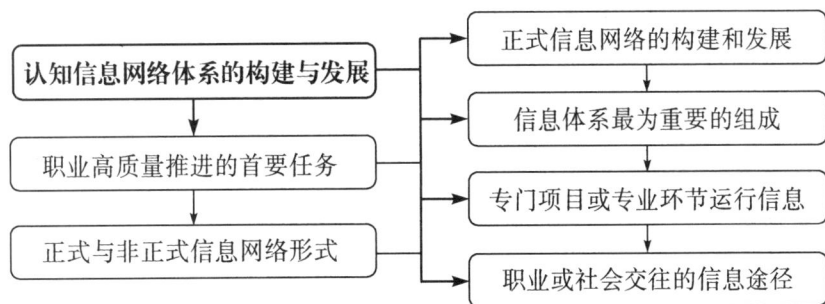

图 2-2-5-4　认知信息网络体系的构建与发展

（一）职业高质量推进的首要任务

组织的领导与管理，从根本上说，就是对组织及其各类专业环节或资源，构成、关系及其运行信息，持续搜集、辨识、处理与传输的进程。显然，如果缺乏足够高效网络体系及其完整信息的坚强支撑，任何领导管理高质量的思维与行为，都必将难以有效创造和形成。因此，深入辨识并积极构建高质量的信息网络体系，普遍成为领导管理职业的首要任务。

《将苑》曾经以信息的获取、处理或完善方式，辨识了军事领导人所需依靠的几类幕僚："夫三军之行也，必有宾客，群议得失，以资将用。有词若县流，奇谋不测，博闻广见，多艺多才，此万夫之望，可引为上宾。有猛若熊虎，捷若腾猿，刚如铁石，利若龙泉，此一时之雄，可以为中宾。有多言或中，薄技小才，常人之能，此可引为下宾。"——凡是三军出征作战，将帅必须有各类幕僚参谋，共同讨论利弊得失，辅佐在将帅左右。有些人口若悬河，能提出奇妙的谋略，见闻广博，多才多艺，这是万里挑一的出色人才，可以成为将帅的高级幕僚。有些人像熊虎一样勇猛，像猿猴一样敏捷，性格则烈如铁石，作战如楚地龙泉般锐利无比，这些人是一代豪杰，可以成为将帅的中级幕僚。有些人喜欢发表言论，但能力一般，只是普通之辈，可以成为将帅的下级幕僚。

（二）正式与非正式信息网络形式

根据领导管理进程中，对信息获取、处理与传输的稳定性、连续性，以及运行形式固定性特征的差异，信息网络体系可分为正式与非正式两种互为补充的基本形式。其中，正式体系必须能够为领导管理工作的推进，提供足够充分完整信息的获取与传输的支持。显然，它的整体运行质量，对领导管理的进程具有极其关键的决定性影响。而非正式体系，通常是对正式体系运行的必要补充，并时常需要担负领导管理更高质量提升发展的支持任务。

（三）正式信息网络的构建和发展

正式信息网络体系，必须能够承担领导管理工作正常推进，各类重要信息的获取、处理与传输的基本职责或任务。换而言之，它的构建与发展的整体质量，通常并非取决于某项运行领域信息运转的水平，而是取决于各重要环节及其相互作用关系与变化信息，搜集获取的完整性与辨识应对的准确性。

就一般性组织而言，正式信息体系通常需要涉及或涵盖，重要环节及其作用关系与变化的信息主要包括：

1. 组织结构的构成及其运转效率的状况；

2. 组织运行的制度与文化及其相互协调的状况；

3. 产品服务的构成与性能及其行业中的地位；

4. 产品对象的需求特征及其变化的趋势；

5. 人力资源构成及其工作适应性状况；

6. 无形与有形资源的构成及协调运行状况；

7. 组织运行所需各类资源的供应状况；

8. 产品外部推广的能力及其存在的竞争状况；

9. 整体社会与政治环境及其对组织存在的影响；

10. 相关行业与科技因素及其对组织存在的影响；

11. 各重要环节相互作用关系及其变化的状况；

12. 当前内外环境中组织运行变化的总体趋势。

（四）信息体系最为重要的组成

在各种资源因素相互作用影响日趋广泛深入，各类变化日益快捷复杂的内外环境中，组织运行及其领导管理者职业信息体系，如果仅仅只是搜集传输僵化的数据或指令，而缺乏足够的灵性智慧与能动性力量的死板工具，那么它的功能与价值无疑将会受到极大的限制。

因此，高质量的信息体系，必须融入具有高度智慧与能动性力量人的因素，广泛部属参与的积极形式。换而言之，信息体系必须能够有效凝集整体团队中，最为积极而强大的人的能动性智慧力量，并以此卓有成效地创造各专业环节及整体组织持续高质量的运行发展。

对于部属意见的重要价值，《尚书》曾经为此而辩称："惟木从绳则正，后从谏则圣。后克圣，臣不命其承，畴敢不祗若王之休命？"——木依从绳墨砍削就会正直，君主依从谏言行事就会圣明。君主能够圣明受谏，臣下不待教命必将承意进谏，谁敢不恭敬顺从我王的美好教导呢？

英国经济学家帕金森，也曾辨识了积极发挥部属智慧力量的重要价值："对一个平庸的领导人来讲，最大的危险之一就是他的下级都是一帮唯唯诺诺的庸人。下级会经常奉承他们的上司。一个精明的领导人需要在他的周围有一批发表不同意见的人。他必须善于洞察那些卑躬屈膝、专事奉承的人。要不然，他们必将把他置于困境。对一个忙于事务的领导人来讲，他很容易匆忙地做出错误的决定。这就是为什么在一个领导人周围需要有一批独立思考的人的意义所在，为的就是便于纠正他的错误。"

（五）专门项目或专业环节运行信息

正式信息网络的构建与运行，通常采取专门项目、专业工作环节或资源分类的基本形式。并在此基础上，通过相互间关系的设置，使其成为密切联结的完整体系。通常，专门项目或专业环节运行的信息，一般需要包括：

1. 专门项目或专业环节设置形成的整体背景与地位；

2. 各类专业资源的组成与关系及其供给方式；

3. 运行的目标、方案与计划；

4. 运行的程序、流程与重要节点；

5. 整体运行质量的评价标准与方式；

6. 运行的重点与难点及其责任机构或人员；

7. 信息采集、处理与传输的权限和责任；

8. 信息体系管理及其运行质量评价的方式。

（六）职业或社会交往的信息途径

领导管理者非正式信息网络，对其职业进程或成就，普遍存在极其重要的影响。其中，广泛的职业或社会交往，又时常占据着非正式形成的重要地位。它所获取的信息或形成的影响，往往能够对领导管理者的认知能力，及其整体职业素养的长远发展，具有极其深远的重要价值。

《荀子》曾经辨识了与人的交往，对于有效学习的积极价值："学莫便乎近其人。《礼》《乐》法而不说，《诗》《书》故而不切，《春秋》约而不速。方其人之习君子之说，则尊以遍矣，周于世矣。故曰：学莫便乎近其人。"——学习没有比接近贤人更有效的方式。《礼》《乐》记载法度而未加详细解说，《诗》《书》记载旧事而不切近现实，《春秋》文简辞约而不易迅速理解。仿效贤人而学习君子的学说，既能培养起崇高的品德也能获得广博的知识，还能够通达世理。所以说：学习没有比接近良师益友更为有效。

四、铸建并借助高质量的智囊力量

组织的领导与管理，从根本上说，是一项高度挑战的智力性活动。因此，它们的积极推进，必须充分借助和依靠组织内外一切积极的智慧力量，以确保各重要环节及其相互关系的高质量进程。通常，能够给领导人提供坚强支持的智慧力量，根据基本的结构形式或表现方式，可以分为组织内部与外部，以及正式与非正式等多种类型的智囊或顾问。

智囊的积极构建与运用，是领导职业素养充分提升与展示重要的途径。为此，领导人需要准确掌握内部智囊的组成原则、外部顾问人员或机构的选择方式，以及有效运用所需坚持的基本原则（图 2-2-5-5）。

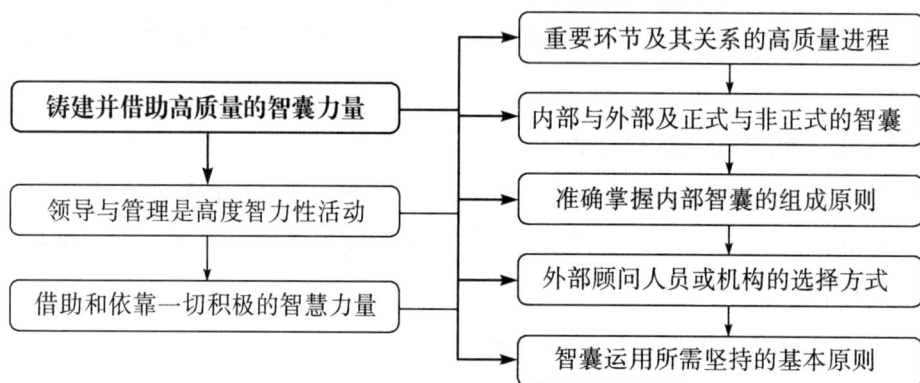

图 2-2-5-5　铸建并借助高质量的智囊力量

（一）领导与管理是高度智力性活动

组织的领导与管理，无不涉及高度智慧情感及能动性力量人的因素的核心，及其诸多有形资源、无形资源的构成与相互间作用，以及内外因素密切的联结和持续的运行变化。因此，长期以来，它们的高质量运行，不仅是人类社会文明进步发展，最具强大的动力和艰难的挑战，而且成为人类智慧力量发展高度最为集中的体现。

对于积极争取外部智力的典范，《尚书》曾经描述了殷高宗武丁，对傅说的期望和承诺："尔惟训于朕志，若作酒醴，尔惟曲蘖；若作和羹，尔惟盐梅。尔交修予，罔予弃，予惟克迈乃训。"——你当顺从我想学习的志愿，比如做甜酒，你就做曲蘖；比如做羹汤，你就做盐和梅。你要多方指正我，不要抛弃我，我当能够履行你的教导。

（二）借助和依靠一切积极的智慧力量

在诸多因素及其关系复杂多变的内外环境中，完全依靠个人的智慧力量，试图创造极具智慧挑战高质量的领导或管理，无疑太过妄自尊大。事实上，愈是睿智成熟的领导管理者，愈能深入辨识高质量职业进程或成就，卓有成效创造的复杂与艰难，因而愈是能够以极其谦逊和诚恳的姿态，努力争取外部一切积极智慧力量的坚强支持。

对此，《孟子》曾作有这样的阐述："将大有为之君，必有所不召之臣。欲有谋焉，则就之。

其尊德乐道，不如是，不足与有为也。故汤之于伊尹，学焉而后臣之，故不劳而王；桓公之于管仲，学焉而后臣之，故不劳而霸。今天下地丑德齐，莫能相尚，无他，好臣其所教，而不好臣其所受教。"——大有作为的君主一定有他不能召唤的大臣。如果他有什么事情需要出谋划策，就亲自去拜访他们。这就叫尊重德行喜爱仁道，不这样，就不能够做到大有作为。

因此，商汤对于伊尹，先向伊尹学习，然后才以他为臣，于是不费大力气就统一了天下；桓公对于管仲，也是先向他学习，然后才以他为臣，于是不费大力气就称霸于诸侯。现在，天下各国的土地都差不多，君主的德行也都不相上下，相互之间谁也不能高出一等，没有别的原因，就是因为君王们只喜欢用听他们的话的人为臣，而不喜欢用能够教导他们的人为臣。

（三）重要环节及其关系的高质量进程

组织高质量全局进程及其成就的积极创造，必须依靠各重要环节及其密切作用关系的坚强支撑。广泛的实践显示，组织陷入明显衰退的境地，或者严重挫折与失败的产生，无一不是由于某些重要运行环节、阶段，或者相互间密切协调关系所出现的重大缺陷。因此，努力铸建并依靠更为积极强大的智慧力量，以全面、深入和准确地辨识各重要环节运行及其作用关系的真实状况，以及更高质量推进的有效方式，就成为领导进程卓越创造不可或缺并丝毫轻视的重要组成。

（四）内部与外部及正式与非正式的智囊

在日趋多变复杂的内外环境中，领导管理者的智囊力量，对其职业水平与进程质量，日益体现着极其关键的重要价值。因此，以积极增强自身智慧力量成熟的思维，卓有成效地推进各种形式智囊的设置和运用，无不成为领导管理工作高质量进程，不可或缺的重要组成。

智囊的设置与运用，通常需要根据自身职业素养及其工作的实际，努力采取灵活多样、相互补充的形式或结构。就一般而言，智囊可以分为组织内部或外部、正式或非正式、个人与团队等形式结构，以最终实现有效支持与推动领导管理者，积极把握组织运行或职业进程主动地位的根本目的。

（五）准确掌握内部智囊的组成原则

作为自身职业智慧力量重要的组成或积极的延伸，内部智囊的整体构成与实力，对于组织全局或重要专业环节运行及其关系质量，以及领导管理者个人的职业进程与成就，具有极其关键的决定性价值。因此，所有内部智囊人员都必须具备坚定而成熟的全局意识；智囊作用力量所及范围，必须能够涵盖各重要工作环节及其关系；所有人员都必须能够有效超越或避免，日常工作的岗位职责或个人利益可能存在的限制。

对于领导者个人智慧力量的积极扩展，《尚书》曾为此作有这样阐述："立太师、太傅、太保，兹惟三公。论道经邦，燮理阴阳。官不必备，惟其人。少师、少傅、少保，曰三孤。贰公弘化，寅亮天地，弼予一人。"——设立太师、太傅、太保，这是三公。他们讲明治道，治理国家，调和阴阳矛盾。三公的官员不在于多，要考虑适当的人。设立少师、少傅、少保，叫作三孤。他们协助三公弘扬教化，敬明天地的事，辅助我一人。

（六）外部顾问人员或机构的选择方式

在社会分工及其组织专业化运行日趋深入，组织运行所及内外因素、关系与变化日益复杂的环境中，积极选聘各类形式的外部顾问人员或机构，并有效借助其更为强大专业能力的支持，已日渐成为广泛领域中组织，有效弥补自身专业力量的薄弱，更高质量应对运行进程中各类机遇挑战的重要途径。

实践中，外部顾问的选聘，通常源自内部的智慧力量，不足以高质量地应对运行发展进程中，所面临的各类机遇或挑战，而需要迅速构建或提升自身整体或某项专业性智慧能力的背景。其中，既可能存在全局辨识思维智慧提升的需求，也可能涉及某项专业性环节运行能力的提高，或者运行进程中所出现的难以回避的某些专业性工作运行的承担。

（七）智囊运用所需坚持的基本原则

组织智囊的整体实力，广泛的实践中，对领导管理的思维与行为质量，无不具有极其关键的决定性价值。为此，领导管理者必须深入辨识与坚持，智囊选聘与运用的若干基本原则：

1.智囊选聘与运用最为根本的前提或基础，就是组织存在更为积极的潜在内外机遇，或者严重的挑战，但依据现有的结构、制度与文化所构成的运行机制，难以卓有成效令人满意地高质量辨识或应对。换而言之，领导人必须建立对机遇或挑战，及其自身智慧力量限制的足够辨识；

2.智囊人员与机构必须具备良好的职业品性与素养，以及与组织一致的基本价值观和文化意识；

3.具有解决问题足够的专业能力；

4.能够牢固地立足于组织运行的内外实际，而不是简单地罗列或套用一些并不适合组织具体实践的理论原则与方法；

5.为智囊独立高质量运行，创造积极宽松的环境。

五、专业性认知工具的掌握与运用

组织运行的状况或质量，总是通过一定的信息得以反映。事实上，就广泛范围而言，领导管理者准确辨识与积极推进组织的运行，无不需要通过一系列知识信息工具的有力支撑，才能得以顺利实现。因此，高质量进程的积极创造，领导管理者必须努力站在组织更为根本而长远的主动立场，深入审视与把握各类专业知识或信息对组织运行真实状况或质量准确体现或反映的能力。

在各类专业资源及其关系与变化的复杂进程中，反映组织运行状况的各类图表、影像与软件等认知工具，正日益被人们所广泛运用。的确，各类专业性工具，无疑能够有效支持人们，提升职业的认知水平与质量。因此，积极选择、创造与掌握适当的认知工具，已日趋成为各领域领导人有效提升认知能力的重要途径。尽管如此，准确认知的高质量创造，任何背景下，领导人还必须深入辨识，无论怎样先进的或现代化的认知工具，都只是不可替代自身辨识思维智慧的机械辅助性手段（图2-2-5-6）。

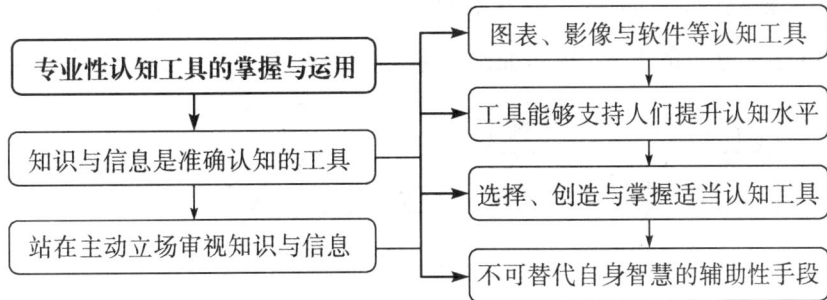

图 2-2-5-6 专业性认知工具的掌握与运用

（一）知识与信息是准确认知的工具

人们对于包括自身职业或组织运营在内，各种事物的状态及其运行变化的认知、辨识或判断，无不需要通过一定知识与信息的支持才能得以实现。换而言之，如果人们所掌握的知识信息，不能准确地体现事物或自身职业及组织运营的实际，那么他们认知辨识的质量，无疑将会受到极大的限制。

因此，作为极其关键的认知辨识工具，领导管理者必须深入理解相关的知识或信息，对于自身认知质量的决定性价值，并经常性地审查所接触或接受的知识与信息，对所面临事物及其自身职业或组织运营实际，足够全面、深入或准确的反应能力。

（二）站在主动立场审视知识与信息

广泛的实践中，领导管理者的职业进程或成就之所以受到极大的制约，时常是因为他们所掌握的知识或信息，实际上并非能够全面准确地反映相关重要的工作，及其自身职业或组织运营推进的客观状况或真实质量，并受到一系列表面、次要或短期不当评价标准与准则的重要限制。

因此，高质量职业或组织进程的创造，领导管理者必须努力根据自身的内外实际，站在更为积极而长远的全局主动立场，深入审视与准确把握自身所依据的知识或信息工具，对职业与组织进程真实状况与质量的体现与反应能力。

（三）图表、影像与软件等认知工具

在长期的辨识或应对事物的思维智慧发展进程中，人们逐步创造或总结了极其丰富而强大的各项专业性的知识，它们无疑成为人类文明进步极其重要的财富与坚强的动力。其中，提炼并涵盖着事物重要的构成、关系或变化，能够积极启发、引导或支持，人们高质量认知创造与推进的各类形式的图表或模型，长期以来，一直成为人们辨识智慧或能力提升的重要工具。

最为典型的，莫过产生于数千年前，并至今依然广泛运用的军事地图或沙盘工具，它们几乎是所有重要军事领导人，在复杂多变的内外背景下，卓越思维智慧创造或推进不可或缺的重要工具。随着科技水平的持续进步与发展，各类形象反映事物重要构成、关系及其运行变化，专业性的图表、影像与软件认知工具，已日趋成为人们高质量辨识认知复杂事物及其关系与变化，极其重要而强大的支持手段或力量。

（四）工具能够支持人们提升认知水平

各类专业性认知工具，不仅是各类专业知识的重要组成与体现，也是人们积极探索和准确摄取各种有效信息的强大推动力量。例如，由日本研究者石川馨所创立的因果分析图，也称之为鱼刺图或树枝图，就是通过逐层分析的方式，从而准确推断工作运行质量影响因素的有效工具（图2-2-5-7）。

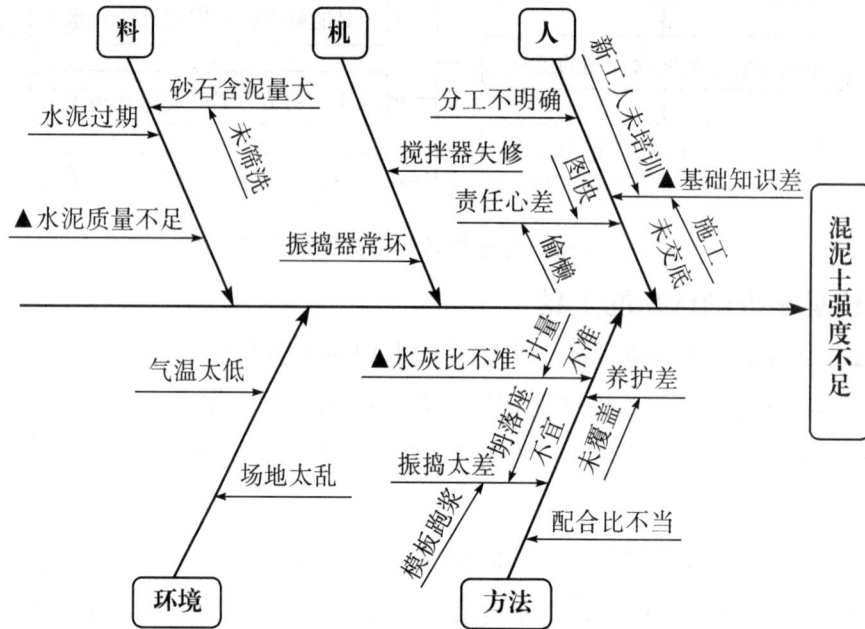

图 2-2-5-7　混凝土强度缺陷因果分析图

（五）选择、创造与掌握适当认知工具

为了有效提升自身职业专业性的认知能力与水平，领导管理者应该努力根据工作进程中，各类重要因素、关系及其变化的实际需要，积极选择、创造与掌握适当的认知工具。这是任何复杂内外环境或背景下，自身整体职业辨识认知智慧或能力，积极创造或发展极其重要的途径与技能。

（六）不可替代自身智慧的辅助性手段

尽管各类图表、影像或软件等认知工具，能够有效提升人们对复杂事物深入而准确辨识的思维质量或水平。然而，任何背景下，它们终究都是人们辨析认知事物的辅助性工具，而绝对不会替代人类最为强大的思维智慧或价值。因此，在各类工具面前，人们必须始终占据运用它们的主动地位，而不是受制于它们的具体形式。

事实上，辨识智慧或认知才能卓有成效的创造与发展，无不需要根据组织运营和职业面临的具体实际，不断吸收或设计新的更能全面、深入与准确地反映各类资源因素及其相互作用与运行变化更具先进、有效而积极的方式或方法。

第三章

思想意识是职业素养的核心

辨识并把握关键的思想意识

领导人的头脑辨识及其思维活动，是世界上最为复杂而神秘的事物之一。迄今为止，人们就领导人凭借怎样的头脑活动方式，对所接受的错综复杂的各种内外信息，予以睿智成熟的辨识与处理，并以此形成组织高质量运营的积极思维，依然知之甚少。不仅如此，由于头脑活动的影响因素及其依据的材料，通常繁多复杂而又飘忽不定，以至于领导人自身也时常陷入辨识思维的困境而难以自拔。因此，通过领导人的职业经历，甚至外部的器宇，来推断他们头脑中的思维倾向，普遍成为人们心照不宣的常见方式。

尽管如此，一些睿智成熟的职业人士，通过自身的资深实践与深入思考，已经日趋深刻地意识到，人的职业经历并非总能对其头脑深处的积极思维具有普遍关键的决定性影响，而外部的形象则与其更是鲜有直接的关联。事实上，无论拥有怎样的职业经历或外部形象，归根结底，展示睿智积极的领导智慧与才能，最为关键而核心的决定性因素，无不源于领导人头脑中稳固成熟的思想意识。

领导人的思想意识，通常源于自身职业及组织运营发展，广泛内外因素及其相互作用与持续变化，睿智积极的辨识、提炼和综合，所形成的一系列既相互影响又稳定成熟的思维理念。它不仅是领导人职业素养或成就最具核心的决定性因素，而且对组织运营发展的整体质量与进程，具有极其关键的决定性价值。

人们头脑中通常包含着自身及外部、当前与未来、客观或愿望等，一系列的思想意识或思维理念。各种意识或理念的相互融合，就构成了人的职业或组织运营发展，一定背景下的思想结构。在人的思想结构中，居于最根本或基础位置的是对自身的看法，即人们通常所说的自我意识。自我意识支撑着人们整体的思想结构，它的显著脆弱或缺陷，无不极易导致思想结构根基的动摇。

领导者居于一个组织的核心地位，他的思想意识无不显著地体现或决定着组织构成及其运营发展的重要特征和整体力量。因此，领导人在积极成熟自我意识的基础上，为卓有成效地创造自身职业和组织运营持续高质量的进程，无不需要站在更为广阔而长远的思维立场，睿智成熟地理解并铸建对自身、他人、组织及其整体社会坚强牢固的职业责任意识（图2-3-0-1）。

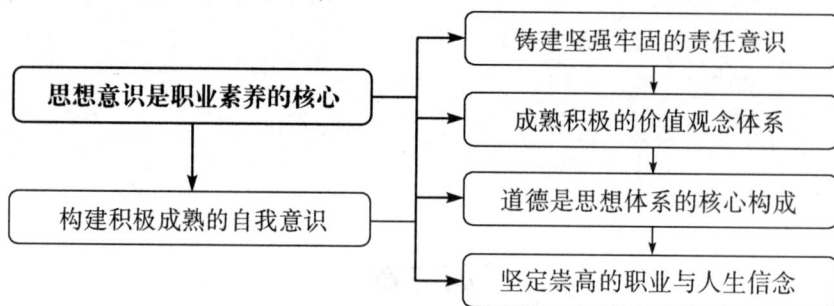

图 2-3-0-1　**思想意识是职业素养的核心**

在各种文化、思维意识相互作用或影响日益广泛深入，各类资源因素、关系与变化日趋复杂多变的内外环境中，依据组织内外运营环境的具体实际，以及全局的根本立场与原则，卓有成效地构建并发展成熟积极的价值观念体系，正日益成为复杂多变环境中，组织卓越领导与管理普遍的关键任务和艰难挑战。

不仅如此，睿智坚强地超越各种浅显狭隘思维与行为的限制，并以此远见卓识地辨识和把握，组织各项重要的资源或工作，能够遵循运行、作用和发展的必然性规律，正日趋成为组织领导人普遍面临的艰难挑战。因此，领导人必须能够睿智成熟地洞察和理解道德的深刻含义，并把它作为自身高质量思想体系的核心构成，以及卓有成效辨识与应对一切复杂艰难工作的关键指南。

充分激发、争取和汇聚内外一切潜在的积极力量，并以此把组织推上繁荣强盛光明灿烂的前行征程，显而易见，如果缺乏坚定成熟思想信念坚强有力的支撑，在各种内外复杂艰辛的挑战中，必将成为难见天日的黄粱美梦。因此，坚定而崇高的职业与人生信念，无不成为复杂艰难环境中的领导人，睿智坚强地展示卓越的职业智慧、才能与价值，并以此创造组织运营发展持续高质量的进程不可或缺的最为坚强的支持与推动力量。

第一节　构建积极成熟的自我意识

人的思想行为的根本基础

在广泛的外部因素背景下，对自身的职业能力或价值，及其积极提升和充分展示方式的深入辨识，是人们一切思想行为最为根本的基础。实践中，自我能力或价值的意识，普遍源自长期的职业探索、实践与积累，同时又决定着人们对外部各类因素接受或反应的方式与力量。因此，同样的职业环境，依据不同自我意识的作用或支持，可能会产生天壤之别的行为方式和成果。

广泛的实践中，领导人的自我意识，不仅是自身整体思想结构与行为方式，最为根本的决定性因素，而且还无不对部属乃至整体组织的思维或行为力量，具有极其关键而强烈的决定性影响。因此，构建积极成熟的自我意识，普遍成为领导职业素养或成就的高质量发展，极其重要的途径和核心的任务。

自我意识无不隐藏在头脑中，甚至连自身也时常难以清晰察觉的深处。然而，无论自身是否具有足够深刻或显著的感知，睿智的人们无不能够通过与他人一系列相互关系的行为表现所形成的外部品性，而对其自我意识做出准确的判断与辨析。

本节中，就广泛组织领导管理者，积极成熟自我意识及其高质量品性表现，卓有成效地构建所涉及的重要因素展开了相应的探讨。其中，谦虚行为或品性表现，无疑是任何复杂艰难背景下，弥补自身所有职业能力限制的关键途径；严于律己，才能更为积极而充分地激发和凝聚整体组织强大的前行动力；面对日趋艰难复杂的内外挑战，身居组织重要位置的领导管理者，必须具备足够成熟的谨慎和敬业的积极意识；团结善人，是一切领导与管理高质量进程或成就，卓有成效创造坚强的推动力量（图 2-3-1-1）。

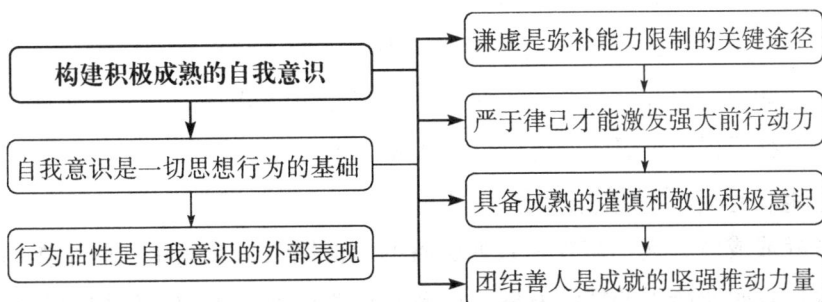

图 2-3-1-1　构建积极成熟的自我意识

一、自我意识是一切思想行为的基础

自我意识，是一个人或团队对自身所拥有的整体资源能力及其蕴含的潜在价值，以及卓有成效提升和展示方式的辨识与界定。职业上的自我意识，通常包括对自身所拥有整体职业能力的认识，职业推进能够运用资源的辨识，职业环境各类影响因素的识别，以及对职业推进基本方式和目标的设置。显然，它对人们的职业思维或行为模式与高度，具有极其关键的决定性影响（图 2-3-1-2）。

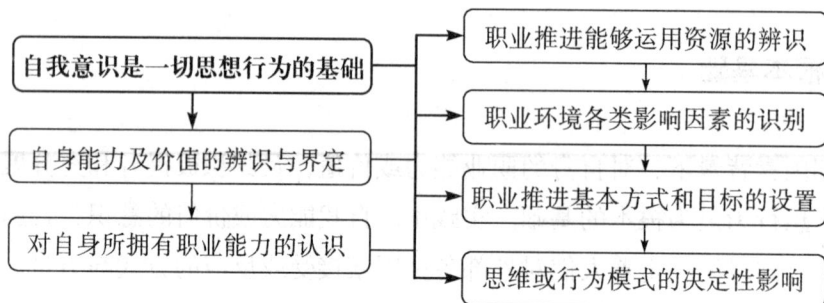

图 2-3-1-2　自我意识是一切思想行为的基础

（一）自身能力及价值的辨识与界定

自我意识，最为直接而通俗的说法，就是人们通过对能够感知或辨识的内外因素及其关系与变化全面深入的分析，就自己究竟是一个什么样的人或团队，所进行的一种根本性的判断或设定。

自我意识是人们头脑思想结构中，最为基本和重要的构成。它能够很大程度地影响或决定，所有进入头脑中信息的过滤、选择与处理，以及所做出的行为反应。实践中，人们通常可以通过他人或自我对自身潜在职业能力或价值及其充分提升与展示方式更高质量辨析的积极激励，不断提升自我意识的素养，并以此而成为职业持续积极发展的强大推动力量。

（二）对自身所拥有职业能力的认识

对自身职业能力或价值的辨析与评价，是自我职业意识形成与发展的基础。事实上，人们的职业能力不仅处于持续的变化或发展中，而且通过一定智慧力量支持的转换，可以有效地利用一种能力弥补另外能力所存在的不足。尤其是超越浅显狭隘的孤立自我，而与密切关联的广泛他人所构建形成的团队积极思维，无不成为人们睿智成熟的自我意识，及其卓越的自我能力与价值，以及社会运行发展和文明进步，卓有成效创造或展示的关键的决定性智慧与力量。

因此，对于自身职业能力或价值全面准确的认识与评价，必须努力以更为广阔和长远的视野，远见卓识地辨析自身能力所存在的特长与不足，并通过强大团队背景下，职业特长的充分展示和不足的有效提升方式，睿智积极辨识才能得以卓有成效实现。

（三）职业推进能够运用资源的辨识

一切职业的进程或成就，无不需要一系列必备的资源因素，及其密切联结作用的有力支撑。广泛的实践中，随着自身职业能力的持续发展，以及对更为广泛范围中，各种职业资源因素辨识智慧与推动力量的提升，人们的职业自我意识，无疑将会得到积极的增强或提高。因此，对职业推进能够运用的资源因素，及其相互作用关系更为全面准确地辨识，就成为人们自我职业意识持续高质量地发展普遍的重要途径和强大动力。

（四）职业环境各类影响因素的识别

人们自我职业意识的构建与发展，普遍受到环境因素深入准确辨识的质量或水平，极其关键的决定性影响。就广泛的领导管理者而言，通常表现为个人职业与组织运营两种性质的环境。尽管如此，深入准确地辨识环境中所存在的积极或消极的因素与力量，以及积极因素充分争取或消极力量有效限制的方式，并以此创造个人与组织整体强大的支持力量，普遍成为高质量的自我职业意识，积极构建与发展的重要任务。

（五）职业推进基本方式和目标的设置

成熟稳固的自我意识，通常需要根据人们对相关资源因素及其关系与变化，各种辨识思维能否积极有效地设置为，职业推进的基本方式和目标，才能予以足够准确地判定。因此，人们通常可以通过一个人的职业推进，或团队运行发展的方式和目标，准确地辨识他们思想体系中的自我意识。

任何背景下，个人的职业能力或价值，都必将远远逊于一个组织或团队的整体力量。因此，任何时候，领导管理者都必须努力把个人职业，密切融入组织或团队整体运行的方式与目标中。而不是把个人职业的目标，强行替代为组织运营发展的目标，或者凌驾于组织整体的目标之上。

（六）思维或行为模式的决定性影响

自我意识，是人们一切思维或行为的根本基础与强大动力。事实上，广泛的实践中，对自身职业能力与价值的深入辨识、广阔职业环境积极因素的充分识别，以及高质量职业推进方式和高远崇高职业目标的孜孜追求，所铸就的积极成熟自我意识，无不成为优秀职业人士睿智积极把握有利机遇，应对艰难挑战强大的思维与行为动力。

长期以来，远见卓识的贤能之士，无不竭力推动和激励人们积极自我意识的铸建和发展。《孟子》就曾作有这样的激励名言："居天下之广居，立天下之正位，行天下之大道；得志，与民由之；不得志，独行其道。富贵不能淫，贫贱不能移，威武不能屈，此之谓大丈夫。"——居住在天下最普通的住宅里，站立在天下最适当的位置上，行进在天下最宽敞的道路上。得志的时候，便与众人一同奋发努力；不得志的时候，便独自坚守原则。富贵不能使其骄奢淫逸，贫贱不能使其改移节操，威武不能使其屈服意志，这样的人叫顶天立地的大丈夫！"

二、行为品性是自我意识的外部表现

尽管自我意识通常深藏于人的头脑中，难以为他人所直接而准确地感知。然而，通过长期的探索和总结，人们已经日趋普遍而成熟地意识到，职业进程中对各种资源因素及其关系与变化的应对，尤其是与他人相互关系行为所体现的品性，能够准确地反映一个人头脑深处自我意识的状况或质量。

事实上，在日趋复杂多变的环境中，源自积极成熟自我职业意识的优良品性，已日益成为高质量领导进程或成就的强大推动力量。因此，不断提炼、铸建和展示卓越职业进程积极的思想意识，卓有成效地争取、创造与激发强大的职业支持力量，从而有效铸就积极成熟的自我意识和优良品性，就成为领导管理职业持续高质量发展的重要途径（图2-3-1-3）。

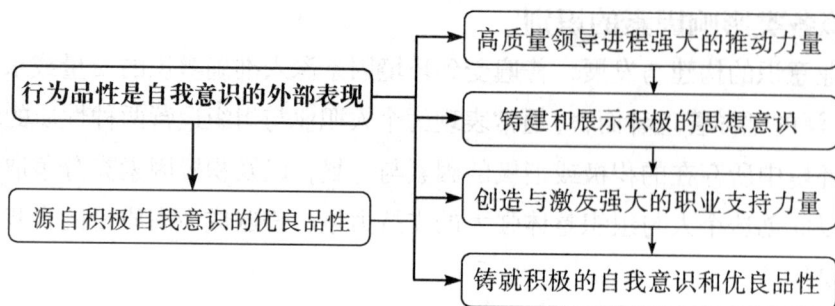

图 2-3-1-3　行为品性是自我意识的外部表现

（一）源自积极自我意识的优良品性

众所周知，人性中包含着各种积极或消极的本性特征。通过一定的学习、激励或职业的熏陶，所形成的积极成熟自我意识，能够有效支持人们在各种生活或职业的背景下，充分展示出作用于外部事物或他人睿智的良好行为，从而铸就形成自身整体的优良品性。

《论语》曾引述了子夏对人的品性与职业素养的辨识："贤贤易色；事父母能竭其力；事君能致其身；与朋友交，言而有信。虽曰未学，吾必谓之学矣。"——一个人能够看重贤德而不以女色为重；侍奉父母，能够竭尽全力；服侍君主，能够献出自己的生命；同朋友交往，说话诚实恪守信用。这样的人，尽管他说没有学习过，我也一定说他已经学习过了。

（二）高质量领导进程强大的推动力量

尽管优良品性源自积极成熟的自我意识，并对领导职业持续高质量的进程或成就，具有强大的推动力量和关键的决定性影响。然而，由于领导职业进程的长期性，及其成就创造影响因素的复杂性和多变性的显著特征，使得人们对领导者个人的品性与其职业进程或成就所存在的密切关联性，时常难以形成足够深入而准确的辨析。

尽管如此，远见卓识的睿智贤能之士，无不深邃地洞察了它们的密切关系。为此，《孟子》曾经作了这样的深入论述："惟仁者宜在高位。不仁而在高位，是播其恶于众也。上无道揆也，下无法守也，朝不信道，工不信度，君子犯义，小人犯刑，国之所存者幸也。"——只有仁者应该居于高位。如果不仁者占据了高位，就会把他的恶行败德传播给众人。在上的缺乏道义约束，在下的没有法规制度：朝廷不信道义，工匠不信尺度，官吏触犯义理，百姓触犯刑律。如此下去，国家还能生存就真是太侥幸了。

法约尔也曾深入辨识了领导人的品性，对高质量职业进程的关键价值："防止高层管理者滥用权力和软弱无力，最为有效的保证是个人的完善，特别是作为这样一种管理者的高尚品性，众所周知，这种完善无论是靠选举，还是靠所有权都是不能得到的。"

（三）铸建和展示积极的思想意识

浅薄之人不仅鲜有积极成熟的自我意识，而且由于损人害理而暂时或侥幸获利，时常会对品性于职业长远的重要价值嗤之以鼻。但胸怀高尚愿景与远见卓识的领导人，则普遍能够在自身饱经风霜的职业进程中，努力提炼、铸建和展示积极的思想意识，并高度认同与虔诚奉行《礼记》所提出的重要原则："敖不可长，欲不可从，志不可满，乐不可极。贤者狎而敬之，畏而爱之。爱而知其恶，憎而知其善。积而能散，安安而能迁迁。临财毋苟得，临难毋苟免。很毋求胜，分毋求多。疑事毋质，直而勿有。"——傲慢不可滋长，欲望不可放纵，志向不可自满，享乐不可达到极点。对于贤能的人要亲近并敬重，要敬畏并爱戴。对于所爱的人要了解他的恶德，对于憎恨的人要看到他的优点。能积聚财富，但又能分派济贫；既能适应平安稳定，又能应对不断变化。遇到财物不要随便获得，遇到危难不应苟且逃避。争执不要求胜，分派不要求多。不懂的事不要下断语，已明白的事不要自夸知道。

（四）创造与激发强大的职业支持力量

在复杂艰难的内外挑战中，组织高质量领导进程的卓越创造，无不需要各种积极因素聚集形成的强大力量坚强支撑。广泛的实践中，领导进程的强大支持力量，时常并非通过制度的约束或物质的激励，就能够予以长期持续地维系。相反，领导人积极的自我意识所支持展示的优良品性，则是任何复杂艰难挑战中，团队强大前行动力卓有成效地创造、激发和凝集，普遍关键的决定性因素。

（五）铸就积极的自我意识和优良品性

积极的自我意识及其优良品性，不仅对领导人长远的职业进程，具有极其重要的影响，而且也是他们高质量职业成就的卓越创造，必须具备的关键素养。因此，任何背景下，领导人都必须把优良的自我意识和品性卓有成效的铸就与发展，睿智成熟地置于自身职业的核心地位。著名史学家司马迁也曾为此辩称："修身者智之府也；爱施者仁之端也；取予者义之符也；耻辱者勇之决也；立名者行之极也。士有此五者，然后可以托于世，列于君子之林矣。"——增加自身的修养是智慧的仓库；乐于施舍是仁的开端；获取和给予恰当是守义的标志；以被侮辱为可耻是具备勇敢的先决条件；建立功名是行为的最高目标。士人具备了这五种品性，然后可以立身处世，跻身于君子的行列。

三、谦虚是弥补能力限制的关键途径

任何背景下，领导人都必须保持自身职业素养或智慧能力对组织进程与成就关键的决定性影响，以及自身必然存在素养能力的限制，足够清醒而成熟的意识。同时，还必须能够睿智深入地辨析，谦虚的品性对自身职业的各种限制或缺陷积极有效弥补的关键与重要价值。

广泛的实践中，任何组织高质量的进程或成就，无不需要全体同人齐心协力共同奋发的努力。因此，领导管理者任何傲视他人、自夸自耀的行为，不仅显著暴露了自身浅薄的职业素养，而且都必将严重削弱组织前行的强大动力（图2-3-1-4）。

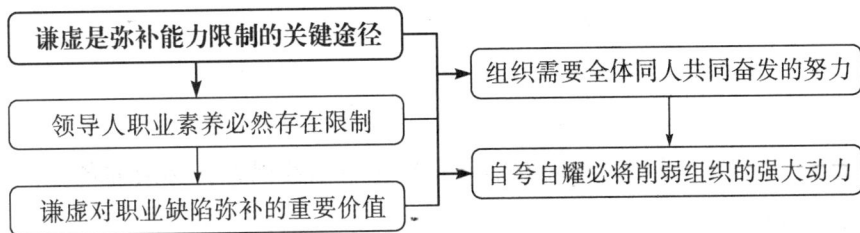

图 2-3-1-4　谦虚是弥补能力限制的关键途径

（一）领导人职业素养必然存在限制

个人的智慧能力或整体素养，必然存在着各种不同的限制，这是所有资深领导人的浅显职业常识。因此，遇事总是难以抑制高人一筹的意念，并试图在任何背景下都予以充分的展现，无不恰恰成为浅薄领导素养的显著表露。

为此，孔子曾经辩称："三人行，必有我师焉。择其善者而从之，其不善者而改之。"——三个人走在一起，其中必定有人可以作为我的老师。我选择他优秀的进行学习，不足的作为借鉴，并改正其中的缺陷。

（二）谦虚对职业缺陷弥补的重要价值

感受到自身智慧能力的限制，究竟是满足于当前的状况并试图予以竭力地掩饰，还是以更为长远积极的发展思维并表现出极其谦逊的态度，睿智成熟地争取他人智慧与力量的有力支持，无不成为自身素养与职业进程衰退或提升的关键分水岭。

对此，《尚书》曾作有著名的论断："满招损，谦受益，时乃天道。"——盈满招损，谦虚受益，这是最为根本的自然法则。

孔子也提出了自己的意见："如有周公之才之美，使骄且吝，其余不足观也已。"——即使一个人有周公那样卓越的才能，如果骄傲自大而又吝啬小气，那么它们的价值也必将受到极大的限制。

（三）组织需要全体同人共同奋发的努力

任何组织或团队高质量的进程或成就的创造，无一不是全体同人共同奋发努力的成果。无视集体的力量，或者把团队的成果，主要地归于自身个人的智慧能力，无疑是极其幼稚浅薄的思维意识。然而，广泛的实践中，这确实成为领导人骄傲自大，并产生严重职业挫折普遍而重要的根源。

《尚书》则给后人留下了这样经典的论述："汝惟不矜，天下莫与汝争能；汝惟不伐，天下莫与汝争功。"——你不自心为贤，所以天下没有人与你争能；你不夸功，所以天下没有人与你争功。

IBM 公司前董事长小托马斯，也曾辩称："真正伟大的人，首先是谦恭的、体谅他人的、慷慨的——不是在特定情形下对特定的人——而是在任何时候，对任何人都是这样。"

（四）自夸自耀必将削弱组织的强大动力

组织的运营发展，无不受到各种内外因素、关系与变化极其复杂艰难的挑战。而领导人又无不对组织的运营进程与成就，具有普遍关键的决定性影响。领导人如果存有依据自身个人的智慧能力，能够足够应对整体组织各种复杂艰难挑战的意识，并因此而自夸自耀，无疑将会把自己推到孤家寡人的境地，并必将成为挖掘组织坟墓的可悲之举。

为此，《吕氏春秋》曾经作过这样精辟的论述："亡国之主，必自骄，必自智，必轻物。自骄则简士，自智则专独，轻物则无备。无备召祸，专独位危，简士壅塞。欲无壅塞，必礼士；欲位无危，必得众；欲无召祸，必完备。三者，人君之大经也。"——亡国的君主，必然骄傲自满，必然自以为聪明，必然轻视外物。骄傲自满就会傲视贤士，自以为聪明就会独断专行，看轻外物就会没有准备。没有准备就会招致祸患，独断专行君位就会危险，傲视贤士听闻就会闭塞。要想听闻不闭塞，必须礼贤下士；要想君位不危险，必须得到众人辅佐；要想不招致祸患，必须准备齐全。这三条，成为君主治理国家的最大原则。

四、严于律己才能激发强大前行动力

居于组织运营发展最具关键的核心位置，长期以来，严于律己一直是领导人职业素养高质量的提升与展示，以及组织强大前行动力卓有成效的激发和凝聚的坚强力量，并以此成为领导人普遍面临的极其艰难挑战。事实上，领导人拥有强大的组织各类运营资源的支配权力，如果缺乏足够坚强的严于律己的自我意识，无不极易成为自身职业或团队前行严重的侵蚀性力量。

实践中，领导人还需要通过严于律己，有效肩负起高质量职业思维与行为言传身教的重要职责。严于律己积极力量的充分展示，时常还需要与宽以待人的品性进行密切的联结（图2-3-1-5）。

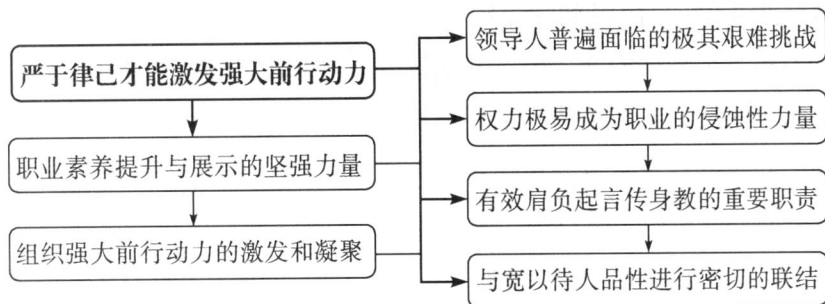

图 2-3-1-5　严于律己才能激发强大前行动力

（一）职业素养提升与展示的坚强力量

在复杂艰难的内外挑战中，领导人如何卓有成效地创造，自身职业素养持续高质量提升与展示的坚强力量，长期以来，一直成为人们普遍关注并孜孜探求的重要议题。事实上，领导人如果缺乏严于律己成熟的积极意识，一切素养提升与展示的外部制度等方法途径的力量或价值，都必将受到极大的限制。

为此，《孟子》曾经辩称："仁者如射，射者正己而后发。发而不中，不怨胜己者，反求诸己而已矣。"——有仁德的人就像射箭，射手先端正自己的姿势然后才放箭。如果没有射中，从来不会抱怨比自己射得好的人，而是必然会反过来查找自身的原因。

（二）组织强大前行动力的激发和凝聚

随着内外因素相互作用或影响日趋的广泛与复杂，人们已经普遍地意识到，领导人个人的领导魅力或影响力，已日益成为组织强大的前行动力，卓有成效创造、激发或凝聚的重要因素。事实上，领导人如果缺乏头脑中积极成熟严于律己的思维意识，及其推动形成的与广大员工和衷共济同甘共苦行为的坚强支撑，他的任何矫揉造作表现，都必将受到团队矫心饰貌实践的无情嘲弄。

《三略》曾经引述了汉代名将霍去病的积极行为并为此辩称："夫将帅者，必与士卒同滋味而共安危，敌乃可加。故兵有全胜，敌有全因。昔者良将之用兵，有馈箪醪者，使投诸河与士卒同流而饮。夫一箪之醪不能味一河之水，而三军之士思为致死者，以滋味之及己也。"——身为将帅，必须与士卒同甘苦共死生，才可与敌作战。如此才会使得我军大获全胜，敌人全军覆没。以往良将用兵，有人送给他一坛美酒，他让人倒在河中，与士卒同流而饮。一坛酒不能使一河之水都有酒味，而三军将士都想以死相报，这是因为将帅与自己同甘共苦而感激奋发啊。

（三）领导人普遍面临的极其艰难挑战

广泛的实践中，领导人遭遇的极其艰难的职业挑战，时常并非源自各类外部因素的复杂，而是普遍地存在于自身思维意识中，对严于律己关键价值缺乏足够成熟深入的理解与辨识，并以此产生的具有长远严重负面影响难以扭转的严峻局势。事实上，领导人如果缺少严于律己睿智成熟的意识，那么，他的所有职业思维或行为，都可能在自以为周密细致万无一失的背景下，毫无征兆地产生各种意想不到的严峻挑战。

对此，《论语》曾经提出了"恕"的基本原则："子贡问曰：'有一言而可以终身行之者乎？'子曰：'其恕乎！己所不欲，勿施于人。'"——子贡问孔子："有没有一句话可以用来终身奉行的吗？"孔子回答说："那就是恕吧！自己不愿意做的事情，就不要强加给别人。"

（四）权力极易成为职业的侵蚀性力量

领导人通常拥有极具智慧的睿智头脑，并掌握着大量资源的支配或控制权力。然而，复杂多变的环境中，如果头脑中缺乏成熟严于律己思想意识的坚强支撑，试图仅仅依靠外部的制度或他人的监督，无疑在长期的职业进程中，极易受到各种负面因素的侵蚀，出现连自己可能都不忍正视的严重错误，甚至给自身职业或整体团队带来严重的灾难性后果。

因此，《尚书》曾引述了伊尹的"检身若不及"的告诫："先王肇修人纪，从谏弗咈，先民时若。居上克明，为下克忠；与人不求备，检身若不及，以至于有万邦，兹惟艰哉！"——先王努力讲求做人的纲纪，听从谏言而不违反，并顺从前贤的教诲。处在上位能够明察，为臣下能够尽忠。交结人而不求全责备，检点自己却好像来不及一样，因此而拥有了万国，这是很难得的呀！

（五）有效肩负起言传身教的重要职责

高质量职业进程的有效创造或推进，领导人无不需要睿智成熟地辨识并肩负起言传身教的重要职责。事实上，如果缺乏严于律己思维与行为的有力支持，领导人任何职业指导或敦促的力量与价值，都必将受到显著的限制。

对此，《大学》曾作有这样的著名论断："所谓平天下在治其国者，上老老而民兴孝；上长长而民兴弟；上恤孤而民不倍。是以君子有絜矩之道也。"——之所队说安定天下，必须先治理好自己的国家，是因为在上位的人尊敬老人，百姓就会孝顺自己的父母；在上位的人尊重长辈，百姓就会尊重自己的兄长；在上位的人体恤救济孤寡，百姓也会同样跟着去做。所以，安定天下的君子，存在一个以身作则的根本原则。

（六）与宽以待人品性进行密切的联结

实践中，由于对自身的严格要求，领导人的严于律己时常会产生一种显著的负面影响，就是对他人不合时宜的苛求，并由此而导致反面的效果。事实上，每个人都必然存在自身职业素养或能力上的弱点，领导人必须能够深入辨识和感知，宽以待人对于人们能动性积极力量有效激励的重要价值。因此，严于律己必须与宽以待人进行紧密地联结，才能形成积极强大的职业推动力量。

为此，《吕氏春秋》曾经辩称："君子之自行也，敬人而不必见敬，爱人而不必见爱。敬爱人者，己也；见敬爱者，人也。君子必在己者，不必在人者也。必在己，无不遇矣。"——君子主要立足于自身的行为，尊敬他人而不一定被人所尊敬；热爱别人而不一定被人所热爱。尊敬与热爱他人，在于自己，被别人尊敬或热爱，则在于别人。君子总是着眼于自身的力量，而不是必然地依仗别人的因素。总是依靠自身的力量，就必然能够得到所求的事物。

五、具备成熟的谨慎和敬业积极意识

随着内外因素、关系及其变化的日趋复杂，组织运营或领导职业普遍受到进程中各种事先难以准确识别风险的极大挑战或威胁。因此，积极成熟的自我职业意识，必须构建立足于不败之地，才能有效把握各种有利机遇的睿智思维；必须成熟深入地辨识各类严峻的风险挑战，并非总能事先显露出明显的征兆。

因此，任何远见卓识的成熟领导人，无不持有强烈的居安思危的职业意识，并把职业进程中的谨慎与敬业予以密切的联结（图 2-3-1-6）。

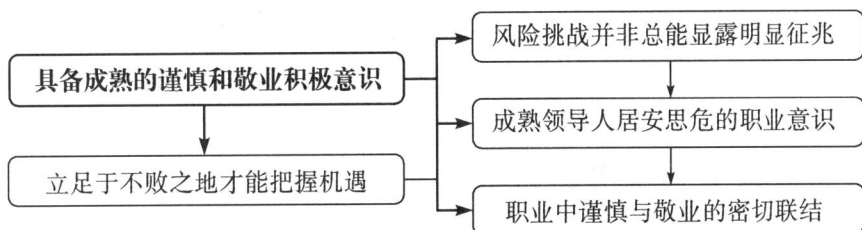

图 2-3-1-6 **具备成熟的谨慎和敬业积极意识**

（一）立足于不败之地才能把握机遇

整体社会的运行发展，在给各类组织或职业人士提供广泛机遇的同时，也必然伴随着相应的风险挑战。领导人面对组织全局及其自身职业的长远进程，必须在头脑中构建立于不败之地，才能有效把握各类积极机遇的成熟意识。事实上，面临各种难以准确辨识的风险挑战，而缺乏足够的谨慎思维与行为，时常成为领导人职业或组织进程遭受严重挫折的重要根源。

（二）风险挑战并非总能显露明显征兆

领导人成熟谨慎意识的关键价值或必要性，不仅在于他必须承担、准确辨识自身职业或组织整体运营风险的重要责任，而且利益与风险无不是对孪生兄弟，它们的相互转换通常远非黑白那么分明，而轻易为人们所准确识别。尤其是各种风险时常隐藏在诱人利益的背后，具有显著的隐蔽性特征，人的智力难以总能事先觉察到它的明显征兆。

对于谨慎意识的关键价值，《国策》曾经作过惟妙惟肖而发人深省的描述："王独不见夫蜻蛉乎，六足四翼，飞翔乎天地之间，俛啄蚊虻而食之，仰承甘露而饮之。自以为无患，与人无争也；不知夫五尺童子，方将调饴胶丝，加己乎四仞之上，而下为蝼蚁食也。"——大王难道没见过那些蜻蜓吗？它们六只脚，两对翅膀，在天地之间飞翔；向下俯啄蚊虻为食，向上仰饮甜美的露水。它们自以为与人无争，没有灾祸降临，可是哪里知道那五尺孩童已调好黏汁，涂在竿头的丝线上，将自己从三丈高的地方粘将下来，而成为下面蝼蛄、蚂蚁的食品啊！

（三）成熟领导人居安思危的职业意识

在无往不利一帆风顺的背景下，就能够成熟而充分地感知，行进征程上必然会遭遇种种艰难的风险挑战，从而在头脑中构建牢固的居安思危谨慎意识，并以此卓有成效地预设相应的应对措施，长期以来，一直成为睿智成熟领导人极其显著的职业特征。

对于居安思危的谨慎意识，《尚书》曾经引述了周公的告诫："呜呼！休兹知恤，鲜哉！古之人迪惟有夏，乃有室大竞，吁俊尊上帝迪，知忱恤于九德之行。"——啊！美好的时候就知道忧虑的人，很少啊！古代的人只有夏代的君王，他们的卿大夫很强，夏王还呼吁他们必须长久地尊重上帝的教导，使他们诚实地相信并践行九德的准则。

（四）职业中谨慎与敬业的密切联结

尽管领导人的谨慎意识，是有效引领组织持续高质量运营发展的重要素养。然而，正如一切事物都必然存在正反两方面的因素特征，过度的谨慎也时常会削弱职业开拓进取的强大力量。因此，建立在谨慎基础上，把职业注意力的重点，牢固地置于组织全局卓越的进程与成就，并以此超越个人或局部利益得失的敬业意识，就成为领导人任何背景下，都必须积极构建与发展的重要素养。

为此，《尚书》也曾强调了谨慎与敬业密切联结的领导素养："慎厥身，修思永。淳叙九族，庶明励翼，还可远，在兹。"——既要谨慎于自身的思维和行为，也要敬业于事业持续永恒的发展。要使亲属宽厚顺从，使众多贤明的人努力辅佐，由近及远，首先从这里做起。

六、团结善人是成就的坚强推动力量

任何背景下，领导人都需要建立自身职业持续高质量推进，必需他人积极参与成熟而牢固的意识。同时，他还需要深入辨识个人智慧能力所存在的必然限制，以及任何复杂艰难工作的积极推进，都必须依靠团队强大力量才能得以实现的普遍事实。

为此，领导人需要在更高层次上建立更为广泛自我的成熟职业意识，并通过团队中所有成员职业利益的积极维护，卓越地承担起推动组织紧密团结的核心职责（图2-3-1-7）。

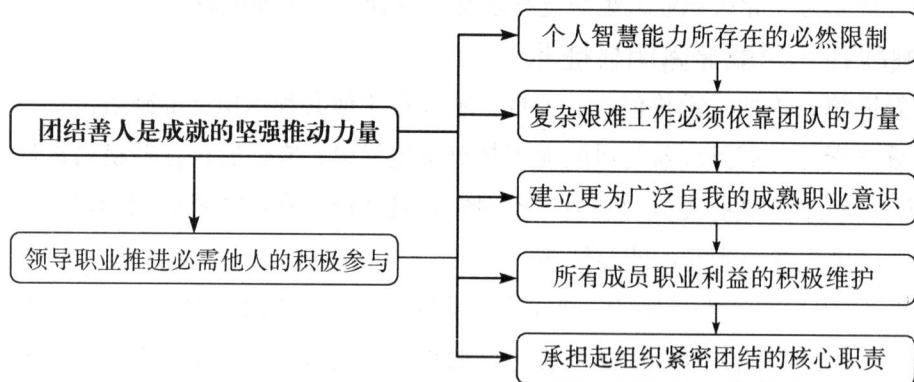

图 2-3-1-7　团结善人是成就的坚强推动力量

（一）领导职业推进必需他人的积极参与

领导职业的形成与推进，无不需要他人的积极参与。因此，领导人积极成熟的自我职业意识，无不受到对他人的职业技能、价值与工作方式思维的重要影响。其中，一个团队的构成方式及其整体的前行力量，以及行进的方向、路线和目标，普遍成为领导人整体自我意识水平的关键决定性因素。

（二）个人智慧能力所存在的必然限制

领导人自我意识中，必须对自身个人的职业智慧能力所存在的必然限制，形成足够成熟而客观的辨识。换言之，他必须能够清醒地意识到，如果丧失了一个团队强大力量的坚强支持，他的职业力量或价值，必将出现质的变化。事实上，唯有这样成熟的意识，他才能够睿智地把团队的力量视作为自身职业的生命。

（三）复杂艰难工作必须依靠团队的力量

领导人可能拥有受到广泛称赞，并极其自信的个人职业能力。然而，任何背景下，如果缺乏复杂艰难工作必须积极依靠强大的团队力量，才能卓有成效推进成熟意识的坚强支撑，那么，他的自我职业意识的水平，及其构建与引领团队的思维或行为力量，都必将受到极其显著的限制。

（四）建立更为广泛自我的成熟职业意识

领导人更高层次上的成熟自我职业意识，无一不是能够积极地超越纯粹的个人立场，而深邃洞察了与广泛组织同仁密切融合的自我团队，及其高度团结和有效协作所形成的强大整体智慧与力量，并以此积极的意识为根本，卓有成效创造自身职业持续高质量的进程。

对于高层次的广泛自我意识的积极价值，《孟子》曾经作有这样的著名论断："老吾老，以及人之老；幼吾幼，以及人之幼。天下可运于掌。《诗》云：'刑于寡妻，至于兄弟，以御于家邦。'言举斯心加诸彼而已。故推恩足以保四海，不推恩无以保妻子。古之人所以大过人者无他焉，善推其所为而已矣。"——尊敬自己的老人，并由此推广到尊敬别人的老人；爱护自己的孩子，并由此推广到爱护别人的孩子。做到了这一点，整个天下便会像在自己的手掌心里运转一样容易治理了。《诗经》说："先给妻子做榜样，再推广到兄弟，再推广到家族和国家。"说的就是要把自己的心推广到别人身上去。所以，推广恩德足以安定天下，不推广恩德连自己的妻子儿女都保不了。古代的圣贤之所以能远远超过一般人，没有别的什么，不过是善于推广他们好的行为罢了。

（五）所有成员职业利益的积极维护

任何团队的坚强有力，从根本上说，无不源自所有成员长远与根本的利益，所得到的积极充分的兼顾和维护。因此，任何背景下，领导人都应该竭尽所能为所有成员的职业能力及利益的持续发展提供卓有成效的支持和保障。

（六）承担起组织紧密团结的核心职责

任何背景下，紧密的团结才能铸就展示组织运营整体强大的智慧与力量。因此，任何时候，领导人都必须能够睿智坚强地承担，组织全体成员紧密团结密切协作的核心职责。事实上，任何离心离德或分崩离析的团队与组织，无一能够展示真正坚强卓越的领导。

第二节　铸建坚强牢固的责任意识

成熟思想体系的核心组成

任何背景下，对自身所需承担的责任，睿智成熟的辨识与铸就，无不成为人们卓越的职业进程或成就普遍的关键基础和强大动力，并以此成为人们高质量思想体系的重要组成。

不仅如此，任何团队积极有效的运行发展，无不需要全体员工成熟牢固责任意识坚强有力的支持。而员工或整体团队的责任素养，从根本上说，将主要取决于他们的领导人思想体系中的责任意识及其积极引导和推动的力量。

广泛的实践中，坚强牢固责任意识卓有成效的铸建与发展，普遍需要对责任意识及其重要价值，构建与形成的方式或方法，以及所需包含的主要内容及其表现，全面深入辨识与把握的有力支持。坚强牢固的责任意识，不仅是所有优秀职业人士的重要特征，而且普遍与领导人实际职业权力存在着密切的关联。然而，高质量责任意识的积极构建，又时常面临来自各种内外因素的艰难挑战（图 2-3-2-1）。

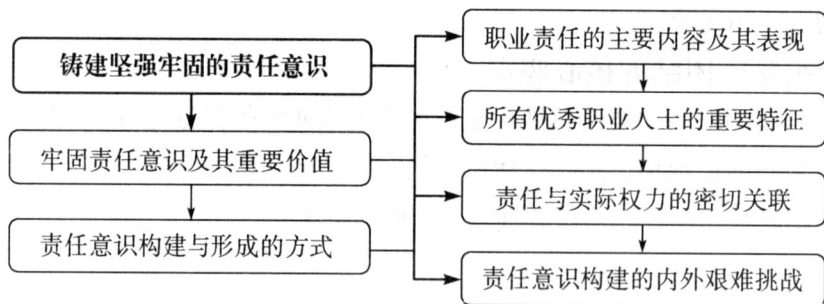

图 2-3-2-1　铸建坚强牢固的责任意识

一、牢固责任意识及其重要价值

责任意识是对自身必须承担义务的积极界定，它是人们成熟思想体系极其重要的组成。实践中，坚强牢固的意识不仅是个人职业素养，有效提升与充分展示强大的推动力量，也是任何组织积极运营发展的关键保障。因此，完整而成熟的责任意识，普遍成为卓越领导进程与成就的坚强动力。无视责任的担当，无异于对自我的抛弃（图 2-3-2-2）。

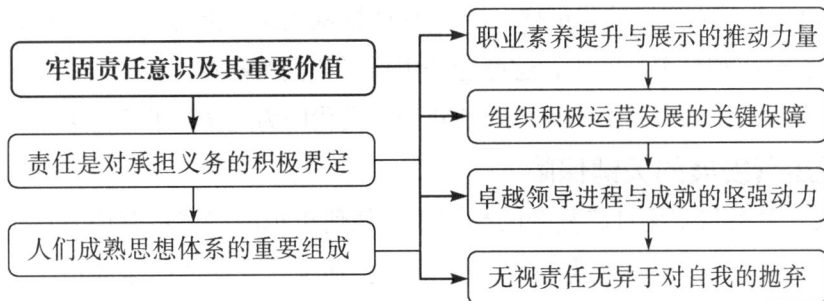

图 2-3-2-2　牢固责任意识及其重要价值

（一）责任是对承担义务的积极界定

责任通常是指人们在一定的生活或职业背景下，思想意识中对自己、他人或广泛的群体必须承担的义务，所给予的积极界定。责任意识，是人们所有积极的思维和行为，及其相互间关系或群体中的价值，卓有成效创造的根本基础和强大动力。

换言之，人们思维行为力量的脆弱，或无视他人及广泛群体的利益，无不与其头脑中对自身、他人或群体责任意识的缺失存在着密切的关联。实践中，对自身根本与长远责任的积极承担，普遍成为其他所有责任卓有成效担当的根本基础和强大动力。

（二）人们成熟思想体系的重要组成

责任意识是人们思想或思维活动的一项重要内容与形式。换言之，凡是具有成熟思想或正常思维人的头脑，都必然包含着相应的责任意识。因此，人或组织的积极思维活动，以及由此形成的稳固思想体系，必须依据睿智完整责任意识的坚强支撑。

实践中，缺乏对自身、他人与广泛群体积极完整责任意识的职业人士，通常很难被人们视为具有高质量的思想素养。事实上，责任意识普遍成为人们整体成熟思想体系的重要组成，并因此普遍通过职业人士或组织所持有的责任意识，就能够准确地辨识其思想意识的层次或智慧的高度。

《孟子》曾高度称赞了昔日贤能之士伊尹的责任意识："伊尹曰：'何事非君？何使非民？'治亦进，乱亦进。曰：'天之生斯民也，使先知觉后知，使先觉觉后觉。予，天民之先觉者也。予将以此道觉此民也。'思天下之民。匹夫匹妇有不与被尧、舜之泽者，若己推而内之沟中，其自任以天下之重也。"——伊尹说："哪个君主，不可以侍奉？哪个百姓，不可以使唤？"天下太平出来做官，天下昏乱也出来做官，并且说："上天生育这些百姓，就是要先知先觉的人来开导后知后觉的人。我是这些人之中的先觉者，我要以尧舜之道来开导这些人。"他总想到天下的百姓，只要有一个男子或妇女没有享受到尧舜之道的好处，便仿佛是自己把他推进山沟之中，这便是他以天下的重担为己任的态度。

（三）职业素养提升与展示的推动力量

坚强牢固的责任意识，不仅能够有效激发强大的情感与行为动力，有力推动人们不断提升自身的职业素养，从而更为准确地辨识并把握，工作进程中的各种积极因素或良好机遇，而且还能够远见卓识地支持人们，有效超越个人或小团体的局部与暂时的利益得失，并以此睿智成熟地识别更为广泛群体背景下，自身长远根本的利益及其更高质量的潜能和价值，从而展示超越各种艰难挑战的强大智慧与力量。

为此，贝尔公司前领导人史密斯曾辩称："今天那些把挑战往上推的人，是丢掉了明天成功的机会。我们要抛弃虚假的安全感和自卫的念头，这些想法阻碍了我们为职业承担责任，削弱了我们要干出一番事业的信心。只有拆除这些障碍，作为经理的我们，及我们为之辛劳的企业才能充分发挥潜力。"

（四）组织积极运营发展的关键保障

在内外因素及其关系与变化日趋复杂的环境中，任何组织的持续运营或发展，都必将遭遇各种难以辨识和应对的风险挑战。这种背景下，如果缺乏包括领导人在内的全体员工，足够坚强牢固责任意识的有力支撑，那么，组织运营的严重挫折或失败必将任何力量都难以有效阻挡。因此，全体员工坚强牢固的责任意识，普遍成为组织持续高质量运营发展的强大动力和关键保障。

（五）卓越领导进程与成就的坚强动力

高质量的领导进程与成就，无不需要坚强超越各种复杂艰难的挑战。领导人直面艰苦卓绝职业挑战的强大动力，绝非人们时常臆断的对物质利益的追逐，而是主要地源自头脑中成熟坚强的责任意识。事实上，缺乏成熟牢固责任意识的坚强支撑，没有任何领导人能够在复杂艰难的环境中真正有所作为。

（六）无视责任无异于对自我的抛弃

坚强的责任意识，从根本上说，无不源自人们对自身的能力和价值，足够成熟深入的辨识与积极牢固的确认，并因此而成为一个人或团队，完整成熟思想意识体系的重要组成。事实上，无视自身的责任，不仅职业或运行的进程与成就必将受到极其显著的限制，甚至难以在广阔的社会环境中真正拥有一席生存之地，而无异于对自我的愚蠢抛弃。

二、责任意识构建与形成的方式

牢固责任意识的有效构建与形成，通常需要积极成熟自我意识与职业愿景的有力支撑。广泛的实践中，领导管理者责任意识积极而成熟地构建，无不需要对自身高质量职业进程或成就的卓越创造必须依据的整体组织或团队的强大力量，所有职业同人积极支持的关键价值，以及外部广泛合作伙伴密切关系的重要力量，尤其是服务对象对组织长远发展的决定性价值，全面深入辨识给予坚强支持。

睿智成熟地辨识作为整体社会的一员，社会的文明进步对自身职业或组织运营发展的根本性价值，从而形成对广泛社会的博爱和奉献的积极意识，并以此努力超越各种狭隘、短视与极端自私的思维，普遍成为成熟牢固责任意识积极构建的强大动力（图 2-3-2-3）。

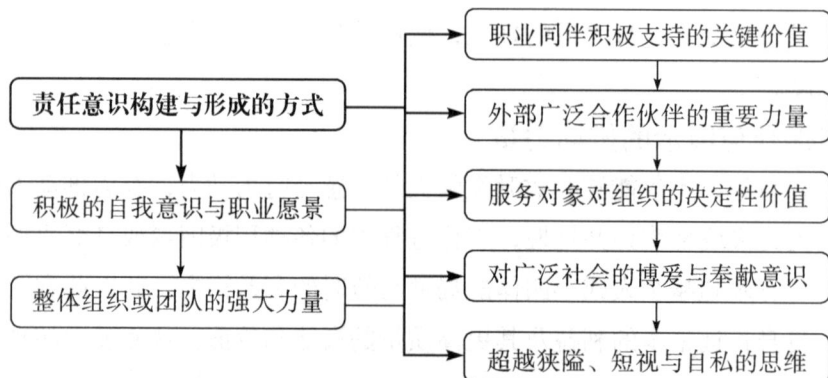

图 2-3-2-3 **责任意识构建与形成的方式**

（一）积极的自我意识与职业愿景

广泛的实践中，人们积极成熟的自我意识以及良好的职业愿景，是坚强牢固责任意识有效构建形成普遍的重要基础和强大动力。因此，对人们坚强责任意识构建形成卓有成效地推动，通常需要从他们的积极自我意识及其良好职业愿景积极建立与发展的思维着眼，并使其足够深入而充分地辨识自身潜在的职业能力与价值，及其所能够实现的良好愿景，以及对相关责任积极承担所能创造的强大推动力量。

（二）整体组织或团队的强大力量

人们的任何职业高质量的推动，都必须得到他人的支持与协助。任何责任意识的形成，无不源自对人们相互支持与协助关系重要价值的深刻理解。事实上，如果感受或认识不到组织对自身职业发展的强大支持力量，人们就可能削弱或丧失，对组织所持有的坚强责任意识。

因此，任何领导管理者都必须能够睿智深入地辨识，整体组织或团队对自身职业及其高质量发展的关键价值，并以此努力构建形成自身对组织团队的坚强责任意识，推进组织与员工相互间密切关系持续积极的发展。

（三）职业同伴积极支持的关键价值

职业同伴的积极支持与协助，对自身职业高质量推进具有极其关键的决定性价值。然而，实践中，它却成为领导管理者职业进程中，时常遭遇的艰难挑战。其中，最为主要的根源，广泛地存在于员工对相互协作所形成的组织及其同伴互相支持的价值，以及由此所形成的对组织和同伴责任的缺失；组织对员工的职业及其发展责任的脆弱所导致的对工作的得过且过。

（四）外部广泛合作伙伴的重要力量

在专业化运行及其相互协作日趋广泛深入的环境中，组织的运行发展正日益受到外部合作伙伴的重要影响。这种背景下，缔结广泛而牢固合作同盟的能力，也日渐成为组织整体运营力量的核心构成。而任何合作关系的构建、巩固与发展，如果缺乏相互间足够责任意识与行为的支撑，凡事只是考虑自身利益的最大化，那么，在最需坚强力量援助的艰难背景下，得到的无疑将会是雪上加霜的报应结果。

（五）服务对象对组织的决定性价值

任何背景下，服务对象都是人们职业或组织运行发展，各种力量最为根本的源泉和决定性因素。因此，高质量的责任准确辨识或积极推进，无不需要特别关注目标对象对自身所能提供服务的需求与变化，并竭尽自身的职业或运行所能，卓有成效地支持或满足服务对象持续、积极和健康的需求。

（六）对广泛社会的博爱与奉献意识

任何职业人士或组织，无一不是广泛社会中的一员。因此，社会的文明进步与发展，无不成为广泛领域中人们的职业或组织的运营，持续高质量进程卓有成效创造的基石。事实上，任何背离整体社会利益或文明趋势的行为，可能在一定的背景下能够暂时得利，但必将难以获得持久的强大支持力量。

相反，领导人持有成熟的博爱与奉献理念支持的对整体社会文明发展坚强的责任意识，在带领组织攀登运营高峰的进程中，无不能够高瞻远瞩更为准确地辨识前行征程道路上更为有利的积极机遇抑或利益的诱惑陷阱，从而创造组织整体运营发展更为强大的智慧力量。

（七）超越狭隘、短视与自私的思维

狭隘、短视与自私的思维，是一切积极责任意识卓有成效构建，最为主要的限制性因素或力量。换言之，成熟坚强责任意识的构建及其持续地巩固发展，必须努力超越狭隘个人或局部利益的浅显思维，更为睿智成熟地辨识强大团队或整体社会利益的关键性价值。

的确，组织的领导人，如果缺乏足够高度的全局思维意识，以及卓有成效地推动全体员工及其整体组织成熟牢固责任意识积极构建的智慧与力量，那么，他的职业进程或成就必将受到显著的制约。

三、职业责任的主要内容及其表现

成熟坚强的责任意识，通常是一系列密切联结、相互依存的因素或内容，所构成的完整体系。就一般职业人士而言，对自身的责任是整体体系的根本，对组织的责任是体系的核心，对上级的责任是体系的关键，对同人下属的责任是体系的保障，对服务对象的责任是体系的精髓，对合作者的责任是职业发展的动力，对社会的责任则最终体现着整体体系的高度（图2-3-2-4）。

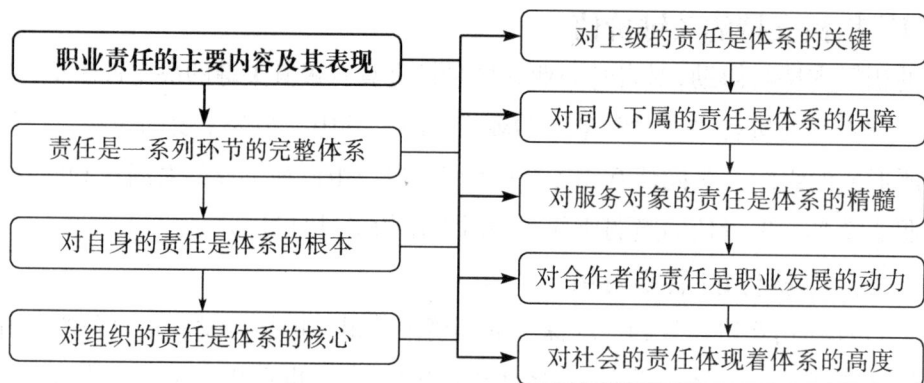

图 2-3-2-4　职业责任的主要内容及其表现

（一）责任是一系列环节的完整体系

人们的职业进程或业绩，无不受到诸多内外因素及其关系的重要影响。因此，成熟坚强的责任意识，也必然是包含着一系列密切联结、相互依存因素或内容，所构成的完整体系。换言之，轻视、忽略或偏废其中的某些因素，必然会影响其他或整体职业责任的积极承担。因此，对自身责任全面深入地辨识与成熟坚强地担当，无不成为职业人士普遍面临的艰难挑战，以及职业智慧与能力显著而重要的体现。

（二）对自身的责任是体系的根本

任何职业人士，如果不能睿智成熟地辨识并肩负起，对自身所应担当的责任，那么，他必将没有足够的力量，卓有成效地承担起全部应尽的责任。因此，对自身责任高质量地辨识与担当，任何背景下，都是整体责任体系最为根本的基础。

对自身职业责任的有效承担，通常需要建立持续提升自身整体职业素养，成熟积极的思维与行为；努力融入积极向上、团结友爱的团队之中，以全面增强自身的职业智慧、力量与价值；仔细检查进入头脑中的各种文化意识或价值倾向，并有效限制或清除对自身积极、正面思维意识可能产生的侵害；避免进入可能被完全击倒，并难以坚强站立起来极其危险的职业境地。

（三）对组织的责任是体系的核心

组织或团队，不仅是人们职业及其价值形成的根本基础，而且也是其持续发展强大推动力量的源泉。因此，任何背景下，职业人士都应该把整体组织运行发展的责任，置于整体体系的核心位置。换而言之，对组织运行发展核心责任的漠视或任何的脆弱，任何人都必将难以高质量地肩负起，对包括自身在内其他所有职业责任的有效担当。

（四）对上级的责任是体系的关键

上级通常处于更为广泛的全局重要职业地位。因此，卓有成效地完成上级的运行指令，推进其整体工作意图的顺利实现，无疑成为人们职业价值积极创造和持续提升的关键。不仅如此，在各种艰难复杂的环境中，竭力维护或保障上级健康的职业进程，从而避免受到各种负面因素的侵害，也是下级应该承担的重要责任。

《尚书》曾经描述商高宗武丁对傅说的这样愿望："昔先正保衡作我先王，乃曰：'予弗克俾厥后惟尧舜，其心愧耻，若挞于市。'一夫不获，则曰：'时予之辜。'佑我烈祖，格于皇天。尔尚明保予，罔俾阿衡专美有商。其尔克绍乃辟于先王，永绥民。"——从前先正伊尹使我的先王兴起，他这样说："我不能使我的君王做尧舜，我的心惭愧耻辱，好比在闹市受到鞭打一样。"一人不得其所，他就说："这是我的罪过。"他辅助我的烈祖成汤受到皇天赞美。你要勉力扶持我，不要只让伊尹显赫于我商家！你要能让你的君主继承先王，长久安定人民。

（五）对同人下属的责任是体系的保障

在复杂艰难的环境中，对同人或下属承担起积极的职业责任，正日趋受到人们的关注或重视。事实上，任何高质量领导进程与成就的卓越创造，无不需要得到各环节工作的有力支撑。而各种支持的有效获取，无疑需要以领导人对同人或下属的职业责任积极的担当为基础。

对于上级所应承担的职业责任，《尚书》曾经辩称："天佑下民，作之君，作之师，惟其克相上帝，宠绥四方。有罪无罪，予曷敢有越厥志？"——上天帮助下民，为人民建立君主和师长，应当能够辅助上帝，爱护和安定天下。对待有罪和无罪的人，我怎么敢违反上天的意志呢？

（六）对服务对象的责任是体系的精髓

任何背景下，服务对象都是组织运行及其人们职业的进程与成就，最具决定性的因素或力量。因此，对服务对象的责任，无不成为广泛组织或职业人士，尤其是组织领导人责任体系中的精髓。

换言之，任何职业责任的思维或行为，都必须与对服务对象责任所能承担的能力或质量，进行最为密切的联结，并以此把自身关注重点和资源力量，更为有效地倾注于服务对象及其需求的高质量满足。否则，人们的职业或组织的运行发展，必将迷失或偏离正确的行进方向，丧失强大的支持与推动力量。

（七）对合作者的责任是职业发展的动力

随着社会文明进步的不断发展，及其整体运行专业化分工与相互协作的日趋广泛和深入，组织持续健康的运营发展，也日益普遍地受到相关联组织机构或人员的重要影响。这种背景下，努力创造或争取各种外部积极力量的支持，无不成为人们职业或组织运营发展的重要工作。

事实上，积极支持和帮助广泛的合作者，并由此有效承担起对他们的成功责任，已日益成为密切联系与相互影响的背景下自身职业持续高质量发展的重要推动力量。

（八）对社会的责任体现着体系的高度

组织持续高质量的运营发展，无一不是通过为社会提供相应价值的产品或服务，并以此获得所需各种资源力量的有力支持而得以实现。事实上，缺乏整体社会更高质量运行或发展，以及积极推动的牢固责任意识，而沉湎或受限于既有的产品或运营方式，在日新月异的社会环境中，正日趋成为组织走向衰退的重要根源。

不仅如此，社会整体的稳定与进步，也是广泛领域中组织长远运营和发展的根本基础。因此，努力以自身的积极力量，维护整体社会稳定的运行秩序，推动其文明的不断进步，无不体现着一个组织或职业人士整体责任意识的高度。

四、所有优秀职业人士的重要特征

责任意识与人们职业或组织的运行机遇及其推动力量，就长远的发展进程而言，无不存在着高度密切的必然因果性联系。因此，头脑中成熟坚强的责任思维体系，普遍成为优秀职业人士极其显著而重要的特征。他们对内，无不把对组织或团队的坚强责任，置于职业思维与行为的优先位置，并有效承担着部属职业发展的积极责任；对外，能够始终站在服务对象的立场，深入审视产品或服务的价值，并努力超越组织的边界，辨识与承担着更为广泛的社会责任（图2-3-2-5）。

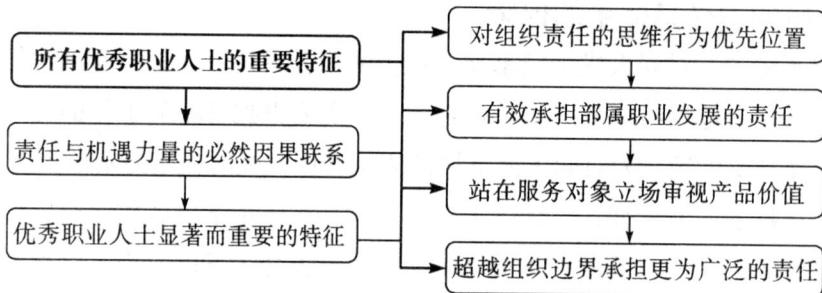

图 2-3-2-5　所有优秀职业人士的重要特征

（一）责任与机遇力量的必然因果联系

强烈责任或必须承担义务的思想意识，通常能够有力地推动人们，站在更高的层次或广泛的全局立场，深入辨析与思考所面临的各种因素、关系及其变化，从而能够更为准确地识别各类职业的机遇或潜在的威胁，并以此展示更为卓越的职业智慧和能力。

同时，完整职业责任的坚强担当，对外，也是积极创造与争取他人对自身职业有力支持的强大力量；对内，则能够有效激发自身积极的情感与行为动力，成为不断超越自我，有效超越各种职业诱惑、艰辛与挑战的坚强力量。

因此，广泛的实践中，职业的良好机遇与强大动力，无不通过对自身、他人、团队或整体社会，所应承担责任的深入辨识与积极推进而有效创造和获得，并以此充分展现着它们高度密切的必然因果性联系。

（二）优秀职业人士显著而重要的特征

优秀的职业人士，之所以能够在长期的各种复杂艰辛的职业挑战中，始终保持永不枯竭积极进取的强大动力，并因此而受到人们的广泛尊敬。从根本上说，无不与他们头脑中，所拥有的必须肩负起积极而牢固责任的智慧与意识、及其所形成的坚强的职业信心和勇气，存在着密切的关联。

事实上，缺乏高质量智慧及其所推动形成的，成熟而牢固责任意识的坚强支撑，任何辉煌的职业成就都必将难逃昙花一现的结局。因此，头脑中成熟坚强的责任意识，普遍成为优秀职业人士显著而重要的特征。

法约尔曾经声称，承担责任是一种勇气的表现："敢于承担责任值得尊敬，这是一种到处受到赞赏的勇气。一个出色的领导人应具有承担责任的勇气，并使周围人也具有这种勇气。"

（三）对组织责任的思维行为优先位置

组织是任何人士高质量职业素养的充分展示，及其积极发展不可或缺的重要途径与强大的推动力量。事实上，缺乏一个组织或团队的坚强支持，没有任何人能够创造令人瞩目的成就，而跨越足够的职业高度。

因此，优秀的职业人士，无不把对组织或团队的责任和义务，置于一切工作思维与行为的优先位置，甚至为了组织更高质量的全局进程或成就，而不惜做出个人或局部利益的最大牺牲，并以此充分昭示他们组织运行发展中流砥柱的坚强力量。

（四）有效承担部属职业发展的责任

在必须承担自身职业责任基本思维意识的影响下，对领导管理者是否需要肩负起，对部属职业推进质量与持续发展的足够责任，迄今为止，依然成为研究和实践领域广泛的争议焦点。

实践中，那些优秀的职业人士，不仅以自身高水平的职业智慧，深入辨识了人的因素对各类工作方式推进质量的决定性价值，而且也普遍意识到，努力肩负起对部属的职业责任，无不成为充分激发其人性中的积极、主动、创造性职业动力的必由之路。事实上，如果缺乏对部属职业表现质量与持续发展足够成熟而牢固的责任意识及其积极行为，任何领导管理者都无以步入职业优秀行列的强大动力。

（五）站在服务对象立场审视产品价值

坚定地立足于服务对象的立场，深入辨析产品或服务价值高质量的职业思维，及其所推动形成的积极行为，通常能够有力地支持职业人士，不仅提供着目标对象需求积极满足的高品质产品服务，并赢得其广泛的青睐与认同，而且在日趋复杂多变和激烈竞争的环境中，更具远见卓识地辨识服务对象需求所存在的变化趋势，从而创造或把握更为积极的职业发展机遇。

然而，实践中，能够始终坚定地立于服务对象的立场，时常并非是项容易具备的关键职业素养。归根结底，它无不需要人们头脑思维中对服务对象坚强责任意识的有力支撑。

（六）超越组织边界承担更为广泛的责任

优秀的职业人士，无不能够以更为广阔的视野和全局的意识，超越组织的边界，高瞻远瞩地辨识与承担更为广泛的职业责任。这种高质量职业责任的担当，无疑能够有力地支持他们，更为深邃而准确地洞察，外部环境中可能存在的职业机遇或挑战，并卓有成效地把环境中的积极因素，高效地转化为自身职业高质量持续发展的强大推动力量。

五、责任与实际权力的密切关联

迄今为止，已有很多作品对责任与权力关系议题展开了广泛的探讨。事实上，领导的方法与责任，通常在于对相关人事的主动指导和支持。而权力的实质，归根结底，则是一种积极有效的推动力量。因此，领导的责任与权力，无不存在着极其密切的天然联结。

对于任何领导人而言，主动承担职业的责任，必将赢得真正强大而高效的权力。职业进程中，面临难以承担的艰巨责任出让相应的权力，无不成为一项重要的领导方式。实践中，任何缺乏足够责任的权力都必将极其脆弱，并因此而隐含着巨大的职业风险（图2-3-2-6）。

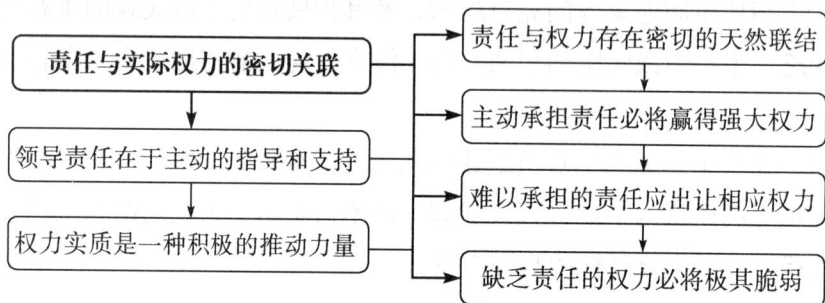

图 2-3-2-6　责任与实际权力的密切关联

（一）领导责任在于主动的指导和支持

广泛的实践中，任何卓越的领导，无一不是通过对组织各重要环节工作，及其密切协作积极主动的指导和支持而得以实现。换言之，依据组织全局基本的运行方向和路线，对各重要环节工作、关系及其变化实际进行足够深入而准确的辨识，并以此对它们高质量推进给予积极主动的指导与支持，普遍成为领导职责有效承担的重要途径。

事实上，领导力量的脆弱，无不源自对相关重要工作、关系或变化的准确辨识，及其主动的指导和支持上所产生的缺失，并由此而导致的领导整体职责推进上的显著缺陷。

（二）权力实质是一种积极的推动力量

权力是组织的有效领导或管理，极其关键的基础与强大的推动力量。经过长期而广泛的研究和实践，迄今为止，人们对于权力的实质，依然存在着极为显著的分歧。其中较为典型的观点认为，权力是能够以强制性的惩罚或威胁方式，强行推动自身思维意志的行为力量。

然而，随着组织的运行受到内外因素与关系，日趋复杂多变的深远影响，以引领、激励和推动更为积极方式的领导，正日益展现着更具决定性的强大力量。因此，权力的实质已日渐体现为组织高质量运行发展的积极推动力量。相反，极端强制性的惩罚或威胁手段，恰恰彰显着真正权力极其脆弱的实情。

（三）责任与权力存在密切的天然联结

广泛的实践中，积极主动的引领与支持的力量，无不使得领导人的责任与权力，存在着极为密切的天然联结。换而言之，领导职业的进程中，缺乏足够成熟而牢固责任意识的坚强支撑，最终必将丧失真正的职业权力；拥有组织人、事、物真正强大支配权力的领导人，必将具有极其坚强而牢固的责任意识，以及由此所形成的众望所归的积极力量。

因此，福布斯杂志前发行人马尔科姆曾辩称："那些乐于承担责任的人往往会得到相应的权力，而那些仅仅想行使权力的人去往往得不到。"

（四）主动承担责任必将赢得强大权力

随着组织专业化及其相互协作运行方式，以及内外影响因素日趋广泛深入地发展，人们已经日益普遍地注意到，那些卓越表现的领导人，无不通过自身职业责任更为主动积极地承担，而创造并持续保持着强大的领导影响力量，并以此展示着引领与推动高超的领导智慧和才能。实践中，他们很少运用惩罚或威胁的手段，却铸建了无与伦比的强大领导权威，并卓有成效地创造了组织持续高质量发展的勃勃生机。

（五）难以承担的责任应出让相应权力

睿智成熟的领导人，无不能够深入地辨析和理解拥有权力必须要承担责任，以及责任的有效承担必须依靠足够权力的有力支持，组织领导或管理最为基本的准则，并以此不断审视并推进组织运行进程中它们的密切融合或有效平衡。

实践中，一旦他们意识到，自身有限的力量难以积极地承担繁重的职业责任时，通常就会把自身的权力进行适当的分配，而绝不会迷恋虚荣的权力。因此，复杂多变的环境中，授权已经日趋成为高质量领导或管理的积极创造所普遍采取的重要途径。

（六）缺乏责任的权力必将极其脆弱

组织运行进程中，权力不仅是团队高质量运行发展极其强大的推动力量，而且也是重要岗位人员有效承担自身职责不可或缺的关键工具。的确，权力时常表现为团队各类运行资源的支配力量。然而，如果资源的支配力量，缺乏足够成熟而坚强责任意识的有力支持，并以此而成为团队高质量运行发展强大的推动力量，那么，它的效能与价值无疑将会受到极大的削弱。

广泛的实践中，缺乏成熟坚强责任意识或行为支持的权力，无论是没有形成团队高质量运行发展足够强大的推动力量，还是用于谋取个人或小团体局部的私利，都必将会给权力拥有者的个人职业以及团队长远的运行发展带来严重的侵蚀风险。

六、责任意识构建的内外艰难挑战

坚强牢固的责任意识，是人们高质量职业进程与成就极其关键的基础和强大的推动力量。然而，广泛的实践中，它的积极有效构建，又无不伴随着各种艰难的内外挑战。这些挑战通常表现为，需要对责任积极承担的价值足够辨识能力的坚强支持；复杂背景下职业责任卓有成效地担当，通常需要深厚职业素养的坚强保障；职业责任的积极承担，无不需要更多艰辛的付出。

同时，任何责任的有效承担，无不需要相应资源力量的有力支持；组织的运行制度，时常会对人们积极的责任行为产生负面的激励；职业的环境因素，也往往会给人们的责任意识带来负面的影响（图2-3-2-7）。

```
责任意识构建的内外艰难挑战 ──┬──→ 责任承担需要更多艰巨的付出
            │                │
            ↓                ├──→ 责任需要相应资源力量的支持
对责任价值高度辨识能力的支持 ─┤
            │                ├──→ 组织制度对责任行为的负面激励
            ↓                │
责任需要深厚职业素养的保障 ───┴──→ 环境因素给责任意识的负面影响
```

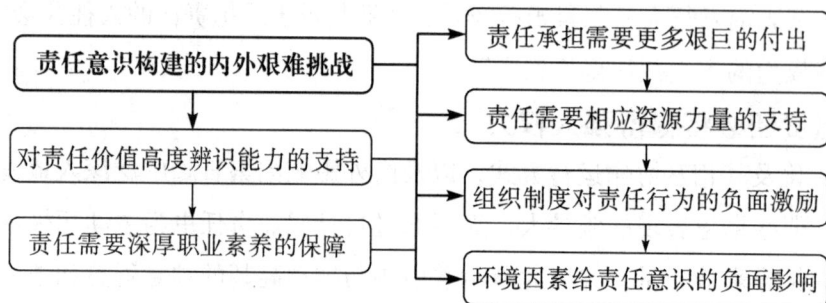

图 2-3-2-7　责任意识构建的内外艰难挑战

（一）对责任价值高度辨识能力的支持

作为思想体系的重要构成，人们的责任意识无不对其职业的思维或行为，具有极其关键的决定性影响。然而，广泛的实践中，成熟坚强责任意识的有效构建与展示，又无不成为人们职业高质量进程积极创造，普遍遭遇的艰难挑战。

事实上，如果缺乏高度的辨识思维与智慧能力，对成熟坚强责任意识，所蕴含的人们职业高质量进程积极创造与持续发展，强大推动力量或关键性价值，足够深入辨析与牢固把握的有力支持，那么，它的构建与展示，必将会由于各种内外挑战或负面因素的侵蚀，而处于极其脆弱或名存实亡的境地。

（二）责任需要深厚职业素养的保障

重大或艰难职业责任卓有成效的承担，无不需要足够成熟深厚职业素养的有力支撑。实践中，如果个人的职业才能或团队的运营能力，相对于面临的艰巨责任挑战，而存在着极其显著或明显的差距，那么选择退缩就并非是一种完全消极的行为。

因此，成熟牢固责任意识的积极构建与发展，必须以人们职业素养或团队运营力量的持续提升，作为坚实的基础或坚强的动力。无视职业责任有效承担所必需的实际能力，仅仅凭借头脑中的良好愿望与豪迈激情，无疑将会隐含着自身职业或团队运行的巨大风险。

（三）责任承担需要更多艰巨的付出

坚强责任意识的积极构建与充分展示，实践中，极其艰难的挑战还普遍地源自职业责任高质量地承担，远比平淡地应对职业需要显著的艰巨付出。尤其是艰难复杂的环境中，更多责任的主动担当，还时常体现为职业错误或风险概率明显增加。艰巨的付出与风险的增加，显而易见，会成为许多人推诿或逃避责任的重要动因。

（四）责任需要相应资源力量的支持

众所周知，足够强大资源力量的支持，是职业责任有效承担的重要基础与保障。因此，人们对职业责任承担的缺陷，时常是由于某些资源力量的欠缺或脆弱。

尽管如此，随着各种内外因素相互作用与影响，以及各类灵活多样合作日趋的广泛深入，人们已经日益普遍地意识到，通过各种专业性资源及其更高质量相互作用的积极创造或推动，尤其是人力资源强大潜在力量的充分激发和运用，正成为领导管理者资源力量显著匮乏的背景下，卓越的职业智慧和才能有效展示的关键途径。

（五）组织制度对责任行为的负面激励

组织的制度体系，是其正常运行的重要基础。然而，严密的尤其是不合时宜过于呆板的运行制度及其岗位职责的限定，时常会成为人们的牢固责任意识严重的负面侵蚀性力量。因此，许多优秀职业人士，都曾由于主动承担更为积极或重要的责任，而遭遇过职业上的严厉处罚。

（六）环境因素给责任意识的负面影响

人们的责任意识无不与整体的职业环境存在着极其密切的关联。其中，最具关键与深远的影响，莫过于身居组织重要岗位的领导管理者思想体系中整体责任意识的质量。他们的责任意识，无不坚强地推动或严重地限制组织其他成员责任意识的构建与发展。

组织或社会的文化与主流的价值倾向，对人们的责任意识及其展示质量，也具有极其重要的影响。尤其是负面的文化及其消极的价值激励，无疑将会严重地侵蚀人们积极的责任意识。

第三节　成熟积极的价值观念体系

思维与行为的决定性因素

人们的思维与行为方式，无不受到头脑中价值意识或倾向的决定性影响。价值意识或倾向所构成的价值观，是人们在长期的学习、思考与实践中逐步提炼、积累并固化所形成的，对相关人或事物的重要程度的判断。各种主要价值意识所构成的价值观体系，不仅深刻地影响着人们对外部事物的关注倾向或力量，而且决定着自身相应思维与行为反应的能力，因而成为人们整体思想意识中极其重要的组成。

《吕氏春秋》曾经对人们的价值观表现，作了这样的生动描述："今以百金与抟黍以示儿子，儿子必取抟黍矣；以和氏之璧与百金以示鄙人，鄙人必取百金矣；以和氏之璧、道德之至言以示贤者，贤者必取至言矣。其知弥精，其所取弥精；其知弥粗，其所取弥粗。"——现在拿百两黄金和捏成团的黄米饭让孩子选择，孩子一定会选择捏成团的黄米饭；拿和氏璧和百两黄金让鄙陋无知的人选择，鄙陋无知的人一定会选择百两黄金；拿和氏璧和道理深刻的话让贤能的人选择，贤能的人一定会选择道理深刻的话。一个人的智慧越通达，他所做的选择就越精粹；一个人的智慧越粗疏，他所做的选择也必然越粗俗。

本节首先从价值观的形成背景及其作用着眼，阐述了领导人的价值观，对自身职业及整体组织运行进程的深远影响。在此基础上，探讨了对于领导职业进程至为关键的，确立组织全局利益的核心价值观，坚持人的因素对组织整体进程的决定性价值，以及谨慎个人享乐的价值取向。最后，根据组织领导的广泛实践，分析了高质量价值体系构建所面临的普遍挑战（图 2-3-3-1）。

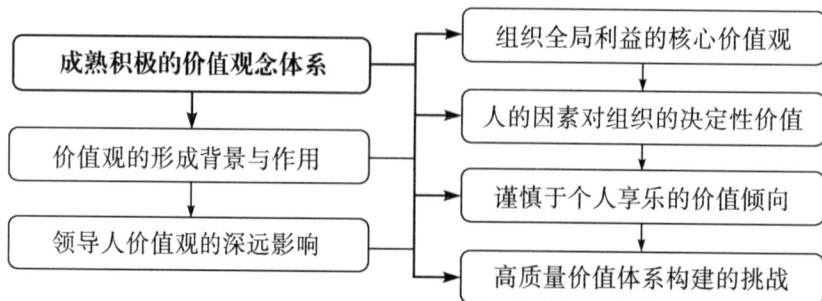

图 2-3-3-1　成熟积极的价值观念体系

一、价值观的形成背景与作用

深入辨识和理解价值观的形成背景，以及它在人们整体思想体系的重要地位，无不成为它的积极构建、发展与运用的重要基础和推动力量。人们特定背景下的价值倾向，通常是其深层次思想意识的具体表现，并决定着相应的思维与行为的方式，因而对职业进程具有普遍重要的影响。因此，推进高质量的职业进程，必须准确掌握积极成熟价值观的主要特征（图2-3-3-2）。

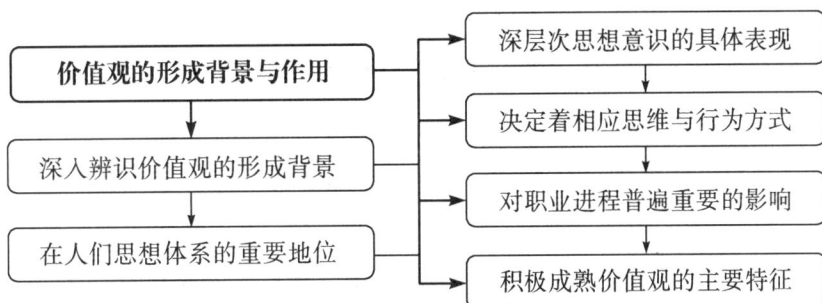

图 2-3-3-2　**价值观的形成背景与作用**

（一）深入辨识价值观的形成背景（图2-3-3-3）

随着各类因素、关系与变化，对人们的生活或职业日趋广泛而深入的影响，他们头脑中所持有的价值倾向或观念，也日益受到相关人士更为普遍的关注。通常，对于人们价值观形成背景的深入辨识，是准确识别和把握它们作用与特征的重要基础。

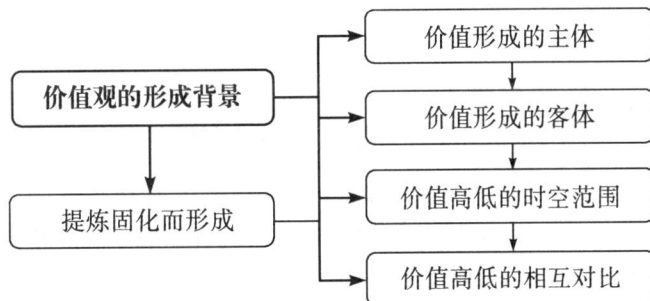

图 2-3-3-3　**价值观的形成背景**

1.提炼固化而形成。价值观是人们通过长期学习、思考与实践，逐步提炼、积累并固化所形成的，对相关人或事物重要程度判断较为稳定的思维意识。因此，漫不经心或随意的意念或行为，并不能体现人的价值观。

2.价值形成的主体。价值观的形成及其倾向，必然存在相应的特定主体。主体可以包括个人或团队，或者一个团队中的少数人或多数人。离开特定的主体，时常会降低价值观分析辨识的作用。

3.价值形成的客体。价值观的形成及其倾向，与主体相对应，也必然存在它的价值承载的客体。客体通常可以包括相应的人物、事件或物体，有时也需要涉及其相应的外部环境。

4.价值高低的时空范围。价值观通常涉及一定的时间或空间范围。如短期的或长远的价值，局部的或整体的价值，就是其存在典型分歧的因素。

5.价值高低的相互对比。人们的价值倾向，通常需要通过相应因素的对比，才能形成它的作用或意义。人们实践中常见的对比因素，主要涉及不同的观念倾向的稳定性、价值的主体、价值的客体、价值时空范围、潜在与表面的价值、积极或消极的价值等形式的比较。

（二）在人们思想体系的重要地位

人们的思想体系，通常包含着多种不同因素的复杂构成。尽管某些因素或观念的素养，并非必然存在于每个人的思想意识中，但对于相关人或事物的价值，及其重要程度的判断思维和意识，则是所有具有正常思辨能力的人士，头脑中不可或缺的重要因素。因此，价值观无不成为人们整体思想体系的重要构成。

《孟子》曾经深刻揭示了对待他人的"不忍"，以及"仁义礼智"对于人们职业所具有的普遍重要价值：

"人皆有不忍人之心。先王有不忍人之心，斯有不忍人之政矣。以不忍人之心，行不忍人之政，治天下可运之掌上。恻隐之心，仁之端也；羞恶之心，义之端也；辞让之心，礼之端也；是非之心，智之端也。人之有是四端也，犹其有四体也。凡有四端于我者，知皆扩而充之矣，若火之始然，泉之始达。苟能充之，足以保四海；苟不充之，不足以事父母。"——每个人都有怜悯体恤别人的情感。古代圣王由于怜悯体恤别人的情感，所以才有怜悯体恤百姓的政治。用怜悯体恤别人的情感，施行怜悯体恤百姓的政治，治理天下就可以像在手掌心里面转运东西一样容易。

同情心是仁的发端；羞耻心是义的发端；谦让心是礼的发端；是非心是智的发端。人有这四种发端，就像有四肢一样。凡是有这四种发端的人，知道都要扩大充实它们，就像火刚刚开始燃烧，泉水刚刚开始流淌。如果能够扩充它们，便足以安定天下，如果不能够扩充它们，就连赡养父母都成问题。

（三）深层次思想意识的具体表现

人们的价值观，通常具有不同事物及其背景下，多种多样的各种表现。然而，它们又无不受到人们头脑中，深层次思想意识的关键决定性影响。换言之，价值观是人们深层次的思想意识，面对各种事物所产生的具体表现。因此，从一个人或组织所表露的价值观，通常就能够准确判断其整体思想意识的高度或品位。

深层次思想意识的显著差距，必然产生明显不同的价值观。因此，孔子曾经辩称："道不同，不相为谋。"——根本的思想主张不同，就无法和他商议应对事物的方法。

（四）决定着相应思维与行为方式

人们对一定事物及其背景下，所形成的重要程度或价值高低，辨析判断所形成的价值观，无不对其相应的思维或行为方式，具有极其关键的决定性影响。因此，广泛的实践中，人们头脑中对各种重要事物及其关系，价值辨识与倾向所形成的价值观，普遍决定着职业思维与行为的方向或方式。

（五）对职业进程普遍重要的影响

价值观对人们职业进程中，各种内外因素或事物及其关系与变化，重要程度或价值大小的思辨与判定，并由此推动和选择的思维与行为方式，显然，必将对其长远的职业进程具有普遍重要的影响。

例如，需要充分考虑整体团队的力量与利益，长远的运行与发展，复杂内外环境中多种运行方案的比选，或者要求多环节工作密切协作的背景，却优先选择了满足少数人或谋取团队短期的利益，侧重某一熟悉的运行方式。过于强调少数精英的关键价值，无疑极易导致组织整体长远运营力量的削弱。

（六）积极成熟价值观的主要特征

组织运营或个人职业高质量进程的卓越创造，无不需要积极成熟价值观念体系的坚强支撑。积极成熟价值体系最为根本的基础，无疑就是在任何背景下，都必须牢固地立足于，组织运营或自身职业具体的客观实际，而不是机械简单地套用他人在自身内外条件下相对较为合理或有效的价值思维与取向。

不仅如此，任何复杂艰难的环境中，深入而全面地辨识，社会整体的文明进步与繁荣稳定，团队长远的健康发展及其利益保障，人的因素所蕴含的强大能动性智慧力量，组织各类资源因素或运行环节的密切协作，以及日新月异发展的更为先进科学技术的强大力量，无不成为组织运营或人们职业高质量进程、卓有成效创造的强大推动力量，并以此形成积极成熟价值观的主要表现特征（图 2-3-3-4）。

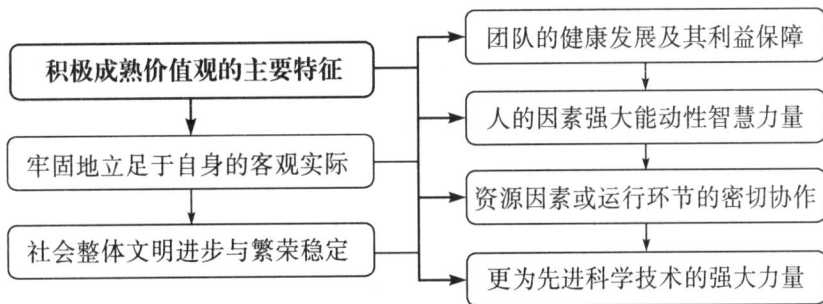

图 2-3-3-4　积极成熟价值观的主要特征

二、领导人价值观的深远影响

广泛的实践中，领导人对内外重要因素、关系及其变化，所持有的基本价值倾向或观念，对组织基本信念或使命的辨识、确立与推动，全局战略的辨析、规划和推进，组织运营发展进程中主流的价值取向，以及团队整体前行动力的有效激发与创造等重要环节，无不具有极其重要而深远的影响。因此，领导人必须努力推进，自身高层次价值观体系的积极构建与持续发展（图 2-3-3-5）。

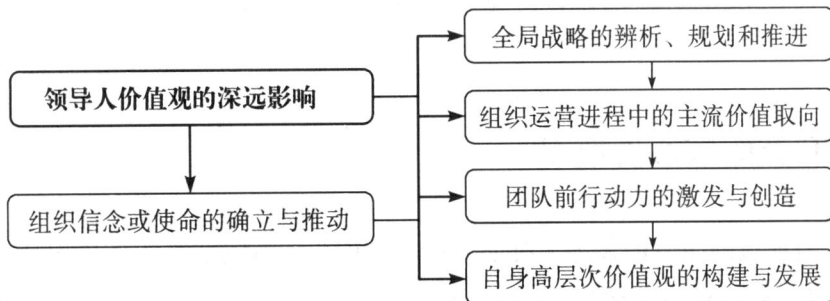

图 2-3-3-5　领导人价值观的深远影响

（一）组织信念或使命的确立与推动

领导人所持有的基本价值观，对组织最具深远影响的方式，莫过于它能够很大程度上，决定或改变组织的基本信念，以及较长时期的运行使命，辨识、确立与推动的质量或进程。

举例来说，作为经济组织的企业，其运行的基本信念与使命，究竟是为了谋取自身最大化的短期经济利益，还是努力为社会的进步发展提供更为卓越的产品服务，并以此获得更为强大资源力量的支持。显然，无不受到其领导人价值观念的重要影响。

事实上，正如孔子曾经的辩称："君子喻于义，小人喻于利。"——君子明白大义，小人只知道利益。长期以来，基本的信念与使命，无不成为领导人头脑中的价值观念，所带给组织最具深远的或积极或消极的作用力量。

（二）全局战略的辨析、规划和推进

组织的运行发展通常涉及广泛的内外因素，及其相互关系与变化的复杂影响，它的高质量进程无不需要积极战略领导的坚强支撑。事实上，领导人的价值观，对组织深远影响最为主要的途径之一，就是决定着他对事关组织全局的战略因素或环节，以及相互作用关系价值辨识与判断的能力，并以此影响着他对组织全局战略规划和推进的工作质量。

（三）组织运营进程中的主流价值取向

努力推广自身的价值倾向与观念，任何背景下，都是推进组织领导的重要途径或方式。因此，领导人个人持有的价值观，无不对组织整体或主流价值的取向，包括部属、员工价值观的变化具有极其重要的影响。事实上，领导人对组织及其广泛员工的价值观，或强行地推动或潜移默化地影响所产生的力量，迄今为止，在日趋复杂多变的内外环境中，已经日益被广泛地视作一种不可或缺的重要领导方式。

（四）团队前行动力的激发与创造

实践中，行进路线无不决定着整体组织的运行活力和前行动力。领导人所持有的价值观，对组织行进路线辨析与选择的质量，无不具有极其关键的决定性影响。不仅如此，价值观决定着人们日常的思维与行为方式，领导人对组织主流价值取向的影响，也决定着组织整体的思维与行为的倾向，从而展现着他对组织前行动力，积极激发与创造的整体能力。

（五）自身高层次价值观的构建与发展

任何背景下，领导人都必须深入辨识和牢固确立，自身头脑中所持有的价值倾向与观念对组织兴衰荣辱决定性影响的成熟意识。并努力通过长期不懈的学习、思考和实践，卓有成效地推进自身高层次价值思辨体系的积极构建与发展，从而在自身职业素养持续提升的坚强推动下，创造高质量的职业进程与成就。

三、组织全局利益的核心价值观

任何背景下，身居最高位置的领导人都必须牢固地确立，组织全局的力量与利益的核心价值观。全局的价值观，不仅是充分展示组织各环节潜在力量或价值重要的途径，而且也是推进卓越领导必须坚持的关键思想原则。

为了卓有成效地推进全局价值观，领导人还必须努力把组织的全局与整体社会的发展进步进行最为紧密地联结，并努力兼顾各局部环节和合作伙伴的利益。实践中，无视全局的力量与利益，无不极易导致组织或自身职业的严重挫折（图2-3-3-6）。

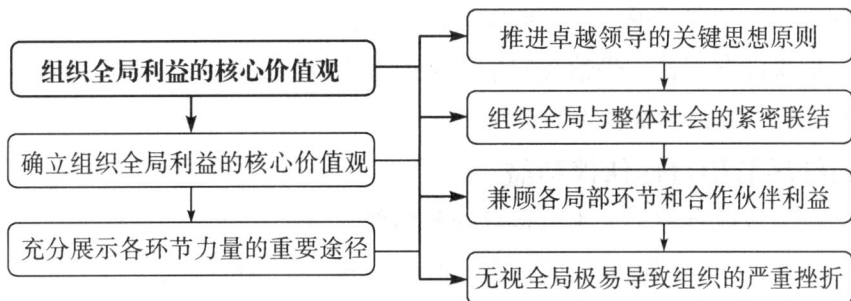

图 2-3-3-6　组织全局利益的核心价值观

（一）确立组织全局利益的核心价值观

组织高质量的运营发展进程或成就，无不需要强大整体力量，充分辨识、积极创造与持续提升的坚强支撑。因此，牢固确立组织各环节密切协作，并随着运营发展进程的积极推进，以对组织长远根本利益卓有成效地予以维护的成熟思维意识，就成为领导人任何背景下，都必须坚持的全局力量与利益的核心价值观。

（二）充分展示各环节力量的重要途径

牢固坚持组织全局的核心价值观，能够坚强有力地推动人们，站在组织全局的高度，更为深入与准确地辨识，各运行环节及其密切协作所蕴含的潜在力量与价值，因而成为它们充分展示的重要途径和动力。为此，《吕氏春秋》曾经就全局与局部，大与小的关系，作了这样评述："天下大乱，无有安国；一国尽乱，无有安家；一家皆乱，无有安身。故小之定也必恃大，大之安也必恃小。小大贵贱，交相为恃，然后皆得其乐。"——天下大乱了，就没有安定的国家；整个国家都乱了，就没有安定的家室；整个家室都乱了，就没有平安的个人。所以，小的获得安定必定要依赖大的，大的获得安定必定要依赖小的。小和大，贵和贱，彼此互相依赖，然后才能都得到安乐。

（三）推进卓越领导的关键思想原则

任何组织高质量的卓越领导，无一不是通过组织或团队运行发展的全局，持续强大力量卓有成效地创造与提升，以及整体长远利益坚强地维护而得以实现。全局的核心价值观，任何背景下，都是积极地把组织全局的力量与利益，牢固地置于领导人思想意识中的核心位置，极其重要而强大的推动力量。因此，以全局力量和利益为核心的价值观，无不成为组织高质量运行发展的卓越领导，必须始终坚持的关键思想原则。

（四）组织全局与整体社会的紧密联结

基于高层次全局核心价值观的积极构建与实践，领导人还需要努力坚持社会全局的思维立场，并以此卓有成效地把组织的全局与整体社会的长远运行发展，进行最为紧密的联结。事实上，整体社会持续的繁荣稳定，不仅是组织健康运行的根本基础，而且能够有效地为组织高质量的发展提供更为积极的成长机遇。

关于推进社会繁荣进步的价值，孔子与其弟子子贡，曾经对管仲的行为作了这样深入点评：

"子贡曰：'管仲非仁者与？桓公杀公子纠，不能死，又相之。'子曰：'管仲相桓公，霸诸侯，一匡天下，民到于今受其赐。微管仲，吾其被发左衽矣。岂若匹夫匹妇之为谅也，自经于沟渎而莫之知也。'"——子贡问："管仲不能算是仁人了吧？桓公杀了公子纠，他不能为公子纠殉死，反而做了齐桓公的宰相。"孔子说："管仲辅佐桓公，称霸诸侯，匡正了天下，老百姓到了今天还享受到他的好处。如果没有管仲，恐怕我们也要披散着头发，衣襟向左开了。哪能像普通百姓那样恪守小节，自杀在小山沟里，而谁也不知道呀。"

（五）兼顾各局部环节和合作伙伴利益

任何组织的全局力量或利益，无不以自身的各局部环节及其外部的合作伙伴，以及它们相互间作用关系的形式，而得以充分体现。因此，有效激发与聚集全局的强大力量，创造并维护整体组织的资源利益，广泛的实践中，无不需要对组织各局部运行环节，外部广泛的合作伙伴，其他相关联的个人或团队，以及社会各种积极的力量和利益，进行全面的权衡和统筹的兼顾。忽视任何重要环节或因素，都可能会给组织的全局进程带来严重的负面影响。

（六）无视全局极易导致组织的严重挫折

偏离全局的核心价值观，或者无视全局的力量与利益的关键和主导价值，不仅难以充分激发和创造组织整体强大的前行动力，而且极易导致运行进程中的严重挫折。事实上，无视整体与长远的力量或利益，过于强调某些局部环节或因素的力量，或者片面追逐短期的利益，无不成为广泛实践中，组织遭受严重运营挫折最为重要的根源。

四、人的因素对组织的决定性价值

创造高质量的职业进程或成就，领导管理者必须能够足够深入地辨识，组织任何工作的有效推进，都必须有人的因素参与的根本事实。不仅如此，他们还需要足够充分地辨析和理解，在组织各类资源因素中，唯一具备能动性智慧力量人的因素，对各项工作运行进程的关键价值，并以此决定着组织领导与管理的整体质量。

人的因素所蕴含的各种复杂多变的正反两方面的本性特征，无不使其成为组织领导与管理广泛实践中，最难应对的普遍工作挑战。对此，领导管理者必须竭尽自身的职业所能，努力激发与展示人性中的各种积极力量，并以此创造各项领导管理工作的高质量进程（图 2-3-3-7）。

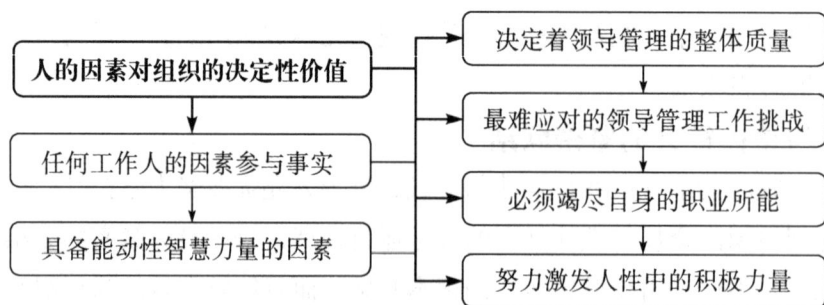

图 2-3-3-7　人的因素对组织的决定性价值

（一）任何工作人的因素参与事实

人的因素，是一切组织、团队及其工作构成的根本基础和核心要素。换言之，缺少了人的因素积极参与，任何组织、团队及其所有的工作，都无以能够真正成立。

事实上，组织领导与管理的实践，无一不是对人的因素参与工作的思考与推动。同样，任何组织运行理论或原则的研究探索，也必须充分考虑人的因素的特征与影响。任何背景下，偏离人的因素的根本与核心，任何组织的实践或研究的质量，都必将受到极大的制约。

（二）具备能动性智慧力量的因素

众所周知，人的因素，是组织所有资源构成与工作运行中，唯一具有能动性智慧力量的组成要素。广泛的实践中，越是艰难复杂的工作，人的能动性智慧力量对它们的辨识与推动作用，越是展现着关键的决定性价值。

然而，人的能动性所蕴含的潜在智慧力量，整体展示的质量或水平，又无不受到内外因素极为复杂的影响，而普遍成为广泛领域中，组织高质量领导与管理的积极创造极其艰难的挑战。事实上，任何组织的兴衰荣辱，无不与其领导人对人的能动性智慧力量的价值、深入辨识与积极展示的整体能力存在着极其密切的关联。

（三）决定着领导管理的整体质量

人的能动性智慧力量，无不对实践中各类资源运行或工作推进的整体质量，具有极其关键的决定性价值。因此，缺乏对人的思维与行为的影响因素，足够深入地辨识和积极地应对，那么，任何领导或管理的进程与业绩，都必将维系在较低的水平或层次。事实上，任何背景下高质量领导与管理的卓越创造，无一不是通过对人的能动性智慧力量，充分的激发与创造而得以实现。

（四）最难应对的领导管理工作挑战

人的因素相对于其他各类资源的构成，所体现的强大能动性创造智慧与力量，无不对组织运营发展具有普遍关键的决定性影响。然而，任何事物都存在相互对立的两方面的本性特征。事实上，在日趋复杂多变的环境中，卓有成效地提升与展示人的能动性创造智慧与力量，无不成为领导管理者普遍面临的艰挑战。

（五）必须竭尽自身的职业所能

人的能动性智慧力量的充分展示，不仅是各种工作高质量推进，最具关键的决定性因素，而且也是广泛领域中，组织的积极领导与管理最为普遍而艰难的挑战。因此，创造自身职业高质量的进程或成就，任何背景下，领导管理者都必须把工作的重心，牢固地置于人的因素并为此而竭尽所能。

（六）努力激发人性中的积极力量

人的能动性智慧力量的价值极其关键，它无不成为各类组织兴衰荣辱的决定性因素；它的充分激发或积极创造又如此艰难，以至于普遍成为领导管理工作中最具复杂的挑战。因此，睿智成熟地辨识和展示人性中的积极因素，普遍成为组织领导或管理高质量进程的核心工作。

孟子曾经严厉批评了无视人的因素的行为："不仁者可与言哉？安其危而利其灾，乐其所以亡者。不仁而可与言，则何亡国败家之有？"——不仁的人难道可以和他商议吗？他们对别人的危险心安理得，从别人的灾难中牟利，把导致家破国亡的事归作乐趣。不仁的人如果可以和他商议，那怎么会有国亡家破的事发生呢？

五、谨慎于个人享乐的价值倾向

通常，获取更为丰厚的物质收益，以持续改善生活的质量，普遍成为人们职业进取发展的重要动力。然而，居于组织重要岗位的领导人，则应该努力超越物质利益的追逐或控制，尤其必须谨慎于个人享乐的价值倾向，而看到更为高远的职业或人生价值。

极端的个人享乐倾向，无不严重限制人们头脑中，高层次价值体系的积极铸建，削弱自身职业高水平的思维和判断能力，并显著降低抵御各种负面因素侵害的免疫能力。

领导人价值观念及其行为表现的标杆力量，还极易把追逐物质利益和沉湎享乐的价值倾向，普遍地传染给组织的其他人员，从而显著制约整体组织价值体系的高度。不仅如此，对物质享乐的极端追逐，还极易使得领导人无视并越过组织原则或纪律的制约，导致整体团队运营体系陷入极度的混乱，从而严重限制组织或个人职业的成就高度（图 2-3-3-8）。

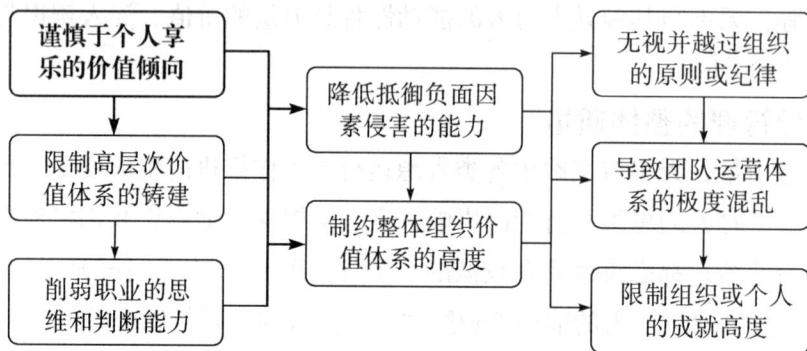

图 2-3-3-8　谨慎于个人享乐的价值倾向

（一）限制高层次价值体系的铸建

追逐生存的物质资源，是任何动物的天性本能；期盼更多的物质财富以提升生活质量的改善，是普遍的人之常情。然而，身居一个组织的重要岗位，手握庞大物质资源支配权力的领导人，是否应该把追逐更多的个人物质利益或享乐，置于自身头脑中的核心价值地位，长期以来，一直成为人们广泛的争执焦点。

事实上，在复杂多变的内外环境中，卓有成效地肩负起组织持续运营发展，极其重要而艰巨的责任，领导人无不需要努力超越个人物质利益或享乐的基本价值思维。否则，他必将难以铸建起高质量的价值思辨体系，并以此坚强地引领或推动整体组织奋发前行的卓越进程。

因此，魏征曾经给唐太宗作了这样的上疏："臣闻求木之长者，必固其根本；欲流之远者，必浚其泉源；思国之安者，必积其德义。源不深而望流之远，根不固而求木之长，德不厚而思国之理，臣虽下愚，知其不可，而况于明哲乎！人君当神器之重，居域中之大，将崇极天之峻，永保无疆之休。不念居安思危，戒奢以俭，德不处其厚，情不胜其欲，斯亦伐根以求木茂，塞源而欲流长者也。"——我听说：想要树木长得高，一定要使它的根系稳固；想要使泉水流得远，一定要疏通它的源头；想要国家长治久安，一定要厚积道德仁义。源头不深却希望泉水流得远，根系不稳固却想要树木生长，道德不厚实却想要国家安定，我虽然愚昧无知，也知道这是不可能的，何况圣明睿智之人呢！国君掌握着国家的大权，居有天下最尊贵的地位，是要推崇皇权的崇高，保持永不停息的美善。如果想不到应该居安思危，戒除奢侈而行节俭，道德不能保持敦厚，性情不能克服欲望，这就像砍断树根而期盼树木茂盛，堵住源头而想要泉水长流啊。

（二）削弱职业的思维和判断能力

对个人物质利益或享乐的追逐，一旦成为人的头脑中价值思辨的兴奋点，无疑将会显著削弱，对其他重要事物的注意力及其辨识思维的能力。事实上，团队的领导人，一旦受控于个人的物质利益或享乐，无不极大地限制他对复杂的组织全局，高水平的思维判断的智慧。尤其是在组织运行的关键时期或因素上，究竟是以组织全局，还是以个人利益与享乐的价值倾向，往往会使得领导人作出截然不同的选择。

（三）降低抵御负面因素侵害的能力

掌握组织各类重要资源支配权力的领导人，一旦被个人利益或享乐的价值倾向所控制，不仅将会严重削弱整体职业的智慧才能，时常作出令人匪夷所思的荒谬举止，而且必将显著降低抵御各种负面因素侵蚀的能力，并在接踵而至难以抗拒的诱惑中，极易坠入职业生涯的深渊。

因此，《大宝箴》对帝王的劝诫与提醒，曾受到唐太宗和康熙帝的格外珍视："勿谓无知，居高听卑；勿谓何害，积小成大。乐不可极，极乐成哀；欲不可纵，纵欲成灾。壮九重于内，所居不过容膝；彼昏不知，瑶其台而琼其室。罗八珍於前，所食不过适口；惟狂罔念，丘其糟而池其酒。勿内荒于色，勿外荒于禽；勿贵难得之货，勿听亡国之音。内荒伐人性，外荒荡人心；难得之物侈，亡国之声淫。抚兹庶事，如履薄临深；战战栗栗，用周文小心。"——不要说不知道，处在高位要了解民情；不要说没有祸害，积累小毛病可以成为大祸害。快乐不可达到极点，乐极生悲；情欲不可放纵，纵欲成灾。在宫内扩大豪华的宫殿，所居住的不过是很小一部分；那些昏君不明白这个道理，竟用美玉来修筑亭台楼阁。面前陈列各种山珍海味，所吃的不过是适合口味的很小一部分；而一味放纵的昏君却开凿池塘来盛酒，把酒糟堆成山。在内不要沉迷美色，在外不要沉迷狩猎；不要看重稀有的财宝，不要欣赏亡国的靡靡之音。沉迷美色会让健康受损，沉迷田猎会让人心放逸；贪图稀有的财宝是奢侈，迷恋亡国的音乐是淫逸。处理政事，要像脚踏薄冰、面临深渊那样谨慎小心，要像周文王那样顾虑周全。

（四）制约整体组织价值体系的高度

领导人的价值观及其行为表现，通常是一个团队思维与行为的标杆。因此，领导人逐利享乐的价值倾向，无不对组织成员的价值取向，产生潜移默化的深远影响，并把他们逐步引向一种唯利是图、追逐享乐，又心安理得的价值思维境地，从而无不显著制约整体团队思维行为价值体系的高度，使得组织丧失足够坚强的团结协作、奉献团队等积极的思想意识。

（五）无视并越过组织的原则或纪律

常言道，利令智昏。的确，当一个人被个人的眼前利益或者及时享乐的价值倾向所控制，那么，他的头脑中辨识思维智慧必将处于极度的昏聩境地，而无任何的底线或原则可言。

领导人极端的逐利享乐价值倾向，在一定资源支配权力的背景下，几乎很难自觉自愿或心甘情愿地经受各种组织原则与纪律的约束，甚而至于不惜出卖组织的关键利益，而攫取个人的蝇头小利。因此，复杂或艰难的背景下，领导人极端自私的价值倾向，无不成为整体组织或团队的深重灾难。

（六）导致团队运营体系的极度混乱

领导人无不承担着组织高质量全局进程或成就最为重要而艰难的责任。然而，极端的个人逐利和享乐的价值倾向，无不极大地削弱领导人复杂内外环境中组织全局高质量辨析和推动的力量。

不仅如此，领导人逐利享乐的价值观，还是组织全局及其一切积极的价值取向，最具侵蚀性的破坏力量。它能够轻易地击垮任何良好的运营体系，及其曾经无比坚强的凝聚力，而把组织推向极度混乱的运营境地。

（七）限制组织或个人的成就高度

领导人极端逐利享乐的价值倾向，无疑将会极大地限制其头脑中，足够坚强组织全局的利益或力量，积极成熟价值意识的有效构建与发展。因此，艰难复杂背景下，任何寄予其引领或创造组织卓越全局进程与成就的希望，都必将成为时刻破灭的泡影。

六、高质量价值体系构建的挑战

头脑中持有的价值体系，普遍取决于人们复杂背景下，整体思辨智慧的高度，并受到职业经历与环境因素的重要影响。显然，肩负组织高质量全局进程与成就核心职责的领导人，如果对组织全局各环节、阶段所体现的整体力量和利益，及其整体团队人的强大能动性智慧力量的价值，缺乏足够深入的理解与辨识，那么，他的价值思辨的质量必将受到极大的限制。

广泛的实践中，积极的领导无不需要通过高质量价值观念，坚强有力的引导或推动而得以有效实现。因此，任何背景下，领导人都必须能够绝对地掌控个人利益与享乐的价值倾向，并以此卓有成效地推进团结、奉献等高质量团队价值体系为积极构建与持续发展（图2-3-3-9）。

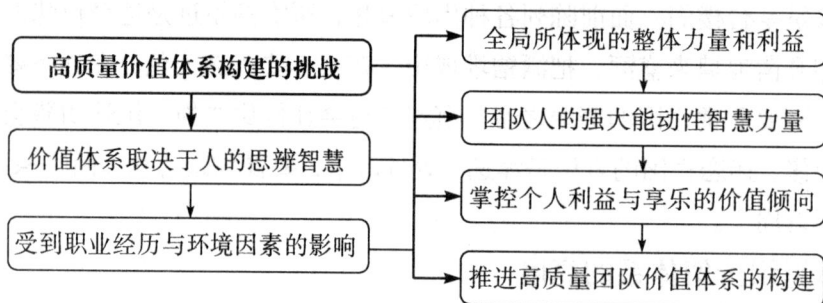

图 2-3-3-9　高质量价值体系构建的挑战

（一）价值体系取决于人的思辨智慧

人们头脑中对各类事物及其关系，重要程度与价值高低设置所构成的价值体系，通常取决于并反映着人的整体辨识思维智慧的高度，并决定着人们对相关事物的重视强度，及其所采取的应对方式。因此，高质量价值体系的构建或形成，就不仅需要对各种事物及其关系，足够深入准确辨识的支持，而且需要通过相关行为的有力推动，能够真正创造更具广泛和长远价值的积极成果。

（二）受到职业经历与环境因素的影响

高质量价值体系积极构建的挑战，不仅源自需要人的头脑中，足够高度思辨智慧的坚强支撑，而且还受到自身职业与外部环境因素的重要影响。换而言之，人们可能已经通过自身的辨识智慧，准确地辨识某些事物具备抑或缺乏足够的价值，然而，却由于职业经历或环境因素的影响，而改变了它们的价值地位或应对的行为方式。

最为典型的，助人为乐几乎是人们与生俱来的天性。然而，如果帮助他人却惹来恶意的敲诈勒索并难以有效解脱，那么，人们就可能会对他人的极度困难而普遍地选择漠然相视。

（三）全局所体现的整体力量和利益

价值观能够真正展示显著的力量差异，普遍存在于需要对事物的不同影响因素，及其相互间作用关系，以及可能具有不同时期明显的利益冲突，进行更为积极应对的环境中。换而言之，面对事物的不同影响因素、关系及其变化，所存在的力量和利益的不同思辨结论，普遍成为人们价值体系质量差异产生的决定性因素。因此，如果缺乏足够成熟而坚强的全局思维意识的有力支撑，高质量价值体系必将成为水中之月。

（四）团队人的强大能动性智慧力量

人的因素是任何领导管理者职业都不可或离，且对其进程或质量普遍具有决定性影响的核心资源。其中，人的主观能动性所产生的智慧力量，既能够成为领导管理进程强大的积极创造和推动力量，也可能变为重要的限制与制约因素。

因此，领导管理者如果缺乏人的因素，对组织或自身职业决定性价值足够深入的辨识，并以此充分激发与展示整体团队中，人的因素积极强大的能动性智慧力量，那么，他们思辨价值体系的高度，显然将会受到极大的制约。

（五）掌控个人利益与享乐的价值倾向

领导人个人的生活习性，以及对个人物质利益的态度，是否对职业的进程或成就，存在着足够显著而必然的影响，长期以来，一直是人们广泛争执的议题。然而，与此相反，几乎没有人能够认为，具有极端自私自利，追逐个人享乐倾向的领导人，可以在职业上有效统领一支团队，而成就一番真正的事业。

事实上，领导人如果不能有效地掌控，自身个人利益或享乐的价值倾向，并依据以身作则积极奉献和进取强大的行为力量，卓有成效地引领或推动整体团队，高质量价值体系的有效构建与持续发展，那么，他的任何崇高的职业愿望都必将难见天日。

（六）推进高质量团队价值体系的构建

在复杂多变的内外环境中，积极推进具有高度思辨智慧人的因素所构成的团队，高质量价值体系的有效构建与持续发展，显而易见，无不成为广泛领域中组织领导人所普遍面临的最为艰难的职业挑战。

事实上，如果缺乏整体团队高质量价值体系的坚强支撑，领导人任何卓越的思维或积极意图，都必将难以成为组织卓有成效的实践。反之，高质量价值辨析思维所坚强推动，所形成的广泛团队成员工作的主动性、积极性与创造新，无不成为整体组织有效超越一切内外挑战最具强大的力量。因此，积极推动团队价值体系高质量的构建与发展，已日趋成为远见卓识领导人的广泛共识及其卓越职业进程创造的核心工作。

第四节　道德是思想体系的核心构成

卓越领导人头脑中的神秘谜团

通过长期的积极探索与实践，人们已经日趋普遍而深刻地意识到，无论多么复杂的事物，都必然存在决定其本性特征的若干因素构成。一件事物与其他多种事物，本质因素间的相互联系或作用，无不决定着该项事物运行变化的必然趋势。

受到传统思想文化的深刻影响，人们已经倾向于把事物与生俱来的本性特征中，积极因素充分展示的方式及其所形成的原则，冠以"道"的称谓；而把倾力推动事物本性中积极、正面因素的充分展示，人们高质量的思维与行为方式，冠以"德"的称谓。显然，在长期的人类文明发展进程中，"道"与"德"是如此密切而重要的一组对立统一因素，以至于人们通常以道德的整体概念，来高度概括推动事物积极的运行变化，必须遵循的基本思维与行为的准则。

道德基本原则的构建与创造，是人类漫长文明进步和发展历程中，高度智慧结晶与升华所形成的极其宝贵而重要的思想财富。对它蕴含的强大力量足够深入的辨识与积极的运用，不仅是人们一切高质量思维与行为的重要基础，而且也是任何背景下组织卓越运营进程与成就的坚强动力。

面对复杂艰难的职业挑战，高水平的道德思维意识，无不成为广泛领域中领导人，高层次思想体系最为坚强而核心的构成，并最终决定其引领与推动组织高质量运营发展的职业智慧与才能（图 2-3-4-1）。

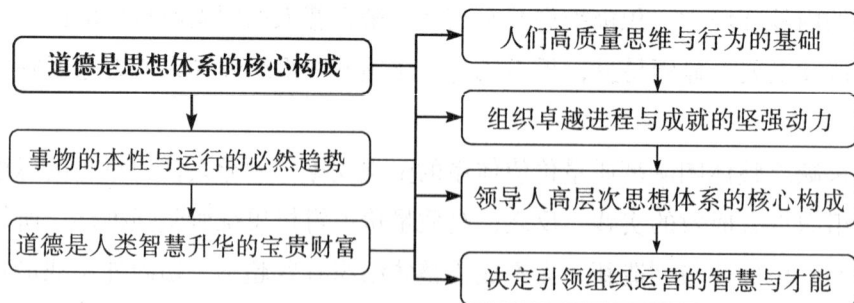

图 2-3-4-1　道德是思想体系的核心构成

一、事物的本性与运行的必然趋势

任何事物都必然存在自身主要的组成因素，及其相互间特定的作用关系，它们共同构成了事物的本性特征。同时，事物的组成与关系，又无不受到外部环境中，其他事物因素的广泛作用和影响。

事物内外因素间各种相互的作用与影响，共同决定了事物特定的运行变化的状态。

人们通过长期的探索与实践，已经深入辨析和掌握了事物本质联系的必然性，使得某项事物在特定的外部因素作用下，能够稳固地呈现出运行变化的必然趋势或状态。这无疑成为人们推进事物或组织高质量运行发展，极其强大的智慧力量（图2-3-4-2）。

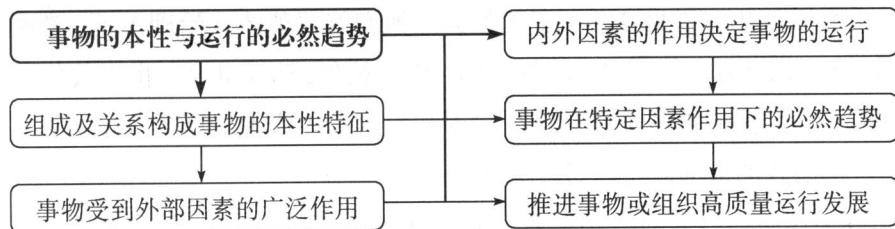

图 2-3-4-2　事物的本性与运行的必然趋势

（一）组成及关系构成事物的本性特征

众所周知，对事物形成足够深入而准确的辨识，是推进其积极运行发展的重要前提和保障。而这种辨识最为根本的要求与关键的途径，就是需要对事物主要的组成成分及其相互间关系，予以全面准确的识别。不仅如此，自身的主要组成及其关系，还通常构成或决定着事物的本质属性和特征。高质量地应对或推进事物的运行变化，必须成熟牢固地把握事物的本质因素。

（二）事物受到外部因素的广泛作用

任何背景下的事物运行变化，都无不受到外部因素的广泛作用或影响。事实上，所有组织的构建、运行与发展，都必然受到外部的产品需求、资源供给、服务竞争等一系列因素普遍而重要的影响。领导职业的核心任务，也无一不是需要竭尽所能，积极创造或推动组织准确辨识与应对外部环境及其变化，使整体运营能力持续健康地发展。

（三）内外因素的作用决定事物的运行

事物的运行变化，无不受到内外因素共同作用的决定性影响。然而，对于内外因素在事物运行中关系地位的准确把握，则普遍成为限制人们高质量应对事物运行变化的重要因素。事实上，几乎少有领导人没有做出过假设，更为积极有利的外部环境，能够显著提升组织整体的运营业绩。但他们并非能够睿智成熟地辨析，外部环境及其变化的准确辨识与应对，是由组织自身的运营能力所主要决定，并以此把自身职业的重心牢固地置于组织整体运营智慧能力的持续提升。

（四）事物在特定因素作用下的必然趋势

通过长期的实践探索与总结，人们已经凭借自身高度发达的智慧，成熟辨识了广泛的自然界和人类社会中，一定内在组成及其相互作用关系，所构成的具有相应本性特征的事物，在特定的外部因素作用或影响下，能够共同形成任何力量都难以抗拒或改变，事物运行变化必然趋势或状态最为强大的限定性力量。对这种强大力量足够深入地辨识与积极地运用，无疑成为人类自身文明进步与发展最为重要的途径和坚强的动力。

（五）推进事物或组织高质量运行发展

广泛的自然界和人类社会的运行中，客观存在的内外因素及其相互间的联系与作用，构成了事物运动变化最为强大的限定性力量，及其必然的进程趋势和形态。然而，为了卓有成效地支持或推动自身高质量的实践，人们构设了"道"的概念，对应对事物必须遵循的积极的思维与行为原则进行了高度的概况和强调。

譬如，魏征就曾经对帝王的"克终者鲜，败亡相继"的现象，作了"失其道"的根源评述：

"自古受图膺运，继体守文，控御英雄，南面临下，皆欲配厚德于天地，齐高明于日月，本支百世，传祚无穷。然而克终者鲜，败亡相继，其故何哉？所以求之，失其道也。殷鉴不远，可得而言。"——自古以来，凡是承受天命开创帝业或继承帝位的人，他们驾驭英才，治理天下，都希望自己的品德像天地一样深厚，光辉像日月一样明亮，政权巩固，统治长久，帝位相传，世世代代无穷无尽。然而，善始善终的极少，衰亡倾覆的很多，这是什么原因呢？这是因为他们所致力的方式，背离了治理国家的原则。前朝亡国的教训不远，可以引以为戒。

中国古代的各类作品，曾经对人们推进事物积极的运行变化，必须遵循的正确思维与行为方式，所构成的"道"的原则，作了极其广泛的论述。显然，对推动事物高质量进程"道"的形成基础进行足够深入而全面的辨识，能够发挥历史经典思想和文化积极传承与运用极其强大的推动力量（图2-3-4-3）：

1.事物自身的主要组成成分，或者是内在的主要组成或成分；

2.事物主要组成相互间的作用方式或关系；

3.事物运行变化所存在的主要外部作用或影响因素；

4.事物运行变化进程中，内外因素相互间的作用方式或关系。

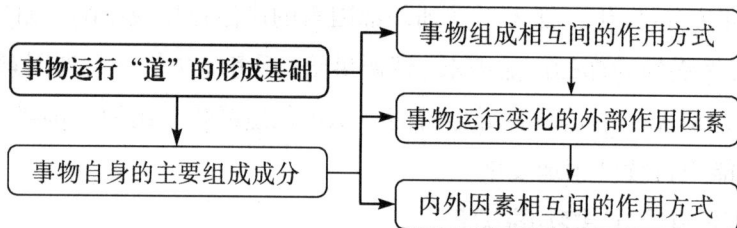

图2-3-4-3　事物高质量进程"道"的形成基础

遵循"道"的基本原则，推动事物高质量的运行发展，广泛的实践中，通常需要采取的正确或积极的思维行为方式，主要表现为：

1.一定内在组成与关系所构成的事物，在特定外部因素的作用或影响下，所形成的运行变化强大的限定性力量及其必然的趋势或状态，人们只能加以准确地辨识、遵循或运用，而无法予以改变。

2.推动事物积极的运行变化，人们通常可以通过对事物的内在组成与关系，外部环境因素及其内外因素相互作用的方式四个方面的要素予以相应的改变，而得以有效实现。

3.积极创造自身职业或组织高质量的进程，必须深入辨识个人或组织，是一个团队或广泛社会组成的基本事实。即既具有与其他相应组成的作用关系，也存在外部因素的广泛影响。

4.有机体对外部环境因素，具有能动性反应的能力：能够对外部环境因素，进行选择性的应对或反应；能够把环境中的积极因素，有效地转换为自身的构成；能够在一定范围或程度上，选择或改变运行的环境（图2-3-4-4）。

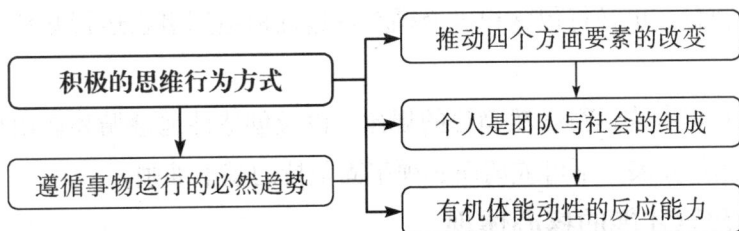

图 2-3-4-4　"道"的原则下的积极思维行为方式

二、道德是人类智慧升华的宝贵财富

人类的智慧，普遍而显著地体现为，对复杂事物足够深入和准确的辨识能力，并能够坚强地推动人们，积极有效地应对事物才能的形成与发展。道德对积极的事物运行与人们行为原则的高度提炼，不仅使其成为高质量推动事物运行发展，必须遵循的基本准则，以及人们智慧才能最为核心的体现，而且也是社会文明进步与发展最为强大的动力（图 2-3-4-5）。

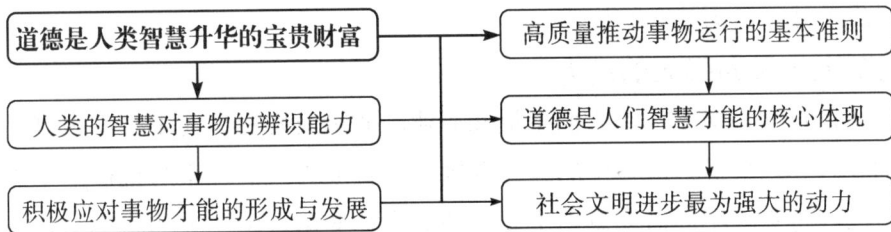

图 2-3-4-5　道德是人类智慧升华的宝贵财富

（一）人类的智慧对事物的辨识能力

在自身漫长的文明发展进程中，人类头脑中的智慧，无不具有极其关键的决定性价值。事实上，如果缺乏足够高度的智慧，对各类事物深入准确辨识能力的坚强支撑，人们任何应对事物行为的力量和价值，都必将受到极其显著的制约。

人们的智慧对事物的辨识能力，无不充分而显著地体现在，能够从各种的外部表象，推断出事物内在的本质；从单独的运行表现，判断出事物间本质的必然联系；从事物之间的联系，辨析出事物运行变化的必然趋势。

（二）积极应对事物才能的形成与发展

明代哲学家王明阳，曾提出过著名的"知行合一"的意见。他认为对事物的认识，如果不能转化为真正有效的行为，就没有达到对事物足够的辨识高度。近代的研究人员通常也把对事物的辨识，作为认识的第一次飞跃，而把推进事物的积极运行，作为完整认识过程不可分割的第二次飞跃。

实践中，人们时常把推动事物高质量运行的能力，视作为人的职业才能。显然，人的智慧是其职业才能强大的支持或推动力量。事实上，人们的智慧与才能，正如"知行合一"，或者密切联结的认识的二次飞跃，它们总是相互交织融合为一体，而难以进行显著的分割。

（三）高质量推动事物运行的基本准则

推进事物高质量地运行发展，无不成为人们的智慧与才能最为集中而显著的体现。其中，既必然涉及人们对事物的本性，及其在一定环境因素作用背景下，运行变化趋势所形成的必然规律，足够深入理解与辨识的智慧，也必将包含积极遵循与创造性地运用事物运行必然规律的才能这样的各方面的基本程序。

换而言之，准确辨识事物运行必然趋势的规律，以及创造性地遵循和运用相应的规律，就成为推动一切事物高质量运行发展，不可或离而必须牢固坚持的基本准则。

（四）道德是人们智慧才能的核心体现

很早以前，我们的先人就凭借着睿智的思维智慧，深刻辨识了事物在不同的作用条件下，会产生显著差异的运行过程或结果。并以"道"的概念，界定事物积极的运行方式或原则；以"德"的概念，界定人们推进事物的积极运行发展，所应展现的高质量的思维与行为。

孔子曾经把"道"与"德"进行了并列地阐述："志于道，据于德，依于仁，游于艺。"——要以道作为思维意识的方向，依据德的基本原则，积极推进仁爱的行为，灵活地运用各种技能。

显然，道德意识的积极形成与充分实践，不仅是人们对一定本性特征事物必然存在的积极的运行变化方式进行足够深入而准确辨识的坚强支撑，而且也是人们推进事物积极的运行发展，高质量思维与行为卓越创造极其强大的推动力量。因此，它普遍成为人们的整体智慧与才能最为核心的体现，以及高质量思想体系最为核心的构成。

（五）社会文明进步最为强大的动力

社会文明进步的进程，对于广泛人们生活和职业的质量及发展，无不具有极其关键的决定性影响。因此，长期以来，社会运行进程中的道德准则，一直成为人们探索与推进的重点，以至于我们今天的许多人，已经把头脑中的道德意识主要地归集为社会运行中，人的思维与行为所需遵循的基本规范。

事实上，任何的个人、家庭或组织，都无法脱离社会独自存在或运行。事实上，如果思想意识中对这种密切联系的关系，缺乏足够深入而成熟的辨识，那么，构建与推进高质量的道德思维，对其而言，必将是件令人沮丧的奢望。

我们的先人，很早以前就凭借着卓越的思维智慧，深入洞察和辨识了坚强的道德意识，作为整体社会文明进步与发展，最为强大动力的客观事实。并就高质量社会道德的有效构建与推进，必须兼顾他人、团队与社会整体的核心意识，提出了极具价值的"仁"和"义"的重要思维方式。

极为典型的，《淮南子》曾对道、德、仁、义的内涵，作了这样辨析："道者，物之所导也；德者，性之所扶也；仁者，积恩之见证也；义者，比于人心而合于众适者也。"——道，是万物行进的方向；德，是对事物本性的扶持；仁，是积聚恩惠的见证；义，是辨识并合乎众人的心愿。

三、人们高质量思维与行为的基础

广泛的实践中，足够成熟而积极的道德意识，不仅是一切生活或职业环境中，人们辨识应对各种艰难挑战睿智思想行为的根本指南，而且也是密切协作的人类组织与社会积极形成或健康运行的稳固基石，及其文明进步与发展水平最为重要的标志。

然而，由于人们的智慧才能及其道德意识，所广泛存在的限制或差异，社会道德的进步与发展，无不充满着崎岖坎坷的艰难挑战。尽管如此，人类整体强大的智慧力量，总是能够有效地限制背离社会道德，各种负面因素的侵蚀，而把它的文明进步持续地推向新的高度（图2-3-4-6）。

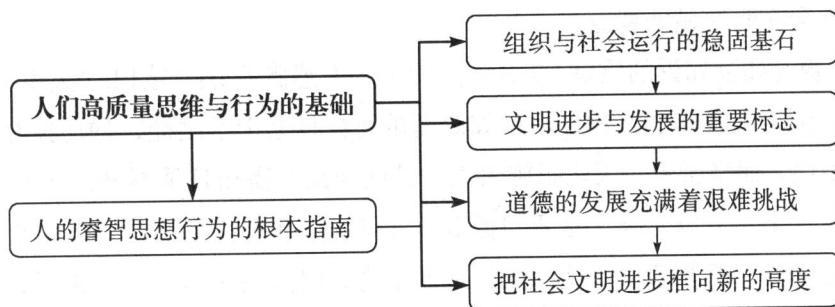

图 2-3-4-6　人们高质量思维与行为的基础

（一）人的睿智思想行为的根本指南

深入而准确地辨识事物内在的本性特征，及其一定外部条件下的积极运行方式，并以此指示或确立高质量的应对思维与行为方法，迄今为止，无疑已经成为所有贤能睿智之士，面对复杂职业挑战的普遍共识与原则。

广泛的实践中，任何高质量领导进程或成就的积极创造，领导人不仅需要能够成熟牢固地构建自身睿智思维与行为的道德指南，而且还必须卓有成效地肩负指导这一根本思维行为准则在整体团队中广泛推进的重要任务。

（二）组织与社会运行的稳固基石

从根本上说，缺乏足够强大的道德智慧与力量的坚强支撑，就没有任何组织及其社会的形成或健康的运行。人们唯有对相互间的密切协作或积极支持，更为强大力量与重要价值，足够深入而准确地辨识，才有可能缔结成高度文明的组织或社会，及其高质量的运行与发展。

因此，孔子曾经断称："德不孤，必有邻。"——有德性的人绝对不会孤独，必定有同样的人与其相伴。

（三）文明进步与发展的重要标志

人们及其所缔结的各类专业性组织，构成了整体社会的运行体系。在社会的运行进程中，人们、组织及其广泛社会间，所形成的相互关爱、支持与帮助的意识，以及由此而构建的价值观念和思维行为的准则，无不成为整体社会文明发展最为强大的动力，及其文明进程最为重要的标志。

不仅如此，社会及其各类组织的领导人，由于他们关键的职业地位，无疑应该承担着推动社会整体文明进步，更为重要而广泛的引领与表率责任。他们对自身这一重要责任的任何忽视或推诿，都必将对整体社会的文明进步与发展产生极大的限制。

为此，孔子曾特别强调了关爱民众德政的积极价值："为政以德，譬如北辰，居其所而众星共之。"——治理政事以仁义的德行，就会像北极星那样，自己居于一定的位置，而群星都会环绕在它的周围。

（四）道德的发展充满着艰难挑战

人们积极而成熟的道德意识，并非能够与生俱有，它的牢固构建与持续发展，无不需要足够高度的辨识思维智慧的坚强支撑，并受到头脑中自我意识、责任理念等多种复杂因素的重要影响。尤其是在一定外部因素的诱惑与驱使下，人性中隐含的极端自私与野蛮的孽种，会得以迅速地滋生和疯狂地蔓延。因此，人们广泛关爱相互支持的道德进程，无不充满着极其坎坷而艰难的挑战，甚而至于会产生整体社会文明的显著衰退。

因此，司马迁曾经如泣如诉的质疑，至今依然无不令人感慨万分："或曰：'天道无亲，常与善人。'若伯夷、叔齐，可谓善人者非邪？积仁洁行如此而饿死！且七十子之徒，仲尼独荐颜渊为好学。然回也屡空，糟糠不厌，而卒蚤夭。天之报施善人，其何如哉？盗跖日杀不辜，肝人之肉，暴戾恣睢，聚党数千人，横行天下，竟以寿终。是遵何德哉？此其尤大彰明较著者也。若至近世，操行不轨，专犯忌讳，而终身逸乐，富厚累世不绝。或择地而蹈之，时然后出言，行不由径，非公正不发愤，而遇祸灾者，不可胜数也。余甚惑焉，傥所谓天道，是邪非邪？"——有人说："上天的法则没有偏心，谁善良就帮助谁。"那么像伯夷、叔齐算不算是善良的人呢？他们一辈子修德行善，最后竟然饿死了！在孔子的七十多位高徒中，孔子最赞赏颜回的好学不倦。但颜回却经常处在穷困之中，甚至连糟糠也吃不上，最后落得一个短命而死。如果上天是要报答善人，怎么会是这样？恶人盗跖每天都在残杀无辜，把人肝拿来当美味，他凶狠残暴，率领着几千歹徒横行天下，结果却寿终正寝，这遵循的又是什么德行呢？这些都是非常突出的例子。

至于近代那些品行不端、专门违法乱纪之徒，却终身享乐，高官厚禄几辈子连续不断。而那些看好了地方才下脚，到了合适的时机才说话，走路从来不抄小路，不到该主持正义的时候不出头，行为如此遵循道德却遭遇灾祸的，简直数不胜数。对此我感到很迷惑，这个所谓天道，究竟是对还是不对？

（五）把社会文明进步推向新的高度

广泛的实践中，人们职业任何真正的艰难挑战，无不与未能深入辨识及其积极融入，社会整体文明进步的进程存在着密切的关联。相反，真正的贤能与睿智之士，无论置身于多么复杂或艰难的职业环境，无不能够足够深入而清晰地辨识，整体社会文明进步的必然趋势，及其自身职业所应努力的方向和着力的重点。

事实上，正如"种瓜得瓜，种豆得豆""一分耕耘，一分收获"以及"善有善报，恶有恶报"等俗语的流传千年，任何对他人、团队或整体社会积极付出，及其社会文明进步力量奉献的价值，迄今为止，已成为人们日趋广泛与高度的共识。而任何背离社会主流道德的行为，亦已日益显示着巨大的风险。

四、组织卓越进程与成就的坚强动力

道德的核心思维原则，无不能够坚强地推动人们准确地辨识组织运营发展，内外各种重要因素的构成及其相互作用关系的实际，并努力把组织的运营密切地融入整体社会文明进步的进程中。

同时，足够高度与成熟的道德思维意识，还能够积极有力地支持人们，推进组织各运行环节的密切协作，及其整体与长远利益的维护；把工作的重心牢固地置于，最具关键和决定性的人的素养或价值的持续提升与充分展示；积极吸收和运用能够有效提升各类资源潜在力量与价值，更为充分展示的先进科技成果。因此，广泛的实践中，积极的道德思维无不成为组织高质量进程与成就，卓越创造极其坚强的动力（图2-3-4-7）。

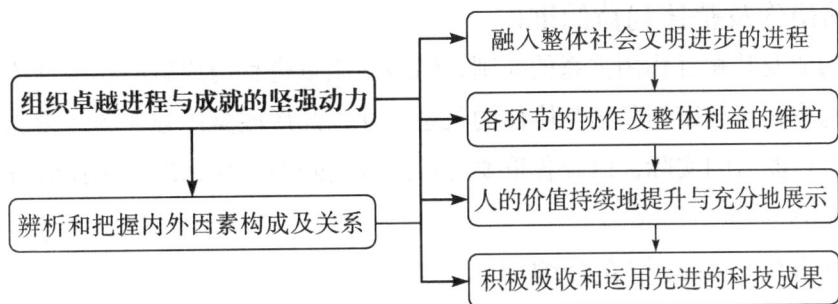

图 2-3-4-7　组织卓越进程与成就的坚强动力

（一）辨析和把握内外因素构成及关系

积极创造组织卓越的进程与成就，根据道德思维的基本准则，必须客观准确地辨识组织自身重要的资源构成，及其主要环节的设置背景与运行的实际能力，以及它们相互间的联结或作用关系；深入全面地辨识组织运营发展，外部环境的主要影响因素与状况，以及组织内外因素的联系关系及其存在的变化趋势（图 2-3-4-8）。

无视上述的基本原则及其卓有成效的实践，组织的运行进程与成就，必将受到极大的限制，甚而至于导致组织全局的严重挫折。

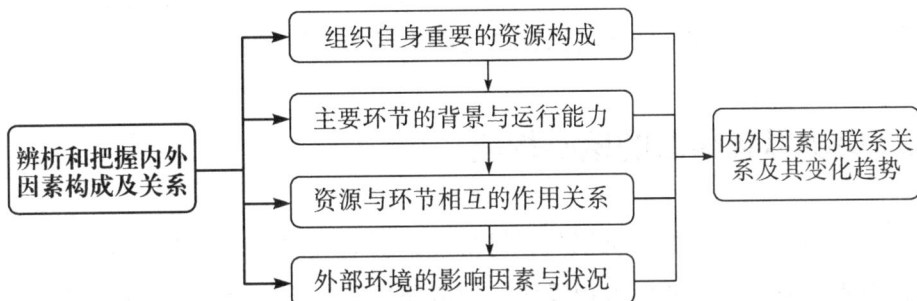

图 2-3-4-8　辨析和把握内外因素构成及关系

（二）融入整体社会文明进步的进程

对道德核心思维原则足够成熟地理解和把握，无不能够坚强地推动人们，深入辨识组织作为整体社会局部构成的基本事实，并努力把组织的运行发展密切地融入整体社会文明进步的进程中。事实上，任何组织高质量进程与成就的卓越创造，无一不是通过对社会需求及其变化足够准确的辨析与积极的满足而得以实现。

曾经作为世上最为强大的秦帝国，它的失道缺德而导致顷刻间覆灭的根源，无疑给后人留下了极其宝贵的借鉴价值。颇具才华的政论家贾谊，曾经作有著名的《过秦论》，对其作了极其深刻的辨析：

"故先王者，见终始不变，知存亡之由。是以牧民之道，务在安之而已矣。下虽有逆行之臣，必无响应之助。故曰：'安民可与为义，而危民易与为非'，此之谓也。贵为天子，富有四海，身在于戮者，正之非也，是二世之过也。"——古代圣王能够辨识国家治理始终不变的原则，知道生存与灭亡的缘由。因此形成了治理民众之道，就在于务必使其安居乐业。这样，天下即使出现叛逆的臣子，也必然没有人响应，而得不到帮助力量。所以说"处于安定状态的民众可以共同行仁义，处于危难之中的人们容易一起做坏事"，就是阐明了这种情况。尊贵到做了天子，富足到拥有天下，而自身却不能免于被杀戮，就在于选择的不是治国的正道，这是秦二世的罪过。

（三）各环节的协作及整体利益的维护

根据事物的构成及其相互作用关系的原则，组织高质量进程与成就的积极创造，必须努力推进各环节或因素的构成相互间密切联结与协作的关系，并以此形成整体强大的运营能力。同时，还要努力兼顾各环节运行能力的实际，以及各重要运行阶段之间的衔接，以确保任何背景下组织整体与长远利益的积极维护。

（四）人的价值持续地提升与充分地展示

人的因素是任何组织资源与力量的核心构成，因此，致力于人的素养或价值，持续地提升与充分地展示，无不成为广泛领域中组织仁义道德水平及其整体运营能力极其关键的决定性工作。

实践中，唯有人的素养或价值的持续提升与充分展示，才能从根本上提高整体组织资源构成的质量，以及各环节相互支持和密切协作的能力，从而卓有成效地创造组织持续高质量的运行发展。

（五）积极吸收和运用先进的科技成果

科学技术，从根本上说，是对事物的本性特征与联系，及其高质量运行推动方式的揭示。事实上，长期以来，人们竭力推崇的"道"与"德"的原则，及其"仁义"的核心思维，无不与科学技术存在着密切的关联性或高度的一致性。

因此，坚持道德的核心思维与原则，必须积极吸收和努力运用，一切先进的自然与人文的科技成果，以有效提升一定内外资源条件下组织整体更高质量的运行发展。

五、领导人高层次思想体系的核心构成

任何背景下，头脑中对事物准确辨识与积极推进，所形成的道德思维意识，无不成为人们整体思想体系的核心构成。事实上，领导人积极成熟的道德思维，不仅是自身高层次价值观牢固构建的坚实基础，而且也是其高质量的思维与行为最具关键的决定性因素。

广泛的实践中，领导人高层次的思想体系，无不成为组织正确的运营方向和路线，以及卓越的领导进程与成就，卓有成效创造的强大动力和重要保障。因此，领导人必须努力超越简单浅显道德内涵的限制，足够深入和准确地把握道德思维原则的实质（图2-3-4-9）。

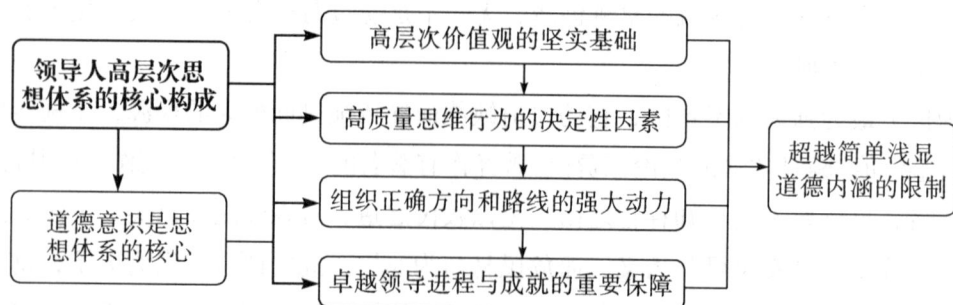

图 2-3-4-9　领导人高层次思想体系的核心构成

（一）道德意识是思想体系的核心

人们头脑中的思想，通常表现为对所及重要的人、事、物，及其关系和变化相对稳定的应对原则或方式的意识。思想体系是各类重要的思想意识，相互联结与融合的集成。道德的本质，则是对人的或事物的本性构成与特征，及其积极的运行原则与方法的深刻揭示，以及人们所应具备的高质量思维与行为的引导。

因此，道德意识无不成为人们思想体系中最为核心的构成。事实上，缺乏道德思维意识的坚强支撑，没有任何人士能够真正构建形成成熟稳定的思想体系，而无不被飘忽不定的事物关系或变化的表象所完全控制。

（二）高层次价值观的坚实基础

对事物重要程度或价值高低的判断所形成的价值观，无不需要对相应事物足够深入和全面的辨识，及其基本应对方式设置形成的有力支持。显然，对事物本性特征与积极运行原则的深刻揭示，以及高质量应对思维与行为推动为核心的道德意识，无不成为人们各种复杂背景中高层次价值观铸建形成的坚实基础。事实上，缺乏足够积极成熟道德思维的坚强支撑，人们头脑中价值体系的质量或层次必将受到极大的制约。

（三）高质量思维行为的决定性因素

对事物的本质与联系，及其积极运行原则的深刻揭示，尤其是对人的思维与行为所需遵循的正确方式，直接而强力引导和推动形成的道德准则，无疑是人们各种环境中，高质量思维与行为有效创造的决定性因素。因此，缺乏足够成熟稳固道德意识的坚强支撑，人们的思维行为必将在各种挑战中，呈现出极其脆弱的力量或显著的错误表现。

《荀子》曾对人们若干高质量的思维与行为表现，及其形成的背景作了这样的阐述：

"君子宽而不慢，廉而不刿，辩而不争，察而不激，寡立而不胜，坚强而不暴，柔从而不流，恭敬谨慎而容。夫是之谓至文。《诗》曰：'温温恭人，惟德之基。'此之谓矣。"——君子宽宏大量，但不懈怠马虎；方正守节，但不尖刻伤人；能言善辩，但不去争吵；洞察一切，但不过于激切；卓尔不群，但不盛气凌人；坚定刚强，但不粗鲁凶暴；宽柔和顺，但不随波逐流；恭敬谨慎，但待人宽容。这可以称为最文雅最合乎礼义的了。《诗经》说："温柔谦恭的人们，一定是以道德为根本。"说的就是道德的重要作用。

（四）组织正确方向和路线的强大动力

道德思维意识，对积极的事物运行及其人的思维行为准则的揭示和推动，通常包含着事物内在因素与事物之间相互作用和联系的原则两个方面的基本内容。由此推及广泛组织的运行发展，就形成了对外部环境因素辨识应对的基本方向，以及内在因素相互联结作用推动的基本路线。

因此，以积极成熟道德思维意识为核心，领导人高层次的思想体系无不成为组织高质量运行方向和路线卓有成效创造及其推动的强大力量。

（五）卓越领导进程与成就的重要保障

高层次的道德思维意识，能够有力地支持或推动领导人，深入准确地辨识组织内外各种重要因素的本质，及其相互联系与作用所存在的复杂关系，并以此充分识别外部的机遇或挑战，有效激发和创造组织整体强大的前行动力。因此，它普遍成为组织高质量领导进程与成就的重要保障。事实上，缺乏足够深厚道德思维意识的坚强支撑，没有任何领导人能够在复杂艰难的内外挑战中，创造卓越的职业进程或成就。

（六）超越简单浅显道德内涵的限制

充分依靠或运用道德思维意识，所揭示的强大职业推动力量，领导人必须能够站在更高的思辨立场，超越人们日常中所提倡的不损害他人利益，简单浅显道德内涵的限制，而深刻辨析它对自身整体思想体系的质量，及其职业的智慧与才能，极其重要的决定性价值。

不仅如此，肩负一个团队高质量运行发展最为重要的责任，领导人强大道德思维力量的充分展示，还普遍需要得到以人的因素为重心，仁义等积极意识的坚强支撑。

《三略》曾经对此而辩称："道、德、仁、义、礼，五者一体也。道者人之所蹈，德者人之所得，仁者人之所亲，义者人之所宜，礼者人之所体，不可无一焉。"——道、德、仁、义、礼，五者是一个整体。道是人们所应遵循的，德是人们从道中所得到的，仁是人们所亲近的，义是人们所应做的，礼是人们的行为规范，这五条缺一不可。

六、决定引领组织运营的智慧与才能

广泛的实践中，积极成熟的道德思维意识，通常能够有力地支持领导人，牢固地立足于组织运营的内外实际，及其人的潜在力量或价值充分展示的基本原则，并通过组织内外因素密切联结的有效推进，以及外部环境中积极因素或力量的充分运用与吸收，从而实现对社会需求及其变化的准确辨识与积极满足，展现出引领和推动组织运营发展卓越的智慧与才能（图 2-3-4-10）。

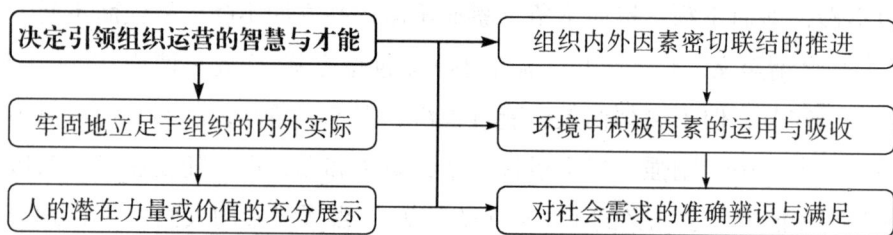

图 2-3-4-10　决定引领组织运营的智慧与才能

（一）牢固地立足于组织的内外实际

立足于事物的客观实际，努力探索并遵循其积极运行的必然趋势，无不成为道德强大力量形成的核心原则与根本基础。广泛的实践中，任何组织高质量进程与成就的积极创造，无一不是牢固地立足于自身资源能力的构成，及其外部环境的实际而形成。

因此，立足于事物的客观实际，努力探索和遵循其运行必然规律性的实事求是，成为著名的毛泽东思想体系的核心与精髓。《中庸》也曾辩称："天之生物，必因其材而笃焉，故栽者培之，倾者覆之。"——大自然生育万物，必定会按照生物的具体实际予以细致的照料。因此，那些竖直栽培的物种，就培育其向上成长；那些倾倒在地上的植物，就倾覆在地上让其生长。

（二）人的潜在力量或价值的充分展示

人的因素，是辨识与应对任何事物的主体，因而无不成为任何组织的核心构成，以及运行发展最具决定性的资源力量。为此，长期以来，我们的先哲时常把仁义和道德，作为一个完整统一、密不可分的思维方式体系。领导人推进组织高质量地运行发展，无不需要竭尽所能积极推进组织中人的潜在力量或价值的充分展示。

对于人的因素潜在力量的充分展示，《尚书》曾经作了这样著名论断：

"德盛不狎侮。狎侮君子，罔以尽人心；狎侮小人，罔以尽其力。不役耳目，百度惟贞。玩人丧德，玩物丧志。志以道宁，言以道接。"——德行高尚的人，绝不侮慢他人。侮慢君子，就不可以使人尽心；轻易侮慢百姓，就不可以使人尽力。不被歌舞女色所役使，百事的处理就会适当。戏弄人就丧德，玩弄物就丧志。自己的志向，要依靠道来坚定；别人的言论，要依靠道来接受。

（三）组织内外因素密切联结的推进

事物内外因素，是其运行变化最为重要一组对立统一关系，也是一切"道"的形成最为根本的基础。人们的"德"性，从根本上说，就是依据对"道"所揭示的原则，积极推进事物相互间高质量的密切联结。因此，领导人引领或推进组织高质量的运营发展，必须倾力于内外因素的密切联结，并通过内外因素融合质量与变化趋势经常性的审查，把它们相互作用的水平持续推向新的高度。

（四）环境中积极因素的运用与吸收

组织持续高质量运营发展之道，无不包含着外部环境中一切积极因素和力量充分运用与吸收的基本原则或方向，而它的卓有成效地实现，又无需要对外部环境高质量付出和奉献的坚强支撑。因此，任何背景下，卓越的领导人总是把自身组织，能够付出或奉献的力量与价值，置于头脑思维的核心地位。

对于充分有效地得到外部力量支持的方式与价值，《孟子》曾经作了这样著名的论述："得道者多助，失道者寡助。寡助之至，亲戚畔之；多助之至，天下顺之。以天下之所顺，攻亲戚之所畔；故君子有不战，战必胜矣。"——拥有道义的人得到的帮助就多，失去道义的人得到的帮助就少。帮助的人少到极点时，连亲戚也会叛离；帮助的人多到极点时，全天下的人都会支持。以全天下人都支持的力量，去对抗连亲戚都会叛离的人，结果必将毫无悬念。因此，拥有崇高道德的人，必然是要么不战，战则必胜。

（五）对社会需求的准确辨识与满足

领导人引领与推进组织高质量运营发展的智慧和才能，无不集中地体现在，深入准确地辨识社会的需求及其不断进步所形成的变化，并通过组织整体运营能力持续提升的积极推动，以更高品质或价值的产品服务，予以更高质量的满足。事实上，卓有成效地推动自身整体运营能力的持续提升，并以此为社会需求的积极满足，提供更高品质或价值的产品服务，无不成为广泛领域中组织遵循社会运行道德最为积极而重要的途径。

第五节　坚定崇高的职业与人生信念

最为坚强的职业与人生力量

在复杂多变与艰难挑战的内外环境中，能够始终为组织指明正确的行进方向与道路，并积极激发、创造和保持整体团队强大的前行动力，无不需要领导人高度的思维智慧，以及强大情感行为力量的坚强支撑。对于人们智慧力量的源泉，长期以来，一直倍受睿智或贤能之士的普遍关注，并形成了坚定的人生信念，对于职业智慧力量关键决定价值高度一致的共识。

对此，孔子曾经断称："不知命，无以为君子也。"——不懂得自身的天命，就没有什么力量能够支持他成为真正的君子。爱因斯坦也曾辩称："由百折不挠的信念所支持的人的意志，比那些似乎是无敌的物质力量具有更大的威力。"

由于领导人信念的积极铸建与巩固，通常涉及极其复杂的个人职业与人生的思维意识，以及个人、组织及其广泛社会相互关系高质量的设置。研究领域普遍回避了领导人头脑中的信念，这一智慧能力与职业成就关键而强大的决定性力量。然而，任何具体的领导方法，如果缺乏领导人头脑中，足够成熟与坚定的职业人生信念，及其形成背景中高度智慧力量的坚强支撑，它们的价值无不受到极大的限制。

本节首先从人们的职业与人生意愿，及其信念形成的背景着眼，分析了职业与人生信念形成的根本基础，提出了信念是人们智慧高度最为集中体现的论断。在此基础上，探讨了积极奉献的职业与人生崇高信念，普遍成为广泛领域领导人，高水平职业才能的重要基础，及其强大情感与行为的坚强动力。最后，提出了崇高信念的积极推进，必须牢固地依靠坚强团队力量的观点（图2-3-5-1）。

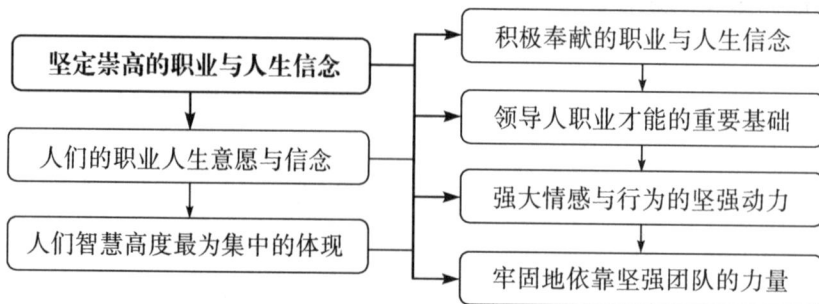

图 2-3-5-1　坚定崇高的职业与人生信念

一、人们的职业人生意愿与信念

人的天性中，总是存在着各种职业愿望与人生追求。信念通常是人们最为长远职业愿望与人生追求，高度提炼、凝结与升华而形成的意愿，并成为思想体系质量与高度的决定性因素。人生信念是人们智慧高度发展的必然结果，并普遍成为人们的职业才能与行为的强大推动力量。实践中，坚定崇高信念的积极铸建，普遍成为领导人必须承担的重要职责及其面临的艰难挑战（图 2-3-5-2）。

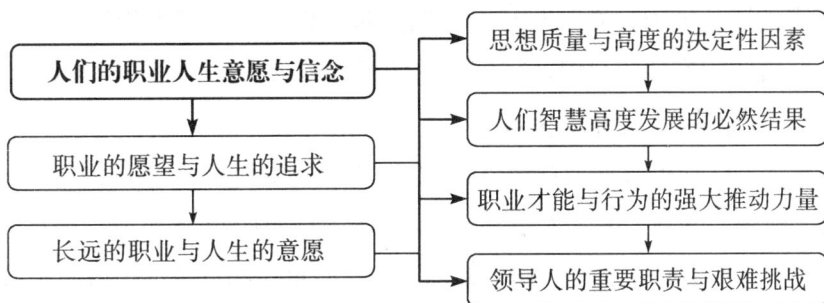

图 2-3-5-2　人们的职业人生意愿与信念

（一）职业的愿望与人生的追求

任何具有正常思维意识的职业人士，无论是否合乎社会潮流或客观实际，都会在自己的头脑中，构建形成密切联系的职业愿望与人生追求。通常，人生的追求或目标，决定着一定背景下人们的职业愿望，以及相应的职业思维与行为的方式；而职业愿望实现或挫折的进程，及其内外资源条件的改变，也会对人们的人生追求目标产生重要的影响。

（二）长远的职业与人生的意愿

高度智慧支持下的成熟稳定的职业或人生追求，时常会被人们提炼升华为坚定的职业和人生信念。坚定的信念是人们最为长远职业和人生意愿，最为根本的决定性因素，也是任何复杂艰难环境中，人们高质量职业进程或成就的积极创造极其强大的推动力量。它的牢固铸建与巩固，通常需要得到四个方面因素的坚强支持（图 2-3-5-3）：

1. 对自身职业素养或潜能的充分辨识与肯定；

2. 对广泛而长远的职业环境中，最为根本的社会运行规律与发展趋势的深入理解和把握；

3. 积极设置了人生的最为根本意愿与努力方向；

4. 确立了创造最具职业或人生价值的坚强决心和意志。

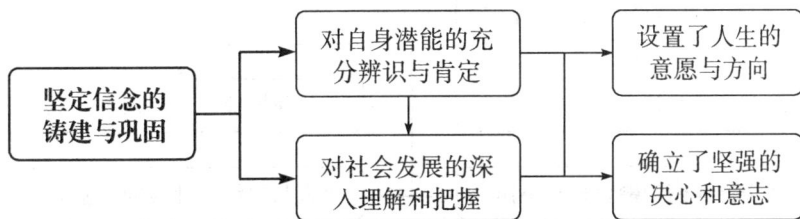

图 2-3-5-3　坚定信念的铸建与巩固

（三）思想质量与高度的决定性因素

信念是人们对头脑中各种积极的思维意识睿智成熟地提炼，所铸建形成的最具强大力量和宝贵价值的思想理念，从而成为整体思想体系的质量和职业智慧的高度，普遍关键的决定性因素。

坚定的信念，无不源自人们高水平的辨识思维能力。同时，它又能够卓有成效地提升人们睿智的职业智慧或远见，并以此坚强铸就并展示一往无前强大的职业行为力量。因此，它普遍成为复杂艰难的环境中，卓越的职业进程或成就睿智坚强地铸建不可或缺的最为关键的思想素养。

（四）人们智慧高度发展的必然结果

人们通过自身智慧的高度发展，如果能够透过职业力量或曲折的限制，看到自身强大的潜在职业才能与人生价值；透过某些局部或暂时的负面表象，看到社会整体运行发展的规律和文明进步的必然；透过个人有限的职业能力，看到与社会文明进步密切融合的积极价值。那么，成熟坚定的职业与人生信念，以及由此所推动的组织运行信念的铸建，就成为任何力量都难以阻挡的必然结果。

（五）职业才能与行为的强大推动力量

坚定的信念，是人们任何艰难复杂背景下，高水平职业才能与行为积极创造，极其重要而强大的推动力量。广泛的实践中，领导人的个人信念，所形成的强大力量，无不成为整体团队坚强而崇高信念，以及正确前行方向的指引和强大行进动力的创造，核心重任的卓越承担极其关键的决定性因素。

（六）领导人的重要职责与艰难挑战

唯有坚定信念的坚强支撑，领导人才有可能在各种艰难复杂的内外挑战中，积极创造整体组织强大的行进动力，展示自身卓越的领导才华。因此，坚定信念的积极铸建与巩固，无不成为领导人必须承担的重要职责。

然而，人们的信念又时常受到各种文化与利益的深刻影响。与组织整体的力量与利益相对应，在突出个人或局部力量与利益的背景下，领导人及其所推进的整体组织信念，积极构建与发展的任何努力，都可能面临极为艰难的挑战。

二、人们智慧高度最为集中的体现

坚定职业与人生信念的牢固确立与巩固，无不需要依据对外部环境与他人的积极力量，整体社会各类群体的密切融合与相互协作，及其总体运行发展的必然趋势，以及自身职业能力与人生价值，足够深入辨识的坚强支撑。同时，坚定信念的积极铸就或形成，也是个人与组织或社会最为紧密联结，并以此创造高质量的职业成就与人生价值，最为重要而强大的推动力量。因此，成熟而坚定的信念，普遍成为人们辨识思维智慧及其整体思想体系高度最为集中的体现（图2-3-5-4）。

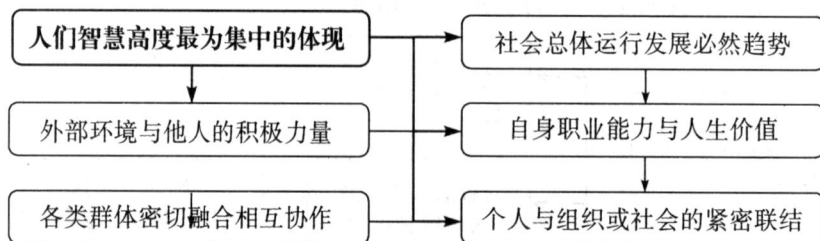

图2-3-5-4　人们智慧高度最为集中的体现

（一）外部环境与他人的积极力量

对外部环境及其他人或其他组织，所蕴含的积极正面的因素和力量，足够深入、客观与理性的辨识，是人们或组织坚定崇高信念积极铸建最为根本的基础和强大的动力。狭隘与浅显的识别思维，时常使得人们只能看到他人对自身某些局部或短期利益的排斥，而难以从更为广阔的视野或长远的立场，深入辨析他人对自身更高质量职业或人生价值的积极创造。

（二）各类群体密切融合相互协作

睿智地辨识外部环境与他人积极的正面力量，只是信念铸建的必要基础。事实上，积极推进各类群体间的密切融合与相互协作，则更具职业与人生信念的实践价值。这也是整体社会文明进步与发展进程，最为核心的体现与强大的动力。

《礼记》曾经深入辨识并阐述了，人们高质量职业与人生价值的创造，所形成的积极而良好的社会广泛群体，密切融合与高度协作的表现：

"大道之行也，天下为公。选贤与能，讲信修睦。故人不独亲其亲，不独子其子，使老有所终，壮有所用，幼有所长，矜寡孤独废疾者皆有所养。男有分，女有归。货恶其弃于地也，不必藏于己；力恶其不出于身也，不必为己。是故谋闭而不兴，盗窃乱贼而不作，故外户而不闭。是谓大同。

今大道既隐，天下为家。各亲其亲，各子其子，货力为己。大人世及以为礼，城郭沟池以为固。礼义以为纪，以正君臣，以笃父子，以睦兄弟，以和夫妇，以设制度，以立田里，以贤勇知，以功为己。故谋用是作，而兵由此起。禹、汤、文、武、成王、周公，由此其选也。此六君子者，未有不谨于礼者也。以著其义，以考其信，著有过，刑仁讲让，示民有常。如有不由此者，在执者去，众以为殃。是谓小康。"——大道实行的时代，天下为天下人所共有。选择有德行的人和有才能的人来治理天下，人们之间讲究信用，和睦相处。所以人们不只把自己的亲人当亲人，不只把自己的儿女当作儿女，这样使老年人能够安享天年，使壮年人有贡献才力的地方，使年幼的人能得到良好的教育，使年老无偶、年幼无父、年老无子和残疾之人都能得到供养。男子各尽自己的职分，女子各有自己的夫家。人们不愿让财物委弃于无用之地，但不一定要收藏在自己家里。人们担心有力使不上，但不一定是为了自己。因此，阴谋诡计被抑制而难以兴起，偷盗害人的坏事不会出现，所以连住宅外的大门也可以不关。这样的社会就叫作大同世界。

如今大道已经消逝，天下变成了一家一姓的财产。人们各自把自己的亲人当作亲人，把自己的儿女当作儿女，财物和劳力都为私人拥有。诸侯天子们的权力变成了世袭，并成为名正言顺的礼制，修建城郭沟池作为坚固的防守。制定礼仪作为纲纪，用以确定君臣关系，使父子关系淳厚，使兄弟关系和睦，使夫妻关系和谐，使各种制度得以确立，划分田地和住宅，尊重有勇有智的人，为自己建功立业。所以阴谋诡计因此兴起，战争也由此产生。夏禹、商汤、周文王、周武王、周成王和周公旦，由此成为三代中的杰出人物。这六位君子，没有哪个不谨慎奉行礼制。他们彰昌礼制的内涵，用它们来考察人们的诚信，揭露过错，树立讲求礼让的典范，为百姓昭示礼法的仪轨。如果有越轨的反常行为，即使有权势者也要斥退，百姓也会把它看成祸害。这种社会就叫作小康。

（三）社会总体运行发展必然趋势

经过长期的不懈探索与实践，迄今为止，人们依然对自身职业与人生信念，坚强构建的社会总体运行发展必然趋势的重要基础，存在着广泛的理解差异或困惑，甚至是尖锐的质疑与争议。

其中最为典型的看法之一，就是人的一切思维与行为，无不源自自身利益的驱使。从基本生存物质资源的谋取，到生活质量改善愿望的实现，都是人们思维行为最为根本而强大的动力。

而另外一种观点则是从广泛而长远社会运行发展的根本立场，审视个人的职业与人生价值。他们认为一旦整体社会的物质与精神文明，维系在较低水准，必然难以建立密切融洽良好协作的社会形态。这种背景下，任何个人或组织的根本与长远利益，都必将受到极大的限制甚至威胁。

因此，高质量职业与人生价值的创造，必须积极遵循社会的全局，与个人或组织局部关系的原则，从而努力把思维行为的重点牢固地置于，整体社会高度物质与精神文明的积极创造，并以此妥善地兼顾和确保社会各群体的根本利益。

（四）自身职业能力与人生价值

对更为广泛而客观外部环境中，自身长远职业能力及其整体人生价值，足够深入辨识与准确设定的智慧，是人们坚定信念铸建极其重要而强大的推动力量。实践中，人们时常会受到职业的范围及其头脑中的臆断，对职业成就与人生价值的限制。

人的智慧最为强大的力量和宝贵的价值，通常并非表现着对外部某项具体机遇的准确辨析，而是更高质量地体现为超越各类具体机遇，对自身潜在职业才能与人生价值，积极而充分地辨识。

（五）个人与组织或社会的紧密联结

人们时常会深切感受职业与人生的艰辛。事实上，人们所遭遇的所有职业与人生的真正艰难，无一例外地源自缺乏坚强团队或社会力量的坚强支持，而必须孤独地应对难以承受的巨大挑战。因此，在漫长的人类文明进程中，人们构建了各类相互支持与协作的组织或团队，所有贤能之士也无不竭尽所能，积极推进整体社会更为和睦关爱环境的营建，并以此作为其文明进步与发展最为核心的标志。

三、积极奉献的职业与人生信念

信念的精髓，在于更高质量职业与人生价值的追求。因此，创造与奉献成为信念积极推进的核心。广泛的实践中，积极帮助与支持他人的职业成就，普遍成为信念有效推动极其重要的途径。致力于更为积极而广泛的社会进步事业，则是崇高信念最为根本的标志。

领导人积极奉献的职业人生信念，是团队崇高信念与强大力量最为坚强的保障，它能够有力地推动组织更高质量地辨识与满足更为积极的社会需求。而自私自利的强取豪夺，则是职业与人生严重挫折最为普遍的根源（图 2-3-5-5）。

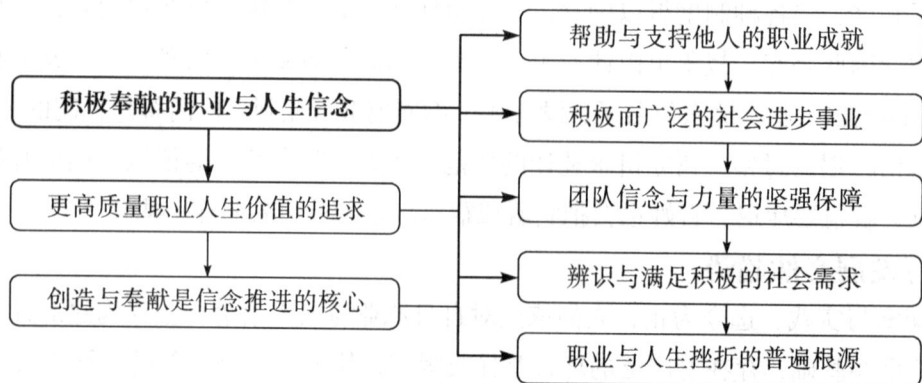

图 2-3-5-5　积极奉献的职业与人生信念

（一）更高质量职业人生价值的追求

人们之所以能够铸建信念，是因为存在更高质量职业与人生价值的追求。如果缺乏更高质量职业或人生追求的强烈愿望，通常就很难会在头脑意识中构建与坚定职业人生的信念。

因此，更高质量职业或人生价值的强烈追求，是一切信念形成、巩固与推进的精髓。换而言之，积极铸建与践行坚定的职业人生信念，必须具备职业或人生更高质量追求的强烈意愿，这也是任何其他因素都无法替代的关键决定性力量。

（二）创造与奉献是信念推进的核心

更高质量职业与人生价值追求意愿的实现，必须得到更为强大物质或精神积极创造的坚强支撑。缺乏卓有成效的积极创造，所有的信念都必将丧失真正的实践价值。

然而，创造无不包含着众多艰辛的挑战，如果它的所有成果及其价值，都是为了满足个人的享乐，这种创造的动力通常会被各种艰辛的煎熬所瞬间淹没。事实上，对他人、组织或整体社会坚定的奉献意识，普遍成为一切积极的创造及其信念的坚强推进最为核心而强大的支持力量。

（三）帮助与支持他人的职业成就

积极的奉献信念意识，并非浅显狭隘地把属于自身既有的物质财富，无偿地提供给他人占有享用，而是主要通过对一味地谋取个人短期或独占利益思维的有效超越，以及自身无私的不懈努力，积极帮助与支持他人创造更为优良的职业进程与成就，并以此展示自身高质量的职业与人生价值。

因此，更为深入准确地辨识他人或组织的需求，更为积极主动地推动其更高质量职业或运行的进程与成就，就成为信念践行极其重要的途径。

（四）积极而广泛的社会进步事业

整体社会的文明进步与良好的运行形态，对人们长远的职业与人生质量和成就，具有极其关键的决定性价值。任何极端的自私自利与强取豪夺，都可能严重侵害社会的运行秩序与文明进程，从而导致整体社会的极度动荡，显著降低社会绝大多数的人们，乃至极端自私行为者自身职业与人生的质量。

因此，任何真正的崇高信念，无一不是表现为对整体社会文明进步的积极推动，以及对最广泛人群的深厚博爱，并因此而普遍成为社会栋梁或贤能之士最为关键而核心的标志。

（五）团队信念与力量的坚强保障

领导人创造与奉献的积极思维意识，普遍成为组织或团队崇高信念及其强大前行动力，最为坚强的保障与支持力量。事实上，领导人总是通过信念意识的积极引导，为组织各种复杂多变环境中，指示正确的航向与路线；通过信念愿景的有效激励，为组织激发和凝聚超越一切艰难险阻，整体坚强的行进力量。广泛的实践充分显示，如果缺乏崇高坚定信念的积极引导与激励，领导人必将无以展示真正卓越的职业才华。

（六）辨识与满足积极的社会需求

卓有成效地铸建与践行奉献的崇高信念，必须坚持把自身关注或着力的重心，牢固地置于广泛社会更为长远而积极的运行发展。并通过自身孜孜不懈的努力，更为准确更高质量地辨识与满足社会的积极需求。这是任何高尚信念及其高质量职业与人生价值，卓有成效推进和顺利实现的必由之路。

为此，美国前总统约翰·肯尼迪，曾在就职演说中竭力呼吁民众："不要问你的国家能为你做些什么，而要问一下你能为你的国家做些什么。"

（七）职业与人生挫折的普遍根源

缺乏积极创造与奉献的牢固信念意识，无视广泛社会持续健康运行发展，所依据的基本道德与整体价值准则，被极端狭隘或短视的私利思维所完全控制，从而总是千方百计地寻求和利用他人的职业弱点或失误，或者社会运行进程中某些领域所存在的缺陷，贪得无厌毫无节制地攫取，其实并非具有真正珍贵人生价值的极端个人私利，在不断进步与发展的社会环境中，一直成为领导人职业与人生无法弥补或挽回的严重挫折最为普遍和主要的根源。

四、领导人职业才能的重要基础

坚定的信念，是对职业与人生密切关联的自然、社会及组织，各类主要因素深入辨识与紧密联结的必然选择。它能够有力地推动领导人，更为准确地辨析社会运行发展的需求，及其组织成长的机遇或空间，为组织选择设置全局运营发展睿智的方向与路线，从而有效地激发和凝聚组织强大的前行力量，争取外部积极因素力量的支持，实现内外资源条件更为密切的联结融合（图2-3-5-6）。

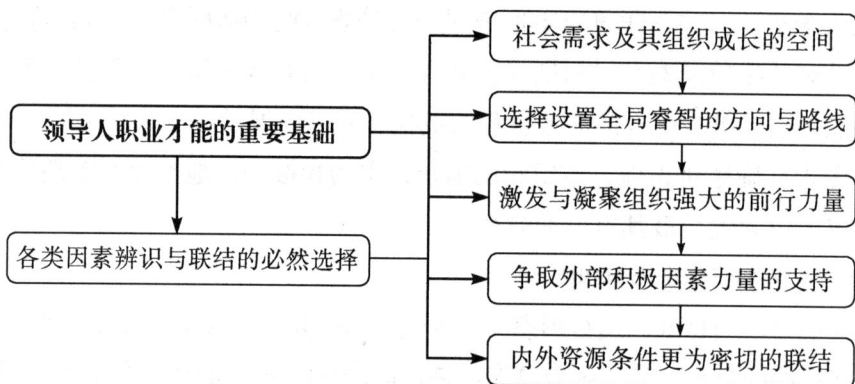

图 2-3-5-6　领导人职业才能的重要基础

（一）各类因素辨识与联结的必然选择

坚定职业与人生信念的铸就，通常是对自然科学技术广泛发展成果及趋势，整体社会长远运行所蕴含的必然规律，组织或团队的强大力量，以及自身积极的职业才能与人生价值，足够深入辨识及其密切联结融合，而形成的难以舍弃和抗拒的必然选择。这种选择的驱动力，也是领导人高质量职业进程与人生价值创造最为坚强的推动力量。

（二）社会需求及其组织成长的空间

信念的形成、铸建与持续巩固的进程中，对自然科技、广泛社会组织力量，运行发展及其融合作用的深入辨识，是领导人准确识别社会需求及其变化趋势，并密切联结组织自身能力的实际，精准地判断与设定组织运行成长的机遇或空间，极其重要而强大的决定性力量。

长期而广泛的实践充分显示，缺乏对自然、社会及组织深入辨识，所形成的牢固信念的坚强支持，领导人极易为组织内外错综复杂的局部、暂时或表面的现象所迷惑，从而严重限制自身职业或组织运行的进程与成就。

（三）选择设置全局睿智的方向与路线

坚定崇高的信念，无不能够坚强推动领导人，以更为广阔和长远的发展视野，审视辨识组织运营的使命与价值，从而高质量地选择或设置睿智积极的前行方向。同时，坚定的信念还能够有效地支持领导人，更为深入地辨析和准确地设定各类资源潜在的力量及其密切联结的作用关系，并以此有力推动整体组织强大运营能力卓有成效地创造与发展，展现出高质量的行进路线。

（四）激发与凝聚组织强大的前行力量

高尚的信念，无一例外地成为所有卓越领导人，积极激发与凝聚组织自身坚强行进力量，极其重要而关键的途径。长期而广泛的实践反复显示，任何领导人一旦缺乏积极铸建自身及其整体组织，坚定崇高信念的卓越远见与才能，那么他必将无以有效激发与凝聚组织强大的前行力量。

（五）争取外部积极因素力量的支持

高尚的个人及其组织信念，通常都源自并形成于对个人、组织及其整体社会积极关系准则，以及广泛外部环境中相关各方的意愿与利益，足够深入的辨析和积极的兼顾。因此，它普遍成为外部环境各种积极因素和力量的支持最为关键而坚强的动力。实践中，如果难以得到外部因素力量的足够支持，领导人务必深入审视与检查个人及其组织信念的质量或高度可能存在的不足。

（六）内外资源条件更为密切的联结

内外资源条件更为密切的联结融合，是组织更高质量运行进程与成就的积极创造，极其关键的决定性力量。坚定信念所激发推动的强烈愿景与智慧力量，能够坚强地支持领导人，有效地把职业关注及其组织运行的重点，牢固地置于内外资源条件，及其持续运行变化进程中，更为密切的联结与融合，从而充分展示自身整体职业卓越的智慧才能。

五、强大情感与行为的坚强动力

坚定的信念，是人们职业与人生情感行为最为强大的推动力量。它能够坚强地支持领导人，在复杂艰难环境中，努力探索并遵循事物的本性及其运行的必然规律，紧密地融入和奉献于团队的运行成长，积极地推动自身职业才能的持续提升与充分展示，有效地激发与凝聚他人奋发进取的动力。缺乏坚定而牢固的信念，极易遭受各种负面因素的困扰与侵蚀（图2-3-5-7）。

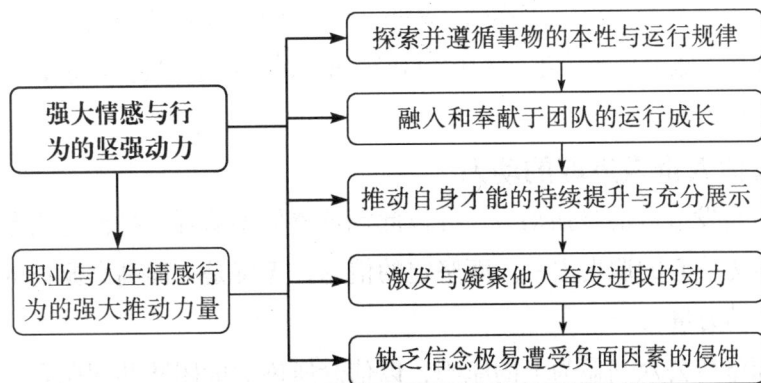

图 2-3-5-7　强大情感与行为的坚强动力

（一）职业与人生情感行为的强大推动力量

人们职业与人生的情感行为动力，无不对其进程或成就的质量与高度，具有极其重要的决定性影响。长期以来，它不仅一直受到最为普遍的关注，而且也是不同思想意识的人们最具争议的焦点之一。

颇具广泛影响的观点之一，是把追求自身的物质利益，视作包括人类在内所有动物行为的根本动力，并且把给予物质利益的多寡，作为情感倾向的决定性因素。与此相反的观念却认为，作为万物之灵的人类，存在着更为积极和高尚的关爱他人、倾心团队、奉献社会，根本而强大的情感与行为动力，这是与所有动物种群最具显著区别的人性特征的智慧优势。

（二）探索并遵循事物的本性与运行规律

信念通常涉及人们最高职业和人生价值的追求意愿，它的实践进程无不因此而受到极其艰难而复杂的挑战。因此，它的积极铸就与推进，及其长期的坚定巩固，无不需要牢固地立足于自身的职业与人生，及其广泛外部环境的实际，并努力以更高层次更为长远的思维立场，深入探索并牢固尊重所及各类重要事物的本性与运行规律。否则，在长期的信念践行实践中，必将难以避免各类主观错误的臆断，所产生的严重挫折。

（三）融入和奉献于团队的运行成长

高远的追求与艰难的挑战，是一切崇高信念极其显著的特征。因此，任何矢志高尚信念的领导人，必须能够深入辨识组织或团队的强大力量，对于自身与组织信念的积极推进和实现的决定性价值。并在牢固团队意识的支持下，把自身最为紧密地融入，并积极奉献于组织运行成长的进程。

雷锋的螺丝钉意识与精神，之所以受到人们最为广泛的推崇和景仰，是因为它是任何个人职业与人生高质量价值，以及整体团队强大前行动力最为根本的源泉。对此，领导人必须在头脑中形成足够深入的感知与辨识，并以自身的坚强行为树立积极的榜样与标杆。

（四）推动自身才能的持续提升与充分展示

在艰辛挑战与漫长曲折的职业人生征途中，坚定信念极其重要而宝贵的价值，无不显著地表现为能够坚强地支持人们，积极推动自身职业能力的持续提升，并在各种复杂艰难的环境中，更为充分地展示强大的职业智慧和力量。

为此，《论语》曾作有这样极具激励价值的名句："曾子曰：'士不可以不弘毅，任重而道远。仁以为己任，不亦重乎？死而后已，不亦远乎？'"——曾子说："士人不可以不志向远大，意志坚强，因为他肩负重任，路途遥远。把实行仁道作为自己的责任，难道不是极其重大吗？奋斗终生，死而后已，难道路程还不遥远吗？"

（五）激发与凝聚他人奋发进取的动力

激发与凝聚员工奋发进取的坚强动力，并以此创造整体团队强大的前行力量，是领导人任何环境中都必须肩负的最为核心的职责之一。而坚定的信念，无疑是一面高高飘扬的旗子，成为人们奋勇向前最为坚强的推动力量。

领导人需要牢固坚持公众利益为上的原则，以信念所确立的团队共同愿景，对广泛的员工进行积极深入的宣传和激励；坚持以人的因素为信念推进的核心力量，并在信念践行的进程中，努力确保广大员工根本与长远的利益。

作为人们广泛而坚强的情感行为动力，《吕氏春秋》曾作有这样深入而精辟的论述："昔先圣王之治天下也，必先公。公则天下平矣，平得于公。尝试观于上志，有得天下者众矣。其得之以公，其失之必以偏。凡主之立也，生于公。"——以前圣王治理天下，一定把公众利益放在首位。做到公众利益为上，天下就可以安定，天下获得安定是由于公众利益得到了维护。考察一下古代的典籍，曾经取得天下的人很多。他们取得天下无一不是维护了公众利益，而丧失天下则必定是由于偏颇私利。凡是君主地位的确立，都是源于维护了公众利益。

（六）缺乏信念极易遭受负面因素的侵蚀

领导人的职业与人生，无不受到各类复杂事物、关系与变化，尤其是外部各种利益驱使下的恭维和逢迎，以及自身物欲或享乐诱惑的艰巨挑战，而充满着难以尽述负面因素侵蚀的巨大风险。

广泛的实践充分显示，如果缺乏坚定信念的坚强支撑，领导人通常很难在漫长的职业进程中保持足够旺盛的情感与行为动力，并在各类负面因素或力量的侵扰下，使得自身整体职业与人生的高度或价值受到极大的限制。

六、牢固地依靠坚强团队的力量

信念是人们极具高远和挑战的职业或人生追求，因而无不需要众多资源力量的积极参与与支持。广泛范围中积极力量的有效争取与运用，通常需要强大组织或团队共同奋发的努力。不仅如此，人们信念的有效铸就或发展，无不需要成熟组织的积极引导与支持。同时，任何高远信念的积极推进，必须牢固地依靠组织或团队整体的强大力量。事实上，脱离组织或团队的任何个人力量，都必定极其脆弱而难以有所真正作为（图2-3-5-8）。

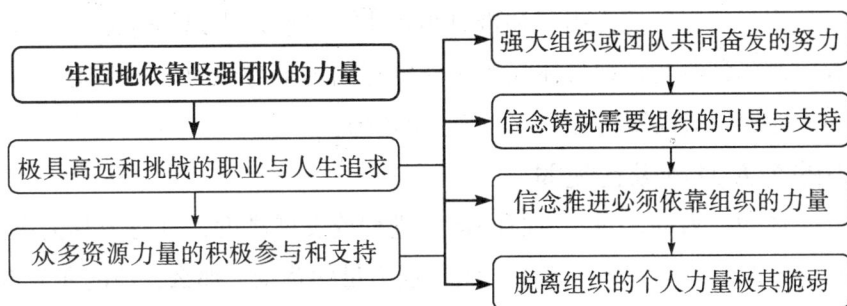

图 2-3-5-8　牢固地依靠坚强团队的力量

（一）极具高远和挑战的职业与人生追求

信念是人们对自身的整体能力或价值，以及广泛社会运行规律及其必然趋势，足够深入地辨析和紧密地联结，而在思想意识中所坚定确立的最具高远的职业或人生价值追求的意愿。

然而，随着各类事物及其关系的持续变化，它的实践进程，无论对内外积极正面的因素和力量，形成怎样深入而充分的辨识，都难以避免种种消极负面因素的侵扰。不仅如此，任何真正崇高信念的推进，可能存在的各种艰巨挑战，通常会使得任何个人的力量变得极其渺小和脆弱。

（二）众多资源力量的积极参与和支持

崇高信念的践行进程中，通常遭遇的艰巨挑战，决定了它的卓有成效推进，无不需要努力争取广泛社会各种资源力量的积极参与和支持。事实上，整体社会的资源力量，具有难以估量的巨大潜力。信念铸建与推进的精髓，就是努力通过社会各类资源力量，更为积极地动员与密切地联结，以卓有成效地创造整体社会，更高质量的文明进步与发展。

（三）强大组织或团队共同奋发的努力

更为广泛社会资源力量的积极参与和支持，对于任何崇高信念的积极推进，无不具有极其关键的决定性价值。然而，如果缺乏对各类资源力量的本质属性或倾向特征，以及相互联结作用方式，足够准确地辨识与有力地推动，它们的积极参与和支持，无疑将会成为难以实现的一厢情愿。

因此，任何崇高信念卓有成效地推进，广泛的实践中，无不需要强大组织或团队共同奋发的努力，并以此有效争取整体社会强大资源力量积极的参与或支持，才能得以顺利实现。

（四）信念铸就需要组织的引导与支持

在各种职业及人生的艰辛与动力、诱惑与智慧，以及短期与长远、个人与团队、表面与根本等利益或价值的关系，所形成的各类思维文化意识相互交融的复杂背景中，个人的信念如果缺乏成熟组织的积极引导与坚强支持，通常将难以高质量地铸就和长期坚定地巩固。

因此，任何卓越的领导人，都必须能够深入地洞察与辨识，自身坚定信念高质量地铸就与巩固，依然不可丝毫轻视组织的坚强引导和有力支持。同时，他还需要努力肩负起组织积极环境的构建重任，以对团队所有其他成员的坚定信念，形成足够坚强的支持与巩固。

（五）信念推进必须依靠组织的力量

任何时候，领导人都必须能够深入而清醒地辨识，自身信念的积极铸建、巩固与推进，必须牢固地依靠整体组织的强大力量。为此，他必须努力把自身紧密地融入组织长远的运营成长进程中，而不是试图凌驾于整体组织的意愿、利益及其运营发展的规律。

同时，他还需要竭尽所能，努力引导和推进组织更为准确地辨识与遵循，整体社会文明进步的潮流或趋势，有效限制各种制约组织整体强大力量创造的思维与行为，并以此更为充分地展示自身卓越的领导智慧和才能，创造高质量的职业与人生的价值。

（六）脱离组织的个人力量极其脆弱

尽管领导人的整体职业素养，对于组织的运营进程或发展高度，具有极其关键的决定性影响。然而，任何卓越的领导人，一旦脱离了整体组织坚强力量的背景，那么，他的所有职业智慧与才能，都必将丧失最为根本而坚实的展示基础，成为空中楼阁并难有任何积极的作为。

第四章

强大情感行为力量的创造

强大情感行为力量宝贵而重要的价值

组织的领导，是一项需要承受巨大压力和挑战的艰难工作。同时，组织的领导人，还普遍需要承担卓有成效地激发，整体团队奋发进取关键而艰巨的职业任务。因此，睿智成熟地辨识并掌握自身强大的情感行为力量，积极创造与持续提升的有效途径，成为领导人整体高质量的职业素养，卓有成效构建与发展普遍的重要任务和艰难挑战。

广泛的实践中，健康的身心与足够的时间，是领导人一切情感或行为力量进行卓有成效创造和展示的根本基础，并以此成为领导进程中高质量辨识与应对一切艰难挑战，最为关键而宝贵的稀有资源。因此，在任何背景下，领导人都必须有效掌握保持自身身心健康，以及合理分配自身有限时间的职业技能。

宽阔坦荡的胸襟，能够睿智坚强地支持和推动领导人，远见卓识地辨识与争取，内外各种积极的因素或力量，从而创造更为卓越的职业进程和成就。因此，它普遍成为领导人强大情感行为力量的核心构成，以及职业高度或成就的关键决定性因素。

通过长期的实践，人们已经日趋普遍而成熟地意识到，人的信心是一种强烈情感与积极行为的重要力量，并以此成为一切职业成就的关键基础和强大动力。然而，领导人的职业信心，需要以翔实客观实际的掌握，以及严密逻辑推断的成果为基石，并通过自身高瞻远瞩的深邃洞察和思辨的广泛传递，才能卓有成效地转化为整体团队勇往直前势不可当的强大动力。

与此相反，领导人热忱的重要力量与价值，却时常被人们所显著忽略。然而，组织的凝聚力和个人的领导魅力，一旦失去了热忱力量的坚强支撑，无不将会受到极大地削弱。不仅如此，热忱的素养还是领导人职业的远见与洞察才能，卓有成效构建、提升和展示强大的推动力量。

矢志高远的职业愿景或目标，领导人无不难以避免各种内外严峻挑战的显著侵扰。在极度艰难甚至近乎黑暗的内外环境中，能够坚强有力地支持和推动领导人，自始至终不畏艰辛奋勇向前，从而积极超越所遇种种艰难险阻，对事业的执着，无不具有普遍关键的决定价值，并以此成为成就任何崇高事业的必然选择（图2-4-0-1）。

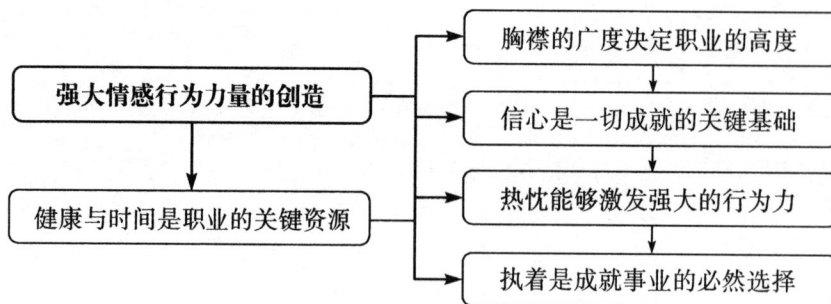

图 2-4-0-1　强大情感行为力量的创造

第一节　健康与时间是职业的关键资源

最为关键的职业资源力量

广泛的实践中，几乎所有卓越的领导成就，无一不是在与时间的竞赛中所获取的优胜奖励。然而，经年累月与时间的直面抗争，以及各种心智极限挑战的煎熬，时常又会给领导人极其严峻的侵蚀——对心身健康的严重损害。为此，领导人必须能够深刻地理解，团队的领导通常是项极具精力耗费的职业。这种耗费不仅限于时间的资源，而且主要地表现为心智力量的极大消耗，并时常会对人的身体与心理的健康，造成极大的负面影响。

在日趋复杂艰难的环境中，尽管成熟的领导人很少不能明辨健康与时间，是一切职业成就重要基础的哲理。然而，各种堆积如山或迫在眉睫的繁杂事务，时常会扰乱他们极富条理的工作规划或安排，而对自身健康与时间作为组织运营发展最为关键资源的事实产生了极度的忽略。

因此，领导人无论是从组织的长远运营与发展，还是自身的职业进程和成就的立场，都必须努力承担起确保自身身体与心理健康的重要任务。不仅如此，他还必须能够娴熟地掌握，积极运用组织整体的资源力量，以建立合理分配自身时间的领导关键技能，并通过对有限工作重点的准确辨识与牢固把握，不断提升自身时间这一组织稀有资源的运用效率（图2-4-1-1）。

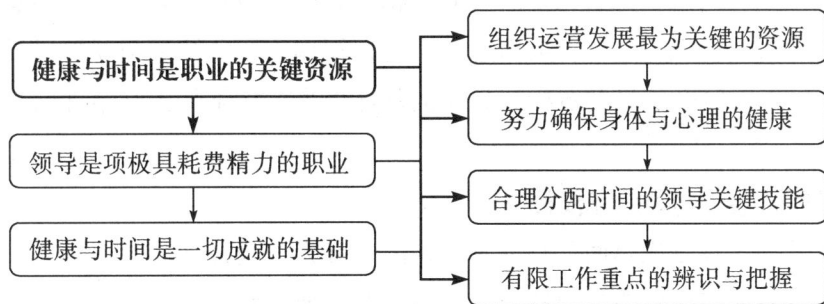

图 2-4-1-1　健康与时间是职业的关键资源

一、领导是项极具耗费精力的职业（图2-4-1-2）

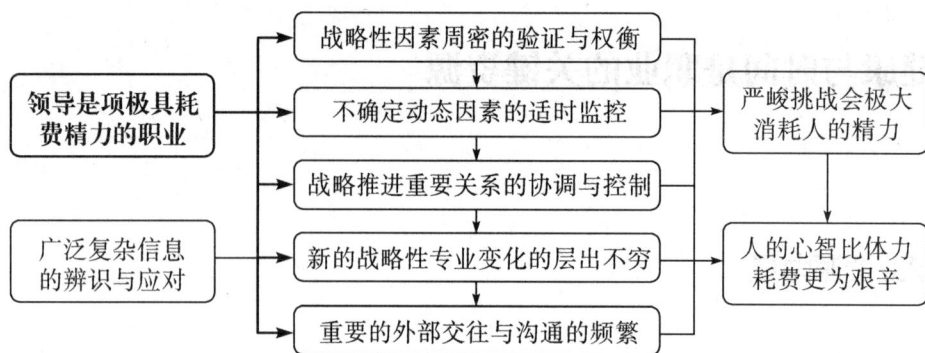

图 2-4-1-2　领导是项极具耗费精力的职业

在各种交往与变化日趋频繁、影响日益深远的内外环境中，组织的领导无不涉及对广泛而复杂的内外信息进行准确辨识与应对的核心任务。其中，战略性因素周密的验证与权衡，不确定战略动态因素的适时监控，战略推进各种重要关系的协调与控制，新的战略性专业变化的层出不穷，重要的外部交往与沟通的日趋频繁，无不成为战略领导卓有成效推进，难以轻视又极具耗费精力的重要工作。

不仅如此，领导进程的严峻挑战或严重负面因素的侵扰，也会极大地消耗领导人的有限精力，并淋漓体现着人的心智比体力耗费更为艰辛的显著特征。

（一）广泛复杂信息的辨识与应对

内外各类因素、关系与变化的信息，是组织运行发展极其关键的资源。对各种重要信息的准确辨识和应对，不仅是领导职业积极推进最为重要的途径，而且也是其整体质量或水平最具关键的决定性因素。

广泛的实践中，领导人无不花费大量的时间与精力，处理各种庞杂的内外信息。因此，人们已经日趋普遍地把领导人，辨识和应对各类信息的能力，视作为职业智慧与才能最具决定性的因素。然而，事实上，领导人对复杂信息的辨析与处理的整体质量，无不受到其精神状态及其情感倾向的重要影响。

（二）战略性因素周密的验证与权衡

人们通常不难发现，越是成熟而富有远见卓识的领导人，越是会表现出对事关全局的重要战略因素进行反复思考、验证与权衡的行为特征。这不仅源自他们对自身所必须肩负的，最为重要的全局领导责任的深入辨识，而且还主要的在于他们对复杂重要的事物，无不存在广泛的影响背景，存在表象与实质的显著差异，存在利害两方面的本质属性，存在多种的变化可能，以及存在牵一发而动全身重要地位的深刻感知。

实践中，对各种重要战略因素周密的验证、权衡与设定，不仅是高质量领导创造不可或缺的重要途径，而且也是高度耗费他们心智与精力的艰难工作。

（三）不确定动态因素的适时监控

全局战略无不是项持续推进，不断变化的动态进程。在此进程中，不仅各项战略因素具有普遍的持续变化的必然性特征，而且它们相互间的关系也会随着战略的推进，而表现出作用的方式与能力，及其战略的地位或角色等，显著的不确定的动态变化。因此，对战略因素、关系及其变化，予以全神贯注适时的严密监控，就成为战略领导积极推进的重要工作。其中的任何松懈与大意，都可能会导致全局的被动或挫折。

（四）战略推进重要关系的协调与控制

广泛的实践中，战略单位或因素相互间联结或作用的关系，无不对战略推进的整体能力或质量，具有极其关键的决定性影响。因此，它们的积极推动，普遍成为高质量战略领导，必须承担的极其重要的任务。

然而，任何战略单位或因素，无不存在自身的专业特征与运行背景。如果领导人对相应的专业或背景，缺乏足够深入而准确的把握，或者战略单位自身缺少足够成熟的全局意，及积极主动的坚强行为，那么，对它们密切关系的协调或推动，必将成为领导人所面临的极其艰难的挑战。

（五）新的战略性专业变化的层出不穷

整体社会日新月异的快速发展，各种因素相互影响作用的日益广泛深入，对组织全局甚至行业运行模式具有重大深远影响，新的专业技术及其作用方式的层出不穷，无不给广泛领域中组织，高质量领导带来了日趋复杂而艰难的挑战。

极为典型的，制造领域中新的技术、新的工艺、新的材料、新的设备等专业性因素，究竟会对组织或行业的运行发展产生怎样的影响？互联网络所支持的高效信息传输技术，会给组织的产品与目标对象联结方式，以及组织全局的战略运行带来怎样的机遇或挑战？无不成为相关企业领导人难以完全回避的重要课题。

（六）重要的外部交往与沟通的频繁

外部环境因素及其与自身资源能力的密切联结，无不对组织的运行发展，具有极其关键的决定性影响。因此，对外部环境因素全面深入地辨识，并努力把其中潜在的积极因素，有效地转换为组织前行的动力，化解与降低各种负面因素的消极影响，普遍成为高质量领导进程必须着力的重要工作。

事实上，在外部因素及其变化对组织的全局进程，影响日益显著与深远的背景下，领导人正日趋普遍地把自身有限的职业精力，更多地投入与外部的交往与沟通的工作中。

（七）严峻挑战会极大消耗人的精力

无论怎样的殚精竭虑与奋发努力，战略领导的严峻挑战及其严重负面因素的侵扰，依然时常如影随形，极大地消耗与吞噬着领导人有限的职业精力。事实上，战略的目标设置得越高，领导人所面临的负面挑战或职业风险，无疑将会随之而越发显著。以至于广泛实践中，领导人个人精力所存在的限制，在日趋复杂艰难的内外环境中，已日益成为整体组织全局战略的进程与高度极为关键的限制性因素。

（八）人的心智比体力耗费更为艰辛

人的心智远比体力的耗费更为艰辛，而它的恢复又需要更多的时间和艰难的过程。事实上，心智潜能的极度消耗或透支，无不是项极为痛苦的煎熬，它甚至能够摧垮曾经意志极其坚强人的精神，身体极为强健人的健康。因此，任何时候，领导人都必须睿智地从组织的全局，以及自身职业高质量进程的根本立场，努力借助于各种积极力量的支持，以有效远离自身心智耗费极限的危险境地。

二、健康与时间是一切成就的基础

健康的身心与充沛的时间，无不成为一切领导行为与成就的重要基础。然而，健康与时间，究竟与高质量的领导进程或成就，存在怎样的密切关系，迄今为止，依然是未被系统阐述的重要课题（图2-4-1-3）。

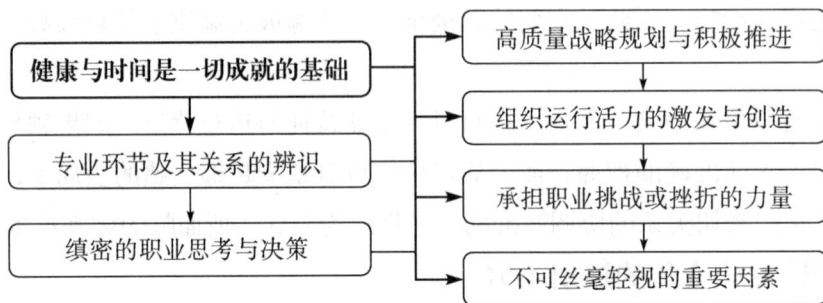

图 2-4-1-3　健康与时间是一切成就的基础

一般认为，健康的身心及其充沛的时间，通常会对领导人的专业环节及其关系的深入辨识，缜密的职业思考与决策，高质量战略规划与积极推进，以及组织运行活力的激发与创造等工作的质量，具有极其重要的影响。同时，健康与时间，还是领导人积极承担各种职业挑战或挫折的关键力量，并日趋成为领导人不可丝毫轻视的重要因素。

（一）专业环节及其关系的辨识

对组织运营发展各项重要专业构成，及其相互作用关系深入准确的辨识，无不成为卓越领导积极创造极其关键的基础。这不仅需要领导人投入足够的时间或精力，而且必须消除职业经历中，可能形成的各种负面专业心理的倾向，以最大限度地确保辨识的全面、客观与准确。任何专业环节，及其相互关系辨识上的严重偏差，都必将显著降低整体领导的质量与水平。

（二）缜密的职业思考与决策

思考与决策，是战略领导最为核心，并对整体质量具有关键决定性影响的工作之一。它通常需要根据事物外在的、孤立的或暂时的表现，通过一系列合乎情理的假设，及严密的逻辑推断，准确辨识事物内在的本质、相互间的联系及其运行变化的趋势，并以此做出高质量应对方式的决策。

显然，其间任何工作卓有成效地推进，无不极大地耗费着人的精力或心智。如果缺乏足够时间与健康心身的坚强支撑，它们的进程或成果无疑将会受到显著的制约。

（三）高质量战略规划与积极推进

组织全局高质量的运行规划与推进，不仅是所有战略领导的工作主体，而且也是领导人职业价值充分展现最为重要的途径。然而，随着组织的全局，受到内外因素、关系及其变化日益广泛而深入的影响，高质量战略领导无不呈现着日趋复杂而艰难的挑战。

因此，领导人如果缺乏对自身有限时间与精力，合理规划的智慧与技能，以及健康身体与心理的坚强支持，他必将难以在纵横交错的各种关系以及瞬息万变的各类变化中，展示出卓越的职业才能与价值。

（四）组织运行活力的激发与创造

自身整体的运营智慧和力量，是组织准确地辨识各类积极机遇，坚强地应对各种艰难挑战，最为根本而具决定性价值的因素。广泛的实践中，鲜有领导人不希望自身统领的团队，充满着无往不胜的旺盛活力与意志。事实上，借以自身睿智的远见和强烈的意愿，并通过充沛精力与时间的支持，从而卓有成效地激发或创造组织旺盛的运行活力，已普遍成为复杂艰难环境中，卓越领导智慧与才能的核心体现。

（五）承担职业挑战或挫折的力量

任何背景下，组织运行的机遇与风险，无不是对形影相随的孪生兄弟。事实上，如果缺乏对机遇或风险正反两方面因素特征，足够精力投入的深入辨析，及其负面结果积极承担成熟健康心理的有力支撑，领导人通常将很难形成着力相应机遇的坚强决心。

不仅如此，健康的身心，还是领导人有效承担战略挫折不可或缺的重要基础。的确，在长期的职业生涯中，很少有领导人无须经历一系列铭心刻骨的艰难磨炼，就能够步入真正优秀的行列。

（六）不可丝毫轻视的重要因素

整体社会日新月异的快速发展，不仅给组织内外因素及其关系，带来了日趋快捷且难以确定的显著变化，而且对内在各类资源或专业环节的协调运行，及其所形成的整体运营能力，提出了更高的要求和挑战。这种背景下，组织的领导人如果缺乏强健的身心，及其依据有限时间精力高质量应对大量复杂事务，高超智慧技能的坚强支撑，他在其职业位置上必将难有一番真正的作为。

三、组织运营发展最为关键的资源

领导人对于组织全局进程或成就的关键决定性价值，迄今为止，已得到极为广泛而高度认同，以至于拿破仑的名言时常为人们所津津乐道："狮子领导的绵羊队伍，能够打败绵羊领导的狮子队伍。"

事实上，领导人无不承担着组织全局最为重要而艰巨的工作，他们需要在任何复杂艰难的挑战中，为组织指明正确的前行方向和道路，积极创造并凝聚强大的行进动力，并以此推进组织持续高质量的运行发展。因此，领导人无不需要精心挑选并着力于最具价值的有限工作（图 2-4-1-4）。

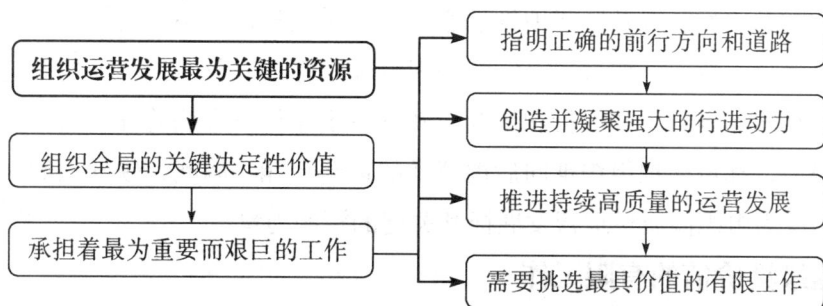

图 2-4-1-4　组织运营发展最为关键的资源

（一）组织全局的关键决定性价值

领导人对于组织全局的关键决定性价值，至今已极少有人提出异议。然而，对于他们究竟凭借怎样的卓越素养，以创造或推进组织高质量的全局进程或成就，却依然成为颇具广泛分歧或争议的议题。

事实上，在组织的全局日益受到人的智力性因素，难以完全清晰辨识或直接掌控的复杂背景中，领导人积极迎接挑战的坚强意志或信心等非智力性因素，无不展现着更为关键的决定性价值，并日趋成为卓越领导人极其重要的素养构成。

（二）承担着最为重要而艰巨的工作

组织的真正领导，无不涉及运营发展全局最为重要而艰巨的工作。换言之，领导进程所涉普遍的大量工作，大多是事关全局的因素、关系与变化，并且具有相当模糊或不确定背景下的高度复杂性特征。

组织追求的运营目标越是高远，它的领导人所面临的挑战越将复杂艰巨。广泛的实践中，人们总是能够看到或推断，任何组织无不存在着若干难以逾越的关键性挑战，限制了它的更高质量的全局进程与高度。但这种限制，则更为精准地显示着，它的领导人所有心智或精力所能达到的力量极限。

（三）指明正确的前行方向和道路

正确的前行方向和道路，是组织高质量全局进程或成就，极其关键的决定性因素，因此，它无不成为领导工作最为核心的组成。然而，对组织内外各种重要资源因素的准确辨识，及其密切地联结所形成正确的方向和道路，通常需要对大量显性或隐性的信息，进行足够全面而深入辨析，并设置一系列的假设进行长远进程的推断与规划。这些工作卓有成效地推进，显然，除了必要的知识信息与专业才能，无不需要领导人健康的身心与充沛精力或时间的坚强支撑。

（四）创造并凝聚强大的行进动力

组织持续高质量的运营发展，无不需要持久而强大行进力量的坚强推动。广泛实践中，组织强大的行进动力，主要地源自人性因素中，工作的主动性、积极性和创造性的充分激励，以及各环节的相互支持密切协作的有力推动。显然，领导人对员工真实的职业强烈意愿，深入准确辨识足够时间与精力的投入，以及健康心身所坚强支撑，有效超越极端自私的狭隘心理，及其高度热忱领导魅力等非智力性素养，无不展现出极其重要而积极的价值。

（五）推进持续高质量的运营发展

充分明示变化的必要性，以及坚强地推动它的高质量进程，无不成为组织积极的运营发展，及其卓越的领导重要途径。然而，如果缺乏广阔的视野和胸襟，以及对各种变化推进可能产生的正反两方面成果，缺乏足够深入细致的分析和推断，及其一定条件下准确验证的有力支撑，那么，一切呕心沥血的艰苦努力，都可能把组织推向后悔莫及的运营深渊。因此，领导人健康的身心及其有限的职业精力，无不成为组织高质量运营发展极其关键的资源力量。

（六）需要挑选最具价值的有限工作

广泛的实践中，组织的任何工作无不与它的领导人存在着千丝万缕的各种联系，而他们个人职业的精力与时间，及其心智力量又无不存在着极大的限制。因此，对一定组织运行背景下，自身精力与时间的规划安排，包括心智能力积极恢复的实施，就成为领导人确保自身高质量职业进程的重要任务。

为此，领导人需要根据组织全局战略的实际，准确辨识并精心挑选必须重点着力，与自身心智力量高度匹配的最具价值的有限工作。

四、努力确保身体与心理的健康

任何背景下，领导人都应该从组织的全局，及其个人职业长远发展的立场，深入审视和明辨自身身心健康的重要价值，并努力肩负起确保身体与心理健康的关键责任。

为此，他必须经常审查身心疲惫的主要根源；建立充分依靠整体组织强大资源力量的牢固意识；努力构建脱离自身参与，组织正常运营的基本能力；设置自身职业循序渐进发展的合理目标。

同时，他还需要成熟地辨识并积极地践行，生命的活力在于运动的哲理；主动把握与控制过度生理的欲念；一定背景下，纵横退让一步审视个人名利的得失（图 2-4-1-5）。

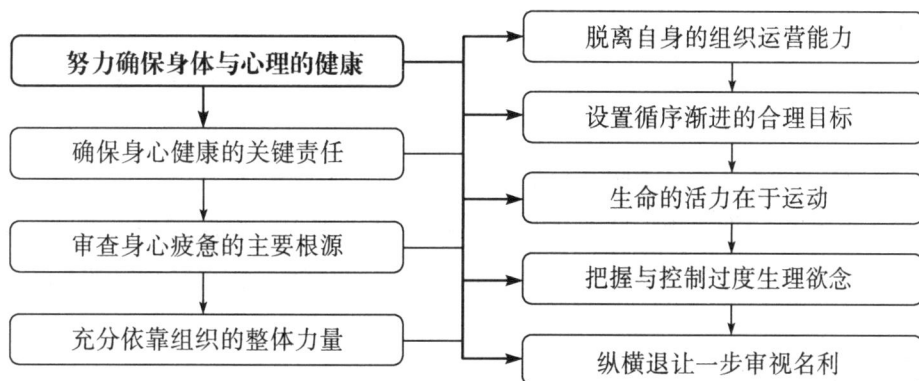

图 2-4-1-5　努力确保身体与心理的健康

（一）确保身心健康的关键责任

任何背景下，健康的身心，无不成为人们职业智慧与才能的充分展示，及其高质量进程与成就积极创造的根本基础。领导人通常面临着组织内外众多因素、关系与变化，极其复杂而艰难的职业挑战，以及所产生的巨大心智消耗。它的高质量进程与成就，无不需要强健身心的坚强支撑。

因此，任何时候，领导人都应该从组织运行及其自身职业长远发展的立场，深入辨析自身健康身心的重要价值，并卓有成效地肩负起确保自身身心健康的关键责任。

（二）审查身心疲惫的主要根源

人们的身心健康，通常受到诸多复杂因素的负面制约，并对人的职业智慧与才能积极而充分的展示，具有极其强大的限制力量。因此，领导人必须经常审查引发身心疲惫的主要根源，并采取适时而积极的应对措施，快速扭转可能存在的身心超负荷运转的被动状态。

同时，领导人还需要特别注意，自身长期身心的过度透支会严重地削弱自身职业智慧才能的展示质量或水平，并对身心健康造成极大的伤害。事实上，组织运行的严重挫折或失败，时常是对其领导人缺乏足够牢固的，依靠团队整体强大力量的积极思维，而一味呈示匹夫之勇所导致的极度身心透支，所索取的高昂偿还代价。

（三）充分依靠组织的整体力量

充分依靠整体团队的强大力量，既是领导职业高质量智慧才能的显著展示，也是其健康心理的积极体现。一味迷信自身的高超智慧与才能，蔑视所有他人的聪明才智，无不成为许多领导人重大失措的重要根源。事实上，难以足够深入而准确地辨识，把各组成环节的专业特长，密切联结铸建成整体强大力量的组织根本，那么，领导人必然难以充分展示整体团队的强大力量，并以此而能够有所真正作为。

（四）脱离自身的组织运营能力

领导人必须努力把自身有限的时间或精力，主要地投入事关组织整体或长远运行发展全局的重要工作中，而不是被各种次要、细小的琐事所拖累。因此，构建完全脱离自己，组织仍然能够正常运转的基本能力，就成为领导人展示真正高质量领导的重要基础和关键途径。

一旦离开自己，组织日常运行就立刻陷入困境或瘫痪，领导人必然会被各种琐碎事务，拖累得心力交瘁，而难有足够充分的精力与时间，高质量地思索、辨识与推动对组织全局具有深远影响的重要工作。

（五）设置循序渐进的合理目标

实践中，领导人时常会陷入既定目标未能如愿实现，极度焦虑的心理困扰。然而，真正的战略领导，确立准确的运行方向与路线则更具全局的关键性价值，目标只是一定内外资源因素及其关系辨识基础上，对若干运行状况或愿望所进行的设置。

因此，领导人必须牢固把握组织正确方向与路线，准确辨识、设定和积极推动的职业核心，并以此设置自身职业循序渐进的合理目标，铸就任何复杂艰难环境中，总能保持临危不乱的积极心理素养。

（六）生命的活力在于运动

众所周知，生命的活力在于运动。因此，任何时候，领导人都需要建立确保自身身体健康的必要运动方式。同时，他还需要足够深入的辨识或理解，保持一定的心理压力，是自身心智潜力充分展示的重要推动力量。

不仅如此，经常进入到工作之外的环境，充分感受组织运营与职业发展，更为广阔的自然、社会空间的状况，也是维护和提升自身身心健康与领导智慧的一项重要途径。

（七）把握与控制过度生理欲念

对生活质量不断改善的意愿，时常会成为人们职业进取的重要动力。然而，对物质生活及其生理欲念的过度追逐，则是源于偏颇浅薄心理的指使，并对自身健康的身体，及其职业积极进取的精神，具有严重负面影响或侵蚀力量的行为。因此，任何环境中，领导人都应该以自身强大的智慧和意志力量，努力把握与控制自身可能存在的过度物质和生理的欲念。

魏征曾把能否居于自身天性的主动地位，视作为人的贤愚标志："嗜欲喜怒之情，贤愚皆同。贤者能节之，不使过度，愚者纵之，多至失所。"——嗜欲喜怒的情感，贤良的人和愚蠢的人都是一样的。贤良的人能够节制欲望，不让它超过限度；愚昧的人放纵欲望，经常失去应有的限度。

（八）纵横退让一步审视名利

名和利，是任何组织运营及其人们职业高质量推进，不可或缺的重要资源与力量。换而言之，领导人必须娴熟地掌握充分运用名誉和利益的力量，有效激励人们积极行为的技能。因此，实践中，就名利而言，任何卓越的领导人无不能够成为它们的真正主人，而不是受其完全控制的奴仆，更不会放任其损伤自身的身心健康。

《淮南子》曾辨识了过多的物质利益，对一个人其实没有太大价值的事实：

"圣人食足以接气，衣足以盖形，适情不求余，无天下不亏其性，有天下不羡其和，有天下无天下一实也。今赣人敖仓，予人河水，饥而餐之，渴而饮之，其入腹者，不过箪食瓢浆，则身饱而敖仓不为之减也，腹满而河水不为之竭也。有之不加饱，无之不为之饥，与守其箪、有其井一实也。"——圣人进食只求维持生命，衣着只求遮蔽身体，满足人的基本需求而不求多余的东西。天下对他来说，不占有不会亏损他的天性，占有不会扰乱他的平和本性，所以是否占有天下对圣人来说是一样的。假如赐给某人一座粮仓、一条大河，使他能在饿时去吃、渴时能喝，但是进入腹中的，只不过是一竹筒饭和一瓢勺水，粮仓和河水也不因他吃饱喝足而减少枯竭。所以庞大的粮仓与源源的河水，对他的饥饱就没有太大关系，这其实与他拥有一筐粮食与一口井的价值是一样的。

实践中，纵横退让一步审视名利，无不成为领导人有效摆脱它所产生的心理纠结，极为明智而有效的途径。纵向地退一步，就是在自身当前的职业条件下，降低一级看待名利的状况；横向地让一步，就是把自己转换为正在遭受艰辛职业困扰人们的名利水平。事实上，能够完全接受纵横退让后的状况与水平，才能真正居于名利上的主动地位。

五、合理分配时间的领导关键技能

在复杂艰难的挑战中，如何更为合理而有效地分配自身有限的时间与精力，已日益成为领导人必须娴熟掌握的关键职业技能。任何背景下，领导人都必须能够把自身最为艰巨的全局责任，进行各专业环节运行任务的有效分解，并指导设置各环节的运行方案，辨识整体工作的重点与难点环节。

职业进程中，领导人必须特别关注各种重要的异常情况或变化，并努力通过工作机制的调整，予以积极主动的应对。为此，他必须能够制订弹性的工作计划，并努力避免被各种感兴趣的事务所诱惑。同时，任何艰难挑战中，他都应该留有心智与精力的恢复时间（图2-4-1-6）。

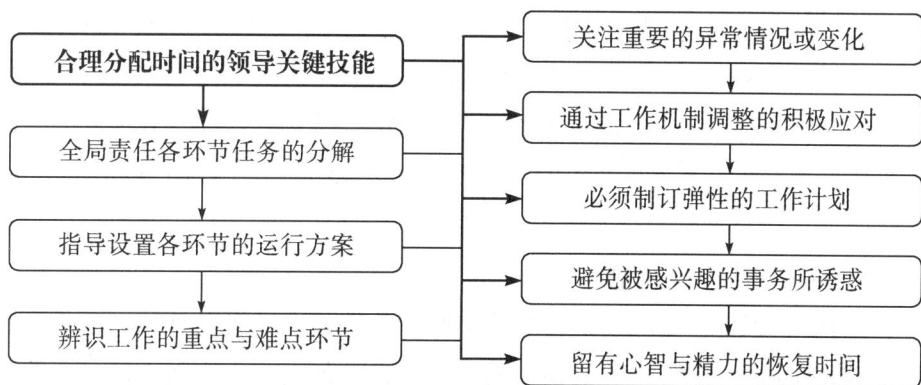

图 2-4-1-6　合理分配时间的领导关键技能

（一）全局责任各环节任务的分解

组织的领导，肩负着全局高质量运行发展最为重要而艰巨的责任。广泛的实践中，无不需要把少数人需要承担的重要艰巨责任，卓有成效地转化为整体团队奋发努力的任务。换而言之，积极提升与确保自身精力与时间稀有资源的使用质量或效率，领导人最为根本而关键的途径，就是必须根据组织运行的内外实际，把全局的领导责任，有效分解为组织各项专业环节的运行任务。

（二）指导设置各环节的运行方案

领导人根据全局的战略背景，指导设置各重要环节的运行方案，是有效推动战略方向和路线的准确实施，牢固立足于专业环节运行资源或能力的特征与实际，并以此推进全局战略与专业管理的密切联结，以及专业环节更高质量全局价值的积极创造，极其关键而重要的途径与方法。

（三）辨识工作的重点与难点环节

广泛的实践中，重点与难点的环节，通常是整体工作运行质量与高度，最为主要的限制性因素。合理分配有限的精力与时间，领导人必须明确一定时期或阶段领导进程中，整体工作的重点与难点环节，并以此有效推进有限精力与重要工作间的密切联结，避免领导进程更为费时费力被动局面的产生。因此，把有限的精力或时间，投入重点与难点的工作环节，普遍成为高质量领导进程或成就积极创造，必须遵循的基本原则。

（四）关注重要的异常情况或变化

整体职业进程中，领导人必须对相关重要环节或因素及其相互间的关系，所产生的异常情况或变化保持足够高度的警惕。广泛的实践中，最为无情而贪婪地吞噬领导人的精力与时间，无不是那些重要因素或关系风险的失控爆发。因此，对于可能的重大运行风险，领导人必须在各种蛛丝的异常表现中，就能够有力地采取积极的应对措施予以有效的清理。

（五）通过工作机制调整的积极应对

日常工作进程中，领导人如果经常被某些相同或性质类似事务，拖涉太多精力或时间，那么，工作运行机制的调整或改善，时常就成为领导人必须着力的重要途径。

工作机制的调整或改善，通常包括主要运行资源的构成，及其相互间运行关系规则的改变。在此过程中，领导人还必须充分审视自身专业能力可能存在的限制，以及涉入专业环节工作深度的合理性。

（六）必须制订弹性的工作计划

缺乏运行计划的积极支持，任何工作的进程都极易陷入杂乱无章，甚至极度混乱的境地。因此，任何领导人都必须根据组织整体运营的实际，制订高质量的工作计划。然而，领导的进程通常涉及大量非程序性的工作，以及各种事先难以准确预计的变化。因此，领导人必须能够根据组织的战略进程，依据各类工作的重要程度及其时效性特征，制订高度弹性的工作计划，以形成对全局更为主动、积极和有力地支持。

（七）避免被感兴趣的事务所诱惑

忽略战略领导的核心职责，而沉迷于自身的某些专业特长，或者其他感兴趣的事务，是广泛实践中，限制领导人精力时间合理安排的重要原因之一，也是他人很难有效扭转的行为倾向。因此，领导人必须建立牢固的战略思维意识，以有效避免各种次要事务对有限精力时间的不当侵占。

（八）留有心智与精力的恢复时间

自古道：磨刀不误砍柴工。事实上，疲惫的身心，通常会极大地限制人的心智力量的充分展示。相反，疲倦身心的及时恢复，能够显著提升人们推进工作的效率或质量。因此，适当留有心智与精力的恢复时间，就成为领导人精力时间的合理分配，不可或缺的重要环节。

六、有限工作重点的辨识与把握

对全局核心有限工作重点的准确辨识与把握，是高质量领导积极创造必须遵循的关键原则和重要途径。实践中，明晰事关全局的重要因素、关系与变化，以及由此所推进的战略方向、路线与目标的积极设置，及其领导团队的有效分工与密切协作，无不对组织全局与领导职业的整体质量，具有极其关键的决定性价值。

高质量领导卓有成效地推进或创造，通常还需要强大骨干队伍的构建与发展，战略目标的分解及其适宜的授权，以及整体运营体系的稳定与持续改善等重要工作的坚强支持。同时，还要特别关注全局进程中，各种内外因素及其关系所产生的重要变化，以及可能存在的重大风险主动应对措施的积极设置（图2-4-1-7）。

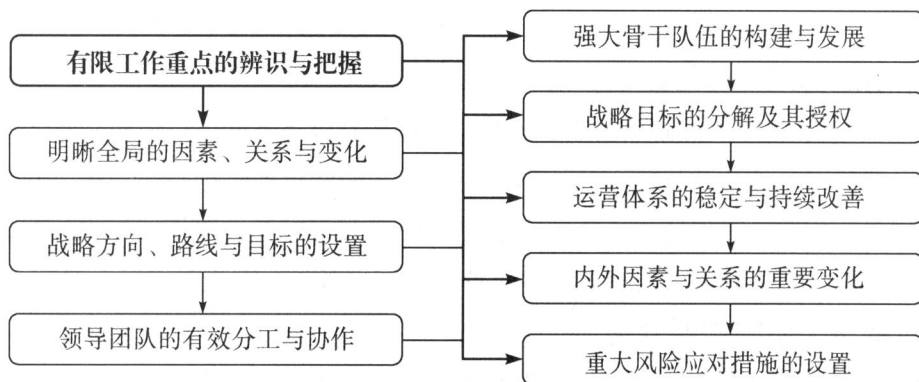

图2-4-1-7 有限工作重点的辨识与把握

（一）明晰全局的因素、关系与变化

明晰组织的全局所涉及的各项重要环节或因素，及其它们相互联结或作用关系，以及整体内外环境下可能的运行变化趋势，显而易见，无不成为领导人准确辨识与把握自身工作的重点，不可或缺的关键基础和强大的推动力量。实践中，缺乏足够牢固的全局战略思维意识的有力支撑，及其高质量全局战略工作框架的积极引导，领导人无不极易坠入自身工作重点准确辨识与把握的迷茫陷阱。

（二）战略方向、路线与目标的设置

运行的方向、路线与目标，无不成为任何背景下，全局战略高质量设置及其推进的核心构成。因此，根据组织内外资源因素的实际，设置组织全局正确的前行方向与路线，以及由此确立适宜的战略目标体系，普遍成为领导人极其关键而重要的工作任务。实践中，无视战略方向、路线与目标高质量设置的决定性价值，或者缺乏它们极其坚强的有力支撑，全局战略的领导必将陷入顾此失彼或捉襟见肘极其被动的境地。

（三）领导团队的有效分工与协作

组织的全局，通常涉及诸多内外资源因素、相互作用关系及其持续变化，极其复杂和重要的影响。因此，它的高质量进程与成就，无不需要一个领导团队强大智慧力量的坚强支撑。

事实上，团队的智慧力量能否涵盖所有事关全局的重要因素、关系与变化，对组织战略领导的质量无不具有极其关键的决定性影响。因此，领导团队在全局的背景下，内部的既有效分工又密切协作或支持，就普遍成为组织高质量战略的卓越创造，领导人必须倾力把握的核心任务。

（四）强大骨干队伍的构建与发展

组织的骨干队伍，任何背景下，都是其全局运行进程或成就，最具决定性影响的因素或力量。事实上，领导人任何高质量的战略思维，无不需要通过坚强骨干队伍的有力支持，才能得以顺利实现；领导人思维或行为上的缺陷，也必须得由强大骨干队伍的力量，才能得以有效纠正。因此，全力推进强大骨干队伍的构建与发展，无不成为领导人整体职业进程中，必须积极肩负的最具关键最为核心的职责。

（五）战略目标的分解及其授权

战略目标的分解，以及组织运行责、权、利基本原则下的积极授权，是任何战略领导高质量推进，及其组织整体强大力量有效创造和充分运用的重要途径，它无不占据着领导进程极为关键的地位。事实上，能否卓有成效地推进战略目标及其自身领导责任的分解，以及充分的权力授予，普遍成为实践中领导人的职业智慧、才能与胸襟极其关键而核心的体现。

（六）运营体系的稳定与持续改善

广泛的实践中，内外因素及其关系的持续变化，时常会对正常的运行体系造成不同程度的负面影响或冲击。与此同时，僵化或反应迟钝的运行体系，又会严重地制约整体组织，对内外变化的准确辨识与积极反应。因此，在保持运行体系基本运行稳定的前提下，逐步根据内外的变化对其进行持续的更具运行活力的积极改善，就远远超过对各类具体事务进行反复协调的价值。

（七）内外因素与关系的重要变化

内外因素及其关系的重要变化，不仅是组织运行发展最为根本的决定性因素，而且还无不包含着积极正面的推动力量，及其消极负面的限制性因素。而组织领导的精髓，则主要地体现为通过整体内外因素及其关系背景下，各种重要潜在变化深入准确地辨识，卓有成效地引领和推动各项积极正面的发展，清除或限制各类消极负面的变化。因此，领导人需要特别关注并有效把握，对组织的全局进程具有重要影响的各种变化。

（八）重大风险应对措施的设置

领导人对组织的运营全局，无不承担着最为关键而艰巨的责任。为此，他必须能够积极地构建并努力通过组织高质量的信息体系，足够深入而准确地识别对全局的进程，具有重大影响的各类风险。同时，他还需要能够充分依靠整体组织的强大资源力量，通过相应高质量应对措施积极主动地设置，对潜在的重大风险予以有效的预防、清除或转移。

第二节　胸襟的广度决定职业的高度

极其重要的领导素养

宽阔坦荡的胸襟，是领导人牢固地立足于更为长远与广阔的思维立场，远见卓识地辨识各种积极的因素与力量，并以此卓有成效地引领或推动组织高质量全局进程，极为重要而强大的支持力量。

广泛的实践中，宽阔坦荡的胸襟通常能够有效支持领导人，虚怀若谷地兼听来自各方不同的意见，以准确辨识并积极创造整体组织更为强大的前行动力；在更为长远和广阔的时空范围中，睿智而勇敢地面对职业进程中各种艰难或挫折的挑战；冷静而谦逊地接受各种批评，以有效增强整体队伍的高度团结。

不仅如此，宽阔坦荡的胸襟还能够有力地推动领导人，最大限度地容忍部属在工作不断探索创新或成长进程中所出现的过失，以有效激发整体组织强大的凝聚力和创造力；坚持更高层次更为积极的思维立场，更为坚强地推动自身职业或组织运行高质量的长远发展（图2-4-2-1）。因此，《六韬》曾引述了中国古代贤能之士姜子牙的断称："大盖天下，然后能容天下"——胸襟能够覆盖天下，然后才能辨识并应对好天下的事情。

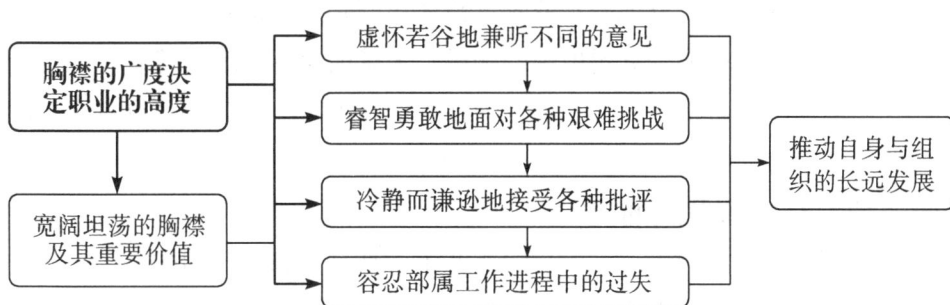

图 2-4-2-1　胸襟的广度决定职业的高度

一、宽阔坦荡的胸襟及其重要价值（图 2-4-2-2）

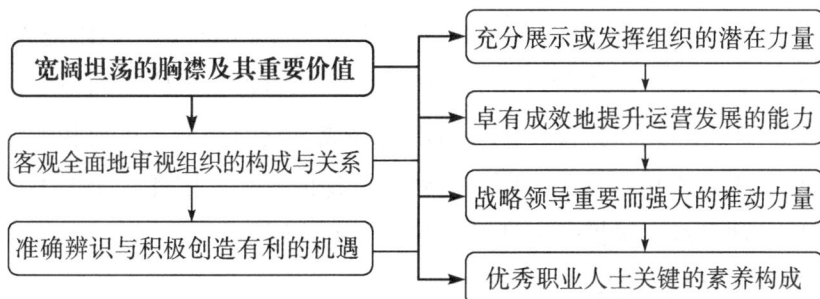

图 2-4-2-2　宽阔坦荡的胸襟及其重要价值

　　宽阔坦荡的胸襟，就是以更为开阔的视野和长远的思维，更为客观而全面地审视事物或组织运营进程中，各种内外资源因素的构成及其相互间的作用关系。它能够有力地支持人们，更为准确地辨识与积极地创造外部有利的发展机遇；更为充分地展示或发挥组织内在的潜在力量；卓有成效地提升组织整体运营发展的能力。因此，它普遍成为复杂背景中高质量战略领导积极创造极其重要而强大的推动力量，以及所有优秀职业人士极其关键与显著的素养构成。

（一）客观全面地审视组织的构成与关系

　　宽阔坦荡的胸襟，通常是指人们超越了各种浅显短视的目光或局部狭隘的思维，以更为积极、客观和全面的辨识思维，审视复杂的事物或组织运营中的各种因素的构成与关系。显然，它能够有效提升提升人们的职业智慧与才能，以及各种积极的情感与行为力量，创造并展示更为优异的职业进程或成就。

（二）准确辨识与积极创造有利的机遇

　　更为广阔的视野或长远的思维，通常能够有力地支持人们，在各种复杂多变的环境中，更为深入而准确地辨识事物或组织运营进程中，各种重要的因素、关系及其变化，并通过各类次要或短期利益主动而积极地舍弃，卓有成效地把握或创造更具全局与长远发展价值的有利机遇。

　　解放战争时期，人民解放军面对自身绝对劣势兵力与装备的不利形势，牢固奉行不计较一城一池得失的长远思维，坚决执行"以歼灭敌军有生力量为主要目标，不以保守或夺取地方为主要目标"的军事战略思想，屡屡通过灵活机动的运动作战，始终掌控着战场变化的主动，并创造了一系列有效歼敌的积极机遇。

（三）充分展示或发挥组织的潜在力量

　　广泛的实践中，更为积极而充分地展示或发挥整体组织强大的潜在力量，无不成为领导人复杂职业背景下所面临的普遍艰难挑战。宽阔坦荡的胸襟，无疑能够有力地支持领导人，牢固地立足于组织的全局立场，更高质量地辨析整体组织蕴含的强大潜在力量，充分展示卓有成效的推动力，从而展现出高超的领导智慧与才能。

（四）卓有成效地提升运营发展的能力

　　常言道："海纳百川，有容乃大。"广泛的实践中，唯有开阔坦荡的胸襟，才能坚强有力地推动人们不失时机地把外部的积极因素或力量，有效转化为组织或团队更为强大的资源构成，从而卓有成效地推进长远运营发展整体能力的持续提升。

　　秦王政十年曾下令驱逐在秦的六国客卿，作为当事人的李斯，写了著名的《谏逐客书》一文加以劝阻，并最终为秦王所接受："臣闻地广者粟多，国大者人众，兵强则士勇。是以泰山不让土壤，故能成其大；河海不择细流，故能就其深；王者不却众庶，故能明其德。是以地无四方，民无异国，四时充美，鬼神降福，此五帝三王之所以无敌也。"——臣听说土地广大的粮多，国家大的人多，军队强盛的战士勇敢。因此泰山不推掉泥土，所以能够成就它的高大；黄河和大海不摈弃细流，所以能够成就它的深广；王者不拒绝众民，所以能够彰明他的德行。因此，土地不论四方，百姓不分国别，四季充实美好，神灵都来降福，这是五帝三王无敌的原因。

（五）战略领导重要而强大的推动力量

　　组织的全局战略，通常涉及极其广泛而复杂的内外因素，以及相互间的关系和变化。宽阔坦荡的胸襟，能够有力地支撑领导人更为全面而客观地辨识，更为广阔的时空范围中，可能影响组织全局进程的内外因素；把职业力量的重点牢固地集中于重要的工作环节，而不过于受限短期或次要利益的得失；更为长远地审视各类因素及其相互作用关系的变化发展，从而有效超越故步自封僵化机械思维方式的制约。因此，它普遍成为高质量战略领导极其重要而强大的推动力量。

（六）优秀职业人士关键的素养构成

遇事总能够牢固地立足全局的思维立场，并努力把最强大的资源力量投入最为关键或重要的环节，从而积极超越无关全局或暂时、局部的利益得失，广泛的实践中，无不成为优秀职业人士极其关键与显著的素养构成。因此，孔子曾经断称："君子坦荡荡，小人长戚戚"——远见卓识的君子无不襟怀坦荡，而目光短浅的小人则总是沉湎于忧愁而难以自拔。

二、虚怀若谷地兼听不同的意见

任何背景下，领导人都必须深入辨识，个人的智慧才能总是存在着相当限制，以及事物的不同审视角度必然会形成显著差异结论的普遍事实。因此，虚怀若谷地兼听不同的意见，无不成为复杂环境中对事物进行完整准确辨识的重要途径。

不仅如此，重要或复杂事物卓有成效地推进，通常需要诸多专业性工作的坚强支撑。兼听并包容不同的意见，无疑是团队整体强大力量有效创造，以及高质量全局积极推进的坚强动力。事实上，能否兼听不同的意见，普遍成为广泛实践中，领导人优秀或平庸的重要标志（图2-4-2-3）。

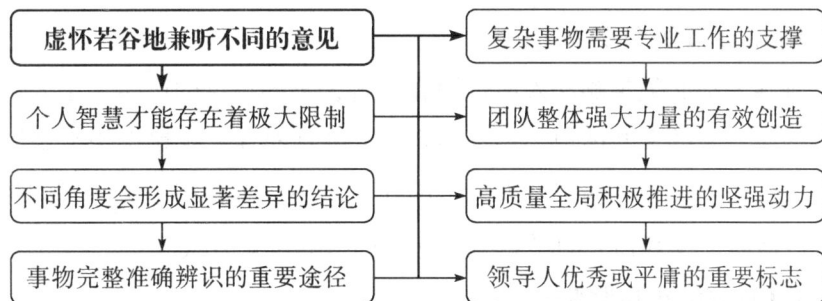

图2-4-2-3　虚怀若谷地兼听不同的意见

（一）个人智慧才能存在着极大限制

领导人通常具有较强的洞察辨识事物的能力。然而，如果因此在诸多因素、关系与变化，纵横交错扑朔迷离的复杂环境中，总是臆断自己一定比任何身临其境的他人，掌握着更为深入准确的客观实际，无疑是自欺欺人的妄自尊大。为此，唐太宗曾对隋炀帝作了这样入木的批评与讥讽：

"明主思短而益善，暗主护短而永愚。隋炀帝好自矜夸，护短拒谏，诚亦实难犯忤。虞世基不敢直言，或恐未为深罪。昔箕子佯狂自全，孔子亦称其仁。及炀帝被杀，世基合同死否？"——贤明的国君经常想着自己的短处，因而越来越睿智；愚昧的国君则常常回护自己的短处，因而永远愚昧。隋炀帝喜欢自我夸耀，回护过失，拒绝纳谏，臣子就很难犯颜诤谏。虞世基不敢直言劝谏，也许算不上有大罪。商代的箕子假装疯癫，来保全生命，孔子还称赞他是仁人。后来隋炀帝被杀，虞世基难道就该一同去死吗？

（二）不同角度会形成显著差异的结论

众所周知，以不同的角度和视野看待事物，必然会形成显著差异的结论。因此，全面准确地辨识和把握事物的全貌，必须借助于足够完整视角的信息，并对其予以充分的分析、推断与综合。任何固执或武断地排斥其他审视视角的信息与意见，都可能导致事物辨识或把握上的严重缺陷。

（三）事物完整准确辨识的重要途径

肩负着组织全局最为重要而艰难的职责，领导人任何辨识思维上的偏见与不足，都可能会给组织的全局造成极其严重的负面影响。因此，善于倾听与吸收不同的意见，长期以来，一直成为领导人纠正偏见或弥补不足，从而实现完整准确辨识事物的重要途径。

因此，唐太宗曾向侍臣诉述："朕每闲居静坐，则自内省。恒恐上不称天心，下为百姓所怨。但思正人匡谏，欲令耳目外通，下无怨滞。所以每有谏者，纵不合朕心，朕亦不以为忤。若即嗔责，深恐人怀战惧，岂肯更言！"——我每当闲居静坐，内心就开始反省。常常担心自己上不符天意，下被百姓埋怨。但求能有正直的人，给我匡正和规谏，使我耳聪目明，详细了解外界的情况，使百姓的怨情一扫而空。所以每当有人谏诤时，纵然不合我的心意，我也不会见怪。假如立刻发怒斥责，恐怕人人心怀恐惧，岂敢再说真话！

（四）复杂事物需要专业工作的支撑

组织或复杂事物的运行，通常包含着诸多专业性的工作环节。它们高质量的进程，无疑需要各专业工作环节及其密切协作的有力支持。因此，广泛地听取相关专业人员工作上的意见，就成为领导人有效辨识与把握组织全局或复杂事物，并以此推进高质量战略领导不可或缺的重要工作。

（五）团队整体强大力量的有效创造

任何背景下，领导人都必须足够深入地辨识和理解，不同意见的产生，是人们高度关注团队高质量运行发展及其积极思考的重要体现。对不同意见武断地排斥，无疑会极大地限制人们独立思考的积极主动性，严重削弱团队整体的智慧力量。因此，悉心倾听并积极关注不同的意见，无不成为整体团队旺盛的运行活力，及其强大的凝聚力量有效创造的重要方式。

（六）高质量全局积极推进的坚强动力

组织的运营全局，通常涉及诸多复杂内外因素、关系及其变化。任何辨识思维的重大缺陷，都可能会给全局的进程造成严重的负面影响。实践中，复杂内外背景下的高质量战略决策，通常很少完全出自领导人个人的头脑，而是广泛不同意见高度集成的升华，并以此而成为整体团队奋发进取的坚强意志。因此，能够从善如流，善于倾听来自各种不同渠道的积极意见，无不成为组织高质量进程极其强大的推动力量。

（七）领导人优秀或平庸的重要标志

善于听取各种不同的意见，必然能够有效提升复杂环境中，全局运营发展的辨识思维能力。相反，固执己见而无视不同的意见，必然会极大地限制全局辨识与把握的质量水平。因此，能否从善如流，积极有效地借助和依靠他人的智慧力量，普遍成为领导人优秀或平庸的重要标志。

三、睿智勇敢地面对各种艰难挑战

尽管开阔坦荡的胸襟，是人们高质量职业创造极其重要的素养，然而它的积极铸就却绝非庭院信步。事实上，它通常需要人们对宏伟的事业绝难一帆风顺，各类不确定因素及其变化并不总是垂青自己，以及各种负面的因素及其变化，并非自身力量总能完全控制等客观事实，进行足够深入的思考、辨识与理解。

同时，它的积极铸就还需要人们能够充分地辨析，勇敢地直面还是匆忙地逃避各种艰难挑战，必将产生截然不同的结局，以及在挑战中才能真正成长壮大的自然法则。并通过足够的智慧才能与远见卓识，足够深入地辨识更为广阔的时空范围中，一定存在着自身积极的职业机遇，以及永远不被职业征程上的挫折所完全控制的坚强意志（图2-4-2-4）。

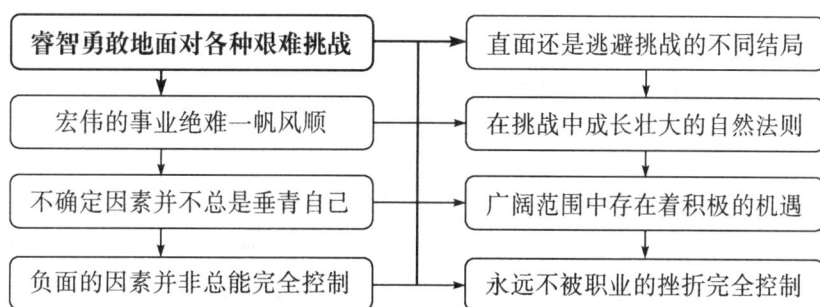

图 2-4-2-4　睿智勇敢地面对各种艰难挑战

（一）宏伟的事业绝难一帆风顺

任何远大宏伟的事业，无不受到诸多内外因素，及其相互作用关系与持续变化的复杂影响，而使得其成就的进程充满着无数的曲折与坎坷。引领或推动它的成就进程，领导人如果缺乏足够开阔坦荡的胸襟，而过于纠结其间的艰难挫折，必将难以创造足够坚强的前行动力。

（二）不确定因素并不总是垂青自己

任何远大事业的进程，都必将受到诸多偶然或不确定因素的重要影响。事实上，无论一个人或团队如何竭尽心智，都难以确保诸多偶然或不确定因素，总是垂青与倾向自己的积极力量。开阔坦荡的胸襟，无疑能够坚强地支持人们，有效地集中各种积极的力量，迅捷地对偶然不确定负面因素，做出最为有力的反应，而不是躲于一隅心有余悸或愁眉苦脸地盘算，偶然因素吞噬了自己多少的现洋。

（三）负面的因素并非总能完全控制

复杂多变的环境中，宽阔坦荡的胸襟通常能够有力地推动领导人，极其理性睿智地辨识，即使最为强大的组织，也难以在长期运营发展的进程中，完全控制各种负面因素的产生及其影响。因此，他们总是能够极其谨慎而远见卓识地审视辨识各种利益形成的背景及其存在的负面因素，并以此积极主动地拒绝隐含着巨大风险的利益诱惑，从而有效避免组织陷入难以自拔的运营绝境。

（四）直面还是逃避挑战的不同结局

任何组织的运营进程，无不充满着各种内外挑战，而挑战通常又总是与各类运行的机遇结伴同行。因此，面对挑战究竟的仓皇逃遁，抑或勇敢地直面其威胁，并极其理智而深入细致地分析其形成的背景，及其关键决定性构成因素的本质特征，并客观分辨自身能够形成的应对力量及其可以采取的应对策略，广泛的实践中，时常会形成组织截然不同的运行结局。

（五）在挑战中成长壮大的自然法则

只有通过艰难的挑战，才能卓有成效地创造或激发生命的旺盛活力，这是自然界中的普遍法制。同样，高超的职业素养或领导才能，无一不需艰辛的实践磨炼就能积极铸就。因此，广泛的实践中，鲜有领导人未曾历经艰难职业挑战或严重挫折，而能够真正步入卓越的行列。

（六）广阔范围中存在着积极的机遇

特定的外部空间、服务方式或者能够预见的未来，时常会使得人们绞尽脑汁或费尽心力，都可能难以演推形成组织生存与发展足够良好的机遇。然而，如果能够得到更为开阔视野或思维力量的有力支持，并以此通过外部空间的积极延伸、服务方式的有效转换、长远发展意识的坚强构建，那么，组织高质量运营发展积极机遇的呈现，就必将成为任何力量都难以阻挡的必然成果。

（七）永远不被职业的挫折完全控制

俗话说：胜败乃兵家常事。事实上，卓有成效地引领与推动组织高质量的全局进程，激发和创造团队强大的前行动力，领导人事先对组织的运营发展进行足够深入准确的全局辨识，及其缜密细致的战略规划无疑具有极其重要的价值。然而，成熟睿智地辨析各种艰难曲折对于卓越成就的必然存在，并通过足够坦荡的胸襟铸建起坚不可摧的顽强意志，从而能够永远不被职业征程上的种种挫折所完全击倒或控制，则无不具有更为关键而宝贵的实践价值。

四、冷静而谦逊地接受各种批评

勇于接受批评与承受非难，是领导人极为难得而关键的素养。实践中，它是领导人整体职业素养不断提升的重要动力，并能够有效地预防或减轻领导人，在复杂多变环境中可能产生的重大错误。遭受非难是复杂职业背景下领导人的普遍经历，事实上，未曾历经铭心刻骨的非难，领导的进程必然平淡苍白。但无论对于批评还是非难，领导人都必须努力从组织团结的大局和整体强大力量的思维立场，以开阔坦荡的胸襟予以积极的应对（图 2-4-2-5）。

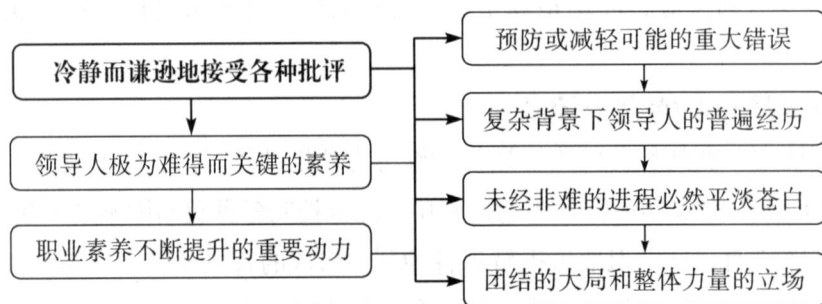

图 2-4-2-5　冷静而谦逊地接受各种批评

（一）领导人极为难得而关键的素养

对于手握诸多重要资源支配权力，承担组织全局最为核心重任的领导人而言，能够勇于接受批评或非难，无疑是项极为难得而关键的职业素养。为此，《尚书》曾经特别告诫："责人斯无难，惟受责俾如流，是惟艰哉！"——责备别人不是难事，受到别人责备，听从它如流水一样地顺畅，这就困难啊！

事实上，通过领导人面对批评或非难的表现，人们通常就可以大致推断其职业素养的质量与层次，以及组织运行成长的整体活力。

（二）职业素养不断提升的重要动力

任何高质量的领导进程，无不需要足够高水平领导素养的坚强支撑。然而，人的辨识思维及其职业行为，时常又受到各种主观或客观因素的普遍限制。显然，对领导进程中各种缺陷或不足的批评和指示，无疑能够有力地支持领导人更高质量地改进职业的思维或行为方式，因而普遍成为领导人整体素养得以持续提升的重要动力。

为此，《吕氏春秋》曾经辩称："贤主所贵莫如士。所以贵士，为其直言也。言直则枉者见矣。人主之患，欲闻枉而恶直言。是障其源而欲其水也，水奚自至？是贱其所欲而贵其所恶也，所欲奚自来？"——贤主所崇尚的莫过于士人。之所以崇尚士人，是因为他们言谈正直。言谈正直，邪曲就会显现出来了。君主的弊病，在于想闻知邪曲，却又厌恶正直之言，这就等于阻塞水源又想得到水，水又从何而至？这就等于轻贱自己想要得到的，而尊尚自己所厌恶的，所要得到的又从何而来？

（三）预防或减轻可能的重大错误

长期的职业进程中，领导人无一不会遭遇内外因素、关系及其变化极为复杂艰难的挑战，偏颇或错误的思维与行为也因此而极难完全避免。这种背景下，得到并勇于接受批评，无疑成为领导人有效预防或减轻重大职业错误，极为重要而积极的方式。因此，唐太宗曾这样坦言敬重魏征的原因：

"魏徵往者实我所雠，但其尽心所事，有足嘉者。朕能擢而用之，何惭古烈？徵每犯颜切谏，不许我为非，我所以重之也。"——魏征以前确实是我的仇敌，但他尽心侍奉他的主人，有值得赞扬的地方。我能提拔重用他，和古代圣贤相比，也不觉得惭愧。魏征每次都能犯颜直谏，不许我做错事，这是我敬重他的原因。

（四）复杂背景下领导人的普遍经历

复杂环境下的世事并非总是合乎情理。因此，孟子曾经感慨地断言："有不虞之誉，有求全之毁。"——有意料不到的赞誉，也有过分苛求的诋毁。

组织的领导进程，通常涉及需要兼顾各环节与阶段及其相互联结，极其复杂而艰难的全局责任。一定高度的领导思维与行为，并非所有相关人员都能够实时地完全理解或接收。因此，遭遇偏离情理的过激批评或责任承担上的非难与指责，就成为领导职业进程中的普遍经历。

（五）未经非难的进程必然平淡苍白

领导人通常居于各种信息或利益交织的中心位置，他的职业素养每次重要的提升与进步，时常会伴随着进程中的巨大冲击力。各种艰难复杂环境中的非难，往往能够显著提升领导人的思维与行为力量。事实上，缺乏极其严厉而铭心刻骨的非难，领导的进程无不展现着平淡苍白的画卷。

（六）团结的大局和整体力量的立场

全局的视野和胸襟，是领导人整体职业素养的核心。任何背离全局核心的思维或行为，都可能会给组织运营及其自身职业进程，造成难以挽回的严重后果。因此，任何背景下，领导人都必须努力以开阔坦荡的胸襟，积极超越个人名利的得失，极其成熟睿智地面对各种批评与非难，并以此通过自身的行为标杆与榜样，坚强地推动组织团结的大局和整体强大的前行力量，卓有成效地构建、创造与发展。

五、容忍部属工作进程中的过失

每个人都存在自身的弱点，帮助员工职业素养的持续提升，是组织或领导人的重要职责。因此，部属的表现在一定程度上，也是领导人职业素养的重要体现。实践中，对部属过失的宽容，不仅是增强组织团结极其重要的途径，而且也是组织运营活力积极创造的强大动力。因而，严于律己基础上的宽以待人，无不成为优秀领导素养的重要组成（图2-4-2-6）。

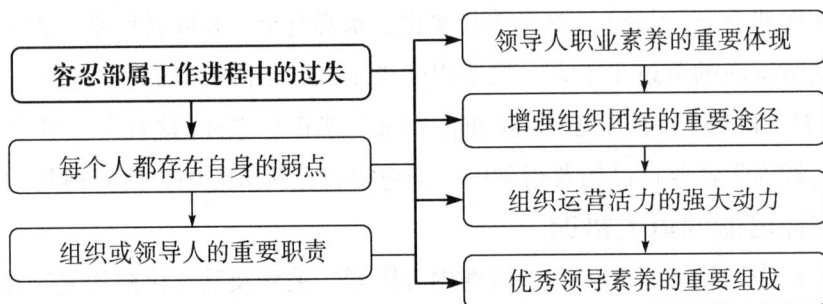

图2-4-2-6　容忍部属工作进程中的过失

（一）每个人都存在自身的弱点

每个人都存在职业上的弱点或限制。道理虽然显而易见，但广泛的实践中，部属工作上的缺陷或过失，无不成为困扰领导人的普遍难题，并时常令人难以轻松释然。对此理性而睿智地应对，《尚书》曾提出了这样的原则："尔无忿疾于顽，无求备于一夫。必有忍，其乃有济；有容，德乃大。简厥修，亦简其或不修。进厥良，以率其或不良。"——你不要愤恨愚钝无知的人，不要对一人求全责备。一定要有所忍耐，那才能有成；有所宽容，德才能高大。鉴别贤良的，也鉴别不良的人。进用那些贤良的人，来勉励那些存在不良的人。

（二）组织或领导人的重要职责

对于人们的职业弱点或缺陷，长期以来，一直存在着不同意见的争议。譬如，许多研究者就持有组织难以改变员工职业弱点的观念，认为只能通过不同岗位的设置与协作，努力发挥各人的职业优势或长处。一些资深的实践者则坚持认为，组织及其领导人的首要任务，就是铸建高质量的人员队伍。只有高素质的员工队伍，才能创造高质量的工作进程与成果。否则，一个员工队伍素质停滞不前的组织，何以应对持续变化的内外运营环境？

事实上，帮助员工或部属的成长，并通过职业素养的持续提升，推进他们更高质量工作业绩的有效创造，无不成为优秀组织和领导人极其重要的运营或工作方式，以及积极主动承担的重要职责。

（三）领导人职业素养的重要体现

作为极为重要的工作方式与职责，领导必须竭尽所能，积极引导、激励和推动员工或部属职业素养的持续提升，并以此创造高质量的领导进程与组织的运营业绩。因此，一定组织背景下的员工或部属的职业表现，普遍成为领导人整体素养的重要体现。

（四）增强组织团结的重要途径

对原则范围内或无主观倾向工作过失与缺陷的积极宽容，是有效增进团队的团结、增强组织的凝聚力，以及员工相互间工作协调和支持的重要途径。事实上，对工作无意过失的严厉追究与处罚，极易把人们推向明哲保身、谨小慎微，遇事竭力推诿责任，无视团队整体强大力量的价值及其积极创造，极为消极的职业思维与行为的境地。

（五）组织运营活力的强大动力

对员工或部属职业进程中的无意缺陷与过失，予以最大限度的宽容，广泛的实践中，无不成为组织旺盛运营活力的强大动力。事实上，任何工作更高质量运行的持续探索，其间的缺陷或过失总是难以完全避免。一旦人们因此而受到严厉的指责或惩罚，那么，组织旺盛活力积极性、主动性与创造性的根基，无疑将会受到严重的动摇。

因此，孔子曾表达了这样强烈的意见倾向："居上不宽，为礼不敬，临丧不哀，吾何以观之哉？"——居于执政地位的人，不能宽厚待人，行礼的时候不严肃，参加丧礼时也不悲哀，这种情况我怎么能看得下去呢？

（六）优秀领导素养的重要组成

跨入优秀职业行列最为艰难的挑战之一，无疑就是领导人必须身体力行"严于律己，宽以待人"的基本原则。广泛的实践中，它无不成为领导的魅力及其行为的影响力量，最为根本而深厚的源泉。为此，《吕氏春秋》曾作有这样的深刻论述：

"君子责人则以人，自责则以义。责人以人则易足，易足则得人；自责以义则难为非，难为非则行饰。故任天地而有余。"——君子要求别人通常依据一般人的标准，要求自己则按照义的准则。依据一般人的标准要求别人就容易达到要求，容易达到要求就能受别人们的普遍拥护；按照义的标准要求自己就难以做错事情，难做错事行为就必然严正。所以，他们承担天地间的重任还游刃有余。

六、推动自身与组织的长远发展

开阔坦荡的胸襟，通常能够有力地支持领导人，以更为广阔长远的辨识思维，深入审视自身职业及其组织运营的发展：通过对自身素养更高标准的评判，更为客观睿智地辨析所存在的不足，并以此努力推进更为广博而谦逊地学习；为积极构建并充分依靠整体组织的强大力量，必须努力推进和维护团队的高度团结；为更高质量地辨识与应对内外环境中的各种机遇或挑战，必须努力铸建并保持奋发进取的坚强意识与顽强精神（图2-4-2-7）。

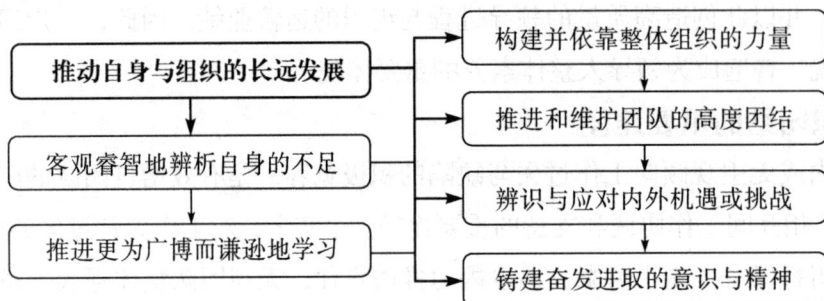

图 2-4-2-7　推动自身与组织的长远发展

（一）客观睿智地辨析自身的不足

以更为广阔长远的发展视野，深入审视自身职业与组织运营的进程，无不能够有力地推动领导人，依据更高质量的职业标准更为积极而准确地辨识自身素养所存在的不足或差距。事实上，宽阔坦荡的胸襟所支持的高远职业追求，通常并非需要等到更为艰巨复杂的挑战矗立在眼前，才能感知自身素养的欠缺。因此，它普遍成为领导人客观睿智地辨析自身存在的不足，从而卓有成效地构建或创造职业发展的主动，极其重要而强大的支持力量。

（二）推进更为广博而谦逊地学习

宽阔坦荡的胸襟，并非仅仅限于支持优秀领导人对自身素养不足的感知。更具价值的是，足够高远的职业追求，无不成为他们更为广博而谦逊地学习，从而不断提升整体领导素养强大的推动力量。

唐朝孔颖达曾经给太宗皇帝解读了孔子的一段相关论述，无疑能够支持人们更为深入而清晰地感知，真正具有高质量素养的贤能之士，无一不是谦谦君子的根源。

太宗问给事中孔颖达，曰："《论语》云：'以能问于不能，以多问于寡，有若无，实若虚。'何谓也？"颖达对曰："圣人设教，欲人谦光，己虽有能，不自矜大，仍就不能之人，求访能事。己之才艺虽多，犹病以为少，仍就寡少之人更求所益。己之虽有，其状若无，己之虽实，其容若虚。非惟匹庶，帝王之德，亦当如此。"——太宗问给事中孔颖达："《论语》说：'有才能的向没有才能的请教，知识多的向知识少的请教；有才能的就好像没有才能一样，知识丰富的就好像缺乏知识一样。'意思是什么？"孔颖达回答说："圣人进行教化，希望人们谦逊而更加光明正大。自己虽然有才能，但不自高自大，仍然去向才能不如自己的人请教，学习他能做的事情。自己虽然多才多艺，还是不满足，仍然去向才艺不如自己的人请教，以追求进益。自己虽然有才能，态度却如同没有才能一样；自己虽然知识丰富，却虚怀若谷。不仅百姓要这样，帝王的德行也更应当如此。"

（三）构建并依靠整体组织的力量

任何背景下，领导人都必须能够足够深入而睿智的辨识，即使是最具职业才华的个人，都必然存在智慧或才能上的极大限制，并以此牢固建立构建并依靠整体团队强大力量，核心的职业思维与责任意识。为此，实践中，他必须特别谨慎地审视和应对事关全局的不同意见，并努力依据和运用翔实的事实论据，积极推动团队思维意志的高度统一，以有效创造并维护组织强大的整体力量。

（四）推进和维护团队的高度团结

高度的团结是任何组织或团队的生命及其力量的根本。任何背景下，领导人都必须能够足够深入地辨识，推进和维护团队高度紧密的团结，是组织一切工作高质量运行的基础，以及自身职业才能最具关键的体现。为此，领导人必须努力以自身宽阔坦荡的胸襟和强大榜样的力量，积极推进批评与自我批评优良行为方式的构建，以及重大事项牢固遵循组织原则思维意识的确立，并以此有效化解团队内部的各种纷争或矛盾，创造并保持组织长远运营发展的强大生命力。

（五）辨识与应对内外机遇或挑战

宽阔坦荡的胸襟最具积极的价值之一，就是能够有力地推动领导人，无论是在风调雨顺一马平川的有利形势下，还是风雨交加山路崎岖的艰难环境中，都能够以更为广阔而长远的发展目光，高瞻远瞩地准确识别组织全局运营进程中所面临的内外重要机遇或挑战，并以此设置高质量的战略应对措施。

（六）铸建奋发进取的意识与精神

宽阔坦荡的胸襟，通过对自身职业或组织运营长远发展，更高质量价值睿智成熟的辨识，无不能够远见卓识地支持和推动领导人，积极超越既有的职业或运营成就，牢固构建起与时俱进奋发进取的坚强意识，以及勇于直面一切艰难挑战的顽强精神，并以此通过各种积极方式卓有成效地探索和运用，创造自身职业或组织运营发展更为卓越的进程与成就。

第三节　信心是一切成就的坚实基础

职业成就的坚实基础和强大动力

　　广泛的实践中，对内外积极因素与力量，及其强烈愿景目标和坚强行为间的必然联结，足够深入而充分辨识所铸就的坚定信心，普遍成为人们强大情感与行为动力的有效创造，以及高质量职业进程或成就卓越创建的坚实基础和强大动力。为此，希尔顿曾经断言："从我的职业经验来看，大部分人遭到失败的原因在于他们错误地判断了自己的能力，低估了自己的价值。"

　　本节首先就愿景目标价值与积极行为方式，及其必然联结深入辨析和充分确认所构成的信心关键内涵进行了探讨。接着，就坚定信心作为一切职业成就的重要基础和力量；信心铸建与推进进程中，内外积极因素与力量的深入辨识；坚强行为对信心的决定性影响；坚定信心作为优秀人士或组织的显著特征，展开了相应的分析和论述。

　　在此基础上，为积极推动人们坚定信心的牢固铸建，特别提出了面临任何艰难复杂的环境，都不要被其负面的因素或力量，及暂时的严峻局势所迷惑和控制的思维原则，以及自卑与恐惧是高质量职业进程或成就极具破坏和侵蚀力量的论断（图 2-4-3-1）。

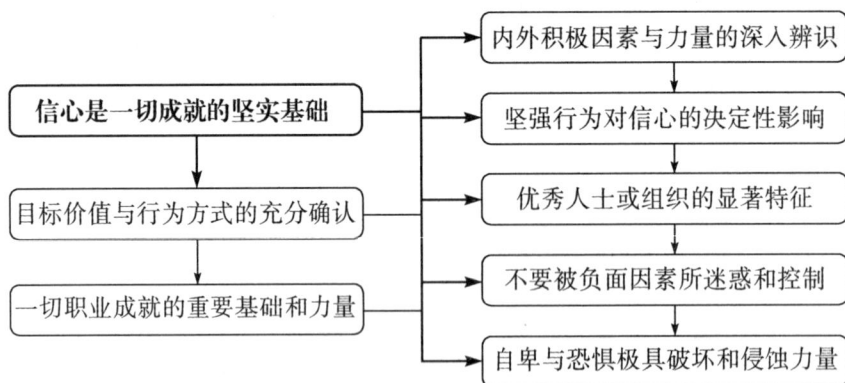

图 2-4-3-1　信心是一切成就的坚实基础

一、目标价值与行为方式的充分确认

　　信心是人们依据整体内外资源条件的实际，通过高度认知能力与思想结构的有力支持，而在心理或精神上对愿景目标、资源力量及其行为方式的坚定确认。实践中，对愿景目标高质量价值的积极确认，是信心有效铸建与持续巩固的根本基础；对愿景目标实现所具备的强大资源力量的充分确认，是信心得以确立和巩固的核心；对行为方式的深入辨析与牢固确认，是信心铸建巩固的坚强动力。

信心的积极铸建与巩固，还必须得到职业进程中各种挑战的深入辨识，及其积极行进路线的选择，以及对可能遭遇的艰难局面充分感知和把握的基础上，始终牢固地掌握情感行为主动的坚强支撑（图2-4-3-2）。

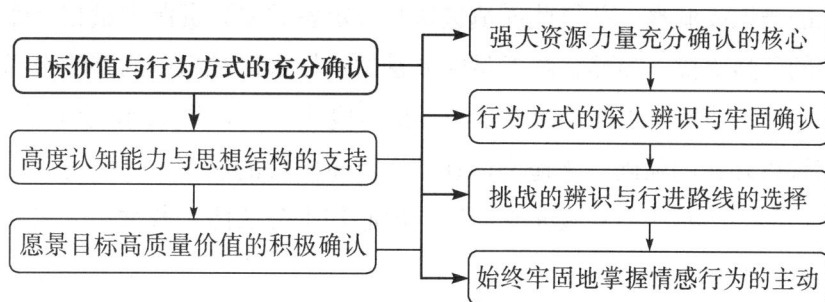

图 2-4-3-2　目标价值与行为方式的充分确认

（一）高度认知能力与思想结构的支持

坚定信心的牢固铸建与巩固，无不需要通过高度的认知能力与思想结构，以及由此形成的对内外资源力量的深入辨识，及其愿景目标积极准确设定的坚强支撑，并依据坚定的行动决心得以充分的体现。

（二）愿景目标高质量价值的积极确认

人们时常浅显地把信心，看作为任何时候都对自身或他人的能力，保持一种强大的正面的心理设定或确认。然而，实践中，这种脱离具体客观实际的唯心意识，时常会给人们带来灾难性的职业后果。

事实上，真正坚定信心的牢固铸建与持续巩固，必须得到一定内外背景下，自身职业或组织运行长远发展愿景目标，高质量价值深入辨识与积极确认的坚强支撑。换言之，对愿景目标高质量价值的积极确认，是任何坚定信心牢固铸建与巩固的根本基础，对它的任何疑虑或困惑，都可能极大地削弱人们坚强的职业信心。

（三）强大资源力量充分确认的核心

广泛的实践中，资深睿智的实践者无不能够深入地辨识和感知，任何工作高质量进程的积极创造，及其职业愿景目标的顺利实现，无不需要足够资源力量的坚强支撑。因此，对工作推进或目标实现进程中，足够强大资源力量的充分辨识与确认，就普遍成为人们坚强信心的积极铸建和巩固的核心。

然而，对工作资源力量深入准确地辨识和客观积极地确认，通常又受到人们对自身职业能力的评价，及其对工作主动牢固把握思维意识的重要影响。为此，福布斯曾经辩称："一个人的能力大小与他对自己能力的评价是一致的，这是一个基本的事实。"

（四）行为方式的深入辨识与牢固确认

人们的行为方式，通常对自身资源能力的展示质量，外部积极因素或力量的有效争取，以及愿景目标实现的进程，具有极其重要的决定性影响。因此，对一定内外环境中，高质量行为方式的深入辨识和牢固确认，就普遍成为人们的坚定信心，积极铸建与巩固的坚强动力。

通常，积极的行为方式，必须适应自身资源能力的整体构成，外部环境因素的具体实际，以及内外密切联结所构成的事物运行必然趋势的客观规律。在组织的运行进程中，尤其需要特别关注内外最为广泛人的因素特征与需求，以及由此所形成的积极支持力量的有效创造和充分运用。

（五）挑战的辨识与行进路线的选择

坚定信心的积极铸建与巩固，通常还需要对职业或工作推进进程中，可能遭遇的各种内外挑战，进行足够全面深入的辨识或洞察，并以此谨慎选择和设定各类主要资源力量相互作用，所形成的整体高质量行进路线的坚强支撑。显然，缺乏足够周密的挑战辨识和积极的路线选择的有力支持，人们的职业进程极易遭受各种意料之外负面因素的干扰与侵蚀，从而严重削弱和限制信心的高度。

孔子曾极其鄙视以外在的强硬，来掩饰内在信心严重缺失的懦夫："色厉而内荏，譬诸小人，其犹穿窬之盗也与？"——有些人外表非常严厉，内心却十分怯懦。若拿小人来做比喻，就像是翻墙挖壁进入别人家里的盗贼。

（六）始终牢固地掌握情感行为的主动

长期以来，如何始终掌握信心构建或持续巩固的主动，一直受到人们极为普遍的关注。事实上，人们信心的积极铸建和巩固，无不需要得到高水平辨识认知能力，及其足够成熟思想意识的坚强支撑。因此，牢固掌握信心构建与巩固的主动，必须努力从根本上推进人们辨识认知能力，及其思想意识整体素养的持续提升，而不是采取浅显简单的心理暗示，或模仿他人某项特定的行为方法，就能够得以顺利实现。

二、一切职业成就的重要基础和力量

坚定的信心源自高水平的辨识思维能力，但同时，它又是人们辨识思维能力积极提升的强大动力。实践中，坚定的信心，还能够有力地支持人们，制定与选择高质量的行为策略，创造和激发更为强大的整体行为力量，并把有限的资源力量集中于关键或重要的工作环节。不仅如此，坚定的信心还是职业进程中，有效排除各种负面因素的干扰，争取更为广泛外部积极因素有效支持的强大动力。因此，它成为人们一切职业成就的重要基础和力量（图2-4-3-5）。

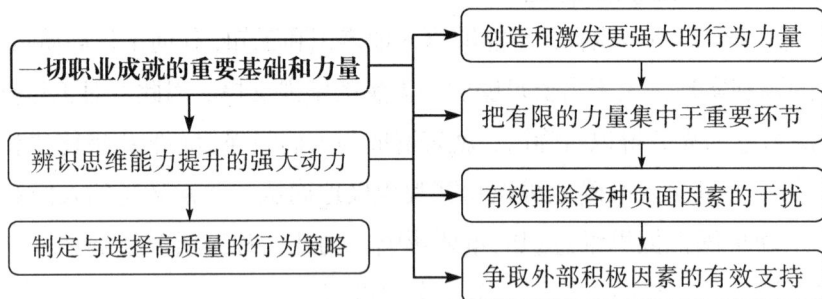

图 2-4-3-5　一切职业成就的重要基础和力量

（一）辨识思维能力提升的强大动力

坚定的信心最为重要而宝贵的价值之一，就是能够极其坚强而有力地支持人们，在各种艰难复杂的职业环境中，更为客观理性而深入准确地辨识，自身的资源力量与外部环境因素，及其相互间的作用与持续的变化，而无须以各种虚假的臆断来支撑恐惧、失落或脆弱的心理。

事实上，任何背景下，如果缺乏足够坚强信心的有力支持，人们必将受制于各种外在、暂时、虚假或孤立的表象，而难以客观、深入和准确地把握事物的根本、长远、真实与联系的高层次因素。

（二）制定与选择高质量的行为策略

坚定的信心与高水平辨识思维能力，相辅相成、相互支持推动的密切关系，以及对愿景目标积极确认，所形成的强大情感与行为的动力，无疑能够坚强地支持人们，在各种复杂艰难的环境中，设置或选择更有利于愿景目标实现的高质量的行为策略。事实上，人们耳闻目睹卓越的职业表现或成就，无不是通过坚不可摧信心的坚强支撑而得以积极创造。

（三）创造和激发更强大的行为力量

信心最为直接和显著的表现特征之一，就是能够坚强地支持人们，积极铸建并提升迎接一切艰难险阻挑战的顽强意志，并以此有效创造和激发更为强大的行为力量。反之，缺乏坚定信心的有力支持，人们必将难以有效构建或提升，足够顽强的职业意志与强大的行为动力，从而极易被各种艰辛的挑战所淹没。

为此，迪斯尼公司创始人奥尔特曾辩称："如果一个人掌握了能够让梦想成真的秘诀，我认为他能够做成任何事。对我来说，这个秘诀简而言之就是四个词：好奇心，信心，勇气、恒心，其中最重要的莫过于自信。"

（四）把有限的力量集中于重要环节

具有坚定信心的人们，对职业进程中各种负面因素或力量，并非总是熟视无睹或毫不在意。而是他们无不能够对各种内外正面或负面的因素力量，及其相互间的作用关系与运行变化趋势，进行并形成了足够深入详尽的分析和判断，并以此卓有成效地集中有限的资源力量于关键或重要的环节，从而能够高质量地掌控事物运行发展的全局。

（五）有效排除各种负面因素的干扰

拥有坚定的信心，并非能够完全避免各种负面因素的侵扰。他们的卓越表现，通常在于能够依据坚强信心的支持，极具智慧、极有耐心、极其顽强地一步一步、一件一件地排除各种负面因素的干扰，并不失时机、远见卓识地把各种负面因素的阻力转化为积极的正面的动力，从而充分展示出坚韧不拔、永不衰竭，整体优良职业进程或成就强大的创造力量。

（六）争取外部积极因素的有效支持

以远见卓识所坚强支持的坚定信心，任何背景下——即使在职业力量极其弱小或极为艰难环境中，都能够有力地推动人们，展示强大的职业魅力或影响力，从而更为积极有效地创造与争取，广泛内外资源力量的支持与合作。对此，加拿大施乐公司前领导人拉桑德曾辩称："缺乏自信，最有才能的人也会在黑暗中摸索，他的才能可能永远不会为人所充分认识。"

三、内外积极因素与力量的深入辨识

实践中，坚定信心的积极铸建与持续巩固，普遍需要人们深入辨识任何组织或职业人士，都拥有难以限量的潜在力量，以及人们的职业进程或成就，将主要取决于自身辨识思维智慧的客观事实。

信心的铸建和巩固，通常还需要人们能够足够成熟而深入地辨识，整体社会持续的发展进步，必然蕴含着无穷更高质量的需求及其职业机遇；自身职业素养持续提升的巨大潜能；外部需求与自身资源能力的密切联结，以及积极争取他人或团队的坚强支持，对自身高质量职业进程或成就的强大推动力量（图2-4-3-4）。

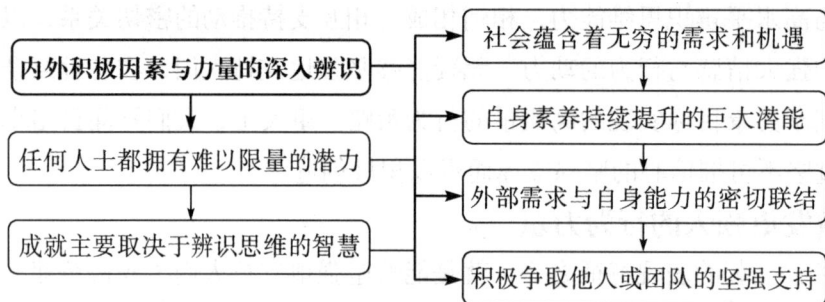

```
┌─────────────────────────┐         ┌──────────────────────────┐
│内外积极因素与力量的深入辨识│────────▶│ 社会蕴含着无穷的需求和机遇 │
└─────────────────────────┘         └──────────────────────────┘
             │                      ┌──────────────────────────┐
             ▼                     ▶│ 自身素养持续提升的巨大潜能 │
┌─────────────────────────┐         └──────────────────────────┘
│ 任何人士都拥有难以限量的潜力│───────  ┌──────────────────────────┐
└─────────────────────────┘         ▶│ 外部需求与自身能力的密切联结│
             │                       └──────────────────────────┘
             ▼                      ┌──────────────────────────┐
┌─────────────────────────┐        ▶│ 积极争取他人或团队的坚强支持│
│ 成就主要取决于辨识思维的智慧│         └──────────────────────────┘
└─────────────────────────┘
```

图 2-4-3-4　内外积极因素与力量的深入辨识

（一）任何人士都拥有难以限量的潜力

人类历史长河中，任何强大的组织无一不是从无到有、从小到大、从弱到强而逐步成长壮大；任何令人景仰的伟大或卓越人士，同样起先也无一不是毫不起眼的小人物。事实上，任何组织或人士，都拥有难以为人们所轻易限量的极其强大的潜在力量。

历史的进程或社会的进步，无不为广泛的组织或人士，创造了持续自我更新发展的无限空间，提供了充分展示自身潜力的广阔舞台。广泛的实践充分显示，只要自己不首先设限，就没有任何他人能够真正阻挡或限制，自身锐不可当的前行步伐或无与伦比的精彩表现。

（二）成就主要取决于辨识思维的智慧

任何远见卓识之士无不能够深入地辨识和感知，人们的潜在力量与卓越表现，时常存在着巨大的鸿沟。它是人类所有美好愿望与梦想的实现，以及人们高质量职业进程和成就的创造，最为主要而又极其普遍的限制因素。人们自身辨识思维的智慧，则是鸿沟成为通途的唯一桥梁，其中对灿烂未来坚定的信心，无疑是支撑宽阔桥梁的坚强钢骨。

（三）社会蕴含着无穷的需求和机遇

人们信心的缺失或者恐惧的形成，时常源自当前职业环境中，负面因素挑战力量的过于强大。然而，更为广阔、深入与长远的辨识思维，无不能够有力地支持人们，更高质量地辨析整体社会持续发展进步进程中，必将蕴含着更为积极的无穷的潜在需求，以及由此所展示的良好的职业成长机遇。事实上，任何卓越的职业进程或成就的创造，无一不是通过对更为积极、更高质量的社会需求，准确地辨识和把握而得以实现。

（四）自身素养持续提升的巨大潜能

俗话说，艺高才能胆大。的确，人们高质量的职业素养，对其坚定信心的积极铸建与巩固，无不具有极其关键的决定性影响。然而，人们高质量的素养并非能够与生俱有，它们无不需要通过长期的职业学习、锤炼和积累，才能逐步铸就形成。因此，深入准确地辨识自身素养的优势，及其持续提升的巨大潜能，无不成为人们的坚定信心，积极构建和巩固强大的推动力量。

因此，韩愈曾经认为，真正的贤能之士必然会时常反省并自我激励："彼人也，予人也。彼能是，而我乃不能是？"——他是一个人，我也是一个人，他能够做到，而我为什么不能做到？

（五）外部需求与自身能力的密切联结

广泛的实践中，人们时常会忽略自身资源能力的实际，去审视辨识外部环境的需求及其存在的机遇或挑战；或者与此相反，无视外部需求的实际及其积极满足的能力，去评价判定自身资源力量的强弱。显然，这对自身职业的进程或成就，以及职业信心的构建与巩固，都必将难以形成真正强大的支持力量。

换言之，孤立地看待外部的或内在的因素，缺乏足够成熟完整的辩证统一思维的坚强支撑，任何审视评价成果的价值都必将受到极大的限制。因此，实践中，人们坚定信心构建与巩固的真正挑战，无不普遍地存在于内外积极的因素和力量，密切联结融合方式卓有成效地设置和推动。

（六）积极争取他人或团队的坚强支持

无论研究作品如何渲染或人们怎样迷信，事实上，任何描绘与构想的无与伦比、神奇强大的个人智慧力量，在令人景仰的事业创造实践中，如果缺乏他人或团队的坚强支撑，那么，它的价值无不受到极大限制而极其微弱。不仅如此，个人的辨识思维智慧与情感行为动力，通常还普遍受到外部环境因素的重要影响。

因此，坚定信心的铸建与巩固，必须积极争取他人或团队力量的坚强支持。否则，任何个人的职业信心，都必将难以形成真正强大而持久的情感行为动力，并可能随时遭受重创而顷刻间土崩瓦解。

四、坚强行为对信心的决定性影响

人们的信心绝非可由豪言壮语能够充分展示，坚强有力的行为才是它的集中体现。事实上，缺乏积极的坚强行为，任何形式所展露的信心都必将丧失真正的价值。

广泛的实践中，人们任何缜密的思维都难以准确预见，各种因素或关系的所有复杂变化。而强烈的愿景目标，则普遍成为激励人们坚强行为的强大动力，并进而有力地推动坚定信心的积极构建和巩固。因此，人们的信心缺失及其职业挫折，无不普遍源自行为力量的脆弱，而不是前行障碍绝对地难以超越（图2-4-3-5）。

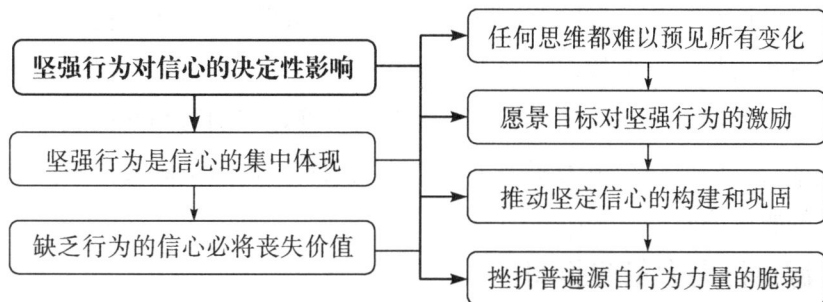

图 2-4-3-5　坚强行为对信心的决定性影响

（一）坚强行为是信心的集中体现

尽管合乎内外实情或逻辑思维的充分分析，以及对愿景目标强烈的认同或毫不犹豫的承诺，能够一定程度上展现出人们的信心。然而，如果缺乏足够坚强行为的有力支撑，任何踌躇满志的信心，都极易坠入纸上谈兵或夸夸其谈的深渊。因此，坚定的信心必借坚强行为的有力支持，才能得到充分的展示。实践中，顽强不屈的坚强行动，普遍成为人们坚定的信心关键而集中的体现。

（二）缺乏行为的信心必将丧失价值

作为强大的情感行为与心理精神的积极力量，人们的信心无不从根本上源自对内外整体资源力量与职业愿景目标，及其两者密切联结关系，深入准确的辨识和牢固积极的确认。但同时，它更应该成为整体资源力量、愿景目标及其紧密联结，更为充分辨识、积极设置和有力推动，强大的情感行为动力与心理精神力量。

事实上，如果不能成为积极行为的坚强动力，那么，任何意得志满的信心，都极易转化为自我陶醉的麻醉剂，而必将丧失其真正的价值，甚至变为极具实践侵蚀性的负面力量。

（三）任何思维都难以预见所有变化

在复杂的内外环境中，任何缜密的思维都很难事先准确预见，职业进程中各种因素及其关系所有的重要变化。广泛的实践中，坚定的信心对愿景目标必然趋势的积极确认，所产生的强大情感与行为动力，普遍能够有效地支持人们更高质量地辨识与运用，内外资源因素、关系及其变化，所存在的更为积极的潜在力量，从而充分展现出识别和应对一切变化中的机遇或挑战，更为强大的智慧力量。

（四）愿景目标对坚强行为的激励

即使最为精明强干、最具远见卓识的贤能之士，也难以对职业进程中的各种艰难挑战或严峻风险，及其积极有效的应对方式，完全具有先见之明而了如指掌或成竹在胸。实践中，他们通常只能根据一定条件下，事物内外因素及其关系的构成，以及运行发展规律所能展示的整体趋势，设置积极的职业愿景目标。

然而，对愿景目标的强烈愿望，无不能够坚强地支持人们，不断根据职业的内外实际及其变化，探索寻求更为积极的行为方式，铸建形成超越一切艰难挑战，更为强大的行为力量。因此，它普遍成为人们坚强行为不可或缺的重要激励和推动力量。

（五）推动坚定信心的构建和巩固

对于严重的或连续的艰难挑战与职业挫折，是否会必然地动摇人们坚定信心的根基，长期以来，一直存在着不同意见的广泛争议。事实上，坚强的行为无不能够有力地支持人们，更为客观深入地分析辨识，自身的资源力量与外部的正反因素，及其相互间的作用关系，以及愿景目标推进进程中整体的真实状况，从而能够有效地推动人们，更为全面准确地识别与判断挑战存在的价值或挫折形成的根源，并通过前行方向或路线更为积极主动的改进调整，创造更高质量的职业进程与成就，构建或巩固更为坚定的职业信心。

（六）挫折普遍源自行为力量的脆弱

深入辨识与掌握内外资源条件的潜在力量，及其愿景目标的积极价值，只是高质量职业进程和成就创造的起点。显而易见，如果缺乏足够坚强行为的积极推动与有力支撑，一切积极有利的资源条件与令人兴奋的愿景目标，都必将成为过眼云烟或海市蜃楼。广泛实践中，人们的信心缺失或职业挫折，通常并非由于前行进程中的障碍或挑战，绝对地难以超越，而是普遍源自行为力量的脆弱。

因此，魏征曾在其著名的《十渐不克终疏》中辩称："语曰：'非知之难，行之惟难；非行之难，终之斯难。'所言信矣！"——俗语说："不是知道怎么做困难，而是采取行动艰难；不是采取行动困难，而是坚持到底艰难。"

五、优秀人士或组织的显著特征

在长期的实践与研究中，人们已经普遍注意到，优秀的职业人士或组织，无不存在着许多相同或相似的表现，而坚定的信心无疑成为他们极其重要而显著的共性特征。通常，他们对职业或运行愿景目标的积极价值，无不经过充分的确认并满怀强烈的期待；对职业或运营进程中，整体正面与负面的资源力量，形成了足够充分而肯定的对比；对职业或运营进程的全局，进行了完整的构思与设置；对进程中可能的艰难挑战，设有充分而积极的应对预案；在行动之前，对愿景目标的实现无不满怀必胜的信心；在行动进程中，能够始终全神贯注而心无旁骛（图2-4-3-6）。

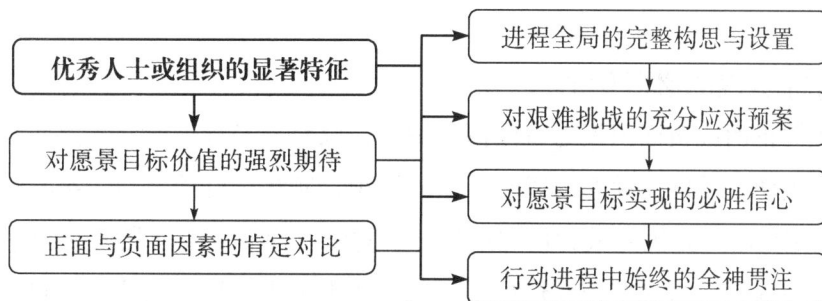

图 2-4-3-6　优秀人士或组织的显著特征

（一）对愿景目标价值的强烈期待

无论对于个人还是一支团队，如果对愿景目标的积极价值，缺乏足够深入而充分的辨识，以及由此所激发实现与展现的强烈愿望，那么，他们必将难以有效地集中和积极地展示，自身拥有的强大资源与智慧的力量，并以此牢固铸就战胜一切艰难挑战的坚强意志，创造高质量的职业或运行的进程与成就。

（二）正面与负面因素的肯定对比

任何个人的职业或组织的运营进程，都充满着形式各样的正面的积极的，或者负面的消极的因素。显然，它们整体的此消彼长及其相互作用，最终决定着职业或运营进程总体发展或衰落的趋势。

睿智精明的人士或组织，无一不对自身职业或运营进程中，特定的前行方向与路线背景下，整体正面积极或负面消极的因素力量，进行全面深入的分析和辨识，并形成足够充分而肯定的力量对比。这也是人们坚定信心的有效铸建与巩固极其重要而积极的途径。

（三）进程全局的完整构思与设置

复杂背景下，人们坚定信心的牢固铸建与巩固，通常还需要得到内外正负因素或力量充分辨识基础上，对全局运行的方向、路线及其运行的战略方案，完整构思、规划或设置的坚强支撑。这也是有效避免职业的妄自尊大及其严重挫折，积极维护或坚定职业的信心极其关键的原则与方法。

（四）对艰难挑战的充分应对预案

艰难的挑战或严重的障碍，无不成为人们广泛实践中，坚定信心最为普遍而重要的限制或侵蚀性的力量。因此，坚定信心的积极铸建与巩固，必须得到各种重要挑战或障碍，充分而缜密应对预案的坚强支撑。

对此，《吕氏春秋》也曾阐述了谨慎应对负面挑战的重要原则：

"贤主愈大愈惧，愈强愈恐。故贤主于安思危，于达思穷，于得思丧。《周书》曰：'若临深渊，若履薄冰。'以言慎事也。

夫忧所以为昌也，而喜所以为亡也。胜非其难者也，持之其难者也。"——贤明的君主，土地越广大越感到恐惧，力量越强盛越感到害怕。所以贤明的君主在平安的时候就想到危险，在显赫的时候就想到困窘，在有所得的时候就想到有所失。《周书》上说："就像面临深渊一样，就像脚踩薄冰一样。"这是说做事情要小心谨慎。

因此，忧虑是昌盛的基础，喜悦是灭亡的起点。取得胜利不是困难的事，保持住胜利才是困难的事。

（五）对愿景目标实现的必胜信心

通过对内外各类正面或负面因素力量的深入辨识，以及全局行进方向、路线与方案，及其艰难挑战应对预案积极主动的设置，优秀的职业人士或组织，通常在行动之前，都能够对愿景目标的实现充满着必胜的坚定信心，并因此成为他们最为显著的职业特征，及其强大的情感与行为动力。

为此，海岸公司前领导人保罗曾经辩称："成功之士善于从每个毛孔汲取自信。没有信心的人注定是失败者。他们会失去订单，会失去生意，会失去自尊。一切都与成功背道而驰。"

（六）行动进程中始终的全神贯注

在行动进程中，由于内外因素及其关系可能存在着随时的变化，原先资源条件的辨识判断可能存在着显著的偏差，愿景目标随着内外形势的发展可能存在着更为积极的提升。因此，全神贯注于内外资源因素、关系与变化的实际，以及运行方向、路线及方案推进进程，与整体愿景、既定专业或阶段性目标间的偏差，并以此对相应的行动目标、运行方案或资源结构，做出积极、有效、适时的改进与调整，就普遍成为人们保持坚定的职业信心，创造高质量的职业进程与成就，必须坚持的重要原则和积极方式。

六、不要被负面因素所迷惑和控制

广泛的实践充分显示，任何职业环境都必然存在难以应对的负面因素；瞩目的成就，无一不是饱经风雨的侵袭而显现曲折的历程。然而，畏惧艰难或挑战，并因此放弃坚强的行动，则必将一事无成。

真正睿智的态度或行为，是直面职业的重要挑战或负面因素，并对其形成根源、结构组成与表现特征，进行深入的分析而绝不被其所迷惑；即使遭受严重的挫折，也努力以顽强的意志支撑自身，而绝不被艰难或挑战所完全控制。广泛的实践中，压倒一切困难挑战的勇气，是任何瞩目成就创造不可或缺的精神之魂（图 2-4-3-7）。

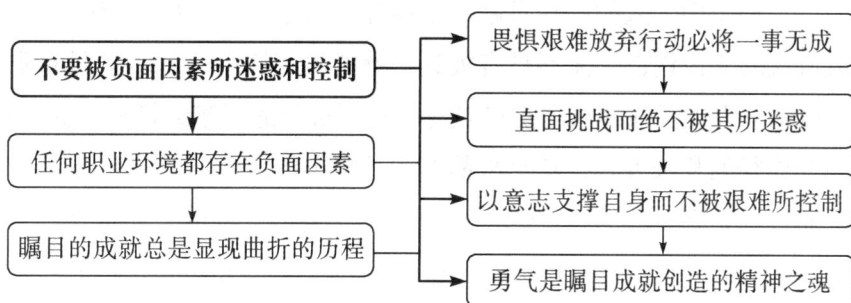

图 2-4-3-7　不要被负面因素所迷惑和控制

（一）任何职业环境都存在负面因素

任何职业环境中，都必然存在着严重的负面因素或严峻的挑战。事实上，它们是人们职业信心，最为直接和主要的侵蚀性力量。因此，有效地铸建、巩固与提升坚定的职业信心，必须对各类重要的负面因素或挑战，形成足够深入而准确的辨识和掌握。

广泛的实践中，如果负面因素或挑战的力量相对弱小，人们必然会设置选择更高价值的愿景目标，从而使得它们的限制性力量接近或濒临，整体内外资源条件所能形成的积极推动力量的极限。因此，即使最具顽强意志的人士或组织，也无不时常表现着坚定信心与严峻挑战的激烈抗争。

（二）瞩目的成就总是显现曲折的历程

人们所追求的愿景愈是崇高远大，进程中的困难挑战必然愈是艰辛；简单轻松就能够顺利实现的愿景目标，其价值必将受到极大限制。事实上，任何令人瞩目的职业成就，无一不是饱经风雨的侵袭而显现着极其曲折的历程。因此，矢志高远的愿景或成就目标，必须得到任何时刻都能顽强致力于，内外潜在资源条件充分展示的积极推动，而不为其曲折进程所迷惑、艰难挑战所压倒，足够坚定信心的强力支撑。

（三）畏惧艰难放弃行动必将一事无成

众所周知，行动是一切愿景实现与成就创造的基石。因此，如果因畏惧艰难或挑战，而不敢于付诸积极的行动，就不可能形成任何有效的职业创造与成就。的确，优秀的人士或组织，通常都会做出行动上的舍弃，但那绝不是畏惧艰难或挑战，而是进行着更为积极的行动选择。事实上，因畏惧艰难挑战而不敢采取坚定积极的行动，时常会使得极其简单的工作，陡然成为难以逾越的职业障碍。

（四）直面挑战而绝不被其所迷惑

任何志在有所作为的人士或组织，都必然会遭遇各类艰难的挑战。对此，真正睿智积极的态度或行为，就是充分依靠自身的智慧才能，直面其中重要的挑战或负面因素。任何轻易试图逃避的意识，都必将严重削弱自身的职业才智和力量。

对于职业进程中几近形影不离的艰难与挑战，最为关键的应对原则和方法，就是对其形成的根源或背景，所涉及的主要因素及其关系结构，以及对工作推进限制的方式、力量、范围等表现特征，进行深入的分析而绝不被其暂时的表象所迷惑。

（五）以意志支撑自身而不被艰难所控制

在复杂多变的内外环境中，人们已经日趋广泛而深入地意识到，始终牢固地掌握职业的主动，对其高质量进程或成就的积极创造，无不具有极其关键的决定性影响。而掌握职业主动最为重要的原则与途径之一，就是努力以顽强的意志支撑自身，绝不被所遇艰难或挑战所完全控制。

实现这一原则与途径的积极方式，就是冷静客观地根据既定的愿景或目标，把内外资源条件的积极因素和力量，通过一系列有效的专业性手段的转换或整合，与相应负面因素的挑战，进行深入细致的对接或作用的推演，再根据与愿景目标的适应性分析，选择最为积极有效的行动方法。

（六）勇气是瞩目成就创造的精神之魂

通过长期的职业实践，人们已经广泛认识到，盲目武断的行为时常会给自身职业，造成严重的灾难性后果。然而，如果缺乏高度智慧与理性背景下，压倒一切困难挑战勇气的坚强支撑，那么，任何人都必将难以创造令人钦佩的职业进程或成就。因此，超越一切艰难挑战的信心勇气，无不成为瞩目成就的卓越创造，不可或缺的精神之魂。

七、自卑与恐惧极具破坏和侵蚀力量

广泛的实践中，人们的自卑与恐惧，普遍成为高质量职业进程或成就，最为主要的限制与侵蚀性力量。然而，坚定的职业信心，无一不是源自自卑或恐惧深入辨识基础上的高度升华。事实上，任何令人景仰的巨人都是曾经的卑微人物；自卑的产生，只是未能足够深入地辨析自身的潜在智慧和力量；恐惧的形成，也时常源于对整体积极与消极力量的对比，及其变化趋势充分识别和确认的缺失。

因此，领导或导师最为重要的职责与价值之一，就是努力引导和推动人们，通过职业内外各种积极因素与力量，更为深入准确地分析、思考与辨识，从而有效铸建与持续提升超越一切自卑与恐惧的坚定信心（图 2-4-3-8）。

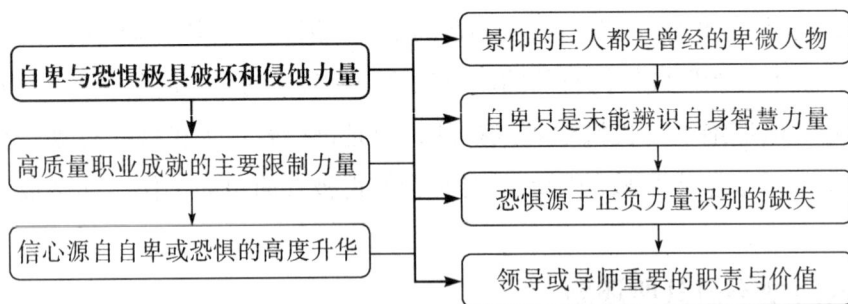

图 2-4-3-8 **自卑与恐惧极具破坏和侵蚀力量**

（一）高质量职业成就的主要限制力量

自卑的意识及其所形成的心理，通常会限制人们对远大职业愿景目标的强烈愿望与追求，从而严重削弱积极而坚强地应对各类职业挑战，所必需的强大的精神和行为动力。恐惧的意识与心理，则时常会直接阻止或限定人们主动积极的职业行为，及其推进中应有的强大力量。

因此，它们普遍成为人们自身潜在智慧才能，有效提升和充分展现，内外资源力量深入辨识与积极运用，以及高质量职业进程或成就卓越创造，最为主要的限制、阻碍或制约力量。

（二）信心源自自卑或恐惧的高度升华

如果对自身的智慧才能，内外资源因素的潜在力量，缺乏足够深入而充分的辨识，或者受到某些表面、暂时或局部负面因素的严重影响，人们时常就会产生对高质量职业进程或成就极具破坏与侵蚀力量的自卑与恐惧意识。

广泛的实践中，由于人们的高水平辨识能力，及其全局思维意识的构建与发展，通常需要相当职业学习历程与实践磨炼的积累，尤其是具有强大辨识思维力量哲学思想原则的坚强支撑。因此，具有强大情感与行为力量的坚定职业信心，无一不是源自起始的自卑与恐惧，通过高质量辨识思维能力及其思想结构，有力支持并高度升华铸就而成。

（三）景仰的巨人都是曾经的卑微人物

人类文明进步的历史长河中，从来就没有天生令人景仰的巨人。事实上，即使最为伟大的历史人物，职业之初也无一不是默默无闻的卑微之士。对此，即使最具迷信思想意识之人也极少会提出异议。

贤能的优秀人士，之所以能够步入卓越或伟人的行列，就在于他们能够深入辨识并积极融入社会历史的进程潮流，有效借助和运用外部一切积极的强大力量，尤其是能够获得最为广泛人的因素力量的坚强支持，并以此充分展现了自身高超非凡的智慧才能，创造了广泛瞩目的职业成就，受到了人们极其普遍的敬仰。

（四）自卑只是未能辨识自身智慧力量

自卑是项对高质量职业进程或成就，极具限制与侵蚀力量的自我消极意识。人们之所以存在浓厚的自卑意识，从根本上说，只是未能足够深入准确地辨识，自身的潜在智慧力量，通过一定积极途径的有力支持，能够得以有效提升及其充分展现的普遍事实，从而总是受限于过去职业的平庸或挫折，或者他人对自己持续否定的评价，而难以对远大的职业愿景确立强烈的愿望。

自卑意识的有效超越，通常需要颇具成就的人士，给予积极而耐心的指点和激励，并通过自身有效学习、思考和实践的积累，才能得到充分实现。

（五）恐惧源于正负力量识别的缺失

人们职业恐惧的产生，通常源自对整体内外正负力量的对比，充分辨识与积极确认的缺失。换言之，如果确信特定资源构成与行为方式背景下，负面的力量占据着绝对的优势，人们通常会作出新的方式选择。反之，对正面力量绝对优势的充分识别和积极确认，就不会受到恐惧意识的严重困扰。

同时，行为后果极其重要的责任，时常也会显著加剧人们对行为推动的犹豫和不安。因此，即使最具顽强、睿智或卓越的职业人士，也难以在自身头脑中完全消除职业的恐惧意识，除非他掌握着无可限量的强大资源力量，或者无视职业进程或成就的重要责任。

（六）领导或导师重要的职责与价值

人们时常把自卑与恐惧归于人的心理表现。然而，如果缺乏作为人的智慧才能根基，辨识能力与思想结构积极提升的坚强支撑，任何旨在扭转自卑和恐惧的心理暗示或诱导，都必将难以形成真正的实效。

为人们指示正确的职业方向，提供坚强的行为动力，是领导人极为重要的职责；向人们充分传授高质量人生与职业创造，所必需的高水平辨识认知能力和高层次思想结构，积极铸建及发展的有效途径与方法，是一位导师价值的核心体现。

因此，积极引导或支持人们卓有成效地超越，极具人生和职业限定力量的自卑与恐惧意识，从而铸就敢于直面和迎接一切艰难挑战的坚定信心，就普遍成为一名领导或导师极其关键的职责，以及高质量职业价值最为核心的体现。

第四节　热忱能够激发强大的行为力量

重要而强大的情感行为力量

　　领导人潜能的积极提升与充分展示，并以此卓有成效地激发和创造，整体组织旺盛的运营活力与强大的前行动力，无不涉及人性特征中极富积极力量的热忱素养。不仅如此，在相互支持与协作日趋关键的背景下，人们的热忱素养已日益成为高质量职业进程或成就创造，不可或缺的重要而强大的情感行为力量。

　　准确识别与充分运用热忱的强大力量，通常需要对它的产生背景及其积极价值，形成足够深入而完整地辨识，并努力把人性中潜在的积极因素，睿智地转化为高质量职业创造的坚强动力。主动积极地展示高度的热忱，还需要对它的强大情感行为动力的表现特征，以及优良职业成就重要推动力量的展示方式，形成足够深刻的辨析和理解。

　　不仅如此，满腔的热忱还是身居要职人士卓有成效地激发和创造整体团队强大的前行动力，不可或缺的关键素养。广泛的实践中，领导人强烈的职业或人生成就的积极愿望，无不成为热忱素养持续提升和充分展示，极其重要而坚强的推动力量（图2-4-4-1）。

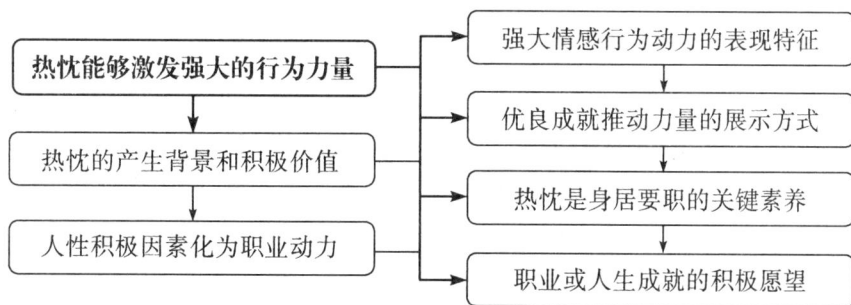

图 2-4-4-1　热忱能够激发强大的行为力量

一、热忱的产生背景和积极价值

　　热忱是人们通过对相关人或事物的价值，足够深入而全面的辨识，所形成更为美好愿望的强烈情感，并以此所展示的主动支持与推动的积极行为。显然，高度的热忱是人们一切积极行为的强大动力，并能够有效地提升工作高质量推进的创造力。

　　更为美好的强烈愿望和积极行为，广泛的实践中，无疑能够有力推动人们，卓有成效地创造团队密切协作、团结友爱的积极氛围，争取各种积极因素或力量的支持，更为深入辨识和准确把握良好的发展机遇（图 2-4-4-2）。

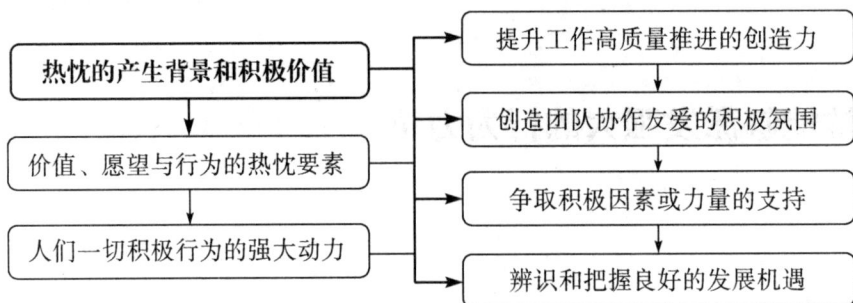

图 2-4-4-2　热忱的产生背景和积极价值

（一）价值、愿望与行为的热忱要素

对强大情感行为动力热忱素养的深入辨识与积极运用，必须对它的价值、愿望和行为三个基本要素，及其相互间的关系形成足够深入的辨析和理解。

通常，对相关人或事物，以及自身职业与行为价值足够深入的辨识，是热忱积极形成和持续发展的根本基础；对相关人或事物，以及自身工作或职业，未来更为积极美好愿望的强烈情感，是热忱形成发展的关键与灵魂；自身工作或职业进程中，对相关人或事物积极主动的支持与推动行为，是热忱的核心体现。

（二）人们一切积极行为的强大动力

众所周知，人们的强烈意愿和积极行为，是一切事业成功不可或缺的重要推动力量。事实上，高度的热忱所体现的美好愿望与主动行为，无不使其普遍成为人们高质量职业进程或成就，卓有成效创造的关键素养。

因此，爱默生曾经断称："有史以来，没有任何一件伟大的事业不是因为热诚而成功的。"[1]实践中，满腔热忱对一切积极主动行为创造的强大动力，正受到广泛的人们尤其是各类组织领导人，日趋普遍的关注和青睐。

（三）提升工作高质量推进的创造力

广泛的实践中，人们高质量的行为及其展现的强大创造力量，不仅受到专业技能的重要影响，而且还更为普遍与显著地取决于，情感因素的关键决定性力量。换言之，对相关人或事物强烈的美好意愿所推动形成的高度热忱，无不能够坚强地支持人们，在各种复杂艰难的环境中，积极探索或寻求更高质量的行为方式，铸建形成更为强大的超越一切艰难挑战的行为动力。

（四）创造团队协作友爱的积极氛围

人们的高度热忱，无不能够强烈地相互感染与推动，并因此而成为一支团队密切协作和团结友爱积极氛围卓有成效地铸建创造的强大动力。事实上，人性中的相互性无不显著可触——你对我冷若冰霜，我必定对你视而不见；你对我无微不至地关爱，我对你必然休戚与共地牵挂。因此，在各种协作与影响日趋广泛深入的环境中，高度的热忱正日益成为各类组织整体强大运营能力，不可丝毫轻视的重要资源因素。

（五）争取积极因素或力量的支持

人们的高度热忱对美好愿景所展现的强烈愿望和积极行为，无不具有广泛而浓烈的感染和强大的激励或推动力量，并以此有效吸引、争取和鼓舞各种积极因素的有力支持或踊跃参与，从而形成把握积极机遇或应对艰难挑战，更为坚强的力量。为此，耶鲁大学教授威廉·费尔波曾断称："对工作热诚的人，具有无限的力量。"

（六）辨识和把握良好的发展机遇

高度的热忱所展现的强大情感与行为力量，能够有力地支持或推动人们，把辨识思维关注的焦点及其资源力量的重心，有效地聚集于工作更高质量的运行发展，从而积极提升辨识和把握良好发展机遇的智慧才能。

对于高度热忱激发人们才智的力量，作为颇具成就的领导人，希尔顿曾作有这样的评述：

"我的经验是，那些无须热忱就能做好的事情，没有一件是真正值得去做的。才干是必要的，但是有了满腔热忱，更可能激发人的才智。热忱是无穷无尽的力量，它如此强大，以至于你有时不得不用理智才能把它减退平息。如果一旦调动起你的热忱，你就会发现自己正在不断向前发展，以获得新的方式来释放这种能量。"

二、人性积极因素化为职业动力

众所周知，人性中蕴含着难以限量的巨大潜力。充分辨识与展示这种潜力，是任何领导进程都必须面临的关键任务和艰巨挑战。热忱就是以强大的情感与行为的驱动力量，充分展现人性中巨大积极潜能的重要因素，从而普遍成为人们旺盛活力的源泉。不仅如此，热忱还是人们工作或职业的艰辛，成为愉悦历程的有效转化器，并以此而淋漓展现出直面一切艰难挑战的坚强意志（图2-4-4-3）。

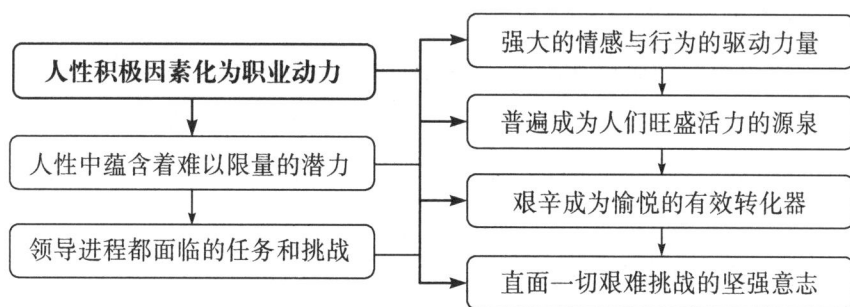

图 2-4-4-3　人性积极因素化为职业动力

（一）人性中蕴含着难以限量的潜力

迄今为止，自然界依然存在着未被人们充分认知或利用的强大力量。与此相对应，高度智慧与情感的人性中，也无不蕴含着难以限量的巨大潜力。人性中最具强大的力量，是拥有着能够深入准确地辨识，并通过各种工具有效地创造和运用，推动各类事物高质量运行无与伦比的智慧能力；最为显著的因素，是存在着相互关爱、密切协作，并以此形成更为坚强整体力量的情感天性。随着社会文明进步的持续发展，人的智慧与情感天性，正日趋受到人们的广泛关注，并日益展现着前所未有的强大力量。

（二）领导进程都面临的任务和挑战

人性中的积极力量通常不会自然充分展现，它们无不需要一定途径的有效提升和激发，并依靠一定外部物质资源条件的支持。同时，人性中还存在诸多负面的因素，并因此显著地限制着整体的积极力量。因此，高质量地提升和展现人性中的积极智慧力量，无不成为领导人普遍面临的极其艰难的职业挑战。

（三）强大的情感与行为的驱动力量

当人们通过高质量的思辨智慧才能，充分辨识了周围环境中的人或事物，及其自身潜在的积极力量与价值，通常就会推进其相互间的密切联结和融合，而构建起更为美好愿望的强烈情感，并通过持续提升自身整体能力，不断探索更高质量的运行方式，倾尽自身智慧力量等积极行为热忱与激情的展示，更为有力地支持或推动相关人的工作或事物的运行，并以此充分展现出自身强大的情感与行为的力量。

为此，福特汽车公司创始人亨利，曾经依据自身长期的职业历程而辩称："热忱是一切进步的基础。充满热忱的人会有所成就，而没有热忱，只会是一场空。"

（四）普遍成为人们旺盛活力的源泉

对他人、工作或职业所形成的强烈意愿及其积极行为，无不能够坚强地支持人们，更为深入地辨识自身职业广阔而长远发展的力量和价值，有效提升与充分展示自身的职业素养，推进工作相互间的密切协调与合作，准确地识别和应对工作进程中的各类机遇或挑战。因此，高度的热忱，普遍成为人们工作及其组织整体运营发展旺盛活力的源泉。

（五）艰辛成为愉悦的有效转化器

广泛的实践中，如果人们对工作的价值缺乏足够深入的辨识，对它的积极成果缺少足够强烈的美好期待，那么，即使极其简单而轻松的进程，都必将产生枯燥乏味而极为艰辛的感受，并极易形成得过且过、敷衍塞责的职业表现。

相反，美好愿望与积极行为所展现的高度热忱，无不能够坚强地支持人们，对一个又一个艰难挑战的有效超越，并以此使人深切地感受，向着美好愿景一步又一步地迈进，以及自身所存在的积极职业力量和价值的欣慰，从而使得原本可能极为艰辛的工作进程，转而成为充满着无限乐趣和愉悦的职业历程。

（六）直面一切艰难挑战的坚强意志

充满热忱的人们，无不能够深入地辨识，唯有积极的付出才能充分地展现，自身高质量职业价值的基本事实。同时，他们之所以能够充满热忱，还无不受到对自身高质量职业素养坚定信心的有力支撑，并能够积极而深入地意识到，唯有艰难的挑战，才是自身高水平职业智慧和才能充分展示的良好机遇。

三、强大情感行为动力的表现特征

用以谋取局部私利的热忱，必将成为昙花一现的闹剧表演。因此，高度的热忱必须努力兼顾广泛群体的长远根本利益，并能够积极推动或影响整体团队热忱氛围的有效创造与形成，才能体现出强大的力量。

高度热忱的积极展示，还必须把人的因素或价值，置于一切情感与行为的核心地位，并牢固遵循相关人的或事物的情理根本。同时，还需要努力与自身的职业使命或责任，进行最为紧密的联结（图2-4-4-4）。

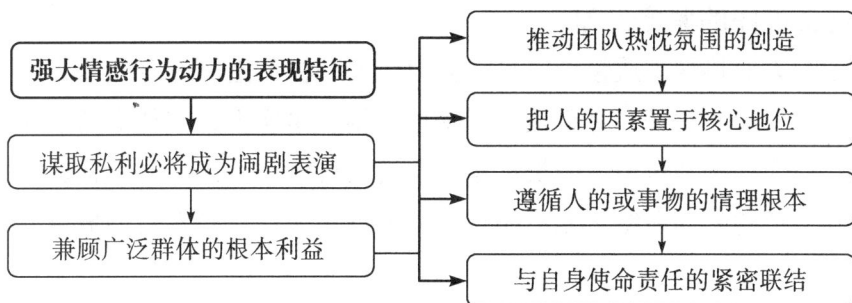

图2-4-4-4　强大情感行为动力的表现特征

（一）谋取私利必将成为闹剧表演

源自个人或小团体局部私利的强烈企图，以及各种投机取巧、不择手段的狂热行为，并不是真正意义上的热忱。显然，它们必将难以得到广泛而热烈的响应，并必然会受到外部强大正义和进步力量的极大限制，而最终沦为昙花一现的闹剧表演。因此，超越一切个人或小团体局部的私利，卓有成效地激发和推动广泛群体强大力量的形成与展示，及其长远整体利益的积极创造，普遍成为人们的高度热忱最为显著的表现特征，及其持久强大的力量源泉。

（二）兼顾广泛群体的根本利益

高度热忱的美好意愿及其积极行为，必须牢固地立足于广泛群体长远根本利益的有效创造与维护，并以此更为准确地辨识和坚强地推动，相关事物或工作高质量的运行发展，从而展现出自身职业更为强大的力量与积极的价值。无视或忽略广泛群体长远整体利益的根本，任何热忱的力量都必将受到极大的限制。

（三）推动团队热忱氛围的创造

任何组织背景下，个人或局部小团体的力量都必然存在着极大的限制。他或他们任何的强烈意愿和行为方式，如果得不到组织各类群体的广泛认同、积极支持或踊跃参与，不仅难以形成整体团队的强大前行力量，而且在复杂多变的环境中，极易被各种负面的因素所消解而难以长久维系。

因此，卓有成效地展示或运用高度热忱的强大力量，领导人无不需要竭尽所能，把自身或骨干团队对组织的高度热忱，积极推广为整体组织共同强烈的事业愿景及奋发进取的坚强精神与行动。

（四）把人的因素置于核心地位

任何背景下，人的因素都是团队或事物更高质量运行发展，最为关键的决定性力量。因此，高度热忱强大情感与行为力量卓有成效地展现，通常需要对人的因素关键价值，及其一切积极良好愿景的核心地位进行足够深入而充分辨识。并以此有力地推动更为广泛的人们，强烈情感与积极行为的有效激发，从而创造整体团队或事物高质量运行发展。

（五）遵循人的或事物的情理根本

任何热忱的美好愿望或积极行为，无不需要通过与具体的特定人或事物因素，相互联系与作用的关系才能得到充分体现。因此，准确辨识和牢固遵循人的或事物的情理根本，即既要深入辨析其本性特征，也要掌握其所处的环境状况，并以此高质量地识别与推进，相关人的意愿或事物积极运行的方式，就普遍成为热忱强大力量的形成与展现不可或缺的重要基础与原则。

（六）与自身使命责任的紧密联结

广泛的实践中，人们热忱高质量价值或强大力量的积极创造与充分展现，无不需要与自身职业或组织运营发展的使命和责任，进行最为紧密地联结。事实上，与使命的密切联结，通常能够有力地支持人们，更为准确地辨识组织长远运营发展的价值和方向，从而构建形成更为积极而强烈的美好愿景；与责任的密切联结，无不能够坚强地推动人们，激发与创造更为强大而持久的行为力量。

四、优良成就推动力量的展示方式

人们的满腔热忱无不与高度的责任意识，存在着极其密切的关联。事实上，唯有高度热忱的坚强支撑，人们才能积极构建并充分展示高质量的责任意识，并以此积极主动地提升自身整体的职业素养，以全面增强战胜各种艰难挑战的力量。同时，高度的热忱与责任意识，还是人们深入准确地识别各种机遇或挑战，及其高质量应对策略的积极创造，极其强大的推动力量。反之，缺乏高度热忱的有力支持，则极易陷入患得患失的泥潭，而难以有所真正的职业作为（图2-4-4-5）。

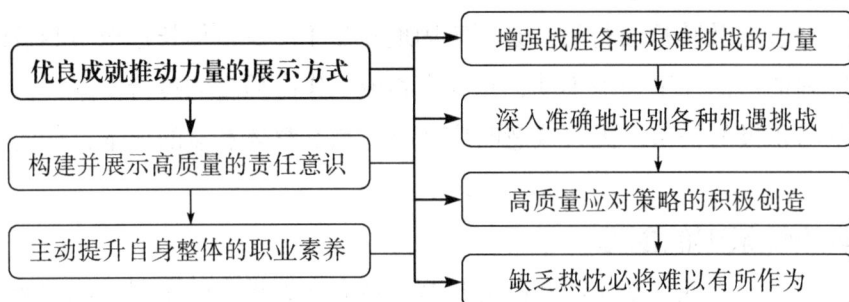

图 2-4-4-5　优良成就推动力量的展示方式

（一）构建并展示高质量的责任意识

热忱所涉及的积极价值、情感与行为因素，无不能够坚强地推动人们超越职业岗位，更高质量责任意识的有效构建与充分展示。它们之间的密切关联和影响，已经使人很难看到，只有高度的热忱而缺乏强烈的责任意识，或者具有高质量的责任担当，而缺失满腔热忱的积极意愿或行为的表现。实践中，高度的热忱无不成为坚强责任意识的显著体现。同样，坚定的责任担当则是高度热忱的重要标志。

（二）主动提升自身整体的职业素养

人们职业责任卓有成效地担当，优良职业进程或成就的积极创造，无不需要高质量素养与才能的有力支撑。强烈的美好职业愿望与积极的行为，所展现的满腔热忱，无疑能够坚强地推动人们，主动提升并持续发展自身整体的职业素养与才能，并以此创造更为优异的职业进程或成就。事实上，高度热忱最具宝贵的价值之一，就是能够坚强地支持或推动人们，主动持续地提升和发展自身整体的职业素养与才能。

（三）增强战胜各种艰难挑战的力量

满腔热忱通常能够坚强地支持或推动人们，对事业卓越进程或成就有效创造的高度投入，并以此更为全面深入地辨识，各种积极的力量或消极的因素，从而能够通过对自身素养才能的持续提升，各种积极因素力量的有效争取和运用，高质量运行方式卓有成效地探索与推进，实现对各类艰难挑战的有效超越，展现出战无不胜攻无不克的强大力量。

（四）深入准确地识别各种机遇挑战

人们热忱卓有成效地铸建或形成，无不受到愿景及其推进进程中，各类重要因素的力量或价值，足够全面深入辨识的坚强支撑。同时，热忱的强烈美好愿望，还能够有力地推动人们，千方百计地探索工作高质量运行发展，所存在的各种积极因素或力量。

不仅如此，强烈的愿景期待，还能够有力地支持人们极其深入而谨慎地关注对愿景高质量进程，可能存在的各种限制性因素或力量的挑战。因此，高度的热忱，普遍成为人们深入准确地识别各种机遇或挑战极其重要而强大的推动力量。

（五）高质量应对策略的积极创造

任何环境中，高度的热忱，都是有效激发人们更高水平的智慧才能，以及更为积极而坚强行为的强大力量。实践中，无论是面对良好的机遇或艰难的挑战，满腔的热忱，无不能够有力地推动人们，更为深入准确地辨识内外各种因素、关系与变化，从而在复杂多变的环境中，卓有成效地支持人们高质量地设置、选择与推进，更为积极有效的工作应对策略，并以此展现出工作高质量进程或业绩的强大动力。

（六）缺乏热忱必将难以有所作为

遇事头脑中只有狭隘个人利益的患得患失，无不成为人们满腔热忱最具侵蚀性力量的因素。事实上，当一个人或小团体，看不到外部更为广泛积极因素或力量的重要价值，缺乏对其运行发展足够强烈的美好愿望，缺少推动其高质量价值充分展示的坚强积极行为，那么，他们必将沦为毫无远大追求意识、唯利是图，而难有真正作为的可怜之人。

五、热忱是身居要职的关键素养

身居组织重要岗位的职业人士，无不需要具备高度热忱的关键素养，并以此有效肩负推动组织强烈共同愿景，积极构建与发展的核心任务。实践中，身居要职人士任何脱离内外实际的思维、意愿或决策，无不极易给组织的全局造成严重的损害。因此，准确掌握内外因素、关系及其变化的实情，就普遍成为他们强大热忱力量，积极而充分展示的重要基础。

同时，身居要职人士还需要充分运用强大的热忱力量，积极推动团队成员工作的相互支持与密切协作，激励和帮助他们高质量职业进程或业绩的创造。热忱的素养，还是身居要职人士，工作的艰辛抑或充实普遍而显著的分水岭（图2-4-4-6）。

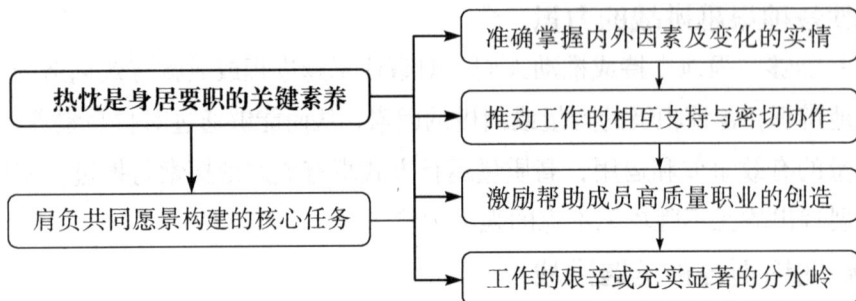

图 2-4-4-6　热忱是身居要职的关键素养

（一）肩负共同愿景构建的核心任务

共同的强烈愿景，是团队整体运行活力和前行动力，最为积极、重要而强大的推动力量。身居组织重要岗位的职业人士，无不需要依据自身的高度热忱，卓有成效地承担起团队共同强烈愿景，积极构建、推动和发展的关键职责和核心任务。

为此，韦尔奇曾根据自身职业的体会，满怀激情地宣称："优秀的企业领导人制造梦想、清晰地表达自己的梦想、充满激情地认可自己的梦想，并且不屈不挠地去实现自己的梦想。"

（二）准确掌握内外因素及变化的实情

人们的热忱通常源自对相关人或事物的价值与力量，足够全面而深入的辨识，以及由此所形成的强烈美好愿望。显然，如果对相关价值或力量的判断及其意愿的设定，与客观存在的实际存在着重大的偏差，那么，相应的热忱及其行为无不极易产生显著的负面影响。

实践中，身居组织要职人士，通常承担着重要资源高质量运行的关键职责，他们的任何思维、意愿、决策或行为，如果与内外客观实际存在着重大偏差，无不极易给组织的全局造成极大的损害。因此，全面准确地掌握组织的内外实际，就普遍成为他们高度热忱强大力量的重要基础。

（三）推动工作的相互支持与密切协作

各环节工作的相互支持与密切协作，是整体强大力量形成和发展的重要基础。因此，在任何组织的运营中，领导管理者都必然会制定若干推动或维护，各环节支持与协作的制度及规范。然而，如果广泛的团队成员缺乏足够强烈的共同愿景，缺少积极而充分的热忱素养，那么，即使最为细致而严密的制度规范体系，也必将难以卓有成效地承担起推动人们高质量相互支持与协作的重任。

因此，以自身高水平的职业素养，以及对团队高质量运行背景的深入辨识，努力创造和运用各种积极的途径，有效激发全体成员高昂的工作热忱，就成为身居要职人士卓有成效地推进或维护各环节工作，高质量相互支持与协作的重要任务。

（四）激励帮助成员高质量职业的创造

高度热忱的精髓及其最为显著的表现，就是努力通过自身智慧才能的充分展示，卓有成效地激励、帮助和支持广泛的人们，创造更高质量的职业进程或成就。显然，这无不成为身居组织要职人士，积极承担自身重要职责的关键途径。

事实上，身居要职人士，如果缺乏足够高度的热忱，并以此充分展示积极激励和帮助他人的职业素养，他必将难以高质量地肩负起，自身艰巨挑战的重要职责。因此，在中国长期以来的主流思想中，一直把卓有成效地扶持与帮助众人，作为至高无上的"王道"核心。

（五）工作的艰辛或充实显著的分水岭

高度的热忱通常源自并又能够有力地支持人们，对各种积极因素或力量的深入充分地辨识，并以此构建强烈的美好愿景。事实上，通过各种积极力量的充分激发、创造和凝聚，对愿景目标卓有成效地推动进程，无不能够给人们带来莫大的职业欣慰。因此，对职业愿景的高度热忱，普遍成为身居重要岗位人士工作的艰辛或职业的充实极其显著的分水岭。

六、职业或人生成就的积极愿望

高度热忱的积极构建与发展，通常需要人们对自身及其广泛相关人的或事物，潜在积极力量与价值足够全面深入地辨识，以及由此所形成的强烈美好愿望，积极创造和奉献职业或人生价值思维意识的坚强支撑。因此，任何背景下，坚持主动地以正面、积极、美好的意识倾向，指导自身主流的思维、情感与行为，就成为高度热忱卓有成效铸建的重要原则。

高度热忱强烈的美好愿望，无不能够有力地推动人们有效提升与充分展示自身潜在的职业智慧和才能，积极争取或凝集内外积极因素，以创造愿景进程强大的支持力量。尽管如此，职业的挫折无不时常对人们的美好愿望，及其高度热忱造成严重的侵蚀。因此，努力构建职业或人生成就广阔而长远的发展视野，绝不被暂时的挫折与失败所击垮，就成为卓有成效地维护高度热忱的重要途径（图2-4-4-7）。

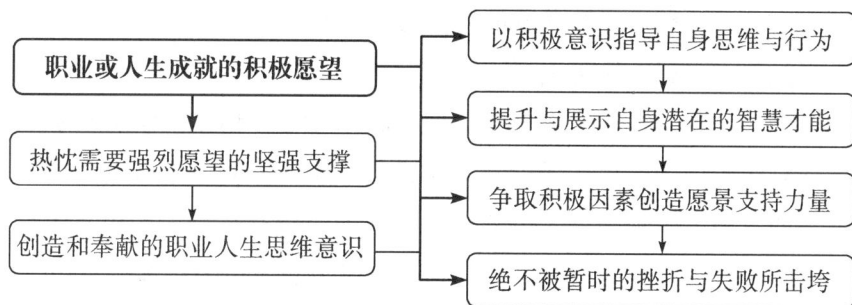

图 2-4-4-7　职业或人生成就的积极愿望

（一）热忱需要强烈愿望的坚强支撑

对广泛社会、他人或积极的事物，及其自身职业和人生强烈美好愿望，所形成的高度热忱，无不成为人们高质量职业进程或成就的有效创造，极其重要而强大的情感行为动力和关键的职业素养。然而，这种积极的素养又不会在人的意识或行为中自然形成，它的有效构建和持续发展，通常需要人们对自身及其广泛相关人的或事物，潜在积极力量与价值足够全面深入地辨识，以及密切联结或融合所铸就的强烈美好愿景的坚强支撑。

（二）创造和奉献的职业人生思维意识

具有高度热忱素养的职业人士，无不具有高度智慧才能作为坚强支撑，积极的职业或人生价值与愿景的强烈意识。他们通过长期积极的职业熏陶或足够充分深入的思考辨识，无不能够强烈地感知自身的职业或人生价值，绝非取决于占有多么丰厚的物质资源，或者个人对物质财富的享受消耗，而是在于职业进程中的有效创造及对他人、团队和社会的积极奉献。

事实上，矢志于创造与奉献职业人生价值积极而强烈的意愿，无不能够显著地提升人们辨识思维的智慧才能，增强愿景高质量进程的推动力量，铸就永不枯竭的旺盛职业热忱。

（三）以积极意识指导自身思维与行为

无论是对自身、他人或事物潜在力量与价值的深入辨识，还是强烈美好愿景的有效构建，以及强大行为力量的充分展示，高度的热忱无不需要积极思维意识和情感力量的坚强支撑。事实上，任何负面、消极、恶意的思维与情感倾向，无不对人们的热忱，存在着严重的侵蚀性影响。因此，职业进程中，努力构建并保持正面、积极与美好思想意识的方向，并以此指导与推动自身高质量的思维、情感和行为，就成为人们高度热忱积极铸建或提升的重要原则。

（四）提升与展示自身潜在的智慧才能

热忱素养的形成展示中，对自身及相关人的或事物积极力量与价值的深入辨识，未来强烈美好愿景的坚强铸建，以及各种积极行为的创造和推动，无不能够有力地支持人们，有效提升和充分展现自身潜在的智慧才能。因此，领导人应该努力把自身及其整体团队高度热忱的有效构建，作为自身卓越的领导智慧与才能，及其强大的组织整体运营能力，卓有成效铸建和发展的重要途径。

（五）争取积极因素创造愿景支持力量

广泛的实践中，任何崇高愿景的实现，无不需要足够强大力量的坚强支撑。事实上，人们热忱力量或价值的充分展现，通常取决于对各种积极资源因素，有效支持或参与卓有成效激发与争取的质量。因此，领导人必须努力把各种因素及其关系价值的辨识，及其强烈的美好愿景，充分转化为一切积极因素坚强支持或有效参与愿景高质量进程的强大推动力量。

（六）绝不被暂时的挫折与失败所击垮

任何卓越的职业进程，无不需要艰巨的挑战或艰难的坎坷，才能得到淋漓的彰显和显著的衬托。事实上，艰巨与坎坷对职业最为严重的侵蚀性影响，与其说是限制了进程的发展高度，或者资源价值的充分展现，倒不如更为准确地说是它们能够无情地削弱或吞噬，人们极其关键而宝贵的职业热忱。因为只要热忱不被湮灭，所有的艰难挫折都必将映衬出职业更为辉煌的价值。

因此，领导人必须始终坚持职业或人生，更为广阔而长远的崇高愿景，冷静地面对各种不利因素的暂时挑战，并通过自身坚强的智慧力量，顽强地限制其占据思维、情感或行为的主导地位，从而卓有成效地保持高度热忱的积极素养。

第五节　执着是成就事业的必然选择

职业成就的必由之路

崇高事业所缔结的累累硕果，长期以来，无不成为人们职业或人生价值极其关键而核心的体现。它的高质量推进，也因此成为人们最为广泛关注、探索与倡导的重要议题。实践中，越是高远的追求，事业前行征程上，显然越是充满着更多复杂艰辛的挑战。因此，如果缺乏对崇高事业坚定信念，及其顽强执着意志的坚强支撑，人们无不极易在各种艰辛挑战的限制下，止步于浅薄平庸的职业进程或成绩。

为此，苏东坡曾经断称："古之立大事者，不惟有超世之才，亦必有坚忍不拔之志。"

随着社会各领域相互作用影响的日趋深入，各种限制或竞争的日益加剧，组织运行内外环境不确定因素的显著增多，它的高质量领导正遭受着前所未有的更为艰难的挑战。这种背景下，领导人如果缺乏坚定信念及其顽强执着力量的坚强支撑，他所统领的团队无不面临着随时被惊涛骇浪吞没的巨大风险。因此，对坚定信念与崇高职业愿景的顽强执着，已日趋成为领导人艰难复杂背景下，高质量职业进程或成就的卓越创造不可或缺的重要素养和强大动力。

本节首先对信念的执着及其重要价值展开了探讨。接着分别就高远的信念必定任重而道远，瞩目成就的进程必将充满艰辛挑战，暂时的成败并不决定最终的结果，领导人智慧与意志对组织兴衰荣辱的决定性影响，以及执着是成就事业的必然选择等进行了逐步的讨论。最后，根据长远的信念与愿景，提出了在一定变化条件下，需要对局部及暂时的目标进行转换或放弃的观念（图 2-4-5-1）。

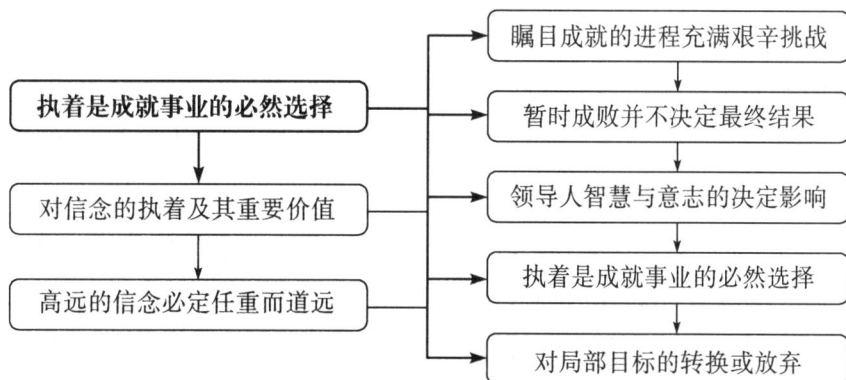

图 2-4-5-1　**执着是成就事业的必然选择**

一、对信念的执着及其重要价值

任何职业成就都必定源自坚定的信念，信念的高度对于人们的职业成就，具有极其关键的决定性影响。信念的推进，通常受到内外诸多因素、关系与变化的影响。对职业信念或愿景的执着，就是为它的积极实现而全力投入的持续推动力量。

对信念的执着，是积极提升和展示自身智慧才能，充分辨识与运用外部积极力量，以及有效超越一切艰难险阻不可或缺的坚强动力。因此，它普遍成为组织领导人职业远见与力量的源泉（图2-4-5-2）。

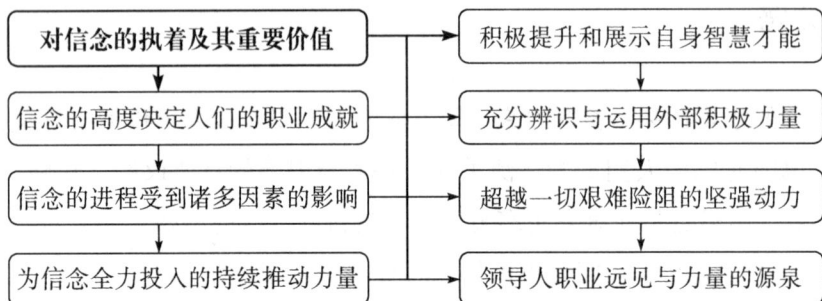

图 2-4-5-2　对信念的执着及其重要价值

（一）信念的高度决定人们的职业成就

头脑中的愿景或信念意识，对于人们的辨识思维能力或行为动力，无不具有极其关键的决定性影响。高远强烈的愿景意识，及其推动铸建的坚定信念，无不能够坚强地支持人们，站在更为积极的职业或人生高度，以更为广阔长远的视野，准确辨识和有效运用各种积极的资源力量，增强超越各类艰难挑战的强大动力。因此，强烈的愿景与坚定的信念，普遍成为人们职业或人生的力量与价值极其关键的决定性因素。

（二）信念的进程受到诸多因素的影响

信念通常是人们职业或人生最为长远的意愿和追求，它的实现或推进进程，无不受到诸多难以准确预见的因素、关系与变化，极其复杂的重要影响。正因如此，人们时常对它的积极力量与价值，持有极大的困惑或怀疑。

然而，缺乏坚定而长远信念的坚强支撑，人们又何以能够在极为复杂而多变的内外环境中，积极铸建并持续保持高质量的人生或职业方向，选择和推进正确的行进路线？因此，广泛的实践充分显示，愈是复杂、多变或艰难的环境，愈是需要铸建并执守坚定的人生与职业的信念。

（三）为信念全力投入的持续推动力量

任何背景下，人们的整体智慧才能，无不成为人生的价值与职业的成就，最为关键的决定性因素。根据量变与质变关系的哲学原则，任何瞩目或伟大的事业及其成就，无不需要特定进程和阶段性成果，积极聚集和逐步积累的坚强支撑。执着的实质，就是为愿景或信念持续积极地推进而全力投入的坚强推动力量。

为此，《论语》曾经记叙："子张问政。子曰：'居之无倦，行之以忠。'"——子张问如何才能治理好政事。孔子回答说："居于官位不懈怠，践行职责要忠诚。"

（四）积极提升与展示自身智慧才能

缺乏足够强大动力的坚强推动或支持，人们通常难以主动地提升或充分地展示自身的智慧才能。对人生信念与职业愿景的顽强执着，无疑能够有力地推动人们，高度集中自身的职业注意力，从而能够更为全面准确地辨识各类因素或力量，及其相互间的关系与变化，并以此探索寻求工作高质量推进，更为积极有效的途径或方法。因此，执着的素养，普遍成为人们智慧才能的积极提升或展示极其重要而强大的推动力量。

（五）充分辨识与运用外部积极力量

外部环境的因素或力量，无不对人们的信念或愿景，具有极其关键的决定性影响。事实上，五彩缤纷的外部环境，时常会给人们设置种种诱人的人生或职业的陷阱。因此，充分而准确地辨识外部的因素及其变化，究竟是醉人的醇浆还是致命的鸩酒，普遍成为领导人高质量人生或职业的艰难挑战。

广泛的实践充分显示，如果缺乏坚定信念坚强支撑的执着追求，领导人必将难以足够充分而准确地辨识，以及卓有成效地运用外部环境的积极力量，并因此而极易陷入人生与职业的泥潭。

（六）超越一切艰难险阻的坚强动力

前行征程上各种负面的限制或阻碍因素，是人们崇高职业愿景或人生信念，极为强大的制约或侵蚀力量。实践中，对愿景或信念的执着追求，无不成为人们有效创造、激发与聚集，超越一切艰难险阻不可或缺的坚强动力。

（七）领导人职业远见与力量的源泉

唯有对人生或组织的愿景与信念，形成足够坚强的执着追求，才能有力地推动领导人，在复杂多变的内外环境中，铸建起组织高质量全局战略的远见卓识；唯有令人信服且鼓舞人心的远见卓识，才能在各种利益、文化纵横交错的背景下，卓有成效地激发和凝聚各种积极的力量。因此，对愿景或信念的坚强执着，无不成为领导人所有职业远见与力量的源泉。

二、高远的信念必定任重而道远

高远的愿景或信念必定任重而道远。因此，对它的执着追求或积极推动，必须矢志于广泛社会长远发展的进步事业；必须努力聚集与集中最为强大的资源力量；必须善于从能够取得实效的细微处入手；必须对进程中动态的变化进行深入的辨识，并以此设立适当的阶段性目标；必须坚持不懈，才能创造高质量的职业成就；必须准确识别和把握前行进程中，一切积极的机遇和力量（图2-4-5-3）。

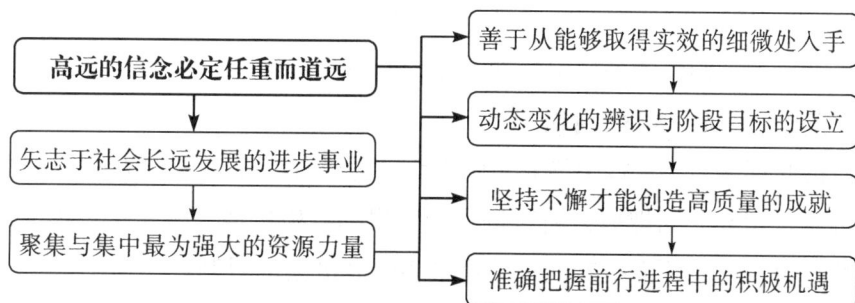

图 2-4-5-3　高远的信念必定任重而道远

（一）矢志于社会长远发展的进步事业

坚强执着，必须基于高尚愿景或信念的追求。而高尚质量的根本判定标准，就在于是否有利于广泛社会长远的发展进步。人们的长期实践已经充分显示，如果不把自身的执着核心，坚定矢志于广泛社会长远发展的进步事业，而只是不择手段地谋取个人或局部小团体的私利，那么，不仅难以有效争取或聚集足够强大力量持续坚强的支持，而且最终必将使得执着的企图，因背离社会整体的利益而遭受彻底的失败。

（二）聚集与集中最为强大的资源力量

对愿景与信念的坚强执着，极其重要的原则或途径之一，就是必须能够积极有效地超越，可能分散或削弱自身有限资源力量的各种干扰或诱惑，而把最为强大的力量充分聚集或集中到，最为关键与核心的事业中。否则，由于资源的分散而产生的力量脆弱，无不极易导致愿景信念进程的重大挫折。

（三）善于从能够取得实效的细微处入手

因为前行征程的漫长，由于行进道路的曲折，所以，崇高的愿景或信念，才需要顽强执着力量的坚强支撑。广泛的实践中，顽强执着力量的充分铸建、展现与维系，通常需要足够的艰难意识，以及持续的进展成果的有力支持。因此，执着于崇高的信念、愿景或事业，必须善于从能够取得实效的细微处入手，并以此把它们逐步、持续地推上新的高度。

为此，《尚书》曾谆谆告诫："若升高，必自下，若陟遐，必自迩。无轻民事，惟难；无安厥位，惟危。慎终于始。"——如果攀登高峰，必须从最低处开始；如果行走远路，必须从最近从起步。不要轻视民众的事务，要看到解决它的困难；不要苟安于高位，要看到它所存在的危险。结束时的成就，源自开始就一直持有的谨慎。

（四）动态变化的辨识与阶段目标的设立

愿景或信念强大执着力量的有效形成与充分展现，无不需要对相关重要资源因素客观准确地辨识，以及相互作用关系和变化高质量推动的坚强支撑。因此，密切关注愿景或信念实现进程中，主要资源因素及其关系的动态变化，并以此设立各主要阶段或局部环节的运行目标，从而充分展示内外资源因素及其相互作用，更为强大而积极的力量或价值，就成为坚强执着力量卓有成效的创造极其关键的途径和重要的保障。

（五）坚持不懈才能创造高质量的成就

正如宏伟的大厦，必须完成所有的建造工程才能体现出它的宝贵价值。事实上，许多值得人们孜孜追求的事业或成就，不仅进程中将会遭遇各种难以准确预见和数计的艰难挑战，而且高质量价值的充分展现，还必须得到它的所有工作或进程，密切联结的共同坚强支撑。因此，广泛的实践中，坚持不懈的执着普遍成为人们创造高质量职业成就的必然选择。

（六）准确把握前行进程中的积极机遇

对信念或愿景的长期执着，实践中绝非意味着无谓地消耗有限的资源力量。它的核心内涵之一，还在于必须足够准确辨识和牢固把握，前行进程中宝贵的积极机遇。事实上，如果缺乏高质量辨识与把握积极机遇的能力，任何顽强执着的价值都必将受到极大的限制。

为此，《孟子》曾经辩称："虽有智慧，不如乘势；虽有镃基，不如待时。"——虽然有智慧，不如借助形势；虽然有锄头，不如等待农时。

三、瞩目成就的进程充满艰辛挑战

瞩目的成就无不与各种艰辛结伴同行，艰难挑战总是充满高远事业的整体进程。事业成就的高度，无不取决于对重要限制因素的积极超越。因此，卓越成就的积极创造，无不需要长期不懈努力的坚强支撑。

职业进程或事业推进的艰难中，通常更需人们更为积极地集中心智，予以足够坚强地应对。而对于艰难挑战的每次积极超越，都必将有力地推动人们的职业才能与成就的显著提升（图2-4-5-4）。

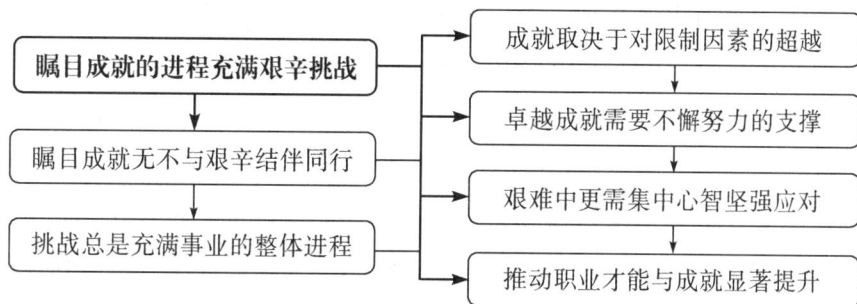

图 2-4-5-4　瞩目成就的进程充满艰辛挑战

（一）瞩目成就无不与艰辛结伴同行

令人瞩目的高远事业及成就，通常需要足够强大资源力量的坚强支撑，并受到难以准确预计极为复杂，各类负面因素、关系及变化的侵扰或制约，而使得前行征程无不充满着各种艰难险阻的严峻挑战。

因此，最为智慧象征的诸葛亮，曾在其后《出师表》中作了这样的著名论述："曹操智计，殊绝于人，其用兵也，仿佛孙、吴，然困于南阳，险于乌巢，危于祁连，偪于黎阳，几败北山，殆死潼关，然后伪定一时耳。况臣才弱，而欲以不危而定之，此臣之未解三也。"——曹操的智能谋略，远远超过常人，他用兵好像孙武、吴起那样，但是仍然在南阳受到窘困，在乌巢遇上危险，在祁山遭到厄难，在黎阳被敌困逼，几乎惨败在北山，差一点死在潼关，然后才得僭称国号于一时。何况臣下才能低下，而竟想不冒艰险来平定天下，这是臣下所不能理解的第三点。

（二）挑战总是充满事业的整体进程

任何事业的积极推动及其进程，无一不是诸多正反因素持续不断的，相互作用、对抗与转换的复杂过程。其间，正面的积极因素，必然不会始终牢固地居于绝对的主导地位。因此，艰辛的挑战，必然广泛地存在于各类事业推进的整体进程。对此，唐太宗曾经辩称："玄龄昔从我定天下，备尝艰苦，出万死而遇一生，所以见草创之难也。魏徵与我安天下，虑生骄逸之端，必践危亡之地，所以见守成之难也。今草创之难，既已往矣，守成之难者，当思与公等慎之。"——玄龄过去跟随我平定天下，历尽艰难困苦，九死一生，所以他看到创业的艰难。魏征如今辅佐我治理国家，担心出现骄奢淫逸的苗头，导致国破家亡的境地，所以他看到守成的艰难。现在创业的艰难已成往事，对于守成的艰难，则正是我思考需要与诸位一起谨慎对待的事情。

（三）成就取决于对限制因素的超越

尽管人们的职业进程，并非总是处于惊涛骇浪或疾风暴雨般强烈冲击中。然而，广泛的实践中，人们事业成就的进程或高度，无不受限于某些重要负面因素或力量的严重制约。因此，创造、争取和集中一切积极的力量，以实现对重要限制因素的有效超越，就成为人们高质量事业进程或成就的卓越创造极其关键的任务和途径。

（四）卓越成就需要不懈努力的支撑

高远的信念及其积极推动所创造的卓越成就，无不需要长期的进程及其不懈努力的坚强支撑。因此，缺乏远见卓识的智慧与才能，以及由此形成的坚定信念和坚强意志的有力支持，人们的职业成就，必将由于外部环境的艰难或自身极易形成的满足，而受到极其显著的制约与限制。

极其典型的，司马迁曾在其《史记》中，表述了这样的万分感慨："且缓急，人之所时有也。太史公曰：昔者虞舜窘于井廪，伊尹负于鼎俎，傅说匿于傅险，吕尚困于棘津，夷吾桎梏，百里饭牛，仲尼畏匡，菜色陈、蔡。此皆学士所谓有道仁人也，犹然遭此菑，况以中材而涉乱世之末流乎？其遇害何可胜道哉！"——况且，平安或危急，是人们常常能遇到的。太史公说：从前虞舜曾经在井底和米仓中受过危难，伊尹曾经背着铁锅和砧板当过厨子，傅说曾经隐匿在傅岩为人筑墙，吕尚曾经在棘津受穷困，管夷吾曾经披枷带锁，百里奚曾经喂过牛，孔仲尼曾在匡地受到惊骇，又曾在陈国，蔡国饿得面黄如菜叶。这些都是被学士们称为有道德的仁人，还不免遭到这些灾难，更何况那凭着一般才能而处于乱世中的下层人呢？他们所遭受的艰难又怎么能说得完呢？

（五）艰难中更需集中心智坚强应对

的确，在人们远大愿景或信念的推进中，时常可能遭遇极其艰难，甚至近乎自身智慧才能极限的严峻挑战——事实上，它们无不成为人们职业进程或高度，最为重要的侵蚀性力量。因此，这种背景下，全力激发和集中自身的心智及其资源力量，予以最为积极而顽强的坚持，就成为人们高质量职业进程或成就，极其关键的精神行为动力和应对途径。

孔子一行曾经在陈国断了粮食，随从的人都饿病了而不能起身。子路很不高兴地来见孔子："'君子亦有穷乎？'子曰：'君子固穷，小人穷斯滥矣。'"——"难道君子也有穷困的时候吗？"孔子回答说："君子遭遇穷困一定会顽强坚持，小人遭遇穷困就可能无所不为。"

（六）推动职业才能与成就显著提升

正如事物的任何因素，都必然存在正反两方面的本性特征，艰难挑战尽管是人们职业进程或成就的重要限定性力量，然而，它却又是人们职业才能和成就价值，充分展现最为强大的推动力量。

事实上，对艰难挑战的积极超越，无不能够坚强地推动人们整体职业才能的显著提升，更为深入充分地辨识自身潜在的智慧力量。缺乏艰难挑战的强力限制，人们任何成就都可能因为它的简单和普遍，而丧失其宝贵的价值。因此，对每项限制因素的超越，都必然会增添职业成就的积极价值。

四、暂时成败并不决定最终结果

任何事业的成就，都必然需要长期进程的坚强支撑。人们任何职业，都是诸多成功或挫折所构成的历程。事业的价值，通常源自持续的力量投入。因此，创造高质量的成就，必须具有不为暂时挫折而削弱前行动力的思辨智慧。睿智地面对暂时的成败，必须深入辨识事物具有朝着相反方向运行变化的趋势。因害怕失败或挫折而缩手缩脚，必然会丢失前行征程上潜在的良好机遇（图2-4-5-5）。

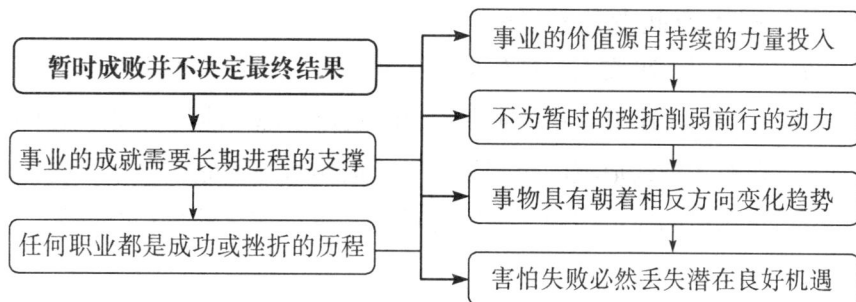

图 2-4-5-5　暂时成败并不决定最终结果

（一）事业的成就需要长期进程的支撑

由高远愿景或信念所确立与推动的事业及其成就，通常需要历经漫长的由量变，到质变持续积累的进程。缺乏循序渐进长期量变积蓄的有力支撑，而形成的所谓事业成就，必然存在难以坚强巩固而分崩离析的严峻风险。

举例来说，许多微小企业未能足够深入辨识，自身内在整体运营能力积极构建，以及外部需求及其变化准确识别与主动应对的关键性价值。只是试图通过某些局部或暂时的需求满足，或者国家经济某些政策倾向与调整所形成的机会，而得以相应的运行与成长，就必然难以足够坚强地应对市场需求或经济政策的变化所产生的运营冲击。

（二）任何职业都是成功或挫折的历程

任何人的职业历程，无论是普通组织的员工，还是强大团队的领导人，无一能够长期的四平八稳而波澜不惊。事实上，任何职业都是成功或挫折，密切交织的长期进程。组织的领导，更是饱受各种内外因素、关系或变化，极其复杂艰难的挑战，他们的职业挫折几乎难以避免。

（三）事业的价值源自持续的力量投入

人们事业的价值，直观上通常取决于受益方的需求。但从根本上却源自它的有效创造或铸建，所必须持续投入的资源力量。换而言之，持续的力量投入，是人们成就事业的根本；而受益方的需求，则是其价值充分实现的条件。因此，缺乏持续积极力量的投入，就没有事业真正高质量的价值。

（四）不为暂时的挫折削弱前行的动力

广泛的实践中，人们职业成就的推进进程及其高度，时常受限于种种制约因素或力量所造成的各类挫折。因此，是否具备不被暂时挫折，而显著削弱坚强前行动力的高度智慧和坚强意志，普遍成为人们职业进程与高度，极为关键的决定性因素。

对此，孟子曾作有这样极其精辟而催人奋进的论述："舜发于畎亩之中，傅说举于版筑之间，胶鬲举于鱼盐之中，管夷吾举于士，孙叔敖举于海，百里奚举于市。故天降大任于斯人也，必先苦其心志，劳其筋骨，饿其体肤，空乏其身，行拂乱其所为，所以动心忍性，曾益其所不能。"——舜从田间劳动中成长起来，傅说从筑墙的工作中被选拔出来，胶鬲被选拔于鱼盐的买卖之中，管仲被提拔于囚犯的位置上，孙叔敖从隐居的海滨里被发现，百里奚从奴隶市场上被选拔。所以，上天将要把重大使命赋予某个人，一定要先使他的意志受到磨炼，使他的筋骨受到劳累，使他的身体忍饥挨饿，使他备受穷困之苦，做事总是不能顺利。从而以此坚强其意志，坚韧其性情，提升其才智，增添其原先所不具备的才能。

（五）事物具有朝着相反方向变化趋势

俗话说，胜败乃兵家常事。事实上，任何职业人士，在自身漫长的事业征途上，都必然会遭遇难以计数的成功与失败、胜利或挫折，并且所有的暂时成败，都不能代表或体现事业的最终成就。

广泛的实践中，成败对于最终成就的决定性影响，时常源自对它们所存在的，朝着相反方向运行变化趋势的深入辨识与积极响应。因此，失败乃成功之母，连续的成功时常是严重挫折的征兆，已普遍成为人们难以抗拒的必然。

（六）害怕失败必然丢失潜在良好机遇

努力创造或推进远大事业的高质量进程，必然将面对或涉及诸多复杂的因素、关系与变化。对于它们都能够形成足够准确地辨识和应对，而不产生任何的偏差与失误，无疑将是难以实现的愿望。事实上，越是积极的努力，必然越将遭遇更多复杂因素的挑战，从而越是易于受到挫折与失败的侵蚀。

然而，如果畏惧挫折和失败，并因此而不敢采取更为积极而坚强的行动，则必然会丢失前行征程上潜在的良好机遇，从而严重限制事业的进程和高度。为此，美国电话电报公司前领导人奥尔森曾辩称："不要担心犯错误，真正该担心的是怕犯错误。只有那些胆小鬼——那些唯唯诺诺的人，无远大抱负而又成绩甚微的人才不犯错误。"

五、领导人智慧与意志的决定影响

对事物运行变化趋势的准确辨识，是人们高度智慧的重要表现；对职业良好发展机遇的积极创造，是人们坚强意志价值的核心体现。因此，坚强意志是人们高超智慧力量的必然结果。

领导人的智慧与意志，无不成为组织整体运营能力，及其自身职业价值最具关键的决定性因素。实践中，领导人对事关全局重要工作的漠视与放弃，普遍成为组织严重挫折最为关键的根源（图 2-4-5-6）。

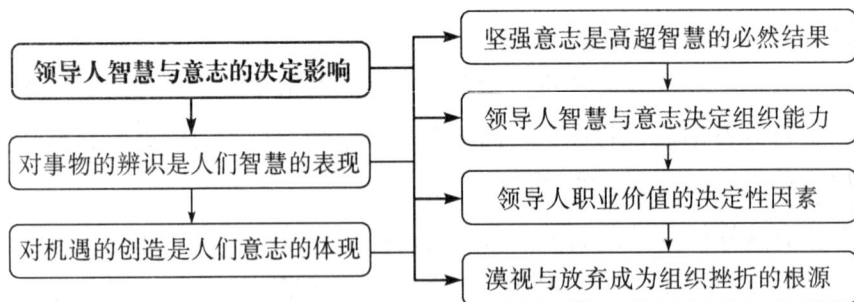

图 2-4-5-6　领导人智慧与意志的决定影响

（一）对事物的辨识是人们智慧的表现

人们的智慧，通常表现为能够深入准确地辨识事物的构成与特征；一定条件下，与其他事物所形成的相互作用关系；其他事物的作用或影响，所决定的事物运行变化的趋势；事物的运行变化对自身所体现的价值。

因此，能够准确辨识一定条件下，事物运行变化的趋势及其价值，普遍成为人们高度智慧的重要表现。这也是领导人设置准确的目标，并以此创造高质量的职业进程与成就，极其重要而强大的推动力量。

（二）对机遇的创造是人们意志的体现

人们无不希望各类事物的运行变化，能够最有利于自身职业高质量的推进和发展。然而，由于事物的内在构成及其外部条件所存在的客观限制，人们的职业进程或成就，通常呈现出各种显著的制约。这种广泛的职业背景，无不充分体现着人们对更高质量事物的构成及其外部条件更为充分辨识和积极运用，良好机遇卓有成效地创造，坚强意志与行为的重要价值。

对此，《吕氏春秋》曾经辩称："智者之举事必因时，时不可必成，其人事则不广。成亦可，不成亦可，以其所能托其所不能，若舟之与车。"——明智的人做事情一定要依靠时机，时机不一定能得到，但人为的努力却不可废弃。得到时机也好，得不到时机也好，用自己能做到的弥补自己不能做到的，就像船和车互相弥补其不足一样。

（三）坚强意志是高超智慧的必然结果

高超智慧，能够有力地支持人们，深入而准确地辨识一定内在构成的事物，在特定外部条件作用下，所呈现的运行变化的必然趋势和价值。为推动事物更为积极有利的变化，人们通常可以通过事物的构成、外部的条件，以及相互间作用关系的改变而得以实现。

人们坚强意志的铸建和展示，无一不是依据对一定内外条件下，事物更为积极运行变化趋势和价值足够深入准确的辨析和把握，并以此通过自身潜在力量的充分激发，外部积极力量的有效争取，而对事物更高质量运行变化持续顽强地推动。实践中，坚强的意志必需高超智慧的有力支撑；而高超的智慧，则必然推动人们坚强意志的积极铸就与展示。

（四）领导人智慧与意志决定组织能力

正如人们的整体职业素养，不仅取决于他的辨识思维的智慧能力，而且还受到强大情感与行为动力，坚强意志关键而显著的影响。组织的整体运营能力，同样受到其各种专业辨识和应对技能，以及敢于直面和超越一切艰难挑战，坚强意志的决定性影响。长期而广泛的实践充分显示，领导人的智慧与意志，无不成为组织整体运营和发展力量最具关键的决定性因素。

（五）领导人职业价值的决定性因素

迄今为止，领导人的智慧对于自身职业及整体组织前程的核心价值，已很少有人存在怀疑。然而，领导人的智慧力量，如果不能有力地支持其坚强意志的牢固铸建与充分展示，并以此卓有成效地推动超越一切艰难险阻的积极行动，那么，它的价值无疑将会受到极大的限制。

为此，美国前总统柯立芝曾经辩称："在这个世界上，没有什么能够替代'坚忍不拔'的精神。才华是不能替代它的，满腹经纶，毫无成就的人比比皆是；天分是无法替代它的，怀才不遇的不幸几乎路人皆知；教育也是无法替代它的，世界上满眼都是接受过良好教育但仍然失业的人。只有坚持到底的决心才是无所不能的。"

（六）漠视与放弃成为组织挫折的根源

在复杂多变的环境中，面对前行征程上的艰难挑战，领导人缺乏足够的智慧及其远见卓识，而无视或漠视自身强大的潜在资源力量，外部有利的积极因素，以及它们相互间更高质量的密切联结与作用，从而动摇或丧失组织坚定的长远信念，及其超越一切艰难挑战的坚强意志，轻易放弃或敷衍塞责于遭遇阻碍，但却事关全局的重要环节工作，已普遍成为组织严重挫折最为关键的根源。

六、执着是成就事业的必然选择

广泛的实践中，没有任何瞩目的成就能够一帆风顺。事实上，成就远大的事业，之所以需要坚强执着的有力支撑，是因为旺盛的生命力普遍源自艰辛的磨炼，而轻松的成功却时常使人丧失强大的前行动力。对曾经孜孜追求事业的懈怠或放弃，无不显著地降低原先所有艰辛努力的价值。因此，坚强的执着，是人们成就瞩目事业的必然选择（图 2-4-5-7）。

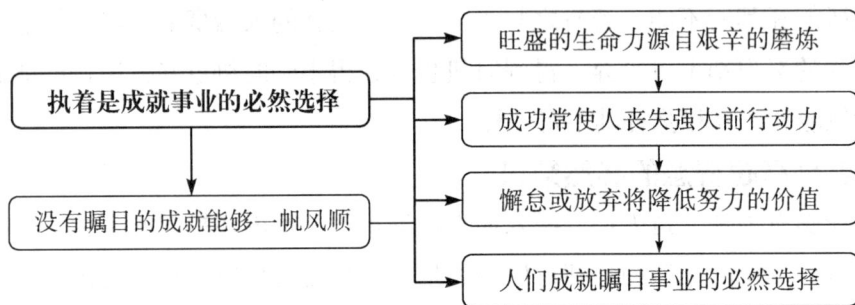

图 2-4-5-7　执着是成就事业的必然选择

（一）没有瞩目的成就能够一帆风顺

无论采取怎样卓越的方式或途径，努力提升或激发自身潜在的资源力量，争取或运用外部有利的运行机遇，推动或创造内外资源因素的密切联结，高远事业推进或成就的进程，无不受到内外诸多不确定因素、关系或变化的显著影响，尤其是各类负面因素或力量的严重侵蚀。事实上，迄今为止，没有任何瞩目成就的创造进程，能够一帆风顺而不经历种种的艰难曲折。

（二）旺盛的生命力源自艰辛的磨炼

在复杂艰难的内外环境中，人们已经日趋广泛地注意到，唯有历经艰辛磨炼、意志坚强的领导人，才能顽强地统领组织创造令人瞩目的成就。事实上，旺盛的生命力，从来都是源自艰辛的磨炼；不历经千难万苦的砥砺，就必然没有钢铁般的坚强意志。广泛的实践中，艰辛通常是卓越人士坚强意志的磨刀石，但却时常又成为软弱分子逃避远大事业的风向标。

（三）成功常使人丧失强大前行动力

人们的瞩目成就或成功，时常会使得面前堆满着眼花缭乱各色艳丽的鲜花，而令其难以准确分辨或感知，已经丧失了当初坚强的前行动力。事实上，成就及其所带来的各种赞誉，在日趋浮躁、追逐外表亮丽的环境中，正日益成为人们攀登新的高峰坚强意志，最为严重和普遍的侵蚀与限制力量。

（四）懈怠或放弃将降低努力的价值

广泛的实践中，既有的成就或艰难的挑战，都极易会成为人们坚强前行动力，主要的限制或侵蚀性力量：成就会使人得到满足，从而产生懈怠颓废的情绪倾向；艰难会令人产生畏惧，进而选择放弃退缩的行为方式。事实上，无论是懈怠的情绪倾向，还是放弃的行为选择，都无不显著降低原先孜孜追求及所有艰辛努力的宝贵价值。

《尚书》功亏一篑的论断，无不对人们坚强执着于远大的事业，具有重要的借鉴意义："夙夜罔或不勤，不矜细行，终累大德。为山九仞，功亏一篑。"——早晚不可有不勤德的时候，不注重细小的行为，终究会损害大德。比如构筑九仞高的土山，工作未完只在于一筐土。

（五）人们成就瞩目事业的必然选择

对职业愿景或人生信念的坚强执着，能够有力地推动人们卓有成效地超越远大事业铸建进程中各种内外负面因素的干扰、限制和阻碍，更为积极地激发、创造与聚集强大的前行力量，因而普遍成为人们决意推动或成就瞩目的事业不可或缺的必然选择。

七、对局部目标的转换或放弃

对信念或长远愿景的坚强执着，必须对整体的进程及其可能产生的挑战，做出周密的细致分析与安排，并以此确保任何背景下，都能够掌握足够强大的核心力量。实践中，内外的变化，时常会使得整体的形势偏离原先的预期。因此，一定背景下，对局部的目标进行坚决的转换或放弃，对整体的目标或运行的方式，进行适时的调整或重新设置，就成为坚强执着的重要工作。它们卓有成效地推进，无疑需要得到把握全局主动，善前善后事宜的有力支撑（图2-4-5-8）。

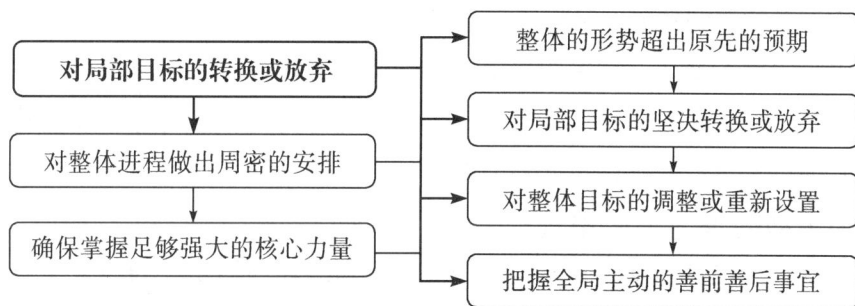

图2-4-5-8 **对局部目标的转换或放弃**

（一）对整体进程做出周密的安排

坚强执着，对于人生或职业信念，及其长远愿景顺利推进的关键性价值，正日趋得到人们的普遍关注和认同。然而，复杂多变的内外环境中，究竟如何高质量地践行坚强执着的意志，以及必须执守或完成哪些关键与重要的工作，迄今为止，依然成为困扰人们的普遍挑战。

广泛的实践中，坚强执着的积极践行，通常需要对内外资源条件作足够全面深入的辨识，并以此对信念或愿景推进的整体进程，以及可能出现的挑战及其应对的方案，作出积极而周密的规划和安排的有力支撑。换而言之，执着的核心，就在于能够卓有成效地争取与集中更为积极而强大的整体力量，以创造更高质量信念或愿景推进的全局进程。

（二）确保掌握足够强大的核心力量

坚强执着对信念愿景及其高远事业的实现，积极而持续地推动，任何时刻，都必须依靠强大力量的有力支撑。因此，任何背景下，努力创造和确保足够强大的核心力量，并以此构建和形成各种必要的专业性能力，对各类关键或重要工作给予有力的支持，就成为人们高质量地践行信念或事业的坚强执着，必须坚持的重要原则。

（三）整体的形势偏离原先的预期

即使最具睿智的头脑，也只能对复杂多变的环境中，整体工作运行变化的趋势及其主要轮廓，做出一定框架性的辨识和预估，而难以对进程中各时点的整体形势，做出精准的预计。因此，整体形势偏离原先的预期，是人们广泛实践中普遍存在的现象。

形势偏离预期，既可能存在内外的积极力量高于原先的估计，也可能出现负面的挑战难于初始的预计。然而，坚强执着的实质，就是致力于更为强大力量的充分激发、凝集与创造，以设置和推进更高质量的事业愿景。因此，足够睿智、积极和顽强地应对整体形势偏离预期的实际，就成为坚强执着普遍面临的重要任务。

（四）对局部目标的坚决转换或放弃

在变化的内外环境中，原先所设计的某些专业性或阶段性的局部目标，可能难以适应客观实际的要求，或者成为整体工作高质量推进的障碍。对它们进行坚决的转换或放弃，无不成为复杂背景下坚强执着的重要体现。事实上，坚强执着从来不是对不合时宜局部目标的一味固守，而是通过内外各类重要因素、关系及其变化趋势全面深入的辨识，对长远愿景目标及其运行的基本方向与路线，进行积极而创造性的执守。

（五）对整体目标的调整或重新设置

对信念或长期愿景的坚强执着，时常还会遭遇进程中，内外重要因素或相互作用关系超乎预期，极为有利或极其艰难的重大变化。这种背景下，努力依据变化的自身资源能力与外部环境因素，及其相互间作用关系的实际，对整体的运行目标和方式，进行更为积极的适时调整或重新设置，就成为信念或愿景的坚强执着，不可或缺的重要工作。

（六）把握全局主动的善前善后事宜

从根本上说，对信念愿景的坚强执着，是充分激发与凝集一切积极的因素与力量，更高质量地辨识与应对，漫长人生与职业进程中，积极的机遇或艰难的挑战，并以此有效创造和把握人生或职业牢固的主动地位，极其重要的途径与方式。因此，执着进程中的一切运行目标和方式的调整、放弃或重新设置，都必须做好事前的运行内外实际、行为的必要性与可行性的全面深入辨识，以及牢固把握全局主动积极的善后事宜。

第三部分

※

组织中坚队伍的建设和发展

组织的核心资源力量

中坚队伍，在组织的运营发展进程中，无不起着极其关键的决定性作用，并以此而普遍成为组织的核心资源力量。广泛的实践中，中坚队伍不仅决定着各项战略思维、意图或规划的实施质量，体现着组织运营发展的整体活力，而且也是组织战略辨识和决策，以及领导人职业素养持续高质量提升的重要推动力量。长期以来，作为组织的核心资源力量，中坚队伍的建设与发展，一直受到睿智成熟领导人普遍的高度关注，并在实践中形成了"得人才者，得天下"的广泛共识。

对此，《六韬》也曾作了这样的著名论断："将者，人之司命，三军与之俱治，与之俱乱。得贤将者，兵强国昌，不得贤将者，兵弱国亡。"——将帅是军队的主宰，将帅治军严正，军队就必然随其强大；将帅无能，军队就一定陷入混乱。得到了贤明精干的将帅，军队就能强大国家就会昌盛；得不到精明强干的将帅，军队必然衰弱、国家必将覆亡。

尽管如此，随着社会各领域日新月异的快速发展，组织运营的内外环境及其专业特征也随之日趋复杂，各类专业环节运行的质量，对全局进程的影响亦日益显著。对此，许多领导人或专业研究人员，时常为直接的表象因素所限制，从而倾向把工作的重心置于组织运营各类专业方法或手段的探索与运用，却显著忽略或有意回避了最具复杂艰难挑战，同时也是所有工作最具关键决定性主体，中坚骨干队伍的积极建设与发展。于是，实践中，类似运营背景下的组织，采取了基本相同的一系列的专业方式或方法，却由于中坚队伍力量的显著差异，而形成了天壤之别的运营进程与成就。

的确，正如《尚书》所言："举能其官，惟尔之能。称匪其人，惟尔不任。"——推举能者在其官位，是你们的贤能；所举不是那种人，是你们不能胜任。事实上，领导人如果不能睿智成熟地洞察，中坚骨干人员自身的职业才能或素养，对所采取的工作方法或手段全局价值的关键决定性影响，那么，不仅任何精心设计或选择的管理方式与工具的效能，无不将会受到极其显著的制约，而且自身领导的整体智慧、进程与价值，也必将遭受极大的限制。

广泛的实践中，依据组织内外环境及全局战略的具体实际，卓有成效地建设与发展强大的中坚骨干队伍，通常涉及诸多复杂而艰难的挑战，并以此普遍成为组织攀登更高运营高峰最为主要或关键的限制因素。本部分对组织的卓越领导，关键决定性的中坚队伍的建设与发展，展开了分别的探讨。第五章建立一支坚强的中坚队伍，重点阐述了组织中坚或骨干队伍的有效建设，所需遵循的基本思想和方法。第六章中坚队伍力量的积极发展，则主要分析了卓有成效地推进中坚队伍整体力量持续高质量的发展，所需坚持的若干原则和采取的有效途径。

第五章

建立一支坚强的中坚队伍

组织兴衰荣辱的重要决定力量

众所周知，骨架或功能器官，在肌体的生存与运动中，无不具有极其重要的决定性价值。同样，组织的中坚骨干，承担着各环节运行发展的重要职责。他们队伍的整体实力，无不决定并体现着组织运营发展的整体能力，并以此普遍成为组织兴衰荣辱的重要决定力量。

为此，《吕氏春秋》曾经辩称："身定、国安、天下治，必贤人。古之有天下也者七十一圣，观于《春秋》，自鲁隐公以至哀公十有二世，其所以得之，所以失之，其术一也：得贤人，国无不安，名无不荣；失贤人，国无不危，名无不辱。先王之索贤人，无不以也：极卑极贱，极远极劳。"——要使自身安定，国家安宁、天下太平，必须依靠贤人。古代治理天下的共有七十一位圣王，从《春秋》看，自鲁隐公到鲁哀公共十二代，在这期间，诸侯获得君位和失去君位，其道理是一样的：得到贤人，国家没有不安定的，名声没有不显荣的；失去贤人，国家没有不危险的，名声没有不耻辱的。先王为了寻求贤人，几近无所不为：可以对贤人极其谦卑，可以举用极为卑贱的人，可以到极远的地方去，可以付出极大的辛劳。

广泛的实践中，组织中坚对于领导人个人的职业素养或成就，也具有普遍关键的决定性影响。对此，《尚书》曾经断称："股肱惟人，良臣惟圣。"——手足完备才是成人，良臣具备才能成为圣君。事实上，任何组织的领导人，如果不能建立一支坚强的中坚队伍，他必将难以展示卓越的领导智慧与才能。

卓有成效地建立一支坚强的中坚队伍，领导人无不需要首先在头脑中牢固确立，为政之要、惟在得人睿智成熟的思维意识，并通过中坚骨干关键素养全面深入的辨识，努力排除各种负面因素的限制，不拘一格地把所需贤能人才推上组织的重要岗位。同时，中坚队伍的坚强有力，领导人还必须努力为他们智慧才能的充分展现提供宽阔牢固的展示舞台，并娴熟掌握中坚队伍构建的主要途径和重点工作（图3-5-0-1）。

```
                                    ┌─────────────────────────┐
                                ┌──→│   全面深入辨识中坚的素养    │
                                │   └─────────────┬───────────┘
┌──────────────────────┐        │                 ↓
│  建立一支坚强的中坚队伍   │────────┤   ┌─────────────────────────┐
└──────────┬───────────┘        ├──→│      不拘一格降人才         │
           │                    │   └─────────────┬───────────┘
           ↓                    │                 ↓
┌──────────────────────┐        │   ┌─────────────────────────┐
│   为政之要   惟在得人    │────────┼──→│  天高任鸟飞   海阔凭鱼跃    │
└──────────────────────┘        │   └─────────────────────────┘
                                │   ┌─────────────────────────┐
                                └──→│   中坚构建的途径和重点       │
                                    └─────────────────────────┘
```

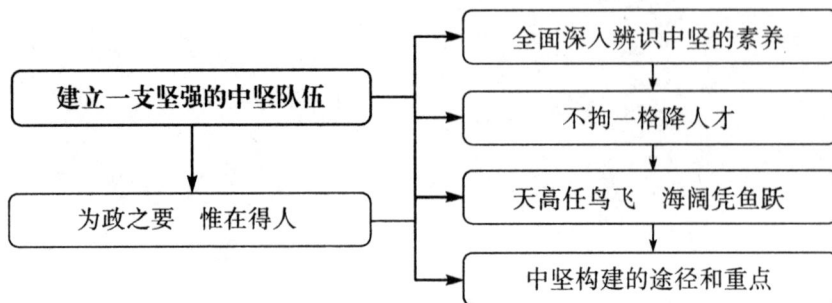

图 3-5-0-1　建立一支坚强的中坚队伍

第一节　为政之要　惟在得人

中坚力量的决定性价值

中坚队伍的整体力量，对于组织的运行进程或成就高度，具有举足轻重的决定性价值。为此，唐太宗曾经断称："为政之要，惟在得人。用非其才，必难致治。"——治理国家最重要的环节，就在于能否得到优秀的人才。如果所用之人缺乏足够的德才素养，政事必然难以得到高水平的治理。

长期以来，尽管人们对于组织中的人才价值及其展示方式，进行了极为广泛的探索。然而，迄今为止，领导人在此关键工作领域，依然难以得到足够积极有力的支持。本节首先从组织的立场，分析了中坚队伍是其整体运营发展能力的决定性因素，以及内外结构中最为重要的资源组成。

接着，以此为基础，探讨了中坚队伍普遍成为领导人，成熟与发展的推动力量，一切职业成就的根本基础，以及整体职业素养核心体现的普遍事实。显然，这对领导人把自身工作的重点，牢固地置于中坚人才队伍这一群体，具有极其重要的借鉴或推动价值。最后我们讨论了领导实践中，积极依靠中坚人才的力量需要坚持的若干原则（图 3-5-1-1）。

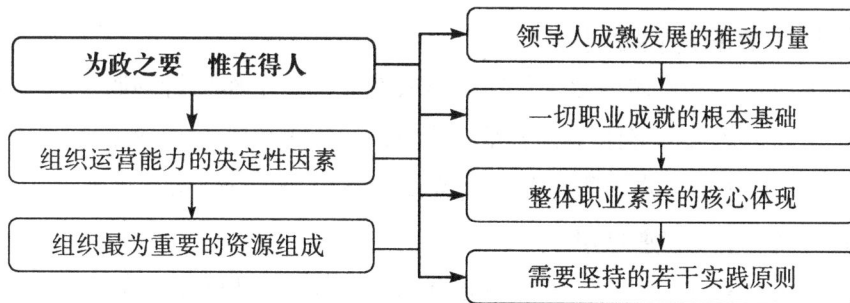

图 3-5-1-1　为政之要　惟在得人

一、组织运营能力的决定性因素

就组织的全局而言，中坚队伍无不成为高质量战略识别与决策的基础，以及战略决策与规划的重要推动力量；就局部环节来说，中坚骨干也是各专业环节运行水平，以及它们相互间密切协作的关键力量。因此，中坚骨干队伍的实力，普遍成为组织整体运营能力的核心构成。领导人无不需要竭尽所能，把贤能人才置于组织的重要位置（图 3-5-1-2）。

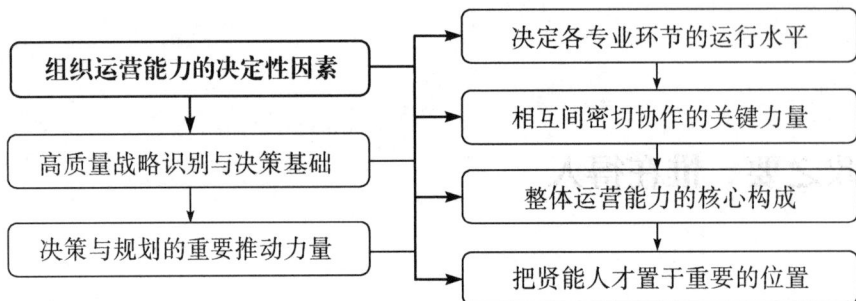

图 3-5-1-2　组织运营能力的决定性因素

（一）高质量战略识别与决策基础

众所周知，内外战略因素及其关系辨识的准确与否，对组织的全局进程具有极其重要的影响。而中坚人才通常分布于各战略环节的最前沿，对战略环节与关系的状况，具有极其深入而权威的认识。通过各环节中坚人才进行战略因素的准确识别，是复杂多变环境中组织战略领导极为重要而常见的方式。因此，中坚人才的力量成为高质量战略识别的重要基础。

不仅如此，任何睿智卓越的领导人，在进行战略决策或规划工作时，都会充分考虑中坚人才队伍的实际能力。脱离中坚力量实际的战略决策，必然会导致推进进程的挫折。因此，整体中坚队伍的实力无不成为战略决策的重要基础。

（二）决策与规划的重要推动力量

中坚人才队伍是战略决策的重要推动力量，它在实践中通常会极大地影响，甚至决定着战略决策的成败。最为极端的表现，就是强大的推进力量，能够把显著漏缺或失误的战略决策或部署，转换为积极的机遇。反之，周密的战略决策与规划，时常会因推进力量的软弱乏力，而导致严重的挫折。

（三）决定各专业环节的运行水平

中坚人才通常承担着组织整体运营，某项战略或专业环节工作运行的职责。事实上，能否真正地独当一面，通常成为中坚人才整体职业素养与价值，最为重要的判定依据或标准。显然，中坚队伍的整体实力，无不从根本上决定着组织各战略或专业环节的运行质量与水平。

（四）相互间密切协作的关键力量

随着组织专业化运行的深入发展，各环节相互间的坚强支持和密切协作，已日趋成为整体运营能力的重要组成，并日益成为复杂多变环境中，组织高质量领导所面临的普遍艰难挑战。许多研究者出于头脑中的臆断，认为只要设置严密的运行制度或纪律，就必然能够有力地推动或确保组织各环节工作运行的高度协同。

然而，广泛的实践中，居于各环节工作主导或控制地位的中坚人员，如果缺乏足够成熟和牢固的全局意识，以及有效超越局部环节利益或专业思维限制的坚强支撑，并以此积极主动地推进相互间的密切协作，那么，各种复杂多变的非程序性因素，必将使得任何制度或纪律，对不同环节相互间支持或协作的推动力量遭受极大的限制。

（五）整体运营能力的核心构成

中坚骨干及其整体队伍的力量，不仅决定着组织整体战略识别或推进的力量，而且也是各战略或专业环节的运行能力，及其相互间的支持与协作，极其关键的决定性因素。因此，他们普遍成为组织整体运营能力的核心构成，并一直受到人们最为广泛的关注。

为此，著名的《孙子兵法》曾经断称："夫将者，国之辅也。辅周，则国必强；辅隙，则国必弱。"——将帅，是国君的辅佐。辅佐得周密，国家就强盛；辅佐有疏漏，国家必然衰弱。

（六）把贤能人才置于重要的位置

中坚人才及其队伍的实力，对整体组织的运营与发展能力，具有极其关键的决定性影响。因此，把贤能人才置于组织的重要位置，普遍成为高质量领导卓越创造的核心工作：在全局战略领导中，应该努力吸收他们广泛的积极建议或意见；在专业环节管理中，应该在整体战略背景下，建立牢固的以中坚力量为主体成熟积极意识，尤其需要给予与其责任与能力相适应的足够的资源支配权力。

为此，《孟子》曾经辩称："仁则荣，不仁则辱。今恶辱而居不仁，是犹恶湿而居下也。如恶之，莫如贵德而尊士，贤者在位，能者在职；国家闲暇，及是时，明其政刑。虽大国，必畏之矣。"——仁爱就光荣，不仁就耻辱。现在的人既厌恶耻辱却又居于不仁的境地，这就好像既厌恶潮湿却又居于低洼的地方一样。假如真的厌恶耻辱，那最好是以仁德为贵，尊重贤士，让贤德的人处于重要的位置，有才能的人担任相应的职务。并且趁国家无内忧外患的时候修明政治法律制度。这样做了，即使是大国也必然会有所畏惧。

二、组织最为重要的资源组成

当人们依据全局的思维，就各类因素在组织运行发展进程中的作用与价值，进行深入细致的分析或辨识，并以此对传统组织资源的概念进行实践意义上的延伸，就能够足够准确地辨析，中坚人才是组织整体人的因素资源质量与价值，最具关键的决定性因素。他们从而也成为自身无形资源的积极创造与有效运用，内在有形资源价值的高质量展示，以及外部运行与发展资源准确辨识和充分利用的重要推动力量。因此，中坚人才普遍成为组织资源最为重要的组成以及整体价值的决定性力量（图3-5-1-3）。

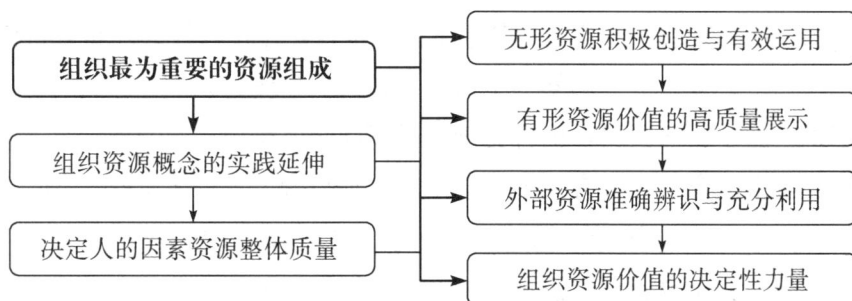

图 3-5-1-3　**组织最为重要的资源组成**

（一）组织资源概念的实践延伸

长期以来，人们对组织运营资源与力量的看法，一直存在着不同的意见。研究领域通常根据西方发达地区的主流思维，把组织的运营资源，划分为有形资源、无形资源和人力资源三个基本类型。我们则从广泛组织的实践立场，把必需的外部因素和条件，界定为它的有效运营与积极发展的资源构成。

这样，组织运营发展的资源就包含了若干外部积极因素的构成，并通常呈现出当前运营已经有效运用，以及暂时未能充分运用但能够成为组织发展潜在的支持力量，两种基本类型的资源构成。快速变化的行业中，组织高质量的进程或成就，将主要取决于对外部发展资源准确辨识与充分运用的能力。

长期的实践，人们已经普遍深入地意识到，高质量的中坚人才对于组织运营进程和成就的关键价值，并形成了"得人才者，得天下以及"千军易得，一将难求"等一系列重要而广泛的共识。为了更为积极有力地推动实践中人们中坚人才队伍关键价值意识成熟而牢固的构建，我们把人的因素资源划分为人才资源和人力基本资源两种类型。广泛的实践中，如果缺乏足够强大中坚力量的坚强支撑，人力基本资源所能够展示的力量或价值，无不将受到极其显著的限制。

这样，组织运营的整体资源，就可以更为清晰地划分为外部的运营与发展的资源，内在的有形资源、无形资源、人力基本资源和中坚人才资源六种基本的类型（图3-5-1-4）。

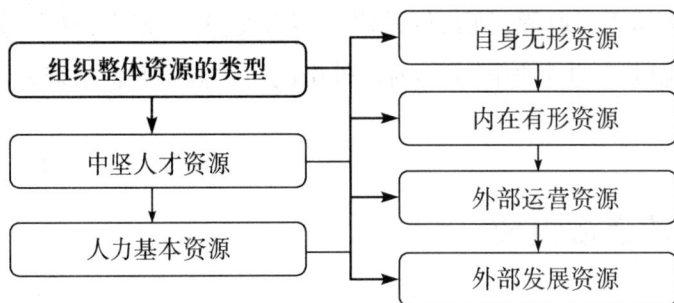

图 3-5-1-4　组织整体资源的类型

（二）决定人的因素资源整体质量

中坚人才队伍的实力，决定着组织整体人的因素资源的质量。任何背景下，领导人都必须建立成熟积极的思维意识：中坚人才队伍的实力，决定人的因素资源质量；而人的因素资源质量，又决定着各项工作运行的水平。

因此，在人力基本资源中，提炼选拔出高素养的中坚人才，无不成为广泛领域中组织，高质量运行发展积极推进的一项关键任务。孔子与其弟子们，也曾经作过选拔人才重要价值的分析探讨：

"樊迟问仁。子曰：'爱人。'问知，子曰：'知人。'樊迟未达。子曰：'举直错诸枉，能使枉者直。'樊迟退，见子夏曰：'乡也吾见于夫子而问知，子曰'举直错诸枉，能使枉者直'，何谓也？'子夏曰：'富哉言乎！舜有天下，选于众，举皋陶，不仁者远矣。汤有天下，选于众，举伊尹，不仁者远矣。"——樊迟问什么是仁。孔子说："爱人。"樊迟问什么是智，孔子说："了解人。"樊迟还不明白。孔子说："选拔正直的人，罢黜邪恶的人，这样就能使邪者归正。"樊迟退出来，见到子夏说："刚才我见到老师，问他什么是智，他说'选拔正直的人，罢黜邪恶的人，这样就能使邪者归正。这是什么意思？"子夏说："这话说得多么深刻呀！舜有天下，在众人中挑选人才，把皋陶选拔出来，不仁的人就被疏远了。汤有了天下，在众人中挑选人才，把伊尹选拔出来，不仁的人就被疏远了。"

（三）无形资源积极创造与有效运用

中坚人才的强大力量或高质量价值，通常是通过对组织高水平专业性技术或运行管理方式等无形资源，卓有成效地创造与运用得以充分体现。换而言之，广泛的实践中，中坚人才的整体能力，无不从根本上决定着组织无形资源的创造或构成质量，以及充分运用或展示的水平。

（四）有形资源价值的高质量展示

组织内在的有形资源，通常以各种多样的形式，广泛地分布和参与各专业环节的运行。它们的价值发挥或展现的水平，通常取决于各环节工作的运行，及其相互间支持和协作的质量或效率。中坚人才及其整体队伍的实力，无疑对组织有形资源价值高质量地发挥或展示，具有极其关键的决定性影响。

（五）外部资源准确辨识与充分利用

外部环境的积极因素或力量，是任何组织运营发展都不可或缺，并对其整体进程与成就具有极其重要影响的资源构成。外部运营资源，通常涉及组织运营各类物质与信息的输入质量，产品服务输出和价值的实现质量，以及各专业环节工作所受到的各类外部影响的因素。中坚人才无不承担着其中各项工作积极推进的任务。他们的职业能力或素养，对外部资源准确辨识与充分利用，无疑具有极其重要的决定性价值。

不仅如此，对外部潜在发展机遇足够深入准确地辨识，无不成为组织全局高质量进程与成就，极其关键的决定性因素和复杂的艰难挑战。事实上，人们时常只能在一定运营时期或阶段以后，才能对组织机遇把握的能力或状况，进行客观的分析、判断与总结。

对于外部发展资源准确辨识与把握的质量，广泛实践中，与其说是取决于领导人的职业智慧与才能，倒不如更为深刻而准确地说是，领导人对于中坚人才广泛建议或意见的过滤、提炼与处理的能力。因为实践中很少会出现，领导人不征询相关重要中坚人士的意见，而敢于独自做出涉及外部诸多复杂或不确定因素风险的重大决策。

（六）组织资源价值的决定性力量

中坚人才作为高度智慧与情感力量，及其显著能动性特征的资源构成或财富，对组织的运营发展无不具有极其关键的决定性价值。为此，美国企业家玛丽·阿什，曾经根据自身的职业实践而深刻辩称："一家公司的好坏只取决于该公司的人才。大多数公司会说，他们的资产负债表中记录着自己最重要的资产。在玛丽·凯化妆品公司，我们认为我们的人才是最重要的资产。许多公司的经理向证券分析家吹嘘自己的生产线、新建的高层建筑物、最先进的制造设备，可是从来不提自己公司的人才。尽管固定资产对公司的发展十分重要，但是人才最重要。你研究任何一家大型企业都会发现，使该公司超过别的公司的，是该公司的人才。首屈一指的公司里有首屈一指的人才。通用汽车公司前大名鼎鼎的总经理斯隆曾经说过：'把我的资产拿走吧——但是请把我公司的人才留给我，五年后，我将使拿走的一切失而复得。'"

三、领导人成熟发展的推动力量

中坚人才对领导人的整体职业素养，通常存在着潜移默化的重要影响。同时，还是领导人客观准确的自我感知，积极改进职业进程中的各种过失，以及职业素养持续成熟的发展，极其重要的途径和推动力量。因此，领导人必须努力通过强大中坚队伍的构建，为自己营造职业素养高质量发展的积极环境（图3-5-1-5）。

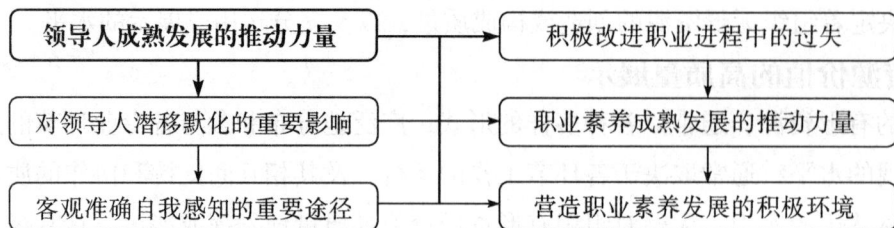

图3-5-1-5　领导人成熟发展的推动力量

（一）对领导人潜移默化的重要影响

通过长期的实践和总结，人们已经广泛地意识到"近朱者赤，近墨者黑"的普遍事实。职业进程中，领导人与中坚成员通常具有广泛而深入的交往，他们之间的素养，无不存在着千丝万缕潜移默化的相互重要影响。

为此，魏征曾给唐太宗提出了这样的著名规劝奏章："立身成败，在于所染。兰芷鲍鱼，与之俱化。慎乎所习，不可不思。陛下贞观之初，砥砺名节，不私于物，唯善是与，亲爱君子，疏斥小人。今则不然，轻亵小人，礼重君子。重君子也，敬而远之；轻小人也，狎而近之。近之则不见其非，远之则莫知其是。莫知其是，则不间而自疏；不见其非，则有时而自昵。昵近小人，非致理之道；疏远君子，岂兴邦之义？"——立身的成功与失败取决于人所接触的环境。入芝兰之室或者入鲍鱼之肆，都会受到它们的影响。对亲近的人要谨慎选择，不能不认真思考。贞观初年，陛下注意磨炼名誉节操，对人不偏私，只接近贤良的人，亲近爱护君子，疏远斥退小人。现在就不是那样了，轻率地狎近小人，礼节性地尊重君子。名义上是尊重君子，实际上是敬而远之；名义上是轻视小人，实际上是亲近他们。亲近小人就看不见他们的短处，疏远君子就不知道他们的长处。不知道君子的长处，不用别人离间就会疏远他们；看不见小人的短处，就会不由自主地去亲近他们。亲近小人，绝不是治理国家的办法；疏远君子，难道是振兴国家的作风？

（二）客观准确自我感知的重要途径

领导人客观准确的自我感知与积极的自我意识，无不成为高质量领导卓越创造的重要保障。而准确的自我感知和意识的形成，通常需要得到高素养中坚人才的有力支持。唐太宗曾经从负面素养的准确感知，辩称了忠臣的价值：

"人欲自照，必须明镜；主欲知过，必藉忠臣。主若自贤，臣不匡正，欲不危败，岂可得乎？"——人要看清自己的面貌，必须借助于明镜；国君要想知道自身的过失，就必须借助于忠臣。国君要是自以为贤能，臣子又不能匡正国君的过失，想让国家没有覆亡的危险怎么可能呢？

（三）积极改进职业进程中的过失

俗话说，人非圣贤，孰能无过？然而，领导人的重大过失，如果不能得到及时的积极改进，无疑将会给组织的全局造成极其严重的后果。因此，作为组织的中坚，如果不能在领导人过失的积极改进上，展示其足够的智慧力量，并以此承担起应有的职责，那么，他的职业素养和价值必然将会受到极大的限制。

（四）职业素养成熟发展的推动力量

作为组织运行发展中最为核心的一组对立统一关系，领导人对于中坚队伍整体实力的关键决定性影响，已很少有人对此存在疑惑或持有怀疑。然而，与此相对应，中坚人才成为领导人职业素养成熟发展的重要推动力量，则只有少数睿智贤能之士，能够对此拥有足够深入的辨识和理解。事实上，领导人如果不能从组织中坚身上，有效地得到各种积极正面力量的坚强支持，那么他的职业素养与成就，无疑将会受到极大的限制。

为此，《尚书》曾经描述殷王武丁对傅说的这样期盼："朝夕纳诲，以辅台德。若金，用汝作砺；若济巨川，用汝作舟楫；若岁大旱，用汝作霖雨。启乃心，沃朕心，若药弗瞑眩，厥疾弗瘳；若跣弗视地，厥足用伤。惟暨乃僚，罔不同心以匡乃辟。俾率先王，迪我高后，以康兆民。"——请早晚进谏，以帮助我修德吧！比如铁器，要用你作磨石；比如渡大河，要用你作船和桨；比如年岁大旱，要用你作霖雨。敞开你的心泉来灌溉我的心吧！比如药物不猛烈，疾病就不会好，比如赤脚不看路，脚因此会受伤。希望你和你的同僚，无不同心来匡正你的君主，使我依从先王，追随成汤，来安定天下的人民。

唐太宗也屡次称赞魏征对自身素养发展的重要贡献："玉虽有美质，在于石间，不值良工琢磨，与瓦砾不别。若遇良工，即为万代之宝。朕虽无美质，为公所切磋，劳公约朕以仁义，弘朕以道德，使朕功业至此，公亦足为良工尔。

公独不见金之在矿，何足贵哉？良冶锻而为器，便为人所宝。朕方自比于金，以卿为良工。"——美玉虽然有美好的质地，却生在石头中，如果没遇到手艺高超的工匠雕琢，和瓦砾没有什么两样；如果遇到手艺超群的工匠，就成了万世珍爱的宝物。我虽然没有美玉那样的质地供你切磋琢磨，辛苦你用仁义来约束我，用道德来使我得到光大，使我的功业达到如今这个地步，你也称得上是一位技艺超群的能工巧匠了！

你没有见过矿石中未曾提炼的金子吗？它有什么可宝贵的呢？只有经过冶炼，锻造成金器，它才被人珍视。我就好比是矿石中的金子，你就是从矿石中把金子提炼出来并锻造成器的能工巧匠。

（五）营造职业素养发展的积极环境

领导人职业素养的成熟与发展，除了自身必须具备积极而强烈的意愿，还无不需要外部积极环境的坚强支撑。而这种环境最为核心因素，就在于存在一支品行端正、远见卓识、精明强干的中坚队伍。就中坚队伍实力对于领导人素养的关键价值，《尚书》曾有辨识："仆臣正，厥后克正；仆臣谀，厥后自圣。后德惟臣，不德惟臣。"——仆侍近臣都能端正，他们的君主才能贤正；仆侍近臣谄媚，他们的君主就会自以为圣明。君主有德，由于臣下；君主失德，也由于臣下。

四、一切职业成就的根本基础

复杂远大事业的积极成就，必借众人强大智慧力量的坚强支持。广泛的实践中，组织领导人所需肩负的内外因素、关系与变化的准确辨识，及其高质量运行推进的规划；各种战略思维或方案卓有成效地推动与实施；组织运行进程中，各种机遇或挑战的准确识别和应对等重要工作，无不需要中坚人才的积极参与和有力支持。因此，领导人必须能够把自身的职业愿望，积极化作为一切成就基础的中坚队伍，共同奋发进取的愿景目标（图3-5-1-6）。

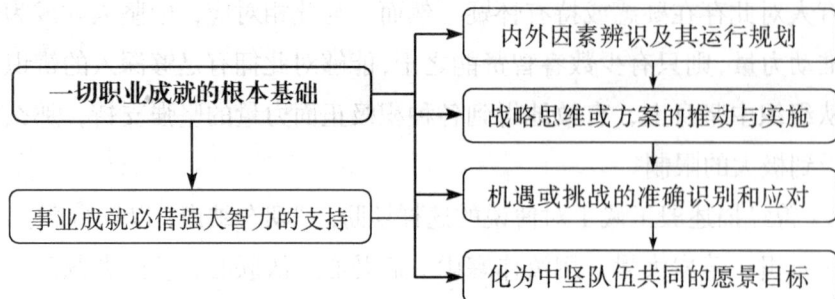

图 3-5-1-6　一切职业成就的根本基础

（一）事业成就必借强大智力的支持

远大的事业，通常涉及诸多的内外因素、关系及其变化。它的积极成就，无不需要众人强大智慧力量的坚强支撑。而中坚人才及队伍，任何背景下，都是强大事业铸就智慧与力量，积极创造、持续提升和充分展示最具关键的决定性因素。因此，努力构建并充分依靠坚强的中坚人才队伍，无不成为高质量领导进程和成就，最为关键与核心的工作。

汉高祖刘邦在平定天下后，依然深刻意识到中坚人才，对于国家治理的重要价值，并特地颁布了《高帝求贤诏》："盖闻王者莫高于周文、伯者莫高于齐桓，皆待贤人而成名。今天下贤者，智能岂特古之人乎？患在人主不交故也，士奚由进？今吾以天之灵、贤士大夫定有天下，以为一家，欲其长久，世世奉宗庙亡绝也。贤人已与我共平之矣，而不与吾共安利之，可乎？贤士大夫有肯从我游者，吾能尊显之。"——我听说做帝王的没有谁比周文王伟大、作霸主的没有谁超过齐桓公，他们都是依靠贤人而成就了显赫的盛名。如今天下贤人的智慧和才能，就不能像古时贤人那样吗？令人忧虑的是君主不和他们交往，这样贤能之人怎么能够进入朝廷呢？如今我靠着上天威灵和贤能士大夫的努力，平定了天下而使其成为一家，我要让其长久延续，奉祀祖庙代代不断。贤人们已同我共同平定了天下，而不和我共同使天下安定富强，这能行吗？贤明的士大夫有愿意和我交往的，我一定尊重他们，使他们名声显扬。

（二）内外因素辨识及其运行规划

越是高远的组织发展或领导成就的愿景，越是将涉及更为广泛而复杂的内外因素，及其关系和变化的艰难挑战。准确辨识各运行领域或环节因素，不仅是组织整体高质量进程或成就的重要基础，而且无疑需要依靠众多中坚人才，坚强智慧力量的有力支撑。

不仅如此，全局运行发展的方向与路线，及其目标和方案高质量的规划，如果背离各环节与整体内外因素，及其相互作用和变化趋势的实际，则无不极易陷入组织全局的被动困境。因此，努力依靠中坚人才，推进全局的积极规划，普遍成为其高质量形成的重要途径。

（三）战略思维或方案的推动与实施

中坚人才及其队伍的实力，不仅决定着组织各环节的运行质量或水平，而且也是相互间密切协作所形成的整体运营能力，极其关键的决定性因素。因此，领导人的任何战略思维或方案，无疑需要中坚人才及队伍的坚强支持，才能得以高质量的推动与实施。

实践中，领导人任何高质量的全局思维或运行方案，必须既要充分考虑当前中坚队伍的整体素养和实力，也必须包含与工作推进同步进程，整体中坚队伍强大力量积极展示，及其持续提升方式的重要内容。

（四）机遇或挑战的准确识别和应对

组织内外机遇或挑战的辨识水平与应对质量，对领导职业进程或成就，普遍具有极其重要的影响。为此，许多评论家或研究作品，往往把其视作为领导人职业智慧和才能的核心构成。

然而，如果领导人试图通过独自的努力，能够足够深入准确地辨识可能涉及广泛或深厚专业性因素的机遇或挑战，及其对全局所存在的影响，无疑太过自高自大。事实上，任何睿智的领导人，都不会仅仅凭借个人的智慧力量，而对各种重要机遇或挑战独断专行。实践中，他们无一不是竭尽所能，通过强大中坚队伍的积极构建与发展，以形成各种机遇或挑战高质量辨识与应对的坚强力量。

（五）化为中坚队伍共同的愿景目标

唐太宗曾经辩称："自古帝王上合天心，以致太平者，皆股肱之力。"——自古以来帝王能够上合天意，达到天下太平的，都是依靠臣下辅佐的力量。的确，中坚人才队伍，任何背景下，无不成为领导人一切职业成就的根本基础和强大动力。作为卓越领导的重要方式，以及优良职业进程或成就创造的关键途径，领导人必须能够把组织全局的战略思维有效地激发和转化为中坚队伍所有成员共同的强烈愿景和奋发努力的职业目标。

五、整体职业素养的核心体现

广泛的实践中，成熟牢固的中坚人才关键价值的思维意识，无不成为领导职业智慧和素养，极其重要的决定性因素。组织高质量领导的积极创造，领导人必须能够深入准确地辨识，中坚人才所需具备的若干重要素养构成；卓有成效地推进中坚人才队伍的积极构建与持续发展；采取一切积极的途径，充分激发中坚人才潜在智慧力量的积极展示。并以此推动中坚队伍整体力量与事业进程，密切联结高质量的共同发展，展现出自身卓越的领导智慧与才能（图3-5-1-7）。

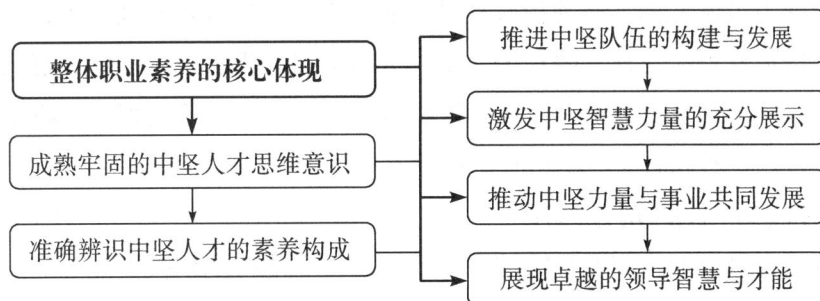

图 3-5-1-7 **整体职业素养的核心体现**

（一）成熟牢固的中坚人才思维意识

中坚人才队伍的整体实力，无不对组织运行或领导人职业的进程与成就，具有极其关键的决定性影响。事实上，领导人所有的战略思维与行为，无不与组织的中坚人才及其队伍，存在着极其密切的关联。因此，领导人头脑中成熟而牢固的中坚人才关键价值的思维意识，普遍成为他的职业智慧和素养，极其重要的核心构成和体现。

《吴子兵法》曾经作有这样的场景描述：武侯尝谋事，群臣莫能及，罢朝而有喜色。起进口："昔楚庄王尝谋事，群臣莫能及，退朝而有忧色。申公问曰：'君有忧色，何也？'曰：'寡人闻之，世不绝圣，国不乏贤，能得其师者王，得其友者霸。今寡人不才，而群臣莫及者，楚国其殆矣！'此楚庄王之所忧，而君说之，臣窃惧矣。"于是武侯有惭色。——武侯曾经和群臣商议国事，群臣的见解都不如他，他退朝以后很是得意。吴起进谏说："从前楚庄王曾经和群臣商议国事，群臣都不及他，他退朝后面有忧色。申公问他：'您为什么面有忧色呢？'楚庄王说：'我听说世上不会没有圣人，国家不会缺少贤人，能得到他们做老师的，可以称王，得到他们做朋友的，可以称霸。现在我没有才能，而群臣还不如我，楚国真危险了。'这是楚庄王所忧虑的事，您却反而喜悦，我私下深感忧惧。"于是武侯露出了惭愧的神色。

（二）准确辨识中坚人才的素养构成

任何领导人都必须能够深入准确地辨识，组织中坚人才所需具备的若干重要的素养构成，否则他必将无以展示卓有成效的组织领导。实践中，领导人对中坚人才完整准确识别的能力，通常包含组织全局运行进程，所需中坚人才的素养构成，及其中坚队伍所需达到的整体实力，以及中坚人才自身所拥有的职业素养，组织和个人两个基本方面的辨析才能。两者间的密切联结，通常构成了领导人对组织中坚人才整体的辨识能力。

（三）推进中坚队伍的构建与发展

组织的运行发展，及其领导进程所及各项重要工作，无不需要得到中坚人才的积极参与和支持。事实上，把广泛范围中适合组织运行发展需要的高素质人才，有效地推举到各关键或重要的工作岗位，使其成为组织的中坚力量，从而卓有成效地推进中坚队伍的积极构建与发展，无不成为组织高质量领导的核心职责和关键途径。

对此，中国古代著名贤能之士傅说曾经辩称："惟治乱在庶官。官不及私昵，惟其能；爵罔及恶德，惟其贤。"——（社会的）治和乱在于众官。官职不能以亲近关系授予，当任选那些能者；爵位不可赐予品性低劣之人，当赐给那些贤人。

《三略》也曾竭力告诫人们，必须积极推进贤能之士："伤贤者殃及三世，蔽贤者身受其害，嫉贤者其名不全，进贤者福流子孙。故君子急于进贤而美名彰焉。"——伤害贤人的，祸患会殃及子孙三代。埋没贤人的，自身就会遭到报应。妒忌贤人的，名誉就不会保全。推举贤人的，子孙后代都会受惠于他的善行。所以君子总是热心于推荐贤人，因而美名显扬。

（四）激发中坚智慧力量的充分展示

人们潜在的智慧力量，通常需要足够的激发或推动，才能得到积极而充分的展示。事实上，任何繁荣强盛的组织，其中坚人才并不全是完美无缺的精明之士；遭受严重挫折或失败的组织，其中坚成员也并非都是一无是处的庸碌之辈。因此，对中坚人才潜在智慧力量的激发展示，普遍成为领导工作的核心构成。中坚队伍所能展示的整体力量，无不从根本上体现着领导人的职业智慧与才能。

（五）推动中坚力量与事业共同发展

中坚人才对任何工作高质量推进，无不具有极其关键的决定性价值。换言之，任何远大事业的进程与成就，无不从根本上取决于中坚队伍的整体力量。因此，领导人必须建立通过中坚队伍整体力量的持续提升，积极创造组织运行或自身职业，更高质量进程与成就成熟牢固的思维意识，并以此根据组织或职业内外环境的实际，卓有成效地推动中坚力量与事业进程的密切联结，及其持续高质量的共同发展。

（六）展现卓越的领导智慧与才能

广泛的实践中，任何真正卓越的领导智慧与才能，无不与坚强的中坚队伍存在着密切的关联。换而言之，坚强中坚队伍是一切高质量领导智慧与才能卓越创造与展示的根本基础和强大动力。缺乏足够坚强中坚力量的有力支撑，任何背景下，都无以积极创造和充分展示卓越的领导智慧与才能。因此，领导人必须把自身职业的着力重点，牢固地置于强大中坚队伍的有效构建、持续发展与积极运用的关键环节。

为此，《尚书》也曾对君主和贤人的关系，做了精辟的论断："惟后非贤不乂，惟贤非后不食。"——君主得不到贤人就难以治理，贤人得不到贤主就不会被录用。

六、需要坚持的若干实践原则

广泛的实践中，领导人任何高质量的职业进程与成就，都必须得到中坚的力量决定事业高度，成熟牢固思维意识的坚强支撑。同时，他还需要能够足够深入地辨识中坚力量对于自身职业智慧与才能的决定性价值，从而把中坚队伍的构建与发展，牢固地置于一切工作的核心位置，并以此推动整体组织辨识和应对，各种机遇或挑战运营能力的持续发展。卓越实践成就的创造，领导人还必须能够把中坚队伍力量的发展，贯穿于职业或事业推进的整体进程（图3-5-1-8）。

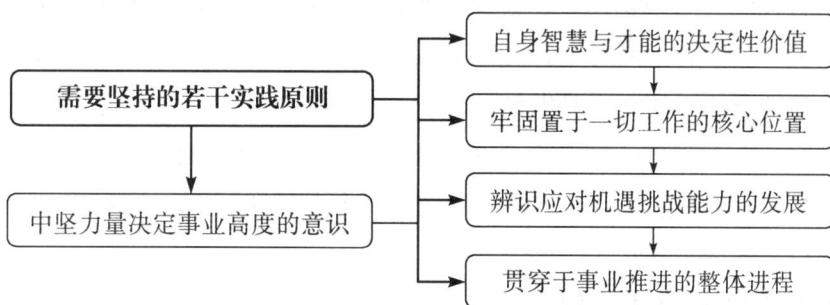

图 3-5-1-8　需要坚持的若干实践原则

（一）中坚力量决定事业高度的意识

任何远大事业的高质量进程与成就，无不需要各重要环节及其相互间密切协作的坚强支撑。显然，承担着各环节及相互协作工作重要职责的中坚力量，对整体事业的进程或高度，普遍具有极其关键的决定性价值。因此，构建成熟的中坚力量重要价值的牢固意识，并以此推进和创造高质量的事业进程或成就，无不成为组织卓越领导极其关键的途径。

《吕氏春秋》也曾辨识了贤能之士的重要价值："士之为人，当理不避其难，临患忘利，遗生行义，视死如归。大者定天下，其次定一国，必由如此人者也。故人主之欲大立功名者，不可不务求此人也。贤主劳于求人，而佚于治事。"——士的为人，坚守正义不避危难，面临祸患忘却私利，舍生行义，视死如归。大至安定天下，其次安定一国，一定要用这样的人。所以君主想要大立功名，不可不致力于访求选样的人。贤明的君主把精力花费在访求贤士上，而对治理政事的具体事务则采取超脱的态度。

（二）自身智慧与才能的决定性价值

领导人职业的智慧与才能，无不需要通过全局战略高质量地辨识和推动，而得以积极充分地体现。然而，组织的全局进程或成就，通常涉及诸多复杂的内外因素、关系及其变化。因此，领导人如果缺乏足够成熟而牢固的全局意识，沉湎于某项或某些具体的事务，则必将难以展现卓越的智慧与才能。广泛的实践中，中坚队伍无不成为领导人，全局高质量辨识与推动极其关键的核心力量，并以此决定着领导人整体职业的智慧和才能。

（三）牢固置于一切工作的核心位置

中坚人才通常承担着组织各环节运行及其密切协作的职责。因此，领导人必须睿智地把中坚队伍的构建与发展，牢固地置于一切工作的核心位置。事实上，组织运行进程中所遭遇的任何难以逾越的艰难挑战，无不与中坚力量的脆弱或缺失存在着极其密切的关联。

（四）辨识应对机遇挑战能力的发展

对各种机遇挑战的准确辨识与应对，无不对组织运行的进程或成就，具有极其关键的决定性价值。然而，机遇或挑战，时常会由于所存在的复杂专业性因素及其关系和变化，而使其对于全局的影响具有高度的不确定性特征。如果领导人无视专业中坚人才及其整体队伍的强大力量和价值，总是自倚智慧才能高人一筹，那么，他必将难以创造整体组织辨识和应对机遇挑战的坚强力量，而他的个人独断专行也极易会给组织带来显著的运营风险。

为此，唐太宗曾经跟房玄龄谈论："自知者明，信为难矣。如属文之士，伎巧之徒，皆自谓己长，他人不及。若名工文匠，商略诋诃，芜词拙迹，于是乃见。一日万机，一人听断，虽复忧劳，安能尽善？"——自知者明，实在很难做到！比如写文章的文士、从事技艺的工匠，都爱夸自己的本领高超，他人都赶不上。如果让世上著名的文士或工匠，来评判他们的文章和制品，那么他们文章的冗词病句、制品的拙劣缺陷，就会被一一发现。一个人日理万机，决断朝政，虽然是费尽心思，怎能每件事都处理得尽善尽美呢？

（五）贯穿于事业推进的整体进程

任何组织的运营或事业的推进，无不处于持续变化的内外环境中。同时，随着积极成就的创造，必然会面临新的更具复杂艰巨的挑战。因此，中坚队伍的构建与发展，绝对不是一项一劳永逸能够完全实现的工作目标，而是需要始终贯穿于组织运营或事业推进的整体进程。事实上，任何组织或事业的发展，无一不是主要地通过中坚队伍整体力量的积极提升和持续壮大而得以充分体现。

第二节　全面深入辨识中坚的素养

明辨中坚与人才的差异

领导人对组织中坚需要具备的重要素养全面深入的辨识，是卓有成效地推进整体队伍高质量构建与发展的关键基础。然而，由于中坚的素养通常体现着复杂性、易变性和隐蔽性的显著特征，迄今为止，它的准确识别依然成为领导人普遍面临的艰难职业挑战，并成为人们广泛的争议焦点。

尽管如此，通过长期的艰难探索与实践，一些贤能睿智之士已经成熟而深刻地意识到，卓有成效地肩负起自身的艰巨职责，任何组织的中坚无不需要具备对待组织或团队的"忠信"，对待岗位工作职责的"义勇"，对待上级或合作伙伴的"礼恭"，对待下级部属或员工的"仁严"，以及对待特殊任务或挑战的"智谋"等一系列高质量的素养。事实上，在日趋复杂艰难的挑战中，缺乏这些重要素养坚强有力的支持，没有任何组织的中坚能够展示卓越的职业智慧、力量和价值（图3-5-2-1）。

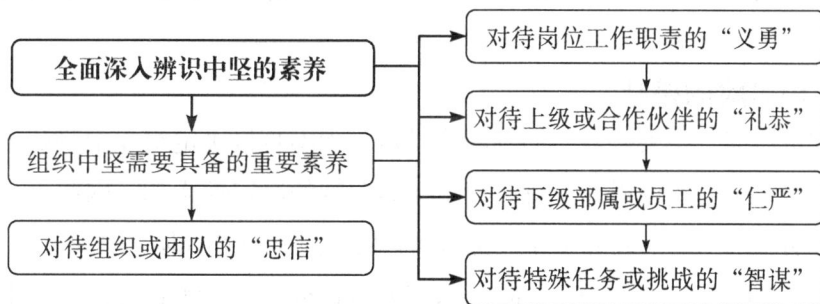

图 3-5-2-1　全面深入辨识中坚的素养

一、组织中坚需要具备的重要素养

对于组织中坚究竟需要具备哪些重要的素养，长期以来，一直成为人们广泛争议的焦点。实践中，领导人对中坚素养的判断与设定，不仅是项极具艰难和风险的挑战，而且还是自身素养极其重要的展示。通常而言，尽管不同的组织及其运营阶段，普遍存在自身的特定需求，但人们已经广泛意识到中坚人员的品德与才能，无不成为素养的基本构成。尽管如此，更为全面深入地辨识中坚的素养结构，依然成为领导人高质量推进中坚队伍的构建与发展普遍面临的艰难挑战和任务（图3-5-2-2）。

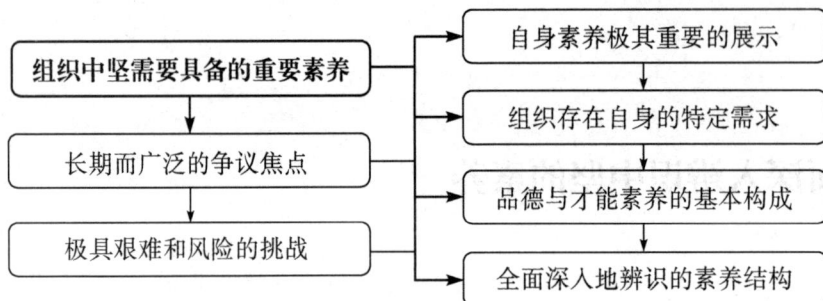

图 3-5-2-2　组织中坚需要具备的重要素养

（一）长期而广泛的争议焦点

中坚力量对于组织的运营发展，具有普遍关键的决定性价值。然而，由于存在着极为广泛而复杂因素的影响，对于他们所应具备的素养构成，一直成为人们长期而普遍的争议焦点。具有典型代表的立场认为，由于本性难以即时显露和改变的特征，人的素养只能从过去的各种经历表现中，予以准确地判断或辨识；而与其相反的观念则以为，过去的经历并不能完全代表人的当前整体素养，所谓英雄不问出处，应该从人的各种思维行为表现中，才能对人的真正素养加以准确的识别。

因此，当学历普遍成为人们的职业门槛时，美国盖蒂石油公司创始人保罗·盖蒂则认为："至于教育程度，那就要看各人对它的观念而定了。我发现许多优秀的主管人才，他们的学历都只停留在中学甚至是小学阶段，他们的广泛知识完全是自己学来的。好的主管要具备许多知识，但并非一定要从大学或专科学校学来。虽然完善的正式教育，对想做好主管的人，有很大的帮助，但我却不认为这是不可缺的。"

（二）极具艰难和风险的挑战

对组织中坚成员所应具备关键素养的判断或设定，无不直接决定组织中坚队伍构建与发展的整体质量，并因此对组织全局的进程和成就，产生极其关键的决定性影响。因此，对中坚所应具备素养的辨识判断，长期以来，无不成为领导人普遍面临的极具艰难和风险的挑战。

为此，司马迁曾经在其《史记》中辩称："人君无愚智贤不肖，莫不欲求忠以自为，举贤以自佐。然亡国破家相随属，而圣君治国累世而不见者，其所谓忠者不忠，而所谓贤者不贤也。"——国君无论愚笨或明智、贤明或昏庸，没有不想求得忠臣来为自己服务，选拔贤才来辅助自己的。然而国破家亡的现象层出不穷，而圣明君主治理好国家的经年累世也难以出现，这是因为所谓忠臣并不忠，所谓贤臣并不贤。

（三）自身素养极其重要的展示

通过长期的探索和总结，人们已经普遍意识到，领导人自身的职业素养，是组织中坚队伍的整体实力，普遍关键的决定性因素；中坚队伍的整体力量，普遍成为领导人的职业智慧与才能，极其显著而重要的展示。为此，《尚书》曾经断称："知人则哲，能官人。"——知人善任是智慧的展示，能够用人得当。

《淮南子》曾经对人的素养判断，作了极为深入而形象的论述："凡人各贤其所说，而说其所快。世莫不举贤，或以治，或以乱。非自遁，求同乎己者也。己未必得贤，而求与己同者，而欲得贤，亦不几矣？使尧度舜则可，使桀度尧，是犹以升量石也。今谓狐狸，则必不知狐，又不知狸。非未尝见狐者，必未尝见狸也。狐、狸非异，同类也。而谓狐狸，则不知狐、狸。是故谓不肖者贤，则必不知贤；谓贤者不肖，则必不知不肖者矣。"——通常人们都会认为自己欣赏的人为贤者，而欣赏则是其做了令自己愉悦的事情。世上一直在举荐贤者，但有时实现致治，有时却产生混乱。这并不全都是因为被举荐的人有意欺骗，而是举荐之人只是在寻求与自己相同之人。自己未必都是优点，如果力求与自己相同，而试图得到贤能之士，不是极为困难吗？

假设让尧去鉴识舜，固然可行；但如果让桀去辨别尧，则无异于用升去度量石了。现在人们讨论"狐狸"，他们一定既不知道"狐"，也不知道"狸"。他们不是没有见过"狐"，那就一定是没有见过"狸"。"狐"与"狸"不是异类，而是习性相近的同类。但同一称为"狐狸"，则是因为不知"狐"的"狸"区别。所以，把不贤的人称为"贤人"，则足见他一定不明白什么叫"贤"；将贤才说成是"不贤"，那也能知道他一定不明白什么叫"不贤"。

（四）组织存在自身的特定需求

不同的组织及其运营的阶段或时期，由于内外资源条件的构成，专业运行能力的结构，或者运营发展的目标等因素的差异，它们对自身中坚成员或队伍所具备的能力素养，也必然存在着显著的需求差异。换言之，在一定组织特定背景下表现出色的中坚人才，就不一定能够有效肩负起另一组织的中坚职责。

（五）品德与才能素养的基本构成

通过长期的探索与实践，人们已经广泛地建立了，中坚人才所需具备的，最为根本的品德与才能基本素养构成，以及品德应该占据优先地位的高度共识。对此，魏征曾就人的德才素养关系，以及组织的任选原则，作了这样的深入辨析："知人之事，自古为难，故考绩黜陟，察其善恶。今欲求人，必须审访其行。若知其善，然后用之。设令此人不能济事，只是才力不及，不为大害。误用恶人，假令强干，为害极多。但乱世惟求其才，不顾其行。太平之时，必须才行俱兼，始可任用。"——真正了解一个人，自古以来就是艰难的事情，所以用考察政绩的办法来观察德行善恶，据此决定升迁或是降级。现在要访求人才，必须审察他的品德。只有品德好，才可以任用。即使一个人不能做好事情，那只是因为他的才能不够，不会造成大的危害。但如果误用了德行恶劣之人，假如他又精明强干，则危害必然极为严重。在天下混乱时，只求才能，不顾德行，只是一时的权宜之计。天下太平时，必须才能和德行都好的人才可以任用。

（六）全面深入地辨识的素养结构

广泛的实践中，人们时常能够深刻地感受，组织真正中坚的才能与德行，是如此的密切关联而高度地融为一体，以至于很难明显地区分某些重要的行为表现，究竟是属于才能还是德行素养的范畴。譬如，对团队整体强大前行动力的积极激发和创造，究竟属于个人的德行，还是专业管理的才能？而自身专业能力存在着显著的限制，但由于品德高尚并与众人关系融洽，所遇任何工作的专业疑难总是能够得到广泛有力的支持，这是所有领导人都曾耳闻目睹的普遍现象。

既然德才的概念都难以严格界定，而试图以此作为标准，对中坚素养进行各种复杂背景下，实践力量与价值的准确判定，显然是项极为艰难的工作。那么，是否存在其他更为深入准确、更具积极实践价值，中坚人才素养的辨识或界定方式？

我们的先人其实对此早已做过睿智深入的探索。初唐重臣房玄龄曾就此而辩称："仁、义、礼、智、信，谓之五常，废一不可。能勤行之，甚有裨益。殷纣狎侮五常，武王夺之；项氏以无信为汉高祖所夺。"——仁、义、礼、智、信，称为五项基本素养，废弃任何一项都不行。如果能够认真推行这些素养，对国家是大有益处的。殷纣王背离这五项素养，被周武王灭掉；项羽因为失信，被汉高祖夺了天下。

二、对待组织或团队的"忠信"

"忠信"，是成为组织或团队坚强中坚力量的基石。它的核心在于，拥有组织全局成熟而牢固的思维意识，因而任何背景下都能够竭尽所能服务团队；任何挑战中都能够积极地坚守职责；任何条件下都不计较个人或局部得失而任劳任怨。不仅如此，"忠信"还能够坚强地支持中坚人员，面对任何艰难的侵扰，都绝不背离对团队的坚定承诺；面临任何严峻的风险，都不会试图为了自保而加以逃避（图3-5-2-3）。

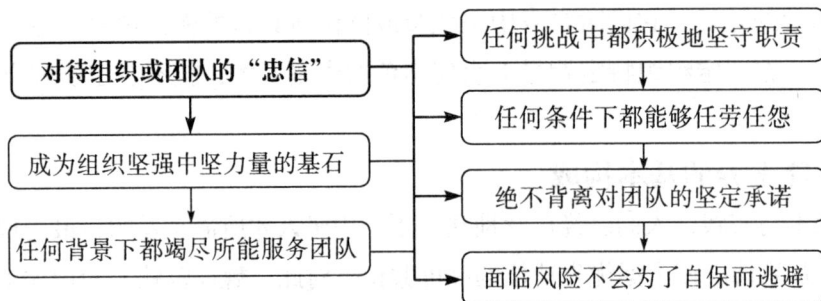

图 3-5-2-3 对待组织或团队的"忠信"

（一）成为组织坚强中坚力量的基石

对组织忠诚与诚信所铸就的"忠信"素养，是成为团队中坚力量的基石。它通常源自人们对自身所有职业力量或价值，形成与发展基于坚强组织的根本事实，足够成熟而深入的辨识。事实上，中坚成员如果缺乏对组织坚强"忠信"的有力支撑，不仅其他各种素养的价值将会受到极大的限制，而且还必然存在给团队及其自身职业，造成严重伤害的潜在风险。

（二）任何背景下都竭尽所能服务团队

并非所有的组织中坚，都是那些所向披靡或叱咤风云的神奇人物。相反，他们必然存在着各式各样的职业弱点。然而，铸建形成组织全局成熟而牢固的思维意识，并以此能够在任何背景下都竭尽所能，更为积极更高质量地服务团队，无不成为他们最为显著的思维和行为特征，这也是"忠信"素养最为核心的内涵之一。

（三）任何挑战中都积极地坚守职责

对组织的高度"忠信"，使得中坚成员在任何挑战中，都能够积极地坚守团队所赋予的职责，并千方百计更高质量地完成组织所指派的任务。同时，他们还能够依据对组织高度忠诚强大动力的坚强支持，更为深远睿智地审视辨识，自身所遭遇的挑战或机遇可能给组织全局所产生的影响，并及时上告相关的判断或实情，从而绝不会让组织或团队担心他们的工作位置，可能会出现各种意外的严重后果。

（四）任何条件下都能够任劳任怨

组织中坚资深的职业背景或睿智的辨识思维，通常能够坚强地支持他们，牢固地构建起组织整体力量和全局利益关键价值；无须艰辛的付出，必然显著降低自身中坚职业价值；不同的职业素养或思维立场，必将难以避免工作上意见分歧或指责抱怨等一系列成熟的思想意识。因此，他们在任何背景下，都不会过于计较个人或局部利益的得失；而顽强承受着年复一年、日复一日，各种艰辛的挑战或抱怨的冲刷，并以此展现着令人景仰的坚强职业素养。

（五）绝不背离对团队的坚定承诺

组织高质量的运行发展，通常需要各重要环节工作及其密切协作的坚强支撑。实践中，任何重要工作未能实现既定的运行目标，或者产生重大的预期偏差，都极有可能给其他环节，乃至组织整体进程造成严重的后果。因此，肩负重要岗位工作的中坚成员，面对任何艰难的侵扰及其巨大的诱惑，都会坚强地肩负起维护组织全局利益的中坚根本职责，而绝对不会背离对团队的坚定工作承诺。

（六）面临风险不会为了自保而逃避

中坚成员对组织"忠信"的坚强力量，还显著地体现在，他们面临任何严峻的工作风险或挑战，都会坚定地把组织或团队的全局利益，置于一切思维与行为的核心或首要地位，并以此睿智顽强地探索、选择和推进积极有效的应对策略，以最大限度地避免或减少组织整体可能产生的损失与伤害，而绝对不会只是为了确保自身的利益安全仓促地予以逃避。

三、对待岗位工作职责的"义勇"

高质量地肩负起岗位工作的职责，是中坚成员强大职业力量的重要基础。其中，成熟而牢固的组织全局思想意识，及其积极文化和深厚专业背景下的价值取向，无不对组织中坚高质量的思维行为，具有极其关键的决定性影响。把自身坚定不移地密切融入组织的整体，并勇于承担其中最为复杂艰辛工作的挑战，从而始终保持旺盛强大的进取动力，积极面对和改进自身存在的职业缺陷，普遍成为中坚成员"义勇"素养及其强大力量的充分展现（图3-5-2-4）。

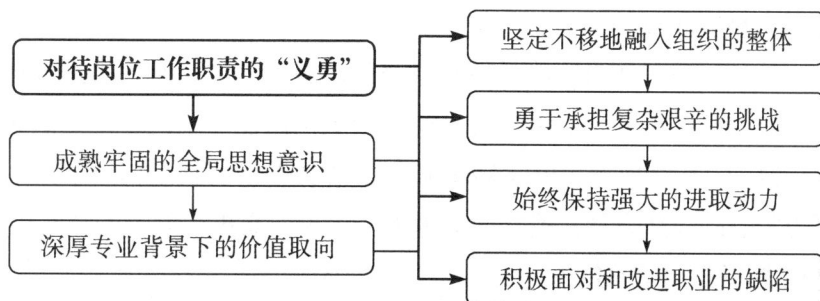

图 3-5-2-4　对待岗位工作职责的"义勇"

（一）成熟牢固的全局思想意识

在各种因素、关系及其变化交织而成的复杂环境中，如何高质量地肩负起自身的岗位职责，并以此创造组织运行发展最为坚强的支持力量，长期以来，一直是广泛的组织中坚所普遍面临的艰难挑战。事实上，其中涉及人们通常耳熟能详，但又时常极难准确分辨与把握，事物积极推进适宜方式"义"的重要原则。

广泛的实践中，人们思维行为高质量评价标准及其所形成的"义"的原则，必须牢固地坚持组织全局力量与价值积极创造的核心。换言之，缺乏足够成熟而牢固的全局思想意识的坚强支撑，中坚成员无不极易在复杂艰难的局面中酿成严重的工作错误。

（二）深厚专业背景下的价值取向

人的因素是任何事物高质量推进，最具关键的决定性力量。作为组织整体人的因素中，更具坚强智慧力量的中坚成员，无不需要准确辨识和掌握组织积极的主流文化，及其深厚专业背景有力支持的高质量价值取向。广泛的实践中，积极推动整体组织人的职业素养持续有效地提升和发展，并充分依靠人的强大能动性创造力量，卓有成效地推进各项工作高质量运行，无不普遍成为组织核心的价值取向，以及强大"义勇"力量的根本。

（三）坚定不移地融入组织的整体

中坚成员如果偏离整体组织的前行方向或路线，必将成为失群的孤雁而难以得到强大力量的支持。因此，主动积极地把组织运营发展的需要，充分转化为自身坚持不懈的努力，并以此坚定不移地融入组织的整体，就成为中坚人员高质量肩负岗位职责，展示强大职业力量和价值不可偏离的重要原则和途径。

为此，《老子》曾经辩称："贵以身为天下，若可寄天下；爱以身为天下，若可托天下。"——以重视自身的态度去为天下，才能把天下寄托给他；以珍惜自身的行为去为天下，才能把天下托付于他。

（四）勇于承担复杂艰辛的挑战

没有复杂艰难的挑战，中坚力量及其价值就必然丧失了存在的根基。实践中，通过各种复杂艰辛工作的积极超越，无不成为中坚成员强大职业力量和价值，充分展示极其重要的途径。因此，名副其实的真正组织中坚，无一不是敢于直面和承担各种艰辛挑战的勇士。

在充满进取活力的团队中，对令人景仰职业智慧、意志、力量和价值崇高荣誉的强烈渴望，普遍成为组织中坚超越一切物质因素激励的有限力量，争先恐后地承担最具复杂艰辛挑战的强大动力。

（五）始终保持强大的进取动力

在复杂多变的内外环境中，如果不能凭借自身坚强的智慧力量，努力推进或创造更高质量的工作进程或业绩，那么，中坚力量的价值无疑将会受到极大的限制。因此，绝不满足或苟且于既有的工作运行方式和行为力量，始终保持积极旺盛而强大的进取动力，并以此持续增强自身辨识和应对，各种机遇或挑战更为坚强的智慧力量，就普遍成为中坚人士"义勇"素养的核心组成。

（六）积极面对和改进职业的缺陷

尽管职业上的弱点或工作中的缺陷，无人能够完全避免，然而，积极地面对和改进它们，通常则需要高质量价值观和强大勇气力量的坚强支撑。实践中，强烈的职业积极意愿、高质量的价值取向及其坚强的勇气信心，无不能够有力地支持中坚人员，始终牢固地立足于组织的全局，工作运行的内外实际，及其职业长远发展的成熟立场，更高层次或标准地面对并改进职业进程中，所暴露或存在的各种弱点与缺陷，从而展示出令人普遍尊敬的优良行为表现。

四、对待上级或合作伙伴的"礼恭"

上级和合作伙伴，对中坚人员职业力量或价值的充分展示，普遍具有重要的决定性影响。为此，中坚人员必须能够对他们展现出应有的恭敬与尊重；处于显要职业地位也绝对不要骄横；进行工作上及时充分的请示与沟通；努力把各种意见上的谦逊和利益上的谦让紧密相连；做出了显赫的贡献也绝不能自矜；敢于对各种背离全局的思维行为提出有效的批评（图 3-5-2-6）。

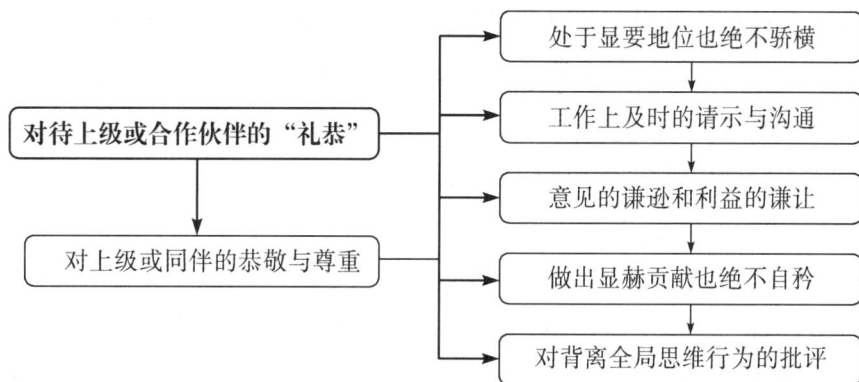

图 3-5-2-6　对待上级或合作伙伴的"礼恭"

（一）对上级或同伴的恭敬与尊重

上级与合作伙伴，通常对中坚人员自身工作及其广泛的组织全局，具有极其重要的影响。因此，致力于全局高质量进程与成就的积极创造，中坚成员对上级或合作伙伴的足够恭敬和尊重，无不成为增强及维护他们强大的职业力量，增进和保持各环节工作间的密切协作，并以此更为充分地展示自身的职业力量和价值，必须遵循的根本原则与重要途径。

为此，《孟子》曾辨识并强调了，增强君王施政力量的恭敬与尊重："责难于君谓之恭，陈善闭邪谓之敬，吾君不能谓之贼。"——责求君王施行仁政，这叫恭敬；向君王陈述好的意见，堵塞他的邪念，这叫尊重；认为君王不能行善，这叫坑害君王。

（二）处于显要地位也绝不骄横

组织的中坚成员，通常拥有较为重要的岗位或职责，及其较强的职业智慧和才能。对工作的运行发展形成独到的见解或主张，也是积极展现高质量职业智慧与才能，创造良好职业进程或业绩的重要基础。然而，如果凭借手握强大的资源力量，而轻视自己的同人甚至上级，并无视全局或关联环节的运行实际，甚至不计手段强行推行自己的主张，那么，无疑将会给组织的全局，及其自身职业带来严重的后患，而成为一种致命的职业缺陷。

（三）工作上及时的请示与沟通

积极践行成熟牢固的全局思维意识，卓有成效地创造自身职业更高质量的全局价值，中坚成员必须就工作进程中的重要情况，及时地向上级进行报告或请示，充分地向合作伙伴予以沟通与通报。这也是对他们"礼恭"态度的重要行为表现。

不仅如此，在内外环境复杂艰难或变化快捷的背景下，各种重要信息的纵向及横向的通畅沟通与传递，还普遍成为积极推进环节工作间的密切协作，确保自身环节工作高质量全局价值，从而卓有成效地肩负起自身中坚职责，极其重要的途径和强大的动力。

（四）意见的谦逊和利益的谦让

始终牢固坚持最为核心的组织全局利益，积极展示对待上级和同人的"礼恭"高质量素养，还通常表现为日常工作进程中，对待自己意见的谦逊及其利益的谦让两种重要行为的密切联结。广泛的实践中，它们无不成为维护整体中坚队伍的高度团结，积极创造整体团队强大行进力量的重要途径。

（五）做出显赫贡献也绝不自矜

在组织整体运行发展中，中坚成员创造一定高质量价值的贡献，无疑为理所当然甚至是水到渠成的结果。不仅如此，他们任何时刻都必须足够深入而清醒意识到，个人所创造的任何成就，都离不开一个组织或团队的坚强背景，都需要得到上级与合作伙伴的有力支持。脱离强大的组织背景，缺乏上级与同人的共同努力，他必将沦入毫无作为与成就的职业境地。因此，真正高素养的中坚人员，绝对不会在上级和同人面前炫耀功绩或居功自矜。

（六）对背离全局思维行为的批评

对上级或同人背离组织全局的思维或行为，能够及时地予以纠正或提出批评，正日趋成为极其难能可贵而稀有的职业素养。然而，无论是对于组织整体或长远的全局利益，还是上级或同仁的职业发展及其个人的根本利益，不良的思维意识或行为错误，如果得不得及时而积极的纠正，必然会逐步蔓延而极易酿成严重的后果——个人职业或组织进程的严重挫折，要么必具其一，要么兼而有之。

五、对待下级部属或员工的"仁严"

广泛的实践中，中坚人员的整体素养，对下级部属或员工的工作质量及其职业发展，具有普遍的关键影响。通常，他们需要积极构建并牢固坚持以人为本的职业思维与行为原则，并以此卓有成效地推进部属整体职业素养的持续提升，对他们的工作按照高质量的进程需要，进行严格地规范与掌控，并予以工作进程中主动、细致、耐心的指导、帮助与总结。同时，他们还应该努力体恤部属职业中的各种艰辛或困难（图3-5-2-6）。

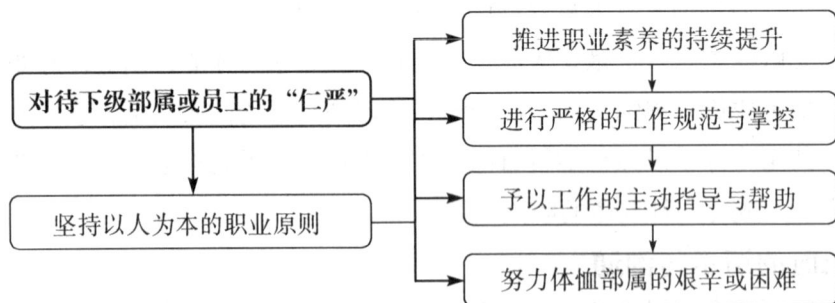

图 3-5-2-6　对待下级部属或员工的"仁严"

（一）坚持以人为本的职业原则

卓有成效地肩负起组织中坚力量的角色，掌握较为广泛与深厚的专业技能，无疑是项极为重要的基础。然而，组织的中坚通常承担着全局背景下，一定团队高质量运行与发展的核心职责，这也是与组织专业人才主要致力于，专业工作高质量运行的任务，所存在的最为根本而显著的区别。

为此，中坚成员必须积极构建并牢固坚持，以人为本的职业思维与行为的基本准则，并以此努力通过人的因素强大能动性智慧力量的积极创造，推动各项专业性工作高质量地运行发展。

（二）推进职业素养的持续提升

人的整体职业素养，对各项工作运行的质量或成果，无不具有极其关键的决定性影响。因此，肩负团队整体工作重要职责的中坚成员，必须能够足够深入地辨识人的整体高质量素养的关键价值，并不遗余力卓有成效地推进部属职业素养，持续积极地提升和发展。事实上，高质量素养的有效构建及发展，也是任何职业人士长远与根本利益得到积极保障的重要途径。

（三）进行严格的工作规范与掌控

积极推进并掌控专业团队高质量的工作进程，不仅是中坚成员极其重要的职责，而且也是确保团队强大的运行力量，维护所有成员共同切身利益的根本途径。事实上，缺乏足够坚强的推动力量，而使得部属熟视无睹于低值的业绩，甚至漫不经心于一系列的工作错误。这种放纵散漫的行为，无异于是把他们引入职业的深渊，而与对其真正的仁爱无疑是南辕北辙。

实践中，根据工作性质、资源构成、运行方案及目标等具体实际，积极制定并推进严密的工作规范，普遍成为中坚成员有效掌控团队运行，推动部属高质量工作进程或业绩创造，及其职业素养持续积极提升，不可或缺的重要工作和任务。

（四）予以工作的主动指导与帮助

对部属或员工的工作，予以主动、细致的指导和帮助，是中坚成员展示坚强的职业智慧与才能，推动团队积极的运行和发展，体现对他们高度的仁爱与关怀，并以此高质量地肩负起自身职责的重要途径。

通常，中坚人员需要在工作实施前，就整体的程序、重点和难点，予以充分的指导和提醒；工作推进中，需要进行及时、细致的检查，并就各种表现给予实时的肯定或纠正；工作完成后，需要推动和帮助他们就工作的意识、方法与技能进行全面的总结与提高。

（五）努力体恤部属的艰辛或困难

如果对部属员工的艰辛或困难，缺乏足够的体恤与关怀，中坚成员对他们工作的积极影响或推动力量，无疑将会受到极大的制约。事实上，作为组织最为重要资源和发展动力，人的主观能动性创造力量的基石，组织对广大员工的坚强凝聚力，及其员工对组织的高度情感意识，主要地将通过中坚成员的积极铸建而得以造就。因此，中坚成员必须努力与部属员工，构建起兄弟般相互支持和关怀的密切情谊，并以此高度融合为同舟共济、荣辱与共、奋发进取紧密团结的坚强整体。

六、对待特殊任务或挑战的"智谋"

根据全局的思维与原则，及其内外因素的具体实际，高质量地辨识与应对特殊任务或挑战的"智谋"，已被广泛视作中坚人才极其重要的职业素养。通常，掌握新的广泛专业知识与技能，获取足够充分的事物运行的信息，普遍成为高质量"智谋"创造的关键基础。准确辨识和把握重要组成因素与关系，以及由此所形成的整体事物运行变化的趋势，以坚强的"智谋"力量创造整体事物资源构成，更为积极的全局价值，无不成为各种特殊任务或挑战高质量辨识和应对的重要途径（图3-5-2-7）。

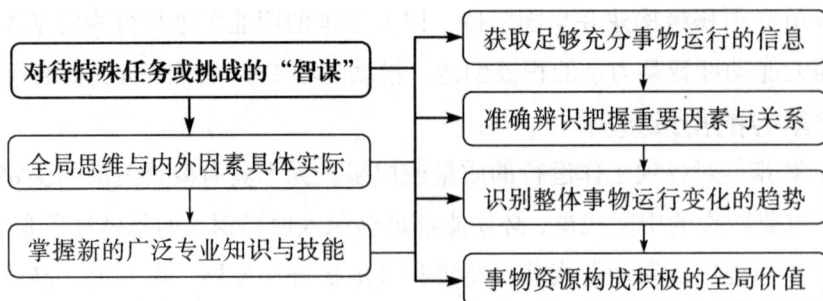

图 3-5-2-7　对待特殊任务或挑战的"智谋"

（一）全局思维与内外因素具体实际

复杂、特殊的工作任务或挑战，是中坚人才职业智慧与才能充分展示的重要途径。它的高质量辨识和应对，必须牢固地坚持组织全局的思维，以及立足于事物内外因素具体实际的基本原则。实践中，背离组织全局或内外实际的原则，无不极大地限制相应"智谋"的高度与质量。

（二）掌握新的广泛专业知识与技能

专业知识与技术，在复杂事物的辨识和应对中，无不对其整体的质量或水平，具有极其重要的影响。事实上，新的专业知识与技术的层出不穷，及其在各领域中的深入渗透，已日趋成为现代社会文明发展的显著特征。因此，高质量地辨识及应对复杂的特殊任务或挑战，中坚人员必须能够有效掌握并运用相关环境中，新的及其足够广泛的专业知识与技术，以及它们相互联结或作用所形成的事物运行的积极方式。

（三）获取足够充分事物运行的信息

信息是人们高质量辨识与应对一切事物运行变化极其关键的资源力量。实践中，人们任何的职业问题或挫折，无不与信息获取与处理的质量存在着密切的关联。事物或工作之所以会呈现出复杂、特殊与艰难的表现特征，也主要地源自相关准确信息，充分获得所存在的巨大障碍。换言之，当人们能够获取所有需要的事物信息，那么，这个世界上就没有任何真正艰难的挑战。

因此，努力通过各种有效渠道，更为充分准确地获取事物内外因素、关系及其变化的信息，普遍成为中坚人员高质量地辨识和应对复杂特殊的任务或挑战极其关键的工作。

（四）准确辨识把握重要因素与关系

人们对事物高质量地辨识与应对，无一不是通过对其内外因素的构成，及其相互间的作用关系，准确识别、积极创造或有效推动而得以实现。因此，通过各种表现信息的充分获取，深入准确地辨析或推断出各种重要的因素与关系，无不对复杂特殊任务或挑战整体辨识或应对的水平与质量，具有极其重要的决定性价值。

为此，《孙子兵法》曾经提出了影响战争的五个方面的重要因素，并给广泛的实践者提供了极具价值的借鉴："经之以五事校之以计而索其情：一曰道，二曰天，三曰地，四曰将，五曰法。道者，令民与上同意也，故可以与之死，可以与之生，而不畏危。天者，阴阳、寒暑、时制也。地者，远近、险易、广狭、死生也。将者，智、信、仁、勇、严也。法者，曲制、官道、主用也。"——仔细地辨识五个环节的具体实际，进行统筹地规划：一是道，二是天，三是地，四是将，五是法。道，是指使得广大民众与其上级意志一致，这样民众就能够不避生死的危险而奋力作战。天，是指气候的阴晴、寒暑、四季节令的更替规律等天时。地，是指道路的远近、地势的险峻或平坦，战地的广狭，地形的危险或者有利。将，是指将领们智、信、仁、勇、严五种素质的状况。法，就指部队的组织编制与制度，军官的职责规定，军需物资的供应等状况。

（五）识别整体事物运行变化的趋势

通过各种重要因素及其关系的准确辨识，以及足够深厚与广泛专业知识技能的坚强支撑，中坚人员通常能够识别当前内外因素背景下，相关事物或整体形势总体的运行变化趋势。然而，复杂特殊的任务或挑战，时常会受到若干不确定因素的重要影响，或者需要显著改变事物既有的运行趋势。

手中掌握的有限资源，不足以推动整体事物按照希望的方向或方式运行，是中坚人员时常遭遇的极其艰难的挑战。因此，把有限的资源力量，尽可能集中于关键的因素，就成为广泛实践中高质量应对特殊任务或挑战必须采取的重要方法。

（六）事物资源构成积极的全局价值

高质量辨识与应对复杂特殊的任务或挑战，任何背景下，中坚人员都必须能够始终牢固地坚持，组织全局力量或价值积极创造的根本方向。在此基础上，还必须努力依靠各种先进的专业性技术手段，尤其是人的因素强大能动性智慧力量的充分激发，以更为深入准确地辨识和卓有成效地创造，内外资源因素及其密切联结作用更为积极的全局价值。

第三节　不拘一格降人才

极其关键而艰难的领导工作

中坚人才及其队伍，对整体组织的领导与运营进程，具有普遍关键的决定性价值。然而，由于涉及组织运营进程中，广泛内外环境及其中坚人员自身，诸多复杂因素及其相互作用持续的动态影响，长期以来，对他们高质量的选任或构建，一直成为领导工作中极为艰难的挑战，以至于人们时常认为，优秀中坚人才的脱颖而出，绝非通过人力而能够真正有所作为。

清代思想家龚自珍的著名呼吁，无疑极具典型代表："我劝天公重抖擞，不拘一格降人才"——我奉劝天公能重新振作精神，不要拘守僵化的法则而给人世降送更多的优秀人才。

尽管如此，广泛的实践中，领导人自身的职业素养，无不对中坚人才的选任或整体队伍的构建，具有极其关键的决定性价值。为此，他必须能够在自身的领导进程中，成熟掌握中坚人才辨识的基本方法和途径，并努力根据组织运营发展内外环境的实际，以对组织光明灿烂前程最为强烈的意愿，不拘守一成不变不合时宜的僵化法则，把优秀人才推上组织中坚的重要位置。

身居组织最为核心的位置，承担团队最为艰难的责任，领导人还必须能够睿智牢固地铸建起，中坚人才及其队伍，对组织或事业兴旺发达决定性价值成熟的思维意识，并把中坚人才卓有成效的选任，视作为自身职业高质量推进的关键任务（图3-5-3-1）。

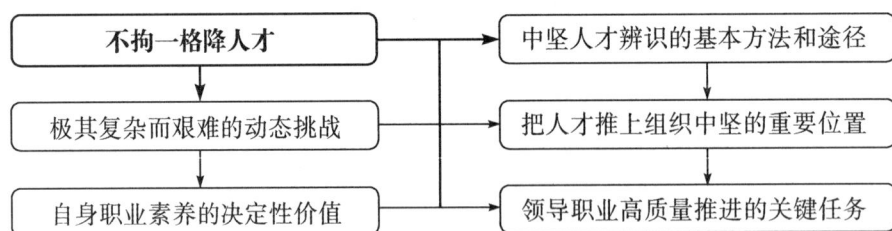

图3-5-3-1　不拘一格降人才

一、极其复杂而艰难的动态挑战

中坚人才对组织的运营发展，具有极其重要的决定性价值。与此相对应，他们的辨识选任，也是领导人普遍面临的极具复杂而艰难的挑战。实践中，对他们积极辨识和选任的推进，无不需要得到人才价值的成熟意识及其获得的强烈意愿，以及对中坚人才的职责与限制因素，深入准确辨析的坚强支撑。同时，对各种常见错误标准与行为的有效超越，以及普遍成为组织运营发展，最为显著表现和艰难动态挑战的深入识别，也是它们卓有成效推进的强大动力（图3-5-3-2）。

```
┌──────────────────────┐      ┌──────────────────────┐
│ 极其复杂而艰难的动态挑战 │──┬──→│ 中坚人才的职责与限制因素 │
└──────────────────────┘  │   └──────────────────────┘
         ↓                │            ↓
┌──────────────────────┐  │   ┌──────────────────────┐
│ 普遍面临的复杂艰难挑战  │  │   │ 常见错误标准与行为的超越 │
└──────────────────────┘  │   └──────────────────────┘
         ↓                │            ↓
┌──────────────────────┐  │   ┌──────────────────────┐
│ 人才价值意识与获得的意愿 │  └──→│ 发展的显著表现和动态挑战 │
└──────────────────────┘      └──────────────────────┘
```

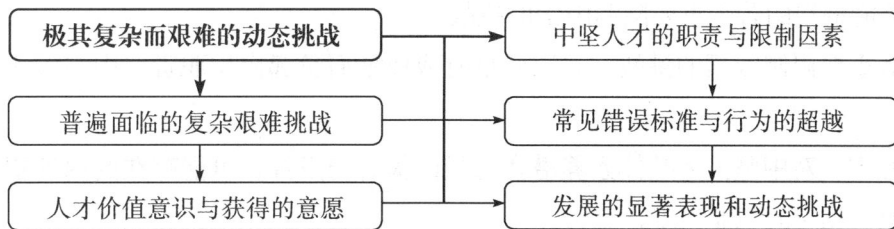

图 3-5-3-2　极其复杂而艰难的动态挑战

（一）普遍面临的复杂艰难挑战

尽管高质量的中坚人才对组织的运营发展,具有极其重要的价值,然而,由于他们的辨识或选任,通常受到诸多因素的复杂影响,长期以来,一直成为领导人普遍面临的艰难职业挑战。

对此,《孟子》曾经辩称:"尧以不得舜为己忧,舜以不得禹、皋陶为己忧。夫以百亩之不易为己忧者,农夫也。分人以财谓之惠,教人以善谓之忠,为天下得人者谓之仁。是故以天下与人易,为天下得人难。"——唐尧把得不到舜作为自己的忧虑,舜把得不到禹、皋陶作为自己的忧虑。把地种不好作为自己忧虑的人,是农民。把财物分给别人叫作惠,教导别人向善叫作忠,为天下找到贤人叫作仁。所以把天下让给别人是容易的,为天下找到贤人却很难。

（二）人才价值意识与获得的意愿

广泛的实践中,卓有成效地辨识与选任组织的中坚人才,无不需要对他们重要价值睿智成熟的辨析,以及由此所形成的强烈意愿坚强有力的支撑。事实上,对中坚人才的价值意识与获取意愿,普遍成为领导人职业智慧和才能的核心体现。

作为著名政治家的曹操,为了能够实现统一天下,得到卓越人才的强烈意愿,曾经颁布了惊世骇俗的《求贤令》:"自古受命及中兴之君,曷尝不得贤人君子与之共治天下者乎?及其得贤也,曾不出闾巷,岂幸相遇哉?上之人求取之耳。今天下尚未定,此特求贤之急时也。'孟公绰为赵、魏老则优,不可以为滕、薛大夫。'若必廉士而后可用,则齐桓其何以霸世!今天下得无有被褐怀玉而钓于渭滨者乎?又得无有盗嫂受金而未遇无知者乎?二三子其佐我明扬仄陋,唯才是举,吾得而用之。"——自古开国和中兴的君主,哪个不是得到贤德的能人和他共同治理国家的呢?当他们得到人才的时候,往往不出里巷,这难道是偶尔的际遇吗?只是执政的人去认真访求罢了!当今天下还未平定,这是特别需要访求贤才最为迫切的时刻。"孟公绰做赵、魏两家的家臣才力有余,却不能胜任像滕、薛那样小国的大夫。"如果一定要非常廉洁的人才可任用,那么齐桓公怎能称霸于世!现在天下难道没有身穿粗衣,而怀揣真才像姜子牙那样在渭水边钓鱼的人吗?又难道没有像陈平那样蒙受"盗嫂受金"污名还未遇到魏无知的人吗?你们要帮助我发现那些地位低下而被埋没的人才,只要有才能就推荐出来,让我能够得到并任用他们。

（三）中坚人才的职责与限制因素

高质量地辨识与选任中坚人才,领导人必须能够准确识别和牢固把握,中坚人才所需肩负的核心职责,他们需要具备的关键素养,职业进程中可能受到的重要限制因素,以及它们相互间所存在的影响关系。这些因素与关系的信息,掌握得越是客观准确,中坚人才就越能够满足组织运营发展的需求。实践中,领导人通常需要辨识和掌握:

1. 根据组织全局的内外环境及进程,设置中坚人才的岗位及其核心职责,并以此深入分析和辨识，中坚人才可能遭遇的若干重要限制因素的挑战；

2.有效应对重要限制因素的挑战，并以此卓有成效地肩负起岗位职责，中坚人才所必须具备的关键职业素养；

3.职业进程中，对中坚人才整体素养潜在力量的提升与发挥，可能存在的内外积极或消极的影响因素，以及他们相应的职业表现；

4.根据组织内外环境或条件的实际，全面设定中坚人才整体素养的构成，并以此对潜在中坚对象所具备的职业素养进行深入的辨识与准确的判断（图3-5-3-3）。

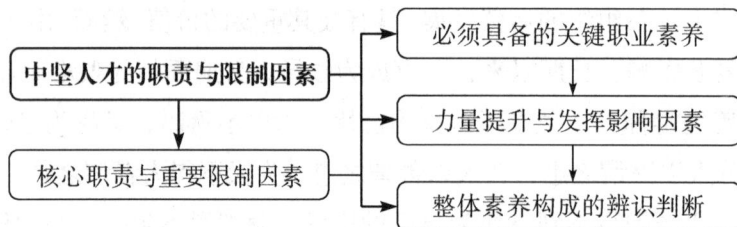

图3-5-3-3　中坚人才的职责与限制因素

（四）常见错误标准与行为的超越

中坚人才无不需要足够高质量的职业素养，以有效承担各种复杂而艰难的工作挑战。他们所拥有的职业素养，通常将主要地取决于头脑中的辨识思维能力、思想意识结构，以及由此所形成的情感与行为的动力。然而，这些重要的因素，对自身缺乏足够相应素养，及其重要实践价值深入辨识的人士而言，则无疑是项难以解开的谜团。

因此，迄今为止，以能够直接感知的外部因素，作为中坚人才整体素养评价标准的行为，无不普遍地存在于广泛领域组织的实践中。其中，最为常见的包括人的学历、职业经历、年龄、籍贯、相貌、性别等因素。

事实上，能够被卓越领导人所器重的中坚人才，很少是源自他的学位或过去的职业经历。譬如，福特汽车公司创始人亨利·福特就曾辩称："一个人，不管是来自纽约州新新监狱还是哈佛，对我来说都是一样的。因为我们雇佣的是现在的他，而不是过去的他。"

（五）发展的显著表现和动态挑战

广泛的实践中，中坚人才辨识选任的复杂艰难挑战，还普遍地源自它与组织运营同步发展的长期进程。换言之，组织发展的任何成就，都必然会从中坚队伍力量的显著壮大中得以体现；组织发展的任何挑战，都与中坚队伍整体力量的显著薄弱存在着密切的关联。因此，领导人必须能够睿智辨识中坚人才的识别与选任，长期动态艰巨挑战的显著特征：

1.组织运行的内外环境及其资源构成，处于持续地变化中；

2.中坚人才的素养并非一成不变，总是持续地受到环境的影响而不断改变；

3.中坚人才与工作需求的匹配程度或适应状况，处于不停地动态变化；

4.中坚队伍与组织运行，是一个同步发展的动态进程。队伍的整体实力，适应内外的变化，组织就能够发展。否则，就必然衰退；

5.为确保组织整体运行发展的主动，中坚人才需要一定的超前储备（图3-5-3-4）。

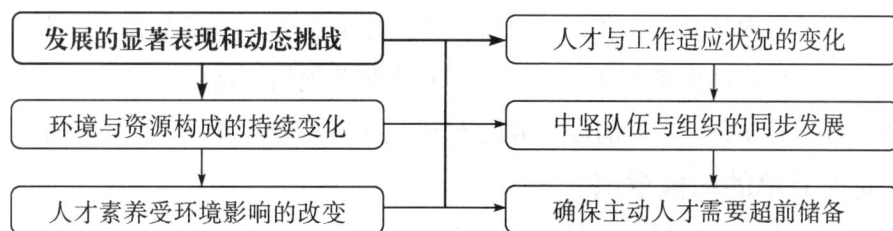

图 3-5-3-4　发展的显著表现和动态挑战

二、自身职业素养的决定性价值

任何精明强干的中坚人才，无不需要远见卓识领导人的准确辨识与积极选任，才能脱颖而出。因此，长期以来，先有伯乐然后有千里马的逻辑论断，被人们所普遍认同。事实上，高质量地辨识与选任中坚人才，普遍成为领导人职业智慧和才能的核心体现。

任何背景下，领导人都必须构建天涯何处无芳草，积极的人才思辨意识，牢固地立足于内外环境的具体实际，卓有成效地推进组织中坚人才的辨识与选任，并以此推动自身人才辨识选任实践才能及其整体职业素养的持续提升（图 3-5-3-5）。

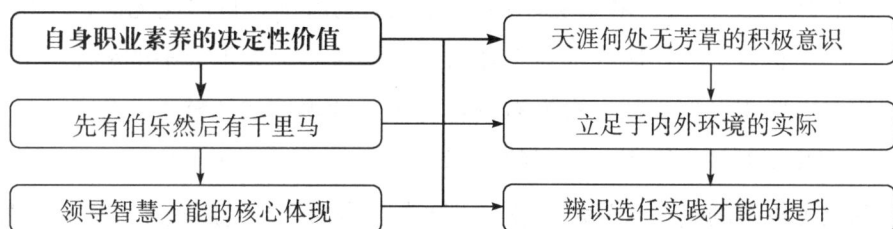

图 3-5-3-5　自身职业素养的决定性价值

（一）先有伯乐然后有千里马

对于中坚人才的辨识与选任，长期以来，人们已经深刻意识到其中的关键逻辑和普遍事实——必须首先具有较高权力和能力的领导人，才能卓有成效地推进中坚人才的辨识与选任。为此，韩愈曾作了这样的著名论述："世有伯乐，然后有千里马。千里马常有，而伯乐不常有，故虽有名马，祇辱於奴隶人之手，骈死於槽枥之间，不以千里称也。"——世上有了伯乐，然后才会有千里马被发现。可是千里马虽然世代常有，而伯乐却不常有，因此虽然有不少好马，却只能在马夫手中受糟塌，最后接连不断地死在马厩之中，而不能以千里马著名。

（二）领导智慧才能的核心体现

庞大的组织或团队，及其专业化运行的发展，领导人对中坚人才的辨识与选任，通常需要借助于专业机构或人员的支持。然而，无论他人采取何种的方式，或得到怎样的信任，领导人都必须明确设定中坚人才的辨识选任，所应遵循的基本推进路线，以及重要进程的控制和最终责任的承担。因此，中坚人才辨识与选任的质量，普遍成为领导人职业智慧和才能的核心体现。

人类历史上最早就领导人辨识与选任中坚人才，所应采取方式及其重要性论述的记载，当属大禹对舜帝所提出的建议："俞哉！帝光天之下，至于海隅苍生，万邦黎献，共惟帝臣，惟帝时举。敷纳以言，明庶以功，车服以庸。谁敢不让，敢不敬应？帝不时敷，同，日奏，罔功。"——好啊！

舜帝，普天之下，至于海内的众民，各国的众贤，都是您的臣子，也只有您能够举任他们。依据言论而接纳他们，根据工作成绩而考察他们，用车马衣服酬劳他们。这样，谁敢不让贤，谁敢不恭敬地接受您的命令？帝不善加分别，好的坏的混同不分，虽然天天进用人，也会劳而无功。

（三）天涯何处无芳草的积极意识

俗话说，天涯何处无芳草。然而，领导人如果缺乏睿智成熟的人才意识，那么他就很难深入准确地分辨，中坚人才究竟需要干些什么？坚强地承担起中坚职责，将会遭遇怎样的艰难挑战？高质量地辨识和应对挑战需要哪些关键性素养？这些素养日常中又会形成怎样的显著表现，而能够为人们所充分识别？果真如此，他的眼中必将永远不会出现精明强干的才俊。

因此，视野中难现俊杰闪烁的身影，领导人与其抱怨人才的匮乏或低能，倒不如静心审视使得自身寝食不安的职业挑战，及其中坚力量脆弱难题的自身根源，从而以更具远见的视野和更为开阔的胸襟，卓有成效地予以辨识和应对。

唐太宗对封德彝的批评，无疑具有较高的实践借鉴价值："贞观二年，太宗谓右仆射封德彝曰：'致安之本，惟在得人。比来命卿举贤，未尝有所推荐。天下事重，卿宜分朕忧劳，卿既不言，朕将安寄？'对曰：'臣愚岂敢不尽情，但今未见有奇才异能。'太宗曰：'前代明王使人如器，皆取士于当时，不借才于异代。岂得待梦傅说，逢吕尚，然后为政乎？且何代无贤，但患遗而不知耳！'德彝惭赧而退。"——贞观二年，唐太宗对右仆射封德彝说："天下太平的根本，在于得到贤能的人才。近来我让你举荐贤士，但你却一直没有推荐。天下的事情如此繁重，你应为我分忧担劳。你不向我推荐贤才，那我又能依靠谁呢？"封德彝回答说："臣下虽然愚昧，哪敢不尽心尽力呢？只是我一直没有发现出类拔萃的俊杰。"太宗说："过去圣明的国君使用人才就像使用器物一样自如，且都是当时的人才，也不可能向别的朝代去借用。哪能等到像武丁梦见傅说，周文王渭水遇逢姜太公，然后才开始治理国家呢？况且哪一个朝代没有贤才，恐怕只是被遗漏而不知道罢了。"封被说得满面羞愧而退。

（四）立足于内外环境的实际

中坚人才高质量地辨识选任，领导人必须牢固地立足于，组织运行发展内外环境的具体实际。这也是卓有成效地推进人才工作必须遵循的核心原则。

1.组织运行进程中，所产生的各类重要或复杂的问题与挑战，必须主要地依靠具有足够高素质的中坚人才，予以高质量的辨识和应对；

2.必须牢固立足于组织运行的实践需要，进行中坚人才所需素质构成的设定，而不宜对其设置过于华而不实的外在限定条件；

3.对于内外环境中所有潜在中坚人才，都难以有效承担的复杂艰难工作，领导人必须对其进行深层次的细分，以使当前的中坚人才能够承担其中的部分工作，并通过他们工作的相互联结或协作，实现对复杂艰难整体工作的积极应对。

（五）辨识选任实践才能的提升

广泛的实践中，任何领导智慧与才能的卓越展示，无一不需通过强大中坚力量的坚强支撑而得以实现。中坚力量的辨识与运用才能，无不成为领导职业素养的关键构成和核心体现。因此，领导人应不遗余力，努力提升辨识与选任中坚人才的智慧才能，并以此卓有成效地超越各种狭隘思维意识，对自身整体职业素养高度的显著限制。

三、中坚人才辨识的基本方法和途径

职业的思辨能力及其价值倾向与观念，以及日常工作进程中的行为方式，是中坚人才整体素养的核心构成和决定因素。而对待团队中人的因素，所展现的思维与行为，又是中坚人才整体职业智慧和才能极其关键的决定性力量。

实践中，对中坚人才真实素养的辨识与评价，通常可以分为相似工作环境的模拟考察，以及特殊场景或重要因素专项识别的基本方法。尽管如此，中坚人才的学习与发展的能力，在持续变化的环境中，无不比当前既有的一切智慧才能具有更为关键的决定性价值（图3-5-3-6）。

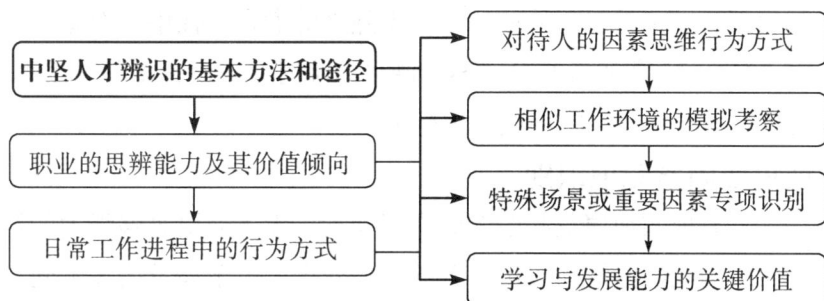

图 3-5-3-6　中坚人才辨识的基本方法和途径

（一）职业的思辨能力及其价值倾向

中坚人才的职业思维和辨识能力，以及由此所形成的价值倾向与观念，既是他的整体智慧和才能最具核心的重要体现，也是其职业高质量进程和成就创造力量最具关键的决定性因素。因此，准确识别和判断中坚人才的职业素养，必须足够深入地掌握他的职业思辨能力及其所形成的价值倾向和观念。

为此，孔子曾经辩称："视其所以，观其所由，察其所安，人焉廋哉？人焉廋哉？"——（要了解一个人），要审视他言行的动机，观察他所走的道路，考察他安心干什么，这样，他怎样能隐藏得了呢？他怎样能隐藏得了呢？

（二）日常工作进程中的行为方式

日常工作进程中的行为表现，通常能够直接反映人们辨识与应对各种事务的能力。因此，长期以来，由于直观和易于感知的明显优点，从而通过日常行为表现的考察与评价，实现对中坚人才素养的辨识和判断，普遍成为领导人不愿轻视的重要方式。

通过日常表现的考察，通常涉及广泛的因素及其对应的方式，领导人个人的思维倾向，无不具有关键的决定性影响。《六韬》也曾对人们的日常表现提出了八个方面的考察意见："知之有八征：一曰问之以言，以观其辞；二曰穷之以辞，以观其变；三曰与之间谍，以观其诚；四曰明白显问，以观其德；五曰使之以财，以观其廉；六曰试之以色，以观其贞；七曰告之以难，以观其勇；八曰醉之以酒，以观其态。八征皆备，则贤不肖别矣。"——了解人的真实情况有八种方法：一是提出问题，考察他的言辞能力；二是详细盘问，考验他的应变能力；三是通过间谍考察，看他是否忠诚；四是明知故问，看他有无隐瞒，借以考察他的品德；五是送其财物，考验他是否廉洁；六是用女色进行试探，看他的操守高下；七是置其危难境地，看他是否勇敢；八是使他醉酒，看他是否保持常态。这八种方法如果能够全部运用，人的素养贤能与否，就可以判别得很清楚。

（三）对待人的因素思维行为方式

中坚人才与其他一般性专业人才，所存在的最为显著的区别之一，在于组织的中坚，通常需要肩负一支团队高质量运行的核心职责。因此，中坚人才是否具备，对人的强大能动性智慧力量及其价值充分辨识或理解，所坚强支持的高质量思维意识与行为方式，以及由此有力推动的整体团队强大运行活力的有效激发和创造，科学高效运行方式积极设置与推进的能力，就普遍成为他们优良素养不可或缺的关键构成。

（四）相似工作环境的模拟考察

相似工作环境的模拟考察，是对新的或原先不太熟悉的潜在选任中坚对象，所时常采用的一种有效的考察方法。这种方法灵活简便而形式多样，既可以临时专门设置多种与工作环境类似的场景，也可以直接把测评对象置于工作实际的环境中进行考察。

（五）特殊场景或重要因素专项识别

复杂艰难挑战中，卓有成效地肩负起组织的中坚职责，无不需要足够强大的辨识思维、思想意识及其情感行为动力，所构成的整体高质量素养的坚强支撑。由于涉及诸多不同，但又相互间密切影响的素养构成，因此，对它们深入准确的辨识，通常需要根据一系列特殊的场景，就相应的重要因素进行专项的识别。

对此，《吕氏春秋》曾作过有这样全面深入的论述："凡论人，通则观其所礼，贵则观其所进，富则观其所养，听则观其所行，止则观其所好，习则观其所言，穷则观其所不受，贱则观其所不为。喜之以验其守，乐之以验其僻，怒之以验其节，惧之以验其特，哀之以验其人，苦之以验其志。八观六验，此贤主之所以论人也。论人者，又必以六戚四隐。何谓六戚？父、母、兄、弟、妻、子。何为四隐？交友、故旧、邑里、门郭。内则用六戚四隐，外则用八观六验，人之情伪、贪鄙、美恶无所失矣。譬之若逃雨污，无之而非是。此先圣王之所以知人也。"——通常考察人的素养，如果他显达，就观察他遵从的事物；如果他尊贵，就观察他推荐的人物；如果他富有，就观察他持有的生活习性；如果他听言，就观察他的行为表现；如果他闲居，就观察他的喜好；如果他学习，就观察他的言辞；如果他穷困，就观察他不接受什么；如果他贫贱，就观察他不做什么。使他高兴，借以验明他的节操；使他快乐，借以验明他的爱好；使他发怒，借以验明他的气度；使他恐惧，借以验明他的意志；使他悲哀，借以验明他的仁爱；使他困苦，借以验明他的志向。以上八种观察和六项验明，是贤明的君主用以考察人的方法。

准确地考察人，还必须借助于六戚、四隐因素。什么叫六戚？即父、母、兄、弟、妻、子六种亲属人员。什么叫四隐？即朋友、熟人、乡邻、亲信四种亲近人员。在内凭着六戚、四隐，在外凭着八观、六验，这样人的真伪、贪鄙、美恶就能完全知晓而不会偏差。这就像逃避雨水淋湿，是没有地方躲避而不被雨淋。这是前代圣王用以识别人的方法。

（六）学习与发展能力的关键价值

随着社会及其各领域日新月异的快速发展，组织整体的学习能力，以及一定环境中的适应与发展能力，已日趋成为组织极为重要的核心力量。而这种力量的积极构建与持续提升，又普遍需要整体中坚队伍的强大实力予以坚强的支撑和推动。因此，整体职业的学习与发展能力，已日益成为变化环境中，组织中坚积极展示强大的智慧和才能，卓有成效地肩负起中坚职责不可或缺的核心素养。

四、把人才推上组织中坚的重要位置

把所需的人才坚定地推上组织中坚的重要位置，无不需要对组织汇集人的职业专长，从而形成强大团队的根本特征，成熟积极思维的有力支撑。为此，领导人必须能够深入辨识，人的素养存在各自特点的普遍事实，并通过组织运行发展对中坚人才需求的准确识别和把握，卓有成效地创造他们职业特长的充分发挥与展示的环境。同时，还需在组织运行基本原则下，最大限度地容忍中坚职业素养中可能存在的各种缺陷（图3-5-3-7）。

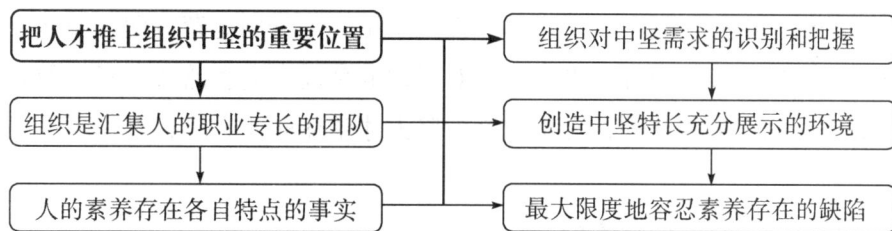

图3-5-3-7　把人才推上组织中坚的重要位置

（一）组织是汇集人的职业专长的团队

从根本上说，任何组织都是汇集人们职业的能力特长，并通过广泛成员相互的支持与密切的协作，实现个人无法有效承担的复杂或艰巨运营目标的团队。对此，杜拉克也曾辩称："老想克服人的缺点，组织的目标就要受挫。所谓组织，是一种工具，专门用来发挥人的长处，并中和人的短处，使其变成无害。"

对于团队必须汇集人们特长的关键原则，《墨子》早年就曾作有这样的深入论述："良弓难张，然可以及高入深；良马难乘，然可以任重致远；良才难令，然可以致君见尊。是故江河不恶小谷之满已也，故能大。圣人者，事无辞也，物无违也，故能为天下器。是故江河之水，非一源之水也；千镒之裘，非一狐之白也。夫恶有同方，取不取同而已者乎？盖非兼王之道也！"——良弓不容易张开，但可以射得高没得深；良马不容易乘坐，但可以载得重行得远；好的人才不容易驾驭，但可以使国君受人尊重。所以，长江黄河不嫌小溪灌注它里面，才能让水量增大。圣人勇于任事，又能遵循事物的本质属性，所以能成为治理天下的英才。所以长江黄河里的水，不是从同一水源流下的；价值千金的狐白裘，不是从一只狐狸腋下集成的。哪里有与自己相同就接纳，不同就拒绝的道理呢？这不是统一天下之道。

（二）人的素养存在各自特点的事实

高质量地推进中坚人才的辨识与选任，领导人必须能够足够深入地辨识，人的职业素养存在着各自特点的普遍事实，并以此把人的素养特点与所需承担的工作职责，进行更为精准地对接和联结。无视人的素养及其工作的特征，以及高度匹配的基本准则，中坚人才选任的质量无疑将会受到极大的限制。

对此，孔子曾经辩称："君子不可小知而可大受也，小人不可大受而可小知也。"——君子不宜让他们承受小的事务，但可以让他们承担重大的使命。小人不能让他们承担重大的使命，但可以让他们承受小的事务。

《庄子》也曾就人的不同素养特点，应该承担的相应工作，作了这样极为形象的论述："梁丽可以冲城，而不可以窒穴，言殊器也；骐骥骅骝，一日而驰千里，捕鼠不如狸狌，言殊技也；鸱鸺夜撮蚤，察毫末，昼出瞋目而不见丘山，言殊性也。"——栋梁之材可以用来冲击敌城，却不可以用来堵塞洞穴，说的是器物的用处不一样。骏马良驹一天奔驰上千里，捕捉老鼠却不如野猫与黄鼠狼，说的是技能不一样。猫头鹰夜里能抓取小小的跳蚤，细察毫毛之末，可是大白天睁大眼睛也看不见高大的山丘，说的是禀性不一样。

（三）组织对中坚需求的识别和把握

对卓越运营进程或成就的坚强推动，是任何组织对于中坚人才最为根本或重要的需求。因此，任何背景下，真正的组织中坚，无不需要足够坚强地承担起，全局运营方向、路线及其主流文化和价值观，积极宣传与推进的核心任务。事实上，对组织的全局方向和路线背景，及其积极的文化与价值观，缺乏足够高度的理解和认同，无不成为中坚人才整体职业力量，存在显著限制的普遍关键因素。

（四）创造中坚特长充分展示的环境

高质量地推进中坚人才的选任，领导人必须建立牢固的，积极发挥与展示中坚人才职业特长成熟的思维意识，并为此而努力提供良好的职业环境。否则，必将难以发现或得到头脑中所臆断的全优人才，而深陷中坚选任工作的泥潭。对此，《淮南子》曾经作了这样的深入论述："贤主之用人也，犹巧工之制木也，大者以为舟航柱梁，小者以为楫楔，修者以为榱榱，短者以为朱儒析护。无小大修短，各得其所宜；规矩方圆，各有所施。天下之物，莫凶于鸡毒，然而良医橐而藏之，有所用也。是故林莽之材，犹无可弃者，而况人乎！今夫朝廷之所不举，乡曲之所不誉，非其人不肖也，其所以官之者非其职也。"——贤明的君主任用人才，就像高明的工匠裁取木料一样：大的用来做舟船柱梁，小的拿来做船桨楔子，长的用来做屋檐椽条，短的拿来做短柱斗拱；无论大小长短，都将它们派上用场，规矩方圆都恰到好处。天下毒物，没有比乌头更毒的了，然而良医就是将它装在袋里收藏起来，因为有用得着它的时候和地方。所以，莽莽森林中的野草树木，尚且没有可抛弃的，更何况是人呢！今天那些朝廷不荐举、乡里不赞誉的人，并不是他们无才缺德，而是这些人用非所能。

杜拉克则把不以展示人才特长的领导管理者视作为弱者："一位管理者如果重视别人不能干什么，而不是重视别人能干什么，因此他以回避缺点来选用人而不以发挥长处来选用人，那么他本人就是一个弱者。美国钢铁工业之父卡耐基的墓碑上的碑文说得最透彻：'一位知道选用比他本人能力更强的人来为他工作的人安息于此。'"

（五）最大限度地容忍素养存在的缺陷

正如太阳也存在黑子，优秀的人才并非全身都闪耀着亮丽的光芒，他们时常也显露着常人存在的各种缺陷。事实上，没有弱点的人才，只能存在于虚构的作品或虚幻的臆想中。因此，高质量选任中坚人才，无不需要在组织的基本原则下，最大限度地容忍中坚素养中可能存在的各种缺陷。

作为睿智的政治家，曹操无不深谙优秀人才的秉性及其成长的艰辛历程。为此，他曾特地颁布了这样的《举贤勿拘品行令》："昔伊挚、傅说出于贱人，管仲，桓公贼也，皆用之以兴，萧何、曹参，县吏也，韩信、陈平负污辱之名，有见笑之耻，卒能成就王业，声著千载。吴起贪将，杀妻自信，散金求官，母死不归，然在魏，秦人不敢东向，在楚，则三晋不敢南谋。今天下得无有至德之人放在民间？及果勇不顾，临敌力战；若文俗之吏，高才异质，或堪为将守；负污辱之名，见笑之行，或不仁不孝，而有治国用兵之术？其各举所知，勿有所遗。"——当年，伊挚、傅说出身极为卑贱；管仲，曾经是齐桓公的敌人，但他们都得到重用而创造了盛世。萧何、曹参，原本是县吏；韩信、陈平背着污辱的名声，有着被人嘲笑的耻辱，但终能帮助成就帝王的业绩，显赫的名声流传千载。吴起为了作将军，杀了妻子以取得信任，散发金银以求官职，母亲死了不回家，但是他在魏国，秦国军队不敢惦记河东，在楚国效力的时候，赵、魏、韩三国就不敢觊觎南方。现在天下难道就没有极具贤德之士居于民间？以及果断勇敢不顾一切，遇到敌人拼死作战；看似文采低俗小吏，却才能极高气质优异，可以作为将领或地方长官；背负受污辱的名声，有着被人嘲笑的行为，或者看似不仁不孝，但拥有治理国家或指挥用兵超强本领的优秀人才？大家都要推荐自己所知道的贤人，不要有所遗漏。

五、领导职业高质量推进的关键任务

任何背景下，中坚人才都是组织高质量领导卓越创造，极其重要而强大的支持力量。为此，领导人必须把中坚人才的辨识选任，置于整体工作卓有成效推进的核心位置，并通过中坚人才及其队伍构建发展的全面规划，把中坚所需肩负的职责与其整体素养能力进行紧密地联结，从而创造中坚人才脱颖而出的积极环境（图3-5-3-8）。

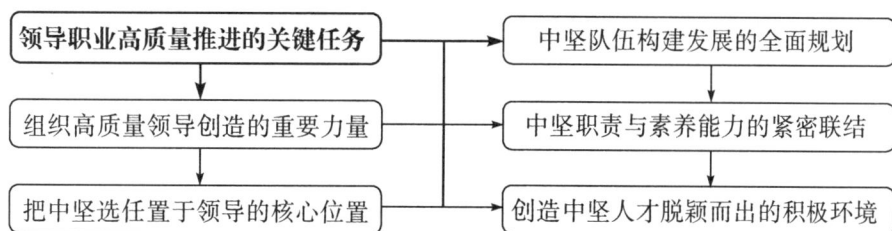

图 3-5-3-8　领导职业高质量推进的关键任务

（一）组织高质量领导创造的重要力量

中坚人才及其队伍，作为组织构成与运行发展进程中，密切联结领导人与整体组织最为关键的因素，是任何卓越领导思维意识的形成，及其积极推动最为重要而坚强的力量。因此，广泛的实践中，能够真正步入优秀行列的领导人，无不把中坚人才队伍的构建与发展，作为自身整体职业进程，最为关键的工作环节和任务。

（二）把中坚选任置于领导的核心位置

组织的运行发展，通常涉及众多复杂内外因素、关系及其变化。任何精力充沛、思维睿智、处事干练的领导人,都难以独自准确辨识和有效推动,各重要环节高质量地运行及其密切地协作。因此,领导人必须牢固构建充分依靠中坚力量积极成熟的职业思维意识。

事实上,领导人一旦丧失或削弱了全局思维意识的职业根本,而沉湎于某些局部环节的运行,那么,他的整体职业质量与水平,无疑将会受到极大的制约。因此,把中坚人才的辨识选任,牢固地置于自身职业的核心位置,并通过强大中坚力量的坚强支撑,创造高质量的职业进程与成就,就普遍成为高质量领导卓越创造的重要途径。

(三)中坚队伍构建发展的全面规划

中坚人才及其队伍的整体实力,广泛的实践中,无不对组织的运行发展,及其全局领导的进程与成就,具有极其关键的决定性影响。因此,作为组织领导最为关键的任务,领导人必须把中坚人才队伍构建与发展的规划,牢固地置于整体组织全局战略规划及其推进的核心位置,并以此根据组织整体内外环境,以及各重要运行环节或阶段的需求实际,设置相应中坚人才选任的目标、方案和计划。

(四)中坚职责与素养能力的紧密联结

卓有成效地推进中坚人才的辨识与选任,领导人必须牢固地立足于组织运行内外环境的实际,把中坚人才的素养与所需承担的职责,进行最为紧密地联结。换言之,领导人既不能无视或脱离潜在中坚对象素养的构成,以及组织相应环节运行及其相互间协作的实际,主观臆断或片面设定中坚需要承担的职责;也不宜背离组织整体的运营背景,及其对中坚人才必须承担的职责需求,漫无原则或目标地追逐人才外部的靓丽因素,或者完全搬照他人中坚人才素养结构的标准,去辨识选任自身组织的中坚人才。

(五)创造中坚人才脱颖而出的积极环境

优秀的组织总是能够不拘一格,卓有成效地选任所需的中坚人才。而论资排辈或者其他种种非实质性条条框框的限制条件,无不极大地侵蚀或严重地削弱,整体组织强大的运营能力和旺盛的成长活力。因此,任何背景下,领导人都必须竭尽所能,最为坚强有力地肩负起卓有成效铸建优秀中坚人才脱颖而出的良好环境,艰巨而关键的责任。

第四节　天高任鸟飞　海阔凭鱼跃

中坚人才智慧才能的充分展示

长期以来，人们时常认为，组织只要拥有了足够强大的中坚人才，就必然能够乘风破浪，展现出超越前行征程上一切艰难险阻的坚强力量。然而，这实在是一种极大的错误臆断。事实上，在各种复杂艰难的挑战中，中坚人才智慧才能的充分展示，无不需要足够良好环境的有力支撑。因此，准确辨识并积极提供中坚人才智慧才能充分展示的良好条件，就普遍成为组织领导高质量推进的重要工作。

广泛的实践中，领导人的足够信任及其良好资源的提供和环境的创造，无不对中坚人才智慧与才能的充分展示，具有极其关键的决定性价值。同时，领导人还必须肩负起对中坚人才高质量职业推进积极指导、帮助和激励的重要职责。

不仅如此，对中坚人才的足够尊重，努力消除或限制各种负面因素的侵扰，并容忍中坚人才成长进程中一定错误的产生，在日趋复杂艰难的职业环境中，已普遍成为他们潜在职业智慧才能的积极展示极其坚强的推动力量（图 3-5-4-1）。

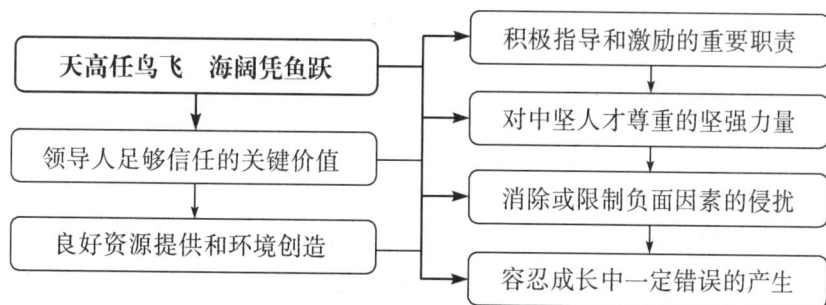

图 3-5-4-1　天高任鸟飞　海阔凭鱼跃

一、领导人足够信任的关键价值

任何背景下，对中坚人才的任贤勿贰，都是组织高质量领导必须遵循的核心准则。无数实践充分显示，对中坚人才的严重疑虑，无不极易给组织整体造成无穷的后患。都必将造成极其严重的后患。为此，领导人必须能够极其成熟睿智地，把中坚人才视作自身职业智慧和才能的积极延伸，并根据他们所需肩负的职责，提供相应的资源及其支配的权力，充分尊重他们职责范围中各项思维的决策和工作的选择，而以事先明确的制度严格规范其职业的行为（图 3-5-4-2）。

```
┌─────────────────────┐        ┌──────────────────────┐
│ 领导人足够信任的关键价值 │───────▶│ 自身职业智慧和才能的延伸 │
└─────────────────────┘        └──────────────────────┘
           │                    ┌──────────────────────┐
┌─────────────────────┐        │ 提供相应资源及其支配权力 │
│ 任贤勿贰的领导核心准则 │───────▶│                      │
└─────────────────────┘        └──────────────────────┘
           │                    ┌──────────────────────┐
┌─────────────────────┐        │ 尊重他们的工作决策和选择 │
│ 严重疑虑极易造成无穷后患 │───────▶│                      │
└─────────────────────┘        └──────────────────────┘
                                ┌──────────────────────┐
                                │ 以明确制度规范其职业行为 │
                                └──────────────────────┘
```

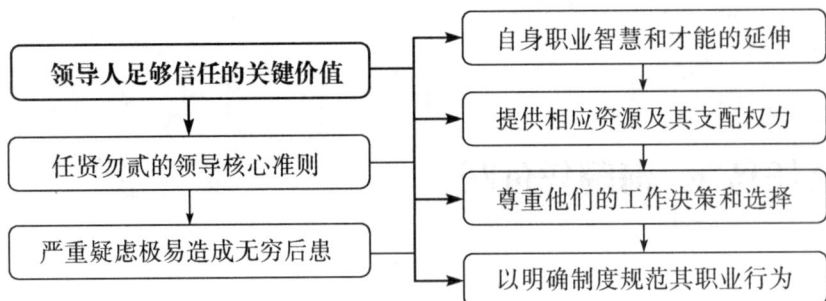

图 3-5-4-2　领导人足够信任的关键价值

（一）任贤勿贰的领导核心准则

复杂艰难背景下，人们高质量智慧才能的充分展示，通常需要足够强大情感动力的坚强支撑。领导人的充分信任，无疑是中坚人才积极顽强地应对，各种复杂艰难的职业挑战，极其关键而强大的支持和推动力量。

事实上，组织中坚岗位的设置，通常是由于存在艰难或创造性工作积极承担的需要。中坚人才的选任，又是经过组织充分考察而确定。组织的中坚人才，一般都需承担一支团队高质量运行发展的重任。组织都会构建设置各项重要工作，有序运行的必要规范制度。

基于这样的基本背景，领导人对中坚人才如果心存严重疑虑，不仅中坚的职业智慧力量难以充分展示，领导者自身也必将陷入举棋不定六神无主，而难以高质量地辨识和应对组织全局的艰难境地。为此，《尚书》曾特别告诫："任贤勿贰，去邪勿疑。"——任用贤人不要怀疑，罢去邪人不要犹豫。

（二）严重疑虑极易造成无穷后患

对中坚人才心存严重疑虑，最为常见的表现，就在于领导人时常无视或背离中坚人才就局部专业性工作高质量推进，深入系统思考所做出的运行选择，而对其中某些关键的因素及其作用关系进行强力的干预。事实上，这种违背全局与局部相互支持，及其全局领导与专业管理辩证统一关系准则的行为，广泛的实践充分显示，不仅局部环节的力量与价值难以充分展示，全局的运行也极易陷入极度混乱和艰难的境地。

为此，《孙子兵法》也曾特别指出了，国君直接干预军队所存在的极大危害："君之所以患于军者三：不知军之不可以进而谓之进，不知军之不可以退而谓之退，是谓'縻军'；不知三军之事，而同三军之政者，则军士惑矣；不知三军之权，而同三军之任，则军士疑矣。三军既惑且疑，则诸侯之难至矣，是谓'乱军引胜'。"——国君对军队造成危害的情况有三个方面：不懂得军队不可以前进而命令他们前进，不懂得军队不可以后退而命令他们后退，这叫束缚、羁縻军队；不懂军中事务却干涉军中行政管理，那么，军士就会迷惑；不知军中权谋之变而参与军队指挥，那么将士就会疑虑。如果三军将士既迷惑又疑虑，诸侯乘机起而攻之的灾难就到来了，这就叫自乱其军而丧失胜利。

（三）自身职业智慧和才能的延伸

肩负着组织全局最为重要的核心职责，领导人任何背景下，都必须能够牢固构建，组织运营发展最具强大力量和决定性价值，全局与局部相互支持的辩证统一核心关系，以及自身与所有中坚人才都是组织极其重要资源力量构成，成熟积极的思维意识，并以此睿智地把全部中坚人才或整体队伍，视作为自身卓有成效地承担全局重任职业智慧和才能的积极延伸，以及组织整体强大运营和发展力量有效创造或展示的重要途径。因此，广泛的实践中，领导人对中坚人才产生的严重疑心，无不普遍成为他们工作颓废或消沉，及其整体职业力量表现脆弱的关键因素。

（四）提供相应资源及其支配权力

承担组织艰巨而重要的职责，中坚人员无疑需要足够资源力量的坚强支撑。因此，为中坚人才提供相应的职业资源，及其有效支配的组织身份和权力，就成为他们职业智慧才能充分展示的重要基础。

为此，《将苑》曾经对将领必须拥有的决策指挥权力，作了这样的深入论述："夫将者，人命之所县也，成败之所系也，祸福之所倚也，而上不假之以赏罚，是犹束猿猱之手，而责之以腾捷，胶离娄之目，而使之辨青黄，不可得也。若赏移在权臣，罚不由主将，人苟自利，谁怀斗心？虽伊、吕之谋，韩、白之功，而不能自卫也。故孙武曰：'将之出，君命有所不受。'亚夫曰：'军中闻将军之命，不闻有天子之诏。'"——军队中的将军，悬系着千万士卒的性命，关系着战争的胜败结局，左右着国家命运的盛衰兴亡。如果君主不把军队的赏罚权力全部交给他，就好像用绳索捆住猿猴的手足，却斥令它快速地跳跃飞奔；又好像用胶带粘贴视力特强之人的双眼，却要求他辨别各种颜色，这都是不可行的事情。如果赏罚大权被权贵所操纵，主将没有任何可以自主的权力，上下必然会被私心、利力所笼罩，人苟且于私利，谁还会拥有旺盛的斗志？那么，就是有伊尹、吕不韦那样出类拔萃的才智，有韩信、白起那样建立功绩的才能，也不能自保。所以，孙武说："将帅领兵在外，君命就可以有所不接受。"周亚夫讲："在军中，只能听到将帅的命令，不能听见君主的诏令。"

（五）尊重他们的工作决策和选择

任何背景下的组织全局，无不由各运行环节、相互关系及其发展阶段所构成。全局高质量进程，无不需要得到各运行环节及其密切协作的坚强支撑。组织之所以需要设置局部的环节或运行的阶段，通常是由于存在高度专业性因素及其专业化运行特征，以及内外力量对比所形成的限制。

因此，推进组织高质的领导，无不需要牢固立足于各类专业性资源力量的构成，以及局部环节专业化运行的特征，充分尊重中坚人才致力于专业环节的积极运行，所进行的各项工作决策和选择。

对于尊重高度专业智慧或思维的重要价值，《孟子》曾作有这样极具形象与说服力的阐述：

孟子见齐宣王曰："为巨室，则必使工师求大木。工师得大木，则王喜，以为能胜其任也。匠人斫而小之，则王怒，以为不胜其任矣。夫人幼而学之，壮而欲行之，王曰：'姑舍女所学而从我'，则何如？今有璞玉于此，虽万镒，必使玉人雕琢之。至于治国家，则曰：'姑舍女所学而从我'！则何以异于教玉人雕琢玉哉？"——孟子进见齐宣王时说："大王要修建大型宫殿，一定会派工师去寻求大木材。工师找到了大木料，大王就高兴，认为他能履行职责。工匠把木料砍小了，大王就会发怒，认为他不称职。人从小开始学习，长大后要把所学付诸实践，大王却说：'暂且舍弃你所学的，按照我所说的办'，结果会怎样？现在有块未经雕琢的玉石，即使价值万镒，也一定要请玉工去雕琢加工。至于治理国家，却说'暂且舍弃你所学的，按照我所说的办'，这跟硬要玉工按照你的要求去雕刻玉石又有什么区别呢？"

（六）以明确制度规范其职业行为

领导人肩负着组织全局最为艰巨而重要的核心职责。长期以来，如何卓有成效地应对既要充分授权中坚人员，以利于其潜在智慧才能的充分展示，又实现对高质量全局进程的积极掌控，无不成为领导人所面临的普遍艰难挑战。

显然，其中涉及组织的构建和运营，最为关键的分工与协作的根本背景。实践中，面对繁多复杂的内外事务，领导人如果脱离自身全局的核心职责，过于深涉某些局部环节的具体工作事项，无疑是极不明智极其错误的职业行为。

对全局卓有成效地掌控，除了精心挑选具有与组织运营信念与价值观，高度一致的中坚人才，最为有力的工具之一就是各种职业行为或成果，详细限定规范制度的有效运用。事实上，迄今为止，没有任何坚强的领导人，敢于藐视规范制度对组织全局积极掌控所形成的强大力量。

对于领导人不宜深陷或纠缠具体的工作事务，《韩非子》曾经作有这样的论述："人主之道，静退以为宝。不自操事而知拙与巧，不自计虑而知福与咎。是以不言而善应，不约而善增。言已应则执其契，事已增则操其符。符契之所合，赏罚之所生也。是故诚有功则虽疏贱必赏，诚有过则虽近爱必诛。近爱必诛，则疏贱者不怠，而近爱者不骄也。"——君主的原则，以静退为贵。不亲自操持事务而知道臣下办事的拙和巧，不亲自考虑事情而知道臣下谋事的福和祸。因此君主不多说话而臣下就要很好地谋事，不做规定而臣下就要很好地办事。臣下已经提出主张，君主就拿来作为凭证；臣下已经做出事情，君主就拿来作为凭证。拿了凭证进行验核，就是赏罚产生的根据。因此确实有功，即使疏远卑贱的人也一定赏赐；确实有罪，即使亲近喜爱的人也一定惩罚。疏贱必赏，近爱必罚，那么疏远卑贱的人就不会懈怠，而亲近喜爱的人就不会骄横了。

诸葛亮曾经辨识了整体组织规范制度的协调统一，以及所有重要成员依据规范的限定，各行其职的重要性，并以此给后主刘禅提出了这样建议："宫中府中，俱为一体，陟罚臧否，不宜异同。若有作奸犯科及为忠善者，宜付有司论其刑赏，以昭陛下平明之理，不宜偏私，使内外异法也。"——皇宫和丞相府，本是一个整体，奖惩功过、好坏，不应该有所不同。如果有做奸邪事，犯科条法令和忠心做善事的人，应当交给主管机构的官员，判定他们受罚或者受赏，来显示陛下公正严明的治理，而不应当有偏袒和私心，使朝廷内外刑赏的法令存在差别。

二、良好资源提供和环境创造

推进中坚人才职业智慧才能的充分展示，领导人必须构建内外因素共同推动事物运行变化，基本哲学原则的成熟牢固思维意识，并以此深入辨识中坚才能的展示质量，与职业资源环境所存在的密切关联。实践中，中坚才能的充分展示，通常需要一定的时间过程；宽松的环境是才能充分展示的重要前提；动荡的组织环境则会显著限制他们才能的发挥。为此，领导人必须努力为中坚人才，提供创造良好的职业资源和环境（图3-5-4-3）。

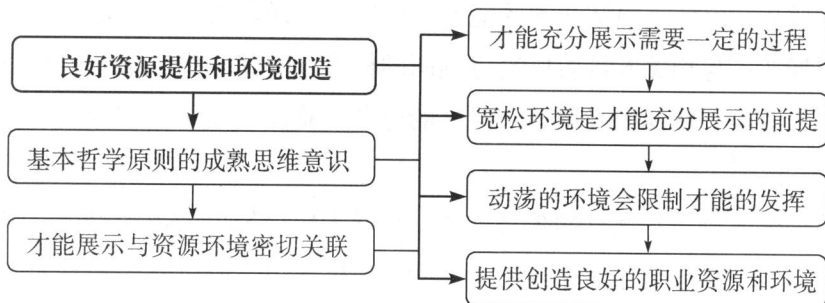

图 3-5-4-3　良好资源提供和环境创造

（一）基本哲学原则的成熟思维意识

任何事物的运动变化，无不受到内外因素共同作用的决定性影响。换言之，推动事物朝着所需希望的方向变化发展，除了事物自身必须存在相应的内在本质属性，还必须具备相应的外部条件。根据事物运行变化的基本哲学原则，领导人推进中坚人才智慧才能的充分展示，无疑需要努力为他们提供良好的职业条件。

《荀子》早年就曾深入辨识了事物运行内外因素共同作用的重要哲学原则："造父者，天下之善御者也，无舆马则无所见其能；羿者，天下之善射者也，无弓矢则无所见其巧。"——造父，是天下擅长驾驭车马的人，但没有车马就不能展示他高超的驾驭才能；后羿，是天下擅长射箭的人，但缺少弓箭，就不能表现出他精湛的射箭技能。

（二）才能展示与资源环境密切关联

广泛的实践中，中坚人才所能展示的职业力量或价值，除了取决于既有智慧才能的关键性影响，还普遍受到外部职业资源与环境，对他们素养的提升发展及其发挥推动的决定性作用。因此，强大中坚力量的积极创造，通常需要领导人根据他们素养的构成，深入分析与推演一定内外资源和环境的背景，中坚人才所能形成的职业表现，并以此根据组织的整体资源构成与运行目标，针对性地提供和创造他们智慧才能更高质量提升及其展示的良好资源与环境。

《吕氏春秋》曾经通过善射之人、良弓与弓弦等资源条件，及其若干贤能之士的职业历程，深入辨识了资源与环境，对人的智慧才能充分展示的决定性价值："今有羿、蜂蒙、繁弱于此，而无弦，则必不能中也。中非独弦也，而弦为弓中之具也。夫立功名亦有具，不得其具，贤虽过汤、武，则劳而无功矣。汤尝约于郼、薄矣，武王尝穷于毕、裎矣，伊尹尝居于庖厨矣，太公尝隐于钓鱼矣。贤非衰也，智非愚也，皆无其具也。故凡立功名，虽贤，必有其具，然后可成。"——现在有后羿、蜂蒙这样的善射之人和繁弱这样的良弓，却没有弓弦，那么必定不能射中。射中不但仅是靠了弓弦，可弓弦是射中的条件。建立功名也要有条件，不具备条件，即使贤德超过了汤、武王，那也会劳而无功。汤曾经在郼、亳受贫困，武王曾经在毕、裎受困窘，伊尹曾经在厨房里当仆隶，太公望曾经隐居钓鱼。他们的贤德并不是衰微了，他们的才智并不是变蠢了，都是因为没有具备条件。所以凡是建立功名，即使贤德，也必定要具备条件，然后才可以成功。

（三）才能充分展示需要一定的过程

没有任何极具天赋的睿智之人，进入全新复杂的职业环境，就能高质量地辨识与应对涉及诸多内外因素的机遇或挑战。因此，中坚智慧才能的充分展示，通常需要高度融入工作内外环境的时间过程。其中将主要涉及：与相关人员协作情感倾向的构建，及其工作风格的了解与磨合；工作运行机制与程序的了解、适应，及其积极调整与改进的思考、验证；相应工作专业知识或技能结构的补充与提升。

为使中坚人才能够充分展示优良的智慧才能，领导人应该努力创造和提供，中坚人才积极适应工作的良好环境，而不是无视其才能充分展示，所必需融入岗位的过程，轻易地否定他们潜在的良好职业素养。

（四）宽松环境是才能充分展示的前提

中坚人才职业智慧与才能的充分展示，通常受到自身及其组织内外诸多复杂因素、关系与变化的重要影响。因此，为中坚人才提供创造宽松的职业或岗位环境，就普遍成为他们高质量职业素养充分展现的重要前提和强大的推动力量。

实践中，中坚人才通常肩负着一定专业及局部环节，更高质量全局价值积极创造的核心职责，这也是他们强大中坚力量充分展现的重要途径。为此，在组织全局的方向、路线或原则背景下，积极鼓励中坚人才牢固地立足于专业局部环节运行的内外实际，努力探索并坚强推进更具全局价值和强大支持力量的高质量运行策略与方式，就普遍成为中坚岗位宽松环境卓有成效创造的重要途径。

（五）动荡的环境会限制才能的发挥

中坚人才辨识与应对局部专业环节工作的思维和行为，无不受到全局战略因素的决定性影响；他们职责承担的质量或水平，又通常受到智力与非智力因素，共同作用的决定。实践中，运营内外资源构成及其关系的重大变化，时常会导致组织全局战略方向、路线与目标持续改变或修正的动荡。

这种背景的产生，一方面使得组织更需强大中坚力量的坚强支撑，另一方面，却时常会显著限制中坚人才智慧才能的充分发挥。因此，在全局动荡的环境中，领导人应该努力呵护中坚力量这一组织核心且宝贵的资源财富，对其暂时平淡甚至是愚拙的职业表现予以更多的体谅。

（六）提供创造良好的职业资源和环境

任何背景下，卓有成效地创造整体组织更为强大的运营发展能力，无不成为领导人普遍面临的最为核心的职责。而更为充分地展示中坚人才或整体队伍潜在的智慧力量，则无不成为整体组织强大运营发展能力最具坚强的支持和推动力量。因此，努力为中坚人才提供良好的职业资源和环境，就成为组织领导必须承担的关键职责，以及高质量进程或成就积极创造的重要途径。

对于中坚人才强大职业智慧才能的充分展示，所必须得到的良好职业资源或环境的有力支持，韩愈曾经以千里马为例，作了这样的深刻论述："马之千里者，一食或尽粟一石。食马者，不知其能千里而食也；是马也，虽有千里之能，食不饱，力不足，才美不外见，且欲与常马等不可得，安求其能千里也？策之不以其道，食之不能尽其才，鸣之而不能通其意，执策而临之，曰：'天下无马！'呜呼！其真无马邪？其真不知马也！"——那些千里马，一顿往往要吃尽一石小米。可是喂马的人，不知道它能日行千里，只是像对凡马一般地饲养它。于是，那些好马，虽然有日行千里的本领，可是吃不饱，力气不足，它们的骨力特长因此不能表现出来，这样，即使想与凡马一般也不可能，哪里还能叫它日行千里呢？

驾驭（千里马）时不能顺其本性；喂养难以尽其食量，而难以使其展示才能；马虽然哀鸣，却一点不懂得它的意思。还拿着马鞭，煞有介事地说："天下没有千里马！"唉！这难道是真的没有千里马吗？这只是不识千里马本性罢了！

三、积极指导和激励的重要职责

对中坚人才进行积极的职业指导和激励，是他们智慧才能充分展示，及其高质量领导卓越创造不可或缺的重要工作。实践中，领导人必须就整体战略的背景和形势，及其重要资源因素构成与关系的状况，以及存在关联的专业局部环节运行的信息，及时向中坚人员进行充分的告知或通报。

工作事前的充分指导及其特殊情况的及时指示，中坚成员各项工作请示的全面明确解答，以及各类职业潜在问题预防性措施的设置与实施，无不成为推动中坚人才高质量职业进程的重要途径。不仅如此，积极的正面激励，则是创造并保持他们强大职业进取动力普遍关键而坚强的领导力量（图3-5-4-4）。

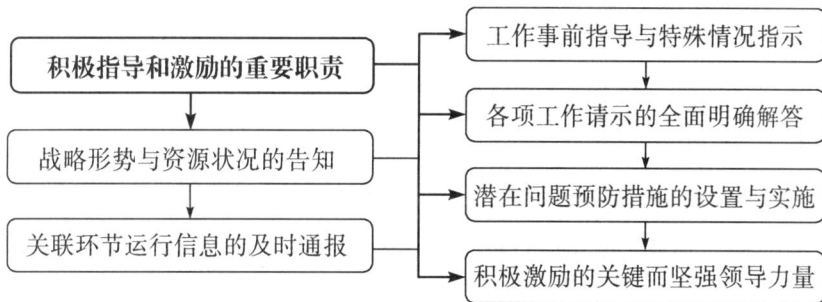

图 3-5-4-4　积极指导和激励的重要职责

（一）战略形势与资源状况的告知

为有效推动中坚人才智慧才能的充分展示，及其更高质量全局价值的积极创造，从而卓有成效地肩负起组织中坚艰巨而重要的职责，领导人需要把组织全局的战略因素和形势，充分地告知相关的中坚人员。其中主要包括组织整体运营的使命，主要的运营资源构成与状况，战略的意图、方针、路线与目标，组织主流的文化与价值观，以及它们形成的背景及其运行变化所存在的机遇和挑战。

这样，就能够更利于把中坚人才，积极推上全局思维与行为更高的职业层次，从而有力地推动他们把握职责的主动，创造更为坚强的中坚力量及其良好的工作业绩。

（二）关联环节运行信息的及时通报

为确保整体强大的运营发展能力及其高质量的全局进程，领导人应该及时为中坚人员，提供相关联环节运行状况的信息，并积极鼓励和引导各专业局部环节，能够根据各自的专业性特征和运行实际，卓有成效地推进更具主动、积极与创造性的相互支持和密切协作，从而实现各专业环节更高质量全局价值的卓越创造。

（三）工作事前指导与特殊情况指示

为积极推动中坚人才高质量职业进程和业绩的创造，领导人必须就全局的立场，对中坚人员及其承担的局部环节工作的重点与难点，事前与他们进行深入的分析和探讨，并指导与敦促他们制定积极有效的专业性应对措施和方案。对于偏离常规程序的情境或具有特殊要求的工作，领导人必须事先就全局的运行价值与要求，做出详细的指示和积极的动员，以有效避免进程中可能产生的被动与挫折。

（四）各项工作请示的全面明确解答

中坚人才在工作进程中，由于自身职业能力或工作权限范围的限制，必然会遇到自身难以应对，或者涉及其他环节的工作，需要向上级领导请示的各种问题。对此，为有效推动中坚人才职业思维或行为能力的提升，以及他们工作挑战更为积极有效地应对，领导人必须详细听取中坚人才的应对意见，并努力鼓励和启发他们以更为睿智成熟的全局意识，进行更为全面深入的分析与思考，而不宜简单直接地给出自身的结论，但最终，领导人必须就中坚人员所请示的各项工作问题，给予全局背景下全面明确的解答。

（五）潜在问题预防措施的设置与实施

中坚人才职业上的严重问题或缺陷，不仅会显著削弱他们的职业力量或价值，而且还是组织高质量运营进程主要的侵蚀性力量。因此，领导人必须能够高瞻远瞩，通过日常工作的巡视或其他渠道的反馈信息，深入准确地洞察中坚人员存在的潜在问题，并以此有效地设置和实施积极的预防性措施，以确保他们的职业思维或行为，能够始终展现出足够坚强的智慧力量。

（六）积极激励的关键而坚强领导力量

实践中，一些领导人时常会片面地臆断，对部属积极的激励或称赞，无不极易诱发他们骄傲自大、难以驾驭的心理。而他们所取得的任何瞩目成绩，很少不是职责限定的理所当然的任务，而无须任何节外生枝、画蛇添足般的称赞。

然而，事实上，组织或团队的领导，如果缺乏足够积极而强大激励力量的坚强支撑，那么，领导人必将无以卓有成效地倡导和推进，他所梦寐以求的部属或中坚人才高质量的职业思维和行为方式。因此，积极激励的能力，在日趋复杂艰难的环境中，已日益成为组织或团队的卓越领导极其关键而坚强的推动力量。

在蜿蜒崎岖的羊肠小道中，既要作战还需架桥，冒雨一天奔袭二百四十里的飞夺泸定桥，无疑是长征途中最具艰难挑战的行动之一。红四团的团长王开湘和团政委杨成武，是这样接到军团林彪和聂荣臻首长充满激励豪情的命令："王、杨：军委来电限左路军于明天夺取泸定桥。你们要用最高速度的行军力和坚决机动的手段，去完成这一光荣伟大的任务。你们要在此次战斗中突破过去夺取道州和五团夺鸭溪一天跑一百六十里的记录。你们是火线上的英雄，红军中的模范，相信你们一定能够完成此一任务的。我们准备祝贺你们的胜利！林、聂五月二十八日"

四、对中坚人才尊重的坚强力量（图 3-5-4-5）

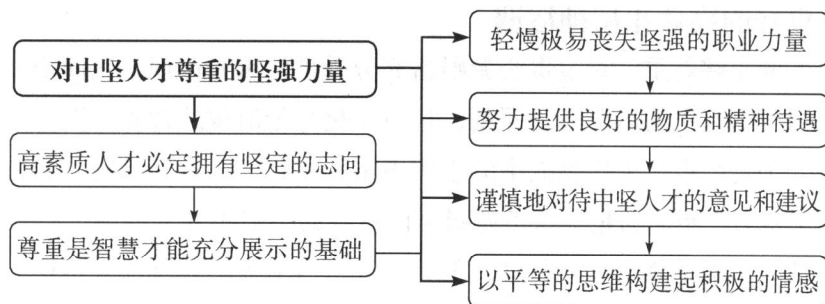

```
┌─────────────────────────┐          ┌─────────────────────────┐
│  对中坚人才尊重的坚强力量  │────────→│  轻慢极易丧失坚强的职业力量  │
└─────────────────────────┘          └─────────────────────────┘
            │                         ┌─────────────────────────┐
            ↓                        →│  努力提供良好的物质和精神待遇  │
┌─────────────────────────┐          └─────────────────────────┘
│  高素质人才必定拥有坚定的志向  │────→ ┌─────────────────────────┐
└─────────────────────────┘          │  谨慎地对待中坚人才的意见和建议  │
┌─────────────────────────┐          └─────────────────────────┘
│  尊重是智慧才能充分展示的基础  │────→ ┌─────────────────────────┐
└─────────────────────────┘          │  以平等的思维构建起积极的情感  │
                                     └─────────────────────────┘
```

图 3-5-4-5　对中坚人才尊重的坚强力量

高素质的中坚人才，必定拥有坚定的职业信念或志向。因此，领导人的充分尊重，无不成为他们高质量智慧才能，充分展示的关键基础；而任何藐视或轻慢都无不极易削弱，甚至丧失他们坚强的职业力量。不仅如此，领导人还应该努力为中坚人才，提供良好的物质和精神职业待遇，谨慎地对待中坚人才各种工作的意见和建议，并成熟牢固地以平等的人格思维，构建起积极强烈的职业情感。

（一）高素质人才必定拥有坚定的志向

广泛的实践中，高素质人才无不拥有积极而坚定的人生信念或职业志向。而积极坚定的信念或志向，通常都会坚强地支持和推动人们，构建起成熟牢固的人生或职业的价值意识和观念。这样的人才，不仅极难以强力使其屈服，而且特别鄙视强势待人的不够尊重和平等。

《吕氏春秋》曾经对高素质人士，作了这样的深入分析："石可破也，而不可夺坚；丹可磨也，而不可夺赤。坚与赤，性之有也。性也者，所受于天也，非择取而为之也。豪士之自好者，其不可漫以污也，亦犹此也。"——石头可以破开，然而不可改变它坚硬的性质；朱砂可以磨碎，但不可改变它朱红的颜色。坚硬和朱红分别是石头、朱砂的本性所具备。本性的特征来自上天，不是可以任意选择或夺取。豪杰之士坚守自身的名节或意愿，也像石头和朱砂的本性，是不可随意受到玷污与改变的。

（二）尊重是智慧才能充分展示的基础

人们职业智慧才能的充分展示，通常受到诸多内外因素及其关系的重要影响。其中对事物积极推进及其优良成果创造的强烈意愿，普遍具有极其关键的决定性价值。而领导人的充分尊重与真诚期待，无不成为中坚人才强烈美好职业意愿的坚强动力。因此，广泛的实践中，领导人的尊重和期待，普遍成为中坚人才职业智慧与才能的充分展示极其关键的基础和强大的动力。

（三）轻慢极易丧失坚强的职业力量

领导人的任何藐视或轻慢，都极易显著地削弱甚至丧失，中坚人才坚强的职业力量。事实上，在竞争的环境中，由于对人才的轻视或怠慢，从而造成他们遗弃团队的事件随处可见。不仅如此，中坚人才的丧失还普遍地表现为，由于轻慢而使得他们产生了，职业上不思进取、得过且过的明显离心力，从而使得他们虽然身居团队，但已绝难展现出中坚力量应有的强大智慧与才能。

为此，《墨子》曾经辩称："入国而不存其士，则亡国矣。见贤而不急，则缓其君矣。非贤无急，非士无与虑国。缓贤忘士，而能以其国存者，未曾有也。"——治国而不优待贤士，国家就会灭亡。

见到贤士而不急于任用，他们就会怠慢君主。没有比任用贤士更为急迫的事情，若没有贤士，就没有人和自己谋划国事。怠慢遗弃贤士而能使国家长治久安的，还不曾有过。

（四）努力提供良好的物质和精神待遇

作为对中坚人才的足够尊重，对宝贵资源财富充分爱护的重要体现，任何团队或领导人都应该竭尽所能，努力根据组织基本的运营路线原则，积极文化与价值观的背景，以及工作强度和职业贡献的实际，为长期处于复杂艰难工作挑战中的组织中坚人才，提供良好的物质与精神待遇，以使其能够更为有效地集中精力，更高质量地肩负起艰巨而重要的中坚职责。

事实上，以高薪或其他优厚的物质待遇，努力争夺自身所需的各类优秀专业人才，已日趋成为竞争环境中，各类经济组织所采取的最为普遍而有力的手段之一。然而，对于拥有高度思想意识和情感动力的高素质人才而言，精神的追求和满足时常占据着人生职业选择更为重要，甚至是最为核心的决定性地位。因此，良好的精神待遇普遍成为高素质中坚人才，坚强职业力量充分展示不可或缺的关键因素。

（五）谨慎地对待中坚人才的意见和建议

高素质的专业人才，通常是以智慧的力量展示自身的职业才能与价值。同时，他们往往更注重职业表现的肯定及其长远的发展，而并非把物质的待遇置于特别重要的地位。因此，对中坚人才工作的意见或建议，领导人必须予以足够谨慎地应对。尤其是他们反复强调与坚持的意见，时常可能存在极其重要的专业或全局的价值，领导人必须深入了解建议形成的背景，并进行足够详细的相互沟通，而绝不可简单粗暴地予以否定或拒绝。

（六）以平等的思维构建起积极的情感

随着社会文明的进步发展，人与人之间人格的相互平等已日趋成为人们广泛的共识。事实上，领导人心存任何落后文化意识或价值观的思维，尤其是盛气凌人的蛮横职业作用，已日益成为限制自身素养的重要因素。不仅如此，被严重羞辱而产生的怨恨情绪，只能激发抗拒的智慧力量。因此，领导人必须时刻注意，以一种平等的人格思维与态度，来对待自身工作的同伴和组织的中坚人才，并以此构建起强烈的相互关爱和支持的良好职业情感。

孟子也曾深入辨识了君主以不同的人格思维和态度，对待臣下所形成的天壤之别的后果："君之视臣如手足，则臣视君如腹心；君之视臣如犬马，则臣视君如国人；君之视臣如土芥，则臣视君如寇仇。"——君主看待臣下如同自己的手足，臣下看待君主就会如同自己的腹心；君主看待臣下如同犬马，臣下看待君主就会如同路人；君主看待臣下如同泥土草芥，臣下看待君主就会如同仇人。

五、消除或限制负面因素的侵扰

任何组织的运营发展，无不存在各种负面因素的侵扰。其中，最为普遍的负面因素之一，无疑就是对精明强干中坚人才的嫉妒，以至于普遍流行了不遭人妒是庸才的俗语。为此，领导人必须能够依据自身的智慧才能，客观、全面、公正地判定中坚人才，并努力杜绝各种捕风捉影的谗言。实践中，领导人还应该努力避免各种相互矛盾或对立的工作要求，并对贤能正直的中坚人才予以足够亲近（图3-5-4-6）。

消除或限制负面因素的侵扰	→	努力杜绝各种谗言
不遭人妒是庸才	→	避免相互对立的工作要求
客观公正地判定人才	→	对贤能人才的亲近

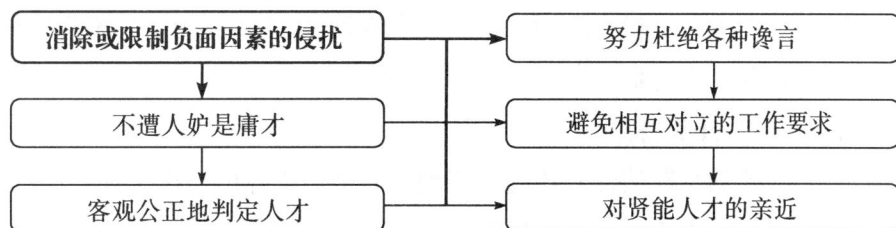

图 3-5-4-6　消除或限制负面因素的侵扰

（一）不遭人妒是庸才

俗话说：自古圣贤多蒙妒，不遭人妒是庸才。领导人的头脑中，必须构建一个基本的思维常识：智慧才能突出的中坚人才，时常可能遭遇他人的嫉妒。不仅如此，中坚人才职业进程中，出于维护组织的全局或整体利益，从而限制某些个人或小的群体利益，几乎极难避免。因此，立足于组织全局利益的立场，努力保护中坚人才，以避免可能遭受严重负面因素的侵扰，就普遍成为领导人不可或缺的重要职责。

（二）客观公正地判定人才

客观、全面、公正地对中坚人才的职业表现，进行准确的判定与评价，是激发他们工作的积极、主动性及其创造力，以及整体组织旺盛运营活力的重要途径。因此，领导人必须谨慎、理性地辨识和应对各种中坚人才的传言。

对于谨慎审视传言的价值，《吕氏春秋》曾经辩称："夫得言不可以不察，数传而白为黑，黑为白。故狗似玃，玃似母猴，母猴似人，人之与狗则远矣。此愚者之所以大过也。闻而审则为福矣；闻而不审，不若不闻矣。"——听到传闻，不可不仔细审察。多次辗转相传，白的就变成了黑的，黑的就变成了白的。所以说狗像玃，玃像母猴，母猴像人，但人与狗相比较就相差甚远了。这是愚蠢之人产生严重错误的根本原因。听到传闻如果加以审察，就会带来好处；听到后如果不予以深入审察，还不如没有听到得好。

（三）努力杜绝各种谗言

传言时常源自浅薄人士的猎奇心理，并非具有显著明确的恶意目的。而与此相对应，谗言则往往无中生有，借以各种恶意的诽谤，实现打击、排挤他人的险恶用意。显然，消极失真的传言，尤其是各种恶劣的谗言，无不极易给组织健康的肌体，以及整体运营高质量的进程，带来严重的损伤和侵害。

魏征也曾特别强调过君臣相互信任的重要价值，并高度赞同管仲对中坚人才知、任、信、护，领导人必须承担的关键责任的论断："夫君能尽礼，臣得竭忠，必在于内外无私，上下相信。上不信，则无以使下；下不信，则无以事上，信之为道大矣。昔齐桓公问于管仲曰：'吾欲使酒腐于爵，肉腐于俎，得无害霸乎？'管仲曰：'此极非其善者，然亦无害于霸也。'桓公曰：'如何而害霸乎？'管仲曰：'不能知人，害霸也；知而不能任，害霸也；任而不能信，害霸也；既信而又使小人参之，害霸也。'"——如要君王尊礼，臣下尽忠，就必须内外无私，君臣之间相互信任。君王对臣子不信任，就难以选任臣子；臣子对君王不信任，就难以侍奉君王。君臣之间的相互信任，对于国家的治理至关重要。过去，齐桓公对管仲说："我想使酒在酒器中变坏，肉在锅中腐烂，这样做对治国无害吧？"管仲说："这样做不好，但对治国也无害。"齐桓公问："那么什么会危害国家呢？"管仲说："不能识别人才有损于霸业；知道是人才而不能恰当地任用有损于霸业；任用了又不肯信任有损于霸业；信任而又让小人从中掺和有损于霸业。"

（四）避免相互对立的工作要求

领导人缺乏对中坚人才的足够信任，还时常表现为对他们工作的过度关注与指导。实践中，过度的指导往往极易产生相互矛盾或对立的工作要求，或者某些细部的指示并不符合专业环节高质量推进的实际，无疑这将使得中坚人才陷入两难选择的尴尬境地。

因此，领导人对待专业局部环节的工作，应该优先听取中坚人才的意见。即使产生不同的思维构想，也必须努力与中坚人员进行深入的交流与沟通，尽量避免可能与实际存在显著偏差的直接修正。

（五）对贤能人才的亲近

就积极的职业思维、价值意识和情感行为动力，与贤能正直的中坚人才，进行充分深入的交流沟通，广泛的实践中，无不成为领导人激发和保持他们强大的职业进取动力，旺盛的组织运营活力，以及自身职业素养高质量提升和展示，极其重要的途径和坚强的推动力量。为此，诸葛亮曾特别提醒后主刘禅，要亲近那些正直贤能的大臣：

"亲贤臣，远小人，此先汉所以兴隆也；亲小人，远贤臣，此后汉所以倾颓也。先帝在时，每与臣论此事，未尝不叹息痛恨于桓、灵也。"——亲近贤臣，疏远小人，这是先汉兴旺发达的原因；亲近小人，疏远贤臣，这是后汉倾覆衰败的根源。先帝在世时，每次和我谈论这些事情，无不对桓、灵二帝的昏庸叹息不已而痛心疾首。

六、容忍成长中一定错误的产生

错误是一切人士成长与创造进程中，都难以避免的重要经历。因此，领导人必须构建积极的错误价值观念和评价标准，并使得各种错误能够有效转化为整体运行发展的积极力量。对于中坚人才的职业错误，领导人必须准确地掌握高质量应对的基本原则，并有效敦促和帮助他们查清问题的根源，确实形成职业素养积极提升的推动力量（图3-5-4-7）。

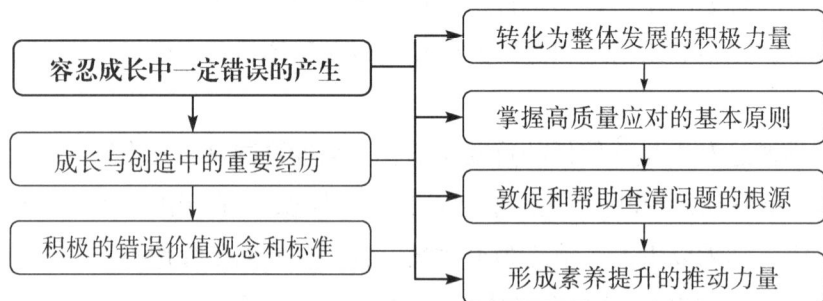

图3-5-4-7　容忍成长中一定错误的产生

（一）成长与创造中的重要经历

广泛的实践中，人们的错误时常被当作智力浅薄、行为劣质的显著标记，而令人望而生畏。然而，错误是任何职业探索，以及人的成长进程中极具宝贵价值的重要成果。事实上，一切有所建树的卓越人士，无一未曾经历过铭心刻骨的职业错误或曲折。

（二）积极的错误价值观念和标准

满足或保守于既有的极为熟悉的工作环境，及其运行的程序和方式，人们无疑将会显著降低暂时职业错误的产生。然而，致力于积极的开拓、进步与发展，则无不必然遭遇新的因素、关系与变化的挑战，其中的错误也由此而极难完全避免。换而言之，错误普遍成为人类一切积极进步与发展，极其重要的推动力量和探索成果。

为此，领导人必须构建高质量辨识审视错误，成熟牢固的辩证和全局积极的价值观念和评价标准：透过错误所表现的负面影响，深入辨析其中蕴含的对事物积极运行的正面价值，特定环节或阶段所产生的错误与损失，对组织整体及其长远进程所存在的积极力量。

（三）转化为整体发展的积极力量

任何背景下，领导人都必须能够牢固地立足于组织全局的思维立场，深入辨识中坚人员所产生的错误，可能反映出的全局深层次存在的问题或缺陷，及其给组织整体或长远的运营发展所带来的负面影响，并以此努力把局部既成的错误事实，通过全局方向、路线、保障措施等重要战略因素的强化、改进和完善等有效途径，卓有成效地转化为整体组织运营发展的积极推动力量。

（四）掌握高质量应对的基本原则

高质量地应对中坚人员的错误，领导人必须准确掌握两个最为基本的原则：一是产生了错误，必须按照既定的制度或规范进行惩处；二是处罚并改正以后，绝不允许任何人再以此纠缠不放。

容忍错误的产生，并非可以豁免相应的处罚。对于身居重要岗位的组织中坚，理应娴熟掌握自身所及各项工作的程序和要求。如果对其错误缺乏严格的惩处，那么组织赖以有序运行的各种规范制度，必将陷入形同虚设的境地。唯有严格的处罚，才能有效提升整体中坚队伍，乃至组织全体成员应有的职业警惕与戒心，以减少或避免更多工作错误的产生。

着眼于组织全局更为积极而强大的力量，中坚人才的错误改正以后，如果随时被人再行纠缠，势必严重削弱他们积极的职业进取动力，并极易使得其他中坚成员也因此陷入瞻前顾后或缩手缩脚的职业境地。事实上，允许错误产生的核心，就是指改正以后不允许任何人，对此要挟不放而使其背上沉重的职业包袱。为此，孔子曾经辩称："过而不改，是谓过矣。"——有了错误而不改正，才叫真正的错误。

（五）敦促和帮助查清问题的根源

尽管复杂艰难环境中更为积极的职业成长或工作探索，所出现的各种错误已日趋能够被人们所普遍理解和宽容。然而，它的产生毕竟会给自身、他人或团队，带来不同程度的负面影响。因此，错误发生之后的原因查找和总结，以及由此支持和推进的工作思维或行为的改进，就成为一项不可或缺的重要工作。对此，领导人必须有效承担敦促和帮助中坚成员查清错误根源的重要责任。

（六）形成素养提升的推动力量

无论从爱护中坚人才的思维，还是维护团队整体利益的立场，领导人都必须能够极其睿智地在已经形成的错误中，卓有成效地提炼出中坚人才整体素养积极提升的强大动力。事实上，领导人面对中坚人才的职业错误，如果只是一味地推脱自身引领和指导的核心职责，那么，他的职业水平或质量无疑将会受到极大的限制。

第五节　中坚队伍构建的途径和重点

组织运营能力的决定因素

广泛的实践中，中坚人才的职业素养，无不从根本上决定着组织各环节工作的运行水平和质量；中坚队伍的实力，普遍成为组织整体运营能力和成长活力，最具关键的决定性因素。因此，长期以来，中坚人才高质量的选任及其整体队伍卓有成效地构建，无不成为组织领导人普遍面临的极其重要的工作和艰难的挑战。

本节首先分析了组织中坚力量或队伍的构建，通常所需包含的若干主要内容。在此基础上，重点探讨了一定内外背景下，潜在的专业人才成为组织的中坚成员，通常可以采取或推进的，组织相关人员或机构的推荐，组织内部的培养与选拔，以及组织外部的招聘与引进等几种主要渠道与途径。

无论采取何种方式，潜在人才成为坚强的中坚力量，组织都必须能够卓有成效地创造和提供，他们对于组织的足够忠诚，及其职业积极进取的强大动力。最后，从更高质量的实践角度和立场，分析了中坚队伍积极构建进程中，必须着力的若干重点与难点的工作环节（图 3-5-5-1）。

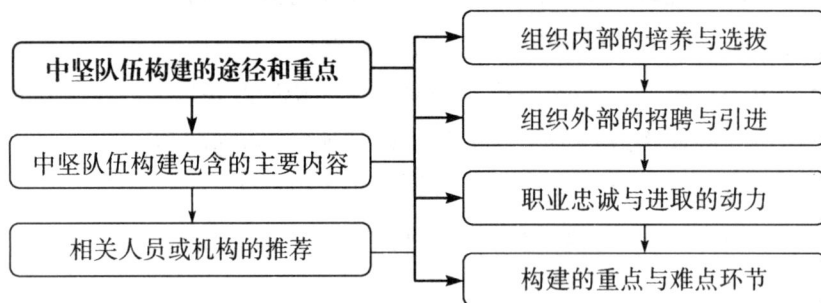

图 3-5-5-1　中坚队伍构建的途径和重点

一、中坚队伍构建包含的主要内容

作为组织全局高质量推进的一项关键而核心的工作，中坚队伍卓有成效地构建，必须首先全面准确地辨识它的战略地位，并以此积极推进它的构建规划。在此基础上，再根据全局工作及其中坚力量的分解，设置形成重要的中坚岗位工作，分析设定有效承担岗位工作所需的中坚人才素养的构成，推进中坚人才的选任及其整体队伍的构建。中坚职责的有效承担或队伍的高质量运行，通常还必须得到前期充分指导的有力支持（图 3-5-5-2）。

```
┌─────────────────────┐      ┌─────────────────────┐
│ 中坚队伍构建包含的主要内容 │─────→│  设置形成中坚岗位的工作   │
└─────────────────────┘      └─────────────────────┘
          │                  ┌─────────────────────┐
          ↓              ───→│  分析设定中坚素养的构成   │
┌─────────────────────┐      └─────────────────────┘
│  中坚队伍构建的战略地位   │──┤  ┌─────────────────────┐
└─────────────────────┘  └──→│  人才的选任与队伍的构建   │
          │                  └─────────────────────┘
          ↓                  ┌─────────────────────┐
┌─────────────────────┐  ───→│  前期充分指导的有力支持   │
│  推进中坚队伍的构建规划   │──┘  └─────────────────────┘
└─────────────────────┘
```

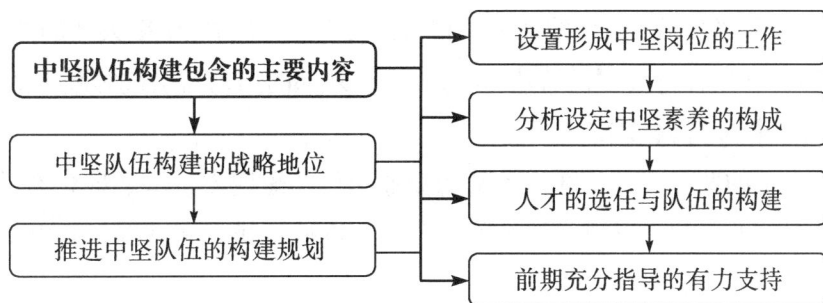

图 3-5-5-2　中坚队伍构建包含的主要内容

（一）中坚队伍构建的战略地位

为全局高质量进程或成就提供最为坚强的支持，是中坚人才选任及其队伍构建，最为根本的方向与目标。因此，卓有成效地推进组织中坚队伍的构建，领导人必须能够全面准确地辨识并界定，中坚构建在全局战略工作中的地位，与其他战略因素及其各领域或环节工作的关系，必须或可以投入的各种资源力量，以及主要的负责或责任人员与机构。

（二）推进中坚队伍的构建规划

中坚队伍的实力，对于组织的全局及其各环节工作运行的进程，具有普遍关键的决定性影响。因此，在组织全局战略规划，及其各重要领域工作的专项规划中，都必须包含相应中坚队伍的构建规划。通过相应的规划，以明确中坚队伍的构建在整体工作中的地位，以及与其他各项重要工作的关系。同时，还必须设置或界定中坚构建工作的目标，推进的方式、程序与计划，以及投入的资源、相关运行的责任等重要因素。

不仅如此，中坚队伍构建工作的本身，通常还涉及各专业环节或岗位人员的构成与关系，及其不同运行阶段的变化。因此，对于组织运营发展或诸多中坚成员参与的长期复杂工作，普遍需要进行中坚队伍构建的专项规划。实践中，缺乏中坚构建的方向、路线与目标，及其运营方案、保障措施等规划全局思维的有力支持，组织运营或相关专业环节工作的推进质量必将受到显著的制约。

（三）设置形成中坚岗位的工作

建立在组织全局战略规划，或者重要领域工作专项规划基础上，中坚构建规划最为关键的任务，就是通过对整体内外环境、运行方式、重要环节等因素全面准确的辨识和设置，有效地把各项重要工作与中坚人才进行密切地联结，并以此形成组织各项重要的中坚岗位。

（四）分析设定中坚素养的构成

中坚人才的整体职业素养，无不对工作的运行进程或推进质量，具有极其关键的决定性影响。因此，根据全局规划设置的中坚岗位，及其所需承担的工作任务与职责，对相应岗位中坚人员的职业素养进行深入的分析与准确地设定，并以此形成完整的岗位或职务说明书，就成为组织中坚构建整体工作中的重要任务。

（五）人才的选任与队伍的构建

任何背景下，高素质的优秀人才，都是工作高质量推进最为坚强、最具关键的决定性力量，并以此而普遍成为最为宝贵和稀缺的资源。因此，在尽可能广泛的范围中，采取一切积极的手段或途径，辨识选任贤能的优秀人才，并以此卓有成效地构建起坚强的中坚队伍，无不成为广泛领域中的卓越组织领导,最为重要的方式、强大的动力和根本的任务。实践中,中坚人才的选任和队伍的构建,通常包括相关人员或机构的推荐、内部的培养与选拔、外部的招聘与引进等基本的途径或方式。

(六)前期充分指导的有力支持

即使最具精明强干的贤能人才,在进入新的职业岗位的短期内,也极难立刻对岗位内外各种复杂因素、关系及其存在的变化,形成足够全面、深入、准确地辨识和掌握,并以此对更为广泛范围中的全局,创造积极而坚强的支持力量。

因此,在岗位工作推进的前期,对新近选任的中坚人员,予以足够充分的职业指导,就普遍成为领导人把各类专业人才卓有成效地转变为坚强的组织中坚,从而高质量地构建中坚队伍一项不可或缺和轻视的重要工作。

二、相关人员或机构的推荐

中坚人才的素养,通常涉及诸多复杂因素的构成,因此,他们的有效选任,往往都会包含人才自荐在内的各种形式的推荐。实践中,由于推荐人通常对相关人才和组织双方,都有着较为全面与深入的了解,因而相关人员或机构的推荐,普遍成为人才选任成功率最高的一种形式。

在推荐选任过程中,推荐人得到组织的足够信任,以及能够承担起相应的推荐责任,通常成为推荐成功的重要影响因素。实践中,组织采取推荐的方式还必须能够有效预防宗派或利益集团的形成(图3-5-5-3)。

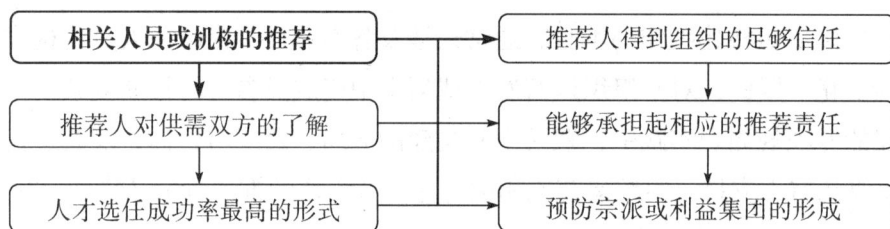

图 3-5-5-3　相关人员或机构的推荐

(一)推荐人对供需双方的了解

组织的运营,通常汇集着众多内外人员或机构的活动和参与。对于全局进程至关重要资源力量的中坚人才,由他们向组织进行推荐,在激烈竞争或潜在高质量人才较为匮乏的环境中,已日趋成为组织中坚构建的重要途径。

在中坚人才的推荐中,推荐人通常都具有较为成熟的职业与人才的辨识思维才能,并对供需双方都有着全面深入的了解,事先也必然会对双方的状况与需求进行详细的对比和匹配。譬如,个人的品行特征、专业特长、职业愿望、行为力量等职业因素;组织的基本信念、价值观,业务推进的目标、方式与状况,亟待提升的工作需求和相应岗位的待遇;个人胜任工作及其组织接受加盟的可能性等情况,都必然会在推荐之前进行较为全面而深入的分析、对比与判断。

(二)人才选任成功率最高的形式

由于中坚人才真实的职业素养,通常涉及短时及其浅显的考察验证方式,难以充分准确予以判别的诸多复杂因素,而在人才的推荐中,推荐人对相关人才深层次素养的构成,及其组织运营发展的需求都较为全面深入的了解。因此，广泛的实践中，**推荐的途径**，一直成为各类组织中坚人才选任及其队伍构建，成功率最高的一种方式。以至于历史上所有创造令人瞩目业绩的卓越人才，在登上重要职业岗位的关键时刻，身后总是耸立着一个或隐或现却极其强大而重要的人物。

事实上，历史上所有创造令人瞩目业绩的卓越人才，在登上重要职业岗位的关键时刻，身后总是耸立着一个或隐或现，却极其强大而重要的人物，以至时至今日，管仲身后的鲍叔牙，韩信身后的萧何，诸葛亮身后的徐庶，岳飞身后的宗泽，无不成为人们令人津津乐道的成功推荐人才的典范。

（三）推荐人得到组织的足够信任

推荐工作的成立或形成，通常需要具备推荐人得到组织，或者领导人充分信任的重要前提。对推荐人的信任，通常包含两个方面的基本内容。一是其具备的品德。必须确信其能够站在公正、客观的立场进行推荐，而不是为了谋取其他的不当利益；二是其具备的职业和人才的专业能力或素养。确信其能够对组织及个人的状况、需求，形成足够深入而准确地辨识，以有效实现双方之间的良好匹配。

（四）能够承担起相应的推荐责任

推荐的方式，不仅具有选任人才对象分布范围广泛，推荐人对双方全面准确了解等重要有利因素，而且无论是否与组织存在明确的约定，推荐人都不同程度或方式地承担着，推动和激励所推荐的中坚人才，积极工作努力进取的举荐责任。事实上，有效承担起积极的举荐责任，普遍成为人才推荐成功重要而强大的推动力量。

（五）预防宗派或利益集团的形成

对中坚人才选任的推荐方式，尽管存在着诸多积极有利的因素，但正如任何事物，都必然存在正反两方面的属性；对中坚的推荐方式，也存在着组织运营中的宗派或利益集团形成的显著负面风险。

这种负面因素或状况的形成，推荐人通常居于绝对主导的地位。他往往示以推荐的行为，而换取被推荐人对其个人忠诚的承诺，以维护其个人或宗派小团体的利益，从而给整体组织造成严重的侵害。以至于有些组织在一定特殊时期或背景下，不得不明令禁止这种中坚人才选任的有效方式。

三、组织内部的培养与选拔

内部的培养与选拔，是组织中坚人才选任或队伍构建，普遍采取的一种重要方式。这种方式通常能够体现，人才与组织双方情况彼此深入了解和掌握，便于各环节工作间的密切协调与合作，以及利于激发强大团队士气和员工职业进取动力等优势。然而，这种方式卓有成效地推进，必须能够真正选拔出众望所归的高质量优秀人才。否则，组织思维方式的僵化及其内部派系的形成几乎是极难避免的必然（图3-5-5-4）。

```
                                          ┌──────────────────────────┐
                                       ┌─→│  便于工作的密切协调与合作  │
                                       │  └──────────────────────────┘
┌──────────────────────┐              │  ┌──────────────────────────┐
│  组织内部的培养与选拔  │─────────────┼─→│  利于激发团队士气和进取动力 │
└──────────────────────┘              │  └──────────────────────────┘
           │                          │  ┌──────────────────────────┐
           ↓                          ├─→│  必须选拔众望所归的优秀人才 │
┌──────────────────────────┐          │  └──────────────────────────┘
│  人才与组织彼此的了解和掌握 │──────────┤  ┌──────────────────────────┐
└──────────────────────────┘          └─→│  思维僵化与内部派系的形成  │
                                          └──────────────────────────┘
```

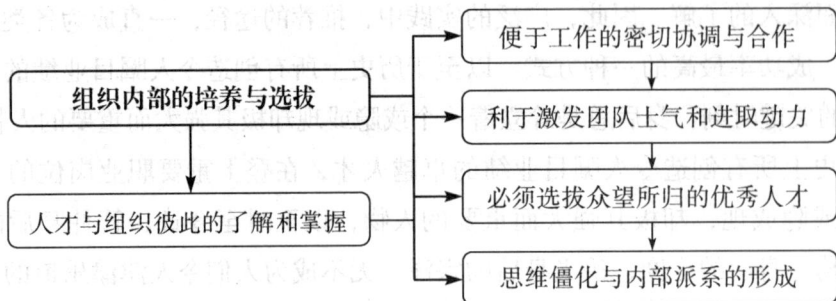

图 3-5-5-4　组织内部的培养与选拔

（一）人才与组织彼此的了解和掌握

任何组织运营进程中，总会涌现出若干职业表现优异，整体素养过硬，能够有效承担中坚力量的优秀人才。通过对他们职业表现与素养的全面深入考察，把他们适时提拔到更为重要的中坚岗位，无疑是组织整体运营发展及其能力提升的重要工作。

内部中坚人才的培养和选拔，由于人才与组织彼此间相互的深入了解和掌握，中坚人才进入新的中坚岗位后，通常都能够迅速地适应或肩负起相应的工作职责。即使人才素养与职责之间的匹配存在较大的偏差，组织进行内部的重新调整也极为方便。因此，中坚人才的内部选拔普遍成为广泛领域中组织优先采取的重要方式。

（二）便于工作的密切协调与合作

内部培养与选拔的中坚人才，由于对团队的文化、价值观，以及整体工作运行的方式、程序，都具有较为深入的理解或掌握，尤其是积极优良的工作表现，通常都能够在团队中，建立较高的职业威信及其广泛深厚的情感基础。因此，对他们的选拔任用，无疑能够更为有效地推动组织各环节工作的密切协作和积极支持，从而全面提升组织整体的运营能力。

（三）利于激发团队士气和进取动力

通过培养与考察，把具有高质量职业素养和表现的优秀人才，选拔到更为重要的中坚职业岗位，无疑将会积极激发整体团队的士气和员工的职业进取动力，显著增强组织的凝聚力量。为此，玛丽·阿什曾极力提倡从组织的内部选拔中坚人才："管理良好的公司往往从员工中提拔经理人员，而不是到外面招聘。事实上，一个公司经常去外部招聘经理人员是公司走向衰落的一个征兆。员工的士气可能受到打击，人们会变得不自在并想'不管我多么卖力，外来者总会夺走我想争取的职位。'"

事实上，矢志更高价值的职业岗位，普遍成为人们职业素养发展及其优良职业表现，极其重要而强大的动力。内部中坚人才的培养与选拔，亦已日趋成为广泛领域中组织卓有成效地帮助和推进员工职业规划与发展的重要途径。

（四）必须选拔众望所归的优秀人才

内部中坚人才的培养与选拔，普遍成为组织基本信念与核心价值观，极其关键的行为体现。实践中，无论组织宣称拥有怎样的高尚信念或价值观，但通过对中坚人员的选拔，才无不充分淋漓地向人们昭示，究竟具备怎样的思维原则、行为表现和情感倾向的人员，才会真正得到组织的信任和青睐。

因此，组织选拔的中坚人才，必须是众望所归的优秀人士。否则，被选拔之人难以承担中坚岗位职责事小，而因此扭曲了组织的基本信念与核心价值观，摧残了整体团队的公正与良知，无疑将会给组织的锦绣前程，造成难以估量的伤害。

（五）思维僵化与内部派系的形成

卓有成效地培养高素质的中坚人才，无不成为组织运营极其重要而坚强的核心力量，并普遍受到领导人的广泛期待或向往。然而，对于复杂多变环境中长期运营发展的组织，如果过于强调单一的内部选拔，日积月累、年复一年，既定的运营模式、程序与价值观，无不极易酿成整体中坚队伍思维僵化、思想保守的严重缺陷。显然，在日新月异、瞬息万变的内外环境中，组织必将因此而产生巨大的运营风险。

内部的选拔，还时常容易产生各种思维或利益的派系与山头，并在一定背景条件下，形成任何领导人都不愿看到且难以应对，团队内部思维或利益派系矛盾激烈冲突，严重削弱整体组织强大运营力量极其危险的严峻局面。

四、组织外部的招聘与引进

在变化与发展日趋成为运行主流的环境中，组织的外部招聘与引进，已日益成为中坚人才选任和队伍构建的重要方式。外部的招聘与引进，具有中坚人才选任广阔空间范围的显著特点。新的思想与风格外部人才的加盟，通常能够显著增强整体组织的运营活力，快速提升解决或应对各类疑难问题的专业能力。

然而，短期内对外部人才深层次素养的准确考察与辨识，无疑是项极其艰难的挑战，而他们高质量肩负起组织中坚的职责，通常又需要一定工作的适应过程。这样的基本背景，无疑显著增加了外部招聘与引进中坚人才的工作难度（图3-5-5-5）。

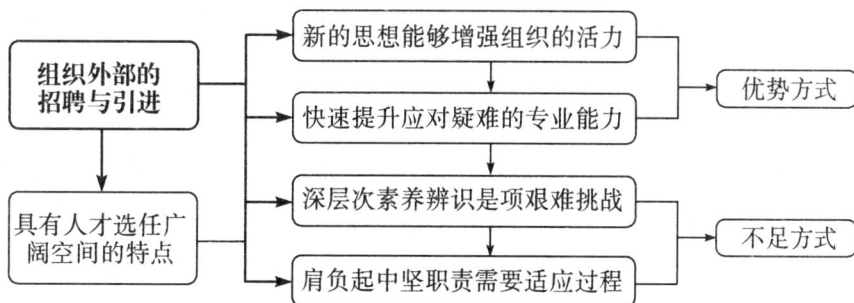

图 3-5-5-5　组织外部的招聘与引进

（一）具有人才选任广阔空间的特点

任何有机体旺盛的生命力，无不极其关键而显著地体现为，能够通过外部积极资源因素的准确辨识，充分有效地转化为自身肌体的有机构成，及其运营发展的强劲动力。因此，深入准确地辨识外部环境中，所存在的对自身高质量进程或成就，至关重要的专业人才，并有效构建形成运营发展的坚强中坚力量，无不成为组织旺盛生命力，以及整体强大运营能力的核心体现。

实践中，外部人才的招聘与引进，具有显著扩展组织选任人才的空间范围，有效超越自身既有人才所存在各种局限的优势。因此，在各种变化日趋成为运营主流，各类人才素养日显关键价值的背景下，外部的招聘与引进正日益成为各类组织中坚的选任及其队伍构建发展的重要途径。

（二）新的思想能够增强组织的活力

复杂多变的环境中，通过长期的学习或实践的思考所形成的思想意识，无不对人们高质量辨识事物的智慧才能，具有极其关键的决定性价值。事实上，面对相同的事物表现的信息，通过不同层次思想体系头脑的思维作用，通常能够形成显著差异的应对策略或方式。

不仅如此，人们不同的行为风格，在相同的应对策略或方式背景下，时常会形成差异极大的推进进程或成果。因此，思想意识和行为风格，普遍成为组织中坚人才或队伍，整体职业力量极其关键的决定性因素。实践中，外部高素质中坚人才的引入，往往能够为组织注入内部人才的选拔难以实现的，更为积极的新的思想意识和行为风格，从而显著增强组织整体的运营活力与发展能力。

（三）快速提升应对疑难的专业能力

组织更高质量的运营发展，时常显著地受限于若干关键或重要的环节，所存在的艰难挑战及其应对力量的薄弱。高素质的专业人才，无疑是有效应对各类专业疑难挑战，最具坚强的力量和关键的因素。因此，当组织凭借现有的力量，难以卓有成效地辨识或应对，运营发展进程中复杂艰难的专业性挑战，外部高素质人才的引入，无疑成为快速提升相应专业能力的重要途径。

（四）深层次素养辨识是项艰难挑战

真正对中坚人才的职业进程或成就，具有关键决定性价值的核心素养，通常隐含在他们头脑思维意识的最深处。它们绝不是通过一张学历证明，一纸职业简历，若干场景模拟，几次当面问答，或者其他想象而设计的方式，就能够予以充分而准确的识别。

事实上，对于外部招聘与引进人员深层次素养的准确考察，一直成为普遍困扰广泛组织及其领导人的艰难挑战。因为任何短期或专项的测评或考察，都难以真正全面掌握中坚人才深层次的素养构成。于是，组织的实践中，时常就会出现把引入的中坚人才，置于普通岗位则难以充分展示高质量的职业素养；直接进入重要中坚位置，又需要冒有他们难以胜任坚强中坚职责较大风险的普遍尴尬。

（五）肩负起中坚职责需要适应过程

即使最具精明强干的优秀人才，进入全新的组织或团队的环境中，实现对全局战略背景的充分了解，专业环节运行方式、程序与重点的足够掌握，并以此创造专业环节高质量的运行进程，及其与关联环节工作的密切协作，从而展示出坚强的中坚力量，广泛的实践中，无不需要一定职业岗位的熟悉、辨识或适应的过程。

因此，领导人如果无视复杂背景下，新进人才卓有成效地承担起艰难的中坚职责所必须依据的适应过程，短期内难有出色的表现，而对人才的素养予以轻易的全盘否定，那么，组织必将极易丧失高素养的优秀人才，自身的职业进程或成就也必将受到极其显著的限制。

五、职业忠诚与进取的动力

中坚人才及其队伍强大力量的展示，通常受到诸多复杂因素的重要影响。深入辨识并积极创造，中坚人才智慧才能充分展示的坚强动力，无不成为广泛领域中组织及其领导人，运营能力与职业责任的重要体现。

实践中，密切融入组织的高度忠诚，是中坚人才高质量职业进程与成就，最具坚实的基础；奋发进取的积极意识和顽强意志，则是强大中坚力量卓越创造，最为坚强的动力。为此，组织及其领导人必须努力为中坚人才，提供高质量的思维意识及其行为动力，积极教育和激励的坚强支持，并以全局力量与价值创造的标准，客观公正地评价他们的职业表现（图3-5-5-6）。

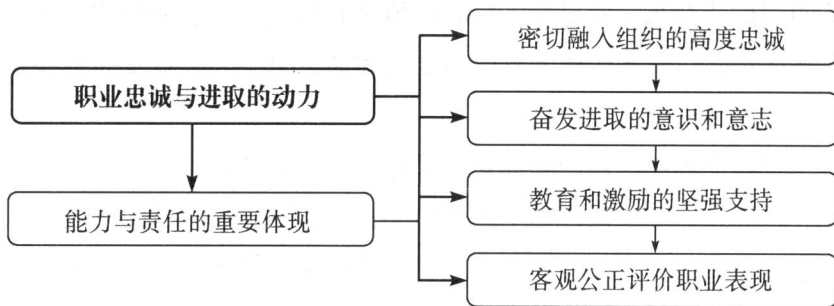

图 3-5-5-6　职业忠诚与进取的动力

（一）能力与责任的重要体现

通过一系列考察或选任的程序，把潜在的人才推上中坚岗位。就此，许多组织或领导人，时常会存在一个极其严重而危险的误解：因为是高素质的人才，任何背景下都必然能够高质量地应对各种复杂艰难的职业挑战，并以此卓有成效地肩负起坚强的中坚职责，自身无须再为其承担任何薪水以外的责任。

于是，通过各种精心手段谨慎挑选的中坚人才，却往往表现得差强人意。组织陷入月复一月、年复一年中坚构建的泥潭而难以自拔的现象，也普遍地存在于各类组织的运营进程中。任何人才所具备的高质量素养及其选任的方式，都无不受到他们的强烈质疑。

事实上，任何高素质的中坚人才，如果缺乏足够强大的情感与行为动力的坚强支撑，尤其是对组织的高度忠诚和强烈的职业进取意识的有力推动，那么，他们任何背景下的职业智慧才能，都必将受到极大的限制。因此，组织及其领导人必须能够足够深入而充分地辨识，自身在中坚人才强大情感与行为动力，积极铸就和展示上所应承担的关键责任，并以此展现出坚强中坚队伍构建的强大力量和卓越才能。

（二）密切融入组织的高度忠诚

任何背景下，展示出坚强的中坚力量，组织中坚无不需要牢固地确立自身所有的职业才能与价值都必将取决于对组织更高质量全局，积极支持和推动的成熟思维意识，并以此坚定地推动自身密切地融入组织的运营发展，铸就和体现对团队高度的职业忠诚。

实践中，缺乏对组织高度忠诚的有力支撑，在复杂艰难的职业环境下，中坚人员必将难以足够坚强地承受或应对，各种职业的诱惑、失望或委屈的侵扰，从而卓有成效地肩负起独当一面或中流砥柱的中坚核心职责。

（三）奋发进取的意识和意志

广泛的实践中，奋发进取的积极意识和顽强意志，是人们一切高质量职业进程或成就卓有成效创造最具强大的推动力量。面对各种复杂艰难的职业挑战，如果缺乏睿智的进取意识或顽强的奋发意志，足够坚强而有力的支撑，没有任何人能够真正展示并保持强大的职业智慧和才能。因此，推进中坚人才积极进取意识和顽强意志的牢固铸建，无不成为他们自身及其组织与领导人共同面临的极其关键而艰巨的任务。

（四）教育和激励的坚强支持

铸就对组织的高度忠诚及奋发进取的积极意识和顽强意志，从而展示出坚强的职业智慧和力量，中坚人才必须得到组织的使命与共同愿景、核心价值观和积极文化、战略的方向与路线，及其形成背景足够深入剖析和阐释，以及密切融入整体组织的团队，对个人职业及其发展价值，积极引导与教育的有力支撑。

同时，还需要充分指明组织当前的整体运营优势与不足环节，及其存在的内外机遇和挑战，以及中坚成员所需承担的职责，在全局进程中的地位和价值，可能存在的困难及其正确的思维与行为方式。通过整体的教育和激励，必须使得中坚人员头脑中，清晰地呈现出未来工作的艰难挑战，正确的思维与行为方式，及其高质量职业素养和价值的全景画面。

（五）客观公正评价职业表现

卓有成效地推进中坚人才对组织的高度忠诚，及其奋发进取的积极职业表现，组织及其领导人还必须特别注意，需要始终坚持以中坚人才，全局力量与价值的创造标准，对其职业表现予以客观公正的评价。

中坚人才的全局力量与价值，通常并非是指某些专项性的运行绩效，而是更为关键和积极地体现为，复杂艰难背景下，全局运营发展的方向、路线及其核心价值观的坚定执守。实践中，背离职业表现全局背景下，客观公正的正确评价准则无疑将会严重削弱中坚人员对组织的忠诚及其职业进取的动力。

六、构建的重点与难点环节

中坚人才的选任及其队伍的构建，是广泛领域中组织高质量运营，极其关键而艰难的工作。它的卓有成效推进，无不需要领导人充分依靠中坚力量，睿智成熟的职业思维意识，牢固立足于组织内外实际的构建规划，及其在更为广阔的范围中争取高素质人才的坚强支撑。同时，组织及其领导人，还必须努力为中坚人才职业智慧才能的充分展示提供各种积极的资源条件，以及高质量的职责指导与激励的有力支持。

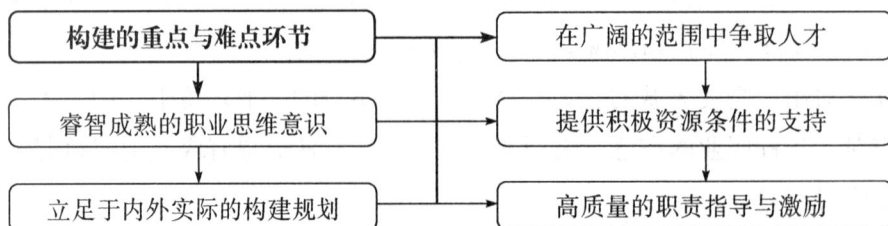

图 3-5-5-7　构建的重点与难点环节

（一）睿智成熟的职业思维意识

没有足够坚强中坚队伍或力量的有力支撑，就没有真正卓越的组织领导。任何背景下，领导人都必须牢固铸建，坚强的中坚队伍和力量，是自身高质量职业进程或成就，最具关键决定性因素睿智成熟的思维意识。

正如旋拧螺钉或者攀登高峰，螺丝刀与登山鞋是它们成功实现的重要因素。中坚队伍或力量，也是领导人成就事业、攀登高峰不可或缺并具决定性影响的重要资源。事实上，领导进程中所遭遇的各种复杂艰难挑战，普遍与中坚队伍整体力量的薄弱存在着密切的关联。

因此，当组织的全局或某些重要的运营环节，出现了严重的困难并难以足够坚强地应对；具备了良好的内外条件，组织的全局或重要环节质的突破，却总是难以卓有成效地实现。这种背景下，领导人必须客观深入地辨识和评估现有中坚队伍所拥有的真正实力，并以此积极考虑增补或重新构建更具坚强力量的中坚队伍。

（二）立足于内外实际的构建规划

中坚人才及其队伍的实力，对组织的全局进程与高度，具有极其关键的决定性影响。同时，它的构建还普遍涉及组织不同专业环节工作，以及相互作用影响与运行变化发展的具体要求。因此，中坚构建工作卓有成效地推进，必须牢固地立足于组织内外环境的具体实际，以高质量的全局思维进行整体工作的规划。

实践中，中坚队伍构建的规划，通常需要以组织各环节工作高质量推进或发展，主要运营阶段所需的中坚人才构成，及其整体的素养结构为基础，并充分辨析和考虑内外环境中，可能提供的潜在中坚人才的实际状况。再根据组织所能提供的资源条件，密切联系人才需求和供给的实际，形成构建工作整体方向、路线、目标的规划方案。

（三）在广阔的范围中争取人才

高素质的中坚人才，是一切组织高质量运营发展，极其强大的力量和宝贵的资源。脱离真正的实践价值，设限特定的范围、形式辨识与选任人才，无不极易丧失获取强大力量和宝贵资源的重要机遇。因此，组织应该以更为开阔的运营思维，在更为广阔的范围中，以各种积极有效的方式，寻求并争取所需的高素质人才，而不宜臆断各种并无真正实践价值的限制条框。

（四）提供积极资源条件的支持

中坚人才职业智慧与才能的展示质量，通常受到资源条件的重要影响。因此，组织及其领导人应该根据所需承担的任务，努力为中坚人才提供积极资源条件的有力支持。

通常，组织所需提供的资源，不仅应该包含必要的物资有形资源，而且还更为重要地体现为中坚工作高质量推进，所依靠的各种专业技术和管理方式构成的无形资源。中坚职责卓有成效地承担，普遍需要相关联环节运行的密切协作，以及专业环节运行方式的自主决策，及其各类工作资源的有效支配，责任与权力高度统一重要条件的有力支撑。

（五）高质量的职责指导与激励

对中坚人才高质量的职业进程，展示卓有成效地指导与激励，广泛的实践中，无不成为组织的积极领导，极其关键的核心职责和任务。根据组织的内外环境及其运营发展的需求，在中坚人才的选任及其队伍的构建中，领导人通常需要在头脑中清晰地勾勒出一幅幅中坚职业表现的画卷。显然，画卷的准确描绘，无不是项极其复杂而艰难的智力挑战，但它们确实又是展示卓越领导的关键基础，及其领导远见与才能的核心体现。

　　领导人对中坚人才的职业指导，总是依据组织内外环境中，各种重要资源因素的运行变化，及其头脑中所构建的中坚表现的画卷，明确告知他们需要通过怎样的积极方式才能高质量地推进或创造优异的职业进程。

　　同时，领导人还需要向中坚人员，足够充分地明示他们高质量的职业进程可能遭遇的内外艰巨挑战，以及他们积极超越各种艰难险阻，所存在的强大潜在智慧与力量，及其充分展示的有效途径。事实上，领导人对中坚人才职业智慧与力量，耐心地启迪和充分地肯定，无不成为他们敢于迎接一切职业艰辛挑战最具坚强的精神与行为动力。

第六章

中坚队伍力量的积极发展

卓越领导的重要途径和核心任务

中坚人才，是组织运营发展各类资源及其关系与变化中居于核心地位的决定性因素；中坚队伍，是组织各项专业环节的运行或协作，整体水平与质量关键的决定性力量。因此，卓有成效地推进中坚人才队伍及其力量的积极发展，不仅成为组织运营持续高质量进程或成就进行远见卓识创造的根本保障与关键工作，而且也是广泛领域中组织的卓越领导睿智坚强展示的重要途径和核心任务。

成熟积极地推进组织中坚队伍及其力量持续高质量的发展，广泛的实践中，无不需要对其形成的关键与必要性背景睿智成熟的思维，以及所需采取的主要途径或方式，卓有成效辨识和掌握坚强有力的支撑。同时，还必须能够站在组织全局睿智积极的立场，远见卓识地洞察或识别中坚人员职业进程中，可能存在的若干极具危害的重要素养缺陷，并以此采取更为积极有效的发展应对措施。

中坚人才高质量的职业进程及其中坚队伍的强大力量，睿智坚强地铸建或展示，任何背景下，无不需要他们头脑中把组织的全局利益，牢固置于职业思维与行为至高无上核心地位原则的有力支撑。卓有成效地肩负起艰巨的中坚职责，任何时刻及环境中，中坚人员都必须能够坚定、昂首地行进在队伍的最前列，并以此根据组织运营内外环境的不断变化，积极主动地推进辨识与应对各种机遇或挑战实践素养的持续提升（图 3-6-0-1）。

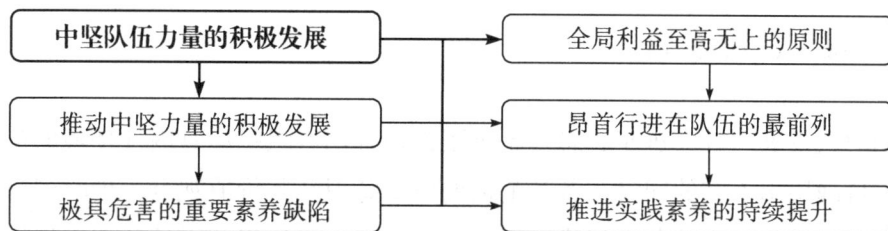

图 3-6-0-1　中坚队伍力量的积极发展

第一节　推动中坚力量的积极发展

领导职业素养与价值的关键体现

中坚的力量与才能，从根本上决定着组织各项工作的运行质量和进程。卓有成效地推进中坚力量的积极发展，领导人必须在头脑中牢固铸建发展必要性的成熟意识和职业远见，并以此远见卓识的辨识，推进中坚力量发展在自身职业进程或成就中的核心地位，从而成为整体领导素养与价值的关键体现。

承担独当一面或重要职责的中坚人员，普遍面临着各种极其复杂而艰难的职业挑战。持续高质量推进中坚力量的积极发展，领导人还必须能够根据组织运营发展的内外实际，创建一系列行之有效的完善制度与文化的体系，以对此形成足够坚强有力的支持。

不仅如此，为中坚人才营建良好的职业发展环境，也是领导人普遍需要承担的重要职责。高质量推进中坚力量的发展，领导人还必须能够密切关注中坚人才，在各种复杂环境中的职业表现，并以此及时提供偏差预防的提醒、挑战应对的支持、职业进取的推动，以及素养提升的总结等卓有成效的指导和帮助（图 3-6-1-1）。

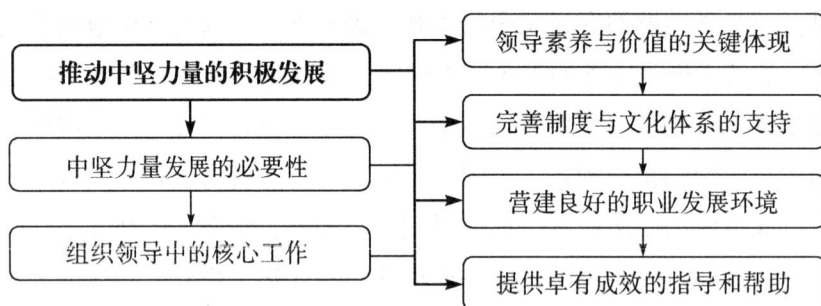

图 3-6-1-1　推动中坚力量的积极发展

一、中坚力量发展的必要性

永不停滞的时代发展与社会进步，总是不可阻挡地推动着组织运营内外环境的持续变化。在各种新的复杂艰巨挑战层出不穷的同时，各类消极的思维意识及其价值观点，也时刻可能会给中坚人才坚强的职业力量，带来极大的负面侵扰。因此，为了有力确保复杂内外环境中组织全局战略积极推进的强大力量，充分展示组织领导与管理坚强支持、密切融合、高度统一的卓越实践，从而卓有成效地创造组织高质量的运营进程和成就，领导人必须把中坚力量的发展，牢固地置于一切工作的关键与核心位置（图 3-6-1-2）。

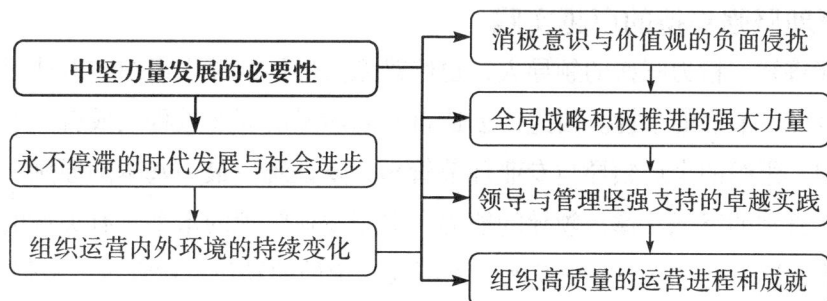

图 3-6-1-2　中坚力量发展的必要性

（一）永不停滞的时代发展与社会进步

卓有成效地引领组织持续高质量的运营发展，领导人必须能够以足够广阔和深刻的辨识思维智慧，成熟地识别永不停滞的时代发展与社会进步，总是以锐不可当的最为强大的力量，扫荡着一切逆向运行、停滞不前或缓慢蠕动的事物或团队。事实上，时代与社会进步的强大力量，已经使得无数曾经辉煌灿烂的组织变得黯然失色、令人交口称赞的瞩目团队退出了表演的舞台。

广泛的实践中，清晰辨识时代与社会的潮流方向，只是领导人必须完成的一项关键任务。创造组织坚强的前行动力，以跟上时代或社会的行进步伐，则普遍成为领导人所面临的更为长期而艰巨的挑战。

（二）组织运营内外环境的持续变化

随着时代与社会日新月异的快速发展，组织运营的内外环境，必然会呈现出任何力量都难以阻挡的持续变化。实践中，内外环境的持续变化无不普遍推动形成了，组织运营发展外部机遇或挑战的日趋明显增多，并展现为更具全局深远影响的强大力量；内部专业化运行日益深入复杂，相互间密切协作的水平与质量，对全局的进程或成就更具重要影响的显著特征。

推进组织准确辨识与应对外部机遇或挑战，内部专业化运行及其密切协作能力的持续提升，并以此卓有成效地创造全局高质量的进程或成就，显而易见，必将日趋倚重中坚队伍，与时俱进的强大整体力量。因此，复杂多变的环境中，中坚队伍及其积极发展的整体力量，已普遍成为组织兴衰荣辱极其关键的决定性因素。

（三）消极意识与价值观的负面侵扰

随着整体社会及其组织运营，各类交往的日趋广泛与深入，人们各种文化意识与价值观念，也日益呈现出更具深远的相互影响。这种背景下，拥有较高的职业智慧与专业才能，掌握着极其重要的组织资源力量，承担着极为关键岗位职责的中坚人才，一旦受到极其消极的文化意识与价值观念的严重侵扰，无疑将会成为整体组织高质量运营发展，最具显著的侵蚀性力量。

（四）全局战略积极推进的强大力量

各专业或局部运行环节，及其相互间的密切协作，任何背景下，无不成为组织全局战略积极推进的基石。而专业局部环节的运行，以及相互间支持协作的水平或质量，又从根本上取决于肩负各环节重要职责的中坚人才，能否通过自身整体职业素养的持续发展，以更高质量的专业及其全局思维，对相应工作予以更高水平地辨识和推进。因此，中坚队伍卓有成效的发展，普遍成为组织全局战略的积极推进最为根本与强大的力量保障。

（五）领导与管理坚强支持的卓越实践

即使最具贤能睿智、精力旺盛的领导人，也绝难亲身经历或深入组织各专业运行环节的工作，并对其形成足够全面而准确的掌握。因此，创造自身高质量的职业进程或成就，领导人必须能够深入洞察和成熟辨识，组织的全局领导与专业环节管理，辩证统一最为基本的原则：卓越的领导，必须得到高质量专业管理的坚强支撑；领导的能力，对于专业管理的水平具有关键的决定性影响。事实上，卓有成效地推进中坚力量的持续发展，无不成为全局领导与专业管理，坚强支持、密切融合、高度统一的卓越实践，极其关键的途径和强大的动力。

（六）组织高质量的运营进程和成就

广泛的实践中，组织任何专业环节工作的高质量运行，及其相互间的密切协作，无不需要得到足够强大中坚力量的有力支持。因此，中坚力量的积极发展，普遍成为组织高质量的全局进程与成就，强大的推动力量和关键的决定性因素。反之，缺乏中坚力量卓有成效提升和发展的坚强支持，在日趋复杂艰难的挑战中，没有任何组织能够有效创造并持续保持卓越的运营进程。

二、组织领导中的核心工作

组织高质量领导的卓越创造，无不需要依靠中坚力量准确辨识与应对，各种内外资源因素及其相互间的关系和变化，并借以中坚人才有效推动各项专业运行能力的持续提升。

同时，战略领导进程中，任何高质量的战略识别与规划，都必须经由中坚成员的积极参与；任何高质量战略的实施与推进，都必须依靠坚强的中坚队伍才能积极实现；任何高质量的战略验证和调整，都必须依据中坚队伍的实际能力予以有效推行。因此，任何背景下，领导人都必须努力把中坚力量的积极发展，成熟牢固地置于自身整体职业的核心位置（图3-6-1-3）。

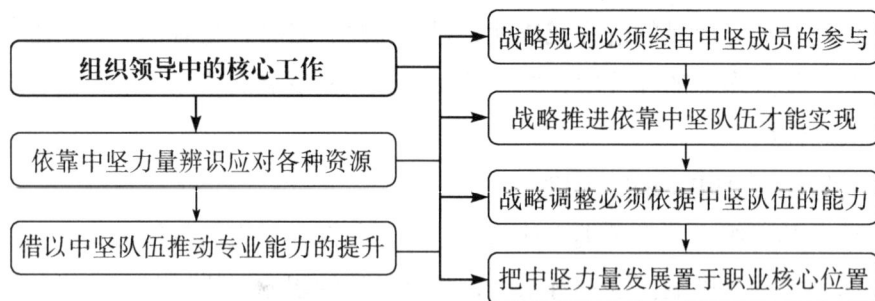

图 3-6-1-3　组织领导中的核心工作

（一）依靠中坚力量辨识应对各种资源

组织运营的实质，就是通过对内外环境各类专业资源或因素足够深入而准确的辨识，创造并运用各种积极有效的专业化手段或方法，推进它们的充分作用或高效融合，以形成并实现更高价值的产品或服务。实践中，专业资源因素的准确辨识，专业化方法的积极创造与运用，专业资源密切作用融合的高质量推动，以及产品服务价值的最终实现等，各重要环节工作卓有成效地推进，领导人无不需要依靠强大中坚力量的坚强支持。

（二）借以中坚队伍推动专业能力的提升

卓有成效地推进组织整体运营能力，持续高质量的发展，是领导人任何背景下，都必须有效承担的极其关键的核心职责，也是他们普遍面临的极其艰难的职业挑战。实践中，有效推进组织整体运营能力的持续提升，领导人无不需要借以中坚力量的积极发展，推动和促进各专业局部环节运行能力，及其相互间协作水平与质量的提升而得以实现。

（三）战略规划必须经由中坚成员的参与

高质量的战略识别，必须能够足够深入而准确地辨识，各重要环节运行资源能力的构成，各环节相互作用或联结的关系，以及整体组织内外背景下所存在的变化趋势；高质量的战略规划，必须牢固地立足于组织各重要专业或局部环节，及其相互作用关系与变化趋势的具体实际。

因此，对重要专业或局部环节，及其相互间作用与变化趋势的实际，具有更为深入和准确掌握的中坚人才，积极参与组织的战略识别与规划，已日趋成为复杂的全局环境中，确保其高质量推进不可或缺的重要途径。

（四）战略推进依靠中坚队伍才能实现

战略的实施与推进，是整体战略领导中，最为重要的核心环节和组成。肩负组织各重要运行环节，及其密切协作核心职责的中坚人才，广泛的实践中，他们的职业素养及其智慧才能，无不对战略规划构想或方案的有效实施与积极推动，以及各项战略目标的顺利实现，具有极其关键的决定性影响。

因此，领导人必须牢固构建充分依靠中坚力量，积极推进战略的一切构想与方案、成熟的职业思维意识，并以此努力通过对中坚队伍整体力量卓有成效发展的坚强推动，高质量地创造战略规划构想或方案，实施推进的卓越进程。

（五）战略调整必须依据中坚队伍的能力

战略领导的规划构想或方案，并不总能完美无缺地适合，组织内外环境的具体实际；组织的运营发展进程，时常会显著地偏离原先的预计；内外环境各类资源条件，总是存在诸多事先难以准确识别或预料的不确定的形成、作用及其变化。因此，战略规划及其推进的验证与调整，普遍成为战略领导高质量进程不可或缺的重要组成。

实践中，任何战略方案及其进程的偏差，无不首先从某些最具影响的专业环节运行中得以显著的体现；最具有力的应对方式或措施，无不需要通过相关专业环节的推动，及其相互间的有力支持与密切协作得以有效实现。因此，坚强的中坚力量，是任何战略验证与调整卓有成效地推进最具关键的决定性因素。

（六）把中坚力量发展置于职业核心位置

任何复杂或艰难的环境中，卓有成效地创造自身高质量的职业进程或成就，领导人都必须牢固构建组织或团队的全局，足够成熟而坚定的思想意识，并努力依据对立统一辩证思维极其睿智的方式，深入辨识和把握组织全局与各专业环节运行，相互支持密切统一的核心原则。

在此基础上，领导人还必须能够深入洞察，肩负各环节工作高质量运行发展及其密切协作核心职责的中坚成员，所具备的职业智慧才能及其整体素养，对组织卓越全局进程的关键决定性价值，从而能够积极超越各种纷乱思维或事务的侵扰，极其睿智而坚定地把推动或创造中坚队伍力量持续高质量地发展，牢固地置于自身职业的核心位置。

三、领导素养与价值的关键体现

位居组织全局的责任与权力中心，领导人对整体中坚力量的发展，无不具有极其关键的决定性影响。然而，由于中坚力量的积极发展，通常涉及诸多复杂因素的强烈制约，广泛的实践中，它的持续高质量推进，不仅普遍成为组织卓越领导极其艰难的挑战，而且也是整体领导素养及其智慧才能最具核心的体现，以及领导职业价值充分展示极其关键的途径。因此，领导人必须竭尽所能，努力创建并推进中坚力量积极发展卓有成效的实践路线和成熟模式（图3-6-1-4）。

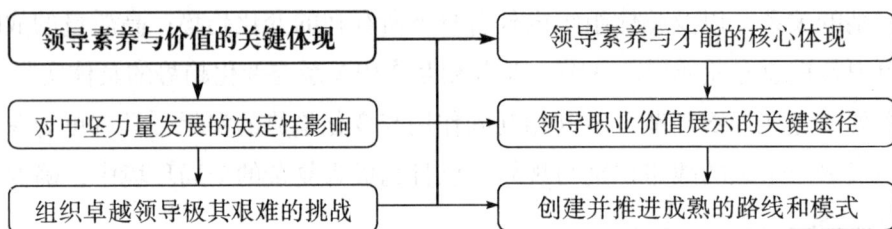

```
┌─────────────────────┐      ┌─────────────────────┐
│ 领导素养与价值的关键体现 │─────→│ 领导素养与才能的核心体现 │
└─────────────────────┘      └─────────────────────┘
          │                            ↑
          ↓                            │
┌─────────────────────┐      ┌─────────────────────┐
│ 对中坚力量发展的决定性影响 │      │ 领导职业价值展示的关键途径 │
└─────────────────────┘      └─────────────────────┘
          │                            ↑
          ↓                            │
┌─────────────────────┐      ┌─────────────────────┐
│ 组织卓越领导极其艰难的挑战 │─────→│ 创建并推进成熟的路线和模式 │
└─────────────────────┘      └─────────────────────┘
```

图3-6-1-4　领导素养与价值的关键体现

（一）对中坚力量发展的决定性影响

肩负着组织全局最为重要的责任，掌握着组织运营最为强大资源的支配权力，显然，领导人对中坚队伍整体力量的发展，无不具有极其关键的决定性影响。事实上，领导人如果对中坚力量的组织全局关键性价值，自身对中坚部属素养的决定性影响，及其有效推进中坚力量积极发展的方法途径，缺乏足够充分准确地辨识和把握，他的职业进程或成就无疑将会受到极其显著的制约。

为此，《管子》曾经作有这样的论述："御民之辔，在上之所贵；道民之门，在上之所先；召民之路，在上之所好恶。故君求之，则臣得之；君嗜之，则臣食之；君好之，则臣服之；君恶之，则臣匿之。"——驾驭民众的方向，在于上面人的重视；引导民众的关键，在于上面人的行为；号召民众的道路，在于上面人的好恶。君主追求的东西，臣下就想得到；君主爱吃的东西，臣下就想品尝；君主喜欢的事情，臣下就想实行；君主厌恶的事情，臣下就想规避。

（二）组织卓越领导极其艰难的挑战

长期以来，卓有成效地推进中坚力量的积极发展，无不成为领导人创造组织高质量全局进程或成就，普遍面临的极其复杂而艰难的挑战。广泛的实践中，最具关键、最有价值、最为坚强的组织领导，无一不是倾尽心力于中坚人才高质量的思想意识，卓有成效的构建与发展。事实上，缺乏对中坚人才所拥有的思想意识，对他们各类职业思维或行为的关键决定性价值，睿智成熟辨识及其持续高质量提升坚强有力的支撑，那么，领导人任何高尚的职业意愿，以及团队积极的运营路线或方式，都必将遭受各种匪夷所思艰难曲折的无尽困扰。

（三）领导素养与才能的核心体现

能够在诸多复杂因素、关系及其变化的组织运营环境中，足够深入准确地辨识人的因素，尤其是位居各重要岗位中坚人才的素养，关键与根本性的决定价值，以及各种因素对中坚人才职业的辨识思维能力、思想意识结构、情感行为动力，整体素养及其变化所存在的重要影响，并以此通过中坚力量及其持续积极的发展，与整体团队中人的因素和内外各种资源条件，密切联结高效作用卓有成效地推进，从而创造组织高质量的全局进程和成就，显而易见，无不需要领导人最具强大的职业素养，及其智慧才能的坚强支撑。

换言之，领导人如果缺乏中坚力量积极发展，关键价值与重要方式足够睿智成熟的辨识思维意识，以及为此所倾注足够强大推动力量的坚强支撑，那么，他的整体职业进程或成就，及其所展示的领导素养与才能，无疑将会受到极大的限制。

（四）领导职业价值展示的关键途径

高质量组织全局进程与成就的卓越创造，无不成为任何背景下，领导人职业价值最为核心的体现。实践中，涉及诸多复杂专业资源因素、作用关系及其运营变化的组织全局，卓有成效地辨识和推进，领导人无疑需要得到足够坚强中坚力量的有力支持。因此，推进中坚力量持续高质量地发展，普遍成为领导职业价值充分展示的关键途径。

事实上，当领导人能够通过中坚力量积极发展卓有成效地推动，铸建起组织辨识和应对，内外一切机遇或挑战整体强大的运营能力，那么，无论貌似多么复杂艰难的环境，都必将能够创造优良的职业进程与成就。反之，则极易使得曾经无比强大的团队，因中坚力量的持续衰退而陷入极度艰难的运营困境。

（五）创建并推进成熟的路线和模式

推进中坚力量持续高质量地发展，复杂艰难环境中，无不成为组织运营与领导实践，极其关键的工作和艰巨的挑战。因此，领导人必须全力以赴竭尽所能，努力根据组织内外环境的具体实际，卓有成效地探索、创建、推进和提升，能够坚强推动全局高质量进程，中坚力量积极发展的实践路线和成熟模式。

实践中，领导人通常需要根据组织整体内外环境的实际，及其全局高质量进程与成就创造的需求，准确辨识与设置中坚人才辨识思维、思想意识及其情感行为动力的素养结构，以及中坚人才在组织中的分布与职责构成。

根据中坚人才的素养、分布与职责的发展路线，领导人还必须能够根据全局高质量进程创造的需求，对中坚力量积极发展所涉及的全局辨识思维、责任与价值意识、情感和行为动力、专业技能提升方式等若干重要环节，依据实践的具体成效，进行制度体系、主流文化及其运行原则的固化，以形成组织中坚力量积极发展的成熟模式。

四、完善制度与文化体系的支持

卓有成效地推进中坚素养的积极发展，领导人必须能够深入辨识并有效运用，制度与文化两种重要因素的力量。实践中，制度通常是中坚力量提升的根本基础，而文化则是中坚素养发展的强大动力。制度与文化力量的充分展示，不仅需要牢固立足于组织运行具体实践是坚强支撑，而且还需要两种因素密切联结与融合的相互支持。制度与文化体系的构建和运用水平，普遍决定着领导人推进中坚力量积极发展的整体才能（图3-6-1-5）。

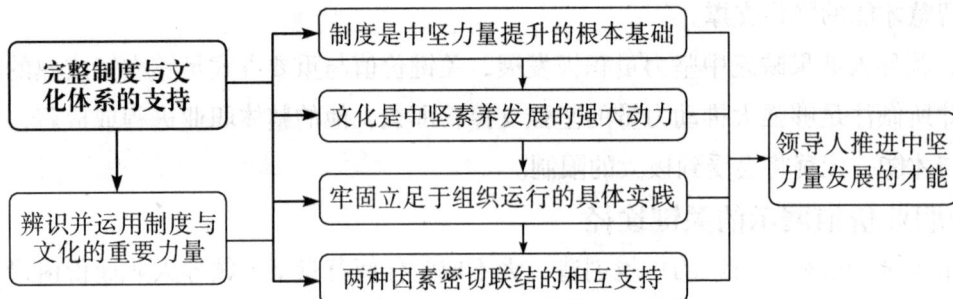

图 3-6-1-5　完善制度与文化体系的支持

（一）辨识并运用制度与文化的重要力量

推动中坚力量持续积极的发展，无不是项对全局具有关键决定性影响的重要工作，以及极具复杂而艰难的战略挑战。因此，任何环境或背景下，领导人都必须努力调动一切积极的资源和力量，构建并运用一切能够采取的有效方式，卓有成效地创造中坚力量发展的高质量进程。

广泛的实践中，高质量制度与文化体系的构建及运行，普遍成为中坚力量积极发展卓越进程，不可或缺的强大力量和重要方式。为此，领导人必须能够深入辨识并积极运用，制度与文化及其相互间的密切联结，对中坚力量发展所产生的坚强动力，并以此限制个人狭隘的思维意识，或一时即兴意念可能产生的严重负面影响。

（二）制度是中坚力量提升的根本基础

长期以来，人们已经日趋普遍而深入地意识到，完善的制度体系无不成为组织中坚力量，持续高质量提升和发展的根本基础。事实上，缺少足够完善并有效运行制度体系的坚强支持或推动，关键、复杂与艰难的全局利益或运营需求，极易被缺乏牢固整体与长远思维意识的中坚人员束之高阁，从而对组织全局高质量的运营发展产生极大的危害。

不仅如此，长期而广泛的实践充分显示，个别身居组织要职的人员，借以局部情况特殊的借口，或者受到极端自私自利意识的驱使，所产生的谋取局部或个人利益的私下行为，不管何种原因，如果得不到及时的制止和严厉的惩处，那么，蚕食组织强健肌体的各种诡异与卑劣行为，必将像瘟疫般在组织体内肆意蔓延，而无不使得曾经繁荣强盛的组织落入分崩离析的惨局。

（三）文化是中坚素养发展的强大动力

积极的文化意识，普遍成为人们高质量的思维与行为，以及整体职业素养积极发展，极其重要而强大的推动力量。以至于在某些特定背景下，人们时常把人的或团队文化素养视作为整体职业素养或运营能力的代名词。

实践中，任何组织中坚力量的发展，如果缺乏成熟牢固的团队全局，自身职业力量或价值的集体背景，积极的自我及其坚定的责任意识，团结互助密切协作的理念，不畏艰辛奋发进取顽强意识等，积极文化价值体系的坚强支撑，它的整体质量或进程无疑将会受到极大的限制。因此，领导人卓有成效地推进中坚力量持续高质量的发展，无不需要积极组织文化体系的有力支持。

（四）牢固立足于组织运行的具体实践

高质量地辨识、创造和运用制度或文化的强大力量，领导人必须能够深入洞察和理解，它们作为组织运营、中坚力量发展或者其他任何重要工作，有效推动强大工具的根本属性。换言之，它们能够成为工作的坚强动力，也必然存在相应的限制性因素，甚至表现为一定背景下的显著负面力量。

事实上，制度在中坚力量发展的推进过程中，时常会成为中坚队伍整体的创造活力，及其卓越人才脱颖而出的重要制约力量；其他组织或地方卓有成效的文化意识，可能成为自身团队高质量全局进程或成就，以及中坚力量积极发展的严重侵扰力量。

不仅如此，正如任何工具积极力量的充分展示，无不需要具备相应的工作条件。任何由人的思维所设置形成的制度与文化体系，都必然存在它们的运行背景及其思维意识上的偏差。因此，充分运用并展示制度与文化体系的强大力量，领导人必须能够足够睿智而准确地辨识，制度与文化，任何背景下，都只是高质量全局卓有成效创造，支持工具的根本属性，并以此牢固立足于组织全局的具体实践，构建或设置积极的制度与文化体系。

《荀子》也曾辨识了法律制度可能存在的不足，并为此作了这样的深入论述："故法而不议，则法之所不至者必废。职而不通，则职之所不及者必队。故法而议，职而通，无隐谋，无遗善，而百事无过，非君子莫能。故公平者，职之衡也；中和者，听之绳也。其有法者以法行，无法者以类举，听之尽也。偏党而无经，听之辟也。故有良法而乱者，有之矣；有君子而乱者，自古及今，未尝闻也。传曰：'治生乎君子，乱生乎小人。'此之谓也。"——制定了法律而不再依靠臣下讨论研究，那么法律没有涉及的事情就必定会被废弃。规定了各级官吏的职权范围而不彼此沟通，那么职权范围涉及不到的地方就必然会落空。所以制定了法律而又依靠臣下的讨论研究，规定了各级官吏的职权范围而又彼此沟通，那就不会有隐藏的图谋，不会有没发现的善行，而各种工作也就不会有失误了，不是君子是不能做到这样的。公正，是处理政事的准则；符合实情，是处理政事的准绳。那些有法律依据的就按照法律来办理，没有法律条文可遵循的就按照类推的办法来办理，就可以应对所有的情况。偏袒而没有常规，是处理政事的歪道。所以，有了良好的法制而产生动乱是有过这种情况的；有了德才兼备的君子（治理国家）而国家动乱的，从古到今，还不曾听说过。古书上说："国家的安定产生于君子，国家的动乱来源于小人。"说的就是这种情况。

（五）两种因素密切联结的相互支持

通过长期的实践探索和思考总结，许多睿智的人士已经依据组织的全局立场，深刻辨识了制度和文化所存在的高度辩证统一的关系。实践中，制度是任何组织有条不紊运行的根基，缺乏足够完善制度体系的坚强支撑，组织的运营必将陷入极度混乱的境地；文化是一切工作积极发展的强大动力，缺少高质量文化体系的有力支持和推动，组织的运营必然会出现各种匪夷所思的各种问题。

高度统一到组织的根本信念、长远愿景和使命的有力推动，及其全局高质量进程和成就积极创造的基本原则，是一切制度和文化强大力量的形成，及其密切联结与相互支持的基石。事实上，任何背离组织的信念与全局，或者相互对立或冲突的制度和文化，都将严重削弱对组织整体运营，及其中坚力量发展的强大动力。

（六）领导人推进中坚力量发展的才能

广泛的实践中，制度与文化，不仅是组织中坚力量持续积极发展的重要基础和强大动力，而且也是他们高质量职业进程与业绩有效创造不可或缺的关键因素。因此，牢固立足于组织的根本信念和长远愿景，及其全局高质量运行发展的具体实践，深入辨识并积极设置和推动，高度统一密切协调的完善制度与文化体系，无不成为组织领导人卓越的职业远见和经营理念，以及中坚力量持续积极发展推进的领导才能极其关键而核心的体现。

五、营建良好的职业发展环境

中坚力量的发展，无不受到环境因素重要而显著的影响。实践中，组织更为高远愿景或战略目标的积极设置与推进；中坚人才高质量辨识思维能力，成熟自我意识与学习能力，强大实践行为能力持续提升，卓有成效的引导和支持；良好职业岗位及其待遇的提供，普遍成为广泛领域中组织，中坚力量发展优良环境的重要构成（图3-6-1-6）。

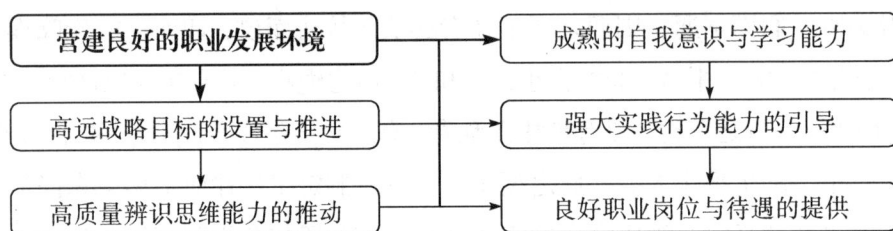

图 3-6-1-6　营建良好的职业发展环境

（一）高远战略目标的设置与推进

组织运营发展更为高远的愿景，及其战略目标的积极设置与推进，是中坚力量卓有成效发展，最为坚实的基础和强大的动力。实践中，如果缺乏足够高远愿景或战略目标的坚强支持，组织通常就会丧失中坚力量发展的强烈愿望，以及由此推动形成的各种积极的行为动力。

不仅如此，唯有高远的愿景及其战略目标的积极设置和推进，组织才能为中坚成员提供，更具挑战、更能充分展示潜在智慧才能的职业实践或机会，从而卓有成效地推动并实现，整体中坚力量持续高质量的发展。因此，广泛的实践中，组织高远愿景和战略目标普遍成为中坚力量积极发展，最具关键的决定性环境因素。

（二）高质量辨识思维能力的推动

人类拥有或体现的所有真正的强大力量，无不从根本上源自头脑中的智慧；人们头脑中的智慧，无不最终取决于整体的辨识思维能力。事实上，广泛的实践中，高质量的全局辨识思维智慧和才能，无不从根本上决定着，中坚人才职业的整体素养、进程及其成就，并因此而普遍成为组织中坚力量积极发展的坚强基石。

因此，任何背景下，领导人都应该努力以自身睿智的辨识思维的表率或模范，不失时机、灵活多样地培育、引导或推动，组织中坚成员全局辨识思维的智慧与才能，及其高质量行为方式的积极构建和持续发展。

（三）成熟的自我意识与学习能力

成熟积极的自我意识与学习能力，是任何组织的中坚成员，在复杂艰难的环境中，睿智坚强地带领一支团队奋发进取，勇攀职业高峰极其关键的核心职业素养。实践中，没有任何中坚人才高质量的职业素养、进程或成就，能够缺乏成熟积极的自我意识，及其推动形成的强大学习能力的坚强支撑而得以有效创造。

为此，《论语》曾经辩称："博学而笃志，切问而近思，仁在其中矣。"——广博地学习，并以此坚定自己的志向；深刻地提问，并结合当前的实际进行思考，仁德就在这样的过程中得以形成。

（四）强大实践行为能力的引导

中坚人才所有优良的职业素养，无不需要通过强大的实践或行为的力量，才能得到积极而充分地展现。因此，领导人应该努力对中坚人才的实践或行为的主动性，充分展示自身一切正面因素或力量的积极性，推进工作高质量运行发展的创造性等重要素养，予以有效的引导、激励和推动。

对于军事将领的实践或行为素养，《将苑》曾作了这样的深入论述："夫以愚克智，逆也；以智克愚，顺也，以智克智，机也。其道有三，一曰事，二曰势，三曰情。事机作而不能应，非智也；势机动而不能制，非贤也；情机发而不能行，非勇也。善将者，必因机而立胜。"——大凡愚笨的人能够战胜聪明的人，是违反常理的偶然事件；聪明的人能够战胜愚笨的人，是合乎常理的必然事情；而聪明的人在一起交战，就全看掌握战机如何了。掌握战机的关键有三点：一是事机，二是势机，三是情机，当事情已经发生，有利于己而不利于敌时，不能做出相应的反应，不能算是聪明；当形势发生变化，有利于己而不利于敌时，却不能拿出克敌制胜的办法，也不够贤者的资格；当整个态势已经很明确对己方有利时，却不能断然采取行动，这也不能算是勇敢。所以，善于指挥军队的将领，一定要根据情况的变化，掌握时机取得胜利，即因机立胜。

（五）良好职业岗位与待遇的提供

良好职业岗位及其待遇的提供，是推动中坚素养的积极发展，不可或缺的重要途径与方式。中坚的职业岗位及其职责，应该在确保组织整体运行需求的前提下，最大限度地展示中坚人才的职业素养与特长。

不仅如此，随着职业素养及其工作业绩的提升，组织还应该努力为中坚人才，提供具有一定激励功能的纵向与横向相比，较为良好的职业待遇。这在优秀人才争夺日趋激烈的环境中，组织保持中坚力量或队伍的稳定，及其强大的进取动力，普遍具有极为重要的价值。

六、提供卓有成效的指导和帮助

为中坚人才提供卓有成效的职业指导和帮助，是领导人必须肩负的极其艰难而核心的职责。实践中，领导人通常需要对中坚人才，给予工作前期的充分分析与指导；工作进程中艰难挑战的有效帮助；挫折或失败境地中的积极鼓励；节点或阶段工作完成后的总结提高。不仅如此，任何背景下，领导人都不宜轻易贬低中坚人才的职业素养（图3-6-1-7）。

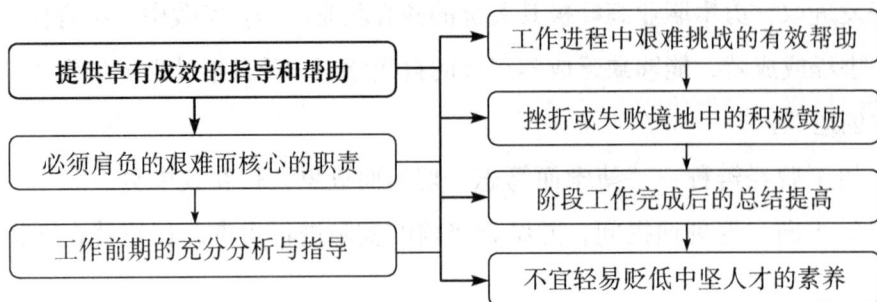

图 3-6-1-7　提供卓有成效的指导和帮助

（一）必须肩负的艰难而核心的职责

组织整体的运营质量与进程，无不受到各专业环节工作及其相互间密切协作，极为关键的决定性影响。事实上，能否卓有成效地为肩负各环节高质量运行重要职责的中坚成员，提供准确、及时的工作指导和帮助，普遍成为领导人对组织全局及其整体中坚力量，辨识与把握的水平或质量最具真实的检验，以及领导进程面临的极其艰难的挑战。

实践中，如果缺乏足够深入细致的指导及其积极有力的帮助，而完全或者主要地依靠，各环节中坚成员职业进程中的自行发挥，无疑将会极大限制或显著降低团队整体的运营能力，领导人也将无以创造自身高质量的职业进程。因此，对中坚成员卓有成效的职业指导和帮助，普遍成为领导人面临的艰难挑战与重要职责。

（二）工作前期的充分分析与指导

在工作未曾正式展开或实施的前期，对所包含着的各类资源因素及其整体运行的进程，进行足够深入而全面地分析与辨识，并以此做好各项重点和难点环节的充分应对准备，无不成为它的高质量推进，极其关键的重要途径。

因此，领导人在工作的前期，就专业环节推进的全局价值与重点，及其存在的难点或挑战，与中坚成员进行共同的分析与探讨，并依据全局的需求或背景，做出针对性的指导，无疑成为专业环节高质量运行，及其相互密切协作的积极推动，从而全面掌握领导工作的主动，不可或缺的重要工作环节。

《尚书》曾经分析辨识了，工作高质量推进所需的职业素养和行为作风，并提出了极具重要价值的居宠思危的警示："戒尔卿士：功崇惟志，业广惟勤。惟克果断，乃罔后艰。位不期骄，禄不期侈。恭俭惟德，无载尔伪。作德，心逸日休；作伪，心劳日拙。居宠思危，罔不惟畏，弗畏入畏。"——告诉你们各位卿士：功高由于有志，业大由于勤劳。能够果敢决断，就没有后来的艰难。居官不当骄傲，享禄不当奢侈。恭和俭是美德啊！不要行使诈伪。行德就心逸而日美，作伪就心劳而日拙。处于尊崇要想到危辱，无事不当敬畏，不知敬畏，就会进入可畏的境地。

（三）工作进程中艰难挑战的有效帮助

工作进程中的艰难挑战，既可能成为职业智慧才能积极发展的强大推动力量，又是人们所有职业进程或成就最为重要的限制性因素。实践中，推动力量或者限制因素的分水岭，时常源自人们在困境中所得到的援助力量。因此，向陷入职业窘境中的中坚成员，伸出强而有力的援助之手，无不成为优秀领导人必须具备的重要职业素养。

然而，领导人的任何帮助，都必须牢固立足于中坚成员职业素养或才能，积极提升发展的根本目的，更不是提供试图掩饰其重大职业错误的机会。换言之，如果中坚成员自身未能竭尽所能，领导人任何职业援助的力量与价值，都必将受到极大的限制。

对于积极帮助他人的策略，孔子也曾辩称："不愤不启，不悱不发。举一隅不以三隅反，则不复也。"——没有发愤努力，就不去帮助；没有心里的大致明白，就不去启发。举一而不能反三，就不再重复帮助。

（四）挫折或失败境地中的积极鼓励

工作的严重挫折或失败，是任何成熟人士都无不竭力避免的痛苦职业历程。然而，复杂艰难环境中，它们却是一切高质量职业进程或成就积极创造，形影相随而难以完全摒弃的重要因素。事实上，如果缺乏强烈的美好愿景所坚强推动的积极进取的行为，而安于一切既有的现状，或者敷衍塞责于自身职责，人们通常就能安然远离，重大职业挫折或失败的侵蚀。

因此，卓越或平庸的领导素养，无不在中坚成员的职业挫折或失败中，得到极为关键和充分的体现。优秀的领导人，通常能够在中坚成员的职业挫折或失败中，深入洞察组织运营环境所存在的重要不足或缺陷，并能够充分施展自身优良的职业素养和才能，与中坚成员共同深入客观地分析，挫折或失败所形成的根源与实质，尤其是所存在的正面因素或力量的积极提炼，并以此对未来更高质量职业进程进行鼓舞人心的展望。

（五）阶段工作完成后的总结提高

一定节点或阶段工作完成后的工作总结，是中坚成员职业素养或才能提升的重要方式。实践中，工作的总结通常由中坚人员独自完成，然后交由领导人审阅。然而，独自完成工作总结，时常会由于对其职业素养或才能的提升价值，缺乏足够的深入的辨识或理解，而被视作为一种额外的工作负担，成为流于一种形式上的文字游戏。领导人也通常限于精力的不足，很少能够就此与中坚人员进行足够深入的沟通与探讨。

事实上，对已经完成工作的分析与总结，并以此有效提炼出存在的不足及其有效应对的措施，以及积极的因素与形成的主要根源，无不具有未来工作更高质量推进的重要价值。不仅如此，领导人立足于全局的思维立场，参与中坚成员的工作总结，并以此进行更具全局价值针对性的提升引导，无不成为他们共同的职业素养和才能积极发展，及其整体组织卓越领导有效创造的重要途径。

（六）不宜轻易贬低中坚人才的素养

中坚人才诸多素养的构成，广泛的实践中，无不普遍具有的正反两方面的属性。因此，领导人对中坚成员职业进程中，各种背景下的具体工作表现，除非存在损害组织或他人显著的主观意图，或者决意从中坚队伍中予以清除，通常不宜直接贬低中坚人才整体的职业素养，应该就其一定环境中的职业思维或行为可能产生的危害或负面影响，展开具体的分析与纠正。

第二节　极具危害的重要素养缺陷

掌握中坚存在的重要素养缺陷

创造组织高质量的全局进程与成就，推进中坚力量的持续积极发展，并以此展示自身卓越的职业智慧和才能，领导人必须能够深入准确地辨识，中坚人才可能存在的重要素养缺陷，将会给组织运营的全局或强健的肌体，以及中坚自身职业的长远发展所带来的严重危害。

事实上，中坚成员通常身居组织运营发展的重要岗位，如果他们的职业素养存在着严重的缺陷，并得不到及时有效的纠正或限制，组织的全面衰退必将任何力量都难以有效阻挡。因此，长期以来，它一直受到贤能睿智人士普遍而强烈的关注。

为了有效支持领导人深入辨识和掌握，中坚成员可能存在的重要素养缺陷，本节在分析中坚缺陷所存在的一般性特征基础上，逐步探讨了由于缺乏足够成熟和坚定的全局辨识思维，及其相应的专业性技能，而产生的职业进取动力的缺失及其工作上的敷衍塞责，以及以个人或局部利益的得失，决定一切职业思维和行为的表现。这样，心胸极度狭隘而妒贤嫉能，一旦得势必然藐视同人而专横跋扈，就必然成为他们难以抑制或掩饰的典型形象。事实上，任何组织的衰亡，无不普遍展露着中坚成员这些形象的深刻烙印（图3-6-2-1）。

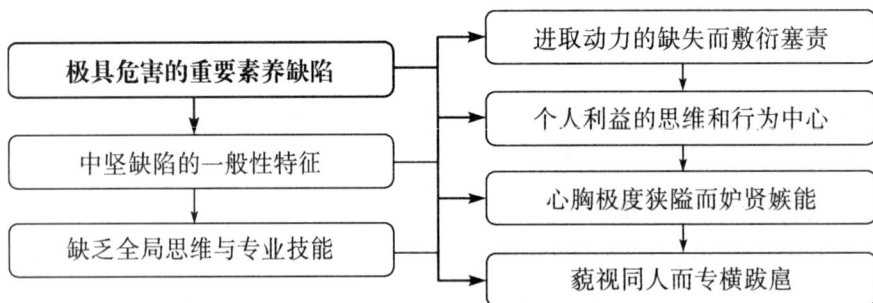

```
┌─────────────────────┐                    ┌──────────────────────┐
│ 极具危害的重要素养缺陷 │──────────────────▶│ 进取动力的缺失而敷衍塞责 │
└─────────────────────┘                    └──────────────────────┘
          │                                 ┌──────────────────────┐
          ▼                                ▶│ 个人利益的思维和行为中心 │
┌─────────────────────┐                    └──────────────────────┘
│  中坚缺陷的一般性特征  │──────────────────  ┌──────────────────────┐
└─────────────────────┘                    ▶│  心胸极度狭隘而妒贤嫉能 │
          │                                 └──────────────────────┘
          ▼                                 ┌──────────────────────┐
┌─────────────────────┐                    ▶│  藐视同人而专横跋扈    │
│  缺乏全局思维与专业技能 │──────────────────  └──────────────────────┘
└─────────────────────┘
```

图 3-6-2-1　极具危害的重要素养缺陷

一、中坚缺陷的一般性特征

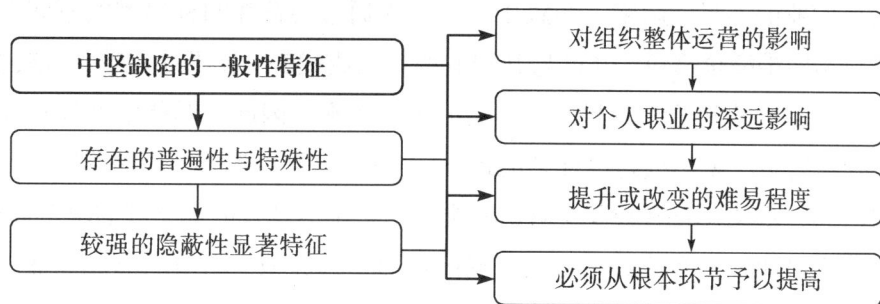

图 3-6-2-2　**中坚缺陷的一般性特征**

中坚成员的职业缺陷，具有存在的普遍性与特殊性，及其较强的隐蔽性显著特征。卓有成效地推进中坚力量的发展，领导人必须能够深入准确地辨识，中坚缺陷对组织的整体运营，及其个人职业进程与成就的深远影响，以及积极提升或改变的难易程度，并以此牢固构建必须从根本环节或因素，予以提高的远见卓识或成熟的思维意识。

（一）存在的普遍性与特殊性

存在的普遍性，是指中坚人员或队伍的职业缺陷，或多或少、表现不一地广泛地存在于各类组织，及其运营发展的全过程。即限制组织更高质量运营发展的中坚缺陷，无处不在、无时不有。

存在的特殊性，是指中坚人员或队伍的缺陷，会由于组织的不同类型，不同的运营发展阶段及其不同的外部环境，以及不同的中坚岗位及其不同的相互间关系，存在着不同缺陷表现的形式、烈度与频率。

实践中，推进组织持续高质量的运营发展，领导人必须时刻深入意识并高度警惕，中坚素养及其表现缺陷存在的普遍性特征，并以此深刻洞察或辨识，组织整体工作所呈现的不足，及其提升发展的潜力；必须能够根据缺陷存在的特殊性，准确识别组织运营可能隐含的重大危机或风险，并在必要的时期或阶段，采取积极、主动与有力的应对措施，以有效清除对组织全局高质量进程及其强健肌体，具有严重危害或侵蚀性力量的重要中坚缺陷。

（二）较强的隐蔽性显著特征

《论语》曾经辩称："小人之过也必文。"——小人对待自身的过错一定会去掩饰。事实上，在日趋激烈的竞争环境中，面对自身职业的不足或缺陷，予以竭力的掩饰，已近乎成为常人的一种本能。因此，中坚人员的缺陷，通常具有较强的隐蔽性特征。不仅如此，广泛的实践充分显示，越是竭力掩饰，越具隐蔽性特征的缺陷，越易给组织造成严重的危害。

远见卓识的组织或领导人，通常能够深入洞察和辨识，中坚人员所存在的隐蔽性缺陷，将会给组织及其中坚个人的职业所造成的极大危害。因而，无不积极推动中坚人员，自我揭示和反省自身不足或缺陷的自我批评，从而展示出主动、及时、有效纠正，中坚职业不足的强大力量。

与此相反，追逐暂时平稳运营的组织或平庸的领导人，时常会掩耳盗铃般有意掩盖或回避已经昭然若揭的严重问题，并因此无形之中为中坚人员提供了，掩饰自身不足或缺陷的重要环境。结果必然使得中坚人员的职业不足或缺陷，不仅难以得到及时有效的纠正与提升，而且无不使得组织整体运营的风险愈演愈烈，直至陷入自身难以对此有效作为的深渊。

（三）对组织整体运营的影响

对待中坚人员职业的不足或缺陷，实践中，领导人通常会存在两种典型的不同态度：一种是，人的职业不足或缺陷实难完全避免，并且与其职业的特长或优势，无不存在着相互转换的密切关联。另一种则以为，任何严重的问题无不起源于初始的细微表现。因此，对待已经发现或表现出的中坚不足与缺陷，必须以防患于未然或防微杜渐的远见，予以有效的纠正或严格的限制。

对此，我们认为，领导人成熟的全局辨识思维意识，无不具有极其关键的决定性价值。换言之，领导人必须以中坚人员职业不足或缺陷，对全局的负面影响或积极力量的形成标准。而不是脱离组织全局的根本背景，辨识或应对中坚成员的不足与缺陷。事实上，正如肌体上的病原体，绝大多数可能并不影响肌体的正常活动。然而，对于少数传染性极强，或者危及整体肌体的健康，甚至致命的病原体，则无论如何不能等闲视之。

（四）对个人职业的深远影响

按照一般性常理或逻辑，被人们广泛赞誉的优良职业素养人员，理应得到良好的职业机遇和发展；反之，为人们普遍鄙视的低劣素养人员，应该很难得到一个团队重要的职业岗位。但长期而广泛的事实，却时常与此相反而使人大跌眼镜。

之所以出现背离常理或逻辑的现象，最为重要的核心根源，在于领导人自身的整体素养，以及组织运营所存在的严重缺陷。事实上，中坚成员具备的素养及其职业的发展进程，是否符合人们广泛接受的常理或逻辑，普遍成为领导人的职业智慧才能，及其组织兴衰荣辱最为显著的体现。

因此，远见卓识的贤能之士，无不能够极其睿智而准确地判断，素养低劣的人员，要么被优秀的领导人或坚强的组织所断然遗弃，要么间接地通过平庸的领导人被强大组织，或者脆弱的组织被社会的进步所淘汰，而终究展示出极其公正的结果。

（五）提升或改变的难易程度

长期以来，人们已经普遍意识到，提升和发展人的职业素养，无不是项极其复杂而艰难的挑战。冯梦龙在其《醒世恒言》中"江山易改，禀性难移"的论断，就得到许多人的认同。随着职业教育的发展，人们亦已广泛认识到，组织中坚专业技能的提升，通常能够易于取得良好的成效。而与此相对应，更具重要职业价值的辨识思维能力，及其责任意识、价值观与职业信念等思想素养的提升，则时常面临举步维艰的挑战。

事实上，对中坚成员辨识思维及其思想意识素养，卓有成效地提升和发展，任何复杂多变的环境中，无不成为整体组织强大运营能力，及其卓越领导智慧与才能，最具决定性的核心力量。举例来说，许多表现卓越的高级将领、中级军官甚至士兵，在原先旧的军队中，只是头脑中唯有自身实力或利益的大小军阀，或者随波逐流的兵痞。然而，他们一旦加入了人民军队的行列，很快就铸就了具有坚定信念，敢于做出任何牺牲而无比坚强的优秀素养。

（六）必须从根本环节予以提高

人们任何职业的思维与行为，无不受到头脑中的辨识能力及其思想意识，根本的决定性作用。因此，有效纠正中坚存在的职业缺陷，或者推进其素养的积极发展，最为关键或重要的途径之一，无疑就是从根本上推动他们，在广泛社会与组织全局的背景下，自身职业持续发展力量或价值的高质量辨识能力，以及由此所形成的职业责任、价值观与信念等思想意识卓有成效的提升。实践中，任何轻视或忽略辨识能力和思想意识，中坚职业缺陷纠正或素养发展方式的成效，无不将会受到极大的限制。

二、缺乏全局思维与专业技能

中坚人员的学习与自我发展的能力，是职业缺陷准确辨识与有效纠正，以及整体素养持续提升最具关键的决定性因素。学习发展能力的缺失，无不极大地限制全局辨识思维能力的积极构建，整体专业技能与知识结构的水平或质量，以及复杂背景条件下关键或重点工作环节准确辨析与把握的能力。

缺乏足够成熟的全局与重点辨识思维的坚强支撑，中坚人员无不极易陷入轻视人际技能的重要价值，为事物表面因素或眼前暂时利益所迷惑，以及脱离具体实际工作极端教条的职业泥潭而难以自拔（图3-6-2-3）。

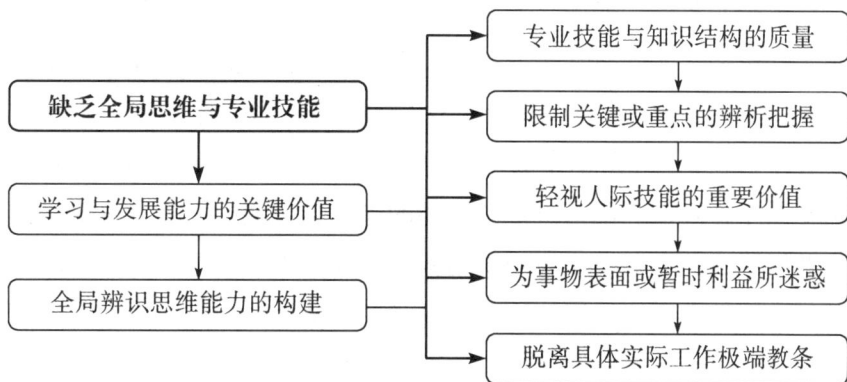

图 3-6-2-3　缺乏全局思维与专业技能

（一）学习与发展能力的关键价值

卓有成效地学习，广泛的实践中，无不成为人们积极构建并保持，高质量的辨识思维能力及其思想意识结构，以及由此推动形成的持续的自我发展的能力，最具关键的基础和强大的动力。事实上，缺乏足够的学习与自我发展能力的坚强支撑，在日趋复杂艰难的挑战中，已很少有人能够跨入并保持强大组织坚强中坚的职业地位。

不仅如此，高水平的学习与自我发展的能力，还是广泛领域中组织的中坚成员，不断超越自身职业的种种不足或缺陷，有效避免各类极端负面因素的严重侵蚀，并以此坚强攀登新的职业高峰，创造更为优异的职业进程或业绩，最具关键的决定性因素。

（二）全局辨识思维能力的构建

复杂多变的组织运行进程中，能够就相关局部环节的工作独当一面，是人们普遍认同的中坚成员，极其关键或重要的职业素养与价值。卓有成效地承担独当一面的中坚职责，实践中，无不需要成熟积极的全局辨识思维能力的坚强支撑。事实上，中坚成员职责的推进，之所以会出现各式各样的问题或缺陷，无不从根本上与他们全局辨识思维的意识或能力的显著缺失存在着极其密切的关联。

（三）专业技能与知识结构的质量

专业技能与知识结构，是人们头脑中对事物的准确辨识与正确应对，所需坚持的原则和运用的方法，足够成熟掌握的评价或考量。换言之，任何复杂艰难的环境中，高水平的专业技能与知识结构，都应该能够坚强地支持人们，准确地分析、判断和选择，积极的思维与行为应该坚持的基本原则，及其采取或运用的正确应对方式。

显然，限于自然的或工程的专业技能与知识结构的思维，无疑将会极大地削弱人们，对社会、人文及其组织高质量运营的密切协调与强劲动力积极创造，专业技能与知识的有效学习，从而显著降低组织及其内部组成之间的紧密协作，及其高质量运行发展的推动力量。事实上，组织中坚力量的薄弱，无不普遍而主要地源自他们的社会、人文，及其组织运营所需密切协作，专业技能或知识领域所存在的缺陷。

（四）限制关键或重点的辨析把握

复杂艰难的职业进程中，组织的中坚人员时常会受到来自上级领导人，准确辨识和牢固把握工作关键或重点环节的提醒与告诫。的确，关键或重点的环节，无不对工作整体的推进进程或质量，具有极其重要的决定性影响。人们通常所说的细节决定成败，也无不主要地强调必须对关键或重点工作环节倾尽心力。事实上，缺乏复杂背景下，关键或重点工作环节，足够准确辨识与把握智慧才能的坚强支撑，没有任何职业人士能够卓有成效地肩负起组织重要而艰巨的中坚职责。

然而，关键或重点工作环节高质量辨识与把握的能力，实践中，又普遍受到人们的专业学习与自我发展，以及由此所形成的专业技能与知识结构，全局辨识思维意识的关键决定性影响。因此，缺乏足够的学习与发展、专业技能知识结构，全局辨识思维意识的坚强支撑，人们识别与把握关键或重点工作的能力，必将受到极大的限制。

（五）轻视人际技能的重要价值

轻视密切协作人际技能的关键性价值，是肩负较强专业性工作中坚人员，极易出现的普遍职业问题或缺陷。他们通常认为，工程的或商业的专业技能，才是工作高质量进程或业绩最为关键的决定性因素。而人的因素只要依靠强力的制度约束，就必然能够像机器一样进入正常的运转。

注重工程或商业等专业运行技术，而轻视人际技能的职业意识，实践中，通常源自人的因素是组织构成及其整体运营能力，以及各项专业性运行方式积极创造与有效推进，最具根本决定性因素深入辨识与理解的缺失。显然，轻视人际技能的重要价值，无不成为肩负一支团队高质量运行发展的中坚人员的职业智慧与才能的关键制约因素。

（六）为事物表面或暂时利益所迷惑

任何事物总是通过一定的表现形式，来展示自身的力量或价值。广泛的实践中，从容易感知的局部的表象或暂时的表现，准确推断辨识出事物更具重要价值或决定性力量的整体，以及内在的根本性因素与运行变化的趋势，普遍成为复杂艰难环境中，人们职业的远见智慧与洞察才能积极展示与持续提升的关键途径。

因此，任何复杂背景下，中坚成员都必须能够足够深入而成熟地辨识，一切事物的外在表现，都必然具有显著的局部性特征和深层次的决定性因素，以及由此所构成的事物整体，及其推动形成的持续的运行变化，从而卓有成效地超越事物表面的迷惑，以及暂时利益可能产生的极大诱惑。

（七）脱离具体实际工作极端教条

缺乏睿智成熟的全局思维意识，难以展现足够强大的专业性创造力量，只是像呆板的机器执行僵化的运行程序，普遍成为中坚成员职业高质量进程或业绩的主要限制性因素。实践中，他们要么生搬硬套领导人，一定背景下对某项特定工作的意愿表达；要么死守过去或他人不同条件下所形成的成功经验；要么抄搬并不符合自身实情的研究结论，而无视自身的内外环境与资源特征，以及运行方式的具体实际及其变化，从而陷入极端教条的职业泥潭，而难以真正肩负起独当一面的中坚力量。

三、进取动力的缺失而敷衍塞责

中坚成员缺乏应有的进取精神或动力，是他们所有职业缺陷产生的重要根源。实践中，进取精神或动力的缺失，通常表现为对待自身工作的敷衍塞责；对待上级工作指令的唯唯诺诺；对待相关联工作责任的竭力推诿；对待下级员工气势凌人的武断态度；对待工作进程中困难的虚夸渲染。显然，这些现象的存在和蔓延，无不显著削弱组织运营与发展的整体能力（图3-6-2-4）。

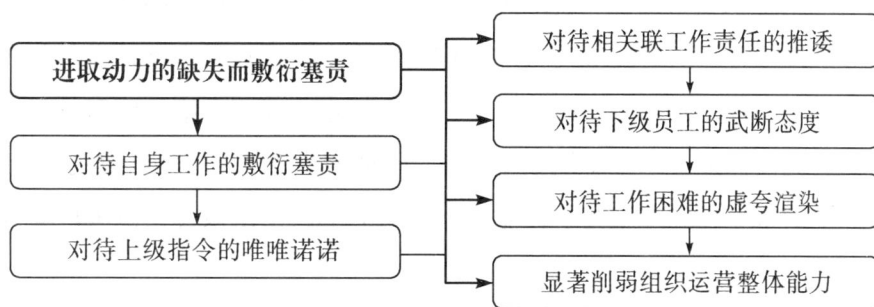

图 3-6-2-4　进取动力的缺失而敷衍塞责

（一）对待自身工作的敷衍塞责

缺乏足够的进取精神和动力，中坚成员必将难以采取任何主动积极的方式，有效提升自身的职业素养与才能，并以此在任何复杂艰难的环境中，都能够努力根据工作内外环境的具体实际，卓有成效地探索、设置和推进组织全局背景下，自身专业环节工作更高质量运行发展的目标、方式与计划，从而极易陷入工作的敷衍塞责得过且过，而难有真正作为的低质职业境地。事实上，对工作的敷衍塞责，必将严重削弱自身整体的职业才能与价值，而难有展现出真正强大的中坚力量。

（二）对待上级指令的唯唯诺诺

畏惧复杂艰难的挑战，凡事总是寄希望于团队他人的力量，而对自身职责敷衍塞责得过且过，实践中，最为典型的表现之一，就是对来自上级的工作指令和意见，无论是否符合具体的客观实际，都唯唯诺诺而完全遵照执行。的确，实践中，这样的态度时常能够把自己推入极为有利的职业境地：上级的指令正确，自己予以执行能够得其功，进而可以得到上级的赏识；上级的指令出现偏差或错误，自己又能够避其罪，否则上级就必将陷入推诿责任的尴尬。

然而，复杂多变的环境中，无视自身组织中坚的职责，而完全依赖上级有限的智慧力量，无疑将会把组织置于极其危险的运营境地。

（三）对待相关联工作责任的推诿

缺乏足够的职业进取动力，在对待相关联环节工作时，就必然难以站在全局利益或整体力量的根本立场，予以积极的支持和协作，而是奉行极端狭隘的事不关己高高挂起的原则。实践中，他们时常对相关联环节工作的任何表现，都毫不吝啬各种恭维溢美之词，而一旦出现真正需要支持或协助的困难时，又总是编造各种似乎更为艰难的托词予以竭力推诿，以实现保障自身平庸职业表现绝对安全的意图。

（四）对待下级员工的武断态度

缺乏坚强进取力量的有力支撑，中坚成员必将难以在复杂艰难的环境中，努力研究和探索创造工作更高质量进程或业绩，更为积极有效的运行途径与方法。其中，最为普遍的职业行为之一，就是对待下级员工只会强制地发号施令，而绝不去做部属高质量职业思维与意识的引导，强大情感行为动力的积极创造与激发，及其整体职业素养与技能卓有成效提升的关键工作，从而使得团队运行的环境氛围极度的紧张与压抑，全无旺盛的运行活力和勃勃生机。

（五）对待工作困难的虚夸渲染

缺乏坚强的进取精神和动力，必然会竭力放大或虚夸，工作进程中的各种问题与困难，并千方百计地让上级领导人感知他们所遇挑战的极端艰难，而完全无视自身中坚的身份与职责。实践中，他们总是倾向就一切问题或困难，向上级进行渲染性地汇报，并要求给予应对的指示和方法，然而把执行不力或顺畅的责任一推了之。或者乘着问题或困难出现之机，为了获取更多资源力量的支持，故意夸大它们专业上的艰难性和严重性，而隐瞒各种有利的因素或条件，以骗取更高的工作业绩或满足个人的其他私利。

（六）显著削弱组织运营整体能力

中坚人员丧失坚强的进取精神和动力，从而陷入敷衍塞责得过且过的职业境地，是广泛领域中组织普遍遭遇的极其重要而艰难的运营挑战。实践中，它们的存在或蔓延，无不极大地削弱中坚队伍的强大力量，以及组织运营成长的旺盛活力，及其高质量辨识与应对，内外机遇或挑战的整体运营能力，从而普遍成为志在有所作为的领导人必须谨慎应对的艰巨挑战。

四、个人利益的思维和行为中心

由于受到极端自私文化意识或价值观的严重侵蚀，一些中坚成员奉行个人利益的核心价值取向。他们通常把个人利益的得失，作为权衡或选择一切事物应对方式的准则，并且谋取私利贪得无厌而缺乏任何底线限制。因此，实践中，他们往往把中坚的职权视作为谋取私利的工具，并时常以组织的巨大代价换取个人的有限私利。显然，中坚成员极端自私的行为，如果得不到及时有力的限制或制止，组织必将坠入运营的深渊（图3-6-2-5）。

```
┌─────────────────────────┐        ┌─────────────────────────────┐
│  个人利益的思维和行为中心  │───┐───▶│ 谋取私利贪得无厌缺乏底线限制 │
└─────────────────────────┘   │    └─────────────────────────────┘
          │                    │    ┌─────────────────────────────┐
          ▼                    ├───▶│   把职权视作谋取私利的工具   │
┌─────────────────────────┐   │    └─────────────────────────────┘
│  奉行个人利益的核心价值取向 │───┤    ┌─────────────────────────────┐
└─────────────────────────┘   ├───▶│   以组织巨大代价换取有限私利 │
          │                    │    └─────────────────────────────┘
          ▼                    │    ┌─────────────────────────────┐
┌─────────────────────────┐   └───▶│     组织必将坠入运营的深渊   │
│ 把个人得失作为事物应对的准则 │        └─────────────────────────────┘
└─────────────────────────┘
```

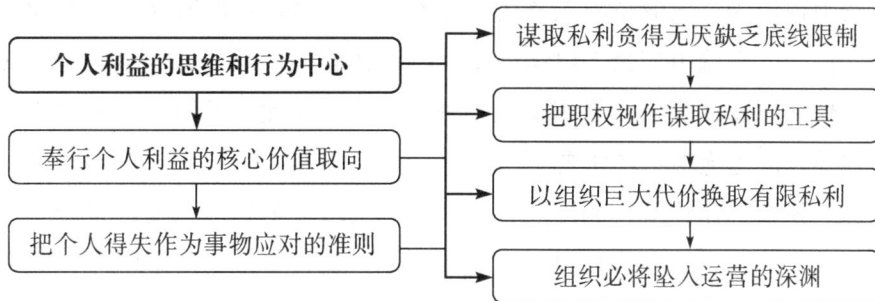

图 3-6-2-5　个人利益的思维和行为中心

（一）奉行个人利益的核心价值取向

在自身文明进步与发展的进程中，人类一直饱受与广泛群体背景下，积极的行为规范，及其相互支持和密切协作意识，显著对立的极端自私文化与价值观的严重侵扰。受其侵蚀或影响，一些中坚成员也不可避免地奉行着，个人利益为上的核心价值取向，从而在头脑中完全丧失了积极的自我、责任与道德的意识，以及坚定而高尚的职业和人生的信念。

孔子也曾极度鄙视头脑中唯有个人私利之人，并认为他可以做出各种令人不齿的事情："鄙夫可与事君也与哉？其未得之也，患得之。既得之，患失之。苟患失之，无所不至矣。"——可以和一个鄙夫一起事奉君主吗？他在没有得到官位时，总担心得不到。已经得到了，又怕失去它。如果他担心失掉官职，那他就什么事都干得出来了。

（二）把个人得失作为事物应对的准则

在强烈个人私利核心价值的驱使下，中坚成员遇事首先就会盘算个人利益的得失，以及权衡如何应对所面对的事物，才能得到更为丰厚的个人利益，头脑中全无组织的全局利益或岗位的职责，甚至做人的基本道德准则。于是，对自己有利的事物及其运行方式，就积极地予以鼓噪和推动；没有或者很少个人直接的私利，甚至可能触犯自身利益或需要做出艰辛的付出，就给予强烈地反对或百般地推诿，或者寻找各种理由和借口予以竭力地阻挠与拖延。

（三）谋取私利贪得无厌缺乏底线限制

中坚成员的职业岗位，时常掌控着一定资源财物的支配权力。如果组织资源的支配权力，一旦受到极端个人私利价值观的控制，那么，他无不极易利令智昏，而无视职业的基本底线，对财物贪得无厌，从而必将踏上一条不归的职业之路。

为此，唐太宗曾经特别告诫群臣："古人云：'贤者多财损其志，愚者多财生其过。'此言可为深诫。若徇私贪浊，非止坏公法，损百姓，事未发闻，中心岂不常惧？恐惧既多，亦有因而致死。大丈夫岂得苟贪财物，以害及身命，使子孙每怀愧耻耶？卿等宜深思此言。"——古人说："贤人财富太多，会损害他的意志；愚人财富太多，会造成他的过错。"这话可以作为警戒。如果徇私舞弊，贪污财货，不仅败坏国法，损害百姓，即使在事情尚未暴露的时候，内心又怎能不常常感到恐惧？恐惧一多，也有可能因而导致死亡。大丈夫岂能随便贪图财物而危害自身性命，使子孙后代常常为此感到惭愧羞耻呢？你们应该认真思考这些道理。

（四）把职权视作谋取私利的工具

头脑中的思维意识，一旦被极端的个人私利价值观所控制，那么，任何人都无不极易落入，把自身的职业及其权力视作为，谋取私利工具的泥潭而难以自拔。占据着极其重要的组织中坚岗位，承受着团队的高度信任，头脑中却全无组织或团队的整体利益，及其高质量运行发展的职业责任，却鬼使神差地把工作岗位及其职权，当作谋取私利的工具。对此，即使世界上最为仁慈、最具广阔胸襟的组织及其领导人，也绝难听之任之。

唐太宗曾经深入辨析与阐述了，利用职权谋取私利的极端愚蠢，以及给自身所造成的极大风险和危害："人有明珠，莫不贵重。若以弹雀，岂非可惜？况人之性命甚于明珠，见金钱财帛不惧刑网，径即受纳，乃是不惜性命。明珠是身外之物，尚不可弹雀，何况性命之重，乃以博财物耶？群臣若能备尽忠直，益国利人，则官爵立至。皆不能以此道求荣，遂妄受财物，赃贿既露，其身亦殒，实可为笑。帝王亦然，恣情放逸，劳役无度，信任群小，疏远忠正，有一于此，岂不灭亡？隋炀帝奢侈自贤，身死匹夫之手，亦为可笑。"——人如果拥有珍珠，没有不珍惜的，如果拿去弹射鸟雀，岂不是很可惜？何况人的性命比珍珠贵重得多，见到金银财帛，就不畏惧法网，贪图贿赂，这就是不爱惜性命。珍珠是身外的东西，尚且不能拿去弹射鸟雀，何况性命比珍珠更加贵重，竟然拿去换取财物吗？群臣如果能够完全忠诚正直，有益于国家，有利于百姓，那么官职爵位立即就可以取得。随便收受贿赂，用这种办法求得荣耀，贪赃受贿暴露以后，自身也必将受到损害，这确实是可笑的。帝王也是一样，任性放纵，过度征用劳役，信任小人，疏远忠诚正直的人，只要犯有其中一种过错，怎么能不灭亡？隋炀帝奢侈而自认为贤能，最终死在匹夫的手里，也是很可笑的。

（五）以组织巨大代价换取有限私利

极端个人私利的价值观占据头脑的核心地位，无不驱使人们四处寻觅个人利益的机会，时刻盘算个人利益的得失，以至于鬼迷心窍，甚至丧心病狂，以组织整体或长远的巨大代价，换取个人极其有限的私利，从而给团队全局的运营发展造成极其严重的侵害。为此，《将苑》在论述危及国家与军队的五大祸害时，就包含了这一严重的危害："夫军国之弊，有五害焉：一曰，结党相连，毁谮贤良；二曰，侈其衣服，异其冠带；三曰，虚垮妖术，诡言神道；四曰，专察是非，私以动众；五曰，伺候得失，阴结敌人。此所谓奸伪悖德之人，可远而不可亲也。"——治军与理国的弊端，主要来自（重要位置人员的）五大侵害：一是，私结朋党，搞小团体，专爱讥毁、打击有才德的人；二是，在衣服上奢侈浪费，穿戴奇异而与众不同的帽子、服饰；三是，不切实际地夸大、蛊惑民众，制造谣言欺诈视听；四是，专门搬弄是非，为了自己的私利而兴师动众；五是，只考虑个人利益得失，甚至暗中勾结敌人。这五种虚伪奸诈、德行败坏的小人，对他们只能远离而不可亲近。

（六）组织必将坠入运营的深渊

奉行个人私利为上的价值取向，任何人显然都不仅难以有效承担，重要而艰巨的中坚职责，而且极易给组织的全局带来极大的危害。实践中，中坚成员极端自私的价值观，还如同极具传染性的瘟疫，严重侵蚀团队强健的肌体。因此，领导人如果对其不能采取强而有力的限制措施，组织必将坠入分崩离析的运营深渊。

五、心胸极度狭隘而妒贤嫉能

中坚成员缺乏积极的集体力量与价值的思维意识，及其成熟的团队文化素养，无不极易落入心胸极度狭隘，目光极为短浅的职业泥潭。这样，他们对待自身的职业付出，及其得到的及时回报无不锱铢必较；对待他人优异的职业表现或成绩，无不充满极为消极的嫉妒心理；对待同伴所遇职业艰难挑战，无不袖手旁观甚至幸灾乐祸。显然，这些表现无不显著地削弱，团队各运行环节或阶段密切地协作与衔接，以及由此所形成的整体运营发展的能力（图3-6-2-6）。

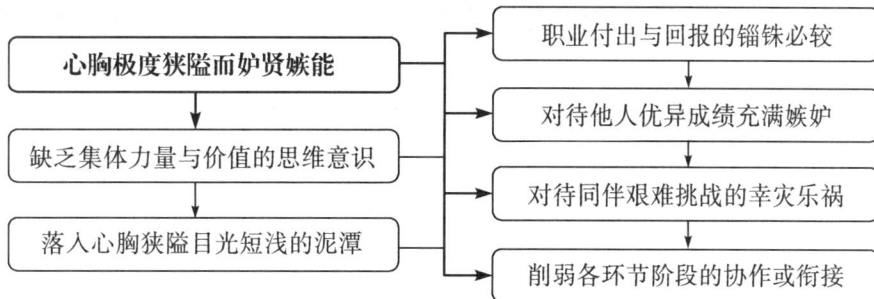

图 3-6-2-6　心胸极度狭隘而妒贤嫉能

（一）缺乏集体力量与价值的思维意识

众所周知，人们相互间的密切关爱、支持和协作，以及由此所构建形成的各类团队和集体，是人类文明进步与发展，最为强大的动力和重要的途径。通过长期的实践，人们已经日趋广泛而深入地意识到，通过个人的紧密合作所构建的坚强团队，能够卓有成效地创造或实现，任何个人无不望洋兴叹的极其复杂或艰难，却又是众人强烈期盼极具价值的愿景与成就。

显然，缺乏足够积极而成熟的集体或团队文化，及其整体力量和价值深入辨析思维意识的坚强支撑，任何人都必将难以卓有成效地肩负起，一个集体或团队坚强中坚的职责。

（二）落入心胸狭隘目光短浅的泥潭

组织的中坚成员，一旦偏离团队整体与长远运营发展，成熟坚定的全局思维立场，无不极易被职业进程中各种表面、局部或暂时的因素所迷惑，而必将显著削弱自我职业及其责任价值的积极意识，从而落入心胸狭隘目光短浅，极难有所真正作为的职业泥潭。

其中，广泛的实践中，与组织及其同仁关系的设定，普遍成为它们极其典型的表现：把组织视作为等价交换的交易对象，做出任何付出必须得到等价的及时回报；同仁之间绝无任何情感的因素，大家都是为了生计而进行的利益合作。你一旦表现为我的职业发展竞争对手，我理所当然就应该采取各种手段，对你进行限制、阻挠或打击。

（三）职业付出与回报的锱铢必较

广泛的员工是否应该及其可能，与整体组织结成一种利益平等的交换关系，迄今为止，依然普遍成为人们争议的经济议题。然而，实践中，一个团队如果不能卓有成效地构建和推进，奉献团队的积极组织文化与价值观，那么，任何背景下，它的整体运营发展的能力，都必将受到极大的制约。

因此，如果看不到组织全局进程，可能遭遇的各种复杂而艰难的挑战，及其产生的各类运营风险，以及必须对各运营环节或阶段，进行统筹兼顾的战略思想与原则，而时刻抱守与团队之间，职业付出和回报锱铢必较的立场，甚至坚持自身个人利益至高无上，神圣不可侵犯的思维，那么，任何人都必将难以卓有成效地肩负起组织中坚的艰巨职责。

（四）对待他人优异成绩充满嫉妒

缺乏组织全局高质量的辨识思维，及其团结协作团队整体强大力量积极创造，关键价值的成熟职业意识，中坚成员的胸襟或视野必将难以超越，极端狭隘个人私利的显著限制。这样，理应休戚与共同舟共济的亲密同伴，所展现的一切优异的智慧才能及其职业表现，都无不深切痛蜇着他的灵魂。于是，对精明强干的贤能同仁，施予各种讥讽、排挤、打击的阴损之招，就时常成为他们难以自控的行为。

《将苑》曾经列举了军事将领的八种劣质行为，其中就包含了卑劣的妒贤嫉能："为将之道，有八弊焉。一曰贪而无厌，二曰妒贤嫉能，三曰信谗好佞，四曰料彼不自料，五曰犹豫不自决，六曰荒淫于酒色，七曰奸诈而自怯，八曰狡言而不以礼。"——作为将帅的行为原则，有八种必须克服的弊端：一是对财物的追逐永不满足，贪得无厌；二是对贤能之人的强烈妒忌；三是听信谗言，亲近能说会道、巧言谄媚的小人；四是只能分析敌情，却不能准确辨识自身的实力；五是遇事犹豫不决；六是沉迷于酒色而不能自拔；七是为人虚伪奸诈而自己又胆怯懦弱；八是狡猾巧辨而又傲慢无礼，不按制度办事。

（五）对待同伴艰难挑战的幸灾乐祸

对陷入艰难挑战或困境中的同伴，缺乏团队整体力量形成各环节相互支持与协作，及其全局高质量运营发展整体力量持续提升的根本背景，足够成熟辨识思维能力的坚强支撑，不是施与强而有力的主动支援，而是一味抱守职业分工或岗位职责的界线，以及自扫门前雪的狭隘思维而袖手旁观，必将极大地削弱组织整体的运营力量及其自身组织中坚的职业价值。

不仅如此，为了维护或保持自身碌碌无为，在团队中的优越职业地位，一些心怀叵测的中坚成员，还时常对陷入极度艰难困扰中的同仁，抱持幸灾乐祸的态度甚至做出落井下石的举止。这无疑严重背离了组织构建及其运营发展的根本原则，必将给组织的全局带来深重的灾难。

（六）削弱各环节阶段的协作或衔接

缺乏集体或团队的力量与价值，足够成熟的辨识思维与积极意识，无不极易形成胸襟狭隘目光短浅的职业倾向。他们一旦居于组织中坚的重要位置，无不显著削弱组织各环节或阶段密切地协作与衔接，及其由此形成的整体运营发展的能力。不仅如此，狭隘的职业思维意识，还时常驱使他们利用手中掌握的资源力量，视机袭扰任何威胁其利益，或者具有卓越职业表现的其他中坚成员，从而使得组织内部弥漫着令人气馁的阴霾。

六、藐视同人而专横跋扈

缺乏组织内部密切支持与协作的基本意识，以及连续的重要业绩的成功创造，无不极易使得中坚成员陷入藐视一切的职业陷阱。实践中，他们通常轻视任何相关联环节的力量与价值，从而争夺一切合作的成果或业绩，无不成为他们的显著职业表现。这样，他们无疑丧失了困难背景下同人积极主动予以支持的职业机会，并必然严重降低组织各环节密切协作的整体力量（图3-6-2-7）。

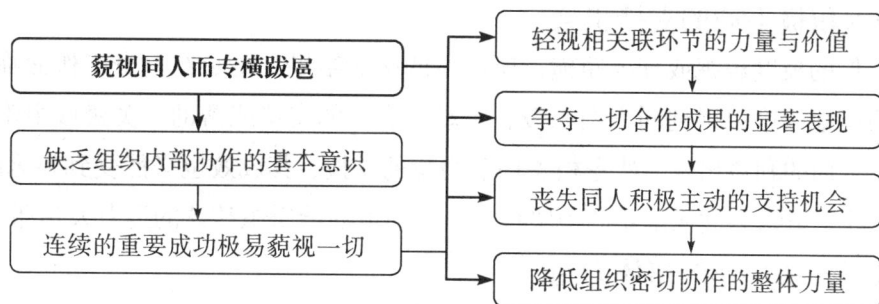

图 3-6-2-7　藐视同人而专横跋扈

（一）缺乏组织内部协作的基本意识

组织的运行，通常承担着需要多种专业环节密切协作，才能高质量辨识与应对的复杂艰难的任务或挑战。实践中，各专业环节相互间支持与协作的质量，普遍决定着组织整体运营发展的能力。任何局部的环节或部分，无论占据着整体运营多么关键或重要的地位，都不可能完全替代组织整体的力量。

因此，任何藐视同人职业的力量或价值，甚至对其缺乏应有的尊重而狂妄骄横，无不成为中坚成员组织内部密切协作，及其全局辨识思维基本意识，严重缺失的显著体现或重要写照。

（二）连续的重要成功极易藐视一切

连续的重要优良业绩的成功创造，无不成为强大运行力量的重要展现，并能够显著增强超越一切艰难挑战的精神动力，以及极其宝贵的坚定职业信心。然而，任何事物都必然存在正反两方面的对立因素。显赫的成功和成就，如果使得自己飘然感觉到无所不能，从而藐视内外的一切因素，那么，严重的挫折与失败必将离己不远。

刘向在其《说苑》中，也曾深刻论述了"数战数胜"可能存在的严重危险："魏文侯问于李克曰：'吴之所以亡者何也？'对曰：'数战数胜。'文侯曰：'数战数胜，国之福也，其所以亡何也？'李克曰：'数战则民疲；数胜则主骄。以骄主治疲民，此其所以亡也。是故好战穷兵，未有不亡者也。'"——魏文侯问李克："吴国是因为什么原因灭亡的呢？"李克说："因为屡次取得胜利。"文侯说："屡次取得胜利是国家的幸事，为什么竟会因此而亡国呢？"李克说："屡次作战，人民就要疲困；屡次胜利，君主就容易骄傲。以骄傲的君主统治疲困的人民，这就是灭亡的原因。所以凡是沉溺于发动战争，使军队疲劳的人，没有一个不灭亡的。"

（三）轻视相关联环节的力量与价值

在集体或团队的环境中，专业才能高强的中坚成员最为严重的职业缺陷，时常因为自身工作一贯的高质量展示，而表现出对相关联环节力量与价值的极度轻视。对同仁的藐视，在关键的职业节点，无不极易给自身的职业及其整体团队，造成极其严重的后果。

（四）争夺一切合作成果的显著表现

狂妄骄横藐视同人，必然表现为协作的背景下，竭力推脱不愿承担的艰难工作，却又争先恐后地抢夺，本该属于其他同仁的工作成果或业绩。在需要密切支持与协作的实践中，这种推诿责任抢夺功绩的卑劣行径，的确时常会使得即使最具洞察才能和远见卓识的领导人，由于可能显著削弱组织整体团结的积极力量，而陷入难以依据制度的手段，予以强力处置的艰难境地。

（五）丧失同人积极主动的支持机会

平日对待同仁的极度藐视或狂妄骄横，所产生的必然结果，就是在自身工作面临极其关键，或陷入极为艰难的境地，难以得到同人们积极、主动、有力的支持或帮助。关键或艰难的背景下，即便领导人从组织全局的利益出发，严令相关环节力量的支援，其成效也必然受到显著的限制。因此，狂妄骄横之人，处于组织关键或重要的中坚位置，无不极易给组织整体的运营发展带来极大的隐患。

（六）降低组织密切协作的整体力量

对待同人的极度藐视与狂妄骄横，无疑将显著降低整体组织，密切协作的运营能力，并因此而成为中坚成员极其严重的职业缺陷。然而，藐视他人或狂妄自大，通常又会存在某些方面明显的职业优势。因此，对于狂妄骄横中坚成员的应对方式，长期以来，一直成为领导实践中，时常产生严重分歧的争议焦点。

孔子曾经辩称："躬自厚而薄责于人，则远怨矣。"——多责备自己而少责备别人，那就可以避免别人的怨恨了。事实上，能否卓有成效地构建起积极的团队文化，并以此有效帮助他们建立起，睿智成熟的组织整体或全局的辨识思维意识，才是领导人所面临的真正艰巨挑战。

第三节 全局利益至高无上的原则

素养高度的决定性因素

睿智积极的全局思维意识，是组织中坚整体职业素养普遍关键的决定性因素。全局利益至高无上的原则，是指作为组织的中坚或骨干力量，任何职业背景下，都不仅需要远见卓识地识别组织的全局是一切局部组成，根本和长远利益的重要保障，一切局部或短期的利益都必须绝对服从全局的利益，而且还必须睿智深入辨识，自身一切高质量职业思维或行为的形成，都必须牢固遵循全局更为积极力量或价值创造的根本准则。

广泛的实践中，全局利益至高无上的思维与行为原则，对于组织中坚职业素养的持续发展，及其高质量职业进程与成就的卓越创造，具有极其重要的决定性价值。长期以来，它一直成为贤能睿智之士竭力倡导的关键素养。为此，《吕氏春秋》曾经辩称："三王之佐，皆能以公及其私矣。俗主之佐，其欲名实也，与三王之佐同，而其名无不辱者，其实无不危者，无公故也。"——禹、汤、文武的辅臣都是凭借有功于公共的利益获得自己的利益。平庸君主的辅臣，他们希望得到名誉地位的意愿跟三王的辅臣相同，可名声时常蒙受耻辱，地位经常陷入险境，这是由于缺乏公共利益意识的缘故。

本节首先提出了全局利益至高无上的意识，普遍成为中坚职业素养整体质量和高度关键决定性因素的论断，然后分析了中坚成员所应持有的全局思维和行为的一般性要求，及其限制自身职业力量或价值的若干主要表现。在此基础上，我们还重点探讨了具有广泛存在和争议的，组织内部非正式小团体与宗派现象，可能对中坚成员或组织产生的影响。

广泛的实践中，中坚成员成熟牢固的全局思维意识，卓有成效的构建与发展，领导人无不需要为此承担最为关键的引领责任，以及采取最为坚强有力的推进方式，并通过自身领导素养的持续发展，睿智成熟地辨识和应对复杂艰难环境中，可能遭遇的各种困难或挑战（图 3-6-3-1）。

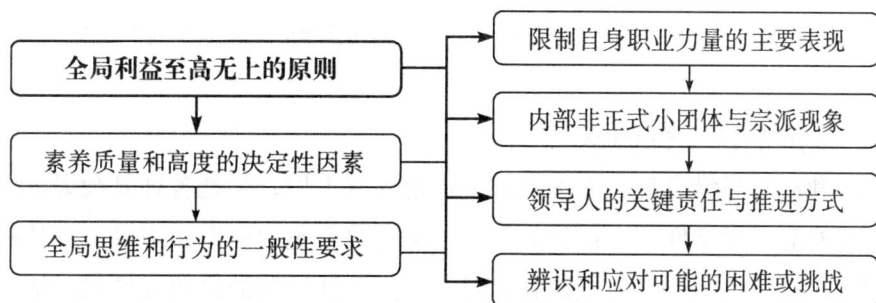

图 3-6-3-1 全局利益至高无上的原则

一、素养质量和高度的决定性因素

全局利益至高无上的意识，是一切高质量职业思维或行为的基石，也是成为坚强组织中坚的重要前提。广泛的实践中，睿智成熟的全局思维意识，不仅是中坚成员职业素养整体高度的决定性因素，及其高质量思维价值体系的核心构成，而且还是他们职业素养持续积极提升的关键途径，以及职业智慧才能充分展示的强大推动力量（图3-6-3-2）。

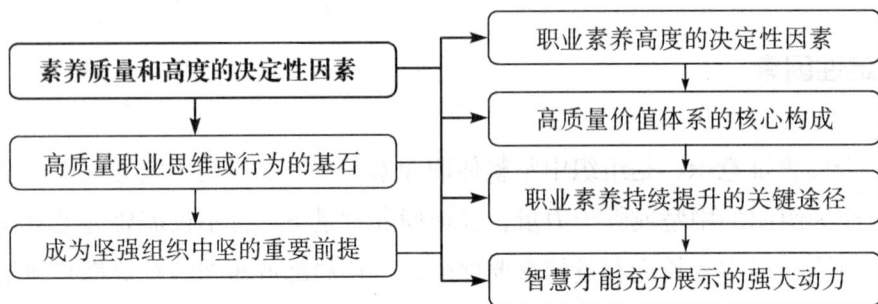

图 3-6-3-2 **素养质量和高度的决定性因素**

（一）高质量职业思维或行为的基石

广泛的实践中，人们时常会对各种事物的应对或工作的推进，存在着不同的理解和看法，这也是各类意见矛盾或冲突的重要根源。的确，复杂艰难环境中，如何才能拥有强大的辨识思维及其积极行为的坚强力量，以创造高质量的职业进程或成就，无不成为人们普遍面临的艰巨挑战。

事实上，任何复杂事物的应对或团队工作的推进，它的最终价值将主要地取决于，所能创造的事物或团队整体与长远，高质量运行发展的推动力量。换言之，事物的应对或工作的推进，只是看到或限于整体的某些局部，及其长远的特定阶段的思维与行为，它的价值无疑将会受到显著的限制。因此，至高无上的全局意识，是一切高质量职业思维与行为卓越创造或推进的坚强基石。

（二）成为坚强组织中坚的重要前提

构建起睿智成熟的全局利益至高无上的积极意识，是坚强步入名副其实真正组织中坚的重要前提。实践中，这种睿智积极的意识，不仅能够坚强地引领和支持中坚人员，在任何复杂艰难的挑战中，都能够做出最有利于组织整体和长远运行发展，卓有成效工作策略或方法的创造与选择，而且在各种可能的利益矛盾或冲突的复杂背景下，能够牢固地立于组织全局利益最为根本的立场，高瞻远瞩地有效统筹和兼顾，各种局部的利益或阶段的运行，并以此展示组织中坚的坚强力量。

为此，孔子曾批评了缺乏全局利益思维意识的臧文仲："臧文仲其窃位者与！知柳下惠之贤而不与立也。"——臧文仲一定是个窃居官位的人！他明知道柳下惠是个贤能之士，却不举荐他一起做官。

（三）职业素养高度的决定性因素

至高无上全局利益的思维意识，无不能够坚强地支持人们，超越各种复杂艰难因素的困扰，深入准确地辨识一定外部因素条件下，自身拥有的各类资源所蕴含的潜在力量，及其有效提升和充分展示的积极方式，并以此更为积极地识别和应对，外部各种运营的机遇或挑战，从而卓有成效地创造高质量的职业进程或成就。因此，全局利益至高无上的思维意识，普遍成为组织中坚成员整体职业素养的质量或高度最为关键的决定性因素。

（四）高质量价值体系的核心构成

头脑中所持有的价值倾向或观念，无不对人们的职业思维与行为，具有极其关键的决定性影响。任何志在有所积极作为或成就的职业人士，也无不希望能够超越各种表面、局部或暂时因素可能存在的限制，展示出自身强大的职业思维或行为的坚强力量。

全局利益至高无上的成熟思维意识，能够睿智坚强地把人们推上，有效超越各种表面、局部或暂时因素限制更为积极的职业境地，从而远见卓识地辨识和把握，各类复杂事物的运行、作用与变化潜在的力量或价值，并以此展现出高超的职业智慧与才能。因此，它普遍成为组织中坚成员高质量价值体系的核心构成。

（五）职业素养持续提升的关键途径

任何组织之所以需要积极构建，并推动中坚力量的持续发展，无一不是源自为全局高质量进程或成就卓有成效创造，提供坚强支持的根本目的。因此，全面深入地辨识和把握全局利益至高无上的根本背景，并以此牢固立足于全局的发展潜力、变化趋势及运营方式的基本立场，深刻而充分审视自身职业的表现、素养的构成状况、能够提升的潜力或空间，无疑就成为中坚成员主动积极地推动整体职业素养持续高质量提升和发展的关键途径。

反之，脱离组织全局运营发展的需要，尤其轻视服务对象需求的准确辨识与积极满足，各环节工作密切联结强大整体力量的创造，而把提升的思维或目光仅仅局限于某些臆想的特定专业技能，则必将极大地限制自身职业素养的发展水平。

（六）智慧才能充分展示的强大动力

人们职业的智慧才能，之所以时常存在着巨大的差异，通常源自他们不同的思维或行为的立场。换言之，立足于某项深厚的专业立场，通常就能够展示出高超的专业智慧或才能。

广泛的实践中，作为组织的中坚力量——而不是主要地视作为某项专业性人才，通常需要承担某项专业环节，更为积极的全局力量或价值创造的核心职责。换言之，他们必须能够根据全局的背景或需求，睿智辨识并有效推进相关专业环节，更高质量组织整体与长远价值的运营发展，而不是主要地局限于自身环节的专业性特征。因此，全局利益至高无上的成熟思维意识，无不普遍成为中坚成员高水平智慧才能积极构建与充分展示的强大动力。

二、全局思维和行为的一般性要求

广泛实践中的组织全局，通常由于自身的性质及其内外环境实际的不同背景，而存在着巨大的差异。尽管如此，准确辨识和把握组织的基本信念、使命与价值观，及其全局的战略部署；把自身言行自觉纳入组织的规范与要求；积极完成个人工作岗位的基本职责；对承担的局部环节核心任务，运行状况足够全面深入地掌握；所属员工职业素养持续提升的有效推进；相关联环节密切支持与协作的积极创造；以及重要工作情况及时准确地上报，普遍成为组织中坚成员全局思维和行为，积极推动必须坚持和遵循的一般性要求。换言之，这些基本要求的把握出现任何重要偏差，都将显著削弱组织中坚的职业力量或价值（图3-6-3-3）。

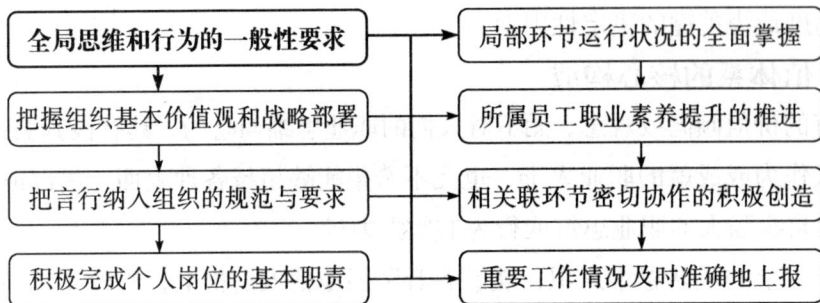

图 3-6-3-3　全局思维和行为的一般性要求

（一）把握组织基本价值观和战略部署

准确辨识与积极创造或维护组织的全局利益，中坚人员首要的任务，就是必须深入理解并掌握，组织的基本信念、使命与价值观，以及全局的战略路线、方向和目标等运营的思维和部署。这是任何复杂艰难背景下，准确辨识和应对各种内外挑战，确保自身环节坚强的全局力量或价值，并以此卓有成效地肩负起组织中坚的职责不可或缺的关键基础。

（二）把言行纳入组织的规范与要求

中坚人员通常由于较为丰富的职业经历或深厚的专业技能，而时常可能就某些重要的问题，存在着与组织全局的既定规范或要求不相一致的独到见解。毫无疑问，这些独辟蹊径的独到思维意识，无论是否更为符合整体内外环境的具体实际，都是组织更高质量运行发展极其宝贵的智慧资源和力量。

然而，实践中，身居重要岗位的中坚成员，一旦对自身独到的见解处理或应对不当，则无不极易给整体组织造成严重的思维混乱。因此，任何背景下，作为组织的中坚人员，无不需要成熟牢固地坚持或遵循，把自身言行自觉纳入组织统一的规范与要求上的基本准则，并把自身独立的不同见解，依据组织正常的渠道或方式，与上级领导进行充分沟通，而不是自持见解的高明，就自行予以广泛地散布甚至强行地推进。否则，无论自身见解的质量如何，都极易给组织的全局带来严重的损害。

（三）积极完成个人岗位的基本职责

个人岗位职责的有效承担，是任何团队正常运转的根本保障。创造与维护全局的利益，中坚人员任何背景下，无不需要首先积极完成个人岗位的基本职责。唯有如此，他才能有效引导和推动，所有部属卓有成效地肩负起自身的岗位责任，从而积极创造专业环节更为强大的整体力量。因此，《诗经》曾经倡导："刑于寡妻，至于兄弟，以御于家邦。"——先给妻子做好的榜样，再给兄弟做好的影响，凭借这样才能治家和安邦。

（四）局部环节运行状况的全面掌握

创造与维护积极的全局利益，中坚人员无不需要牢固地立足于成熟的全局思维，对肩负的专业环节运行状况，予以足够全面而深入地辨识和掌握。实践中，这种辨识和掌握，普遍成为确保专业环节高质量全局价值及其持续提升，极其重要的保障和强大的推动力量。通常，它主要包括三个方面的内容：

1.全局背景条件下，专业环节整体适应能力及其状况的辨识和掌握；

2. 专业环节所存在的全局更为强大潜在力量的辨识和掌握；

3. 专业环节潜在的更为积极的运行方式，及其需要支持的资源条件的辨识和掌握。

（五）所属员工职业素养提升的推进

为了确保组织整体或长远运营发展的强大力量，中坚人员任何背景下，都必须不遗余力地积极推进，所属人员职业素养积极持续地提升，并以此创造各项工作更为优良的运行业绩，从而为组织的全局提供更为坚强的支持，为所属人员构建更为良好的职业前景及其利益保障。

孔子也曾高度称赞了卓有成效地为他人，提供积极职业帮助和利益支持的行为："子贡曰：'如有博施于民而能济众，何如？可谓仁乎？'子曰：'何事于仁？必也圣乎！尧舜其犹病诸。夫仁者，己欲立而立人，己欲达而达人。能近取譬，可谓仁之方也已。'"——子贡问道："假若有一个人，他能给老百姓很多好处又能周济大众，怎么样？可以算是仁人了吗？"孔子回答："这岂止是仁人，简直就是圣人啊！就连尧、舜尚且难以做到呢。至于仁人，就是要想自己站得住，也要帮助人家一同站得住；要想自己过得好，也要帮助人家一同过得好。凡事能就近以自己作比，而推己及人，可以说就是实行仁的方法了。"

（六）相关联环节密切协作的积极创造

致力于全局高质量的运营发展，中坚人员还必须努力推进，相关联环节间的密切支持与协作。相关联环节紧密联结卓有成效地创造，不仅表现为需要积极主动地去支持相关环节的工作，而且还体现在全局背景下，努力通过各种积极有效的方法，争取相关环节对自身工作的全力协助或支持。局部环节间运行的深入主动沟通与协调，广泛的实践中，与凡是涉及横跨不同环节工作的协作，都必须由上级领导予以推动才能得到有效形成，往往存在着极为重要的主动或被动的性质及其质量或成效上的显著差异。

（七）重要工作情况及时准确地上报

通常，卓有成效地辨识与掌控全局，领导人必须对各环节的运行状况，及其相互间的协作关系和变化，形成足够全面而准确地辨识和把握。因此，为确保战略方向和路线的积极进程，及其全局高质量的运营发展，中坚人员必须就自身环节运行的实情，尤其是内外重要因素所发生的重大变化，及时准确地上报掌控全局的领导人，并就相关情况提出自身的应对意见。

三、限制自身职业力量的主要表现

广泛的实践中，中坚成员时常由于各类短视浅薄的思维与行为，而显著地限制自身全局的职业力量或价值。其中，主要的表现通常包括，漠视全局的利益，而从根本上丧失真正组织中坚的坚强力量；缺乏工作整体推进或提升的目标与计划；缺乏全局利益的牢固意识，凡事总是强调局部环节的特殊性；竭力推诿对组织同人所应承担的重要职业责任；把奉献视作吃亏，而与组织事事讨价还价；利用职业便利谋取不正当的个人或局部私利（图3-6-3-4）。

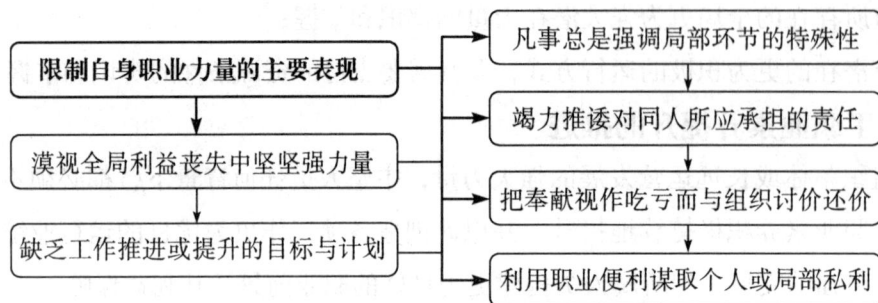

图 3-6-3-4 限制自身职业力量的主要表现

（一）漠视全局利益丧失中坚坚强力量

全局运营发展更为积极而强大力量的创造与维护，是任何组织中坚力量设置形成，最为根本的背景或目的。因此，漠视全局的力量和价值，头脑中只有局部或个人的利益，或者对组织的全局熟视无睹漠不关心，无不成为广泛实践中，中坚成员坚强职业力量的积极创造和展示，最为常见与重要的限制性因素。事实上，中坚成员一旦漠视组织的全局利益，必将从根本上丧失作为组织中坚的坚强力量和宝贵价值。

（二）缺乏工作推进或提升的目标与计划

推进的方向和路线，及其目标与计划，是任何复杂工作高质量进程与业绩卓有成效创造，所必须依据的重要保障及强大动力。创造高质量的全局价值，中坚人员无不需要牢固立足于广阔和长远的全局思维，通过对全局既定的方向与路线，及其自身工作内外环境存在的变化发展，足够全面深入的思考、研究和探索，制订工作积极推进或提升的目标与计划。

（三）凡事总是强调局部环节的特殊性

凡事总是竭力突出和强调，自身环节专业或情况的特殊性，并以此要求其他环节来适应自身的运行，或者组织给予更多资源力量的配置与支持，从而令人深感其职业素养或力量所存在的显著欠缺与薄弱。

这种普遍现象的产生，通常源自两个方面的重要原因：一是未能足够深入而全面地辨识和理解，自身局部环节与组织全局的从属，及其其他环节相互协作准确的关系；二是对自身环节专业资源力量的构成，能够实现的目标及其采取的运行策略或方式，以及运行的进程及其无形资源力量的积极创造，未能形成足够准确的辨识与把握，从而整体思维意识中，对自身环节运行的能力、进程与成效，缺乏应有的充分信心。

（四）竭力推诿对同人所应承担的责任

无视全局高质量进程或成就，所依赖的各环节密切支持与协作的重要基础和强大动力。时常根据组织限定的基本的职能规范或岗位职责，竭力推诿对其他同人工作所应承担的支持责任。尤其是在职能或职责难以明确界定的复杂艰难环境中，更是无视自身组织坚强中坚的根本身份，及其所应具备的全局思维意识，总是寻找各种托词或借口，推脱对组织的全局利益及其同人工作，所应担当的重要义务和责任。

（五）把奉献视作吃亏而与组织讨价还价

头脑中缺乏足够成熟坚定的，自身强大中坚力量与价值，无不源自对组织或他人积极奉献的坚强思维意识。任何时候，总是极端狭隘地把自身的职业付出，与可能得到的个人私利进行紧密的对接。因而，凡事绝难真正考虑全局的利益和需要，或者只是视其为谋取个人更大私利的工具或机会，仔细盘算利益交换的盈亏状况，并以此与组织讨价还价。

（六）利用职业便利谋取个人或局部私利

受到极端自私文化或价值观的严重负面影响，无视组织或团队强大整体力量，积极创造与形成的根本背景，及其职业思维和行为的基本准则，头脑中充斥着个人或局部的私利，而全无整体或长远的全局利益。显然，对其而言，利用职业上的便利，千方百计地谋取个人或局部的私利，已近乎难以抑制的本能。

实践中，中坚人员依仗职业的便利，谋取个人或局部的私利，无不极大地损伤组织强健的肌体，限制团队高质量地运行发展。为此，《尚书》曾经竭力强调："任官惟贤才，左右惟其人。臣为上为德，为下为民；其难其慎，惟和惟一。德无常师，主善为师；善无常主，协于克一。"——选任官吏当用贤才，任用左右大臣当用忠良。大臣协助君主施行德政，帮助下属治理人民；选择好的官员极为艰难，必须特别谨慎，他们当相互和谐，专心于大局。德没有固定的准则，要以适宜为原则；适宜没有不变的方法，要看是否有利于大局。

四、内部非正式小团体与宗派现象

除了正式设置的运行结构，任何多人组成和长期运转的组织或团队，无不必然客观地存在各种形式的非正式小团体。实践中，是否有利于组织全局利益的创造与维护，普遍成为小团体积极或消极的性质，最为根本和显著的分水岭。事实上，积极的非正式小团体，不仅是团队强烈情感构建和工作高度协调极其重要而强大的推动力量，而且也是人们职业素养或业绩高质量发展极为有利的助推器。

然而，以谋取私利为根本目的的宗派小团体，则无不对组织全局利益具有严重的侵蚀力量，并以此而普遍成为广泛领域中组织走向衰退与没落的重要根源（图3-6-3-5）。

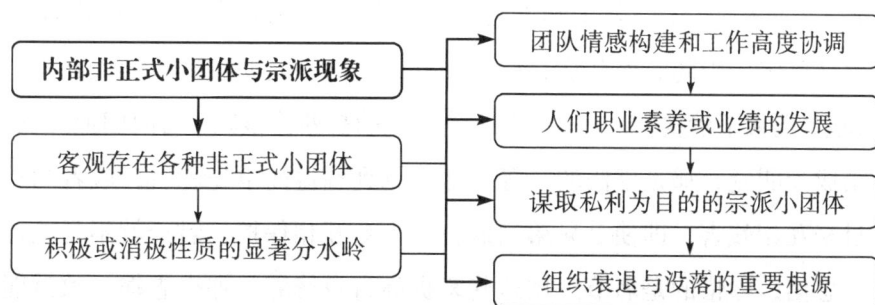

图 3-6-3-5　内部非正式小团体与宗派现象

（一）客观存在各种非正式小团体

各类非正式小团体广泛而客观地存在于，各类组织长期运行发展的进程中。组织的成员或因工作需求有着较多的交往，或对某些感兴趣的议题存在共同的观点，或由于相近的地域、经历而彼此感到更多的亲近。小团体成员间最为显著的特征，是人的固有本性中情感的倾向，在更多的相互交往中所形成的显著亲近的表现。

然而，人的情感无疑蕴含着重要的思维与行为力量。拥有一定情感力量的小团体，显然会对组织整体的运行与领导，产生或深或浅、或多或少、或正或负的影响。尤其是，当小团体不仅存在强烈的情感因素，而且还涉及浓厚的利益成分，那么，它无疑将会成为组织领导人，必须谨慎面对的重要挑战。

欧阳修曾对组织中的小团体作了这样分辨："朋党之说，自古有之，惟幸人君辨其君子、小人而已。大凡君子与君子以同道为朋，小人与小人以同利为朋，此自然之理也。"——关于朋党的言论，自古就有，只是希望君主能分清他们，是君子还是小人间的朋党。大凡君子与君子因志趣一致结为朋党，而小人与小人则因追逐利益结为朋党，这是很自然的规律。

（二）积极或消极性质的显著分水岭

人们推动与成就复杂艰难的工作或事业，无不需要得到广泛他人的支持和帮助。无论是致力高尚的愿景，还是实现消极的意图，离开了他人的协助或合作，通常都难以如愿以偿。因此，《尚书》曾经辩称："受有亿兆夷人，离心离德；予有乱臣十人，同心同德。虽有周亲，不如仁人。"——商纣有亿兆平民，都离心离德；我有拨乱的大臣十人，都同心同德。纣虽有至亲的臣子，比不上我周家的仁人。

然而，广泛的团队实践中，人们相互间的支持与帮助，以及由此所缔结形成的具有显著感情色彩的小团体，究竟具有积极抑或消极的性质，则普遍存在最为根本而显著的分水岭——是否有利于组织全局利益的创造与维护。为此，孔子曾经断称："君子周而不比，小人比而不周。"——君子合群而不与人勾结，小人与人勾结而不合群。

欧阳修则对小团体积极与消极的情境，作了这样极为深刻的辨析："小人之所好者，禄利也；所贪者，财货也。当其同利之时，暂相党引以为朋者，伪也；及其见利而争先，或利尽而交疏，则反相贼害，虽其兄弟亲戚不能相保。君子则不然，所守者道义，所行者忠信，所惜者名节。以之修身，则同道而相益；以之事国，则同心而共济，始终如一，此君子之朋也，故为人君者，但当退小人之伪朋，用君子之真朋，则天下治矣。"——小人所爱所贪的是薪俸钱财。当他们追逐共同利益的时候，就暂时地互相勾结成为朋党，那是虚假的；等到他们见到利益而争先恐后，或者利益已尽而交情淡漠之时，就会反过来互相残害，即使是兄弟亲戚，也不会互相保护。君子就不是这样，他们坚持的是道义，履行的是忠信，珍惜的是名节。用这些来提高自身修养，那么志趣一致就能相互补益。用这些来为国家做事，由于观点相同而能共同前进，并始终如一，这就是君子的朋党啊。所以做君主的，只要能斥退小人的假朋党，进用君子的真朋党，那么天下就可以安定了。

（三）团队情感构建和工作高度协调

具有强大整体运营能力，充满旺盛成长活力的团队，无不受到员工相互间强烈的友爱情感，及其工作高度协调的坚强支持。实践中，各种形式的非正式小团体，无疑成为团队良好情感的构建与发展，工作的密切支持和协调，以及积极文化及价值观的营建，极其重要而强大的团队力量。

为此，《论语》曾经这样阐述了"士"的含义："子路问曰：'何如斯可谓之士矣？'子曰：'切切偲偲，怡怡如也，可谓士矣。朋友切切偲偲，兄弟怡怡。'"——子路问孔子道："怎样才可以称为士呢？"孔子说："互助督促勉励，相处和和气气，可以算是士了。朋友之间互相督促勉励，兄弟之间相处和和气气。"

（四）人们职业素养或业绩的发展

人们职业素养或业绩的持续提升与发展，无不需要能够及时提供积极鼓励与支持，良好的外部环境因素的有力支撑。实践中，具有积极文化价值观、情感密切融洽的小团体，无疑成为人们获取职业进取动力、化解负面工作情绪的重要力量。

不仅如此，复杂环境中，人们头脑深处的某些思维意识，时常通过组织正常的运营方式，而难以形成足够积极或充分的影响，或者一些不良的职业倾向，在未形成明显的行为后果时，组织通常难以及时察觉并对此予以严肃处理。那么，平日交往较多，对其秉性较为熟悉，具有深厚情感因素，睿智而正直的同仁，就普遍成为人们职业素养或业绩的积极发展不可或缺的重要因素。

（五）谋取私利为目的的宗派小团体

正如任何事物都必然存在正反两方面的本性特征，非正式小团体一旦沦为谋取私利的宗派，无疑将会给组织的整体或长远的全局造成极大的危害。换言之，宗派与健康的小团体之间，通常存在一条组织全局利益的显著红线。有利于组织全局力量或价值的积极创造，及其高质量的运营发展，就是健康的团体；以损害全局的利益，而追逐局部或个人的私利，就是极具消极与危害的宗派团体。

（六）组织衰退与没落的重要根源

广泛的实践中，无视全局根本与长远的利益，并利用组织给予的中坚地位，及其重要资源力量的支配权力，通过暗地的私下交易，以谋取个人的私利或暂时的局部利益，是宗派团体最为典型的表现。显然，宗派的存在及其权势的蔓延，无不给组织的全局带来深重的灾难。因此，长期以来，宗派团体一直受到远见卓识领导人的强烈痛恨与严厉限制，以至于陷入宗派的中坚人员，通常将会面临着极大的职业风险。

尽管如此，由于宗派团体通常具有极大的隐蔽性，并时常能够在复杂动荡的环境中，攫取丰厚的红利，因而普遍成为屡禁不止的组织毒瘤，及其整体团队趋于衰败与没落的重要根源。

五、领导人的关键责任与推进方式

推进中坚成员全局思维意识的积极构建与发展，普遍成为领导人必须肩负的关键责任，及其所需采取的坚强推进方式。为此，他必须努力设置兼顾各方利益的组织信念与价值体系，并把中坚人员全局思维意识的提升，置于整体素养发展的关键位置。同时，领导人还需要努力推进组织的积极文化，以及与其相一致的运营制度或规范体系的建设，有效引导非正式团体的积极活动，并以身作则绝不谋取法外的私利（图3-6-3-6）。

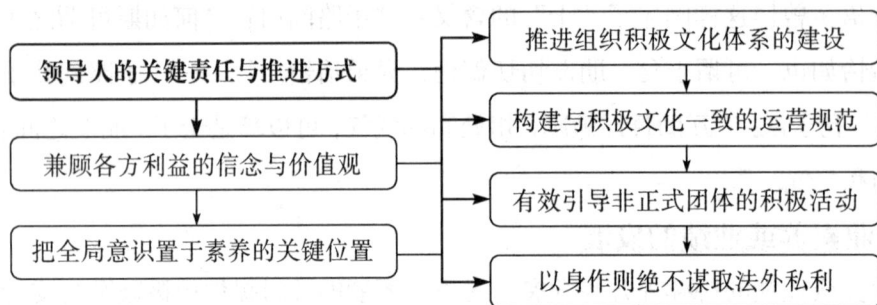

图 3-6-3-6　**领导人的关键责任与推进方式**

（一）兼顾各方利益的信念与价值观

卓有成效地推进中坚力量，全局利益至高无上思维意识的构建与发展，领导人无不需要承担最为关键的责任，并普遍成为组织卓越领导不可或缺的重要方式。实践中，他通常需要对团队人的核心因素的本性，予以足够深入和准确的辨识与把握，并以此积极创造和推动能够高质量地兼顾相关各方根本与长远利益的组织信念与价值体现。否则，全局利益至高无上的思维意识，必将遭受极其严峻的挑战。

西蒙曾经对人性的自私、对组织的忠诚感本性特征，以及组织领导的任务，提出了这样的意见：

"人类有许多自私的方面，他们力求保护自己的利益。在自我照顾的同时，亦在某种程度上照顾了其他人。人类的天性还包含着个人对集体的强烈忠诚感。这种忠诚感亦是一种自私的表现形式。人类有一种极强的能力去认识家庭、家乡以及工作单位。要充分利用人类的自私欲望，就必须把这种欲望与更大规模的'群体私利'欲望联系在一起。

没有这种对集体的忠诚，我很难想象会有任何形式的社会可以存在下去。现在中国的首要任务不但是集中注意力在市场改革上，还要集中在组织机构的重建上，从而使得人们的忠诚感得以复活，而不仅仅是为了几元钱而'折腰'。这就是机构重建的最崇高的任务。"

（二）把全局意识置于素养的关键位置

全局更为积极的力量与价值，是组织中坚力量构建发展，最为根本的背景和目的。换言之，当一个组织缺乏足够坚强的全局思维或意识，它通常就很难有力地构建起，一支强大的中坚队伍或力量，并卓有成效地推进它的持续积极发展。事实上，全局与中坚，全局的利益与中坚的力量，无不具有极其密切的联结关系。

因此，任何背景下，领导人都必须把全局利益至高无上的思维意识，成熟牢固地置于中坚力量的构建与发展，最为关键的核心位置，并以此作为中坚力量职业素养的构成，及其工作思维质量与行为表现最为重要的评价标准。

（三）推进组织积极文化体系的建设

长期以来，许多卓越的实践充分显示，高质量的组织文化体系，对全局积极的力量和价值，与各组成局部及其个体利益关系的深入揭示，以及各种优良行为的广泛宣传和推动，无不成为全局利益深入人心，并得以坚强维护的重要途径。因此，创造组织全局高质量的进程与成就，领导人必须不遗余力积极推动组织高质量文化体系卓有成效地构建、实践与发展。

（四）构建与积极文化一致的运营规范

组织任何思维或行为准则的牢固确立和积极践行，无不需要坚强制度或规范体系的有力支撑。事实上，卓有成效地推进全局利益至高无上的思维和行为准则，仅仅依靠积极文化的倡导力量显然过于脆弱。实践中，它的卓越践行进程，无不需要得到与组织的根本信念及其积极文化，高度一致的制度和规范体系，更为直接而坚强地支持和推动。

《韩非子》曾经辨识了制度与标准，是确保国家全局利益的重要途径：

"能去私曲就公法者，民安而国治；能去私行行公法者，则兵强而敌弱。故审得失有法度之制者，加以群臣之上，则主不可欺以诈伪；审得失有权衡之称者，以听远事，则主不可欺以天下之轻重。"——能去除私欲遵守国法，就会民安而国治；能去除私行执行国法，就会兵强而敌弱。所以明察得失制定法律制度，让群臣遵守，君主就不会被狡诈虚伪所欺骗；明察得失确定衡量标准，用来判断远方事情，君主就不会被天下轻重不一所欺骗。

（五）有效引导非正式团体的积极活动

非正式的小团体，是人性中的情感交往，及其行为相互支持倾向的显著表现。它对人们职业的思维与行为，普遍具有极为重要的影响。因此，由于可能越过宗派的红线，而给组织的全局造成极大的危害，就对其予以极端的完全限制，无疑不仅背离了人性的根本，而且也必将失去它们潜在的积极力量与价值。事实上，正如不宜完全肯定或否定任何客观的因素，领导人真正睿智的应对原则或方式，就是努力展示自身强大的职业智慧与才能，有效引导各种非正式小团体的积极活动，以创造或形成组织全局利益的正面支持力量。

（六）以身作则绝不谋取法外私利

广泛的实践中，卓有成效地推进中坚力量，全局利益至高无上思维意识的构建与发展，领导人普遍遭遇的极其艰难的挑战，无疑就是需要以身作则，避免谋取任何的法外私利。否则，一切殚精竭虑的努力及其方法，都必将丧失真正强大的力量，并难以阻挡组织的全局坠入黑暗深渊的必然结局。

《淮南子》也曾经认为，权势是事物推进最具决定性的力量："灵王好细腰，而民有杀食自饥也；越王好勇，而民皆处危争死。由此观之，权势之柄，其以移风易俗矣。尧为匹夫，不能仁化一里；桀在上位，令行禁止。由此观之，贤不足以为治，而势可以易俗，明矣。"——楚灵王喜欢杨柳细腰，楚国百姓则纷纷效仿缩食减肥；越王崇尚勇武，越国百姓则纷纷处危争死。由此看来，君主的权势，足以产生影响以致移风易俗。当尧还只是一介平民时，他的仁德感化不了一个巷子里的百姓；而夏桀占据了帝位，便能令行禁止，推行他的一套。由此看来，贤明倒反而治理不了天下，而权势却能移风易俗，这是明显的事实。

六、辨识和应对可能的困难或挑战

深入准确地辨识和应对可能遭遇的困难或挑战，无不成为组织全局利益至高无上思维意识，坚强铸建与积极发展的重要任务。实践中，全局利益的思维意识，通常受到社会文化与价值观，以及组织领导公正与公平行为质量，极其重要的影响。同时，它的卓有成效推进，还普遍需要得到深厚组织文化底蕴的有力支撑，并受到人才争夺与私利意识的崇尚，岗位职责与业绩考核所存在欠缺，显著的负面影响（图 3-6-3-7）。

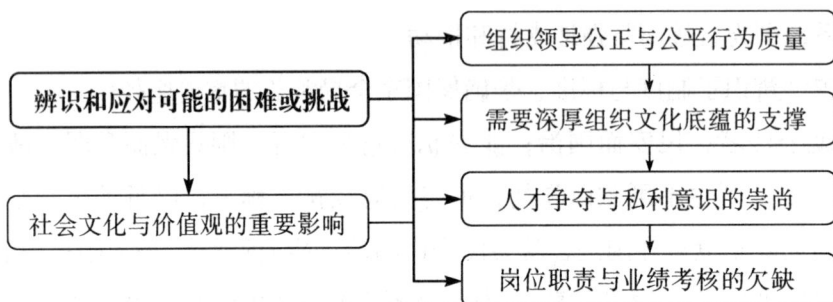

图 3-6-3-7　辨识和应对可能的困难或挑战

（一）社会文化与价值观的重要影响

全局利益至高无上思维意识卓有成效地铸建与发展，普遍受到外部环境中，一定社会的文化及其价值观的重要影响。事实上，如果一定社会环境中，过于强调或突出，包括领导人在内个人职业智慧才能的决定性价值，而轻视团队密切协作的强大力量，或者倾向追逐局部短期的利益，而忽略整体社会长远的高质量发展。那么，任何组织的领导人试图推进中坚力量，全局利益至高无上思维意识的构建与发展，无疑都将遭受组织整体运营中最为艰巨的挑战，甚而至于会把这一关键的领导工作，视作为难以实现的梦想。

（二）组织领导公正与公平行为质量

卓有成效地推进中坚力量，全局思维意识的构建与发展，实践中，无不受到组织领导公正与公平行为质量，极其关键的决定性影响。事实上，如果组织的领导，缺乏足够的公正与公平，那么，中坚成员通常就很难对领导人形成充分的职业信任，对组织长远的愿景铸建起足够坚定的信心。果真如此，领导人任何全局的提醒、指导甚至批评的成效，都无不受到极大的限制。

因此，子夏曾经辩称："君子信而后劳其民；未信，则以为厉己也。"——君子必须取得信任之后才去役使百姓，否则百姓就会以为是在虐待他们。

（三）需要深厚组织文化底蕴的支撑

牢固执守并积极践行全局利益至高无上的思维和行为准则，无不成为组织整体强大的运营与发展能力，以及高质量运营进程或成就的卓越创造，极其重要的保障和坚强的推动力量。然而，广泛的实践中，如果缺乏全局的力量或利益，对全体成员长远职业发展及其根本利益的关键价值，以及一定组织运营背景下，全局、局部与个人的力量与利益，密切融合、相互支持的高质量方式，科学充分揭示和引导的积极文化坚强支撑，那么，人们全局的思维或行为的质量，无疑将会受到极大的限制。因此，卓有成效地推进全局思维意识的构建发展，普遍需要深厚底蕴组织文化的坚强支撑。

（四）人才争夺与私利意识的崇尚

在各类专业人才竞争日趋激烈的背景下，一些组织机构为了获取急需的专业性技能或力量，时常会淡化全局思维意识的准则，而尽可能满足专业人才的个人利益。不仅如此，崇尚个人自由与价值的思维，并以其所得私利的多寡，作为职业才能或价值评价标准的蔓延，也时常使得人们严重质疑与动摇组织全局利益或价值的思维意识。事实上，缺乏成熟稳固的辩证思维意识，而显著割裂团队与个人的力量、利益与价值的倾向，正日益成为广泛领域中组织高质量领导管理与运营发展所普遍面临的极其艰难的挑战。

（五）岗位职责与业绩考核的欠缺

岗位职责与业绩考核的设置推进，是组织各环节工作正常运行，不可或缺的重要管理手段。然而，如果岗位职责过于限定局部的任务，或者模糊全局的责任；业绩考核过于偏重短期的成果，或者能够直接辨识与计量的表象因素。那么，全局利益积极的思维意识，无疑将会遭受极大的削弱。

第四节 昂首行进在队伍的最前列

中坚力量显著的职业特征

坚强地展示中流砥柱的强大力量，中坚人员任何背景下，无不需要擦亮双眼，鼓足干劲，昂首行进在队伍的最前列。的确，无论遇到什么艰难险阻，都能够以身作则，顽强地位列行进队伍的最前列，长期以来，已被广泛地视作为组织中坚最为显著的职业特征。

因此，《论语》曾有这样的场景描述："子路问政。子曰：'先之劳之。'请益。曰：'无倦。'"[13]136

——子路请教怎样管理政事。孔子回答："做在百姓的前面，然后使得百姓勤劳。"子路请求多讲一点。孔子说："不要懈怠。"。

中坚成员昂首行进地走在队伍的最前列，必须努力确保队伍正确的行进方向和路线，积极创造与激发团队前行的强大动力。同时，他们还必须能够得到若干思维与行为基本准则准确辨识，以及领导人积极指导与激励坚强有力的支持。最后，我们探讨了中坚成员始终保持队伍的前列位置，实践中时常遭遇的若干困难与挑战。

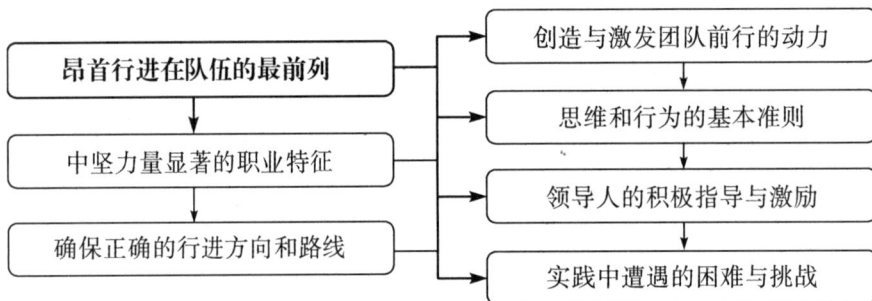

图 3-6-4-1 昂首行进在队伍的最前列

一、中坚力量显著的职业特征（图 3-6-4-2）

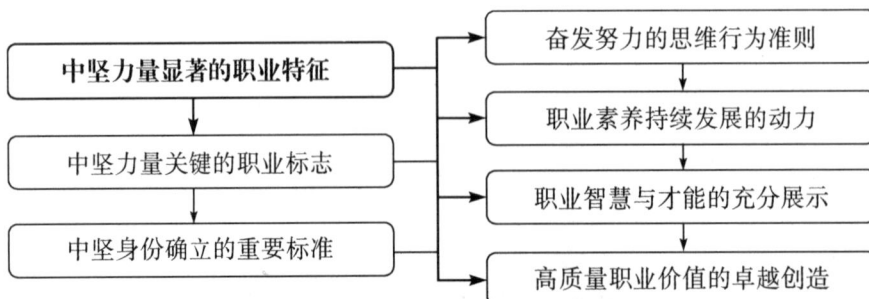

图 3-6-4-2 中坚力量显著的职业特征

昂首行进在队伍的最前列，是组织中坚力量最为关键的职业标志，并以此普遍成为中坚身份牢固确立的重要标准，以及必须奋发努力的思维与行为的准则。实践中，矢志队伍的前列位置，还是中坚人员职业素养持续积极发展的坚强动力，以及职业智慧与才能的充分展示，及其高质量职业价值卓越创造的重要途径。

（一）中坚力量关键的职业标志

任何背景下，能够昂首行进在队伍的最前列，无不充分展现着对光明前程的坚定信心，以及昂扬积极的精神风貌。同时，他还必定得到锐利的目光和睿智的思维，对各种迷雾掩映下的正确前行方向和道路，足够远见与准确辨识的坚强支撑。并依据自身积极而稳健的行进步伐，有效激发整体团队奋勇向前的强大力量。显然，昂首行进在队伍的最前列，无不成为组织坚强的中坚力量最为显著而关键的职业标志。

（二）中坚身份确立的重要标准

通常，中坚的身份需要得到组织的正式任命或确认。然而，这种表面或形式上的身份，并非代表相应的成员就必然具备坚强中坚的素养和力量，及其足够高质量的职业表现与价值。实践中，真正中坚力量的身份或地位，必须以始终居队伍最前列的位置，才能得到坚强而牢固的确立。因此，行进在队伍的最前列，普遍成为组织中坚真正身份确立的关键标志。

（三）奋发努力的思维行为准则

组织的中坚成员，普遍面临着复杂艰难的职业挑战。他们强大职业力量与价值积极而充分地展示，无不需要坚强的思维行为目标，明确地指引和有力地推动。昂首行进在队伍的最前列，无疑为他们卓有成效地肩负起高质量的中坚职责，指明了必须奋发努力的思维与行为的目标。

为此，《六韬》曾经辩称："见善而怠、时至而疑，知非而处，此三者道之所止也。"——见到善事却懈怠不做，时机来临却迟疑不决，知道错误却泰然处之，这是行事准则所禁止的三种表现。

（四）职业素养持续发展的动力

牢固确立行进队伍的前列位置，中坚人员必须具备准确辨识与积极应对，内外环境各种变化与时俱进的强大智慧与才能，并以此卓有成效地肩负起坚强的中坚职责。不仅如此，持续保持队伍最为前列的职业地位，中坚人员还必须要比其他的普通成员，更为成熟积极的整体职业素养的发展能力。因此，牢固确立并持续保持，队伍前列位置的强烈意识，普遍成为中坚人员职业素养持续发展极其重要而坚强的动力。

（五）职业智慧与才能的充分展示

广泛的实践中，能够昂首行进在队伍的最前列，不是具备强烈的愿望或某项专业的特长，就能够充分顺利地实现。事实上，它无不需要人们高质量的辨识思维智慧与思想意识才能，及其强大的行为情感动力，成熟积极的整体职业素养坚强有力的支撑。因此，位居并保持行进队伍的前列，普遍成为人们高质量的职业智慧与才能充分展示的重要途径。

（六）高质量职业价值的卓越创造

昂首行进在队伍的最前列，通过自身的榜样与标杆对团队整体强大力量卓有成效地激发、凝聚和提升，而形成的对组织全局高质量进程或成就的坚强支持，无不充分体现出比任何个人岗位的工作，更为积极而宝贵的全局价值。实践中，中坚人员的全局意识越是坚定，融入团队越是深入，帮助他人越是细致，显而易见，他越是能够卓越地创造自身高质量的职业价值。

二、确保正确的行进方向和路线

确保正确的行进方向和路线，是中坚人员位居队伍最为前列的核心体现。为此，他们必须能够深入理解与积极传播，组织运营发展的基本信念和使命；深入辨识和有效推进，组织的战略方针与路线。并通过服务对象需求及其满足方式的准确识别，以及高水平专业能力的有效构建与充分展示，卓有成效地创造专业环节运行，更为积极的全局力量与价值。同时，复杂背景下，他们还需要能够根据自身的职责，并依据内外环境的变化实际，对运行的方向路线进行更为积极的及时调整（图 3-6-4-3）。

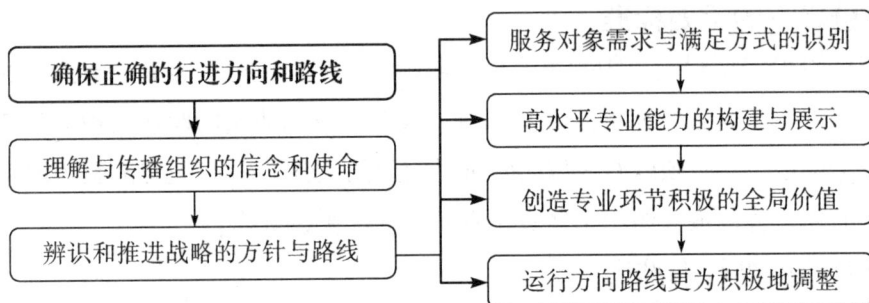

图 3-6-4-3　确保正确的行进方向和路线

（一）理解与传播组织的信念和使命

对组织运营发展的基本信念和使命，及其形成背景的深入辨识和理解，并以此在所带领的队伍中，对其进行充分广泛的积极传播与宣传，以有效统一和增强整体组织的运营意志，是中坚人员昂首行进在队伍最为前列的重要内涵及表现。这也是确保组织各环节组成，在各自内外环境条件下，保持整体正确的前行方向与路线，极其重要的途径和推动力量。因而，它普遍成为中坚人员极为关键的核心职责。

（二）辨识和推进战略的方针与路线

中坚成员昂首行进在队伍的最前列，并通过自身专业环节更为积极的全局力量或价值的卓越创造，卓有成效地肩负起组织的中坚职责，无不需要得到对全局战略方针与路线足够深入辨识与积极推进的坚强支撑。不仅如此，复杂或较为独立的环境中，中坚人员还必须能够足够成熟地掌握，全局战略方向与路线设置形成的基础或背景，从而更为准确更高质量地与自身环节运行的内外实际及其变化，进行更为密切而积极的联结，确保并持续提升其推进实施的质量或水平。

（三）服务对象需求与满足方式的识别

准确辨识服务对象的需求，及其满足的方式与状况，对于确保正确的组织运营方向，具有极其重要的决定性价值。服务需求深入全面的辨识，不仅要准确识别当前已经存在的需求表现，而且更具全局战略高质量价值的因素，是要依据深厚扎实的专业素养与技能，深入洞察和分辨所存在的潜在需求及其变化的趋势。

满足方式与状况的识别，通常需要完整地辨识服务对象需求满足的整体程序，及其所包含的重要影响因素；服务对象对自身产品服务，及其同类其他产品服务的满意度状况，以及存在的替代产品服务所给予的满足状况。显然，这对身处专业环节最前列的中坚人员而言，既是整体职业中最为复杂艰难的挑战，也是他们展现自身全局高质量价值最为关键的工作。

（四）高水平专业能力的构建与展示

昂首行进在队伍的最前列，极其重要的表现之一，就是需要中坚人员能够准确辨识并依据，组织全局战略路线的基本原则，通过自身高质量的职业智慧与才能，对各类人的、物的资源因素特征，及其潜在的积极力量或价值深入全面的辨析，以及各种专业化运行策略或方式的积极探索与推进，从而卓有成效地构建并展示专业环节强大的运行与发展的能力。

（五）创造专业环节积极的全局价值

所有组织的领导人无不强烈地期盼，各专业环节或局部的组成，都能够在全局的方向和路线的背景下，奋发进取、努力探索、积极创新，以创造对全局高质量运行发展，更为积极而坚强地支持。因此，能否昂首行进在队伍的最前列，将关键取决于中坚人员，能否有效地通过自身整体职业素养的持续提升和发展，卓有成效地率领自身的专业团队，创造更为积极的整体力量与全局价值。

为此，郑周永曾经告诫并要求部属："领导管理者的责任不是批准下面的工作，而是指出下面工作有什么不足，寻找有没有比这更好的办法。只有画圈批准，那是十足的应付，是领导管理者的失职、失责。你们作为负责人，工作年限、经验和能力都应该优于部下，应该提出比部下更为高明的意见，否则就是不称职。"

（六）运行方向路线更为积极地调整

战略的方向，通常是根据组织运营发展的基本信念及重要使命，并依据整体外部环境的实际予以设定；战略路线的选择，则既要考虑整体行进的方向，更要立足于自身资源结构的组成，及其内外因素的作用所能形成的整体运营发展力量。行进在队伍最为前列的中坚人员，通常能够最为深入而准确地感知外部环境或自身能力所形成的重要变化。

因此，对全局方向或路线予以更符合内外实际，积极而及时地调整或修正，就成为中坚人员创造性地执行或推进，正确的全局方向和路线，从而充分展示高水平的职业智慧与才能极其重要的途径。

三、创造与激发团队前行的动力

卓有成效地创造和激励，整体团队强大的前行动力，是中坚成员昂首行进在队伍的最前列，极其重要的表现。为此，实践中，中坚人员通常需要对团队积极的运行发展前景，进行深入充分地描绘与宣传，并通过团队积极文化的有效构建和广泛推广，努力激励起奋发进取的旺盛士气。同时，中坚人员还必须努力推进，全体成员各项专业技能的持续提升，以及对员工各种困难工作深入细致的示范与指导，并通过对全体成员职业利益的积极维护，铸就整体团队强大的运行和发展的坚强力量（图3-6-4-4）。

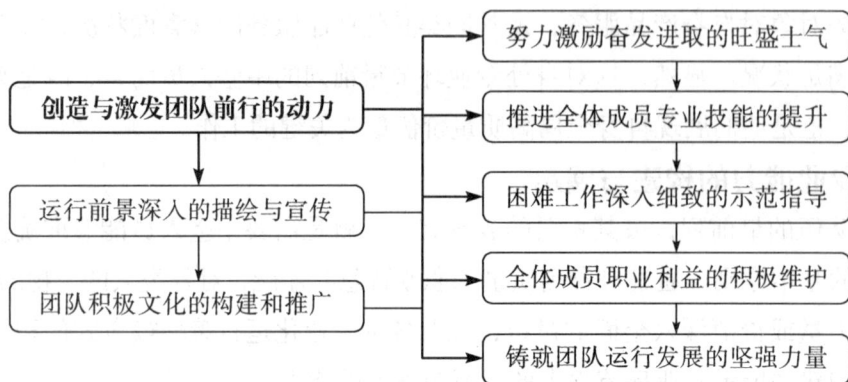

图 3-6-4-4　创造与激发团队前行的动力

（一）运行前景深入的描绘与宣传

身居队伍最为前列的位置，中坚人员必然对组织运营发展的前景，具有更为清晰的辨识或深入的感知。实践中，对组织美好运营发展的前景，予以积极而充分地描绘与宣传，不仅是中坚人员身居队伍前列位置极为重要的体现，而且也是他们有效创造和激发，团队强大的前行动力极其关键的途径，并以此而普遍成为复杂艰难环境中，组织中坚高质量地肩负起自身职责不可轻视与或缺的重要工作。

（二）团队积极文化的构建和推广

头脑中的积极文化意识，是人们高质量思维与行为，极其重要而强大的推动力量。为此，位居行进队伍的最前列，中坚人员必须时刻关注进程中，所有成员有效展现的，更具整体团队强大运行与发展力量或价值，各种积极的思维与行为。并不失时机地对其进行高度系统地提炼，以及密切联结团队具体工作实践的积极指导与推广，从而卓有成效地构建起能够坚强推动整体团队，团结友爱、奋发进取高质量的团队文化。

对于重要岗位人员，必须充分展示积极引导的价值，孔子也曾辩称："爱之，能勿劳乎？忠焉，能勿诲乎？"——爱他，能不让他勤劳吗？忠于他，能不对他教诲吗？

（三）努力激励奋发进取的旺盛士气

任何背景下，都能够展现并保持不畏各种艰辛挑战的旺盛士气，无疑是一支团队创造高质量运行进程和业绩，不可或缺的重要精神力量。因此，昂首行进在队伍的最前列，中坚人员必须积极构建卓有成效地激励团队奋发进取旺盛士气的重要素养。

《尉缭子》曾经辩析了激励旺盛士气的重要原则与方式："夫勤劳之师，将不先己。暑不张盖，寒不重衣，险必下步。军井成而后饮，军食熟而后饭，军垒成而后舍，劳佚必以身同之。如此，师虽久而不者不弊。"——勤勉奋发的军队，其将帅必定不会先作自己的享受。夏天不张伞，寒冷不加衣，路险必然下马步行。部队的井挖好了自己才饮水，部队的饭煮熟了自己才进餐，部队的营垒筑成了自己才休息，将帅一定会与士兵同劳逸，共甘苦。这样，部队虽然长期作战，也能保持旺盛的士气而不致衰竭疲弊。

（四）推进全体成员专业技能的提升

足够厚实的专业技能，是广泛实践中人们专业工作，高质量推进及其优良业绩积极创造，极其重要的基础和坚强的推动力量。为此，身居队伍的最前列，中坚人员必须努力根据整体团队运行发展的需要，并结合各成员具体岗位、技能的实际，努力探索、学习与推进各种行之有效的方式，卓有成效地推动全体成员专业工作技能持续积极地提升，并以此创造整体团队更为强大的运行发展能力。

（五）困难工作深入细致的示范指导

牢固确立并持续保持队伍最为前列的职业地位，中坚人员必须能够卓有成效地承担，对新进岗位人员，尤其是遭遇各种艰难工作挑战的员工，给予深入细致地应对示范与指导，并以此创造整体团队主动积极的工作氛围，及其高质量的运行发展进程。对此，保罗·盖蒂曾作了这样的深入阐述："让我们来看看商业管理的广义诠释：指导员工如何执行公司的政策，以及完成公司目标的艺术。不论是一般管理或是特定项目管理——譬如人事，采购，生产或销售——所有商业者的关键都是：指导员工活动。

不论一个人怎样去学习领导管理能力，他都会学到一些基本定律，既适用于商场，且适用于战场。这些定律可决定一个人能力的高低：亲身示范，是指导及激励员工的最佳方法。能够对属下员工讲解，兼加示范的主管，必能备受爱戴。好的主管会承担属下所有的责任。如果上司因为他的部门犯错误而怪罪的话，他将一力承担，因为错误总是由于督导不够而产生的。"

（六）全体成员职业利益的积极维护

创造或激发整体团队坚强的前行动力，中坚人员还必须能够根据组织的整体背景，及其团队运行进程中的内外实际，积极争取并维护全体成员根本与长远、精神和物质的利益。为此，《将苑》曾经作了这样的深刻论述："古之善将者，养人如养己子。有难，则以身先之；有功，则以身后之；伤者，注而抚之；死者，哀而葬之；饥者，舍食而食之；寒者，解衣而衣之；智者，礼而禄之；勇者，赏而劝之。将能如此，所向必捷矣。"——古代凡是优秀的将领，体恤自己的部下就好像对待自己的儿女一样。当困难来临时，就身先士卒行进在最前面；在功劳荣誉面前，则谦让与部下；对待受伤的士卒，百般安慰和抚恤；当部下为国捐躯时，必定极为悲哀并能予以厚葬；在粮食不够吃时，主动地把自己的食物让给下级；在天气寒冷的时候，把自己的衣服让给士卒穿用；对待有才智的人，则以礼相待并给予厚禄；对待英勇善战的部下，必定给予及时的奖赏而予以激励。身为将帅，如果做到这样，那必然所向披靡，百战百胜。

（七）铸就团队运行发展的坚强力量

行进在队伍的最前列，中坚人员必须能够有效肩负起，整体团队运行发展坚强力量积极铸建的核心重任。实践中，他们通常需要在团队成员职业的辨识思维智慧、勤奋进取动力、专业工作技能，尤其是相互间的团结友爱、密切协作等素养构成，卓有成效地铸建和发展的重要环节，充分展示自身应有的高水平的智慧与才能，并以此积极凝聚和创造整体团队运行发展的坚强力量。

四、思维和行为的基本准则

昂首行进在队伍的最前列，中坚人员无不需要得到若干思维和行为基本准则的坚强支撑。其中，全局战略思想与背景的深入理解，组织基本信念和价值观的广泛宣传与实践引导，普遍占据着中坚人员职业进程和素养发展的关键地位。在此基础上，中坚人员还必须竭尽所能，积极推进全局价值与专业环节运行的密切融合；有效构建整体团队高质量运行发展的强大专业能力；密切与相关联运行环节的联结和协作。同时，任何环境中，都能够展现出以身作则身先士卒的坚强行为力量（图3-6-4-5）。

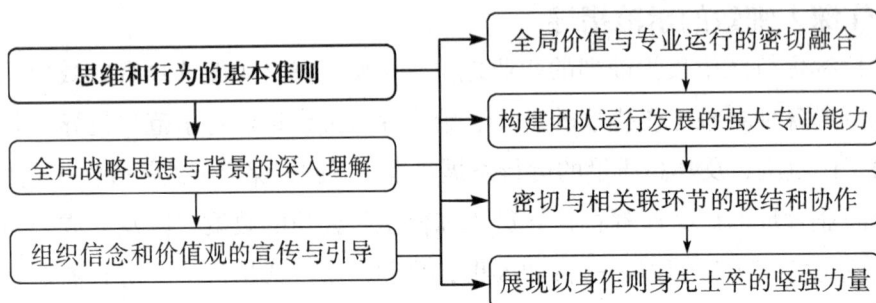

图 3-6-4-5　思维和行为的基本准则

（一）全局战略思想与背景的深入理解

昂首行进在队伍的最前列，中坚人员无不需要得到全局战略思想与背景，足够深入准确辨识和理解的坚强支撑。实践中，对组织基本信念与价值观，战略的方向、路线和措施，及其它们设置形成背景深入的辨识和理解，无不能够把中坚人员坚强地推上，更为成熟卓越的全局思维与行为的职业地位，从而能够更为充分、更高质量地辨析和展示，专业环节各类资源因素及其紧密联结，以及不同专业环节相互间的密切协作，所蕴含的更为积极而强大的潜在力量与价值。

（二）组织信念和价值观的宣传与引导

人们职业的思维与行为，无不受到头脑中思想意识极其关键的决定性影响。组织的基本信念与价值观，就是统一全体成员的思维与行为，并以此有效激发与凝聚整体组织强大力量，极其关键的思想基础。事实上，缺乏足够积极而成熟思想基础的坚强支撑，没有任何组织能够卓有成效地创造并保持，奋勇前行强大而持久的智慧与力量。因此，昂首行进在队伍的最前列，中坚人员必须能够就组织的基本信念与价值观向全体成员进行积极深入的宣传和引导。

（三）全局价值与专业运行的密切融合

积极推进组织全局的价值，与专业环节运行实际的密切融合，是身居专业团队最为前列位置中坚人员，必须深入辨识与积极践行的极其重要的思维与行为准则。换言之，任何背景下，中坚人员都必须能够睿智坚强地，把自身组织中坚或骨干力量的职业身份，牢固地置于头脑思维意识的核心位置，并以此把全局的利益与价值，作为一切职业思维和行为的指南。

同时，他还必须能够足够清晰地辨识，作为一支专业团队的领头羊，需要肩负的专业环节高质量运行发展的关键职责，并以此把自身职业的思维与行为，牢固地立足于专业环节运行发展的内外实际。因此，广泛的实践中，中坚人员通常具有全局与局部，两个重要的职业身份，以及推进两者密切融合的核心职责。

为此，《六韬》曾经辩称："勿以三军为众而轻敌，勿以受命为重而必死，勿以身贵而贱人，勿以独见而违众，勿以辩说为必然。"——不要认为我军众多就轻敌，不要因为任务重大就拼死，不要因为身份尊贵就轻视部下，不要认为自己意见独到而违背众意，不要由于能言善辩而自以为是。

（四）构建团队运行发展的强大专业能力

组织的全局进程或成就，总是受到自身各项专业运行能力，所构成的整体运营发展力量的决定性影响。实践中，任何专业环节及其职能的设置，无一不是为了构建形成更为积极强大的专业运行能力，并以此为全局提供更为坚强有力的力量支持。因此，身居专业队伍的最前列，中坚人员必须能够卓有成效地肩负起团队强大运行发展专业能力，积极构建与持续提升的关键职责。

（五）密切与相关联环节的联结和协作

在组织全局日趋受到广泛内外因素，及其相互作用关系深刻影响的复杂环境中，专业或局部的分工及其密切的联结与协作，正日益成为各类组织最为重要的运营方式。事实上，专业或局部的分工，能够显著提升各类专业资源因素，潜在力量的积极提升和充分展示；它们密切联结与协作的积极推动，则能够结成与创造更为强大的整体或全局的坚强力量。

广泛的实践中，唯有分工与协作高度的辩证统一，才能卓有成效地提升和展示，组织整体资源因素潜在的强大力量。因此，任何背景下，中坚人员都必须以成熟牢固的辩证统一全局的思维意识，积极推进各专业或局部环节的密切联结与协作。

（六）展现以身作则身先士卒的坚强力量

以身作则身先士卒，任何背景下，都是中坚人员昂首行进在队伍最前列，极其显著而关键的体现。事实上，复杂艰难的环境中，高质量地统领一支团队，往往没有任何其他方式，能够超越自身表率的坚强力量。因此，长期以来，人们对这一硬朗的作风，有着异口同声的高度认同与称赞。

《将苑》曾这样辩称："夫为将之道：军井未汲，将不言渴；军食未熟，将不言饥；军火未然，将不言寒；军幕未施，将不言困；夏不操扇，雨不张盖，与众同也。"——身为将帅所需遵循的原则：军中水井未打上水，将帅就不说口渴；营中饭未煮好，将帅就不说饥饿；军中篝火未燃，将帅就不说寒冷；军中帐篷未搭成，将帅就不说困乏；夏天不操扇，下雨不张盖，是为了与广大的士兵保持一致。

五、领导人的积极指导与激励

领导人对于中坚人员，能否昂首行进在队伍的最前列，无不具有极其关键的决定性影响。通常，领导人需要向其告知全局战略的基本思想与原则，并及时通报战略运行的进程、形势和要求。领导进程中，还必须能够卓有成效地激发中坚人员，积极探索、勇于进取的坚强精神与行为动力；根据他们工作的内外具体实际，有效提供高质量思维与行为的积极指导；推动他们辨识思维及其与团队密切融合，整体职业素养的持续发展；依据整体的表现，创造具有强大激励力量的职业待遇（图3-6-4-6）。

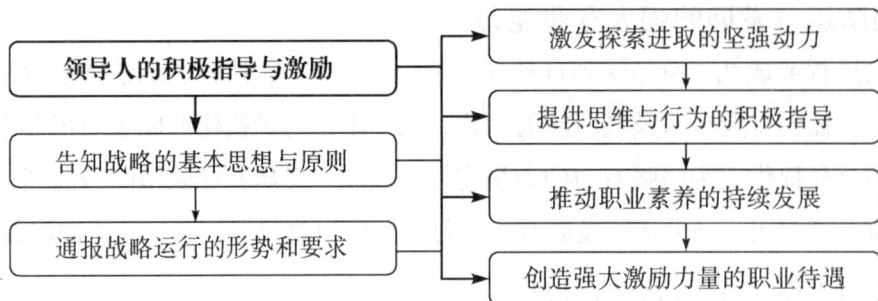

图 3-6-4-6　领导人的积极指导与激励

（一）告知战略的基本思想与原则

为卓有成效地推动组织的中坚人员，能够更为积极而充分地辨识和展示，自身环节专业资源能力的潜在力量或价值，有效应对内外环境中各种因素的作用及其变化，为全局高质量的运营发展提供更为坚强的支持，从而昂首行进在专业队伍的最前列，领导人必须向中坚人员充分告知，组织全局战略的方向、路线与措施等基本的思想和原则，以使其能够牢固地居于更为开阔的全局视野及其主动的职业地位，更高质量地审视与推进自身环节工作的运行发展。

（二）通报战略运行的形势和要求

为确保专业或局部环节高质量的运行进程，领导人还必须经常性地，向中坚人员通报整体的战略形势与运营状况，并对专业工作提出具体的指示或要求，以便中坚人员能够及时调整、修正或完善自身环节运行的方式，从而为全局更高质量的运营发展提供更为积极而坚强的支持。

（三）激发探索进取的坚强动力

在日益强调或注重制度与规范力量的组织环境中，充分而积极地激发中坚人员坚强进取动力的价值，正日趋被许多领导人所忽略或轻视，从而使得这一极其强大而关键的领导力量，正日渐遭受着严重的削弱，并成为组织的中坚人员难以坚定行进并持续保持，队伍最为前列位置极其重要的根源。

事实上，中坚人员职业进取的坚强动力得不到充分地激发，领导人就绝难期待由他们率领的团队，能够展示出无畏挑战、奋勇向前的强大力量。为此，郑周永曾告诫公司的中坚人员，必须具备积极进取的职业精神："你们都是企业的负责人，企业能否发展就看你们本身有没有进取精神，能不能把自己是进取精神带给属下人员。一个企业负责人的形象，就是企业的形象。我们每个人都应有主人意识，有参与意识。大到国家，小到企业，都不能抱着'事不关己'的态度，你们的眼睛不要只盯着自己的上级，而是要盯着事业。"

（四）提供思维与行为的积极指导

坚强推进并持续保持中坚人员昂首行进在队伍的最前列，领导人还必须能够根据组织的基本信念与价值观，以及全局战略的需要及其专业环节的具体实际，有效提供高质量职业思维与行为的积极指导。通常，高质量的指导应该紧密联结中坚人员的职业素养，并努力超越具体事务的应对方法，而把着力的重点牢固地置于，全局战略背景及其整体素养积极发展，辨识思维、思想意识与情感行为动力的原则，以及专业环节资源能力潜在力量或价值的充分辨识和展示，所需遵循的思维行为的方向、目标与方式。

（五）推动职业素养的持续发展

中坚人员整体职业素养持续高质量地发展，广泛的实践中，不仅是他们昂首行进在队伍的最前列最具坚强而根本的动力，而且也是组织运营发展进程和成就极其关键的决定性力量。为此，领导人必须不遗余力地推进，中坚人员最具关键与决定性的辨识思维智慧，及其与团队高度密切融合，坚强职业力量卓有成效地提升与发展，并以此推动他们在任何复杂艰难的挑战中，都能够卓越地率领整体专业团队积极进取、奋勇前行，充分展现全局高质量进程的强大推动力量。

（六）创造强大激励力量的职业待遇

卓有成效地激发或创造中坚人员坚强的进取动力，在高质量人才日显关键价值、争夺日趋激烈的环境中，领导人还需要能够积极设置，具有强大激励力量的职业待遇。的确，个人的待遇时常成为一种敏感的议题，而困扰许多领导人。然而，他们必须站在足够的职业高度，深入审视人性的需求与特征，及其中坚人员内心的感受与愿望。

领导人必须能够充分准确地辨识，职业的待遇既存在物质的，也包含着精神的因素，并且它们所展示的职业力量，通常与组织的性质，及其人员的职业地位和素养，具有极其密切的关联；既存在组织内部职业岗位的纵向平衡，也涉及外部的行业或地区的横向平衡；既存在工作绩效的考核评价因素，也存在基本的职业福利的保障因素。对各种重要因素的统筹兼顾与全面平衡，以积极有效地激励中坚人员的职业进取动力，普遍成为职业待遇设置的基本原则。

六、实践中遭遇的困难与挑战

坚强行进并持续保持队伍最为前列的位置，中坚人员时常会在实践中，遭遇若干重要的困难与挑战。它们通常包括：缺乏对组织基本信念与价值观，及其全局战略思想足够深入的理解；难以对组织信念、价值观及其战略思想，进行广泛而积极的宣传与鼓动；缺乏足够坚强积极的职业进取的精神和行为动力；难以足够全面准确地掌握，专业环节各类资源能力的构成，及其全局背景下高质量的运行发展方式；缺乏对各环节密切协作与相互支持，积极价值的成熟辨识和强大力量的有力推动；执守狭隘个人利益中心的思维与行为职业信条（图3-6-4-7）。

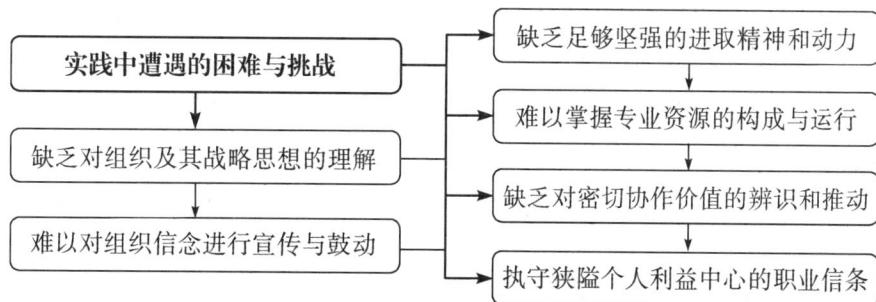

图3-6-4-7　实践中遭遇的困难与挑战

（一）缺乏对组织及其战略思想的理解

组织中坚人员难以坚强地行进在队伍的最前列，并以此卓有成效地肩负起专业团队，高质量运行发展的核心职责，最为关键的根源之一，就是对组织构建形成的根本背景，及其高质量运营发展决定性力量的信念与价值观，以及全面准确地辨识和应对，各种内外重要资源因素战略方向与路线的思想，缺乏足够深入成熟的理解和辨析。从而使得自身职业的思维与行为，普遍受到各种复杂事务的局部、表面或暂时状况的极大限制，而难以主动有效地应对中坚力量的艰巨挑战。

（二）难以对组织信念进行宣传与鼓动

统领专业团队的前行进程中，如果缺乏对组织的基本信念与价值观，以及积极的组织文化、战略的思想及其前景和背景，卓有成效地宣传与鼓动，无不将会显著削弱中坚人员，迈进并保持队伍最为前列的坚强力量。

除了理解辨识的显著浅显或缺失，对组织构建发展的灵魂和思想，缺乏积极的宣传与鼓动，广泛的实践中，通常源自中坚人员，对人的思想意识与精神动力的强大力量，及其工作主动性与积极性的关键价值，未能形成足够深入而成熟地辨析；过于注重或依赖物质的因素，或者制度与规范强制性手段，带领团队的简陋方式；对身为组织中坚力量，或身居队伍最为前列，必须肩负的宣传与鼓动的关键职责，缺乏足够积极牢固的意识。事实上，缺乏足够宣传与鼓动的坚强推动，没有任何的团队能够展示出无往不胜的强大力量。

（三）缺乏足够坚强的进取精神和动力

任何背景下，都能够保持积极坚强的进取精神和行为，普遍成为中坚人员必须具备的重要职业素养，及其昂首行进在队伍的最前列，最具强大的力量源泉。事实上，中坚人员缺乏积极进取的颓唐与懈怠，无不成为他们丧失真正强大的中坚力量或地位，及其组织整体运营发展能力走向衰退普遍而重要的根源。因此，领导人必须特别关注并着力，中坚人员坚强进取精神与动力的激发或创造，并以此展示自身卓越的职业智慧与才能。

（四）难以掌握专业资源的构成与运行

根据组织的全局背景，依据各种科学先进的专业化技术方式，深入充分地辨识专业环节各类资源因素的构成，及其相互联结或作用所能展现的积极而强大力量，并以此灵活设置与推进专业环节高质量的运行策略，从而创造全局运营发展更为坚强的支持力量，无不成为中坚人员有效肩负起组织的中坚职责，昂首行进在队伍最前列的关键途径。因此，缺乏深入辨识各类资源能力，及其密切联结所形成的强大积极力量，足够全面而深厚的专业技能，普遍成为中坚人员难以昂首行进在队伍最前列极其重要的限制性因素。

（五）缺乏对密切协作价值的辨识和推动

组织整体运营发展的能力，普遍受到各专业环节密切联结与协作，极其关键的决定性影响。因此，中坚人员如果受到本位主义思维意识的制约，而无视组织中坚力量的全局核心职责；未能足够深入准确地辨识和理解，自身专业环节设置与运行的全局根本及其价值；缺乏对各环节工作相互间的主动支持与密切协作，关键价值的深入辨析及其有效的推动，那么，他们整体的职业力量与价值无疑将会受到极其显著的制约。

（六）执守狭隘个人利益中心的职业信条

复杂艰难的环境中，昂首行进并持续保持在队伍的最前列，无不需要做出难以清晰辨识必然的个人利益回报，而又极其艰辛的职业付出。事实上，正是这种全然超越狭隘个人利益的得失，成熟积极职业思维与行为的坚强支撑，而昂首位居队伍最为前列的中坚人员，才会受到正直与公正人们的广泛尊敬或钦佩。因此，那些执守狭隘个人利益中心信条的职业人士，将永远难以铸就昂首行进在一支团队最为前列的睿智坚强的职业智慧与力量。

第五节　推进实践素养的持续提升

最具职业价值的实践素养

组织的中坚人员，无论拥有怎样崇高远大的理想、满腹经纶的学识、眼花缭乱的经历，归根结底，如果缺乏足够高质量实践素养的坚强支撑，那么，他的整体职业智慧、才能或价值，无疑将会受到极其显著的限制，并极易给组织或团队的运营全局，酿成难以挽回的严重后果。

历史上极具典型而广泛影响的，当属三国时期的马谡。尽管他自幼"饱读兵书"，并竭力争取到街亭防守的指挥重任。但在王平全力反对的背景下，依然刚愎自用，背离了立足于战场实际的基本思维与行为原则，从而导致了蜀国北伐军事行动的彻底失败。

本节以中坚人员的实践素养及其持续提升为中心，通过对他们实践素养的关键性价值，以及卓有成效地推进高质量的实践进程，必须坚持的若干基本原则的探讨，分析了中坚人员积极而充分地展示自身的职业才华，需要具备的一系列实践素养的构成与表现，并以此牢固构建和持续提升适合自身职业具体实际，行之有效的成熟工作模式。

在此基础上，我们还着力就中坚人员广泛实践中，所存在的普遍共性问题进行了梳理和分析，并提出了它们的有效改进及其素养的持续提升所需推进的卓有成效的积极方式（图3-6-5-1）。

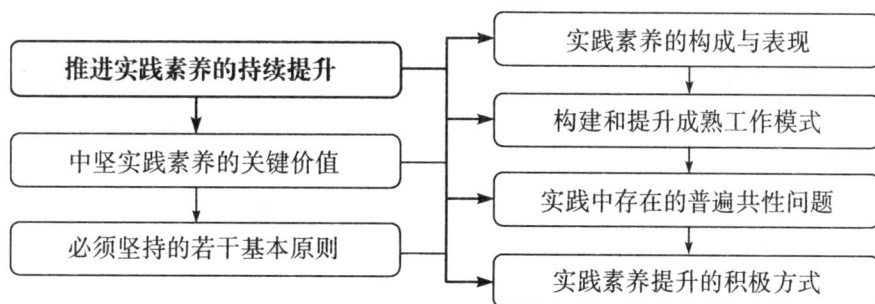

图 3-6-5-1　**推进实践素养的持续提升**

一、中坚实践素养的关键价值

中坚人员任何思维与行为的智慧才能，无不需要通过卓有成效的实践，才能得到积极而充分的展示。因此，实践的素养，是中坚人员所有职业力量和价值的根本，并以此不仅决定着组织各环节运行的专业能力，及其相互协作所构成的整体运营发展的力量，从而体现着领导人的职业素养或才能，而且普遍成为组织高质量全局进程与成就的重要保障（图3-6-5-2）。

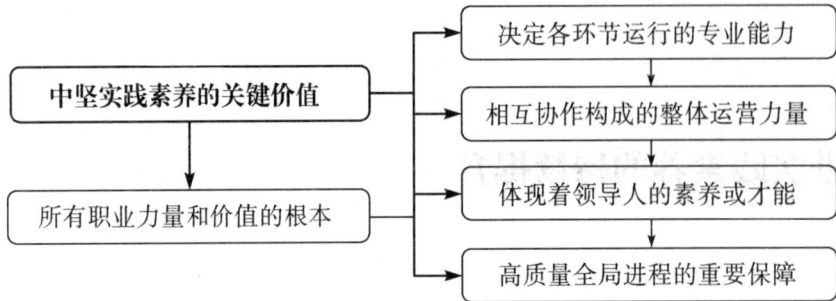

图 3-6-5-2　中坚实践素养的关键价值

（一）所有职业力量和价值的根本

组织设置中坚的关键岗位与职责，选任并构建精明强干的中坚人才及其队伍，显而易见，无一不是为了创造更高质量地辨识、推进或应对，自身运营发展实践进程中，各类专业性的运行机遇和问题挑战的整体强大力量。中坚人员缺乏足够高质量实践智慧与才能的坚强支撑，必将难以卓有成效地辨识或应对，职业进程中各种复杂艰难的实践挑战，从而极大地限制自身职业的整体力量和价值。因此，高质量的实践素养或才能，普遍成为他们一切职业力量和价值的根本。

（二）决定各环节运行的专业能力

任何组织高质量的运营发展，无不需要诸多专业或局部环节，积极运行的坚强支持。肩负各专业或局部环节高质量运行发展核心职责的中坚人员，显然，他们依据组织的全局背景，准确辨识和充分展示各种专业资源或因素，潜在力量与价值的实践素养和才能，无不对各专业或局部环节的运行发展能力，具有极其关键的决定性影响。事实上，这也是各类组织日趋推进高质量人才积极争夺的重要根源。

（三）相互协作构成的整体运营力量

专业或局部环节相互支持密切协作的水平与质量，对组织整体运营发展的能力，具有普遍关键的决定性影响。实践中，卓有成效地创造或推进各环节的密切协作，无不需要中坚人员对整体力量或全局价值形成的背景，相关联环节运行的方式、状况与需求，以及自身环节资源构成与运行能力，形成足够全面、深入、准确地辨识，并努力超越各种呆板职责与规范的限制，高质量的职业思维与行为的坚强支撑。换言之，中坚人员缺乏成熟积极实践素养的坚强支持，抱守各种职业的条框规范，专业环节间的支持协作及其整体运营发展的能力，必将受到显著的制约。

（四）体现着领导人的素养或才能

众所周知，领导人的职业素养及其才能，无不对组织全局高质量的进程或成就，具有极其关键的决定性影响。然而，实践中，任何卓越的领导人都难以娴熟掌握组织运营涉及的诸多专业技能，直接推动或面对众多环节的运行发展。事实上，任何组织卓有成效的领导，无一不是通过中坚队伍的积极构建与发展，而得以有效实现。

因此，中坚人员积极推进各专业环节高质量的运行发展，及其相互间密切协作的整体强大运营能力的实践素养，就普遍成为领导人的职业智慧与才能极其重要的体现。

（五）高质量全局进程的重要保障

尽管人们已经进行了极其广泛而长期的理论探索和实践总结，然而，迄今为止，依然没有任何的原则或方法，能够完全替代组织的中坚力量，职业的创造智慧与才能。事实上，中坚人员准确辨识并积极依据，组织全局运营发展的背景与需求，及其各种专业资源因素构成的内外实际，并以此卓有成效地推进专业环节高质量的运行发展，以及相互间密切协作强大的实践智慧与才能，无不成为组织卓越的全局进程与成就，积极创造的重要保障和强大动力。

二、必须坚持的若干基本原则

卓有成效地铸建并发展睿智积极的实践素养与才能，中坚人员通常需要对组织全局的战略思想，及其专业环节内外资源因素的构成，予以全面而深入的辨识和把握。同时，他们还必须能够成熟地把工作着力的重点，牢固地置于整体团队人的潜在智慧与才能的充分展示，以及内外资源因素密切联结积极推进的重要环节，并以此有效设置专业环节高质量的运行策略或方式，及其运行进程的细致推演和方案的缜密完善。实践中，他们还必须能够深入准确地辨析，整体工作进程中的重点与难点环节，及其有效应对预案的精心设计。

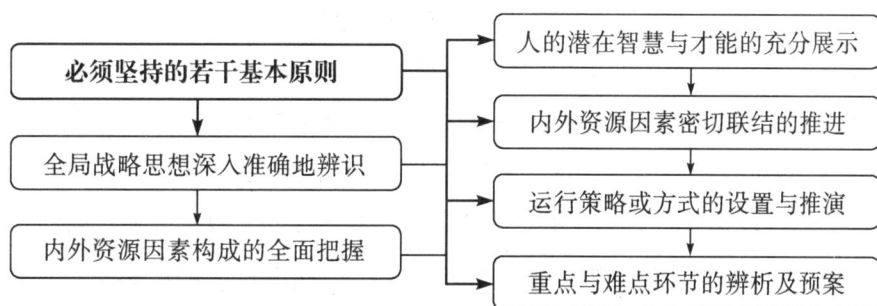

图3-6-5-3 必须坚持的若干基本原则

（一）全局战略思想深入准确地辨识

对战略思想深入准确地辨识和理解，是身居组织重要岗位的中坚人员，牢固地立足于专业或局部环节运行的内外实际，创造性地执行和推进全局的方向与路线，并以此卓有成效地展示专业环节运行发展的强大力量，及其自身高质量的实践素养与才能，极其重要的原则和坚强的动力。

不仅如此，全局战略思想的构思与形成，通常会涉及更为广泛范围中，比专业局部环节更为复杂的内外因素、关系及其关系。对它的研究、辨识与理解，以及对其中可能存在不足的思考，也是中坚人员实践思维学习与发展的重要过程，并对他们承担更为重要的职业责任，无不具有极其关键而宝贵的价值。

（二）内外资源因素构成的全面把握

对内外资源因素的构成、关系及其变化，足够全面准确地辨识和掌握，是高质量实践素养与才能的充分展示，极其关键的基础和强大的动力。换言之，如果缺乏对各种重要资源因素足够充分地辨识和把握，必将显著削弱人们的实践智慧与才能。因此，长期以来，贤能睿智之士无不竭力倡导，必须努力探索并遵循事物具体实际的实践原则。

孔子曾经辩称："君子之于天下也，无适也，无莫也，义之与比。"——君子对于天下的人和事，没有固定的厚薄亲疏，只是按照适宜的原则去做。

有子则提出了实践中，必须把原则与实情进行密切融合的著名论断："礼之用，和为贵。先王之道，斯为美。小大由之，有所不行。知和而和，不以礼节之，亦不可行也。"——处事准则的实践应用，以符合实情为难能可贵。古代君主的治国方法，可贵之处就在于此。然而，无论大小事务，只根据实情应对依然不行。知道需要符合实情，而过于强调实际情况，丢弃了应对的原则，依然是不行的。

（三）人的潜在智慧与才能的充分展示

肩负着一支团队高质量运行发展的核心职责，中坚人员必须能够远见卓识地把自身工作着力的重点，成熟牢固地置于整体团队人的潜在智慧与才能，积极提升与充分展示的关键环节，并以此卓有成效地创造各项工作积极的运行方式，及其先进专业设施或设备的高效运转，无形与有形资源因素密切联结的强大力量，从而展现出自身精明强干的实践素养或智慧才能。

（四）内外资源因素密切联结的推进

外部环境的因素与变化，无不对组织的整体运营，及其各类专业环节运行发展的进程与成就，具有普遍重要的决定性影响，并通常为自身内部的资源力量所难以完全控制。因此，积极提升与充分展示自身强大的实践素养或智慧才能，中坚人员无不需要竭尽所能，努力通过能够支配或控制的内部资源力量，及其高质量专业化运行方式的有效构建与推动，卓有成效地辨识和应对外部环境各类重要的因素与变化，并以此把内外资源因素进行最为密切的联结。

为此，《孙子兵法》也曾特别强调了，内外因素全面准确地辨识，及其密切联结的关键价值："知吾卒之可以击，而不知敌之不可击，胜之半也；知敌之可击，而不知吾卒之不可以击，胜之半也；知敌之可击，知吾卒之可以击，而不知地形之不可以战，胜之半也。故知兵者，动而不迷，举而不穷。故曰：知彼知己，胜乃不殆；知天知地，胜乃不穷。"——知道自己的部队可以出击，而不知敌人不可攻击，胜利的可能只有一半；知道敌人可以攻击，而不知道自己的部队不可出击，胜利的可能只有一半；知道敌人可击，知道自己的部队可以出击，而不知地形不利于我作战，胜利的可能也只有一半。因而，熟知用兵原则的人，其行动必然准确果断，其举措随机应变而变化无穷。因此说，了解对方也了解自己，胜利就不成问题；知道天候了解地形，胜利就不可穷尽。

（五）运行策略或方式的设置与推演

积极提升与展现强大的实践智慧或才能，在各项重大的行动之前，中坚人员无不需要根据实现的目标，通过内外资源因素及其关系与变化，全面深入地分析与辨识，设置几种可以采取的运行策略或方式。并依据相应的策略方式，细致推演整体运行进程中所需资源与力量的投入，存在困难或风险的挑战，以及最终结果可能与期待目标间的偏差，并以此确立最终运行的策略与方案，以及对相应策略方案进行缜密地完善。

俗话说，战前多流汗，战时少流血。因此，对重大行动策略或运行方案，进行细致的设置与缜密的推演及完善，无不成为中坚人员以最小的代价，创造最为积极的工作业绩，从而卓有成效地展示自身高质量的实践素养或才能极其重要而不可丝毫轻视的关键途径。

（六）重点与难点环节的辨析及预案

卓有成效地提升与展示高质量的实践素养或才能，中坚人员无不需要特别关注并着力，各类复杂或重要事务推动进程中，所存在的重点与难点的环节因素。他们通常需要对重点与难点环节工作或因素的性质，及其对整体工作的影响程度，以及自身整体资源力量有效集中或转化背景下，卓有成效的应对方式予以足够全面而深入的分析，并以此形成重点与难点环节积极的应对预案。必要时，还需向上级与相关联环节部门做出及时的报告，以便在关键的节点能够有效争取并得到，足够强大的力量支持。

三、实践素养的构成与表现

中坚人员通常居于组织承上启下的关键位置，他们实践素养的构成与表现，普遍受到组织整体的运营状况，及其专业团队的组成与职能重要影响。尽管如此，成熟牢固地把团队人的因素置于工作的核心位置；建立高效的工作信息运行体系；对组织全局足够全面而深入地辨识；专业技能持续有效地学习与实践总结；内外一切积极力量主动地创造与争取；专业环节运行目标与程序的全面掌握；工作重点、难点及其风险的准确辨识与应对；运行计划及其应变措施的周密设置与积极推进，无不成为他们高质量实践素养或才能，积极构建与充分展示不可或缺的重要途径，及其强大的推动力量（图3-6-5-4）。

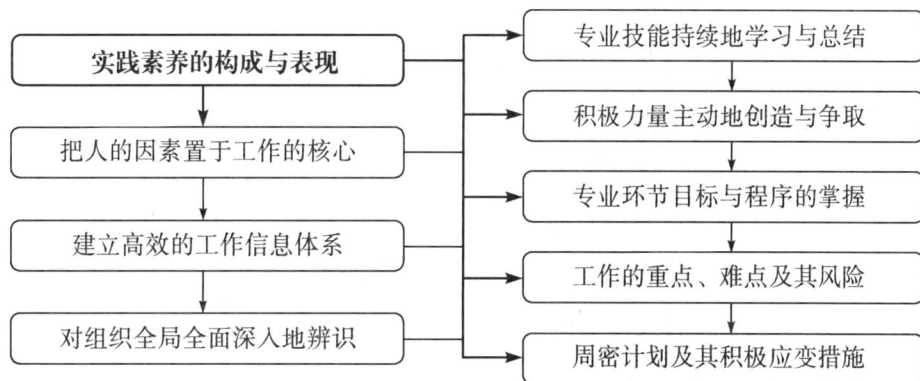

图 3-6-5-4　实践素养的构成与表现

（一）把人的因素置于工作的核心

人的因素是一切团队高质量的构建、运行与发展，最具复杂挑战和关键决定性的资源力量。因此，肩负一支团队高质量运行发展核心职责的中坚人员，无不需要睿智成熟地把人的因素，牢固置于一切工作的核心位置，并以此展示自身坚强的实践素养与才能。

对于人的因素关键价值及其应对原则，《淮南子》曾作了这样的深入论述：

"遍知万物而不知人道，不可谓智；遍爱群生而不爱人类，不可谓仁。仁者爱其类也，智者不可惑也。内恕反情，心之所欲，其不加诸人；由近知远，由己知人，此仁智之所合而行也。"——全面了解万物而不懂得人性本质，就不能叫睿智；博爱各种生命而不爱护人类，就不能叫仁爱。所谓仁爱，就是要爱护人的同类；所谓睿智，就是不可予以迷惑。内心能经常反躬自省，自己不想要的就绝不强加于他人；由近而知远，由己而知人，这是仁爱和睿智密切融合所推动的行为。

（二）建立高效的工作信息体系

人们工作实践中的一切思维或行为，无不受到进入头脑中各种相关信息，极其关键的决定性作用或影响。事实上，肩负组织专业局部环节，高质量运行发展核心职责的中坚人员，广泛的实践中，他们所出现的任何工作问题或挫折，无不与相关重要信息获取的显著缺失，存在着极其密切的关联。

因此，积极提升与展示自身高质量的实践素养，中坚人员必须建立高效的工作信息体系。

（三）对组织全局全面深入地辨识

同一事物及其应对的行为实践，由于审视或评价的角度与立场的差异，显然将会产生截然不同的价值或质量的结论。组织的中坚人员，无不需要承担全局更为强大运营发展能力，及其高质量进程积极创造最为根本的责任与任务，并以此卓有成效地铸建专业环节运行，及其相互间密切联结更为坚强的全局支持力量。因此，对组织全局的战略思想及其背景全面深入的辨识与把握，就成为他们高质量实践成熟积极地创造不可或缺的重要基础和强大动力。

（四）专业技能持续地学习与总结

中坚人员引领专业团队高质量运行发展的实践进程中，无不需要对各类专业资源因素，及其更为积极有效作用或联结的方式，进行缜密而积极地辨识、权衡、设置与推动。显然，缺乏专业技能有效而持续学习的坚强支撑，他们的实践素养与才能，在不断变化发展的内外环境中，不仅将会受到极大的限制，而且必将呈现出显著的衰退趋势。

不仅如此，定期或经常性的工作总结，通常能够卓有成效地推动人们，积极提炼实践的经验精华，有效改进或提升存在的职业缺陷与不足，并以此逐步酿就卓越的实践素养和才能。因此，善于进行总结，已日趋成为复杂多变环境中，中坚人员高质量实践素养积极铸建及其充分展现的重要途径。

（五）积极力量主动地创造与争取

广泛的实践中，中坚人员通常肩负着一定内外资源条件下，专业环节或团队更为积极运行发展，并以此创造全局更为强大支持力量的核心职责。因此，通过对内外一切潜在积极力量进行深入全面的辨识，及其主动有效的激发与争取，从而卓有成效地推动专业环节高质量地运行和发展，就普遍成为他们高水平实践素养和才能的关键构成。

（六）专业环节目标与程序的掌握

任何实践思维与行为卓有成效地推进，无不需要明确的目标及其运行方式或程序的有力支持。因此，构建与展示高质量的实践素养或才能，中坚人员必须能够根据内外环境中，相关各方的需求及其对整体工作影响的背景，设置专业环节运行发展的目标体系。并在目标体系的基础上，依据内外资源因素的构成，及其相互作用与变化的实际，设定专业环节运行所及各种重要工作和积极推进的方式或程序。

实践中，对运行目标、方式或程序的成熟掌握，通常不仅需要完整准确地辨识它们的各种具体要求，而且还必须对它们设置形成的背景与价值，形成足够深入全面的辨析和理解，从而卓有成效地创造实践推进牢固的主动地位。

（七）工作的重点、难点及其风险

人们推进事物运行发展的进程或高度，通常会受到若干重点或难点环节与因素，极其显著而重要的限制。因此，中坚人员积极提升或展示高质量的实践素养，必须能够对专业环节运行发展进程中，所存在的重点与难点环节因素及其隐含的风险，予以足够深入而准确地辨识，并通过内外资源因素力量的有效集中和争取，以形成足够强大而积极地应对，从而卓有成效地创造高质量的实践进程和业绩。

（八）周密计划及其积极应变措施

计划是任何工作高质量进程中，有效协调各类资源因素的关系，确保各项工作程序有序顺利地推进，从而把对工作的各种积极愿望或设想，卓有成效地转变为实现而不可或缺的重要手段。然而，广泛的实践中，由于对工作资源因素的状况，及其相互间的关系与变化，分析辨识得不够深入全面，或者计划的拟制不够细致周密，或者未能就可能出现的重大变化，设置相应的积极应变措施，从而时常使得计划因各种预料之外的变化难以得到顺利推进，并显著限制着实践进程的整体质量。

因此，对各类资源因素的状况及其关系与变化，足够全面准确地辨识，并以此设置周密的工作推进计划，以及进程中可能出现的各种重要变化的积极应变措施，就普遍成为中坚人员高质量实践素养，积极提升与展示的强大动力。

为此，《尚书》也曾辩称："虑善以动，动惟厥时。惟事事，乃其有备，有备无患。"——事情一定要考虑周全后才能行动，行动当适合它的时机。做事情，一定要有充分的准备，有准备才能没有后患。

四、构建和提升成熟工作模式

包含着各种重要环节、因素与关系，整体系统性运行程序的成熟工作模式，是人们高质量的实践思维或行为，及其智慧与才能的积极提升和展示，普遍强大的推动力量。

尽管中坚人员的职业背景，通常存在着巨大的差异，然而，深入辨识和细致权衡相关各方的需求，并以此设定适宜的工作目标体系；依据工作的目标，全面准确地分析并把握，内外资源因素的构成、关系与变化；根据资源因素的状况和变化，缜密规划与设计工作运行的方案；依据工作方案，周密拟制工作推进的计划及其应变措施；工作推进之前，就相应的方案、计划及措施，对相关人员进行充分的指导、培训与动员；工作运行进程中的动态检测，局部工作密切联结的协调，及其运行方式持续改进的推动等工作环节，普遍成为他们高质量实践进程或业绩积极创造，成熟工作模式的重要组成（图3-6-5-5）。

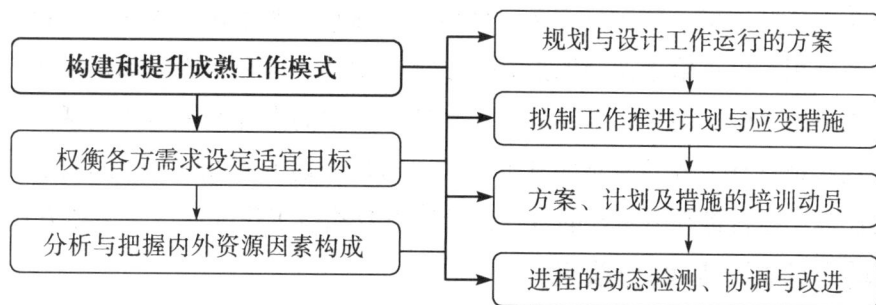

图 3-6-5-5　构建和提升成熟工作模式

（一）权衡各方需求设定适宜目标

任何背景下，中坚人员都必须能够深入辨识或理解，适宜的工作目标对自身高质量实践进程与成就的强大推动力量和关键决定性价值，并以此努力根据上级部门的要求，外部环境相关各方的诉求，以及自身各项专业工作高质量运行与发展的需要，权衡各种既有与潜在重要资源因素的基本构成，及其相互间的关系与变化，设定包括各重要专业工作运行与相互间关系，以及由此形成的整体定量或定性的目标体系。

（二）分析与把握内外资源因素构成

深入准确地辨识和理解，工作推进的目标与掌握的资源因素的力量或价值，高度密切的辩证统一关系，是中坚人员任何环境中，卓有成效地创造高质量的工作实践，极其强大的推动力量。换言之，任何工作的高质量目标，无不需要依据一定内外资源因素的构成、关系与变化，而积极准确地设定。同时，明确的目标，通常又是各类资源因素潜在的力量或价值，深入准确辨识和积极有效展示的重要基础与强大动力。

广泛的实践中，越是居于组织重要或关键岗位的中坚人员，越是需要特别关注内外资源因素的构成，及其相互间的关系与变化，并以此使得目标的设定更能充分地展示，内外资源因素的潜在力量与价值。对于难以改变重要既定目标的中坚人员，则应该把关注和着力的重点，牢固地置于通过各种专业化的手段，及其密切联结和融合的积极推动，更为深入充分地辨识和展示既有资源因素的潜在力量和价值，以推进运行发展目标的顺利实现。

（三）规划与设计工作运行的方案

创造专业环节高质量的实践进程或业绩，中坚人员必须根据所需实现的目标，及其内外资源因素的构成、关系与变化，缜密规划与设计整体工作的运行方案。尤其是整体运行发展的进程，受到诸多复杂资源因素相互作用或变化的重要影响，或者存在多项重要专业性目标相互制约或牵连的运行环境，更需把运行方案的规划与设计作为一项专门的工作程序而予以谨慎、细致地推进。

（四）拟制工作推进计划与应变措施

根据工作的目标与内外资源因素的构成，依据相应的工作运行方式或方案，拟制工作推进的进程计划与应变措施，是所有承担关键岗位职责的中坚人员，所必须具备的基本的实践素养或技能。任何有序运营发展的组织实践中，都很难允许或容忍缺乏足够周密的运行计划，或者时常需要变更运行计划的中坚人员及行为。

（五）方案、计划及措施的培训动员

在整体工作正式展开之前，就运行方案、计划及其措施，所包含的各项重要技术、质量或协作等规范要求，对团队相关成员给予充分地指导、培训与动员，是有效避免或减少实施过程中的各种错误，确保其高质量推进的一项极其重要的工作环节。其中的内容通常需要包括，运行方案的主要程序，存在的重点与难点环节及其应对的基本方法；运行计划主要进程节点的构成，及其相应工作环节所需承担的任务；运行进程中主要的责任位置，以及相应工作的评价与考核方式。

（六）进程的动态检测、协调与改进

创造高质量的实践进程和业绩，中坚人员必须能够根据专业环节或团队，运行发展的目标，以及内外环境各种资源因素相互作用与变化的实际，卓有成效地推进整体工作运行的动态过程控制。有效的动态过程控制的重点和难点，广泛的实践中，普遍存在于实际运行状况全面准确的信息检测；各局部组成相互支持与密切联结的协调；整体工作运行质量或方式持续改进的推动等环节。

五、实践中存在的普遍共性问题

肩负一支团队高质量运行发展的核心职责，却严重轻视人性的特征及其蕴含的强大力量，或者自身的学习与应变能力，难以跟上内外环境的变化发展，无不成为中坚人员实践素养和才能，最为根本而普遍的限制性因素。同时，缺乏重要专业资源因素足够强大的应对技能，难以辨识和把握复杂工作中的重点与难点环节，从而显著缺失对整体工作进程，足够准确的判断和预见的能力，也是他们实践进程中普遍存在的重要缺陷。此外，工作的目标与计划，严重脱离内外资源因素的具体实际，以及显著忽略工作进程中的动态监控与持续改进，也普遍成为其实践质量或高度的重要限制因素（图 3-6-5-6）。

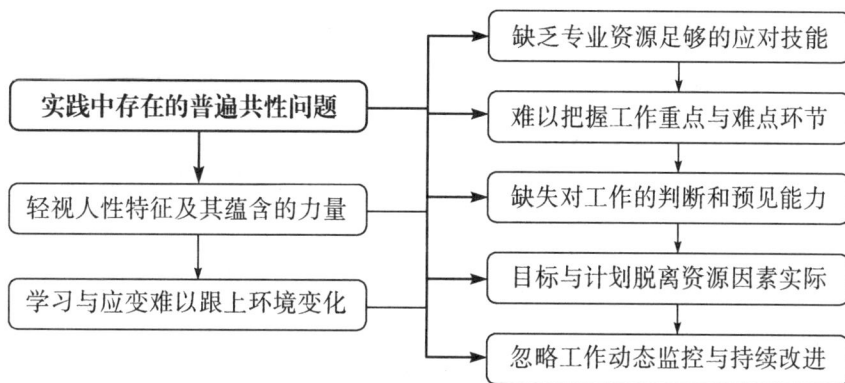

图 3-6-5-6　实践中存在的普遍共性问题

（一）轻视人性特征及其蕴含的力量

肩负一支由人的核心因素所构成的团队，高质量运行发展的关键职责，却轻视或忽略人性的根本特征及其蕴含的强大力量，显而易见，任何背景下，都必将显著限制中坚人员的职业智慧与才能，而难以创造高质量的实践进程或成绩。

因此，任何职业环境中，中坚人员都必须能够积极成熟地，把自身实践关注与着力的重心，牢固地置于人的核心因素。并通过人性特征睿智成熟的辨识与把握，及其各种行之有效方式的积极探索和运用，卓有成效地激发与展示其中的积极力量，消减或避免各种负面因素的影响，高质量地创造整体团队运行发展的坚强动力，从而充分展现自身优良的实践素养与才能。

（二）学习与应变难以跟上环境变化

在日新月异快速变化与发展的内外环境中，如果缺乏积极成熟职业学习与应变能力的坚强支撑，显然，任何中坚人员都必将难以坚强地肩负，推进专业团队高质量运行发展的艰巨任务。事实上，学习与应变能力的显著薄弱，正日趋成为复杂多变环境中，中坚人员的实践素养与才能极其重要而普遍的限制性因素。

（三）缺乏专业资源足够的应对技能

卓有成效地推进一支专业团队高质量的运行发展，中坚人员无不需要得到各类重要资源因素，及其密切联结方式潜在力量全面准确辨识的坚强支撑。因此，缺乏团队运行发展进程中，各类重要资源因素及其相互作用与持续变化，睿智准确辨识与应对技能的有力支持，他们的实践能力无疑将会受到极大的限制。

（四）难以把握工作重点与难点环节

难以准确辨识或有效把握工作的重点与难点环节，广泛的实践中，是中坚人员高质量职业进程或成绩的积极创造，极其普遍而重要的限制性因素。重点或难点辨识把握的缺陷，通常源自中坚人员对内外重要资源因素的构成，及其密切联结与可能变化，对整体运行发展的进程或高度，所存在的显著影响力量与价值，缺乏足够全面深入的分析和辨析。此外，过于听信某些局部立场的片面意见，或者对自身熟悉、感兴趣的专业性工作，过度的关注或力量投入，也是其中普遍的重要原因。

（五）缺失对工作的判断和预见能力

人们任何高质量的职业实践或创造，无不需要得到对工作进程的准确判断和预见的有力支持。对内外各类重要资源因素的构成，及其一定条件下的相互作用与联结方式，存在或产生的变化缺乏足够全面准确的判断和预见，中坚人员必将在复杂多变的内外环境中，陷入疲于奔命处处被动应付的职业境地，而难以牢固占据实践的主动，并以此能够真正有所高质量的职业创造与作为。

（六）目标与计划脱离资源因素实际

把各种工作的愿望或要求，牢固地置于内外资源因素客观实际的坚实基础，是任何背景下，创造高质量的实践进程或成就，必须遵循与坚持的重要原则。然而，由于自身强烈的主观愿望，或片面执守上级的随意要求，从而使得工作的目标与计划，严重脱离内外资源因素的客观实际，无不成为中坚人员实践挫折的重要原因。

对于必须坚持内外资源因素客观实际的重要原则，《将苑》曾作有这样的论述："夫为将之道，必顺天、因时、依人以立胜也。故天作时不作而人作，是谓逆时；时作天不作而人作，是谓逆天；天作时作而人不作，是谓逆人。智者不逆天，亦不逆时，亦不逆人也。"——将帅的指挥原则，必须顺应天候、依据战机、依靠人的素质才能夺取胜利。所以，顺应天候，人的素养良好，但战机不成熟而作战，这叫逆时；战机成熟，人的素养良好，但不能顺应天候而作战，这叫逆天；顺应天候，战机成熟，但人的素养不够而作战，这叫逆人。真正睿智的将帅，指挥作战不会逆天、也不逆时、也不逆人。

（七）忽略工作动态监控与持续改进

推进并保持工作的严密动态监控，以及积极的持续改进，是复杂多变环境中，中坚人员卓有成效地辨识与应对，专业环节各类资源因素的运行，及其相互间的关系和变化，从而展示自身高质量的实践素养与才能，极其重要的途径和强大的推动力量。

然而，如果缺乏足够强大职业进取精神与动力，以及成熟牢固责任意识的坚强支撑，中坚人员无不极易陷入轻视或忽略，工作的严密动态监控与积极持续改进，得过且过敷衍塞责的职业泥潭，从而使得自身的实践素养或才能，长期处于低质与平庸的状况，而极难有所高质量的职业作为。

六、实践素养提升的积极方式

通过长期的实践探索与总结，人们已经日趋广泛深入地意识到，保持良好的自我激励与职业学习的积极状态；站在更高的职业位置审视工作的运行发展；以相互协作团队的立场辨识工作推进的质量；持续探索与发展更为成熟的工作模式；以新的更为积极而开阔的思维方式，辨识重要资源因素及其相互关系的力量和价值；积极吸收或运用更为先进的专业性技术与工具；推进工作经常性的专项分析、检讨与总结，普遍成为肩负专业团队高质量运行发展关键职责，中坚人员实践素养与才能，卓有成效提升或展示的重要途径和强大动力（图3-6-5-7）。

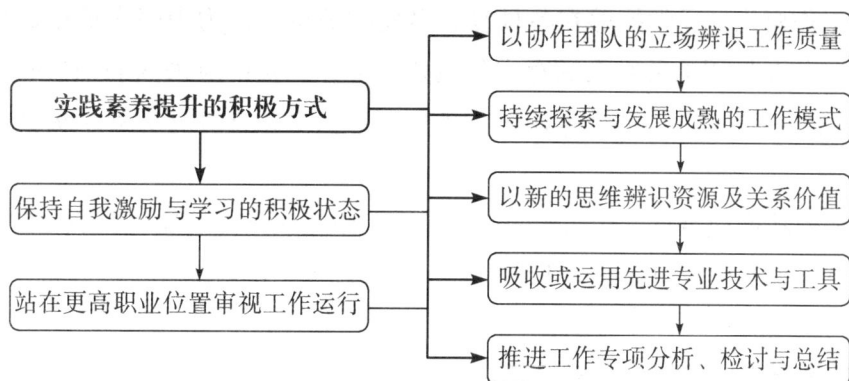

图3-6-5-7　实践素养提升的积极方式

（一）保持自我激励与学习的积极状态

人们的重要实践，无一不是对其职业的辨识思维、思想意识及其情感行为动力，所有积极素养或智慧才能，最为全面而深入的检验。因此，面对各种复杂艰难的挑战，如果缺乏足够坚强自我激励的有力支撑，那么，任何中坚人员都必将难以展示卓越的实践素养或才能。

不仅如此，日趋复杂多变的环境中，在强大自我激励力量的推动下，对更为积极有效的新的知识技能、思维行为方式，持续探索、思考与掌握的职业学习，显然，无不成为中坚人员整体实践素养与才能卓有成效提升和发展不可或缺的坚强动力与重要途径。

（二）站在更高职业位置审视工作运行

站在更高或更为重要的职业位置，以更为全面而长远的视野审视和辨识，自身专业环节高质量运行发展，及其与相关联环节密切协作与联结的方式，以及所能创造的组织全局更为积极的力量和价值，无疑是广泛实践中的中坚人员，卓有成效地提升整体职业素养或才能极其关键而强大的推动力量。

更高或重要的职业位置，通常能够有力地支持中坚人员，更为深入而准确地辨识，自身各类资源因素及其密切作用或联结，以及与相关联环节的紧密协作，所蕴含的全局运营发展更为积极的力量和价值，从而能够为自身专业团队更高质量的运行发展，提供更为准确的方向指示和强大的动力支持。

（三）以协作团队的立场辨识工作质量

宋代著名诗人苏轼，曾作有极具深邃寓意的《题西林壁》诗篇："横看成岭侧成峰，远近高低各不同。不识庐山真面目，只缘身在此山中。"[51]——从正面看，它是一道连绵起伏的山岭；从侧面看，它是一座巍然耸立的险峰；以远处、近处、高处或低处的不同视角，它会呈现千姿百态的各种雄姿。看不清庐山的真实面目，只是因为自身置于山中，视野受到限制的缘故。

事实上，身居组织中坚力量的关键职位，卓有成效地超越专业或局部环节视野的限制，中坚人员无不需要经常性地，以相互协作或密切关联团队的辨识思维立场，更为充分而准确地审视辨析，自身专业环节资源力量的构成，及其运行发展的质量和方式，从而更高质量推动自身实践素养或才能的积极发展。

（四）持续探索与发展成熟的工作模式

积极成熟的工作模式，通常能够在各种复杂多变的环境中，为中坚人员全面准确地辨识各类资源因素的构成、相互作用的关系及其存在的变化趋势，以及所应采取的积极有效的应对方式，提供精准参照的工作模板，并以此而普遍成为他们高质量实践素养充分展示极其关键而强大的支持力量。

因此，卓有成效地推动自身实践素养的持续提升，中坚人员必须能够在职业的整体进程中，不断探索、总结与发展更为积极而成熟的工作模式，并通过与工作内外各类资源条件的密切联结，充分展示精明强干高质量的实践智慧与才能。

（五）以新的思维辨识资源及关系价值

任何工作高质量的实践，从根本上说，无一不是对内外各类资源因素及其力量，深入辨识、积极创造与密切作用，卓有成效地提升与推动的进程。因此，有效推进专业环节高质量地运行发展，中坚人员无不需要以新的、更为积极而开阔的思维方式，更为充分审视和辨识所面对的资源因素，及其相互联结与作用所蕴含的更为强大的潜在积极价值。这也是卓越地创造自身实践进程质的提升与突破，极其关键的途径和强大的推动力量。

（六）吸收或运用先进专业技术与工具

长期以来，人们已经普遍而深入地意识到，先进的专业性技术与工具，对自身高质量实践积极创造的关键价值与强大力量。事实上，从人类最为长远的发展历史深入审视，高度的专业分工及其推动形成的各类先进的专业性技术与工具，一直成为人类生产力的发展和整体文明的进步，极其重要而强大的动力。因此，卓有成效地构建或发展高质量的实践素养与才能，中坚人员无不需要特别注重对各项工作进程中各种先进的专业性技术与工具的积极吸收和运用。

（七）推进工作专项分析、检讨与总结

工作的专项分析，通常能够支持人们更为深入而准确地辨识，工作进程中所存在的各种积极的力量或消极的因素，从而采取更为有效的应对方式。旨在重点查找工作缺陷或不足的专项检讨，则能够有力地推动人们把关注或着力的重心，牢固地置于针对性的工作改进措施，从而为人们实践更高质量的推进提供坚强有力的支持。

一定阶段工作的专项总结，是人们全面深入地辨识已完工作，积极或缺陷表现的重要途径。通过各种重要表现及其根源系统性的辨析与梳理，工作的总结无不能够有力地支持人们，保持和发扬积极的思维与行为方式，改进或消除负面的因素和力量限制，并以此而普遍成为人们的整体实践素养持续高质量发展不可或缺的重要而强大的推动力量。

铸 建 组 织 运 营 发 展 的 锦 绣 前 程

这是一份上级送给下级，下级赠予上级的珍贵礼物。

卓越领导与管理的
体系纲要

下

张 明——著

中国华侨出版社
·北京·

第四部分

※

组织的根本与力量的源泉

极其关键而艰难的挑战

高耸矗立、辉煌耀眼的大厦，时常令人驻足侧目。然而，任何富丽堂皇的楼宇，无不需要坚实稳固基础的有力支撑。事实上，任何事物光鲜亮丽的形象背后，都必然存在难以被人们所轻易察觉，但却对它的运行变化具有关键决定影响或价值的根本性因素。

毫无疑问，任何组织的运营发展，无不受到诸多内外因素及其关系与变化复杂而重要的影响。然而，任何因素对组织运营发展的影响，无不需要通过对人的因素作用，才能得以充分有效的展示。因此，睿智成熟地辨识和把握人的因素根本，无不成为广泛领域中组织卓越的领导或管理，普遍的关键途径和艰难挑战。

广泛的实践中，如果丧失了人的因素坚强有力的支持，不仅各项工作无以得到有效推进，而且组织自身也必将不复存在。因此，唐太宗曾对近臣表示："可爱非君，可畏非民。天子者，有道则人推而为主，无道则人弃而不用，诚可畏也。"

——可爱的在于指出国君的过失，可怕的在于为难百姓。作为国君，能够遵循为君的规范，百姓就会拥戴他；背离为君的规范，百姓就会必然抛弃他。这实在令人畏惧啊！

不仅如此，由于人的因素是任何组织运营发展中，唯一具有能动性创造智慧的力量，因此，它对任何工作的进程及其整体组织的兴衰荣辱，无不具有极其关键的决定性价值。为此，毛泽东不仅远见卓识地断称："兵民是胜利之本"，而且在民族生死存亡的严峻抗战形势下，高瞻远瞩地提出了著名的论断："战争的伟力之最深厚的根源，存在于民众之中。"

本部分，我们集中探讨了作为组织根本的人的因素，及其所展现的组织运营发展，最为坚强力量的源泉。其中第七章，铸建稳固坚实的组织基础，首先分析了把各类离散、弱小的个人，凝结成强大稳固组织的坚实基础，必须坚持的原则和所需采取的方法。接下来的第八章，创造组织坚强的前行力量，则着重探讨了组织持续高质量运营发展的坚强动力，卓有成效创造所需构建并推进的，若干重要思维原则和行为方式。

第七章

铸建稳固坚实的组织基础

辨识与构建稳固的组织基础

稳固坚实的基础，广泛的实践中，不仅是各类组织或团队睿智积极地辨识和应对，前行征程中各种艰难挑战或有利机遇，最为坚强的力量保障，而且也是它的领导管理者高质量的职业进程与成就，卓有成效创造最具关键的决定性因素。

然而，睿智成熟地洞察并把握稳固坚实的基础，对于组织全局高质量运营发展的重要价值，并以此远见卓识地辨识并推进，它的积极铸建和持续巩固一系列卓有成效的方式，迄今为止，依然成为各类组织领导管理者，普遍面临的职业智慧与才能，极其关键而艰难的挑战。以至于曾经令人倾慕不已高耸挺拔的组织大厦，摩肩接踵地轰然塌陷，许多人惊愕之余，总是倾向揣测或臆断，必定存在某些非人力所能深刻辨识并有效掌控，极为神秘而强大的"气数"或"命运"力量的驱使。

无独有偶，我们的先哲黄帝，早年也曾作有这样的精辟论断："先神先鬼，先稽我智。谓之天官，人事而已。"——遇事首先祈求神灵，还不如事先审视自身的才智。事情的结局与其说是上天星象的应验，倒不如准确地说是人的作为所决定。

据此，本章中，我们首先在第一节，根据人们广泛而长期的实践，提出了广大员工是任何组织运营发展根本的思想论断。尽管如此，正如所有贤能睿智之士所能深入洞察与辨析，任何数量庞大却高度离散的个人力量，无不极其脆弱而难经暴风骤雨的卷袭。因此，把散沙般的个人，积极凝聚并铸建成坚强团结的集体，无不成为各类组织及其领导人，首先面临的最具关键的任务。

为此，领导人无不需要远见卓识地辨识和推进，全体员工的积极教育培训，组织坚强凝聚力量的铸建，岗位职责的有效设置与推动，以及整体思想与行为的高度统一等，一系列关键的工作与重要的保障措施，并以此卓有成效地把离散、脆弱的个人，凝结铸就成组织运营发展稳固而坚实的基础（图4-7-0-1）。

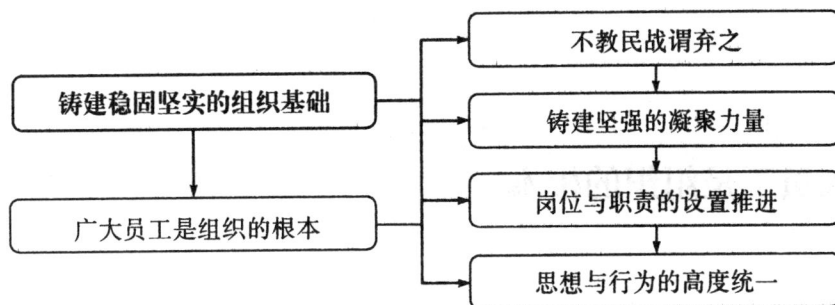

图 4-7-0-1　铸建稳固坚实的组织基础

第一节 广大员工是组织的根本

民惟邦本，本固邦宁

随着整体社会日新月异地快速发展，各种令人目不暇接的先进专业技术、设备及工具，在各类组织中得到了前所未有的广泛推广与运用。在此背景下，各种内外资源因素及其相互间的作用，在组织整体运营发展中的地位或价值，也时常使人眼花缭乱而难以准确地辨识与把握，从而显示了组织领导或管理的日趋复杂和艰难。

然而，越是复杂艰难的环境，卓有成效地推进事物高质量地运行发展，显然，越是需要更为睿智而成熟地把握事物的根本与关键环节，而不能被其表面或从属的次要因素所迷惑。事实上，这正是人们职业的智慧与才能，卓越或平庸最具关键而显著的分水岭。

广泛的实践中，人的因素是组织任何资源因素的相互作用，及其价值形成最具根本与关键的决定性力量。任何组织及其工作，缺少了人的因素坚强有力的支撑与推动，无不难以正常运转并必将丧失存在的基础。

因此，早年的《尚书》曾经辩称："皇祖有训，民可近，不可下。民惟邦本，本固邦宁。"——皇祖曾有明训，人民可以亲近而不可轻视。人民是国家的根本，根本稳固，国家才能安宁。

本节首先从迄今依然存在广泛争议的焦点着眼，提出了员工是一切组织根本因素的思想论断（图4-7-1-1）。在此基础上，探讨了人的因素的特征与价值，以及作为组织领导管理者职业素养的核心体现，需要在实践中坚持的基本原则，及其把握的若干关键的思维与行为准则。

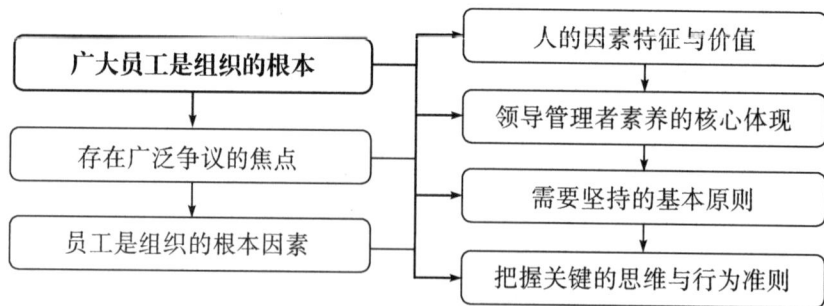

图 4-7-1-1 **广大员工是组织的根本**

一、存在广泛争议的焦点

对于组织运营发展中，各类资源因素的特征与价值，及其相互间的作用方式和地位，由于思维的深度与广度、职业的位置或经历背景的差异，人们通常都拥有自身的独自认识和理解。其中，最具典型倾向和显著差别的思维意识，莫过于对人的本性的不同看法，以及由此所形成的对组织员工的职业素养与能力，员工与组织基本关系的理解，及其对员工应对的主要方式等思维与行为的差异。事实上，它们普遍成为组织领导或管理，工作原则与方法最具关键的决定性因素。

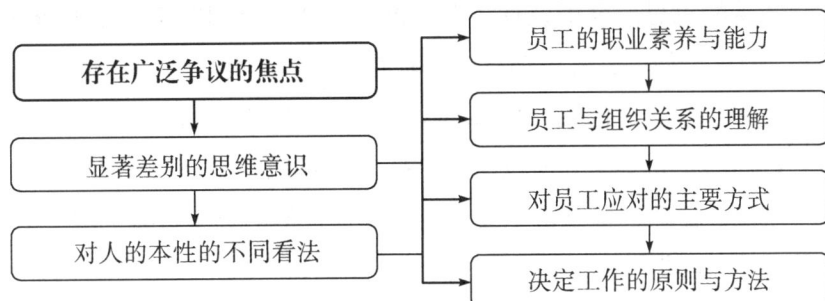

图 4-7-1-2　存在广泛争议的焦点

（一）显著差别的思维意识

对于人性的特征，人的因素与其他资源因素的作用关系，以及在组织整体运营发展中居于的地位和应对的方式，长期以来，一直存在着显著差别的思维倾向和意识，并因此而成为最具广泛争议的焦点。

典型的表现之一，是美国的经济学家麦格雷戈，根据广泛领域中组织的领导管理实践，总结的著名 X 理论与 Y 理论，截然相对的两种思维与行为的方式：X 理论是对组织员工所有负面的行为表现，进行归纳分析而得出人性消极本质的结论，以及由此必须严格监控人的职业行为的管理模式；Y 理论则是对组织员工所有正面的行为表现，进行提炼分析而得出人性积极本质的结论，以及由此应该努力激发人的职业主动性、积极性和创造性的管理方式。

（二）对人的本性的不同看法

对于广泛存在的人的本性显著差异的思维意识中，极其典型的负面观念通常包括：

1. 人天生就富含懒惰的基因，只要可能就必定会逃避工作；

2. 自私是人的天性，任何人遇事总会优先考虑和权衡个人利益的得失；

3. 人生来就不愿承担责任，缺乏进取心；

4. 人总是贪得无厌，欲望永远不会得到满足；

5. 人习惯于得过且过，本性就排斥变化；

6. 人生来就不愿意思考，极易被事物的表象或暂时表现所迷惑。

而与此截然相反的观点则认为：

1. 要求工作，有所创造与作为是人的本性追求；

2. 只要具备条件，人会无私地帮助自己的同伴或他人；

3. 在适当的环境中，人们不但愿意，而且能够主动地承担责任，并为此而竭尽所能；

4. 人的本性中包含天良，个人欲望的满足不是人的唯一追求；

5. 不断进取，挑战自我是人的天性；

6. 大多数健康人都具有丰富的想象力和思考的习性，偏向探索未知的更具积极价值的奥秘。

上述完全相左的观点，何以能够普遍地存在于，高度睿智领导管理者头脑中？孟子的论述，无疑能够给予我们以积极的启迪：

"乃若其情，则可以为善矣，乃所谓善也。若夫为不善，非才之罪也。恻隐之心，人皆有之；羞恶之心，人皆有之；恭敬之心，人皆有之；是非之心，人皆有之。恻隐之心，仁也；羞恶之心，义也；恭敬之心，礼也；是非之心，智也。仁义礼智，非由外铄我也，我固有之也，弗思耳矣。故曰：'求则得之，舍则失之。'或相倍蓰而无算者，不能尽其才者也。"——从天生的性情来说，都可以使之善良，这就是人性本善的意思。至于说有些人不善良，那不能归罪于天生的资质。同情心，人人都有；羞耻心，人人都有；恭敬心，人人都有；是非心，人人都有。同情心属于仁；羞耻心属于义；恭敬心属于礼；是非心属于智。这仁义礼智都不是由外在的因素加给我的，而是我本身固有的，只不过平时没有去想它因而不觉得罢了。所以说："探求就可以得到，放弃便会失去。"人与人之间有相差一倍、五倍甚至无数倍的，正是由于没有充分发挥他们的天生资质的缘故。

（三）员工的职业素养与能力

员工的职业素养与工作技能，直接决定着他们岗位工作的推进质量，及其相互协作所构成的团队整体力量，并因此成为所有领导管理者，都必须准确辨识和谨慎应对的关键因素。实践中，对员工的职业素养与能力，普遍存在以下几种不同的观点：

1. 长期居于团队基层地位的员工，必然见识少、学识浅，缺乏高质量的职业素养。因此，他们只能从事呆板的、简单的、无须创造性的工作；

2. 在自由职业环境中，普遍员工一般约束多、待遇低，属于被可怜同情一族。但可怜之人必有可恨之处，如果不严加管束，必然会给组织带来不同程度的伤害；

3. 员工的职业素养与能力，由于职业教育与经历的差异，固然会存在一定的差别。但组织付出了相应的职业薪酬，就如同投资购买的不同性能与价格的机器。员工创造了怎样的业绩，就给付相应的报酬，他们的素养与能力对组织的兴衰荣辱，并没有太大的必然联系；

4. 只有整体高素质的员工所铸建的团队，才能为组织高质量运营发展提供坚强有力的支持。因此，构建并持续发展有效提升员工素养与才能的成熟模式，普遍成为卓越的组织领导与管理，最为关键的途径和任务。

（四）员工与组织关系的理解

深入辨识与积极推动员工与组织的密切关系，是任何背景下，高质量构建和增强组织整体强大的运营发展能力，从而展示卓越的组织领导与管理的重要基础。员工与组织关系全面而深入地辨识和理解，通常涉及人性、组织、经济和社会四个维度或视角：

1. 从人性的视角着眼，站在人的本性是自私的基本立场，就必然会得出员工无不以自我利益为中心的根本性结论，以及必然会漠视组织整体需求的重要意识。站在人的本性需要有所作为与创造的基本立场，就会得出员工将会努力进取，并通过组织繁荣发展的积极推动，实现自身高质量的职业愿望和人生价值的重要意识。

2. 从组织的构建与运营视角着眼，任何组织都是由广大员工，通过相互间密切支持与协作所组成的团队。同时，组织所具备的团队背景，也为每个员工的职业力量或价值的积极提升和展示，提供了超越个人独自所能的强大支持力量。

3. 从经济的视角着眼，表面上，组织给付员工经济报酬，得到了员工人力的支配或使用权力。员工出卖自己的劳动，获取相应的经济利益，从而显示着一种典型的商品交换关系。然而，依据深层次的哲学经济的思维，就能够睿智深入地辨识，员工与组织是相互支持、共同依存的矛盾统一体。

4.从社会的视角着眼，任何文明的社会，都必须能够为每位成员更高质量地工作与生活，肩负起自身的积极责任。组织把员工纳入自身的团队，无疑是承担社会责任极其重要的途径。

（五）对员工应对的主要方式

对员工及其与组织关系的理解或意识，实践中，普遍成为领导管理者应对员工主要思维方式的关键决定性因素。

1.员工的自私、缺乏责任心、自以为是或以自我为中心等职业劣性，常常会给组织的正常运转带来极大的负面影响。为此，管理的精髓，就是对员工作业的全过程，进行严加监控和管束的行为。

2.组织运营各环节、全过程的有效监控，无不极其艰难而难以实现。因此，必须针对可能出现的各种情况，建立严密的处罚与奖励的考核制度。

3.员工职业素养或技能普遍低下，复杂工作的应变能力较为薄弱。因此，必须建立详尽的工作程序与规范，并对关键的工作予以反复的强调和实时的跟踪。

4.员工的素养与技能，从根本上决定着他们工作的整体进程或成果。因此，努力通过教育培训的积极方式，卓有成效地提升员工及其整体队伍的职业素养和技能，就成为组织领导与管理卓越创造的根本任务。

（六）决定工作的原则与方法

广泛的实践中，尽管领导管理者的思维与行为，普遍受到组织的性质、运营的目标、内外资源因素的构成等，诸多因素及其关系与变化的重要影响。然而，他们对员工及其相互间的关系，员工与组织或团队的关系，以及员工的职业素养或才能，与各类有形、无形资源因素的关系，辨识或理解的水平与质量，无不成为职业推进和组织运营思维行为的原则与方法，卓有成效地设置或选择的关键决定性因素。

二、员工是组织的根本因素

高质量地推进事物的运行发展，无不需要对它的根本因素与中性特征，以及所展示的若干重要运行表现，予以充分准确的辨识和把握。睿智积极地推进组织的运营发展，任何背景下，领导管理者无不需要远见卓识地识别和把握，广大员工这一组织的根本因素，并通过整体员工强大潜在智慧与力量的成熟辨识，及其充分展示高质量思维与行为方式的积极推动，有效创造组织运营发展的卓越进程和成就（图4-7-1-3）。

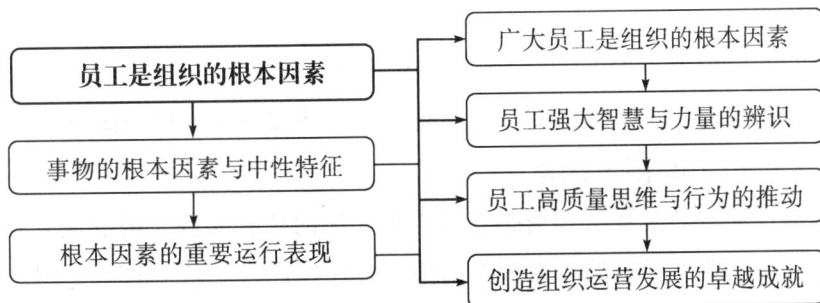

图 4-7-1-3　**员工是组织的根本因素**

（一）事物的根本因素与中性特征

根本因素决定着事物的性质，及其一定外部因素背景下的相应表现。因此，孔子曾经辩称："君子务本，本立而道生。"——贤能睿智的人士，总是能够着力于事物的根本因素，并以此探索和设置应对事物的原则。

然而，根本因素又总是隐藏在事物的内部，人们通常只能通过一定外部因素作用下的表现，才能对其予以准确的分析和判断。因此，由于受到多种外部因素的复杂作用，人们时常通过相应的表现，而对事物的本性做出错误的判断，或者积极的或消极的性质评判。

事实上，任何事物的根本因素或本性特征，如果脱离具体的外部作用因素，或者明确的目标意愿，就无所谓积极或消极的性质之分。譬如水、火、核能，对人类而言，既是生存或文明发展的重要资源，也可能成为重大灾难的根源。因此，任何事物的根本因素及其决定的事物本性，无不具有显著而重要的中性特征。以至于我们的先哲很早以前，就把执守事物的根本因素或本性特征称之为"中道"。

（二）根本因素的重要运行表现

根本的因素通常隐藏在事物的内部，并对它的外部特征与运行变化具有重要的决定性作用。因此，卓有成效地推动事物高质量的运行发展，人们无不需要对根本因素的主要特征及其重要表现，予以全面准确的辨识和把握：

1. 作用的隐蔽性。正如植物的根系隐藏在土层，汲取土壤中养分的功能通常难以被直观感知，事物根本因素的作用、功能与价值，具有显著的隐蔽性特征。

2. 决定事物的性质与状况。根本因素是事物各种性质特征，及其外部表现状况的决定性因素。优秀的领导人之所以能够对不同行业的企业，展示出卓越的领导才能，无不源自睿智成熟地辨识和把握了企业的根本。

3. 正常活动的影响因素。作为事物整体的组成环节，根本因素的运行及其功能与价值的展示，通常受到其他组成部分作用质量的显著影响。事物其他组成所存在的重要功能缺陷，普遍会给根本因素的正常活动带来严重的负面影响。

4. 特定的运行与表现方式。事物的根本因素，普遍存在自身独特的运行与表现方式。因此，依据一定的运行与表现方式，人们才能深入准确地辨识，事物根本因素的存在与运行特征。譬如，依据流动性而不是挥发性的方式，才能准确辨识水的避高趋低的特征。

5. 作用需要依据外部因素的支持。任何根本因素的功能与作用的充分展示，无不必须得到外部因素的有力支持。缺乏足够外部积极因素的坚强支撑，根本因素的力量与价值必将受到显著的制约。

6. 创造更高的积极价值。根本因素通过自身的运行与作用，通常能够把外部的因素积极地转化为，事物的有机组成或运行变化的强大动力，从而创造外部因素对自身运行成长的积极价值。

（三）广大员工是组织的根本因素

广泛的实践中，缺少高度智慧和情感人的因素，任何功能完备先进的成套自动化设备，都不会被人们视为一个组织；缺少了人的因素根本对象，任何组织领导或管理的思维与行为也无以存在。因此，任何背景下，广大的员工无不成为一切组织的积极构建、运营和发展，最为根本而重要的因素。事实上，所有组织领导或管理思维与行为的卓越创造和推进，无不需要成熟牢固地立足于人的因素的根本,并睿智准确地辨识和把握,他们所具备的高度思维智慧与行为情感,最为重要而显著的特征。

为此,孟子曾经作出了这样的论断:"桀纣之失天下也,失其民也;失其民者,失其心也。得天下有道:得其民,斯得天下矣;得其民有道:得其心,斯得民矣;得其心有道:所欲与之聚之,所恶勿施尔也。"——桀和纣之所以失去天下,是因为失去了老百姓的支持;之所以失去老百姓的支持,是因为失去了民心。获得天下的原则是:获得老百姓的支持,便可以获得天下;获得老百姓支持的原则是:获得民心,便可以获得老百姓的支持;获得民心的原则是:他们所希望的,就满足他们;他们所厌恶的,就不要强加在他们身上。

(四)员工强大智慧与力量的辨识

对组织根本因素的广大员工,所蕴含的强大智慧与力量睿智成熟的辨识,普遍成为组织高质量领导与管理的关键决定性因素。换言之,因为个别或少数员工职业智慧与力量的薄弱或欠缺,就无视整体员工队伍的强大智慧与力量;因为整体员工队伍智慧与力量暂时表现得薄弱或欠缺,就无视他们潜在的并能够得以充分提升和展示的强大智慧与力量;因为缺乏强大情感或行为动力的坚强推动,就无视通过团结和进取的积极激励,他们所能够充分展示的本性中所蕴含的强大智慧与力量。那么,无不将会显著地限制,复杂艰难背景下组织领导与管理的质量和水平。

(五)员工高质量思维与行为的推动

广泛的实践中,许多组织的运营文化或价值观,及其相应的制度或规范,会显著限制员工职业思维与行为的展示质量。这也是广泛的组织领导与管理中,质量或水平存在千差万别的重要根源。因此,把原本相互离散,头脑中唯有个人的力量、价值或利益思维意识的员工,牢固铸就为拥有坚定整体组织的力量、价值或利益成熟思维意识,高质量团队素养的职业人士,就普遍成为组织领导与管理卓有成效推进,所需肩负的极其关键而艰巨的任务。

(六)创造组织运营发展的卓越成就

任何背景下的组织卓越领导与管理,无不需要得到对它的根本因素及其本性特征,准确辨识和牢固把握的坚强支撑。事实上,轻视或忽略广大员工的根本及其人性的特征,普遍成为广泛领域中组织的运营发展,严重挫折和失败的重要根源。

因此,准确辨识与把握广大员工的组织根本,并不遗余力、卓有成效地提升、激发和展示,他们潜在的强大智慧与力量,及其坚强的情感和行为动力,无不成为组织高质量的领导与管理,以及运营发展卓越进程和成就的积极创造,普遍的关键途径和强大动力。

三、人的因素特征与价值

正如一切事物都存在的两重性,人的因素也具有显著的积极或消极的两种倾向。人的因素拥有的高度能动性智慧创造力量,是它最具积极价值的本性特征,并以此而使其普遍成为组织各类资源及其作用,力量或价值展现的决定性因素;领导与管理各项思维或措施的推进主体;运营内外环境准确辨识与应对的坚强力量。

然而,人的因素及其一定团队背景下,整体强大的能动性创造智慧与力量,普遍需要积极地凝聚和激发才能得以形成,这也是组织领导与管理必须肩负的核心任务(图4-7-1-4)。

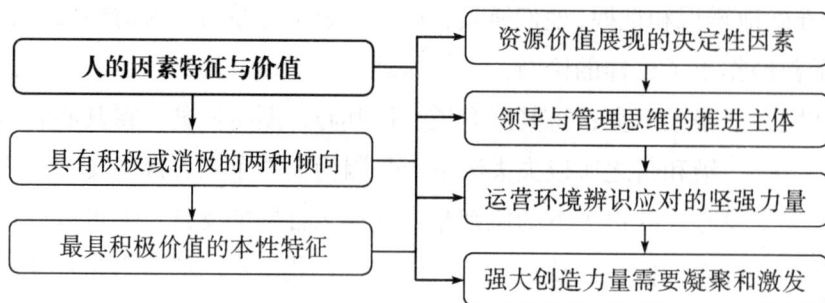

图 4-7-1-4　人的因素特征与价值

（一）具有积极或消极的两种倾向

任何事物及其因素特征的完整准确辨识，无不需要客观理性地识别和掌握，其内在固有的正反两方面的属性，及其在一定外部因素作用下，积极或消极的两种运行变化的倾向。

显然，积极创造或推进以人的因素为根本，组织卓越的领导与管理，领导管理者无不需要深入成熟地辨析，各阶层的员工在一定外部环境因素的作用或影响下，可能产生的对整体组织高质量运营发展，积极的正面推动或消极的负面限制的力量，并以此足够睿智成熟地设置或选择，能够充分提升和展示人的积极力量，卓有成效的组织领导与管理的原则或方法。

（二）最具积极价值的本性特征

在组织整体运营资源结构中，唯一具有能动性创造智慧与力量人的因素，无不对组织整体运营发展的进程或成就，具有普遍关键的决定性影响，并以此使得能动性创造智慧与力量，成为人的本性特征中最具积极价值的因素。

为此，美国钢铁公司创始人卡耐基，曾经在总结自身职业经历时断言："如果带着我的员工，只留下我的工厂，那么工厂很快就会杂草丛生；但是，如果拿走了我的工厂，而留下我的员工，那么很快我们就会拥有新的、更好的工厂。"

（三）资源价值展现的决定性因素

广泛的实践中，人的能动性创造智慧和才能，是任何组织内外环境中各类资源因素，及其相互作用与变化的力量或价值卓有成效提升与展示，普遍关键的决定因素和强大的推动力量。

事实上，相同或类似的资源因素构成，由于员工采取不同的思维与行为方式，从而形成截然不同的工作业绩或成果；相同或类似的整体资源因素构成，由于采取对人的因素不同的领导与管理模式，从而创造显著差异的组织运营发展的进程或成就，在日趋复杂多变的内外环境中，已日益成为人们耳熟能详的普遍形象。

（四）领导与管理思维的推进主体

毫无疑问，任何领导管理者的头脑中，无不充满着各式各样的意图、目标、方案、计划、流程等团队运行发展的思维构想。然而，任何奇妙绝伦的思维构想，如果缺乏员工的推进主体，及其强大能动性创造智慧与才能坚强有力的支撑，它们无一不将成为飘忽空中的泡沫。因此，任何领导或管理高质量的思维构想，无不需要充分审视和考虑，整体员工队伍能动性创造智慧与力量的实际和发展。

（五）运营环境辨识应对的坚强力量

随着组织运营的持续发展，内外资源因素及其相互间的作用或关系，也必将日趋多变而复杂。

这种背景下，分布在组织各运营环节，具有高度智慧和能动性创造力量的广大员工，将越发成为组织运营内外环境中，各类机遇或挑战高质量辨识和应对，极其重要而坚强的力量。

因此，广泛的实践中，领导管理者无不需要把自身职业的思维构想，积极转化为广大员工主动的创造性的行为力量，并广泛听取他们工作进程中所形成的各种意见，从而更为及时准确地掌握组织运营发展中，各类资源因素及其关系或变化的实际，有效提升和发展自身的职业思维与行为。

（六）强大创造力量需要凝聚和激发

单独孤立的个人所拥有的创造智慧与力量，无不受到极其普遍而显著地限制。这也是人类文明发展和进步进程中，各类团队或组织构建形成的根本背景。然而，形式上的团队或组织，并非能够必然地展现足够坚强的创造智慧与力量。事实上，任何展示无往不胜强大创造力的团队或组织，无不需要足够凝聚力量的坚强支撑。

不仅如此，人的因素所固有的高度情感天性，所推动形成的团队或组织的强大运营创造力，无不需要卓有成效的激发才能坚强铸就。换言之，如果广泛员工普遍缺乏对团队运营使命和目标的高度认同，同伴相互间积极支持和关爱的密切友情，自身潜在职业智慧、力量与价值深入充分的感知，那么，组织整体运营发展的创造能力，无不将会受到极其显著的制约。

四、领导管理者素养的核心体现

人的因素及其相互间的密切协作，无不对组织的各项工作，以及由此所形成的整体运营发展的能力和进程，具有极其重要的决定性影响，并因此而普遍成为领导管理者，高质量职业思维卓越创造的重要基础，以及一切积极行为的正确指南。

实践中，广大员工所蕴含的强大创造性智慧与力量，不仅需要整体团队的有效组织和凝聚的坚强支撑，而且还无不需要潜能的积极提升与激发的有力推动，并因此而普遍成为领导管理卓越才能的关键组成。为此，领导管理者必须能够卓有成效地肩负起，对广大员工的职业思维或行为的积极引导与激励，专业工作技能的有效培训与指导的核心职责（图4-7-1-5）。

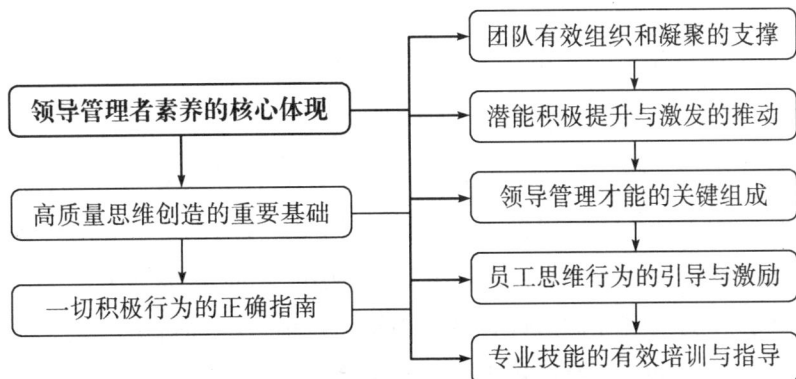

图 4-7-1-5　领导管理者素养的核心体现

（一）高质量思维创造的重要基础

任何背景下，领导管理者都必须能够睿智成熟地辨识，他的所有职业思维构想，无不需要依靠人的因素积极支持才能得以有效推动。因此，无论是内外整体形势及其变化的准确辨析，还是各项专业工作运行方式的设置或选择，无不需要充分考虑组织或团队中人的因素，在各类资源及其关系整体结构中的核心地位，以及员工队伍的整体素养与能力的状况，及其职业力量展示所能达到的高度。事实上，忽略或轻视人的因素的团队根本与工作核心，任何领导或管理的思维无不隐含极大的风险和缺陷。

（二）一切积极行为的正确指南

随着各类专业技术日新月异的发展和运用，已有越来越多的作品或研究者，为领导管理者有效辨识与应对各项专业工作，提供或指示了各类细致详尽的行为策略和方式。然而，任何先进的高度专业化的领导与管理方法，包括战略的规划、产品的开发、质量的管理、成本的控制、市场的推广等所有工作，如果缺乏人的能动性创造智慧与力量坚强有力的支持，它们推进的进程、成果及其价值，无不将会受到极其显著的限制。

（三）团队有效组织和凝聚的支撑

孤单的个人力量无疑极其有限，然而，一群人的简单或形式上结合，也绝难铸就和形成真正持久而坚强的力量。并且一定背景下，还极易表现出人们所广泛熟知的，个人自私、懒惰、逃避责任等一系列极为消极的行为。为此，领导管理者无不需要卓有成效地肩负，通过共同愿景、前行方向、行进路线、运行目标等要素的积极设置和确立，把离散的人们真正组织与凝聚起来，以坚强铸就团结奋进、荣辱与共、无往不胜强大团队的关键职责。

因此，《尚书》曾经断称："后非民罔使，民非后罔事。无自广以狭人，匹夫匹妇不获自尽，民主罔与成厥功。"——君主没有人民就无人任用，人民没有君主就无处尽力。不可自大而小视他人，平民百姓如果不能各尽其力，君主就没有人跟他建立功业。

（四）潜能积极提升与激发的推动

展示卓越的领导与管理的智慧或才能，创造组织持续高质量的运营和发展，领导管理者无不需要竭尽所能，积极推进广大员工职业进取和团结协作意识，以及各项工作专业技能等潜在职业素养和能力，卓有成效地提升与发展。同时，他们还必须努力营建整体组织或团队，相互关爱、团结奋进良好的职业环境和工作氛围，以充分激发并展示广大员工，所蕴含的整体强大的潜在创造性智慧力量，并以此创造组织的领导与管理，及其运营和发展高质量的进程或成就。

（五）领导管理才能的关键组成

广泛的实践中，领导管理者对各类资源因素及其关系与变化，睿智积极的辨识、应对或推进，无不需要充分依靠广大员工强大的创造性智慧与力量，卓有成效提升和展示的坚强支撑。换言之，如果忽略人的能动性根本特征，所坚强支持的整体团队强大的创造智慧与力量，卓有成效地激发、提升和展示，那么，领导管理者所有的职业意愿或构想，都必将成为无以实现的空中楼阁。因此，对人的组织根本及其强大的潜在创造性智慧、力量与价值，准确辨识、积极提升和充分展示的思维与行为能力，无不成为领导管理素养和才能普遍的关键组成。

（六）员工思维行为的引导与激励

足够成熟而准确地辨析，人们的辨识思维能力、思想意识结构及其情感行为动力，对他们能动性本质特征的力量，以及由此所推动形成的强大创造性智慧才能，极其关键的决定性价值，从而积极推进其高质量职业思维和行为，卓有成效地引导与激励，广泛的实践中，无不成为领导管理者必须肩负的，极其重要而根本的职责。事实上，任何组织或团队的卓越领导与管理，无一不是通过对广大员工高质量的职业思维与行为，卓有成效地引导和激励而睿智坚强地铸就。

（七）专业技能的有效培训与指导

员工所拥有的专业技能，普遍对其工作推进的整体质量或业绩，具有极其重要的决定性影响。因此，领导管理者必须努力运用一切积极的方式，对员工专业工作技能所及的运行技术原理、工作对象特征、工作的设施与工具，及其运行的程序和规范、各项质量目标、关联工作协作方式等重要因素，展开卓有成效的教育、培训与指导，以创造并持续提升整体员工队伍的专业工作技能。

五、需要坚持的基本原则

创造自身职业高质量的进程或成就，任何背景下，领导管理者都必须能够睿智成熟地辨识，人的因素决定性价值及其与工作复杂艰难挑战的关系，从而把人的因素根本置于一切职业思维与行为的核心位置，并通过整体员工队伍创造能力充分准确地辨析和把握，卓有成效地依靠他们高质量地识别与应对，组织运营发展中的各类机遇或挑战。

同时，领导管理者还必须能够全面准确地辨识和掌握，组织运营进程中各环节员工的实际职业表现，并以此通过他们整体职业素养与才能有效提升的积极推动，创造各环节工作及其整体组织持续高质量的运营发展（图4-7-1-6）。

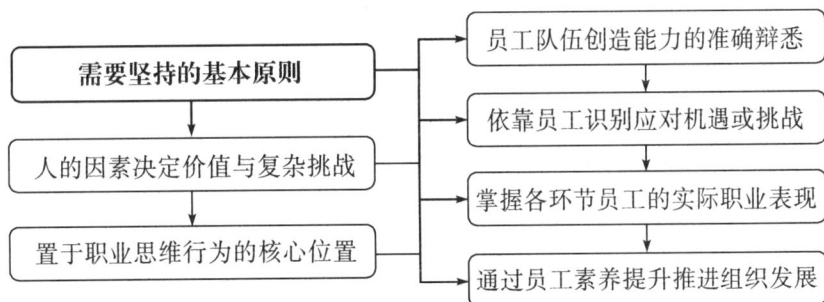

图4-7-1-6　需要坚持的基本原则

（一）人的因素决定价值与复杂挑战

睿智成熟地构建人的因素与各类有形或无形资源因素，辩证统一关系的积极意识，无不对领导管理者高质量的职业思维与行为，具有极其关键的决定性价值。事实上，任何领导管理者，唯有足够深入而充分地洞察和辨识人的因素根本价值，并以此卓有成效地把握人的因素与各项工作的密切关系，他才能够积极有效地创造或推进自身职业高质量的进程。实践中，他们所遭遇的一切难以逾越的复杂艰难职业挑战，普遍与人的因素潜在创造性智慧力量，深入辨识、有效提升和充分展示的显著缺陷，存在着极其密切的关联。

（二）置于职业思维行为的核心位置

尽管人的因素整体能动性创造智慧与力量，普遍受到内外有形、无形等资源因素极其重要的影响，然而，人的因素对各类有形、无形资源因素及其关系与变化，无不具有准确辨识、积极创造或有效推动，能动性主导地位的决定性价值。因此，任何背景下，领导管理者无不需要睿智牢固地把人的因素，置于整体职业思维与行为的核心位置。

对于人的因素核心价值，唐太宗曾经高瞻远瞩地形象辩称："为君之道，必须先存百姓。若损百姓以奉其身，犹割股以啖腹，腹饱而身毙。"——作为国君的基本原则，就是必须首先心存百姓。如果以损害百姓来奉养自身，那就像割自己大腿的肉来填饱自己的肚子一样，肚子虽饱而性命却被丢失了。

（三）员工队伍创造能力的准确辨悉

卓有成效地推进人的因素，与各类有形、无形资源因素的密切联结与作用，无不需要得到对团队员工队伍整体创造能力，足够充分准确辨悉和把握的坚强支撑。事实上，领导管理实践中的重大失误或挫折，普遍源自对自身队伍整体的创造智慧与力量，辨识或掌握的严重偏差，或者主要地依据僵化的专业性技术、工具或图表，决定自身思维与行为的方式。

因此，卓有成效地推进自身高质量的职业进程，领导管理者无不需要全面准确地辨识和考虑，整体队伍的思维意愿、行为动力和专业技能等，一系列对其创造能力具有重要影响的因素。

（四）依靠员工识别应对机遇或挑战

究竟是否需要充分依靠广大员工整体的智慧力量，才能更高质量地识别和应对，组织运营发展中的各类重要机遇或挑战，长期以来，一直是实践和研究领域普遍存在的争议焦点。事实上，研究或文学作品时常竭力地鼓噪或渲染，并为人们所广泛津津乐道的领导人或英雄人物，如何凭借独具慧眼的高超智慧与才能，神奇般地指引或支持团队所向披靡无往不胜。因为相对于普遍员工职业智慧与力量的价值，实在难以构思或描绘出令人啧啧称道的画卷。

如此这般，无疑向人们淋漓展现着，只是少数人承担着组织运营进程中，复杂机遇或艰难挑战的壮烈画面。因而组织持续高质量的运营发展，无不完全取决于领导人或少数组织精英，绝不出现重大辨识或思维判断，严重缺陷或失误的关键基础。否则，组织的前行征程必将危机四伏。显然，这普遍成为思维狭隘且自高自大领导人，职业严重挫折和失败的重要根源。

（五）掌握各环节员工的实际职业表现

展示卓越的组织领导与管理，无不需要对内外资源因素的构成，及其相互作用的关系与可能的变化，足够全面而准确辨识的坚强支撑。然而，在各种资源因素的构成、关系与变化中，人的因素又普遍占据着极其关键的决定性地位。因此，深入准确地辨识和掌握组织运营进程中，各环节员工的实际职业表现，以及由此对员工整体队伍的创造能力、展示质量及其变化趋势，形成足够充分而准确地判断，就成为组织领导与管理高质量推进的关键任务。

（六）通过员工素养提升推进组织发展

组织或团队中的整体人的因素，所蕴含的强大能动性创造智慧与力量，对各类资源因素、关系与变化，及其各项工作的运行质量与整体组织的运营发展，无不具有极其关键的决定性价值。因此，任何背景下，领导管理者都必须能够成熟地构建，通过整体员工队伍创造性智慧力量的持续提升，卓有成效地推进组织高质量运营发展，坚强牢固的职业意识。

六、把握关键的思维与行为准则

牢固铸建自身为整体员工队伍普通一员的成熟意识，并积极传递组织整体运营发展的形势和思维，是高质量辨识与展示员工强大能动性智慧力量，极其关键的领导与管理方法。同时，领导管理者还必须能够通过各种有效的途径，充分准确地掌握员工队伍的职业状况与愿望；卓有成效地引导和激励他们，构建和发展积极的职业思维意识与行为方式；主动了解和解决员工自身难以应对的职业困难。尤其是，任何时候都绝不轻视任何员工，所拥有的潜在职业智慧与力量（图4-7-1-7）。

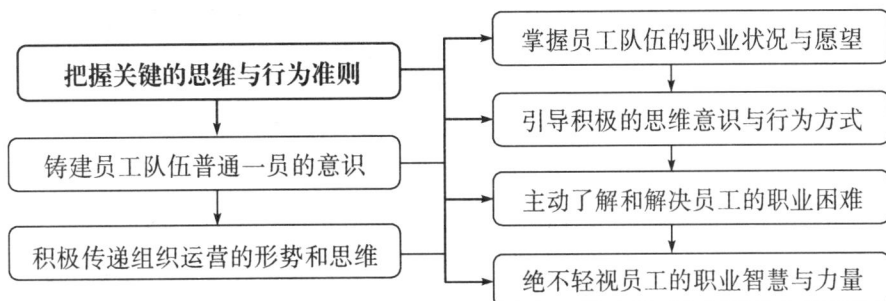

图 4-7-1-7　把握关键的思维与行为准则

（一）铸建员工队伍普通一员的意识

牢固构建自身为整体员工队伍中，普通一员的成熟意识，是积极铸就员工的组织根本，坚定而卓越的领导管理思维意识、行为立场和工作方法，最为坚强而稳固的基石。不愿成为整体队伍中的普通一员，头脑中必然存有无法抹去的轻视普通员工的浓厚意识。那么，领导管理者职业思维和行为的重心，必将难以远见卓识地坚定置于，广大员工的能动性创造智慧与力量，从而无不使得其水平或质量受到极大的限制。

（二）积极传递组织运营的形势和思维

作为组织运营发展的根本，领导管理者必须竭尽所能，努力使得广大员工能够为各项工作更高质量地运行，提供更为有效而坚强的力量支持。其中最为重要的途径之一，就是积极地向广大的员工，充分传递内外的整体运营形势，及其组织全局的战略方向和路线的思维。这是卓有成效地构建组织坚强的凝聚力量，激发广大员工积极进取的意识和精神动力，以及提升他们工作的强大创造力，不可或缺的关键任务和重要方式。

（三）掌握员工队伍的职业状况与愿望

广大员工能动性创造智慧与力量，展示的职业环境和质量状况，以及由此所产生的强烈职业愿望，无不对领导管理者的思维决策水平，及其实施或推进的进程和成果质量，具有极其重要的决定性影响。换言之，如果不能成熟牢固地立足于广大员工的职业立场，对其职业的整体力量及其思维与行为的倾向，形成足够深入准确地辨识和把握，而只是凭借自身头脑中的主观猜测或臆断，作出与此相关的重要运行方式的决策，无不将极大地限制整体组织运营发展的能力。

为此，唐太宗曾经提出当权者需要构建，贴近百姓成熟的仁义思维：

"林深则鸟栖，水广则鱼游，仁义积则物自归之。人皆知畏避灾害，不知行仁义则灾害不生。夫仁义之道，当思之在心，常令相继，若斯须懈怠，去之已远。犹如饮食资身，恒令腹饱，乃可存其性命。"——树林茂密，鸟儿才来栖息；江湖广阔，鱼儿才能畅游。仁义积累得深厚，百姓便自然归顺。人们都知道躲避灾害，而不知道施行仁义能使灾害不发生。仁义之道要牢记在心，时刻都不要忘记。如果有片刻懈怠，就会远离仁义。这就好像用饮食保养身子，经常吃饱肚子，才可以维持生命。

（四）引导积极的思维意识与行为方式

缺乏足够积极思维意识与行为方式的坚强支撑，广大员工整体能动性创造智慧与力量，以及有效展示的质量必将受到极大的限制或制约，从而体现着组织领导与管理能力的显著脆弱。因此，在日趋复杂艰难的环境中，卓有成效地引导、激励和推动广大员工，构建与发展更为积极的职业思维意识和行为方式，已日益成为组织的卓越领导与管理，及其文化体系高质量地建设和发展，极其重要的途径和强大的推动力量。

（五）主动了解和解决员工的职业困难

强烈的情感倾向，是人性中蕴含的极其重要而强大的智慧和精神力量的源泉。卓有成效地铸建和发展组织或团队的坚强凝聚力，激发和凝集整体员工队伍强大的能动性创造智慧与力量，领导管理者无不需要足够深入、充分和主动地，了解并帮助员工解决所遇自身难以应对的职业困难。事实上，准确掌握并有效解决员工的职业困难，无不成为领导管理者人的组织根本思维意识，及其员工强大职业创造力的积极激发与铸就，极其关键的体现和强大的动力。

（六）绝不轻视员工的职业智慧与力量

高耸挺拔的大树，能够傲视一切狂风骤雨的侵袭，无不依仗深藏于地下，却难以为人们所直接察视和广泛称赞根系的坚强支撑。尽管如此，任何领导管理者，在各种惊涛骇浪侵袭的大海中，试图率领一只组织或团队的航船，能够乘风破浪奋勇向前，如果丧失对组织根本足够深入准确辨识的坚强支撑，那么，航船的前程必将危机四伏。事实上，能够在各种纵横交错因素的掩饰或迷惑中，能够准确辨识和把握复杂事物的根本因素，无不成为人们整体的思维智慧与职业才能，极其重要的核心体现。

不仅如此，任何强大的力量，无一不是极其弱小或微薄力量聚合而成。因此，真正远见卓识洞察秋毫的领导管理者，任何背景下，都绝对不会轻视任何普通员工，所拥有的创造性智慧力量。

第二节　不教民战谓弃之

建国君民，教学为先

原本孤立或离散的个人，通过相互间密切协作卓有成效地推进，从而紧密凝结成能够积极主动地辨识和应对，各种复杂艰难挑战的坚强团队或组织，显然，如果缺乏足够高质量职业思维或行为素养的有力支持和推动，广大员工无不极易受到各种消极因素的负面侵蚀或影响，从而显著削弱整体队伍强大的能动性创造智慧或力量。

因此，长期以来，人们已经广泛深入地意识到，对员工的积极教育培训，以及由此对他们高质量职业素养，有效构建与持续提升的有力推动，无不成为各种复杂环境中，确保他们个人的工作质量与根本利益，及其整体组织强大的运营发展能力，不可或缺的关键工作。

为此，孔子早年就曾告诫："以不教民战，是谓弃之。"——如果不经训练，而让百姓去作战，这就叫抛弃他们（图 4-7-2-1）。

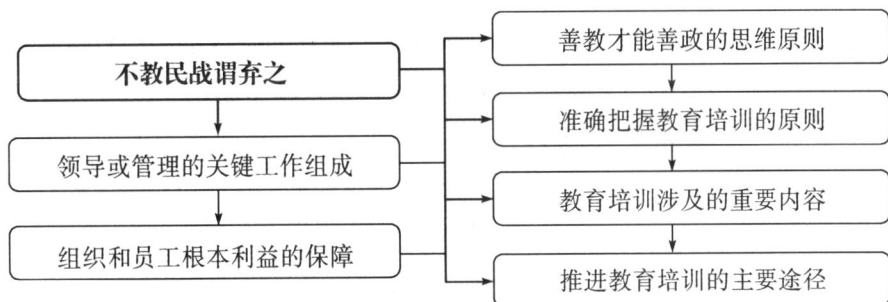

图 4-7-2-1　**不教民战谓弃之**

《礼记》也曾深入辨识了先行教育的关键价值："玉不琢，不成器。人不学，不知道。是故古之王者，建国君民，教学为先。"——玉石不经过琢磨，就不能用来做器物。人不通过学习，就不懂得道理。因此，古代的君王建立国家，治理民众，都是把教育当作首要的事情。

本节中，我们首先从教育培训，是展示积极主动的领导或管理，极其关键的工作组成着眼，分析了它普遍成为组织和员工根本利益保障的背景，并以此提出了唯有善教才能善政的重要思维原则。接着就卓有成效地推进广大员工的教育培训，需要准确把握的基本原则、重要内容和主要途径，分别展开了相应的分析和探讨。

一、领导或管理的关键工作组成

对员工的教育培训，广泛的实践中，不仅是他们卓有成效地承担，个人岗位职责的重要基础，以及整体员工队伍能动性创造智慧与力量，持续提升和发展的坚强动力，而且也是他们职业进程中，各种工作缺陷或错误，积极预防与纠正的重要途径。因此，它普遍成为展示积极主动的高质量领导与管理，极其关键的工作组成或方式。

不仅如此，对员工教育培训的积极推动，还是领导管理者与广大员工职业素养，相互促进共同发展的强大动力。因此，领导管理者无不需要把员工的教育培训，牢固地置于整体工作的优先位置（图4-7-2-2）。

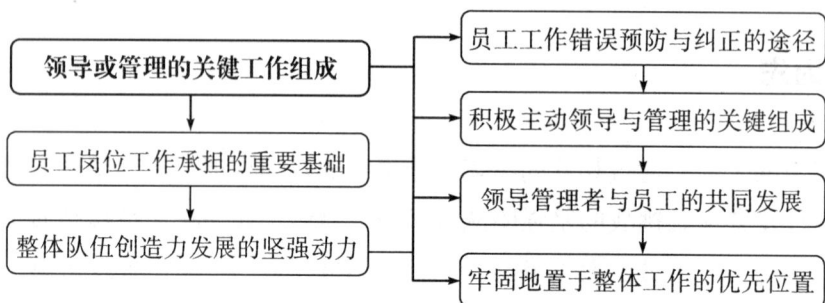

图 4-7-2-2　领导或管理的关键工作组成

（一）员工岗位工作承担的重要基础

员工的岗位工作，通常涉及相关的技术原理、工艺程序、质量标准、工作对象、作业器具等，一系列重要而复杂的因素构成，以及与关联岗位密切协作的要求。如果缺乏工作前期及其进程中，各项专业性教育培训的有力支持，而期望每个岗位工作的推进，都能够达到极其高超的质量或水平，显然无异于痴人说梦。

事实上，在各类专业性因素日趋复杂多变的环境中，良好的教育培训已日益成为广大员工，卓有成效地承担岗位职责不可或缺的重要基础，并日渐受到越来越多的组织或团队的广泛重视。

（二）整体队伍创造力发展的坚强动力

员工队伍的创造性智慧力量，任何背景下，无不对整体组织运营发展的进程与成就，具有极其关键的决定性价值。然而，它的高质量构建与发展，无不需要得到广大员工对自身个人职业，尤其是整体团队的强大力量与价值，卓有成效的辨识引导和展示推动的坚强支持，并以此成为广泛领域中组织高质量运营发展，普遍面临的极其关键而艰巨的挑战。

显然，整体队伍创造力的铸建发展，复杂多变的环境中，完全依靠员工个人职业素养的修炼，或者主要地寄希望于组织的运营制度或规范体系，无异于缘木求鱼而绝难如愿以偿。因此，积极的教育培训，已普遍成为它的构建发展，最具强大而关键的决定性力量。

（三）员工工作错误预防与纠正的途径

对员工的积极教育培训，广泛的实践中，是有效预防和纠正他们各种工作缺陷或错误，极其重要的途径与方法。事实上，对于他们任何不愿产生或亟待改进的缺陷及错误，只要能够准确辨识与判断形成的根源，及其正确的应对行为方式，就可以通过积极充分的事前或事后的教育培训，给予有效的避免或纠正。

（四）积极主动领导与管理的关键组成

员工职业思维与行为的能力，无不受到头脑中辨识事物的方式、思想意识的结构及其情感行为的动力，极其重要而根本的影响或决定。积极的教育培训，无疑能够比其他任何的形成或途径，更为坚强有力地推动，广大员工辨识思维能力及其情感行为动力，持续高质量地提升与发展，从而成为对他们展示积极主动的领导或管理，极其关键的组成和决定性因素。

为此，《礼记》曾作了这样的深刻论述："发虑宪，求善良，足以謏闻，不足以动众。就贤体远，足以动众，未足以化民。君子如欲化民成俗，其必由学乎！"——考虑问题符合法度，招求贤能的人，可以赢得小名声，但不足以影响众人。亲近贤能的人，体恤关系疏远的人，可以影响众人，还不足以化育人民。君子想要化育人民，形成良好的风俗，一定要由教学入手。

（五）领导管理者与员工的共同发展

广泛的实践中，能够卓有成效地推进员工教育培训的组织或团队，它的领导管理者也必将呈现出，极其强大的学习与发展的能力，从而显著地展现领导管理者与广大员工，相互促进共同发展的卓越进程。何以能够呈现这样的普遍现象？《礼记》曾经给出了这样极具启迪价值的解答：

"虽有佳肴，弗食，不知其旨也；虽有至道，弗学，不知其善也。是故学然后知不足，教然后知困。知不足，然后能自反也；知困，然后能自强也。故曰：教学相长也。《兑命》曰：'学学半'。其此之谓乎？"——即使有美味的菜，不去品尝，就不知道其味道的甘美。即使有最好的道理，不去学习，就不知道它的好处。所以学习之后才知道自己的不足，教人之后才知道自己有理解不透的地方。知道了自己的不足，然后才能自我反省。知道了自己不懂的地方，然后才能勉励自己。所以说"教"和"学"相互促进。《尚书·兑命》说："教人是学习的一半。"这话说的就是这个道理吧？

（六）牢固地置于整体工作的优先位置

员工的职业素养，无不对他们个人的工作质量或业绩，以及整体团队的创造性智慧与力量，具有极其关键的决定性价值。因此，任何期待广大员工能够充分展现，更为积极而强大的创造力量，并以此展示自身高水平的职业智慧与才能，领导管理者无不需要睿智地把员工的教育培训，牢固地置于整体工作的优先位置。

三洋电器公司前领导人井植熏，曾经深入辨识了员工教育培训的关键价值："何谓经营之根本？我认为是'造就人'。就经营而言，无论从哪个角度看，人都是第一重要的。无论是在我曾为之效力过约25年的松下公司，还是在三洋公司的创业者——我哥哥岁男那儿，我都时时受到了这种'造就人'思想的熏陶。我也继承了这一思想，把员工教育视为头等大事，几乎有一半时间花费于此。先制造'优质人'，再由'优质人'制造'优质产品'，因为是'优质产品'，因而'销路畅通'。"

二、组织和员工根本利益的保障

积极的教育培训，是广大员工整体职业素养和创造力，以及组织运营发展能力，及其高质量全局进程和成就，卓有成效地提升、增强与铸就，不可或缺的重要途径和强大推动力量。因此，广泛的实践中，它普遍成为组织与员工长远根本利益的共同保障，及其团队光明前程卓越创造的重要投入（图4-7-2-3）。

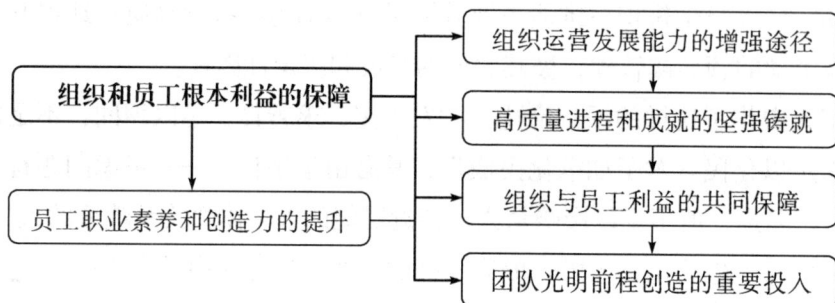

图 4-7-2-3　组织和员工根本利益的保障

（一）员工职业素养和创造力的提升

员工的职业素养和创造力的提升发展，固然存在专业院校的学习，以及自我学习、探索与激励多种的方式或途径。然而，根据职业素养的实际构成与质量，及其团队整体运行发展和岗位职责高质量推进的要求，有效采取更具针对性系统性的教育培训，普遍成为团队卓有成效地推动，整体员工队伍职业素养和创造力的积极提升，极其重要而强大的推动力量。

（二）组织运营发展能力的增强途径

通过积极的教育培训，组织各运行环节或工作岗位的员工，对组织信念、价值观及主流文化，更深层次地理解与更高质量地实践，对战略思想及其全局部署，更高水平地辨识和更为积极地推动，对自身岗位技能更为全面娴熟地掌握，对相互间密切协作更为主动有效地推进，显而易见，无不能够卓有成效地增强组织运营发展的整体能力。

（三）高质量进程和成就的坚强铸就

纵观当今广泛社会各领域，轻视员工的教育培训，而能登上运营发展的高峰，或者能够长期居于行业的领先地位，而不被赶超的组织或团队已极难寻觅。因此，卓有成效的员工教育培训，已日趋成为广泛领域中组织，高质量运营发展进程或成就的坚强铸就，极其关键而强大的推动力量。

国际商业机器公司前领导人科恩斯，曾经就自身的实践体会而辩称：

"横扫经济的技术革命及其步伐，需要劳动力空前提高其教育程度，劳动力的质量决定经济的成败与否。以信息知识为本的经济中，教育便成了必不可少的基础。我们需要的员工不仅要有熟练的基本技能，而且要懂得如何认识和传达他们的思想；我们需要员工能适时而变，能接受新观念并与他人和睦相处。我们公司的成败完成取决于员工的素养。"

（四）组织与员工利益的共同保障

卓有成效地推进广大员工的教育培训，时常是项极其艰难的挑战。然而，组织一旦深入辨识并牢固铸就了，员工积极教育培训的价值和能力，员工如果因此而铸建了高质量的职业素养与创造力，那么，这些宝贵的能力或素养不仅将与其长久相伴，而且还无不能够极其坚强地支持和推动，优良的运营或职业进程与成就的积极创造，从而成为他们长远根本利益，最为有力的共同保障。

《吕氏春秋》曾经深刻辨识了教育与学习的关键价值："教也者，义之大者也；学也者，知之盛者也。义之大者，莫大于利人，利人莫大于教。知之盛者，莫大于成身，成身莫大于学。身成则为人子弗使而孝矣，为人臣弗令而忠矣，为人君弗强而平矣，有大势可以为天下正矣。"

——教育是极为仁义的事情，学习是极其睿智的选择。最大的仁义，莫过于带给人以利益，最大的利益，莫过于对其进行教育。最大的聪明，莫过于修炼自身的素养，最有效的修炼素养，莫过于选择学习。素养修炼好，那么，做儿子的不用支使就会孝顺，做臣子的不用命令就会忠诚，做君主的不用勉强就会执守公平，遇到良好的形势就可以实现天下大治。

（五）团队光明前程创造的重要投入

在日趋复杂多变的环境中，卓越地创造高质量的运营发展进程，及其光明灿烂的前程，组织无不需要充分展示并积极集中，最为坚强的资源力量于全局最为关键、根本或重要的运行环节。而人的因素及其整体的职业素养和创造力，任何背景下，都是各种内外有形、无形资源及其相互作用，潜在力量积极创造和充分展示，最具关键、根本与重要的决定性因素。因此，推进员工的积极教育培训，无疑是组织高质量进程及其光明前程，卓有成效创造最具重要而坚强的资源力量投入。

三、善教才能善政的思维原则

复杂多变的环境中，制度通常能够有效地限制人们工作错误的产生，但却很难从根本上为组织持续高质量的运营发展进程，提供强大推动力量的支持。而积极的教育培训，则能够有效地提升广大员工的职业素养和创造力，以及制度执行的主动性和自觉性，并以此普遍成为卓越领导或管理，不可或缺的关键途径。因此，任何背景下，领导管理者都必须能够卓有成效地推进广大员工的教育培训，从而创造制度与教育两种重要方式密切融合的强大力量（图4-7-2-4）。

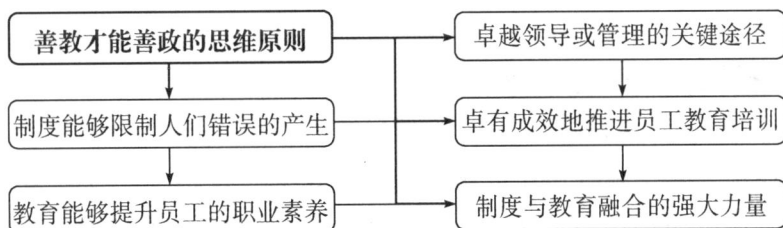

图 4-7-2-4　善教才能善政的思维原则

（一）制度能够限制人们错误的产生

制度或规范，通常能够有效地控制人们职业错误的产生，因而成为任何组织正常运行，不可或缺的重要因素。然而，正如任何事物都必然存在显著的局限，事实上，无论是奖励或惩罚性制度与规范，都很难从根本上对人们职业的素养或创造力，卓有成效地提升能够真正有所作为。因此，广泛的实践中，过于依赖制度或规范的手段，反而极易成为组织运营发展的活力或创造力，极其重要的限制因素。

为此，孔子曾经辩称："道之以政，齐之以刑，民免而无耻；道之以德，齐之以礼，有耻且格。"

——用政令治理百姓，用刑法约束他们，百姓只能求得免于犯罪受惩罚，却没有廉耻之心；用道德教育百姓，用礼制引导他们，百姓不仅会有羞耻之心，且更具行为规范。

（二）教育能够提升员工的职业素养

积极的教育培训，通常能够对人们职业素养与创造力的提升发展，以及团队运行制度或规范执行的主动性和自觉性，形成卓有成效的有力支持。然而，如果教育培训缺乏足够强烈共同愿景的坚强支撑，或者所引导的思维意识和行为方式，与团队制度或规范体系所限定的主要内容，以及组织运行的内外实际存在着显著的偏差，那么，它的成效无疑将会受到极大的限制。这也是许多组织深感教育培训，极其艰难或效果甚微的重要根源。

魏征也曾远见卓识地洞察了教育对民众素养的提升，所能产生的显著效果和价值："若圣哲施化，上下同心，人应如响，不疾而速。期月而可，信不为难，三年成功，犹谓其晚。"——如果是圣明的国君，施行教化，上下同心，人民群起响应，就是不特意求快，也能很快实现。如果说一个月能够见到成效，确实也不会太困难，要是说三年成功，就嫌太晚了。

（三）卓越领导或管理的关键途径

广泛的实践中，所有远见卓识的贤能睿智之士，无不能够极其深刻地感知，推进任何事物高质量地运行发展，必须既要牢固地遵循事物自身的本性，也要最为积极地适应外部环境的实际。因此，通过人的本性潜在的能动性创造力量与价值，以及组织长远运营发展需求的深入准确辨识，而推动的员工积极教育培训，就成为高质量领导或管理，卓有成效创造极其关键的途径和强大的动力。

为此，《尚书》曾经辩称："若有恒性，克绥厥猷惟后。"——顺从人民的常性，能使他们安于教导的就是君主。

并有论述："爽惟民迪吉康，我时其惟殷先哲王德，用康乂民作求。矧今民罔迪，不适；不迪，则罔政在厥邦。"——老百姓受到教化才会善良安定，我们要时时思念着殷代圣明先王的德政，作为安治殷民的法则。况且现在的民众不加教导，就不会善良；不加教导，就没有善政保存殷国。

（四）卓有成效地推进员工教育培训

卓有成效地推进广大员工的教育培训，广泛的实践中，无不需要深入辨识和牢固坚持积极主动的基本原则。积极，就是根据员工或被教育者的素养表现特征，及其高质量职业进程积极创造的需求，努力采取一切积极的方式、争取一切积极力量的支持；主动，就是为了帮助和推动广大员工或被教育者，占据更高质量地应对实际工作或肩负岗位职责的主动地位，全面增强职业的创造性智慧和力量，而对教育培训的内容、方式、时间等因素，进行精心周密地系统设置和推进。

长期以来，许多远见卓识的贤能之士，亦已深入辨识了教育培训积极主动原则的关键价值。譬如，《礼记》就曾作有这样的深入论述："大学之法：禁于未发之谓豫，当其可之谓时，不陵节而施之谓孙，相观而善之谓摩。此四者，教之所由兴也。发然后禁，则扞格而不胜；时过然后学，则勤苦而难成；杂施而不孙，则坏乱而不修；独学而无友，则孤陋而寡闻；燕朋逆其师；燕辟废其学。此六者，教之所由废也。"——卓有成效的教育原则和方法是：在不合正道的事情或行为发生之前加以禁止，叫作预先防备；在适当的时候加以教导，叫作合乎时宜，不超过学生的接受能力进行教导，叫作顺应；使学生相互切磋学习而得到好处，叫作观摩。这四点是教育取得成功的原因。

事情发生以后才禁止，就会遇到障碍而难以克服；过了适当时机才去学习，虽然勤勉努力，也难以有所成就；杂乱施教而不按顺序学习，就会使学生头脑混乱而无法补救；独自学习而没有同伴一起商量，就会孤陋寡闻；轻慢而不庄重的同学会使人违背师长的教导；轻慢邪僻的言行会使学生荒废学业。这六点是导致教育失败的原因。

（五）制度与教育融合的强大力量

迄今为止，已鲜有组织的领导管理者，敢于轻视制度或规范体系的力量与价值。然而，广泛的组织实践中，制度或规范通常是从外部，向人们思维行为选择强加的限定力量，而教育培训则是通过人们自身的辨识思维或思想意识的提升，向人们更高质量的思维行为提供的积极推动力量。事实上，唯有两者之间的密切融合、相互支持，才能卓有成效地创造整体组织或团队背景下，广大员工高质量的职业素养及其强大的创造智慧与力量。因此，《孙子兵法》曾经辩称："卒未亲附而罚之，则不服，不服则难用也；卒已亲附而罚不行，则不可用也。故令之以文，齐之以武，是谓必取。令素行以教其民，则民服；令不素行以教其民，则民不服。令素行者，与众相得也。"——士兵没有亲近依附就施行惩罚，就会心存不服，不服就难以使用；士兵已亲附而缺乏奖惩纪律，就难以指挥。所以，以军令道义进行教育，以军纪军法统一行为，是必须坚持的原则。平常一贯以军令道义教育士兵，内心就能服从；平常缺乏军令教育，士兵就难以服从。一直推行军令教育，就容易与士兵相互融洽。

四、准确把握教育培训的原则

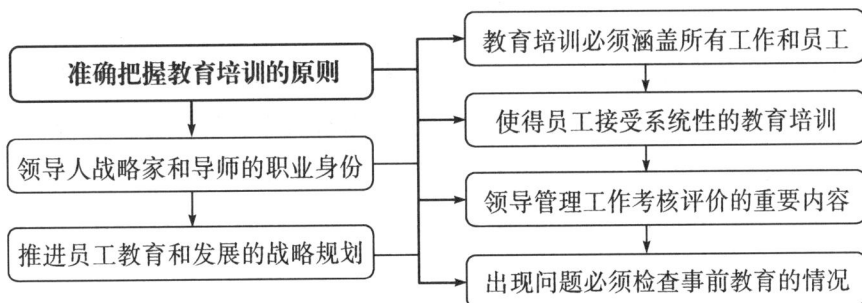

图 4-7-2-5　准确把握教育培训的原则

积极推进广大员工的教育培训，组织的领导人必须能够卓有成效地肩负起，自身最为关键的责任——一名战略家和导师的职业身份，并以此有效推进员工素养教育和发展战略规划的制定。积极的教育培训，必须涵盖所有的工作和员工，必须使得广大员工接受系统性的经常教育培训，并就教育规划实施推进的质量，列为领导管理工作考核评价的重要内容。同时，在出现各类工作问题或错误时，必须检查事前教育培训的情况（图 4-7-2-5）。

（一）领导人战略家和导师的职业身份

不同类型及其运营发展阶段的组织领导人，展示卓越的职业智慧或才能，通常需要不同专业素养或知识技能结构的有力支持。然而，任何背景下，领导人卓有成效地肩负组织高质量运营发展，积极引领与指导的核心职责，无不需要成熟战略家和导师职业身份的坚强支撑。

事实上，缺乏足够清晰的组织信念与使命，全局战略的方向和路线，积极的文化与价值观，以及各重要环节运行方式深入准确地辨识，以及对此积极教育、激励和指导才能与行为的有力推动，那么，他的领导职业进程或成就，无不将会受到极大的限制。

（二）推进员工教育和发展的战略规划

广大员工积极的教育培训，及其职业素养持续的有效发展，普遍涉及组织整体运营发展，诸多内外环境的因素与关系，及其不同专业环节、岗位的员工，以及它们不同运行阶段的具体要求。因此，教育培训工作卓有成效地推进，领导人无不需要肩负起最为关键的责任，并以此指导制定并积极推动，广大员工职业素养教育和发展的战略规划。

彼得·圣吉曾提出并建立了学习型组织的理论："在一个学习型的组织中，领导人有责任建立起这样的组织，使得人们能够不断扩充自己的能力，共创未来——也就是说，领导对于人们的学习负有责任。"

（三）教育培训必须涵盖所有工作和员工

组织运营进程中，只要存在需要思维智慧与情感行为动力，有力支持的员工活动，教育培训就必然成为决定其工作质量或业绩，不可或缺的重要因素。因此，组织的教育培训，必须能够涵盖所有的运行环节、工作岗位的员工，以及他们工作运行的整体进程。

（四）使得员工接受系统性的教育培训

复杂艰难工作的推进质量，通常受到人们整体职业素养的重要影响，并处于持续变化的动态进程中。因此，卓有成效地提升广大员工的职业创造智慧与才能，有效推动各项工作运行质量的持续发展，必须使得所有员工能够接受系统性的经常教育培训，并就此列为他们完整职业规划和工作计划的重要组成，给予确实的推进与监控。

对于员工充分教育培训的价值，《六韬》曾经辩称："凡帅师将众，虑不先设，器械不备，教不素信，士卒不习，若此，不可以为王者之兵也。凡三军有大事，莫不习用器械。"——大凡率领军队作战，计划不预先设定，器械不事先准备，平时训练没有落实，士卒技术不熟练，如果这样，就不能成为英勇善战的王者之师。凡是军队有大的军事行动，没有不训练士兵熟练使用各种器械。

（五）领导管理工作考核评价的重要内容

积极的教育培训，是有效提升员工的职业素养与创造力，并以此牢固把握领导管理工作主动的重要途径。然而，由于它通常难以显现直接的增效，并且需要花费相当的精力和其他的宝贵资源，因此，它时常会受到那些思维浅显、目光短视领导管理者的轻视。

尽管如此，在日益复杂艰难的环境中，人们已经日趋广泛而深入地意识到，如果缺乏员工积极教育培训的坚强支撑，已没有任何足够强大的力量，能够有力地支持领导管理者，把他的团队卓有成效地领向光明灿烂的前程。因此，已有越来越多远见卓识的组织或团队，把员工教育培训的规划与实施质量，列为领导管理工作考核评价的重要内容。

（六）出现问题必须检查事前教育的情况

教育培训是积极预防各种工作的问题或错误，并以此确保各项工作高质量推进的重要途径。因此，在工作问题或隐患出现时，除了需要进行相应的工作整改，还必须深入检查事前相关教育培训规划与实施的质量，并以此进行相应的改进和提高，以确保教育培训应该体现的关键价值和强大力量。

五、教育培训涉及的重要内容

为有效提升员工积极的职业思维与行为能力，组织教育培训的重要内容通常需要包括：组织运行历程与发展前景；基本信念、价值观与主流文化；战略内外环境及重要因素；主要产品或服务的功能与结构；组织的结构、制度与运行体系；相应的岗位职责与技能构成；与组织或团队运行发展密切关联的其他重要内容（图4-7-2-6）。

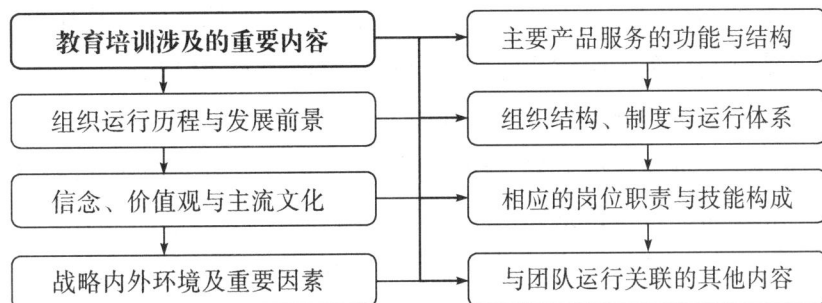

图 4-7-2-6　教育培训涉及的重要内容

（一）组织运行历程与发展前景

员工对组织建立背景及其发展历程，尤其是对其中重要事项发生的内外环境，及其辨识应对的方式与质量的充分感知，以及当前的整体内外运营形势，及其发展前景的深入辨析和了解，是准确掌握组织的信念、战略与文化等要素，并把自身及其职业的提升，牢固密切地融入组织运营的发展进程，极其重要的思维智慧与情感行为的推动力量。

（二）信念、价值观与主流文化

基本信念与价值观，及其重要的使命和主流的文化，构成了组织运营发展的灵魂，因而普遍成为它的思维智慧及其精神行为力量的源泉。然而，长期以来的广泛实践充分显示，铸建坚强牢固的组织灵魂，以及由此形成的强大思维智慧和精神行为的力量源泉，并非轻松简单或迷惑人心的随意工作。

事实上，在日趋复杂而艰难的环境中，灵魂的铸就和稳固，以及卓有成效地升华为广大员工，高质量职业思维与行为的坚强动力，无不成为广泛领域中组织，整体运营发展强大智慧与力量积极的创造和展示，所面临的最为关键和艰巨的任务与挑战。

（三）战略内外环境及重要因素

广大员工对战略所及的内外环境，以及由此所设置形成的运营发展的方向、路线、目标、政策或保障措施等重要因素，足够充分的了解和认识，是组织有效激励他们高质量的职业思维与行为，积极推进各专业环节或岗位的密切协作，从而卓有成效地构建、提升和展示，整体团队强大创造力的重要途径。

（四）主要产品服务的功能与结构

对组织主要产品或服务的功能与结构，目前的专业技术水平，及其在行业中的地位，以及未来的发展趋势等因素，足够全面深入地掌握，无疑能够有效支持或推动广大员工，进一步开阔岗位工作的思维，增强职业进取的动力，推进工作更为主动积极的创新。

（五）组织结构、制度与运行体系

对组织的结构、制度及运行体系足够深入的了解或掌握，是员工准确接收相关工作指令或要求，主动推进工作相互间的密切协作，及其各项专业性的工作规范，从而高质量地承担岗位职责，而不可或缺的重要基础。

（六）相应的岗位职责与技能构成

员工的岗位职责与技能，是他们工作质量或水平最为直接和重要的决定因素，因而普遍成为员工教育培训中最为主要的内容组成。岗位职责主要界定主体工作的性质，及其相关人员在各种环境下，需要承担的工作责任与任务。岗位技能则是卓有成效地承担岗位职责，所需得到并能够形成有力支持或推动力量，各种专业性思维与行为的方法。

由于岗位职责主体性质或责任的差异，岗位技能通常涉及显著差别的具体构成。然而，团队背景下，它通常需要根据岗位职责一定延伸，所形成的完整专业职能或环节的思维立场，深入准确地辨识和把握岗位工作的作用与地位；工作运行推进所依据的科学或技术的原理；工作对象的性质与特征构成及其辨识检验方式；与上下游岗位协作或衔接的方法；自身工作的程序与节点及其质量验证方式，以及工作推进所需的主要设备和辅助材料、工具的使用，及其正常工作性能维护的方法。

（七）与团队运行关联的其他内容

除了上述所及重要内容外，对于员工的教育培训，通常还需要根据整体团队运行发展进程中，各种内外环境因素的变化，及其岗位的临时性或其他特殊性的要求，推进和实施相应重点的知识、技能或素养的教育、指导与训练。事实上，随着各种新的团队运行或管理方式的创新，一人多能、一人多岗的工作模式，正日益被更多的组织或团队所采用。因此，根据整体团队运行发展的需要，精心设定和选择员工教育培训的内容，已成为它的高质量推进不可或缺的关键工作。

六、推进教育培训的主要途径

教育培训的途径，应努力遵循韩愈的著名倡导，"道之所存，师之所存也"的基本思维原则，充分发挥组织领导人、专业职能机构、专业运行环节、员工的直接上级、优秀员工等各种积极资源因素的力量。同时，还要灵活推进专题研讨，积极借助外部专业机构的资源力量，以形成多种渠道或方式相互推动和补充，卓有成效的教育途径（图4-7-2-7）。

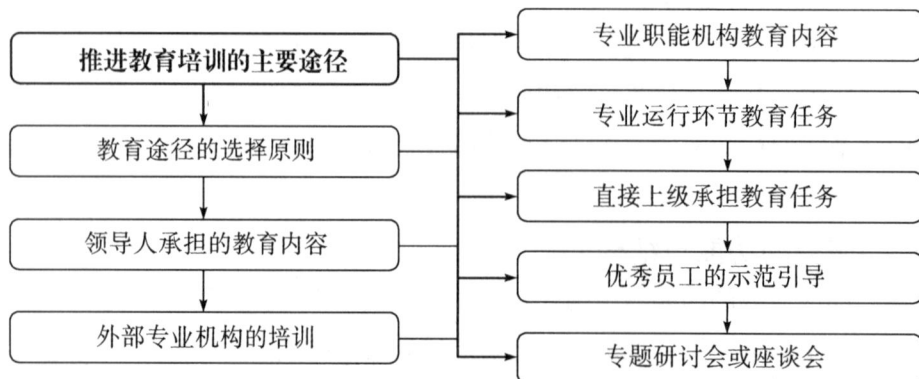

图 4-7-2-7　推进教育培训的主要途径

（一）教育途径的选择原则

组织员工的教育培训，是项实践性极强的工作。因此，在教育途径的选择方面，必须牢固立足于组织运营发展，及其员工高质量职业实践的具体实际，坚持高效实用，以及道之所存、师之所在的基本原则。

同时，针对普遍存在的教育师资短缺的问题，领导人必须能够深入理解和辨识，师资的力量是在教育培训的实践中铸就而成。换而言之，就普遍的组织而言，只有通过教育培训的推动，才能创造成熟积极的师资力量；予人讲授某一专业课题，是更为全面深入掌握它的最为有效的途径。

对于把团队中，一切表现优异或一技之长的员工，列为教育培训师资的重要方法及其价值，《孟子》曾有辩称："中也养不中，才也养不才，故人乐有贤父兄也。如中也弃不中，才也弃不才，则贤不肖之相去，其间不能以寸。"——品德修养好的人教育熏陶品德修养不好的人；有才能的人教育熏陶没有才能的人，所以人人都乐于有好的父亲和兄长。如果品德修养好的人抛弃品德修养不好的人；有才能的人抛弃没有才能的人，那么，所谓好与不好之间的差别，也就相近得不能用寸来计量了。

（二）领导人承担的教育内容

组织的最高领导人，必须承担团队教育培训最为关键的责任，并为此而身体力行并以身作则。通常，领导人需要对涉及组织长远运营发展，具有根本性指导价值的信念、使命、基本价值观及主流文化等因素，以及对全局进程与成就具有关键决定性影响的方向、路线，及其重要或复杂工作高质量思维与行为方式，在一定层次或范围内，进行充分的教育和指导。

（三）专业职能机构教育内容

专业职能机构或部门，应该承担起相关的组织历程、内外重要因素状况、结构与制度、产品的构成技术与工艺，以及其他专业性规范的教育培训的职责。专业职能机构所实施的教育培训，必须列入它的工作目标、专业运行方案和计划、实施监控与绩效考核等整体运行体系中。

（四）专业运行环节教育任务

包含员工职业岗位的专业运行环节或部门，由于与员工的工作最为紧密关联，因此，它的教育培训推进质量，无不对员工岗位及其专业环节整体工作的水平，具有极其关键的决定性影响或价值。事实上，它的教育培训通常需要涵盖，对岗位运行及其相互间协作，一切积极的思维与行为方法。

（五）直接上级承担教育任务

员工的直接上级，必须承担其工作整体运行质量的关键责任。为此，他必须努力根据员工岗位内外资源因素的构成，并密切联结员工职业素养与工作技能的具体实际，创造性地推进员工岗位工作高质量运行发展，所及的职业素养、岗位职责、操作规范及其专业技能等各项重要因素的教育培训。

（六）优秀员工的示范引导

优秀员工现身说法的示范引导，对卓有成效地推动组织积极文化与价值观的构建发展；辨识与选任团队的中坚骨干；激励整体员工队伍强大的职业进取动力；提升极具实践意义的专业技能；解决教育师资或经费短缺等工作，具有普遍重要和宝贵的价值。

（七）专题研讨会或座谈会

就工作运行进程中的某些专业问题，组织专题的研讨或座谈会，分析研究解决的策略与方案，是众多组织都较为熟知，而倾向采用的积极灵活方式。通常，它既能解决相关工作的实践问题，也能达到对参会人员工作思维或方法提升的教育推动，以及领导管理者了解工作实际或进行工作指导的目的。

（八）外部专业机构的培训

通常，外部专业性组织或机构，对某些复杂的专业知识或技能，具有较为深厚的积淀，从而能够有效弥补自身团队专业力量的不足。事实上，在整体社会专业分工与密切协作日趋显著的环境中，外部专业机构已日益成为各领域广泛组织，卓有成效地推进员工的教育培训，不可或缺的重要支持力量。

第三节 铸建坚强的凝聚力量

领导与管理的关键任务

坚强稳固的整体力量，无不成为广泛领域中组织或团队，卓有成效地辨识和应对，内外环境中各种机遇或挑战，从而积极创造和展示自身卓越的领导管理与运营发展，高质量进程或成就，极其关键的基础和重要的保障。

事实上，任何貌似庞大实则一盘散沙的群体，无不极易受到运行进程中，各种风雨的侵蚀而分崩离析。因此，铸建与巩固坚强的凝聚力量，无不成为组织高质量领导与管理，必须肩负的极其关键而艰巨的任务。

本节从团队的凝聚力量及其铸建形成的基础着眼，分析了它对于组织运营和员工职业的重要价值，并以此探讨了坚强凝聚力卓有成效地铸建和巩固，组织及其领导管理者，必须坚持的若干基本原则，以及对于员工的组织全局思维与行为的构建发展，职业素养有效提升与价值充分展示等重要环节，需要展现的团队积极力量。实践中，睿智坚强地铸建组织运营发展强大的凝聚力，领导管理者还必须特别注意，对广大员工更高质量职业权益的支持（图 4-7-3-1）。

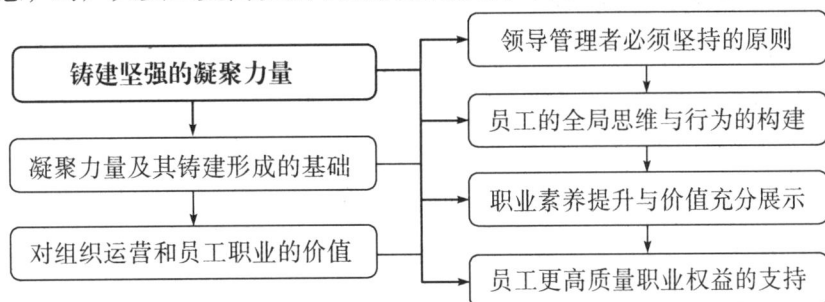

图 4-7-3-1　铸建坚强的凝聚力量

一、凝聚力量及其铸建形成的基础

铸建并巩固坚强的团队凝聚力，是领导管理者普遍的强烈愿望和孜孜追求。广泛的实践中，它的卓有成效推进，无不需要领导管理者对团队的凝聚力及其形成的背景，凝聚力构建发展的团队基础，凝聚力构建形成的局部基础，凝聚力构建推动的团队主体，坚强凝聚力铸建形成的关键，以及随着社会文明发展团队运行方式的必然趋势等，一系列重要因素全面深入辨识的有力支持（图 4-7-3-2）。

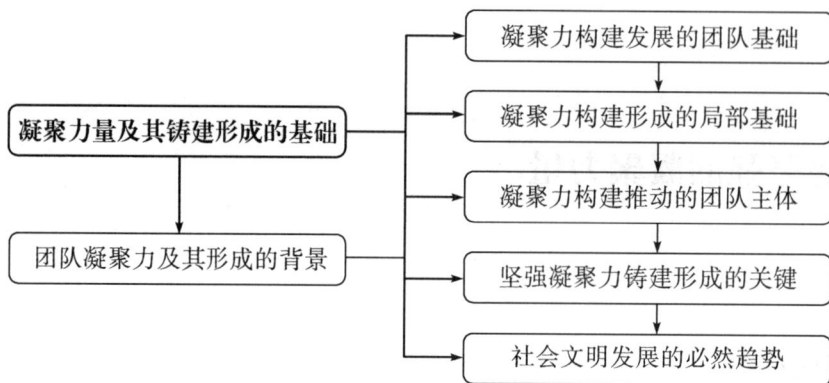

图 4-7-3-2　量及其铸建形成的基础

（一）团队凝聚力及其形成的背景

团队的凝聚力，是指把众多个体或较小的团体，作为局部的组成而凝集成一个更为强大整体的黏结力量。显而易见，这种黏结力量的有效形成和充分体现，并非任何环境中能够自然天生，它无不需要一定基本背景条件的有力支持：

1. 需要一个既有团队，或者众多的个体或小的团体，有效创造并发出积极的吸引或推动的聚合力量；

2. 相应的游离个体或小的团体，具有被黏结的足够性能；

3. 所凝聚形成的更为强大的团队，具有各个体或小团体独自无法实现的，更为准确地辨识或坚强地应对，外部环境及其变化的整体力量。

（二）凝聚力构建发展的团队基础

凝聚力的团队基础，是凝聚力有效构建和持续发展的根本。换而言之，如果缺乏足够坚强的团队基础，凝聚力就必然无以形成，或者极其的脆弱而难以抵御任何真正的运营挑战：

1. 领导人能够深入辨识，坚强凝聚力对于组织或团队运行发展的重要价值；

2. 领导人能够有效把握，铸建、巩固与发展坚强凝聚力的积极方式；

3. 所凝聚形成的组织或团队，能够创造优越于个体或小团体更为积极的运营价值。

（三）凝聚力构建形成的局部基础

长期以来，人们普遍认为，团队凝聚力的创造或展示，完全受制于组织的行为作用。然而，只看到矛盾关系一方的因素，显然不够全面和准确。事实上，团队凝聚力任何创造或推动的行为方式及其所产生的效力，无不受到作为局部组成的个体员工或小的团体，自身因素的重要影响：

1. 难以持续高质量地辨识或应对外部环境及其变化；

2. 自身的整体职业价值，能够在组织或更大团队中得到更为充分的体现；

3. 自身的长远根本利益，能够得到组织更为积极的保障。

（四）凝聚力构建推动的团队主体

凝聚力无不需要通过整体与局部的相互作用关系，才能予以有效产生和充分体现，并且整体的因素通常占据着它们辩证统一关系的主导地位。因此，广泛的实践中，凝聚力的积极构建或巩固，无不需要一个能够创造强大智慧、精神与物质凝结力量团队主体的坚强支撑，并以此卓有成效地推动各局部组成，做出强烈的团队倾向力的积极反应。

（五）坚强凝聚力铸建形成的关键

根据凝聚力的构建与发展基础及其团队的主体，人们已经通过长期而广泛的实践，日趋普遍而深入地辨识或洞察，坚强凝聚力铸建或巩固的关键，无不取决于整体团队，能否通过足够高质量的全局运营发展积极方式，卓有成效地探索与推进，有效提升和充分展示各个体或小团体局部组成，潜在的职业创造性智慧与力量，而使之形成能够超越一般环境条件下，他们各自职业行为的业绩总和，更为积极强大的整体组织运营发展的坚强力量，并以此充分展现各个体或小团体，更高质量的职业价值。

（六）社会文明发展的必然趋势

尽管具有灵活选择等多项优势，然而，在日趋需要强大能动性创造智慧和力量的环境中，个体或小团体无不时常因为自身弱小力量的显著限制，而对许多良好的职业机遇或愿景望而兴叹。事实上，强大团队能够轻易超越的风险挑战，会瞬间摧毁或扫荡脆弱个人或小团体，经年累月孜孜不息的艰辛成果。

不仅如此，个体或小团体无序追逐自身利益的思维与行为，还无不显著降低或削弱，社会各类资源高质量密切作用或联结，及其物质与精神财富积极创造，整体强大的潜在智慧和力量。因此，个体或小团体通过积极的凝聚力量，而结成相互支持与密切协作更为坚强的整体，无不成为社会文明进步和发展不可阻挡的必然趋势。

为此，《六韬》曾把能够创造坚强凝聚力量的贤能之士尊称为圣人，并把积极铸建与坚强巩固强大凝聚力，视作为治理天下的纲纪："古之圣人，聚人而为家，聚家而为国，聚国而为天下，分封贤人以为万国，命之曰大纪。"——古代圣人把人们聚集起来组成家庭，把许多家庭聚集起来组成国家，把许多国家聚集起来组成天下。分封贤人为各国诸侯，并把这种聚小为大的行为奉为治理天下的纲纪。

二、对组织运营和员工职业的价值

坚强的凝聚力，是广泛领域中组织团结奋进强大力量积极铸就的重要基础。实践中，它无不能够有力地支持各环节或岗位工作的密切协作，积极提升和充分展示广大员工的职业力量与价值，有效增强整体团队准确辨识和应对，内外机遇或挑战的运营发展能力，从而卓有成效地创造组织高质量的全局进程和成就。事实上，组织难以逾越的任何运营挑战，无不与凝聚力的脆弱存在着密切的关联（图 4-7-3-3）。

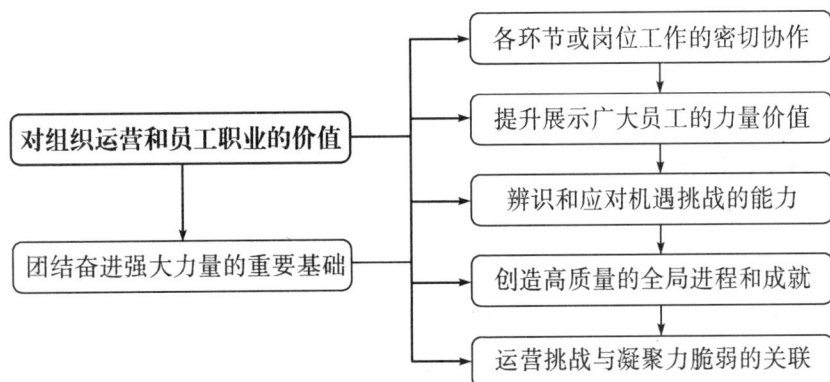

图 4-7-3-3　对组织运营和员工职业的价值

（一）团结奋进强大力量的重要基础

凝集的力量，是把离散的个人或小团体，卓有成效地推进融入团队的整体，并使其牢固构建并积极展示，把自身的职业力量或价值与团队的运营发展，进行紧密联结的强烈情感意愿，从而有效铸就整体组织团结奋进的强大力量，极其重要的基础和坚强的动力。事实上，缺乏足够坚强凝聚力的有力支持，组织任何精心设置或构建的高尚运营意愿及其强大资源力量，所能展现的价值都必将受到极其显著的限制。

（二）各环节或岗位工作的密切协作

坚强的凝聚力，无不能够有力地支持广大员工或小的团体，有效超越狭隘的岗位或局部环节的工作任务，更高层次地辨识组织全局的力量和价值，更高质量地推进各环节、岗位间，积极主动的密切协作与支援，从而充分展现出整体团队无往不胜的强大力量。

（三）提升展示广大员工的力量价值

坚强的凝聚力，通常能够有力地支持或推动广大员工，深入准确地辨识自身与团队，同舟共济、休戚与共的牢固整体，积极构建员工相互间及其与组织的密切情感倾向，以及组织高质量运营发展的强烈职业意愿，并以此卓有成效地推进自身职业素养的持续提升，及其相互间工作密切支持与协作的不断增强，从而通过整体组织强大运营发展能力的积极创造，充分展示自身潜在的职业智慧、力量与价值。

（四）辨识和应对机遇挑战的能力

坚强凝聚力对各环节、岗位工作，更高质量运行发展的有力推动，无疑能够全面地提升组织整体的运营智慧和力量，增强复杂多变环境中准确辨识和应对，各种内外机遇或挑战的整体运营能力。换而言之，如果缺乏足够强大凝聚力的有力支撑，而只是依靠团队少数人的职业智慧或力量，那么，组织辨识和应对各种复杂机遇或艰难挑战的整体运营能力，必将遭受极其显著的制约。

（五）创造高质量的全局进程和成就

组织高质量的全局进程和成就，通常需要各环节、岗位工作，积极运行及其密切协作的有力支撑。坚强的凝聚力，对各环节、岗位工作及其密切协作，最具决定性的人的因素，潜在智慧和情感力量的充分激发和推动，无疑使其成为各项工作高质量运行发展，极其关键的决定性因素和力量。因此，广泛的实践中，坚强的凝聚力，普遍成为组织高质量全局进程和成就，最为坚强的推动力量。

（六）运营挑战与凝聚力脆弱的关联

组织运营发展进程中，所遭遇的任何难以逾越的艰难挑战，从根本上说，无不与坚强凝聚力的缺失存在着密切关联。通常，凝聚力越是坚强，组织辨识和应对艰难挑战的整体智慧或力量，无不越是睿智和顽强，即使遭受重大创伤，也必将能够得以迅捷地恢复并更为积极地发展。

三、领导管理者必须坚持的原则

坚强的凝聚力及其卓有成效地创造，不仅是组织兴旺强盛关键的决定性力量，而且也是它们运营发展进程中，普遍面临的极为复杂与艰难的挑战。广泛的实践中，对待广大员工的公平与公正，普遍成为它的有效创造不可或缺的坚强基石；以平等的理念尊重所有成员，则是它的积极铸就最为强大的推动力量。

团队坚强凝聚力的有效铸建或巩固，通常还需要整体形势及其应对依据充分公开和宣示；对广大员工深入细致的思想教育与沟通；整体运营广泛民主基础上的积极集中；以及有效帮助员工高质量地应对各类职业挑战等，一系列思维与行为基本原则的有力支撑（图4-7-3-4）。

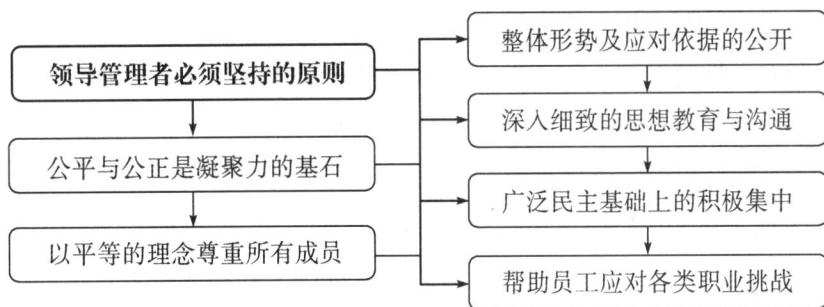

图 4-7-3-4　**领导管理者必须坚持的原则**

（一）公平与公正是凝聚力的基石

卓有成效地推动广大员工，把自身全部的才智和力量，及其职业或人生的前程，与组织的兴衰荣辱予以紧密地联结和融合，组织无不需要根据内外环境的实际，设置或制定他们广泛认同和接受，并能够确实得以公正而积极实施与推进，公平运营的原则和规范。事实上，这是任何背景下，组织坚强凝聚力有效创造不可或缺的基石。一切背离公平与公正的运营原则，组织凝聚和发展的整体力量，无不将会受到极大地限制。

长期以来，许多睿智贤能之士普遍辨识了，组织公平与公正原则的关键价值。孔子曾经辩称："举直错诸枉，则民服；举枉错诸直，则民不服。"——选任正直无私的人，贬黜邪恶不正的人，百姓就会心悦诚服；选任邪恶不正的人提拔，贬黜正直无私的人，老百姓就不会心悦诚服。

（二）以平等的理念尊重所有成员

在讲究权威或等级的组织环境中，平等的理念正日趋成为人们头脑中稀有的思维产品。尽管如此，在评价领导管理者整体职业素养时，最为广泛而一致的共识，则是素养质量越高的领导管理者，越是能够积极地尊重他人。因此，保罗·盖蒂曾经辩称："担任主管职务者最忌讳的两种特征：对属下的态度像是驱使奴隶，而对上级的态度——至少当着上级的面——又像个完全没有常识的马屁精。"

人民军队之所以能够从小到大、从弱到强，攻无不克、战无不胜，极其重要的原因，就是有一项无比强大政治工作的坚强支持："军队政治工作的三大原则：第一是官兵一致，第二是军民一致，第三是瓦解敌军。这些原则要实行有效，都须从尊重士兵、尊重人民和尊重已经放下武器的敌军俘虏的人格这种根本态度出发。"

（三）整体形势及应对依据的公开

就组织运营发展的整体内外形势，以及主要应对方法的决策依据，向广大员工给予充分的公开与宣示，是组织及其领导管理者，职业信心与力量的重要展示和写照，也是体现和保障员工的根本权益，积极推动他们把自身的全部才智及其职业前程，与组织的兴衰荣辱予以最为密切联结的重要力量。

不仅如此，这种公开与宣示，还是积极激发全体员工的前行斗志，并把自身的职业思维与行为，主动纳入组织整体的行进方向和路线，更为充分地展示自身的聪明才智，以创造优良工作业绩的强大推动力量。

（四）深入细致的思想教育与沟通

坚强凝聚力的积极铸建，通常涉及人们头脑中最深层的辨识能力与思想结构，及其对组织和工作的情感倾向与行为动力。因此，深入细致的思想教育与沟通，就普遍成为坚强凝聚力的有效铸建或积极提升，极其重要的保障和强大的推动力量。

尽管如此，由于对人性特征缺乏深入的辨识，人的思想教育与沟通工作，正被许多领导人所日趋轻视。甚至肤浅的头脑中只有物质的诱惑或大棒的威力，而全然不知卓越的领导，必须成熟牢固地立足于，广大员工头脑中积极的思维意识。

（五）广泛民主基础上的积极集中

积极创造、设置和提供，充分表达对组织运营的意见，及其职业权力行使的途径，广泛的实践中，普遍成为有效推动广大员工，把职业的智慧、才能和前程与组织发展命运紧密相连，并以此卓有成效地铸就团队高质量的运营进程和成就，不可或缺的重要方式。因此，坚强凝聚力的铸建与巩固，组织必须推进广泛民主基础上积极集中的运营原则。

（六）帮助员工应对各类职业挑战

铸建并巩固坚强的凝聚力，并以此有效激发广大员工对团队强烈的美好情感意愿，以及积极进取和奉献的职业思维与行为，显而易见，任何背景下，组织都必须能够根据内外运营环境，及其自身整体能力的实际，卓有成效地帮助或支持广大员工，高质量地应对职业进程中的各种困难或挑战。

为此，《吕氏春秋》曾经辩称："世之人主，多欲众之，而不知善，此多其仇也。不善则不有。有必缘其心，爱之谓也。有其形不可为有之。"——世上的君主，大都想使自己百姓众多，却不知道善待百姓，这只能使仇人增多啊。不善待百姓，就不能真正拥有百姓。拥有百姓，必须使得百姓人心所向，这就需要爱护他们。只占有百姓的躯体，不能叫真正拥有百姓。

四、员工的全局思维与行为的构建

广大员工积极成熟的全局思维与行为，不仅是他们高质量职业素养，极其关键的组成和体现，而且也是组织坚强凝聚力有效铸建的坚实基础。因此，卓有成效地引导广大员工深入充分地辨识，团队是其职业素养提升和价值展示的强大动力，以及自身长远根本利益的重要保障，从而以成熟的全局思维意识，高质量地推进相互间工作的密切支持与协作，并以此有效构建积极的团队文化和制度体系，就普遍成为组织坚强凝聚力创造的重要途径与任务（图 4-7-3-5）。

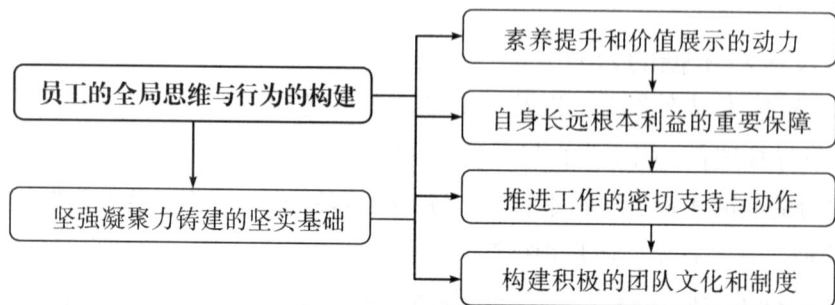

图 4-7-3-5　员工的全局思维与行为的构建

（一）坚强凝聚力铸建的坚实基础

广泛的实践中，组织旨在推进坚强凝聚力铸建或巩固的任何方式与措施，无不需要通过员工头脑思维意识的高度认同，并化为积极的集体性质的有效行为，才能产生具有真正实际价值的成效。因此，广大员工睿智成熟的全局思维与行为素养，普遍成为组织坚强的凝聚力量，卓有成效铸建和发展的坚实基础。

（二）素养提升和价值展示的动力

员工任何职业价值的展示，无不存在一个显著的组织全局的根本背景；他们任何显赫的职业贡献或作为，都必然需要一个强大集体力量的坚强支撑。因此，任何背景下，组织无不需要卓有成效地引导广大员工，积极构建并持续发展高质量的全局思维与行为的智慧力量，并以此足够深入而远见地辨识，组织全局需要的不仅是他们职业高质量发展的正确方向，而且也是他们职业素养全面提升及其价值充分展示，最为强大的推动力量。

（三）自身长远根本利益的重要保障

广泛的实践中，整体团队的兴旺强盛，无不成为它的成员长远与根本职业利益，极其重要而坚强的保障。事实上，倾巢之下焉有完卵，任何团队的衰亡，它的成员根本利益普遍将会受到极大的损伤。

尽管如此，由于通常包含着众多运行环节或岗位，以及不同运营发展的阶段，组织对广大员工长远或根本利益的支持与保障，通常呈现出多种不同的方式，而极难形成完全一致的形式。在某些关键时刻，为了组织更为积极的全局利益，时常需要某些特殊的局部环节或岗位付出的极大牺牲。

事实上，缺乏足够成熟坚强的为了更高质量全局利益，积极奉献坚定信念与意志员工所强力支撑的团队，在复杂艰难或严峻挑战的环境中，它的整体运营发展的力量必将受到极其显著的限制。

（四）推进工作的密切支持与协作

高质量的全局思维意识及其强烈的情感倾向，无疑能够有力地推动广大员工，卓有成效地推进工作相互间的密切支持与协作，从而创造整体团队强大的运营发展能力，并以此充分展示组织坚强的凝聚力量。反之，缺乏足够成熟全局意识和情感动力的坚强支撑，凡事总是局限于狭隘的个人力量和利益，组织的凝聚力量及其推动形成的整体运营发展能力，无不将会受到极大的制约。

《将苑》也曾深入辨识了，团队的整体团结和协作的关键价值："夫用兵之道，在于人和。人和则不劝而自战矣。若将吏相猜，士卒不服，忠谋不用，群下谤议，谗慝互生，虽有汤、武之智，而不能取胜于匹夫，况众人乎？"——统帅军队的原则，在于推动人的和睦与团结。人们团结一心，就无须激励而能够主动作战。如果军官之间相互猜忌，士兵不能信服，忠诚有谋略的人得不到重用，士兵在下面议论纷纷，谗言与恶念就会产生，这样即使有商汤、周武王那样的智慧，也不能取胜一名普通人，何况人数众多的敌军？

（五）构建积极的团队文化和制度

有效铸建并积极推动广大员工，成熟牢固的全局思维与行为，长期以来，一直是团队高质量领导与管理，及其整体强大运营发展能力有效创造，普遍面临的极其复杂而艰难的挑战。事实上，如果缺乏积极的团队文化和制度体系，卓有成效地构建与推进的坚强支撑，并以此使得广大员工足够成熟地辨识和深刻地感知，他们个人与整体团队的力量和利益，所存在的高度辩证统一的密切关系，那么，任何组织领导或管理方式的价值，及其所形成的团队凝聚力，都必将受到极大的削弱。

因此，《吕氏春秋》曾经辩称："凡用民，太上以义，其次以赏罚。其义则不足死，赏罚则不足去就，若是而能用其民者，古今无有。民无常用也，无常不用也，唯得其道为可。"——大凡使用民众，最上等的是用道义，其次是用赏罚。道义如果不足以让民众效死，赏罚如果不足以让人民去恶向善，这样却能使用民众，从古到今都没有。民众并不永远被使用，也不永远不被使用，只有掌握了正确的方法，才可以被使用。

五、职业素养提升与价值充分展示

广泛的实践中，员工足够高质量的职业素养及其价值展示，普遍成为团队坚强凝聚力铸建发展的重要力量。为此，团队必须能够卓有成效地向广大员工，积极指明职业素养有效提升，及其价值充分展示的坚强集体背景，职业技能、工作协作及其全局思维意识，整体素养提升的重要途径，努力提供他们素养构成与环境实际紧密联结，职业价值高质量展示的方式，并以此充分展现坚强的团队中，所存在的个人良好的职业前景（图4-7-3-6）。

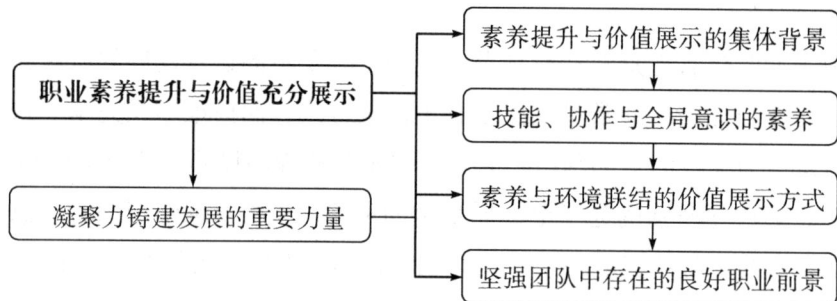

图 4-7-3-6　职业素养提升与价值充分展示

（一）凝聚力铸建发展的重要力量

人们的整体素养，对其职业的思维、行为与价值，无不具有普遍而关键的决定性影响。事实上，当员工的职业素养处于较低水平时，最为典型的，譬如他看不到整体团队的强大力量，或者难以理解和掌握工作密切协作的技能，那么组织推动凝聚力铸建发展的任何方式或措施，所能产生的效果都必将受到极大限制。因此，广泛的实践中，员工职业素养持续高质量的提升及其价值展示，普遍成为团队的坚强凝聚力，卓有成效铸建与发展的重要推动力量。

（二）素养提升与价值展示的集体背景

在强调个人的力量、价值与利益的环境中，集体的背景时常被人们所忽略或淡化。然而，事实上，任何员工职业素养的积极提升及其价值的充分展示，无不存在坚强集体环境或背景的关键基础。因此，任何员工，头脑中一旦丧失了成熟牢固的集体意识，那么任何辨识与应对专业问题的高超技能，都必将难以坚强有力地推动他，昂首跨越优秀的职业行列。

（三）技能、协作与全局意识的素养

员工职业素养的提升发展，按照思维与行为可能影响的范围，通常包括岗位技能、工作相互间协作及其全局价值，密切联系相辅相成的三个重要途径。

岗位技能，主要是指有效承担自身岗位运行职责，必须掌握或具备的专业性技术与能力；工作相互间协作，则是立足于一定专业环节高质量的运行发展，必须积极推进的岗位上下游间的密切协作与支持；全局价值的思维，则是指以整体团队长远运营发展的需求，积极提升或推进自身更高质量的职业思维与行为。

组织卓有成效地推动广大员工职业素养的提升发展，还必须努力支持和帮助他们，充分辨识与感知一定阶段素养进步或发展的状况，并由此明确提出更为积极的努力方向和目标。

（四）素养与环境联结的价值展示方式

员工良好职业素养或价值的充分展示，通常需要把他们的整体职业素养，与工作的内外环境予以密切地联结，并以此普遍成为组织中坚成员职业智慧和才能的重要体现。不仅如此，员工职业素养或价值的积极提升与发展，还时常需要把他们推向新的，或者团队尚未充分掌握其内外因素的重要工作，并通过更为积极职业责任和权力的给授，卓有成效地激发员工更为强大的能动性创造智慧与力量。事实上，责任、职权和能动性创造力的高度融合，无不成为人们任何背景下，职业素养或价值积极提升与充分展示，极其关键而坚强的动力。

（五）坚强团队中存在的良好职业前景

唯有足够睿智坚强的团队，才能在社会整体进步发展的进程中，凭借自身卓越的智慧和强大的力量，准确辨识并坚定选择更为积极高远的运营使命，并使得团队成员足够成熟而强烈地感受，融入组织的光明职业前景与积极人生价值，从而铸建形成和充分展示强大的凝聚力量。

因此，把团队运营发展的使命及其方向和路线，与整体社会文明进步的必然趋势，进行最为密切的联结，从而创造任何复杂艰难挑战中，整体组织足够强大的运营发展能力，普遍成为领导人卓有成效地铸建强大团队凝聚力量，极其关键的途径和任务。

六、员工更高质量职业权益的支持

坚强凝聚力的积极铸建与巩固，组织必须牢固构建广大员工，是自身强健肌体最为根本组成的成熟意识，并以此努力为他们提供良好的物质和精神的职业待遇；构建通畅的职业意见或诉求的传输渠道；设置积极的工作业绩评价与奖惩体系；给予职业困境中的积极有力援助，从而与广大员工缔结成同舟共济的牢固密切关系。

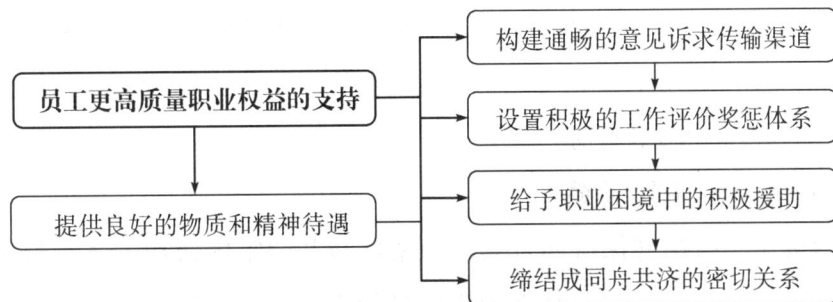

图 4-7-3-7 **员工更高质量职业权益的支持**

（一）提供良好的物质和精神待遇

在人员流动较为自由或宽松的环境中，显而易见，职业的待遇普遍成为人们选择职业团队，以及由此所体现的团队凝聚力，极其重要的影响因素。通常，员工的职业待遇，可以分为物质与精神两种基本的形式。职业所需的技能，或者对员工整体素养要求越高，有效承担其职责的专业人员，对工作中的平等与尊重等精神待遇的诉求，也普遍占据着更为重要的位置。

（二）构建通畅的意见诉求传输渠道

具有高度情感与智慧的员工，职业进程中必然会产生各种工作的意见或诉求。成熟优秀的领导人总是能够远见卓识地辨识，员工无论是对工作更高质量推进的正面意见，还是对组织运行存在缺陷的负面反映，都是组织凝聚力量的重要体现。因此，员工职业意见或诉求传输渠道的阻塞，必将显著削弱团队的凝聚力量。事实上，如果员工对于组织的运营发展，全无任何的意见或诉求，这极有可能意味着，组织的兴衰荣辱对其已经没有太大的关联。

（三）设置积极的工作评价奖惩体系

缺乏足够完善的工作评价与奖惩体系的有力支持，任何团队都必将难以有条不紊地运转。然而，任何积极的工作评价奖惩规范，都必须充分兼顾组织运营发展的整体需求，及其广大员工长远根本利益的支持和维护，两者辩证统一的密切关系。否则，组织的运营能力或凝聚力量，必将遭受显著的削弱。

《尚书》曾经辨识了奖惩规范的重要价值，并提出了"御众以宽"的基本原则："临下以简，御众以宽；罚弗及嗣，赏延于世。宥过无大，刑故无小；罪疑惟轻，功疑惟重。"——用简约治民，用宽缓御众；刑罚不及于子孙，奖赏扩大到后代。宽宥过失不论罪多大，处罚故意犯罪不问罪多小；罪可疑时就从轻，功可疑时就从重。

（四）给予职业困境中的积极援助

对于陷入职业困境中的员工，给予积极有力的援助，无疑能够使得广大员工，普遍深切地感受组织关怀的亲情与力量，而成为团队凝聚力卓有成效提升的重要方式，并已日趋受到各类团队的广泛重视和推行。

事实上，对于关爱员工的关键价值，《尚书》曾经早有辩称："皇天无亲，惟德是辅；民心无常，惟惠之怀。为善不同，同归于治；为恶不同，同归于乱。尔其戒哉！"——皇天无亲无疏，只辅助有德的人；民心没有常主，只是怀念仁爱之主。做善事虽然各不相同，都会达到安治；做恶事虽然各不相同，都会走向动乱。你要警戒呀！

（五）缔结成同舟共济的密切关系

能够与广大的员工，缔结并保持同舟共济、荣辱与共的牢固密切关系，长期而广泛的实践充分显示，这对许多组织而言，并非是件轻松容易的事情，甚至成为它们运营思维意识中最为艰难的挑战。然而，这的确又是任何团队坚强凝聚力，卓有成效地铸建与发展，最为强大的推动力量。

因此，孟子曾经断称："乐民之乐者，民亦乐其乐；忧民之忧者，民亦忧其忧。乐以天下，忧以天下，然而不王者，未之有也。"——以民众的快乐作为快乐的人，民众也会把他的快乐作为快乐；以民众的忧患作为忧患的人，民众也会把他的忧患作为忧患。把天下的快乐作为自己的快乐，把天下的忧患作为自己的忧患，这样做而不能统领天下，是没有过的现象。

第四节　岗位与职责的设置推进

乘风破浪坚强航船的积极构造

员工只是组织坚强航船的基本构筑材料。要使组织的航船能够在汪洋中乘风破浪，无不需要通过一系列积极有效的手段或方式，把各种零散的具有不同性能的构筑材料，构造成能够抵御各种惊涛骇浪侵蚀的坚强航船。

组织运营工作岗位的积极设置，及其岗位职责的有效推进，就是把零散的员工构筑材料，牢固构造成组织坚强航船不可或缺的重要途径。事实上，如果缺乏卓有成效的岗位设置及其职责推进的坚强支撑，不仅任何组织都必将难以形成整体强大的运营发展力量，而且员工潜在职业创造能力的展示，也无不将会受到极大的限制，甚而至于成为制约组织前行的沉重负担。

本节首先从工作岗位设置及其职责推进的重要价值着眼，分析了它们通常所需涉及的主要工作和采取的基本方式，以及岗位职责通常所应包含的主要内容。在此基础上，探讨了岗位人员的选择与任用，岗位工作的检查、考核与奖惩，以及岗位或职责运行进程中，根据内外环境的变化，而持续调整和完善等若干重要的工作程序，及其相应的推进或实施的原则与方法。（图4-7-4-1）

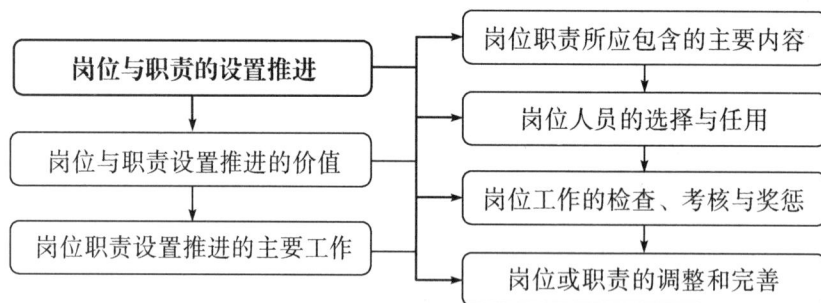

图 4-7-4-1　岗位与职责的设置推进

一、岗位与职责设置推进的价值（图4-7-4-2）

工作岗位及其职责，是为了推进组织的专业分工与整体的高效运行，依据工作的责任、权力和利益高度统一的原则，所确定的基本工作单元。它们的设置与推进，不仅是组织高质量运营体系铸建形成的根本保障，以及各运行环节密切协调的重要基础，而且也是广大员工职业能力与价值的充分展示，及其职业的进取精神与创造力，积极激发和提升的关键途径与强大推动力量。因此，广泛的实践中，它已普遍成为组织整体强大运营发展能力，以及专业化与规范化管理的积极创造和持续提升，不可或缺的重要工作。

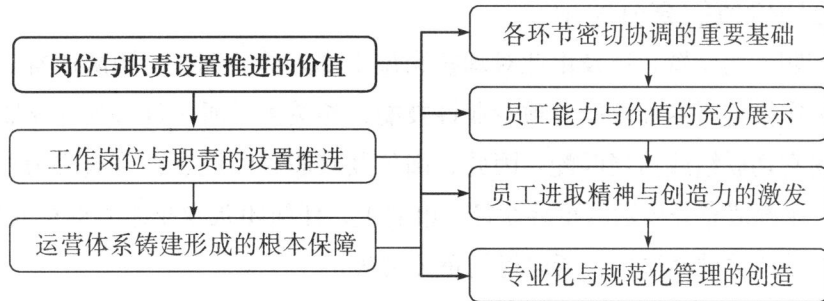

图 4-7-4-2　岗位与职责设置推进的价值

（一）工作岗位与职责的设置推进

工作岗位，通常是指一定的组织或团队，为了有效规范员工或成员的职业行为，推进各专业环节工作的协调运行，确保整体有条不紊的运营发展，根据内外环境资源因素及其关系的构成，而对整体工作进行逐层分解，所确立的每个员工或成员的工作位置。

岗位职责，是对一定工作岗位所需完成的工作任务，承担的工作责任，以及能够得到的资源及其相应支配权力的界定。随着组织运营规范化的发展，一些岗位职责还进一步涵盖了岗位承担的人员条件，工作质量的评价依据和方法，以及岗位人员的工作待遇及其核定的方式等，组织认为的其他必要内容。

组织或团队通常由众多具有高度能动性创造智慧，及其强烈情感倾向员工或成员所组成的集体。如果缺乏对个人工作任务、责任的明确界定，组织不仅难以形成高度一致而强大的整体力量，而且必将陷入各行其是甚至随心所欲，无法正常运转的极度混乱境地。

为此，《论语》曾经作有这样的描述："齐景公问政于孔子。孔子对曰：'君君、臣臣、父父、子子。'公曰：'善哉！信如君不君，臣不臣，父不父，子不子，虽有粟，吾得而食诸？'"

——齐景公问孔子如何治理国家。孔子说："做君主的要像君的样子，做臣子的要像臣的样子，做父亲的要像父亲的样子，做儿子的要像儿子的样子。"齐景公说："讲得好呀！如果君不像君，臣不像臣，父不像父，子不像子，虽然有粮食，我能吃得上吗？"

（二）运营体系铸建形成的根本保障

通过工作岗位及其职责体系卓有成效的设置，组织无疑能够有效地把所有运营发展的必要工作，都能落实到每个员工的身上。实践中，高质量体系的建立及其与全局变化同步的改进，组织通常不仅能够有效避免必要工作的悬浮而无人承担的状况，而且还能积极消除工作可能出现的责任重叠，以至产生相互推诿或者资源力量的显著浪费。因此，工作岗位及其职责的设置推进，普遍成为组织整体运营体系，高质量铸建和运转的根本保障。

（三）各环节密切协调的重要基础

完整岗位职责的设计或设置，不仅需要严格规定本岗位工作推进的目标、任务和要求，而且还需界定对相关岗位工作，在相应运行状况或条件下所应提供支持的责任。因此，它普遍成为组织各岗位、环节工作，密切协作或协调运行的重要基础。实践中，这也组织从基本工作单元的岗位基础上，卓有成效地构建自身整体强大的运营发展能力，以及高质量辨识和应对各类内外机遇或挑战，坚强集体力量的关键途径。

（四）员工能力与价值的充分展示

工作岗位及其职责的设置，以及由此对承担岗位工作人员的选择，团队通常需要深入全面地分析和考虑，岗位工作推进所需涉及的各项专业性技能，相关人员所应具备的整体职业素养或专业特长，以及两者间的密切联结或恰当匹配。因此，岗位及其职责的设置，普遍成为员工的整体素养或专业能力，及其职业价值充分展示的重要途径。事实上，任何团队专业能力卓有成效地提升和发展，无不显著地表现为某些关键性岗位，所取得的重要突破。

（五）员工进取精神与创造力的激发

工作岗位及其运行职责，对员工职业目标与任务的明确界定，以及工作业绩考核、评价与奖惩方式的充分设置和落实，通常能够较为全面而准确地体现出，员工整体的职业素养与水平，工作推进或完成的质量，以及自身所能够获取的直接与长远、物质和精神的职业利益。因此，它普遍成为组织员工职业的进取精神与创造力，积极激发和有效提升的强大推动力量。

（六）专业化与规范化管理的创造

工作岗位及其职责的设置，无不需要以专业的性质、特征和任务作为主要的依据。而专业工作高质量的推进，又必须遵循相应背景下的运行规范。事实上，任何组织背景下，如果缺乏足够高质量专业化与规范化管理方式的有力支撑，岗位及其职责的设置和推进，都必将处于或维系在较低的水平。因此，岗位及其职责的设置推进，普遍成为组织专业化与规范化管理，积极创造和持续提升的重要推动力量。

二、岗位职责设置推进的主要工作（图4-7-4-3）

卓有成效地推进工作岗位及其职责的设置，通常需要成熟辨悉由外及内、从整体到局部的基本原则，外部环境因素全面辨识和掌控的根本目标，战略要素准确识别和把握的坚强动力。

在此基础上，还必须根据组织全局的内外实际，高质量地推进组织结构与战略目标的逐层分解，以及岗位工作的任务、责任、权限和利益，岗位人员职业素养的设定及其选任和培训，岗位运行进程的动态检查及其业绩的考核与评价，岗位及其职责持续改进和完善等工作规范的设置（图4-7-4-3）。

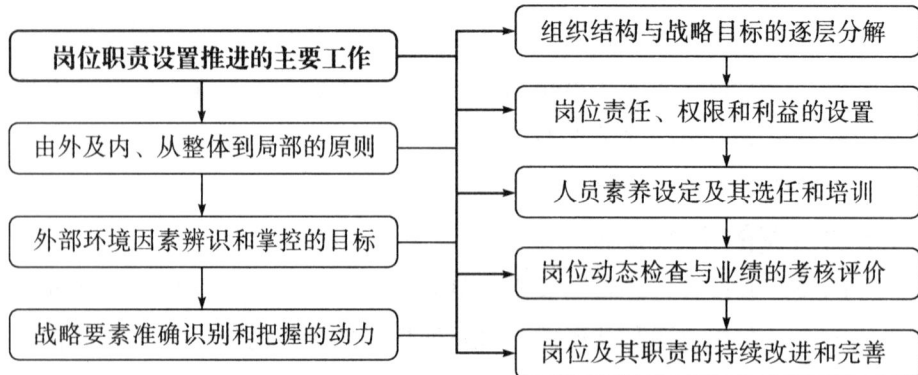

图 4-7-4-3　岗位职责设置推进的主要工作

（一）由外及内、从整体到局部的原则

任何专业岗位的设置及其积极运行的推进，都必须围绕组织长远使命的实现，及其全局高质量

运营发展的根本。换言之，任何专业岗位的设置或运行，背离了组织长远的使命及其全局的根本，它的质量和价值都必将受到极其显著的限制。

广泛的实践中，组织的长远使命通常是对外部环境中，重要关联因素所需达到的运行发展目标，以及自身所应承担的任务或责任的明确界定。而全局的运营发展，则是由一系列递进的整体形态所呈现。因此，专业岗位及其职责高质量的设置与推进，必须成熟牢固地遵循由外及内、从整体到局部的基本原则，并以此逐步而系统地构造和管理相应的岗位工作。

（二）外部环境因素辨识和掌控的目标

对外部环境及其变化，更高质量地辨识和应对，是组织构建、运营与发展最为根本而重要的影响因素。因此，任何背景下，组织都必须能够根据外部环境及其变化，对自身高质量运营发展的影响实际，卓有成效地设置和推进自身岗位体系的工作，以有效实现对环境因素准确辨识和积极掌控的运营目标。

（三）战略要素准确识别和把握的动力

全局战略的辨识与思考，及其整体运营方案的规划，通常具有粗略的宏观指导性的显著特征。而岗位及其职责的设置推进，则是把宏观的全局战略视野，对内外各种重要资源因素，及其相互作用和变化的辨识思维，所设定确立的整体运营方向、路线、目标及其相应的措施或政策，进行最为细致的基本工作单元岗位上的落实。显然，对战略要素足够深入准确地识别和把握，普遍成为岗位及其职责高质量设置与推进，极其重要而强大的推动力量。

不仅如此，战略的辨识、思考与规划，时常会存在与组织内外实际的显著偏差。通过基本工作单元岗位及其职责的设置和推进，通常能够深入准确地判辨其中所存在的明显不足，从而为战略辨识或规划质量的积极提升提供了有力支持。因此，实践中，岗位及其职责体系的设置与推进，普遍需要承担战略思维的落实与验证的双重重要任务。

（四）组织结构与战略目标的逐层分解

岗位及其职责的设置，从根本上说，是对组织的运营结构及其战略目标的逐层分解，直至落实到每个员工的工作。实践中，一些专业人员通常倾向于，依据工作的专业特征进行岗位及其职责的设置。然而，任何背景下，人的因素无不对专业工作的运行，具有极其关键的决定性影响。因此，高质量的岗位及其职责的设置，必须充分考虑人的能动性创造智慧和力量，以及他们所具备的整体职业素养与专业技能的具体实际，而不宜单纯地依据工作的专业性特征进行人员的岗位设置。

组织结构与战略目标的分解，实践中，还必须充分考虑岗位设置，所形成的整体运行和管理的效率。事实上，任何旺盛活力的组织机构，无不特别注重先进科学技术的进步，所能支持创造的高效岗位结构，以及更能积极展示人的能动性创造力的职责构成。

（五）岗位责任、权限和利益的设置

随着组织运行结构及其战略目标的分解，形成了组织整体职业创造能力基础上，员工的工作位置以后，就应该确立相应工作岗位的基本性质和任务，并以此设置完备的岗位运行所需承担的责任，工作的资源组成、操作方式与支配权力，以及相应职业利益获取的形式。实践中，岗位责、权、利的职责设置，通常包括：

1. 岗位的名称；

2.岗位所属部门及其上级与下级；

3.岗位工作所需完成的基本任务；

4.岗位所需承担的责任；

5.工作推进的程序与方式；

6.岗位运行的资源组成与支配权限；

7.工作的验证、考核与评价方式；

8.岗位的职业待遇与获取方式；

9.岗位运行的其他要求。

（六）人员素养设定及其选任和培训

岗位职责设置以后，一项极其关键的工作，就是岗位任职人员整体职业素养与专业技能的设定。通常，这项工作应该由岗位的直接上级和专业岗位设置人员共同确定。它的卓有成效推进，必须充分考虑组织内外岗位潜在人选，实际具备的职业素养或技能，以及与岗位工作的需求密切联结、恰当匹配，既不显著高配也不明显低就的原则。

岗位人员的选任，既要优先立足于对组织或岗位实际，较为熟悉的内部员工，也要注意吸收具有良好职业素养的组织或部门以外人员，并充分考虑岗位工作与人员素养的发展因素。员工进入新的岗位工作之前，还必须经过必要的岗前培训，并通过相应的考核或试用，才能成为正式的岗位人员。

（七）岗位动态检查与业绩的考核评价

为确保运行进程的质量，任何岗位都必须根据整体团队的要求，工作任务或责任的性质，以及岗位内外环境资源因素的构成实际，设置工作推进过程质量动态的检查、验证与控制的方式和规范。

除了过程的检查监控，岗位运行阶段或周期的工作业绩考核与评价，以及由此所推进或实施的职业奖惩，在复杂多变的环境中，已普遍成为岗位工作及其职责高质量推进，不可或缺的重要程序构成。岗位业绩考核、评价及其奖惩的方式，以及所依据的规范或标准，必须在岗位说明书或其他相关文件中，予以不可产生任何理解偏差的充分明确。

（八）岗位及其职责的持续改进和完善

岗位及其职责的设置推进，必须根据整体组织及其专业职能部门或环节的运行发展，以及岗位内外环境资源因素与相互作用变化的实际，进行岗位、职责及其人员素养结构等相关因素的持续改进和完善。显然，在持续变化的组织运营发展全局背景下，岗位及其职责设置推进的改进和完善，无不成为它的高质量进程，不可或缺的重要程序和强大动力。

三、岗位职责所应包含的主要内容（图表4-7-4-4）

根据组织整体运营发展及其规范化管理的需要，对岗位职责所应包含的主要内容，进行设置整理所形成的说明文件，应该能够有效指导或支持相关人员，准确辨识并积极推进岗位工作的职责，并因此而成为组织基本而重要的规范标准。

岗位职责所应包含的主要内容，通常涉及岗位职责设置的主要人员；岗位的主要任务、目标与责任；密切关联的岗位及其相互间关系；工作资源构成、运行程序与权限；工作强度的核定及其职业待遇；人员素养或技能构成的任职条件；工作评价的主体、方式与标准；岗位运行的重点、难点及其他提示（图 4-7-4-4 ）。

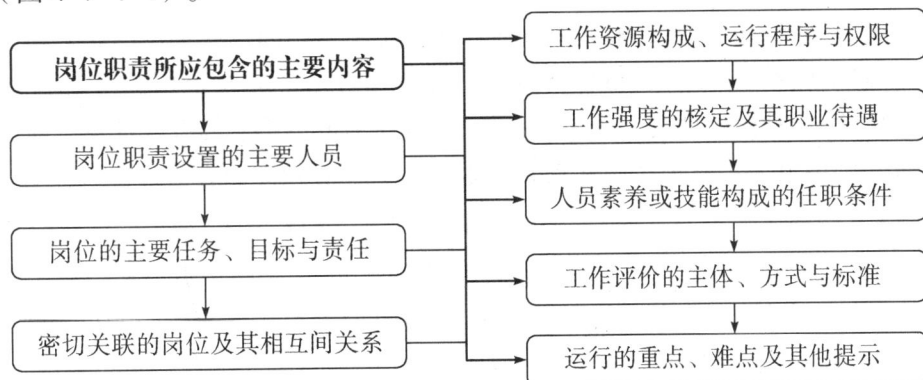

图 4-7-4-4　岗位职责所应包含的主要内容

（一）岗位职责设置的主要人员

工作岗位的直接上级，对其运行的质量无疑承担着极其重要的责任。因此，直接上级理应成为岗位职责设置的主要人员。同时，高质量的岗位职责设置，通常需要相当专业运行与管理技能的支持，因此相关的技术与管理职能部门，也普遍成为岗位设置的主要成员。

明确标注岗位职责的设置人员，是有效提升设计的责任和质量，表明它的权威力量或价值，明示后续的补充或修改所应采取的方式与程序，从而确保岗位职责专业化和规范化整体水平的重要途径。

（二）岗位的主要任务、目标与责任

岗位工作所需承担或实现的主要任务、目标与责任，是任何岗位职责都必须明确界定并指示的核心内容。一般性工作岗位通常都需要承担多项运行任务或责任。岗位职责应该详细指明其中各项重要的任务、目标与责任，必要时还需明确界定各项任务、目标与责任相互间的关系。对于可能存在内外资源因素条件的不足，或者相互间关系不确定变化的复杂背景，而事先难以准确界定或描述的工作任务与目标，则必须作出相应的指导性说明。

（三）密切关联的岗位及其相互间关系

为确保各密切关联岗位间工作的相互支持与协作，以及整体工作有条不紊地高质量运行，岗位职责还必须明确界定与密切关联岗位间的相互关系。岗位间的相互关系，通常包括横向的工作流程上下游之间的协作关系，以及纵向的上下级之间的指挥与执行的关系。关系的设定，必须特别注意避免重要工作的节点上，可能出现无人应对的真空或难以明确界定的责任。

（四）工作资源构成、运行程序与权限

岗位职责还必须明确指示工作的正常运行，所涉及的有形、无形及外部环境因素等各类资源的构成，以及获取的方式、运行的程序、支配的权限、维护或保密的责任。岗位的直接上级，必须就工作推进所需的各种材料、工具或设备等有形资源的性能、维护方式，各类专业工作技能、技术文件等无形资源的获取、保密等要求，以及服务对象、协作沟通等外部资源力量的协调与争取方式，依据职责所确立的规范予以足够充分地指导。

（五）工作强度的核定及其职业待遇

岗位职责是否应该包含职业待遇的设定，一直存在着较多的争议。然而，岗位职责通常属于汇集责任、权限和利益高度融合的规范。过于强调责任，而轻视权限与利益的阐明，无疑极大地限制了它的完整性，并极易引发人们的抗拒心理，从而显著削弱它的积极实践价值。因此，高质量的规

范管理，应该努力把员工的待遇，通过工作的强度、难度与整体价值公平而细致地核定，再参照组织内外相关岗位纵向与横向的平衡，纳入不针对任何特定个人的岗位职责范围。

《管子》也曾深入辨识了职业的待遇或劳酬，对于人们充分展示工作的积极性和创造力的关键价值："凡牧民者，以其所积者食之，不可不审也。其积多者其食多，其积寡者其食寡，无积者不食。或有积而不食者，则民离上；有积多而食寡者，则民不力；有积寡而食多者，则民多诈；有无积而徒食者，则民偷幸；故离上、不力、多诈、偷幸，举事不成，应敌不用。故曰：察能授官，班禄赐予，使民之机也。"——凡是治理人民，对于按劳绩给予禄赏的问题，不可不审慎从事。劳绩多的禄赏多，劳绩少的禄赏少，没有劳绩的就不给予禄赏。如果有劳绩而没有禄赏，人们就离心离德；劳绩多而禄赏少，人们就不努力工作；劳绩少而禄赏多，人们就弄虚作假；无劳绩而空得禄赏，人们就贪图侥幸。凡是离心离德、工作不力、弄虚作假、贪图侥幸的，举办大事不会成功，对敌作战也不会尽力。所以说，根据人的能力授予官职，按照劳绩差别赐予禄赏，这是用人的关键。

（六）人员素养或技能构成的任职条件

岗位人员有效承担工作职责或任务，所需具备的职业素养、经历及其专业技能等任职条件，是岗位职责说明文件中应该包含的主要内容。然而，广泛的实践中，许多组织机构对岗位人员素养、经历或技能，所构成任职条件的设置，时常会偏离岗位高质量运行具体实践的要求，而臆断地罗列与岗位工作积极推进，并不存在多大关联的表象因素，从而往往导致以其标准任选的岗位人员，并非如预想的那样能够有效胜任工作。

不仅如此，积极推进岗位人员迅速掌握工作的运行程序，以及各种日常问题有效辨识和应对的方法，从而卓有成效地承担相应工作职责的岗前教育和培训，在日趋复杂多变的环境中，已日益显示了不可或缺的重要价值，而普遍成为各类组织机构，岗位人员任职条件的重要组成。

（七）工作评价的主体、方式与标准

完整的岗位职责，必须包含岗位工作推进质量的评价主体、方式与标准，并以此为岗位人员明确指示，工作高质量运行发展的努力方向。事实上，如果缺乏卓有成效的工作评价主体、方式与标准，积极界定、设置和推进的坚强支撑，对岗位运行任何美好的设想和期望，都必将成为难见天日的泡影。

旨在积极推进岗位职责卓有成效地承担，及其高质量运行发展的工作评价，它的主体绝不应当只是岗位的直接上级，而是必须包含岗位所有的工作直接下级、服务与协作对象。评价方式必须包含工作过程的验证及其最终的业绩成果，以及各项任务、目标与责任承担实现的状况。依据各项标准所形成的评价结果，必须以相应的工作奖惩予以充分体现。

（八）运行的重点、难点及其他提示

为确保高质量的工作进程和业绩，岗位职责还应该根据内外资源因素与关系，及其可能存在的变化实际，以及密切联系专业团队的运行发展需求，就岗位运行进程中的重点与难点，及其岗位间的衔接节点环节，或者其他易于出现差错的工作，以及准确把握或积极应对的方法，作出必要的提示。

四、岗位人员的选择与任用

合适岗位人员的选择与任用，是确保它的工作高质量进程极其关键的决定性因素。人员的整体职业素养及专业技能，与岗位职责的高度匹配，是岗位人员高质量选择与任用，必须坚持的基本原则。

团队背景下，人员的整体文化素养与基本价值倾向，无不对他的岗位工作高质量进程，具有普遍关键的决定性影响。

通过长期的实践，人们已经普遍深刻地意识到，员工的职业技能与专业经历，以及职业的学习和环境的适应能力，通常对岗位运行的质量具有极为重要的影响；岗前的教育培训及其工作的试用，岗位重要或特殊环节的充分指导，则是岗位人员积极选择或任用，不可或缺的重要工作组成（图4-7-4-5）。

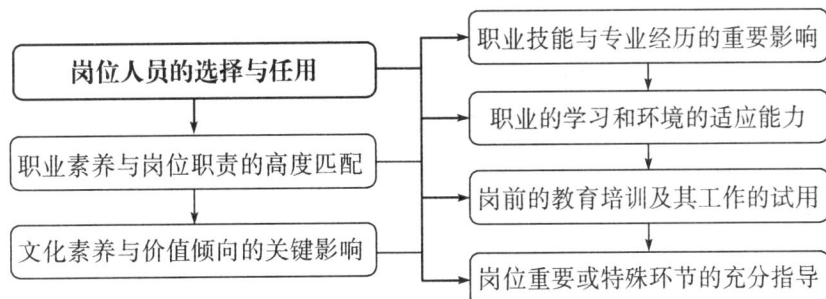

图 4-7-4-5　岗位人员的选择与任用

（一）职业素养与岗位职责的高度匹配

除非需要对某些特殊人员，进行一些特定素养的特别锤炼或培育，员工的职业素养与岗位职责全面高度的匹配或衔接，是有效确保岗位人员及其工作的稳定，从而实现人员高质量的选择与任用，必须坚持的首要与基本原则。整体高素养的员工承担明显低技能的岗位工作，不仅会造成人才资源的显著浪费，而且无不极易造成高素养人员的流失或工作的波动。反之，则不仅需要岗位的上级，投入更多的指导或帮助的精力，而且必将显著限制岗位运行的质量，并给相关联环节工作带来一系列的负面影响。

（二）文化素养与价值倾向的关键影响

在诸多复杂因素、关系与变化，具有广泛深远影响的团队背景下，人们头脑中的文化素养及其主流的价值倾向，无不对各种重要因素、相互作用或变化趋势价值的深入准确辨识，以及由此所形成的整体职业辨识思维的能力，及其情感或行为的动力，具有超越任何专业技能因素，最具关键的决定性影响。

事实上，通过内外积极因素的有力推动，人们工作的专业技术或能力，通常能够在短期内得到显著的提升。而与此相反，人们头脑中的文化素养与价值观等整体的思想意识，以及由此所主要决定的职业思维或行为方式的提升，无不需要团队经年累月的长期艰辛努力，才能形成积极的成效。因此，除非为了得到某些急需的特殊性专业技能，能否与组织整体文化与价值观呈现高度的一致性，无不成为员工高质量挑选或任用，需要重点考虑的关键性因素。

（三）职业技能与专业经历的重要影响

职业技能或专业经历能否适应岗位运行的需求，广泛的实践中，普遍成为各种背景下，组织选任岗位员工普遍考察的重点内容。尽管如此，一些睿智或资深职业人士则认为，在一个侧重学习发展，或者学习型团队中，中基层员工的专业技能，如果不是学习能力特别薄弱，或者缺乏应有的进取意识，就不应该成为限制他进入岗位的重要因素。

就过去专业经历的影响而言，如果组织或团队，对人的素养发展具有强大的推动力量，那么，过去经历对其未来职业表现的影响，通常就会极其微弱。反之，他必将延续过去的职业思维与行为的固有方式。

（四）职业的学习和环境的适应能力

从逻辑上讲，一个人如果拥有足够强大的，职业的学习和环境的适应能力，那么，就没有任何障碍或挑战能够真正阻挡他迅速地构建起，积极肩负岗位职责高水平的专业技能。实践中，随着各类专业技术及其内外环境的日新月异变化，许多岗位工作高质量推进所需的专业技能，正日趋呈现着前所未有的快速发展。因此，缺乏足够的职业学习或环境的适应能力，已日益成为限制员工高质量承担岗位职责的重要因素。

（五）岗前的教育培训及其工作的试用

岗前的教育培训，是确保员工迅速地了解和适应岗位的内外环境，有效减少工作中各种错误，更高质量地肩负起岗位职责的重要途径。因此，它已日趋受到各类组织的广泛重视，并被许多团队列为员工进入新的岗位，不可或缺的重要程序和任职条件。

岗位工作的试用，是本着对团队整体运营和员工职业高度负责的积极意愿，所推行的对岗位人员选择，是否适当的短期考察与验证手段。试用程序是否必要以及如何推进，组织通常拥有较大的弹性选择。

（六）岗位重要或特殊环节的充分指导

进入全新的工作岗位，无人能够对职业的内外环境，瞬时形成足够全面而深入地辨识或掌握。因此，就工作的重点、难点及特殊环节，提供全面而充分的准确辨识或应对的职业指导，就成为岗位职责卓有成效地推进，极其重要的程序组成。

五、岗位工作的检查、考核与奖惩

工作进程的动态检查和指导，及其一定阶段工作业绩的考核与评价，以及由此对相关人员实施的职业奖惩，普遍对岗位职责推进的水平或质量，具有极其关键的决定性影响。因此，组织必须努力避免岗位工作的检查与考核中，可能出现的各种严重偏差和缺陷。

事先必须充分明确工作评价实施的方式和标准，以及直接上级必须承担岗位工作的指导和监督的关键责任，普遍成为岗位运行及其检查、考核工作，卓有成效推进的重要基础和强大动力。实践中，积极严格的奖惩手段，无不对岗位职责高质量推进，具有极其关键的决定性价值。为此，对各类岗位的评价奖惩，必须严格遵循及时、公正与严明的基本原则（图4-7-4-6）。

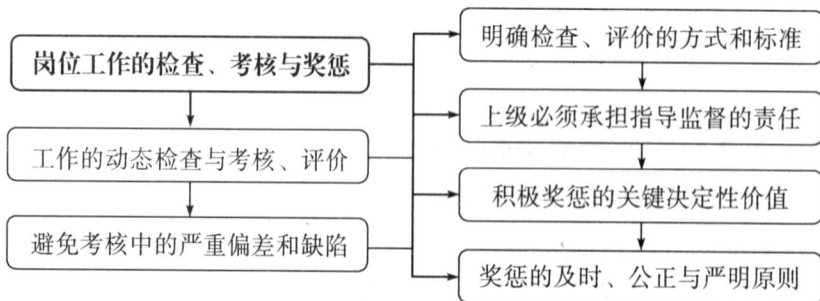

图 4-7-4-6　岗位工作的检查、考核与奖惩

（一）工作的动态检查与考核、评价

工作的检查与考核，以及由此推进的岗位运行质量的评价和职业的奖惩，是有效推动广大员工增强岗位的责任意识，提升岗位的各项专业技能，展示更为积极强大的能动性创造力量，从而铸建

岗位运行发展的高质量进程，及其卓有成效的领导管理，不可或缺的重要途径和坚强动力。

不仅如此，对岗位运行过程的动态检查与指导，还是确保它的整体高质量进程，从而牢固把握岗位职责的推进和管理主动，极其关键的途径和原则。事实上，缺乏足够全面实时的动态检查，及其准确及时的职业指导，各类工作的隐患一旦变为严重的既成事实，无疑将会显著降低岗位运行与管理的质量，并极易给整体团队造成极大的伤害。

（二）避免考核中的严重偏差和缺陷

作为所有结构的基本组成单元，及其制度和文化体系作用的重要对象，岗位工作运行的质量，普遍成为组织领导与管理的整体水平，准确而显著的体现和关键决定性因素。因此，任何背景下，领导管理者都必须能够极其睿智地，从基本岗位工作高质量运行发展的立场，深入审视、洞察和选择职业的思维决策与行为方式，并以此卓有成效地提升自身辨识和应对，各种重要或复杂工作事项的智慧与才能。

实践中，积极推进岗位工作高质量地运行发展，领导管理者必须努力避免它们的检查、考核或评价进程中，可能产生的各种严重偏差和缺陷。其中，普遍存在的重要问题主要体现为：

1. 事先未对检查考核的方式，及其推进实施的依据或标准做出明确规定；

2. 方式或标准背离了组织运营的信念、方向与路线基本原则，或者显著脱离了内外环境的实际；

2. 未能按照既定的方式、规范或标准，予以严格地推进与实施；

4. 检查考核的结果，未能按照奖惩规定予以充分体现。

（三）明确检查、评价的方式和标准

岗位工作各种检查、考核、评价及其奖惩的方式与标准，必须事先在岗位职责，或者组织其他重要工作文件中，予以清晰地载明和充分地告示，并使得岗位人员得以全面准确地了解和掌握。必要时，还应该把组织运行中，典型的正面奖励或负面惩处的事例，进行广泛的公示，以形成积极有效的激励或警戒。

《管子》曾经深入辨识并论述了举事之前，必须充分明确奖惩方式的重要价值："凡将举事，令必先出。曰事将为，其赏罚之数，必先明之。立事者，谨守令以行赏罚。计事致令，复赏罚之所加。有不合于令之所谓者，虽有功利，则谓之专制，罪死不赦。首事既布，然后可以举事。"——凡要举事，法令一定要先行制定。这叫作事情将办，其赏罚办法必须明示于前。事情的负责人，必须要严守法令以掌握赏罚。检查工作推行法令，必须要严格执行赏罚条令。如果存在违背法令的规定，即使创造了优良业绩，也叫专制，是属于严重的不赦死罪。这最为重要的法令一旦发布，然后就能够以此举事。

（四）上级必须承担指导监督的责任

为确保专业岗位职责推进或运行发展高质量的进程，组织通常会设置相应的指导和监督的上级岗位或机构。事实上，岗位的上级，无不需要有效承担下级工作进程中，各类机遇或挑战准确辨识与应对，积极指导和监督的重要责任，这也是他们职业价值充分体现，及其组织整体运营体系高质量运转，最为关键的途径或方式。

因此，专业岗位任何运行质量的检查、考核与评价，必须同时对它的直接上级岗位或机构，所需承担的指导和监督责任，进行相应的检查、考核与评价。否则，任何岗位运行检查与评价方式的质量或价值，都必将受到极大的限制。

（五）积极奖惩的关键决定性价值

通过长期而广泛的实践，人们已经日趋深入而成熟地意识到，对岗位工作的积极奖惩，普遍成为它的高质量运行发展，卓有成效地推进的关键决定性因素。积极的奖惩，必须主要地立足于人们职业的辨识思维和思想意识，高质量文化与价值观素养的构建和提升；必须把精神的与物质的因素，进行最为密切地联结；必须牢固地立足于自身组织及其岗位的内外实际，而不是机械地套用其他场合行之有效，却并不适合自身组织或相应岗位具有实践的方式。

（六）奖惩的及时、公正与严明原则

对于奖惩方式积极推进的原则，迄今为止，已有广泛的研究者或作品，提出了许多的意见和看法。实践中，就组织岗位职责推进质量的奖惩，具有普遍一致的观念，就是必须依据既有的明确规定，严格遵循及时、公正与严明的基本原则。

《六韬》也曾辨识了奖惩必须公正、严明、守信的重要价值：

"所憎者，有功必赏；所爱者，有罪必罚。

凡用赏者贵信，用罚者贵必。赏信罚必于耳目之所闻见，则所不闻见者，莫不阴化矣。夫诚畅于天地，通于神明，而况于人乎？"——对自己所厌恶的人，如果建立功勋同样给予奖赏；对自己所喜爱的人，如果犯有罪行也必定进行惩罚。

奖赏贵在守信，惩罚贵在必行。奖赏守信，惩罚必行，是人们耳朵能听到、眼睛能看见的。即使是没有听到和看见，也都会因此而潜移默化。诚信能够畅行于天地之间，上通于神明，更何况是对人呢？

六、岗位或职责的调整和完善

组织的运营发展，是一个持续变化的动态进程。事实上，组织运营及其专业环节运行的更高目标与要求，时常会显现原先岗位设置或推进所存在的明显缺陷。同时，新的运行方式或技术的引入，及其相关联岗位或环节工作的变化，也会导致专业岗位或职责调整和完善的需求。因此，准确辨识与把握专业岗位或职责，调整和完善所需遵循的原则，就普遍成为它们高质量的管理工作，不可或缺的重要任务（图4-7-4-7）。

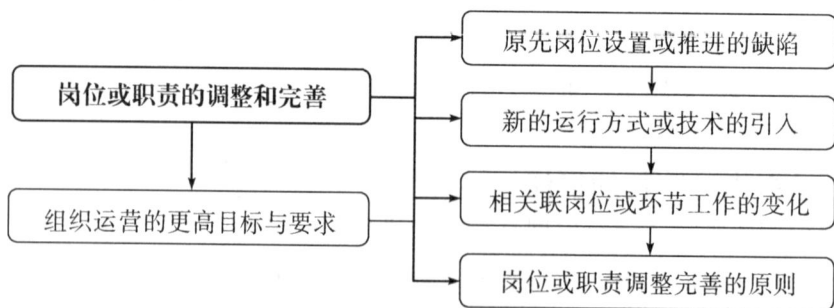

图 4-7-4-7　岗位或职责的调整和完善

（一）组织运营的更高目标与要求

组织的运营发展，时常会根据内外环境的变化，对整体的进程及其相关专业环节的运行，提出新的或更高的目标与要求。而组织及其专业环节运行新的要求，无不需要通过专业岗位的增设或削减，及其岗位职责的调整与完善得以有效实现。因此，组织持续高质量的运营发展，普遍成为专业岗位及其职责的调整完善，最为根本而强大的推动力量。

（二）原先岗位设置或推进的缺陷

专业岗位及其职责的设置，通常涉及诸多复杂的内外因素及其相互间关系。它的一次性成型，无疑极易产生若干不合情理的因素，并时常需要通过一定时期的运行，才能得以充分体现。不仅如此，随着组织运营发展进程中，各种新的因素或关系的形成，及其运行方式的改变，原先的专业岗位及其职责的设置与推进，时常会显现出明显的缺陷或不足。因此，根据组织运营发展内外环境及其变化的实际，对专业岗位或职责进行不断的调整与完善，就普遍成为其高质量进程不可或缺的重要工作。

（三）新的运行方式或技术的引入

随着科学技术日新月异的快速发展，各种新的更高水平的运行方式或专业技术的积极引入，已日趋成为各类专业环节或岗位高质量进程，卓有成效创造的重要途径和强大动力。而新的运行方式或专业技术的有效运用，显而易见，无不需要得到原先岗位或职责的运行体系，积极改进、调整或完善的有力支持。

（四）相关联岗位或环节工作的变化

实践中，专业岗位及其职责的设置，普遍受到相关联岗位或环节工作的重要影响。事实上，相关联岗位或环节工作的变化，包括横向的运行或业务的协作，及其纵向的管理或指挥关系的改变，都需要调整、完善或重新设置，相关的工作岗位及其运行的职责。

（五）岗位或职责调整完善的原则

专业岗位及其职责的调整和完善，是它们高质量设置与推进完整工作，不可或缺的重要组成。事实上，能否足够准确地辨识和积极地推动，岗位及其职责的有效调整和完善，普遍对其设置推进的整体质量或水平，具有极其关键的决定性影响。因此，实践中，积极成熟地识别并把握岗位或职责，调整完善所需遵循的基本原则，就成为岗位及其职责设置与推进高质量进程，卓有成效创造的重要任务：

1. 必须遵循整体组织、专业环节集体，更高质量运行发展的基本准则；

2. 牢固立足于整体组织、专业环节及其岗位内外环境的具体实际；

3. 有利于专业环节高效、主动管理的创造，避免时常需要协调岗位关系的状况；

4. 确保调整前后工作的平稳衔接；

5. 保持岗位及其职责相对的稳定性；

6. 随着运行内外环境的重大变化，岗位或职责的及时调整与完善。

第五节　思维与行为的高度统一

万众一心坚不可摧的团队力量

任何组织无不由众多的员工所凝集组成。通常，由于员工的文化素养或职业经历，以及由此所形成的价值倾向的差别，他们整体的辨识思维能力、思想意识结构及其行为情感动力，无不呈现着千差万别的显著差异。因此，为卓有成效地铸就万众一心的行进方向，以及坚不可摧的团队力量，领导管理者无不需要竭尽所能，努力依据组织内外环境的具体实际，积极推动广大员工职业思维与行为的高度统一。

《六韬》曾经深入辨识并阐述了，团队成员思维与行为高度统一的关键价值，及其充分展示的重要途径："凡兵之道，莫过乎一。一者能独往独来。黄帝曰：'一者阶于道，几于神。'用之在于机，显之在于势，成之在于君。"——凡用兵的原则，没有比思维行为的统一更为重要。它能够使军队凝集为一个坚强的整体，并因此而所向无敌。黄帝说："统一是用兵最为根本的原则，能够达到神妙莫测的境界。"统一的运用在于能够准确地把握时机，价值的显示在于能够创造强大的整体力量，统一的成功推进在于君主所采用的方法。

本节首先从员工思维行为统一的概念及其价值着眼，分析了组织运营进程中，统一原则形成的背景及其必要性。在此基础上，探讨了一般团队思维与行为高度统一的有效铸就方式，统一性与灵活性密切融合的辩证关系，以及高质量思维或行为统一所需体现的范围与层次。最后，提出了团队实践中，卓有成效地推进员工思维行为的高度统一，通常需要注意的若干原则和方法（图4-7-5-1）。

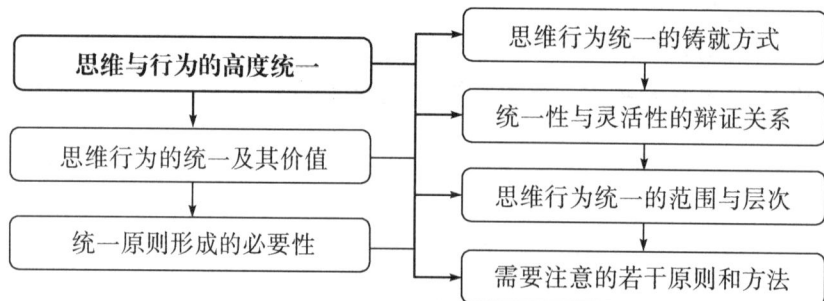

图 4-7-5-1　思维与行为的高度统一

一、思维行为的统一及其价值（图4-7-5-2）

全体员工的职业思维与行为，高度统一到组织的基本信念和全局战略的旗帜下，广泛的实践中，不仅是组织的有效构建与形成，各环节或岗位工作的有序运行和密切协作，以及整体强大运营发展能力的坚强铸就与展示，极其关键的基础和强大的推动力量，而且也是他们团结奋进、锐意进取，以及高质量职业素养或价值的积极创造和展现，极其重要而坚强的保障。因此，它无不成为组织的卓越领导或管理，普遍的关键途径和坚强动力。

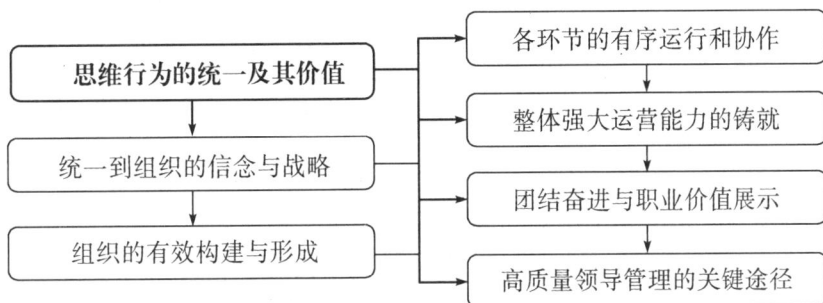

图 4-7-5-2　思维行为的统一及其价值

（一）统一到组织的信念与战略

全体员工职业思维与行为的高度统一，是指组织通过一定卓有成效的途径或方式，使得他们能够睿智成熟地辨识，唯有坚强信念支持下的高度团结与密切协作，才能坚强积极地构建、提升和维护，整体团队无往不胜的强大前行智慧与力量，并以此自觉地把自身的职业思维和行为，牢固地置于组织的基本信念及其全局的战略推动进程中。

职业的思维与行为的高度统一，通常主要表现为：

1. 睿智成熟地理解并践行组织的基本信念、价值观与主流的文化意识；

2. 把职业的思维与行为紧密地融入，组织全局的战略方向、路线和目标；

3. 针对自身工作的具体实际，做出符合组织全局利益的主动、积极反应。

（二）组织的有效构建与形成

员工职业思维与行为的高度统一，是任何组织有效构建与形成的关键基础。缺乏这种关键而坚实基础的有力支撑，广大员工的创造性智慧必将难以充分展示，职业的力量也极易四面分散，甚而至于产生极具团队损伤的严重内耗，从而使得组织成为难以经受任何运营风雨侵袭的一盘散沙。

《吕氏春秋》曾经深入辨识了统一的关键价值，并为此而辩称："王者执一，而为万物正。军必有将，所以一之也；国必有君，所以一之也；天下必有天子，所以一之也。天子必执一，所以抟之也。一则治，两则乱。今御骊马者，使四人人操一策，则不可以出于门闾者，不一也。"——称王的人坚持统一的原则，就能成为万物的领袖。军队必须有将帅，就是为了统一军队；国家必须有君主，就是为了统一国家；天下必须有天子，就是为了统一天下。天子一定要坚持统一的原则，是为了集中天下的力量。统一就能得到治理，不统一必然造成大乱。譬如驾驭四匹的马车，让四个人每人拿一根马鞭，那马车就连城门也出不去，这是因为缺乏统一的行动。

（三）各环节的有序运行和协作

在复杂多变的内外环境中，如何卓有成效地推进各环节或岗位工作的有序运行，及其相互间的主动支持与密切协作，长期以来，一直是组织高质量领导或管理，普遍面临的艰难挑战。而广大员工思维意识的统一，行动步调的一致，无疑成为各环节或岗位工作，有序运行和密切协作最为坚强的推动力量。

（四）整体强大运营能力的铸就

卓有成效地激发并汇集各环节或岗位，积极的能动性创造智慧与力量，并以此铸就整体组织强大的运营发展能力，领导管理者无不需要根据内外环境及其变化的具体实际，努力采取各种有效的方式或途径，把全体员工职业的思维与行为，高度统一并密切融入组织运营的基本信念，及其既定的战略方向、路线与目标的推动进程中。

《将苑》曾经深入辨识并论述了军队的高度统一，对于整体强大力量坚强铸就的重要价值：

"夫出师行军，以整为胜。若赏罚不明，法令不信，金之不止，鼓之不进，虽有百万之师，无益于用。所谓整师者，居则有礼，动则有威，进不可当，退不可逼，前后应接，左右应旌，而不与之危。其众可合而不可离，可用而不可疲矣。"——出兵作战，以保持军队整体统一为胜利的关键。如果赏罚不明，法令难以使人信服，鸣金不停止，击鼓不前进，即使有百万大军，也没有任何力量。所谓保持统一的军队，是指驻守时能遵守礼节，行动时威武有力，进攻时锐不可当，后退地无懈可击，前后能够相互呼应，左右服从统一调度，而很少出现危险的局面。部队内部团结而不会分裂，英勇作战而不会疲倦。

（五）团结奋进与职业价值展示

各环节或岗位人员的思维与行为，高度统一到组织的基本信念，及其战略的方向、路线与目标，广泛的实践中，普遍成为他们的紧密团结和奋发进取，以及职业的智慧、力量与价值，充分展示的重要保障和强大动力。事实上，如果缺乏高度统一的坚强支撑，复杂多变的环境中，广大员工的职业思维或行为，无不极易陷入普遍的意见分歧与争执，或者自以为是而各自为政，甚至相互对立冲突的严重境地，从而给他们的职业创造性力量和价值，以及团队的运营发展，带来极其显著的限制或极大的伤害。

（六）高质量领导管理的关键途径

广大员工职业思维行为的高度统一，是充分展示他们潜在的创造性智慧与力量，铸就整体组织强大的运营发展能力，并以此高质量地辨识和应对，内外环境各类机遇或挑战，从而展现卓越的领导或管理的关键途径。因此，全面准确地辨识并掌握，员工思维行为高度统一卓有成效的方式，无不成为领导管理者普遍面临的重要任务。

二、统一原则形成的必要性（图4-7-5-3）

人们的辨识思维及其形成的思想意识，通常存在着显著的差别；员工的职业经历、岗位特征与技能，也普遍具有明显的差异，这无疑会导致复杂环境中，对组织全局背景的不同理解和行为倾向，从而形成应对工作策略或方式的广泛多样性实践。

因此，为确保一致的行进方向、路线和强大的整体力量，广泛的实践中，鲜有团队无须坚定牢固地确立，广大员工职业思维行为高度统一的基本运营原则，并努力把统一性与创造性进行密切地联结，置于员工职业表现评价标准的重要位置。

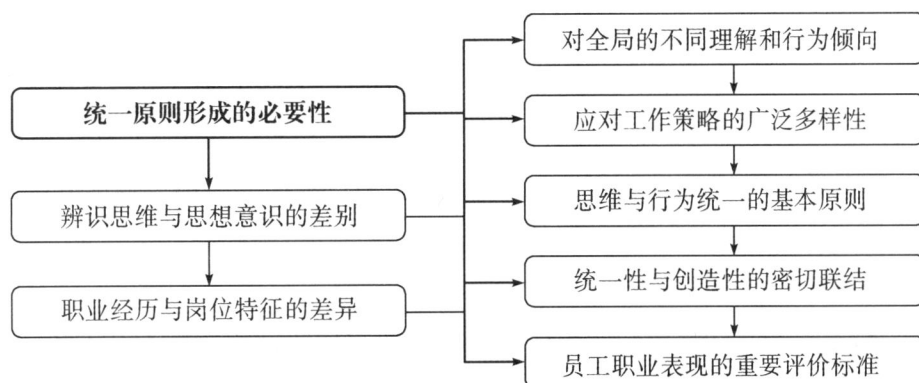

图 4-7-5-3　**统一原则形成的必要性**

（一）辨识思维与思想意识的差别

广泛的实践中，人们对复杂事物各种内外因素及其相互间作用的整体性，持续变化发展的长远性，所呈现的关键、根本与重点的因素或环节，卓有成效的应对方式或方法，全面准确辨识的水平与质量，以及由此所形成的基本思想意识或价值观，无不具有普遍的显著差异。

显然，在密切协作要求的集体背景下，如果人们都依据各自对事物不同辨识与应对的意志行事，那么，必然难以形成思维行为高度一致，整体强大的创造性智慧和力量，并极易导致整体团队运营的极度混乱。

（二）职业经历与岗位特征的差异

广泛的实践中，职业经历或岗位位置及特征的差异，无不显著地影响着人们辨识思维与行为方式的水平。极为典型的盲人摸象故事，就生动形象地描述了由于不同的位置，所得出的大象像蒲扇、像柱子、像堵墙等，令人啼笑皆非的荒谬结论。

（三）对全局的不同理解和行为倾向

团队背景下人们的职业智慧、才能与价值的充分展示，无不存在极其关键的全局基础。然而，组织的全局，通常涉及诸多复杂的内外因素、关系与变化。实践中，人们对组织全局的内外背景，以及由此所形成的战略方向、路线、目标及其保障措施，由于自身的辨识思维、思想意识、职业经历或岗位特征等，诸多影响因素的明显差异，普遍存在着不同深度或广度的理解，及其职业行为方式的倾向。

显然，缺乏对人们全局的不同理解水平及其行为倾向，睿智成熟辨识的有力支持，必将无人能够真正展示组织全局的卓越领导。

（四）应对工作策略的广泛多样性

依据长期的职业背景，在头脑中所构建的辨识思维方式和思想意识，对一定内外环境中事物的认识和理解，通常会使人们产生相应的应对策略或方法。显然，不同人们的工作应对策略，无不具有广泛多样性的显著特征。然而，存在团队全局的关键背景，人们一旦固执于自身的策略与方法各行其是或各自为政，无不将会酿成整体灾难性的局面。

为此，《吕氏春秋》曾经深入辨识并论述了团队背景下，人们思维行为高度统一的关键价值："有金鼓，所以一耳；必同法令，所以一心也。智者不得巧，愚者不得拙，所以一众也；勇者不得先，惧者不得后，所以一力也。故一则治，异则乱；一则安，异则危。夫能齐万不同，愚智工拙皆尽力竭能，如出乎一穴者，其唯圣人矣乎！"——军队里设置锣鼓，是用来统一士兵的耳闻；法令一律，是用来统一人们的意识。聪明的人不求灵巧，愚蠢的人不得笨拙，是为了统一成为整体；勇敢的人不得抢先，胆怯的人不得落后，是为了统一各种力量。所以，统一就能治理，不统一就会混乱；统一就平安，不统一就危险。能够使万众统一，使愚蠢聪明灵巧笨拙的人都能竭尽力量和才能，而保持高度的一致，只有圣人才能做到吧！

（五）思维与行为统一的基本原则

员工职业思维或行为的高度统一，无一不是为了积极铸建或创造，整体团队更为强大运营发展的智慧与力量。因此，广泛的实践中，它必须遵循全局的战略方向或路线的统一，与局部高质量创造性灵活策略，密切联结和融合的基本原则：

1. 必须确保组织长远运营发展的基本信念与价值观，以及全局战略的方向、路线和目标的高度统一；

2. 依据全局的背景，努力推进各专业环节牢固立足于运行的具体实际，以创造更高质量全局价值积极灵活的运行策略；

3. 涉及必需整体密切协作的工作环境，必须保持思维行为上的高度统一；

4. 对于相对独立的工作背景，则需要坚持更为积极灵活的思维或行为的创造性。

（六）统一性与创造性的密切联结

员工职业思维与行为高度统一的原则或理论基础，源自卓有成效地铸建或创造，组织全局更为积极而强大运营发展的力量。而全局强大力量的铸就，一旦丧失各专业或局部环节，运行发展积极性与创造性的坚强支撑，无疑将会成为难以实现的主观意愿。

因此，强调思维行为的高度统一，必须坚持整体与长远运营发展，强大力量积极铸建和创造的基本背景，并以此有效推进局部创造性智慧力量的提升与展示。实践中，任何背离统一性与创造性密切联结的根本原则，都不是真正意义上的高度统一，并必将坠入僵化浅薄职业思维意识的深渊。

（七）员工职业表现的重要评价标准

广大员工职业思维与行为的高度统一，无不对组织整体运营发展的强大力量，具有极其关键的决定性影响。不仅如此，广泛的实践中，牢固坚持组织全局的方向和路线，以及工作内外环境的具体实际，所坚强推动的整体高质量进程和成就的积极创造，普遍成为员工职业智慧、才能与价值的充分展示，极其关键的途径和强大的动力。因此，高度统一与积极创造的紧密联结，必须成为员工整体职业素养或表现的重要评价依据和标准。

三、思维行为统一的铸就方式（图4-7-5-4）

卓有成效地推进广大员工思维行为的高度统一，必须能够深入准确地辨识他们思维统一的根本基础和途径，并有效确立或设置积极的组织运营信念和战略。广泛的实践中，思维意识的统一普遍成为职业行为统一的坚实基础；团队整体运营发展能力的持续提升，则是思维行为统一的强大推动力量。

有效推进思维行为的高度统一，任何背景下，都必须严密组织制度和纪律的坚强支持。同时，一切重要行动之前，还必须对严格的统一性要求，做出足够充分而明确的强调。

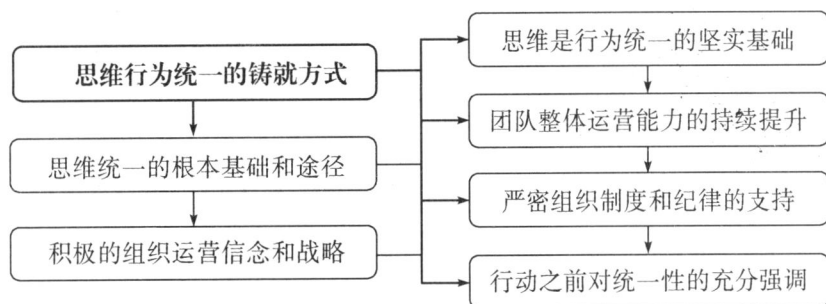

图4-7-5-4　思维行为统一的铸就方式

（一）思维统一的根本基础和途径

员工思维意识的高度统一，通常需要两个坚实基础的有力支撑：必须能够睿智成熟地辨识和理解，思维意识的统一对整体团队强大力量的形成，以及各局部组成长远根本利益保障的关键价值；必须能够对组织运营的基本信念与价值观，以及全局战略的方向、路线与目标及其形成背景等重要因素，形成全面准确的辨识和把握。

事实上，如果人们对整体团队思维意识高度统一的关键价值，缺乏足够成熟地理解，那么，复杂艰难的环境中，他们就很难展示具有全局强大支持力量，或者高质量价值的职业表现。不仅如此，如果缺乏对组织的基本信念与价值观，及其全局战略足够全面准确地把握，人们必将丧失思维意识统一的方向和目标。

实践中，人们思维意识高度统一的形成与巩固，无不需要组织或团队依据自身运营发展的内外实际，予以长期、持续地积极推动。孟子曾经深入辨识了整体思维行为统一的关键价值，并这样提醒梁惠王：

"王！何必曰利？亦有仁义而已矣。王曰，'何以利吾国？'大夫曰，'何以利吾家？'士庶人曰，'何以利吾身？'上下交征利而国危矣！"——大王！何必一定要强调利益？必须努力建立仁义才行。大王说"怎样使我的国家有利？"大夫说"怎样使我的家庭有利？"一般人士和老百姓说"怎样使我自己有利？"一旦上上下下都互相争夺利益，国家就十分危险了！

（二）积极的组织运营信念和战略

积极的组织运营信念与战略，是整体队伍思维意识高度统一，最为坚强的推动力量。积极的信念，就是把组织的长远运营发展，同整体社会的文明进步进行最为紧密的联结，所铸就形成的最为根本的坚定意志。积极的战略，必须把外部环境中各种积极的因素，与自身拥有的内在资源力量，进行充分密切地融合与联结，并以此积极超越某些局部或短期利益和力量的限制，从而卓有成效地创造整体组织高质量的全局进程与成就。

（三）思维是行为统一的坚实基础

人们的行为无不受到头脑中，思维意识和情感倾向的有力支持或显著限制。而头脑中的思维意识，在复杂多变的职业环境中，则通常体现着最具关键和强大的行为决定力量。因此，思维意识的统一，无不成为人们行为高度统一的坚实基础和强大动力。广泛的实践中，坚定的全局思维意识，无不对广大员工职业行为的质量或价值，具有极其关键的决定性影响。

（四）团队整体运营能力的持续提升

组织整体运营发展的能力，与员工队伍思维行为的高度一致，广泛的实践中，普遍存在着极其密切的辩证统一关系。换言之，组织任何运营或发展的能力，无不需要思维行为高度一致团队的有力支持。员工队伍思维与行为的高度统一，普遍成为组织整体强大运营发展能力的坚实基础。同时，任何员工职业的思维与行为，能够坚定地保持与组织的基本信念与价值观，以及全局战略方向、路线的高度一致，无不需要坚强团队强大运营力量的有力推动。

（五）严密组织制度和纪律的支持

思维意识出现一定分歧或不能完全一致，人们通常能够进行足够深入的沟通或重新的思考与认识，而且并非必然地将会给组织带来严重的后果，相反，广泛的实践中，它却是一支团队得以持续进步发展的坚强动力。然而，职业行为则具有完全不同的表现特征。事实上，一个组织如果缺乏整体行动高度统一的坚强支撑，那么，它的运营挫折或失败必将随时显现。

因此，任何远见卓识、胸怀理想的组织或团队，必然会积极设置并推进严密制度或纪律的规范，以有效确保全体成员基本思维意识及其职业行为的高度统一。

（六）行动之前对统一性的充分强调

为卓有成效地确保整体强大的行动力量，实践中，在需要密切协作的重要行动之前，必须对相关行为统一的制度与纪律，及其违反的严重后果，给予足够充分地阐明和强调。为此，《尉缭子》曾经辩称："民非乐死而恶生也。号令明，法制审，故能使之前。明赏于前，决罚于后，是以发能中利，动则有功。"——人们本来并不是好死厌生。只是由于号令严明，制度纪律的严格执行，才能使他们奋勇向前。既有明确的奖赏鼓励在前，又有坚决的惩罚督促于后，所以出兵就能获胜，行动就能成功。

四、统一性与灵活性的辩证关系（图4-7-5-5）

思维行为的高度统一性，通常需要得到积极灵活性的坚强支持。事实上，脱离具体实际的过度呆板僵化的统一性要求，无不显著削弱各专业或局部环节，高质量运行极其重要的灵活性创造力。因此，牢固立足于内外资源因素的具体实际，普遍成为上级领导管理者坚强推进整体的高度统一，下级员工或局部环节积极展示强大的灵活性创造力，必须共同遵循的重要原则。

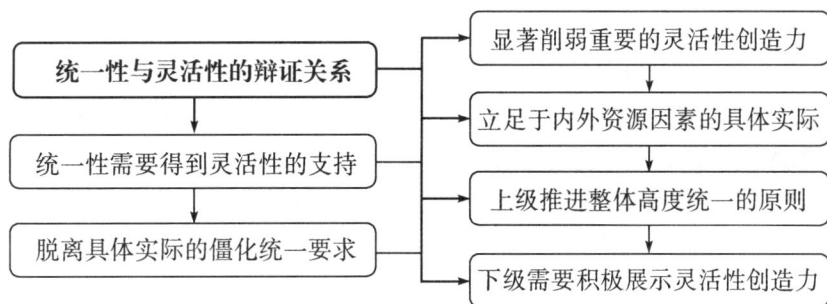

图 4-7-5-5　**统一性与灵活性的辩证关系**

（一）统一性需要得到灵活性的支持

思维行为的统一性与灵活性，广泛的实践中，是一对旨在推进整体强大力量积极创造，相互依存密切联结的辩证矛盾体。通常，统一性明确界定了各类资源因素，必须围绕的组织信念、价值观，及其战略的总体方向、路线与目标，以卓有成效地形成强大的整体力量；灵活性则主要着眼和强调，各种资源因素的构成、关系与变化的具体实际，及其所应采取的针对性的主动积极应对方式，以充分展示它们所蕴含的整体性的有效力量或价值。

（二）脱离具体实际的僵化统一要求

在团队整体强大力量，及其高质量运营发展积极创造进程中，如果领导管理者无视统一性与灵活性，相互依存密切联结的辩证关系，只能浅显地辨识和一味地强调统一性的价值，从而脱离组织的构成性质及其内外环境资源因素的具体实际，以及各专业或局部环节的运行特征，僵化设置并强行推进足以严重阻碍或显著制约，各类资源力量充分展示拙劣的统一性要求。显然，无不极易陷入官僚主义作风的泥潭，并极大地限制整体运营发展的强大力量，及其高质量进程卓有成效的创造。

（三）显著削弱重要的灵活性创造力

组织思维行为高度统一的要求，从根本上说，无一不是为了给局部环节的运行，及其员工职业高质量全局价值的积极创造或充分展示，指明着正确的方向和路线。执行思维行为统一要求的各项指示，如果缺乏对所依据的全局背景，以及高质量全局价值积极创造的强烈意愿，睿智成熟辨识与构建的坚强支撑，广泛的实践中，无不极易落入脱离自身环节或工作的具体实际，机械僵化地套搬上级某些特定指令，从而显著削弱极其宝贵与重要的灵活性创造力的泥潭。显然，这与任何组织统一性的主旨，无不南辕北辙背道而驰。

（四）立足于内外资源因素的具体实际

卓有成效地构建或创造整体强大的运营发展力量，任何背景下，所有成员无不需要牢固坚持，立足于内外环境具体实际的基本思维与行为准则。换言之，领导管理者必须能够牢固立足于，全局或专业环节整体资源力量的构成实际，尤其是人的因素职业素养，提出思维行为统一性的要求。

譬如，在整体运营的关键阶段，或者需要各局部组成密切协作的背景下，显然需要严密设置并有效推进严格的统一性规范；而在需要更为积极团队活力坚强支持的环境中，则应该在组织的基本信念与全局战略基础上，努力倡导与激发各组成更高质量的灵活性创造力。

（五）上级推进整体高度统一的原则

上级领导管理者卓有成效地推进高度统一的原则，并以此积极铸建或创造整体团队强大的运营发展力量，广泛的实践中，必须特别注意有效推动下级职业思维行为，统一性与灵活性的密切联结：

1. 充分激发与凝集团队全局更高质量的思维智慧，以积极铸建和创造整体更为强大的运营发展的思维或行为力量；

2. 为卓有成效地创造更高质量的全局进程或成就，必须积极倡导或鼓励各组成环节，有效探索与推进更为优良的运行策略或行为方式；

3.上级应就整体或各专业环节的运营战略或运行策略，与下级进行充分的意见沟通、反馈与协调，以形成上下高度一致的思维意识与行为默契，而尽量减少生硬的强制性命令。

（六）下级需要积极展示灵活性创造力

高质量素养职业人士，任何背景下，拥有自身的思维智慧与才能，无不成为他们最为关键而显著的职业表现或特征。事实上，他们永远不会机械僵化地执行上级的任何指令，而是积极地与自身工作内外实际进行紧密地联结，并以此展示出强大的职业灵活性创造力：

1.全面准确地掌握上级指令的详细内容，特别是其形成的背景与基础。并以其中的核心思维，与自身工作内外资源因素及其变化的具体实际，进行创造性地密切联结，从而积极探索并形成工作高质量的运行策略或方式。

2.任何下级都应该就上级提出的各种一致性要求，对全局力量或运营发展可能存在的负面影响，提出积极的改进意见或建议，并坚强承担一切既定行为方式统一背景下，职业灵活性创造力充分展示的关键责任。

五、思维行为统一的范围与层次

卓有成效地确保整体思维意识和行动方向的高度一致，广泛的实践中，普遍需要领导管理者对组织的基本信念、价值观与积极文化，内外环境整体形势的基本判断，全局战略推进的基本方向、路线和目标，各组成环节的运行目标与基本策略，岗位职责、运行任务和基本规范，以及事关全局或整体重大影响情况的及时上报等，思维行为统一的范围与层次，睿智积极辨识、设置和推进的坚强支撑（图4-7-5-6）。

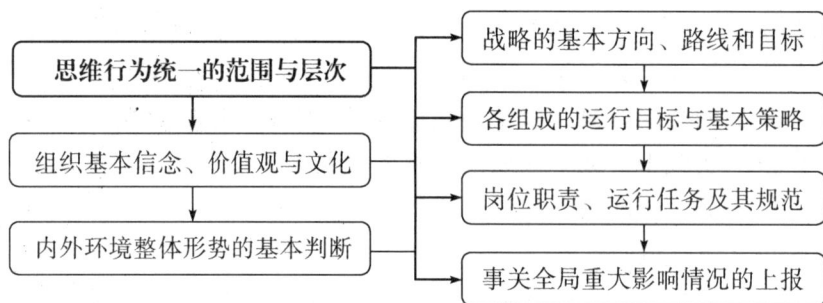

```
思维行为统一的范围与层次 ─────→ 战略的基本方向、路线和目标
        │
        ↓                  ─────→ 各组成的运行目标与基本策略
组织基本信念、价值观与文化 ─┤
        │                  ─────→ 岗位职责、运行任务及其规范
        ↓
内外环境整体形势的基本判断 ─────→ 事关全局重大影响情况的上报
```

图 4-7-5-6 思维行为统一的范围与层次

（一）组织基本信念、价值观与文化

基本的信念、价值观与主导文化意识，不仅是组织运营发展的灵魂，而且也是人们各种思维意识与行为倾向，铸建形成的根本基础和强大动力。因此，它普遍成为组织思维行为高度统一，必须坚持的首要原则，也是任何强大而严密组织最为重要而显著的特征。

实践中，组织的基本信念、价值观与文化意识，一旦出现严重的分歧，无不极易产生组织运营发展的根本目的、基本方向与路线，以及重要资源及其关系潜在力量或价值辨识上的显著差异，并极易进而导致内部力量的对抗与消耗。因此，基本信念、价值观与主导文化等根本思维意识上的重大分歧，无不成为组织最为危险与艰难局面的重要根源。

（二）内外环境整体形势的基本判断

对内外环境整体形势及其变化趋势的基本判断，是组织一定长远时期运营发展全局战略与使命，高质量辨识和设置的重要基础。整体形势及其变化总体辨识和基本判断的差异，必然会使得人们对组织运营发展的基本思维或行为方式，形成不同的意识与选择，从而也从根本上体现着人们整体职业水平的差别。

尽管人们对组织的基本信念、价值观与主导文化，可能具有高度一致的思维意识。然而，如果一旦对内外整体形势或变化趋势的基本判断出现分歧，而又不能形成高度一致的统一，那么，无不极易削弱组织整体的创造性智慧与力量，并造成个人职业上的严重挫折。

（三）战略的基本方向、路线和目标

全局的战略，通常源自内外整体形势及其变化的基本判断。然而，实践中，基本判断的一致，还是不能完全确保人们对其中重要资源因素、关系与变化，及其在组织整体运营发展中的价值与地位，能够形成高度一致的意识。换言之，由外部重要因素所主要确立的战略方向；由内部关键资源及其关系所主导设置的战略路线；由内外各类重要资源因素密切联结，所设定形成的基本战略目标，在不同的思维智慧或能力的背景下，依然极易产生显著的分歧，并时常会反向影响人们对整体形势及其变化的准确判断。

因此，除了组织的基本信念、价值观与主导文化，以及整体形势及其变化趋势需要高度的统一，战略的基本方向、路线与目标，无不成为人们思维行为高度一致，极其关键的决定性因素。它们任何严重的分歧，无不显著削弱整体团队运营发展的坚强力量，甚至动摇组织的稳固根基。

（四）各组成的运行目标与基本策略

与上述三类重要因素必须实现高度统一的要求截然不同，对各组成的运行目标与基本策略，显然，由于在全局运营进程中的地位及其专业性特征的显著差异，客观上，任何组织都难以实现高度的统一。事实上，对各组成的运行目标与方式所产生的分歧或争执，并由此而推进的不断调整和改进，正是组织各环节更高质量的密切支持与协作，及其整体运营持续发展进步重要而强大的动力。

（五）岗位职责、运行任务及其规范

岗位职责、运行任务及其规范的设置推进，是不同的团队性质、资源构成与运行要求背景下，有效统一广大员工职业思维与行为的重要手段或途径。实践中，高质量的岗位职责、运行任务及其规范的设置，通常需要就职业思维统一的高度，及其实现的方式作出准确界定。同时，还要就更高质量工作进程与业绩，卓有成效创造的思维方向做出明确指示。

不仅如此，岗位职责与规范，还必须根据团队整体运行需要，及其工作内外资源因素的特征，着力于员工职业行为积极方式的设定和强调，并通过整体行为质量与成果的准确评价，积极创造岗位运行发展高质量的团队价值。

（六）事关全局重大影响情况的上报

充分准确地掌握各重要环节或资源的运行，及其相互间作用关系和变化的实际，是确保团队思维行为的高度统一，从而卓有成效地创造整体强大力量的重要途径。因此，要求各环节或组成不受任何结构或制度的限制，就事关全局重大影响的运行变化情况，向能够做出有效反应的上级机构给予及时上报，就成为组织整体坚强力量和旺盛活力，以及高质量运营进程积极铸建的强大动力。

六、需要注意的若干原则和方法

思维行为的高度统一，只是组织有效领导与管理，及其整体强大力量积极铸建的重要手段或途径。同时，它还普遍需要积极制度和文化体系密切融合的坚强支持。广泛的实践中，领导团队思维行为的高度一致，无不成为整体组织高度统一的坚强根基；中坚或骨干团队的高度一致，则是整体统一的强大动力。积极推动整体组织的高度统一，还必须能够充分尊重广大员工的人性尊严，并卓有成效地推进教育宣传的坚强保障（图4-7-5-7）。

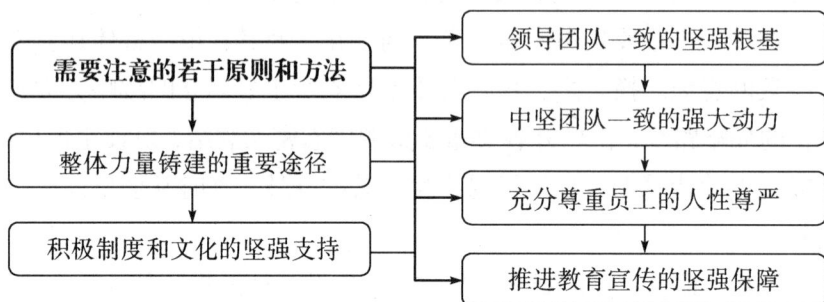

图 4-7-5-7 需要注意的若干原则和方法

（一）整体力量铸建的重要途径

没有整体思维行为的高度统一，就没有团队辨识与应对各类机遇或挑战，及其高质量运营发展的坚强力量。然而，正如构筑坚实的基础，是为了营建高耸稳固的大厦，卓有成效地推进思维行为的高度统一，领导管理者必须能够成熟深入地辨识，统一只是组织或团队的有效领导与管理，及其整体强大运营发展力量积极铸建的重要手段或途径，而非根本与最终的目的。

因此，推进积极的思维行为的高度统一，任何背景下，领导管理者都必须能够成熟牢固地确立，整体运营发展强大力量坚强铸就的根本，并以此有效激发和提升各环节组成高质量的灵活性创造力。

（二）积极制度和文化的坚强支持

通过长期广泛的实践，人们已经普遍意识到，严密的组织纪律和制度，是一切思维行为高度统一不可或缺的重要力量。事实上，任何领导管理者，一旦丧失纪律与制度的操控或支持的力量，那么，他必将对此难有任何积极的作为。

同时，一些贤能睿智之士亦已深入洞察和辨识了，复杂多变或艰难挑战的环境中，能够有效激发与推动人的潜在创造性智慧力量，充分提升和展示的文化因素，无不对其高质量的职业思维或行为及其团队背景下的高度统一，具有更为积极、持久和重要的价值。因此，高质量制度和文化体系的密切融合，普遍成为组织思维行为的高度统一，以及整体强大运营发展力量的积极铸建或展示，不可或缺的关键途径和坚强动力。

（三）领导团队一致的坚强根基

领导核心团队无不需要坚强承担，整体组织思维行为的高度统一，积极解释、倡导与推动的艰巨重任。因此，他们思维行为的高度一致，普遍成为组织整体思维与行为统一的坚强根基。

实践中，领导团队必须就自身的思维与行为，依据组织的基本信念或宗旨，以及运营发展内外环境的具体实际，就可能存在的分歧进行经常性的深入细致的检查、分析和沟通，并以此深入准确地辨识和把握，组织整体思维行为的统一，可能存在的障碍或问题，以及卓有成效推进所需采取的积极方式和保障措施。

（四）中坚团队一致的强大动力

分布各运行环节的中坚或骨干团队，是组织整体运营发展力量的关键决定性因素。在整体思维行为高度统一的进程中，他们无不既要坚强展示以身作则的榜样力量，又要卓有成效地肩负各环节统一的指导和监管的重要职责。因此，中坚团队的高度一致，不仅是自身坚强力量的重要保障，而且也是整体思维行为高度统一的强大推动力量。

事实上，如果缺乏中坚团队高度一致的坚强支撑，任何精明强干的领导人，都必将难以展示卓越的组织领导；任何强大资源力量或积极机遇的价值，都必将受到极大限制而难以充分展现。中坚团队的离心离德或钩心斗角，亦普遍成为广泛领域中组织，整体运营力量的脆弱及其进程的曲折，最为重要的根源之一。

（五）充分尊重员工的人性尊严

卓有成效地推进思维行为的高度统一，必须充分尊重广大员工的人性尊严。实践中，人们的职业思维或行为，普遍受到头脑中辨识思考、思想意识及其情感动力，密切融合相互作用的复杂影响。因此，任何背景下，领导管理者都必须能够充分提升和展示，自身高质量的职业智慧与才能，努力采取思维启发、意识指导和情感激励，更为积极主动的统一推进方式，而避免把具有高度思维判断能力，及其能动性创造智慧才能的员工，简单地视作只能执行僵化指令的机器。

（六）推进教育宣传的坚强保障

头脑中的思想意识，无不对人们职业思维与行为的倾向，具有极其关键的决定性影响。因此，卓有成效地推动整体思维行为的高度统一，组织无不需要努力构建旨在彰显团队或集体坚强力量核心价值，积极成熟的价值取向与文化意识体系，并以此有效推进广大员工高质量职业素养，积极铸建的教育和引导工作。

同时，组织还必须就面临的全局形势，以及整体运营发展、各专业环节运行及其岗位工作推进，高质量进程卓有成效创造所应采取的积极思维与行为方式，进行广泛深入的宣传和发动，以使全体员工能够对组织积极倡导或推动的统一要求与价值，形成足够深入而充分的辨识和掌握，从而成为自身主动自觉的思维指南与行为规范。

第八章

创造组织坚强的前行力量

铸就坚不可摧的强大力量

通过长期的积极探索与实践，人们已经日趋广泛而成熟地意识到，唯一具有能动性创造智慧与力量的广大员工，无不成为一个组织或团队乘风破浪一往无前，永不枯竭的最为坚强的力量之源。

为此，作为睿智思维象征的《鬼谷子》曾经辩称："目贵明，耳贵聪，心贵智。以天下之目视者，则无不见；以天下之耳听者，则无不闻；以天下之心虑者，则无不知。辐辏并进，则明不可塞。"

——对眼睛来说，最重要的就是明亮；对耳朵来说，最重要的就是灵敏；对心灵来说，最重要的就是智慧。人君如果能用全天下的眼睛去观看，就不会有什么看不见的；如果用全天下的耳朵去听，就不会有什么听不到的；如果用全天下的心去思考，就不会有什么不知道的。如果全天下的人都能像车辐条集辏于毂上一样，齐心协力，就可明察一切，无可阻塞。

然而，卓有成效地激发并汇聚广大员工，强大的能动性创造智慧与力量，并非一蹴而就能够实现的美好愿望，它无不需要领导管理者卓有成效地推进，一系列睿智积极的思维行为方式。在本章第一节，我们突出强调了，必须成熟牢固地构建与广大员工血肉相连的根本思维意识。

接下来，我们就组织高质量运营发展坚强力量睿智积极地创造，必须有效建立紧密联结和密切沟通广大员工的通畅渠道，营建组织运营发展旺盛活力的积极氛围，以及积极引导和推动广大员工，坚强铸建长远发展高层次的事业思维意识等，重要领导管理工作及其方法展开了分别的探讨。

归根结底，以人的能动性智慧力量充分展示为核心，最广大员工职业的积极性、主动性和创造性，卓有成效地激发或推动，才能铸就整体组织无往不胜最为坚强的前行力量，我们在最后的第五节对此进行了讨论（图 4-8-0-1）。

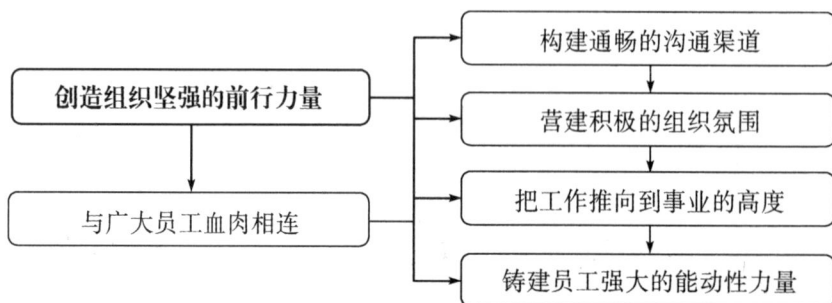

图 4-8-0-1　创造组织坚强的前行力量

第一节　与广大员工血肉相连

卓越领导管理的核心原则

广大员工是组织运营发展一切资源因素的潜在价值，卓有成效提升与展示最具关键的决定性力量。因此，广泛的实践中，与广大员工的血肉相连，无不成为卓越的领导或管理，睿智积极铸就必须遵循的核心原则。

长期以来，尽管大量远见卓识的研究或实践者，已经深邃洞察或辨识了与广大员工密切相连的关键决定性价值。然而，究竟如何睿智成熟地推进这一核心的原则，从而积极展示自身高质量的职业智慧与才能，却依然成为时常困扰领导管理者的艰难挑战。

事实上，无论基于人的辨识思维逻辑，还是依据广泛的领导管理实践，睿智洞察和识别广大员工所蕴藏的强大创造性智慧力量，无不成为与其血肉相连职业思维或行为的基石。缺乏这种坚强基石的有力支撑，任何背景下，都必将无以创造真正卓越的组织领导或管理。

实践中，唯有对广大员工强大的潜在能动性创造智慧和力量，形成足够深入而成熟的辨识，领导管理者才能积极铸就充分依靠他们的牢固职业意识；才能把自身密切融入广大的员工队伍；才能始终如一地坚持员工的立场，积极探索和创造职业进程中各种高质量的思维与行为方式；才能坚持不懈地推进广大员工整体职业素养持续高质量地提升与发展，并以此高质量地展示自身卓越的职业智慧与才能（图4-8-1-1）。

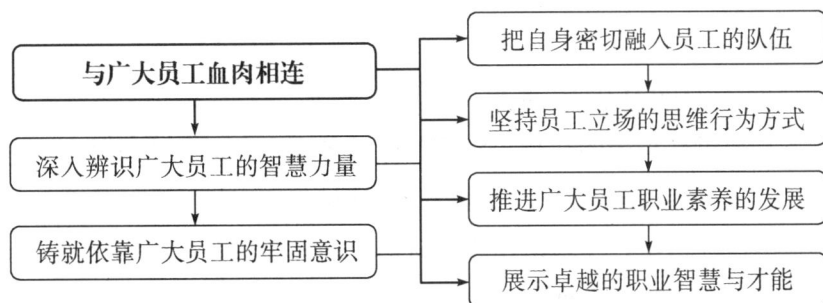

图 4-8-1-1　与广大员工血肉相连

一、深入辨识广大员工的智慧力量

人们时常会以各种的思维立场或审视角度，来分析评价领导管理者的职业能力或水平。事实上，足够睿智、深入而充分地辨识广大员工所蕴含的强大创造性智慧与力量，及其组织一切运营发展能力最为根本的基础和坚强的动力，以及自身职业一切积极思维或行为的关键出发点，无不成为所有领导管理者卓越的职业智慧与才能最为显著的特征。

不仅如此，任何背景下，他们都能够深入洞察和充分辨悉，广大员工强大的能动性创造智慧或力量，无不需要头脑中思维意识对团队行进方向、路线和目标高度认同的坚强支持；员工队伍整体强大的力量，无不需要卓有成效地组织、激发与凝聚的坚强推动，并以此而成为自身职业智慧、才能和价值的高质量展示极其关键的途径和坚强的动力（图4-8-1-2）。

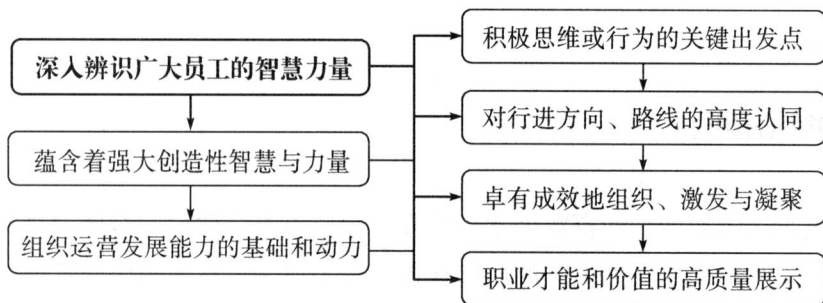

图4-8-1-2　深入辨识广大员工的智慧力量

（一）蕴含着强大创造性智慧与力量

睿智成熟地辨识和把握组织的员工及其整体队伍所蕴含的强大能动性创造智慧与力量，并以此铸建展示卓越的职业智慧或才能，领导管理者无不需要构建三个基本的职业思维意识。

一是个别员工与整体队伍的关系。不能因为任何员工个人所必然存在的职业能力或表现的限制而轻视整体队伍强大的能动性创造智慧和力量。团队的整体力量，绝不是个人智慧能力的简单相加。一旦众多的个人构建形成了相互支持与密切协作的坚强团队，那么，任何对其整体创造性智慧力量限制的思维，无不极易暴露出浅显短视的水平。

二是任何组织运营发展的卓越进程或成就，无不需要员工队伍强大能动性创造智慧和力量的坚强支撑。

三是强大的创造性智慧与力量，只是蕴藏在员工队伍中的潜在积极因素，而绝非任何环境中都能得以充分展现。卓有成效地推动整体员工队伍，强大创造性智慧力量的积极提升和充分展示正是所有领导管理者必须肩负的核心职责。

（二）组织运营发展能力的基础和动力

组织领导管理各种思维或构想的执行与实施，以及各项专业运行或整体运营发展的能力，无不最终取决于各岗位工作的推进或专业环节的运行，及其相互间密切支持与协作的质量和水平。而承担各项岗位工作推进的广大员工，及其密切联结所形成的各项专业或整体队伍，所蕴含的能动性创造智慧与力量，无疑成为各项工作的推进或专业环节的运行，高质量进程最为根本的基础和坚强的动力。

（三）积极思维或行为的关键出发点

组织的领导或管理的进程，通常需要面对各种错综复杂的内外因素、关系及其变化。全面、深入、准确地辨识和把握内外环境中，各种重要资源因素相互联结或作用，及其形成的总体变化发展的趋势，领导管理者无不需要睿智成熟地识别，广大员工在各种内外资源因素及其关系中的核心地位。因此，广泛的实践中，广大员工所蕴含的强大创造性智慧与力量，普遍成为组织卓越领导与管理，高质量思维或行为的关键出发点。

（四）对行进方向、路线的高度认同

广大员工强大能动性创造智慧与力量的积极提升和充分展示，广泛的实践中，无不需要得到对团队的行进方向、路线与目标，足够深入准确辨识与高度认同的坚强支撑。因此，当组织的领导人或管理者，如果对坚强支撑的力量缺乏足够深入充分地辨识，及其卓有成效地创造或推动，而试图仅仅采取丰厚的物质激励，或者严密制度的强制手段，亦即人们耳熟能详的"胡萝卜加大棒"方式。显然，无不将会极大地限制组织员工队伍，整体强大的能动性创造智慧与力量。

（五）卓有成效地组织、激发与凝聚

通过长期的实践探索和总结，人们已经日趋广泛而深入地意识到，任何团队强大创造智慧与力量，及其高质量运营发展进程或成就的积极铸就，无不需要对各种资源能力，尤其是人力资源因素精心设置和组织的坚强支持。

不仅如此，人们创造性智慧力量的积极提升和展示，通常还需要对自身拥有的强大潜能，及其高质量价值深入而充分辨识的坚强推动。同时，整体团队强大的能动性创造智慧和力量，还普遍需要得到强烈共同愿景的坚强支撑，才能得以积极地凝聚而有效铸就。

因此，任何背景下，整体员工队伍强大的创造智慧与力量，普遍需要领导管理者卓有成效地组织、激发与凝聚的坚强推动。

（六）职业才能和价值的高质量展示

在各种因素、关系与变化错综复杂的内外环境中，能够深入准确地辨识广大员工，所蕴含的强大能动性创造智慧与力量，及其对组织运营发展高质量进程或成就的关键决定性价值，以及卓有成效地提升和展示的原则与方式，无疑成为组织的领导人或管理者，卓越的职业智慧、才能和价值的高质量展现，极其关键的途径和坚强的动力。

二、铸就依靠广大员工的牢固意识

领导管理者的所有思维意识或职业意图，如果缺乏广大员工强大能动性创造力的坚强支撑，显然，它们的力量或价值无不将会受到极大的限制。因此，铸就成熟坚定的依靠广大员工的牢固职业意识，无不成为组织领导或管理，最具远见卓识的睿智选择。

事实上，唯有成熟坚定地依靠广大员工强大的创造性智慧与力量，才能更为全面准确地辨识和掌握组织运营发展的内外实际，卓有成效地推进展示领导管理的各种思维或构想，高质量地辨识和应对内外各种机遇或挑战，积极构建组织中坚骨干队伍持续发展的坚强动力。因此，广大员工无不成为任何组织的强大运营发展能力，及其任何背景下的高质量领导与管理的根本（图4-8-1-3）。

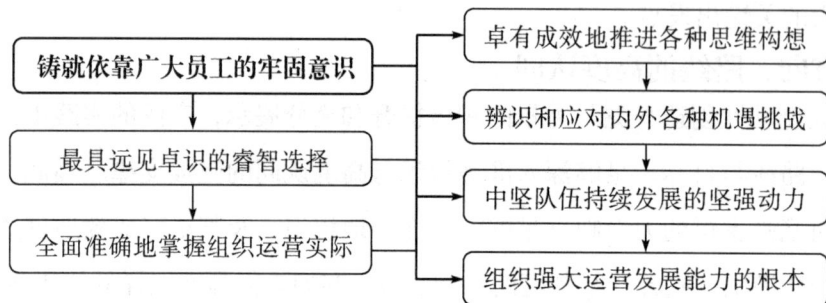

图 4-8-1-3　铸就依靠广大员工的牢固意识

（一）最具远见卓识的睿智选择

任何背景下，领导管理的卓越进程，无不需要广大员工能动性创造智慧与力量坚强有力的支撑。事实上，缺少员工队伍强大创造性智慧力量的有力支持，没有任何组织能够展示卓越的运营发展，及其高质量领导管理的进程和成就。因此，铸就全心全意依靠广大员工成熟牢固的职业意识，无不成为领导管理者最具远见卓识的睿智选择，及其卓越智慧与才能的关键决定性因素。

（二）全面准确地掌握组织运营实际

人们无比崇尚复杂艰难环境中，能够远见卓识独具慧眼，为组织持续高质量运营发展，指明光辉灿烂前行航向和行进道路，领导人卓越的智慧与才能。然而，如果领导人难以睿智成熟地辨识，广大员工承担着组织各项工作的运行及其协作的职责，以及对各种资源因素及其相互作用或联结的实际，具有最为深刻而准确感知和把握的客观事实，从而无视他们应对工作的能力与表现，忽略工作运行有效提升的积极意愿或建议，那么，他的任何良好职业愿望，都必将成为缘木求鱼的幻想。

事实上，任何优秀的领导管理者，无不深谙必须依靠广大的员工，全面准确地掌握组织的运营实际，并以此卓有成效地创造自身职业高质量的进程或成就，极其重要的原则和关键的途径。

（三）卓有成效地推进各种思维构想

铸建成熟坚定的依靠广大员工的牢固职业意识，不仅体现在对组织运营各种内外资源因素，及其相互关系和持续变化全面准确的辨识与掌握，而且更为重要的还在于，自身领导或管理的各种思维或构想，无不需要他们团结一心密切协作，强大能动性智慧力量创造性地给予高质量的推进或实施。

广大员工创造性地推进和实施，领导管理各种思维或构想的重要价值，迄今为止，已少有领导管理者予以断然否定。然而，至为关键的是，领导管理者任何背景下，都必须努力使得自身职业的思维或构想，能够符合更为积极的人性化方式的原则，以充分激发和展示广大员工更为强大的创造性智慧与力量。

（四）辨识和应对内外各种机遇挑战

由于内外环境资源因素的构成，及其相互联结或作用关系的变化，组织运营进程中，时常会产生对全局发展具有重要影响的各类机遇或挑战。对此，正如苏轼的名句"竹外桃花三两枝，春江水暖鸭先知"所言，位居各项工作运行推进最前沿的广大员工，无不扮演着气候变化探测的感官功能，并对各类潜在的机遇或挑战，拥有最先、最深、最准的感知。事实上，远见卓识的领导管理者，无一不是从各环节员工反映或报告的材料中，对各种扑朔迷离的信息进行睿智的综合与推断，从而形成各类潜在机遇或挑战的准确判断。

不仅如此，由于人的能动性创造智慧和力量，始终占据着各类资源因素相互作用或密切联结绝对的主导地位。因此，广大员工强大的能动性创造力，无不成为广泛领域的领导管理者，卓有成效地应对组织各类运营机遇或挑战，必须全心全意依靠的最为重要而坚强的力量。

（五）中坚队伍持续发展的坚强动力

中坚骨干队伍，是任何组织高质量运营发展，极其关键的决定性力量。然而，组织任何中坚骨干人员职业力量与价值的积极展示，无不需要通过他所带领或影响的员工团队，高质量的职业表现得以充分实现。因此，任何中坚骨干人员的职业素养与价值，都必须依据与广大员工密切联结的质量，给予准确地评价和判断。

不仅如此，广泛的实践中，中坚骨干队伍高质量地构建与发展，无不需要得到广大员工强大智慧力量的坚强支持。事实上，缺乏广大员工的积极参与和坚强支持，任何中坚骨干队伍的构建与发展进程，都必将受到极其显著的限制。

（六）组织强大运营发展能力的根本

组织运营发展的任何力量，无论是各项专业环节的运行发展，还是由其密切联结形成的整体能力，无不需要广大员工能动性创造力的坚强支持，才能得以卓有成效地铸就或展示。因此，任何背景下，领导管理者都必须能够成熟深入地辨识，广大员工创造性智慧力量，是组织强大运营发展能力的根本，并以此努力铸建和积极践行依靠广大员工，卓有成效地推进或创造自身职业高质量进程与成就，睿智而牢固的思维意识。

贞观四年，房玄龄在细致查点后，曾满怀喜悦与自豪之情，向唐太宗报告武库中的装备已远远超过了隋朝，唐太宗则作出了这样的告诫：

"饬兵备寇虽是要事，然朕惟欲卿等存心理道，务尽忠贞，使百姓安乐，便是朕之甲仗。隋炀帝岂为甲仗不足，以至灭亡，正由仁义不修，而群下怨叛故也。宜识此心。"——修整兵器，防备贼寇，固然是重要的事，但我却希望大家多留心治国之道。你们都要竭尽忠贞，使百姓能安居乐业，这就是我的武器。隋炀帝哪里是因为武器不够多而招致灭亡的呢？他败亡是由于不施行仁义，而使群臣百姓怨恨、群起反叛的缘故啊。你们要理解这个道理。

三、把自身密切融入员工的队伍

任何背景下，都能够把自己成熟坚定地视作为整体员工队伍中，不可分割的普通又重要的一员，并以此与广大的员工密切相融，长期以来，一直是领导管理者普遍面临的艰难职业挑战。事实上，唯有与广大的员工密切相连，才能得到他们的全力坚强支持；高高在上，无不极易与广大员工貌合神离，并显著地削弱自身职业高质量的智慧与才能。

密切融入员工的队伍，无不需要成为广大员工美好职业愿景的坚定推动者，并把组织或团队牢固铸就成，广大员工值得信赖的坚强职业依靠（图4-8-1-4）。

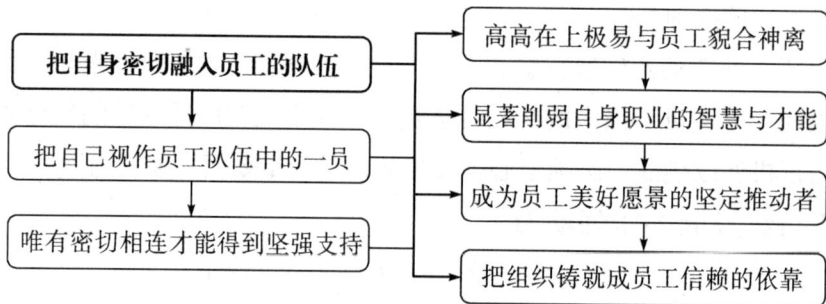

图 4-8-1-4　把自身密切融入员工的队伍

（一）把自己视作员工队伍中的一员

"己所不欲，勿施于人"的原则，长期以来，一直被贤能睿智之士所广泛坚定奉行，并普遍成为他们卓有成效地推动他人或争取支持的重要方式。实践中，如果缺乏对广大员工工作的资源条件，及其职业思维或行为倾向的实际，深切的感知与准确的把握，又何以能够争取他们积极的拥护和全力的支持，从而有效创造自身领导或管理职业的卓越进程与成就？

（二）唯有密切相连才能得到坚强支持

展示卓越领导或管理的智慧与才能，广泛的实践中，无不需要与广大员工密切联结和融合的坚强支撑。换言之，领导管理的思维决策或行为方式，必须符合广大员工工作高质量推进的具体实际；能够积极提升和充分展示，广大员工能动性创造智慧与力量；深切感知并体谅他们职业的种种艰辛；努力支持和帮助他们，有效克服职业进程中的一切艰难。唯有如此，领导管理者才能得到广大员工，强大创造性智慧力量充分展示的坚强支持。

（三）高高在上极易与员工貌合神离

实践中，没有任何比高高在上极端轻视广大的普通员工，更具侵蚀性的危害力量，及其组织领导或管理的严重风险。事实上，高高在上轻视员工，不仅难以阻挡地必将与广大员工貌合神离，从而严重封闭了自身的职业耳目，显著限制了睿智坚强地展示，广大员工强大能动性创造智慧与才能，而且还无不需要独自承担由此酿成的极其严重的职业后果。

为此，《尚书》曾经极其鲜明地提出警告："抚我则后，虐我则仇。"——抚爱我的就是君主，虐待我的就是仇敌。

《左传》也曾辩称："君民者，岂以陵民？社稷是主。臣君者，岂为其口实？社稷是养。故君为社稷死，则死之；为社稷亡，则亡之。若为己死，而为己亡，非其私昵，谁敢任之？"——作百姓的君主，岂可凌驾于百姓之上？而是要管理好国家。作为国君的臣子，岂是为了自己的俸禄？而是要保养好国家。所以国君为国家而死，就跟着他去死；为国家而逃亡，就跟着他逃亡。如果为自己而死，或为自己而逃亡，不是国君私人所宠爱的人，谁敢承担这件事？

（四）显著削弱自身职业的智慧与才能

缺乏与广大员工密切联结的坚强支撑，而陷入与其貌合神离的尴尬或危险境地，领导管理者必将难以全面准确地辨识和掌握，组织运营进程中各种重要资源因素，尤其是居于它们各种作用关系与持续变化，关键决定性地位员工职业的意愿，及其思维情感倾向与行为力量的实际，从而使得自身思维行为的智慧才能，无不受到极其显著的限制。

（五）成为员工美好愿景的坚定推动者

广泛的实践中，那些受到人们普遍敬仰的领导管理者的卓越智慧与才能，无一不是通过对广大员工共同强烈的美好愿景，远见卓识的构建、引导与推动，而得以睿智坚强地铸就和展现。

广大员工强烈美好愿景积极而坚定地推动，通常一方面需要对组织运营内外环境及其变化发展，形成足够全面而准确的辨识和把握，并以此为组织指明光明灿烂的正确前行方向与道路；另一方面，又能够坚定不移全心全意地依靠广大员工，所蕴含的整体强大能动性创造智慧与力量，把强烈美好愿景坚强铸就成，整体团队高质量的实践进程和成就。

（六）把组织铸就成员工信赖的依靠

领导管理者与广大员工最为紧密地联结和融合，并以此卓有成效地提升和展示，他们强大的能动性创造智慧和力量，最为根本而重要的任务和途径之一，就是通过组织持续高质量运营发展的卓越创造，以及一系列员工利益积极保障措施的有效设置和推进，确实把组织铸就成他们的良好职业愿景，乃至人生美好愿望值得信赖的坚强依靠。

四、坚持员工立场的思维行为方式

任何领导管理的思维构想或行为方式，无不需要有效转化为广大员工，强大的能动性创造智慧与力量，才能形成组织运营发展的坚强动力和高质量价值。因此，始终坚持广大员工能动性创造力积极提升和充分展示的基本立场；积极设置或选择高度适应人性特征，及其组织内外实际的运营发展方式；准确辨识和掌握广大员工职业的真切感受与强烈意愿；慎重辨析并积极兼顾广大员工的普遍意见和建议；及时通报组织运营发展内外重要因素状况的实际，普遍成为领导管理者职业智慧与才能，卓有成效提升和展示的重要途径（图4-8-1-5）。

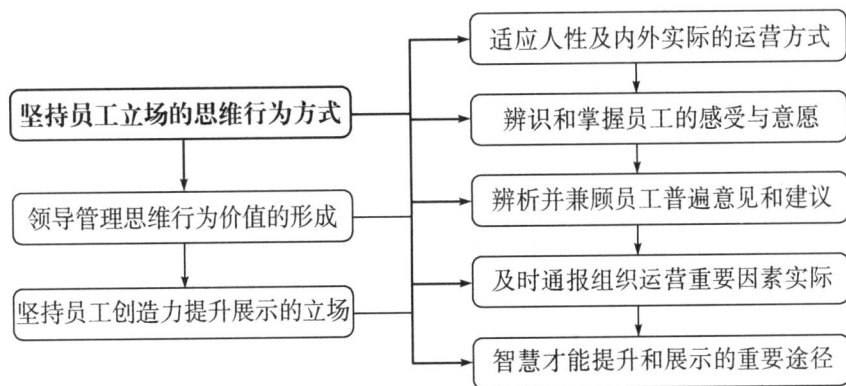

图 4-8-1-5　坚持员工立场的思维行为方式

（一）领导管理思维行为价值的形成

任何领导管理的思维构想或行为方式，无不需要得到广大员工足够深入的理解和积极的支持，并有效转化为他们强大的能动性创造智慧与力量，才能卓有成效地形成组织运营发展的坚强动力和高质量的价值。事实上，无视广大员工强大能动性创造力的关键决定性价值，总是试图展示自身强势权威的领导管理者，很少能够展现出真正卓越的职业智慧与才能。

对于积极争取广大员工普遍支持关键而深远的价值，《三略》曾经辩称："废一善则众善衰，赏一恶则众恶归。善者得其佑，恶者受其诛，则国安而众善至。众疑无定国，众惑无治民。疑定惑还，国乃可安。"——弃置一个好的事情，众多好的事情都会受此影响而衰退；奖赏一个坏的事情，众多坏的事情就会蜂拥而至。好的事情得到保护与支持，坏的事情受到惩罚与限制，那么国家就会安定，各种积极的表现就会层出不穷。

民众都对政令持有怀疑，国家就不会得到安定；民众都对政令困惑不解，社会就不会得到治理。疑虑消失，困惑解除，国家才会安宁。

（二）坚持员工创造力提升展示的立场

始终坚持广大员工能动性创造智慧与力量，积极提升和充分展示的基本立场，普遍成为广泛实践中组织领导或管理，卓越智慧才能高质量地铸就与展示，最为坚强的动力和关键的途径。事实上，无视广大员工强大的能动性创造智慧与力量，又试图期望他们能够高质量地推进或实施，自身各种领导或管理的思维构想，显然，这无不成为缘木求鱼水中捞月的妄想。

为此，唐太宗曾经辩称并要求，为国之道务必因人之心："朕谓乱离之后，风俗难移，比观百姓渐知廉耻，官民奉法，盗贼日稀，故知人无常俗，但政有治乱耳。是以为国之道，必须抚之以仁义，示之以威信，因人之心，去其苛刻，不作异端，自然安静。公等宜共行斯事也！"——我原来以为，大乱之后社会风气很难在短时间内变好。近来发现百姓逐渐懂得廉耻，官吏和百姓都遵守法纪，盗贼日益减少。因此知道人民没有固定不变的习气，只是国家政治有治有乱罢了。所以，治国之道，必须用仁义来安抚百姓，向他们树立威信。应该顺应民心，废除严刑酷法，不做荒唐怪诞的事情，天下就自然安定平静。你们应当一起来从事这件事。

（三）适应人性及内外实际的运营方式

复杂多变的环境中，组织的领导与管理，无不极易产生各式各样的错误或挫折。对此，员工素质的低下或运营环境的艰难，时常成为一些领导管理者，一番深思熟虑后言之凿凿的结论。事实上，头脑中缺乏对能动性创造力的人性根本特征，及其在各种资源因素联结作用中的关键地位，以及由此睿智积极地设置或选择，高度适应人性特征及其内外资源因素具体实际的运营发展，才是各种组织领导与管理错误或挫折的真正根源。

（四）辨识和掌握员工的感受与意愿

卓越的领导管理者无不殚精竭虑，以深入准确地辨识和把握，居于组织运营发展一切工作，及其资源因素关系主导地位的最广大员工，内心职业的真切感受和强烈意愿，从而确保复杂多变环境中，各种深思熟虑的职业思维或行为，能够更为积极而充分地展示，广大员工强大的能动性创造智慧与力量，并以此卓有成效地铸就组织运营发展高质量的进程和成就。

为此，贞观初年，唐太宗曾对身边重臣提出了这样的意愿："古来帝王以仁义为治者，国祚延长，任法御人者，虽救弊于一时，败亡亦促。既见前王成事，足是元龟。今欲专以仁义诚信为治，望革近代之浇薄也。"——自古以来用仁义治国的帝王，国运长久；用刑法治人的，虽然能补救一时的弊端，但败亡也很快。前代帝王成败的事例足以作为借鉴。现在我打算专用仁义诚信治理国家，希望能革除近代浮薄不纯的社会风气。

（五）辨析并兼顾员工普遍意见和建议

广大员工通常位居各项工作运行发展的最为前沿，他们的职业思维意识和情感行为动力，不仅是各项工作推进质量或进程关键的决定性因素，而且也是领导管理思维行为的整体水平，极其重要而准确的体现。

实践中，一些浅显的领导管理者，时常认为身居基层岗位员工的职业反应，对组织全局影响的价值极其轻微，不足以日理万机的自身投入足够的关注。然而，事实上，能够自微知著，从基层员工职业表现中准确判断出大局的兴衰得失，正是领导管理者远见卓识智慧才能的关键体现，尤其是广大员工的普遍意见和建议，无不成为领导管理者职业的思维或行为质量，准确检验的重要途径和积极提升的坚强动力。

因此，任何背景下，领导管理者都必须能够足够谨慎地辨析，并积极地兼顾广大员工的普遍意见与建议，并以此真正成为他们良好职业意愿的坚强推动力量。

（六）及时通报组织运营重要因素实际

唯有对组织内外资源因素与关系，及其整体运营发展的形势，形成足够全面而深入的辨识，广大的员工才能铸就高质量思维和行为的坚强动力。因此，卓有成效地提升和展示，强大的能动性创造智慧与力量，领导管理者必须向广大的员工，及时通报组织运营发展内外重要资源因素，及其作用关系和变化发展的实际，并深入充分地解释和宣传，组织因此所设置选择的正确前行方向和行进道路。

（七）智慧才能提升和展示的重要途径

广大员工无不对组织运营发展各项工作推进的质量、进程或高度，具有极其关键的决定性价值。因此，始终坚持他们能动性创造智慧和力量，积极提升与充分展现的基本立场，无不成为领导管理者自身职业智慧和才能，卓有成效提升与展示的重要途径。事实上，任何轻视广大员工的强大能动性创造智慧与力量，对组织运营发展的关键决定性价值，或者自封高明、自持神助的领导管理者，无一能够逃避自身浅薄或粗陋实践的无情嘲弄。

五、推进广大员工职业素养的发展

广大员工头脑中积极的职业信念及其价值倾向或观念，以及职业进程中成熟坚定的团队意识和高水平的专业技能，无不对他们的职业成就与价值具有极其关键的决定性影响。因此，积极推进广大员工职业素养的持续提升与发展，广泛的实践中，不仅是领导管理者有效铸建并保持，与他们血肉相连的关键途径和必然选择，而且也是高质量领导或管理卓有成效创造最为坚强的动力，并以此普遍成为组织全局战略与中坚队伍发展的重要工作，以及领导管理者必须承担的核心职责。

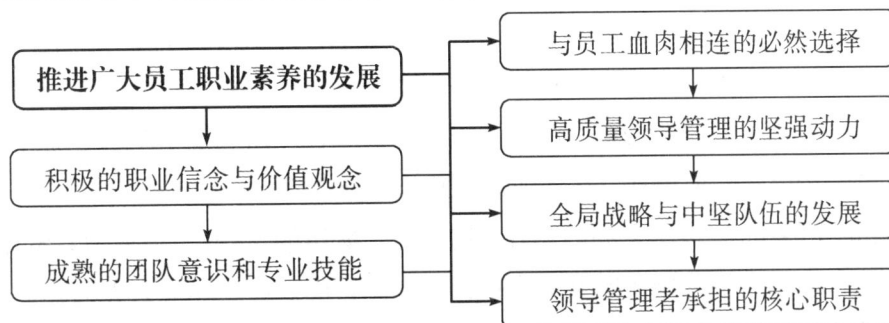

图 4-8-1-6　推进广大员工职业素养的发展

（一）积极的职业信念与价值观念

头脑中积极坚定的职业信念与价值观念，广泛的实践中，无不成为人们高质量职业思维或行为及其智慧和才能，不可或缺的坚强推动力量。因此，积极推进广大员工职业素养的持续提升与发展，并以此创造组织运营发展高质量的进程或成就，领导管理者无不需要努力依据，广泛社会文明进步发展的整体趋势，以及组织有效构建并倡导的积极团队文化，卓有成效地推动和帮助广大员工铸建形成，积极坚定的职业信念与价值观。

（二）成熟的团队意识和专业技能

成熟坚定的团队思维意识及其高水平的专业技能，无不对人们整体职业素养的质量或高度，具有极其重要的决定性影响。实践中，唯有成熟坚定团队思维意识的坚强支撑，人们才能高质量地推进工作间密切的支持与协作，牢固铸就创造与奉献职业思维或行为的强大动力；唯有高水平专业技能的有力支持，人们才能卓有成效地辨识与应对，各种复杂环境中的积极机遇或艰难挑战，并以此坚强创造职业推进和发展高质量的进程与价值。

（三）与员工血肉相连的必然选择

广泛的实践中，唯有位居各类资源因素相互联结或作用，以及各项工作运行发展关键决定性地位，广大员工职业素养及其能动性创造智慧和力量，持续高质量提升与发展的坚强支撑，组织才能拥有任何复杂艰难环境中，积极展示自身高质量进程或成就强大的运营发展能力，并以此有效确保广大员工长远根本的积极利益。

因此，远见卓识全心全意地把广大员工，视作为组织高质量运营发展最为坚强的根本力量，并睿智牢固地铸就与他们血肉相连成熟坚定的职业思维意识，领导管理者无不需要竭尽所能，卓有成效地推进广大员工整体职业素养及其能动性创造力，持续高质量地提升与发展。

（四）高质量领导管理的坚强动力

任何睿智领导管理的思维决策或运行方式，以及各种指导与协调职业行为的形成推动，无不需要对各项工作运行关键决定性因素，广大员工职业素养及其创造智慧才能，足够深入而准确辨识的有力支持。不仅如此，广大员工的整体素养及其创造性推动实施的智慧才能，对组织领导管理的各种思维行为的执行或反应质量，又具有普遍关键的决定性影响。因此，广大员工职业素养持续积极地提升与发展，普遍成为高质量组织领导或管理，卓有成效创造最为坚强的动力。

（五）全局战略与中坚队伍的发展

积极推进广大员工职业素养及其能动性创造智慧与力量，持续高质量地提升和发展，身居关键位置的领导人必须能够深入地洞察和充分地辨识，强大的员工队伍对于组织全局高质量进程或成就的关键决定性价值，并把他们职业创造力的持续提升与发展，牢固地置于全局战略路线高质量设置或选择的关键位置，予以统筹地规划、有效地推进和积极地考核。

事实上，广泛的实践中，把员工素养的提升与中坚骨干队伍的发展，予以最为紧密地联结和融合，普遍成为他们共同积极推进不开偏离的重要途径：一方面，广大员工职业素养的积极提升，能够为中坚骨干队伍高质量地构建与发展，提供更为坚强的后备和推动的力量；另一方面，必须把卓有成效地推进广大员工职业素养，持续高质量地提升与发展，牢固置于中坚骨干人员战略路线的执行成效，及其整体职业智慧、才能和价值，考核与评价标准的重要位置。

（六）领导管理者承担的核心职责

任何背景下，领导管理者最为核心的职业责任和价值，无不集中体现在组织高质量全局进程或成就，卓有成效地推进和创造。广泛的实践中，广大员工整体职业素养及其能动性创造智慧与力量，无不对组织各类资源因素的积极联结或作用，以及各项工作高质量的运行与发展，具有普遍关键的决定性影响或价值。因此，卓有成效地推进广大员工整体职业素养，及其能动性创造智慧与力量持续积极的提升和发展，无不成为领导管理者必须承担的核心职责，以及高质量职业进程和成就卓越创造的重要途径。

六、展示卓越的职业智慧与才能

长期而广泛的实践充分显示，与广大员工保持血肉相连般的密切融合，是一切高质量领导管理的智慧才能卓越展示，最为坚实的基础和强大的动力。同时，领导管理者自身的职业素养，对广大员工的能动性创造智慧和力量，也具有普遍关键的决定性影响或价值。

因此，任何重要的领导管理决策，无不需要充分考虑和兼顾广大员工的反应；任何积极的领导管理方式，无不需要高度适应广大员工的职业实际；任何艰难困苦的环境中，都绝不要抱怨具有高度智慧和情感力量的广大员工；任何职业背景下，都务必通过广大员工共同奋发的不懈努力，才能卓有成效地实现自身美好的职业意愿（图4-8-1-7）。

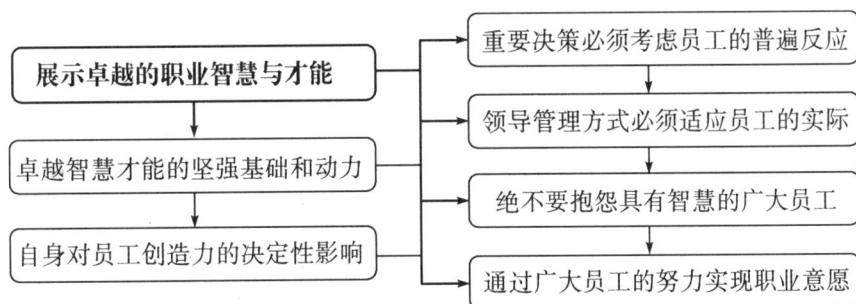

图 4-8-1-7　展示卓越的职业智慧与才能

（一）卓越智慧才能的坚强基础和动力

任何卓越领导管理的智慧与才能，无不需要通过广大员工的坚强推进或积极实践，才能得以充分淋漓的展现。因此，广泛的实践中，与广大员工铸就并保持血肉相连般的密切融合，普遍成为领导管理卓越智慧与才能的积极展示，最为坚实的基础和强大的推动力量。

尽管如此，足够睿智深入地辨识并积极充分地展示，广大员工所拥有的强大能动性创造力，并以此卓有成效地铸就和展现自身卓越的智慧才能，迄今为止，依然成为领导管理者普遍面临的极其艰难的职业挑战，以至于一些领导管理者即使遭受了最为严重的职业挫折，也难以深入准确地辨识与广大员工同舟共济荣辱与共的关键决定性价值。

事实上，任何领导管理者一旦顽强超越各种艰难险阻，坚强攀登并稳健屹立于广受景仰的职业高峰，他们无不极其清晰地辨识和深切地感受，巍峨的高峰无不就是广大员工强大的能动性创造智慧与力量，满怀豪情的积极迸发和团结一心的高度汇聚。

（二）自身对员工创造力的决定性影响

通过长期而广泛的实践，人们已经普遍而深入地意识到，领导管理者无不对广大员工的职业素养及其提升发展，以及整体能动性创造智慧和力量，具有极其关键的决定性影响或价值。因此，矢志高质量的职业进程或成就，领导管理者务必谨慎于自身的思维意识与行为方式，深入准确地辨识并卓有成效地超越，各种负面思维或行为可能给自身职业带来的严重侵蚀性危害。

对此，《尚书》曾经谆谆告诫："尔身克正，罔敢弗正，民心罔中，惟尔之中。尔其戒哉！尔惟风，下民惟草。"——你自身能正，人民不敢不正；民心没有标准，只考虑你的标准。你要戒惧呀！你是风，百姓是草，草随风而动啊！

孔子也曾断称："君子之德风，人小之德草，草上之风，必偃。"——执政者的品德好比风，老百姓的品德好比草，风吹到草上，草就必定跟着倒。

唐太宗也极其睿智地洞察了，上级对部属素养的关键决定性影响："古人云：'君犹器也，人犹水也。方圆在于器，不在于水。'故尧、舜率天下以仁，而人从之；桀、纣率天下以暴，而人从之。下之所行，皆从上之所好。"——古人说："国君好比是容器，百姓好比是水。水的形状决定于装它的容器，不在于水的本身。"所以尧、舜用仁政统治天下，民风随即淳厚；桀、纣用暴政统治天下，民风随即凶悍。百姓的行为，都是追随朝廷的喜好。

（三）重要决策必须考虑员工的普遍反应

积极提升并充分展示高质量的智慧才能，领导管理者务必就组织运营发展各项重要的决策，事先征询足够广泛岗位员工的意见，以深入准确地辨识和把握广大员工的普遍意愿与反应，并以此对相应的决策进行更为积极地修正和完善。无视广大员工对重要决策普遍的强烈意愿和反应，又试图依靠他们给予创造性地积极推动，显然无不极易隐含各种难以准确预料的严重风险或困难。

（四）领导管理方式必须适应员工的实际

无论胸怀怎样崇高远大的职业理想，内外环境存在何种积极有利的良好机遇，领导管理者的思维行为一旦显著背离，居于各项工作关键决定性地位，广大员工能动性创造智慧与力量的具体实际，无不极易导致各种严重的职业挫折或失败。

因此，孟子曾经提醒人们："爱人不亲，反其仁；治人不治，反其智；礼人不答，反其敬。行有不得者皆反求诸己，其身正而天下归之。"——爱别人却得不到亲近，那就应该反思自身的仁爱是否足够；管理别人却没能管理好，那就应该反省自己的管理才智是否存在缺陷；礼貌待人却得不到相应的回应，那就应该反问自己的礼貌是否到位——凡是行为得不到预期的效果，都应该回身检查自己，自身行为端正，天下人必然就会归服。

（五）绝不要抱怨具有智慧的广大员工

积极提升与充分展示广大员工强大的能动性创造力，领导管理者必须能够成熟深入地辨识，他们所拥有的高度智慧和情感力量的本性特征。任何背景下，都必须能够足够睿智谨慎地区别，个别员工由于职业素养或工作情绪的限制，所产生的偏离岗位职责的行为，与广大员工普遍存在的对自身思维决策或行为方式的不满或抵触。

事实上，领导管理者最为致命的职业危险之一，就是广大的员工普遍对其产生不满的情绪或行为。因此，任何艰难困苦的环境中，领导管理者都绝对不要抱怨广大的员工，未能积极支持和执行自身的思维倡导或行为指令。相反，必须深入检查并及时修正，自身职业的思维或行为方式。

因此，孟子曾经从事物与人的本性高度，作了这样的深刻论述：

"水信无分于东西，无分子上下乎？人性之善也，犹水之就下也。人无有不善，水无有不下。今天水，搏而跃之，可使过颡；激而行之，可使在山。是岂水之性哉？其势则然也。人之可使为不善，其性亦犹是也。"——水的确没有东流或西流的定向，但难道也没有上流或下流的定向吗？人性的善良，就如同水性趋向下流。人的本性没有不善良的，水的本性没有不向下流的。然而对于水，拍打使其飞跃起来，则能够高过人的额头；堵住水道让它倒流，也能使它流上山岗。但这难道是水的本性吗？是所处形势迫使它如此。人之所以能够使他做坏事，是由于他的本性也像这样受到了逼迫。

（六）通过广大员工的努力实现职业意愿

任何背景下，领导管理者都必须能够睿智成熟地辨识，广大员工强大的能动性创造智慧与力量，对组织运营发展各项工作高质量进程的关键决定性价值，从而牢固铸就并持续保持，与他们血肉相连同舟共济坚定的职业思维意识，并以此通过他们共同奋发不懈努力的坚强激发与推动，卓有成效地实现自身高尚美好的职业意愿，高质量地展示自身卓越的职业智慧与才能。

第二节 构建通畅的沟通渠道

强大智慧力量创造的途径

组织高质量运营发展进程或成就的卓越创造，广泛的实践中，无不需要对各种内外资源因素及其关系与变化，卓有成效辨识和推动的坚强支撑。而承担各项工作运行推进的广大员工，无疑成为各类资源因素、关系及其变化，准确辨识和积极推动最为重要的智慧力量。

《尚书》早年就曾极其深刻地辨识了，广大民众智慧才能的关键决定性价值，并极其睿智地视其为至高无上上天意志的代言人："天视自我民视，天听自我民听。"——上天的看法，出是我们人民的看法，上天的听闻，出是我们人民的听闻。

事实上，在日趋复杂多变艰难挑战的环境中，卓有成效地构建组织通畅的沟通渠道，并以此睿智成熟地辨识和把握，广大员工的职业思维意识及其行为情感动力，无不成为充分展示整体员工队伍强大的能动性创造力，组织运营发展旺盛的成长活力，以及领导管理者自身卓越智慧才能的重要途径。

本节中，我们首先对组织运营内部信息沟通渠道的基本要求，及其关键性价值展开了分析。然后，就通畅的信息沟通渠道，作为整体员工队伍强大的能动性创造力，积极铸建和充分展示的坚强推动力量，以及组织高质量领导或管理，积极创造的重要保障和强大动力，进行了相应的讨论。

接着，我们还着重就组织内部信息渠道体系的两种基本形式，即积极有效的信息上传渠道，以及通畅的信息平行与下达渠道，卓有成效地构建和运行展开了探讨。最后，在现有的广泛实践和研究成果基础上，我们就积极提升信息渠道的构建与运行质量，提出了若干参考建议（图 4-8-2-1）。

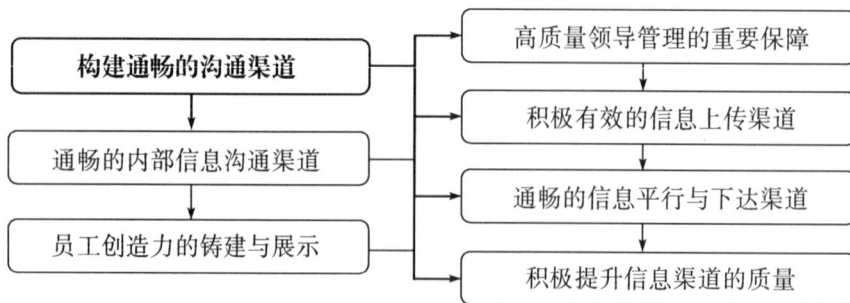

图 4-8-2-1　构建通畅的沟通渠道

一、通畅的内部信息沟通渠道

内部信息的通畅沟通或传输，是一切有机体生命活力的重要基础与象征。组织内部通畅的沟通或传输渠道，也是一切运营信息资源价值形成的根本保障，并通常需要满足一系列的基本要求。广泛的实践中，它普遍成为员工队伍强大能动性创造力的积极铸就和展示，及其高质量领导或管理有效创造坚强的推动力量。因此，领导管理者必须特别注意，自身思维意识及其主观倾向，对信息沟通或传递质量可能产生的重要影响，并努力提升整体组织运营发展力量关键组成，各类工作信息的采集与处理的能力（图4-8-2-2）。

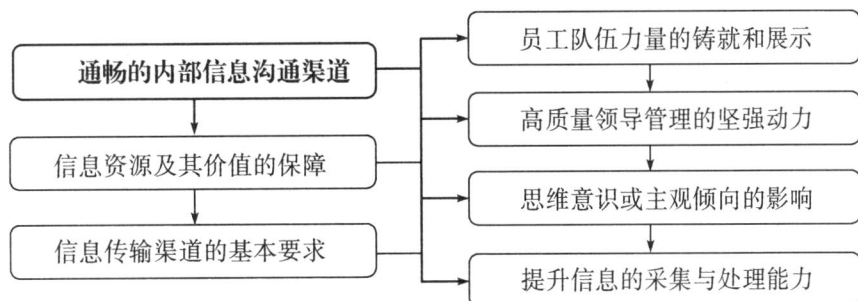

图4-8-2-2 通畅的内部信息沟通渠道

（一）信息资源及其价值的保障

信息的有效传输是一切有机体的积极活动，及其生命体征与活力极其重要的支持力量。实践中，人们任何高质量的职业思维或行为，无不需要得到足够充分而准确信息的坚强支撑。

然而，任何信息资源价值的充分展示，都必须高质量传输渠道的有力支持。事实上，如果缺乏足够通畅信息渠道的坚强保障，任何信息资源的价值，及其相应活动的质量，无不将会受到极大地限制。因此，卓有成效地创造组织高质的领导与管理，无不需要积极构建并充分运用通畅的信息渠道。

（二）信息传输渠道的基本要求

组织内部信息沟通渠道的构建与运行质量，普遍对其运营发展的整体进程或成就，具有极其关键的决定性影响。实践中，任何高质量的信息渠道，无不需要遵循一系列基本的要求：

1. 及时性。信息通常具有极其显著的时效性特征。因此，高质量的信息沟通或传输渠道，必须能够把信息及时传输到相应的工作位置；

2. 充分性。渠道必须能够把所有相关的重要信息，完整充分地传输到相应的工作位置。残缺的信息，无不极易给人们思维意识或行为反应的质量，造成严重的负面影响；

3. 保真性。渠道必须对传输的信息，具有高度的保真性。接收到失真或扭曲的信息，必然会严重限制人们的正确思维与判断；

4. 双向性。组织信息渠道所构成的完整体系，必须能够有效支持，信息传输的上传与下达两个基本方向，以及信息平行传递的功能。

（三）员工队伍力量的铸就和展示

高质量的信息沟通或传输渠道，是密切联结每个员工或各专业环节组成，以及组织上下之间，牢固缔结成整体坚强团队的重要纽带，因而普遍成为员工队伍强大能动性创造力积极铸就，不可或缺的重要推动力量。事实上，如果缺乏高质量信息渠道的坚强支撑，广大员工的职业智慧与力量，必将难以积极有效地凝聚；领导管理的思维或意图，必然难以得到及时而准确地下达和实施；员工或各环节间的密切协作，显然也无不极易受到显著地制约。

（四）高质量领导管理的坚强动力

任何领导管理高质量进程或成就的卓越创造，无不需要得到各环节资源因素构成，及其运行发展实际的准确辨识；自身深思熟虑各种思维决策，充分准确下达到各执行位置，及其推进实施状况的全面掌握；各组成环节相互间工作密切支持和协作，积极指导与推动的坚强支撑。

事实上，所有领导管理的思维或行为，一旦丧失足够通畅渠道的有力支持，它们的力量或价值必将受到极大的削弱。因此，广泛的实践中，通畅的信息传输渠道，普遍成为高质量领导或管理，卓有成效创造的坚强保障与动力。

（五）思维意识或主观倾向的影响

领导管理者的思维意识及其主观倾向，通常对信息渠道构建与运用的水平或质量，具有极其关键的决定性影响。信息资源关键价值的成熟积极思维意识，无不能够坚强有力地支持他们，高质量地构建和运用通畅的信息渠道，并以此展示卓越的职业智慧与才能。

然而，个人的主观倾向，却又时常成为领导管理者，卓有成效地构建或运用信息渠道的重要限制因素。实践中，最为显著的表现之一，就是无视那些明显背离自身意愿，或者忽略自己不愿看到却又是客观存在的重要信息。显然，这无不成为领导管理者职业智慧和才能，极其重要的侵蚀性力量。因此，领导管理者必须特别注意，自身的思维意识或主观倾向，普遍存在的对信息渠道构建与运用质量的重要影响。

（六）提升信息的采集与处理能力

在各种资源因素及其相互作用或影响，日趋广泛深入的复杂环境中，信息的采集与处理能力，正日益成为组织运营发展整体能力的关键组成。事实上，领导管理者绝大多数的精力与时间，无不从事着各类信息的采集、处理或应对的工作。而信息采集与处理的整体水平或质量，又无不从根本上决定着他们对各项工作，高质量应对的智慧与才能。因此，领导管理者必须努力借助于各种能够运用的资源力量，以卓有成效地提升组织运营发展进程中，各类重要信息的采集与处理的能力。

二、员工创造力的铸建与展示

通畅的信息沟通渠道，广泛的实践中，不仅是组织美好共同愿景积极铸就的坚实基础，及其整体团队旺盛成长活力的重要保障，而且也是广大员工职业意愿或建议的充分上达，团队员工相互间强烈职业情感的构建发展，以及各环节工作密切支持协作的强大推动力量。事实上，组织运营发展进程中的各种意见或矛盾分歧，普遍源自信息充分沟通的显著障碍。因此，高质量的信息渠道，无不成为员工队伍强大能动性创造力，积极铸建和充分展示的坚强动力（图4-8-2-3）。

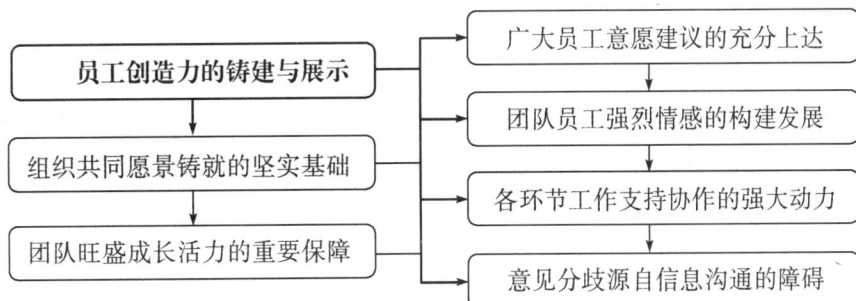

图 4-8-2-3　员工创造力的铸建与展示

（一）组织共同愿景铸就的坚实基础

共同的美好强烈愿景，广泛的实践中，无不成为团队整体的强大创造智慧与力量，及其高质量运营发展的进程或成就，卓有成效铸建和展示的坚实基础与坚强动力。然而，广大的员工如果缺乏对未来的美好意愿，及其有效实现的路线或方式，相互间充分沟通的积极启迪和有效激励，由于各人的辨识思维或职业实际能力所存在的广泛差异，势必难以铸就高度一致的共同美好愿景。因此，充分的沟通渠道，普遍成为组织美好共同愿景，积极铸就的坚实基础和强大动力。

（二）团队旺盛成长活力的重要保障

通畅的沟通渠道，不仅是组织各组成环节准确掌握并积极应对，内外各种资源因素及其相互间作用或变化，从而展现高度灵敏与快捷反应强大专业能力的关键基础，而且也是卓有成效地辨识、集中与推进团队中，优秀思维智慧的强大推动力量，并以此成为团队旺盛成长活力的重要保障。

为此，惠普创始人帕卡德曾经辩称："要使公司的工作卓有成效，无论这个公司的组织架构如何，最有效的沟通都是必不可少的。"

（三）广大员工意愿建议的充分上达

组织通畅的信息渠道，最为重要的功能和显著的表现之一，就是能够卓有成效地把最为基层广大员工的职业意愿或建议，准确无误地上达传输到能够作出积极反应的领导管理者面前。事实上，依据通畅的信息渠道，深入准确地辨识和把握各项重要工作的运行实际，而不为各种表面或片面的现象所迷惑，无不成为高质量领导管理进程或成就的卓越创造，极其重要的保障和强大的推动力量。

（四）团队员工强烈情感的构建发展

密切强烈的积极情感，是人们强大能动性创造智慧与才能，充分展示不可或缺的坚强动力。事实上，唯有通过通畅渠道的有力支持，团队的员工才能实现并不断增进，相互间的深入了解和深厚情感，从而有效铸就彼此充分信任与密切支持，整体团队积极强烈的情感氛围，及其运营发展的强大力量。

哈罗德·吉宁曾经辨识了团队和谐情感氛围的积极价值："要想创造一种欢快、和谐的氛围，最重要的方式就是，就是在上上下下各个管理阶层，以及员工中，坚持一种开放、轻松、坦诚的沟通方式。"

（五）各环节工作支持协作的强大动力

各环节工作的高度协调与密切协作，无不成为整体团队高质量运营进程或成就，积极创造的坚实基础。实践中，唯有通畅的沟通渠道，才能有力地支持或推动广大员工，对相关联工作环节的运行状况、需求与价值，形成足够全面而深入的了解和掌握，从而有效推进他们相互间更为主动而积极的协调与协作，并以此创造整体运营发展的强大力量。

为此，奥尔玛公司创始人萨姆·奥尔顿曾经辩称："与你的合作伙伴尽可能多地进行沟通，他们对你了解越多，就会越重视你。一旦赢得他们的重视，那么与他们之间的合作就不会有什么障碍了。"

（六）意见分歧源自信息沟通的障碍

人的本性特征中，无不具有极其显著而强烈的相互支持和关爱的天性，这也是整体社会文明进步与持续发展，最为重要而坚强的推动力量。因此，任何成熟睿智的职业人士，无不需要深入辨识并牢固掌握，有效唤起或激发人性中相互密切支持和关爱的积极因素，并以此有效化解各种思维分歧或意见争执，极其重要的充分交流与沟通的积极方式。事实上，人们之间的各种意见或矛盾分歧，普遍源自信息充分沟通上所存在的障碍。

英特尔公司前领导人格罗夫，具有极为丰富的职业经验："事情越是糟糕，那么就越应该对此做更多的沟通交流。"汤姆·彼得斯则辩称："对每个人来说，充分的沟通都是解决一切问题的灵丹妙药。"

三、高质量领导管理的重要保障（图 4-8-2-4）

完整准确地辨识和把握整体组织运营发展的实际，积极推进中坚骨干队伍的建设与发展，各项思维决策创造性地执行或实施，以及自身职业思维或行为方式持续高质量地提升和发展，并以此有效避免极具危害的官僚作风的严重侵蚀，广泛的实践中，领导管理者无不需要得到通畅信息沟通或传输渠道的坚强支撑。同时，高质量职业智慧才能的积极创造和展示，领导管理者还必须能够在各种纷乱的环境中，准确识别可能被扭曲的重要信息。

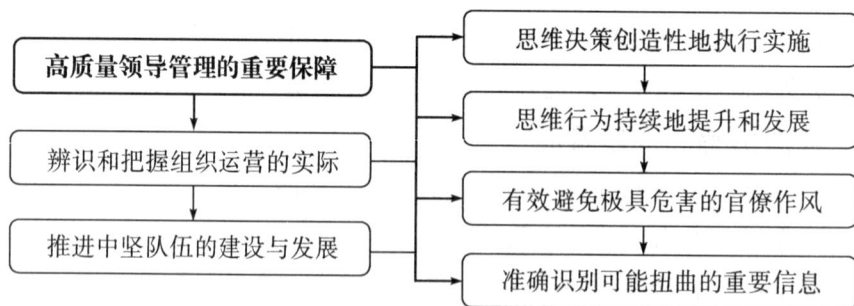

图 4-8-2-4　高质量领导管理的重要保障

（一）辨识和把握组织运营的实际

高质量领导管理进程或成就的卓越创造，广泛的实践中，无不需要得到组织各类资源因素构成，及其运营发展实际准确辨识和把握的坚强支撑。而资源构成或运营实际的辨识把握，又普遍需要通畅信息沟通或传输渠道的有力支持。因此，高质量信息渠道的积极构建和有效运用，无不成为卓越领导管理的智慧才能，最为坚强的支持和推动力量。为此，美国前参议员范斯坦曾经辩称："一个人的领导才能，90% 都体现在他与人的沟通能力上。"

（二）推进中坚队伍的建设与发展

通过长期而广泛的实践，人们已经普遍深入意识到，中坚队伍整体的创造性智慧力量，无不对组织领导管理的进程或成就，具有极其关键的决定性影响。然而，实践中，如果缺乏领导管理者与中坚人员密切联结，通畅沟通渠道的有力支持，他们所有的职业智慧与才能无不将会受到极大限制。事实上，在日趋复杂多变艰难挑战的环境中，通畅的沟通渠道已日益成为领导管理者，密切联结中坚人员，并卓有成效地推进中坚队伍的建设与发展，最为重要而强大的力量之一。

孟子也曾为此形象分析与论述了，充分听取贤能睿智之士正确意见的重要价值："夫苟好善，则四海之内，皆将轻千里而来告之以善；夫苟不好善，则人将曰：'也也，予既已知之矣。'也也之声音颜色拒人于千里之外。士止于千里之外，则谗谄面谀之人至矣。与谗谄面谀之人居，国欲治，可得乎？"——假如喜欢听取善言，四面八方的人，都会从千里之外赶来把善言告诉他；假如不喜欢听取善言，那别人也会效仿他说："呵呵，我都已经知道了！"呵呵的声音和脸色，就会把别人拒之于千里之外。士人被拒千里之外，那些进谗言的阿谀奉承之人就会来到。与那些进谗言的阿谀奉承之人在一起，要想治理好国家，办得到吗？

（三）思维决策创造性地执行实施

领导管理者各项深思熟虑的思维决策，能够及时高保真地传输到各执行实施部位，并通过实际推进状况广泛而准确地检测与摄取，并以此对其中重点或困难的工作，给予更为积极而有效地指导或启迪，从而使得整体运营决策能够根据各环节具体实际，得到创造性地积极执行与推进，实践中，无不需要通畅传输或沟通渠道的有力支持，才能得以顺利实现。

（四）思维行为持续地提升和发展

复杂多变的环境中，即使那些最具智慧才能的卓越领导管理者，也难以确保自身的职业思维或行为，能够最高质量最为精准地辨识和应对，组织运营发展内外环境的具体实际。事实上，高质量领导管理进程或成就的卓越创造，时常需要把相关思维行为，通过具体实践的充分验证，就其中存在的不足或缺陷，给予及时有效地改进或提高才能得以实现。

显然，缺乏足够通畅信息渠道的有力支持，领导管理者必将难以及时准确地辨识，自身思维行为与具体实际所存在的偏差，从而卓有成效地推进思维行为，持续高质量地提升和发展。

（五）有效避免极具危害的官僚作风

复杂多变或艰难挑战的环境中，广泛的实践充分显著，能够得到并运用的信息所存在的重要缺陷，其中主要包括信息完整性或准确性的不足，以及缺乏足够信息资源力量的有力支持，主观臆断地做出重要决策或决定，无不成为领导管理者的职业智慧与才能，最为关键的限制性因素。事实上，如果能够得到更为全面、完整与准确信息资源的坚强支持，很少领导管理者不会显著提升整体职业的进程或成就。

因此，任何背景下，领导管理者都必须特别注意，团队信息沟通与传输渠道，卓有成效构建或运用的质量和水平，并以此有效避免极度轻视客观信息的关键价值，极具职业危害的官僚作风，从而全面增强自身思维行为的智慧才能。

（六）准确识别可能扭曲的重要信息

高质量职业进程或成就的卓越创造，领导管理者还必须能够足够成熟而深入地辨识，某些信息的发出或传输者，由于自身主观意识倾向的限制，或为了迎合上级的喜爱与偏好，或达到掩饰自身工作存在缺陷的目的，或出于谋取个人与局部不良利益的企图，造成了工作运行实际反映信息的极大扭曲。显然，扭曲失真的信息，无不将给领导管理者高质量的思维判断或决策，造成极具危害的严重误导。

因此，广泛而通畅的信息沟通与传输渠道，无不成为领导管理者睿智准确地识别，各种扭曲失真的信息，并以此展示卓越的职业智慧与才能，不可或缺的重要力量。

四、积极有效的信息上传渠道

积极有效的信息上传渠道，是领导管理者及时、全面、准确地辨识和掌握，广大员工职业进程的实际；卓有成效地铸建整体员工队伍，强大的能动性创造力；准确辨识或应对组织运营各种机遇或挑战；有效识别和及时化解潜在的重大矛盾及危机，从而高质量展示卓越的智慧与才能，极其关键的因素和强大的动力（图 4-8-2-5）。

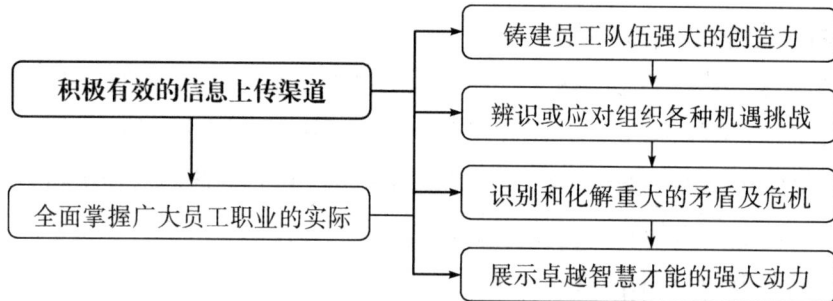

图 4-8-2-5　积极有效的信息上传渠道

（一）全面掌握广大员工职业的实际

信息的上传输送渠道，是组织整体信息体系中最为重要的核心组成。在庞大而复杂的运营结构中，高层的领导人或管理者，通常很难深入到众多专业运行环节进行实地的考察，而准确了解和掌握它们的资源构成及其运行质量，以及广大员工职业能力或意愿等诸多的具体实际。

因此，依据积极有效的信息上传渠道，及时准确地辨识和掌握，各专业环节的运行及其广大员工的职业实际，并以此做出高质量的思维判断或行为选择，就普遍成为组织的领导或管理，卓有成效推进不可或缺的重要途径。

（二）铸建员工队伍强大的创造力

对广大员工的普遍职业意愿及其创造性智慧力量，足够深入而充分地辨识和掌握，积极有效的信息上传渠道，无不成为领导管理者卓有成效地铸建，整体员工队伍强大的能动性创造力，极其关键的基础和强大的推动力量。因此，任何背景下，领导管理者都必须不遗余力地积极构建和充分运用，高质量的足够通畅的信息上传渠道。否则，他必将显著地限制组织潜在运营发展力量的充分展示。

为此，《尚书》曾经辩称："天聪明，自我民聪明。天明畏，自我民明威。达于上下，敬哉有土！"——上天充满智慧明察一切，源自民众的智慧力量。上天赏罚分明威严无比，来自民众的赏罚意愿。上天和下民之间互相通达，所以要恭敬从政才能保有国土。

对于积极辨识和充分依靠众人智慧力量的关键价值，及其存在的艰难挑战，它又曾断言："嘉言罔攸伏，野无遗贤，万邦咸宁。稽于众，舍己从人，不虐无告，不废困穷，惟帝时克。"——善言无所隐匿，朝廷之外没有遗弃的贤人，万国及其民众都会安宁。政事同众人研究，舍弃私见以依从众人，不虐待无故的人，不放弃困穷的事，只有尧帝这样的贤人才能做到。

（三）辨识或应对组织各种机遇挑战

复杂背景下，组织运营发展所形成的各种重要机遇或挑战，时常并非浅尝辄止或走马观花般的巡视，就能予以准确地辨识并形成积极的应对措施。广泛的实践中，领导管理者无不需要依靠通畅的上传渠道，所提供的各类资源能力及其关系与变化，尤其是相关应对方式的实践检验或验证成果，足够充分准确的客观信息，才能进行缜密细致地分析、推断和综合，从而形成各类机遇或挑战的准确辨识，及其高质量应对措施或方式的积极创造。

（四）识别和化解重大的矛盾及危机

通畅的上传渠道所摄取或汇集的各种充分准确的信息，无不能够有力地支持领导管理者，深入洞察或准确辨识各专业或局部环节，站在各自的运行立场或角度，可能产生的意见分歧及矛盾根源，并以此卓有成效地设置和推进，分歧矛盾积极化解的有效方式。不仅如此，它还是领导管理者足够睿智地识别和掌握，广大员工强烈的职业诉求或意愿，及其自身工作可能存在的重要缺陷或不足，从而能够采取及时、主动、积极的应对措施，有效避免组织运营发展重大危机的关键力量。

《吕氏春秋》曾经作了这样的深入论述："治川者决之使导，治民者宣之使言。是故天子听政，使公卿列士正谏，好学博闻献诗，矇箴，师诵，庶人传语，近臣尽规，亲戚补察，而后王斟酌焉。是以下无遗善，上无过举。"——治水的人应该排除阻塞，使水畅流，治理民众则应该引导他们，努力表达自身的诉求。所以，天子处理政事，让公卿列士直言劝谏，让好学博闻之人献上讽谏诗歌，让乐官进箴言，让乐师吟诵讽谏之诗，让平民把意见转达上来，让身边的臣子把规劝的话全讲出来，让亲近大臣弥补天子的失察，然后由天子斟酌去取，加以实行。因此，下边没有遗漏的善言，上边没有错误的举动。

（五）展示卓越智慧才能的强大动力

复杂多变的环境中，组织的运营发展无不受到众多内外因素，及其相互作用和持续变化的重要影响。事实上，深入准确地辨识繁多纷乱的因素、关系和变化，并以此卓有成效地创造高质量的职业进程与成就，无不成为领导管理者卓越的智慧才能，关键的决定性力量及其艰难的挑战。

因此，任何远见卓识的领导管理者无不竭尽所能，积极构建和充分运用，密切联结自身与组织广泛运行实际，通畅高效的信息上传渠道，并依托足够充分而准确信息的坚强支撑，高质量地展示自身职业卓越的智慧与才能。

为此，曼科公司前董事长杰克曾经辩称："最优秀的领导者是那些善于聆听，并能够指引方向的人。"

五、通畅的信息平行与下达渠道

通畅的信息平行与下达渠道，不仅是各项领导管理思维决策的有效实施，组织整体思维行为的高度统一，以及复杂艰难工作及时的帮助指导，极其重要的基础和支持力量，而且也是各专业或局部环节工作间的密切协作，以及整体强大的能动性创造智慧和力量，充分展示的重要保障和坚强动力。因此，它普遍成为组织卓有成效的领导或管理，不可或缺的重要而强大的推动力量。（图4-8-2-6）

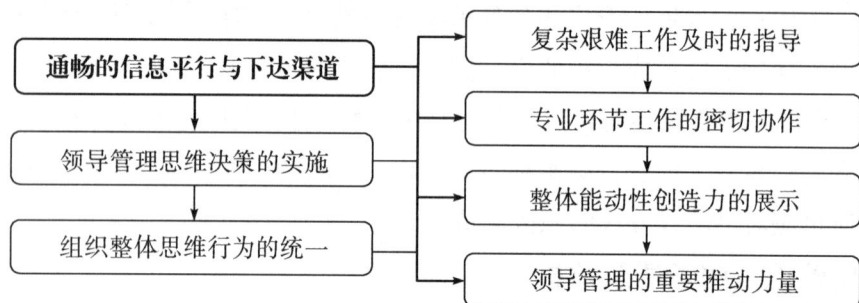

图 4-8-2-6　**通畅的信息平行与下达渠道**

（一）领导管理思维决策的实施

广泛的实践中，领导管理者任何殚精竭虑成熟睿智的思维构成，如果缺乏足够通畅的信息平行或下达渠道，及时高效地输送至各执行实施或有效反应部位的有力支持，显然，它们只能滞留在领导管理者的头脑中或办公室，而必将丧失组织运营发展任何的实践价值。

事实上，在日趋复杂多变的环境中，平行下达渠道由于各种主观倾向或客观技术因素，所产生的信息传输严重阻塞或变异，正日益成为广泛领域领导管理者，高质量职业进程或成就的卓越创造，普遍面临的极其艰难的挑战。这也是扁平组织结构，日趋受到普遍青睐和欢迎的重要背景。

（二）组织整体思维行为的统一

依据组织内外广泛资源因素，及其相互作用和变化趋势，精心设置的高质量运营发展所必需的，组织的基本信念、价值观和主导文化，战略的方向、路线及其保障措施，以及组织领导管理的各项指示或规范，无不需要通畅信息下达渠道的坚强支撑，才能及时准确地传输到各环节、岗位的执行实施位置，从而确保整体组织思维行为的高度统一。因此，通畅的下达渠道，普遍成为组织运营整体力量，及其领导管理权威，最为显著的体现和坚强的动力。

（三）复杂艰难工作及时的指导

根据全局运营发展的实际，对相关关键、重点、难点或节点的工作，提供及时有力的帮助或准确的指导，无不成为高质量领导管理必须承担的重要任务。而所有积极主动的帮助指导领导管理行为，如果脱离通畅信息渠道的有力支持，复杂多变的环境中，领导管理者无不极易陷入点点对接疲于奔命，极其低效被动的职业境地。

（四）专业环节工作的密切协作

在信息体系上传与下达基本功能基础上，还必须卓有成效地构建各专业或局部运行环节，通畅的信息平行沟通或传输的渠道。各环节密切的支持和协作，任何背景下，都是整体强大力量卓有成效地铸建和发展，极其关键的决定性因素。

专业环节相互间的协作关系，通常由组织的专业结构设计部门，或者它们共同的上级，根据全局运营发展的需要，以及各自专业资源能力的构成，及其承担的职能或任务而设置。然而，复杂多变的环境中，如果缺乏通畅平行渠道直接沟通，对彼此运行状况与需求足够的了解和掌握，以及成熟整体思维意识和密切情感强大力量的有力支撑，各环节相互间的支持协作，时常会成为各方面临的艰巨挑战。

（五）整体能动性创造力的展示

通畅的平行与下达渠道高质量的构建与运行，无不能够有力地支持各工作环节或岗位，更为全面、深入、准确地掌握组织内外的整体形势，全局运营发展的方向、路线和目标，上级领导管理的思维构想或真实意图，相关联环节或岗位的运行实际和需求，从而使得它们能够更为积极成熟地站在，组织全局运营发展的更高位置，更为深入准确地辨识自身资源能力的构成，及其高质量价值创造形成的方式，并以此卓有成效地推进整体强大能动性创造智慧和力量的坚强展示。

（六）领导管理的重要推动力量

任何背景下，自身的思维构成或运行决策，受到严重的阻塞或变异，而难以及时、准确地传输到各执行实施位置，显而易见，没有任何高瞻远瞩、洞察秋毫、精明强干的人士，能够卓有成效地展示组织的领导或管理。同时，一旦对相关联环节的运行状况知之甚少，甚至一无所知，毫无疑问，即使拥有最为成熟坚定的整体意识，最为积极主动的美好意愿，也难以展示卓有成效的坚强支持或密切协作。因此，通畅的信息平行与下达渠道，普遍成为高质量领导管理极其重要的推动力量。

六、积极提升信息渠道的质量

卓有成效地推进信息沟通渠道的构建与运行，无不需要尊重客观实际的基本思维原则和成熟意识，以及全局发展规划和先进专业技术有效运用，并以此形成自身高质量进程强大动力信息体系的坚强支撑。

同时，信息体系构建与运行质量的积极提升，还必须能够成熟牢固地立足于，组织高质量运营发展全局的根本立场，努力提高各类信息来源的充分广泛性，并特别注意能够确保，各种不同意见或观念的通畅传递，从而使其成为平等交流和密切情感的重要平台（图4-8-2-7）。

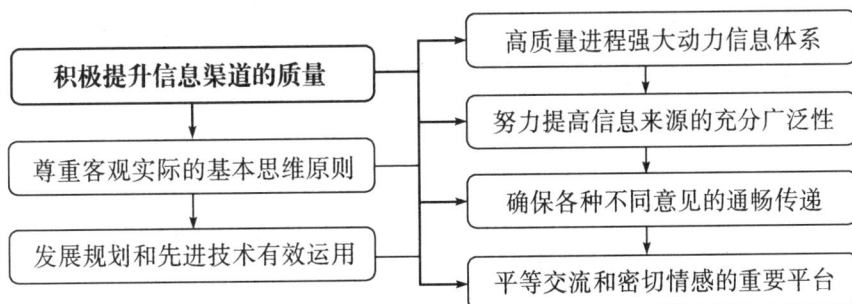

图 4-8-2-7　积极提升信息渠道的质量

（一）尊重客观实际的基本思维原则

最具强大力量和关键价值的信息，无不源自人们对客观存在或实际，全面而深入的准确反映。因此，人们头脑中是否具备睿智成熟的，对客观实际全面深入的准确辨识，及其积极反映和高度尊重的思维意识，就普遍成为信息渠道构建或运行质量的关键决定性因素。

实践中，积极提升信息渠道的构建与运行质量，领导管理者最为关键最具强大推动力量的途径之一，就是卓有成效地推进尊重客观实际，积极组织文化思维意识的铸建发展。事实上，缺乏尊重客观实际基本思维原则，积极成熟文化意识的坚强支撑，任何旨在推进信息渠道质量提升方式或手段的力量，都必将受到极其显著的限制。

（二）发展规划和先进技术有效运用

信息及其沟通或传输渠道，通常涉及组织运营发展的诸多环节及其关系，并在不同的运营阶段，存在着相应内外环境的适应要求。因此，高质量渠道体系的构建与提升工作，必须牢固确立全局的成熟思维意识，并以此推进卓有成效的运行发展规划。实践中，因缺乏成熟全局意识和发展规划的有力支持，而片面侧重或引入某项信息专业技术，无不难以实现预期的良好愿望或价值。

不仅如此，作为一项极其关键的无形资源和力量，信息的采集、传输、处理和运用等各运行环节高质量地推进，无不需要得到各类先进专业技术的坚强支撑。因此，信息渠道构建与运行质量的积极提升，必须与各类先进专业技术进行紧密地联结。事实上，信息的摄取、传输或运用技术，已日趋成为人类科学技术发展水平，最为重要而显著的体现之一。其中，当代最为典型的表现，莫过于电脑和互联网络对信息技术的有力支持，以至于它已经并还在以前所未有的强大力量，改变着人们的工作与生活方式。

（三）高质量进程强大动力信息体系

任何信息渠道构建运行质量的积极提升，其本身均非最终目的。事实上，信息渠道构建运行质量积极提升的有效推进，无不需要围绕内外整体资源因素及其关系的潜力，尤其是广大员工强大能动性创造力，以及由此所推动形成的组织运营发展高质量进程或成就，卓有成效展示或创造的核心。

实践中，广泛的渠道通常涉及信息的采集、传输、处理、储存及运用等专业程序，以及安全维护、技术支持、制度限定等诸多保障性工作。因此，高质量的渠道构建与运行，无不需要完整信息体系的坚强支持。事实上，轻视或忽略任何重要环节的工作，都极易导致信息渠道的构建与运行，整体质量和价值的显著降低。

（四）努力提高信息来源的充分广泛性

一项复杂的事物或工作，通常受到诸多不同性质或力量的因素，及其相互作用和变化的多重影响。高质量地辨识与推进复杂事物或工作的积极运行，无不需要全面、深入、准确地掌握各种重要的影响。因此，积极提升对组织整体运营发展，及其领导管理进程或成就具有极其关键决定性影响，涉及错综复杂内外因素、关系与变化，信息渠道构建与运行的质量，领导管理者无不需要努力提高，渠道信息来源的充分广泛性，以有效形成各种信息相互验证或映衬的准确性。

（五）确保各种不同意见的通畅传递

正如任何事物，都必然存在正反两方面的属性。领导管理者的任何思维决策或行为方式，也必将存在相反方面的影响。问题的关键，并不在于是否存在负面的影响——它是必然存在，而非人的智慧力量所能完全消除；而是在于，领导管理者的任何思维决策或行为方式，必须事先看清存在的负面因素，及其对整体或全局的影响程度，以便做出或选择更为卓越的思维决策或行为方式。因此，积极提升信息渠道的构建与运行质量，无不需要确保各种不同意见或观念，甚至是暂时具有明显负面倾向信息的通畅传递。

《吕氏春秋》也曾深刻揭示了，局限辨识事物的危害及原因："世之听者，多有所尤。多有所尤，则听必悖矣。所以尤者多故，其要必因人所喜，与因人所恶。东面望者不见西墙，南乡视者不睹北方，意有所在也。"——世上凭着听闻，时常有所局限。有所局限，那么凭借听闻所下结论，必然容易出现错误。受局限的原因很多，其关键在于人有所喜爱和有所憎恶。面向东望的人，看不见西面的墙，朝南看的人，望不见北方，这是因为心意有所偏向。

（六）平等交流和密切情感的重要平台

迄今为止，已有大量的专业研究人员对组织高质量信息运行工作，展开了极为广泛而深入的探讨。然而，任何研究或探讨的成果，如果缺乏组织的根本人的因素坚强支撑，或者不能给整体员工队伍强大的能动性创造力，卓有成效地铸建与发展提供坚强的推动力量，那么，它的价值无不将会受到极其显著的限制。因此，积极提升信息渠道的构建与运行质量，无不需要把渠道牢固铸就成，组织的领导管理者与广大员工，平等交流和密切情感的重要平台或力量。

第三节 营建积极的组织氛围

组织旺盛活力的坚强铸建

在各类因素层出不穷、作用影响纵横交错、变化发展扑朔迷离的复杂运营环境中，人们已经日趋广泛而深入地意识到，以牢固占据着各类资源因素及其关系和变化核心地位，广大员工强大能动性创造智慧与力量，持续积极提升和充分展示为显著标志的旺盛活力，无不成为组织高质量运营发展的进程或成就，卓有成效铸建的关键决定性因素。

事实上，睿智成熟地辨识和把握这样的关键逻辑关系——组织整体运营发展的氛围，决定着广大员工能动性创造智慧与力量持续提升展示的质量；广大员工的能动性创造力提升展示的质量，决定着组织整体运营发展的旺盛活力；组织的旺盛活力，决定着整体运营发展高质量的进程与成就——在日趋复杂多变的环境中，正日益成为领导管理者的卓越智慧与才能，卓有成效铸建或展示的关键途径和强大动力。

本节首先从积极组织氛围的概念、特征及其价值着眼，探讨了它的卓有成效营建，必须得到强烈共同愿景积极构建与推进的坚强支撑，以及领导管理者高质量职业表现对此关键的决定性价值。在此基础上，提出了营建工作的有效推动，所需着力的积极文化价值观的引导，及其完善运营制度保障的重要途径，以及标杆和榜样的积极树立、宣传与激励的强大推动力量。最后讨论了积极组织氛围的营建实践，普遍需要把握的若干思维或行为的重点及原则（图4-8-3-1）。

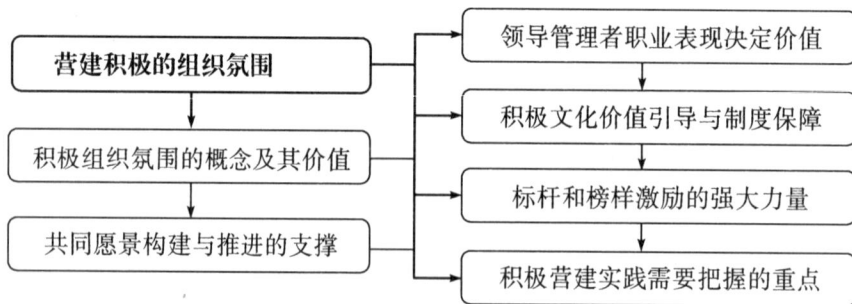

图 4-8-3-1 营建积极的组织氛围

一、积极组织氛围的概念及其价值

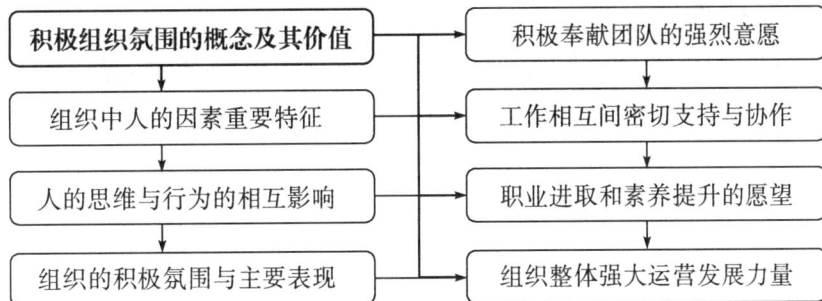

图 4-8-3-2　积极组织氛围的概念及其价值

展示卓越的智慧才能，创造高质量的职业进程或成就，领导管理者无不需要对组织中人的因素重要特征，及其思维与行为显著的相互影响实践，形成足够深入而成熟的辨识，并以此远见卓识地识别组织整体的积极氛围与主要表现，及其对广大员工积极奉献团队的强烈意愿，工作相互间的密切支持与协作，职业进取和素养提升的良好愿望，以及由此形成的组织整体强大运营发展力量，卓有成效铸就的重要价值和坚强动力（图 4-8-3-2）。

（一）组织中人的因素重要特征

展示组织运营发展领导管理的卓越智慧与才能，广泛的实践中，无不需要睿智成熟地辨识和把握，居于内外一切资源因素及其关系与变化核心地位，人的能动性创造力的根本。同时，还必须能够成熟深入地识别，人的辨识思维智慧与情感行为动力密切融合的辩证统一关系，对人的整体能动性创造力的根本决定价值。事实上，缺乏对组织中人的因素这两项重要表现特征及其形成的强大力量，成熟积极辨识、把握与铸建的坚强支撑，任何背景下，都不会产生领导管理真正卓越的思维与行为。

（二）人的思维与行为的相互影响

就人的本性而言，他们是一种强烈倾向群体性活动，具有高度智慧与情感的生灵。在群体活动中，他们的思维或行为，又具有相互影响或感染对立统一的显著特征。深入辨识和把握人性的这种根本特征，无疑对组织高质量领导与管理，卓有成效地创造或推进，具有极其关键而重要的价值。

譬如，通常而言，对于那些卓越的职业表现，应该给予大张旗鼓的宣传和弘扬；对于不良的行为，则更宜于个别的批评和纠正；努力创造一种相互激励、团结互助、积极进取的整体工作氛围，以有效化解各种潜在的矛盾，而铸建起坚强的团队力量。

（三）组织的积极氛围与主要表现

积极的氛围，是指组织运营发展进程中，弥漫或洋溢于各运行环节的积极与正面的情感精神力量，能够始终占据着绝对的主导地位。它能够通过对广大员工高度思辨智慧才能与强大情感行为动力，以及由此形成的坚强能动性创造力的积极提升和激发，卓有成效地支持或推动整体组织及其各运行环节，高质量地辨识和应对进程中的各类机遇或挑战，从而充分展示出组织强大的运营发展能力，及其旺盛的运行成长活力。

广泛的实践中，积极的组织氛围，普遍成为广大员工强烈的职业奉献意愿，相互间主动积极的密切支持与协作，职业进取和素养提升的良好愿望，极其重要而强大的推动力量。

（四）积极奉献团队的强烈意愿

广大员工积极奉献团队的强烈意愿，任何背景下，都是组织高质量运营发展最为坚强的推动力量，以及整体积极氛围最为显著的特征和表现。广泛的实践中，员工奉献意愿的坚强铸建，无不需要团队高度一致的美好共同愿景，以及积极价值观和文化强大力量的有力支持，并以此使得广大员工能够深入成熟地辨识，积极奉献团队对于自身职业的智慧、才能与价值，高质量提升和展示的决定性意义。

（五）工作相互间密切支持与协作

卓有成效地推进广大员工，工作间的密切支持与协作，是团队整体积极氛围强大力量的重要表现。实践中，积极的团队氛围所铸就形成的强烈奉献意愿和强大情感动力，无不能够坚强地支持和推动广大员工，有效超越自身岗位狭隘的职业视野或意识，远见卓识地辨识更具重要价值的团队力量和利益，从而主动积极地推进工作间的密切支持与协作。

（六）职业进取和素养提升的愿望

力争上游、追求卓越，是积极组织氛围强烈激发或坚强推动广大员工，有效铸建形成的强大精神或行为动力的显著展现。通常，组织通过美好共同愿景的积极宣示，高质量价值观及其团队文化卓有成效地倡导，以及对先进标杆人物的充分宣扬和积极奖赏，能够有效激发起广大员工，矢志更为优良职业进程或价值的坚定意愿，并以此牢固铸就他们职业积极进取，以及素养持续提升的强烈愿望和坚强动力。

（七）组织整体强大运营发展力量

整体运营发展的积极氛围，无不能够坚强地支持或推动组织，卓有成效地激发和凝聚，人的因素中各种正面、积极的创造性智慧力量，限制或消解各类负面、消极的侵蚀性破坏力量。因此，广泛的实践中，它普遍成为组织整体强大运营发展力量，不可或缺的坚实基础，以及高质量铸建创造的关键途径。

二、共同愿景构建与推进的支撑

全体员工高度一致的强烈共同愿景，是组织整体强大运营发展力量，及其积极氛围有效营建的基石。它的积极铸建与推进，通常需要领导管理者能够牢固立足于，组织更为高远的全局进程与成就的背景，对广大员工给予深入细致地引导和推动。

实践中，唯有强烈的共同愿景，才能铸建形成广大员工高度的团队情感倾向，缔结相互间团结一致同舟共济的坚强职业意愿，创造密切协作共同奋进的强大动力。同时，它还是组织内部的边界和竞争可能产生的各种负面影响，卓有成效超越不可或缺的重要力量（图4-8-3-3）。

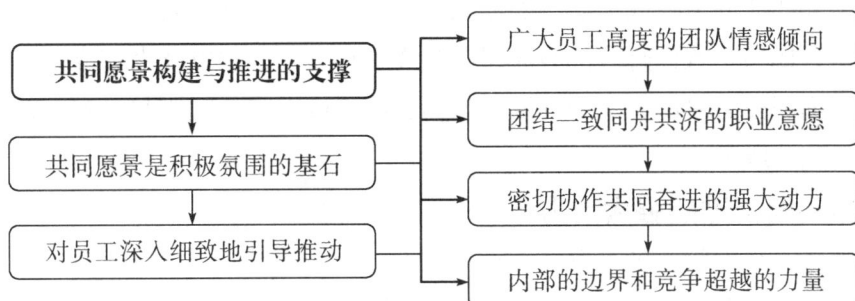

图 4-8-3-3　共同愿景构建与推进的支撑

（一）共同愿景是积极氛围的基石

任何背景下，组织如果不能把自身运营发展的愿景，卓有成效地转化为广大员工共同的强烈职业意愿，或者他们只是把组织各种运营的资源力量，视作为谋取各自私利的工具，显而易见，在追逐各自利益最大化的环境中，不仅绝难铸建积极的组织氛围，而且整体运营发展的力量也必将受到极大的限制。

《吴子兵法》也曾深入辨识了人们强烈的意愿，对取得战争胜利的重要价值：

"武侯问曰：'严刑明赏，足以胜乎？'起对曰：'严明之事，臣不能悉。虽然，非所恃也。夫发号布令而人乐闻，兴师动众而人乐战，交兵接刃而人乐死。此三者，人主之所恃也。'"——武侯问道："赏罚严明，能确保取得胜利吗？"

吴起回答说："赏罚严明这件事，我不能详尽地说明。虽然这很重要，但不能完全依赖它。发号施令，人们乐于听从；出兵打仗，人们乐于参战；冲锋陷阵，人们乐于效死。这三点，才是君主所要依靠的取胜手段。"

（二）对员工深入细致地引导推动

组织共同强烈愿景卓有成效地铸建，广泛的实践中，无不是项极其复杂而艰难的挑战。它通常需要领导管理者能够积极有效地引导广大员工，足够深入而充分地辨识，依靠组织运营发展的整体坚强力量，完全能够实现既设的共同愿景；共同愿景的有效实现，完全能够为他们长远根本的职业利益，提供坚强有力的积极保障。

然而，个人狭隘的私利意识或浅薄、短期的职业思维，实践中，又时常会显著地限制人们，对团队整体强大力量及其关键价值足够深入而成熟地辨析，以及强烈共同愿景积极而牢固地构建。因此，积极的共同愿景，普遍需要远见卓识的领导管理者，通过组织坚定的信念和使命，高质量文化、价值观与运营制度体系，卓有成效地设置或构建，以及深入细致地引导和坚持不懈地推动，才能得以坚强铸建。

（三）广大员工高度的团队情感倾向

强烈的情感倾向，以及由此铸建形成的强大思维与行为动力，无不对人们整体能动性创造智慧和力量，具有极其关键的决定性价值。事实上，唯有强烈共同愿景的坚强支撑，组织才能卓有成效地激发和铸建广大员工高度的情感倾向，并以此形成和展示强大的凝聚力量。

（四）团结一致同舟共济的职业意愿

强烈的共同愿景，无不能够坚强有力地推动广大员工，远见卓识地把团队其他的成员，成熟牢固地视作为自身整体职业的力量或价值，积极充分展示不可或缺的重要组成，从而在整体团队中铸建形成并浓烈洋溢，团结一致同舟共济的强烈职业情感和意愿，并以此卓有成效地推动组织整体运营进程中，各种正面积极力量的激发和凝聚，各类负面消极因素的限制与消解，以及旺盛成长活力和积极运行氛围的充分展示。

（五）密切协作共同奋进的强大动力

强烈的共同愿景，还能够积极有效地支持广大员工，更为深入睿智地辨识，个人的职业与团队整体运营的力量，及其相互间密切支持和促进的对立统一关系，并以此卓有成效地推动他们，积极地超越个人、局部或短期利益的限制，成熟坚定地立足于更高质量的职业立场，以更高水平的职业思维主动积极地推进，工作间的相互支持与密切协作，从而展示他们共同奋进的坚强推动力量。

（六）内部的边界和竞争超越的力量

在强调专业分工及其个人或局部力量的背景下，内部的边界和竞争，普遍成为领导管理者用以激发个人或局部组成，职业责任或运行积极性的重要途径。然而，内部的边界或竞争，广泛的实践中，又时常成为团队运营发展各种复杂矛盾的策源地，以及整体强大力量的重要侵蚀性因素。

事实上，如果缺乏强烈共同愿景的坚强铸就，以及由此推动形成的积极团队文化和价值观的有力支持，组织领导与管理的质量或水平，及其整体运营发展的力量、进程与成就，无不因为局部思维或行为显著倾向力的影响，而受到极大的限制。因此，强烈的共同愿景普遍成为各类组织或团队，积极超越一切内部边界或竞争的负面影响，不可或缺的关键而坚强的推动力量。

三、领导管理者职业表现决定价值

通过长期广泛的实践，人们已经日趋普遍而深刻地意识到，领导管理者的整体职业素养，无不对组织积极的运营氛围和活力，具有极其关键的决定性影响。事实上，任何浓厚的积极组织氛围，无不需要领导管理者对团队高质量运营发展，情感力量关键价值的深入充分辨识，及其头脑中构建形成的成熟意识和强烈愿望，以及由此推动展现的成熟公正的积极思维与行为，绝不谋取法外的个人或局部的私利，敢于直面一切职业艰难挑战的信心与勇气，组织运营发展功劳的推让和更多责任的担当等，一系列重要素养的坚强支撑才能得以坚强铸就（图4-8-3-4）。

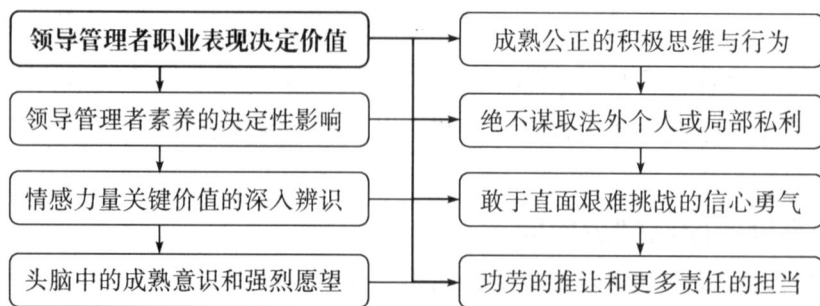

图 4-8-3-4 领导管理者职业表现决定价值

（一）领导管理者素养的决定性影响

任何背景下，领导管理者自身的整体素养，无不对组织运营发展的进程或成就，具有极其关键的决定性影响。其中，对组织运营积极氛围卓有成效地营建，普遍成为他们职业素养及其影响力量，高质量展示的重要途径。

为此，《淮南子》曾经强调了领导人自身素养的决定性价值："倡而不和，意而不戴，中心必有不合者也。故舜不降席而王天下者，求诸己也。故上多故，则民多诈矣。身曲而景直者，未之闻也。"——有倡导却没人响应，有意图却没人执行，这其中必然存在某些重要缺陷。所以，舜不离开座席而能匡正天下，这是因为他对自身要求严格。如果在上位的人玩弄权术，那么下面的人也必定变得狡诈。身子弯曲而影子笔直，这种事情从未听说过。

（二）情感力量关键价值的深入辨识

任何组织的有效领导与管理，从根本上说，无一不是对拥有高度智慧和情感力量人的因素的积极作用。因此，高质量领导或管理卓有成效地创造，无不需要深入辨识并充分融入强烈的情感力量，而不是把自己部属或广大员工，视作毫无智慧情感的机器随意驱使。美国国际电话电报公司前董事长、总裁季宁，曾经根据自身的职业实践而辩称：

"在所有的优良的企业管理中，最基本最关键的因素，就是感情的态度，其余的都是技术性的。管理必须拥有目标和投入精神，这种投入必定是一种由感情所带动的行为，而且它必须是一位真正的管理者人格中最重要的一部分。"

（三）头脑中的成熟意识和强烈愿望

组织积极氛围卓有成效地营建，无不需要领导管理者睿智成熟地辨识，广大员工所拥有的高度智慧和情感力量，对于自身高质量职业进程或成就坚强创造的关键价值，从而形成组织的积极运营氛围有效构建的成熟意识和强烈愿望，并以此远见卓识地设置转化为，组织运营发展的积极战略行进路线，及其文化、价值观与制度体系的重要组成。

（四）成熟公正的积极思维与行为

作为组织兴衰荣辱的关键决定性因素或力量，广泛的实践中，组织运营积极氛围卓有成效地营建，普遍需要领导管理者成熟公正的职业思维与行为，坚强有力的支持和推动。否则，他为此殚精竭虑所采取的任何方式或举措的力量与价值，都必将受到显著的限制。

为此，孔子曾经断称："其身正，不令而行；其身不正，虽令不从。"——领导者自身正，即使不发布命令，老百姓也会推行；自身不正，即使发布命令，老百姓也不会服从。

（五）绝不谋取法外个人或局部私利

创造并获取更为积极的利益，广泛的实践中，无不成为人们更高质量职业思维或行为的充分展示，极其重要而强大的推动力量。然而，卓有成效地肩负团队运营发展，正确方向或道路的引领，以及强大前行动力积极激发与创造，重要而艰巨的责任，任何背景下，领导管理者无不需要足够成熟而深入地辨识，比自身个人或局部的私利，更为高远的组织全局利益的价值。

事实上，掌握着团队运营强大资源的支配权力，领导管理者一旦以其谋取法外的个人或局部的私利，无不将成为组织积极的氛围、运营的活力、发展的动力，极具严重伤害的侵蚀性力量。

（六）敢于直面艰难挑战的信心勇气

敢于直面和迎接一切艰难挑战坚强的信心与勇气，普遍成为领导管理者积极迈上团队的重要岗位，肩负艰巨的工作职责，并以此创造高质量的职业进程或成就，极其关键而强大的推动力量。

然而，在日趋复杂艰难的运营环境中，仅仅依靠少数个人的信心和勇气，整体团队所能展现的前行发展力量，显而易见，无不显得极其脆弱或苍白。事实上，任何背景下，领导管理者无不需要竭尽所能，努力依据自身高质量的职业素养，积极激励并铸就整体团队，敢于藐视一切艰难、迎接任何挑战的坚强信心和勇气，并以此卓有成效地创造整体组织不畏艰险、奋发进取的积极氛围和强大动力。

（七）功劳的推让和更多责任的担当

"高山仰止，景行行止"——高尚的品德如巍峨高山让人仰慕，光明的言行似通天大道使人遵循。毫无疑问，任何组织卓越的进程与成就，无不高度凝集着领导管理者的辛勤汗水，展现着他们非凡的智慧才能。同样，任何团队的严重挫折与失败，重要的领导管理者无不需要承担难以推卸的关键责任。

因此，所有远见卓识、充满魅力的领导管理者，无不竭力地推让团队发展的功劳，承揽更多运营挫折的责任，并以此卓有成效地创造整体团队的积极氛围与强大动力。事实上，当位居重要岗位的领导管理者，一旦喋喋不休地炫耀自身的显赫建树，处心积虑地推诿需要承担的责任，那么，无异于向人们昭示和宣告，自己已经或正在丧失，团队高质量领导或管理的坚强智慧与力量。

四、积极文化价值引导与制度保障

卓有成效地推进组织积极运营氛围的营建，领导管理者必须能够对广大员工，进行长期深入的个人职业能力和价值的积极启迪与激励，团队整体力量和价值的充分引导与教育，以及由此有效构建形成组织积极的文化和价值观体系，并在运营发展的实践中给予大张旗鼓地宣传和发动。不仅如此，领导管理者还必须努力依据组织的基本信念及其全局战略的背景，有效设置并推进积极氛围营建的制度保障体系，并始终保持文化、价值观与制度体系的高度一致（图4-8-3-5）。

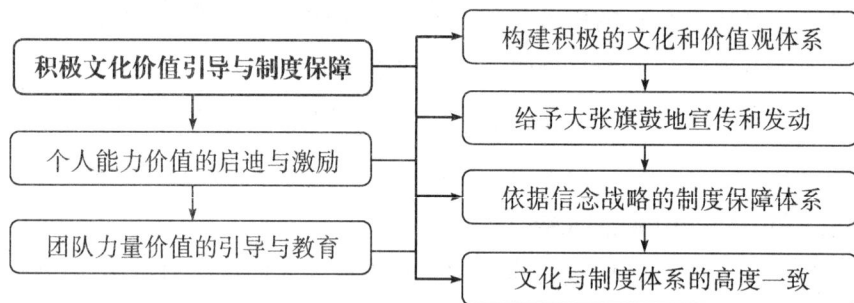

图 4-8-3-5　积极文化价值引导与制度保障

（一）个人能力价值的启迪与激励

足够深入充分地辨识和感知，自身所蕴含的潜在积极的能力与价值，广泛的实践中，普遍成为人们卓有成效地提升和展示它们，从而表现出职业的坚强进取精神与高质量思维行为，极其重要的基础和强大的动力。因此，组织的卓越领导与管理，一项极其关键的途径和任务，就是必须采取各种行之有效的方法或手段，积极启迪与激励广大员工更为深入成熟地辨识，他们所拥有的潜在强大的职业能力与价值，及其充分提升和展示的积极方式，并以此有效激发其奋发进取的坚强职业意识与行为。

（二）团队力量价值的引导与教育

团队背景下，任何个人的职业能力与价值，无不需要得到他人或团队的有力支持，才能得以积极充分地展示。因此，卓有成效地铸建组织积极的运营氛围，及其强大的发展力量，领导管理者无不需要充分引导与教育广大员工，足够深入成熟地辨识，整体团队的力量对于他们职业前程的关键决定性价值，并通过相互间密切协作，及其团队对个人职业有力支持实践的积极推动，把广大员工牢固凝集成一个充满活力的坚强集体。

（三）构建积极的文化和价值观体系

任何背景下，人们高质量的职业思维与行为，无不需要得到头脑中成熟积极的文化意识和价值观念的坚强支撑。因此，卓有成效地推动广大员工奋发进取，以及相互间密切协作等一系列高质量的职业思维与行为，并以此有效铸建整体组织强大运营发展动力的积极氛围，领导管理者无不需要竭尽所能，努力构建组织积极的文化和价值观的体系。

（四）给予大张旗鼓地宣传和发动

任何积极的文化或价值观，如果不能充分转化为广大员工，成熟坚定的职业思维和行为，显然，它们的力量或价值必将受到极大制约。因此，卓有成效地提升和展示，组织积极的运营氛围及其旺盛的成长活力，领导管理者无不需要在整体组织或团队中，大张旗鼓地宣传和发动积极的文化与价值观，及其所揭示和倡导的高质量思维与行为方式，并以此为组织积极氛围的有效铸建注入坚强的动力。

（五）依据信念战略的制度保障体系

组织及其领导管理者的任何运行意图或愿望，复杂多变的环境中，无不需要得到文化与制度，两种重要因素共同的坚强推动，才能得以顺利实现。通常，文化的作用更具人们思维或行为，根本与长远的积极引导价值，而制度则具有更为直接而显著的强力推动效果。因此，卓有成效地营建组织运营的积极氛围，领导管理者无不需要依据组织的基本信念及其战略背景，制定和推进完善的制度保障体系。

（六）文化与制度体系的高度一致

文化与制度，广泛的实践中，普遍拥有各自的强大效力。因此，卓有成效地创造组织运营的积极氛围，及其高质量的进程或成就，领导管理者无不需要特别注意，文化与制度两个体系及其力量方向的高度一致，并努力统一到组织的基本信念中。事实上，文化与制度的显著对立或冲突，无不极易给广大员工的思维或行为，造成莫衷一是的极度混乱，从而严重限制组织运营的积极氛围，及其整体高质量的进程与成就。

《尉缭子》也曾深入辨识了文化与制度高度一致的价值："国必有礼信亲爱之义，则可以饥易饱。国必有孝慈廉耻之俗，则可以死易生。古者率民，必先礼信而后爵禄，先廉耻而后刑罚，先亲爱而后律其身。"——一个国家必须有崇礼守信相亲相爱的风气，民众才能忍饥耐饿却仍奋发努力。国家必须有孝顺慈爱廉洁知耻的习俗，民众才能不惜牺牲去捍卫国家。古代君王治理民众，必须先以礼信感化他们，然后用爵禄鼓励他们；先以廉耻教育他们；然后用刑罚督促他们；先用仁爱抚慰他们，然后用法律约束他们。

五、标杆和榜样激励的强大力量

优秀的标杆表现或榜样人物积极地建树和宣扬，是组织积极氛围有效营建的强大动力与重要途径，标杆或榜样也因此普遍成为，组织高质量运营发展宝贵的精神财富和力量。营建积极的组织氛围，领导管理者必须能够深入洞察和充分辨识，标杆表现或榜样人物的强大推动力量，并以此对各种优秀的表现或人物给予及时的提炼与奖励，卓有成效地推进组织标杆榜样的积极建树和宣扬。同时，还必须能够充分识别，普遍员工标杆或榜样，更具广泛而强大的感染与激励力量，并有效限制具有严重侵蚀性力量的负面榜样（图4-8-3-6）。

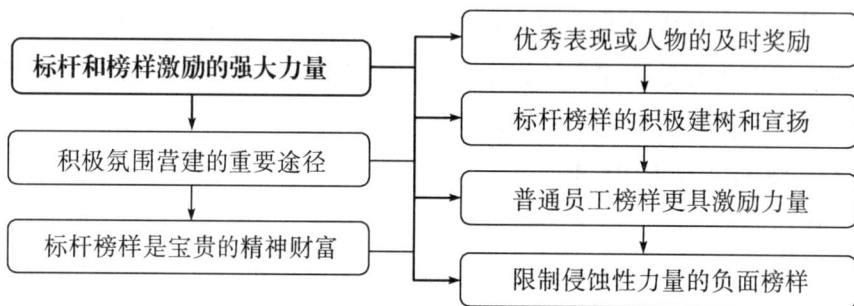

图 4-8-3-6　标杆和榜样激励的强大力量

（一）积极氛围营建的重要途径

任何组织运营发展进程中，都必然会展现若干表现卓越的优良行为或优秀员工。依据组织的基本信念及其倡导的核心价值观，把他们积极提炼为人们广泛敬仰的标杆表现或榜样人物，并给予大张旗鼓的宣传和褒奖，从而使得广大员工能够清晰直观地辨识或感知，自身职业高质量提升与发展的方向或方式，无不成为组织积极的运营氛围，卓有成效营建的强大动力和重要途径。

（二）标杆榜样是宝贵的精神财富

标杆表现或榜样人物，所能创造的直接物质成果，相对于整体团队的运营无疑极其微弱，这也是浅显思维意识的人们，普遍轻视他们的重要原因。然而，他们对组织基本信念及其核心价值观，坚定执守和坚强践行的卓越表现，一旦得以广泛深入地弘扬与宣传，无不将对广大员工高质量的职业思维或行为，产生普遍强烈的激励和感染的积极推动力量。因此，标杆与榜样，无不成为组织积极氛围营建的强大动力，以及高质量运营发展极其宝贵的精神财富。

（三）优秀表现或人物的及时奖励

对优秀表现、成绩或人物，给予及时有效地提炼和奖励，是推进组织积极氛围营建的重要途径。领导管理者如果缺乏足够的奖励或激励的成熟意识与技能，他必将难以创造高质量的职业进程和成就。实践中，高水平的奖励方法或方式，普遍需要以组织核心文化与价值观，所倡导的价值取向为准则，以标杆或榜样的建树为基本形式，并紧密结合整体工作高质量进程的需要而积极推进。

（四）标杆榜样的积极建树和宣扬

标杆或榜样的强大激励与感染积极力量，广泛的实践中，无不需要通过准确有力地建树，及其广泛深入地宣传与弘扬，才能得以坚强充分地展示。事实上，依据广大员工的具体实践，以及标杆榜样充分倡导的积极因素与价值，明确指示所能实现的更高质量职业进程或目标的有效激励，通常能够形成他们积极思维或行为的强大推动力量，因而普遍成为领导管理工作的重要途径和任务。

（五）普通员工榜样更具激励力量

任何组织或团队中，普通的基础员工总是占据着绝大多数的人员比例，并很少拥有强大人力或物质资源的支配权力。他们任何优异的职业表现或成绩，无不需要得到足够积极的思维意识，及其强大精神力量的有力支持，并通过格外勤奋与辛劳的努力，才能得以有效地创造。因此，普通员工的优秀标杆或榜样，通常能够更为深刻而准确地反映和体现，组织主流文化与核心价值观，所倡导的积极思维、行为及其价值的精髓，并具有易于为广大员工广泛接受、效仿或赶超，更为强大的感染与激励力量的显著特征。

（六）限制侵蚀性力量的负面榜样

正如正面的标杆或榜样，能够为组织积极氛围的营建注入强大的动力，负面的榜样，同样也会成为积极氛围的严重侵蚀性力量。身居重要岗位的领导管理者，任何背景下，他们的职业表现都会受到人们的广泛关注，并无须任何的宣传，而潜移默化地成为广大员工职业表现的标杆或榜样。

因此，领导管理者任何严重的负面表现，无不极易成为组织积极氛围极具侵蚀性的破坏力量。事实上，任何缺乏积极氛围旺盛活力的组织或团队，无不能够让人们极其轻易地，从它的重要领导或管理者的职业表现中，清晰辨识问题存在的根源。

六、积极营建实践需要把握的重点

积极的运营氛围，对广大员工强大能动性创造力的积极提升与充分展示，整体团队高质量进程或成就卓有成效地创造，具有普遍关键的决定性价值。为此，领导管理者无不需要牢固构建，以人的因素为中心成熟坚定的职业意识，及其身体力行硬朗的工作作风，并以此积极推进基础团队良好氛围的营建；妥善设置相关各方的利益关系；谨慎应对涉及众人利益的焦点事宜；对团队运营可能遭遇的困难挑战，做出先期的预告或警示（图 4-8-3-7）。

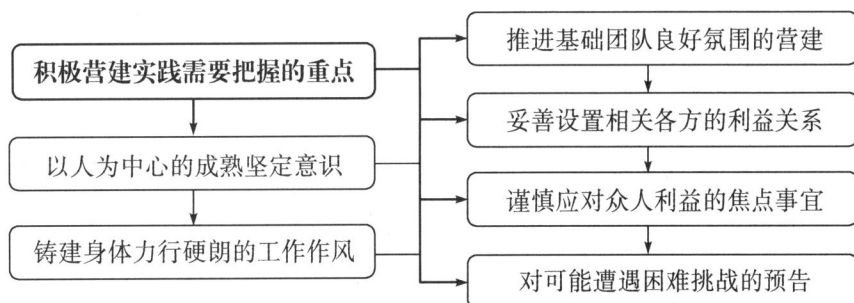

图 4-8-3-7　积极营建实践需要把握的重点

（一）以人为中心的成熟坚定意识

组织运营积极氛围及其旺盛活力卓有成效地营建，广泛的实践中，无不需要得到领导管理者，对广大员工强大能动性创造力关键决定性价值的深入辨识，以及由此形成的以人的因素为中心，成熟坚定职业意识的坚强支撑。事实上，如果领导管理者坚信他的个人智慧力量，或者强大的物质资源与先进的机械设施，是组织运营发展前程最为核心的决定性因素，那么，以团队人的因素能动性创造智慧与力量，积极提升和充分展示为核心的积极氛围的营建，无不将会丧失坚强根基而受到极大限制。

（二）铸建身体力行硬朗的工作作风

身体力行的硬朗作风，通常表现为受到成熟坚定思维意识的坚强支撑，对事物积极或消极因素准确辨识的高超智慧，并以此形成情感上爱憎分明的强烈倾向，行为上不畏艰辛以身作则的强大动力。显而易见，它普遍成为领导管理者，任何复杂艰难环境中，卓有成效地创造或营建团队积极的运营氛围，不可或缺的重要推动力量。

为此，《尉缭子》曾经作了这样的论述："吴起与秦战，舍不平陇亩，朴樕盖之，以蔽霜露。如此何也？不自高人故也。乞人之死不索尊，竭人之力不责礼。故古者，甲胄之士不拜，示人无己烦也。夫烦人而欲乞其死，竭其力，自古至今，未尝闻矣。"——吴起与秦军作战，就睡在不加平整的田埂上，只用树枝掩盖以遮蔽霜露。为什么这样呢？这是因为他不自视高人一等的缘故。凡是要求人家为你效死，就不能要求人家对你毕恭毕敬；要求人家竭尽全力，就不能讲究那些繁文缛节。所以古时候穿戴盔甲的将士不行跪拜之礼，这是表示不愿因自己而增加别人的麻烦。给别人增添很多麻烦，而又要求人家为你效死尽力，是从古至今，没有听说过的。

（三）推进基础团队良好氛围的营建

基层团队是组织的构成细胞，它们的运行氛围与质量，无不成为组织整体的积极氛围和强大的运营发展能力，卓有成效铸建或展示的坚强基石。显然，远见卓识地营建整体组织积极的运营氛围，领导管理者无不需要特别着力于，基础团队良好氛围的创造与营建工作。事实上，丧失广泛基础团队良好运行氛围的坚强支撑，任何组织整体积极氛围及其展现的运营发展推动力量，无不将会受到极其显著的制约。

（四）妥善设置相关各方的利益关系

全面兼顾并妥善设置相关各方职业利益的保障与关系，实践中，普遍成为团队积极运营氛围的有效营建，人们能动性创造智慧与力量的充分激发和展示，不可或缺的重要工作。如果广大员工的职业利益，尤其是长远的根本利益，缺乏足够有效地支持和保障，他们必将难以积极展示并持久保持强大的创造智慧与力量。

为此，《孟子》曾经辩称："无恒产而有恒心者，惟士为能。若民，则无恒产，因无恒心。苟无恒心，放辟邪侈无不为已。及陷于罪，然后从而刑之是罔民也。焉有仁人在位罔民而可为也？是故明君制民之产，必是仰足以事父母，俯足以畜妻子；乐岁终身饱，凶年免于死亡。然后驱而之善，故民之从之也轻。"——没有固定的产业却有坚定的道德意识，只有士人才能做到。对于普通民众，如果没有固定的产业，也就可能缺乏牢固的道德意识。一旦缺乏牢固的道德观念，就可能为了自己，而表现出各种不好的行为。等到犯了罪，然后再施加刑法，等于是在陷害他们。哪里仁慈的人执政却陷害百姓的呢？所以，贤明的国君设置百姓产业方式，一定要让他们上足以赡养父母，下足以抚养妻子儿女；好年成丰衣足食，坏年成也不致饿死。然后督促他们走善良的道路，老百姓也就很容易听从了。

（五）谨慎应对众人利益的焦点事宜

有效推进组织积极氛围的营建，必须深入审视并谨慎应对，涉及众人利益的焦点事宜，尤其需要做好充分细致的沟通工作。众人的利益通常影响广泛而深远，一旦辨识应对出现重大偏差或错误，极有可能引发极其严重的负面对抗情绪和行为，从而使得组织整体的运营氛围与形势，陷入极度艰难的困境。

（六）对可能遭遇困难挑战的预告

积极氛围的营建，通常还需要就组织运营发展进程中，可能遭遇的重大困难挑战，预先向广大员工进行及时的通告或警示，以使得他们能够牢固铸建组织主人翁的坚强意识，并做好积极应对的思想和精神的充分准备。这也是把广大员工成熟坚定地视作，组织运营发展的根本依靠力量，并以此积极激发与凝集他们强大的能动性创造力，极其重要的途径和坚强的动力。

第四节　把工作推到事业的高度

铸建员工强烈的事业意愿

许多胸怀远大理想的领导管理者，尽管已经远见卓识地辨识了广大员工能动性创造力的关键价值，并为此付出了极其艰巨的努力，却依然在组织运营重要机遇或挑战中，难以如愿以偿地得到足够强大力量的坚强支持，以至于时常陷入极度的困惑境地。

事实上，领导管理者如果不能睿智成熟地以己及人，从更为积极而长远的职业立场或角度，卓有成效地辨识并激励，广大员工对于自身工作的强烈意识和愿望——也就是说，把他们的短期工作或职业的意识，积极推上长远发展的事业意愿高度——那么，他们对于员工任何至诚而美好的期待，都可能受到令人尴尬实践的嘲弄。

本节中，我们从人们事业意愿的一般表现与形成背景，以及对职业积极推进的重要价值着眼，分析了组织与个人事业进程和发展的密切关系。在此基础上，就有效推进广大员工强烈事业意愿的积极构建，必须对他们职业素养及其提升和展示，给予充分地肯定与指导，并以此积极推动他们铸就形成纵向、横向与深度，三维成熟的思维和行为方式，以及个人职业规划与组织长远发展的密切融合，展开了相应的探讨。最后，就广泛实践中的常见问题，提出了应该采取的正确应对原则与方法（图4-8-4-1）。

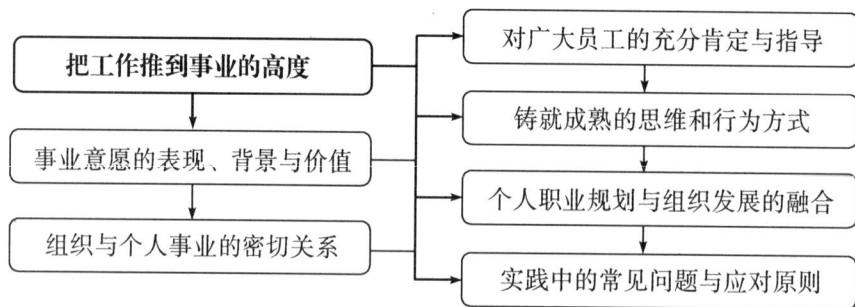

图 4-8-4-1　把工作推到事业的高度

一、事业意愿的表现、背景与价值

长期以来，尽管受到广泛文化思维意识，及其不同环境因素复杂而深刻地影响，但人们却普遍地以事业及其意愿，来表达对高质量职业思维与行为的积极辨识、认可或选择。譬如，《易经》就曾辩称："举而措之天下之民，谓之事业。"——用所做的事情施惠于天下民众，就叫作事业。唐代政治、经学家孔颖达则认为"所营谓之事，事成谓之业。"——所做的叫做事，事成了叫作业。

事实上，强烈的事业意愿，是人们积极成熟的人生与职业意识的重要体现。它的坚强铸建，通常需要得到对自身强大潜在职业力量的充分辨识，事业发展与成就良好环境高度认可的有力支持。同时，它又能够有力地推动人们，充分展示远见卓识的思维智慧，积极激发并展现坚强的职业精神与行为的力量。因此，任何背景下，创造卓越的职业进程或成就，人们无不需要努力推进，普通工作向坚定事业的积极飞跃（图 4-8-4-2）。

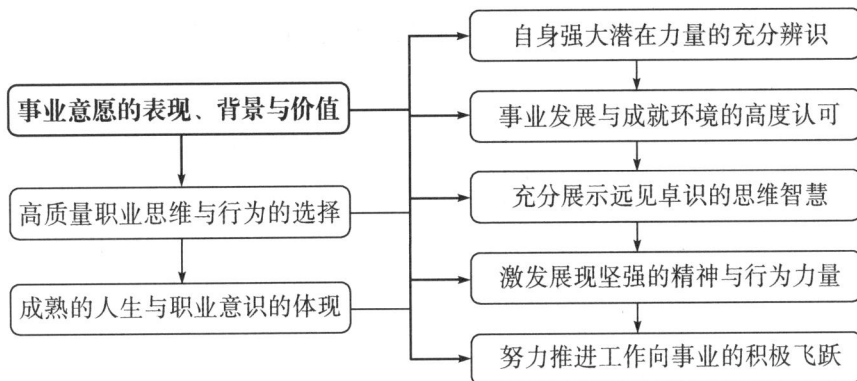

图 4-8-4-2　事业意愿的表现、背景与价值

（一）高质量职业思维与行为的选择

任何背景下，人们一旦论及事业的议题，无不意味着将要涉及或者需要成熟牢固地立足于，更为广泛的内外因素、关系及其变化，以及高质量职业思维与行为的积极辨识、认可或选择的基本立场。事实上，成熟辨识并牢固立足，更为广阔时空范围中存在的影响因素，不仅是人们思维智慧和行为力量极其关键的体现，而且也是任何组织高质量进程的积极创造，一切崇高远大事业的卓越铸就，以及整体社会文明的进步与发展，极其重要而强大的推动力量。

（二）成熟的人生与职业意识的体现

任何高远事业的成就进程，无不遭遇各种难以预料极其复杂，并时常挑战人们智慧或心理极限的艰辛困扰。因此，强烈的事业意愿，无不需要积极成熟的人生与职业意识的坚强支撑。

广泛的实践中，无数仁人志士之所以对崇高事业孜孜追求，是因为它普遍成为人们职业的智慧才能，及其人生价值的积极提升和充分展示，极其强大的动力和重要的途径。换言之，强烈的事业意愿，普遍成为人们高度的职业智慧与才能，以及睿智成熟的人生思维意识的核心体现。

（三）自身强大潜在力量的充分辨识

强烈事业意愿的坚强铸就，压倒一切的关键决定性因素，就是必须对自身潜在的职业智慧与才能，尤其是能够得以积极提升或发展的整体事业推动力量，予以足够充分而积极地辨识和肯定，并以此牢固确立，通过自身长期的不懈努力，一定能够以此创造，高质量的职业成就与人生价值的坚定意识。

缺乏对自身潜在智慧与才能，尤其是通过卓有成效的自我积极提升与外部有效发展，能够实现的整体强大推动力量，充分辨识和肯定的坚强支撑，没有任何人能够真正铸就强烈的事业意愿。

（四）事业发展与成就环境的高度认可

外部环境对任何事物的运行发展，都有着极其关键的决定性影响。因此，构建强烈的远大事业意愿，普遍需要对事业进程与成就的外部环境，包括当前环境的主要因素及其发展变化的必然趋势，足够深入全面辨识和高度积极认可的有力支持。事实上，头脑中极其艰难外部环境的主导意识，无不将显著地限制人们强烈的事业意愿，及其积极推进坚强的情感或行为的意志。

（五）充分展示远见卓识的思维智慧

正如任何事物的矛盾双方，都必然存在显著的向自身对立面转化的重要本性特征。强烈的事业意愿，无疑需要对自身潜在力量及其外部环境因素，足够深入积极辨识的有力支持。同时，它又是人们更为充分而准确地识别，自身强大的潜在力量及其外部环境的积极因素，并以此高质量地展示远见卓识的辨识思维智慧，极其关键而坚强的推动力量。

事实上，即使是历史上曾经创造了最为显赫事业的叱咤风云人物，也从来不是等到自身的力量，以及外部环境的因素都具备了极为良好的条件，才铸建形成强烈的事业意愿。他们无一不是准确辨识并选择了社会文明进步和发展潮流的正确方向，并在强烈事业意愿的坚强推动下，极其顽强而持续地提升自己、积蓄力量、争取机遇、迎接挑战，一步步地把矢志不移的事业推上令人瞩目或景仰的巅峰。

（六）激发展现坚强的精神与行为力量

强烈的事业意愿，最为重要而具宝贵的价值之一，就是它普遍成为人们超越一切艰难困苦，坚韧不拔的崇高职业精神或行为，卓有成效地激发和展现最为强大的推动力量。事实上，人们耳闻目睹所有感人肺腑、催人奋进，极具强大感染力量的高尚职业精神与行为，无一不是受到强烈事业意愿的坚强激发和推动，而绝非那些浅薄庸碌之辈的可怜臆断，仅仅是为了追逐个人更多的物质利益或糜烂享受。

（七）努力推进工作向事业的积极飞跃

强烈的事业意愿，通常能够坚强地推动人们，以更为开阔和长远的思维与行为的立场，更为深入睿智地辨识和充分有效地运用，自身及其环境中的各种积极的因素与力量，并以此卓有成效地超越普通工作意识时常存在的，个人、局部或短期利益得失思维的显著限制，铸就一个团队强大力量对整体事业高质量进程或成就，关键决定性价值的成熟坚定思维意识。因此，努力推进普通工作意识，向强烈事业意愿的积极飞跃，普遍成为人们强大能动性创造智慧与力量，以及持续高质量职业进程或成就的卓越展示，极其重要的途径和坚强的动力。

二、组织与个人事业的密切关系

由于涉及诸多复杂因素、关系与变化的深刻影响，任何个人的事业意愿，无不需要依托一个团队或组织强大力量的有力支持，才能得以积极推动或实现。同时，把自身的信念或使命，卓有成效地转化为广大员工强烈的事业意愿，又普遍成为团队或组织高质量运营发展，极其重要的途径和强大的动力。

为此，组织无不需要坚强铸就运营发展的坚定信念与正确方向，并以此有效推进组织信念与个人事业意愿高度的密切融合，积极引导和推动个人事业成就素养持续高质量的发展，充分发挥与展示广大员工个人的职业优势或特长。实践中，组织运营的失败，通常将导致个人事业的严重挫折（图4-8-4-3）。

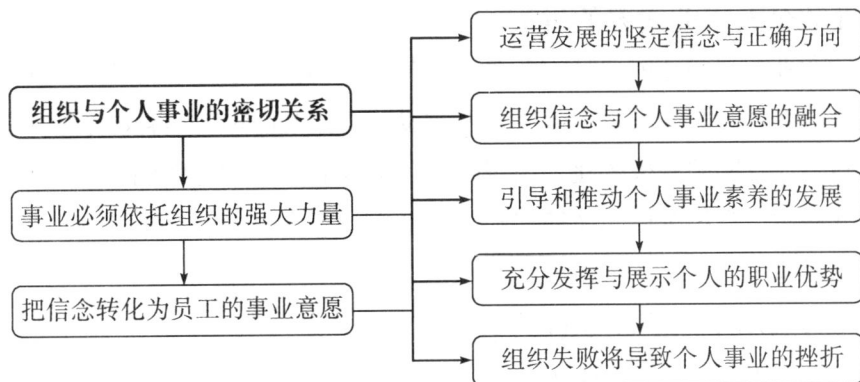

图 4-8-4-3 组织与个人事业的密切关系

（一）事业必须依托组织的强大力量

任何具有广泛深远的积极影响，并值得人们孜孜追求真正事业的坚强铸就，无不需要深入充分地辨识并准确有效地应对，众多复杂的内外因素及其相互作用与持续变化，足够强大力量的有力支持和推动。因此，长期以来，任何高质量的事业成就，无不是依托一个组织或团队的强大力量，以及所有成员的共同奋发努力而得以积极创造。脱离一个组织或团队坚强力量的有力支持，即使是最为高尚的个人事业意愿或梦想，都必将成为飘忽空中的泡影，而难以经受任何微风细雨的侵袭。

（二）把信念转化为员工的事业意愿

睿智深入地辨识与积极充分地展示，作为组织根本的广大员工，所蕴含的强大能动性创造智慧与力量，是一切高质量领导管理的卓越创造，普遍面临的关键任务与艰难挑战。实践中，通过对广大员工积极的智慧与才能，及其宝贵的职业价值和长远的根本利益，深入细致地引导与充分有力地支持，从而把组织或团队运营发展的信念与使命，积极转化为广大员工的强烈事业意愿，并以此卓有成效地推动他们高质量职业思维与行为，及其强大能动性创造智慧和力量的充分展示，普遍成为卓越领导或管理积极创造的重要途径。

（三）运营发展的坚定信念与正确方向

积极引导并铸就广大员工强烈的事业意愿，并以此卓有成效创造整体组织，强大的运营发展力量，广泛的实践中，压倒一切的坚实基础和坚强动力，就是领导管理者必须能够根据整体社会的文明进步，以及组织内外环境及其变化发展的趋势，远见卓识地确立或设置，组织长远运营发展的坚定信念与正确方向，并使得广大员工能够深入充分地辨识或感知，致力于组织的信念与前行的卓越进程，对于自身高质量职业与人生的关键价值。

（四）组织信念与个人事业意愿的融合

唯有组织的坚定信念与个人的强烈事业意愿，密切融合的坚强推动，它们才能够对广大员工高质量的职业智慧、情感与行为，形成强大的推动力量。

为此，贝尔公司前领导人史密斯曾经辩称："我们不可能控制人们每分每秒的行为。如果人们对他们的事业、目标和企业不信任，他们就不会全心全意地工作。只有那些相信其事业和目标的人才会坚持不懈地努力。我的经验是，人们总是希望将自己认同于大一些的团体，他们总是希望能够成为某个重要团体的一部分，成为某种值得为之奋斗的事业的一部分。"

（五）引导和推动个人事业素养的发展

足够高质量的职业智慧与才能，任何背景下，都是人们强烈事业意愿积极有效铸建，不可或缺的重要保障和强大动力。因此，卓有成效地引导和推动，广大员工职业素养持续高质量地提升与发展，普遍成为他们强烈事业意愿的积极铸建，组织强大运营发展力量的有效创造，及其高质量领导管理智慧与才能的充分展示，极其关键的途径和坚强的动力。事实上，缺乏足够高质量职业素养的有力支持，无人能够真正铸就强烈的事业意愿。

（六）充分发挥与展示个人的职业优势

从根本上说，任何组织都是积极凝集并充分展示各类资源力量，尤其是广大员工高度专业性创造智慧与才能的团队。因此，无论是以自身更为强大运营发展力量，卓有成效创造的立场，还是广大员工强烈事业意愿，积极激发与推动的思维，组织无不需要努力发挥与展示，广大员工个人的职业优势或特长。事实上，这也是一个组织或团队整体领导管理的智慧与才能，极其关键而显著的体现。

（七）组织失败将导致个人事业的挫折

任何高远事业的坚强成就，无不需要一个团队或组织强大力量的有力支持。换而言之，团队或组织运营的失败，通常将会导致个人事业的严重挫折。因此，矢志组织的坚定信念，密切融入团队的运营发展，全力以赴竭尽所能以铸就它的高质量进程和成就，就普遍成为人们成熟睿智的职业选择。

三、对广大员工的充分肯定与指导

人们坚定事业意愿的积极铸建，通常需要得到强烈的情感倾向，及其足够的潜在能力深入辨识的坚强支撑。因此，卓有成效地推进广大员工，基于组织运营信念与方向背景下，强烈事业意愿的坚强铸就，领导管理者必须对他们的职业价值，给予高度的重视与肯定；对他们优良的职业表现给予及时的积极评价；努力提供能够更为充分地展示，他们潜在职业能力的良好机遇；对他们职业思维或行为的提升或发展，给予积极的启迪与指导（图4-8-4-4）。

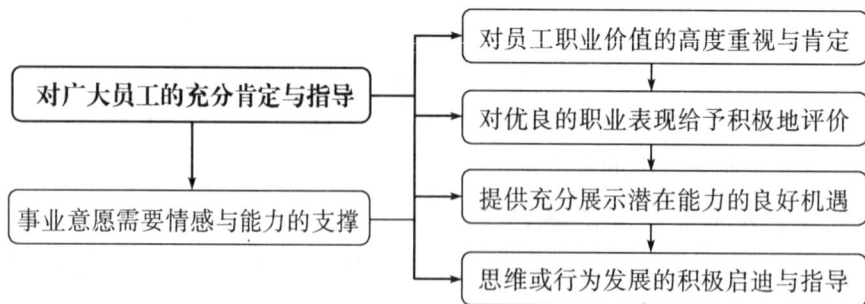

图 4-8-4-4　对广大员工的充分肯定与指导

（一）事业意愿需要情感与能力的支撑

人们职业思维与行为持续高质量的展示，及其坚定事业意愿的积极铸建，普遍需要得到强烈的情感倾向，以及对自身蕴含的强大潜在能力深入辨识的坚强支撑。因此，充分利用各种积极有效的方式，给广大员工注入并增添强大的团队情感倾向的力量，努力引导他们更为睿智而深入地辨识，自身潜在积极的职业能力，就普遍成为领导管理者卓有成效地推动他们，基于组织运营的基本信念与方向，积极铸建和巩固强烈的事业意愿，必须遵循的重要原则。

（二）对员工职业价值的高度重视与肯定

积极推进广大员工组织信念与目标背景下，强烈事业意愿的坚强铸就，并以此展示他们强大的能动性创造智慧与力量，最为睿智而关键的途径之一，就是领导管理者必须对他们极其宝贵的职业价值，形成足够成熟而深入地辨识，并给予最为高度的重视与肯定。否则，组织的信念或目标必将仅仅成为，少数领导人或组织精英梦寐以求的事业，而绝非广大员工共同的强烈意愿。

为此，帕金森曾经辩称："伟大的爱因斯坦曾经说过，在当今大企业林立的社会中，最大的问题就是人们感到他们个人已被完全遗忘了。他们感到自己似乎微不足道。此时就需要一个好的领导人发挥作用了。他应使他的职工确信他们是企业的最重要因素。"

（三）对优良的职业表现给予积极地评价

对广大员工各种优良的行为表现，及其展现的高品质职业素养，给予及时的积极评价与称赞，是有效激发他们强烈的团队情感倾向，职业更为积极提升与发展的信心，以及强大的职业进取精神动力，并以此卓有成效地推进他们，牢固铸建与组织信念高度一致的坚定事业意愿，极其重要的途径和强大的推动力量。

事实上，如果领导管理者难以足够深入而充分地辨识，对员工优良职业表现及时积极评价的重要价值，或者不能娴熟地掌握对其积极称赞或肯定的有效方式，那么，他们无疑将会显示出极其有限的职业智慧与才能。

（四）提供充分展示潜在能力的良好机遇

对员工职业素养、表现及其价值的积极肯定，除了需要提供能够充分发挥他的专业技能与特长的职业岗位，一个极为重要的方式，就是根据整体组织或团队运营发展的具体实际，不断创造积极展示其潜在职业能力的良好机遇。

良好的机遇可能是更为重要的正式工作岗位，也可以是超出其平时能力展露的某项临时性工作。然而，却对员工潜在职业情感与行为力量的充分激发和推动，具有极其重要而积极的价值。事实上，许多领导管理者在激励部属强烈事业意愿的铸建进程中，都曾广泛地采用过这种极为有效的方式。

季宁也曾深入辨识了，人们在良好的职业机遇面前，时常展现的自我实现的强大情感力量："自我实现的感情，将驱使他建立'我必须做好这件事'的态度，这样他将不分昼夜、锲而不舍，直到获致满意的结果。这种态度必然将会受到共同工作者的模仿，进而成为整个组织的一种行为方式。这种驱使一个人非做不可的力量是深植内心的感情，而不是逻辑。"

（五）思维或行为发展的积极启迪与指导

更具思维智慧与情感、行为动力的资深领导管理者，对广大员工职业思维行为持续高质量发展，积极的启迪与指导，是他们强烈事业意愿及其强大能动性创造力，卓有成效铸建和展示极其重要的推动力量，也是领导管理者高质量职业进程与成就的卓越创造，必须肩负的关键职责。

对员工的积极启迪与指导，通常分为三个层次：

更为积极的职业表现方式——需要强烈事业意愿的坚强支撑；

睿智的事业方向选择——与组织运营信念与方向的密切融合，实现团队强大力量的充分依靠；

职业素养持续高质量提升发展的坚强激励——团队背景下能够创造更为积极的事业成就与职业价值。

四、铸就成熟的思维和行为方式

外部环境的因素，普遍对人们强烈事业意愿的铸建，以及推动实现的进程或成就，具有极其关键的决定性影响。人们的事业意愿，从根本上说，就是通过对最为广泛的环境因素，及其长远变化发展的趋势足够深入而充分的辨识，并以此对自身整体职业或人生的成就与价值，以及实现的主要途径或方式，给予极其明确与高质量的选择或设置。

因此，强烈事业意愿卓有成效地铸建与推进，人们无不需要得到高质量职业或人生的价值观，及其整体职业素养持续积极地提升与发展，以及由此形成的对广泛外部环境中，强大的事业合作对象及其积极的合作方式，成熟辨识与有力推动的坚强支撑，并以此实现环境中的积极因素与自身潜在的职业能力或价值，最为紧密的联结和融合（图4-8-4-5）。

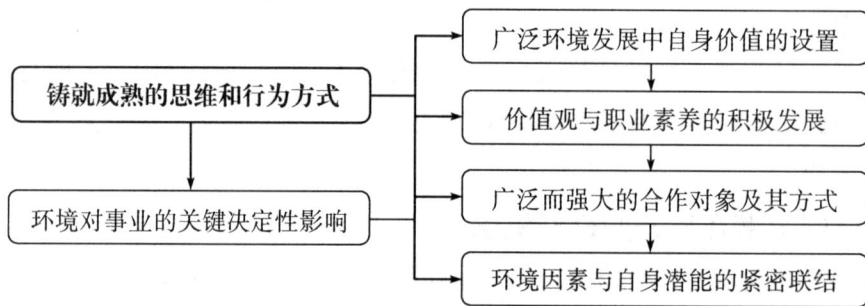

图 4-8-4-5　铸就成熟的思维和行为方式

（一）环境对事业的关键决定性影响

广泛的职业人士普遍能够极为深刻地辨识和感知，外部的环境因素，对人们的职业或事业的进程与成就，具有极其关键的决定性影响。然而，广泛的实践中，既能够一目了然地看清，环境中的各种积极因素，对人们职业或事业推进所展示的重要支持力量，又能够极其深入而睿智地识别，环境中的某些关键因素，对人们强烈事业意愿的坚强铸建，以及由此积极推动的对外部环境高质量的反应，人的强大能动性创造智慧与力量，所展现的更具宝贵的决定性价值，则时常属于少数极具洞察才能或远见卓识之士的独有专利。

事实上，即使是那些拥有最为崇高事业理想，坚定职业信念的伟大人物或卓越人士，他们强烈事业意愿睿智成熟的铸就和展示，也无一不曾经受过，职业环境中强大而积极力量的坚强激励与推动。

（二）广泛环境发展中自身价值的设置

事业的意愿或追求，时常被一些浅显的人士视作为，只是那些少数叱咤风云精英享有的专属品。然而，事实上，任何不甘随波逐流碌碌无为，而志在有所创造追求或意愿的成熟职业人士，无一不曾潜心思索并积极设定过，在广阔的可见时空范围中，自身的能力与外部环境因素的密切联结，可能铸就的人生或职业的成就与价值。

的确，归根结底，所谓的事业意愿，就是人们以最为广阔与长远的思维立场，对外部环境及其变化发展的趋势，以及自身能够提升发展与有效争取的各种内外积极力量，及其存在的限制性因素，足够深入而充分地辨识，并以此对能够实现的最高职业或人生的成就与价值，以及所需采取的主要推进路线与方式，所形成的极其明确的高质量的选择与设置。

（三）价值观与职业素养的积极发展

强烈的事业意愿，与高质量的职业思维或行为，广泛的实践中，显著展现着对人们的职业进程或成就，具有关键决定性影响的重要对立统一关系。换而言之，强烈事业意愿的坚强铸就，无不需要得到人们积极的人生或职业价值观，及其整体高质量职业素养的有力支撑；强烈的事业意愿，又普遍成为人们积极人生或职业价值观，及其高质量职业素养、进程与成就，卓有成效地铸建和持续积极地发展，极其重要而强大的推动力量。

（四）广泛而强大的合作对象及其方式

任何事业的意愿，无一不是对外部的环境及其变化发展，所做出的具有广泛而长远积极价值的高质量反应。因此，深入充分地辨识并卓有成效地推动，广泛范围中所存在的事业高质量进程或成就，强大的合作对象及其积极的方式，普遍成为它的强烈意愿积极铸建和展示，极其重要而强大的推动力量。

与此同时，强烈的事业意愿，又无不能够有力地推动人们，在更为广阔的时空范围中，更为积极准确地辨识和推进，广泛而积极的合作对象与方式，并以此卓越创造事业高质量进程或成就的坚强支持力量。事实上，人们普遍景仰或钦佩的崇高事业，无一不是对极其广泛合作对象的积极奉献，并以此得到他们的倾力支持，而得以坚强铸就和充分展现。

（五）环境因素与自身潜能的紧密联结

高质量职业思维或行为的坚强展示，广泛的实践中，普遍需要对外部环境各种积极的因素，及其自身蕴含的潜在力量，充分辨识与密切联结的有力支撑。因此，以广泛外部环境及其自身能力长远发展紧密联结为核心，所铸就形成的强烈事业意愿，普遍成为人们高质量职业思维与行为卓有成效地创造，极其重要而强大的推动力量。

五、个人职业规划与组织发展的融合

积极推进整体运营信念与方向背景下，广大员工强烈事业意愿的坚强铸就，及其长远职业发展的成熟规划，是组织卓有成效地激发和凝聚，整体员工队伍强大能动性创造力，不可或缺的重要途径与推动力量。为此，组织必须能够根据内外环境的具体实际，及其变化发展的整体趋势，远见卓识地辨识和设置长远运营的基本信念、方向与路线；坚强充分地展现员工个人在组织中的光明职业前景；明确而详尽地指示他们的职业素养，持续高质量提升和展示的积极方向与途径，从而卓有成效地展现出组织整体的强大力量，成为广大员工长远职业发展或事业成就的坚强保障，并以此坚强有力地推动他们，把自身强烈的积极职业或事业的意愿，密切融入组织运营发展的整体进程（图4-8-4-6）。

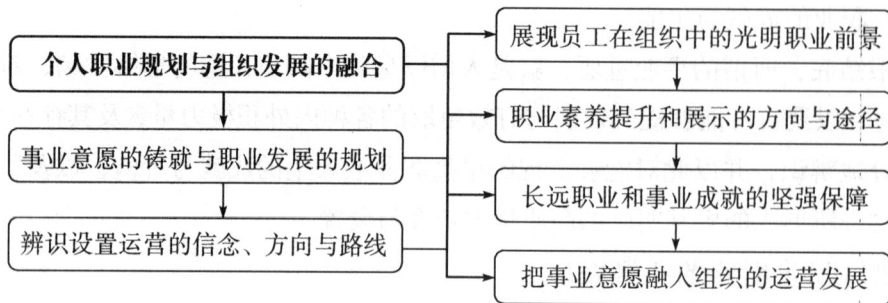

图 4-8-4-6　个人职业规划与组织发展的融合

（一）事业意愿的铸就与职业发展的规划

复杂多变的环境中，个人职业素养及其能动性创造力的积极提升与展示，无疑需要得到广泛而长远因素、关系及其变化，足够深入准确辨识的有力支持。事实上，具有长远发展显著特征的员工个人的职业规划，正日趋受到众多组织或团队的普遍关注。

然而，个人职业才能的积极发展与展示，如果缺乏一个组织或团队强大力量的坚强支撑，在涉及诸多因素、关系或变化显著影响的复杂环境中，无疑将会受到极大的限制。因此，成熟铸建以团队高质量运营发展为核心坚定的事业意愿，就普遍成为人们个人职业长远发展的积极规划，不可或缺的重要途径和坚强动力。

（二）辨识设置运营的信念、方向与路线

在各种利益、文化与价值观，日趋广泛而深入影响的复杂环境中，卓有成效地推动广大员工，把他们长远的职业发展或事业意愿，紧密而牢固地融入充满艰辛挑战的漫漫征程，并以此积极展示整体强大的创造智慧与力量，显然，如果缺乏足够成熟而坚定的组织运营基本信念、方向和路线，远见卓识辨识与设置的坚强支撑，无疑将会成为一项极其脆弱而难以持久的美丽泡影。

（三）展现员工在组织中的光明职业前景

积极激发或推动广大员工，把自身全部的职业创造才智与力量，满腔热忱毫无保留地投入到组织的前行征程，并依据坚定的运营信念和方向，牢固铸建起强烈的事业意愿，显然，组织无不需要卓有成效地展示，他们在自身高质量运营发展进程或成就中，极其坚强的地位和宝贵的价值，以及由此充分展现的光明灿烂的职业前景，而绝对不会承受他们难以控制或预料，一夜间可能被团队彻底遗弃的巨大职业风险。

（四）职业素养提升和展示的方向与途径

卓有成效地推进广大员工，密切融入组织运营发展的积极职业规划，领导管理者通常需要根据团队内外环境及其变化的需求，结合员工岗位工作运行发展的要求，以及他们整体职业素养的实际，明确而详尽地指示他们的职业素养，持续有效提升和积极充分展示，所应遵循的主要方向和采取的重要途径。

不仅如此，领导管理者还需要努力构建并充分运用团队积极的文化与价值观，卓有成效地激发广大员工奋发进取的强大动力，积极肯定他们一定工作阶段所展示的优良职业表现，以及存在的不足及其成熟的应对策略和方法，从而有力地支持或推动他们，能够始终牢固地占据职业推进和发展的主动地位。

（五）长远职业和事业成就的坚强保障

积极推进组织运营基本信念与方向背景下，长远职业发展的高质量规划，及其强烈事业意愿的有效铸建，广泛的实践中，通常需要广大员工能够深入成熟地辨识和感知，组织整体强大的运营发展力量，及其高质量的进程与成就，无不成为他们长远职业发展或事业成就的坚强保障和动力。换而言之，缺乏坚强团队或组织的有力支持，任何局限于个人智慧力量或利益价值的艰辛努力，所能达到的职业或事业的高度，都必将受到极其显著的限制。

（六）把事业意愿融入组织的运营发展

通过长期广泛的实践，人们已经日趋睿智而深刻地意识到，一个团队或组织的强大力量，在他们高质量职业与人生创造或发展进程中，所展示的关键决定性作用和价值，并以此把对团队的强烈情感倾向与忠诚，普遍视作为整体成熟素养的重要组成。

与此同时，在日趋复杂多变的艰难挑战中，亦有更多的团队或组织能够远见卓识地辨识，有效推进广大员工密切融入自身的凝聚力量，已日益成为整体强大运营发展能力，及其高质量进程或成就的卓越创造，不可或缺的重要而坚强动力。因此，积极推动广大员工把他们的职业发展规划，及其强烈的事业意愿，高度融入自身长远的运营发展，已日益成为远见卓识组织所普遍关注并着力的重要工作。

六、实践中的常见问题与应对原则

广泛的实践中，一些常见的辨识思维或思想意识的缺陷，时常会显著地限制组织或它的领导管理者，卓有成效地推动广大员工成熟事业意愿的铸建与发展，从而极大地制约了整体组织强大的运营发展力量。其中，典型的问题通常体现在，组织自身缺乏明确的坚定信念与长远愿景，坚持领导管理只是对组织或团队运营承担责任的原则，只有少数的精英才有事业追求的智慧与才能，普通员工的低质素养极难成就任何事业，基层员工只会倾心并满足对物质利益的追求，员工工作只是以有效劳作换取报酬的交易，裁减或淘汰员工是组织运营发展的必然选择（图4-8-4-7）。

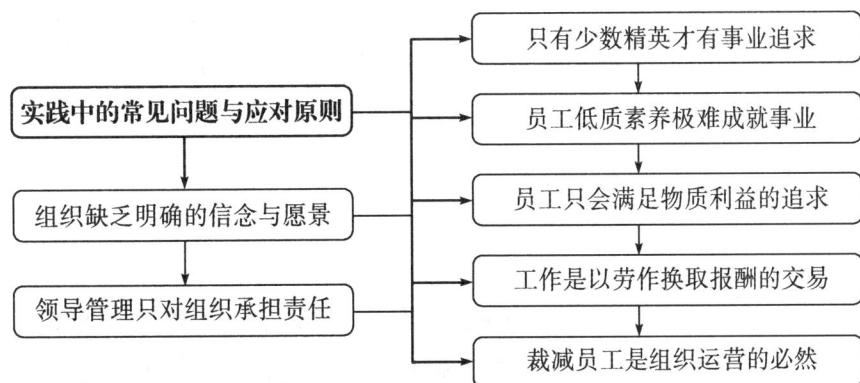

图4-8-4-7　实践中的常见问题与应对原则

（一）组织缺乏明确的信念与愿景

在日趋复杂多变的环境中，一个团队或组织如果缺乏对各种内外资源因素，及其相互作用关系和长远变化趋势，足够全面、深入与准确辨识所坚强铸就的坚定信念与明确愿景，显然，它必将无以远见卓识地构建高质量的全局战略，及其整体运营发展的方向、路线与目标，激励或推动广大员工卓有成效地铸建，以组织运营信念和方向为依托的事业意愿，实施和推进他们职业积极的长远发展规划，并显著降低对各种内外机遇挑战，高质量识别或应对的强大智慧与力量。

因此，牢固构建长远运营发展积极而明确的坚定信念与美好愿景，普遍成为一个团队或组织，卓有成效地激励和推动广大员工，强烈事业意愿的坚强铸建，最为坚实的基础和强大的动力。

（二）领导管理只对组织承担责任

任何背景下，卓有成效地创造全局高质量的进程或成就，无不成为组织卓越领导与管理，必须承担的最为核心的职责。然而，广泛的实践中，由于辨识思维或思想意识所存在的显著限制，时常使得一些领导管理者产生了过于极端或片面的，只对组织承担责任，一切均以组织利益最大化为原则的思维行为的指南。

事实上，过于机械僵化地突出或强调，组织某些暂时、表面或局部因素力量与利益价值的思维倾向，无不极易限制对人的根本因素与力量，及其能动性创造力卓有成效提升和展示，组织运营发展与领导管理最为关键途径，准确辨识和坚强推动的智慧才能。

（三）只有少数精英才有事业追求

事业的成就，通常是项涉及广泛复杂因素、关系与变化长期而艰难的进程。因此，对于事业的孜孜追求，只能属于意志极其顽强、才智极度超群少数精英的专利，时常成为低估人的强大能动性创造智慧与力量，浅显人士的主观臆断。

事实上，由于涉及长期而复杂的艰难挑战，任何真正的事业无不需要高度汇聚，众人积极而强大的创造性智慧与力量，才能予以坚强地铸就。实践中，任何精英的顽强意志和卓越才智，无一不是通过对团队广大员工强大创造性智慧力量，及其关键决定性价值睿智成熟的辨识，并以此把自身的思维行为与他们的良好职业愿望，进行牢固地联结和密切地融合，从而把事业的美好愿景卓有成效地转化为，他们共同的强烈意愿和奋发努力，而得以充分淋漓地展现。

（四）员工低质素养极难成就事业

普通基层员工所表现的较为低质的职业素养，极难成就任何高远的事业，是一些领导管理者时常持有的职业观念。然而，事实上，不仅任何充满艰辛挑战的崇高事业，无不需要众多普通基层员工的积极参与和支持，而且领导管理者最为核心的职责，及其高质量职业智慧与才能充分展示的关键途径之一，就是能够通过广大员工，强烈的事业意愿和热忱的积极激发与推动，卓有成效地推进他们整体高质量职业素养，及其强大的能动性创造智慧与力量，持续积极有效地提升和展示，并以此坚强铸就整体团队光明灿烂的事业前程。

（五）员工只会满足物质利益的追求

把广泛的基层员工普遍地视作为，只会倾心并满足于物质利益的追求，无不成为自身浅薄心智的显著表露。的确，除非祖上遗留了丰厚的私人财富，广泛的普通员工无不需要通过种种艰辛的努力，去创造自身生存和发展的物质资源。然而，如果就此无视人性中，最为基本的物质与精神需求及其积极满足的强烈愿望，无疑将会显著地限制对人的强大能动性创造智慧与力量，深入准确地辨识和积极充分地展示。事实上，强烈的事业意愿，就是源自并对人们物质与精神需求的高质量满足，紧密联结和充分展现的重要途径。

（六）工作是以劳作换取报酬的交易

在以物质的或经济的标准，评价人们行为与社会运行一切价值或质量的环境中，员工工作只是以有效的劳作，换取应得报酬的平等交易，已成为许多人天经地义的思维意识。在他们的头脑中，雇用一个员工与一架机器，都是为了实现组织一定工作的需要，本质上没有任何的区别。

于是，组织的根本因素与共同愿景，人的能动性创造智慧与力量，员工的事业意愿与素养发展等等，凡是不能立即形成显著物质或经济利益的运营思维，都被斩钉截铁地视作不切实际的空谈，并毫不犹豫地抛进垃圾堆。显然，无视事物的根本，以及人的精神与情感浅薄的思维意识，正是一个团队或整体社会共同愿景及其旺盛前行活力的显著缺失，以及各类负面挑战层出不穷的重要根源。

（七）裁减员工是组织运营的必然

一些研究或实践者认为，组织高质量的运营发展，需要不断挑选和任用最为优秀的员工。因此，复杂多变的环境中，持续裁减或淘汰那些表现低劣的员工，已是组织高质量运营发展的必然选择。然而，事实上，员工的整体职业表现，普遍受到内外因素共同作用的决定影响。任何组织无不需要坚强承担，广大员工高质量素养积极提升与充分展示，并以此卓有成效地创造自身强大运营发展力量的核心职责。

实践中，频繁地裁减或淘汰员工，不仅将显著削弱自身坚强的凝聚力量，粉碎员工依托组织运营信念的强烈事业意愿，及其奋发进取的满腔热忱，而且普遍成为组织运营发展力量苍白脆弱的重要体现。

第五节　铸建员工强大的能动性力量

辨识与铸建员工强大的能动性力量

任何组织或团队高质量的运营发展进程与成就，广泛的实践中，无不需要广大员工强大能动性创造智慧和力量的坚强支撑。事实上，缺乏广大员工强大能动性创造力的有力支持和推动，没有任何团队的美好愿景或组织的崇高理想，能够得以坚强展现。因此，深入成熟地辨识并卓有成效地铸建，广大员工强大的能动性创造力，普遍成为组织高质量运营发展，及其领导管理的卓越创造，极其关键的途径和坚强的动力。

本节从运营发展一切力量之源着眼，分析探讨了对人的因素能动性创造智慧与力量，睿智成熟地辨识并积极充分地激发或创造，对组织领导或管理整体质量与水平的关键决定性价值。接着，就人的能动性创造智慧与力量中，通常所显著展现的，具有明显正面意义或价值的思维行为的积极性，居于一切事物运行变化主导地位的主动性，以及推进各类资源因素高质量联结或融合的创造性，展开了相应的分析和讨论。最后，根据日趋复杂而艰难挑战的广泛背景，提出了领导管理者，必须远见卓识地把组织中广大员工的能动性创造力，卓有成效地提升和展示，成熟牢固地置于一切工作中心位置的论断（图 4-8-5-1）。

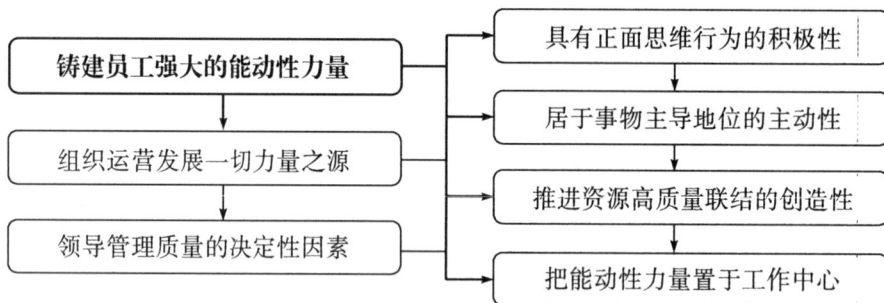

图 4-8-5-1　铸建员工强大的能动性力量

一、组织运营发展一切力量之源（图 4-8-5-2）

展示卓越的领导或管理，广泛的实践中，无不需要对组织内外各类资源因素与关系，以及员工强大的能动性创造智慧和力量，对整体运营发展高质量进程或成就，关键决定性价值深入而准确地辨识，并以此所形成的全心全意依靠广大员工，成熟坚定思维意识的坚强支撑。

同时，领导管理者还必须能够足够深入睿智地洞察，整体员工队伍强大的能动性创造力，普遍需要严密地组织和有效地凝聚，以及卓有成效地激发与推动的有力支持。事实上，对员工队伍的高质量组织及其能动性创造力的积极激发，是一切组织攀登运营高峰的必由之路和坚强动力。

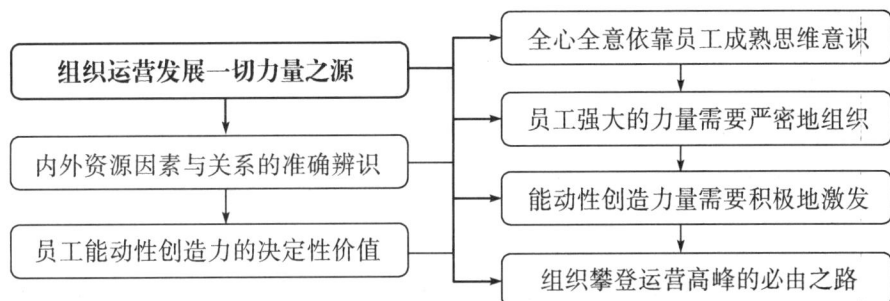

图 4-8-5-2　组织运营发展一切力量之源

（一）内外资源因素与关系的准确辨识

任何组织高质量的进程或成就，广泛的实践中，无不需要对内外各类资源因素、关系与变化，足够深入准确辨悉和积极有效推动的坚强支撑。展示自身卓越的职业智慧与才能，领导管理者无不需要足够睿智而成熟地辨识，自身的一切职业思维意识或决策意愿，以及组织运营各类资源因素的密切联结与积极作用，无不需要广大员工强大能动性创造智慧和力量，卓有成效地推动才能得以顺利实现。

（二）员工能动性创造力的决定性价值

任何复杂艰难的环境中，领导管理者唯有睿智准确地辨识和积极充分地展示，居于一切内外资源因素密切联结或有效作用关键决定性地位，广大员工强大的能动性创造智慧与力量，才能卓有成效地铸就组织运营发展的高质量进程或成就，展现自身卓越的职业智慧和才能。因此，拿破仑·波拿巴曾经辩称："那些曾经改变了整个世界的人，从来都不是通过改变政府官员来实现的，而往往是通过发动人民的力量。"

（三）全心全意依靠员工成熟思维意识

任何背景下，人的能动性智慧与力量，无不成为各种物质或无形资源的积极创造，及其潜在力量或价值的充分展示，以及组织各类专业运行和整体运营发展强大力量，卓有成效地铸建的关键决定性因素。因此，铸就组织高质量的进程与成就，展示自身卓越的职业智慧和才能，领导管理者无不需要牢固树立，全心全意依靠广大员工成熟坚定的思维意识。

（四）员工强大的力量需要严密地组织

通过长期的实践探索，人们已经日趋睿智而深刻地意识到，自身潜在的强大能动性创造智慧与力量，卓有成效地提升和展示，无不需要相互积极支持与密切协作，严密组织和牢固凝聚所形成坚强团队或集体的有力推动。事实上，缺乏坚强团队的有力支持与积极保障，任何个人的创造智慧或力量，都必将受到极其显著的限制，并极易为各种不测挑战所吞噬。

（五）能动性创造力量需要积极地激发

广泛的实践中，即使通过一定积极方式组织构建的团队或集体，也并非能够必然形成足够强大的能动性创造力量。事实上，通过长期卓有成效的探索与实践，一些睿智的贤能之士，已经极其深刻而成熟地意识到，作为组织运营发展一切力量之源，广大员工强大的能动性创造智慧和力量，无不需要积极引导与激发的有力支持，才能得以坚强铸就和充分展示。

（六）组织攀登运营高峰的必由之路

广大员工能动性创造力，任何背景下，都是组织高质量运营发展，各类资源因素的密切联结及其潜在价值的充分展现，以及各项专业运行及其整体运营能力卓有成效地创造与展示，极其关键而强大的推动力量。因此，深入准确地辨识并以此卓有成效地激发、提升和展示，广大员工强大的能动性创造智慧与力量，无不成为各类组织攀登运营高峰的必由之路和坚强动力。

为此，《淮南子》曾经辩称："积力之所举，则无不胜也；众智之所为，则无不成也。夫举重鼎者，力少而不能胜也，及至其移徙之，不待其多力者。故千人之群无绝梁，万人之聚无废功。"

——聚集众人力量，就能够战无不胜；依靠众人的智慧，就能够事无不成。一个人举重鼎，力气小而举不起，但等到众人合力将鼎举起移开，就不一定要等待大力士来完成了。所以千人之中必有栋梁之材，万人聚集没有办不成的事。

二、领导管理质量的决定性因素

组织的运营发展及其领导管理，通常是项涉及诸多内外资源因素、关系与变化极其复杂的进程。而人的能动性创造智慧与力量，在一切资源运行及其相互作用中，无不占据着极为关键的主导地位。因此，任何背景下，领导管理者无不需要努力提升并积极依靠，广大员工强大的职业辨识与创造思维智慧，卓有成效地激发他们坚强的精神、情感与行为的力量，充分考虑一定有形与无形资源条件下，员工整体能动性创造的能力，并以此有效铸建自身高质量的职业进程与成就（图 4-8-5-3）。

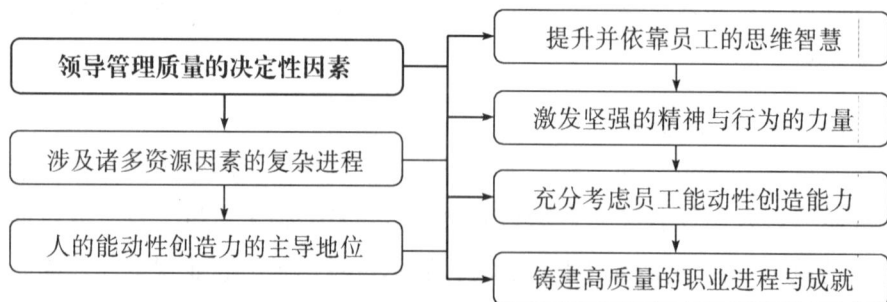

图 4-8-5-3　领导管理质量的决定性因素

（一）涉及诸多资源因素的复杂进程

任何志在积极作为的组织及其领导管理者，无不面临着极为复杂的内外资源因素、作用关系与持续变化的艰难挑战。事实上，任何组织的运营发展或领导管理，无不受限于一定内外资源因素、关系与变化，充分准确辨识与积极有效应对能力的制约，而呈现出特定的进程或成就的高度。同时，它们的任何坚强突破，又无一不是源自对内外资源因素、关系或变化，更高质量地辨识与应对而卓越展示。

因此，深入洞察与准确辨识各类资源因素，相互作用或影响的地位及关系，无不成为领导管理者高质量职业智慧与才能，卓越展示的关键途径和坚强动力。

（二）人的能动性创造力的主导地位

众所周知，任何事物的运行变化或相互联结，无不需要一定力量的支持与推动；任何组织高质量的运营发展，又无不需要对广泛内外资源因素，运行变化与相互联结积极的方向或方式，准确辨识与有力推动的坚强支撑。因此，睿智而充分地辨识，位居一切资源因素运行变化或相互联结关键主导地位，广大员工能动性创造智慧与力量的决定性价值，无不成为组织高质量的运营发展，及其卓越领导管理的坚强基石。

（三）提升并依靠员工的思维智慧

长期以来，尽管许多研究者及其作品，由于自身实践能力的限制，或者出于自身思维的臆断与组织运营发展的表象，对少数领导管理者或团队精英的决定性力量与价值，进行了极其神秘或显著夸大性的文学渲染和描述。然而，事实上，任何领导管理者或团队的精英，如果不能卓有成效地提升并全心全意地依靠，组织广大员工睿智的思维智慧和强大的创造力量，他们无不举步维艰而难有任何真正的作为。

为此，《淮南子》曾经对众人智慧力量的关键价值，做了这样的形象论述："乘众势以为车，御众智以为马，虽幽野险涂，则无由惑矣。帷幕之外，目不能见十里之前，耳不能闻百步之外，天下之物无不通者，其灌输之者大，而斟酌之者众也。是故不出户而知天下，不窥牖而知天道。乘众人之智，则天下之不足有也，专用其心，则独身不能保也。"

——凭借众人力量作为车，驾驭众人智慧作为马，即使是行走在幽暗险要的道路上，也不会使迷失方向。居室以外的地方，两眼只能看到十里以内的东西，两耳只能听到百步之内的声音，可是天下事物却无所不知、无所不通，这是因为得到信息的渠道广泛畅通，一起商讨并出谋划策的人又很多。所以君主足不出户而能知天下事、眼不窥牖而能知天象。一旦充分聚集、发挥众人的智慧力量，这天下都不够他治理；而只是凭借个人的智力才能，就可能连自己的性命都难以保障。

（四）激发坚强的精神与行为的力量

人的能动性创造智慧与力量的积极提升或充分展示，广泛的实践中，普遍受到他们的精神、情感或行为动力的关键决定性影响。事实上，人们能动性创造力的显著脆弱，通常并非源自他们的辨识思维或专业技能，存在着难以逾越的挑战，而是普遍缺乏积极而强大的精神、情感或行为动力，坚强有力的支撑。

因此，卓有成效地提升并展示，广大员工强大的能动性创造智慧与力量，领导管理者无不需要深入洞察和睿智辨识，人性中的精神、情感与行为的动力，对整体能动性创造力的关键决定性价值，并以此持续高质量地探索和推进，积极激发员工坚强精神、情感或行为动力的有效方式与途径。

（五）充分考虑员工能动性创造能力

员工的能动性创造智慧与力量，无不对组织运营进程中各类资源的运行，及其相互间联结或作用的质量与价值，具有极其关键的决定性影响。因此，展示组织的卓越领导与管理，无不需要深入准确地辨识并积极充分地考虑，广大员工能动性创造力所能达到的实际高度或水平，并努力设置和推进各项卓有成效的战略或策略的措施，以使其形成与各类内外资源因素创造性的密切融合。实践中，超出或低于员工整体创造能力的战略或策略，无不极易对组织领导管理的质量，及其运营发展的进程或成就形成显著的制约。

（六）铸建高质量的职业进程与成就

铸建高质量的职业进程与成就，任何背景下，领导管理者无不需要深入睿智地洞察，广大员工能动性创造智慧与力量，对各类资源因素的准确辨识，及其相互间密切联结与作用的积极推进，以及由此形成的组织整体运营发展能力的关键决定性价值。事实上，任何领导管理的卓越智慧与才能，无一不是通过对广大员工强大的能动性创造力，远见卓识地辨识和卓有成效提升与展示而坚强铸就。

三、具有正面思维行为的积极性

团队背景下，一切正面的思维或行为的积极性，无不具有集体或整体利益的推动与维护的显著特征。它的卓有成效地铸建，普遍需要得到人们对自身高质量职业成就与价值创造的强烈意愿，对团队运营信念与目标的高度认同，以及由此推动的团队愿景与自身职业价值密切融合的有效引导，良好行为表现充分激励与肯定的坚强支撑。

成熟稳固职业积极性的形成，广泛的实践中，普遍成为人们潜在智慧力量的充分展示，一切负面因素的阻碍或干扰的坚强超越，以及高质量职业进程或成就的卓越创造，不可或缺的坚实基础和强大动力（图4-8-5-4）。

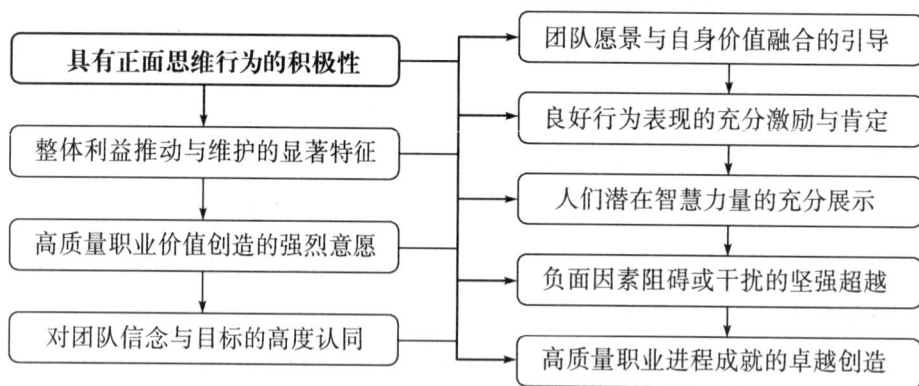

图 4-8-5-4　具有正面思维行为的积极性

（一）整体利益推动与维护的显著特征

在相互协作或广泛影响的团队环境中，人们的能动性创造智慧与力量，无不显著地表现为集体或整体利益的推动和维护，正面思维行为积极性最为核心的特征。换言之，一切侵蚀与损害整体利益的负面思维或行为，无不将会严重限制或削弱人们的能动性创造智慧与力量。

因此，《三略》曾经断称："利一害百，民去城郭。利一害万，国乃思散。去一利百，人乃慕泽。去一利万，政乃不乱。"

——对一个人有好处，对一百个人有害处，民众就会离开城邑。对一个人有好处，对一万个人有害处，举国就会人心离散。除掉一个人而有利于一百个人，人们就会感慕他的恩泽。除掉一个人而有利于一万个人，政治就不会发生混乱了。

（二）高质量职业价值创造的强烈意愿

职业进程中显著的正面思维或行为的积极性，以及由此坚强支持和推动的强大能动性创造力的充分展示，普遍需要人们对自身高质量职业成就或价值，有效创造强烈意愿的坚强支撑。事实上，任何职业的进程，无不充满各类负面因素的艰难挑战。如果缺乏高质量成就或价值创造成熟而强烈的职业意愿，及其有力推动的正面思维行为积极性的坚强支持，显然，人们的能动性创造智慧与力量，必将维系于极其有限的平庸状态。

（三）对团队信念与目标的高度认同

广泛的实践中，对团队运营发展的信念与目标，足够深入的理解和高度的认同，普遍成为人们高质量职业思维或行为的积极方式，睿智辨识与坚强推进不可或缺的强大智慧和情感动力。事实上，一旦缺乏对团队信念或目标的积极认同，人们无不极易陷入得过且过敷衍塞责的职业境地，而难以展示强大的能动性创造智慧与力量。

（四）团队愿景与自身价值融合的引导

人们以集体或整体利益为核心的正面思维与行为的积极性，以及由此坚强支撑的强大能动性创造智慧与力量，普遍需要身居组织全局更为关键位置的领导管理者，就团队的愿景与他们自身的职业价值，密切融合的重要意义及有效方式，卓有成效启迪和引导的有力支持与推动，并以此而成为组织高质量文化的铸建及其强大力量的展示，以及领导管理不可或缺的重要任务和途径。

《三略》曾经深入辨识了争取众人意愿的关键价值："夫主将之法，务揽英雄之心。赏禄在功，通志于众。故与众同好靡不成，与众同恶靡不倾。治国安家，得人也。亡国破家，失人也。含气之类，咸愿得其志？。"

——身居主将地位所需推进的重要统领方法，就是务必争取英雄豪杰的意愿。把禄位赏赐给有功的人，使众人理解自己的志向。因此，与众人的意愿相同，就没有成就不了的事业；与众人的挑战一致，就没有战胜不了的困难。国治家安，是因为得到了人心；国亡家破，是由于失去了人心。任何有所追求的人们，无不愿意实现自己的志向。

（五）良好行为表现的充分激励与肯定

集体或整体的力量与利益背景下，人们成熟的正面思维或行为积极性的坚强铸就，通常需要他人尤其是上级的领导管理者，对其良好的行为表现充分激励与肯定的有力支持和推动。

事实上，卓越的领导与管理，从来不是简单地发号施令，而是必须就部属重要行动之前，对他们可能遭遇的困难问题或艰难挑战，以及拥有的更为强大的积极智慧与力量，并以此能够坚强展示的良好职业表现，给予充分地指明和激励。

不仅如此，领导管理者还必须就部属经过一系列艰辛努力，卓有成效展示的良好职业表现或创造的优良工作成绩，予以足够热诚而充分地肯定。这是充分激发广大员工高昂的职业积极性与坚强的进取精神，有效铸建他们强大的能动性创造智慧与力量，并以此展示自身卓越领导管理的智慧才能，不可或缺的重要途径和方法。

（六）人们潜在智慧力量的充分展示

人们的能动性创造智慧与力量，广泛的实践中，无不通过对各类复杂资源因素，及其相互作用和变化发展，准确辨识与积极推动而得以充分展示。缺乏整体力量与利益，积极成熟的思维或行为的坚强支撑，人们的能动性创造力无不受到极其显著的限制。因此，以集体或整体的长远根本利益，深入辨识和坚强推动为核心，正面的思维或行为的积极性，普遍成为团队背景下，广大员工潜在的能动性创造智慧与力量，卓有成效提升和展示，极其关键而强大的动力。

（七）负面因素阻碍或干扰的坚强超越

职业创造进程中，人们无不受到各种因素、关系与变化，极其复杂而艰难的挑战，并因此使得整体的创造力，普遍受限于一定的水平高度。同时，人们的能动性创造智慧与力量，还广泛地受到头脑中的文化意识和价值观念的显著影响。因此，如果缺乏整体力量和利益，足够成熟正面的思维或行为积极性的坚强支撑，人们无不极易受到各种负面因素的阻碍或干扰，而难以展示强大的能动性创造智慧与力量。

（八）高质量职业进程成就的卓越创造

以整体力量和利益为核心，成熟正面的思维与行为的积极性，广泛的实践中，能够坚强地支持和推动人们，深入准确地辨识各类资源因素，及其关系与变化的潜在价值，设置并推进各项工作高质量的运行方式，卓有成效地争取各种积极力量的有力支援。因此，铸建成熟高昂的正面思维行为的积极性，普遍成为人们强大能动性创造智慧与力量，及其高质量职业进程和成就的卓越展示，最为坚强的动力和关键的途径。

四、居于事物主导地位的主动性

牢固地占据事物运行发展主导地位的主动性，是人们任何职业背景下，强大的能动性创造力卓有成效地铸建，极其关键而坚强的思维意识与行为动力。它的积极展示，通常需要人们高质量的文化意识或价值观念，及其高水平职业技能的有力支持与推动。坚强地超越个人狭隘岗位职责的边界，从而不要吩咐就能够自觉推进，更利于团队整体利益的积极行为，无须督促就能够自主推动，所从事各项工作的高质量运行，并以此为团队中其他成员积极的思维或行为，坚强创造与展示提供强大的动力，广泛的实践中，普遍成为人们职业主动性的显著特征（图4-8-5-5）。

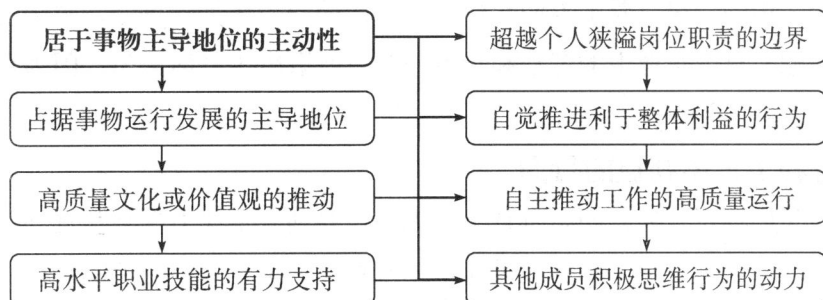

图 4-8-5-5　居于事物主导地位的主动性

（一）占据事物运行发展的主导地位

在复杂多变艰难挑战的环境中，人们已经日趋深入而普遍地意识到，牢固地占据事物运行发展的主导地位，对自身能动性创造力的关键决定性价值。事实上，唯有占据主导地位的坚强作用或推动，使得事物能够按照积极的意愿运行发展，并以此顺利实现既定的目标，才能充分展现人们强大的能动性创造力。

相反，事物的运行变化背离了积极的意愿和目标，从而使得人们显著地处于被动接受的地位，显然，整体的创造力无不显露着极其脆弱的力量。因此，展示强大的能动性创造智慧与力量，无不需要人们对事物运行发展的主导地位，坚定成熟思维意识和行为表现的坚强支撑。

（二）高质量文化或价值观的推动

高质量的文化与价值观念，通常能够给予人们复杂多变的环境中，事物的本性特征及其相互作用与运行变化，深入而准确辨识的坚强支撑。因此，复杂艰难的背景下，牢固地占据事物运行变化的主导地位，人们无不需要高质量文化或价值观的坚强支持与推动，并以此而成为他们能动性创造智慧和力量，及其卓越的职业进程或成就，最具关键而强大的动力。

（三）高水平职业技能的有力支持

坚强地占据事物运行变化的主导地位，并以此展示强大的能动性创造力，长期以来，人们无不普遍地遭遇各种复杂的专业辨识或应对技能，显著薄弱或欠缺的艰难挑战。事实上，如果缺乏足够高水平职业技能的有力支持，人们占据事物运行变化主导地位的意愿，无不极易成为难以实现的梦想。

因此，卓有成效地提升广大员工，高质量辨识与应对各类专业资源，及其相互作用成熟的职业技能，已日趋成为他们坚强占据整体工作的主动地位，并以此展示强大的能动性创造智慧与力量，普遍面临的重要任务和艰难挑战。

（四）超越个人狭隘岗位职责的边界

为了有效提升和确保整体的运营发展能力，人们无不着力于组织严密的运营结构和制度体系的探索与构建，并因此而时常设置了极其细致而严格的岗位职责运营机制。然而，任何事物无不存在它的相对一面。事实上，过于机械呆板的运营机制，在日趋复杂多变的环境中，已日益成为人们强大的能动性创造力，积极而充分展示的重要障碍。因此，坚强超越狭隘岗位职责边界的限制，已日趋成为人们强大能动性创造智慧与力量，卓有成效铸就和展示普遍面临的艰巨挑战。

美国经济学家，前总统经济顾问吉尔德，曾经深入辨识了人的思想和精神的重要价值："经济中思想和精神的质量，可以胜过所有资本和劳动合同的数量。的确，那么多重要的内容是不能见之于典型的劳动合同之中的。仅仅要工人们严格遵守书面的劳动规则的决定，也会使工业陷入停产、机场瘫痪、交通停顿。自由企业中的劳动和投资一样，要取决于'活力'，因为自由地提供合同规定以外的劳动，确实也是一种投资。"

（五）自觉推进利于整体利益的行为

任何事物高质量的运行发展，团队背景下，无不需要利于整体力量与长远利益，积极提升与保障的根本原则和要求。因此，深入成熟地辨识集体或整体力量与利益的关键价值，并以此无须他人的吩咐或叮嘱，而完全凭借自身高质量的思维意识和智慧，自觉推进更利于整体利益各种积极的职业行为，是任何复杂艰难的环境中，人们卓有成效地占据和展现事物运行变化的主导地位，从而坚强展示强大的能动性创造力，极其关键的途径和强大的动力。

（六）自主推动工作的高质量运行

通过长期的实践，人们已经普遍地意识到，无须他人或上级的强力敦促与监督，而能够依据自身高质量的思维智慧和行为品质，以及内外环境及其变化的实际，千方百计地自主推动所面临的各项工作，卓有成效地运行与发展，是一切职业人士坚强占据事物运行变化的主导地位，最为显著而积极的体现。

（七）其他成员积极思维行为的动力

团队背景下，复杂事物的高质量运行或发展，通常需要得到众人奋发努力与密切协作的坚强支持和推动。因此，牢固地占据事物运行变化的主导地位，广泛的实践中，人们无不需要通过自身高质量职业素养卓有成效地铸就，为团队其他成员的积极思维或行为，坚强创造与展示提供强大的动力。

五、推进资源高质量联结的创造性

坚强推进各类资源因素更为积极作用或密切联结的创造性，是人们整体高质量素养最具关键的核心体现。广泛的实践中，它的卓有成效地铸建，通常需要得到积极正面思维行为的坚强激励，强烈的责任意识和卓越的事业追求，各类重要资源特征及其密切联结价值的深入辨识，整体职业背景与推进目标的准确把握，固有思维行为方式的有效提升或突破的有力支持和推动，并以此普遍成为人们强大的能动性创造力，积极展示的关键途径和坚强动力（图4-8-5-6）。

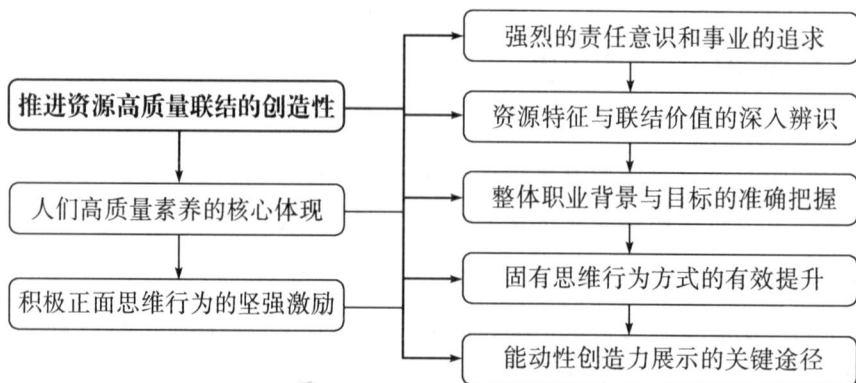

图 4-8-5-6　推进资源高质量联结的创造性

（一）人们高质量素养的核心体现

卓有成效地推进职业进程中，各类复杂资源因素深入准确地辨识，及其积极地作用或密切地联结，并以此展示强大的能动性创造力，广泛的实践中，人们无不需要足够高水平的辨识思维智慧，及其成熟的价值思想意识和情感行为动力，整体高质量素养的坚强支撑。

反之，人们任何积极的职业素养，无一不是通过对更为广泛范围中，各类资源因素更为深入准确地辨识，及其更高质量密切作用或联结坚强推动的创造性，而得以充分展现。因此，卓有成效地推进各类资源因素的准确辨识，及其积极作用或密切联结的创造性，普遍成为人们整体高质量素养，最具关键的核心体现。

（二）积极正面思维行为的坚强激励

人们推进各类资源因素高质量辨识及其联结作用的创造性，在复杂艰难的环境中，强烈的积极意愿或强大的情感行为动力，无不日趋展示着它的坚强而关键的决定性价值。事实上，如果缺乏资深人士对正面思维行为的有效鼓励，尤其是积极成熟自我激励的坚强支撑，人们的能动性创造力必将受到显著的制约。

为此，美国卡斯克德公司董事长兼首席执行官费里，曾经充分肯定了创新中积极激励的价值："工业主要力量之一在于人，工业怎样管理其人力资源是一个大的挑战。卡斯克德公司一直努力使职工在制造过程中创新，鼓励他们更好地发挥作用。我们承认人的确是最重要的富有竞争性的财产——是我们力量主要来源之一。"

（三）强烈的责任意识和事业的追求

浓厚的工作兴趣，是人们职业创造性普遍积极的推动力量。然而，强大的能动性创造力持续坚强地展示，在日趋复杂而艰难的挑战中，显而易见，无不需要强烈的责任意识，以及卓越的事业追求有力的支持和推动。事实上，强烈的责任意识和卓越的事业追求，普遍成为人们强大能动性创造力的积极铸建或展示，最为坚实的基石和坚强的动力。

（四）资源特征与联结价值的深入辨识

对各类资源因素积极作用或密切联结卓有成效推动的创造性，通常需要人们能够有效提升和充分展示，足够高水平的辨识思维智慧，并以此依据各种孤立或暂时的外在表现，对它们的内在本质构成及其本性特征，以及更高质量相互作用或联结的方式与价值，形成全面准确辨析和把握的坚强支持与推动。

事实上，人们缺乏足够坚强的职业创造力，无不普遍地源自对复杂内外环境中，各类重要资源因素的本性特征，及其高质量作用或联结的方式与价值，全面、深入或准确辨析的显著缺失。

（五）整体职业背景与目标的准确把握

全局的背景与目标，是一切资源因素相互作用或联结，高质量价值形成的基础。脱离了全局的背景或目标，人们推进各项资源因素积极作用或联结的创造性，无不将会受到极其显著的制约，甚至极易产生严重的负面损毁力量。因此，卓有成效地铸就与展示，各类资源因素积极作用或密切联结强大的创造力，人们无不需要得到对整体职业背景和目标，足够全面准确辨识的有力支持与推动。

（六）固有思维行为方式的有效提升

归根结底，能动性创造力，是人们思维智慧与行为力量最为积极而坚强地展示。因此，广泛的实践中，根据职业长远发展的整体背景与目标，卓有成效地推进自身固有思维与行为方式，持续的高质量提升和有效突破，普遍成为人们积极推动职业进程中，各项资源因素密切作用或联结的创造性，及其整体能动性创造智慧与力量的不断发展，极其关键的途径和强大的动力。

（七）能动性创造力展示的关键途径

任何个人职业或组织运营的进程，无不遭遇能动性创造力最为关键而艰难的挑战。同时，任何能动性创造智慧与力量，无一不需通过各类资源因素，更为积极作用或密切联结的有力推动，才能得以坚强而充分地展示。因此，努力汇集并依靠一切能够运用的思维智慧与行为力量，高质量地推动职业进程中，各项重要资源因素的积极作用与密切联结，无不成为人们强大能动性创造力，卓有成效铸建和展示的关键途径与坚强动力。

为此，《将苑》曾经辩称："夫因人之势以伐恶，则黄帝不能与争威矣。因人之力以决胜，则汤、武不能与争功矣。若能审因而加之威胜，则万夫之雄将可图，四海之英豪受制矣。"

——能够顺应众人的意愿来征伐邪恶势力，就是黄帝也不能与其比试威力；能够借助众人的力量以群策群力而夺取胜利，即使是商汤、周武王的显赫功勋也将黯然失色。如果能够审时度势并以德威服人，则各路英雄都会臣服，四海之内的各方豪杰也会甘心受到节制。

六、把能动性力量置于工作中心

广大员工的能动性创造力，无不对组织各项资源潜在力量与价值的展示，以及由此形成的整体运营发展的能力，具有极其关键的决定性影响。因此，展现卓越的职业智慧与才能，领导管理者无不需要把人的因素，成熟牢固地置于一切工作的中心位置，并通过对广大员工思维与行为力量的实际，全面准确地辨识和掌握，卓有成效地设置与推进整体人的因素能动性创造力，持续高质量提升与展示积极的运营方向和路线，以及各项领导管理工作的积极方式或有效方法，从而把组织领导与管理最为核心而艰难的人的工作，不断推上更具卓越的崭新高度（图4-8-5-7）。

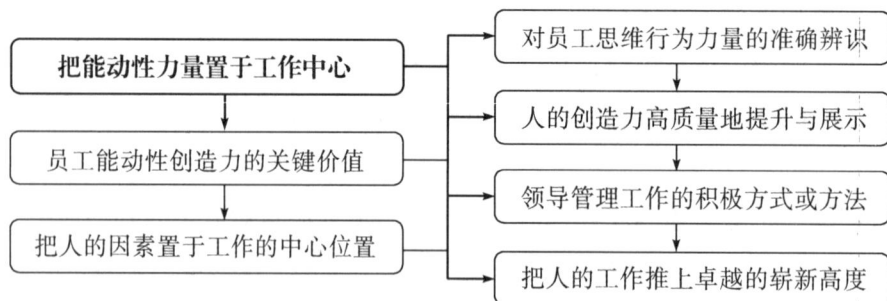

图 4-8-5-7 把能动性力量置于工作中心

（一）员工能动性创造力的关键价值

在任何组织或团队的背景下，广大员工的能动性创造智慧与力量，无不对领导管理的各种思维或决策的推进，各类资源因素的创造或相互作用与联结的质量，以及各项专业运行及其相互协作所形成的整体运营发展的能力，具有极其关键的决定性价值。事实上，唯有立足于广大员工强大的能动性创造智慧与力量的坚实基础，组织或团队才能坚强展示永不衰竭的旺盛生命力。

（二）把人的因素置于工作的中心位置

任何组织的运营发展或复杂工作的推进，无不受到诸多资源因素及其相互作用与持续变化的显著影响。然而，在各类资源的运行、作用与变化过程中，居于推动主导地位的人的职业素养，及其能动性创造智慧与力量，无不具有最为根本、长远和关键的决定性价值。因此，展示卓越的职业智慧与才能，领导管理者无不需要把人的因素，成熟牢固地置于一切工作的中心位置。

对此，《尉缭子》曾经辩称："故曰，举贤任能，不时日而事利。明法审令，不卜筮而事吉。贵功养劳，不祷祠而得福。又曰，天时不如地利，地利不如人和。圣人所贵，人事而已。"

——所以说，选用睿智贤能之士，不须选择吉日良辰，也会顺利。法令明确，不必占卜吉凶，结果也会圆满。尊重功劳，不必祈祷也会得福。又说，天时有利不如地形有利，地形有利不如人心和睦。圣人所重视的，只在人的作为罢了。

（三）对员工思维行为力量的准确辨识

铸建高质量的职业进程或成就，领导管理者无不需要对各类资源潜在价值充分展示，及其组织整体运营发展能力具有关键决定性影响，广大员工能动性创造思维和行为力量，深入辨识与准确把握的坚强支撑。事实上，脱离员工队伍整体创造能力的实际，无不极易导致组织领导管理的被动或挫折。

为此，东汉的王符曾经在其《潜夫论》中辩称："是故上圣无不务理民心。道之以礼，务厚其性而明其情。民相爱，则无相伤害之意；动思义，则无畜奸邪之心。若此，非律令之所理也，此乃教化之所致也。"

——因此圣明的国君没有一个不是深入洞察民心，并以此推进国家的治理。用礼仪来教导人民，致力于他们敦厚本性与密切情感的推动。百姓普遍相互敬爱，就不会产生彼此伤害的恶意；思维行为符合仁义，就不会滋生奸邪的念头。这些都不是法律制度能够推动形成，而是教育引导的积极成果。

（四）人的创造力高质量地提升与展示

在人的能动性创造力，坚强地占据各种资源因素的运行、作用与变化，以及各项专业运行及其整体运营发展能力核心地位的背景下，领导管理者最为重要而关键的职责之一，无疑就是竭尽所能，卓有成效地推进广大员工能动性创造智慧和力量，持续高质量的提升与展示，并以此远见卓识地设置和展现，组织积极的运营方向与路线。事实上，组织领导与管理的一切挫折或失败，无不与广大员工能动性创造智慧与力量，缺乏积极的提升或展示，存在着极其密切的关联。

（五）领导管理工作的积极方式或方法

通过长期的实践，人们已经日趋普遍而深入地意识到，任何领导管理工作积极方式或有效方法，卓有成效地设置和推进，无不需要成熟牢固地立足于内外环境的具体实际。然而，实践中，广大员工能动性创造智慧与力量，任何背景下，无不对各种领导管理方式或方法的推动进程与成效，具有极其关键的决定性价值。

因此，任何成熟睿智的领导管理者，无不坚持广大员工能动性创造力，卓有成效地提升与展示的根本立场，高质量地设置、选择或推动，自身工作的积极方式或有效方法。

（六）把人的工作推上卓越的崭新高度

任何组织的运营发展与领导管理的高质量进程或成就，无不需要广大员工强大能动性创造智慧与力量的坚强支撑，才能卓有成效地铸就。因此，展示自身卓越的职业智慧与才能，领导管理者无不需要竭尽所能，全力以赴地推动整体员工队伍，能动性创造力卓有成效地发展与展示，并以此把自身职业最为核心最具挑战的人的工作，与时俱进地推上更为卓越的崭新高度。

第五部分

※

领导与管理的核心任务

辨识和把握领导管理的核心任务

　　随着社会各领域日新月异的快速发展，及其相互影响和依存的日益密切，各类组织的运营也呈现出日趋显著的共同特征：一方面，影响全局的资源因素及其相互作用，更为复杂多变，对全局的高质量辨识与掌控更具艰难挑战；另一方面，各环节运行的专业性因素日趋深入复杂，专业环节运行的质量对全局进程的影响，也日益深远而难以把握。

　　这种背景下，深入准确地辨析并卓有成效地推进，对组织全局高质量进程与成就具有关键决定性影响，以及专业环节的全局力量与价值更为积极地创造，若干重要的工作及其相应的原则和方法，显而易见，已普遍成为领导管理者卓越的智慧与才能，及其高质量职业进程或价值的坚强铸建和充分展现，极其关键的途径与强大的动力。

　　为此，领导管理者必须能够自始至终，努力超越各种资源因素及其关系与变化，外部表象或暂时表现的限制，深入睿智地辨识和成熟牢固地把握，对组织全局运营或专业环节运行，卓越进程与成就具有关键决定性影响的核心任务，并以此坚强铸就和展示自身高质量的职业素养与价值。

　　本部分的第九章，组织领导的核心任务，重点分析了肩负全局高质量运营发展关键责任的领导人，卓有成效地推进或创造组织全局的卓越进程与成就，必须着力并把握的若干重要工作及其应对的原则和方法。第十章专业环节的运行管理，则集中探讨了具有显著专业性特征的运行环节，如何根据自身专业资源的构成实际，通过一系列高质量运行发展策略的设置与推进，为全局提供更为积极的坚强支持，所需着力的重点工作及其相应的原则与方法。

第九章

组织领导的核心任务

辨识把握组织领导的重要工作

在各种因素风云变幻、密切交融的复杂内外环境中，深入准确地辨识并卓有成效地推进，各项重要的资源因素及其密切的作用和积极的变化，并以此坚强铸就全局高质量的进程与成就，长期以来，普遍成为身居组织最高位置的领导人，职业智慧与才能最为艰难的极限挑战。

为此，矢志组织卓越进程或成就的领导人，任何背景下的首要任务，就是能够睿智成熟地辨识，个人的智慧、意识和情感力量所存在的客观的显著限制，并以此远见卓识、坚强有力地推进，具有压倒一切的全局关键决定性价值，组织领导核心的高质量构建与发展。

不仅如此，复杂艰难的运营发展背景下，卓有成效地统一全体成员的思维意志，激发人们强大的情感行为动力，广泛的实践中，无不需要科学务实全局战略的坚强支撑与推动。事实上，坚强的领导核心与科学务实的战略，无不成为组织高质量的进程或成就，最具坚强推动力量和关键决定性价值的一对辩证统一关系。为此，在本章的第一、二两节，我们就上述议题展开了相应的探讨。

任何组织高质量的进程与成就，无不需要众多资源因素，以及由此铸建形成的强大专业运行，及其整体运营发展能力的坚强支撑。因此，积极设置与构建高效的运行结构，并以此把各种专业资源卓有成效地转化为，强大的专业运行和整体运营发展的能力，无疑将成为领导人普遍面临的关键任务。

确保运营结构高效地运行发展，尤其是广大员工奋发进取职业动力的积极激发，并以此卓有成效地提升和展示，整体人的因素强大能动性创造智慧与力量，组织无不需要高质量制度与文化体系的有力支持和推动。在第三、四两节，我们分别就组织的结构、制度与文化运营机制的有效构建，进行了相应的探索与分析。

归根结底，领导人任何卓越的职业智慧、才能与价值的充分展示，无不需要得到高质量组织进程与成就的坚强支持。为此，第五节推进积极主动的组织变革，我们提出了领导人必须能够在各种复杂艰难的挑战中，通过卓越智慧与才能的坚强引导和支持，努力采取各种卓有成效的方式或措施，高瞻远瞩地推进各项积极主动的变革，并以此为组织创造运营发展的锦绣前程（图5-9-0-1）。

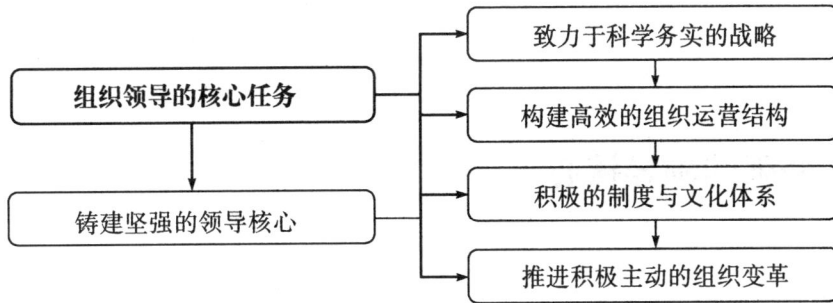

图 5-9-0-1 **组织领导的核心任务**

第一节 铸建坚强的领导核心

普遍、关键而复杂的争议

组织高质量的运营发展，无不涉及诸多内外因素、关系与变化，准确辨识或积极创造极其复杂而艰难的挑战。为此，长期以来，无论是研究还是实践领域，对组织领导的基本方式，普遍存在着极其关键又令人两难选择的复杂争议：一种意见的倾向是，领导人必须肩负组织兴衰荣辱最为重要的责任。为此，他无不需要独辟蹊径，就所有事关全局的重大决策，给予不受任何干扰睿智而独断地裁决。

另一种观点则认为，组织运营发展的全局，通常涉及个人的智慧力量，难以独自高质量承担的极其艰巨的挑战。把事关全局的各项复杂思维决策及其有效推动的重大责任，全部集压在领导者个人的肩上，显然是种极其艰难极具风险的领导方式。

事实上，在各种复杂艰难的挑战中，卓有成效地创造全局高质量的进程或成就，从而展示自身卓越的职业智慧、才能与价值，身居组织最为重要位置的领导人，无不需要睿智成熟地辨识，一支坚强的团队，任何背景下，都是有效超越一切个人智慧或力量的限制，极其关键而积极的途径，并以此远见卓识地推进，组织坚强领导核心团队卓有成效地构建与发展。

本节从坚强的领导核心团队，通常展示的若干表现特征着眼，探讨了集体智慧与力量普遍的重要价值，并以此提出了复杂全局背景下，领导核心成员的职业素养与专业结构，整体平衡或相互补充的重要性。实践中，领导核心的成员还必须能够准确辨识和把握，全局进程的各项重要工作，积极推进相互间充分的信息沟通与密切的情感构建，并以此积极铸就精明强干紧密团结的坚强集体（图 5-9-1-1）。

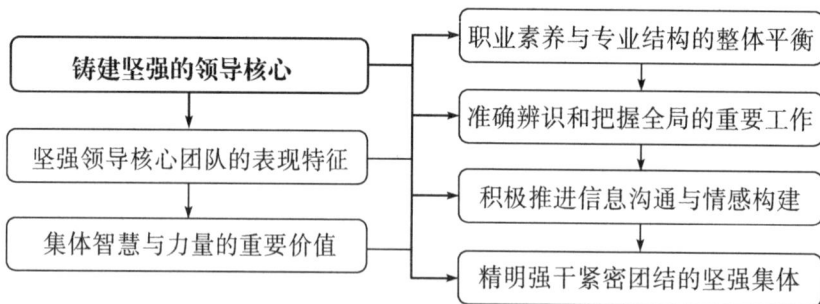

图 5-9-1-1 铸建坚强的领导核心

一、坚强领导核心团队的表现特征

领导核心团队，通常是指致力于全局高质量进程与成就，并实际拥有组织运营发展各项重要决策的设立和推进，以及一切资源调配最高权力的集体。坚强的领导核心，通常需要具备高度一致的信念与价值观，全面完整的职业素养和专业技能结构，勇于承担全局艰巨责任的坚定信心，积极成熟的运行与发展模式，并以此卓有成效地辨识、选择或创造组织运营发展，积极的方向、路线和强大的动力，从而高质量地辨析与应对各项重要的事务（图 5-9-1-2）。

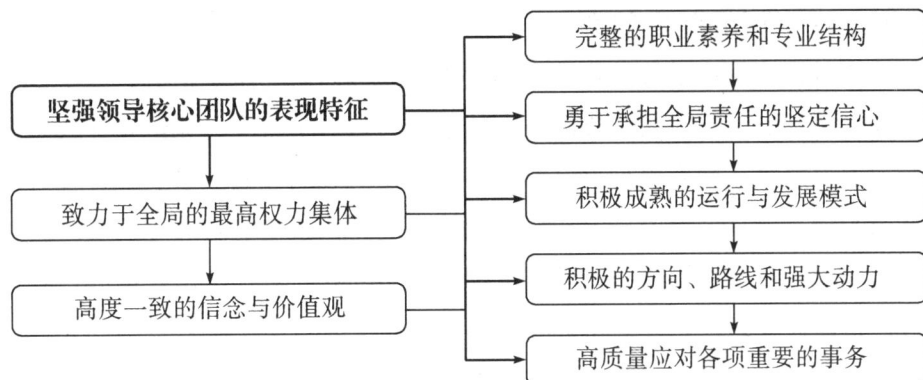

图 5-9-1-2　坚强领导核心团队的表现特征

（一）致力于全局的最高权力集体

通过长期的实践，人们已经普遍深入地意识到，身居最高位置的领导人，对组织运营发展的关键决定性价值。典型的说法正如《六韬》所言："君不肖，则国危而民乱；君贤圣，则国安而民治。祸福在君，不在天时。"——君主缺乏贤能，则必然国家危亡而民众动乱；君主贤能圣明，则必然国家安定而民众顺服。所以，国家的祸乱或福祉在于君主，而不在天命的变化。

然而，纵观人类文明波澜壮阔的发展历史，由于通常涉及众多因素、关系与变化极其复杂的影响，组织运营发展高质量进程或成就的积极创造，无不得到一个致力于全局最高权力集体的坚强支持与推动，并因此而使得人们对极易产生严重灾难性后果的个人独裁，予以了全面而强烈地否定。事实上，在日趋复杂多变的内外环境中，致力于全局整体强大智慧与力量的领导集体，已日益成为各类组织高质量运营发展，不可或缺的极其关键的坚强保障。

（二）高度一致的信念与价值观

由于个人的职业经历及其思维意识的差异，最高领导核心团队的成员，对组织全局的战略背景或内外形势，以及运营发展的方向、路线和前景，无不极易产生认识或理解上的差别——事实上，这对整体核心团队远见卓识的智慧，以及坚强的领导力量卓有成效地铸建和展示，无不具有极其宝贵的重要价值。

然而，领导人头脑中的基本信念与价值观，则是各种复杂艰难背景下，组织运营发展各类资源因素及其作用与变化价值的准确辨识，全局的方向、路线和目标高质量地设置与推进，最为根本的依据和强大的动力。事实上，领导核心团队一旦缺乏基本信念与价值观高度一致的坚强支撑，不仅难以卓有成效地肩负起，组织运营发展全局高质量领导的重任，而且无不极易导致团队走向分裂的严重后果。因此，基本信念与价值观的高度一致，普遍成为组织领导核心坚强有力的关键保障。

（三）完整的职业素养和专业结构

组织运营发展高质量的进程与成就，普遍受到诸多内外因素及其相互作用与持续变化，极其复杂而艰难的挑战。广泛的实践中，各种因素、关系及其变化的准确辨识与积极应对，通常不仅受到领导者个人职业素养的重要影响，而且更为关键地取决于领导核心团队的所有成员，职业素养或专业技能密切融合与积极作用的结构，所支持形成的组织整体的领导智慧与力量。

因此，卓有成效地提升整体领导核心团队，一定组织运营发展的信念或使命背景下，全面完整的职业素养和专业技能的结构，无不成为领导核心成员普遍面临的核心任务与艰难挑战。

（四）勇于承担全局责任的坚定信心

通过各种复杂内外因素深入准确地辨识，而在内心积极铸就的坚定信心，无不成为人们高质量思维或行为的坚强创造和展示，极其重要而强大的推动力量。实践中，无论领导人多么坚韧不拔锲而不舍地奋发努力，总是存在向着更高目标攀登难以逾越挑战的限制。事实上，核心团队超越领导个人的职业智慧与力量，最具关键的价值和显著的特征之一，就是能够通过团队成员相互间的思维启迪，卓有成效地激发或创造领导核心，勇于承担组织全局艰巨责任的坚定信心，并以此坚强铸建和展示核心团队，整体强大的领导智慧和力量。

不仅如此，勇于承担全局责任的坚定信心，广泛的实践中，还是领导者个人卓有成效地超越，固有思维模式或思想意识的限制，从而以更为广阔的辨识视野和积极的思维方式，更高质量地辨析内外环境的因素及其整体形势，更为坚强地推动组织全局的积极运营与发展，不可或缺的强大动力。

（五）积极成熟的运行与发展模式

广泛的实践中，领导核心团队整体强大的智慧与力量，卓有成效地铸就和展示，无不受到内外各种复杂因素及其关系或变化的艰难挑战。因此，核心团队高质量的运行与发展，普遍需要积极成熟工作模式的坚强支撑。

通过长期的实践探索与总结，人们已经日趋广泛而深刻地意识到，思维行为的高度统一，以及整体工作的相对分工与密切协作，普遍成为领导核心团队强大的智慧与力量，以及积极成熟运行发展模式卓有成效地创造，必须遵循的核心原则。换言之，任何凌驾于团队意志之上的权力，背离组织既定运营方向和路线的思维或行为，无不将严重削弱整体团队的领导智慧与力量。

（六）积极的方向、路线和强大动力

任何复杂艰难的环境中，全体成员都能够集中心智竭尽所能，通过内外各种资源因素及其关系与变化全面准确的辨识，并以此为组织全局高质量的运营发展，设置并指示光明正确的行进方向和路线，激发与创造整体强大的前行动力，已日趋成为领导核心强大的智慧与力量，卓有成效铸建和展现的重要途径与广泛共识。

（七）高质量应对各项重要的事务

广泛的实践中，任何高质量的全局方向、路线或目标，无不需要通过一系列相互联系和影响的重要事务，卓有成效地辨识、设置或推进而得以有效实现。因此，坚强的领导核心团队，通常不仅需要就全局的形势及其运营发展的方向或路线，给予集体背景下的充分分析与积极设定，而且还需要就事关全局的各项重要事务，进行深入细致地沟通与探讨，并以此进行相应事务推进责任的分配，以确保领导核心团队能够高质量地辨识与应对，事关全局的各项重要事务。

二、集体智慧与力量的重要价值

随着整体社会日新月异地快速发展，各类组织的全局进程或成就的影响因素，也日趋呈现出极其广泛而复杂的显著特征。这种背景下，个人独自裁决一切重大事务决策的领导方式，由于职业智慧与能力存在的必然局限，已日益成为组织高质量运营发展，极其关键的制约因素。

实践中，正式的团队及其有效运行机制的积极构建，无不成为超越一切个人能力的限制，从而展示强大的智慧力量极其关键的途径。因此，积极推进具有强大集体智慧与力量，领导核心团队的建设与发展，以替代个人独裁的领导方式，已日趋成为组织高质量运营发展，最为根本而坚强的保障（图5-9-1-3）。

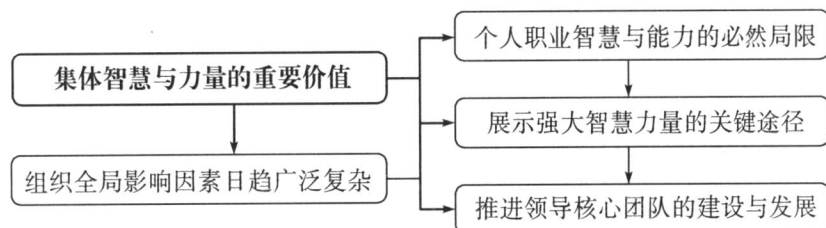

图 5-9-1-3　集体智慧与力量的重要价值

（一）组织全局影响因素日趋广泛复杂

随着社会各领域相互交往或影响的日益深入，组织的运营发展也普遍呈现出，全局进程或成就的影响因素日趋广泛增多；各种资源因素相互作用或关系更为密切而复杂；影响因素及其作用关系处于持续动态变化的显著特征。

这种背景下，如果缺乏足够广泛而深厚的专业知识与技能，以及由此有力推动的整体系统性与长远发展性视野，高质量全局辨识思维强大智慧力量的坚强支撑，显而易见，无人能够积极有效地展示组织的卓越领导。事实上，面对众多复杂因素、关系与变化的艰难挑战，即使是最具卓越智慧与坚强意志的领导人，也难以完全摆脱冥冥中命运意念的纠结。

（二）个人职业智慧与能力的必然局限

创造组织高质量的全局进程与成就，领导人无不需要准确地辨识和应对，大量复杂而重要的各类事务及其关系与变化。然而，个人的专业知识技能结构，掌握各种重要事务信息的方式，辨识或应对各类专业事项的能力，以及持续承担高负荷工作的精力等整体的职业智慧与力量，相对于组织高质量运营发展的坚强领导，复杂多变的内外环境中，无不显示出难以完全克服的显著的必然局限性。

（三）展示强大智慧力量的关键途径

远古的祖先，通过漫长岁月锲而不舍地探索和卓有成效地积累，为后人铸就了极其宝贵，并对人类整体的文明进程具有关键决定性价值，已近乎我们本能的最为坚强的智慧与力量——通过互助团队的积极创建，能够显著地提升各种复杂背景下，我们个体更高质量地辨识与应对，一切机遇或挑战的能动性创造力。

组织的高质量领导，无疑是人们智慧才能最具复杂而艰难的极限挑战。因此，无论是出自缜密的逻辑思维，还是出于本性固有的智慧才能，人们无不需要卓有成效地创建，能够积极超越个人力量的领导核心团队，以坚强有力地引领和推动，组织持续高质量的运营发展。

事实上，广泛的实践中，任何卓越的领导智慧与才能，无一不是通过强大核心团队的坚强支撑而得以充分展示。为此，丘吉尔曾经形象地辩称："独裁者犹如骑在老虎的背上，前后颠簸却不敢下来，而老虎正变得越来越饥饿。"

（四）推进领导核心团队的建设与发展

任何背景下，如果个人的智慧力量难以有效地承担或推进，某项长期艰巨挑战的重要工作，持续高质量的运行与发展，那么，更具强大创造智慧力量团队的积极构建，无疑将成为一种极其关键而睿智的选择。因此，在日趋复杂多变的环境中，远见卓识地推进领导核心团队的建设与发展，无不成为广泛领域中组织，坚强超越个人领导的显著局限或限制，并以此卓有成效地创造和展示全局高质量的进程或成就，极其关键的途径和强大的动力。

三、职业素养与专业结构的整体平衡

组织运营发展的进程，通常受到诸多内外资源因素，及其相互作用与持续变化的重要影响。因此，推进或展示组织的卓越领导，无不需要各类资源因素及其作用与变化，准确辨识与应对高质量职业素养与专业技能结构，以及全局背景下，领导成员专业分工与协作，所铸建形成的坚强核心团队的有力支持。

实践中，卓有成效地创造组织全局高质量的进程与成就，通常还需要努力避免核心团队成员，职业素养或专业技能辨识与设置上的误区，并通过积极成熟的学习和发展能力的坚强铸建，有效创造整体领导团队职业素养与专业技能结构的平衡，以及与时俱进的强大智慧和力量（图5-9-1-4）。

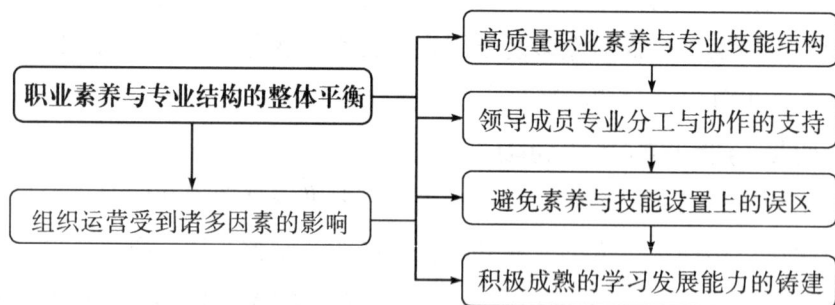

图 5-9-1-4　职业素养与专业结构的整体平衡

（一）组织运营受到诸多因素的影响

组织运营发展的全局，通常受到众多内外资源因素，诸多专业工作环节的运行或推进，及其相互间的积极作用与密切协作，以及持续变化或发展极其复杂的重要影响。实践中，任何重要资源因素或专业环节的运行，及其相互间的有效作用或协作，以及它们的积极变化与发展，未能得到足够全面准确地辨识与卓有成效地推进或应对，显然，组织的全局进程无不极易受到显著的制约。因此，组织的卓越领导，普遍成为人们最具复杂和艰难挑战的工作之一。

（二）高质量职业素养与专业技能结构

展示组织的坚强领导，显然，无不需要各类资源因素或专业环节，及其相互作用与持续变化，深入准确辨识和积极有效推进，足够高质量职业素养与专业技能结构的坚强支撑。事实上，任何组织运营发展的挫折或失败，无不与居于最高权力地位的领导人，职业素养或专业技能结构的显著缺陷，存在着密切的关联。

广泛的实践中，领导人及其核心团队的职业素养与技能结构，必须能够确保任何背景下，组织运营发展方向与路线的准确辨识和积极推进。其中，组织的产品服务结构及其外部环境的适应与推广质量，自身运营发展根本的整体员工队伍能动性创造智慧与力量，无不占据着组织全局积极方向和路线的核心地位。

（三）领导成员专业分工与协作的支持

任何团队高质量的运营发展，无不需要全局方向和路线背景下，所有工作的专业与责任的分工，以及整体密切支持与协作基本运行方式的有力支持。因此，卓有成效地创造和展示整体强大的领导智慧与力量，核心团队普遍需要根据全局的战略方向和路线，睿智成熟地辨识各项重要的全局工作，以及团队成员具备的职业素养或专业技能的特长，并以此卓有成效地推进领导成员的工作与责任的分工，及其相互间的密切支持与协作。

唐初大臣曾就各自的素养特点，进行过深入的探讨。王硅的分析得到太宗皇帝和诸位同僚的一致赞同：

"孜孜奉国，知无不为，臣不如玄龄；每以谏净为心，耻君不及尧、舜、臣不如魏徵；才兼文武，出将入相，臣不如李靖；敷奏详明，出纳惟允，臣不如温彦博；处繁理剧，众务必举，臣不如戴胄；至如激浊扬清，嫉恶好善，臣于数子，亦有一日之长。"

——孜孜不倦地为国操劳，凡是知道的无不尽心尽力而为，这方面我不如房玄龄；每次都敢向陛下直言进谏，以陛下不及尧舜为耻，这方面我不如魏征；文武双全，出将入相，这方面我不如李靖；上书论事，详细明了，传达圣旨，禀报下情，平正公允，这方面我不如温彦博；处理繁杂的事务，解决难题，办事井井有条，这方面我不如戴胄；至于批评贪浊，表扬清廉，疾恶如仇，好善喜德，这方面我比这几位要稍有所长。

（四）避免素养与技能设置上的误区

领导成员的职业素养与专业技能，显而易见，无不对核心团队整体的领导智慧与力量，具有极其关键的决定性影响。因此，远见卓识极其谨慎地避免，领导团队成员职业素养或专业技能，辨识与设置上的重大偏差和误区，无不成为领导团队整体强大的智慧与力量，卓有成效地铸建和展示极其关键的决定性因素。

广泛的实践中，领导成员的职业素养与专业技能，辨识或设置上的显著偏差和误区，通常表现为过于侧重或纠缠若干次要的因素，而轻视或忽略了卓有成效地推动和展示核心团队的坚强领导，必须具备的真正至关重要的素养和技能：

1.过于纠缠与高质量领导智慧或才能，没有必然联系的工作或学习经历等表面的因素；

2.过于纠缠某一特定的专业技能，甚至学校学习的专业课程；

3.过于纠缠过去的职业成败，缺乏客观动态地看待问题的成熟思维立场；

4.忽略了领导人极为关键的全局思维与行为的素养；

5.忽略了决定领导进程与成就，极其重要的学习和发展的素养；

6.忽略了对领导核心团队整体的智慧与力量，具有极其重要影响的集体思想意识或价值观。

（五）积极成熟的学习发展能力的铸建

在整体社会各领域变化发展日新月异，各种交往合作日益密切深入的环境中，积极成熟的自我学习与发展的能力，已日趋被远见卓识的人们广泛视作为，展示卓越的组织领导，不可或缺的关键职业素养或技能。

事实上，唯有足够积极而成熟学习和发展能力的坚强支撑，领导人及其核心团队，才能卓有成效地铸建和掌握，各种重要的职业素养或专业技能，准确辨识与积极推动各项专业资源或环节的运行，以及相互间的密切作用与协作，并通过团队成员间的有效互补，实现整体领导素养和技能结构，相对于全局运营发展各项重要工作的高质量平衡。因此，铸建积极成熟的学习和发展的能力，无不成为领导人卓有成效地创造和展示，高质量的职业进程或成就，普遍面临的极其关键的任务和艰难的挑战。

四、准确辨识和把握全局的重要工作

组织运营发展所及事务琳琅满目千头百绪。然而，如果不能准确地辨识和把握，事关全局高质量进程与成就的各项重要因素或工作，及其相互间的作用关系与变化的趋势，那么，必将无人能够展示坚强而卓越的组织领导。

广泛的实践中，对内外环境各类重要资源因素，及其作用关系与变化趋势整体形势的深入辨识和准确判断，以及由此所设置的远见卓识的信念与使命，无不对组织高质量的全局进程或成就，具有极其关键的决定性影响。

任何复杂艰难的环境中，核心团队坚强铸建并展示强大的领导智慧与力量，无不需要集中心智竭尽所能，着力于全局战略的方向、路线等要素的积极探索与规划，以及战略规划方案卓有成效地实施，及其战略进程动态的验证和持续的改进（图5-9-1-5）。

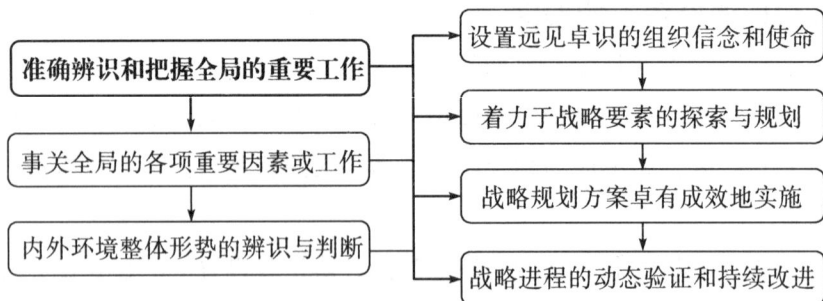

图 5-9-1-5　准确辨识和把握全局的重要工作

（一）事关全局的各项重要因素或工作

复杂多变的内外环境中，组织的运营发展无不包含着众多的资源因素，及其相互关系与变化。然而，实践中，通常只有少数的因素、关系与变化，才会对组织的全局进程或成就，具有重要或较大的影响。事实上，任何卓越的组织领导，无一不是透过各种纷乱复杂与暂时显现的表象，对其中各项重要因素或工作，及其相互关系与变化趋势，全面准确地辨识和把握而得以坚强展示。

组织运营发展的关键，无不广泛地存在于服务对象需求的准确辨识，以及自身对此反应能力的坚强铸建和展示。事实上，这是一切重要因素或工作，全面准确地识别和把握的基准或标杆。而任何重要资源因素的运行，及其关系与变化卓有成效地推进，并以此坚强铸就组织运营发展高质量的进程或成就，无不需要积极成熟地依靠，广大员工强大的能动性创造智慧与力量。

（二）内外环境整体形势的辨识与判断

任何组织的运营发展，从根本上说，无一不是根据对外部环境的准确辨识，并通过自身内部各项专业运行及其整体运营能力，卓有成效地铸建、提升和展示，以更高质量地满足服务对象的需求，从而创造自身运营发展更为积极价值的进程。

因此，对内外环境各类重要资源因素，及其相互作用与运行变化，准确地辨识和积极地推动，就普遍成为组织高质量领导的坚强基石，以及一切工作卓有成效地设置或推进，整体运营发展的进程或成就的关键决定性因素。

（三）设置远见卓识的组织信念和使命

对外部环境及其广泛变化的必然趋势，以及自身潜在的资源能力，深入准确地辨识和积极密切地联结，通常能够坚强地支持或推动人们，卓有成效地设置组织长远运营发展的美好意愿，以及高质量价值积极创造的坚定信心，并以此形成人们所广泛熟知的组织信念。

信念通常界定了组织运营发展的总体方向，以及内外各类资源因素及其关系或变化的价值，最为根本的评价与判断的标准。信念与一定较长时期相对稳定内外环境的紧密联结，通常能够有效地推动组织及其领导人，准确地设置一定阶段组织运营发展的使命。

信念与使命，是广泛的实践中，领导人远见卓识地辨识和确保组织正确的前行方向，卓有成效地创造或激发团队强大的行进动力，并以此坚强铸就组织高质量的全局进程或成就，极其关键的决定性因素。事实上，信念的淡化，极易使得领导人迷失组织的正确前行方向；使命的缺失，必将使得组织丧失强大的行进动力。

（四）着力于战略要素的探索与规划

战略方案作为组织运营发展的蓝图，广泛的实践中，它的整体质量无不对组织的全局进程或成就，具有极其关键的决定性影响。因此，展示强大的智慧与力量及其卓越的组织领导，在日趋复杂多变的环境中，核心团队无不需要努力超越，各种孤立、表面或短期的思维限制，而能够集中心智着力于全局的战略方案，及其各项要素卓有成效地探索与规划。换而言之，背离了全局的领导思维核心，缺乏整体战略方案远见卓识地探索与规划，无不将显著削弱领导团队的整体智慧与力量。

（五）战略规划方案卓有成效地实施

如果缺乏足够强大行为力量的坚强支撑或有力推动，任何高质量的构想及其蓝图，都不可能带给人们丝毫的实践价值。因此，战略规划方案卓有成效地实施与推进，广泛的实践中，普遍占据着领导人主要的职业精力或时间。

事实上，战略的辨识与规划，由于各种内外因素的影响或限制，时常存在着偏离实际的缺陷或不足。高质量的战略实施，则是积极有效地纠正与改进，其中的缺陷或不足的重要途径。反之，僵化拙劣的战略实施，无不极易把原本高质量的战略方案，执行得千疮百孔，从而显示着极其低质的全局进程。为此，深谙全局战略背景的领导人，积极引领并准确监控战略方案的实施与推进，无不成为确保组织运营发展高质量进程，极其重要的原则和关键的工作。

（六）战略进程的动态验证和持续改进

影响全局的内外资源因素及其相互间的作用，无不处于持续的动态变化中，这也是战略领导普遍面临的极其复杂而艰难的挑战，因此，战略进程中，规划及其实施方案的动态验证和持续改进，就成为组织领导及其高质量进程的积极创造，不可或缺的重要工作。

实践中，通过战略进程的动态验证，通常能够及时发现和掌握全局进程中，原先未能准确辨识或预知的负面挑战与积极力量。显然，根据新增挑战或力量，对初始规划及其实施方案，进行适时而积极的改进或调整，无不成为组织持续高质量运营发展的坚强保障和强大动力。

五、积极推进信息沟通与情感构建

信息作为极其关键的决定性资源因素，任何背景下，都是领导人高质量的职业思维或行为，领导成员相互间的密切情感，以及整体核心团队强大的领导智慧与力量，卓有成效铸建或展示的坚强动力。事实上，重要信息充分沟通的缺失，无不成为领导成员间的意见分歧或争执的普遍根源。因此，领导团队必须明确各项重要信息沟通的范围及其方式，并以此构建高质量的内部信息沟通机制。

密切的情感是整体核心团队强大领导力量的重要保障。领导成员应该在组织的基本信念、价值观及其行为规范基础上，努力构建相互支持、协作和谅解强烈的积极情感与集体意识，并谨慎而成熟地应对时常出现的意见分歧，从而坚强铸就核心团队整体强大的领导力量（图5-9-1-6）。

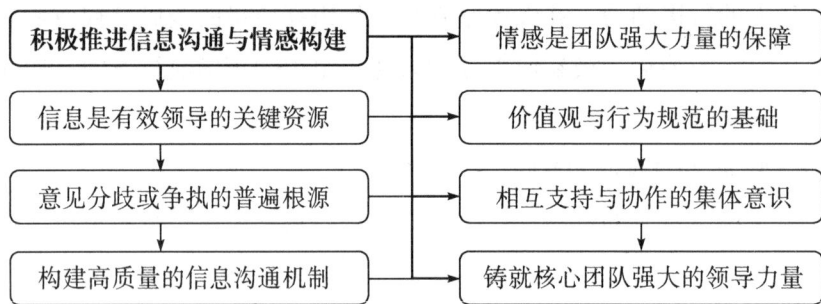

图 5-9-1-6　积极推进信息沟通与情感构建

（一）信息是有效领导的关键资源

信息是组织领导所有思维活动的基础材料。缺乏足够充分而准确信息的坚强支撑，任何睿智的领导人都难以对内外各类资源因素，及其相互间作用与变化，给予高质量地辨识、思考与判断。实践中，头脑中的基本信念与价值观等思想意识，对领导人的整体职业智慧与才能，具有普遍关键的决定性影响。然而，事实上，人们任何的职业信念与价值观，无一不是源自广泛信息深入辨识与高度提炼的结果。

不仅如此，信息还是一切领导行为的重要载体。实践中，任何领导人无不需要借助信息充分传递的有力支持，才能对各项工作给予有效地指示或指导；才能对各种积极的表现予以充分地肯定与激励，从而卓有成效地创造整体组织强大的运营发展力量。

（二）意见分歧或争执的普遍根源

在基本信念高度统一的背景下，对核心团队整体领导智慧与力量，最具侵蚀性的因素之一，普遍源自团队成员对组织的全局方向、路线与政策上，所存在的严重分歧或争执。然而，实践中，具有资深职业经历与高度智慧才能的领导人，之所以产生重大的意见分歧或争执，无不从根本上源自对重要信息掌握的显著差异。

事实上，更为积极而充分的信息沟通与交流，普遍成为有效化解领导成员间的严重意见分歧或争执，从而卓有成效地铸就核心团队整体强大的领导智慧与力量，极其关键的途径或重要的方式。

（三）构建高质量的信息沟通机制

任何事物都必然存在相互对立的因素。事实上，远见卓识的领导人，总是能够极其睿智而成熟地洞察，即使是对事物客观准确的反映，也时常由于辨识思维的立场、范围或角度的差异，而产生既然不同甚至显著矛盾的结果。

实践中，核心团队能够超越个人领导智慧与才能，最为强大的力量或关键的价值之一，就是通过不同渠道或方式信息的充分沟通，能够更为全面、深入和准确地辨识，各项重要资源或工作的全貌及其组织运营发展的全局。因此，卓有成效地构建高质量的信息沟通机制，无不成为整体领导团队强大的智慧或力量，坚强铸就和展示的关键途径与任务。

（四）情感是团队强大力量的保障

情感是人性中极其重要的本质因素。强烈的情感倾向，广泛的实践中，普遍成为人们强大的职业智慧与力量，卓有成效铸就和展示的坚强动力。密切的情感也是任何人的团队，整体坚强力量及其高质量运营发展不可或缺的重要保障。

领导核心团队的成员，通常掌握着组织运营发展某些重要的资源力量。领导人如果缺乏足够信息的沟通与交流，以及由此形成的密切情感的坚强支撑和有力推动，这些资源力量联结融合所构成的组织全局运营发展的能力，无不极易受到显著的削弱。

为此，《六韬》曾经辩称："源深而水流，水流而鱼生之，情也；根深而木长，木长而实生之，情也；君子情同而亲合，亲合而事生之，情也。"

——水源深，水流就不息。水流不息，鱼类就能生存，这是自然本性的结果；树根深，枝叶就茂盛。枝叶茂盛，果实就能结成，这也是自然本性的结果；君子情投意合，就能亲密合作。亲密合作，事业就能成功，这也是自然本性的结果。

（五）价值观与行为规范的基础

领导人通常肩负着组织全局高质量进程或成就复杂而艰巨的职业重任，掌握着团队运营发展强大的资源力量。因此，他们个人的情感密切，任何背景下，都必须睿智成熟地坚持组织的基本信念、价值观及其行为规范的原则，以及积极正面的文化方向，并努力避免坠入极其短视而危险的，以牺牲团队的整体利益，换取极易给组织的全局或个人的长远职业发展，带来严重灾难性后果低俗的、暂时的个人好感的陷阱。

（六）相互支持与协作的集体意识

任何团队强大的运营发展力量及其高质量的进程或成就，无不需要全体成员间强烈的积极情感，以及由此有力推动的相互间密切支持与协作，及其个人能力不足或工作缺陷充分谅解，成熟集体意识的坚强支持。事实上，复杂艰难的环境中，领导成员间的密切情感，普遍成为他们高质量的职业品德，无私支持与谅解的职业友谊，以及核心团队整体强大的领导智慧与力量，卓有成效铸建和展示极其关键而坚强的动力。

（七）铸就核心团队强大的领导力量

在复杂多变的内外环境中，由于辨识思维的立场、角度或方式上的差异，领导团队的成员对组织各项专业环节的运行，甚至全局战略的方向、路线或目标，产生一定的意见分歧，广泛的实践中，不仅难以完全避免，而且也普遍成为整体团队高质量的领导智慧与才能，卓有成效地创造或展示极其重要而强大的动力。

然而，如果缺乏足够积极而充分的信息沟通，及其睿智成熟应对能力的坚强支撑，各种意见分歧又无不极易成为，整体团队强大领导力量的严重侵蚀性因素。因此，所有领导成员无不需要娴熟地掌握，团队内部意见分歧积极成熟的应对技能或方法，并以此坚强铸就和展示整体核心团队强大的领导智慧与力量。

六、精明强干紧密团结的坚强集体

核心团队主要成员的职业素养，对整体团队强大的领导智慧与力量，卓有成效地铸建、展示与发展，具有极其关键的决定性影响。他们通常需要以身作则，坚强承担所有团队成员，高质量职业信念及其素养积极铸建与持续发展的重任。

实践中，在团队或集体力量与利益高质量价值，成熟牢固思维意识的坚强支持下，旨在推动自身和他人职业素养积极提升与发展的自我批评，以及确保整体团队强大领导力量的相互帮助和尊重，普遍成为铸建精明强干紧密团结领导集体的重要途径。同时，主要成员还必须能够坚强超越各种故步自封思维与行为的限制，卓有成效地探索并运用更为积极而科学的领导方法，以创造核心团队更为强大的领导智慧与力量（图 5-9-1-7）。

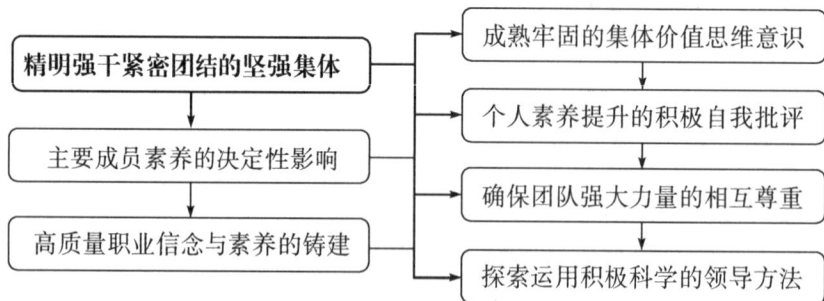

图 5-9-1-7　精明强干紧密团结的坚强集体

（一）主要成员素养的决定性影响

领导核心的主要成员，通常承担着团队各项重要工作的组织、管理和推动的关键职责。显然，他们的辨识思维能力、思想意识高度及其情感行为动力等职业素养，无不对核心团队整体的领导智慧与力量，及其组织运营发展的全局进程与成就，具有极其关键的决定性影响。

为此，任何背景下，他们无不需要集中心智竭尽所能，努力超越个人利益或力量等因素可能存在的限制，睿智成熟地立足于组织全局的根本思维立场，以更为广阔和长远的视野，远见卓识地辨识组织运营发展更高质量的社会价值，以及更为积极社会责任坚强承担所需选择的前行方向和道路，并以此通过核心团队强大领导智慧与力量的卓越铸建和展示，为组织创造光明灿烂的锦绣前程。

（二）高质量职业信念与素养的铸建

核心团队成员头脑中的信念，及其思维智慧与行为动力职业素养，对组织运营发展的整体力量、进程或成就，具有普遍关键的决定性影响。为此，任何背景下，核心团队的主要成员，都必须能够远见卓识地辨识并卓有成效地承担，所有团队成员坚定职业信念及其高质量领导素养，积极铸建与持续发展的艰巨重任，并以此坚强有力地激发和创造，整体组织运营发展的坚定信念，及其坚不可摧的强大力量。

（三）成熟牢固的集体价值思维意识

成熟牢固的集体力量与利益，高质量价值的睿智思维意识，是核心团队强大的领导智慧与力量，卓有成效铸就和展示不可或缺的坚强动力，并以此普遍占据着领导成员整体职业素养中的关键位置。

因此，任何背景下，领导成员无不需要远见卓识地洞察，组织复杂艰难全局的高质量辨识与应对，必须依靠坚强的团队力量；任何个人职业价值的高质量展示，都必须依靠强大集体力量的有力支持，并以此极其睿智而坚强地超越，一切试图利用团队给予的权力和便利，谋求个人极端的私利，从而严重侵蚀强大集体力量的思维与行为。

《尚书》也曾为此高度称颂了，睿智的整体思维意识的关键素养："昧昧我思之，若有一介臣，断断猗无他技，其心休休焉，其如有容。人之有技，若己有之；人之彦圣，其心好之，不啻若自其口出。是能容之，以保我子孙黎民，亦职有利哉！人之有技，冒疾以恶之。人之彦圣，而违之俾不达。是不能容，以不能保我子孙黎民，亦曰殆哉！"

——我暗暗地思量着，如果有一位大臣，为人诚朴而没有什么特别的本领，但他心胸宽广而能容人。别人有能力，就如同自己拥有一样；听到别人提出好的建议，心中就喜欢，就如同自己说出的一样。这样心胸宽阔的人，一定能够保护我的子孙和百姓，并为他们造福。相反，如果别人有能力，他就妒忌厌恶；别人有好的建议，不予理睬并设法压制。这种心胸狭隘之人，不仅难以保护我的子孙和百姓，而且是个极其危险的人物！

（四）个人素养提升的积极自我批评

积极的自我批评，是领导成员坚强超越个人的名利得失，以更为广阔而长远的团队运营发展思维立场，及其更高质量的评价标准，审视和反省自身的职业表现或进程中所存在的不足，从而卓有成效地推进自身职业素养或工作进程，持续积极地提升与发展，并以此有效激励和推动他人的奋发进取，铸就并展示整体团队强大的运营发展能力，极其关键的途径和坚强的动力。

（五）确保团队强大力量的相互尊重

核心团队整体强大的领导智慧与力量，卓有成效地铸建、展示和发展，无不需要成员间积极帮助与尊重的坚强支撑。积极的帮助，通常不仅表现为工作上的直接有力支持，而且更具价值地体现在，高质量职业思维与行为的坚强激励。

实践中，领导成员相互间最具关键价值的帮助，还普遍地存在于对背离团队原则的不当或错误的思维与行为，给予及时而明确地提醒、批评和纠正。显然，这是维护当事人个人职业及其整体团队长远根本利益，然而，却时常隐含严峻风险挑战的重要途径。

成员间的相互尊重，是一切团队强大的运营发展力量，积极铸建和展示的重要保障。事实上，领导人如果缺乏足够尊重他人的基本素养，他必将难以避免职业进程中的严重挫折。为此，当鲁定公向孔子请教，君主与大臣之间，如何才能建立更为积极的协作关系时，孔子提出了这样的原则："君使臣以礼，臣事君以忠。"——君主应该按照礼的原则对待臣子，臣子应该以忠诚的原则对待君主。

（六）探索运用积极科学的领导方法

无论领导团队设置何种运营发展的原则，选择怎样行进的方向与道路，最为根本而重要的目的，无不在于更为积极而有效地推进或铸建，组织更高质量的全局进程与成就。因此，位居团队关键位置的主要成员，无不需要坚强超越各种故步自封思维或行为的限制，卓有成效地率领和激励核心团队所有成员，不畏艰险奋发进取，持续高质量地探索、学习和运用，各种更为积极而科学领导方法，以创造核心团队卓越的领导进程与成就。

第二节　致力于科学务实的战略

高质量组织领导的关键途径

通过长期的不懈探索与实践，人们已经日趋广泛而深刻地意识到，全局战略的思维或行为的方式，已日益成为复杂多变的环境中，卓有成效地铸建和展示高质量的组织领导，极其关键的途径和强大的动力。

然而，由于全局的战略，通常涉及诸多显性或隐性的内外资源因素，及其相互间的关系与持续的变化，它的高质量进程或成就卓有成效地创造，究竟需要遵循怎样的基本原则或完整程序，迄今为止，依然成为横亘人们面前而难以轻松跨越的鸿沟。

复杂艰难的挑战中，值得庆幸和感恩的是，我们的先哲早在两千多年前，就极其睿智地揭示并指明了，远见卓识地辨识和卓有成效地应对各类复杂的事物，必须牢固遵循事物的本性特征，并使其更为积极而有效地顺应，内外具体情境的基本原则和关键途径。因此，致力于科学而务实的战略，就普遍成为领导人高质量辨识和把握组织的全局，并以此坚强展示卓越的职业智慧、才能与价值的必由之路。

本节从科学务实战略的内涵及其原则着眼，分析了铸建或展示强大的战略智慧与才能，必须牢固确立的若干积极而重要的思维意识。在此基础上，我们依据组织的全局核心及其运营系统性的思维方式，探讨并构建了战略的全面辨识与思考、战略运营方案的规划与设计、战略方案的积极实施与推进、战略进程的适时审查与调整等，科学务实的战略领导坚强卓越地创造，必须聚精会神着力的高质量的完整工作体系。

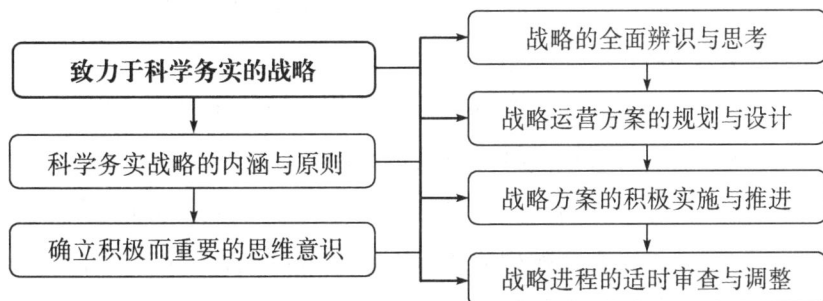

图 5-9-2-1　致力于科学务实的战略

一、科学务实战略的内涵与原则

积极创造组织运营发展高质量的进程或成就，任何背景下，领导人无不需要睿智成熟地辨识并坚定牢固地坚持，全局战略的科学务实核心原则及其系统性和长远性的关键思维，并以此卓有成效地设置或确保全局战略的正确方向与路线，铸就或激发内外资源因素强大的战略支持与推动力量，从而在牢固立足自身内外具体实际的基础上，远见卓识地创建和推进组织独特的运营发展的战略（图5-9-2-2）。

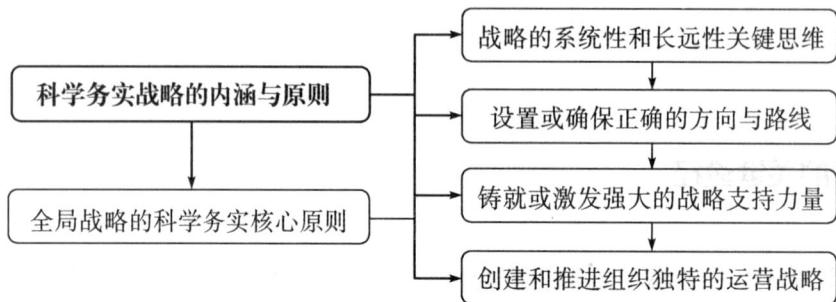

图 5-9-2-2　科学务实战略的内涵与原则

（一）全局战略的科学务实核心原则

科学是对事物的整体构成及其本性特征，以及特定环境中运行变化规律深入而准确的揭示。任何高质量的科学探索、运用及其发展的推进，无不需要既牢固立足于事物自身的构成及其本性特征，也要全面准确地辨识事物运行发展的环境影响因素。

卓有成效地创造组织运营发展高质量的进程或成就，任何背景下，无不需要内在资源能力的构成，及其相互间联结、作用关系的积极结构，以及外部环境影响因素的有效运用或应对方式，深入准确辨识及其积极铸建或有力推动的坚强支撑。因此，科学性普遍成为复杂内外环境中，组织高质量全局战略卓有成效地创造或展示，必须遵循的第一原则，以及最具关键的决定性因素。

务实是依据科学的原理与原则，通过特定内在资源能力的构成，及其相互间联结或作用结构的组织，在一定外部环境中运营发展的必然趋势深入准确地辨识，从而对更为积极的全局思维或行为方式，以及更高质量的战略方向与路线的优选。显然，务实性无不成为科学性基础上，高质量全局战略睿智而坚强地创造或推进，必须坚持的又一关键而基本的原则。

广泛的实践中，科学性是一切高质量战略的根本保障，务实性则是卓越战略进程或成就，最具强大的推动力量。两者相辅相成，共同构成了全局战略卓有成效创造或推进的核心原则。

（二）战略的系统性和长远性关键思维

组织的运营发展，通常受到诸多内外资源因素及其相互间的作用，以及它们持续的变化极其复杂而深远的影响。卓有成效地践行或推进科学务实的战略核心原则，广泛的实践中，无不需要得到完整的系统性思维，对内外资源因素的构成及其作用关系的实际深入准确地辨识，并以此全面审视并掌握各专业环节的运行能力，妥善兼顾相关各方的意愿或利益；变化发展的长远性思维，对各运营阶段的机遇或挑战、任务与目标的准确辨识与设置，及其相互间密切衔接的坚强支撑与有力推动。因此，系统性和长远性，普遍成为高质量全局战略远见卓识地创造，不可或缺的关键思维方式。

子夏做莒父的总管，曾向孔子请教怎样才能办好政事，孔子提出了这样的建议："无欲速，无见小利。欲速则不达，见小利则大事不成。"——不要求快，不要贪求小利。求快反而达不到目的，贪求小利就做不成大事。

《吕氏春秋》也曾断称："天下之士也者，虑天下之长利，而固处之以身若也。利虽倍于今，而不便于后，弗为也；安虽长久，而以私其子孙，弗行也。"——天下杰出的士人，考虑的是天下长远的利益，而自己必定要身体力行。即使对现在有加倍的利益，只要对后世不利，也不会去做；即使能长久安定，但只是为了自己的子孙谋取利益，也不会去做。

（三）设置或确保正确的方向与路线

通过长期的实践探索与总结，人们已经日趋普遍而深刻地意识到，任何事物的运行发展，总是受到通常居于主导地位的内在因素及其关系的构成，以及外部环境因素，对内在因素及其关系的作用共同的决定性影响。同时，强大的能动性创造智慧与力量，又无不能够坚强地支持和推动人们，卓有成效地把各类资源因素给予紧密地联结和高度地融合，以形成能够更高质量地辨识和应对，外部环境各类机遇与挑战的集体或组织。

事实上，积极遵循或践行全局战略的科学原则，就是对能够拥有并发展的内在资源力量，及其外部环境整体变化趋势足够全面准确地辨识，从而主动积极地设置并确保，组织高质量应对外部环境的运营方向，并在基本方向的背景下，设置并选择内在资源因素的构成，及其密切联结或作用基本方式的正确行进路线。

（四）铸就或激发强大的战略支持力量

任何组织在一定的内在资源构成及其外部环境中，通常会存在多个运营发展的方向及其道路的选择。事实上，任何高质量的全局战略，无不需要关键的系统性和长远性思维，并以此对各项专业资源或环节能力的准确辨识与充分展示，相关各方利益的全面兼顾，以及组织不同运营阶段的密切衔接，从而卓有成效地铸就或激发强大的战略支持力量，积极的战略方向与路线缜密设置和优选，务实性原则的有力推动。

务实性原则的积极推进，广泛的实践中，无不时常表现为有所为或所有不为的艰难选择。然而，它却是组织积极集中和依靠有限的资源力量，在复杂艰难的环境中，卓有成效地创造高质量运营发展进程或成就的必由之路。为此，孟子曾经断称："人有不为也，而后可以有为。"——人要有所不为，然后才能有所作为。

（五）创建和推进组织独特的运营战略

实践中，当人们试图精准地模仿卓越组织的成功战略时，却时常导致意料之外的挫折，而很少能够如愿以偿。事实上，任何组织资源能力的构成及其相互作用关系的结构，以及运营发展的外部环境，都有着独一无二的自身特征。卓有成效地引领或推动组织高质量的运营发展，领导人无不需要牢固立足于内在资源能力的构成，及其组织外部环境的实际，成熟睿智地依据科学务实的核心原则，以及系统性和长远性的关键思维，远见卓识地创建和推进组织独特的运营发展的战略。

二、确立积极而重要的思维意识

科学务实战略卓有成效地创建与推进，无不是项涉及诸多内外因素、关系与变化极其复杂而艰难的挑战，无疑需要一系列积极而成熟思维意识的坚强支撑。卓有成效地推进科学务实战略的实践，通常要求领导人必须能够全面准确地辨识和把握，组织内在各项重要专业资源、运行环节及其相互作用关系的实际，以及与组织全局进程密切关联的，外部环境各主要因素及其变化的趋势，并以此卓有成效地推进，内外资源因素的紧密联结。

科学务实战略的积极创造，还需要领导人能够远见卓识地透过组织各类有形、无形资源运行的表象，睿智洞察人的能动性创造智慧与力量，对组织运营发展全局的关键决定性价值。同时，还必须能够始终以变化发展的视野或远见，高质量地辨识、设置与推进，各项资源因素的运行及其相互间的作用（图5-9-2-3）。

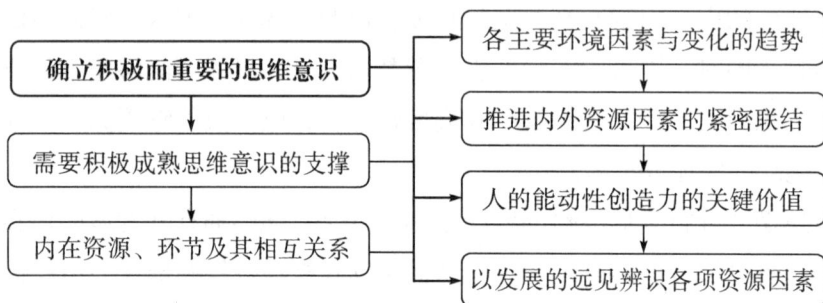

图5-9-2-3 确立积极而重要的思维意识

（一）需要积极成熟思维意识的支撑

高质量地辨识与应对任何复杂艰难的事物，无不需要人们头脑中睿智的思维智慧，以及由此推动形成的成熟思想意识的坚强支撑。事实上，领导人一旦缺乏准确识别与有效运用，各类资源因素及其相互作用与持续变化，潜在积极力量或价值的睿智思维能力，以及超越自身职业及其组织运营发展，各种艰难责任或表面与暂时利益诱惑挑战，成熟思想意识坚强有力的支撑，创建并推进组织高质量的全局战略，必将成为他们难以逾越的职业鸿沟。

因此，远见卓识地推进职业思维意识持续积极地提升与发展，无不成为任何背景下，领导人卓有成效地创造组织全局高质量的进程或成就，极其关键的途径和强大的动力。

（二）内在资源、环节及其相互关系

通过长期的实践，人们已经普遍深刻地意识到，组织的全局战略，无不受到诸多资源因素或运行环节的重要影响，并以此创建了专业资源或环节运行能力基本的分析方法。然而，任何资源的构成或专业环节的运行能力，无不存在着组织运营发展独特的千丝万缕的复杂联系或作用。事实上，任何孤立的辨识思维方式，无不显著地限制着各种专业资源或环节运行，实践能力与价值积极而充分地展示。

因此，以完整系统性的探索分析思维，全面准确地辨识并设置，各项专业资源或环节运行相互间的作用关系，及其在组织整体运营进程中的地位与价值，无不成为高质量全局战略卓有成效地创造，普遍面临的重要任务和艰难挑战。

（三）各主要环境因素与变化的趋势

从根本上说，组织运营所创造的任何产品或服务，无不需要通过外部对象的认可并接受，才能最终体现出它们的价值。因此，外部环境不仅是组织高质量运营发展，正确方向最具关键的决定性因素，而且还是它的持续健康成长，一切资源力量最为重要的源泉。

事实上，组织运营发展广泛的社会及其政治、行业与科技等环境背景，无不对其全局的进程或成就，具有普遍而重要的影响。卓有成效地创建或推进高质量的运营战略，领导人无不需要全面准确地辨识，外部环境中对组织全局具有显著影响的各项重要因素，以及作用的方式、力量及其变化的趋势。

（四）推进内外资源因素的紧密联结

推进内外各类资源因素更为紧密地联结或积极的作用，并以此展示它们整体更高质量的价值，是组织运营发展各项工作的根本方向与目标，因而成为全局战略一切思维或行为的基本指南。其中最为核心的原则，就是更为充分地争取、激发或创造，一切内外资源因素中的潜在积极力量，对组织运营发展更为坚强地支持与推动；最为关键的途径，就是通过对外部潜在对象及其需求的准确辨识，卓有成效地设计并创造，能够积极满足需求的高质量产品或服务，以及产品服务目标对象的高效输送。

（五）人的能动性创造力的关键价值

人的因素对组织各类专业资源及其环节的运行，以及它们相互作用或联结，所构成的整体运营发展能力，无不具有普遍关键的决定性影响。事实上，任何组织的战略构思或规划方案高质量地推进，无不需要充分依靠广大员工强大能动性创造力的坚强支持。因此，铸建高质量的战略进程或成就，任何背景下，领导人都必须能够成熟睿智地辨识，人的能动性创造力的关键价值，并以此把广大员工创造性智慧与力量卓有成效地提升和展示，牢固置于战略路线的核心地位。

（六）以发展的远见辨识各项资源因素

远见卓识地洞察并卓有成效地推进，组织长远高质量地运营发展，是任何全局战略的核心任务，及其思维与行为的关键原则。因此，铸建卓越的全局战略，领导人无不需要在更为广阔的时空范围中，以发展的远见更为深入而充分地辨识，内外各项资源因素及其相互作用或联结的力量与价值，并以此设置并推进更具主动而积极的战略方向或路线，以卓有成效地创造组织长远运营发展高质量的进程与成就。

三、战略的全面辨识与思考

战略的辨识与思考，作为战略工作的起点与基础，无不对全局战略的高质量进程或成就，具有极其关键的决定性价值。战略的辨识与思考，通常包括对外部环境主要因素信息的收集与分析，准确识别组织的全局进程所面临的外部机遇或挑战，并以此确立战略的基本方向；对内部资源能力的构成与关系的分析，准确辨识自身资源能力的优势或薄弱环节，并以此设定战略的基本路线。在此基础上，还必须根据内外主要因素的作用，推断和预测一定战略方向与路线背景下，组织全局的变化发展趋势（图5-9-2-4）。

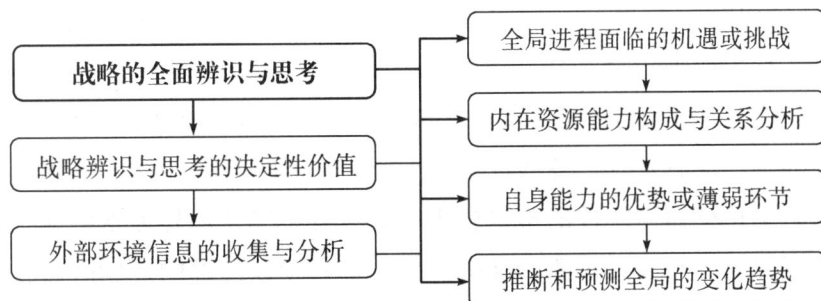

图 5-9-2-4　战略的全面辨识与思考

（一）战略辨识与思考的决定性价值

战略的辨识与思考，通常是指依据基本的信念或意愿，就内外环境中，对组织全局具有重要影响的各类资源因素及其关系与变化，进行相关信息的收集、分析与推断，并以此判定一定战略方向与路线背景下，组织运营发展趋势的思维过程。广泛的实践中，卓越的战略辨识与思考，对组织运营发展高质量的进程或成就，具有普遍关键的决定性价值。

为此，《孙子兵法》也曾作了这样的著名论述："夫未战而庙算胜者，得算多也；未战而庙算不胜者，得算少也。多算胜，少算不胜，而况于无算乎？吾以此观之，胜负见矣。"

——作战之前分析判断能够取得胜利，是因为辨识思考缜密，并以此识别和掌握了更多的有利因素；作战之前分析判断难以取得胜利，则是由于辨识思考浅显，而难以识别或掌握更多的有利因素。分析思考有利因素多，就能够取得胜利；分析思考有利因素少，就难以取得胜利，更何况不做战前的分析思考？我根据战前辨识思考情况的了解，就能够准确判断作战双方的胜负。

（二）外部环境信息的收集与分析

对外部环境全面准确地辨识，不仅是远见卓识地对它们给予积极应对，从而牢固掌握全局战略主动的坚实基础，而且也是组织整体资源构成的价值，以及运营发展能力卓有成效提升和展示的关键决定性因素。实践中，它通常需要领导人能够站在更为广阔而长远的思维立场，对组织运营全局具有重要影响的社会、政治、行业以及科技等主要因素，给予相关信息的充分收集与深入分析。

（三）全局进程面临的机遇或挑战

对外部环境全面准确地分析辨识，通常需要清晰识别社会、政治、行业及科技等主要领域，对组织高质量运营发展具有显著正面的积极推动力量，或者负面的消极阻碍因素。它们通常也被称之为组织运营发展面临的机遇或挑战。

远见卓识地辨识和把握全局进程面临的机遇或挑战，领导人必须具备两个成熟的思维意识：一是任何机遇或挑战总是结伴而行，而难以完全分离。这是因为任何事物都必然包含着相互对立与统一的两方面的因素，只看到其中一个方面的因素，无不将显著限制自身辨识思维的智慧与才能；二是任何机遇或挑战的判定，都必须牢固立足于自身内在资源能力的实际。换而言之，他人的良好机遇并非必然成为自己睿智的选择，或者对他人的艰难挑战可能就是自身积极的发展机遇。

（四）内在资源能力构成与关系分析

众所周知，任何事物的运行变化，无不受到内外因素相互联系的共同决定性影响。而外部的一切因素，又总是需要通过对内在因素的作用，才能实现对事物运行变化的有效影响。因此，推进全局战略高质量的辨识与思考，领导人无不需要着力于组织内在的资源构成，各项专业环节的运行能力，及其相互间作用关系全面准确地分析和识别。

实践中，内在资源能力构成与关系的积极分析，需要遵循哲学思维的两个基本准则：一是局部从属于整体的思维准则。也就是说，各项资源能力及其关系的准确识别，必须以组织全局运营发展能力为根本背景，坚持整体系统性的辨识思维方式；二是坚持内外因素辩证统一的思维准则。换言之，任何内在资源能力与关系价值的准确识别，都必须以外部的环境因素，更高质量地辨识与应对为基本依据。

（五）自身能力的优势或薄弱环节

一定外部环境背景下的内部分析，通常能够有力地支持人们深入准确地辨识，组织内在资源构成或专业环节运行能力所存在的强项与不足。自身资源构成或运行能力的优势与劣势的准确判断，是一定战略方向前提下，组织运营路线或系统设置与选择的重要依据。它能够清晰地提醒和指示人们，在集中优势资源与力量或扬长避短战略思维的原则下，如何卓有成效地设置或选择更为积极的战略行进路线，构造更高质量的运营发展体系，从而创造组织更为卓越的全局进程与成就。

（六）推断和预测全局的变化趋势

战略辨识与思考最为关键的任务，就是为组织全局高质量进程与成就的蓝图，卓越地创作提供完整、确凿的描绘素材。因此，根据充分的内外信息，对一定方向和路线的背景下，组织全局运营变化的趋势，作出全面准确地推断和预测，就普遍成为战略辨识与思考最为核心的成果。

广泛的实践中，卓有成效地推断和预测复杂内外背景下，组织全局运营变化的趋势，人们通常还需要得到一系列成熟思维意识的坚强支撑：

必须以对立统一的辨识思维，审视外部环境中的社会、政治、行业和科技等主要因素。其中，前者通常占据着后者变化的主导地位，而后者对前者又具有普遍的重要影响；内在因素中的人力资源、无形资源和有形资源，前者对后者的运行能力或价值的提升与展示，具有普遍关键的决定性影响；内在的能力，对外部环境的因素及其关系与变化的准确辨识和应对，具有普遍关键的决定性价值；外部环境的因素，通过一定的积极途径或方式，能够有效地转换为内在资源能力的构成。

实践中，在一定方向和路线的背景下，对组织全局运营变化趋势的准确推断和预测，普遍成为领导人整体职业智慧与才能，最具显著的体现和艰难的挑战。对此，《鬼谷子》曾经提出了极具实践指导价值的对立统一的思维原则与方法：

"古之大化者，乃与无形俱生。反以观往，复以验来；反以知古，复以知今；反以知彼，复以知此。动静虚实之理不合于今，反古而求之。事有反而得复者，圣人之意也，不可不察。"

——前古化育万物的强大力量，总是与事物同时生成而无形存在。反顾既往，再察验未来；反顾历史，再了解当今；反顾对方，再认识自我。动静虚实的本性与运行规律，如果于今天实际不符，就要到前人的实践中去探求。事情要依靠相对一面的分析才能把握，这是圣人的见解，不可不认真体会。

四、战略运营方案的规划与设计

战略运营方案的规划与设计，是把战略辨识与思考阶段的基本构想，创作形成具有统一组织各环节的思维与行为，从而铸建整体强大的运营发展力量，完整系统性的正式纲领性的权威指导文件。

卓有成效地推进内外资源因素高质量地联结与作用，是一切战略规划与设计的灵魂。依据战略辨识与思考的积极成果，在牢固立足组织内外资源因素具体实际的基础上，对各组成要素给予远见卓识的设置或界定，并以此绘制形成战略进程的全景蓝图，普遍成为战略规划与设计必须承担的核心任务。实践中，它的高质量推进，通常需要一系列战略假设和验证工作的有力支持。

在战略各组成要素的设置过程中，首要的任务就是战略愿景或意愿的设定，并以此确立组织运营的使命与方向。根据运营的使命与方向，以及组织内在资源能力的实际，才能卓有成效地设计或选择正确的战略行进路线，并以此高质量地形成整体战略推进的基本方式。依据明确的方向、路线及其基本方式，才能准确地设置或界定战略的运营目标、支持政策与保障措施。

战略运营方案卓有成效地规划与设计，广泛的实践中，无不对组织内外资源因素的积极作用与密切联结，以及战略实施与推进的高质量进程或成就，具有极其关键的决定性价值（图5-9-2-5）。

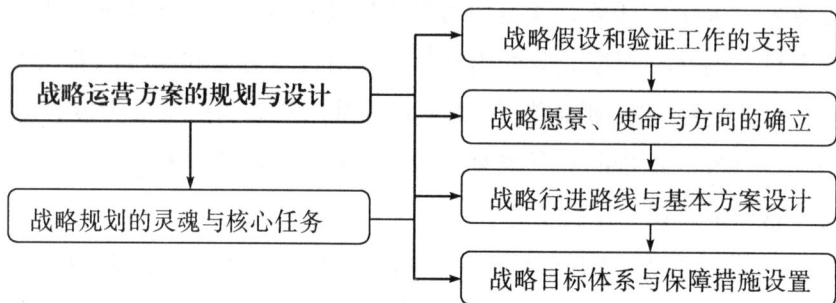

图 5-9-2-5　战略运营方案的规划与设计

（一）战略规划的灵魂与核心任务

任何组织运营发展高质量的进程或成就，无不需要内外资源因素全面准确辨识基础上，积极作用或密切联结的坚强支撑。因此，远见卓识卓有成效地推进，内外资源因素高质量地作用或联结，普遍成为战略运营方案积极规划与设计的灵魂。

然而，组织持续高质量地运营发展，通常受到诸多内外因素、关系及其变化的艰难挑战。卓有成效地铸建组织全局高质量的进程，无不需要各环节思维行为高度统一，并以此形成整体强大运营发展力量，详尽、完整权威蓝图的有力支持。

事实上，战略规划与设计的实质，就是充分依据人的思维智慧与才能，根据前期战略辨识与思考的基本构想，以及所有影响组织运营发展的全局，各种内外重要因素的当前表现、相互关系与变化趋势，全面深入地辨析和掌握，并以此通过相应因素、关系与变化，主动积极地作用或推动，各项必要方式与手段所形成的战略要素，卓有成效地创建、设置与界定，从而精准详尽地绘制出组织全局进程的蓝图。

显然，战略要素的设置与界定，普遍成为战略规划与设计的核心任务。而各项重要因素及其关系与变化，远见卓识地辨识与掌握，则是高质量战略规划与设计，最具思维极限的艰难挑战。为此，《鬼谷子》也曾辩称："计国事者，则当审权量。常有事于人，人莫能先；先事而生，此最难为。"——谋划国家大事的人，应当详细审视与衡量各方面的情况。人们时常对某些事情感到迷惑，是因为不能对它事先预见；能在事情发生之前就能预见，这是最为困难的。

（二）战略假设和验证工作的支持

依据当前获取的有限信息，描绘出最为精美并为人们所普遍信服，组织运营发展的全景蓝图，显然，无不需要得到高质量逻辑假设与推断思维，以及各项重要结论实践验证的坚强支撑。事实上，如果缺乏足够高质量的逻辑假设与推断，及其思维结论积极实践验证的有力支持或推动，就不会产生任何卓越的战略规划与设计。

战略规划与设计的假设，通常需要以外部环境中的需求，及其积极满足的方式为起点，并以此逐步推断出内外环境中，主要正面积极的力量与消极负面的因素；自身是否具备积极满足需求及其变化的整体运营能力；积极运营发展所需的整体资源能力的结构；相应的运营方式能否充分展示，自身资源力量的优势与核心的能力；存在的重要风险是否具备足够承担的力量，以及对全局的进程或成就，具有重要影响的其他因素。通过多种假设及其推断，规划设计人员通常能够较为清晰地辨识，不同战略方向和路线的背景下，组织运营发展全局的概貌与优劣。

（三）战略愿景、使命与方向的确立

通过战略假设与验证所形成并选择的全局概貌，普遍体现或表达着领导人，对组织长远运营发展的战略愿景。因为一旦缺乏足够强烈意愿的支持，领导人通常就不会接受相应的全局概貌，而需要进行重新的思考和选择。

战略愿景的进一步提炼、明确与升华，就会形成对全局高质量进程至为关键的，组织长远运营发展的战略使命与方向。事实上，明确的战略使命或方向，是组织内外一切资源因素、关系与变化，正面或负面的性质及其价值高低的准确判断，以及内在各专业运行环节及其关系设置的重要依据。

（四）战略行进路线与基本方案设计

铸建组织运营发展卓越的进程与成就，无不需要内在资源因素的密切联结与积极作用，以及各专业环节运行能力持续高质量提升和展示，并以此对外部环境的因素及其变化，作出卓有成效反应的坚强支撑。内在资源因素联结作用的方式，运行能力提升展示的途径，以及由此所展现的对外部因素与变化反应的形式，通常就构成了战略运营的基本路线。

战略的方向与路线，分别侧重于外部的因素及其变化，内在资源能力的提升与展示，并普遍成为全局战略最具关键决定性价值的核心矛盾关系。任何背景下，唯有积极的方向与路线共同的坚强推动，才能卓有成效地铸就全局战略的卓越进程或成就。方向与路线一旦确立，通常也就勾勒了战略运营方案的基本框架。

（五）战略目标体系与保障措施设置

目标是任何事物高质量推进的坚强保障和强大动力。事实上，在战略的使命、方向或路线的设置选择过程中，领导人无不受到组织高质量运营发展，一系列积极目标的坚强引导和推动。然而，就战略运营的整体方案而言，如果缺乏明确方向和路线的有力支持，而只是出于领导人主观臆断的目标，显然，无不极易背离内外资源因素及其关系与变化的实际。因此，高质量的战略目标，无不需要根据远见卓识的战略方向和路线，才能予以卓有成效地设置，并展示其强大的实践引导或推动力量。

不仅如此，复杂多变的环境中，全局战略高质量地规划与推进，无不涉及诸多内外因素、关系与变化。因此，高质量的战略目标，通常是项包含着多种相互联系或影响，能够对全局运营发展的状况，给予完整准确地界定或评价的指标体系。

广泛的实践中，为确保各运行环节对既定战略方向与路线，主动、积极、创造性地贯彻执行，无不需要设置一系列激励政策的有力支持。同时，各项战略目标的顺利实现，又需要足够强大保障

措施的坚强支撑。因此，战略政策与保障措施，普遍成为战略运营方案的规划与设计，不可或缺的重要内容。

五、战略方案的积极实施与推进

战略的实施与推进，是包含所有内外重要资源因素及其关系与变化，并对组织运营发展的全局进程或成就，具有最为重要决定性价值的战略核心工作。战略推进阶段的首要任务，就是对运营方案给予实施前期积极而充分地验证。在此基础上，还必须对方向、路线、目标等战略要素及其形成的背景，给予卓有成效地宣传和发动，以确保战略实施进程中思维与行为的高度统一。

根据组织的基本运营结构，对整体的战略目标进行各环节运行任务的分解；制订战略实施的计划与推进的步骤；落实战略推进的各项激励政策与保障措施；组织并分配各项运营资源，明确相应的运行责任；根据目标、计划和责任，以及战略进程中的表现或业绩，对相关环节或人员给予客观有效的工作评价和奖惩，普遍成为战略积极实施与推进的重要工作组成（图5-9-2-6）。

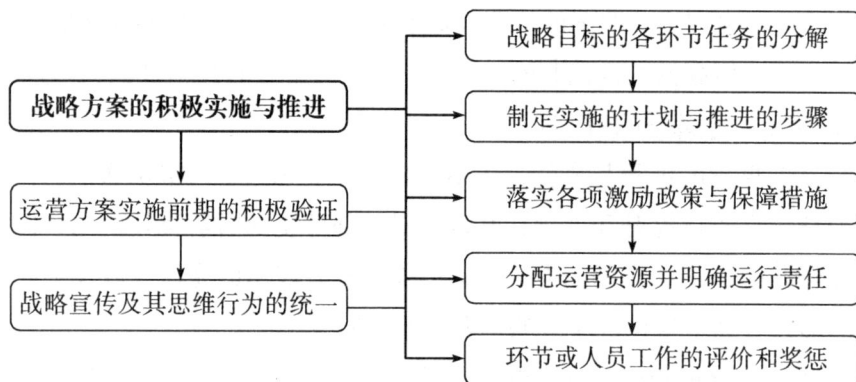

图 5-9-2-6　战略方案的积极实施与推进

（一）运营方案实施前期的积极验证

规划方案实施前期的验证，是充分依靠整体团队的强大智慧力量，卓有成效地创造战略实施或推进的高质量进程，不可或缺的重要途径。为此，《尚书》也曾作有论断："图厥政，莫或不艰。有废有兴，出入自尔师虞，庶言同则绎。"——谋划政事，无有不艰难的。有废除，有兴办，要反复同众人商讨，大家议论相同，才能施行。

实践中，方案的验证，通常可以采取两种基本的形式：一是把整体方案交与各重要的实施部门或环节，由其主要的负责与专业人员，进行广泛的分析和讨论；二是就运营方案的关键部分，进行相应的局部试运行。

方案验证的主要任务或目的，在于深入准确地检验：整体方案实施的可行性或可操作性；是否能够卓有成效地把握外部的积极机遇，发挥自身资源能力的整体优势；是否存在自身难以承担的重大风险。

（二）战略宣传及其思维行为的统一

战略的实施与推进，通常受到内外诸多复杂因素及其关系或变化的艰难挑战。它的高质量进程卓有成效地创造，无不需要全体成员思维行为的高度统一，并以此形成各环节的密切协作，以及整体组织强大运营发展力量的坚强支撑。因此，对运营的方向、路线与目标等战略要素，及其形成背景的广泛深入地宣传，以及全局背景下广大员工强大能动性创造智慧与力量，卓有成效地引导和激发，普遍成为战略实施或推进高质量进程的积极创造，不可或缺的关键任务和坚强动力。

（三）战略目标的各环节任务的分解

无论规划方案设置了怎样的战略目标结构或体系，实施阶段都必须根据各战略单位资源力量的构成，以及运行职能的设计及其特征，把方案中的总体目标分解落实为，各战略环节运行发展的战略任务。同时，各战略单位或环节还必须把自身的战略任务，设计形成自身高质量运行发展更为专业化的目标体系。实践中，为确保整体战略目标的顺利实现，各战略单位或环节分解任务的集合，必须一定程度上高于整体运营发展的目标。

（四）制定实施的计划与推进的步骤

运营的规划方案，通常会对战略进程中，各重要资源因素或环节的运行方式，相互间的作用关系及其变化发展的主要成果节点，给予原则性的设置或界定。战略的实施与推进，则需要以此原则为基础，对各重要资源或环节的运行状况，及其相互间的作用关系与各主要进程节点的表现成果，予以全面完整地设计，并以此形成能够有效统一，各环节运行思维与行为明确的战略实施与推进计划。

战略实施与推进计划，还必须对全局进程中，各项重要工作的运行方式与步骤，可能出现的主要内外变化及其应对方法，以及相应工作责任与运行质量的评价方式，做出明确详尽的设置或界定，以使得战略实施与推进的计划，能够真正成为复杂多变的内外环境中，各环节奋发前行的指挥棒、动力器与进程图。

（五）落实各项激励政策与保障措施

积极的激励或支持政策，是任何复杂艰难的环境中，卓有成效地激发与推动各运行环节，高质量地提升并展示自身强大的创造智慧和力量，不可或缺的关键因素与坚强动力。同时，复杂背景下高质量战略实施进程的卓越创造，还无不需要各项重要资源或力量，积极而坚强保障的有力支撑与推动。因此，各项积极激励政策与保障措施卓有成效地完善和落实，普遍成为战略实施与推进进程中，既定战略方向、路线和目标的有效推动与实现，极其重要的途径和任务。

（六）分配运营资源并明确运行责任

必要的资源是一切工作顺利推进不可或缺的关键因素，也是战略规划方案卓有成效设计的重要依据。然而，广泛的实践中，如果对资源支配的方式或权力，缺乏足够严密制度与责任的约束，无不极易导致它们运行的明显低效或严重浪费。因此，根据规划方案和实施计划对全局运营进程的安排，卓有成效地组织并分配各战略单位或环节的运行资源，并严格设定相应的支配权限与责任，就普遍成为战略实施或推进的重要工作组成。

（七）环节或人员工作的评价和奖惩

任何团队高质量地运营发展，无不需要各环节或人员的工作质量，积极评价和奖惩的有力支持与推动。事实上，依据实施计划或责任体系所设置的方式和标准，对各环节及其重要人员的工作状况或质量，给予实时的检测、评价和奖惩，普遍成为战略实施的高质量进程，卓有成效创造的重要途径和强大动力。

六、战略进程的适时审查与调整

复杂多变的内外环境中，卓有成效地创造组织运营发展的卓越进程或成就，无不需要牢固把握全局战略主动的坚强支撑。为此，依据科学务实的核心原则，对战略辨识、规划与实施等重要环节或阶段的工作，给予科学性与成效性的动态验证和审查，并以此对战略的相应要素，作出主动适时地改进与调整，而不是悠闲地坐等极度困难局面的形成，再仓促地采取极为被动的应对措施，就普遍成为整体战略工作高质量推进的重要途径。

事实上，根据全局战略的整体进程及其表现，对战略审查的范围、主要内容与方式，以及战略调整的积极推进，所必须遵循的全局稳定原则，足够深入成熟地辨识和把握，无不成为领导人整体战略智慧或素养的重要体现（图 5-9-2-7）。

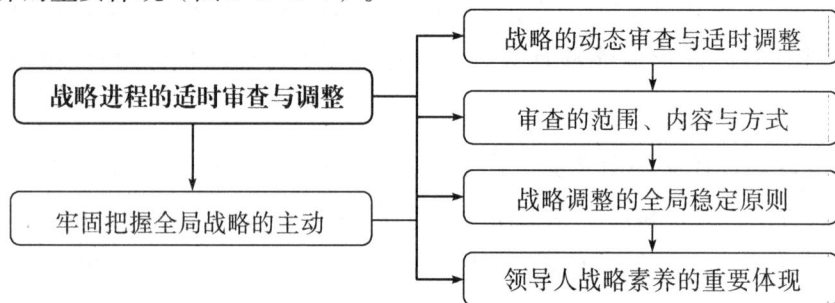

图 5-9-2-7　战略进程的适时审查与调整

（一）牢固把握全局战略的主动

组织的运营发展，普遍受到诸多内外因素、关系与变化极其复杂的影响。卓越的战略领导，无一不是通过各种远见卓识方式的积极运用，从而对事关全局各项重要的影响，形成足够全面而准确的预先辨识，并以此采取针对性的有力措施，在牢固把握全局主动的前提下，卓有成效地创造组织运营发展，持续高质量的进程或成就而坚强铸就。

因此，依据组织的基本信念和愿景，内外资源因素、关系与变化的实际，以及科学务实的核心原则，对战略辨识、规划与推进各重要环节工作，给予运行的科学性与成效性，积极的动态验证和审查，并以此对相应的战略要素，作出主动而适时地改进与调整，无不成为高质量战略领导卓有成效地创造，极其关键的途径和强大的动力。

（二）战略的动态审查与适时调整

战略的动态审查，通常是指依据组织的基本信念与愿景，内外资源因素、关系与变化的实际，以及科学务实的战略核心原则，对战略的辨识思考、规划设计与实施推进各环节工作，所采取的基本工作方式，投入的资源力量效力及其形成的运行成果，给予科学性和成效性的动态验证和审计，以深入准确地辨析其中是否存在明显的缺陷，或者更为积极的增补与替代的因素。

战略的适时调整，则是指由于相关前期的战略工作出现了明显的缺陷，或者运营进程中产生了原先未能准确识别，并充分考虑的资源因素、关系或变化的重要影响，而必须对战略的相关要素，作出全局稳定前提下的必要改进和完善。显然，战略的审查与调整，普遍成为复杂多变环境中，整体战略工作不可或缺的重要组成。

（三）审查的范围、内容与方式

为确保整体战略工作高质量的进程或成就，完整的战略审查范围，应该涵盖战略辨识、规划与实施各环节或阶段工作中，所涉及的主要工作依据、程序与成果。主要的内容应该包括相应工作运用工具与运行方式的科学性；依据信息的充分性与真实性；思维假设与推断的逻辑性；运行程序、进程及成果与前期设置的一致性。

对组织全局负有重要责任的领导人，组织或召集相关战略单位或环节的负责人，以及具有较高全局思维或战略素养的专业人员，对相关内容进行系统性的或专项性的审查，普遍成为战略审查的主要方式。

（四）战略调整的全局稳定原则

战略的调整，通常是针对某些明显影响运营全局的局部性因素，所采取的积极改进或完善的措施。确保全局的稳定，普遍成为一切战略调整卓有成效地推进，必须遵循的基本原则。

因此，实践中的战略调整，通常不会涉及基本的愿景、使命、方向与路线的改变，而是普遍地只是针对战略目标体系中的少数组成或指标，局部战略单位或运营阶段的资源构成与战略任务，部分运行环节相互间的协作关系或地位，某些战略激励或支持政策与保障措施等，所推进的更利于全局进程的积极改进或完善的措施。

（五）领导人战略素养的重要体现

组织运营发展的全局战略，通常不仅涉及错综复杂的内外因素及其关系，而且还无不受到事先难以完全准确辨识或预计，各类重要因素或关系变化的显著影响。事实上，展示卓越的战略智慧与才能，领导人无不需要得到各重要战略工作环节，积极有效的动态验证和审查，以及主动适时的战略改进或调整的坚强支撑。因此，卓有成效地推进战略进程的审查与调整，普遍成为领导人高质量战略智慧或素养的重要体现。

第三节　构建高效的组织运营结构

推进组织高质量进程的重要任务

构成成分及其相互关系所组成的结构，是事物本性特征及其外部表现两个最为根本的决定性因素。例如，石墨与金刚石虽同为碳元素的构成，又由于碳原子在其内部不同关系的结构形式，就产生了它们强度、光泽等物理表现上的显著差别。

把握构成的成分及其相互关系的结构，是高质量辨识与应对任何复杂事物，极其重要的途径和强大的支持力量。各种专业资源和能力的构成，以及相互关系的结构，从根本上决定着组织整体的运营发展能力。百事可乐前领导人卡洛威，也曾辨识了组织结构的关键价值："一个公司拥有什么样的组织结构，那么，它在市场上就应该处于一个什么样的地位。"因此，构建高效的组织结构，普遍成为领导人卓有成效地创造，组织运营发展高质量的进程或成就，必须着力并承担的一项重要工作任务。

高效组织结构满足的条件

组织的运营结构，是把各种离散的专业资源或能力，给予有效的安排与积极的联结，以形成整体强大的运营发展能力，创造全局高质量的进程和成就。为此，高效的组织结构需要满足的基本条件，及其主要的表现特征通常包括：

1. 对外部环境因素及其变化，能够给予准确的辨识和积极实时的反应；
2. 组织的各项资源力量，能够高度统一到全局的战略方向与路线；
3. 各类专业资源或能力，能够得以持续积极地提升和充分地展示。

本节从组织运营结构的概念，及其所需着力的基本任务着眼，探讨了任何形式的组织结构，都必须能够卓有成效地承担，全局运营发展内部资源力量的高度统一与协调，以及对外部环境及其变化准确辨识与快捷反应的核心功能，并以此分析了高质量有机自适应体结构的若干重要特征。在此基础上，还分别讨论了组织结构若干基本或常见的形式，以及组织结构设计的基本方法（图5-9-3-1）。

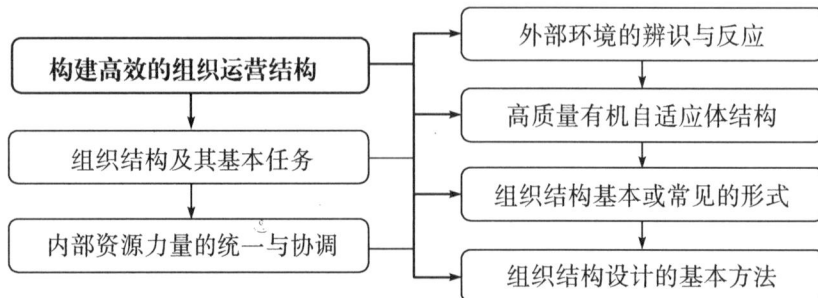

图 5-9-3-1　**构建高效的组织运营结构**

一、组织结构及其基本任务

组织结构是对运营发展各项资源或能力的构成，及其相互联结或作用的关系，所给予的整体构造与设置。它的根本任务是积极有效地支持和推动，组织运营发展高质量的全局进程或成就。因此，卓有成效地推进组织积极愿景和使命的顺利实现；对战略方向和路线给予坚强有力的支持；对外部环境的因素及其变化予以准确辨识和积极反应；构建整体运营发展必需的专项运行能力；各专业资源能力密切协作的强大整体力量；以及整体旺盛运行活力的积极激发与创造，就普遍成为组织结构需要承担并着力的基本任务（图 5-9-3-2）。

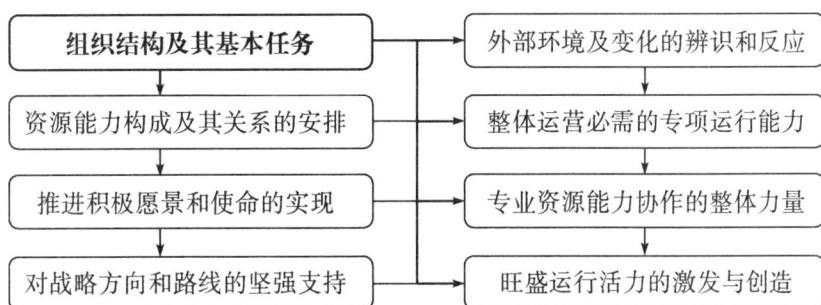

图 5-9-3-2　组织结构及其基本任务

（一）资源能力构成及其关系的安排

任何组织的运营发展，无不需要一系列完整的专业资源与能力，及其相互间积极作用和密切协作的坚强支持与推动。组织的结构，就是根据全局战略进程的需要，按照分工与协作的基本原则，通过一定专业化手段或方式的积极设计和有效推动，使得原先相对离散、不够全面完整的资源或能力构成，转换或整合形成若干既具有各自专业化能力与功能，又能够相互积极作用和密切协作的运行环节，从而使得整体组织能够对外部环境的因素及其变化，形成足够的准确辨识与积极反应的能力，并以此实现既定的战略构想或目标，完整运营资源与能力的构造体系。

（二）推进积极愿景和使命的实现

积极的愿景和使命，无不对组织全局战略高质量的进程或成就，及其长远运营发展的繁荣昌盛，具有极其关键的决定性价值。因此，铸建整体运营发展强大的资源及其力量,高质量结构的核心任务，就是能够坚强有力地支持组织，准确辨识内外环境的整体形势及其变化发展的趋势，并以此推动组织远见卓识地设置和卓有成效地实现，运营发展的积极愿景和使命。换言之，能否远见卓识地辨识和推进，组织长远运营发展的积极愿景和使命，普遍成为组织运营结构的整体质量和价值，最为根本而核心的评价标准。

（三）对战略方向和路线的坚强支持

有效提升并充分展示各环节或阶段，整体运营发展积极力量与价值的战略方式，是任何复杂多变的内外环境中，组织高质量全局进程或成就，卓有成效创造极其关键的途径和强大的推动力量。

因此，充分展示自身的强大力量与积极价值，组织的结构无不需要卓有成效地承担，积极引导和推动各项专业资源或力量，沿着既定的战略方向和路线高质量运行发展，以及密切联结或协作的重要任务与职责，并通过各种更为积极的专业资源或能力，及其相互间密切作用远见卓识地探索、构建与推动，以形成对战略方向和路线更为坚强有力地支持。

（四）外部环境及变化的辨识和反应

任何组织高质量地运营发展，无不需要通过对外部环境的因素及其变化，远见卓识地辨识和卓有成效地应对，才能得以坚强铸就。实践中，作为各项专业环节运行和整体运营发展能力，最具关键决定性因素之一的组织结构，如果缺乏对外部环境的影响因素及其变化，足够全面准确的辨识和积极有效的反应能力，显然，无不将会极大地限制组织运营发展的全局进程和成就，削弱各项资源或能力构成的力量与价值。

因此，随着外部环境日新月异地变化发展，所有胸怀理想和远见卓识的组织机构，无不殚精竭虑竭尽所能，积极探索、构建或提升，旨在对外部环境的因素及其变化，更为全面准确辨识和积极有效反应的运营结构。

（五）整体运营必需的专项运行能力

任何组织整体强大运营发展力量的坚强展示，无不需要各环节足够的专项运行能力及其密切联结与协作，所构建形成的高质量运营系统的有力支持和推动。因此，组织的结构最为基本的任务和基础的功能，就是根据专业性分工与系统性协作的基本原则，卓有成效地通过内在资源的分配、转换与整合，积极有效地构建组织整体系统持续高质量运营发展，所必需的各项重要专业运行能力，及其相互间密切联结和作用的关系。

（六）专业资源能力协作的整体力量

积极铸建并坚强展示运营发展强大的整体力量，复杂多变的环境中，无不成为组织高质量领导普遍的艰难挑战。实践中，组织运营发展的整体力量，通常源自组织的结构，对各项专业资源运行能力的有效设置与构造，及其相互间密切联结和协作，积极推动所构成的运营系统，对广泛外部环境的因素及其变化，卓有成效地辨识和应对所创造的积极价值。

因此，着力于专业资源强大运行能力，有效构造与展示的分工原则，以及致力于各环节密切联结与作用，对外部环境因素及变化准确辨识和积极反应，整体运营系统高质量构建与发展的协作原则，就普遍成为组织结构卓有成效设计或运行的指南，以及整体运营发展能力最具关键决定性的因素。

（七）旺盛运行活力的激发与创造

积极铸建并坚强展现运营发展的强大力量，任何复杂艰难的背景下，组织运营的结构系统无不需要卓有成效地承担，居于一切资源能力及其密切作用核心地位，人的资源因素能动性创造智慧和力量，持续高质量提升与展示，组织整体旺盛运行活力，积极激发或推动的重要任务，并以此普遍成为组织结构系统，整体质量或运营能力极其关键的决定性因素。

二、内部资源力量的统一与协调

以既定的战略方向和路线为依据，积极推进各项资源力量的高度统一与协调，从而有效铸就并保持整体运营发展的强大力量，是任何组织结构最为根本而核心的任务。卓有成效地推进内部资源力量的高度统一与协调，广泛的实践中，极其重要而有效的途径或方式，就是根据组织全局高质量的进程或成就，所依据的核心运营程序和主要工作任务，准确设置各重要战略运营环节或单位，并使得战略环节或单位负责人，同时拥有全局战略领导成员的双重身份。

有效推进资源力量的全局统一与协调，组织的结构无不需要得到各项资源支配或使用，严密完善的权力和责任体系，以及内部的积极调整和通畅流动的坚强支持。因此，内部无边界结构体系的积极构建，正日益成为复杂多变的环境中，组织各项资源力量高度统一与协调的有效推进，以及整体强大运营发展力量的坚强铸就，日趋重要的途径和有力的保障（图5-9-3-3）。

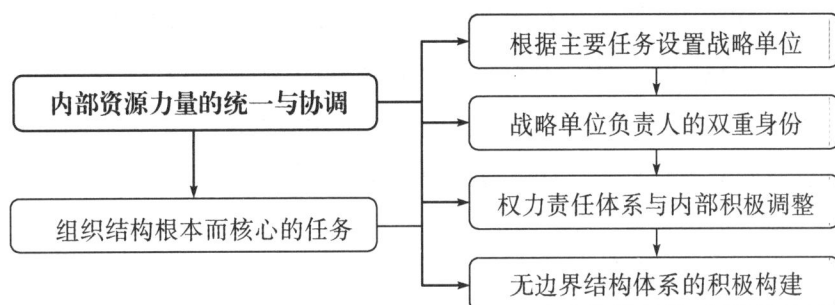

图 5-9-3-3　内部资源力量的统一与协调

（一）组织结构根本而核心的任务

任何组织强大的运营发展能力，及其高质量的全局进程或成就，无不需要各类资源或力量的组成，高度统一与协调的有力支持和推动。组织结构最为根本而核心的任务，就是依据既定的战略方向与路线，卓有成效地推进各项资源力量的高度统一与协调，并以此铸建和保持整体运营发展的强大力量，创造高质量的全局进程与成就。

广泛的实践中，战略方向所指示的外部服务需求的积极满足，或者运营环境因素及其变化更高质量地辨识与应对，普遍成为各类资源力量高度统一的重要指南；战略路线所设置的整体运营发展力量，积极铸建或提升及其充分展示的方式，无不成为各项资源力量运行协调的关键途径。换而言之，缺乏各类资源力量高度统一与协调的坚强支撑，任何卓越的战略方向或路线的实践价值，都必将受到极大限制或显著制约。

（二）根据主要任务设置战略单位

组织的运营发展，无不涉及诸多复杂的工作及其关系与变化。卓有成效地推进组织结构高质量地规划与设计，以及各项资源力量的高度统一与协调，组织的领导人或结构设计人员，普遍需要从各种错综复杂的工作及其关系与变化中，远见卓识地辨识组织全局卓越的进程或成就，所依据的核心运营程序和任务，并以此准确识别并设置能够积极推进，各项资源力量高度统一协调和高效运行发展，各重要战略运营环节或单位。

（三）战略单位负责人的双重身份

广泛的实践中，各项资源力量的高度统一与协调，普遍成为组织卓越领导的坚强动力和艰难挑战。通过长期的不懈探索，一些远见卓识的组织已经深入睿智地意识到，卓有成效地推进各类复杂的资源力量，及其相互作用和持续变化高度的统一与协调，无不需要成熟牢固的全局思维意识，以及深入准确地把握资源力量内外环境实际的坚强支撑。事实上，仅仅拥有全局意识对统一的推动，或者只是把握了暂时实情对协调的支持，都无不极易显著限制资源力量统一协调的整体质量。

为此，这些组织普遍采取了，以具有高质量全局素养的领导成员，充当各重要战略运营环节或单位的负责人，使其拥有全局与局部双重责任和权力身份的有效结构方式，从而使得各战略环节或单位的资源力量，能够首先立足于全局统一的基本立场，同时，又能够根据各环节运行的具体实际，积极推进相互间的密切支持与协调。

（四）权力责任体系与内部积极调整

卓有成效地推进全局战略方向和路线背景下，各项资源力量的高度统一与协调，组织的结构无不需要得到各种资源力量的支配或使用，严密、对称和完善的权力与责任体系的坚强支撑，并以此使得权力责任体系，成为完整结构体系不可或缺的有机组成，以及整体构成和运行特征的重要体现。

坚强推进各项资源力量的全局统一与协调，任何结构的权力和责任体系，都必须能够根据全局高质量进程或发展的需要，卓有成效地支持与推动，它们在组织内部的积极调整和通畅流动，并以此有效确保各关键或重要的运行环节，资源力量的优先配置和供给，避免它们任何局部的无谓占用，或者运行使用的明显低效与浪费，

（五）无边界结构体系的积极构建

广泛的实践中，局部环节设置所形成的相互间隔离界线，无不极易对组织各项资源力量高度的统一与协调，以及外部因素及其变化准确辨识与积极反应，整体的运营发展能力，产生显著的制约或限制。因此，以睿智成熟的全局思维意识，坚强超越各种局部或暂时力量与利益的思维限制，内部资源力量全局统一与协调的无边界结构体系，远见卓识地构建与发展，正日益成为复杂多变的环境中，组织运营发展整体强大的力量，及其全局高质量进程卓有成效地创造与展示，普遍的重要途径和艰难挑战。

三、外部环境的辨识与反应

任何高质量的组织结构，都必须能够通过各项专业运行能力的积极构建与提升，及其相互间密切协作的有效引导或推动，卓有成效地铸就并展示，整体组织对外部环境的重要因素及其变化，准确辨识与积极反应强大的运营发展力量。

广泛的实践中，通过学习与合作，把外部积极因素有效转换为自身运营发展的能力；根据外部需求特征及其变化趋势，选择设置自身运营发展高质量的产品结构；高品质产品服务的有效设计与创造能力；高效的产品传输渠道构建与客户推广实施，普遍成为组织外部环境高质量辨识与反应能力的重要构成（图5-9-3-4）。

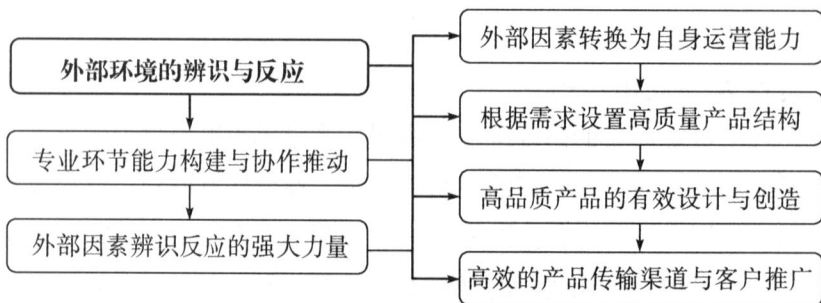

图 5-9-3-4　**外部环境的辨识与反应**

（一）专业环节能力构建与协作推动

对外部环境各项重要因素及其关系与变化，远见卓识地辨识和应对，是任何组织强大的运营发展力量，及其高质量的进程或成就，卓有成效铸就或展示的关键途径和强大动力。

然而，广泛的实践中，组织运营发展的进程或成就，无不受到外部环境中的社会、政治、行业与科技等相互联系、持续变化，诸多错综复杂正面或负面因素的重要影响。事实上，任何胸怀理想远见卓识的组织，无不夙兴夜寐竭尽所能，以努力通过外部环境的辨识与反应能力为核心，高质量运营结构的积极设计和创造，卓有成效地构建并提升，各项专业的运行能力及其相互间的密切协作，坚强铸就和展示对外部各项重要影响因素，及其相互联系或持续变化，准确辨识与积极反应全局运营发展的强大力量。

（二）外部因素辨识反应的强大力量

广泛的外部因素及其关系与变化，对组织运营发展的重要影响，既可能成为积极的正面推动力量，也可能表现为显著消极的负面障碍。任何组织无不需要依靠高质量运营结构的有力支持和推动，才能对各类正面的机遇或负面的挑战，给予准确辨识与积极应对，并以此坚强展示运营发展的强大智慧和力量。

广泛的实践中，高质量结构对外部各类重要因素及其变化，准确地辨识与积极地反应，并以此坚强铸就和展示组织整体运营发展的强大智慧与力量，无不远见卓识并卓有成效地体现为，外部积极因素力量的自身运营资源能力的有效转换；适应外部需求的高质量产品结构的睿智选择或设置；高品质产品服务的积极设计与创造；高效的产品渠道构建与客户推广的推进等，一系列重要环节工作的卓越进程。

（三）外部因素转换为自身运营能力

任何组织的运营发展，无不普遍而显著地表现为，内外资源因素相互作用和转换最为根本的特征。事实上，外部积极的因素与力量，卓有成效的自身资源或能力的转换，普遍成为组织运营发展整体的智慧与力量，最具关键而核心的体现之一。

因此，任何高质量的组织结构，无不能够通过对广阔的外部环境中，各种重要资源因素或力量远见卓识地辨识，及其自身资源能力卓有成效转化的积极探索和推进，从而睿智坚强地铸就并展示自身整体运营发展，与时俱进的强大智慧与力量。

（四）根据需求设置高质量产品结构

远见卓识地辨识产品对象的需求特征，及其内外的影响因素和变化趋势，并根据自身资源能力的构成，卓有成效地选择或设置，自身高质量的产品服务结构，不仅普遍成为全局卓越进程或成就的强大动力，而且也是组织运营发展极具风险和艰难的挑战。

因此，卓有成效地探索并构建，充分有效的产品信息渠道，从而能够准确地辨识和掌握，产品对象的需求特征、影响因素及其变化趋势，并以此支持或推动组织运营发展，高质量产品服务结构远见卓识地选择或设置，就普遍成为组织结构必须承担的极其关键而艰巨的任务。

（五）高品质产品的有效设计与创造

高品质产品或服务的积极设计与有效创造，是任何组织高质量运营发展的关键途径和强大动力，并以此普遍成为外部环境卓有成效地应对，整体智慧与力量的核心体现。

实践中，高品质产品服务远见卓识地设计，通常需要外部产品对象的需求，政治法律的要求，整体行业的运行背景与发展趋势，科技进步的最新成果，以及自身整体专业化的产品制造能力，全面深入辨识和掌握的有力支持。高品质产品服务卓有成效地创造，无不需要得到各专业环节运行能力的积极提升和充分展示，以及它们相互间密切协作的坚强推动。因此，高品质产品服务的积极设计与有效创造，普遍成为组织结构的整体质量与效力，极其重要而准确展示。

（六）高效的产品传输渠道与客户推广

完整的产品传输渠道，通常包括对组织运营产品的整体价值具有重要影响，对象产品需求及其变化信息的收集渠道，产品制造过程的流程渠道，已制产品的对象传输与推广渠道，以及对象对产品使用状况的信息反馈渠道等若干环节，所构成的整体闭环体系。显然，它普遍成为外部环境的辨识与应对，以及组织运营发展的整体能力，最具关键的决定性因素。

四、高质量有机自适应体结构

以自主修正或改进行进的方向与路线，创造强大的前行动力为根本特征的有机自适应体，在日趋复杂多变的内外环境中，已日益广泛地被人们视作组织卓有成效地辨识和应对各种内外变化，并以此积极铸建运营发展高质量进程或成就的坚强保障。

有机自适应体结构，通常认为必须具备坚强支持或推动，整体运营发展强烈愿景的激励与积极价值观的传播，以及各运行环节全局成熟责任意识有效铸建的强大功能。在此基础上，还必须能够卓有成效地构建并展示，高质量的自我学习与运行能力的提升；各类重要信息的充分传递与通畅沟通；各环节运行主动积极的相互支持与协作；工作进程与目标偏差的自主识别和修正，以及有效抵御各类负面因素严重侵蚀，足够强大的自身免疫和纠错的能力（图5-9-3-5）。

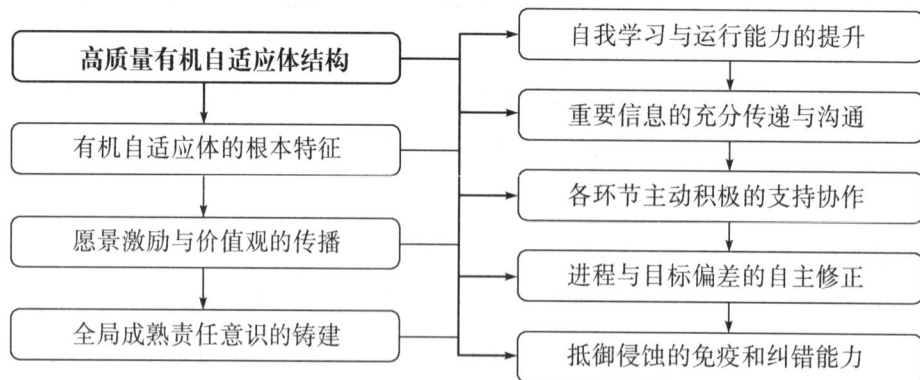

图 5-9-3-5　高质量有机自适应体结构

（一）有机自适应体的根本特征

有机自适应体，凭借自身精致高效的结构，能够对内外环境各种重要的因素及其变化，给予准确地感知与有效地应对，并以此体现着强大的生存与发展的力量。事实上，在广泛的自然界和人类社会中，有机自适应体无不普遍而坚强地展示着，通过积极主动地改进自身的结构组成与功能，以适应内外环境及其变化强大力量的根本特征：

1. 能够充分辨识或感知，内外环境的重要因素及其变化；

2. 能够积极构建或提升，有效应对内外重要变化的专业性能力；

3. 能够根据各种内外变化，采取积极有效的应对反应。

（二）愿景激励与价值观的传播

积极推动或展示各项资源能力运行的高度统一与协调，并以此卓有成效地辨识和应对，内外各类因素、关系与变化，有机自适应社会组织或团队，无不需要具备各环节高质量运行与协作的坚强动力，强烈共同愿景积极构建与激励的强大智慧和力量。

不仅如此，有效创造并积极展示各环节高质量运行发展，强大的思维智慧与行为动力，有机自适应团队，还必须具备能够坚强超越，各种局部或暂时力量与利益的限制，以整体力量和全局利益为核心的积极价值观，卓有成效构建和深入广泛传播的运营能力。

（三）全局成熟责任意识的铸建

高质量自适应团队的坚强铸建，并以此对内外各类重要因素及其变化，给予准确地辨识和积极的反应，无不需要各运行环节全局成熟责任意识的有力支持和推动。事实上，缺乏足够全局成熟责任意识的坚强推动，各环节所掌控的各项资源力量的全局价值，无不极易受到敷衍塞责行为的极大限制，甚至产生严重的负面影响。

（四）自我学习与运行能力的提升

在日趋复杂多变的内外环境中，任何组织或团队，如果缺乏足够强大的自我学习，以及由此坚强推动的各项重要运行能力，持续提升或发展的有力支持，显而易见，它对内外各种重要因素、关系与变化，准确辨识和积极应对的智慧力量，以及由此体现的整体运营环境的自适应能力，无不将会受到极大的限制。因此，卓有成效地构建并积极发展，全员、全过程及其系统性学习的结构保障体系，已日益成为复杂多变的内外环境中，各类组织高质量运营发展普遍面临的关键任务。

（五）重要信息的充分传递与沟通

充分准确的信息，是任何事物的高质量辨识或工作的积极推进，不可或缺的关键资源力量。事实上，任何工作的辨识缺陷及其应对失误，普遍与信息掌握的缺失存在着密切的关联。因此，高质量的结构体系，无不需要具备各项重要信息，在各运行环节间充分传递与通畅沟通的强大功能，并以此为它们工作的高质量推进，提供充分准确信息的有力保障。

自适应体结构，还需要具备能够根据内外环境的变化发展，持续积极地提升各项重要信息的采集、传输、处理与应用，整体信息体系的运行水平和质量，并努力通过更为科学、先进、高效信息运行方式的积极运用，卓有成效地铸建和展示整体组织，高质量辨识与应对内外各种重要因素、关系或变化，以及全局运营发展强大的智慧与力量。

（六）各环节主动积极的支持协作

任何结构整体强大力量的铸建和展示，无不需要各环节积极的运行能力，及其相互间密切协作的坚强支撑。事实上，有机自适应体对于内外环境中，各种重要因素、关系与变化的准确辨识或积极反应，通常不仅需要各种专业化能力的积极支持，而且更主要地依赖于各组成环节相互间主动积极的协作，所铸建形成的整体强大力量的坚强推动。因此，积极推进各运行环节相互间的密切支持与协作，无不成为自适应体结构的强大力量，卓有成效铸建与展示的重要途径和坚强动力。

（七）进程与目标偏差的自主修正

有机自适应体最为基本而显著的功能之一，就是能够凭借固有的智慧与力量，准确辨识自身的行为进程与既定目标所存在的偏差，并通过内外积极资源因素的充分争取和运用，对自身的行为方式给予自主的有效修正。因此，高质量的自适应组织结构，无不需要具备各项工作的实时监测，并对其中的运行偏差，给予准确辨识与自主修正的基本能力。

（八）抵御侵蚀的免疫和纠错能力

任何组织运营发展进程中，无一不会遭受内外负面因素的强力侵蚀，并可能使得自身强健肌体遭受严重创伤，从而显著降低生存发展的整体力量。因此，自适应组织结构，必须能够根据运营发展的进程，坚强铸就积极应对内外负面因素的强力侵蚀，足够强大的自身免疫功能，并依据组织的基本信念及其全局的方向与路线，对已经出现的错误给予及时、有效纠正的能力。

五、组织结构基本或常见的形式

掌握组织结构的若干基本形式与特征，及其融合演变的积极方式，是有效构建自身组织高质量的运营结构，并以此推进或展示卓有成效领导的重要基础。广泛的实践中，根据纵向积极指导或控制，以及横向密切支持与协作的基本思维，组织的战略单位或局部环节，通常可以根据专业职能、产品类型、工作流程以及工作或服务对象区域等特征，分别构建形成职能型、事业部型、横向型和区域型四种基本的结构形式。基本结构形式又可以根据组织全局高质量进程的需要，经过适当的融合混编，形成组织的矩阵型结构或混合型结构（图 5-9-3-6）。

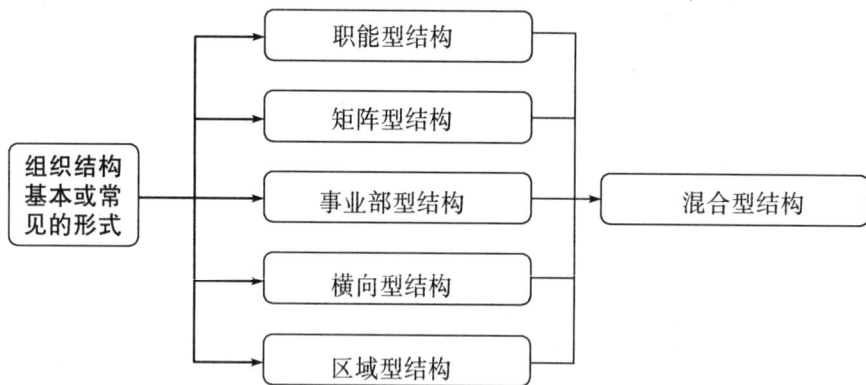

图 5-9-3-6　组织结构基本或常见的形式

（一）职能型结构

职能型结构，是以局部组成所需实现的专业职能为基础，把相关资源组合构造成能够完成一定专业职能的环节，并以上下纵向联结方式所构建形成的组织运营结构。它的最大优势通常表现为，能够充分集中、提升和展示专业资源的力量。缺点是纵向指令或反馈信息，传输距离较长并极易导致失真，从而使得组织难以对各种内外变化，做出准确辨识与快捷反应。

（二）事业部型结构

事业部结构，是以相关产品或服务为基础，对战略单位进行设置而构建形成的组织运营结构。

它侧重于产品的价值与效益，因而存在与职能型结构几乎相反的表现特征，即具有对内外变化准确辨识和快捷反应优点，以及专业资源力量通常难以得到，充分有效地集中、提升和发挥的缺点。

（三）横向型结构

横向型结构，是以完整工作的核心流程为基础，对工作推进所需各项资源予以配置整合，所构建形成的组织运营结构。它的优点通常在于能够积极有效地推进，工作各程序间的密切支持与协作，具有高质量地满足产品对象需求的能力。但同时极易出现因局限于工作的流程，而难以对复杂多变环境中的组织全局，提供更为积极强大力量支持的缺点。

（四）区域型结构

区域型结构，是以产品或服务对象的区域分布为基础，对战略单位进行设置所构建形成的组织运营结构。显然，它对于区域对象需求及其变化，具有较强的反应能力。但同时也极易分散组织各类专业资源的力量。

（五）矩阵型结构

矩阵型结构，是在职能型与事业部型结构基础上，同时设置纵向的职能结构和横向的事业部型结构，所混编构建形成的组织运营结构。因此，它通常既具有较强的对内外变化做出积极反应的能力，又能够有效推动各种资源力量，在不同产品间进行灵活调配的优点。但与此同时，却存在人员可能时常面临纵向和横向的双重指令，而陷入运行混乱的缺点。

（六）混合型结构

在日益复杂多变的环境中，为卓有成效地铸建运营发展高质量的进程或成就，日趋广泛的组织无不根据全局战略内外环境的实际，以及职能型、事业部型、横向型及区域型基本结构的运行机理，积极探索和推进基本结构密切融合高质量的结构形式，并以此创造了各类更为整体优越性能的混合型组织的运营结构。

六、组织结构设计的基本方法

结构设计的核心，在于对组织运营发展内外资源因素，及其关系和变化充分辨识基础上，依据专业分工与协调运行的基本原则，通过战略单位及其相互联结或作用关系结构的设置，实现内在资源力量的整体构成，对全局战略高质量进程的坚强有力支持。

根据战略领导的整体逻辑程序，组织结构的设计，属于战略辨识之后的战略规划工作范畴。并且通常应该介于战略的基本方向和路线确立之后，运营方案设计之前的阶段较为适宜。运营的结构必须牢固遵循并积极支持，战略方向和路线所体现的基本原则，而运营方案则必须依据既定的结构才能得以高质量地设计。

作为对全局战略所有支持和推动力量，各项资源能力及其联结与作用关系积极有效的安排，结构设计的首要任务，就是对战略辨识阶段的主要成果，尤其是全局方向和路线确立的背景，形成足够全面、深入和准确的理解与把握。在此基础上，还需要对组织全局运营发展内外各项重要资源因素，及其相互作用与变化的特征，给予充分准确地辨识，并根据既定的战略方向和路线，辨析并设置全局高质量运营进程，所依据的各项关键或重要的工作，及其相互间联系与作用的关系。

组织运营发展各项关键或重要工作，及其相互关系的准确辨析和设置，对整体结构设计的高质量推进，具有极其关键的决定性价值。它可能具有显著的专业技能、产品组合、独特工作流程或地域性特征，也可能具有两项以上的重要属性，或者其他的明显表现。但归根结底，它是各战略单位或运行环节设置的基础。而相互关系则决定了战略单位之间的协作要求及其整体结构形式。

战略单位及其相互关系的设置，就构成了组织运营的基本结构。而完整的组织结构设计，通常还需要对战略单位的运行职责做出明确的设定，及其结构的进一步分解与职责界定，以及整体结构性能的验证与改进（图5-9-3-7）。

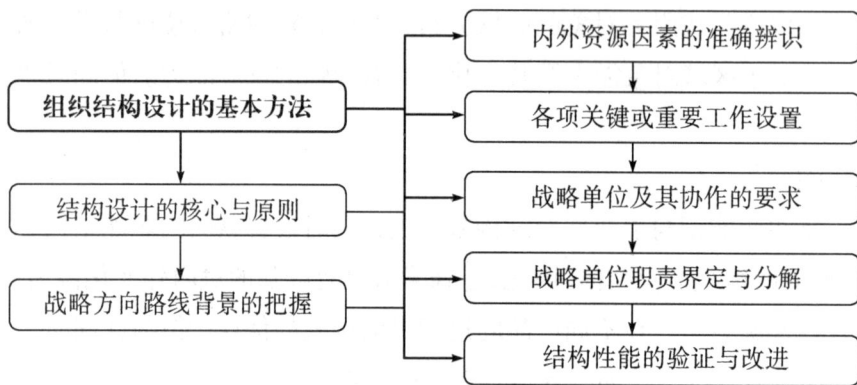

图 5-9-3-7　组织结构设计的基本方法

（一）结构设计的核心与原则

任何背景下，组织结构设计高质量地推进，无不需要以睿智成熟的全局辨识思维，远见卓识地辨析并牢固把握，组织各战略运行单位或环节，及其相互间密切协作关系的准确设置，并以此卓有成效地推动内外各类资源因素，密切联结或作用所铸就形成的整体运营发展力量，得以持续积极提升和充分展示的核心。

同时，结构设计的卓有成效推进，还必须能够深入辨识并积极遵循，各项专业资源能力的分工与协作的基本原则和运行方式，并以此积极有效地推动各项资源力量，及其相互作用与变化发展，全局运营高质量价值的充分展示。

（二）战略方向路线背景的把握

卓有成效地推进内外各项资源因素及其关系与变化，对组织全局高质量运营发展坚强有力地支持，运营结构的积极设计，无不需要得到全局战略方向和路线及其设置形成背景，深入准确辨识和把握的有力推动。换言之，寄希望于无视或背离全局方向和路线及其背景，所设计形成的运营结构，能够对全局高质量运营发展，给予积极坚强的支持，无异于缘木求鱼水中捞月。

（三）内外资源因素的准确辨识

组织运营发展各项内外资源因素，是任何结构高质量设计的基本材料。运营结构的设计，从根本上说，就是寻求并设置内外各类资源因素，整体高质量联结或作用的积极途径或方式。因此，卓有成效的结构设计，必须在全局运营方向和路线，就内外重要资源因素及其关系的价值，原则性界定的基础上，对组织运营资源因素的构成，以及一定方式背景下的作用能力与变化特征，给予更为全面而准确的辨识。

（四）各项关键或重要工作设置

根据更为积极地满足外部产品服务的需求，及其应对环境变化发展的全局方向，更为有效地提升和展示自身资源能力的构成，及其相互间密切支持与协作整体力量的战略路线，以及内外资源因素密切联结与作用的基本方式，通常就可以全面准确地设置，组织全局运营发展高质量进程或成就，所需依赖或涉及的各项关键与重要的工作环节，以及它们在整体组织背景下所存在相互作用或影响的关系。

事实上，各项关键或重要工作环节与相互关系，是整体运营结构战略单位及其协作方式设计的根本依据。因此，对它们的准确辨识与设置，无不对组织的结构及其设计的整体质量，具有极其关键的决定性影响。

（五）战略单位及其协作的要求

为组织全局高质量的进程或成就卓有成效地创造，提供最为坚强的支持，显而易见，结构设计最为关键与核心的工作，就在于对全局运营发展具有极其重要影响，各战略单位或环节及其相互间协作关系的准确设置。各战略单位或环节的设置形成，必须包含所有内部资源因素的运行与发展，以及外部各类重要影响因素的辨识和应对。

根据组织全局高质量运营发展的实际，战略单位或环节可能体现为，某项专业职能部门、产品部门、完整的工作流程或重要的运行区域，或者这些工作的一定组合，或者一定独特的重要工作任务。战略单位协作要求的准确设置，应该以全局的支持力量或价值为基础，明确各战略单位与全局运营及其相互间的运行关系。

（六）战略单位职责界定与分解

根据各战略单位与全局及其相互间协作关系的设置，通常就可以进一步界定各战略单位，对全局运营及其所属资源运行发展的职责。对此，领导人或设计人员需要明确的是，这种职责在结构设计工作中，通常属于原则性的界定，并非具体战略运营方案中的细致设置。

为确保全局运营及其战略单位运行发展高质量的进程，作为完整的结构设计工作，通常还需要就战略单位与全局及其相互间协作的关系，以及资源能力的构成，给予运行结构与职责的进一步分解。分解的层次，可以根据战略单位全局地位的重要性，资源能力构成的复杂性，及其职责承担的艰巨性等具体实际，延伸一级至三级。

（七）结构性能的验证与改进

整体结构的质量对组织运营发展的全局，具有普遍关键的决定性影响。而结构的设计无不需要承担，组织运营发展诸多内外资源因素，及其关系与变化准确辨识和积极应对，卓有成效推进的艰巨任务。因此，完整的结构设计，无不需要包含性能的验证与结构的改进工作。

性能的验证，通常可以采取若干典型环境下的结构试运行；相同或类似组织结构运营质量的审查；与设计重要依据的战略方向与路线相符性，以及后续战略运营方案融合性分析等方式进行。

结构的改进，普遍采取对战略单位的资源或职责构成，给予更为积极有效的调整方式进行。而战略单位资源运行方式的变化，则通常源自战略运营方案，或战略保障措施的要求，因而不属于结构改进的范畴。

第四节 积极的制度与文化体系

组织的神经与灵魂

如果说结构是组织构建展示的躯体，那么制度与文化，就是创造躯体生命活力的神经和高度智慧的灵魂。事实上，即使拥有最具优势的内外资源因素与强大的专业运行实力，如果组织缺乏足够高质量的积极的制度与文化体系的坚强支持和推动，那么，它们所有潜在的强大力量或价值，都必将难见天日。因此，有效创建并持续发展积极的制度与文化体系，无不成为组织高质量领导卓有成效铸建或展示，极其关键的途径和强大的动力。

本节从制度的概念及其作用着眼，分析了组织制度的若干重要性质，以及制度高质量运行的完整程序，通常所需包含的主要环节。在日趋复杂多变的环境中，文化对组织持续高质量运营发展的关键价值，正日益受到普遍的关注。我们根据中国文明历史深邃的文化思想，以及广泛范围中组织的运营实践，以全新的思维立场分析了组织文化的概念，并对复杂背景下，文化积极推动人们高质量的思维或行为，卓有成效铸建和展示的重要方式与价值，展开了较为全面而深入的探讨。在此基础上，还提出了高质量组织文化远见卓识地构建与发展，所应遵循的若干重要原则。

制度与文化体系存在着密切的关联，它们在组织高质量运营发展进程中，具有各自的重要作用或价值。对此，我们在最后，就制度与文化相互支持的密切关系，展开了重点的探讨，并试图以此为组织高质量领导坚强铸就和展示，必须超越的制度与文化体系，有效构建与运用进程中的各种艰难挑战，提供积极有力的支持（图 5-9-4-1）。

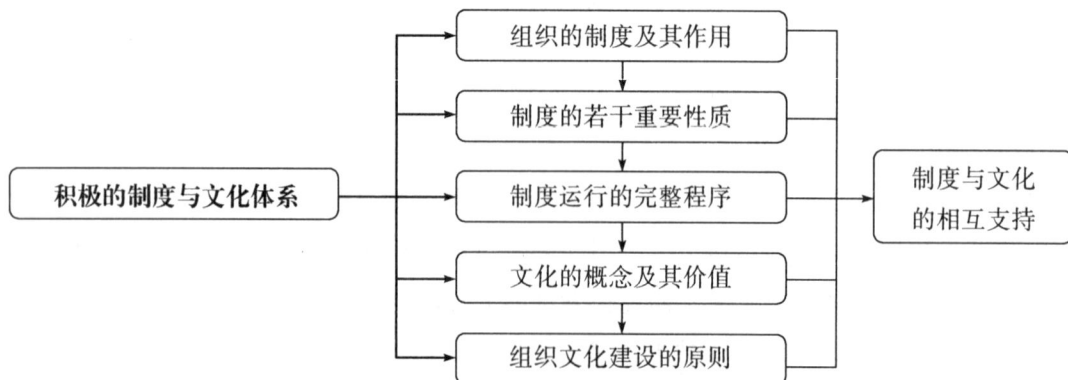

图 5-9-4-1 积极的制度与文化体系

一、组织的制度及其作用

作为人们的行为方式或方法，及其一定环境中适宜程度的正式规定，制度是各类组织或团队，有效规范各局部组成的运行或行为方式，确保整体运营发展有条不紊地推进，并以此坚强铸就全局战略高质量的进程或成就，顺利实现组织的根本信念与愿景，不可或缺的重要推动和保障力量。实践中，领导管理者娴熟地掌握职业重要工具的制度使用，无不需要对它的正反两方面的属性与功效，形成足够深入而成熟辨识的有力支持（图5-9-4-2）。

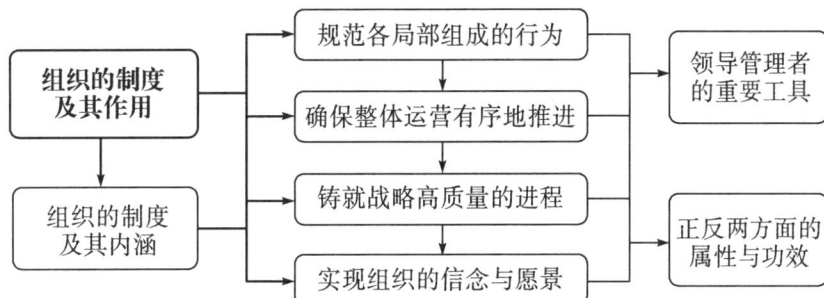

图 5-9-4-2　组织的制度及其作用

（一）组织的制度及其内涵

在高度文明的社会或职业环境中，已无人会对制度的概念感到陌生。尽管如此，人们对制度内涵与价值的辨识水平，及其运用或执行的质量，尤其是卓有成效地以此推进组织或团队，高质量运营发展的智慧与才能，显而易见，无不存在着天壤之别的显著差异。事实上，如果领导人缺乏对制度的概念、内涵与价值，足够深入而准确地辨识和把握，那么，他必将难以充分有效地使用这一强大的职业工具。

就直观含义而言，制，意味着制动或控制；度，则显示着一定程度的适宜性。据此推广，制度就是控制人们一定环境背景下，行为方式及其适宜程度的规定。

然而，具有强大实践力量与价值的组织制度，无不具有更为丰富而深刻的内涵：为确保组织基本信念及其战略方向、路线与目标的顺利实现，有效激发与调动一切积极的力量，制约与限制各类负面的阻力，由组织权力部门制定并推进，对内部所有人员或团队具有同等效力，一系列工作行为规范或运行标准的正式规定。

（二）规范各局部组成的行为

制度最为直接而重要的功效，就是能够通过各种背景下，人们具体有效行为方式的积极设置与推动，卓有成效地实现各局部组成的工作运行或进程，按照组织或团队的预先设定给予高质量地展示。因此，在需要统一或规范人们的行为，及其各局部组成运行方式的环境中，制度无不成为各类组织或团队高质量地运营发展，不可或缺的最为重要而强大的保障与推动力量。

（三）确保整体运营有序地推进

任何组织高质量地运营发展，无不需要各组成环节相互间，密切支持和协作的坚强支撑。制度体系最为关键的价值之一，就是能够通过各项运行的纪律、程序和规范全面完整地设置，坚强推动各种复杂背景下，各组成环节运行相互间的有效支持与协作，从而卓有成效地推进整体组织或团队，有条不紊高质量地运营发展。

（四）铸就战略高质量的进程

任何组织的全局战略，无不受到诸多资源因素及其关系与变化的重要影响；它的卓有成效推进，无不需要得到积极完善制度体系的坚强支持与推动。事实上，即使团队的领导人及其所有成员，拥有最为高尚的共同愿景和强烈的事业热忱，然而，如果缺乏足够高质量制度体系的坚强支撑，它们的价值也必将受到极其显著地限制。因此，积极完善的制度体系，普遍成为组织高质量战略进程或成就，极其重要而强大的保障力量。

《尉缭子》曾经辨识并阐述了制度，在军队作战中必须优先构建的重要价值："凡兵，制必先定。制先定，则士不乱；士不乱，则刑乃明。金鼓所指，则百人尽斗。陷行乱陈，则千人尽斗。复军杀将，则万人齐刃，天下莫能当其战矣。"

——凡是统率军队作战，必须首先构建完善的制度。制度现行确立，士卒意识就不会混乱；士卒意识不混乱，各项纪律就能够得到严格明确地执行。这样，命令一经发出，成百的人都全力战斗。冲锋陷阵时，成千的人都尽力战斗。歼灭敌军时，成万的人都协力作战，这样，天下就没有任何力量能够与这样的军队相抗衡。

（五）实现组织的信念与愿景

制度体系是任何组织的信念或愿景，有效实现的重要而强大的推动力量。同时，任何制度的设置与推进，都必须以组织的基本信念或愿景的积极实现为根本。换而言之，是否有利于组织基本信念或共同愿景实现的根本，无不成为任何制度设置的必要性及其质量与价值，准确判断的基本依据和原则。

（六）领导管理者的重要工具

在内外因素日趋广泛，相互影响日益深入，各类变化日渐快捷，以及人们的认识能力、思想意识或行为动力，存在显著差异的复杂运营环境中，展示卓越的组织领导或管理，无疑已经普遍成为极其艰难的职业挑战。

这种背景下，完善的制度体系，已日益成为领导管理者，有效确保组织既定的运营方向和路线，推动各环节工作的统一与协调，创造整体强大的行进动力，从而卓有成效地展示自身高水平的智慧与才能，不可缺失的极其重要的职业工具。

（七）正反两方面的属性与功效

任何事物都必然存在正反两方面的本性特征，对它的高质量辨识或应对，无不需要对其中相对的重要属性或功效，全面成熟辨悉和把握的有力支持。事实上，卓有成效地创造或使用制度的重要工具，领导人无不需要睿智成熟地辨识，它的正反两方面的属性与效能。

制度两方面的属性，是指制度对组织的信念、全局的进程或作用的事物，不仅能够形成强大的积极的推动力量，而且在一定设置运用不当的背景中，也会产生极大的负面影响或阻力。

两方面的功效，是指不同制度的设置，既可以积极激发人们正面力量的充分提升或展示，也可以有效限制或消减负面因素的形成与产生。

二、制度的若干重要性质

组织的制度体系，对各类资源因素及其关系与变化潜在力量的充分展示，以及整体运营发展的进程或成就，具有普遍关键的决定性影响。然而，它的高质量构建与运行，又通常受到诸多复杂性质的重要影响，并因此而成为组织领导或管理的普遍艰难挑战。事实上，组织运营发展进程中产生的各类问题，无不与制度体系的显著缺陷，存在着根本的密切关联。

因此，广泛的实践中，对制度构建的权威性、作用的明确性、推进的强制性、效能的及时性、参与的广泛性，及其作用对象的平等性基本的性质与特征，以及一定环境条件下，制度效力的专业性与范围的限定性，主体表现的独立性与关联性特征，给予足够全面深入的辨识，无不成为组织整体制度体系，卓有成效构建、运行与发展，极其重要而强大的推动力量（图5-9-4-3）。

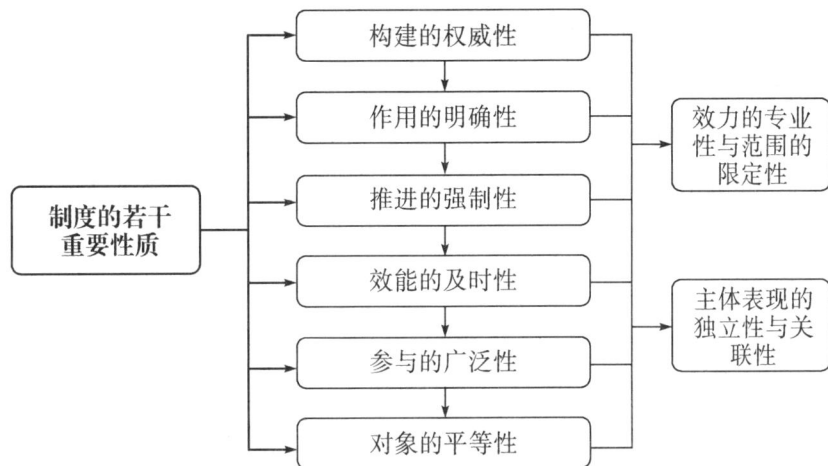

图 5-9-4-3　制度的若干重要性质

（一）构建的权威性

制度的权威性，是指制度的构建与运行，能够充分准确地体现，组织整体运营发展的基本信念与意志；卓有成效地保障，组织最为根本与长远的全局利益，并因此而能够得到整体组织，最为强大资源力量的坚强支持。权威性，是组织制度最为基本的性质特征，并从根本上决定着其他所有性质的表现。

某些研究者或作品，时常根据一些组织的运营表象，把制度的权威性界定为领导层，或最高权力层信念与意志的反映，这实际上颠倒了制度的权威性与领导权力层意志的关系。事实上，领导者的任何权力，无不从根本上源自，对组织信念与全局利益的积极担当，以及相关制度的有效授权。否则，他必将在组织不可避免的动荡中，丧失所有的领导权力。

（二）作用的明确性

任何制度体系的质量或价值，无一不是通过对组织全局高质量运营发展，卓有成效地支持和推动，而得以准确地体现或积极地展示。因此，制度体系的高质量构建与运行，无不需要成熟牢固地立足于，组织全局的基本思维立场，通过对各类事关全局的重要资源因素及其关系与变化，足够全面准确地辨识和把握，并以此对各项制度作用的对象及其运行方式或表现，给予远见卓识、清晰明确地设置和限定。

为此，唐太宗曾经辩称："国家法令，惟须简约，不可一罪作数种条。格式既多，官人不能尽记，更生奸诈，若欲出罪即引轻条，若欲入罪即引重条。数变法者，实不益道理，宜令审细，毋使互文。"

——国家的法令，一定要简约，不可以一个罪名定多种处罚条令。条款太烦琐，官员不能够完全记清楚，反而会生出许多奸诈的事端来，如果要开脱罪名，就会援引从轻的条款，如果要硬加罪名，就会以从重的条款。法令可以变化地采用，实在不利于国家治理，应该仔细审定条款，不要使其相互牵涉。

（三）推进的强制性

由于承担着各种复杂艰难环境中，基本信念愿景与全局运营发展，卓有成效推进极其重要而艰巨任务，组织的制度无不需要坚强有力地超越，各类局部或暂时思维立场与行为方式的负面限制，积极有效地推动各项资源因素及其作用关系，能够遵循既定的高度统一的全局方向与路线，高质量地运行或发展，从而展现出极其显著的强制性的性质特征。

（四）效能的及时性

制度的效能积极而充分地展示，广泛的实践中，无不需要对其界定的资源运行，及其作用关系与变化的实际，给予及时而准确地验证和处置的坚强支撑。事实上，缺乏效能及时性展示的坚强支持与推动，任何制度的运行质量或价值，都必将受到极大的限制，并极易显著削弱整体制度体系的权威性力量。

（五）参与的广泛性

在内外资源因素及其相互关系与变化，日趋复杂的内外环境中，制度参与的广泛性，正日益成为组织高质量全局进程，显著而重要的影响因素，而日渐受到人们的普遍关注。制度参与的广泛性，通常是指组织的制度体系，应该涉及或涵盖组织运营发展全局进程中，所有人员的职业思维和行为方式，各项工作相应背景下的运行过程与成果，以及其中某项制度限定范围中，所有的资源因素及其关系和变化。

（六）对象的平等性

就制度作用对象的平等性而言，极其典型广为倡导的"法律面前人人平等"的理念，已日益为人们耳熟能详并深入人心。然而，就广泛的实践而言，积极推进人们在一定制度背景下的平等地位，只是它的高质量运行的一项基本原则。制度对象的平等性，还极其深刻而复杂地显示着，组织必须能够依据自身信念及其全局推进高质量进程，各项资源运行及其关系与变化的价值，全面准确地设置有效兼顾它们的制度体系。换而言之，以局部、暂时或表面的辨识思维立场，所构建的制度体系，无不显著限制着组织全局背景下，制度对象的客观平等性，以及整体制度体系的运行质量与价值。

（七）效力的专业性与范围的限定性

广泛的实践中，具有某项特定功效具体形式的制度，无不普遍地展示着形成的背景，涉及或限定的事项及其人们行为方式，显著的专业性特征。譬如财务、设备或质量等专业管理制度，无不表现着自身显著的专业性效力。显然，效力的专业性，就必然会形成各项专业制度，效力范围的明显限定性特征。

（八）主体表现的独立性与关联性

在涉及诸多资源因素及其关系与变化复杂的运营进程中，组织某一具体形式的制度，通常只能明确地界定，某些特定资源或工作某项运行的方式与表现。这样，相对于其他形式的制度，它所限定的主体表现，就会呈现出一定的独立性特征。

然而，组织任何复杂的资源运行或工作推进，通常都难以依靠某项具体的制度，予以全面准确地界定。它们高质量运行发展，普遍需要多项制度的共同支持，因此，专项制度普遍呈现出，主体表现显著关联性的特征。

三、制度运行的完整程序

运行制度睿智积极的制定与推进，首先需要根据组织的整体运营结构，明确相应的权力与责任的部位，并以此确立制度作用的资源或工作的范围，运行的方式及其所需实现的目标。

任何制度卓有成效地执行，无不需要对它的积极价值深入而充分地辨识，对其作用或推动的资源与工作运行的进程和成果，全面准确地验证与反映，以及依据既定的方式对执行的成果，给予严格的实时正负激励的有力支持和推动。作为全局高质量进程的强大推动力量，制度体系还必须能够根据整体运营的需要，得以持续积极地改进与发展，并成为整体运行程序不可或缺的重要组成（图5-9-4-4）。

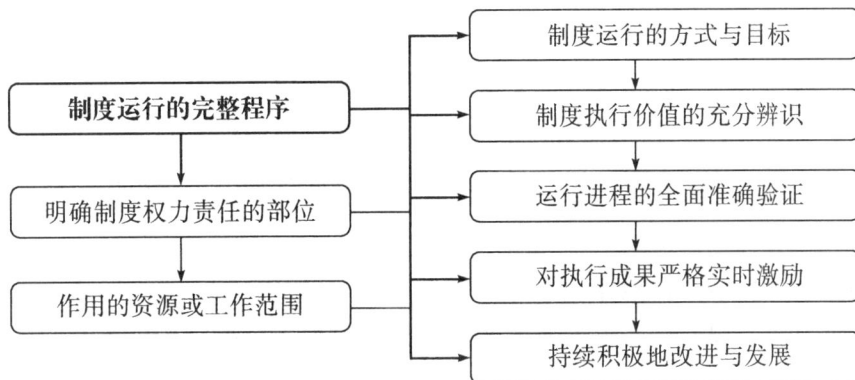

图 5-9-4-4　制度运行的完整程序

（一）明确制度权力责任的部位

制度的制定是整体运行程序的起点，它通常由代表组织运营信念与全局利益的最高权力机构，或者授权委托的专业部门予以实施。制度的改进，一般由制定机构给予正式实施。推进与激励部门，通常是执行部门的领导或专业管理机构，它可以与制定机构相统一或分离，但专项制度必须对此给予明确地限定。执行部门是制度作用及其各项目标实现的主体。

制度必须根据组织运营的整体结构，依据权力与责任辩证统一的密切关系，对其作用或支持的资源或工作运行的范围、方式与目标，相应的评价与激励的方法和标准，以及各运行程序实施机构或部门的权力与责任，予以明确地设置和界定。

（二）作用的资源或工作范围

有效作用、支持或激励某一领域或环节，专业资源或工作的高质量运行，及其密切协作与积极发展，并以此创造组织整体运营发展的强大力量，是任何制度运行的根本目的。因此，作为一项基本而关键的内容，任何专项制度都必须对其作用、支持或激励的专业资源与工作的运行，及其相互关系与变化的范围，给予明确地设置和限定。

（三）制度运行的方式与目标

任何制度强大的效能，无不需要对作用范围中，专项资源或工作的高质量运行，及其相互间的密切协作与积极的发展，给予卓有成效地支持和推动，才能得以充分有效地展示。因此，专项制度无不需要对其作用范围中，专业资源或工作高质量的运行方式，及其密切协作与积极发展的目标，以及各种成果的激励标准，做出清晰明确的具体设定。

（四）制度执行价值的充分辨识

对制度的积极价值，足够深入而充分地辨识，任何背景下，无不成为它的高质量执行，极其关键而强大的动力。因此，任何制度卓有成效地执行，并以此为全局高质量运营发展提供坚强有力地支持，相应的权力与责任机构或部门，无不需要从它的酝酿设置阶段，直至整体运行进程中，对其整体强大力量及其执行部位根本长远利益的保障价值，给予积极地宣传和引导，并通过相应价值的充分辨识，有效创造制度执行高度的自觉性与主动性。

（五）运行进程的全面准确验证

广泛的实践中，对制度作用或推动的专业资源或工作运行的进程和成果，全面准确地验证与反映，无不成为整体制度运行程序中，最具复杂而艰难的挑战，也是限制专项制度及其整体制度体系高质量运行，最为普遍而重要的因素之一。

制度作用的进程和成果检测或反映中的显著缺陷，无不极大地制约专项制度及其整体制度体系的效力，限制专业资源或工作整体运行的质量与水平，并极易使得人们对相应制度设置的必要性和准确性，整体组织结构设计的合理性，甚至组织全局的方向与路线，基本信念或愿景的可行性，产生明显的疑虑和困惑。

（六）对执行成果严格实时激励

任何制度的效力及其权威性，无不需要通过对执行进程或成果，严格实时的正负激励而得以充分展示。因此，按照制度明确界定的方式，对相应执行的进程或成果，给予严格实时的激励，普遍成为各项制度的有效执行，以及整体制度体系的运行质量，极其关键的决定性工作。

（七）持续积极地改进与发展

由于各运行程序进程中可能存在的偏差，或者整体运营方向与路线，及其专业资源或工作运行内外环境的变化，相应的专项制度时常会出现，限制专业资源或工作运行及其整体运营，高质量进程积极创造的不利因素。这种背景下，对相应制度给予持续积极地改进，甚至代之以新的更高质量的专项制度，就成为各种制度运行发展进程中，不可或缺的重要工作。

四、文化的概念及其价值

西方发达地区的管理学者，曾经创立了组织文化形象识别系统的理论。我们则依托中国数千年文化思想的深厚底蕴，依据人们长期而广泛的丰硕实践，根据文的正面、美好或积极的核心意义，以及化的改变、进程或形成的基本含义，对文化的实质与内涵进行了分析与界定。

在此基础上，我们还努力借助最具强大思维力量的哲学思想，就自身的本质属性与外部的环境因素，相互联结和作用形成的事物运行变化必然趋势的原理，以及内外因素积极作用与转换高质量发展的原则，设置了人们自身与外部环境因素两个维度，对文化所体现的核心价值展开了探讨（图5-9-4-5）。

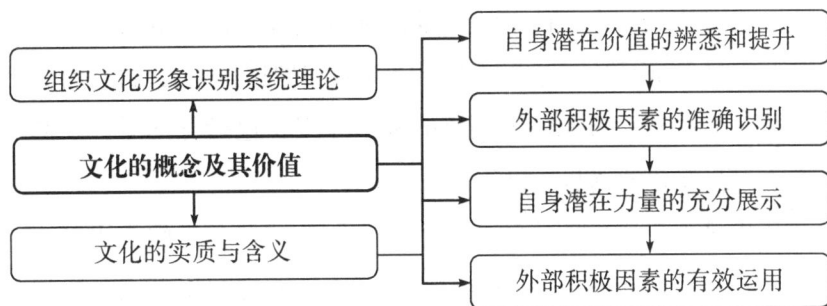

图 5-9-4-5　文化的概念及其价值

（一）组织文化形象识别系统理论

形象识别理论，是起源于 20 世纪初的德国，流行于 60 到 80 年代的欧美，旨在构建与彰显组织运营积极形象的一种方法。形象识别系统理论，把组织文化的构建设置为，理念识别、行为识别和视觉识别，三个主要部分的内容组成。

理念识别，是对组织长期运营中形成的，并为员工所认同的价值观念和群体意识的辨识；行为识别，是对依据核心价值观和精神，组织构建的若干行为准则的辨识；视觉识别，是对能够形成积极直观视觉感受的，组织外在形象特征的辨识。

在系统中，理念识别通常占据着主导地位，它的视觉化体现便是视觉识别，而行为识别则是它的行为化延伸和展现。

（二）文化的实质与含义

卓有成效地构建、提升并展示文化因素，所蕴含的睿智强大的思维与行为力量，显然，人们无不需要对文化的概念和内涵，全面深入辨识用把握坚强有力的支持。事实上，在中华民族悠久灿烂的文明进程中，人们通常赋予"文"的美好事物或正面因素的积极含义。极其典型的，刘勰曾在著名的《文心雕龙》中，作了这样花团锦簇般的描绘：

"文之为德也大矣，与天地并生者，何哉？夫玄黄色杂，方圆体分，日月叠璧，以垂丽天之象；山川焕绮，以铺理地之形。此盖道之文也。仰观吐曜，俯察含章；高卑定位，故两仪既生矣。惟人参之，性灵所钟，是谓三才。"

——"文"所展现的德行真是太伟大了，它能够与天地并生，为什么呢？从宇宙混沌到天地形成，出现了相互更替运行的日月，从而显示出天上光辉灿烂的景象；同时，地上的锦绣山河，也展示了大地条理分明的地形。这些都是大自然所表现出来的"文"。天上看到光辉的景象，地上看到绚丽的风光，确定了高和低的位置，才构成了宇宙天地两种主体。只有拥有绝顶智慧的人类，才能真正领略到自然美妙的景色，所以人就和天地并称为"三才"。

同样，宝贵璀璨的经典文化思想，则对"化"的事物运行变化趋势或过程的含义，作了极其深邃而精湛地诠释。譬如，《吕氏春秋》就曾对人们睿智智慧的宝贵价值，作了这样著名的论述：

"凡智之贵也，贵如化也。化未至则不知，化已至，虽知之与勿知一贯也。危困之道，身死国亡，在于不先知化也。"

——大凡人的智慧最可贵的，在于能够预先准确地判断和把握，事物运行变化的趋势或进程。事物的运行变化没有形成时，而不能预先准确地予以判断和把握，等到运行变化发生时才能够感知，这与不能识别运行变化完全一样。事业陷入困境的根本原因，包括身死国亡，都是在于不能预先准确地判断与把握，事物运行变化的趋势或进程。

依据悠久而深邃历史经典思维所明确昭示的，"文"的美好、正面或积极，"化"的事物变化趋势或进程的根本含义，我们就能够深入而准确地识别，能够睿智积极地支持和推动人们，卓有成效地辨识与展示自身或事物，正面因素和力量文化的实质。

因此，广泛的实践中，为有效支持、引导或推动人们，充分辨识、提升与展示自身及其外部环境中，所蕴含的一切积极、正面的因素和力量，并以此坚强有力地创造事物运行变化的积极进程与成果，所提炼形成的高质量思维或行为方式的原则、知识与技能，就普遍成为一切文化的核心内涵。

（三）自身潜在价值的辨悉和提升

任何背景下，对自身蕴含的强大潜在力量，足够睿智而充分地辨悉与确认，无不成为人们卓有成效地推进或创造，事物运行变化高质量的进程与成就，极其关键而坚强的推动力量。显然，这也普遍成为文化强大力量坚强积极地展示，最具关键决定性价值的核心途径。

不仅如此，高质量的文化素养，还能够坚强有力地支持和推动人们，卓有成效地超越一切彷徨、懈怠或艰辛，不遗余力全力以赴地推进自身整体职业素养，持续高质量的提升与展示，并以此睿智坚强地创造自身职业的卓越智慧、进程和成就。

（四）外部积极因素的准确识别

广泛的实践中，同样的外部环境，在不同的文化素养支持下，人们必然会对其中存在的正面或积极的因素与力量，形成辨识思维或思想意识上的显著差异。高质量的文化所展现的渊博知识或娴熟技能，无不能够坚强有力地支持和推动人们，以更为广阔的视野、长远的目光、相互支持协作的思维意识，远见卓识地洞察和识别外部环境中，所存在的事业高质量进程或成就更为积极的因素与力量。

（五）自身潜在力量的充分展示

高质量的文化，无不能够睿智坚强地引导或支持人们，通过责任、道德、信念等积极的思想意识智慧，以及勤奋、热忱、执着等强大的情感行为力量，卓有成效地铸就和发展，更为积极而充分地展示，自身潜在的职业智慧与力量。

（六）外部积极因素的有效运用

在日趋密切联系、复杂多变的环境中，外部各领域积极因素或力量卓有成效地运用，已日益成为人们职业或组织运营，高质量进程或成就的坚强创造与发展，不可或缺的强大动力和关键途径。然而，任何背景下，如果缺乏足够强大的文化智慧和力量的坚强引导与支持，人们必将难以超越自身的局部、暂时或表面利益的限制，从而远见卓识地构建并推进，高质量的全局思维、奉献意识与诚信理念等一系列，外部积极因素与力量，卓有成效运用的方式或途径。

五、组织文化建设的原则

长期而广泛的实践充分显示，文化的底蕴与实力，普遍成为组织运营发展的整体智慧和力量，最具根本的决定性因素。因此，卓有成效地推进，积极正面的高质量文化体系的构建与发展，无不成为各领域组织卓越运营进程或成就，坚强铸建与展示的关键途径和艰巨挑战。

为远见卓识地辨识和卓有成效地展示，内外环境中一切积极的因素与力量，提供坚强有力的支持，高质量组织文化的建设和发展，无不需要牢固坚持立足于自身内外的具体运营实际；各项重要资源或工作运行，及其密切联结与作用的科学性方向；积极激发或创造最广大员工，强大能动性智慧与力量的基本原则，并在持续积极的实践探索中，把组织的整体文化水平推上新的高度（图5-9-4-6）。

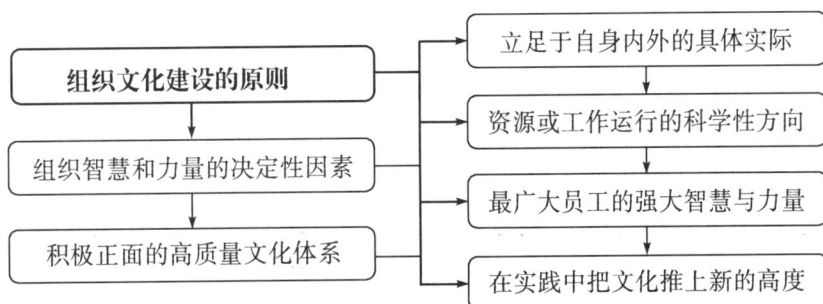

图 5-9-4-6　组织文化建设的原则

（一）组织智慧和力量的决定性因素

在复杂多变的内外环境中，经过悉心营建并得以充分掌握的高质量组织文化，无不能够坚强有力地引导和支持广大员工，远见卓识地辨识并卓有成效地展示，自身及其组织内外诸多资源因素，以及它们密切联结作用和持续积极发展，所蕴含的高质量价值，并以此而普遍成为组织整体运营发展强大的智慧与力量，最具根本的决定性因素。

（二）积极正面的高质量文化体系

根据文化支持和推动，人们辨识与展示自身及其环境中，各种积极因素潜在价值的知识或技能，基本的内涵与属性，如果某项文化意识的构建或提炼，只是立足于某些局部、暂时或表面的思维立场，或者所揭示的只是事物的非本性表现或孤立的特征，显然，它的实践价值无不将会受到极其显著的制约。

事实上，文化既可能成为人们高质量实践强大的支持或推动力量，也可能沦为限制人们积极思维或行为的普遍重要障碍。因此，任何组织或团队，如果难以睿智成熟地构建并发展，积极正面的高质量文化体系，那么，它的运营进程必将难以避免，各种消极、负面、低劣文化的无尽困扰。

（三）立足于自身内外的具体实际

卓有成效地建设与发展自身高质量的文化，显然，无不需要努力学习和借鉴前人或他人，提炼总结的一切积极的成果。然而，组织的运营发展，又无不是项涉及自身特定内外资源因素的构成，及其相互作用与持续变化独特的复杂实践。因此，远见卓识地引导和推动广大员工，高质量地辨识与展示，自身及其外部环境中，诸多复杂资源因素及其关系与变化，所蕴含的一切积极的力量或价值，组织的文化建设与发展，无不需要牢固立足于自身的内外具体实际，以及由此设置形成的全局运营的方向和路线，并以此成为它的高质量进程或成就的卓越创造，必须遵循的关键原则。

（四）资源或工作运行的科学性方向

无论着眼于自身或外部环境，积极因素与力量的睿智准确辨识，还是立足于它们潜在的力量或价值，更为有效而充分展示的推动，文化的高质量建设与发展，无不需要牢固遵循事物的本性，及其相互作用与运行变化的科学性方向或原则。事实上，背离了科学性的方向与原则，任何组织文化的建设与发展，都必将陷入极为茫然或脆弱的尴尬境地。

（五）最广大员工的强大智慧与力量

的确，任何文化的力量与价值，无不需要通过人们卓有成效地掌握和运用，才能得以积极而充分地展示。组织文化的建设与发展，如果不能坚强地支持和推动，最为广大员工强大能动性创造智慧与力量，卓有成效地提升与展示，那么，它的整体质量与价值，无不将会受到极其显著的限制。

（六）在实践中把文化推上新的高度

组织运营发展进程中，内外资源因素的构成及其相互间的联结与作用，以及全局的方向、路线或目标，无不展示着持续变化的显著特征。为组织全局高质量的进程或成就，提供睿智智慧和强大力量的坚强支持，组织的文化建设，无不需要根据内外环境及其运营方向、路线或目标的变化，不断从自身的实践探索或进程中，提炼出具有普遍引导和支持，广大员工强大能动性创造力卓有成效提升或展示，高质量的思维与行方式，并以此把组织的整体文化水平，持续地推上新的发展高度。

六、制度与文化的相互支持

制度与文化，是任何组织运营发展都必须依赖的，一对极其重要的对立统一矛盾关系。通常，文化在组织的运营发展中，具有事先、柔性与长期性作用的显著特征，也是各项制度有效构建与推进的根本基础，并在两者的关系中普遍占据着更为积极的主导地位，但高质量地构建发展更为艰难。与此相对应，制度则更多地表现为事后、刚性与短期性作用的明显特征，并普遍成为高质量文化建设与发展的重要保障。制度与文化在组织的运营发展中相辅相成，任何一方因素效力或价值的充分展示，都需要相对一方强大力量的坚强支持（图5-9-4-7）。

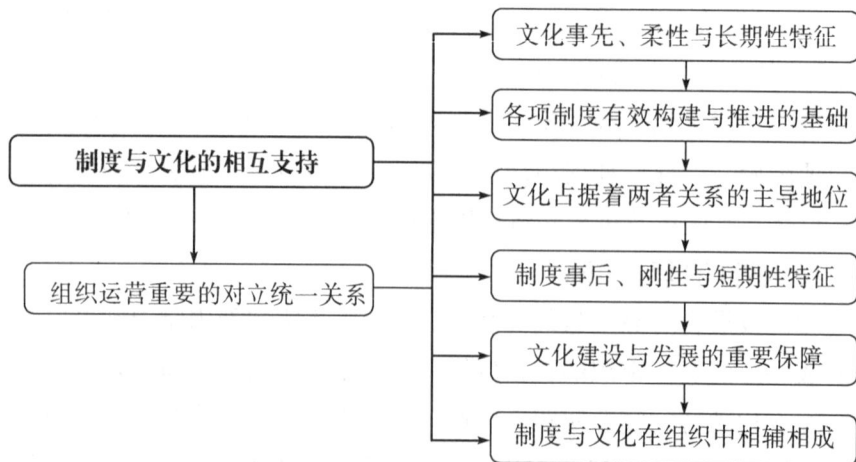

图 5-9-4-7　制度与文化的相互支持

（一）组织运营重要的对立统一关系

只要存在人的活动，就必然会显示他的自身及其环境因素的价值，辨识思维和展示行为的文化素养。同样，只要存在组织的运营活动，就必然会涉及一系列或密或疏、或简或繁的专业运行制度。事实上，无论人们在它们的面前，具备怎样深刻或浅薄的思维意识，以及主动或被动的行为方式，制度与文化的因素，无不客观地成为任何组织运营发展的进程或成就，极具重要影响的一对对立统一的矛盾关系。

（二）文化事先、柔性与长期性特征

文化的表现五彩斑斓，以至于人们时常流连沉湎于它的华丽外表。然而，文化的实质，则是通过对头脑思维意识潜移默化的影响，引导人们构建或固化某项事物的特定价值。它对人们思维或行为的作用影响，通常表现为事先、柔性与长期性的显著特征。因此，卓有成效地展示文化的强大力量，无不需要在人们思维或行为之前，采取相应价值的积极引导与激励，并持之以恒地推进它在人们思想意识中，逐步地积累、提炼和升华。

（三）各项制度有效构建与推进的基础

制度是任何组织全局高质量进程或成就，以及整体长远根本利益的重要保障。然而，当人们对组织全局或整体的关键价值，缺乏足够深入成熟的辨识，甚至产生制度显著限制着自身利益的思维情绪，那么，对制度漠视或抗拒的心理与行为，通常就会难以避免。因此，各局部组成思维行为的高度统一，并以此对组织全局高质量进程及其整体根本利益，给予坚强支持或保障的集体文化意识，就普遍成为组织各项运行制度，卓有成效构建与推进的坚实基础。

（四）文化占据着两者关系的主导地位

由于设置和推进的简捷，并通常能够立即呈现出相应的效力，广泛的实践中，领导管理者普遍倾向于制度工具的使用。然而，文化是人们思维行为力量的根本，制度通常需要转化为文化的因素，才能得到人们自觉主动地高质量地执行。换而言之，在文化与制度的辩证关系中，文化通常占据着更为积极的主导地位。

事实上，遭受严重挫折或失败的组织，很少源自严密制度的缺失。相反，缺乏足够高质量文化体系的坚强支撑，没有任何组织能够登上运营发展的高峰。为此，《淮南子》曾经辩称："刑罚不足以移风，杀戮不足以禁奸。唯神化为贵，至精为神。故太上神化，其次使不得为非，其次赏贤而罚暴。"

——刑罚不足以移风易俗，杀戮不足以禁绝奸邪。唯有从头脑意识上加以提升改变才最为可贵，思想意识达到足够的高度，必然就能够产生神奇的力量。

所以治理天下，最为重要的是提升人的思想意识，其次是用礼法来约束不做错事，再其次是用奖赏贤能惩罚暴虐的方法。

（五）制度事后、刚性与短期性特征

与文化表现相对应，制度的作用效力或价值，更多的则体现着事后、刚性与短期性的明显特征。因此，组织运营进程中，如果缺乏足够严密的运行质量状况的验证，严格准确的正面或负面的激励，以及随着内外运营环境变化及时的改进与完善，那么制度体系的效力与价值，无不将会受到极大的限制。

（六）文化建设与发展的重要保障

缺乏足够强大制度体系的有力支撑和保障，在各种价值分歧或利益倾向共存的复杂环境中，就没有任何高质量的文化体系，能够得以坚强构建与展示。事实上，人们任何思维或行为的文化意识和价值判断，无不受到当时制度形式的显著影响。譬如，必须无条件地严格执行上级指令的规定，使得即使视机化解了巨大风险的侵蚀，却依然因违背了上级的指示而遭受严厉的处罚，那么，主动性与创造性的文化意识，就必将难以积极有效地构建或展示。

（七）制度与文化在组织中相辅相成

任何背景下，制度与文化都是积极推进组织高质量运营发展，不可或缺相辅相成的一对对立统一的因素。换而言之，其中的任何一方失去另外一方的坚强支持，它的效力与价值必将受到极其显著的限制。

广泛的实践中，由于组织文化的高质量建设与发展，通常涉及广大员工思维智慧、思想意识及其行为情感动力，卓有成效提升或展示极其复杂的因素和工作，并且它的作用效力或价值的展示柔性而缓慢，因此，许多组织往往无视并抛弃，高质量主流文化的积极营建与倡导，而陷入过度依赖制度单方效力的陷阱。事实上，在日趋复杂多变的内外环境中，高质量文化体系的营建与发展，正日益成为组织卓越的领导或管理，不可或缺的关键途径和艰难挑战。

第五节　推进积极主动的组织变革

组织运营发展的重要途径

运动与变化，是自然、社会及人的因素颠扑不破的永恒法则。从根本上说，组织睿智成熟地通过自身资源结构，及其运行或作用机制积极而主动的变革，以更为有效地适应持续变化的内外环境，无不成为高质量运营发展的进程或成就，卓有成效创造的重要途径与坚强动力。

广泛的实践中，远见卓识地推进积极主动的变革，领导人必须能够根据整体运营进程中，各种内外资源因素及其作用与变化的表现，高瞻远瞩地洞察和辨识组织变革的必要性，卓有成效的变革必须坚持的基本原则，所应采取的主要变革形式或方式，以及整体高质量进程涉及的若干重要环节工作。同时，对进程中各项重要工作给予实时的评估与改进，以及成果的积极维护，也是整体变革高质量进程与成就，卓有成效创造不可或缺的重要任务（图 5-9-5-1）。

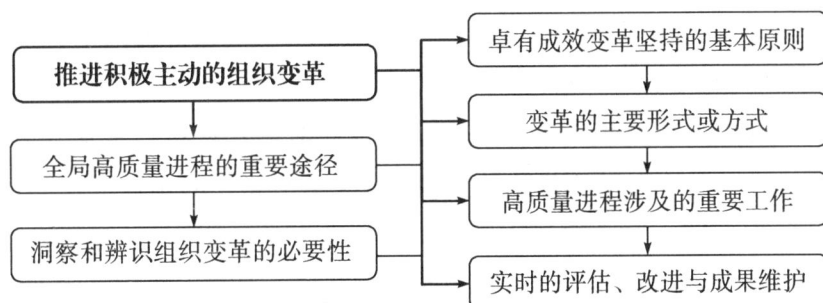

图 5-9-5-1　推进积极主动的组织变革

一、全局高质量进程的重要途径

组织运营进程中，自身资源的构成及其外部环境的因素，以及它们的相互联结与作用，无不呈现着广泛而持续的复杂变化。如果原先设置的战略或运营机制，难以高质量地适应内外环境及其相互作用的变化，那么，对它们给予更为主动积极的改变，无疑就成为组织全局高质量进程或成就，卓有成效创造不可或缺的重要途径。事实上，组织的变革，就是根据内外环境的变化，为确保全局高质量的进程或成就，对战略或运营机制的构成，所采取的积极主动的改变措施（图 5-9-5-2）。

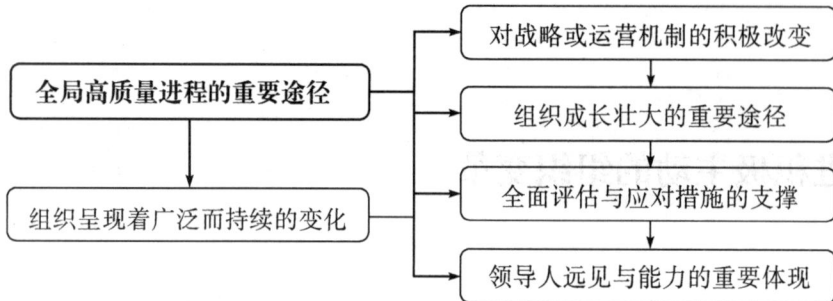

图 5-9-5-2　全局高质量进程的重要途径

广泛的实践中，卓有成效的积极变革，无不能够显著提升自身资源能力的展示质量，外部环境及其变化准确辨识与应对的水平，以及内外因素密切联结与作用的能力，并以此而普遍成为组织成长壮大的强大动力与重要途径。

然而，高质量变革的准确辨识与积极推进，又普遍是项涉及诸多内外因素、关系与变化，极其复杂而艰难挑战，它无不需要依据睿智成熟的全局思维，对各类重要因素、关系与变化，全面深入地判断和评估，并以此形成的一系列卓有成效应对措施有效推动的坚强支撑，从而成为组织领导人的整体职业远见与能力，极其重要而准确的体现。

（一）组织呈现着广泛而持续的变化

在组织运营发展中，时常会出现对全局的进程或成就，具有显著影响的两类重要变化。一类体现着明确的客观性质。主要包括与组织运营密切关联的外部环境因素的变化，自身资源能力的构成变化，以及内外之间相互联结与作用的变化。

另一类则是具有显著主观性质的变化。主要体现在对内外环境因素及其关系辨识质量的变化，以及由此所形成的对内外因素及其关系推动的实践，与原先的预计或规划产生的较大偏差。

无论是客观或主观性质的变化，至为关键的是，领导人无不需要始终保持睿智清醒的头脑，以深入准确地辨识变化形成的根源和背景，并以此努力采取各项积极有效的对策或措施，以卓有成效地引领和推动，整体组织高质量地应对或适应各种内外的变化。

（二）对战略或运营机制的积极改变

组织的变革，从根本上说，就是为了卓有成效地应对内外环境的全局变化，对不合时宜的战略或运营机制的构成，所采取或推进的积极主动改变的领导方式。事实上，变革对于组织全局及其领导高质量的进程，无不具有普遍关键的决定性影响。为此，孔子曾经辩称："齐一变，至于鲁；鲁一变，至于道。"——齐国一旦推进变革，可以达到鲁国的治理水平。鲁国一旦推进变革，就可以达到先王治理水平。

（三）组织成长壮大的重要途径

任何组织通过一定的资源或能力的积累，必然会对内外因素及其关系，形成更高质量或层次的理解与追求。变革，从更为深刻的哲学思维立场予以审视，就是把组织资源能力的持续积累，以及运营思维意识或意愿不断提高量的变化，卓有成效地转化为战略构成或运营机制上的积极升华，从而实现整体运营发展力量质的飞跃，并因此而成为组织成长壮大不可或缺的重要途径。

因此，作为卓越的实践者，丘吉尔曾断称："要想进步，就需要变革；要想达到完美，就必须不断地进行变革。"

（四）全面评估与应对措施的支撑

变革通常是项涉及诸多内外因素与关系，并对组织的全局具有重大影响的运营措施或领导行为。因此，领导人无不需要在变革之前，依据全局的基本思维原则和立场，对变革的必要性，所需采取的主要形式，涉及的重要工作，以及一定变革方式背景下，正面的支持与负面的阻碍力量，变革推进的良好或不良成果，及其对全局进程的积极和消极影响，进行全面深入的分析、判断与评估，并以此通过缜密细致的方案，及其各项积极应对措施远见卓识地设置，为有效减少或限制各种负面的阻力、不良的后果与消极的影响，从而卓有成效地创造变革高质量的进程与成效，提供积极坚强的支持。

（五）领导人远见与能力的重要体现

复杂多变的环境中，能够高瞻远瞩睿智准确地辨识，变革的必要性及其所需采取的积极方式，是领导人职业远见和智慧的关键体现；能够卓有成效地争取、调动或激发，一切积极正面力量的有力支持，以有效化解各种变革消极负面的阻力或影响，是领导人职业才能展示的重要途径。

因此，在自身职业的进程中，领导人无不需要聚精会神，高度关注内外资源力量及其相互联结或作用的状况，以远见卓识地在全局的关键或重要节点，高瞻远瞩地引领和推进组织积极的变革，从而卓有成效地展示自身高水平的职业远见、智慧与才能。

二、洞察和辨识组织变革的必要性

对必要性的深邃洞察和准确辨识，无不成为一切组织变革高质量规划与推进的重要基础，并受到领导人职业素养极其关键的决定性影响。为此，领导人无不需要竭尽所能集中心智，以强烈成熟的责任意识和睿智积极的全局思维，全面深入地辨悉和掌握，组织变革必要性产生的若干重要背景。

运营发展进程中，外部环境中的社会服务需求与相关政治法规的变化，普遍成为组织变革必要性产生的重要外部因素。行业的运行及其竞争与合作的结构，以及产品构成与外部传输科技的发展，则是组织变革必要性形成，极其重要而强大的推动力量。

组织运营发展核心资源或能力的衰退，是变革必要性产生的重要内部因素。更为有效地激发或聚集整体运营发展积极强大的力量，则是变革必要性形成的主要内在原因。此外，组织内外资源因素更为密切的联结与作用，也是组织变革必要性突显的普遍重要根源（图5-9-5-3）。

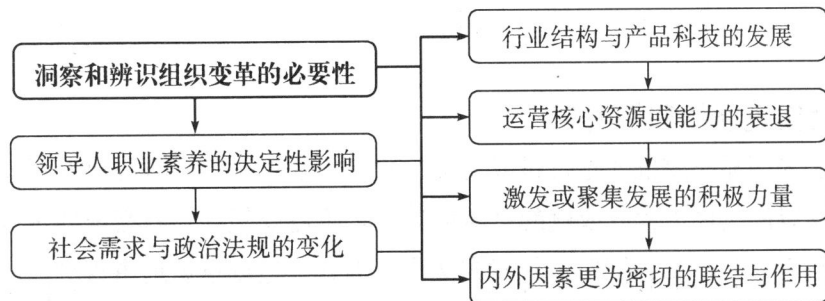

图 5-9-5-3　洞察和辨识组织变革的必要性

（一）领导人职业素养的决定性影响

广泛的实践中，限制领导人对组织变革的必要性，远见卓识地予以洞察或辨析，无不包含着诸多复杂的内外因素。然而，在各类因素中，自身的职业信念与进取意识的显著薄弱，无不极其关键的决定性影响。事实上，领导人如果缺乏坚不可摧的成熟职业信念，以及奋发进取积极意识的坚强支撑与推动，在各种变革风险和阻力的困扰中，他无不极易发现维持组织现有运营格局更多的充足依据。

为此，《尚书》曾经谆谆告诫："无教逸欲，有邦兢兢业业，一日二日万几。"——不要贪图安逸和放纵私欲，有邦国需要治理就必须兢兢业业，一天两天地坚持，直至长久地持续下去。

（二）社会需求与政治法规的变化

社会服务需求与相关政治法规，对组织全局运营发展方向与路线的设置或选择，无不具有极其重要的决定性影响。因此，当社会服务需求与相关政治法规，出现重大变化的背景下，组织通常需要对既定的战略方向、路线及其目标，进行全面深入的分析与评估，并适时采取主动积极的变革措施，以使得组织的战略方向或路线，能够高质量地适应或应对社会需求或政治法规，产生重大变化背景下的新的形势。

（三）行业结构与产品科技的发展

整个行业的竞争与合作的运行结构，以及产品的构成和外部传输、推广科技的发展状况，无不对组织整体运营的方向与路线，产品构成技术和资源的结构，以及产品外部传输和推广的方式，卓有成效地设置或选择，具有极其重要的直接影响。因此，组织及其领导人，无不需要对行业结构或产品科技的发展状况，始终保持足够高度的警惕与敏感，以预先采取主动积极的变革措施。事实上，坚强创造并保持运营发展的主动地位，任何组织无一不是通过对行业结构的变化，远见卓识地辨识和应对，或者产品科技发展的引领而得以积极实现。

（四）运营核心资源或能力的衰退

运营发展核心资源或能力的衰退，通常表现为与外部环境变化相比的相对衰退，以及与自身原有实力相比的绝对衰退两种基本的形式。广泛的实践中，核心资源或能力的衰退，普遍成为组织变革最具迫切的原因之一。

相对于绝对的衰退，通常呈现出外部和内部两方面的显著运营表现。外部的表现主要包括：对环境各种重要变化反应的呆滞与软弱；产品对象满意度明显降低，流失日趋严重。内部的表现主要包括：各种运营矛盾层出不穷，意料之外的问题接踵而至；人员士气低落，重要岗位人员相继离职。内外表现交集的结果，必然导致运营信念和愿景的严重动摇，以及财务上的捉襟见肘而日趋难以为继。

（五）激发或聚集发展的积极力量

应对运营中已经明显显露的严重危机或挑战，只是组织变革刻不容缓极其被动的一种表现。事实上，任何运营发展高质量进程或成就的卓越创造，无不需要领导人睿智成熟地立足于组织的全局立场，通过对组织运营的路线、结构、制度或文化等因素，远见卓识地审视和辨识，以及更为主动积极变更的坚强推进，卓有成效地激发、凝聚并铸就，组织整体运营发展更为强大的积极力量。

（六）内外因素更为密切的联结与作用

内外资源因素联结与作用的水平或质量，无不对广泛领域中组织运营发展的进程和成就，具有普遍关键的决定性影响。事实上，如何通过各种变革卓有成效地设计和推进，以形成对外部环境及其变化更高质量地辨识与应对，从而更为积极而充分地提升和展示，自身整体资源能力的潜在价值，并以此实现内外资源因素更为密切的联结与作用，已日趋成为各类组织全局高质量进程或成就的积极创造，广泛关注的焦点和着力的重心。

三、卓有成效变革坚持的基本原则

广泛的实践中，任何变革的高质量推进，无不需要牢固遵循和坚持，组织基本信念的根本原则，否则变革必将由于组织性质的改变或根基的动摇，而导致整体运营与变革的极度混乱。积极的变革，任何复杂背景下，都必须睿智辨识和牢固坚持组织全局利益的基本原则，避免陷入谋取或维护某些局部或暂时利益的泥潭。同时，任何变革的顺利推进，都必须积极遵循组织运营发展的科学原则，这也是确保变革自始至终强大力量的坚强基础。

任何变革卓有成效地推进，无不需要集中心智竭尽所能，以积极有效地争取最广大员工坚强有力的支持，否则无论怎样的变革成果都必将难以长久维系。变革坚强有力地推进，还必须能够远见卓识地充分兼顾，内外各种合作伙伴长远根本的利益，并以此高质量地推进整体运营发展能力，卓有成效地提升与展示（图 5-9-5-4）。

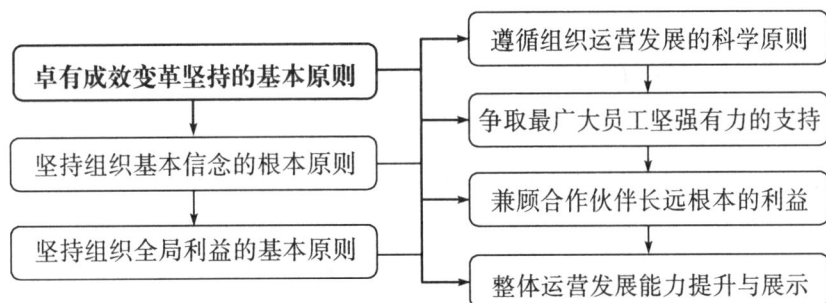

图 5-9-5-4　卓有成效变革坚持的基本原则

（一）坚持组织基本信念的根本原则

任何变革高质量地推进，无不需要睿智成熟地牢固坚持，组织基本信念的根本原则。事实上，组织的基本信念一旦予以改变，无不显著背离了组织初始设置的根本目的，变换了组织的基本性质，动摇了长期运营发展的根基。随之，组织运营发展的根本宗旨、愿景与使命，基本的方向、路线和目标，运营的结构、制度与文化机制，各组成环节思维或行为的基本价值体系，无不丧失评价或统一的根本依据和坚实基础，而导致全局的极度混乱。

（二）坚持组织全局利益的基本原则

基本信念与愿景背景下，全局更高质量的进程或成就卓有成效地创造，无不成为组织任何变革最为核心的目标和任务。因此，任何变革远见卓识地推进，无不需要睿智成熟地辨识并坚持全局利益的基本原则，并以此坚强超越各种局部或暂时力量和利益，可能存在的负面消极的限制，或者陷入过于依赖某些局部或暂时的力量，以及谋取局部或暂时利益的变革陷阱。

（三）遵循组织运营发展的科学原则

组织的变革，通常涉及诸多复杂的内外因素及其关系与变化，它的高质量辨识和推进，无不需要积极遵循组织内外资源因素的构成及其关系，以及运营发展的科学原则与方法。广泛的实践中，专业资源或环节运行的分工与协作；充分依靠广大员工能动性创造智慧与力量，推进内外资源因素整体构成潜能的积极提升和展示；积极推进内外资源因素的密切联结与作用，以及内外因素卓有成效的相互转换，普遍成为组织运营发展科学原则或方法的重要体现。

（四）争取最广大员工坚强有力的支持

员工是任何组织的根本，以及运营发展强大智慧与力量的源泉。因此，任何变革远见卓识地设置并卓有成效地推进，无不需要深入准确地辨识最广大员工的立场与态度，充分积极地兼顾他们长远的根本利益，并以此有效争取他们最为坚强有力的支持。事实上，失去最广大员工的坚强支持，没有任何的变革能够展示强大的生命力，以及组织全局高质量的价值，并逃脱最终失败的结局。

（五）兼顾合作伙伴长远根本的利益

组织的变革通常是项极其艰难极具风险的挑战。因此，努力争取一切积极力量的支持，有效化解各种消极因素的障碍，就普遍成为组织变革高质量进程或成就，卓有成效地创造必须遵循的极其关键的原则。

事实上，任何变革远见卓识地设置和推进，无一不是依据高尚信念或基本道义的准则，通过相关各方合作伙伴关系的有效构建，及其长远根本利益的积极兼顾或维护，并以此卓有成效争取一切积极力量的支持及其消极障碍的化解，而得以睿智坚强地铸就。

（六）整体运营发展能力提升与展示

组织变革主要或直接的动因，时常源自更高质量地应对内外环境中，某些显著展现的运营机遇或挑战。然而，任何变革，如果不能远见卓识地立足于，组织全局的根本立场，并以此卓有成效地推动整体运营发展能力的积极提升与展示，那么，它的动力或价值无不将会受到极其显著的限制。

因此，组织变革高质量地设置与推进，无不需要远见卓识地超越，某些特定机遇或挑战应对思维的限制，以睿智成熟的全局立场，卓有成效地推动组织整体运营发展能力的积极提升与展示。

四、变革的主要形式或方式

组织的变革，通常是对全局进程中，具有显著负面影响或不太适宜的战略要素，给予主动积极调整或改进的复杂工作。因此，根据全局运营发展的进程，及其内外环境的实际，对变革所涉及的战略要素，以及由此形成的主要变革形式或方式，做出准确的辨识与设置，无不对变革的整体质量、价值及其成败，具有极其关键的决定性影响（图5-9-5-5）。

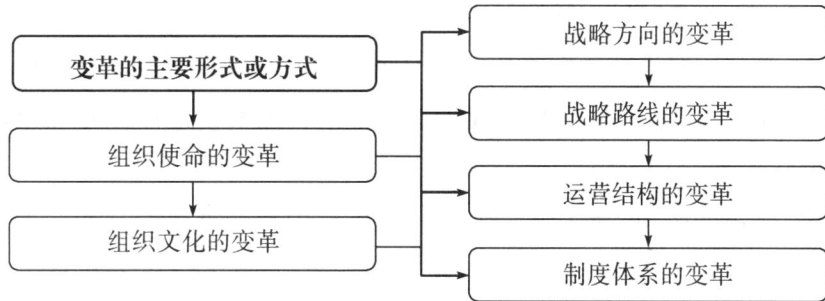

图 5-9-5-5　变革的主要形式或方式

广泛的实践中，根据全局战略的影响因素，组织的变革通常可以分为运营发展的使命、文化、方向、路线、结构或制度体系的变革，六类主要的形式与层次。一般而言，上一级的变革，必然会推动下一级因素的改进；而下一级的变革，通常也会对上一级的战略要素，产生一定程度的积极影响。

（一）组织使命的变革

使命的变革，通常是指依据基本信念或宗旨的原则，以及全局运营进程或内外环境背景的显著变化，组织对外部服务对象及其基本作用方式或任务，所进行的重大变更与调整。使命变革卓有成效地推进，无不需要得到相应文化、方向、路线、结构以及制度等，高质量战略要素的坚强支撑，因而普遍会对它们的积极提升或改进，提出相应的要求。

（二）组织文化的变革

文化是人们辨识思维、思想意识及其行为情感动力，所有职业智慧力量最为关键和强大的决定性因素。因此，组织的文化，无不对整体运营发展的能力，及其全局的进程或成就，具有极其关键的决定性影响。事实上，如果缺乏足够高质量文化的坚强支持与推动，任何战略方向与路线及其结构或制度的力量与价值，都必将受到极其显著的限制。

换言之，在日趋复杂多变的环境中，旨在铸建组织根本的广大员工，强大能动性创造智慧与力量的文化变革，正日益成为组织高质量全局进程或成就，以及各种战略要素积极力量与价值，卓有成效创造或展示，极其关键的途径和坚强的动力。

（三）战略方向的变革

由于外部的服务需求、政治法律、行业结构或科技进步等因素的显著变化，或者自身资源能力通过长期的积极积累或负面耗损，而产生了质的改变，为卓有成效地创造或确保，全局高质量的进程与成就，组织时常需要对原先设置的运营服务或作用的范围，以及主要的服务对象或方式等因素构成的战略方向，给予主动积极的调整或变更。

同时，组织使命的变革，也会显著改变运营发展的战略方向。组织文化质的提升，无疑能够全面增强运营发展的整体能力，对外部环境因素及其变化的价值，形成更高水平或质量的辨悉，并以此而成为战略方向更为主动积极的调整，极其重要而强大的推动力量。

（四）战略路线的变革

组织核心、重要及其整体资源能力，以及相互密切联结或作用，在既定战略方向背景下，准确辨识与积极推进的水平，无不对全局高质量进程或成就，具有极其关键的决定性影响。显然，当自身现有的运营能力，难以应对外部环境及其变化的形势下，无论战略方向是否予以改变，对内在资源构成、运行及其作用的方式，所形成的战略路线的变革，无不成为有效避免组织的严重衰退，不可或缺的关键措施。

不仅如此，对各项重要资源的构成、运行及其相互作用的方式，所构成的战略路线，给予主动积极的改进和提升，已日趋成为复杂多变环境中，组织整体运营发展的强大力量，及其全局高质量进程或成就，卓有成效创造的关键途径和坚强保障。

（五）运营结构的变革

组织的运营结构，是为了卓有成效地铸建整体运营发展的强大力量，并以此有效确保战略方向、路线与目标的顺利推进或实现，以及各项专业资源构成潜在价值的充分展示，而对各专业运行环节与能力的有效构造，及其相互作用关系的积极设置。

显然，随着运营发展内外环境的变化，组织无不需要对相应的专业资源或环节的运行能力，及其联结或作用的关系，给予更为积极有效的调整或提升。尤其是外部环境的重要因素或内在的关键资源能力，产生了显著的重大变化，以及全局进程对内外资源因素的联结与作用，提出了前所未有的新的更高要求，那么，结构的变革，将普遍成为组织高质量运营发展的关键任务。

（六）制度体系的变革

从根本上说，限定人们各种行为方式的规范、规定的制度体系，不仅是组织运营使命、方向、路线等战略要素，得以积极有效推进的重要保障，而且也是各类资源及其密切作用潜在力量与价值，卓有成效提升和展示的强大动力。

然而，对人们行为限定的各类制度，复杂多变的环境中，无不极易对组织的积极运营发展，产生各种消极的负面影响。因此，根据组织运营发展内外环境及其变化的实际，对制度体系给予主动积极地改进和完善，无不成为组织全局高质量进程或成就的积极创造，极其关键的途径和重要的任务。

对于制度变革的重要价值，《吕氏春秋》也曾作过这样的精辟论述："治国无法则乱，守法而弗变则悖，悖乱不可以持国。世易时移，变法宜矣。譬之若良医，病万变，药亦万变。病变而药不变，向之寿民，今为殇子矣。故凡举事必循法以动，变法者因时而化，若此论则无过务矣。"

——治理国家没有法度就必然会出现混乱，死守法度不加改变就会发生谬误，出现谬误和混乱，就难以好治理国家。社会的变化与时代的发展，会使得法度的变更极其必要。这就像高明的医生一样，病万变，药也应该随其万变。病变了药却不变，原来可以长寿的人，如今就会成为短命的人。

所以凡是成就事业一定要依照法度去行动，变法的人要随着时代而变化，如果懂得这个道理，那就不会出现严重的错误。

五、高质量进程涉及的重要工作

在各种因素相互影响日趋广泛深入，各种关系日益复杂多变的内外环境中，各类变革远见卓识地辨识和卓有成效地推进，无不需要组织基本信念积极强调和坚强巩固的有力支撑。根据基本信念和运营发展整体内外形势的实际，所形成的变革必要性及其重要价值的广泛宣传，普遍成为积极统一整体组织的思维与意志，有效创造强大变革推动力量的关键工作。

广泛的实践中，完整的方案与计划，以及由此形式的各运行环节任务和责任的周密设置；所及各项重要或新的工作运行方式、程序与技能，充分细致的指导和培训；实施进程中各环节工作的适时协调与严格奖惩，无不成为组织变革高质量进程，卓有成效创造的重要工作（图 5-9-5-6）。

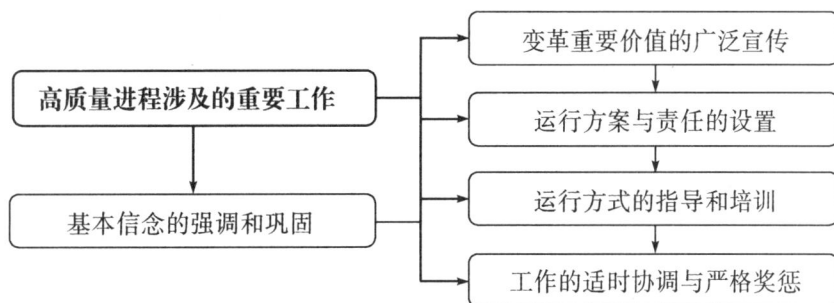

图 5-9-5-6　高质量进程涉及的重要工作

（一）基本信念的强调和巩固

基本信念，是组织远见卓识地设立、构建及其运营发展，最为根本的依据和强大的动力，并以此普遍成为它的卓越领导，最为坚强的支持和推动力量。事实上，缺乏坚定信念的坚强支撑，没有任何睿智成熟的领导人，能够在风云变幻的复杂环境中，始终高屋建瓴地为组织指示光明的航向、正确的道路，卓有成效地激发和凝聚，整体团队无往不胜的强大行进力量。

组织的变革，通常涉及诸多飘忽迷离、模棱两可、相互冲突的复杂因素与关系，以及广泛存在的各组成部分的思维分歧与利益冲突的矛盾，因而普遍成为组织运营发展进程中，最具争议、艰巨和风险的挑战。这种复杂艰难背景下，对组织基本信念及其形成背景和价值，深刻的辨悉、积极的强调与坚强的巩固，无不成为领导人远见卓识地辨识变革的必要性，卓有成效地推进整体组织，高度统一的变革坚强意志和强大动力，极其关键的途径和重要的任务。

（二）变革重要价值的广泛宣传

对组织面临的整体运营发展的形势，以及由此形成的变革必要性，涉及的主要形式和内容对全局的价值，给予足够广泛而深入地宣传，无不成为积极有效地激发和凝聚，最广大员工强大的能动性创造智慧与力量，并以此卓有成效地铸就变革的坚强动力，不可或缺的重要途径和任务。事实上，组织变革的挫折与失败，普遍源自对广大员工强大能动性创造智慧与力量，以及变革积极价值广泛深入宣传的显著漠视。

（三）运行方案与责任的设置

组织的变革，通常是项涉及诸多因素、关系与变化，各环节不同的思维、情感或行为的倾向，以及各种利益的矛盾或冲突，极其复杂而艰难的挑战。因此，它的坚强有力地推进，无不需要依据明确的思维行为高度统一的原则，并以此对变革的目标、程序、主要阶段、资源计划等构成的完整运行方案，以及各环节的任务与责任体系，及其相应的积极保障措施，详尽周密设置和限定的坚强支撑。

（四）运行方式的指导和培训

对广大员工高质量的职业思维与行为方式，以及变革涉及的各项重要或新的工作技能，及其工作积极推进的程序和密切协作的价值与方法，给予充分细致的教育、培训与指导，无不成为广大员工强大的能动性创造力，及其变更积极有效推进的坚强动力，卓有成效创造的关键途径和重要任务。

（五）工作的适时协调与严格奖惩

组织变革的推进，通常会涉及新的参与因素运行，以及原有局部环节运行及其相互作用方式，既有利益分配方式或体系的改变。因此，依据变革的基本原则与整体的运行方案，以及明确限定的任务与责任，设置的工作评价方式，对相关环节工作的运行给予适时的协调，对各局部组成的表现予以严格的奖惩，就普遍成为变革高质量进程，卓有成效创造的重要途径和强大动力。

六、实时的评估、改进与成果维护

组织的变革，不仅对全局的运营发展具有普遍的关键影响，而且也是极具复杂和风险的艰难挑战。因此，对整个变革进程中的各项重要环节或资源因素的运行，及其相互联结与作用的质量，给予实时客观的评估和积极有效的改进，就成为它的卓有成效推进，不可轻视与缺少的重要工作。

实施的前期，必须对变革的必要性与采取的主要形式，予以广泛而深入的验证，这也是从根本上避免整体变革严重的全局负面影响，极其关键而有效的途径。同时，为卓有成效地创造变革的高质量进程或成就，还必须对广大员工变革的思想认识和统一的状况，整体组织变革的精神与物质力量准备的充分性，以及各项新的工作方式或方法的掌握水平，给予全面客观地查验与评估，并根据相应的结果采取针对性的措施，给予积极有效的改进。

实施的进程中，必须对各重要环节工作或资源因素的运行方式，程序与步骤，及其相互间联结与作用的质量，依据变革的基本原则和既定的运行方案，给予实时的验证、评估与改进，这也是确保变革高质量的全局价值与整体成效，极其重要的途径与方法。同时，对各项成果持续积极地维护与发展，广泛的实践中，无不成为各类变革高质量的进程或成就，卓有成效铸就的关键工作和强大动力（图5-9-5-7）。

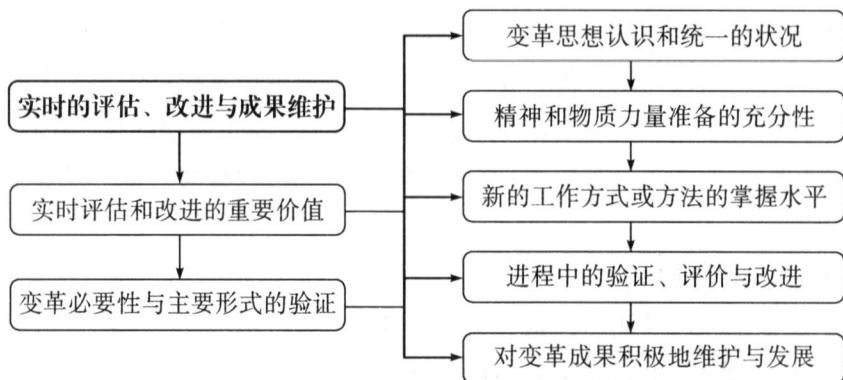

图 5-9-5-7　实时的评估、改进与成果维护

（一）实时评估和改进的重要价值

组织的变革，通常是项涉及诸多内外资源因素及其关系，以及广泛群体不同利益的变化，思维、情感与行为显著差异的倾向，并对组织全局进程具有极其关键的影响，极具艰难与风险的复杂系统性工作。因此，对变革各重要环节与阶段工作的运行，依据既定的原则和方案，给予实时、客观、积极的验证、评估和改进，就成为有效避免变革的严重缺陷或挫折，卓有成效地铸就整体高质量进程或成就，不可或缺的关键途径和强大动力。

（二）变革必要性与主要形式的验证

变革必要性与主要形式的准确验证，对于从根本上避免或降低其中隐含的严重风险和障碍，并以此卓有成效地创造整体变革的高质量进程及其全局价值，具有极其关键的决定性影响。然而，由于思维或利益立场的显著差异，它们无不成为人们意识分歧和意见争执的普遍焦点。

为此，变革必要性与主要形式远见卓识的验证，无不需要牢固坚持组织的基本信念，以及全局高质量运营发展积极成熟的思维和利益的坚定立场，并以此对外部环境的服务需求，及其组织运营发展各项重要影响因素的状况，尤其是变化的主流或必然的趋势；内在整体资源能力及其价值的提升和展示水平；内外各项资源因素密切联结与作用的整体质量，形成足够深入而充分的辨识。

在此基础上，再依据相应的变革形式，及其涉及的主要内容的假设，全面客观地推断并描绘，组织全局进程和成就的蓝图。其中，需要特别注意的是：

1. 变革是否背离了组织的基本信念，以及全局的思维和利益的根本立场；

2. 变革的假设与推断，是否存在对内外重要的资源因素，及其相互作用或影响关系的显著遗漏；

3. 是否存在以强烈的主观愿望或倾向，替代了重要的客观事实或严密的逻辑必然。

必要时，不同变革背景下的全局蓝图，应该征询相关运行环节或群体的意见，并在一定的局部范围，进行变革的实践验证。

（三）变革思想认识和统一的状况

头脑中的思想意识，无不对人们能动性创造智慧与力量，以及整体职业思维和行为的质量，具有极其关键的决定性影响。同时，组织变革高质量进程或成就卓有成效地创造，无不需要各环节工作高水平运行，以及相互积极支持和密切协作的坚强支撑。

因此，任何背景下，组织变革强大动力与主动地位，睿智坚强地铸就和把握，无不需要对广大员工变革的思想意愿及其认识统一的状况，形成足够全面而深入的辨识，并以此有效设置和推进，各项针对性的积极引导与激发的措施，从而对其予以持续高质量的提升。

（四）精神和物质力量准备的充分性

组织的变革，时常是项极具复杂艰辛和风险挑战的进程，它的卓有成效推进，无不需要得到足够强大的精神与物质力量的坚强支撑。事实上，对全局极具价值的变革，之所以时常遭受严重的挫折，无不源自成败的关键时刻，失去了足够强大的精神或物质力量的坚强支持。因此，对整体变革所需精神和物质力量准备的充分性，给予全面深入的分析与评估，并努力采取一切积极的方式，予以有效地巩固和发展，就成为变革进程中任何挑战的主动或优势地位，卓有成效铸就不可轻视的重要途径和任务。

（五）新的工作方式或方法的掌握水平

任何变革高质量进程或成就的卓越创造，无不需要一系列更为科学先进，新的工作思维、方式或方法的坚强支持与推动。事实上，广大员工对更为先进新的工作思维方式，娴熟掌握和运用的水平，普遍成为他们高质量辨识或应对，各种职业挑战的能动性创造智慧和力量，以及整体变革推进的强大动力，不可或缺的关键决定性因素。

因此，对广大员工变革进程中，必要的新的工作思维、方式或方法理解掌握的水平，给予全面深入地查验与评估，并以此予以卓有成效地指导、培训和提升，就普遍成为变革高质量进程或成就，积极创造的重要保障和任务。

（六）进程中的验证、评价与改进

无论怎样集中心智、殚精竭虑，变革的进程无不受到原先难以完全准确洞察或辨识，一系列复杂因素、关系或变化的重要影响。因此，进程中的实时验证、评价与改进，就普遍成为组织变革高质量地推进，不可或缺的关键工作与任务。

变革的验证、评价与改进，通常需要依据组织的基本信念，以及变革的既定原则和方案进行。实践中，由于变革的原则无不基于组织的信念，而变革的方案通常源自信念与原则，及其内外环境具体实际的密切联结。因此，内外环境因素及其关系的重大变化，不仅需要对变革的若干工作方式、内容或进程，给予积极有效的改进，而且时常会对整体方案提出更高质量完善的显著要求。

（七）对变革成果积极地维护与发展

任何背景下，如果积极的成果得不到坚强有力的维护，那么，一切变革无疑都必将成为，一场毫无价值胡乱折腾的危险闹剧。对于变革成果卓有成效的维护，人们已经普遍意识到制度因素的重要力量，然而却时常忽略高质量文化坚强发展和铸就，极其关键的决定性价值。事实上，如果缺乏高质量文化强大力量的坚强支撑，任何变革的成果都必将难以长久维系。

不仅如此，维护变革的成果，并非僵化的一成不变。广泛的实践中，任何变革远见卓识地辨识和推进，无不源自与时俱进睿智思维意识的坚强支撑与推动。因此，随着内外环境因素及其关系的不断变化，卓有成效地推进各项变革的积极成果与时俱进的发展，就普遍成为整体变革高质量的全局价值，坚强铸就或展示的关键途径和任务。

第十章

专业环节的运行管理

专业能力与全局价值的创造

任何组织高质量全局运营或领导的进程与成就，无不需要各局部环节强大的专业化运行能力，以及相互间密切联结或协作坚强有力的支持。而专业环节卓有成效地运行发展，又无不需要牢固遵循全局的积极力量与价值的有效创造，以及自身专业资源或能力构成具体特征的根本原则。因此，根据全局的背景确立积极的运行目标，并依据内外资源因素的具体实际，有效设置和推进高质量的专业化运行策略，就普遍成为专业环节卓有成效的运行发展，极其重要的途径和关键的任务。

为远见卓识地确保各项专业运行策略、目标及其高质量全局价值，卓有成效地推进或实现，广泛的实践中，无不需要成熟牢固地依据它们的形成背景，对整体的进程予以缜密细致的推演和预测，并以此制定对专业环节各项工作，积极有序推进及其密切协作，具有重要指导价值和推动力量的运行计划。

广泛的实践中，内外资源因素的构成及其相互间的密切联结或作用，所展示的整体效率，普遍成为专业环节运行发展，高质量进程的重要基础和强大动力。因此，卓有成效地探索并推进，整体资源因素的构成及其密切联结与作用，更高效率的运行与发展方式，无不成为专业环节高质量的运行管理，极其关键的途径和任务。

不仅如此，通过长期的实践，人们亦已日益睿智而成熟地意识到，旨在积极遵循内在资源构成的本性特征，有效推动各局部组成相互间密切联结或作用，各项运行或管理规范高质量地设置与推进，已日趋成为复杂多变的环境中，各类专业环节资源构成潜在价值的展示效率，以及组织整体或全局运营发展强大的推动力量，成熟积极创造和提升的重要方式。

从根本上说，变化与进步已日趋成为现代社会，最为重要而显著的特征。事实上，组织各专业环节资源或能力的结构，各专业环节相互联结与协作的要求，以及组织整体的运营内外环境，无不处于持续变化的进程中。因此，根据专业环节内外资源因素的构成，以及组织全局运营发展的需求，卓有成效地推进专业环节运行资源，及其联结与作用积极主动的创新，正日益成为各类优良管理睿智坚强地创造或展示，普遍的关键途径和强大动力（图 5-10-0-1）。

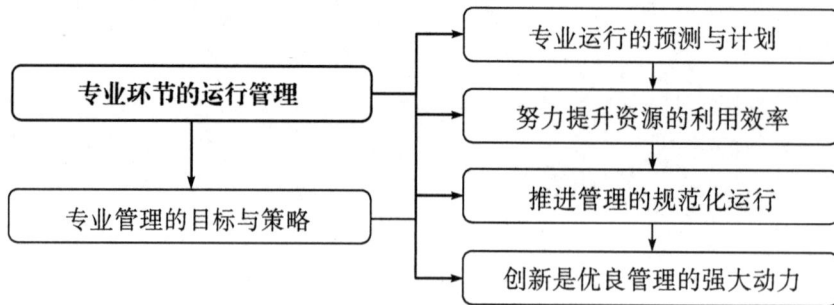

图 5-10-0-1　专业环节的运行管理

第一节 专业管理的目标与策略

管理的目标及其实现的策略

组织任何专业或局部的环节，无论拥有怎样的资源或能力的构成，它的运行质量或价值，无不需要通过对全局高质量运营发展，卓有成效地支持或推动，才能得以准确有效地评价和积极充分地展示。因此，牢固确立睿智成熟的全局意识，并以此对组织运营发展的整体背景与全局形势，形成足够全面而深入地辨识和把握，就普遍成为专业局部环节高质量的管理或运行，极其关键的途径和根本的保障。

专业局部环节的管理与运行，还必须能够依据组织全局运营发展的需要，对自身内外资源因素的构成及其关系与变化，形成足够充分而准确的辨识和掌握，并以此远见卓识地设置多项密切联系的运行目标，及其确立形成的完整任务体系，才能卓有成效地激发、凝聚和展示，对组织高质量运营发展强大的支持与推动力量。

通过长期的实践探索与总结，人们已经日趋广泛而深刻地意识到，专业环节运行发展的目标卓有成效地推进，普遍需要得到它的形成全局背景，以及自身内外资源因素的构成、关系与变化，全面深入的辨识和高度密切的联结，所形成的高质量运行策略的坚强支撑。实践中，深入准确地辨识和把握，专业运行策略的形成背景与性质特征，以及卓有成效设置和推进所应采取的基本方式，无不成为专业管理高质量进程或价值，睿智坚强创造与发展的关键基础和重要任务。

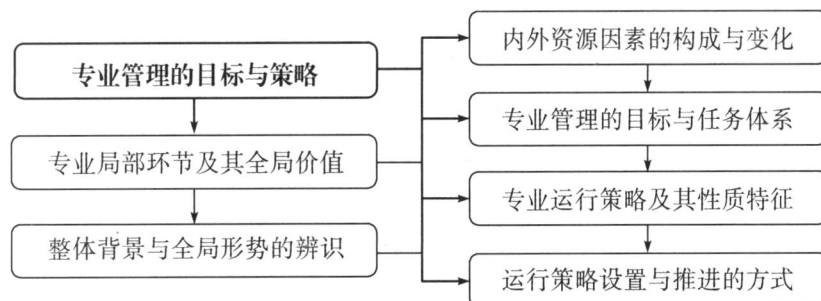

图 5-10-1-1 **专业管理的目标与策略**

一、专业局部环节及其全局价值

通过长期而广泛的实践探索与研究，迄今为止，人们已经提炼和总结了极其丰富极具价值，各领域或环节高质量运行专业化的管理思想、原则与方法。然而，实践中，任何领域或环节的运行发展与管理，如果不能睿智成熟地辨识，自身设置形成的组织全局的背景，那么，所有的管理思想、原则或方法，所能提供的支持力量或价值，都必将受到极其显著的限制。

换言之，唯有积极依据全局运营发展需求的成熟立场，才能远见卓识地辨识和把握，自身资源能力的组成及其力量与价值；唯有准确把握全局运营发展的方向和路线，才能有效地推进自身资源能力潜在力量或价值的积极提升和展示，并以此创造专业局部环节运行发展更高质量的全局价值（图5-10-1-2）。

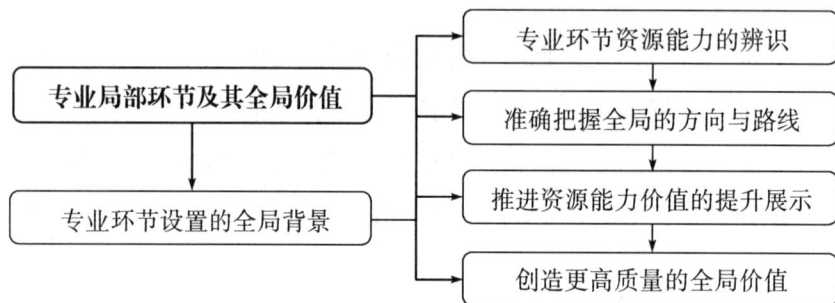

图 5-10-1-2 **专业局部环节及其全局价值**

（一）专业环节设置的全局背景

组织任何专业或局部运行环节的设置，都必将包含着极其重要的全局运营发展的背景。事实上，对全局背景的漠视或迷失，无不成为专业环节运行管理，卓有成效地创造或推进，普遍关键的限制性因素。

因此，铸就主动积极的专业局部环节的高质量管理，首要的关键任务，就是必须全面深入地辨识和掌握，自身环节设置形成的全局背景，并以此成熟坚定地确立，任何复杂艰难的环境中，都努力为组织全局高质量的运营发展，提供最为坚强的支持力量，思维与行为睿智牢固的基本原则。

（二）专业环节资源能力的辨识

对专业环节资源或能力的构成，及其相互作用和运行变化潜在力量与价值，全面深入地辨识和把握，广泛的实践中，无不成为各项专业管理的高质量进程或业绩，卓有成效创造的重要基础和强大动力。然而，即使受到广泛公认的资深睿智的管理实践者，也时常会由于辨识思维立场的差异，而对同样资源能力的构成、作用或变化的价值，产生显著差别的判断结论。

事实上，如果缺乏成熟牢固的全局辨识思维立场的坚强支撑，人们对各种专业资源能力及其作用或变化的力量与价值，深邃洞察或准确识别的智慧和才能，无不将会受到极其显著的削弱或限制。

（三）准确把握全局的方向与路线

为卓有成效地推动和确保，各专业局部环节高质量的运行发展，及其相互间的密切支持与协作，从而实现资源能力潜在价值积极而充分的展示，并以此坚强铸就全局运营发展的强大力量，组织通常会依据内外环境的具体实际，设置与推进高度统一各局部组成运行的全局方向与路线。

全局的方向与路线，是任何专业局部环节高质量的运行价值，睿智积极地创造或展示的关键基础和强大动力，从而成为它们必须自觉遵循的思维指南与行为准则。因此，卓有成效地创造专业局部环节的高质量管理，无不需要准确把握并积极遵循全局的方向与路线。

（四）推进资源能力价值的提升展示

远见卓识地辨识和把握，各类资源或能力的组成特征，及其相互关系与变化趋势的全貌，无不成为专业局部环节整体资源能力潜在力量与价值，卓有成效提升或展示的重要途径和强大动力。实践中，越是具有较大潜在力量或价值的重要资源或能力，其积极有效提升或展示越将显示复杂艰难的挑战。

譬如，人力资源或无形资源的整体力量，无不有形资源潜在价值的积极展示，具有极其关键的决定性影响。然而，人力资源或无形资源潜在力量与价值，卓有成效地提升和展示，无不耗费着资深管理者更多的心智与精力。

（五）创造更高质量的全局价值

任何背景下，专业局部环节的卓越管理，无一不是通过组织全局运营发展的方向与路线，内外资源因素的构成及其关系和变化，足够全面而准确地辨识与把握，并以此远见卓识地探索、设置和推进，相关运行环节相互间的密切支持与协作，自身资源能力潜在力量或价值，持续高质量提升和展现积极的运行发展方式，从而卓有成效地创造组织全局更高质量的价值，得以坚强有效地铸就与展示。

二、整体背景与全局形势的辨识

对组织的整体背景与全局形势，给予足够全面而深入地辨识，通常能够卓有成效地支持管理者，远见卓识地辨悉对自身高质量进程或业绩，具有极其重要影响的各关联环节的组成，及其相互间密切联结与协作的关系，自身所需承担的重要运行任务，以及所应采取的主要运行发展的方式，从而坚强有力地推动管理者，主动地肩负起各关联环节高质量运行的积极责任，全面准确地识别自身管理工作，存在的各项重点或难点的组成，并以此成为专业环节高质量整体或全局价值的坚强创造，以及高水平管理智慧与才能的积极展示，极其重要的途径和强大的动力（图5-10-1-3）。

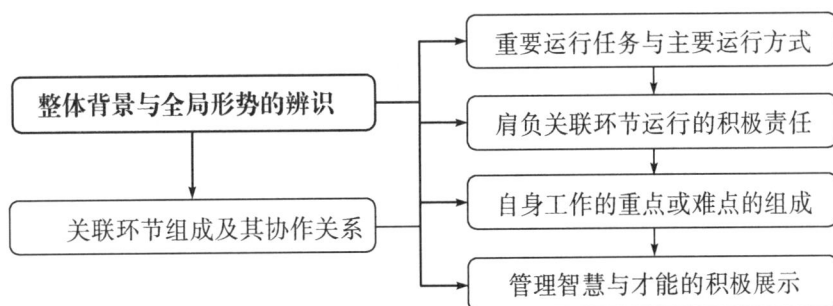

图5-10-1-3　整体背景与全局形势的辨识

（一）关联环节组成及其协作关系

对组织整体运营背景中，产品服务的需求辨识、性能设计、材料组织、成型制造与外部传输等构成的核心流程，以及为此提供积极支持或有效保障的各种辅助工作，所设置形成的各项专业运行环节的组成，及其主要的职能全面而深入地辨识，无不能够坚强有力地支持或推动管理者，更为充分准确地辨悉和把握，自身环节在整体运营中的职责、地位与价值，以及各重要关联环节的组成，

587

及其相互间密切联结与协作的关系，从而能够更为主动积极地争取外部力量的有效支持，提供更高质量的服务与协作，并以此卓有成效地创造和展示，自身环节运行管理的高质量进程或业绩。

（二）重要运行任务与主要运行方式

组织运营发展面临的各类机遇或挑战所形成的全局形势，无不对各专业环节运行的重要任务或主要方式，以及变化发展的趋势，具有极其关键的决定性影响。广泛的实践中，专业环节既可能拥有成熟牢固的全局思维意识，并以此通过自身专业能力积极主动卓有成效的提升与展示，为组织高质量的全局进程或成就，提供坚强有力的支持。

与此同时，它们也可能抱守鼠目寸光、得过且过或局部利益为上，极端自私狭隘的负面思维立场与原则，或者面临各类机遇和挑战，缺乏足够睿智而强大的专业发展与应对力量，从而难以为组织全局高质量运营发展，提供应有积极而坚强的专业力量的支持。因此，能否主动关注并倾心全局高质量运营发展，在日趋复杂多变的环境中，已日益成为各类专业管理的优异或平庸，关键而显著的分水岭。

（三）肩负关联环节运行的积极责任

远见卓识地引导或推动专业局部环节的管理者，成熟牢固地铸建并承担，更为广泛而积极的整体或全局的重要责任，并以此坚强有力地推动各关联环节，相互间主动积极的密切支持与协作，从而卓有成效地创造和展示，整体或全局高质量运营发展的强大力量，在日趋复杂多变或强调专业责任分工的环境中，无不成为组织领导人，普遍面临的极其关键而艰难的挑战。

广泛的实践中，任何职责的延伸或制度的设置，都必将难以积极有效地替代，专业管理者头脑中整体力量或全局价值，睿智成熟的高质量的职业思维意识，以及由此推动的对组织整体背景与全局形势，所形成的足够全面深入的辨识和把握，从而远见卓识地构建并卓有成效地肩负，对关联环节运行发展主动积极支持与协作的重要责任，并以此为组织整体或全局的高质量运营发展，提供坚强有力的支持和保障。

（四）自身工作的重点或难点的组成

任何贤能睿智的职业人士，无不能够深入洞察或感知，人们不同的辨识思维立场或视野，会形成同一事物的不同性质，及其运行变化质量或价值，显著差异的识别判断的结论。

事实上，能否睿智坚强地铸就，成熟牢固的整体与全局高质量的职业意识，并以此对组织整体背景和全局形势，给予足够全面而深入地辨识，卓有成效地推进关联专业环节相互间的密切协作，无不成为自身管理工作的重点或难点，深入洞察与准确识别，专业环节运行发展目标与策略高质量地选择和设置，远见卓识推进的关键决定性因素。

（五）管理智慧与才能的积极展示

组织的领导人，无不期望各专业局部环节的管理者，能够始终睿智牢固地立足于，组织整体背景或全局形势成熟思维与行为的坚定职业立场，并以此主动积极地推进各环节相互间的密切支持与协作，从而卓有成效地创造整体或全局运营发展的强大力量，以及专业环节资源能力的积极价值，持续提升与展示的高质量进程。

事实上，在日趋复杂多变的环境中，致力于组织整体力量与长远利益，卓有成效地创造和发展，睿智成熟的思维与行为方式或素养，已日益成为各专业局部环节的管理者，高质量的职业智慧、才能与价值，坚强积极铸就或展示的关键途径和强大动力。

三、内外资源因素的构成与变化

对自身内外资源因素的构成及其关系与变化，足够全面而准确地辨识和把握，是任何专业环节高质量的运行发展目标或策略，远见卓识设置与推进的关键基础和重要保障。它的卓有成效地形成，广泛的实践中，无不需要专业环节的管理者，能够睿智牢固地立足于辨识思维的成熟全局立场，对人力资源职业能力与素养，无形资源的构成和力量，有形资源的组成及结构，以及对专业环节运行发展，具有显著影响或限制的重要内外因素，及其存在的有效弥补或转换的积极方式，予以深入的洞察和充分的识别（图 5-10-1-4）。

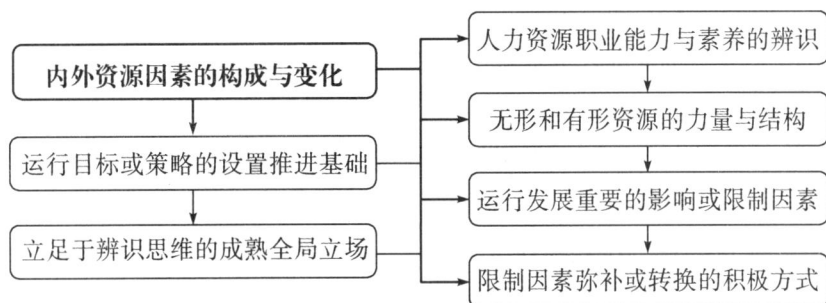

图 5-10-1-4　内外资源因素的构成与变化

（一）运行目标或策略的设置推进基础

任何专业或局部环节的优良进程或业绩，无不需要得到内外资源因素、关系与变化，足够全面深入地辨识和把握，并以此设置形成的高质量运行发展的目标、策略或方式，坚强有力的引导、支持与推动。事实上，对内外资源因素及其关系与变化，远见卓识地辨识和把握，在日趋复杂多变的环境中，已日益成为各类专业环节的运行发展，高质量目标或策略卓有成效地设置与推进，优良进程或业绩坚强有力地创造和展示，以及专业管理者高水平职业智慧、才能或价值，持续积极有效地提升与展现，普遍的关键基础和保障及其强大的推动力量。

（二）立足于辨识思维的成熟全局立场

不同辨识思维的立场或视野，复杂的环境中，无不极易产生事物的运行，及其相互间的作用与变化，质量或价值显著差异的结论。而任何专业局部环节运行发展的质量与价值，无不从根本上源自对组织全局高质量进程或成就，坚强支持与推动的强大力量。因此，睿智牢固地立足于成熟坚定的全局立场，就普遍成为专业环节运行发展，内外资源因素、关系与变化，远见卓识地辨识和把握，以及高质量目标或策略，及其进程与成就卓有成效地设置或创造，极其关键的途径和强大的动力。

（三）人力资源职业能力与素养的辨识

广泛的实践中，人的因素能动性创造力，无不对各种无形或有形资源因素，潜在力量与价值的积极提升或展示，以及专业环节运行发展的目标与策略，卓有成效地推进或实现，具有极其关键的决定性影响。因此，对内外资源因素、关系与变化，远见卓识地辨识和把握，必须充分准确地识别人力资源整体的职业能力与素养。

通常，人们对各项无形、有形资源构成特征的认识，及其相互作用与积极变化有效推动所形成的技能，是其职业能力和专业环节运行发展的根本基础；对优良工作进程或业绩的强烈意愿，以及相互间主动积极支持与协作，成熟的意识和密切的情感，是其整体职业素养持续高质量提升与展示的强大动力。因此，准确辨识人力资源的职业能力与素养，管理者必须全面深入地辨析，广大员工的专业技能、业绩意愿、协作意识及其情感密切的状况，以及可能存在的变化发展的趋势。

（四）无形和有形资源的力量与结构

无形资源是人力资源或有形资源的力量与价值，卓有成效提升和展示，极其关键而强大的支持力量。同时，在日新月异快捷变化的环境中，无形资源还普遍体现着易于贬值的显著特征。因此，对内外资源因素全面准确地辨识，并以此远见卓识地确立或设置，专业环节运行发展高质量的目标与策略，管理者无不需要深入辨析并积极提升和展示，无形资源的构成力量与价值。

有形资源是一切工作高质量进程或业绩，卓有成效创造不可或缺的重要物质因素。作为核心的职业智慧与才能，管理者无不需要全面深入地辨识和把握，专业环节各项有形资源因素的组成、关系与变化的结构，并通过强大人力和无形资源的坚强支持，远见卓识地设置、推进或实现，专业环节运行发展高质量的目标与策略。

（五）运行发展重要的影响或限制因素

高质量地辨识或把握内外资源因素及其关系与变化，最为关键的途径或任务之一，就是必须能够远见卓识地洞察与识别，对专业环节运行发展具有重要影响或限制的各项主要因素。事实上，在强烈积极意愿的推动下，对内外各项重要影响或限制资源力量，客观准确地辨识和把握，无不成为专业环节运行发展，高质量目标睿智确立或设置，极其关键的决定性因素。

（六）限制因素弥补或转换的积极方式

人们无不期望自身的职业进程，能够想雨得雨、望风得风。然而，组织的运营发展，某项专业环节全然没有任何复杂艰难的挑战，那么，就必然没有相应专业管理岗位的存在。事实上，管理者最为关键而宝贵的职业智慧、才能与价值，通常是通过专业运行各项重要影响或限制因素，及其卓有成效弥补或转换策略与方式，高质量辨识、设置和推动而得以坚强铸就和展示。

实践中，各项资源因素总是存在着千丝万缕的作用与联系关系。同时，人力资源和无形资源，又无不具有难以限量的强大力量或价值。而内外资源因素更为积极的转换与紧密的联结，已日趋成为复杂多变的环境中，各项专业运行发展高质量的策略或途径，远见卓识创造的重要途径和强大动力。

四、专业管理的目标与任务体系

运行发展和管理的目标与任务体系，不仅是专业环节一切工作设置形成的根本基础，而且也是进程质量与成果价值准确评价的重要依据，并以此普遍成为组织整体运营发展的正确方向和路线，以及专业环节高质量运行策略与强大动力的坚强保障。

卓有成效地创造或推进专业环节高质量的运行发展，管理者无不需要对组织运营发展整体目标体系的构成和性质，形成足够深入而成熟的辨识与把握，并以此远见卓识地构建或设置，自身高质量的目标与任务体系，从而主动积极地争取或创造，内外一切资源力量的坚强支持（图5-10-1-5）。

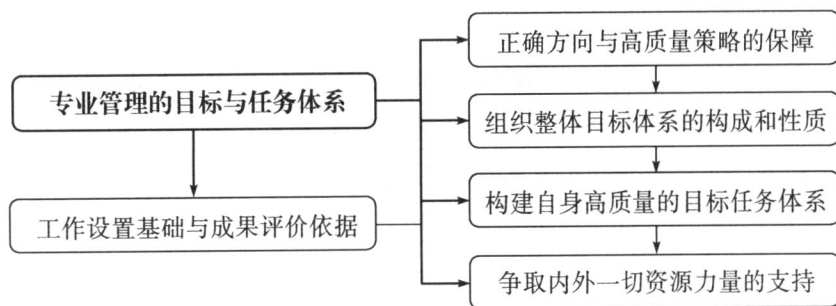

图 5-10-1-5　专业管理的目标与任务体系

（一）工作设置基础与成果评价依据

高质量的工作与明确的目标，具有天然的相互支持密切联系的积极关系。人们任何工作高质量地设置与推进，无不需要明确积极的目标或任务的坚强支持。缺乏明确积极目标或任务漫无目的随波逐流的行为，显然难以坚强铸就任何高质量的工作。同时，任何高尚的意图或美好的愿景，如果缺乏由此积极构建形成的，具有明确目标或任务一系列高质量工作的有力推动，则无不将会成为水中之月镜中之花。

不仅如此，任何工作的进程或成果，卓有成效地评价与改进，无不需要充分考虑内外各种因素、关系与变化，既定的明确目标或任务的坚强支撑与推动。事实上，缺乏既定明确目标权威地位和依据的积极引导或强力限定，任何工作都极易陷入各种局部或暂时思维与行为的倾向，激烈争执或冲突的混乱境地，而难以积极创造和展示高质量的进程或成果。

（二）正确方向与高质量策略的保障

组织全局运营发展的方向和路线，通常受到人们对各种资源因素的运行、关系与变化，复杂背景下的不同思维和行为的方式或倾向的重要影响。因此，为了积极有效地限制或避免，各环节工作可能产生的全局方向或路线的显著偏离，组织通常会设置一系列不同性质或阶段的运营发展目标，并以此成为全局正确方向和路线卓有成效推进，最为坚强而关键的保障。

不仅如此，各项重要或关键目标成熟牢固的确立，还是复杂多变的环境中，专业环节运行发展高质量策略，灵活创造性地积极设置与推进，不可或缺的重要保障和强大动力。事实上，唯有对运行发展的核心目标，形成足够深入而准确地辨识和把握，管理者才能在各种复杂内外资源因素，及其相互作用或持续变化的艰难挑战中，远见卓识创造性地设置和推进，专业环节高质量的运行发展的策略或方式。

（三）组织整体目标体系的构成和性质

为卓有成效地激发和推进各类资源因素，潜在能力或价值的积极提升与展示，并以此坚强有力地铸就全局高质量运营发展的强大力量，组织无不需要远见卓识地辨识并设置，能够积极充分地体现自身的基本信念、愿景与使命，以及有效确保既定的方向与路线，一系列不同性质的运营发展任务所构成的目标体系。

广泛的实践中，坚定牢固地立足于组织的基本信念，及其全局运营发展的根本立场，对目标体系的构成、背景、性质及其地位，予以成熟深入地辨识和把握，无不成为人们整体领导或管理的智慧与才能，以及职业思维或行为的质量和水平，普遍而关键的决定性因素。

（四）构建自身高质量的目标任务体系

任何背景下，专业管理卓有成效推进的关键任务或重要途径，就是能够根据组织的整体目标及其自身的基本职责，并通过内外资源因素构成的实际，全面深入地辨识和把握，远见卓识地构建并推进自身环节高质量的目标或任务体系，而不是机械执行上级给予的某些特定的运行目标。

专业环节运行发展的目标或任务，通常是以时间、空间或专业资源因素构成的价值为基础，通过相互联结或作用的表现特征与状况为依据，设定高质量进程或业绩的积极创造，所需达到的若干相辅相成的专业性质量指标。显然，脱离了整体的目标及其自身内外具体实际的背景，专业环节运行发展目标构建与推进的质量，无不将会受到极大的制约。

（五）争取内外一切资源力量的支持

专业环节高质量运行或管理进程的有效创造，及其目标或任务体系卓有成效地实现，广泛的实践中，无不需要管理者对目标任务体系的积极价值，远见卓识辨识和设定的坚强支撑，并以此主动积极地争取内外一切资源力量的有力支持。其中，不可或缺的关键途径，就是把目标体系的整体或长远的全局价值，以及自身资源运行的状况与挑战，向上级、关联环节及其内部员工，给予充分及时的汇报、沟通与通报，从而以此争取内外环境中，各种积极力量更为有效的关注与支持。

五、专业运行策略及其性质特征

依据全局的方向与路线，及其内外环境资源因素的具体实际，远见卓识地设置并卓有成效地推进，专业环节高质量运行发展的方式或策略，就成为专业管理者必须肩负的核心职责，以及普遍面临的艰难职业挑战。

实践中，内外资源因素整体高质量的全局价值，创造性地积极而充分地展示，普遍成为各类专业运行策略的精髓，及其远见卓识地设置、推进与完善必须遵循的核心原则。为此，管理者必须能够全面深入地辨识并把握，专业运行策略全局方向与路线的原则性，牢固立足于内外资源因素实际的灵活性，积极依据资源因素的构成及其密切联结的专业性，充分展示内外资源因素潜在力量和价值的实用性，以及复杂多变环境的独特性与多变性等，若干重要的性质特征及其关系（图5-10-1-6）。

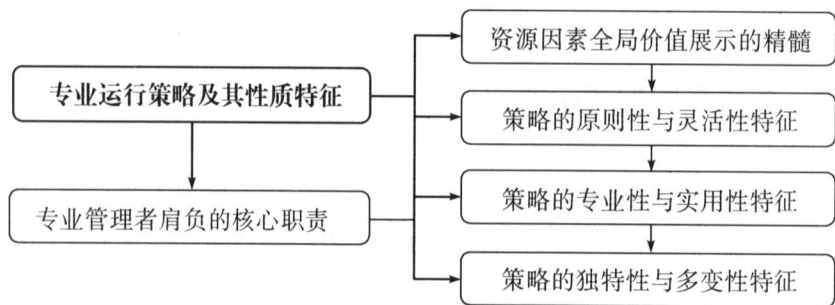

```
专业运行策略及其性质特征 ──→ 资源因素全局价值展示的精髓
         │            ──→ 策略的原则性与灵活性特征
         ↓            ──→ 策略的专业性与实用性特征
专业管理者肩负的核心职责 ──→ 策略的独特性与多变性特征
```

图 5-10-1-6　专业运行策略及其性质特征

（一）专业管理者肩负的核心职责

通过长期而广泛的探索与实践，迄今为止，人们已经总结并积累了极其丰富的专业管理的原则和方法。然而，任何的原则或方法，如果不能坚强有力地支持和推动管理者，准确辨识并积极推进内外资源因素及其作用，高质量全局价值卓有成效地创造或展示，那么，它们的实践价值必将受到极其显著的限制。

事实上，根据全局的背景和专业环节内外资源因素的具体实际，远见卓识地辨识和设置积极的目标，及其卓有成效推进与实现的专业运行方式或策略，并以此坚强创造和展示自身专业管理高质量的全局价值，无不成为专业管理者必须承担的核心职责。为此，彼得·圣吉曾经辩称："勇于承担责任的人从不会按照游戏规则行事，因为他是游戏的主宰。如果游戏的规则阻碍他实现自己的目标，那么，他将设法改变这个规则。"

（二）资源因素全局价值展示的精髓

专业环节的管理者，无不肩负着全局强大支持力量积极创造的重要职责，面临着内外复杂资源因素及其关系与变化，高质量辨识和应对的艰难挑战。专业运行发展的策略，就是睿智地引导并有力地推动专业管理者，成熟牢固地立足于积极坚定的全局立场，积极充分地依靠强大的专业辨识思维的智慧与才能，通过内外资源因素及其相互作用与变化趋势，全面深入地辨识与把握，远见卓识地创造或设置专业环节高质量的运行方式，并以此充分展示自身环节资源因素，积极强大的全局支持力量，极其重要的途径和坚强的动力。

广泛的实践中，专业环节运行发展高质量全局价值的坚强铸就和展示，普遍成为各类专业策略的精髓；牢固立足于内外资源因素的构成，及其作用和变化的具体实际，是一切高质量策略卓有成效创造的核心。

（三）策略的原则性与灵活性特征

卓有成效地铸就和展示，专业运行或管理策略的高质量全局价值，显然，无不需要成熟坚定的原则性的坚强支持与推动。管理策略的原则性，通常是指专业环节任何运行发展的途径或方式，远见卓识地辨识、设置与推进，都必须牢固遵循和坚持，组织的基本信念、宗旨及其全局利益的维护，以及既定的全局战略方向、路线与目标，思维和行为的根本准则。

不仅如此，在各种内外资源因素及其关系与变化复杂的背景下，专业策略如果缺乏高度灵活性的坚强支撑，那么，它的整体力量或全局价值，无不将会受到极其显著的限制。专业策略的灵活性，就是在原则性的基础上，努力超越某些特定的资源因素，及其关系与变化的制约或限制，通过更为积极有效的专业性思维或行为的方式，对整体资源因素及其关系与变化，予以更高质量地联结、融合或转换，并以此卓有成效地创造，专业环节运行发展更为积极的全局价值。

（四）策略的专业性与实用性特征

对各项专业性资源因素及其关系与变化，全面深入地辨识和把握，并以此远见卓识地设置并推进的高质量专业管理策略，无不需要各类科学成熟的专业知识或智慧的坚强支持，从而形成了管理策略显著的专业性的特征。

尽管如此，依据各类专业性的方式或方法，对各项专业资源因素及其相互作用或变化趋势的积极探索，只是高质量管理策略有效设置或推进的重要手段，而非根本性的目的。事实上，任何专业化手段或方式的运用，如果不能坚强有力地支持或推动，整体资源因素的构成及其关系与变化，形成更为强大的全局支持力量，那么，它们的价值无疑将会受到极大的限制。因此，任何高质量的专业性策略，无不体现着极其重要的实用性显著特征。

（五）策略的独特性与多变性特征

专业环节高质量运行或管理的策略与方式，无不体现为一定的全局背景下，内外资源因素的构成及其关系与变化，远见卓识辨识和应对显著的独特性特征，这也是专业管理者的职业智慧、才能与价值，卓有成效铸建或展示的关键基础。广泛的实践中，一定的全局及其专业环节资源的构成、关系与变化的背景下，极其卓越而成功的专业策略，时常会成为另外环境中专业运行的严重挫折，极其重要的形成根源。因此，呆板地固守自身或机械地照搬他人，曾经极其成功的专业性策略，无异于抛弃了自身的职业智慧、才能与价值。

与独特性相对应，专业策略通常会展现出多变性的显著特征。对此，《孙子兵法》曾经作有这样的著名论述："夫兵形象水。水之形，避高而趋下；兵之形，避实而击虚。水因地而制流，兵因敌而制胜。故兵无常势，水无常形。能因敌变化而取胜者，谓之神。故五行无常胜，四时无恒位，日有短长，月有死生。"

——用兵的策略如同流水。流水是避高趋下，用兵的策略是避实击虚。水流根据地形决定流向，用兵则需要根据敌情而采取制胜的策略。所以，用兵没有固定不变的阵势，流水没有固定不变的形态。能够随着敌情的变化，而采取灵活多变的策略取得胜利，叫作战神。因此，五行中没有绝对优势的因素，四时没有静止不变的季节，日照时间有短有长，月亮形状也有朔有望。

六、运行策略设置与推进的方式

专业运行策略高质量地设置与推进，普遍需要全局的战略方向与路线，相关联环节密切支持和协作，并以此对自身内外重要资源因素及其关系与变化，全面深入辨识和把握的坚强支撑与推动。事实上，唯有对全局的背景、协作的要求与资源的状况，形成足够充分而成熟的辨悉，才能远见卓识地通过积极的假设和推断，卓有成效地设置或选择，最具全局积极价值高质量的专业运行发展的策略。

专业策略卓有成效地推进，还普遍需要依据它所限定的，主要资源因素的运行及其相互间联结或作用的方式，设计形成的完整运行方案，以及进程中的资源因素、关系与变化的实时评估，及其策略或方案积极改进的有力支持和推动（图5-10-1-7）。

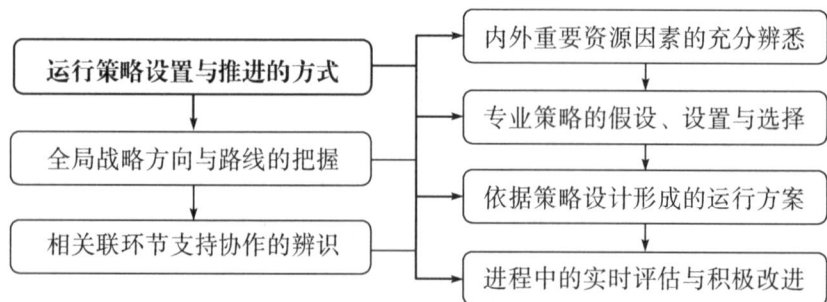

图 5-10-1-7　运行策略设置与推进的方式

（一）全局战略方向与路线的把握

全局的战略方向与路线，是统一整体组织各环节的意志、思维与行为，极其重要而坚强的力量。全局的方向，通常为各环节指明了整体组织，必须重视和着力的外部环境的重要因素，以及所需达到或实现的怎样运营意图或目的；运行的路线，则阐明了组织高质量运营发展，必须充分依靠哪些重要的自身资源力量，及其应该构建的何种相互作用或联结的积极关系。显然，它们普遍成为各环节高质量运行策略，卓有成效地设置与推进，必须准确把握和遵循的基本原则，及其强大的支持与推动力量。

（二）相关联环节支持协作的辨识

任何组织强大的运营发展力量，无不需要各专业或局部环节的运行，密切支持与协作的坚强支撑。因此，具有组织全局或整体运营发展强大支持力量，高质量专业运行或管理策略，卓有成效地设置与推进，通常需要对关联环节相互间积极支持与协作的方式和目标，给予全面深入地辨识与掌握，并通过对相关联环节积极运行发展的有力支持和推动，充分展示自身高质量的全局价值。

（三）内外重要资源因素的充分辨悉

对内外各项重要资源因素及其关系与变化，全面而深入地辨悉和把握，无不成为专业环节高质量运行管理策略，远见卓识设置与推进的关键基础和强大动力。实践中，限制管理者对内外资源因素充分准确辨识的因素，通常主要地表现为：

1. 对重要资源因素及其关系的辨识不够深入全面，尤其易于忽略人力与无形资源的潜在强大力量，及其在整体资源结构中的关键决定性价值；

2. 对自身内在资源能力积极提升的关键或重要价值，缺乏长远发展的成熟思维意识，只能看到现有资源能力暂时表现的力量；

3. 受到狭隘保守思维意识的重要影响，难以对外部潜在的积极因素或力量，给予主动积极地争取或创造，因而总是缺乏高质量运行发展策略的良好机遇；

4. 缺少足够强大专业知识或智慧的坚强支持，对内外各项重要资源因素，更为高效的作用、密切的融合或积极的转换，难以给予远见卓识地洞察或识别。

（四）专业策略的假设、设置与选择

运行策略的思考创造与有效设置，就是依据既定的方向或目标，通过一系列内外资源因素联结或作用方式的积极假设，及其变化趋势、进程和成果的缜密推断，把全局的背景与自身环节资源因素构成的实际，予以最为积极的联结和密切的融合。因此，它普遍成为专业管理者的全局思维意识，及其专业管理的整体智慧与才能，最具关键而核心的体现。

事实上，复杂多变的环境中，任何高质量的专业运行策略，无一不是从多种方式的假设与推断，细致缜密的思考中脱颖而出。因此，专业策略最终高质量地确立，无不需要依据多种方式远见卓识地假设与推断，并根据整体资源因素更高质量全局价值，卓有成效创造与展示的原则，给予深入细致地对比和选择。

（五）依据策略设计形成的运行方案

任何高质量的专业运行策略，总是表现为主要资源因素的运行，及其相互联结或作用方式定性的思考成果。因此，专业策略卓有成效地推进，无不需要依据它对主要资源因素的运行，及其相互联结或作用方式所给予的限定，设计形成完整运行方案的有力支持。

运行方案高质量地推进，显而易见，依然需要目标计划、资源结构、岗位职责的有效设置，以及宣传激励、技能培训、制度奖惩等，各项重要保障措施的积极支持。对于具有全局重大影响或存在较大风险的专业策略，则必须进行一定时空或专业范围试运行的验证，并设置相应影响或风险的应对预案。

（六）进程中的实时评估与积极改进

专业策略或运行方案的实施进程中，由于内外资源因素及其关系的变化，时常使得专业策略的全局价值，及其运行方案的有效性产生重大的改变。因此，对内外资源因素及其关系的变化，给予实时的准确评估，就成为高质量专业管理卓有成效创造，不可或缺的重要任务。

不仅如此，根据内外资源因素的变化，及其专业策略或方案效力的准确评估，必要时还必须依据专业环节更为积极的全局价值，卓有成效创造的根本原则，对运行策略或方案给予积极的调整与改进，这也是专业管理高质量的进程和业绩，坚强创造或展示的重要途径与强大动力。

广泛的实践中，管理者时常期望自身拥有足够强大的资源力量，并以此毫无艰辛挑战地承担起，整体团队赋予的管理职责。然而，果真如此，无不极大地削弱自身管理的重要价值。事实上，管理者所能支配的资源力量，与所需承担的管理责任或任务，时常会存在一段显著的差距。这种差距，正是管理者需要运用高质量的专业策略，卓有成效地构造牢固通畅的连接桥梁，并以此淋漓展示自身卓越智慧与才能的重要职业舞台。

第二节　专业运行的预测与计划

创造管理主动的关键任务

依据全局的背景及其相关各方的需求和支持力量，以及既定的专业策略与运行方案，通过进程中各项资源能力的构成，密切联结与作用的方式，及其各类专业或节点的成果，全面深入地分析、辨识与设定，从而准确地描绘出专业环节运行发展整体计划的蓝图，无不成为专业管理人员卓有成效地肩负起自身职责，有效推进专业环节高质量运行发展，必须具备的基本而又关键的职业素养。

广泛的实践中，准确辨识和掌握全局进程及其相关各方，对自身运行发展的各种要求与支持力量，普遍成为工作进程的准确分析和预测，及其运行计划高质量设置与推进的关键基础和强大动力。事实上，唯有对各种要求和支持力量，予以全面深入的辨析与把握，才能远见卓识地在特定运行策略的背景下，对自身内外资源因素的构成及其相互间的作用关系与变化趋势，以及各类专业或节点的成果，形成充分准确的思考与推断，并以此卓有成效地设置或建立专业环节运行，高质量进程的程序、步骤与质量评价的方式。

依据运行的基本策略及其进程的程序与节点的成果，对各项资源能力的需求，及其提升、供给或配置的方式，价值实时消耗的状况，以及相应的运行规范做出明确界定，普遍成为专业环节运行计划高质量设置，必须包含的主要或核心的内容。同时，人员的积极教育培训及其各项重要变化的保障措施，重大风险的应对预案，以及运行进程的实时验证、反馈与改进，则是一切专业运行计划卓有成效地设置和推进，不可或缺的强大支持力量（图 5-10-2-1）。

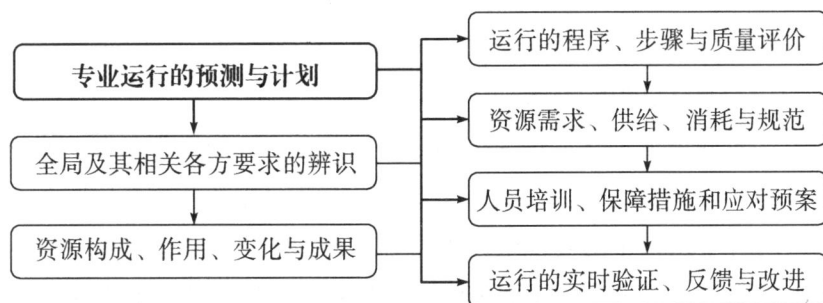

图 5-10-2-1　**专业运行的预测与计划**

一、全局及其相关各方要求的辨识

全局及相关各方的要求和支持力量，广泛的实践中，通常包括组织外部环境中的社会、政治、行业与科技因素，组织全局战略的方向、路线与目标，相关各专业环节与自身的相互支持和协作，内部员工利益的保障与技能的发展，以及各项有形或无形资源的高质量运行，及其潜在价值的积极提升和充分展示，并以此所形成的各项专业或阶段性的特征目标（图 5-10-2-2）。

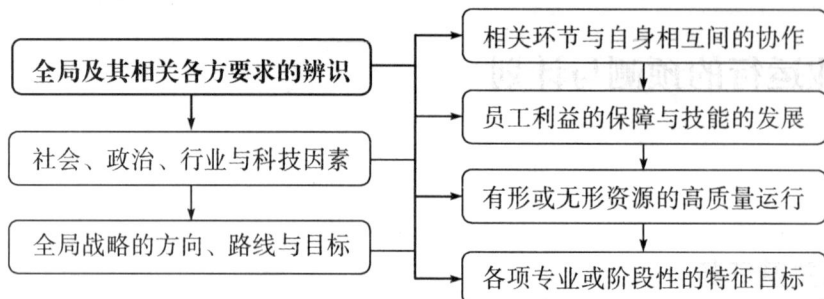

图 5-10-2-2　全局及其相关各方要求的辨识

（一）社会、政治、行业与科技因素

任何专业环节的运行发展，无不从根本上受到组织外部环境中，社会、政治、行业和科技诸多因素或力量，长远而深刻的重要影响。通常，社会因素主要表现为运行产品或服务更高质量的要求；政治领域的影响力量，则主要通过各类专业法律法规，或相关管控政策而得以展现；行业因素主要以各种专业运行的标准，以及各类专业的合作或竞争的方式予以体现；科技因素则主要通过专业环节，对相关先进科技成果的创造或运用的水平，而得以充分显著地展示。

广泛的实践中，外部环境的因素通常会对专业环节运行的目标或任务，运行策略的主要结构形式，运行资源能力的构成及其关系与变化，产生极其深远而重要的影响。因此，专业环节进程的准确分析和预测，以及运行发展计划高质量地设置与推进，无不需要全面深入地辨识和掌握，外部环境的因素及其变化，可能对专业环节的进程或业绩所存在的重要影响。

（二）全局战略的方向、路线与目标

全局战略的方向、路线与目标，是组织各专业或局部环节高质量运行发展，极其强大的支持或限定的力量。然而，实践中，这些战略因素通常只是提供了，专业局部环节高质量运行发展的指导原则，尤其是在需要较强独立与创造性的专业或局部环节运行的背景中，深入而准确地辨识和把握全局原则的核心内涵，并努力与自身内外资源因素的实际，予以最为紧密的联结，就普遍成为专业管理者必须承担的重要职责。

（三）相关环节与自身相互间的协作

专业环节高质量的全局价值及其运行发展的进程和业绩，无不需要各相关环节的密切支持与协作，全面准确辨识和积极有效推进的坚强支撑。事实上，在日趋依赖整体运营发展的强大力量，需要各环节密切支持与协作复杂艰难的环境中，把思维或行为的方式，显著限制在自身专业或局部环节，狭隘僵化的职能或职责的管理者，无不难以创造和展示高质量的职业智慧、才能与价值。

（四）员工利益的保障与技能的发展

广大员工的能动性创造智慧与力量，无不对组织各项工作高质量的运行发展，具有极其关键的决定性价值。因此，对专业环节整体进程远见卓识地分析和预测，及其运行发展计划高质量地设置与推进，必须能够全面准确地辨识和把握，广大员工各种职业利益的保障，以及各项专业技能积极发展与有效展示的水平。事实上，任何专业环节高质量的进程或业绩，无不需要通过广大员工根本长远利益的有效保障，及其专业技能与整体素养积极发展卓有成效地推进，才能得以坚强地铸就和展示。

（五）有形或无形资源的高质量运行

有形资源的潜在力量与价值，及其充分提升或展示的水平，无不对各类专业环节运行发展的进程，具有普遍重要的决定性影响。事实上，人力资源或无形资源的力量与价值，普遍需要通过整体有形资源的构成，高质量运行、作用或变化的坚强支撑，才能得以卓有成效地创造和展示。

无形资源是联结人力资源与有形资源的重要纽带。整体有形资源运行、作用或变化的质量水平，普遍成为无形资源力量的真实写照。而无形资源的力量，通常又是人的能动性创造智慧的集中体现。实践中，专业环节进程的分析和预测，及其运行发展计划设置与推进的重大偏差，无疑将会显著限制有形资源或无形资源创造与运行的质量水平。

（六）各项专业或阶段性的特征目标

任何专业环节的运行发展，无不受到组织的外部环境、全局原则与关联环节间的协作，以及内外资源因素的密切联结或作用，所产生各类专业、局部或阶段性要求，极其复杂而重要的影响。因此，对专业环节进程的准确分析和预测，以及运行发展计划高质量的设置与推进，无不需要得到相关各方的要求与支持力量，及其相互关系和变化趋势，全面深入地辨识与把握，并以此远见卓识地设计并转化为，努力实现的各项专业、局部或阶段性特征目标的坚强支持与推动。

二、资源构成、作用、变化与成果

对专业环节进程的准确分析和预测，及其运行发展计划高质量地设置与推进，普遍需要对其进程具有重要决定性影响的相关各方要求，专业策略设计选择的基础与结构，以及内外资源因素的构成，及其相互作用与变化趋势，并由此形成的运行发展的各项成果，全面准确辨析的有力支持与推动。事实上，卓有成效地创造整体内外资源因素，及其相互作用与变化发展的强大力量，并以此高质量地满足相关各方的积极需求，无不成为各项专业环节的有效管理或运行，必须承担的核心任务和普遍面临的艰难挑战。

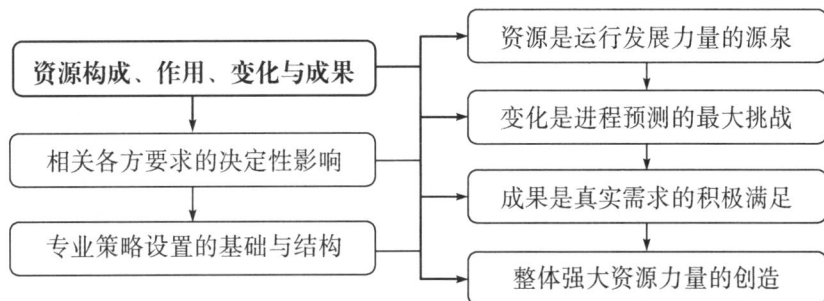

图 5-10-2-3　资源构成、作用、变化与成果

（一）相关各方要求的决定性影响

相关各方及其全局的需求，是任何专业局部环节的设置形成，运行发展的资源构成及其关系与变化，以及整体进程的质量或价值的准确评价，最具根本性的依据与决定性的因素。事实上，对相

关各方要求的准确辨识与积极满足，无不成为专业环节运行发展的高质量策略和成果，卓有成效地设置或选择，内外资源因素的构成及其相互作用与变化趋势，远见卓识地识别和推动，高质量全局价值的坚强创造或展示，以及运行进程的准确分析与预测，极其重要的途径和强大的动力。

（二）专业策略设置的基础与结构

专业运行策略，通常需要依据相关各方的积极要求，及其内外资源因素的构成实际，有效提炼出最具全局价值的需求结构，并以此通过内外资源因素高质量作用及其发展方式，卓有成效地设置与推进，从而积极创造专业环节内外资源因素，最为强大的全局支持力量。因此，全局背景下的需求结构，并以此形成的内外资源因素，积极作用与发展方式的准确辨识，就普遍成为专业策略高质量设置或推进的根本基础。

策略的结构，就是通过强大的全局支持力量，内外资源因素的构成、关系与变化，远见卓识地辨识和积极有效地创造，从而坚强有力地铸就并展示，专业环节高质量的全局价值，卓有成效的运行方式和发展途径。实践中，内外资源因素强大全局力量的构成，及其密切作用与积极发展的方式，通常就形成了专业策略的主要结构。

（三）资源是运行发展力量的源泉

内外资源因素的构成，无不成为一切工作积极运行发展的力量源泉。其中，专业环节内在的资源力量，又普遍占据着一切高质量进程或业绩，卓有成效创造的关键决定性地位。尽管如此，一定资源因素的构成所能展示的全局力量与价值，又普遍受到不同联结或作用方式的重要影响，尤其是内在整体资源能力的变化发展，无不对专业环节的进程与业绩，具有极其关键的决定性影响。

因此，对专业环节进程的准确分析和预测，及其运行发展计划高质量的设置与推进，无不需要深入审视和辨识，各项资源因素积极的联结或作用，尤其是内在资源能力持续高质量提升发展卓有成效的方式和方法。

（四）变化是进程预测的最大挑战

内外资源因素相互联结或作用的变化，广泛的实践中，无不成为专业环节进程的准确分析和预测，及其高质量运行发展计划的设置与推进，普遍面临的复杂艰难的挑战。其中，相关各方的运行要求与支持力量的改变，又广泛地成为专业环节进程的准确预见，极其重要而又复杂的制约因素。

因此，对专业环节进程的准确分析和预测，最具关键而积极方式，就是深入审视和充分辨识，相关各方对自身运行的要求与支持的力量，可能存在的变化及其趋势或状况，并以此通过相关专业或阶段性运行成果的积极设置，予以睿智有效地推进。高质量运行发展计划的设置与推进，最为根本而有效的方式，就是努力通过内在各项专业资源能力，卓有成效地提升与发展，并以此高质量地推进内外整体资源因素，更为密切地联结、作用或融合，从而创造形成专业环节运行发展，更为强大的全局支持力量。

（五）成果是真实需求的积极满足

任何专业环节进程预测或计划设置的蓝图，无不需要通过一系列专业、局部或阶段性节点的成果，积极地布置和连接才能予以有效地绘制。因此，体现各项内外资源因素，密切作用与积极变化的节点成果，如果不能准确反映相关各方真实的需求，那么，专业环节运行发展的整体支持力量及其进程和业绩，无不将会受到极其显著地制约。

（六）整体强大资源力量的创造

依据相关各方及其全局的积极需求和支持力量，以及内外资源因素的构成及其关系与变化，全面深入地辨识和把握，并通过专业运行策略及其局部或阶段性成果，远见卓识地设置或选择，从而对专业环节的整体进程予以准确地分析和预测，并以此高质量地设计与推进运行发展主动积极的计划，卓有成效地创造积极而强大的全局支持力量，普遍成为专业环节高质量进程或业绩的坚强铸就与展示，极其重要的途径和强大的动力。

三、运行的程序、步骤与质量评价

作为专业管理高质量推进的重要途径和强大动力，运行发展卓有成效地预测与计划，通常需要对整体进程中的各项重要影响因素，根据具体的内外实际，予以适当的分类界定与设置。其中，依据主要资源因素及其相互作用与变化趋势的特征，所设置形成的运行程序，普遍成为专业管理高质量进程的积极创造，必须遵循的重要原则和强大的支持力量。根据内外运行要求及其目标任务体系，所设定的各项专业、局部或阶段性成果，及其相互间的影响关系或作用地位，则是任何专业卓有成效推进，必须予以准确界定与实现的重要进程步骤。

无论分析预测多么精细，计划设置怎样严密，预料之外的变化时常会影响运行的既定进程。然而，问题的关键不在于如何限制变化的产生，而是在于怎样更为主动积极地应对变化。因此，运行进程中整体质量关键而准确的评价节点与方式，及其预料之外变化的应对预案，以及计划完善或调整方式的设置，就普遍成为管理者高质量地辨识和应对内外各种变化，从而始终占据或掌握管理的主动地位，极其重要的途径和强大的支持力量（图5-10-2-4）。

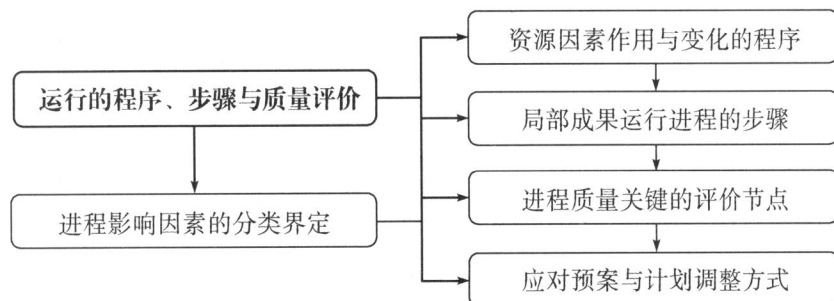

图 5-10-2-4　运行的程序、步骤与质量评价

（一）进程影响因素的分类界定

任何专业管理高质量进程或业绩的坚强创造，无不需要依据睿智成熟的整体思维，把各种错综复杂的因素、关系与变化，分解梳理成一系列井然有序，易于全面准确地辨识和积极有效地推进，各项重要的局部组成，这也是任何背景下，卓有成效地辨识和应对各类复杂问题或艰难挑战，极其重要的原则和思维行为的方式。

因此，高质量的进程分析和预测，及其计划的设置与推进，一项极其关键的原则或途径，就是必须对专业环节整体进程，所涉及的各项内外重要资源因素，及其相互作用与变化趋势，给予能够全面准确辨识和积极有效应对，专业性或阶段性特征基础上的系统分类，并以此对相应工作运行进程的状况或质量，予以积极的设置和界定。

（二）资源因素作用与变化的程序

通过长期而广泛的实践，人们已经日趋普遍而深刻地意识到，不同的联结或作用的方式，能够形成专业环节整体内外资源因素，天壤之别的运行发展的进程或业绩，及其全局的价值和支持力量。事实上，任何专业环节高质量地运行发展，无不需要远见卓识地创造并遵循，各项资源因素的内在本性特征，以及运行策略对其相互作用与变化，精心设置和选择的方式，所形成的具有关键决定性价值的专业性程序。

因此，专业环节进程准确地分析和预测，及其运行发展计划高质量地设置与推进，管理者无不需要成熟睿智地超越各项专业资源因素，静止或孤立的力量与价值，并通过强大专业知识或智慧的坚强支持与推动，远见卓识地辨识、创造和把握，各项重要资源因素密切作用和积极发展，必须遵循的高质量的专业性程序。

（三）局部成果运行进程的步骤

任何环节运行发展或管理的进程，无不需要通过一系列专业、局部或阶段性的成果，才能得以充分积极地体现。依据相关各方或全局的要求，以及内外资源因素的构成及其关系与变化，所设置形成的各项阶段性运行成果，通常就体现出专业环节高质量进程卓有成效地创造，必须遵循或实现的若干重要的工作步骤。实践中，工作运行的程序，通常强调了整体的系统性要求，而工作的步骤，则是显示了各项重要的局部或阶段性组成的价值。它们相辅相成，共同支持或推动着整体工作的高质量进程。

反映各项重要局部或阶段性成果的运行步骤，是专业环节进程远见卓识地分析和预测，以及运行发展计划卓有成效地设置与推进，高质量思维或行为的重要途径和强大动力。事实上，运行发展步骤的准确辨识和设置，无不成为整体工作高质量分析或预测，最具关键价值的成果之一；所有类型的专业性计划，无不包含着一系列体现着整体高质量进程，各项重要的局部或阶段性成果的积极步骤。

（四）进程质量关键的评价节点

在内外资源因素影响密切而又变化快捷的复杂环境中，人们时常难以就某些资源因素的变化，对整体进程的价值做出准确的判断或评价。这种背景下，计划的功效既可能显示出积极的正面力量，即能够有效限制各种不利因素的干扰；也可能产生显著消极的负面影响，即因为坚持既定的计划，却丧失了极为有利的发展机遇，或者因拒绝改变而陷入极其被动或艰难的运行境地。

因此，积极推进专业进程的准确分析和预测，有效确保运行计划高质量地设计与实施，管理者通常需要根据可能的内外变化，卓有成效地设置不仅能够睿智坚强地引导和支持，远见卓识进程分析和预测的正确方向与积极方式，而且可以实时准确地评估各类变化的影响，从而有效保障计划高质量设计与推进，若干整体进程质量关键的评价节点，以及相应的评价方式和基准。

（五）应对预案与计划调整方式

通过长期广泛的实践，人们已经日趋普遍而深刻地意识到，在复杂多变的环境中，针对各种重要变化积极的应对预案，已日益成为各类专业环节的运行发展计划，高质量地设置或推进，及其管理主动地位卓有成效地创造与展示，不可或缺的重要途径和强大动力。

不仅如此，为有效确保专业环节高质量的进程或业绩，运行发展的计划通常还需要明确界定或设置，内外资源因素或关系范围之外变化的背景下，计划的完善或调整所需采取的积极方式，从而使得运行发展的计划能够真正成为，专业环节高质量进程或业绩，卓有成效创造的强大动力，而不是僵化的负面阻碍或限制的因素。

四、资源需求、供给、消耗与规范

专业环节进程远见卓识的分析和预测，通常需要依据相关各方及其全局的要求与支持力量，基本的运行策略、程序、步骤和各项节点的成果，全面深入地辨识和积极有效地设置，对专业环节运行发展内在资源能力的构成，相关资源的性质特征及其潜在力量的展示方式，以及各项资源能力相关作用所居于的关系地位，形成足够充分而准确的判断，并以此卓有成效地设置并推进，包含着整体进程各项资源能力的需求及其供给配置方式，关键性资源力量或相互作用的能力，持续积极提升的方法或途径，以及各项资源消耗与运行质量评价的规范等，重要内容的运行发展计划（图5-10-2-5）。

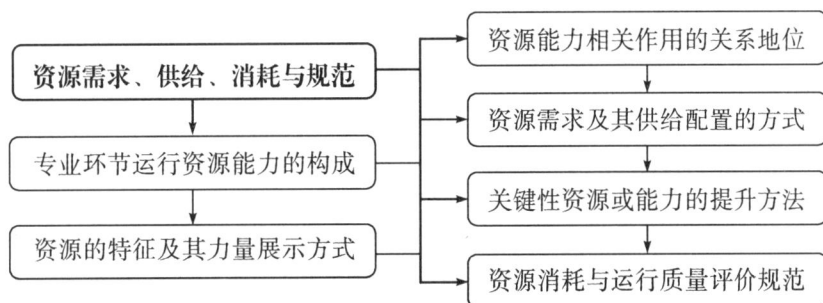

图 5-10-2-5 · 资源需求、供给、消耗与规范

（一）专业环节运行资源能力的构成

任何专业环节高质量管理的思维与行为，及其运行发展卓越的进程或业绩，无不需要各项资源因素的积极运行、作用与变化，远见卓识辨识和卓有成效推动的坚强支撑。事实上，任何专业环节的管理或进程的重大缺陷，无不从根本上源自重要专业资源能力、关系与变化，高质量辨识或推进所产生的显著限制。

因此，依据相关各方及其全局的要求与支持力量，基本的运行策略、程序、步骤和各项重要节点的成果，以及各种先进的专业性方式或方法，对各类资源能力的构成及其关系或变化，予以全面深入的辨识和积极有效的设计与推动，就普遍成为专业环节进程的准确分析和预测，及其运行发展计划高质量地设置与推进，极其关键的途径和任务。

（二）资源的特征及其力量展示方式

推进资源因素或能力潜在力量与价值的充分展示，无不需要对其本性的特征及其充分展示的方式，深入准确地辨识与把握的坚强支撑。显然，缺乏人的能动性创造智慧与力量，以及无形资源对各项有形资源及其关系或变化，关键决定性价值睿智成熟的辨悉，无不成为专业管理者整体的职业素养或才能，极其重要而显著的限制性因素。

因此，依据相关各方的要求与支持力量，以及基本的策略、程序、步骤或节点的成果，对内外各项重要资源因素的性质特征，及其潜在力量与价值充分展示的方式，给予全面深入地辨识和把握，无不对专业进程分析或预测的水平，运行发展计划设置与推进的质量，具有极其关键的决定性价值。

（三）资源能力相关作用的关系地位

任何组织的运营或专业环节的运行发展，无不体现为对内外各种资源因素或能力，相互密切作用与积极变化卓有成效地辨识和推动。事实上，一定内外资源因素的构成，由于相互关系的设置或变化推动的力量，所存在的显著差异，无不将会导致整体组织运营或专业环节运行，天壤之别的进程与成果。

因此，依据全局的背景及其专业环节的基本策略，对各项重要资源因素或能力，相互作用的关系地位与积极变化的发展方式，给予深入准确地辨识和睿智有效地设定，无不成为管理者专业进程远见卓识地分析和预测，及其运行发展计划高质量地设置与推进，普遍面临的核心任务和艰难挑战。

（四）资源需求及其供给配置的方式

在复杂艰难的环境中，少有成熟的管理者敢于轻视强大的资源力量，对于专业环节高质量进程或业绩的关键决定性价值。事实上，依据相关各方及其全局的要求与支持力量，以及基本的运行策略、程序、步骤和各项重要节点的成果，通过专业环节进程的准确分析和预测，高质量地设置各项资源能力的需求，及其有效供给或配置的积极方式，无不成为各类专业环节运行发展的计划，必须包含的重要内容。

（五）关键性资源或能力的提升方法

任何专业环节运行发展的进程或业绩，无不受到若干重要或关键资源能力的决定性影响。因此，远见卓识地洞察并积极有效地推进，若干重要或关键性资源能力，持续高质量提升和展示的方式或方法，并以此卓有成效创造专业环节全局的强大支持力量，就普遍成为专业进程的准确分析和预测，以及运行发展计划高质量地设置与实施，不可或缺的重要任务和坚强动力。

（六）资源消耗与运行质量评价规范

各项资源的运行、消耗及其成果的转化质量，普遍成为专业环节的进程或业绩，最为基本而重要的决定性因素。因此，依据全局的背景与基本的策略，以及内外资源因素的构成实际，对运行发展进程中，各项重要资源高质量地运行、消耗及其成果转化的积极方式，给予全面深入地辨识和把握，并以此设置形成准确的质量评价规范，就普遍成为专业进程的分析预测与运行计划的设计实施，卓有成效推进的重要途径和任务。

五、人员培训、保障措施和应对预案

实践中，运行计划高质量地设计和实施，普遍需要得到各项重点与难点环节工作，全面准确地辨识和把握，以及各类重要运行规范卓有成效设置与推进的坚强支撑。而各项重点或难点工作的积极应对，及其运行规范高质量地推进，又无不需要得到居于各种工作核心地位的广大员工，卓有成效的教育培训，以及各种正面引导和激励的管理方式，并以此铸建形成的整体员工队伍，强大的能动性创造智慧与力量，坚强有力的支持和推动。

运行发展计划卓有成效地设置与推进，通常还需要对内外各种重要影响的变化，尤其是各类重大的运行风险，给予充分准确地洞察和识别，并以此高质量地设置应对各项变化的积极保障措施，以及针对重大风险的有效应对预案（图5-10-2-6）。

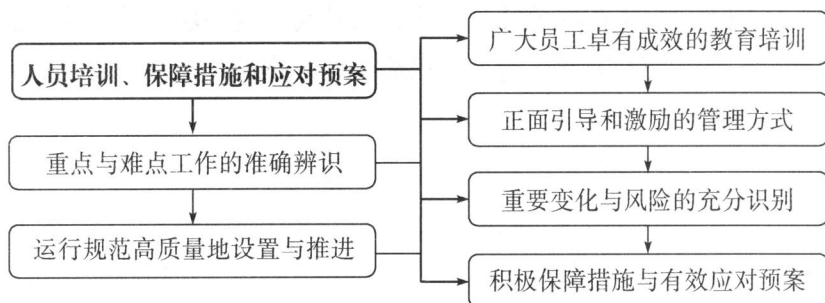

图 5-10-2-6　人员培训、保障措施和应对预案

（一）重点与难点工作的准确辨识

任何工作高质量进程或业绩卓有成效的创造，广泛的实践中，无不需要得到各项重点与难点的环节，深入准确辨识和积极有效应对的坚强支撑。因此，专业环节进程的准确分析和预测，并以此对运行发展的计划，给予高质量地设置与推进，无不需要管理者能够睿智准确地洞察和辨识，一定的全局需求、运行策略及其内外资源因素的背景下，整体专业环节运行或发展的进程中，所存在的重点与难点的工作组成，并通过各种先进专业技术和管理方法卓有成效地运用，以及内外资源力量积极有效地争取或集中，从而给予坚强有力的应对。

（二）运行规范高质量地设置与推进

通过长期的实践，人们已经日趋广泛而成熟地意识到，任何工作高质量地推进，无不需要遵循卓有成效的专业性方式与规范。事实上，对专业性工作推进的方式或规范，及其形成背景深入成熟地辨识和把握，已普遍成为人们高水平的专业智慧与技能，卓有成效铸建或展示的重要途径和强大动力。

因此，卓有成效地推进专业进程的准确分析和预测，运行发展计划的积极构建与实施，管理者无不需要全面深入地辨识，睿智成熟地依据，以及高质量地设置与推进，各项重要工作高水平运转，及其密切协作积极有效的专业性规范，并以此坚强创造和展示，专业环节整体强大的运行发展力量。

（三）广大员工卓有成效的教育培训

管理者的职业思维或行为，任何背景下，无不需要积极转化为，广大员工强大的能动性创造智慧与力量，才能卓有成效地形成并展示高质量的实践价值。因此，旨在积极提升并充分展示，广大员工强大能动性创造力的教育培训，就普遍成为管理者卓有成效地推进，专业进程高质量的分析和预测，以及运行发展计划积极的设计与实施，不可或缺的关键途径和强大动力。

员工教育培训高质量地推进，必须依据整体能动性创造智慧与力量，卓有成效提升或发展的根本目的和基本原则。广泛的实践中，通常包括各项专业辨识思维，及其整体工作技术能力的提高；团队的强大力量和根本利益，积极文化或价值观的铸建与发展；奋发进取的情感与行为动力的坚强铸就和持续提升。事实上，唯有充分掌握了员工的积极指导、教育与培训的关键技能，才能坚强创造并稳固占据，一切管理工作的主动地位。

（四）正面引导和激励的管理方式

广大的员工蕴含着强大的能动性创造智慧与力量，并对各项工作的运行发展具有普遍关键的决定性价值。事实上，管理者所有卓越的智慧与才能，及其高质量的职业进程或价值，无不从根本上源自对广大员工能动性创造智慧和力量，远见卓识地洞察与辨识，并卓有成效地引导或激发，而得以坚强地铸就和充分地展示。

因此，高质量地推进专业进程的分析和预测，及其运行发展计划的设计或实施，管理者无不需要睿智成熟地辨识，广大员工蕴含的强大能动性创造力，及其对整体专业进程和业绩的关键决定性价值，并以此努力探索并积极运用，各种正面的引导和激励的管理方式，卓有成效地创造和展示专业环节强大的全局支持力量。

（五）重要变化与风险的充分识别

任何专业环节的运行进程，无不包含着内外资源因素及其联结作用的关系，各种复杂的重要变化。对各种变化积极的或负面的重要影响，尤其是可能存在的重大风险，给予全面深入地辨识和把握，无不成为专业进程的准确分析和预测，必须承担的关键任务，以及运行发展计划高质量设置与推进，不可或缺的重要途径和强大动力。

运行的重大风险，普遍成为专业环节的严重挫折，最为主要或重要的根源。因此，根据自身内外资源因素及其关系或变化的实际，准确分析和辨识风险的发生概率，以及对专业环节及其全局的影响程度，并以此主动采取各项积极有效的专业应对方式，就成为专业管理者必须掌握的关键技能和承担的重要职责。

（六）积极保障措施与有效应对预案

内外资源因素及其相互影响或作用的关系，所普遍存在的不确定性或难以完全控制的变化，无不成为专业进程的准确分析和预测，及其运行发展计划高质量地设置与推进，极其复杂而艰难的挑战。事实上，随着专业环节的运行发展，原先相关各方或全局的要求，内外资源因素的构成及其相互联结或作用的关系，持续变化的环境中，如果缺乏针对各种重要变化的积极保障措施，以及各类重大风险的有效应对预案，坚强有力地支持和推动，就没有任何高质量的进程分析和预测，及其运行计划的设计与实施，能够得以卓有成效地推进。

六、运行的实时验证、反馈与改进

无论进程的分析和预测及其计划的设置，采取怎样科学严密的方式，专业环节运行计划的推进，都必将受到难以事先准确预计或完全控制，各种因素及其关系与变化复杂而重要的影响。因此，运行发展计划推进的实时验证、反馈与改进，无不对其高质量进程的积极创造，具有普遍关键的决定性价值。

运行计划实时验证高质量地推进，无不需要得到根据内外环境的具体实际，及其既定的计划安排，对能够准确反映进程真实质量的检测方式和评价标准，预先充分辨识并有效设置的有力支持。对于关键节点的验证所暴露的明显偏差，还必须全面深入地分析问题产生的根源，以及所需采取的工作改善方法，并及时反馈到相应的工作部位予以有效地实施。

广泛的实践中，进程的实时验证，也是复杂多变环境中，运行发展计划设置质量极其重要的检验方式。因此，必要时，还需根据验证的结果，按照既定的程序或规范，对运行计划给予积极的改进或调整（图 5-10-2-7）。

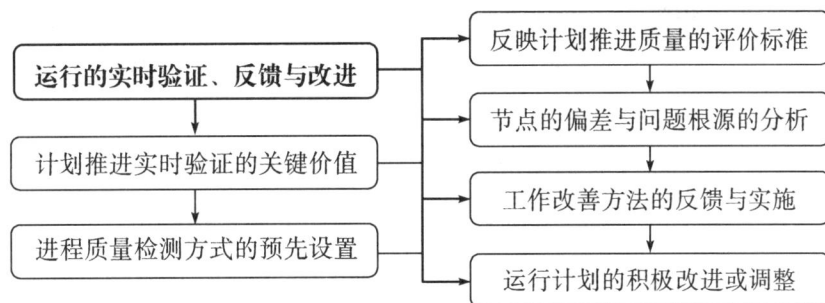

图 5-10-2-7　运行的实时验证、反馈与改进

（一）计划推进实时验证的关键价值

计划推进的实时验证，是通过专业环节的运行状况与既定的进程安排，及时而严密地对比和分析，从而充分准确地辨识并积极有效地应对，专业进程的前期分析或预测及其运行计划的设置，可能与客观实际所存在的显著偏差，运行计划推进所出现的明显缺陷，或者内外资源因素及其关系所产生的重要变化，并以此卓有成效地创造，专业环节高质量的运行发展进程或业绩，不可或缺的重要途径和强大动力。

事实上，缺乏及时而严密的过程验证与控制，坚强有力的支持和推动，无不难以卓有成效地构建，高质量的工作运行闭环反馈系统，并以此成为专业环节运行或管理主动积极的进程，极其普遍而重要的限制因素。

（二）进程质量检测方式的预先设置

根据全局强大支持力量的积极创造，及其运行发展计划有效设置的背景，以及内外资源因素、关系与变化的具体实际，远见卓识地辨识并设置，对专业环节卓有成效地运行发展，具有积极指导价值与强大推动力量，完整准确的进程质量检测方式，普遍成为超越各种局部、暂时或僵化的思维，并以此积极有效地推进，运行计划进程的高质量验证，不可或缺的关键基础。

进程质量检测验证的方式，通常需要包括工作实施的组织结构，涉及的主要运行范围、节点与工作内容，质量状况的性能构成及其采集方法，以及根据整体进程的需要或专业环节的运行特征，设定的其他必要内容。

（三）反映计划推进质量的评价标准

进程验证评价标准设置的适宜性和准确性，无不对运行计划实施进程的质量，以及专业运行或管理水平的准确反映，及其持续高质量地提升与发展，具有普遍关键的决定性影响。

验证的评价标准，通常包括专业运行的技术规范，以及根据具体专业工作高质量运行，及其密切联结作用和积极变化发展，所设置形成的各项专业性要求。实践中，无论设置或选择怎样形式的评价标准，都必须坚持既要能够准确地反映，各项重要工作的运行及其关系与变化，真实的水平、质量或成果，也要具有较强可操作性的基本准则，并以此有效避免计划推进的验证流于表面形式，从而丧失高质量进程积极的指导价值和强大的推动力量。

（四）节点的偏差与问题根源的分析

依据相应的验证方式和评价标准，通常能够准确地辨识，运行计划的推进与既定的进程安排，所存在的各种偏差。对于各项关键或重要节点所出现的偏差，必须根据既设的运行策略、方案和计划，全面深入地分析问题产生的根源，以及所需采取的工作改善方法。事实上，对进程中各类问题及时的查找、分析与改善，普遍成为专业环节运行发展的能力，持续高质量提升的重要途径和强大动力。

（五）工作改善方法的反馈与实施

对计划实施进程中，所产生的各种既定安排的偏差，及其问题存在的根源，以及工作有效改善所需采取的积极方式或方法，必须能够准确无误地反馈到相关的工作部位，并予以切实有效地落实。事实上，工作的实时验证、反馈与改进，无不成为各项专业性工作，运行发展能力持续积极地提升和发展，及其高质量进程卓有成效地创造，不可或缺的重要途径与强大动力。

不仅如此，作为各类专业性工作过程控制主动积极的方式，进程的验证、问题根源的分析及其改进方法的反馈，还普遍成为各项工作的业绩考核，各种正面或负面的有效激励，以及工作能力和质量的持续提升，卓有成效推进的重要依据和强大的推动力量。事实上，缺乏实时验证及其有效激励的坚强支撑，没有任何工作能够展示主动积极的管理，并以此卓有成效地创造或保持，持续高质量的运行发展的进程。

（六）运行计划的积极改进或调整

在众多因素纵横交错、复杂多变的内外环境中，运行进程的准确分析和预测，以及具有积极指导与推动价值高质量计划的设计，无不成为专业管理卓有成效推进，普遍面临的艰难挑战。事实上，计划推进实时验证最为重要的价值之一，就在于通过运行发展进程中，内外资源因素及其关系或变化，具体实际的全面采集和深入分析，从而坚强有力地支持管理者，准确识别前期的进程预测或计划设置，可能存在的重要偏差和缺陷，并以此对运行计划给予更为积极的改进或调整。

第三节 努力提升资源的运行效率

运行发展的积极因素与力量

任何组织或专业环节的运行发展，无不需要得到内外各种积极因素和力量，及其相互间密切联结或作用，睿智成熟思维意识和行为能力的坚强支撑。事实上，随着各类资源因素日新月异的快速发展，以及相互间作用或影响日益的广泛深入，依据组织的全局背景，全面准确地辨识各种资源因素及其关系与变化，并以此卓有成效地推进，整体资源体系高效运转成熟的思维意识，已日趋成为专业管理者职业智慧与才能的积极展示，普遍的强大动力和坚强保障。

无论依据严密逻辑性的思维方式，还是广泛高质量实践的行为立场，全面而深入地辨识和掌握，各类专业资源因素的构成及其表现特征，无不成为内外资源因素的完整体系，高质量运行效率及其持续发展，卓有成效创造的关键基础和重要途径。在包含强大能动性创造智慧与力量，人的因素资源组成的结构中，显然，无不需要睿智辨识并积极推进，对其他各类专业资源潜在能力或价值的展示，具有普遍而关键的决定性影响，人力资源构成质量及其运行效率的提升。

产品或服务，不仅是整体组织运营或专业环节运行的价值，高质量展示和发展的根本，而且也是密切联结内外资源力量普遍关键的决定性因素。因此，创造更为优良的产品服务性能与品质，正日益成为各类组织或专业环节，卓有成效地提升整体资源体系的运行效率，普遍的关键途径和强大动力。

在长期的运行发展进程中，依据内外资源因素及其关系，以及各专业环节运行任务或方式的不断变化，对各类专业资源相互联结或作用的结构，给予更为积极有效的改进或重新组合，已日趋成为复杂多变环境中，资源体系运行效率卓有成效地提升，不可或缺的重要途径。广泛的实践中，整体资源体系高效运转的积极创造或推进，还无不需要能够睿智成熟地辨识并避免，若干常见的限制性思维或行为方式，可能造成的显著负面影响（图5-10-3-1）。

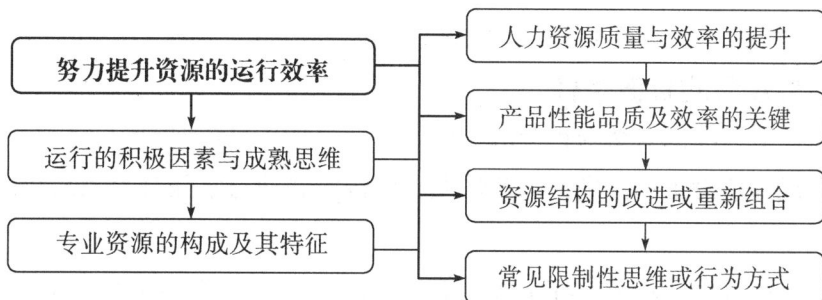

图 5-10-3-1 努力提升资源的运行效率

一、运行的积极因素与成熟思维

广泛的实践中，任何专业环节高质量的运行发展，无不需要得到全局背景下，各类积极资源因素或力量充分准确的辨识，及其相互间密切联结或作用有效推进的坚强支撑，并以此成为各类专业管理高质量进程，卓有成效创造的核心任务。

任何专业环节运行发展的积极因素和力量，无不包含着外部的自然与社会的资源条件，以及自身投入或创造的专业运行资源能力。专业资源及其相互联结所构成的资源体系，整体运行的效率和价值，显然，还普遍受到运行发展的目标，及其专业运行策略或方式设置的关键影响。因此，努力以睿智成熟的全局思维，远见卓识地设置高质量的运行目标和策略，就普遍成为整体资源体系高效运转，卓有成效推进的关键途径与重要任务（图5-10-3-2）。

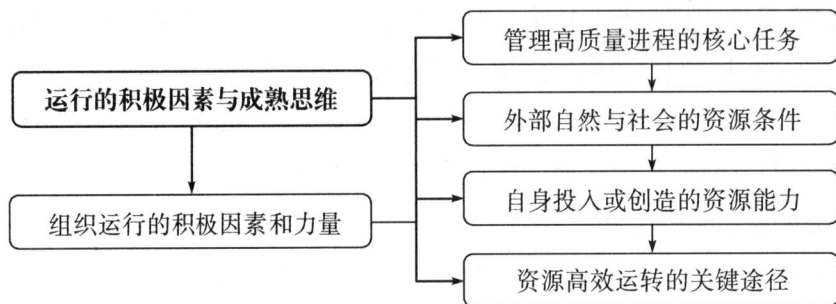

图 5-10-3-2　运行的积极因素与成熟思维

（一）组织运行的积极因素和力量

任何组织或专业环节高质量的运行发展，无不需要得到足够的积极因素或力量，充分准确辨识和卓有成效运用的坚强支撑。事实上，长期以来，人们对组织运营或专业环节运行高质量的方式，进行了大量的探索与实践，并总结积累了极其丰富的理论原则或实践准则。然而，无论多具权威的理论原则或华丽的实践准则，如果限制了人们对内外积极因素或力量充分准确地辨识，及其密切联结或作用卓有成效地推动，那么，它们的价值都必将受到极其显著的制约。

（二）管理高质量进程的核心任务

广泛的实践中，管理者任何耳熟能详的管理手段或方法，譬如，目标、方案与计划，以及组织、控制或协调，从根本上说，无一不与一定全局背景下，组织或专业环节的积极因素与力量，充分准确的辨识以及高质量联结或作用的推动，存在着密切的关联。因此，努力以睿智成熟的全局思维，对内外各种积极的因素与力量予以全面准确的辨识，并以此卓有成效地铸建高效运转的资源体系，就成为各类专业管理高质量进程或业绩的坚强创造，普遍面临的核心任务和艰巨挑战。

（三）外部自然与社会的资源条件

外部环境中所广泛存在的自然与社会的积极资源与力量，是任何组织及其专业环节，高质量运行方向或方式卓有成效地设置和推进，以及强大的运行发展动力坚强有力地创造，不可或缺的关键决定性因素。

换言之，任何组织或专业环节内在资源的能力或价值，无不需要与外部的资源因素，予以高质量地联结或作用，才能得以卓有成效地创造和展示；所有内在资源运行效率产生的缺陷，无不与外部资源因素的显著脱离，存在着根本性的密切关联。因此，推进整体资源体系的高效运转，必须首先深入而充分地辨识，外部环境中所存在的各类积极的因素与力量，以及高质量运用的有效方式或方法。

（四）自身投入或创造的资源能力

人们对组织及其专业环节卓有成效的资源投入或能力创造的方式，迄今为止，已经做了大量的探索与研究。事实上，任何组织的运营或专业环节的运行，无一不是根据一定外部资源条件的构成与变化，对自身内在资源或能力给予持续有效的投入和构建，及其高效运转积极推动的进程。

实践中，内在资源支配权力的决策者，能否具备依据广泛外部资源条件的构成或变化的具体实际，远见卓识地引导与推动内在资源能力，高质量投入、构建与运转成熟睿智的思维意识，无不对组织或专业环节的整体进程或成就，具有普遍关键的决定性影响。

（五）资源高效运转的关键途径

通过长期而广泛的实践，人们已经日趋普遍而深刻地意识到，内外积极的因素或力量，与运行发展的目标及其采取的专业策略，无不存在着极其密切的相辅相成的辩证统一关系。换言之，对内外积极因素或力量及其关系远见卓识的辨识，无不能够睿智坚强地支持人们，设置更高质量的运行目标和专业策略；而高质量的运行目标或专业策略的设定与选择，又能够坚强有力地支持和推动人们，对内外积极因素或力量，形成更为充分而准确地识别。

二、专业资源的构成及其特征

对组织或专业环节高质量进程，各类专业资源因素的构成与表现特征，以及相互作用的方式或关系，形成充分准确的辨识和把握，无不成为它们的高效运转与密切联结，卓有成效推进的关键基础。长期以来，人们已经习惯于把组织的内在资源构成，划分为有形资源、无形资源与人力资源的基本形式。

然而，基于内外关系对立统一更为成熟的思维和积极的实践，组织运行的完整资源体系还必须包含外部存在的，极为关键的产品或服务的需求资源，以及对组织或专业环节高质量进程，具有积极而强大推动力量的其他资源因素。广泛的实践中，如果轻视或忽略外部资源因素的分析与辨识，以及内外资源因素密切联结或作用，远见卓识运行策略的设置与选择，显然，任何单纯内在资源运行效率提升的探索，都必将难以创造组织或专业环节，持续高质量的运行进程与价值（图5-10-3-3）。

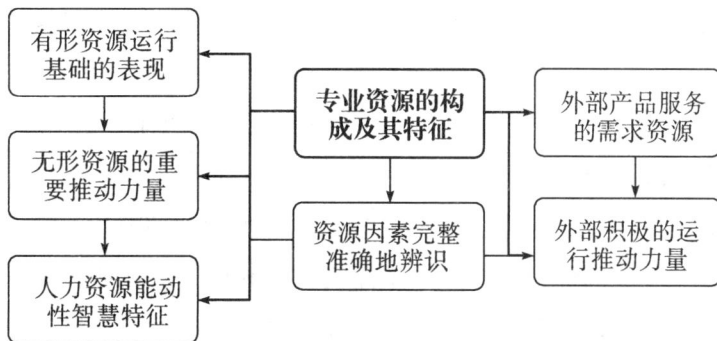

图 5-10-3-3　专业资源的构成及其特征

（一）资源因素完整准确地辨识

任何资源因素，如果存在的形成与表现的特征，不能得到人们充分而准确的辨识和把握，显然，它们对于组织或专业环节高质量进程，潜在积极力量与价值的展示，无不将会受到极其显著的限制。换言之，任何资源构成形式的分类，都应该成为实践者，充分辨识各种积极因素和力量的表现特征，及其相互间密切联结或作用，卓有成效推进的强大工具；任何资源体系的构建，都必须包含组织或专业环节高质量进程，所依靠的全部积极的因素与力量。

因此，依据组织的全局背景，以及专业环节内外资源因素的具体实际，通过各项重要资源的构成形式与表现特征，充分准确地辨识和把握，并以此卓有成效地构建和发展，自身职业高质量进程所需的完整资源体系，无不成为管理者普遍面临的关键任务。

（二）有形资源运行基础的表现

有形资源，通常是指以一定的物质形态或资金方式，对组织或专业环节运行提供支持的资源形式。显然，根据物质与意识关系的基本原理，人们的任何思维或行为，以及智慧与才能的价值都在于对客观物质的存在，所给予的准确反映或积极的作用。因此，有形资源普遍成为组织或专业环节高质量进程，最为根本的基础和强大的动力，并一直受到理智的实践者最为广泛的重视。

（三）无形资源的重要推动力量

无形资源通常没有具体的物质形态，但却能够通过对其他资源高效运行或作用的积极推动，创造并展示对组织或专业环节高质量进程的强大支持力量。譬如，物质资源运行高质量的专业策略或技术，积极吸引产品服务对象的强大品牌或信誉，人力资源高水平的职业技能或文化素养。

随着内外各类资源因素相互交往或影响的日趋广泛而深入，各种变化的日益快捷而复杂，电子科技进步对信息互联网络的有效构建及其迅猛发展的有力推动，人们的生活与工作方式，正呈现出前所未有翻天覆地的巨变。这种背景下，人们已经日渐普遍而深刻地意识到，信息正日趋成为组织的兴衰荣辱，极其关键而强大的重要资源构成。

（四）人力资源能动性智慧特征

迄今为止，已鲜见有人会去怀疑，作为人力资源最为核心组成的领导人，以及整体质量极具关键影响各运行环节的管理者，对组织锦绣前程或繁荣强盛的决定性价值。事实上，他们几乎完全掌控或决定者，组织整体资源构成体系的运行效率。

不仅如此，组织各领域、环节或岗位，广大员工的能动性创造智慧与力量，对各类资源价值的展示及其运行效率，所具有的关键决定性影响，迄今也极少有人会持有异议。因此，在复杂多变的环境中，整体人力资源能动性创造智慧与力量的展示质量，已不仅日益成为整体资源体系的运行效率，最具关键的决定性因素，而且也是领导管理者的职业素养与才能，最为重要的评价依据和标准。

（五）外部产品服务的需求资源

没有相应产品或服务的需求，就不会存在组织及其各类专业环节的长期运行与发展。任何背景或环境中，组织及其专业环节的运行发展，无不需要得到相应产品或服务需求的坚强支撑。广泛的实践中，外部产品服务的需求，普遍决定着组织内在各种资源的运行方向，及其相互联结或作用的方式与地位，并以此成为组织持续高质量运营发展，最为重要的资源因素的构成。事实上，能否睿智积极地辨识并展示，外部产品需求资源的核心价值，以及对组织持续高质量运营发展的关键决定性力量，普遍成为广泛领域中组织，兴衰荣辱最为显著的分水岭。

（六）外部积极的运行推动力量

在内外因素相互交往、影响或作用日趋密切的环境中，能否以更为开阔的视野或思维，把外部一切积极的因素或力量，视作为自身运营发展的重要资源能力，从而予以远见卓识的辨识、维护和运用，已日益成为组织高质量进程或成就，卓有成效创造最具关键决定性的理念之一。

因此，推动组织或专业环节整体资源体系的高效运转，无不需要以更为开阔而睿智的思维意识，成熟牢固地把外部的各种积极因素或力量，视作为自身运行发展不可或缺的重要资源构成，并予以远见卓识辨识和运用的坚强支撑。

三、人力资源质量与效率的提升

组织及其专业环节任何工作或资源高质量地运行，无不需要得到人的强大能动性创造智慧与力量的坚强支撑。因此，人力资源成为任何组织或专业环节，整体资源体系高效运转的根本基础与强大动力。

广泛的实践中，广大员工睿智的职业辨识与思维的能力，积极而主动的工作职业意识，高水平专业技能的有效构建与持续提升，并以此对各项专业资源或工作，密切协作的价值与方式，予以成熟的辨识和积极的推进，无不成为组织或专业环节人力资源的高质量构成，及其高效运转的重要基础和坚强动力。人力资源运行效率的积极提升，还普遍需要为其营建，强大能动性创造力充分展示的条件，并以此实现良好的利益保障与队伍的稳定（图5-10-3-4）。

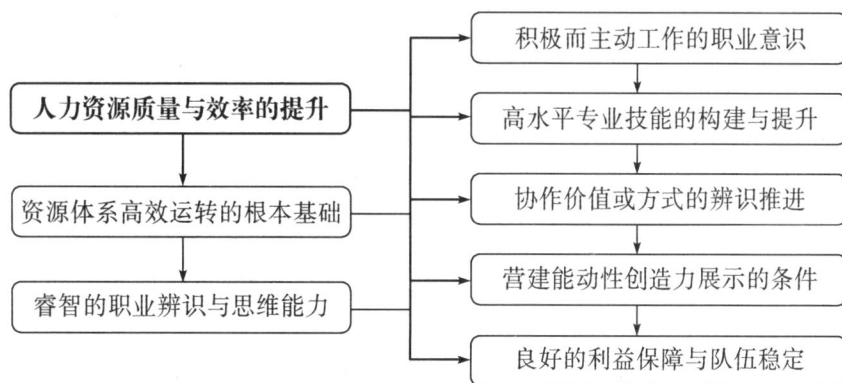

图 5-10-3-4　人力资源质量与效率的提升

（一）资源体系高效运转的根本基础

众所周知，任何组织或专业环节的资源因素，一旦缺乏人的有效作用或推动，它的价值必将难以积极而充分地展示；整体资源体系高效地运转，任何背景或环境中，无不需要得到具有强大能动性创造智慧和力量，人力资源因素卓有成效地推进。因此，人力资源普遍成为各类组织或专业环节的资源体系，高效运转最为根本的基础。

不仅如此，高质量人力资源的构成，还是其他各类资源因素的专业特征，及其密切联结或作用，准确辨识与高效推进最具关键而强大的决定性力量。因此，推动资源体系的高效运转，必须把人力资源质量的提升，置于一切工作方式或方法最为根本而核心的地位。

（二）睿智的职业辨识与思维能力

具有高度智慧与情感力量，以及由此形成的能动性创造力显著特征的人力资源，对组织或专业环节高质量进程，所展示的一切积极的力量或价值，无不从根本上源自他们头脑中，睿智的职业辨识与思维的能力。因此，远见卓识地铸建高质量的人力资源，并以此推进整体资源体系高效的运转，组织及其专业环节的领导管理者，无不需要竭尽所能卓有成效地推进，广大员工职业辨识与思维的能力，持续积极地提升和发展。

（三）积极而主动工作的职业意识

广泛的实践中，高质量人力资源卓有成效地铸建，并以此展示整体资源体系高效运转强大的推动力量，无不需要他们头脑中，成熟的积极而主动工作职业意识的坚强支撑。

因此，高质量领导或管理最具关键的途径之一，就是能够根据工作的具体实际，不失时机地给予广大员工，积极主动工作价值的有效引导与激励，以及高质量辨识与应对，各种复杂工作方法的充分指导和培训，从而不致使其陷入得过且过或敷衍塞责的职业泥潭，并因此坚强有力地推动整体资源体系的高效运转。

（四）高水平专业技能的构建与提升

高水平专业技能的构建及其持续积极地提升，是广泛的职业环境中，人们高质量职业素养及其价值卓有成效地铸建，以及各项专业资源高效运转积极有效地推进，极其重要的基础与强大的动力。

高水平专业技能的有效构建，通常需要对相关专业资源的构成，及其相互间作用关系的特征，形成足够全面而深入的辨识，并以此根据整体专业环节运行发展的背景，卓有成效地推进各项专业资源的密切作用与高效运转。专业技能的持续提升，则往往需要通过相关专业技术及其相互间关系，更为成熟而深入的识别和运用，从而有效创造专业环节各类资源，更高质量或效率的运行进程与成果。

（五）协作价值或方式的辨识推进

任何专业资源的高效运行，无不需要通过与其他资源的密切联结或作用，才能得以积极而充分地体现。事实上，密切协作的思维与行为，在日趋需要整体团队强大智慧力量的环境中，已不仅成为高质量人力资源，卓有成效铸建形成的关键途径，而且也是整体资源体系的高效运转和高质量发展，极其重要而强大的推动力量。

广泛的实践中，人们的职业价值无不体现为，对相关联岗位或环节工作，积极而坚强的支持。因此，以更为开阔的职业思维和积极的工作意识，深入准确地辨识相关岗位或环节的需求，并努力通过自身工作更高质量和效率的运行推动，以形成对其更为坚强的支持力量，就普遍成为高质量人力资源卓有成效地创造，并以此有效推进整体资源体系的高效运转，必须遵循的重要原则和积极方式。

（六）营建能动性创造力展示的条件

尽管人力资源蕴含着极其强大的能动性创造智慧和力量，然而，它们积极而充分地展示，无不需要一系列良好条件的坚强支撑。事实上，能否根据自身组织或专业环节整体资源体系的构成，为人力资源强大能动性创造力卓有成效地展示，提供良好的条件和坚强的动力，正日趋成为复杂多变的环境中，组织领导管理者远见卓识地推进，整体资源体系的高效运转，普遍面临的关键任务和艰巨挑战。

（七）良好的利益保障与队伍稳定

在各类资源因素的流动日趋频繁的环境中，重要岗位高素质人员的流失，正日益成为各类组织或专业环节高质量进程的积极创造，必须面临的艰难挑战。因此，努力根据内外资源环境的具体实际，尤其是整体资源体系高效运转，对人力资源质量的需求，为相关人员提供良好职业利益的保障，并以此有效确保人力资源队伍的稳定，就普遍成为组织或专业环节高质量进程，卓有成效创造的重要途径。

四、产品性能品质及效率的关键

整体资源体系高效运转卓有成效地创造，无不需要得到效率提升的关键因素，及其若干重要运行方式，远见卓识辨识和推进的坚强支撑。广泛的实践中，组织及其专业环节运行的产品或服务，是联结内外各类资源极其重要的因素，因而普遍成为整体资源体系高效运转，卓有成效创造和持续积极提升的核心。

运行的产品或服务对整体资源体系运转效率的影响，普遍地表现为它们的性能和品质的设计质量，性能或品质形成过程中各项资源的运行，及其相互间联结与作用的质量，以及产品服务外部推广的质量等重要环节的运行方式（图 5-10-3-5）。

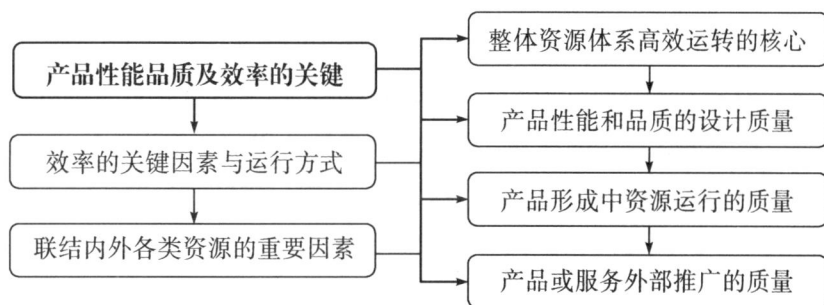

图 5-10-3-5　产品性能品质及效率的关键

（一）效率的关键因素与运行方式

在组织运营或专业环节运行发展的进程中，通常会存在对整体资源体系的运转效率，具有关键决定性影响的某些特定的因素与运行方式。显然，对它们的准确辨识与积极推进，无疑成为整体资源体系高效运转工作的核心。因此，努力根据自身组织或专业环节资源构成的实际，有效设置和选择能够积极体现，整体资源体系显著特征的运行目标与策略，就普遍成为推进资源高效运转的实践，极其重要的思维与行为原则。

（二）联结内外各类资源的重要因素

准确识别复杂背景或环境中，整体资源体系高效运转的关键环节或因素，广泛的实践中，时常是项极具艰难与风险挑战的工作。根据组织或专业环节高质量进程，内外资源因素密切联结或融合的核心思维原则，凡是能够高质量地推动内外资源因素，密切联结与融合的专业环节或工作，通常要比其他的因素对整体资源构成的运转效率，更具直接的关键性影响或价值。

因此，集中优势资源和力量，以推进内外资源因素更为密切的作用或融合，就成为广泛范围中组织及其专业运行环节，卓有成效地推进整体资源体系高效运转，必须优先考虑的关键工作。

（三）整体资源体系高效运转的核心

广泛的实践中，组织及其专业环节运行的产品与服务，通常是联结内外资源构成最为主要的因素。因此，产品或服务的性能与品质，普遍成为整体资源体系的运行效率，卓有成效管理或提升的核心要素。事实上，备受广泛认可或欢迎的产品与服务，它的创造主体必然展现出整体资源体系高效运转的勃勃生机；而遭受人们忽略或拒绝的产品与服务，它的提供者必将难逃整体资源运转效率每况愈下，运营进程日渐艰难的尴尬境地。

（四）产品性能和品质的设计质量

产品或服务的性能与品质的设计质量，普遍成为组织及其专业环节，对内外资源体系的构成及其相互关系，整体辨识思维能力与水平的集中体现。整体资源体系背景下，产品的性能品质及其实现的方式手段，设计得越是成熟充分，组织及其专业环节的资源，就越是易于步入高质量的运行状态；反之，产品的设计背离了内外资源体系的构成特征，组织或专业环节的任何努力，都必将难以有效避免整体资源体系，陷入低效运行的被动局面。

（五）产品形成中资源运行的质量

产品形成过程中资源运行的质量，是人们在探索思考资源运转效率，积极有效提升的方式或方法中，普遍涉及并着力的重点环节。事实上，迄今为止，这一环节已经形成了，广泛的较为成熟有效的运行准则或方法。譬如，产品原材料或部件质量的控制，制造与检测工艺的完善，物质资源库存的加速周转等专业管理工作，已被人们所普遍熟悉和采用。

尽管如此，在科技日新月异地进步发展，产品形成信息化方式日趋显著的环境中，无形资源及其人力资源的质量，对整体资源体系的高效运转，正日益展示出前所未有积极而强大的决定性力量。因此，提升或改进传统的思维与行为方式，正日趋成为各类组织的领导管理者，卓有成效地推进整体资源体系的高效运转，普遍面临的关键任务和艰难挑战。

（六）产品或服务外部推广的质量

无论采取怎样先进的手段或方式，如果制造的产品或提供的服务，未能被外部目标对象所广泛接受，或者接受的范围与数量处于极低的水平，那么，组织及其专业环节资源的运行效率，无不将会受到极大的限制。因此，如何通过外部需求资源远见卓识地辨识，无形资源力量积极有效地提升，以及内外资源构成更为密切地联结或融合，并以此卓有成效地推进，产品或服务外部推广方式的效率或质量的积极发展，正日益成为各类组织资源体系的高效运转，最具艰难而普遍的挑战。

五、资源结构的改进或重新组合

广泛的实践中，组织或专业环节的内外资源因素及其关系，以及专业环节的运行任务与方式，总是处于持续的变化发展中。这种总体背景下，对各专业环节的运行实际能力，及其与组织全局进程需求的差距，以及各类资源及其关系所存在的更为积极的潜在力量，予以更为全面、深入而准确地辨识，并以此卓有成效地推进，专业资源相互作用结构设置的改进，或者整体资源体系运行方式的重新组合，就普遍成为组织资源高效运转的积极创造，不可或缺的重要途径和强大动力（图5-10-3-6）。

```
┌──────────────────────┐      ┌────────────────────────────┐
│  资源结构的改进或重新组合  │─────▶│  专业能力与全局进程需求的差距   │
└──────────────────────┘      └────────────────────────────┘
           │                  ┌────────────────────────────┐
           ▼              ┌───▶│  资源及其关系所存在的潜在力量   │
┌──────────────────────┐  │   └────────────────────────────┘
│  内外资源因素及其关系的变化 │──┤   ┌────────────────────────────┐
└──────────────────────┘  └───▶│  专业资源作用结构的设置改进     │
           │                  └────────────────────────────┘
           ▼                  ┌────────────────────────────┐
┌──────────────────────┐      │  资源体系运行方式的重新组合     │
│ 专业环节运行任务与方式的发展 │─────▶└────────────────────────────┘
└──────────────────────┘
```

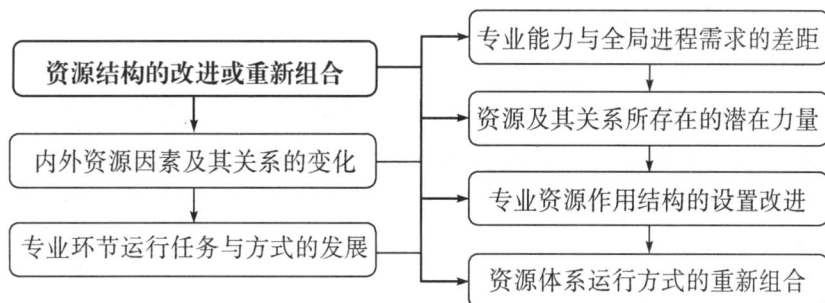

图 5-10-3-6　**资源结构的改进或重新组合**

（一）内外资源因素及其关系的变化

在长期的运营进程中，组织或专业环节的资源构成，及其相互间的作用关系，无不处于持续的动态变化与发展。譬如，制造设备的老化或更新，专业工艺或技术在行业地位中的变化，人们既有专业职业技能未能积极提升而产生的落后态势，目标对象对产品服务更高质量的需求，政府行业管控政策的改变，或者行业内部竞争的日趋激烈等，都必将不同程度地影响组织运营的进程，以及整体资源体系的运转效率。

（二）专业环节运行任务与方式的发展

随着内外资源因素的变化发展，或者为了创造更高质量的全局进程与成就，组织时常需要对相关专业环节的运行任务或方式，依据内外环境的实际或全局的需要，给予相应的积极调整。

事实上，从根本上说，任何专业环节运行任务或方式的调整，无一不是为了组织整体资源体系，能够实现更高质量或效率的运转。因此，努力以睿智积极的全局视野，深入审视专业环节的运行质量，或者以整体资源体系高效运转的成熟思维，充分辨识各项专业资源及其关系的潜在力量，就成为一切调整部署卓有成效地推进，以及专业环节持续高质量运行发展的重要原则和坚强动力。

（三）专业能力与全局进程需求的差距

任何背景下，专业环节的运行能力或价值，无不需要通过对全局高质量进程，卓有成效地支持或推动而得以实现。因此，为了积极创造全局高质量的进程或成就，坚强肩负起专业环节的运行发展职责，组织的领导人或专业环节的管理者，必须经常性地审查专业环节的运行能力或状态，以及与高质量的全局需求所存在的显著差距。

广泛的实践中，任何组织运营与专业环节运行，整体能力或质量所存在的显著限制，无不普遍地源自某些专业环节或某项特定资源，运行能力所产生的明显薄弱。因此，准确识别并积极提升薄弱环节或资源的运行能力，就普遍成为有效推动整体资源体系，高效运转的关键途径和任务。

（四）资源及其关系所存在的潜在力量

对各类资源及其相互间的作用关系，积极而强大的潜在力量或价值全面深入的辨识，无疑成为整体资源体系高质量或效率地运转，不可或缺的坚实基础和强大动力。

整体资源体系潜在力量与价值，远见卓识地洞察和识别，通常需要对整体社会的文明进步，难以阻挡的强大推动力量；一定专业资源因素通过相应的变化与发展，能够展示的更为积极而强大的力量与价值；不同专业资源相互联结或作用的方式，更为积极有效地设置与推动，所展现的力量或价值的显著提升，形成更为深入而积极地辨识。

（五）专业资源作用结构的设置改进

专业资源潜在力量与价值所展示的质量或水平，无不受到作用其因素的性质、力量或方式，普遍关键的决定性影响。事实上，人们通过长期的实践，已经总结了极其重要的事物的运行变化，内因与外因共同作用的哲学原理。一位资深的专业人士，曾对此而戏称："同样材质的大理石，可能会被制作成地砖受到众人随意地践踏，也可以雕刻为精致的佛像，被人们所虔诚地供奉。"

的确，深入准确地辨识不同专业资源，及其相互间的联结或作用，所形成的整体资源结构的质量，并努力以更为成熟的开放性全局思维，设置改进并有效推动各项专业资源的构成，及其相互间更为密切的联结与作用，无不成为各类资源体系运转效率的有效提升，以及专业管理卓有成效的创新，日趋关键的途径和重要的方法。

（六）资源体系运行方式的重新组合

远见卓识地辨识和把握，内外资源的构成及其关系的变化，对全局进程所产生的重大影响，并以此对原先资源体系的组成结构与运行方式，给予更为积极更高质量的重新设置或组合，无疑成为领导管理者职业进程中，所面临的极其复杂而艰难的挑战。

资源体系组成结构或运行方式，重新设置或组合卓有成效地推进，无不需要坚定不移地坚持，外部需求资源及其变化实际的核心，以及由此铸就形成的组织运营发展的基本信念，并成熟牢固立足于自身人力资源整体力量的路线根本。在此基础上，努力发挥各类专业资源及其相互联结或作用，所能够展示的组织高质量全局，更为积极而强大的推动力量，从而卓有成效地创造整体资源体系持续的高效运转。

六、常见限制性思维或行为方式

无论人们拥有怎样强烈的美好意愿，并为此集中心智殚精竭虑，组织或专业环节总会存在某些特定的资源，及其相互联结或作用关系上的显著薄弱，而成为整体资源体系更高效率地运行，主要或关键的制约因素。因此，准确辨识并坚强超越，自身思维或行为可能存在的一系列关键的制约因素，就普遍成为领导管理者卓有成效地推进，资源体系高效运转的重要途径和任务。

实践中，缺乏内外因素密切联结或融合，所构成的完整资源体系成熟的思维意识；难以深入准确地辨识并积极有效地满足，外部产品需求资源及其变化；轻视无形或人力资源质量的持续提升，以及潜在力量充分展示的价值；缺乏产品服务性能及其实现方式，设计质量关键价值的成熟意识；产品服务形成过程中，资源运行存在的显著低效或浪费；产品外部推广方式或力量，与整体资源构成存在严重失衡等表现，普遍成为广泛领域中组织或专业环节，整体资源体系低效运转的常见的重要根源（图 5-10-3-7）。

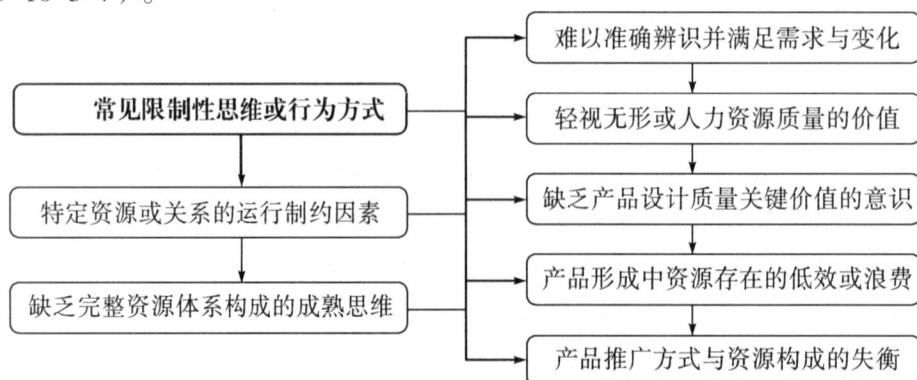

图 5-10-3-7　**常见限制性思维或行为方式**

（一）特定资源或关系的运行制约因素

任何组织或专业环节高质量进程卓有成效地创造，无不需要一系列重要资源及其关系与变化，远见卓识辨识和积极有效推进的坚强支撑。同时，它们运营或运行发展的进程，维持于一定的限制状态或水平，而没有能够坚强展示更为卓越的成就或业绩，又无一不是受限于，某些特定资源、关系或变化显著薄弱的制约。

不仅如此，通过长期的探索与实践，人们已经日趋普遍而深刻地意识到，广泛领域中组织或专业环节高质量进程的制约因素，又无不存在极其显著的共同特征。事实上，准确辨识并积极超越若干常见的重要制约因素，无不成为领导管理者，卓有成效地创造整体资源体系的高效运转，铸建组织或专业环节的卓越进程，普遍的关键途径和强大动力。

（二）缺乏完整资源体系构成的成熟思维

根据一般性行为逻辑，当人们对某项事物的价值，缺乏足够充分而准确地辨识，通常就很难采取相应积极主动的应对措施。显然，对全局背景下，组织或专业环节整体资源构成的完整准确辨识，无不成为资源体系高效运转卓有成效地推进，普遍的关键基础和强大动力。

尽管如此，复杂多变的环境中，对各类专业资源及其相互间联结或作用的力量与价值，予以远见卓识地洞察和识别，长期以来，无不是项极其艰难极具风险的职业挑战。事实上，是否具备完整资源体系构成睿智成熟的思维意识，无不成为组织的全局战略路线及其专业环节的运行策略，各种分歧和争执普遍而重要的根源。

复杂背景下，各类资源的构成及其价值，充分准确地判断与辨识，通常可以依据定性或定量的基本方式：定性的方式，就是假设某项资源因素，或某些资源相互间关系的丧失，可能对组织或专业环节的进程所产生的影响；定量的方法，就是根据组织或专业环节，某项资源构成及其相互间作用的力量，增加或削减一定的明显分量，它们的进程或业绩所发生的变化。

（三）难以准确辨识并满足需求与变化

没有产品服务的需求，就没有任何组织或专业环节，持续高质量运行发展的坚强动力。事实上，外部产品服务对象的需求，无不成为组织运营或专业环节运行发展，普遍关键的决定性资源和力量。广泛的实践中，对产品服务对象的需求特征及其变化，缺乏远见卓识地辨识或积极有效地满足，已日益成为各类组织或专业环节资源体系的高效运转，最为普遍而重要的限制性因素。

因此，卓有成效地推进整体资源体系的高效运转，领导管理者无不需要把产品服务的需求及其变化，远见卓识地辨识和积极有效地满足，成熟牢固地置于一切职业思维和行为的核心位置，并以此睿智积极地构造或设置，各项高质量专业资源的构成，及其相互间密切联结或作用的关系。

（四）轻视无形或人力资源质量的价值

无形或人力资源的质量，无不对整体资源体系的运转效率，具有极其关键的决定性影响。然而，由于无形或人力资源的高质量创造，通常需要强大的专业技能，以及相当的资金、时间或精力等资源消耗的有力支持，而且它们的价值往往还需要通过其他资源的力量，更高质量的展示才能得以充分体现。因此，广泛的实践中，如果缺乏足够睿智的全局辨识思维智慧，以及整体资源体系高效运转强烈意识的坚强支撑，人们必将难以远见卓识地识别，无形或人力资源的关键决定性价值，并以此卓有成效地探索和推进，它们高质量创造的有效途径。

（五）缺乏产品设计质量关键价值的意识

广泛的实践中，产品服务的性能与品质，及其创造形成的工艺过程和质量控制方式的设计，普遍成为领导管理者的全局运营思维，资源体系高效运转的意识，以及各专业环节运行发展能力的核心体现。因此，它的质量对产品对象需求的满足水平，整体资源体系的运转效率，以及组织或专业环节的整体进程，无不具有极其关键的决定性影响。

尽管如此，把产品服务性能或品质的设计，局限于某些专业性技术的思维，从而对它的组织或专业环节的进程，以及整体资源体系高效运转的关键价值，缺乏足够成熟而充分地辨识，以至于使得整体运行发展的思维或资源高效的意识，难以得到足够强大力量的坚强支撑，依然成为制约组织或专业环节的整体进程，以及资源体系的高效运转，普遍而重要的限制性因素。

（六）产品形成中资源存在的低效或浪费

产品服务的形成或制造的过程，通常占据着组织或专业环节运行，相当份额的资源构成。因此，产品服务形成中的资源运行效率，无不对整体资源体系的高效运转，具有普遍关键的决定性影响。

通过长期不懈的积极探索和实践，迄今为止，人们已经总结积累了极其丰富的产品精益创造，极具宝贵价值的专业运行或管理的积极方式与方法。然而，由于产品的制造或形成过程中，通常涉及众多的专业性资源，以及极其复杂的相互作用关系和难以准确预见的变化，因此，即使是那些最具强大运行发展能力的专业机构，也时常会出现资源运行的明显低效或无谓的浪费现象，而呈现出显著的效率提升空间。

（七）产品推广方式与资源构成的失衡

推进整体资源体系的高效运转，普遍是项具有显著全局性质与特征，极其复杂而艰难的工作。换言之，资源体系高效运转卓有成效地创造，无不需要远见卓识地辨识、设置和推进，产品对象需求积极满足的正确方向，各项专业资源密切联结的高质量运营路线，以及方向和路线高度的统一与协调。

广泛的实践中，组织机构的运营方向和路线，及其高度统一协调所存在的显著缺陷，无不极易导致整体资源体系极其低效的运行局面。其中，缺乏远见卓识的方向和路线及其高度的统一协调，并必将对整体资源体系的运行效率，造成极其严重的灾难性局面，普遍地表现为产品的推广方式，与整体资源能力的构成所出现的明确失衡。

多年前的秦池酒业，曾以强大的产品推广力量而使其家喻户晓。但资源配置的严重失衡，却使其呈现出极其脆弱的产品创造能力。全局方向和路线的设置，及其高度统一协调上的重大缺陷，最终使得巨额品牌无形资源的投入瞬间化为乌有。

第四节 推进管理的规范化运行

高质量专业管理的重要途径

组织及其专业环节的运行发展，无不包含着众多专业性事务或岗位工作，以及一定整体目标背景下，相互间的密切支持与协作。因此，依据整体运行发展的目标、策略与计划，以及各项专业资源构成的实际，及其相互间密切支持与协作的要求，卓有成效地探索、设置并推进，各项专业性工作积极运行的规范，就普遍成为高质量专业管理的有效创造，极其重要的途径和强大的动力。

广泛的实践中，卓有成效地推进高质量的规范化管理，通常需要对规范的限定因素与表现特征，规范的有效设置和积极推进，对专业事务或工作高质量进程的重要价值，及其所需坚持的若干基本原则，予以充分准确的辨识和把握。

规范化管理积极有效地推进，还必须能够根据组织的全局背景，以及自身专业资源构成的实际，及其积极运行和密切协作的要求，远见卓识地辨识并设置，专业环节高质量运行发展所需的规范体系，并以此努力采取各种行之有效的方式，卓有成效地创造专业环节高质量进程强大的推动力量。同时，充分准确地辨识和把握，实践中若干常见的问题及其有效应对的方法，也普遍成为规范化管理高质量推进，不可或缺的重要途径和任务（图 5-10-4-1）。

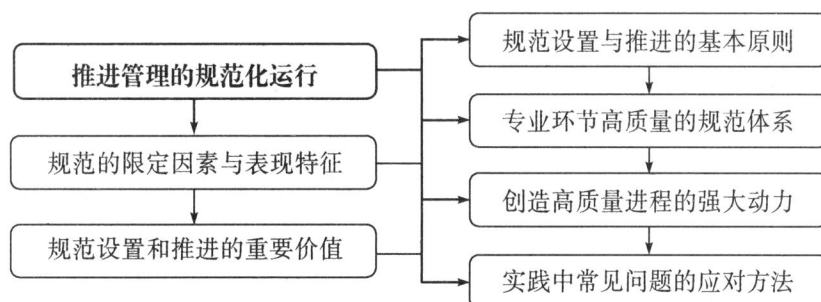

图 5-10-4-1 **推进管理的规范化运行**

一、规范的限定因素与表现特征

通过长期的探索与实践，人们已经日趋广泛而深刻地意识到，积极的思维或行为的规范方式，无不成为各项事物或工作高质量推进，不可或缺的重要途径和坚强动力。高质量思维与行为的规范，通常受到事物或工作推进的明确目标和意图，内在因素构成及其关系与变化的专业性特点，以及运行发展外部条件的显著限定。因此，事物运行或工作推进方式的科学先进性，作用与表现形式的高度专业性，以及对事物或工作进程与成果的积极有效性，就普遍成为各项专业性规范的显著特征。

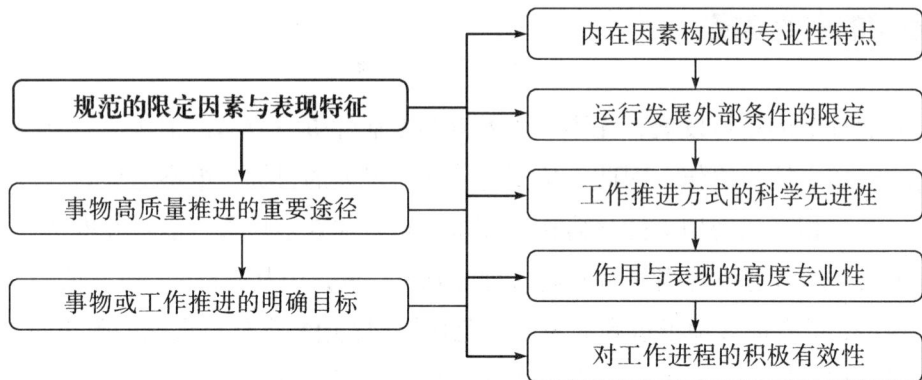

图 5-10-4-2　规范的限定因素与表现特征

（一）事物高质量推进的重要途径

制造并使用工具，来推进事物高质量地运行发展，已日益被广泛地视作为，人类文明进程最为重要的里程碑。俗话说，没有规矩，无以成方圆。的确，时至今日，人们推动各项复杂事务或从事任何艰难工作，如果不积极寻求并借助相应工具的有力支持，要实现既定高质量的目标，不仅绝难如愿以偿，而且必将贻笑大方。事实上，迄今为止，高质量的规范，已日趋成为人们卓有成效地推进，各类事物或工作高质量的运行发展，不可或缺的重要途径和强大动力。

对于事物运行规范的重要价值，早年的《墨子》就曾作有这样的精辟论述："天下从事者，不可以无法仪；无法仪而其事能成者，无有也。虽至士之为将相者，皆有法。虽至百工从事者，亦皆有法。百工为方以矩，为圆以规，直以绳，正以县，水以平。无巧工不巧工，皆以此五者为法。巧者能中之，不巧者虽不能中，放依以从事，犹逾己。故百工从事，皆有法所度。今大者治天下，其次治大国，而无法所度，此不若百工辩也。"

——天底下办事的人，不能缺少法规；没有法规而能把事情做好，是从来没有的事。即使士人做了将相，他也必须设置法规。即使从事各种行业的工匠，也都必须依据法规。工匠们用矩划成方形，用圆规划成圆形，用绳墨划成直线，用悬锤定好偏正，用水平器制好平面。不论是巧匠还是一般工匠，都要以这五种工具为法规。巧匠能精准地使用这些工具，普遍工匠虽不能准确运用，但依据它们去做事，必然会超过自身的技能。所以工匠们制造物件时，都有法规可循。现在大到治理天下，其次治理大国，如果缺乏足够的法规作为依据，这就不如工匠们能够明辨事理了。

（二）事物或工作推进的明确目标

如果不能坚强有力地支持或推动人们，实现事物或工作运行发展，高质量的进程与目标，那么，无论编制多么严密或设置怎样精美的规范，都必将失去它的存在或作用的积极价值。因此，推进事物或工作高质量运行发展的明确目标，无不成为人们卓有成效地设置、选择并遵循，各类思维或行为的积极规范，必须坚持的最为关键的限制性因素。

（三）内在因素构成的专业性特点

任何事物内在因素的构成及其关系与变化，无不呈现出多种类型及多个层次的显著专业性特点。对各项事物或工作内在因素的构成，及其相互作用与运行变化显著专业性特点，深入成熟地辨识和把握，无不成为各类专业性规范，创造性地高质量设置和推进，不可或缺的重要基础和强大动力。事实上，广泛的实践中，人们之所以时常漠视规范的强大力量与积极价值，或者机械呆板地套用专业性规范某些浅显的表述，无不普遍源自对事物或工作的内在因素、关系与变化，显著的专业性特点辨识的缺失或理解的浅薄。

（四）运行发展外部条件的限定

任何形式的规范，都是人们在一定的外部条件背景下，有效推进事物或工作的高质量运行发展，所设置或确立的积极的思维与行为的准则。换言之，任何高质量的规范，都必须充分考虑事物运行或工作推进，人们在一定的外部条件下，所能够积极展示的思维与行为的力量和价值。因此，工作或事物运行发展的外部条件，普遍成为专业性规范的重要限定因素。

（五）工作推进方式的科学先进性

在日新月异快速发展的内外环境中，人们所面临的各项事物或工作的内外因素构成与关系，推进它们高质量运行发展的目标、策略或方式，无不处于持续的变化进程中。这种背景下，作为能够积极地指导或限定，人们高质量思维与行为的专业性规范，无不需要充分体现一定内外因素条件下，积极推进事物或工作卓有成效运行发展，科学先进性的显著特征与强大力量。

事实上，在日趋复杂多变与竞争激烈的环境中，各类专业性规范所构成的整体规范体系的质量与水平，正日益成为组织或专业环节的运行活力和竞争能力，日渐重要的组成与强大的支持力量。

（六）作用与表现的高度专业性

任何规范的设置，无一不是源自一定专业性事务或工作，高质量运行发展卓有成效地推进，而对人们某些特定的思维或行为，所做出的积极而明确的限定。因此，高度的专业性，普遍成为各类规范的作用方式及其表现形式的重要特征。

换言之，一种专业背景下的规范，通常并不具有其他专业工作普遍的适用性特征。与此同时，任何事物或工作运行发展卓有成效地推动，无不需要体现其内在因素根本性特征，及其外部环境具体实际高质量规范的坚强支持。

（七）对工作进程的积极有效性

对专业性事务或工作高质量进程与成果，给予积极有效的坚强支持和推动，无不成为一切规范卓有成效地设置和推进，极其重要的基础和强大的动力。事实上，任何形式的专业性规范，如果成为人们的相关事务或工作高质量进程与业绩，卓有成效创造的限制性障碍，那么，被修正、废弃或广泛的实践所回避，将无不成为它的必然结局。

二、规范设置和推进的重要价值

在人们的广泛实践中，各项积极有效的专业性规范，普遍成为各种专业岗位的技能形成与提升，相互间的密切协作与团队的有序运行，工作过程或成果的质量验证与评价，以及各类专业环节运行能力的构建与发展，专业管理卓有成效的推进，高质量进程和业绩的坚强创造，不可或缺的重要基础和强大动力（图 5-10-4-3）。

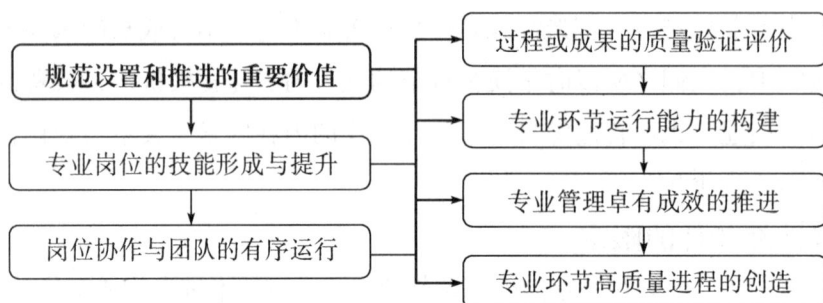

图 5-10-4-3　规范设置和推进的重要价值

（一）专业岗位的技能形成与提升

专业岗位是任何组织及其局部运行环节，最为基本的构成单元。它的专业性技能的形成与提升，无不主要地体现在对工作对象的专业特征，工作推进所使用的各类工具器械，工作器具与对象积极有效联结或作用的方法，以及与相关岗位密切支持与协作的方式等，各种要求的理解、辨识、推进及其水平质量的持续发展。因此，运行规范普遍成为各类专业岗位技能的形成，及其持续积极提升的重要基础和强大动力。

（二）岗位协作与团队的有序运行

各专业岗位如果都依据自身的思维意识，各行其是或随心所欲，显而易见，必将导致团队运行的极度混乱，从而难以形成整体运行发展的强大力量。因此，各种运行规范卓有成效地设置和推进，无不成为各专业岗位相互间的密切支持与协作，以及团队的有序运行及其整体的强大力量，积极有效创造的坚强保障。

早年的《左传》就曾深入辨识了规范的重要价值："君将纳民于轨物者也。故讲事以度轨量谓之轨，取材以章物采谓之物。不轨不物，谓之乱政。乱政亟行，所以败也。"

——国君是把民众引向社会规范和行为准则的人。所以，讲习大事以法度为准则进行衡量，叫作"轨"，选取材料制作器物以显示它的价值，叫作"物"。事情不合乎轨、物，叫作乱政。屡屡乱政，就是趋向衰败的根本原因。

（三）过程或成果的质量验证评价

广泛的实践中，对推进过程质量的准确辨识与有效掌控，普遍成为包括各类专业岗位的各项工作，高质量进程卓有成效创造的重要途径。而过程质量的准确辨识与掌控，无不需要依据成熟完善的各种专业性规范，给予积极验证与评价的有力支持。

同样，预先设置并明确的规范，也是各类工作成果的质量或价值，准确验证与评价的重要依据。事实上，迄今为止，人们已经很难寻觅，正常运营并得以有效管理的组织机构，会明显缺乏各项工作成果的质量，有效验证与评价的规范体系。

（四）专业环节运行能力的构建

运行规范通常是人们根据某些事物或工作，所具有的专业性构成与特征，为实现既定的积极进程或目标，对所需采取的有效作用方式，以及所应达到的相应程度或要求，给予的明确设置和界定。显而易见，规范所明确指示的专业构成与积极目标，以及两者密切联结的专业性方式或手段，无不成为各类专业环节的运行能力，卓有成效构建的重要途径和强大动力。

不仅如此，运行规范还能够根据人们对事物或工作，专业构成或特征更为深入而充分的辨识，作用条件或方式持续积极的提升，以及对事物运行或工作推进更高目标的设置，而不断予以改进或创新，从而成为各类专业环节的整体运行能力，持续高质量发展普遍坚强的推动力量。

（五）专业管理卓有成效的推进

作为重要的专业性活动，及其思维或行为的表现，各类专业管理的构思与推进，如果缺乏一系列高质量专业性规范的坚强支撑，必将成为盲人摸象而难有任何真正作为。事实上，任何专业管理人员，如果不能睿智成熟地辨识，各种积极的专业性规范，对于自身高质量的管理思维或行为，卓有成效创造、提升和展示的强大推动力量，那么，他的职业才能、进程与价值，无不将会受到极其显著的限制。

（六）专业环节高质量进程的创造

通过长期而广泛的实践，人们已经日趋普遍而深刻地意识到，任何工作高质量进程或成就的坚强创造，无不需要对工作对象的专业构成与特征，工作积极推进的条件和方法，及其工作进程中各种重要资源因素密切联结或作用的方式，予以充分准确的辨识和把握，并以此卓有成效地转化为，能够始终执守的思维与行为的规范，才能得以积极有效地实现。

三、规范设置与推进的基本原则

专业性规范卓有成效地设置与推进，普遍需要满足一系列密切联结、相互支持的基本原则：必须能够积极推动组织运营的基本信念，及其全局战略的有效实现；必须符合现行的基本制度与文化价值体系；必须能够充分体现相应专业资源的构成及其关系的特征，并有效推进更高质量运行价值积极创造的目标。

同时，专业规范还要能够展示显著的人性化特征；能够推进专业服务能力高水平地构建，并为相关服务对象所普遍认同；能够易于为相关实施人员所普遍熟练地掌握；能够根据实践发展的需要，得以持续积极地提升和改进（图5-10-4-4）。

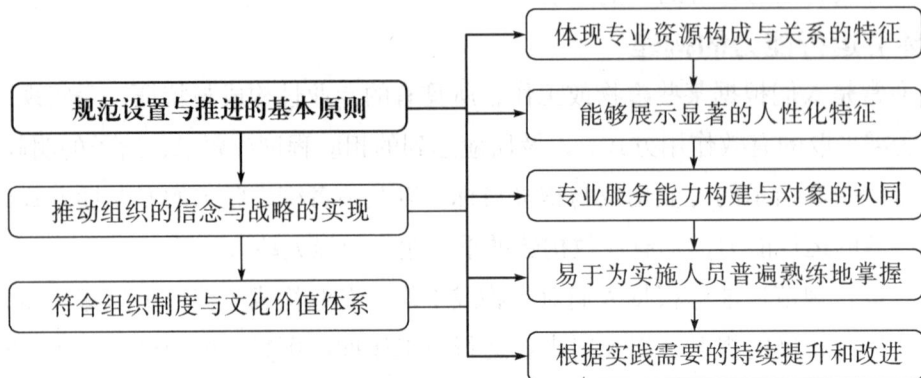

图 5-10-4-4　规范设置与推进的基本原则

（一）推动组织的信念与战略的实现

组织信念与战略积极推进的需要，普遍成为各类专业性规范卓有成效地设置与选择，最为根本而关键的决定性因素。同时，组织信念及其战略所确立的运营方向、路线及其保障措施，也必须通过一系列行之有效规范的坚强支撑，才能得以顺利实现。

为此，《荀子》曾经辩称："好法而行，士也；笃志而体，君子也；齐明而不竭，圣人也。人无法，则伥伥然；有法而无志其义，则渠渠然；依乎法而又深其类，然后温温然。"

——尊重法规而尽力遵行的是士人；意志坚定而身体力行的是君子；无所不明而其思虑又永不枯竭的是圣人。人们没有法规，就会迷惘而无所适从；有了法规而不知道它的旨意，就会手忙脚乱；遵循法规而又能精深地把握它的具体准则，然后才能胸有成竹而泰然自若。

广泛的实践中，人们时常会因为过于倾向某些专业性的思维，或者迷恋某类专业性的力量，而迷失基本信念或全局战略，与专业性规范间的相互关系。显然，这无疑将会显著地削弱，专业性规范设置的才能与推动的力量，并极易给组织的信念或战略的进程，带来严重的负面影响。

（二）符合组织制度与文化价值体系

基本的制度与文化价值体系，无不对组织的全局具有极其关键的决定性影响，并普遍成为整体规范体系的核心组成，及其设置和推进质量的关键决定因素。事实上，具有明显局部性质的各类专业性规范，无不需要高度符合对全局具有关键决定性影响，现行的基本制度与文化价值观所限定或倡导的核心思维意识。否则，不仅它们设置与推进的质量，必将受到极其显著的限制，而且还无不极易导致人们职业思维或行为上的普遍混乱，从而给组织全局的进程或成就带来严重的负面影响。

（三）体现专业资源构成与关系的特征

任何规范都必须能够充分体现相关作用对象或方式，所包含的资源因素构成及其关系和变化形成的显著专业性特征，并以此卓有成效地推进，更高质量运行或作用价值积极创造的目标。

尽管如此，广泛的实践中，人们还是时常会忽视自身工作的对象与方式，所包含的资源因素构成及其关系和变化，专业性特征的具体实际，机械僵化地抄搬别人一定资源条件下，行之有效的专业性规范。同时，还经常地忽略工作资源构成中，人力资源的强大能动性创造力的根本特征，及其对整体工作的关键决定性价值，以至于使得运行规范设置与推进的质量或水平，总是限于较低的层次。

（四）能够展示显著的人性化特征

任何规范，无不需要人的因素有效推进或作用，才能充分展示潜在的积极力量与价值。事实上，随着人类社会文明进程的积极推进，以人的力量与价值为核心的人性化特征，已日趋深入渗透到社会各领域的运行发展中。因此，显著的人性化特征，亦已日益成为各类专业规范高质量地设置与推进，必须坚持的重要原则。

（五）专业服务能力构建与对象的认同

规范的设置与推进，必须能够卓有成效地支持专业运行或服务能力，积极有效地构建和持续高质量地发展。同时，拥有并得以有效实施的高质量运行规范，无不成为各类专业运行或服务的强大力量，不可或缺的重要途径和坚强保障。不仅如此，运行规范的设置或推进，广泛的实践中，一旦融入了服务对象的踊跃参与，并得到他们的积极认同，无疑将会显著提升自身的专业服务和运行竞争的能力。

（六）易于为实施人员普遍熟练地掌握

任何形式的规范，都必须得到人的因素有效推动，才能得以充分地实施。因此，规范的设置，必须充分考虑能够为相关推进或实施人员，易于普遍而熟练地掌握。然而，实践中，有些权威专业性规范的设置人员，时常会把广泛的规范推进人员，视为具有感知其头脑中臆想的特异功能，而把规范某些要则描述得隐晦生涩，甚至存在相同背景下多种不同的理解及其推进方式。显然，这不仅严重制约着人们对相应规范的实施质量，而且还极易导致重要专业工作的运行混乱。

（七）根据实践需要的持续提升和改进

从根本上说，任何专业性规范，都是人们根据特定的运行发展的目标，通过工作内外资源因素的构成及其关系与变化，深入而充分的辨识，并以此对工作积极推进的方式或方法，所设置的专业性要求。广泛的实践中，工作运行发展的目标，内外资源因素的构成及其关系与变化，以及人们辨识思维的质量与水平，总是处于持续的动态变化中。因此，根据具体实践更高质量进程的需要，对各种专业性规范，予以持续积极地提升和改进，就普遍成为各类专业环节的卓越管理，不可或缺的重要途径和任务。

四、专业环节高质量的规范体系

随着专业化分工及其密切协作的运行方式，积极而成熟的发展，人们已经日趋普遍而深刻地意识到，专业管理与运行规范，所存在的高度密切的辩证统一关系。广泛的实践中，尽管各类专业环节运行或管理的具体方式，无不存在着千姿百态的显著差异，然而它们高质量进程或业绩卓有成效地创造，普遍需要依靠专业岗位或环节资源构成的规范，专业岗位或环节运行职责的规范，专业工作推进的技术与工艺规范，专业工作有效推进的程序规范，专业工作进程与成果质量的验证评价规范，以及各类专业性规范密切融合，所构成的高度协调规范体系的有力支持（图5-10-4-5）。

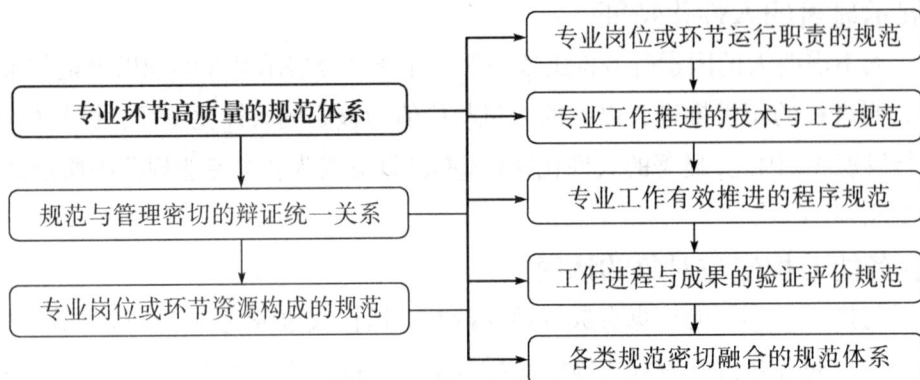

图 5-10-4-5　专业环节高质量的规范体系

（一）规范与管理密切的辩证统一关系

运行规范，是任何专业管理高质量进程或业绩卓有成效地创造，不可或缺的重要而强大的支持与推动力量。事实上，专业管理和运行规范，构成了具有一切专业环节高质量运行发展，普遍而关键决定性价值，密切联系的辩证统一关系。换而言之，任何专业管理卓有成效地推进，无不需要依赖一系列高质量规范的坚强支持；任何高质量的运行规范及其完整体系，则必须依靠睿智坚强的专业管理，才能得以远见卓识地设置和积极有效地推进。规范与管理，相辅相成密切支持并高度统一，共同构成并展示了高质量规范化的专业管理。

（二）专业岗位或环节资源构成的规范

资源是一切工作高质量推进，不可或缺的重要基础和力量。实践中，它们的构成与关系结构，无不对工作的进程或成绩，具有普遍关键的决定性影响。因此，按照全局的背景及其专业环节运行发展的任务，全面准确地辨识并规范化地设置，各类专业岗位或工作环节的资源构成与关系，无不成为高质量管理卓有成效地创造，普遍的重要途径和强大动力。

（三）专业岗位或环节运行职责的规范

岗位或环节的运行职责，直接而明确地界定了相关岗位或环节及其工作人员，必须承担的各项工作责任和任务，以及所需采取的基本工作方式。广泛的实践中，岗位或环节的职责规范，是把涉及众多资源因素、关系与变化的复杂工作，通过一系列缜密细致地梳理和分解，有效转化为既能够充分展示人们强大能动性创造力，又易于掌控的工作责任和任务，不可或缺的重要途径或方法。因此，专业岗位或环节运行职责的规范，积极有效地设置与推进，普遍成为专业环节高质量管理卓有成效地创造，不可或缺的关键工作和任务。

（四）专业工作推进的技术与工艺规范

专业性技术或工艺，是人们通过长期的探索和实践，所总结积累的专业工作高质量推进，所必须遵循的积极有效方式和方法的精华，并普遍体现着运行资源的构成，显著的专业性特征和严密的专业性关系。实践中，专业工作推进所采用的技术或工艺的方法，及其设定的细部原则和要求所体现的程度或质量，无不对整体运行发展的进程或成果，具有极其重要的决定性影响。

（五）专业工作有效推进的程序规范

许多复杂的工作，时常不仅涉及诸多岗位或环节的工作组成，及其相互间支持和协作的关系，而且体现着整体工作高质量推进，不同运行发展阶段先后次序的显著特征。换言之，前期工作及其完成的质量，普遍成为后续与整体工作，高质量运行发展的重要基础和决定性因素。事实上，专业工作推进或运行的程序规范，在明显存在工作的先后次序或阶段性组成的复杂背景下，正日益广泛地成为整体工作高质量进程，不可或缺的重要专业性规范。

（六）工作进程与成果的验证评价规范

专业工作的运行发展，普遍受到内外资源因素的构成及其关系的变化，以及人们不同思维或行为的质量与方式，极其复杂而重要的影响。广泛的实践中，卓有成效地推进积极主动的专业管理，并以此睿智坚强地创造整体工作高质量的进程和业绩，显然，无不需要预先缜密设置的过程与成果的验证方式，及其准确评价标准的有力支持。

事实上，缺乏工作运行发展的进程与成果，积极有效的验证和评价规范的坚强支撑，复杂多变的环境中，任何睿智贤能之士，都无以卓有成效地展示高水平的管理智慧与才能。

（七）各类规范密切融合的规范体系

运行规范在广泛的专业性工作进程中，根据对整体工作的资源因素构成、关系与变化，相应的限定、支持或推动的内涵与特征，而普遍体现着工作高质量运行发展，根本的基础、重要的保障及其强大的动力等各项积极的价值。换言之，一项专业性工作卓有成效地运行发展，通常需要多种专业性规范的密切联结和融合，所构成的高度协调规范体系积极有效地作用与推动。

事实上，根据全局的背景或需求，以及专业环节运行发展的基本职责和任务，对自身整体资源因素的构成、关系与变化，给予全面而准确地辨识，并以此高质量地设置、推进和发展高度协调的规范体系，在日趋复杂多变的内外环境中，无不日益成为各类专业管理，普遍面临的关键任务和艰巨挑战。

五、创造高质量进程的强大动力

任何专业规范的实施推进，都必须能够对整体工作的高质量进程或业绩，形成积极的支持和推动力量，而不是成为它们的负面限制因素。任何对工作的整体进程或业绩，具有重要影响的行为方式，都必须设置相应的积极规范。

实践中，为确保专业性规范能够对工作的运行发展，形成卓有成效的支持或推动力量，通常需要与相关的专业或责任人员，共同探讨和研究规范体系的构成及其相应的作用。同时，所有的人员在工作前，都必须能够娴熟地掌握相关的运行规范。因此，规范的广泛宣传与培训，就成为专业管理普遍的重要工作。

在工作长期处于低质量的运行状况，或需要经常协调才能有效运转，以及内外资源因素及关系出现重大变化的背景下，都必须充分考虑对相应的专业性规范，给予积极的增补或改进（图5-10-4-6）。

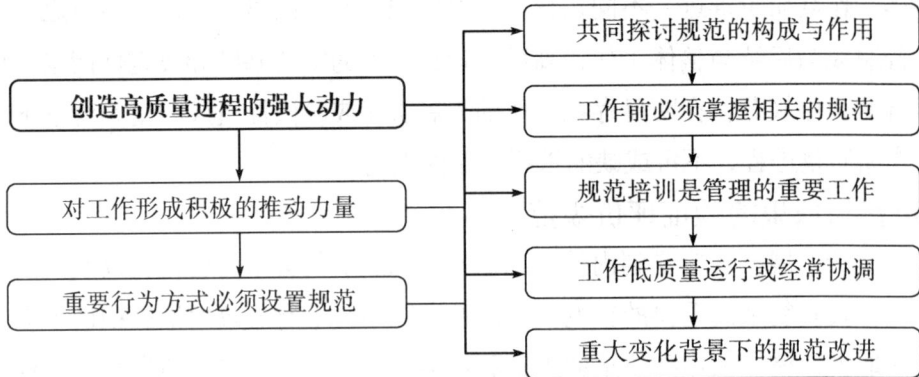

图 5-10-4-6　创造高质量进程的强大动力

（一）对工作形成积极的推动力量

通过长期的实践，人们已经日趋广泛而深入地认识到，专业规范是创造任何工作高质量进程或业绩，不可或缺的重要而强大的支持力量。然而，任何事物都必然存在正反两方面的因素特征。实践中，过于繁杂而相互冲突，或者盲目引入并僵化推进，显著背离自身具体实际的运行规范，已日益成为各类专业工作高质量运行发展，普遍而重要的限制性因素。

因此，任何专业规范卓有成效地设置或推进，无不需要首先客观而深入地分析和辨识，能够确实成为整体工作持续高质量运行发展，积极和正面的支持或推动力量，而不是消极或负面的阻碍与限制因素。

（二）重要行为方式必须设置规范

何时、何处以及以何种方式，设置与推进何类形式的专业规范，在日趋复杂多变的环境中，已日益成为各类专业工作或管理高质量推进，普遍面临的艰难挑战。事实上，归根结底，无论何种形式的规范，都必须也只能成为工作高质量进程或业绩，卓有成效创造积极而强大的工具。换言之，肩负专业工作运行最为重要责任的人员或机构，必须拥有运行规范的设置或选择的主要权力，才能卓有成效地承担其推进和使用的相应责任。

实践中，正如工具的性能或质量对工作的进程与业绩，具有普遍关键的决定性影响，任何对工作的积极运行发展，具有重要影响或价值的行为方式，都必须设置积极有效的运行规范。

（三）共同探讨规范的构成与作用

为确保运行规范能够卓有成效地形成，整体工作高质量进程积极而强大的支持和推动力量，并以此有效提升相关岗位或环节，对专业规范推进或实施的主动创造性，上级部门及其专业代言人，在设置或指导下级选择规范时，应充分与规范实施的主要人员，就整体工作进程所依据的规范体系，以及各种专业规范对工作高质量推进的作用，共同给予深入而全面地分析、研究与探讨。

（四）工作前必须掌握相应的规范

准确辨识和把握运行规范的形成背景与积极价值，及其有效推进的条件、方式和各种细部的要求，普遍成为各类专业规范高质量地创造性实施，不可或缺的重要基础和强大动力。因此，相关人员在工作展开之前或准备阶段，必须对工作高质量地推进，所应执行或落实的运行规范，给予全面而深入的辨识和掌握。事实上，对工作卓有成效运行发展各项专业规范，预先辨识和掌握的质量与水平，无不对各类专业工作的进程和业绩，具有普遍重要的决定性影响。

（五）规范培训是管理的重要工作

任何严密专业规范高质量地推进或实施，无不需要相关人员对严格执行规范的积极价值，及其规范对相应工作各种限定性专业要求，充分而准确辨识与掌握的有力支持。因此，对各类规范严格执行积极价值的广泛宣传，以及规范对工作各种限定性要求充分的指导培训，就成为有效提升人们执行规范的主动创造性，推动专业规范与工作实际的密切联结，并以此高质量地展示运行规范，对专业工作积极而强大的支持力量，普遍的重要途径和任务。

（六）工作低质量运行或经常协调

运行规范是任何专业工作高质量运行发展，卓有成效推进普遍的强大动力和积极工具。换而言之，如果专业工作长期维系于低质量或水平的运行状况，或者需要上级经常性的协调与指导，才能确保工作的有效运转，那么，深入分析和审查运行规范体系整体结构的协调性，专业规范积极推进工作高质量进程设置的合理性，以及各项重要规范实施或落实的完整准确性，并以此对存在的显著薄弱环节，予以积极有效地调整和改进，就普遍成为专业管理工作的重要任务。

（七）重大变化背景下的规范改进

即使曾经最具设置严密或工作强大动力的专业性规范，随着其限定对象专业资源构成或关系结构，专业工作运行发展的目标与策略，以及工作推进专业工具与方法的变化，它的原有高质量实践价值无疑将会受到显著的削弱。因此，在工作内外资源、运行目标或推进方法，出现重大变化的背景下，远见卓识地辨识原先规范体系可能存在的缺陷，并以此卓有成效地实施积极主动的调整和改进，就成为专业管理持续高质量进程有效创造，不可或缺和轻视的重要工作。

六、实践中常见问题的应对方法

广泛的实践中，运行规范对专业工作及其管理高质量进程的强大推动力量，时常会受到若干常见问题的限制而遭受显著的削弱。实践中的常见问题或缺陷通常表现为，缺乏对规范重要积极的实践价值，足够深入而充分的辨识；缺少完整协调规范体系，积极有效地设置与构建的能力；规范的设置或选择严重脱离工作运行发展的具体实际；不同专业规范间存在着明显的冲突，而影响整体工作的推进质量；对人员的规范理解与推进，教育激励不够深入充分；执行人员违背规范的专业限定过于随意（图5-10-4-7）。

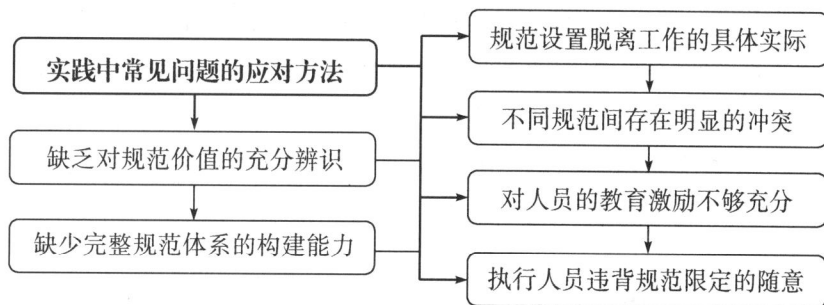

图 5-10-4-7　实践中常见问题的应对方法

（一）缺乏对规范价值的充分辨识

运行规范是一切工作的运行和管理高质量推进，极其重要而强大的支持与推动力量。缺乏足够积极有效规范体系卓有成效地支持和推动，任何工作运行与管理的思维或行为，都必将丧失成熟而坚强的依据，从而极易陷入各持己见、各行其是或朝令夕改极度混乱的局面。实践中，对工作运行或管理高质量进程显著限制因素的产生，普遍与运行规范体系的设置或推进，所存在的明显缺陷存在着密切的关联。

（二）缺少完整规范体系的构建能力

运行规范的准确辨识与积极构建的能力，普遍成为专业管理的智慧与才能的关键决定性因素。因此，努力依据全局的背景，通过内外资源因素及其关系和变化，远见卓识地辨识与把握，并以此睿智坚强地推动工作高质量运行发展的完整规范体系，准确辨识、积极构建和有效推进管理能力的持续提升，从而卓有成效地超越管理进程中，各项问题或挑战的障碍，就普遍成为高水平的管理智慧与才能，充分展示的重要途径和强大动力。

（三）规范设置脱离工作的具体实际

在广泛的专业工作运行或管理的进程中，强烈的专业倾向或情结时常会驱使人们，片面地以某项专业性技术的含量，审视和评价运行规范的质量与价值，而轻视或忽略规范服务的工作目标，受限的工作基本运行策略与方式，作用或推进的专业资源构成及其关系的具体实际，甚而至于偏离了组织的基本信念，全局的战略方向和路线。显然，这无不将会显著削弱运行规范的积极力量与价值，甚至会沦为组织信念与战略进程的严重障碍。

不仅如此，由于不能成熟而深入地辨识和理解，运行规范是一定的目标、策略和内外资源因素背景下，工作高质量运行发展卓有成效创造工具的本质，无疑就必将难以根据目标、策略或内外资源因素的变化发展，对既有的规范做出更具强大实践推动力量的积极调整或改进。事实上，脱离具体实际的运行规范，正日趋成为复杂多变环境中，各类专业工作及其管理的高质量进程，卓有成效创造的重要限制因素。

（四）不同规范间存在明显的冲突

运行规范作为各类专业工作及其管理高质量进程，不可或缺的重要而强大的支持与推动力量，正日趋受到人们的普遍重视。然而，凡事物极必反。如果持有工作的限定规范多多益善的浅显思维，并以此罔顾工作高质量进程的实际需要，而盲目地罗列各种繁多复杂的运行规范，无疑将极易导致不同规范间的明显冲突。事实上，在过于强调规范化运行或管理的环境中，不同规范的对立与冲突，正日益成为工作高质量进程的显著制约因素。

（五）对人员的教育激励不够充分

任何形式的运行规范，无不需要通过人们的充分掌握和积极实施，才能得以卓有成效地推进。事实上，如果人们对运行规范的积极职业力量与价值，以及有效推进的方式或手段，足够深入而充分地辨识和掌握，他们推进或实施规范的主观能动性力量，无不将会受到极其显著的制约。因此，对各类运行规范职业的高质量进程或业绩，及其高水平智慧与才能的关键决定性价值，以及睿智坚强地创造或展示的方式，给予积极而充分的教育、指导和激励，无不成为它们卓有成效推进的重要途径与任务。

（六）执行人员违背规范限定的随意

尽管是否应该根据工作具体实际的变化，对运行规范某些限定做出适当的调整或改进，时常会成为实践中不同意见的分歧。然而，如果执行或实施人员因为个人的因素，而随意地跨越运行规范的重要限定，或者阳奉阴违地敷衍应付，那么，工作推进的低质或混乱局部必将难以避免。事实上，广泛的实践中，工作运行与管理高质量进程，最具侵蚀性力量的因素，莫过于执行或实施人员随心所欲、毫无忌惮地跨越重要的限定，而使得运行规范形同虚设名存实亡。

第五节　创新是优良管理的强大动力

优良管理的关键途径和强大动力

迄今为止，人类社会任何真正意义的进步和发展，无不从根本上源自人们思维或行为方式，睿智坚强的积极创新。事实上，在日趋复杂多变的内外环境中，远见卓识地探索和推进各类专业资源能力的构成，及其密切联结或作用的积极创新，正日益成为有效激发运行发展的旺盛活力，成熟牢固地把握专业环节管理的整体主动，不可或缺的关键途径和强大动力。

为卓有成效地推进管理的积极创新，及其实践能力的持续高质量发展，本节首先探讨了管理创新的概念及其重要价值，接着分析了管理创新若干主要的影响因素。在此基础上，就专业创新的重要基础和途径，创新的推进主体与重要原则，以及管理创新高质量推进的积极方式，展开了重点的讨论。最后，提出了唯有坚持不懈地积极创新，才能卓有成效地推动专业管理的水平或进程，持续高质量提升和发展的论断（图 5-10-5-1）。

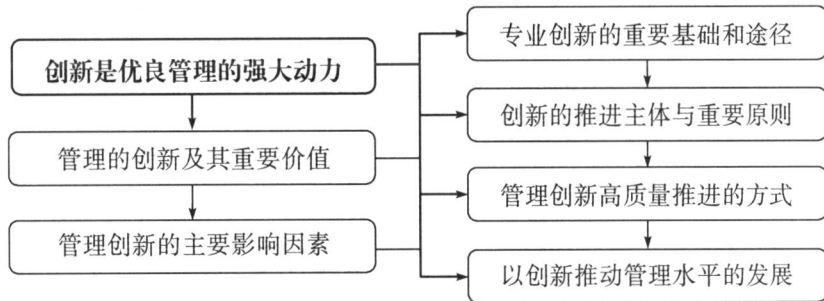

图 5-10-5-1　**创新是优良管理的强大动力**

一、管理的创新及其重要价值

管理的创新，通常是指依据专业辨识思维能力的提升和发展，为创造更高质量的管理进程或业绩，对运行环境中传统或普遍的行为方式，所给予的质的改进或突破。因此，它普遍成为广泛实践中，优良管理卓有成效创造的重要途径和强劲动力。

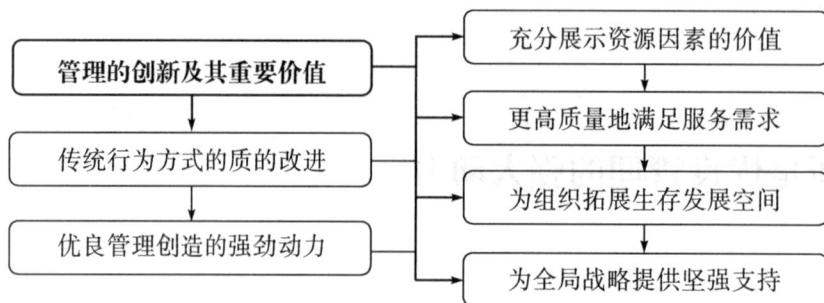

图 5-10-5-2　**管理的创新及其重要价值**

卓有成效的管理创新，通常能够更为充分有效地展示，专业环节内外资源因素的潜在力量或价值；更高质量地辨识和满足服务对象的需求；为组织有效拓展更为广阔的生存与发展的空间；为全局高质量战略提供坚强有力的支持。

（一）传统行为方式的质的改进

随着人们辨识思维智慧的提升，以及思想意识水平的发展，在更高质量职业进程或成就积极创造强烈意愿情感的推动下，通过对传统工作运行的资源能力构成，及其相互间联结或作用推进方式全面深入的辨识和把握，并以此对自身工作资源能力的构成，及其相互间作用推进的行为方式，给予卓有成效质的改进或突破的积极创新，正日趋成为复杂多变的环境中，各类专业环节运行与管理的高质量进程或业绩，睿智坚强铸就与展示的重要途径和强大动力，而日益受到人们的普遍关注和重视。

广泛的实践中，对专业环节运行或管理积极创新的重要基础和显著特征，予以全面深入的辨识和把握，普遍成为它们卓有成效推进的坚强保障：

1. 辨识思维与思想意识水平的积极提升和发展；

2. 更高质量职业进程或成就坚强创造的强烈意愿；

3. 对传统资源构成或作用方式质的改进；

4. 能够形成稳定的更高质量的行为方式；

5. 具有工作高质量运行发展显著的积极价值；

6. 存在着难以完全避免的失败风险。

（二）优良管理创造的强劲动力

人类的两大天性，已经在漫长的历史进程中，并仍将在永无止境的未来，进行着顽强而激烈的抗争，从而展示着自身思维或行为的显著特征：一方面，具有明显偏爱或倾向所熟知事物的习性，并时常在思想意识的深处视其为理所当然；另一方面，有着强烈的探索事物的未知领域，以及更高质量运行发展方式的积极意愿，并以此展现着自身文明进步最为根本而强大的动力。

组织的构建及其高质量运营发展方式睿智坚强地创造，无不成为人类文明进步极其重要而强大的动力。实践中，它们普遍源自人们对自身智慧与才能，积极有效提升和展示，以及外部环境卓有成效辨识和应对的强烈意愿。因此，倾力探索与创造组织及其专业环节的卓越进程，并以此充分展示自身高质量的职业智慧、才能与价值，强烈意愿所坚强支持或推动的，优良领导与管理方式卓有成效的积极创新，就普遍成为复杂艰难环境中，组织及其专业环节高质量运行发展，以及整体社会文明进步的坚实基础与强劲动力。

（三）充分展示资源因素的价值

组织运营发展进程中专业运行或管理的创新，通常并非指涉及组织的使命、战略的方向或路线，以及整体运营的结构、制度和文化，全局性因素的重大变革。而是普遍地通过相关专业性思维及其行为方式，远见卓识地发展或改进，努力使得专业环节内外资源因素，及其相互间联结或作用的潜在力量与价值，得以积极有效的提升或展示，并以此推动专业运行或管理水平持续高质量的发展。

（四）更高质量地满足服务需求

在专业分工与密切协作的基本方式，日趋显著而关键的运营发展背景下，积极的创新对于专业运行质量或管理水平的有效提升，最具重要的价值之一，就是能够对专业环节运行服务或协作对象的需求，给予更为全面而准确的辨识，从而通过更为积极运行或管理方式卓有成效的创造与推进，使其需求能够得以更高质量地满足，并以此睿智坚强地展示专业环节的运行或管理，更为积极而强大的全局支持力量。

（五）为组织拓展生存发展空间

积极的运行或管理的创新，对专业环节资源体系的潜在力量或价值，卓有成效的提升和展示，对专业运行服务或协作能力，持续积极发展的有力支持和推动，并以此对外部产品服务对象的积极需求，更为准确的识别与有效的满足，无疑能够坚强有力地推动组织，更高质量地辨识和应对更为广阔的外部环境中，所存在的运营发展的良好机遇或艰难挑战，从而为组织积极巩固或拓展高质量的生存与发展空间，提供坚强有力的支持和保障。

因此，极具远见卓识的福特汽车公司创始人亨利曾经断称："当一个企业不再有创新能力，当它相信自己已经达到完美，除了生产以外不需要再做其他任何事情——没有改进，没有发展——那么，这个企业也就到此为止了。"

（六）为全局战略提供坚强支持

广泛的实践中，任何组织全局战略高质量进程或成就质的提升与发展，无不显著地得益于相关重要或关键环节的运行，及其相互间密切支持或协作，卓有成效创新的坚强支持和推动。反之，全局战略进程的重大缺陷或挫折，也无一不是源自，某些关键性环节的运行或创新能力的显著薄弱。因此，专业环节的运行或管理的创新能力，普遍成为组织高质量全局战略，卓有成效创造的强大动力和坚强保障。

二、管理创新的主要影响因素

管理创新卓有成效地推进，普遍受到若干重要因素及其关系的决定性影响。远见卓识地辨识和把握，管理创新的主要影响因素，无不成为它的睿智坚强推进，普遍的坚实基础和强大动力：专业管理的核心任务，以及由此形成的质量提升方式的创新根本；更为强大的整体或全局支持力量，卓有成效创造和展示的创新基本原则；职业思维与行为方式积极提升，管理创新推进或成败的关键；高质量专业运行能力的构建及其持续有效提升，所形成的管理积极创新的坚实基础；工作运行责任体系，及其创新推进与责任主体明确设置的坚强保障；具有积极潜在力量或价值的创新对象，准确辨识或设定的强大创新动力（图 5-10-5-3）。

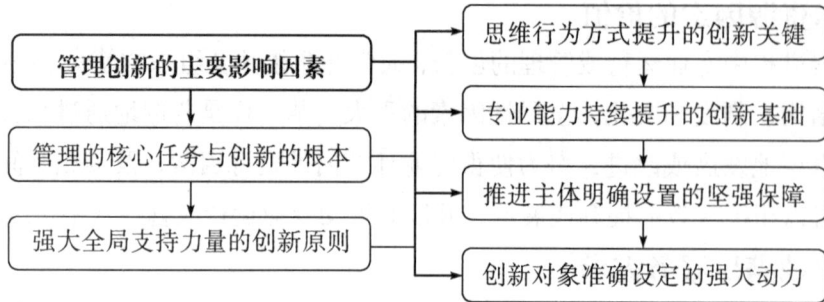

图 5-10-5-3　管理创新的主要影响因素

（一）管理的核心任务与创新的根本

广泛的实践中，无论何种性质的组织及其运行环节的专业特征，充分运用各类资源因素的构成，卓有成效地创造、提升并展示强大的专业运行能力，并以此对组织的整体或全局高质量进程，给予更为积极而坚强地支持，无不成为一切专业或局部环节的运行管理，最为根本而核心的任务。

换言之，依据各类资源因素及其关系与变化全面准确的辨识和把握，从而卓有成效地推进各项专业运行能力，高质量地构建、提升和展示，并以此睿智坚强地创造，组织整体或全局的强大支持和推动力量，普遍成为管理创新高质量进程或价值的根本。

（二）强大全局支持力量的创新原则

长期以来，受到局部思维意识的显著限制，人们时常把某项专业运行能力的提高，或者某种技术领先地位的创造，或者某些资源运行效率的提升，设置为管理创新所需遵循的基本原则。

然而，事实上，任何管理的创新，如果不能为组织高质量的全局进程或成就，提供坚强有力的支持，那么，它的质量与价值无疑将会受到极大的限制，并极易产生显著的负面影响。因此，任何环境或背景下，专业管理的积极创新，都必须成熟辨识并牢固坚持，整体或全局更为强大的支持力量，卓有成效创造的基本原则。

（三）思维行为方式提升的创新关键

任何背景下的积极创新，无不需要依据高度的辨识思维智慧，以及由此推动形成的成熟思想意识，及其强烈情感意愿和坚定行为力量的坚强支撑。因此，通过职业思维与行为方式卓有成效地提升，并以此把全局价值思维、自我和责任意识、职业成就意愿，以及顽强行为动力不断推上新的高度，无不成为一切高质量创新积极而坚强地创造，压倒一切的关键。实践中，人们一切平庸的职业表现，无一不是源自思维或行为方式的显著限制，从而导致创新力量的极其脆弱而予以形成。

（四）专业能力持续提升的创新基础

尽管积极有效的创新，通常能够对专业工作高质量的运行发展，给予坚强有力地支持，并以此日趋成为人们普遍的良好职业意愿。然而，广泛的实践中，它的睿智坚强推动，无不需要依据足够全面而深厚的专业知识与技能，并以此通过诸多复杂资源因素及其关系与变化的具体实际，深入而准确地辨识和把握，从而能够远见卓识地设置与选择，最具潜在积极力量或价值的创新对象，及其更高质量资源能力的结构与运行发展的方式，卓有成效设计与推进的有力支持。

因此，全面深厚的专业知识与技能，及其持续积极的提升和发展，普遍成为专业运行或管理，卓有成效创新的坚实基础。

（五）推进主体明确设置的坚强保障

在日趋复杂而艰难的环境中，任何创新工作卓有成效地推进，无不需要明确的创新主体，及其强烈的责任意识坚强有力的支持。换言之，在日趋复杂而具风险的内外环境中，如果缺乏完善的责任体系，以及由此明确设置的推进主体，及其强烈责任意愿的坚强支持和推动，任何卓有成效的创新，都必将成为难以实现的奢望。因此，责任与推进主体的明确设置，已日益成为创新的高质量进程或价值，卓有成效创造的强大动力和坚强保障。

（六）创新对象准确设定的强大动力

广泛的实践中，如果缺乏对工作高质量进程的主要限制因素，远见卓识地洞察或辨识，并以此对创新的对象予以准确地识别和设定，显然，人们必将难以采取针对性改进措施的积极创新。因此，对工作高质量进程限制因素的睿智洞察，以及由此对创新对象的准确辨识和设定，普遍成为人们卓有成效创新的强大推动力量。

爱因斯坦曾经辨识了准确地设定问题，对于科学创新和进步的重要价值："提出一个问题往往比解决一个问题更重要。因为解决一个问题也许仅仅是一个数学上或实验上的技能而已，而提出一个问题则需要想象力，而且标志着科学的真正进步。"

三、专业创新的重要基础和途径

在各类专业技术及其相互作用或影响，日新月异变化发展的背景下，对各项专业知识与技能的有效学习，以及行业先进运行方式的充分借鉴，已日趋成为专业环节高质量运行或管理的积极创新，不可或缺的重要基础和途径。

积极有效的专业创新，还必须对整体资源因素的构成，及其相互间联结或作用的特征，以及专业环节运行发展的历史、现状与趋势，形成全面而深入地辨识，并以此对现有的运行进程与更高质量的目标，所存在的差距予以客观准确的识别。

专业创新的积极推进，通常还需要依据现有资源体系的潜在力量，对进程与高质量目标间差距的有效弥合，给予专业可行性的充分确认，并以此卓有成效地推进资源能力的构成，及其相互间联结或作用方式的积极改进（图5-10-5-4）。

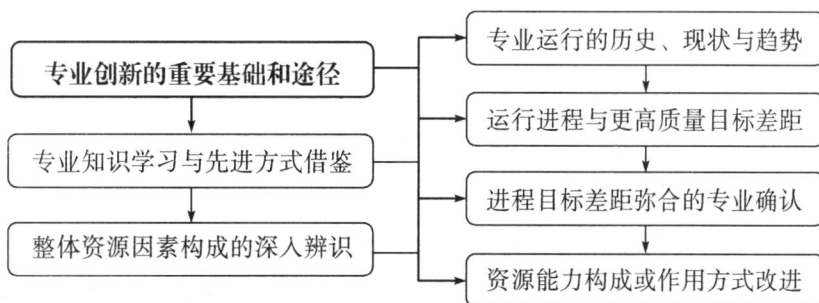

图 5-10-5-4　专业创新的重要基础和途径

（一）专业知识学习与先进方式借鉴

在科学技术突飞猛进，并对各项专业工作的进程或成就，具有关键决定性影响的现代社会，任何组织如果缺乏足够强大的专业知识或技能的学习能力，以及行业中各种先进运行方式，充分有效借鉴睿智的思维意识，那么，它的专业管理高质量创新及其持续发展，必将永远只能滞留在美好的愿望中而难见天日。因此，著名科学家牛顿，曾这样总结了自身伟大成就的根源："如果说我比别人看得远的话，那是因为我站在了巨人的肩膀上。"

（二）整体资源因素构成的深入辨识

任何专业创新远见卓识地推进，无不需要得到工作进程中，整体资源因素的构成，及其相互间联结或作用的专业特征，深入准确辨识和把握的坚强支撑。事实上，如果缺乏整体资源因素构成，及其关系的专业特征，深入准确辨识坚实基础和重要途径的有力支持与推动，人们必将难以在纵横交错复杂多变的环境中，对资源因素更高质量的构成，及其相互间的密切联结或作用，予以睿智坚强卓有成效的创新。

（三）专业运行的历史、现状与趋势

从根本上说，任何积极的创新，都是牢固地联结专业环节运行发展的历史、现状和未来，最为重要而坚实的纽带。换言之，任何卓有成效的创新，无一不是通过对其历史的运行发展过程，及其当前各种重要的因素与关系，深入而准确辨识和把握，并以此对未来更高质量进程，所需采取的更为积极的新的资源能力构成，及其密切联结与作用的方式或途径，远见卓识地探索、设置和推进。

显然，缺乏高质量资源能力的构成及其关系，卓有成效创新的坚强支持和推动，任何组织都必将在日趋复杂多变的环境中，无以远见卓识地辨识并把握，运营发展的趋势和进程。为此，杜拉克曾经辩称："任何一个组织——不仅是商业组织——都需要有核心竞争力：创新。并且，需要建立一种对创新方面的行为和表现，进行纪录和评估的方法。"

（四）运行进程与更高质量目标差距

通过长期广泛的实践，人们已经日趋普遍而深刻地意识到，专业工作卓有成效的创新，不仅显著地表现为人的辨识思维智慧的高质量活动，而且还无不首先地体现为一种强烈的情感倾向和意志。换言之，如果人们缺乏对工作高质量运行发展，强烈进取精神和追求意愿的坚强支持，并以此形成的对现有工作状况或进程，与更高质量目标间差距客观准确的辨识，那么，任何卓有成效的创新思维或行为，都必将无以睿智坚强地展示。

为此，可口可乐公司前领导人罗伯特曾经辩称："在每一年每一天的最后时刻，有两样东西应该始终不变，那就是我们不屈不挠的意志和我们对现状的永不满足。"

（五）进程目标差距弥合的专业确认

在诸多资源因素的构成及其关系或变化复杂的环境中，卓有成效地推进专业工作高质量的创新，无不需要对当前工作的进程与更高质量的运行发展目标，所存在差距的改进和弥合方式，给予细致缜密地分析及其充分的专业性验证和确认。事实上，充分的专业化方法的验证和确认，不仅能够远见卓识地辨识并卓有成效地减少，各类专业创新的潜在风险和失败概率，而且也是高质量地设置并优化积极的创新方式，不可或缺的重要程序和途径。

（六）资源能力构成或作用方式改进

尽管积极的专业创新，由于全局或整体的背景，专业化运行目标及其策略，存在着千变万化或千姿百态的差异，然而，它们卓有成效地推进，无不显著地表现为，运行资源或能力的构成，相互间联结或作用，及其运行变化的方式，更高质量的积极改进。因此，推进高质量的专业创新，通常需要依据资源能力构成的质量，资源因素相互联结或作用的关系，以及专业环节运行发展的方式，卓有成效提升的基本途径，依次循序渐进并持续循环地改进。

四、创新的推进主体与重要原则

睿智坚强的推进主体，在日趋复杂而艰难的环境中，无不日益成为各类专业管理的卓有成效创新，极其关键的决定性因素。广泛的实践中，坚强有力的创新推进主体，无不显著地表现为强大的文化素养，及其睿智的职业价值观念支持下，坚定的团队信念与强烈的共同愿景，为组织全局或整体团队，提供更为积极支持的成熟意愿，以及完善的制度体系与牢固的责任意识。

管理创新卓有成效地推进，任何背景下，还必须睿智成熟地坚持自身工作的内外具体实际，及其更为密切联结或融合的坚强推动，以及对原有的运行方式进程中，一切积极的因素和力量充分继承与发扬的重要原则（图5-10-5-5）。

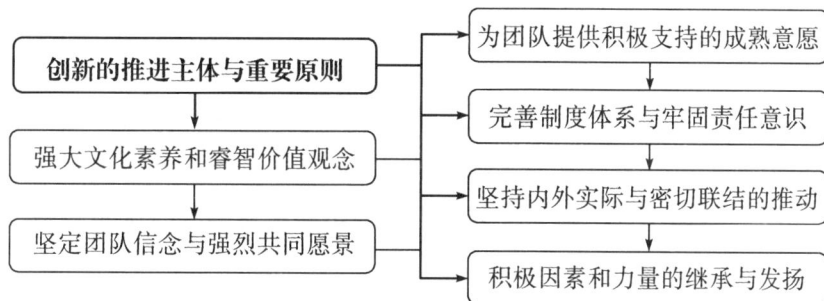

图 5-10-5-5　创新的推进主体与重要原则

（一）强大文化素养和睿智价值观念

迄今为止，人类活动任何高质量的创新，无一不是人们辨识思维的高度智慧，思想意识的强大力量，及其情感行为的坚强动力，卓有成效推动并展示的卓越成就。因此，能够睿智坚强地推进持续积极创新的主体或团队，无不以此而充分展现出，自身高质量的文化素养及其价值观念的显著特征和强大力量。

创新文化思维或价值意识，及其情感行为动力的核心，就广泛领域中组织的实践而言，通常显著而关键地体现为，是否需要持续积极的进取和改变，抑或满足于现有的状况或既得的成就；进取或改变的进程，能否排除内外各种消极因素的限制与影响，从而完全避免各类负面的风险或挫折，或者容忍并支持积极创新中的挫折和失败。

对此，贝尔公司前领导人史密斯曾经辩称："风险——或甚至是错误的冒险，是建立在对业务的了解和对公司合理目标的追求之上的，这是取得进步的唯一道路。一个企业如果四平八稳地经营下去，就必定会衰落。"

（二）坚定团队信念与强烈共同愿景

高质量的创新，通常是项涉及众多因素及其关系与变化，以及需要诸多专业技能或信息的有力支撑，极其复杂而艰难的智力性挑战。因此，广泛的实践中，它的卓有成效推进，普遍需要他人或团队密切协作的强大力量，积极而坚强的支持。

不仅如此，任何管理卓有成效的创新，无不体现为集体性质的根本属性和显著特征，以及必须为团队整体高质量运行发展，提供坚强支持与推动力量的核心。因此，管理创新远见卓识地推动，首要的或关键性的任务，绝非在于各种专业性工作及其关系或变化的探索，而是坚定的团队信念与强烈的共同愿景，积极坚强地构建、巩固与发展。

（三）为团队提供积极支持的成熟意愿

集体背景下任何创新的积极价值，无不需要通过整体团队运行发展能力的有效提升，及其高质量进程或成就卓有成效的创造，才能得以充分坚强地展示。因此，为整体组织或团队更高质量的进程与成就，提供更为积极而坚强支持的成熟意愿，普遍成为人们复杂艰难的环境中，远见卓识地辨识和把握，创新的正确方向与良好机遇，睿智有效地消除与避免，各种负面因素或潜在风险的侵扰，并以此卓有成效地提升或展示创新的积极价值，极其重要的支持和推动力量。

（四）完善制度体系与牢固责任意识

作为整体组织或团队高质量运营发展，极其重要而强大的支持与推动力量，专业管理创新卓有成效地推进，普遍需要得到完善的制度体系，及其所设置形成的岗位或工作的职责，以及创新主体头脑中牢固责任意识的坚强支撑。

广泛的实践中，高质量管理创新能力的显著薄弱，时常源自运行制度对相关创新主体，更高质量职业进程或业绩的有效创造，岗位或工作职责设置上的明显缺失，从而导致他们责任意识的极其脆弱，并使得职业思维或行为完全受制于，创新进程中可能遭遇的各类艰难挑战，及其各种成果的负面激励。

（五）坚持内外实际与密切联结的推动

任何专业环节高质量的运行发展，无一不是通过内外资源因素，密切联结或作用的积极推动，并以此对组织或团队的全局形成坚强有力的支持，得以卓有成效地创造或展示。因此，推进专业环节高质量的管理创新，任何背景下，无不需要准确辨识并牢固坚持，内外资源因素的具体实际，及其相互间密切联结或作用积极有效地推进，从而卓有成效地创造全局强大支持力量的重要原则，并以此睿智坚强地超越，他人或自身过去的成功经验，以及各种专业理论可能带来的各种负面的限制。

（六）积极因素和力量的继承与发扬

任何环境中，专业环节的运行发展，无不存在若干显著而重要的，积极或消极的因素和力量。专业管理的积极创新，无疑就是有效提升或展示，各种正面因素的潜在力量，限制或化解各类负面因素的显著限制。因此，管理创新积极方式或方法，卓有成效地探索和推进，无不需要成熟辨识并牢固坚持，各种积极因素或力量充分继承与发扬的重要原则，并以此有效避免落入猎奇求新片面的思维陷阱，从而给专业环节的运行发展，带来显著的负面影响。

五、管理创新高质量推进的方式

就普遍意义而言，管理创新高质量地推进，普遍需要一系列重要工作及其程序，所构成的卓有成效方式的坚强支撑。广泛的实践中，管理创新高质量推进的方式，普遍体现为全局与服务对象积极需求深入而准确地辨识；努力学习与积极借鉴科学先进的管理方式；有效构建并持续发展更为开阔的管理思维；更高标准地审视工作运行的现状；内外资源因素构成及其相互间作用关系，更为全面而深入地分析；新的更高质量运行方式的构思，及其方案的积极设计和推进（图5-10-5-6）。

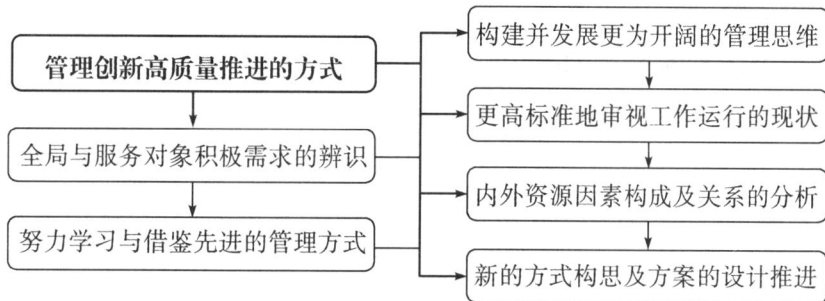

图 5-10-5-6 **管理创新高质量推进的方式**

（一）全局与服务对象积极需求的辨识

在各种资源因素的构成，及其相互作用与持续变化的复杂背景下，卓有成效地推进专业管理的积极创新，管理者无不需要远见卓识地铸建，专业环节高质量运行发展，全局与服务对象的积极需求，准确辨识和充分满足的根本目标与核心任务，以及一定资源因素构成的条件下，各项专业运行能力高质量构建，及其整体资源体系潜在价值，积极提升和充分展示的关键途径与强大动力，睿智成熟的职业思维意识。

因此，睿智坚强地超越各种专业方式或手段的限制，并通过各项专业运行能力的高质量构建与发展，及其整体资源体系潜在价值的有效提升和展示，卓有成效地辨识并满足全局与服务对象的积极需求，无不成为各种复杂艰难的挑战中，专业管理远见卓识创新的关键途径和任务。

（二）努力学习与借鉴先进的管理方式

科学先进的专业管理方式，任何背景下，无不成为专业环节各类资源和能力的组成，及其相互作用与变化发展的潜在力量或价值，卓有成效构建和展示，极其重要而强大的支持与推动力量。因此，远见卓识地辨识和推进，专业管理高质量的创新，管理者无不需要持之以恒地学习，并卓有成效地借鉴各类科学先进的管理方式。

（三）构建并发展更为开阔的管理思维

为组织的全局及其相关联环节提供坚强有力的支持，专业管理卓有成效的创新，无不需要得到更为开阔的思维方式或立场，对它们的需求深入准确辨识的有力推动。因此，构建并发展更为开阔的管理思维，以创造全局更为强大的支持或推动力量，普遍成为复杂多变的环境中，管理创新远见卓识地推进，不可或缺的重要途径和强大动力。

（四）更高标准地审视工作运行的现状

满足于现有的状况，或视其为理所当然，显然，必将难以产生任何积极的创新思维或行为。因此，经常性地以更高质量的发展标准，深入审视和辨识专业环节资源能力的构成，及其自身职业的思维与行为方式，并以此远见卓识地洞察或识别，其中存在的更为积极的潜在力量与价值，已普遍成为专业管理高质量创新，卓有成效推进的关键途径和方法。

（五）内外资源因素构成及关系的分析

任何专业运行或管理卓有成效的创新，广泛的实践中，无一不是通过工作资源因素的构成，及其相互间联结或作用的关系，更高质量的辨识、提升或推动，而得以睿智坚强地展示。事实上，缺乏资源因素的构成及其作用关系，深入准确辨识的有力支持，任何旨在推进更高质量资源能力的构建，及其相互间联结或作用的积极创新，必将丧失坚实的基础和强大的动力。

（六）新的方式构思及方案的设计推进

新的更高质量的资源因素的构成结构，相互间联结或作用的形式，及其专业工作运行发展的方式，远见卓识的思考与构思，普遍成为专业创新整体工作中，最具艰难挑战和成败关键的程序之一。广泛的实践中，专业推进的可行性和工作质量提升的有效性，普遍成为它的积极推进，必须坚持的基本原则。

不仅如此，任何专业运行或管理创新睿智坚强地展示，还无不需要得到各种积极的设想或构思，细致缜密的运行方案卓有成效设计和推进的有力支持。实践中，专业运行或管理的创新，通常是项未经实践充分检验或验证，并充满各种负面因素侵蚀的复杂探索工作。因此，它的运行方案高质量地设计或推进，普遍需要坚持循序渐进，并持续改进和完善的基本原则与方式。

六、以创新推动管理水平的发展

专业环节的运行与管理，通常受到诸多内外因素，及其相互关系和持续变化的复杂影响。它的高质量进程或业绩，无不需要管理者职业思维与行为方式的持续发展，并以此卓有成效地推进，各项专业资源能力的积极构建与提升，及其相互间的密切联结或作用，从而为组织的全局提供坚强有力的支持，才能得以睿智坚强地创造和展示。

因此，思维或行为方式的有效发展，以及由此推动形成的专业资源能力的积极构建与提升，及其相互间更为密切联结或作用的管理创新，就普遍成为专业环节管理水平的高质量发展，不可或缺的关键途径和强大动力（图5-10-5-7）。

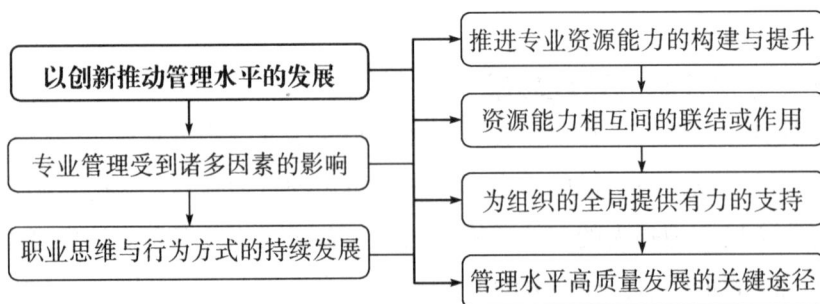

图 5-10-5-7　以创新推动管理水平的发展

（一）专业管理受到诸多因素的影响

专业环节的运行或管理，无不受到诸多内外资源因素，及其相互间联结或作用，以及持续变化发展重要而复杂的影响。专业管理的水平，普遍取决于组织整体或全局的背景下，各类专业资源或能力全面准确的辨识，及其卓有成效构建与提升的质量，以及它们相互间密切联结或作用的积极推进，并以此对整体组织高质量运营发展，所形成的支持与推动的力量。

显然，对各类专业资源或能力，及其密切联结与作用的方式，更高质量的构造、提升或推进的创新，无不成为复杂多变的环境中，专业管理水平或进程持续积极的发展，不可或缺的重要途径和强大动力。

（二）职业思维与行为方式的持续发展

专业环节运行发展的管理水平，无不需要通过管理者，一系列重要的职业思维和行为的表现，而得以充分地展示。因此，专业环节管理水平的发展，无不从根本上取决于，管理者职业思维或行为的积极方式，卓有成效探索、创造与提升的整体质量。

事实上，如果缺乏职业思维或行为方式，持续高质量提升与发展创新坚强有力的支持和推动，在日趋复杂多变的环境中，专业环节运行的管理水平或进程，必将陷入止步不前而显著被动的境地。

（三）推进专业资源能力的构建与提升

任何组织局部环节高质量的运行发展，无不需要各项专业资源或能力，坚强有力的支持和推动。实践中，任何管理者最为根本而关键的任务之一，就是局部环节高质量运行发展，各项强大专业资源或能力的构建与提升。否则，他的任何睿智思维或美好构想，都必将难以得到卓有成效地推进与实现。

因此，任何背景下，管理者无不需要通过各项重要专业资源或能力，远见卓识地辨识和积极有效地构建，及其持续高质量创新的坚强支持与推动，才能卓有成效地推进管理水平或进程的积极发展。

（四）资源能力相互间的联结或作用

通过长期的实践，人们已经日趋广泛而深刻地意识到，一定专业资源或能力的背景下，不同的联结或作用的方式，时常能够产生天壤之别的工作进程或业绩。事实上，任何组织或团队局部运行环节的设置与构造，无一不是源自各项专业资源或能力，更高质量的联结与作用，及其整体潜在力量与价值，卓有成效提升和展示的根本目的。

因此，专业管理水平持续高质量的发展，无不需要各项专业资源或能力，密切联结和作用的方式，卓有成效创新的有力支持与推动，才能得以睿智坚强地铸就和展示。

（五）为组织的全局提供有力的支持

广泛的实践中，高水平的管理智慧与才能，无一不是通过一定内外资源条件下，专业局部环节高质量运行发展卓有成效地创造，并以此形成组织整体或全局，更为强大的支持与推动力量，才能得以睿智坚强地铸就和展示。

因此，密切关注组织整体或全局的进程，及其自身内外资源因素的运行变化，并通过各项专业资源能力的联结或作用方式，以及专业环节整体运行发展策略，远见卓识更高质量的创新，从而铸就形成组织整体或全局，更为强大的支持与推动力量，无不成为复杂多变的环境中，专业管理水平卓有成效发展的重要途径和坚强动力。

（六）管理水平高质量发展的关键途径

任何背景下，人们积极的思维和行为方式，无不成为高水平的职业智慧与才能，卓有成效铸就和展示的关键决定性因素。因此，睿智坚强地铸就并持续提升，强大的学习或借鉴的能力，并以此有效推进自身思维或行为方式卓有成效的发展，从而远见卓识辨识并推动，各项专业资源能力的积极构建与提升，及其相互间密切联结或作用的积极创新，就普遍成为复杂多变的环境中，管理者高水平的职业智慧与才能，积极有效铸建、展示或发展的关键途径和强大动力。

第六部分

※

外部环境的准确辨识与应对

领导与管理的艰难挑战和关键任务

外部环境因素，是任何组织卓有成效的运营发展不可或缺的重要基础和强大动力。为此，《管子》曾经辩称："蛟龙得水，而神可立也；虎豹得幽，而威可载也。"——蛟龙得水，才可以树立神灵；虎豹凭借深山幽谷，才可以保持威力。广泛的实践中，组织运营发展的严重挫折或失败，普遍与外部环境辨识或应对能力的显著薄弱，以及由此形成的明显缺陷存在着密切的关联。

然而，由于组织或团队运营发展的外部环境，通常涉及诸多复杂的因素及其关系与变化，它的睿智辨识或积极应对，无不成为组织卓越的领导与管理，普遍面临的艰难挑战和关键任务。

尽管如此，通过长期的积极探索和实践，人们已经日趋普遍而成熟地意识到，社会与政治的环境因素，通常体现为更具显著的全局性质。各类社会组织机构，一旦忽略或背离了它们运行的基本需求与原则，必将陷入万劫不复的运营深渊；行业和科技的环境因素，则普遍体现着显著的局部专业性特征，并以此成为各类专业社会组织机构，运营发展机遇或挑战的重要影响因素。

在本部分的第十一章，积极适应社会与政治环境中，我们重点就广泛的社会环境因素，以及居于它的领导与管理地位的政治环境和政府因素，睿智辨识与积极应对的原则和方法，展开了相应的分析与探讨。与此相对应，我们在第十二章，营建良好的行业和科技环境中，对组织运营发展的进程或成就，具有普遍关键或重要影响的行业与科技因素，高质量辨识和应对的思维行为方式，给予了积极的探索和总结。

第十一章

积极适应社会与政治环境

运营发展的坚实基础和价值源泉

一定范围中的社会环境，通常包含着经济、文化、人口结构、自然资源等众多因素的组成，及其相互联系或作用的关系与永无停息的变化，并以此成为一切组织运营发展的坚实基础，以及所有力量和价值的根本源泉。

在纷乱繁多、纵横交错、日新月异的各种因素及其关系与变化，所形成的社会环境中，远见卓识地辨识、设定并把握，组织赖以睿智积极构建、运营和发展的根本依据，以及整体强大运营智慧与成长动力，卓有成效创造和展示的运营发展使命，无不对组织高质量的全局进程或成就，具有普遍关键的决定性价值。为此，本章的第一节，准确辨识和把握组织的使命，我们首先就此展开了相应的探讨。

通过长期的积极探索与实践，人们已经日趋普遍而成熟地意识到，对整体社会运行变化睿智坚强的适应能力，及其持续高质量的提升与发展，已日益成为一个组织或团队，远见卓识地辨识和应对，社会环境各种积极机遇或负面挑战，并以此卓有成效地创造和展示，全局卓越进程或成就极其关键的运营智慧与力量。第二节，全力提升组织的适应能力，就此重要议题给予了积极的探讨。

不仅如此，在各种交往日益广泛，竞争日趋激烈，变化日新月异的环境中，一个组织或团队的运营发展，能够得到相关社会各界，普遍而充分的关注并肯定，无不成为它的苗壮成长和兴旺发达，不可或缺的重要资源和坚强动力。本章第三节，营建积极而强大的组织外势，我们集中分析和探讨了，组织运营发展的强大外势，卓有成效铸建与发展的重要价值，以及所需遵循的基本原则和采取的积极方式。

政治环境与政府因素，在整体社会文明高度发达的环境中，无不日趋广泛而深远地决定或影响着，各类组织运营发展的进程与成就，并日益受到睿智成熟组织普遍的高度关注。从根本上看，政治的精髓在于社会全局思维意识的系统表述。换言之，任何社会组织或团队，一旦缺乏社会全局的系统思维和成熟意识，无不将会显露出极其幼稚或浅薄的政治观念。

政府是一定社会的全局领导，及其专业领域运行管理的组织机构，任何其他组织都是整体社会的局部组成。因此，成熟睿智地辨识并应对，政治环境或政府因素，普遍成为社会各类组织或团队，高质量进程与成就卓有成效创造，不可或缺的重要任务和强大动力。第四、第五节，我们分别就政治与政府因素的准确理解和积极应对，进行了相应的分析和探讨（图 6-11-0-1）。

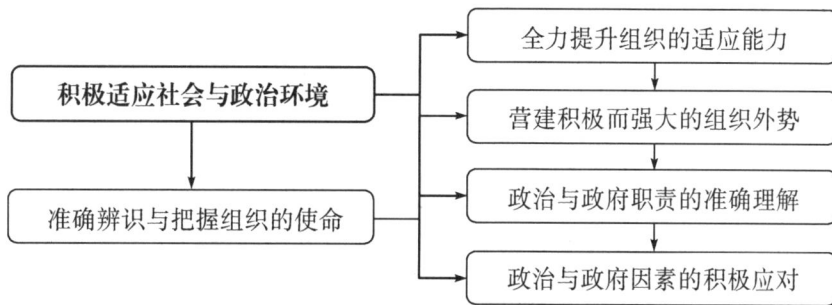

图 6-11-0-1 积极适应社会与政治环境

第一节　准确辨识与把握组织的使命

前所未有的艰巨挑战

为组织指引正确的前行方向和道路，激发与凝聚强大的行进动力，无不成为领导人任何复杂艰难的环境中，都必须睿智坚强承担的核心任务。广泛的实践中，前行的方向、道路及其动力，无不涉及组织长远运营发展使命，远见卓识辨识与把握的关键任务。事实上，缺乏对长远使命的准确辨识和把握，组织无不极易成为一台丧失灵魂、鼠目寸光，随时因盲目飞舞而支散架落的机器；一艘迷失航向、丧失动力，时刻因随波逐流被惊涛骇浪吞噬的航船。

本节首先从组织使命的概念及其重要价值着眼，逐层分析与探讨了组织运营使命积极有效的识别与推进，必须成熟牢固地把握社会价值与责任的使命灵魂，社会需求与运营发展空间的辨识和选择，服务对象及其产品价值的设定，高质量产品服务体系的构建，以及长远运营的资源积累与能力发展等若干重要的工作。

通过这些分析或探讨，我们试图有效地支持领导人，卓有成效地构建并发展，在日趋复杂多变的广泛社会环境中，依据自身组织的专业资源或能力的特征，远见卓识地辨识、设定和把握组织的高尚使命，所需完整成熟的思维与工作方法，并以此睿智坚强地创造，组织全局高质量进程或成就必需的智慧与才能（图6-11-1-1）。

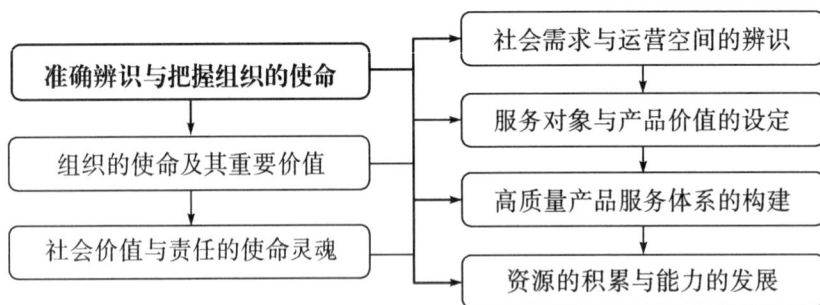

图 6-11-1-1　准确辨识与把握组织的使命

一、组织的使命及其重要价值

对组织的使命及其基本含义和属性，全面而深入地辨识，普遍成为它的远见卓识设置与把握的重要基础。广泛的实践中，运营发展的使命，通常是组织核心价值观的睿智构建并巩固，组织坚强凝聚力量的有效铸建和发展，自身专业能力的积极设定与提升，外部机遇或挑战的准确辨识或应对，以及全局战略高质量进程或成就的卓越创造，极其强大的支持与推动力量。因此，对它的准确辨识、设定和把握，普遍成为领导人的核心职责，以及卓越智慧与才能的重要体现（图6-11-1-2）。

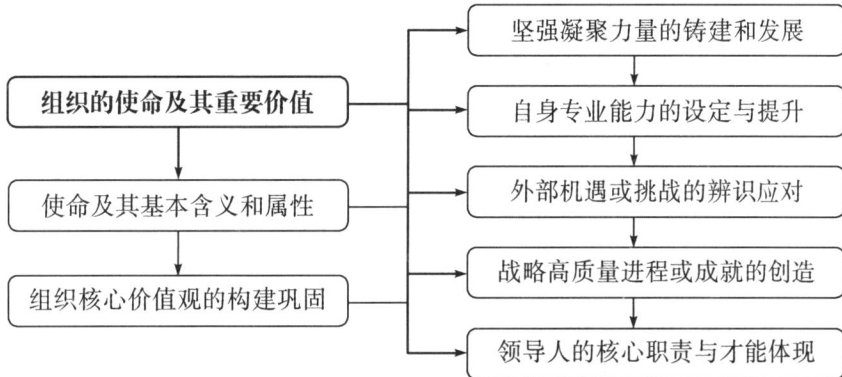

图 6-11-1-2　组织的使命及其重要价值

（一）使命及其基本含义和属性

广泛的实践中，组织高质量的全局进程或成就，无一不是通过整体社会运行发展的趋势，自身专业运营资源的能力，准确的辨识与密切的联结，并以此积极创造并提供高质量的产品服务，从而展示出卓越的社会价值而睿智坚强地铸就。

组织的使命就是其领导人，通过广泛社会运行发展趋势，自身专业运营资源能力，深入的辨识与密切的联结，为创造高质量的社会价值，所确立的组织长远运营发展的根本原则、方向、任务与责任。

组织使命的含义通常包括：

1. 由组织最具权力的领导人或领导集体所设定；

2. 对广泛社会发展趋势的深入分析与辨识；

3. 对自身专业运营资源能力及其发展潜力，全面的识别和积极的预见；

4. 使命的实现进程能够确保组织高质量的社会价值，及其持续积极运营发展强大力量的支持；

5. 界定了组织长远运行发展，最为根本的原则、方向、任务与责任。

对组织使命远见卓识地辨识和设定，通常还需牢固把握它的若干基本属性：

1. 使命的权威性。使命是组织最高领导人深思熟虑的成果，通常体现着他们对组织长远运营发展的根本意愿，并以此而成为组织运营进程中，一切思维或行为的重要评判标准；

2. 使命的社会性。组织的使命必须以社会运行发展的需求或价值为根本。脱离了社会的属性，使命就失去了根本的基础而不复存在；

3. 使命的专业性。使命的积极推进，必须立足于自身专业运营的资源能力。脱离了自身专业资源能力的根本或优势，必将使得组织陷入整体运营的困境；

4. 使命的激励性。使命必须能够卓有成效地激励和推动，组织各种积极的因素或力量，朝着既

651

定的方向与目标奋勇前进；

5.使命的长期性。使命通常放眼于长远的运营发展，并通过对根本价值、方向、任务与责任的积极界定，为组织长期的健康成长提供强大的动力保障。

（二）组织核心价值观的构建巩固

在各类思维意识与文化理念，相互影响或作用日趋广泛而深入的环境中，由于职业经历、文化教育或思维立场等背景所存在的显著差异，人们时常就事物或职业推进的方式及其价值，产生着明显的分歧，甚至导致思维或行为的激烈对抗。因此，睿智坚强地构建并推进，高度统一远见卓识的核心价值观，无不成为组织整体强大的运营发展力量，卓有成效铸建或展示的关键途径和重要任务。

组织使命的准确辨识和牢固确立，无疑向全体成员明确昭示了，组织长远运营发展的根本方向，及其需要承担的全局任务与责任，以及人们一切高质量职业思维或行为，所需遵循的核心价值取向。事实上，睿智成熟使命的准确辨识和坚强确立，已日趋成为复杂多变的环境中，组织核心价值观远见卓识地铸建并巩固，以及全局高质量进程或成就，卓有成效创造和展示，不可或缺的强大支持与推动力量。

（三）坚强凝聚力量的铸建和发展

使命通常是基于广泛社会运行发展的趋势和价值，所设置形成的组织长远运营发展的根本目标。它的卓有成效推进与实现，无疑需要组织与时俱进强大运营发展力量的坚强支持。而居于一切运营力量的核心地位，广大员工的智慧才能和情感动力，无不成为使命高质量进程或成就，极其关键的决定性因素。

换言之，高尚的使命及其卓越的进程所坚强展示的，对社会整体发展趋势的主动顺应，及其高质量价值的积极追求；广大员工职业智慧与才能，持续提升或充分展示的有效推动；个人情感与行为力量的充分激发；个人长远和根本职业利益的妥善兼顾；使命实现对个人职业成就的有力支持，无不使其普遍成为组织坚强的凝聚力量，卓有成效铸建或展现的强大动力。

（四）自身专业能力的设定与提升

通过对广泛社会运行发展趋势，以及自身基本资源构成特征，全面深入的分析与辨识，并以此对组织长远运营发展的根本价值、任务或责任，远见卓识辨悉、设置和确立所形成的使命，无不成为组织全局高质量进程或成就卓有成效创造，所需各项专业及其整体运营发展能力，充分准确设定和持续有效提升，极其重要而强大的推动力量。

不仅如此，强烈的使命意识和意愿，还是人们各种复杂艰难的环境中，高质量的辨识思维智慧，及其强大的行为和情感力量，卓有成效铸建、发展与展示的坚强动力。

（五）外部机遇或挑战的辨识应对

社会运行发展进程中的各种形态或表现，显然，对于不同使命背景的组织或团队，无不呈现出显著差异的价值。长远根本使命的明确设定，无不能够睿智坚强地支持或推动，相关组织或领导人，远见卓识地辨识相应的形态与表现，究竟是积极的机遇抑或负面的挑战。

明确而强烈的使命意愿，还能够睿智坚强地推动组织，远见卓识地兼顾相关各方长远的根本利益，并以此卓有成效地争取或创造，内外环境中各种积极的因素与力量，对自身持续高质量运营发展的有力支持，从而全面铸就和增强，组织把握机遇或应对挑战强大的整体力量。

（六）战略高质量进程或成就的创造

任何组织高质量全局战略卓有成效地创造，无不需要睿智成熟地辨识和把握，自身长远运营发展的积极使命，及其形成的深刻社会背景，并以此远见卓识地设置，高质量的使命进程或成就，所必需的战略方向、路线与目标，及其卓有成效推进的战略政策和保障措施。因此，成熟牢固的使命，无不成为复杂多变的环境中，组织全局战略高质量进程与成就，睿智坚强创造不可或缺的重要组成。

（七）领导人的核心职责与才能体现

在日趋复杂多变的环境中，努力依据整体社会文明进步或运行发展的必然趋势，以及组织各项专业资源能力的构成及其潜在的发展力量，深入准确的辨识和相互间的密切联结，并以此远见卓识地对组织长远运营发展的使命，睿智而成熟地设定和推动，无不成为领导人高瞻远瞩地指引，组织正确的前行方向与路线，卓有成效地激发和凝聚，团队奋发进取的强大行进力量，不可或缺的关键任务或途径。

因此，睿智成熟使命的坚强确立与推进，普遍成为领导人的核心任务和职责，以及高质量职业智慧、才能与价值，卓有成效创造或展示的重要途径和强大动力。

二、社会价值与责任的使命灵魂

对广泛领域中事物的价值与责任，普遍存在的对立统一辩证关系，睿智成熟地辨识和把握，是人们卓有成效地推进它们高质量的运行发展，极其重要的基础和强大的动力。事实上，社会价值与责任密切联结或融合积极而成熟的思维，普遍成为组织使命远见卓识地辨识、设定和推进的灵魂。

广泛的实践中，组织使命睿智坚强地设定与推进，无不需要全面深入地辨识和把握，自身组织的运营发展、组织的广大员工、产品服务的对象及其相关合作的各方，所存在的积极而重要的价值，以及对其所需承担的不可丝毫轻视的重要责任（图6-11-1-3）。

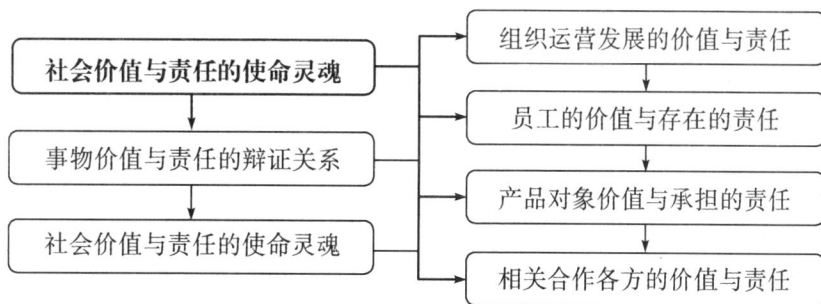

图 6-11-1-3　社会价值与责任的使命灵魂

（一）事物价值与责任的辩证关系

事物的价值以及对其所需承担的责任，通常构成了人们生活与职业的质量，极其关键的对立统一关系。事实上，它们密切联结和融合的成熟思维，普遍成为推进事物高质量运行发展，极其重要的基础和强大的动力。

对立统一中的对立，通常意味着事物的价值，能够给人们提供相应的积极利益；而责任的承担，则无不需要人们对事物的运行发展做出相应的付出。统一的关系，则揭示了某项事物如果缺乏积极的价值，就不会存在相应的责任；缺乏责任的付出，任何事物就不会产生真正属于自身的价值。因此，就任何事物的长远运行发展而言，它所能够提供的价值，总是与人们对其所承担的责任密切关联且高度一致。

尽管如此，一些浅薄或哗众取宠的经济价值研究者，却时常罔顾事物的潜在价值，及其人们对其所需承担的责任，对立统一辩证关系的根本与准则，总是试图寻找并向人们兜售，能够完全撇开艰辛的责任担当，而攫取事物高额价值或利益的神机妙法。然而，迄今为止，除了一系列的个人屈辱、组织挫折或社会动荡，并未让范围广泛的人们，深切感受到他们卓越的研究成果。

（二）社会价值与责任的使命灵魂

广泛的实践中，组织运营发展的整体智慧与力量，及其全局的进程或成就，无不受到社会的价值与责任，远见卓识辨识和融合，以及由此所形成的长远运营发展使命，睿智坚强设定和推进的关键决定性影响。事实上，社会的价值与责任，普遍成为组织的积极高尚使命，以及整体强大的运营发展智慧和力量，卓有成效铸建或展示的灵魂。

为此，美国商业银行前总裁龙伯格曾经辩称："服务社会，对社会有所贡献，必须是所有活在这个社会上的人的主要目标。当然，公司为了使事业能够持续发展，必须获得利润。但是，其目标不应着重于短期，而应追求长期的最大利润。"

（三）组织运营发展的价值与责任

任何个人或团队，如果对自身职业或运行发展的积极价值，缺乏足够深入而充分的辨识，并以此睿智坚强地承担起，对自身的长远根本责任，显而易见，必将无以远见卓识地洞察或识别，并卓有成效地肩负起外在事物的艰巨责任。

因此，任何组织积极高尚的使命，远见卓识地辨识、设定与推进，无不需要首先对自身长远运营发展的高质量价值，予以足够深入而充分地辨识，并以此卓有成效地承担起，对自身长远运营发展最为根本而关键的责任。

（四）员工的价值与存在的责任

任何组织或团队，无论拥有怎样崇高的愿景使命，及其现代化的机器设备，如果缺乏人的强大能动性创造智慧与力量，足够坚强有力的支持或推动，那么，它的进程或成就，无不将会受到极其显著的限制。

因此，睿智成熟地辨识广大员工能动性创造力，对组织繁荣强盛的关键决定性价值，以及组织或团队对员工及其职业发展，所存在的积极而重要的责任，并以此卓有成效地维护和保障，他们长远根本的职业利益，就普遍成为组织使命高质量进程或成就，坚强创造的关键基础和强大动力。

（五）产品对象价值与承担的责任

产品服务对象，是任何组织的崇高信念与使命，直接体现并积极承载的主体，也是一切组织高质量全局进程或成就，所有支持与推动力量的重要源泉。事实上，对产品服务对象价值积极而成熟的辨识，及其所需承担责任的卓有成效推进，无不从根本上体现着组织整体运营发展的智慧和力量，以及信念或使命实现的进程与高度。

通过长期而广泛的实践，迄今为止，人们对于组织运营产品服务对象的重要价值，已经形成了普遍深刻的认识。例如，福特汽车公司创始人亨利就曾辩称："真正付给员工工资的并不是他们的老板——他们只不过是分配这些钱而已。真正付工资的人是客户。"

（六）相关合作各方的价值与责任

在分工协作运行方式，日趋成熟而彰显的社会环境中，有效获得广泛的相关合作各方，更为积极而坚强地支持，正日益成为组织使命或全局高质量进程，卓有成效创造的重要工作和强大动力。

事实上，任何组织如果缺乏对相关合作各方，高质量运行发展积极成熟的责任意识，并以此睿智坚强地推进，良好合作形象和信誉的有效铸建，那么，在各种影响日趋广泛而深远的社会环境中，它的任何高尚使命的进程或成就，都必将受到极其显著的限制。

三、社会需求与运营空间的辨识

社会的需求，是组织使命睿智坚强设置或推进的根本基础和强大动力。组织使命卓有成效地确立和推动，必须既要深入准确地辨识社会需求的重要特征，也要远见卓识地洞察社会发展的需求变化趋势。广泛的实践中，组织使命的成熟确立和积极推进，还必须牢固地立足于自身专业资源构成的根本，充分识别能够得以积极提升或发展的潜在运营能力，并以此把社会需求与自身资源能力，予以密切地联结或融合，从而睿智准确地辨识和设定，自身使命与全局运营发展积极的社会空间（图6-11-1-4）。

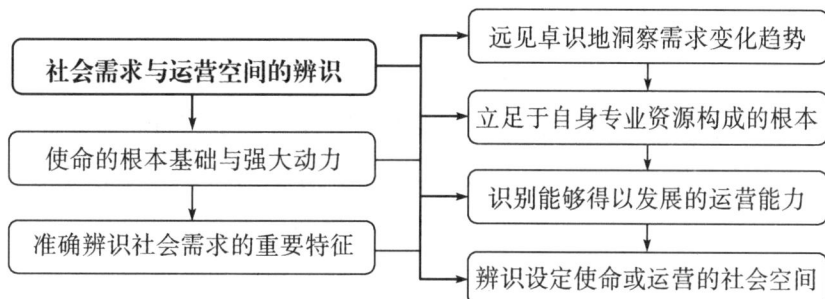

图 6-11-1-4 社会需求与运营空间的辨识

（一）使命的根本基础与强大动力

社会的积极需求，任何背景下，无不成为一切组织远见卓识的使命，睿智坚强地辨识、设置或推进的根本基础。换言之，脱离了社会积极需求的根本，就不会存在任何远见卓识的组织使命。社会积极需求深入成熟地辨识，通常需要牢固立足于社会全局的根本思维立场：

1. 超越某一具体的产品种类或性能的特征，具有广泛社会性质的需求；

2. 对整体社会运行发展的质量，具有明显积极的影响；

3. 对社会某一领域或区域的进步发展，具有显著而重要的推进力量和价值。

广泛的实践中，对社会积极需求远见卓识地辨识，普遍成为极其复杂而艰难的挑战，以至于许多组织时常放弃对自身全局进程或成就，具有关键决定性价值的使命分析和探索，而随着自己的朦胧感觉随波逐流，或者心甘情愿跟随他人的足迹蹒跚前行。

然而，对社会需求及其重要特征的深入辨识和把握，无不能够睿智坚强地支持或推动人们，对整体社会与组织的长远运行发展，予以更为深刻而积极的思考和探索，并以此卓有成效地为组织设立更高质量的全局方向或目标，从而全面增强内外一切积极因素与力量，远见卓识创造和凝聚的强劲动力。因此，对社会需求的准确辨识，普遍成为组织使命卓有成效地设立或推进，以及全局高质量运营发展的坚强动力。

（二）准确辨识社会需求的重要特征

通过长期而广泛的实践，人们已经日趋成熟而深刻地意识到，社会的积极需求，由于整体高质量运行发展的根本需要，而日益呈现出相互影响和密切关联，一系列显著而重要的特征。深入洞察和准确辨识社会需求的重要特征，无不成为各类组织远见卓识的运营使命，睿智坚强地设定或推进的关键基础和强大动力。

任何社会高质量的文明发展进程，无不需要各类群体的积极参与，及其相互间密切支持与协作的有力支持，才能得以卓有成效地创造或展示。因此，社会需求的准确辨识与积极满足，无不需要努力兼顾广泛社会群体长远根本利益的重要原则。

人的因素是任何社会构成与运行发展的根本。任何社会需求远见卓识地辨识，无不需要成熟识别，人性中最为基本的物质与精神的需求，及其密切联结和高度统一的特征和原则。事实上，过于倾向某一因素而忽略另一需求，都必将显著限制对社会的积极需求，准确辨识或把握的质量与水平。

社会的需求，还普遍受到社会文化意识与价值观念的重要影响。积极的社会文化意识或价值观，无不能够坚强有力地推动社会需求，高质量地发展和展示；消极的文化意识或价值观，无疑将会产生社会文明的积极发展，显著限制的各种负面需求。

卓有成效的创造能力，无不对整体社会的需求，具有极其关键的决定性影响。换言之，整体社会创造能力的显著限制，必将极大地制约社会运行或发展，对各种物质或精神财富的积极需求。事实上，创造能力的限制，无不成为社会需求的积极发展或充分展示，日趋重要的限制因素或障碍。

任何社会运行发展的进程或成就，无不从根本上取决于各种资源力量，尤其是各类人群能动性创造力，卓有成效提升与展示的质量或水平。因此，积极有效地提升和展示，各类资源因素的潜在价值，普遍成为广泛社会的高质量运行发展，及其长远根本利益和需求的重要体现。

社会各领域科学技术的进步，长期以来，一直成为社会需求的积极发展或展示，极其重要的途径和强大的动力。因此，远见卓识地辨识社会的需求及其发展的趋势，无不需要全面分析并深入洞察，科学技术的持续进步，将会给社会需求及发展带来的深远影响。

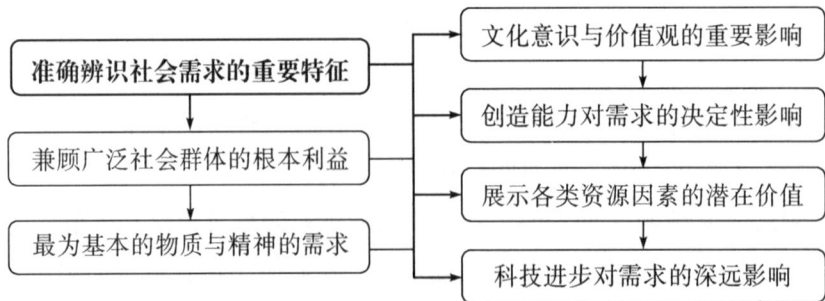

图 6-11-1-5　准确辨识社会需求的重要特征

（三）远见卓识地洞察需求变化趋势

组织使命远见卓识地设定与推进，不仅需要深入成熟地识别和掌握，社会需求若干重要的特征，而且还要根据各种需求现时的状况或表现，以及形成的背景及其相互间的关系，通过组织所处行业的运行发展的历史与现状的分析，睿智准确地辨析和把握，在一定社会全局的政治因素影响下，整体社会及其行业需求的变化发展趋势。

人们时常认为，广泛的社会或行业的需求，及其变化发展趋势的准确识别，不仅极其复杂和艰难，而且与自身组织高质量进程，并非必然地存在密切的关联。然而，事实上，整体社会或行业的运行变化，与自身组织的运营发展，任何背景下，都必然呈现出全局与局部的密切关系。因此，对整体社会与行业的运行需求及其变化趋势，远见卓识地辨识和把握，无不成为组织运营发展高质量的智慧与使命，睿智坚强铸建或展示的关键基础和强大动力。

（四）立足于自身专业资源构成的根本

成熟牢固地立足于自身专业资源构成的根本，在日趋复杂多变的环境中，已被广泛的人们视作为，组织使命卓有成效设立或推进，必须坚持的重要原则。然而，事实上，在各类专业资源的合作或转换，日趋密切与通畅的社会环境中，以更为开阔的视野审视自身专业资源的构成与发展，无不成为组织使命远见卓识地设置和推进，极其关键的途径与强大的动力。

换言之，当一个组织或团队，缺乏高质量无形资源或人力资源的结构、能力、关系与价值，远见卓识辨识或构造的强大力量，并以此卓有成效地识别和推进，与广泛社会环境中各种重要专业资源的积极合作或转换，那么，它的整体运营发展的能力，及其使命的进程或成就，必将受到极其显著的限制。

（五）识别能够得以发展的运营能力

自身的运营能力，无不对组织使命长远进程中，各种内外因素、关系与变化的复杂影响，远见卓识地辨识或应对，具有极其关键的决定性影响。因此，全面准确地分析和识别，运营进程中能够得以提升或发展的潜在运营力量，就普遍成为高质量使命睿智坚强的设定与推进，不可或缺的重要途径和任务。事实上，广泛的实践中，所有崇高使命卓有成效地设定和推进，无一不是通过自身强大的运营发展潜力，远见卓识的识别与展示而得以坚强铸就。

（六）辨识设定使命或运营的社会空间

组织的运营资源能力，相对于广泛的社会需求，无不存在着极其显著的限制。因此，成熟牢固地立足于自身专业资源的能力，并密切联结社会需求及其行业运行发展的趋势，从而远见卓识地辨识与设置高质量的全局进程，积极的社会区域或行业空间，就普遍成为组织使命卓有成效地设定和推进，极其重要的途径与任务。

不仅如此，睿智成熟地设定或选择，高质量运营发展积极的社会或行业的空间，组织还必须能够全面深入地辨识和把握，相关的社会政治和法律，区域或行业的合作与竞争，以及科技发展的水平等重要因素，可能给自身使命的进程或成就，产生的积极推动力量和负面阻碍因素。

四、服务对象与产品价值的设定

广泛的实践中，服务对象通常成为组织使命积极方向的关键决定性因素；产品价值则是使命高质量进程的强大推动力量。因此，远见卓识地构建积极的服务对象，及其高质量的产品价值睿智成熟的运营理念，无不成为组织使命的卓越进程与成就，普遍的关键途径和强大动力（图6-11-1-6）。

```
┌─────────────────────────┐        ┌─────────────────────────┐
│  服务对象与产品价值的设定  │───────→│ 服务对象与产品价值的成熟理念 │
└─────────────────────────┘        └─────────────────────────┘
                                              │
                                              ↓
┌─────────────────────────┐        ┌─────────────────────────┐
│  使命积极方向的关键决定性因素 │──────→│ 远见卓识地设定积极的服务对象 │
└─────────────────────────┘        └─────────────────────────┘
                                              │
                                              ↓
┌─────────────────────────┐        ┌─────────────────────────┐
│ 使命高质量进程强大的推动力量 │──────→│ 服务对象需求特征的研究与识别 │
└─────────────────────────┘        └─────────────────────────┘
                                              │
                                              ↓
                                    ┌─────────────────────────┐
                                    │ 卓有成效地设置产品高质量价值 │
                                    └─────────────────────────┘
```

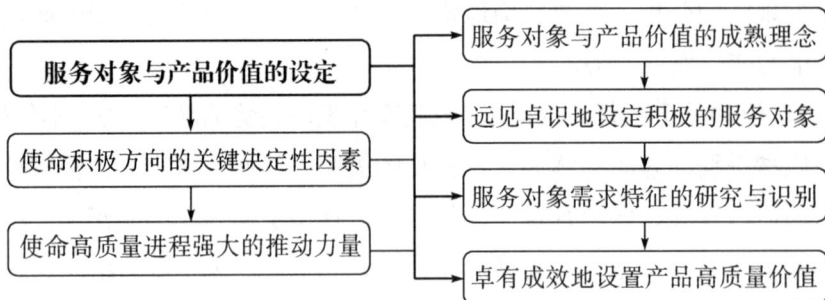

图 6-11-1-6　服务对象与产品价值的设定

对运营的社会或行业的空间，予以全面深入的分析和验证，才能远见卓识地设定与选择，组织使命积极的服务对象；对服务对象的需求特征及其变化趋势，给予充分准确的研究与识别，才能卓有成效地设置产品服务的高质量价值。

（一）使命积极方向的关键决定性因素

广泛的社会运行进程中，无论采取怎样的分辨立场或视野，都必然会形成各类不同需求的社会群体。因此，任何满足社会需求与发展的使命，客观上都必将会把自身有限的资源力量，主要地投入到某类或某些服务群体的身上。

组织的服务群体对象，从客观上决定并显示着自身使命的总体方向，并对整体的使命进程和成就，以及各类资源构成的发展与展示质量，具有极其关键的决定性影响。为此，杜邦公司前领导人克劳福德曾经辩称："一个公司应该有多大规模取决于客户，且仅仅取决于客户。"

（二）使命高质量进程强大的推动力量

任何背景下，组织为服务对象提供的产品价值，无不从根本上决定着自身运营发展的能力，及其使命整体进程的推动力量。而任何产品的价值，无不源自对服务对象需求的积极满足。因此，远见卓识地辨识和把握，服务对象的积极需求与变化，并以此卓有成效地创造高质量的产品价值，就普遍成为组织使命的卓越进程，睿智坚强铸就或展示的关键途径和强大动力。

（三）服务对象与产品价值的成熟理念

通过长期而广泛的实践，人们已经日趋普遍而深入地意识到，积极的服务对象与产品价值，睿智成熟的运营理念，无不对组织的使命及其全局进程或成就，具有极其关键的决定性价值，并以此而成为组织运营发展一切工作的中心。为此，印度河咨询集团领导人迈克尔曾经辩称："我们首先必须了解客户的需求和动向，然后把它转化为我们应该做的事情。"

通用汽车公司前领导人史密斯，也曾阐述了自身的运营理念："最基本的商业原则是商业自身都自始至终连接着顾客。我们必须在整个销售期间都致力于满足顾客的需要。我们的成功是基于向顾客提供一流的产品。我们发展的愿望能否最终实现，将取决于我们的体制能否重在满足所有顾客的需要。我们通用汽车公司的愿望是让所有顾客满意，任何事情都不能改变我们的初衷！"

（四）远见卓识地设定积极的服务对象

在广泛的社会运行发展进程中，由于人们的需求普遍存在着，多样性和差异性的明显特征，而组织整体资源能力的构成，又无不受到一系列的显著限制，并以此呈现出自身独特的运营发展方式。因此，在所设定的社会区域或行业空间，对潜在的服务对象予以细致的分类分析，并以此远见卓识地选择，其中能够卓有成效地提升并展示，自身整体资源能力的优势和潜力，从而有效创造全局高质量运营发展的部分群体，就普遍成为组织使命睿智坚强地设置与推进，不可或缺的关键工作和任务。

（五）服务对象需求特征的研究与识别

服务对象的需求特征，通常受到诸多内外因素及其关系的复杂影响。因此，为服务对象提供高质量的产品服务，无不需要要对他们的需求特征及其变化，予以足够深入而充分的研究与识别。

需求特征睿智成熟的研究或识别，不仅需要通过现有的需求表现，准确洞察或判断潜在的变化趋势，而且还要根据各种表现的形成背景或决定因素，远见卓识地辨识和把握，并通过科技进步高质量成果的有效运用，卓有成效地创造更为积极的新的产品或服务的需求。为此，伯勒斯公司创始人丹尼尔曾经辩称："不要只是在那里预测客户未来的需求，而是要创造需求。"

（六）卓有成效地设置产品高质量价值

服务对象的积极需求，是产品高质量价值卓有成效创造的根本基础；产品高质量价值，则是服务对象真实需求的集中体现。事实上，如果不能通过自身强大的运营资源能力，把服务对象的积极需求，远见卓识地转化为高质量的产品价值，那么，任何对服务需求及其变化趋势，殚精竭虑的探索、分析和研究的成果，都必将受到极其显著的限制。

五、高质量产品服务体系的构建

产品服务体系对产品价值的设置、创造与实现，积极有效推进的关键决定性价值，普遍使其成为组织使命进程的核心动力，以及整体运营发展智慧和能力的集中体现。广泛的实践中，组织高质量产品服务体系的有效构建，通常需要包括若干重要工作及其关系，所组成的运营结构体系；运行规范制度和文化价值意识，所构成的运营保障体系；各种运行状况的摄取、处理与反馈，所形成的运营信息体系（图6-11-1-7）。

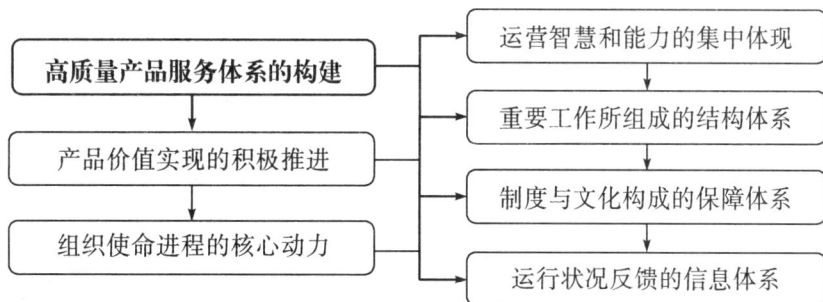

图 6-11-1-7　高质量产品服务体系的构建

（一）产品价值实现的积极推进

组织的产品及其运营发展的价值，卓有成效地设置、创造与实现，通常需要包括服务对象需求的识别，产品服务性能与品质的设计，各项专业资源相互联结与作用的推进，以及产品的外部推广与传输等一系列复杂而艰难的工作。产品服务体系，就是为了积极有效地推进产品价值，及其持续发展的高质量进程，所构建形成的各项专业工作有序运行，强大的支持与推动力量的完整运营体系。

显然，它的范围，应该涵盖产品价值最终高质量实现，并得以持续积极发展的各项重要工作。

（二）组织使命进程的核心动力

着眼于产品价值卓有成效创造、实现和发展的服务体系，通常能够睿智坚强地引导和推动组织，把有限的运营资源力量，积极而充分地集中到对使命的进程，具有重要影响的各项工作中。因此，它普遍成为组织使命的进程和成就，最具重要的核心动力。

比尔·盖兹曾经深入辨识了自身的使命，以及产品价值的核心地位："我们所创造出的是一个热爱撰写优秀软件的公司，并且有许多优秀的人在维护这个价值。如果我们分心去做的事情，我不认为我们可以维持得住。微软就是为一个很特别的远见所成立的。我们总是跟分析家说：'不要建议买我们的股票。我们卖的是软件，不是股票。降低你的获利预期，再更保守一点。'哄抬股价可不在我们长远计划之内。"

（三）运营智慧和能力的集中体现

在诸多内外因素、关系与变化，复杂而艰难的内外环境中，卓有成效地推进产品价值的设置、创造和发展的高质量进程，显然，无不需要组织强大的运营智慧和力量的坚强支撑。事实上，广泛的实践中，推进产品价值积极创造并持续提升的服务体系，普遍成为组织运营发展整体智慧和能力的集中体现。

（四）重要工作所组成的结构体系

产品服务体系的有效构建，首先在于它的运营结构体系的设置。运营结构通常由产品价值的设计、创造和实现的主要功能环节，以及各项重要的支持职能环节所构成。主要功能环节，通常包括产品性能品质的设计，产品性能品质及其价值的创造，以及产品实现的外部推广与传输等主要工作流程。

支持职能环节，则是为了确保主要功能环节工作，对产品价值的设计、创造与实现卓有成效地推进，而对其所需的各项有形、无形及人力资源，积极供给及其高质量运行的支持。

（五）制度与文化构成的保障体系

任何具有强大的能动性创造智慧与力量，人的因素参与工作的高质量推进，无不需要得到完善的规范制度，及其积极的文化价值意识的坚强支持。事实上，规范制度是任何集体背景下，整体强大的运行发展力量卓有成效地创造或展示，不可或缺的重要保障。

不仅如此，即使是世界上最具严密的规范制度，也难以确保任何包含着高度智慧与情感力量的显著特征，人的因素所构成的运行体系，能够创造或展示持续高质量的进程。因此，缺乏足够高质量文化意识及其价值观念的坚强支撑，任何崇高的使命都必将难见天日。

（六）运行状况反馈的信息体系

研究领域时常把各类运行信息的处理或应对，归集于组织的制度与文化的运营体系。然而，随着社会各领域日新月异的快速发展，以及相互影响和交往的日趋深入，组织运行的各类信息正以其日益广泛、实时及其重要性特征，而展示出对组织整体运营发展的进程，日渐关键的决定性价值。

事实上，在信息化的社会环境中，组织对全局运营发展内外资源因素的状况、关系及其变化的信息，摄取、储存、辨识、处理与反馈所构成的运营体系，已日趋成为整体产品服务体系的运营能力，以及使命设置或推进的水平与质量，极其关键的决定性因素。

六、资源的积累与能力的发展

资源能力的持续积累与发展，是任何组织使命得以坚强推进的重要保障。组织运营所有资源的有效积累，从根本上都将源自服务对象。因此，高质量的服务意识与能力，无不对资源卓有成效的积累，具有普遍关键的决定性价值。

资源能力的发展，通常包括自身既有资源能力的提升，以及外部引入的基本方式。它们的高质量推进，必须坚持各类资源能力的平衡，及其整体运营能力积极发展的基本原则，必须深入辨识伴随使命长远进程的持续性特征，必须执守使命的根本与推进的底线（图6-11-1-8）。

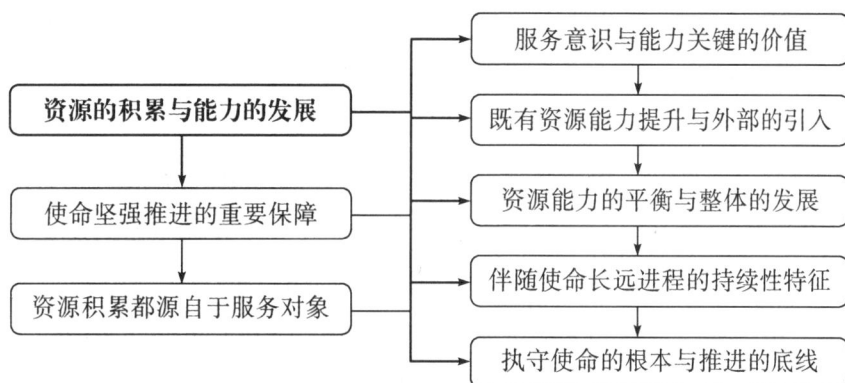

图 6-11-1-8　资源的积累与能力的发展

（一）使命坚强推进的重要保障

任何组织使命的积极征程，无不受到各种因素、关系与变化，极其复杂而艰难的挑战。事实上，任何使命的高质量价值，无一不是通过各种艰难险阻，卓有成效地超越而得以睿智坚强地铸就和展示。因此，运营资源能力持续高质量的积累与发展，并以此坚强有力地超越积极征程中，各种复杂而艰难的挑战，就普遍成为组织使命的卓越进程，不可或缺的重要保障。

（二）资源积累都源自服务对象

随着社会各领域交往和合作的日趋广泛与深入，各类组织已经能够在更为广阔的范围中，寻求并获得自身运营发展的各项资源或能力。尽管如此，任何组织长远运营资源能力的积极积累与发展，如果缺乏服务对象根本的坚强支撑，它的进程或质量无不将会受到极大的限制，并因此而隐含着显著的运营风险。为此，富兰克林曾经辩称："只有人民才是我成绩最公正的裁判，因为他们肯出钱购买我的东西。"

（三）服务意识与能力关键的价值

卓有成效地推进运营资源能力高质量的积累与发展，广泛的实践中，无不需要成熟牢固的服务思维意识，以及由此积极推动的各项专业和整体服务能力的持续提升，从而能够为更为广泛的服务对象，提供更具价值的高质量产品服务的坚强支撑。换而言之，如果缺乏积极成熟的服务意识与能力的有力支持，没有任何组织能够实现，运营资源或能力持续高质量的积累和发展。

为此，彭尼连锁店创始人詹姆斯曾经辩称："我们提供给客户的，不属于责任范围之内的服务才是最有价值的。"126CWL出版公司前领导人伍兹，则辨识了商业中互惠关系的价值："商业经营的目的是在企业及其服务对象之间，建立起互惠互利的关系。一旦很好地建立了这种关系，那么，它就能够做得更好。"

（四）既有资源能力提升与外部的引入

使命的推进，通常是项长期而复杂的进程，其间无不将会遭受各种前所未有新的艰难挑战。因此，整体运营资源能力的持续发展，就普遍成为组织使命的高质量进程，极其重要而强大的推动力量。

运营资源能力的发展，最为根本而积极的途径，无疑就是既有专业资源能力，及其密切联结关系的有效提升。广泛的实践中，组织人力资源与无形资源持续高质量的发展，在日趋复杂艰难的环境中，已日益展示出对整体使命进程的关键决定性价值。

尽管如此，在各类资源能力的流动，日益通畅的开放社会环境中，积极引入先进的外部资源力量，亦已日趋成为组织整体运营资源能力，卓有成效发展的重要途径。事实上，缺乏外部资源力量的积极引入或吸收，鲜有组织能够创造持续高质量的使命进程。

（五）资源能力的平衡与整体的发展

为使命的高质量进程或成就，提供坚强有力的支持，组织资源能力的积累与发展，无不需要根据内外环境与变化的实际，及其运营全局的需要，积极坚持各类资源能力的发展协调和平衡，并以此卓有成效地推进整体运营资源能力，持续高质量发展的基本原则。

广泛的实践中，由于人力资源和无形资源的关键价值，及其力量的显著薄弱，而时常成为组织整体运营发展的能力，以及使命高质量进程或成就的重要制约因素。因此，人力资源与无形资源能力卓有成效地提升，已日趋成为广泛领域中组织，运营资源能力高质量积累或发展的重心。

（六）伴随使命长远进程的持续性特征

使命的推进，无不是项内外因素持续作用和变化的长远进程。因此，旨在推进使命高质量进程的资源能力的积累发展，普遍呈现出长期持续性的显著特征。换而言之，具有长期可持续的特征，是任何资源能力积累发展方式的整体质量或水平，极其关键的评价依据和标准。

事实上，使命设置最为重要的价值之一，就是能够卓有成效地推动人们或组织，把自身职业或运营的思维与行为，睿智坚强地置于更为积极而长远的发展目标，并以此有效避免落入短期或表面利益的陷阱。

（七）执守使命的根本与推进的底线

组织使命卓有成效地推进，无不需要深入准确地辨识并成熟牢固地执守，它的社会价值及其责任的根本，并以此根据社会的法律体系，远见卓识地设置和遵循，可能给自身的长远进程带来难以承受的风险底线。

换言之，任何漠视自身社会价值与责任的根本，罔顾社会的道德及其法律的底线，组织必将难以睿智坚强地设置并推进，长远运营发展高质量的使命。

第二节　全力提升组织的适应能力

组织智慧力量的核心体现

随着社会各领域日新月异的快速发展，外部环境所呈现的各种因素或关系日趋复杂的变化，及其所产生的广泛而深远的影响，在为各类组织运营发展提供良好机遇的同时，也带来了前所未有的艰难挑战。这种背景下，组织如果缺乏外部环境及其变化，足够强大的适应能力，那么，它的运营发展前程无不被浓厚的阴霾所强烈笼罩。

极为典型的是，全球五百强企业，几乎每隔十年就有近三分之一销声匿迹。而中国作为全球经济最具活力的地区之一，企业平均的生命周期竟然远低于十年的时间。因此，在复杂多变的环境中，全力提升整体运营发展的适应能力，无不成为广泛领域中组织，全局高质量进程或成就卓有成效创造的关键任务，以及整体强大运营智慧和力量的核心体现。

本节首先从组织环境的适应能力及其重要价值着眼，就成熟牢固地立足于组织运营发展的内外实际，卓有成效地学习是适应能力提升的强大力量，高质量信息和情报系统的有效构建与运用，开放性运营思维与边界远见卓识的铸建，外部积极因素或力量的自身睿智转化，以及工作的广泛民主与定期检讨的积极推进等，若干重要原则或方法展开了相应的探讨（图6-11-2-1）。

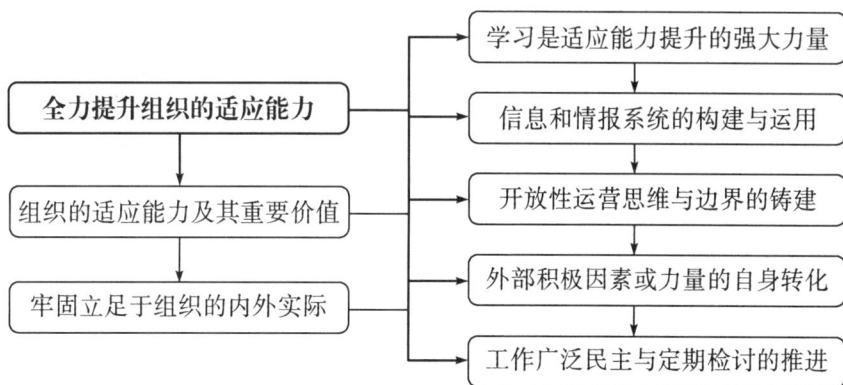

图6-11-2-1　全力提升组织的适应能力

一、组织的适应能力及其重要价值

组织的适应能力，通常是指对外部环境及其变化，准确的辨识和积极的应对能力。它普遍成为组织高质量战略方向的坚实基础，以及强大运营发展能力积极创造和展示的坚强动力。对外部机遇或挑战卓有成效的反应，是组织强大环境适应能力的显著特征。广泛的实践中，它不仅普遍成为组织高质量全局进程或成就，睿智坚强创造的坚强保障，而且也是领导和管理卓越智慧与才能的重要体现。

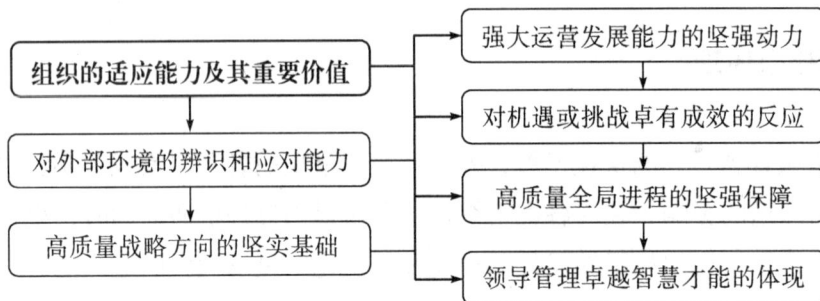

图 6-11-2-2　组织的适应能力及其重要价值

（一）对外部环境的辨识和应对能力

任何有机生命体的生存环境，总是处于持续的运行变化中。生命体如果缺乏环境的持续变化，足够积极而坚强的适应能力，显然，它的生存或成长进程，无不将会受到严重的制约或致命的限制。组织的适应能力，通常是指能够充分依据自身的潜在智慧和力量，准确辨识环境的状况及其变化，并通过外部积极因素卓有成效的内在转化，从而推进自身持续健康的运营发展。

组织的适应能力通常体现为，外部环境及其变化的准确辨识，以及自身运营资源能力持续积极的提升和展示，并以此对环境或变化予以卓有成效的反应，两种基本而重要的力量。显然，环境及其变化的准确辨识能力，普遍成为整体适应能力的坚实基础。卓有成效的反应能力，则是整体适应能力的坚强核心，它最终决定着环境适应能力的整体智慧与力量。

（二）高质量战略方向的坚实基础

广泛的实践中，积极而强大的适应能力，通常能够睿智坚强地支持组织，根据整体社会运行发展的状况与趋势，远见卓识地辨识服务对象的需求及其变化的特征，以及政治、行业或科技等重要因素，可能对全局运营发展产生的重大影响，从而根据自身整体资源能力的构成及其潜在力量，卓有成效地设置或调整积极的战略方向，并以此创造整体社会环境中，持续高质量的战略进程与成就。因此，对外部环境的状况及其变化准确的辨识能力，普遍成为组织高质量的战略方向，远见卓识设置或调整的坚实基础。

（三）强大运营发展能力的坚强动力

对外部环境及其变化卓有成效的反应能力，普遍成为组织整体适应能力的核心构成与集中体现。实践中，组织积极而强大的外部反应能力，无一不是通过外部环境中，各种积极因素和力量睿智有效的汲取，以及自身资源能力持续积极的提升，及其相互间密切支持与协作高质量的推动，而坚强铸就和展示。

对外部环境各种积极因素与力量的有效吸收或内在转化，以及自身资源能力的提升，及其相互间密切协作持续高质量的推进，无疑成为组织强大的运营发展能力，卓有成效的创造与展示的坚强动力。

（四）对机遇或挑战卓有成效的反应

外部环境及其变化所产生的各类机遇或挑战，通常对组织运营发展的进程与成就，具有极其重要的决定性影响。事实上，组织的整体适应能力，普遍需要通过环境的因素及其关系与变化，所产生的各种飘忽不定而又层出不穷的运营机遇或挑战，睿智坚强的辨识和应对才能得以充分体现。因此，对外部机遇或挑战卓有成效的反应，普遍成为组织强大的环境适应能力，极其重要而显著的特征。

（五）高质量全局进程的坚强保障

强大的环境适应能力，通常能够睿智坚强地支持组织，远见卓识地辨识和把握，外部产品对象的需求及其变化所展现的发展机遇，并通过自身运营方向的积极调整或修正，以及专业资源能力的持续积极发展，及其相互间密切联结与协作卓有成效的推进，以更高质量地满足外部产品服务的需求。

同时，它还能够坚强有力地推动组织，全面准确地辨识并积极有效地应对，运营进程中各种复杂艰难的挑战，并以此睿智坚强地超越各类运营风险的侵蚀。因此，强大的环境适应能力，普遍成为组织高质量全局进程或成就，卓有成效创造重要而坚强的保障。

（六）领导管理卓越智慧才能的体现

组织积极而强大的环境适应能力，无不需要各专业环节的高质量运行，及其密切支持与协作，并以此形成的整体坚强运营发展力量的有力支撑。换而言之，强大的环境适应能力，总是通过外部各种重要的因素，及其关系与变化远见卓识的辨识，以及自身各项专业运行能力持续的积极发展，及其相互间密切联结与作用卓有成效的推进，才能得以睿智坚强地铸就和展示。因此，积极而强大的环境适应能力，普遍成为组织领导和管理，卓越智慧与才能的重要体现。

二、牢固立足于组织的内外实际

睿智成熟地立足于运营发展的内外实际，是任何背景下组织强大的环境适应能力，卓有成效铸建与发展必须遵循的核心原则。内外实际的准确识别和牢固执守，通常需要得到外部环境的机遇或挑战，内部运行的优势与劣势客观成熟的辨识和判断，以及内外因素相互联结或作用方式远见卓识的分析与设置，并以此形成对外部潜力积极机遇或负面挑战充分准确的把握，以及自身整体运营能力的提升重点和途径，积极有效设定与推进的坚强支持。

环境的适应能力及其立足于客观实际的整体智慧与力量，还普遍受到组织的领导和管理，运营核心能力构建与发展的关键决定性影响。广泛的实践中，它的严重侵蚀性力量，普遍源自领导管理者把自身的主观意愿或臆断，视作为客观的事实存在（图6-11-2-3）。

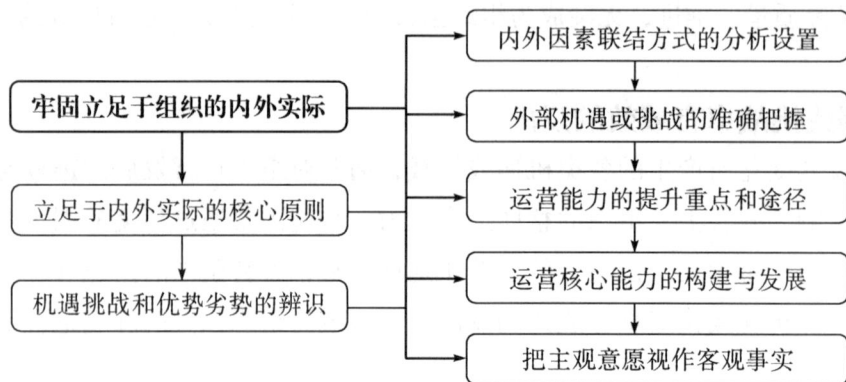

图 6-11-3-4 牢固立足于组织的内外实际

流程图内容：

- 牢固立足于组织的内外实际
- 立足于内外实际的核心原则
- 机遇挑战和优势劣势的辨识

右侧：
- 内外因素联结方式的分析设置
- 外部机遇或挑战的准确把握
- 运营能力的提升重点和途径
- 运营核心能力的构建与发展
- 把主观意愿视作客观事实

（一）立足于内外实际的核心原则

成熟牢固地立足于内外环境的具体实际，不仅成为广泛领域中组织，卓有成效地铸建并发展，强大的环境适应能力必须遵循的核心原则，而且也是它们睿智坚强地创造和把握，运营全局主动的关键途径。事实上，在日趋复杂多变的运营背景下，牢固地立足于内外实际的原则或途径，无不成为组织的环境适应能力，及其运营全局的主动，睿智坚强创造与发展的显著分水岭，并日益受到成熟贤能之士普遍而积极地践行。

尽管如此，由于受到辨识思维智慧或能力的显著限制，强烈倾慕并竭力模仿他人的成功模式，或者盲目崇尚或迷信权威的研究成果，从而严重背离自身内外实际的根本，并因此而导致极其脆弱的环境适应能力，以及运营全局的极度被动抑或严重的挫折，无不成为广泛领域中组织，运营进程中时常呈现的显著表现。

（二）机遇挑战和优势劣势的辨识

通过长期而广泛的实践，人们已经日趋普遍而深刻地意识到，依据全局的成熟思维与运营发展的根本原则，对外部环境中各种因素、关系与变化，所呈现的有利机遇或负面挑战，以及自身运营所拥有的强大优势资源力量，及其存在的明显运行劣势或薄弱的环节因素，予以全面准确地识别或辨析，无不成为远见卓识地辨识和掌握，内外运营的客观具体实际，并以此卓有成效地避免一切成功的表象，及其各种理论原则的负面限制，普遍关键的途径和强大的动力。

（三）内外因素联结方式的分析设置

外部环境的机遇或挑战，及其自身能力的优势与劣势，如果不能得到相互间密切联结或作用的积极方式，远见卓识地辨析与设置的坚强支持，显然，它们孤立分析与辨识的水平和质量，以及对环境适应能力提升的推动力量或价值，无不将会受到极其显著的限制。

事实上，内外因素联结或融合方式的分析与设置，无不对组织整体环境的适应能力，及其运营发展的全局进程，具有普遍关键的决定性影响。因此，它的卓有成效推进，必须特别遵循各项内外因素的联结与作用，所产生的全局成果推断的客观性，及其严密的专业逻辑性，并以此有效避免强烈主观倾向或意愿的显著影响。实践中，由于内外因素的联结或作用，全面深入分析推断的高度复杂，人们已经日趋借助各种专业性思维分析工具的支持。

（四）外部机遇或挑战的准确把握

外部的重要机遇和挑战，普遍存在的明显有利或不利的因素，根本的对立统一辩证关系的显著特征，无不成为人们对其睿智坚强把握的重要障碍。事实上，如果不能全面深入地洞察，积极机遇潜在的显著负面因素，或者艰难挑战隐含的巨大积极价值，那么，即使最具运营智慧或力量的组织，也将难以逃脱被机遇或挑战，无情戏弄的尴尬境地。

实践中，外部机遇或挑战远见卓识的辨识或把握，无不需要成熟牢固地遵循，它们包含的所有负面因素可能产生的风险，必须处于组织能够承受的范围内；选择对组织的运营发展全局，而不是局部或暂时的利益，最具积极价值的机遇或挑战。

（五）运营能力的提升重点和途径

内外因素联结与作用的思考分析，及其所形成的全局进程或成果的思维推断，通常能够睿智坚强地支持人们，远见卓识地辨识并设置，自身资源能力积极提升的重点和途径。这无疑成为他们牢固立足于自身资源能力的具体实际，卓有成效地提升组织的环境适应能力，极其重要而强大的推动力量。

资源能力提升的重点，既可能是某些优势的局部环节，也可能是某项薄弱的专业因素，抑或局部环节或专业因素相互间联结与协作的关系。积极提升的途径，普遍表现为人的能动性创造智慧与力量的根本，及其专业运行管理或技术无形资源的关键。

（六）运营核心能力的构建与发展

成熟牢固地立足于组织内外的客观实际，并以此卓有成效地提升组织的环境适应能力，广泛的实践中，还普遍需要得到高质量的全局领导和专业管理，以及由此坚强推动的强大运营核心能力，积极构建与发展的有力支持。

事实上，唯有全局领导及其专业管理强大的智慧与力量，才能睿智坚强地超越各种专业资源或能力的限制，远见卓识地激发和推进，广大员工强大能动性创造力的提升与展示，并以此卓有成效地推动产品服务的结构，及其性能品质创造的质量和外部推广的能力，随着外部需求或变化的实际，得以持续高质量的提升与发展，从而展示组织强大的运营核心能力和环境适应能力。

（七）把主观意愿视作客观事实

把主观的意愿或臆断，视作为客观的事实存在，无不成为背离客观的具体实际，从而限制整体环境辨识和应对的能力，极为普遍极具侵蚀性力量的重要因素。然而，即使最具理性或睿智的领导管理者，也难以完全避免思维进程中显著主观因素的存在。事实上，头脑思维的主观积极分析与推断，正是人们远见卓识地洞察或识别，各种客观事实的假象，不可或缺的强大智慧与力量。因此，对于事关全局的重要事实，睿智成熟的领导管理者，无不如临深渊如履薄冰，努力依据多方的充分信息予以谨慎地验证。

三、学习是适应能力提升的强大力量

广泛的实践中，专业内容与进程单元积极有效的设置，普遍成为组织学习高质量推进的重要途径。随着社会日新月异的快速发展，科技文化进步对产品需求的影响，组织资源能力结构及其潜在力量更为全面深入的辨识，产品服务性能、品质及其价值积极提升的途径，产品外部推广和传输更高质量的方式，以及行业内外更为积极运行模式的有效借鉴，都日益成为广泛领域中组织，强大的环境适应能力睿智坚强地创造与展示，必须持续学习的重要内容（图6-11-2-4）。

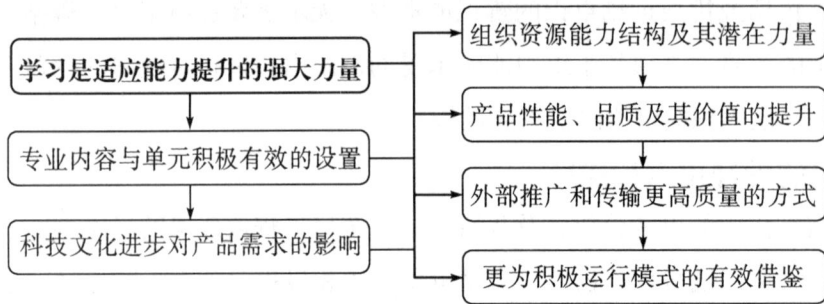

图6-11-2-4　学习是适应能力提升的强大力量

（一）专业内容与单元积极有效的设置

尽管学习对于组织的环境适应，及其整体运营发展能力的关键价值，已经日趋受到人们的广泛关注和认可。然而，由于组织的运营通常涉及极其复杂的内外因素、关系与变化，迄今为止，如何卓有成效地推进组织高质量的学习，依然成为广泛领域中组织普遍面临的艰难挑战。

通过长期而广泛的实践，人们已经日趋成熟而普遍地意识到，面对任何复杂的问题或挑战，对其予以有效的分解和分析，无不成为卓有成效辨识与应对的重要方法。事实上，外部的环境及其变化，无论怎样扑朔迷离错综复杂，都必将呈现出相应领域的因素与关系；组织运营发展的内在资源能力，又表现为各类专业环节因素或关系。因此，环境适应能力积极提升卓有成效的学习，无不需要对其涉及的内外重要因素，予以专业内容和进程单元的精心设置。

（二）科技文化进步对产品需求的影响

对外部产品服务需求与变化的辨识水平，无不成为组织整体运营发展及其环境适应能力，普遍关键的决定性因素。而产品的需求与变化，通常又受到社会科学技术的进步，对新的更高质量产品创造能力的推动，以及人们的文化意识发展的重要影响。因此，对社会科技与文化的进步及其推动的需求变化，睿智积极的学习和探索，就成为组织持续提升自身产品服务的价值，并以此卓有成效地创造并展示，强大的运营发展与环境适应能力的重要途径。

（三）组织资源能力结构及其潜在力量

任何强大的环境适应能力，无不需要通过组织内在专业资源能力，高质量的构成与运行，及其相互间密切的支持和协作，卓有成效地提升或推动，才能得以睿智坚强地展示。因此，全面深入地辨识和把握，自身资源能力的构成与关系结构，及其存在的潜在力量和价值，并以此远见卓识地推进整体资源能力的潜在力量，持续积极的提升和充分的展示，从而卓有成效地创造强大的环境适应能力，就普遍成为组织高质量学习，不可或缺的重要组成。

（四）产品性能、品质及其价值的提升

向外部提供的产品服务，普遍成为广泛领域中组织，环境的反应智慧与应对力量，整体适应能力的核心体现。因此，睿智坚强地铸建强大的环境适应能力，组织无不需要通过产品服务高质量的

性能与品质构成，卓有成效创造的专业技术与工艺，以及品质性能的有效实现和技术工艺的积极推进，所包含的各种专业资源要素的运行，及其相互间密切联结与作用的程序，持续高质量地学习及其各项专业运行能力创造性地展现，不断推进产品服务的性能与品质，及其整体价值积极有效的提升。

（五）外部推广和传输更高质量的方式

产品服务的外部推广和传输的成效，无不对组织的环境适应能力，具有极其关键的决定性影响。事实上，广泛的实践中，它普遍成为组织的环境适应，及其运营发展能力的重要限制力量。因此，对各种科学先进的产品服务外部推广或传输途径，及其形成背景卓有成效的学习，并以此积极探索与创造自身高质量的产品推广传输方式，从而把环境适应和运营发展的能力不断推上新的高度，就成为广泛领域中组织普遍面临的重要任务。

（六）更为积极运行模式的有效借鉴

学习是人类与生俱来高度智慧的重要体现，并以此而成为卓有成效地掌握，各种积极的活动思维和行为，最为关键而强大的力量。因此，对行业内外先进的人力资源运行方式，外部需求与变化的准确辨识，高质量产品服务创造的思维，以及产品更为高效的外部推广与传输方法，各种积极的运行模式及其形成的背景，睿智成熟的学习、研究与借鉴，在日趋复杂多变的环境中，已日益成为组织的环境适应能力，持续有效提升的重要途径。

四、信息和情报系统的构建与运用

信息是组织运营及其环境适应能力的重要基础，也是领导管理高质量推进的关键资源力量。在各类因素相互交往与影响日趋广泛深入的背景下，信息化已日益成为社会进步与组织发展，最为强劲的动力和显著的标志之一，也是组织强大环境适应能力，睿智坚强铸建的关键决定性因素。复杂多变的环境中，高质量信息体系卓有成效的构建与运用，通常需要得到重点信息收集处理的情报系统，以及专业化信息技术的坚强支持（图6-11-2-5）。

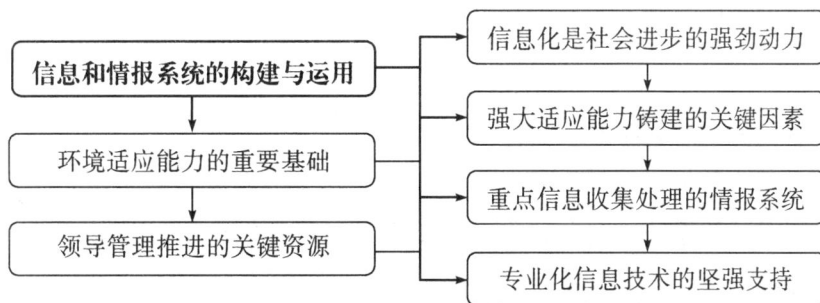

图6-11-2-5　信息和情报系统的构建与运用

（一）环境适应能力的重要基础

对外部环境各种重要的因素、关系及其变化，缺乏全面准确辨识的有力支持，任何有机生命体的环境适应能力，都必将受到极其显著的限制。因此，对外部环境重要因素、关系与变化，全面准确辨识所形成的信息，普遍成为组织环境适应能力，卓有成效铸建或展示的重要而坚实基础。

（二）领导管理推进的关键资源

组织领导管理的所有思维与行为，无不需要得到各种内外重要信息，完整准确的摄取、辨识、处理或传播坚强有力的支持，才能得以睿智坚强地创造。因此，信息普遍成为组织领导与管理高质量推进，极其关键的资源力量。

广泛的实践中，任何卓越的组织领导或管理，无一不是通过高质量信息的有力支持而坚强展示；领导或管理的严重挫折，无不与重要信息的摄取、辨识、处理或传播，所存在的显著缺陷存在着密切的关联。为此，英特尔前领导人格罗夫曾经辩称："那些收集并传播技术知识和信息的人，也应该被视为公司的中层经理人员，因为他们在公司内部发挥了巨大的作用。"

（三）信息化是社会进步的强劲动力

任何复杂系统的运行变化，无不涉及广泛的内外因素及其关系与变化，以及由此所形成的各种信息，有效摄取、辨识、处理、传递和反应等重要工作。通过长期的积极探索与思考，人们已经日趋广泛而睿智地意识到，成熟牢固地立足于信息的中心，并以此努力创造和借助各种科学有效的信息运行工具，使得整体系统能够按照人们的积极意愿，及其预先设置的程序实现自动高效地运转，已日益成为各种资源能力的组成，及其关系或变化的潜在力量与价值，卓有成效提升和展示的强大推动力量。

事实上，能够自动运转的智能信息化系统，正以人类智慧前所未有质的发展的强大力量，推动着人们高质量地辨识与应对，各种复杂工作的内外环境及其变化，并日趋成为组织强大的运营发展与环境适应能力，以及整体社会文明进步的强劲动力和显著标志。

（四）强大适应能力铸建的关键因素

广泛的实践中，信息体系通常能够积极有效地支持人们，摄取和收集更为完整而准确的内外信息，辨识和处理各类信息的影响与关系，传递或监控各种有效的应对方式，及其实施的质量和状况。在适应能力提升的进程中，高质量的信息体系通常能够全面准确地反映，内部的各类资源、各环节工作的运行发展状况，外部的服务对象需求、政治、行业与科技等重要因素的状况及其变化的趋势，以及内外因素相互匹配或协调的水平，并以此为内外因素更为密切联结或融合方式的积极推进，提供坚强有力的支持。

（五）重点信息收集处理的情报系统

组织运营的信息各式各样而又错综复杂，并时常令人目不暇接。然而，一旦忽略运营进程中，某项关键或重要的因素、关系或变化的信息，无不极易显著削弱组织的环境辨识或反应的能力，甚至陷入全局的被动境地。

因此，远见卓识地预设信息的重点对象或环节，并努力通过强大资源力量的积极配置，以形成对组织的运营全局及其环境适应能力，卓有成效支持的专业情报系统，就普遍成为整体信息系统，高质量构建与运用的重要途径。

（六）专业化信息技术的坚强支持

信息系统积极有效地运转，通常需要高质量专业化技术方式的坚强支撑。事实上，从远古的烽火台、信号旗，到后来的信息驿站、信鸽及其无线电台等所有信息运行方式中，无不集中体现着当时人们最高智慧与技术的力量。

因此，在信息体系运转进程中，如果不能睿智成熟地辨识，它的形成、摄取、处理、传递及其运用各环节，所体现的显著专业性特征，并以此卓有成效地运用最为科学先进的专业化技术的方法，那么，它的整体运行质量或价值，无不极易受到显著的限制。

五、开放性运营思维与边界的铸建

在社会运行各类资源因素，相互交往或影响日趋广泛深入的环境中，人们已经日益普遍而成熟地意识到，开放性运营发展的思维与边界，已日渐成为组织环境适应能力积极提升的重要途径，以及高质量领导或管理睿智坚强创造的强大动力。实践中，开放性运营思维与边界卓有成效地铸建，无不需要得到组织运营发展的基本原则，各类资源密切联结或融合强大力量的充分共享，以及成熟完善的工作协同机制的有力支持和推动（图6-11-2-6）。

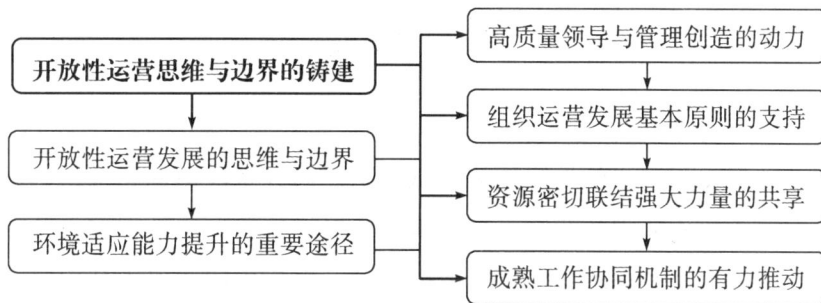

图 6-11-2-6　开放性运营思维与边界的铸建

（一）开放性运营发展的思维与边界

组织运营发展的开放性思维，通常是指以睿智成熟的辨识立场或方式，远见卓识地辨析外部环境中各类积极的因素和力量，并以此卓有成效地铸建外部环境与自身组织，密切联结和高度融合的整体关系。开放性思维的核心力量与价值，就是能够睿智坚强地支持和推动组织，远见卓识地洞察外部环境中，所广泛存在的自身运营发展各种积极的资源因素。

组织的运营边界，是有效分隔内外资源因素的界线。实践中，它不仅是组织既有利益重要的维护力量，而且也是领导管理有效实施的根本基础，但同时也时常成为组织运营资源力量，内外通畅流动的重要限制因素。

由于内外资源因素的密切融合与积极转化，普遍成为组织运营发展的强大动力和显著特征。因此，故步自封狭隘的运营思维与边界，无不成为组织积极辨识并把握外部的良好机遇，以及强大环境适应能力有效铸建的重要障碍。极其典型的就是中国清朝的闭关自守政策，使其丧失了世界工业革命强大的发展推动力量。

（二）环境适应能力提升的重要途径

开放性运营思维与边界，能够积极推进组织与外部环境的紧密联结和融合，并以此远见卓识地辨识和掌握外部环境，与自身运营发展密切关联的各类信息，卓有成效地推动外部积极因素，自身运营资源力量的有效转化，以及自身各专业运行和整体运营能力持续高质量的提升。因此，在各种协作与影响日趋广泛深入的环境中，它们无不成为组织外部适应能力，睿智坚强提升发展的重要途径。

（三）高质量领导与管理创造的动力

在外部环境及其变化，对组织的全局进程与成就，日趋展示出关键决定性力量或价值的背景下，远见卓识地辨识并推进内外资源因素，密切联结和融合的积极方式，无不成为组织领导与管理的核心任务之一。事实上，以密切联系开阔长远的运营发展的思维，积极审视与构建支持运营资源高效流动的开放式边界，已普遍成为组织高质量领导与管理，卓有成效创造的强大动力。

不仅如此，组织内部的边界，也时常成为各环节密切支持与协作的重要障碍。因此，积极构建并推进开放性思维的文化价值观，以及各专业环节高度统一于全局需要的边界规范，已日趋成为组织环境适应能力提升的重要途径。

（四）组织运营发展基本原则的支持

尽管开放性积极的思维与边界，对于组织的整体运营发展和环境适应能力，具有普遍的重要价值。然而，复杂多变的环境中，如果丧失成熟基本原则坚强有力的支持，它们的推进无不极易给组织的前程带来严重的伤害。

社会的整体利益及其文明进步的发展趋势，是组织任何睿智成熟的思维，都必须坚持的根本原则。基本信念、核心使命与价值观的改变，则必将动摇组织运营发展的根基，从而极易陷入全局的混乱与被动。因此，开放性运营思维与边界的积极推进，必须牢固遵循内外资源密切联结与作用的基本原则，并努力采取循序渐进的方式，以有效避免急功近利所蕴含的巨大风险。

（五）资源密切联结强大力量的共享

开放性运营思维与边界卓有成效的推进，无不需要成熟牢固地坚持，各种资源力量密切联结或融合所形成的强大力量，在相关各方予以合乎情理与规则充分共享的原则。因此，实践中，以资源的法定权属为基础，并以此设置合作各方专业资源的投入与联结，及其利益的分配或共享积极有效的方式，就普遍成为它们高质量推进的重要途径。

（六）成熟工作协同机制的有力推动

开放性思维与边界，以及与外部环境各类资源因素，积极合作卓有成效的缔结与推进，通常还需要得到相关各方共同认可，成熟工作协同机制的有力推动。协同机制一般需要明确界定特定的合作或工作，所包含的各类资源能力的构成及其关系的结构，运行发展的目标与计划，以及必须遵循的相关规范制度和核心文化价值观，并以此有效推进参与各方环境适应能力的积极提升。

六、外部积极因素或力量的自身转化

外部积极资源因素的有效汲取与内在转化，体现着事物运行发展极其重要的哲学原理和实践原则，并成为组织适应能力提升的普遍重要途径。卓有成效地推进外部积极因素，自身运营资源能力的高质量转化，通常表现为科学先进的领导管理方法与文化意识的引入，外部高质量人力资源的吸收引进，先进专业技术与运行设施的运用，以及更为广阔合作空间的拓展延伸（图6-11-2-7）。

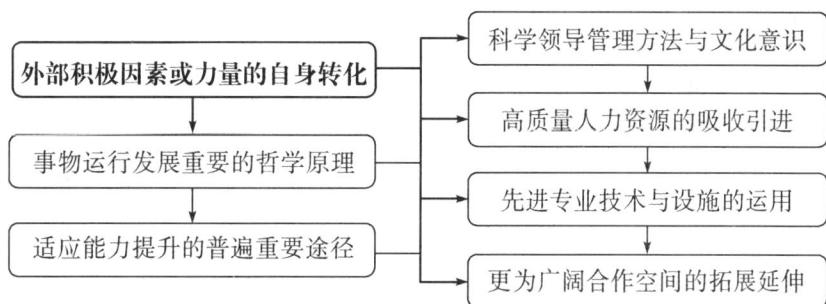

图 6-11-2-7　外部积极因素或力量的自身转化

（一）事物运行发展重要的哲学原理

对于事物的运行变化，人们已经普遍成熟地掌握了，内因的根本和外因的条件，以及外因通过内因而起作用的哲学原理。然而，广泛的自然和人类社会中，内外因素持续的相互转化，普遍成为事物运行发展的强大动力和显著特征。因此，远见卓识地推进事物高质量的运行发展进程，无不需要睿智深邃地洞察，内外因素相互转化的重要力量与价值。

事实上，如果不能成熟而深入地理解和辨识，外部因素能够通过一定积极的途径，有效转化为事物内在的资源组成与力量，或者自身的资源力量可以有效转化为，更为积极的外部环境因素重要的哲学原理和实践原则，那么，推动自身环境适应能力提升的进程，必将受到显著的限制。

（二）适应能力提升的普遍重要途径

把外部环境的积极因素，有效转化为自身肌体的有机组成，无不成为一切有机体的旺盛生命力或成长活力，最为坚强的保障和显著的特征。

事实上，通过外部环境各种积极因素或力量远见卓识的辨识，及其内在资源能力有效转化卓有成效的推进，并以此持续高质量地提升整体运营发展的能力，在日趋复杂多变的背景下，已日益成为组织强大的环境适应能力，睿智坚强铸就的重要途径。

（三）科学领导管理方法与文化意识

领导管理的方法与文化意识的质量，无不对组织整体运营发展和环境适应的能力，具有普遍关键的决定性影响。因此，外部积极因素自身能力的转化，最为关键的任务之一，就是努力通过外部各种科学先进的领导管理方法与文化意识，卓有成效的学习、引入或借鉴，以全面提升组织领导管理的水平与文化意识的质量。事实上，一个不能卓有成效地学习和借鉴，外部科学积极的领导与管理方法，及其先进文化意识故步自封的组织，必将难以步入真正优秀的行列。

（四）高质量人力资源的吸收引进

组织强大运营发展与环境适应的能力，无不需要得到具有高度能动性创造力，高质量人力资源队伍的坚强支撑。因此，积极吸收或引进各类高素养的专业人员，已日趋成为全面增强运营发展与环境适应能力的重要途径，并日益受到广泛领域中组织普遍而高度的重视。

哈佛商学院教授巴特利特，曾经辨识了跨国企业对高质量人力资源获取的事实："跨国经营过去常常被当作是扩大销售的一个辅助手段。但是现在，它已经成为企业在世界范围内，获取知识和人力资本的重要组成部分。"

（五）先进专业技术与设施的运用

先进的专业技术与设施，所推动形成的强大无形和有形资源的力量，是组织卓越产品服务品质及其价值的积极创造，普遍关键的决定性因素。因此，组织无不需要远见卓识地辨识，科技进步与发展所展示的强劲动力，并以睿智成熟的思维积极吸收和运用，外部先进的专业技术与设施，以有效推进自身整体运营与环境适应能力持续高质量的提升。

（六）更为广阔合作空间的拓展延伸

广泛的实践中，人们时常会遭遇一定局限空间中，外部积极因素自身转化的显著限制。因此，随着社会交往的日趋广泛而密切，更为广阔合作空间的拓展与延伸，就普遍成为外部积极因素的自身高质量转化，极其重要而强大的推动力量。其中，极为典型的，就是跨国企业日益快速的发展，以及区域或国家层面战略合作的积极推进。

尽管组织合作空间的拓展或延伸，是整体社会运行发展的必然趋势。然而，它的卓有成效推进，依然需要坚持自身的稀缺与富余资源，运营的优势与劣势专业能力，及其近期与长远利益准确辨识和全局平衡的重要原则。尤其必须充分兼顾合作伙伴的根本利益，以创造长远合作坚实的共赢基础。

七、工作广泛民主与定期检讨的推进

通过长期而广泛的实践，人们已经日趋普遍而成熟地意识到，组织高质量广泛民主的推进，已日益成为整体团队强大运营智慧与力量的积极创造，领导管理的决策和实施质量的持续发展，以及组织环境适应能力有效提升的关键力量。

不仅如此，如愿以偿的成就，时常会令人无视自身的局限或缺陷。因此，工作的定期总结与自我检讨，就普遍成为有效避免各种危险倾向的蔓延，及其严重错误的产生，从而卓有成效地提升并保持强大的外部适应能力，不可或缺的重要途径（图6-11-2-8）。

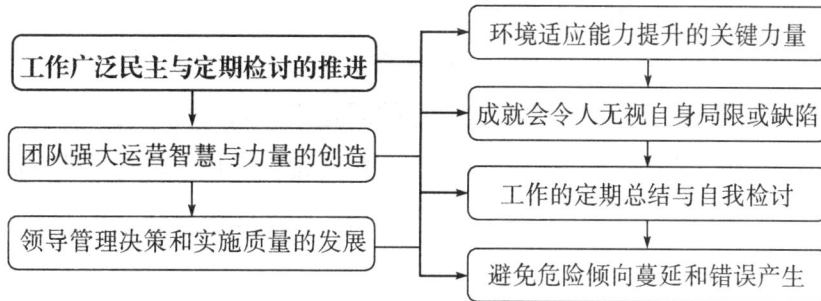

图 6-11-2-8　工作广泛民主与定期检讨的推进

（一）团队强大运营智慧与力量的创造

组织强大的运营发展与环境适应的能力，任何背景下，无不需要得到团队整体智慧和力量坚强有力的支撑。而整体强大智慧和力量的积极创造，如果缺乏高质量民主方式卓有成效的支持与推动，广泛的实践充分显示，没有任何团队能够真正如愿以偿。

事实上，唯有广大的员工，都能够以主人翁的积极思维立场和美好情感意愿，来面对自身的职业或组织，他们才能倾尽心智竭尽所能，奉献自身的全部智慧和力量。的确，究竟局限于少数的精英，还是睿智积极地依靠，全体成员整体强大的能动性创造智慧和力量，在日趋复杂多变的背景下，正日益成为组织的环境适应能力，及其运营发展前程命运的显著分水岭。

（二）领导管理决策和实施质量的发展

即使最为浅显与平庸的人士，也能深切辨识或感知，领导管理的决策及其实施推进的质量，对组织环境适应能力的关键决定性价值。然而，如果缺乏整体团队强大能动性创造智慧与力量，坚强有力的支持和推动，领导管理决策或实施的质量，无不将会受到极其显著的限制。因此，睿智坚强地推进团队高质量的民主运营方式，并以此卓有成效地激发、凝聚和依靠，整体团队强大的能动性创造智慧与力量，就普遍成为组织强大的环境适应能力，积极有效创造或提升的关键途径。

（三）环境适应能力提升的关键力量

组织强大外部适应能力的积极创造或提升，无不需要依靠两种关键力量密切联结的坚强支撑：通过广泛的民主方式，充分激发和展示广大员工潜在的智慧与力量；把所有员工的积极智慧和力量，有效集中到组织运营发展的统一方向与路线。

复杂艰难的环境中，组织及其领导人无不能够深切地感受，两种力量密切联结的关键价值。然而，如果缺乏高质量的文化价值观，以及完善运营制度坚强有力的支撑，那么，它们的密切联结，及其形成的组织环境适应能力的推动力量，无不将会受到极其显著的限制。

（四）成就会令人无视自身局限或缺陷

人们如愿以偿显赫的职业成就，最为显著的负面价值之一，就是根据对曾经遭遇的各种艰难挑战的有效超越，认定自身力量的无比强大甚至无所不能，从而无视或忽略自身存在的所有局限与缺陷。事实上，在内外环境及其关系日新月异的变化中，无视自身的局限或缺陷，普遍成为组织外部的适应能力，及其持续高质量提升发展的重要限制性因素。

（五）工作的定期总结与自我检讨

通过工作阶段性的定期分析与总结，人们通常能够有效梳理或提炼职业进程中，积极的思维与行为的表现和方法，准确辨识存在的需要及时改进的问题或缺陷。自我检讨则是对工作所存在的缺陷，就自身的问题根源予以深入细致地检查与寻找，并就相应的积极改进方式，给予有效探索与设定的主动行为。显然，它们卓有成效的推进，无不成为人们职业思维与行为方式，持续高质量提升的重要途径和强大动力。

（六）避免危险倾向蔓延和错误产生

任何严重的职业错误或环境因素的致命伤害，总是源自起始的细微危险倾向，未能得以有效限制而肆意蔓延的必然。工作的定期总结与自我检讨，则是有效限制并避免各种危险倾向的蔓延，及其严重职业错误的产生，并以此展示强大的环境适应能力的积极途径。尽管如此，广泛的实践中，工作总结与自我检讨，如果缺乏高质量民主强大力量的坚强支撑，人们无不极易视其为毫无价值的工作教条或形式，而难以得到卓有成效的推进。

第三节　营建积极而强大的组织外势

辨识并创造强大的运营外势

虽然殚精竭虑竭尽所能，并为此投入了大量的资源力量，外部的因素却时常难遂人意，产生预期的积极响应；与此相反，可能稍不经意的细微疏忽，却酿成熊熊烈火而使得经年累月的努力，顷刻化为乌有。这是组织运营进程中，时常遭遇的莫可名状的艰难挑战。

事实上，正如自然界所广泛存在的，物体相互间联系或作用，所呈现的"位势"或"电势"的物理特征，组织的运营发展，也普遍存在对其全局的进程或成就，具有极其重要而显著影响的外部势能。睿智成熟地辨识并卓有成效地营建，积极而强大的运营外势，无不成为复杂多变的环境中，组织高质量的全局进程或成就，远见卓识创造的重要途径和任务。

对此，《孙子兵法》曾经作有这样的经典论述："善战者，求之于势，不责于人，故能择人而任势。任势者，其战人也，如转木石。木石之性，安则静，危则动，方则止，圆则行。故善战人之势，如转圆石于千仞之山者，势也。"

——高明的指挥员，总是善于从有利的形"势"中夺取胜利，而不苛求部下以苦战取胜。因而，他能睿智地选择人才并巧妙地运用"势"的力量。善于运用形"势"的力量，他指挥军队作战，就如同转动木石。木与石的禀性，置于平地就静止，置于高峭之地则易于滑动；方形静止，圆形滚动。所以，卓越的指挥员所创造的形"势"力量，就如同从千仞之高的山上滚下圆石，从而充分体现战争中"势能"的强大力量。

本节首先分析了组织运营外势的概念、价值及其包含的主要工作，接着就外部强大势能的积极营建，所依据的良好的运营理念与组织信誉，卓越的产品服务性能与品质，积极的宣传与品牌的营建，铸建并维护良好的公共关系，以及运营危机成熟而谨慎地应对等若干重点工作，展开了相应的探讨。

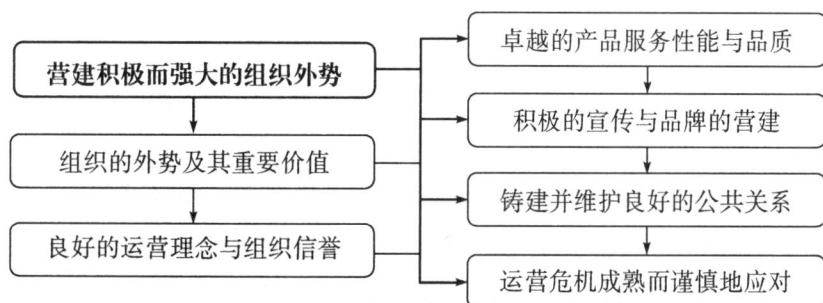

图 6-11-3-1　**营建积极而强大的组织外势**

一、组织的外势及其重要价值

运营发展的外部势能，就是组织有效争取外部各种积极因素的支持，化解各类负面因素侵蚀的推动力量。组织运营的整体外部影响与形象，是其显著而核心的体现。它的卓有成效营建和发展，通常需要若干积极方式的有力支持与推动。

组织外部势能远见卓识地营建与发展，不仅是领导人职业智慧和才能的重要体现，而且也是组织睿智坚强地辨识与应对，外部各种有利机遇或负面挑战，并以此积极创造和提升自身整体资源能力，以及高质量运营价值的关键途径和强大动力（图6-11-3-2）。

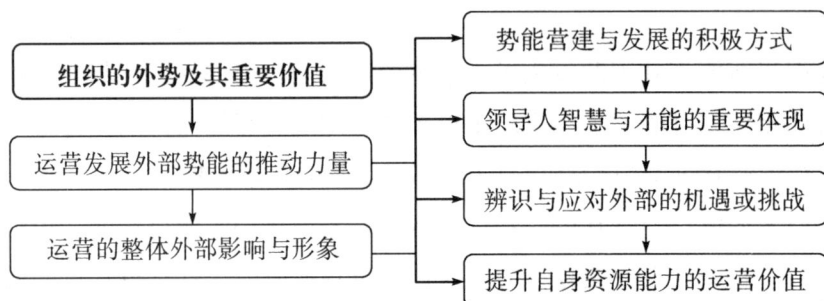

图 6-11-3-2 组织的外势及其重要价值

（一）运营发展外部势能的推动力量

外部势能，是组织在长期运营进程中，通过各种卓有成效的努力构建的，对外部环境中积极资源因素支持的争取，各类负面因素的限制或侵蚀化解的推动力量。它是组织整体强大的运营发展能力，及其高质量社会价值的重要体现，并对组织的全局进程或成就，具有极其关键的决定性价值。

实践中，一方面，组织对外部环境任何反应或作用的效果，都必须通过一定势能力量的支持才能得以实现；另一方面，势能本身并不是某种能够独立展示的运营力量，它的强大力量必须通过组织具体的运营行为，才能得以积极而充分的体现。因此，漠视它的存在或完全依赖它的力量，都极易给组织的全局进程，酿成显著的不利影响与后果。

（二）运营的整体外部影响与形象

组织的外部势能，通常体现为运营的整体外部影响与形象。它的卓有成效营建并形成，通常需要依据三个方面的基本条件：

1.需要组织在长期的运营进程中，予以逐步的营建和积累。短期的产品或服务，以及价值观或专业能力的宣传，只能增加社会的关注度，而难以有效建立牢固的积极组织形象或真正的势能力量。

2.组织所提供的产品服务，必须依据产品对象的需求特征，具备良好的性能品质。这是组织强大外势或积极形象卓有成效地营建，最为根本而坚实的基础。缺乏这一根本基础的坚强支撑，任何虚无的鼓噪宣传，最终都必将成为竹篮打水而一无所获。

3.必须依据社会及行业的运行发展状况，就组织积极的运营理念、文化价值意识、产品性能品质、专业服务能力等信息，进行广泛而充分的宣传。

（三）势能营建与发展的积极方式

良好的外部影响或形象，以及积极而强大的运营外势，睿智坚强地营造与发展，无不需要组织努力依据自身运营的内外实际，远见卓识地推进相互影响、密切联系，若干高质量运营思维与行为积极方式的有力支撑：

广泛的实践中，铸建成熟牢固的内外关系的思维准则，并以此构建形成远见卓识的运营理念与信誉意识，以及卓有成效地创造产品服务，高质量的性能与品质，无不具有普遍关键的决定性价值。

在此基础上，各种积极因素或力量不失时机的充分宣传，并以此努力营建组织及其产品的高质量品牌；积极构建并维护与广泛社会群体良好的公共关系；成熟而谨慎地应对运营中的各种危机，普遍成为广泛领域中组织，需要集中心智着力的重要工作。

（四）领导人智慧与才能的重要体现

即使拥有更为强大的专业资源运行的能力，提供着更高性能或品质的产品服务，却依然处于行业运行的被动地位，在日趋复杂多变的外部环境中，已日益成为广泛领域中组织，时常面临的难以逾越的艰难挑战。

事实上，深入准确辨识并积极成熟地铸建，内外因素辩证统一关系的基本思维准则，并以此远见卓识地构建组织良好的外部影响与形象，及其强大的运营外势睿智的运营理念，从而积极有效地推进内外资源因素的密切联结和融合，已日趋成为组织全局高质量进程或成就卓有成效创造，领导人卓越职业智慧与才能睿智坚强展示，不可或缺的重要途径和强大动力。

（五）辨识与应对外部的机遇或挑战

对外部环境及其变化的高度关注与重视，睿智成熟的运营发展理念或意识，以及由此铸建形成的良好的外部影响与形象，及其积极而强大的外部势能，无疑能够坚强有力地推动组织，卓有成效地吸引或争取外部环境中，各种正面因素和力量的积极支持，限制或化解各类消极因素力量的负面侵蚀，从而高质量地辨识、创造或运用，外部环境中各种有利的运营机遇，识别和应对各类负面因素或力量的挑战。

（六）提升自身资源能力的运营价值

内外因素不同的联结或作用方式，无不对事物的整体运行发展，具有普遍关键的决定性影响。事实上，整体良好的外部影响与形象，以及积极而强大的运营外势，无不能够卓有成效地支持或推动组织，把自身内在的资源能力及其发展，与外部环境的因素或变化，予以更为密切的联结或融合，从而睿智坚强地创造和提升，自身整体资源能力高质量的运营价值。

二、良好的运营理念与组织信誉

卓有成效地创造组织全局高质量的进程或成就，无不需要远见卓识地洞察与辨识，组织运营发展外部资源力量的关键价值，并由此睿智坚强地铸建，努力争取广泛社会环境中，一切积极因素或力量的有力支持，以及牢固遵守整体社会高质量运行发展的规范准则，积极成熟的运营理念。

外部环境与自身运营的资源因素，持续高质量的联结和转化，普遍成为组织运营发展的积极进程与成就，最具关键的决定性因素。因此，积极而充分地兼顾合作各方，长远根本利益的成熟意识与良好信誉，并以此成为广泛信赖的高品质合作伙伴，就是组织得以持续高质量运营发展的立世强盛之本（图6-11-3-3）。

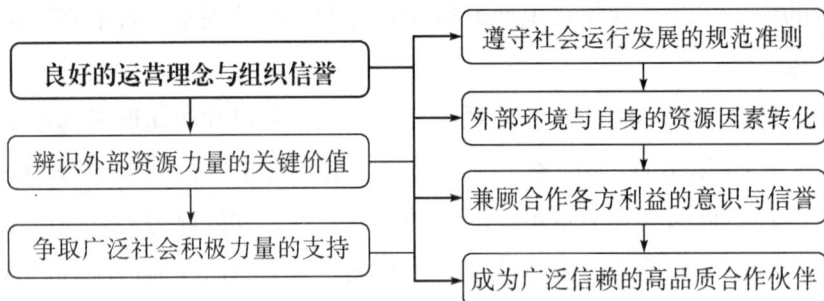

图 6-11-3-3　良好的运营理念与组织信誉

（一）辨识外部资源力量的关键价值

卓有成效创造组织全局高质量的进程与成就，领导人无不需要远见卓识地洞察或识别，外部环境中的资源因素，对组织运营发展的关键决定性价值。换而言之，如果丧失外部环境资源因素源源不断的持续供给，任何强大的组织都必将难以维系自身的长期生存或运行。事实上，组织运营的实质，无不在于自身与外部环境的各类资源因素，积极有效作用或转化卓有成效地创造与推动，并以此睿智坚强地铸建并提升，组织高质量运营发展持续强劲的动力。

（二）争取广泛社会积极力量的支持

组织的运营正如有机生命体的积极运动，无不需要外部环境中的各种养分或力量，给予的坚强支持与推动。因此，睿智成熟地辨识并卓有成效地争取，广泛社会环境中各种积极的因素或力量，对组织高质量运营发展坚强有力的支持和推动，就普遍成为组织领导的核心工作或任务之一。

实践中，领导人的辨识目光或思维意识，如果受到内在的运行成本或产品性能，以及暂时的营销数额或价格竞争等局部工作的严重限制，而无视日益交往密切、影响深远、变化快捷的重要社会因素，对全局运营发展的决定性价值，那么，他所统领的团队无不极易在自鸣得意中，丧失生存的基本条件或资格。

（三）遵守社会运行发展的规范准则

社会的运行发展，无不包含着极其广泛而繁多的群体力量与资源因素，以及它们复杂的相互间联系或作用的关系。因此，它的高质量运行或文明的进程，无不需要一系列积极有效的规范准则，坚强有力的支持与推动。

社会运行发展的规范准则，通常包含着社会领导与管理机构，制定并推行的各项法律或法规，以及人们通过长期而广泛的积极实践，所沉淀铸就的文化价值准则和道德规范。实践中，任何积极的社会规范或准则，无不需要远见卓识地兼顾并卓有成效地推进，广泛的社会资源高质量运行发展的良好秩序，尤其是各类社会群体生存发展的根本利益，及其相互间密切支持和协作的根本。

长期而广泛的运行进程中，人们思维与行为规范准则的扭曲或丧失，普遍成为社会严重动荡的重要根源。而动荡的社会环境中，没有任何群体或组织的长远根本利益，能够得到切实的坚强保障。因此，铸就睿智成熟的社会整体利益的根本运营理念，无不成为领导人远见卓识地引领或推动，组织持续高质量运营发展的重要途径和强大动力。

（四）外部环境与自身的资源因素转化

广泛的实践中，组织运营发展所创造或提供的产品服务，普遍成为内外资源因素，卓有成效作用和转化的中心：一方面，它需要持续有效地汲取或吸收，外部环境中的各类资源因素，并卓有成效地转化为自身高质量的产品服务；另一方面，它需要把精心创造的产品服务，通过各种有效的外部传输渠道，积极转化为社会运行发展的支持或推动力量，并以此实现自身运营发展的价值。

以产品服务为中心的内外资源因素，持续积极有效的作用与转化，构成了组织的生命体征和力量。显然，任何重要资源因素作用的障碍或转化的限制，都可能显著削弱组织健康活动的生命力。因此，内外资源因素持续高质量的作用或转化，无不成为组织运营发展的积极进程或成就，普遍关键的决定性因素。

（五）兼顾合作各方利益的意识与信誉

卓有成效地推进外部环境与自身的资源因素，持续高质量的作用或转化，并以此睿智坚强地创造和展示，组织整体强大的运营发展的智慧与力量，及其旺盛的成长活力和生命力，广泛的实践中，极其关键的途径与强大的动力，就是必须具备足够高度的相关合作各方，持续高质量运营发展命运共同体的远见卓识，从而牢固铸建充分兼顾合作各方长远根本利益，积极而成熟的运营思维意识，并在各种内外资源的作用或转化进程中，坚强承担自身应有责任的诚实信誉。

（六）成为广泛信赖的高品质合作伙伴

在广泛的社会运行环境中，卓有成效地推进内外资源因素，持续高质量的作用或转化，并以此睿智坚强地创造和展示，自身强大的运营发展力量与旺盛的成长生命力，无不需要成为广泛信赖的高品质的合作伙伴。事实上，在相互交往、影响或依存，日趋深入而显著的社会环境中，广泛信赖的高品质合作伙伴，已日益成为组织高质量进程与成就，卓有成效创造的核心运营力量。

三、卓越的产品服务性能与品质

广泛的实践中，积极而强大的运营外势远见卓识地铸就，无不从根本上取决于，组织全局运营发展的睿智智慧和坚强力量。其中，卓越的产品性能与品质，具有普遍关键的决定性价值。

卓越的产品性能，必须具备一系列高质量的内涵。卓越的产品品质，则普遍成为组织各项专业运行与协作，及其整体运营发展能力的核心体现。因此，积极而强大的组织运营外势，无不需要以整体运营发展的能力，睿智坚强地铸建和展示为基础，并以此通过内外资源因素的密切联结与融合，持续高质量地推动，才能得以卓有成效地创造（图6-11-3-4）。

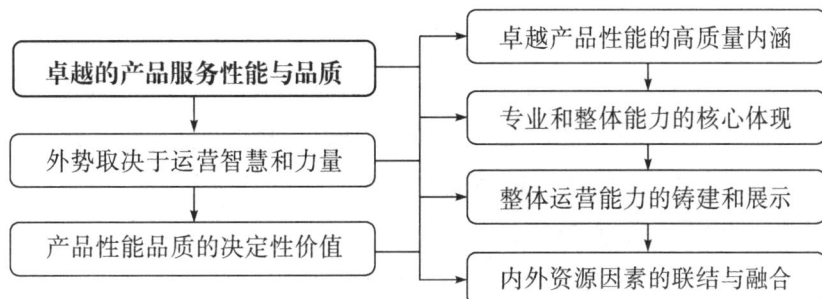

图 6-11-3-4　**卓越的产品服务性能与品质**

（一）外势取决于运营智慧和力量

组织的外部势能，既是自身高质量运营发展重要而坚强的动力，也是广泛社会势不可挡地支持与淘汰，各类顺应或悖逆自身文明发展潮流的组织或团队，极其关键的途径和强大的力量。

事实上，就广泛而长远的时空范围而言，整体社会对任何组织或团队，都是一个极为公平与公正的运行环境，它极少无缘无故经久不息地特别眷顾或遗弃某些特定的群体。因此，外部势能所能提供或展示的坚强动力，无不从根本上取决于，组织自身高质量地辨识与顺应，整体社会文明发展的强大运营智慧和力量。

（二）产品性能品质的决定性价值

组织积极顺应社会的运行发展，并为其提供坚强有力的支持和推动力量，从而远见卓识地铸就强大的运营外势，最为根本而关键的途径，就是能够卓有成效地为社会提供，所需高质量的产品或服务。其中，卓越的产品性能与品质，无不对组织积极而强大的运营外势，持续高质量地铸建和发展，具有极其关键的决定性价值，并以此而普遍成为组织整体运营发展能力的核心体现。

（三）卓越产品性能的高质量内涵

一旦论及产品的性能，人们时常会在头脑中呈现出，产品的物理、生物或化学等专业性的功效。然而，就人们需求的积极满足基本的社会功能，以及组织强大的运营外势，卓有成效铸建与发展的根本立场而言，卓越的产品服务性能，通常需要具备更高质量的内涵：

1. 适用于广泛社会人群的需求，而不是只能满足特殊少数人的特定需要；

2. 高质量的传输途径与整体性价比，使得人们普遍易于选择和便于使用；

3. 能够充分满足人们当前的普遍需求；

4. 能够积极兼顾需求变化发展的趋势。

（四）专业和整体能力的核心体现

产品的品质，是其一系列既设性能充分展现，并持续保持的整体能力。广泛的实践中，它普遍成为组织的运营理念和责任意识，各项专业运行与协作的能力，以及由此形成的整体运营发展的智慧与力量，极其准确而核心的体现。同时，它也是组织良好的外部影响与形象，以及积极而强大的运营外势，卓有成效创造或发展的关键决定性因素。因此，在性能相同或相近的产品服务，日趋竞争激烈的环境中，产品的品质已日益受到人们普遍的高度关注与重视，并被广泛地视作为组织运营发展的生命线。

（五）整体运营能力的铸建和展示

卓越的产品服务性能与品质，以及由此推动铸就的良好外部影响和形象，及其整体强大的外部势能，广泛的实践中，无不需要组织各项高质量的专业运行与协作，并以此铸建形成的整体高水平运营发展能力的坚强支撑。因此，卓有成效地推进各项专业运行与协作，以及整体运营发展能力高质量的铸建和展示，并以此远见卓识地创造，产品服务的卓越性能与品质，就普遍成为广泛范围中组织，积极而强大的运营外势，睿智坚强铸就的关键途径和坚强动力。

（六）内外资源因素的联结与融合

产品服务的性能与品质，就其本质而言，仅是组织运营发展所依靠的重要途径或推动力量，而非最终的根本性目的。组织之所以需要设计或创造，高质量的产品性能与品质，从根本上说，无不源自内外资源因素，更为密切的联结与融合，及其更高质量相互作用或转化的需要，这也因此成为广泛实践中，产品性能与品质的质量，最为根本而核心的评价依据和标准。

因此，全面准确地辨识和把握，内外资源因素的构成、关系与变化的具体实际，并努力通过各项专业技术或能力的积极提升和运用，及其专业环节高质量运行与协作卓有成效的推进，从而睿智坚强地创造产品服务的卓越性能与品质，就普遍成为内外资源因素密切联结与融合的重要途径。

四、积极的宣传与品牌的营建

积极而充分的宣传，广泛的实践中，普遍成为组织良好的外部影响与形象，以及整体强大的运营外势，卓有成效创造的重要途径和强大动力。其中，长期运营与宣传所形成的组织或产品形象的品牌，通常成为外部势能力量的重要体现，而成长的长期性与损毁的瞬间性，则是它的普遍显著特征。

卓有成效的宣传，必须以良好的产品服务为基础。它的积极有效推进，还必须根据组织与产品内外环境及其变化的实际，精心设置整体工作所需包含的重要环节组成，并以此逐步建立和形成宣传工作的有效推进，以及品牌积极营建与发展的睿智成熟道路或途径。实践中，宣传的推进和品牌的营建还要努力避免，轻视或过度两种显著的极端行为（图6-11-3-5）。

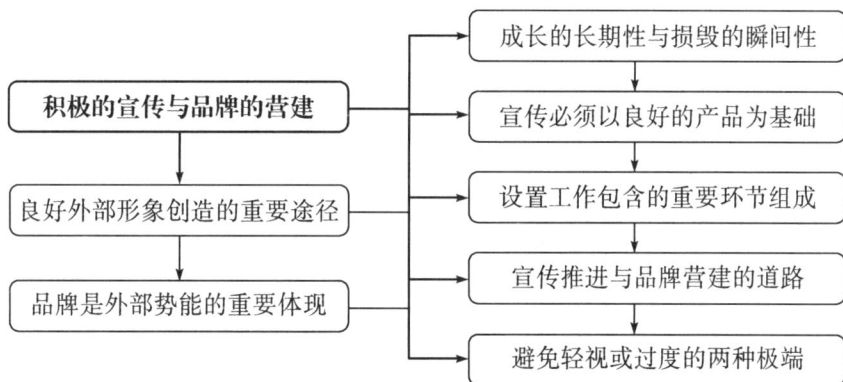

图6-11-3-5　积极的宣传与品牌的营建

（一）良好外部形象创造的重要途径

任何背景下，信息都是人们积极的思维与行为，卓有成效形成或推进的坚实基础和强大动力，并以此而日趋成为社会运行发展的重要资源力量。因此，在以信息为载体的相互沟通和影响，日益广泛深入的社会环境中，就自身运营及其产品的积极因素和价值，予以广泛而充分的宣传，无不成为睿智坚强地铸建或发展，组织良好的外部影响与形象，及其强大的整体运营外势，并以此卓有成效地推动，内外资源因素高质量的联结、作用或转化，不可或缺的重要途径和力量。

商业组织中，已经把积极的宣传普遍称之为广告行为，并日益受到广泛的重视。对此，宝洁公司前领导人阿茨特曾经辩称："如果没有成功的、深入人心的广告，没有哪家公司能够在其所在领域内居于领导地位，向消费者推广它的产品和服务。"

（二）品牌是外部势能的重要体现

在长期而广泛的社会运行进程中，人们已经倾向或习惯于，以某种特定的名称或方式，对某一组织机构及其产品的显著特征与形象，以及相应的希望或诉求予以高度的概括。例如，在敌后抗战地区，人们只要看到伸出的拇指和食指，头脑中就会呈现出意志坚定、本领高强的八路形象。

随着社会交往的日趋广泛和深入，代表组织或产品整体特征和形象的品牌，已日益成为它们的社会影响力，及其外部势能力量的重要载体和体现。因此，商业组织中，已把品牌的积极构建与发展，普遍视作为组织高质量进程或成就，卓有成效创造的重要途径和强大动力。奥美公司的拉扎勒斯也曾为此断称："品牌，代表着对某一产品的诸多期望和对这个产品统一的认识，它主宰着一切。"

（三）成长的长期性与损毁的瞬间性

在广泛的社会运行环境中，组织或产品品牌的营建与发展，无不如同一株树木的成长进程，一片绿荫婆娑，不仅需要经年累月的漫长历程，而且必将遭受各种风雨雪霜的侵袭。不仅如此，刀斧或烈火对它的彻底毁灭，往往只需短暂的瞬间。

因此，远见卓识地推进组织或产品品牌，持续高质量地营建和发展，无不需要睿智成熟地辨识，它的成长长期性与损毁瞬间性的显著特征，从而以百倍的谨慎，确保其远离毁灭性灾难的侵蚀。

（四）宣传必须以良好的产品为基础

组织卓有成效的宣传，无不需要立足于良好的产品性能与品质的坚实基础。实践中，强烈的自身宣传或激情的价值渲染，时常只能吸引人们的关注，并非能够积极有效地实现，整体组织或产品良好的影响与形象，卓有成效构建高质量实践价值的根本目的。

事实上，在日趋成熟而理性的环境中，人们相互间的重要交往与合作，已不仅需要验证组织专业资源的构成或运行能力，以及产品服务的整体性能和品质，而且更日益倾向于审视和辨识，具有长远关键决定性价值人的理念或品性。因此，任何背离实情的虚夸宣传，都极易造成实践中的显著负面效应。

（五）设置工作包含的重要环节组成

宣传积极有力地推进，尽管成为组织或产品良好的外部影响与形象，以及强大的运营外势，卓有成效铸建与发展的重要支持和推动力量。然而，它通常需要投入或耗费大量的组织资源。因此，依据组织或产品的专业性特征，及其内外环境的具体实际，对宣传工作的方式、进程或成果，予以事先的周密分析、预测与规划，并以此缜密设置整体工作卓有成效推进，各重要环节或阶段的组成、关系与变化，就普遍成为组织高质量宣传工作的关键任务。

（六）宣传推进与品牌营建的道路

组织的宣传，通常既体现出全局运营背景下，显著的专业性特征，同时，也具有需要积极兼顾，各环节与阶段工作的组成、关系和变化，明显的全局性质。因此，深入准确地辨识和把握，自身资源能力与产品构成的特征，及其外部环境资源因素的实际，以实现内外资源密切联结或作用的强大动力，并以此为全局高质量运营发展提供坚强有力的支持，就成为它必须遵循的基本原则和方向。

在此基础上，为卓有成效地推进组织或产品品牌的积极营建与发展，宣传工作还必须根据外部合作对象的特征，缜密设置运用的渠道和采取的方式，及其各环节或阶段工作资源力量的投入。实践中，由于诸多不确定因素的复杂影响，时常会使得实际与预期的成果产生显著的偏差。因此，持续对宣传的实际成果进行实时的验证，并以此对运行渠道或方式予以积极的改进，就普遍成为高质量的宣传工作，以及品牌营建与发展的成熟道路，卓有成效创造的重要途径。

（七）避免轻视或过度的两种极端

由于宣传作为组织的品牌营建与外势构造，以及全局高质量运营发展，普遍强大的支持和推动力量，通常将涉及诸多复杂因素、关系与变化的重要影响，因而极易把人们推向，过于轻视或过度倚重的两种极端境地，从而给品牌与外势的积极构建，及其全局高质量进程带来严重的负面影响。

实践中，有效避免两种极端行为的重要途径，就是以内外资源因素持续高质量的联结与转化为依据，全面深入地分析和辨识，各种宣传途径或方式的推进，可能给品牌与外势的构建，以及近期和长远的运营，产生的各种积极或负面的影响。

五、铸建并维护良好的公共关系

依据整体社会运行发展的全局，及其牢固的社会责任成熟思维意识，睿智坚强的支持和推动，与广泛外部环境中各类社会群体，卓有成效铸建并维护的良好公共关系，普遍成为是组织的良好外部影响与形象，以及强大的运营外势，远见卓识构建与发展的重要途径和力量。

广泛的实践中，高质量的社会公共关系，卓有成效地铸建并维护，普遍需要得到以社会文明进步，积极的思维意识和文化价值观念的根本，社会公共利益的有效保障与推动成熟积极的原则，与广泛社会群体良好互助关系高质量构建的强大动力，社会广泛群体普遍关注的焦点事务着力的重点等，若干重要思维与行为方式的有力支持和推动（图 6-11-3-6）。

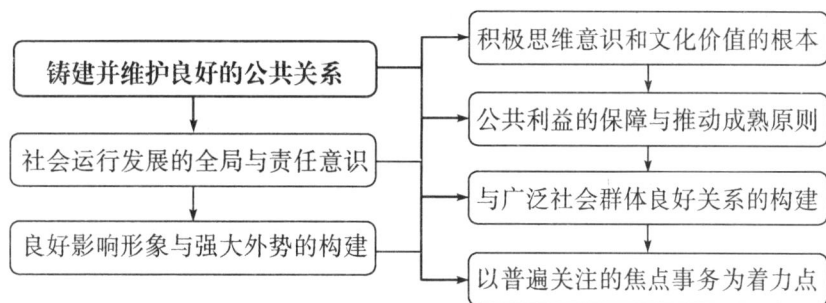

图 6-11-3-6　铸建并维护良好的公共关系

（一）社会运行发展的全局与责任意识

睿智成熟的全局思维意识和行为立场，是任何局部性工作远见卓识地推进，普遍的决定因素与强大动力。事实上，任何组织都是整体社会的局部组成，它的高质量运营发展，无不需要得到广泛社会各种资源力量的积极支持。因此，远见卓识地辨识社会全局与自身局部的基本关系，并以此睿智坚强地肩负起积极的社会责任，就普遍成为组织高质量进程与成就，卓有成效创造的关键途径和强大动力。

通过长期而广泛的实践，人们已经日趋普遍而深刻地意识到，与广泛的社会群体构建并保持，相互间积极支持和密切协作的普遍良好关系，无不成为自身成熟的社会全局与责任意识，睿智坚强铸就和展示的重要途径。因此，卓有成效铸建并维护，广泛而积极的公共关系，在相互交往和影响日益广泛深入的社会环境中，已日趋成为组织强大的运营智慧和力量，极其关键而显著的体现。

（二）良好影响形象与强大外势的构建

远见卓识地立足于社会运行发展的全局立场，睿智坚强地担当社会文明进步的成熟责任，并以此卓有成效地推进与广泛的社会群体或公众，铸建并保持相互支持与协作密切的公共关系，显然，无不成为自身运营发展良好的外部影响与形象，积极而强大的运营外势，以及内外资源因素高质量的联结、作用或转化，普遍重要的途径和强大的推动力量。

（三）积极思维意识和文化价值的根本

远见卓识地推进良好公共关系的铸建和维护，无不需要睿智成熟地辨识，整体社会持续高质量的运行发展，以及与外部环境中的广泛社会群体或公众，构建并保持积极支持和密切协作的相互关系，对自身长远运营发展的重要价值。因此，积极成熟的思维意识和文化价值观念，在各种思想意识和价值观，日趋密切交融和影响的复杂社会环境中，已日益成为组织运营高质量的公共关系，卓有成效铸建并发展的根本而强大的动力。

（四）公共利益的保障与推动成熟原则

组织运营高质量的公共关系，及其良好的外部影响与形象，远见卓识地铸建和维护，无不需要社会公共利益卓有成效保障与推动，成熟积极的思维和行为原则的坚强支撑。事实上，为了攫取自身或其他局部群体的利益，无视甚至严重侵蚀整体社会的公共利益，无论曾经或者仍然占据着极其强大的运营地位，最终都必将为整体社会所无情抛弃。

（五）与广泛社会群体良好关系的构建

良好的社会公共关系，积极的外部影响与形象，以及强大的运营外部势能，睿智坚强地构建与发展，无不需要组织能够以更为积极而开阔的运营思维或视野，远见卓识地辨识社会全局高质量的运行发展，以及与广泛社会机构、群体或公众，更为密切支持与协作的积极关系，对自身长远运营卓越进程或成就的关键价值，从而能够持续坚强地拓展与时俱进的运营影响空间，并通过与更为广泛的社会团体或公众，同舟共济休戚相关密切关系的积极创造，卓有成效地提升运营外势的范围和强度。因此，与广泛社会群体良好关系的构建，普遍成为组织高质量的社会公共关系，及其积极而强大的运营外势，睿智坚强铸建或发展的重要途径和强大动力。

（六）以普遍关注的焦点事务为着力点

良好公共关系卓有成效地构建与发展，通常需要组织在成熟的社会全局思维，及其牢固的社会责任意识的支持下，远见卓识地辨识并选择，社会公众普遍关注的焦点事务作为着力的重点。由于社会公众的普遍关注，所以对焦点事务的积极参与，更易于进入社会公众的视野，展示自身运营发展积极的文化与价值观念，及其坚强成熟的社会责任意识，拉近与社会各阶层之间的距离。同时，还能够以自身有限的资源力量，创造更为积极的社会价值。

六、运营危机成熟而谨慎地应对

由于难以预见因素的复杂影响，在组织的运营发展进程中，时常可能出现对整体外部影响或形象及其运营外势，具有严重侵蚀力量的运营危机。对此，组织必须在最短时间中做出积极的反应，并全力平息或限制事态的继续蔓延与扩展。

重大危机的出现，具有全局最高权力领导人的参与应对，组织运营基本理念和核心价值观的明示与强调，必要的事态真相公布和工作缺陷的诚恳检讨，以及公众满意的善后与工作积极的改进措施，普遍成为化解危机的被动为整体运营形势的主动，不可或缺的重要工作（图6-11-3-7）。

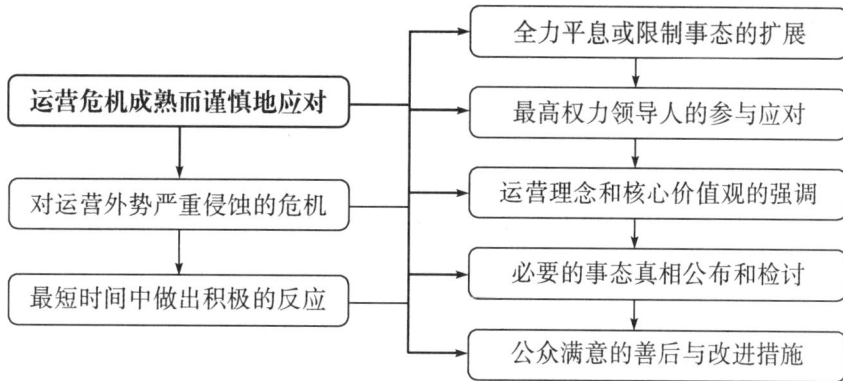

图 6-11-3-7　运营危机成熟而谨慎地应对

（一）对运营外势严重侵蚀的危机

俗话说，天有不测风云，人有旦夕祸福。组织运营发展进程中，由于自身工作的缺陷与外部因素的作用，时常可能出现事先难以充分预见，但却对整体外部影响或形象及其运营外势，具有严重伤害或侵蚀力量的运营危机。

严重的运营危机，一旦应对不妥或处理不当，通常能够把组织经年累月，良好外部影响与形象铸建的艰辛努力，及其积极而强大运营外势，营建或维护的巨大资源投入，瞬间化为乌有。尤其对于已经受到社会广泛关注并肯定，具有强大外势力量或外部影响力，及其较高品牌价值的组织，一个致命的运营危机极易完全葬送自身的锦绣前程。

（二）最短时间中做出积极的反应

在信息传输日趋快捷而广泛的网络社会，运营危机的形成如同点燃火绳的炸弹，无不需要竭尽所能以在炸弹引爆局势失控之前，争分夺秒地抢先采取相应的积极应对的反应。事实上，许多危机之所以陷入难以收拾的极端被动局面，时常是因为抱有火绳能够自然熄灭的侥幸。但把各种新闻作为重要资源的信息环境中，奇异的事件一旦出现，抱持侥幸无异于自取灭亡。因此，任何主动积极应对或反应的拖延，甚至试图抱持侥幸与逃避的意念，都必将推助事态的恶化。

（三）全力平息或限制事态的扩展

竭尽全力平息或限制事态的继续蔓延与扩展，是睿智成熟地应对任何严重的运营危机，压倒一切的第一要务或首要关键。唯有如此，才能把事件的侵害控制在最低程度，并为妥善积极的善后工作，创造更为良好的条件与氛围。

平息或限制事态的关键，不是分析和强调，自身合乎情理的有利事实与依据，而是睿智地立足于事件受损各方的利益、情绪与思维的成熟立场，明确阐释自身可能存在的工作缺陷或不足，尤其是共同根本利益的一致性，以及对他们所能承担的积极责任。同时，还需要对自身可能问题的关注、揭示或批评的相关各方，表达由衷的谢意。

（四）最高权力领导人的参与应对

对全局进程和内外形势，具有深入成熟辨识与把握的最高权力领导人，直接参与运营危机的应对，无不是项极其关键的途径和重要的原则。事实上，最高权力领导人的直接参与，首先给事件相关各方以及广泛的社会公众，积极而充分地展示了组织对待事件的高度重视，以及勇于直面问题的积极形象。

最高领导参与应对的必要性，还在于事件的积极处理，通常涉及内外各种复杂因素与关系，及其形成背景的准确判断，以及必须根据事态表现和变化的具体实际，卓有成效地设置或选择高质量的应对方式。同时，应对的进程，还必然需要承担与事件相关各方、媒体或公众，复杂而深入的交流和沟通，以及就某些关键问题，给予实质性表态的艰难挑战。显而易见，相对低层次岗位人员，必将难以远见卓识地应对此类艰巨的工作，从而极易导致危机的进一步恶化。

（五）运营理念和核心价值观的强调

广泛的实践中，基本的运营理念和核心价值观，无不成为组织运营发展的灵魂，并以此成为良好的外部影响与形象，积极而强大的运营外势，及其高质量的进程与成就，普遍关键的决定性因素。

因此，危机应对进程中，不失时机地对组织积极的运营理念及其核心价值观，以及形成的思维和事实依据，尤其是它们对事件可能存在的负面因素与背景，极其鲜明而强烈的排斥或反对立场，进行足够积极而充分地阐明与强调，就普遍成为极其必要不可或缺的重要工作。

（六）必要的事态真相公布和检讨

运营危机的产生，普遍源自相关事件对广泛的社会群体、公众或相关各方的利益，具有较大的伤害嫌疑，并以此而显著背离了社会运行的基本道德准则或法律、法规。因此，对客观事实任何藏匿或隐瞒的企图和行为，都必将使得组织遭受更为强烈而严重的负面冲击。

事态真相的充分公布与检讨，表明了因为自身存在着工作过错或缺陷，必须勇于承认错误和承担责任的积极态度，以及努力提升整体运营能力与质量的坚定决心。或者，可以向社会各界阐明，他们所担心的事件负面因素或影响，经过专业权威机构的验证，在自身严密规范的专业化运行背景下，仅仅是一种难以成为现实的主观推断，只是之前未能就相关的复杂专业性情况，予以足够广泛而深入的宣传或说明，故而引起的误会。

（七）公众满意的善后与改进措施

经过运营危机的涤荡冲击，如果组织还有足够的力量继续前行，那么，公众满意的善后工作，以及运营改进措施卓有成效的设置与推进，在自身存在重要责任的背景下，无疑就是扭转运营全局的被动，并以此坚强重铸积极的外部影响与形象，及其强大的运营外势，极其关键的决定性工作。

善后工作主要包括相关各方损失责任的承担，以及事件有关责任人员的惩处。尤其是内部人员的责任追究，任何背离原则的浅薄仁慈，都必将给整体团队埋下更为严酷灾难的祸根。而改进措施远见卓识地设置与推动，则无不成为组织全局化被动为主动，并以此重振运营发展雄心壮志的关键体现和强大动力。

第四节　政治与政府职责的准确理解

社会的全局思维与领导管理

政治环境及政府职责的推进方式，对广泛社会组织运营发展的进程或成就，具有普遍关键的决定性影响。事实上，如果领导人对政治因素或政府职责，缺乏足够深入而成熟的理解和把握，那么，他对组织全局积极方向远见卓识地洞察与引导，以及强大行进动力卓有成效地辨识和创造核心的职业智慧与才能，必将受到极大的削弱或限制。

然而，由于政治因素的构成和政府职责的推进，通常涉及广泛社会各运行领域、组成群体，以及相互间联结作用与持续变化，远见卓识辨识和应对的艰巨责任，因此，长期以来，它们所应承担的核心任务及其实现的积极方式，一直成为社会运行进程中，最具复杂艰难的挑战和广泛争议的焦点。

尽管如此，如果我们能够积极有效地超越，自身所处的特定社会位置，或某些运行领域与社会群体，局部的价值、利益和力量，可能产生的辨识立场或视野的限制，以更为睿智成熟的社会全局的思维智慧，全面深入地审视或辨析，整体社会全局高质量地运行发展，是否需要并积极设置和推进，能够远见卓识地兼顾社会内外各类群体、关系及其变化，高瞻远瞩的运行发展的信念、方向、路线与目标；是否需要并坚强推进或展示，社会全局卓有成效的领导，以及各运行领域或环节高质量的专业管理，那么，就积极而牢固地掌握了，政治所需承担的核心任务，及其政府职责推进的积极方式，成熟准确辨识的关键。

事实上，古往今来，所有睿智的政治思维意识，及其卓越的政府实践成就，无一不是远见卓识地辨析或卓有成效地把握了，社会运行发展及其文明进步的全局。反之，背离了社会运行发展的全局，任何高尚的理想与美好的愿望，都可能把社会推入万劫不复的混乱或悲惨的境地。

本节首先就政治与政府的形成背景及其相互关系，展开了简要的分析，然后逐步探讨了政治思维所需遵循的基本要求与原则，政府所应承担的核心任务和职责，政府职责高质量进程创造的重要途径，以及政府职责推进的艰难复杂性。最后阐述了政府和广泛的社会组织机构，所存在的全局与局部的基本关系（图 6-11-4-1）。

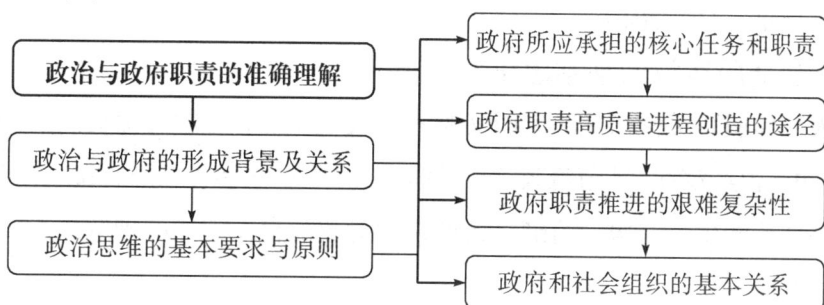

图 6-11-4-1　政治与政府职责的准确理解

一、政治与政府的形成背景及关系

对整体社会运行发展的必然趋势与文明标志，以及所需高质量的全局领导和专业管理坚强支持的成熟意识，是政治与政府形成的背景及其关系，远见卓识辨识的重要基础。从根本上说，政治是事关社会全局的基本思维意识，它必须遵循广泛社会长远运行发展的基本原则。政府是社会运行的领导或管理组织机构，它的职责卓有成效地推进，通常需要社会全局成熟政治思维的指导，以及社会最为强大资源力量坚强有力的支撑（图6-11-4-2）。

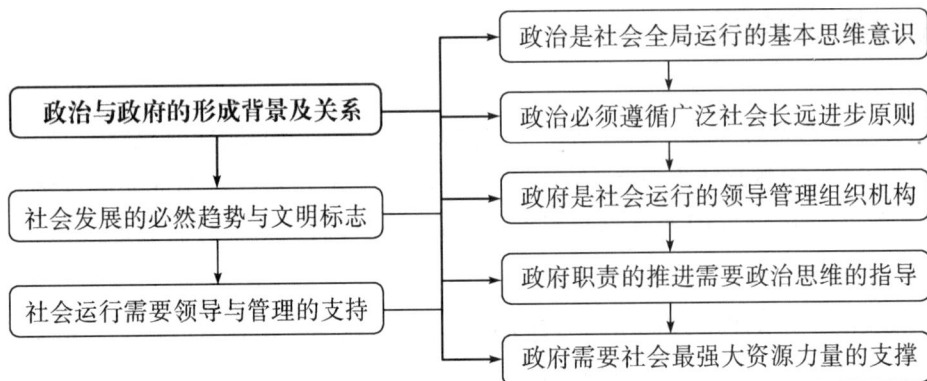

图 6-11-4-2　政治与政府的形成背景及关系

（一）社会发展的必然趋势与文明标志

尽管文明的进程充满着挑战和曲折，但人类的整体智慧与才能，对人文和自然科学技术的坚强推动，使得人们相互间广泛而密切的支持与协作能力，以及由此所形成的物质与精神财富的强大创造力量，一直以势不可挡之势得以持续地增强。对于密切的协作能力和强大的创造力量，所展现的社会运行发展的必然趋势，以及整体社会文明进步的重要标志，正日益成为广泛范围中人们的普遍共识。

（二）社会运行需要领导与管理的支持

根据领导管理对立统一的基本原理，任何社会持续高质量地运行发展，必须一组对立统一矛盾关系坚强有力的支撑——社会运行发展的全局及其领导，以及由此所产生社会局部或专业的运行领域及其管理。事实上，对社会运行发展全局的浅显认知或显著忽略，正日趋成为社会强大的潜在资源能力，难以积极充分地提升和展示，或不同运行阶段呈现的庞大资源浪费，经济领域普遍面临的艰难挑战；广泛社会群体相互间的密切支持与协作，难以卓有成效地辨识和推动，并以此有效化解各种局部或短期利益冲突的政治难题。

（三）政治是社会全局运行的基本思维意识

与最广泛的人们休戚相关密切关联，而又时常令人难以准确理解高深莫测的因素，莫过于社会运行的政治。《尚书》曾经辩称："道洽政治，泽润生民。"——治世之道正确，社会就能稳定发展；恩泽散播广泛，民众就能生息安居。的确，无论人们对政治存在怎样的理解或态度，社会与民众都是政治所必须面对的核心主体。

由于社会的运行，通常包含着极其广泛而复杂的领域或因素，及其相互间的关系与变化；客观存在着各类社会群体，以及它们不同的社会地位、关系或作用的表现。因此，尽管人们涉及社会各类专业或局部领域、因素与群体的运行，及其关系与变化的思维无时不有无处不在，然而，它们却往往并非具有显著的政治属性。

随着人们的专业或局部的思维不断提升或扩展，而上升至事关广泛社会运行发展的全局高度，它们的内涵就形成了具有明显政治性特征质的飞跃。换而言之，社会全局高质量的运行发展，无不成为一切睿智成熟的政治思维与行为，远见卓识地推进或展示，普遍的坚实基础、强大动力和核心背景。譬如，经济或军事专业领域的工作，如果上升到社会运行发展全局的重要影响地位，就具有了显著的政治性特征。

（四）政治必须遵循广泛社会长远进步原则

作为推进社会全局运行发展基本思维意识及其行为方式的政治，显而易见，无不需要睿智成熟地遵循广泛社会长远进步与发展，更高质量进程或成就卓有成效创造的核心原则。否则，它的形成质量与推进价值必将受到极大的限制。

积极创造与推进卓越的社会政治，还必须能够远见卓识地洞察和辨识，社会高质量的运行发展进程与成就，无不从根本上取决于最广泛民众潜在能动性创造智慧和力量，卓有成效提升与展示的水平。因此，如果对广泛的社会群体密切的支持与协作，缺乏睿智坚强的引导和推动，那么，任何强大的政治组织或团队，都必将难以有所真正的作为。

（五）政府是社会运行的领导管理组织机构

既然存在着各类群体的组成，及其相互作用与持续发展的运行全局，因此，人类自从进入了文明的纪元，就一直拥有着社会的全局领导，及其各局部或专业运行环节的管理机构。事实上，长期以来，任何形式的政府机构，无不需要睿智坚强地承担一定社会的运行发展，全局的领导或局部专业环节的管理，远见卓识辨识和推进的核心职责。

（六）政府职责的推进需要政治思维的指导

由于涉及广泛的内外因素，及其相互关系与持续变化极其复杂的影响，政府领导与管理的职责，以及整体社会高质量运行发展远见卓识的推进，无不需要得到睿智成熟政治思维意识的积极指导和坚强支撑。不仅如此，随着人们对复杂艰难环境中，团队强大力量的关键决定性价值，日趋成熟而深入的辨识，以核心政治思维意识为基础，所积极构建的坚强政治团队，已日益成为政府职责进程中，卓有成效地识别和应对各种内外挑战，普遍的关键途径和强大动力。

（七）政府需要社会最强大资源力量的支撑

社会领导与管理进程中，政府无不普遍地遭受各种内外因素、关系或变化，极其复杂而艰难的挑战。因此，如果缺乏足够强大资源力量坚强有力的支撑，那么，它无不极易漂荡或淹没在各种意识和利益的纷争中，而难以对高质量的社会全局，真正有所卓有成效的作为。事实上，远见卓识地辨识并争取，社会最为强大资源力量及其坚强有力的支持，无不成为复杂艰难环境中，政府职责高质量进程或成就，卓有成效创造的坚强保障和艰巨挑战。

二、政治思维的基本要求与原则

在错综复杂的内外环境中，政治思维意识无不需要睿智成熟地立足于，社会运行发展的全局，并以此远见卓识地洞察与识别，社会运行发展的必然规律和趋势，从而卓有成效地辨识并把握，社会全局各种重要的影响因素及其关系或变化。

高质量的政治思维意识，还必须能够睿智坚强地支持和推动人们，成熟有效地辨悉社会各类群体长远根本利益的协调与保障，及其强大的能动性创造智慧与力量，卓有成效推进、提升或展示的积极方式，并以此远见卓识地铸建整体社会文明进程的强大动力，避免或限制各种内忧外患因素的侵扰（图 6-11-4-3）。

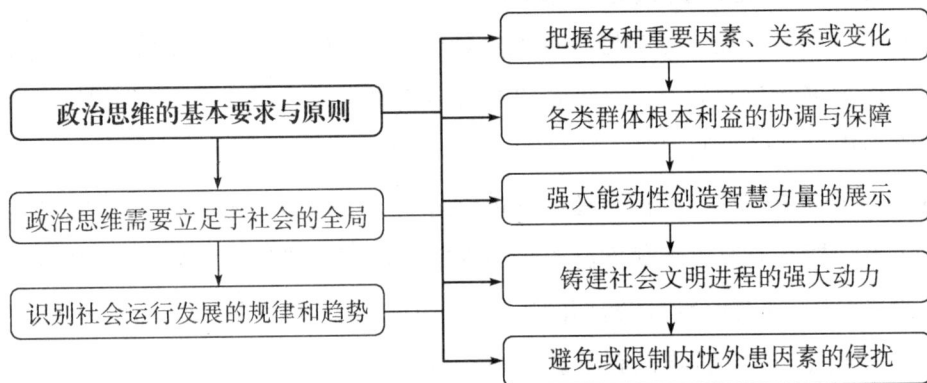

图 6-11-4-3　政治思维的基本要求与原则

（一）政治思维需要立足于社会的全局

任何背景下，远见卓识的政治思维意识，无不需要睿智成熟地立足于，广泛社会长远运行发展的全局，并以此高瞻远瞩地辨识、兼顾和设置，社会运行发展各领域、群体或阶段，及其相互间密切联结的关系，从而卓有成效地创造和展示，广泛社会文明进步积极而强大的推动力量。其中，睿智坚强地维护并发展，整体社会最广泛群体长远而根本的利益，普遍成为政治思维意识的质量或高度，最具关键的决定性因素。

为此，《尚书》曾经辨识并论述了，君主必须为广泛的民众谋取利益的最高原则："皇建其有极。敛时五福，用敷锡厥庶民。惟时厥庶民于汝极。锡汝保极：凡厥庶民，无有淫朋，人无有比德，惟皇作极。凡厥庶民、有猷有为有守，汝则念之。不协于极，不罹于咎，皇则受之。"

——君主应当建立最高法则。把五福集中起来，普遍赏赐给臣民。这样，臣民就会拥护最高法则。向您贡献保持最高法则的方法：凡是臣民不允许结成私党，也不许各级官员狼狈为奸，只把君王的法则看作最高法则。凡是有计谋、有作为、有操守的臣民，您要惦记他们。行为不合法则，又没有构成犯罪的人，君主就应宽恕他们。

（二）识别社会运行发展的规律和趋势

如果缺乏对事物的本质，及其一定条件下运行规律深入准确的辨识，那么，掌握并主动影响它的变化趋势，必将是项极难实现的愿望。事实上，人们社会全局的政治思维意识，之所以时常受到显著的限制，并因此而产生各种政见的分歧，最为关键或主要的根源之一，无不源自于对社会根本人的因素，及其与社会财富的形成、创造和需求的关系，以及高度的智慧与强烈的情感本性特征，所存在的浅显理解或明显限制。

长期以来，为了确保社会有序稳定的运行，以及人们财富创造潜能的有效激发，社会全局的领导者，一直对社会物质财富的归属进行着各类形式的划分。然而，社会物质财富的局部过于集中，不仅显著降低了它的社会价值，而且极大地限制了整体社会物质与精神财富的创造力量。事实上，所有社会的剧烈变革，无一不是源自整体社会中，物质与精神财富社会功能和价值的显著丧失。

因此，如何在社会运行发展中，通过自然和人文的科技进步，卓有成效地推进整体社会物质与精神财富，创造能力的协调平衡与持续提升，已日趋成为社会高质量文明进程的必然趋势，以及人类政治智慧的艰难挑战。

（三）把握各种重要因素、关系或变化

卓有成效地推进社会全局高质量的运行发展，政治思维意识远见卓识的构建，无不需要得到各种重要资源因素、关系与变化，睿智成熟辨识坚强有力的支持。通过长期的实践，人们已经日趋普遍而成熟地意识到，最为广泛的社会群体，既是各类物质或精神财富的创造者，也是各种产品服务的主要消费者。因此，社会全局高质量运行发展的方向和路线，通常有别于普通的社会组织或团体，而共同指向最广泛民众主体的显著特征。换言之，一切为了民众，一切依靠民众，无不成为睿智成熟政治思维意识的核心内容和体现。

（四）各类群体根本利益的协调与保障

卓有成效地创造社会全局高质量的进程，政治思维还必须能够深入成熟地辨识，公平公正良好秩序的构建和完善，对整体社会持续稳定运行发展的关键价值，并努力确保社会各类群体良好的工作和生活的环境，兼顾与协调不同群体社会资源和财富的分配，从而有效清除整体社会动荡产生的基础。

为此，《尚书》曾作了这样的著名论述："无偏无陂，遵王之义；无有作好，遵王之道；无有作恶，遵王之路。无偏无党，王道荡荡；无党无偏，王道平平；无反无侧，王道正直。会其有极，归其有极。曰：皇，极之敷言，是彝是训，于帝其训。"——不要有任何偏颇，要遵守王法；不要有任何私好，要遵守王道；不要为非作歹，要遵行正路。不要偏私，不结朋党，王道宽广；不结朋党，不要偏私，王道平坦；不违反王道，不偏离法度，王道正直。团结那些坚持赐福于广泛民众最高准则的人，最高准则就必定深入人心。因此，对赐福广泛民众的最高准则，要广泛宣扬并积极训导，这就是顺从上天的旨意。

（五）强大能动性创造智慧力量的展示

人性中拥有的高度智慧与强烈情感的显著特征，使得广泛的民众无不成为任何背景下，社会运行发展全局最具根本而强大的决定性因素和力量。因此，睿智坚强地推进社会各类群体，相互间的密切支持与协作，以及广泛民众整体强大能动性创造智慧与力量，持续高质量的提升和展示，普遍成为卓越政治思维意识的关键原则和重要表现。

为此，《尚书》曾经告诫："无虐茕独而畏高明。人之有能有为，使羞其行，而邦其昌。凡厥正人，既富方谷，汝弗能使有好于而家，时人斯其辜。于其无好德，汝虽锡之福：其作汝用咎。"

——不要虐待那些无依无靠的人，并要敬畏明智贤能的人。对有能力有作为的人，要让他们有贡献才能的机会，这样，国家就会繁荣昌盛。凡是有经常性丰厚待遇的官员，如果您不能使他们对

国家做出贡献，那么臣民就会怪罪您了。对于那些德行不好的人，你虽然赐给了他们好处，他们也会给您带来灾祸。

（六）铸建社会文明进程的强大动力

纵观人类文明发展的历程，由于狭隘局部或浅显短期思维意识的显著限制，以及人性中的自我因素，在外部环境相应滋生土壤中，所形成的贪婪、冷酷等极端劣质的表现，而使其充满着文明与野蛮、掠夺与反抗、进步与倒退等，一系列积极因素与消极力量的持续抗争。

事实上，所有成熟、正直和善良的人们，无不拥有强烈的整体社会繁荣和睦的美好意愿。然而，卓越的政治思维与崇高的社会理想间，时常横亘着一条鸿沟，唯有充分依靠并积极展示整体社会各类群体，相互间密切支持与协作的强大创造力量，才能予以睿智坚强地超越。因此，致力于全局的政治思维意识，无不需要高瞻远瞩地识别并铸建，整体社会持续高质量文明进程的强大动力。

（七）避免或限制内忧外患因素的侵扰

内忧或外患，不仅会显著制约物质与精神财富整体强大的创造力量，而且也是所有社会陷入严重动荡或文明倒退的重要根源。因此，睿智成熟的政治思维意识，无不需要根据各种运行发展的表象，远见卓识地洞察或识别，对社会全局高质量进程，具有显著侵蚀性力量的内忧外患因素，并卓有成效地通过整体社会最为广泛群体，强大力量的积极激发、凝聚和发展，予以最为坚强而积极的应对。

三、政府所应承担的核心任务和职责

社会的全局，是政府一切积极的任务和职责，远见卓识辨识或推进的关键指南。为此，他们必须能够睿智成熟地铸建，社会全局的思维及其责任意识的坚实基础，并以此通过社会各种内外资源因素，及其关系与变化重要信息的全面准确辨识，卓有成效地确立自身工作积极的愿景和使命，设置社会全局进程的总体方向与路线，制定社会运行发展高质量的战略目标，设定社会运行积极的政策法规与保障措施，从而坚强有力地肩负起各类群体长远根本利益的积极协调，及其整体社会人的因素能动性创造智慧与力量，持续高质量提升和展示的核心职责（图6-11-4-4）。

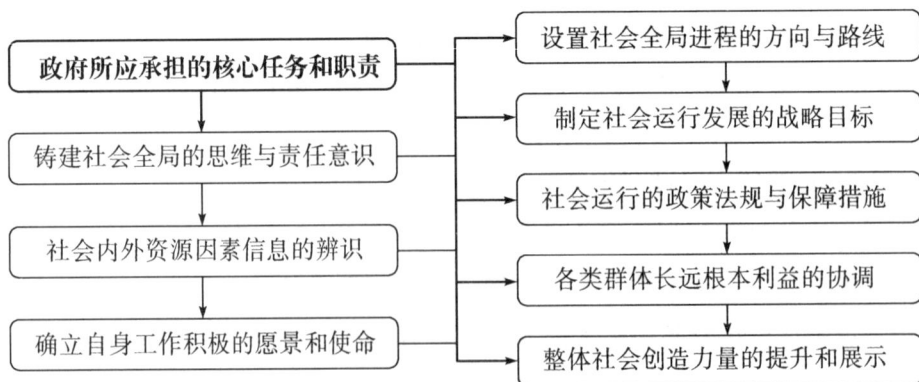

图6-11-4-4 政府所应承担的核心任务和职责

（一）铸建社会全局的思维与责任意识

依据运行发展的内外实际，远见卓识地铸建并坚持，社会全局睿智成熟的思维方式和责任意识，是任何形式的政府卓有成效地超越，各种复杂因素、关系及其变化的艰难挑战，并以此积极有效地兼顾各领域或阶段的运行，推进广泛社会各类群体的密切支持与协作，创造整体社会持续高质量的发展进程或成就，从而坚强卓越地承担自身职责的坚实基础和强大动力。

（二）社会内外资源因素信息的辨识

对内外资源因素的构成及其相互关系与变化趋势，予以全面而准确的辨识和把握，是任何复杂全局工作卓有成效设置或推进的重要基础。因此，展示社会运行发展卓越的全局领导及其专业管理，政府机构无不需要把社会内外资源因素，及其相互关系与趋势变化的全面准确辨识，尤其是广泛社会人的因素潜在强大智慧和力量，以及内在的优势或劣势与外部的机遇或威胁等重要信息，远见卓识的洞察或识别，作为自身职责卓有成效推进的关键，而给予足够高度的重视。

（三）确立自身工作积极的愿景和使命

卓有成效地超越社会运行发展中的各种艰难挑战，政府机构无不需要成熟强烈愿景和使命意识的坚强支撑。因此，睿智成熟地辨识并依据，社会文明进程的必然趋势，远见卓识地铸建和确立自身工作积极的愿景与使命，已日趋成为复杂多变的环境中，政府职责高质量进程卓越创造的重要途径和强大动力。

（四）设置社会全局进程的方向与路线

睿智坚强地承担社会领导与管理的核心职责，政府机构无不需要根据内外资源因素，及其关系与变化的具体实际，远见卓识地设置各重要领域或阶段的积极变化，所形成的社会运行发展的全局方向，以及各类资源能力高质量的提升和展示，及其密切联结或协作的推进路线。实践中，把自身的积极愿景和使命，卓有成效地转化为社会全局高质量的方向与路线，普遍成为政府的社会领导或管理，整体智慧与才能的关键决定性因素。

（五）制定社会运行发展的战略目标

卓有成效地创造社会全局高质量的进程或成就，政府机构还必须能够根据社会文明发展的必然趋势，以及内外资源因素的具体实际，及其全局的运行方向和路线，远见卓识地制定积极兼顾各专业领域和社会群体的战略目标体系。

任何背景下，人的因素无不牢固占据着社会构成与运行的核心地位，并对各项工作的进程具有极其关键的决定性影响，因此，整体社会人的能动性创造智慧和力量，持续高质量的发展与展示，普遍成为社会运行发展战略目标设置质量的关键决定性因素。

（六）社会运行的政策法规与保障措施

积极有效地推进社会各领域、群体的相互协作或协调运行，政府机构无不需要得到各类政策法规与保障措施的坚强支撑。实践中，随着社会运行各类资源因素相互联系或影响的日趋广泛深入，人们的职业才能、情感倾向与文化价值观的差异，已日益成为社会政策法规或保障措施，远见卓识设置与推进的艰难挑战。因此，卓有成效地提升并展示人性中的积极力量，限制或化解其中的潜在消极因素，正日趋成为社会运行政策法规与保障措施，睿智成熟设置或推进的关键。

（七）各类群体长远根本利益的协调

利益的对立与冲突，是一切社会剧烈动荡的根本和主要的根源。为此，睿智坚强地铸就社会全局高质量的进程，政府机构无不需要远见卓识地辨识并协调，社会各类群体的长远根本利益，并以此卓有成效地铸建整体社会强大的创造力量。事实上，睿智成熟地辨识并协调，各类社会群体的长远根本利益，在日趋复杂多变的环境中，已日益成为政府机构必须承担的核心职责，以及社会领导与管理整体智慧才能的关键体现。

（八）整体社会创造力量的提升和展示

人的因素，是一切社会构成的基石与运行发展的根本力量。因此，睿智成熟地辨识人的因素，作为社会组成的根本，及其高质量运行发展最为坚强的动力，并以此竭尽所能卓有成效地推动，人们文化意识、价值观念与工作技能的持续提升，及其相互间密切支持与协作的积极发展，从而铸就并展示整体社会，物质和精神财富强大的创造力量，就普遍成为政府职责高质量推进的关键任务。

四、政府职责高质量进程创造的途径

对自身社会领导与管理特殊组织性质全面深入的辨识，以及社会全局成熟政治思想体系的牢固确立，是任何背景下，政府职责高质量进程卓有成效创造的坚强基石。在此基础上，政府机构还需要根据领导与管理的普遍原则，及其整体社会内外资源因素的实际，对社会和自身运行发展的两个全局，予以全面而缜密的规划，并以此构建高效的专业职能及其关系的运行结构，营建完善的运行制度与积极的文化体系，从而通过社会全局领导、专业管理与专项服务方式的积极推进，有效推动整体社会各类资源因素的协调运行与发展（图6-11-4-5）。

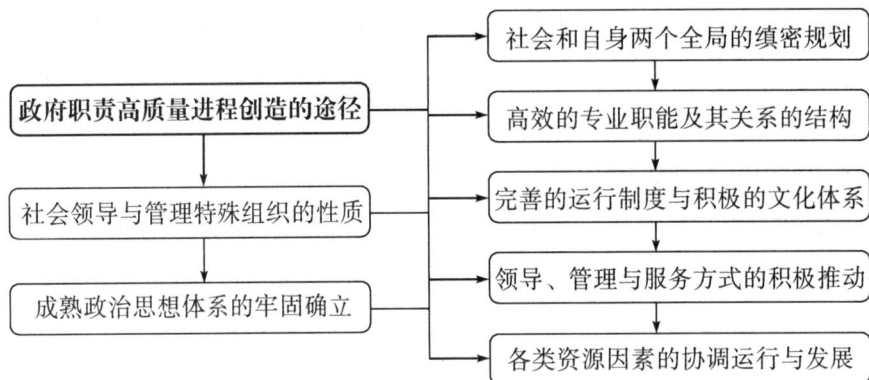

图 6-11-4-5　政府职责高质量进程创造的途径

（一）社会领导与管理特殊组织的性质

能否对自身的性质，予以睿智成熟的辨识和把握，无不对政府职责的进程，具有极其关键的决定性影响。事实上，任何形式的政府，首先具有一般社会组织以自身的产品服务，有效满足外部需求的根本性质特征。同时，它又具有区别于一般性社会组织的性质特征，整体社会领导与管理的重要属性或职责。

换言之，它必须能够肩负起为整体社会运行发展指明正确方向，以及创造、激发与凝聚强大前行动力的领导责任；承担起运用各种专业化方式，推动社会各领域的高质量运行，及其密切协作社会管理的职责。因此，积极成熟的服务、领导与管理的思维意识，普遍成为政府职责持续高质量进程，卓有成效创造的坚强基石。

（二）成熟政治思想体系的牢固确立

通过长期的实践探索和总结，一些睿智贤能之士已经深刻意识到，着眼于社会运行发展的全局，及其政府职责高质量进程成熟的政治思想体系，已日趋成为复杂多变的环境中，政府社会领导与管理卓越的智慧或才能，卓有成效铸建和展示的坚实基础与强大动力。

因此，准确辨识并牢固确立社会高质量运行发展，必须积极满足的广泛群体需求的前行方向，及其整体强大力量卓有成效创造的行进路线，以及由此形成的核心政治思维意识，已普遍成为政府职责高质量进程坚强铸就的重要途径。

（三）社会和自身两个全局的缜密规划

任何背景下，政府职责高质量的进程，无不涉及整体社会及其自身，众多内外因素、关系或变化，远见卓识辨识和推进的复杂艰难挑战。因此，对整体社会和自身的运行发展，两个全局及其密切联结的全面缜密规划，就普遍成为政府职责卓有成效的推进，并以此牢固把握社会领导或管理的主动，不可或缺的关键任务和途径。

两个全局规划及其密切联结或融合睿智坚强地推进，必须成熟牢固地立足于社会内在资源因素，尤其是各类群体相互支持与协作，整体强大创造力的提升和展示的核心。换而言之，任何机械浅显地抄搬历史的或外部的，某项具体的成功运行方式与经验，都极易限制政府职责的进程和成就。

（四）高效的专业职能及其关系的结构

涉及众多资源因素的构成、关系与变化，社会运行发展高质量的进程，及其政府的社会领导、管理和服务的职责，卓有成效的创造或推进，无不需要得到高效的专业职能及其关系的结构，远见卓识设置和积极有效运行的有力支持。

社会结构高质量设置的核心，在于通过各项专业运行能力的有效构建，及其密切支持与协作关系的积极推动，以坚强铸建整体社会协调稳定发展，以及物质与精神财富创造的强大力量。政府运行结构卓有成效的设置，则必须能够坚强有力地支持和推动，社会运行结构高效运转的根本。

（五）完善的运行制度与积极的文化体系

任何结构高质量的运转，无不需要完善规范制度坚强有力的支撑。而文化则是人们思维智慧及其情感行为动力，以及由此形成的整体能动性创造力，极其关键或重要的决定性因素。因此，卓有成效地铸就自身职责高质量的进程或成就，社会领导与管理的政府机构，无不需要竭尽所能集中心智，努力根据社会和自身全局的内外实际，远见卓识地构建能够坚强有力地推动，两者持续积极的运行发展，及其密切的支持和高度的统一，完善的规范制度与积极的文化体系。

（六）领导、管理与服务方式的积极推进

在日趋复杂多变的环境中，政府职责高质量进程卓有成效地创造，无不需要得到社会的全局领导、专业管理与专项服务，积极有效方式远见卓识的辨识和推进，并以此为社会长期稳定的运行发展，选择和指引正确的前行方向与路线，激发和凝聚强大行进力量的坚强支撑。

不仅如此，政府职责睿智坚强地推进，还普遍需要根据社会各重要领域、局部区域或运行阶段的具体实际，远见卓识地设置它们高质量进程的专业策略与目标体系，并通过运行质量及其相互间协作持续发展的积极推动，铸建形成社会全局的强大支持力量。同时，还需要通过对广泛社会群体的需求，及其积极协调与发展方式，睿智成熟的辨析、满足或推进，以充分展示自身卓越的服务水平与价值。

（七）各类资源因素的协调运行与发展

整体社会强大的物质与精神财富的创造能力，是有效削减或化解各种社会矛盾，及其运行发展

进程中的各类艰难挑战，从而卓有成效地创造全局高质量的进程，最为根本而坚强的动力。因此，睿智成熟地辨识并推进，社会各类资源因素的构成，及其协调运行、密切联结和持续发展卓有成效的方式，并以此远见卓识地铸建和提升，整体社会物质与精神财富强大的创造力量，无不成为政府职责高质量进程的关键途径。

为此，作为著名的资深政治家，印度前领导人尼赫鲁，曾经辨识了社会资源的过度集中，对它的全局进程所产生的显著负面影响："资本主义社会的力量如果不加以抑制的话，它会让富人变得更富，让穷人变得更穷。"

五、政府职责推进的艰难复杂性

自身队伍高质量的建设与发展，无不成为政府职责进程中，普遍遭遇的极其关键而艰难的挑战。社会运行发展所涉及的广泛内外因素，及其复杂的关系与变化，以及对全局的方向、路线和目标，时常存在的显著分歧，则是政府职责进程重要的限制性力量。

社会各类群体文化与价值观的普遍差异，使得任何利益的兼顾或平衡方式，都极易产生明显的负面影响。政府职责的艰难复杂还普遍地体现在，任何社会运行政策上的偏差，都极易成为少数人谋取私利的工具；必须承担一切严重社会问题的善后责任（图6-11-4-6）。

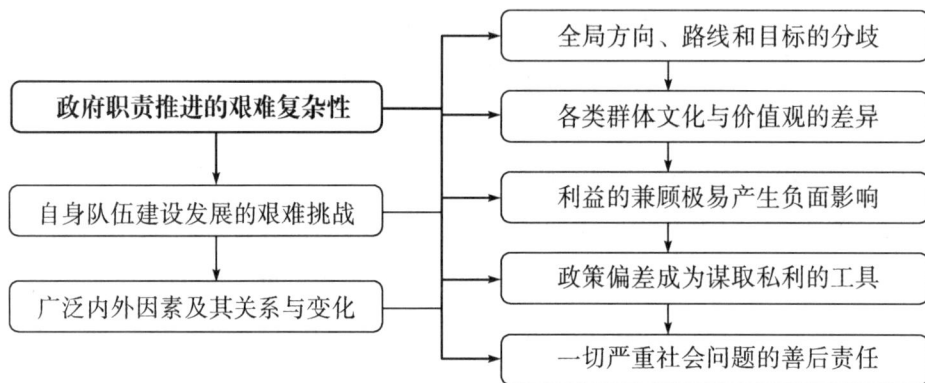

图 6-11-4-6　政府职责推进的艰难复杂性

（一）自身队伍建设发展的艰难挑战

自身因素是一切事物运行变化的根本。显然，自身队伍的建设及其整体社会治理能力的发展，无不成为政府职责进程普遍关键的决定性因素。事实上，政府拙劣的治理水平，会轻易把欣欣向荣的社会推入危机四伏的深渊；反之，卓越的政治素养与领导管理才能，则能够迅速地把千疮百孔的社会引向生机勃勃的春天。

广泛的实践中，政府通常拥有社会运行最为强大的资源支配权力。这种权力一旦落入缺乏足够职业远见、责任意识或进取动力，浅薄庸碌之人手中，显而易见，政府职责推进的整体智慧和力量，无不极易受到显著的限制。更具严重的灾难性后果，则是强大的资源支配权力，被一些极端冷酷、自私与贪婪之徒所肆意玩弄。因此，长期以来，吏治一直成为社会全局的最高领导者，最具复杂和风险的艰难挑战。

对于政府自身素养的关键价值，《论语》也曾作了这样的阐述："季康子问政于孔子。孔子对曰：'政者正也。子帅以正，孰敢不正？'"——季康子向孔子请教执政的方法。孔子回答说："政就是正的意思。你自身带头走正路，那么还有谁敢不走正道呢？"

（二）广泛内外因素及其关系与变化

社会的运行发展，无不涉及极其广泛的内外资源因素，错综复杂的相互影响与作用的关系，及其扑朔迷离而时常难以事先准确预见的各种变化。因此，长期以来，社会全局高质量进程卓有成效的创造，无不成为人们广泛的职业中，最具复杂艰难挑战的工作之一，以至于人们时常认定，社会运行发展的进程必然受制于，某种非人力能够决定的天意或玄学的因素。

（三）全局方向、路线和目标的分歧

由于社会全局所及广泛因素，及其关系与变化的高度复杂性，以及人们所处职业位置或辨识思维能力的普遍差异，在社会各类群体或政府内部不同职级与部门间，对社会全局运行发展的方向、路线和目标，通常具有层次不同的理解而存在显著的分歧。实践中，如果缺乏职业素养持续积极的提升，以及社会全局背景深入准确辨识的有力支持，任何战略思维或行为统一的努力，都极易产生不同程度的抵触或内耗，并显著削弱社会全局高质量进程的推动力量。

（四）各类群体文化与价值观的差异

社会各类群体的文化意识与价值观，不仅受到各自职业和生活环境的深刻影响，存在着广泛的显著差异，而且对他们思维与行为的方式，又具有普遍关键的决定性影响。与此同时，社会全局高质量进程卓有成效的铸建，无不需要各类群体积极创造力的充分展示，及其相互间密切支持与协作的坚强推动。

事实上，对社会各类群体的积极创造力，及其相互间密切支持与协作的辩证统一关系，远见卓识的辨识与铸建，已日趋成为复杂多变的环境中，睿智积极的社会文化与价值观卓有成效的构建，以及政府高质量的社会领导与管理的艰难挑战。

（五）利益的兼顾极易产生负面影响

睿智成熟地兼顾广泛群体长远根本的利益，并以此卓有成效地激发和凝聚，社会运行发展整体强大的动力，无不成为社会领导与管理高质量进程，积极有效创造的重要途径。然而，由于文化意识和价值观念广泛而显著的差异，使得政府任何群体利益的兼顾方式——正如一切事物所存在的正反两方面的属性，都极易会产生各种事先难以准确辨识的负面影响。

（六）政策偏差成为谋取私利的工具

政府社会领导与管理的政策或策略，不仅是自身职责卓有成效推进的坚强保障，而且也是整体社会物质与精神财富创造能力的强大推动力量。然而，政策或策略所存在的偏差与缺陷，无不极易成为少数人谋取不义私利的工具，甚而至于导致整体社会的动荡。因此，政府机构无不需要远见卓识地超越某些短期，或局部专业领域的运行方式和目标，睿智坚定地致力于社会高质量运行发展的全局，并以此谨慎缜密地设置和推进，自身职责卓越进程的全局政策与专业策略。

（七）一切严重社会问题的善后责任

政府职责高质量进程的艰巨挑战，还普遍源自必须承担整体社会，全局运行发展最为重要的责任。换而言之，无论何种背景，只要出现了影响社会有序稳定运行发展全局的重大问题，政府都必须坚强有力地肩负起积极的善后责任。因此，当某些评论人士源于浅显的局部思维，或机械地引述历史与外部的案例大放厥词，责难政府对事关社会全局事务的过度干预，却反而充分暴露了，自身对政府最为核心的社会全局责任的浅陋认知。

六、政府和社会组织的基本关系

政府机构承担着社会全局高质量运行发展，最为重要而核心的职责。它与一般性社会组织或团队，普遍体现着社会或行业的全局，与局部运行环节的基本关系。因此，政府机构无不需要通过各类政策或法规，远见卓识的设置与推进，以及积极的社会文化和价值观，卓有成效的构建与倡导，为广泛社会组织高质量的运营发展，及其相互间密切的支持与协作，提供坚强有力的支持。

广泛的社会组织，通常拥有一定法律背景下自主运营的权利。它们必须努力通过各项专业能力的积极构建与持续提升，有效创造自身运营发展高质量的社会价值，并以此与政府或其他组织，共同铸建社会全局的卓越进程与成就（图6-11-4-7）。

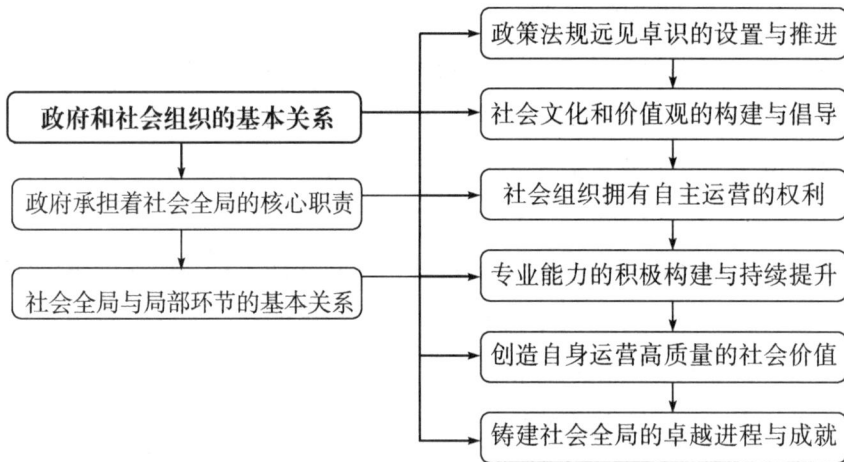

图 6-11-4-7　政府和社会组织的基本关系

（一）政府承担着社会全局的核心职责

任何背景下，政府组织无不需要睿智成熟地辨识和承担，社会运行发展全局的核心职责，并努力通过自然和人文科学技术的积极成果，远见卓识地推进广泛社会群体能动性创造智慧与力量，及其相互间密切支持和协作方式，持续高质量的提升与展示，从而卓有成效地铸就自身职责，及其社会文明发展的卓越进程与成就。

（二）社会全局与局部环节的基本关系

政府通常承担着一定社会的全局领导，及其某项领域或行业运行发展专业管理的根本职责。与此相对应，任何其他广泛的社会组织或团队，无论涉及怎样的运营区域与行业的空间和业务，都必然体现出显著的社会局部的根本属性，并以此受到一系列社会法律与法规，对其运营发展的支持或限制的重要影响。因此，政府机构与广泛的组织或团队，普遍体现着社会运行发展的全局与局部的基本关系。

（三）政策法规远见卓识的设置与推进

由于广泛社会组织的运营内外环境，普遍存在着极其复杂而显著的差异，因此，政府对社会全局的领导方向、路线与目标，及其各类专业领域管理的思维策略，以及对各类社会组织运营发展的支持和协调，通常需要通过各种政策法规远见卓识的设置与推进，而得以积极充分的体现。换言之，政府的政策与法规，无不源自社会全局的根本思维意识，从而构成了广泛社会组织的运营发展，极其重要的外部政治环境，并普遍成为外部机遇或挑战的重要组成。

（四）社会文化和价值观的构建与倡导

推进社会运行发展卓越的领导与管理，无不需要高质量文化意识和价值观念，远见卓识构建与倡导坚强有力的支持。广泛的实践中，依据自身掌控的强大资源力量，政府固然能够轻松地设置，各种形式的社会运行的政策或规范。然而，由于广泛的社会组织或群体的生存发展，内外资源条件所存在的普遍的显著差异，无不使得任何形式的政策或法规，都必然地显示着社会运行发展，积极推动力量或价值的明显限制。

事实上，即使最为动荡的社会，也很少从根本上源自，运行政策或法规的缺失。因此，睿智坚强地铸建并依靠社会高质量运行发展，积极文化意识和价值观念的强大动力，无不成为政府的社会领导与管理，卓越智慧和才能的关键体现。

（五）社会组织拥有自主运营的权利

广泛的社会组织或团队，是社会各类资源因素的密切联结与作用，积极的创造智慧和力量，卓有成效铸建与发展极其重要的途径，并以此而成为整体社会文明进步，最为根本而强大的动力。因此，任何政府都必须能够远见卓识地创造或提供，一定法律背景下社会组织自主运营发展积极权利的良好环境，并以此充分展示自身社会领导与管理的卓越智慧和才能。

（六）专业能力的积极构建与持续提升

任何社会组织或团队，如果缺乏与时俱进的专业产品或服务的创造能力，积极构建与持续提升的坚强支撑，那么，它的运营发展进程或成就，无不将会受到极其显著的限制。因此，远见卓识地推进自身高质量运营发展，各项专业能力的积极构建与持续提升，无不成为广泛的社会组织或团队，普遍面临的关键而艰巨的任务。

（七）创造自身运营高质量的社会价值

远见卓识地辨识并运用，自然和人文科技的先进成果，睿智坚强地创造自身运营发展高质量的社会价值，无不成为一切社会组织或团队，卓越的全局进程和成就，卓有成效铸就最为根本而强大的动力。因此，任何背景下，社会组织或团队，都必须能够睿智成熟地把自身高质量的社会价值，牢固置于运营发展的核心位置。

（八）铸建社会全局的卓越进程与成就

整体社会持续高质量的运行发展和文明进步，是一切社会组织或群体密切支持与协作，及其长远根本利益坚强保障的基石。因此，任何背景下，包括政府机构在内的各类社会组织或群体，无不需要睿智成熟地辨识并推进，社会全局卓越的进程与成就，共同坚强铸建的根本任务。为此，美国前国防部长、通用汽车公司前领导人威尔逊曾经辩称："对整个国家有利的事情，对通用汽车公司来说也是有利的，反之亦然。"

第五节　政治与政府因素的积极应对

组织领导的重要任务

政治的思维或政府的行为，通常涉及广泛社会众多的资源因素，及其相互关系和长远发展的全局，因而对它们睿智成熟的积极应对，无不成为各类组织的领导人，普遍面临的复杂而艰难的挑战。然而，任何试图游离或隔离它们影响作用的思维意识，无异于抛弃与逃避自身极其重要的领导职责，并必将给组织的长远发展蒙上浓厚的阴影。事实上，对政治与政府因素主动积极的应对，普遍成为复杂多变的环境中，各类社会组织或团队睿智坚强的领导，不可或缺的重要途径和任务。

主动积极地应对政治与政府的因素，组织领导人通常需要对它们形成或推进的背景，深入成熟辨识的基础上，远见卓识地把握所需坚持的基本原则，并根据一定社会环境中，政府对整体社会的领导、管理与服务的基本方式，全面准确的辨析和掌握，卓有成效地争取或创造，组织高质量运营发展良好的政治基础和环境。

高质量地应对政治与政府的因素，领导人还必须能够睿智成熟地辨识，社会运行的公平、活力与垄断的矛盾，一定背景下政府的社会领导与管理进程中的官僚主义，以及极具长远广泛危害的腐败现象。事实上，它们的存在，不仅显著增添了广泛社会组织的运营发展，政治环境复杂与艰难的挑战，而且也是政府自身社会领导与管理的整体力量和成就，极其重要的限制或侵蚀性因素（图6-11-5-1）。

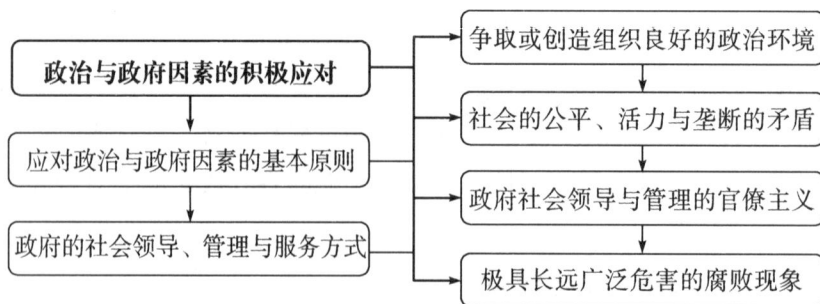

图6-11-5-1　政治与政府因素的积极应对

一、应对政治与政府因素的基本原则

卓有成效地创造社会全局高质量的进程，并以此成为社会文明发展最为积极而坚强的力量，无不成为一切政治与政府因素根本和核心的任务。远见卓识地铸就整体社会与自身组织，全局和局部基本关系准则睿智成熟的思维意识，普遍成为高质量应对政治与政府因素的关键途径和强大动力。

睿智坚强地推进自身持续高质量的运营发展，任何组织都必须能够卓有成效地肩负起积极的社会责任，严格遵守社会的法律和行业的规范，推动积极的社会信念、道德和文化的进程，并努力通过各种积极有效的渠道或方式，准确反映社会运行发展的客观实际，争取政府及其社会公共事业需求的服务机会。同时，还必须能够有效避免，卷入极其复杂的不同政治意识的纷争（图6-11-5-2）。

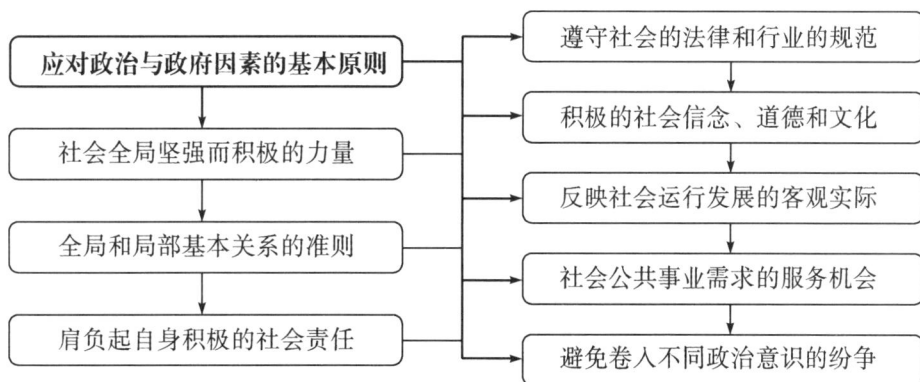

图 6-11-5-2　应对政治与政府因素的基本原则

（一）社会全局坚强而积极的力量

任何社会的运行发展，都必然涉及错综复杂的众多因素、关系及其变化。显然，如果缺乏最为强大的致力于社会全局高质量进程，积极的政治与政府力量坚强有力的推动和保障，那么，那些强大的社会因素或势力，无不极易把整体社会的运行，推向最利于攫取自身局部利益的方向或路线，并因此而把社会的全局推入极度混乱的境地。

人类社会长期而广泛的实践充分显示，任何睿智成熟的政治思维意识，无不源自社会全局高质量的进程与成就；一切有所作为的政府，都必然掌握着社会最为强大的资源力量，并以此实现对整体社会文明发展，最为坚强而积极的推动和创造。

（二）全局和局部基本关系的准则

社会文明发展的全局进程，不仅是一切政治或政府思维与行为的水平和质量，最为根本而核心的评判标准，而且也是各类组织运营发展的资源供给及其价值实现，极其关键或重要的决定性因素。因此，睿智成熟地铸建整体社会与自身运营，全局和局部基本关系准则远见卓识的思维意识，无不成为各类社会组织或团队，卓有成效运营发展的关键途径和强大动力。

（三）肩负起自身积极的社会责任

积极肩负起自身的社会责任，是任何组织高质量应对政治或政府因素的坚实基础。广泛的实践中，唯有通过自身运营发展能力的有效提升和展示，并以此向社会持续提供优良的产品或服务，从而展现社会文明发展积极强大的推动力量，组织才能创造政治或政府因素卓有成效应对的主动地位。

不仅如此，高质量地应对政治或政府的因素，组织还必须能够远见卓识地辨识，社会主流政治的基本方向和路线，以及政府对社会领导、管理或服务的积极意愿与方式，从而有效地推进社会各类资源因素的密切联结和协作。

（四）遵守社会的法律和行业的规范

社会高质量全局强大的创造与推动力量，必将难以容忍一切逾越法律底线的劣质行为；社会运行全局脆弱的领导与管理能力，也必定不会给任何组织提供持续积极发展的良好环境。因此，任何背景下，触及社会全局利益的法律底线，都必将给组织的长远运营埋下严重的后患。

行业的规范，通常是社会法律在一定专业运行领域中的具体延展。尤其是各类强制性的专业运行规范，普遍具有确保社会全局利益的法律效力，并以此成为相关行业的整体运行质量或水平，以及相应专业性组织的高质量运营发展，极其重要的推动与保障力量。

（五）积极的社会信念、道德和文化

积极的社会信念、道德与文化，是强大的政治与政府力量坚强展示的基石。因此，任何睿智坚强的政治思维或政府力量，都必将不遗余力地坚定倡导和推动，积极的社会信念、道德与文化卓有成效的铸建与发展，并远见卓识地视其为整体社会高质量文明进程，最为坚强的动力和显著的标志。

积极主动地应对政治与政府因素，任何组织都必须努力响应或推动，积极的社会信念、道德和文化的营建与发展。事实上，缺少高质量的社会信念、道德与文化有力支持的良好环境，没有任何组织能够逃避外部负面因素的严重侵蚀；缺乏积极的社会信念、道德与文化推动责任的坚强支撑，没有任何组织能够步入真正卓越的团队行列。

（六）反映社会运行发展的客观实际

通过各种积极的方式或渠道，就社会运行资源的构成、关系或变化的实际，向有关政治或政府机构做出实时准确的反应，并就其中缺陷的有效改善或潜能的充分展示，提出积极的建设性意见或建议，普遍成为广泛领域中组织，积极肩负起自身的社会责任，高质量地应对政治或政府的因素，并以此争取和维护自身长远根本权益的重要途径。

（七）社会公共事业需求的服务机会

随着社会日新月异的快速发展，各类政府组织或机构，正日趋面临着更为广泛的社会专业性管理与服务的重要职责。同时，为卓有成效地创造社会全局高质量的进程，社会运行的各类公共管理与服务的事务或事业，也日益呈现出生机蓬勃的发展。

显然，政府及其公共服务事业运行发展的需要，正日渐成为整体社会需求的重要组成。因此，努力通过自身高质量专业运营能力的构建与发展，卓有成效地争取政府或公共事业运行需求的服务机会，正日趋成为相关组织积极应对政治或政府因素，并以此充分展示自身强大运营能力的重要工作。

（八）避免卷入不同政治意识的纷争

依据局部的视野或短期的立场，所形成的社会全局的政治意识，及其政府社会领导与管理方式或质量的评判标准，时常成为人们难以逾越的复杂而艰难的智慧挑战，以至于迄今为止，把政治视为飘忽神秘的因素，甚至是一种毫无原则残酷无情的争斗，依然成为浅薄人士头脑中的基本理念。

事实上，在日趋复杂多变的内外环境中，能否睿智坚强地超越各种局部或短期思维与行为的显著限制，远见卓识地辨识并卓有成效地创造，社会全局高质量的进程，已日益成为政治家或政府的领导人，整体职业智慧与才能关键而显著的分水岭。

卓越的政治家无不拥有睿智成熟的思维智慧，坚定不移的社会信念及其襟怀坦荡的职业心胸。他们致力于社会全局高质量的文明进程，无不殚精竭虑并竭尽所能。因此，作为社会局部非政治性组织的领导人，无论拥有怎样的社会理想或职业愿景，如果试图通过激烈纷争的介入而谋取相应的政治利益，无疑是项极具风险、极其荒谬的行为。

二、政府的社会领导、管理与服务方式

在睿智成熟的政治思维指导与支持下的政府，必然能够远见卓识地洞察或识别，社会高质量运行发展各类重要资源因素的组成，及其相互作用与变化趋势的特征，从而高瞻远瞩地创建社会全局积极而清晰的领导战略，并以此卓有成效地设置社会运行发展的高效结构，制定社会稳定协调运行的法律保障体系，构建社会文明发展强大推动力量的文化体系。

睿智坚强地铸建社会全局高质量的进程，政府还必须能够根据内外资源因素的具体实际，卓有成效地推进各种积极的专业化的管理与服务，并以此对事关全局的各类重要资源因素及其关系和变化，予以积极主动的推动或控制，从而坚强有力地创造整体社会运行发展的强大动力（图6-11-5-3）。

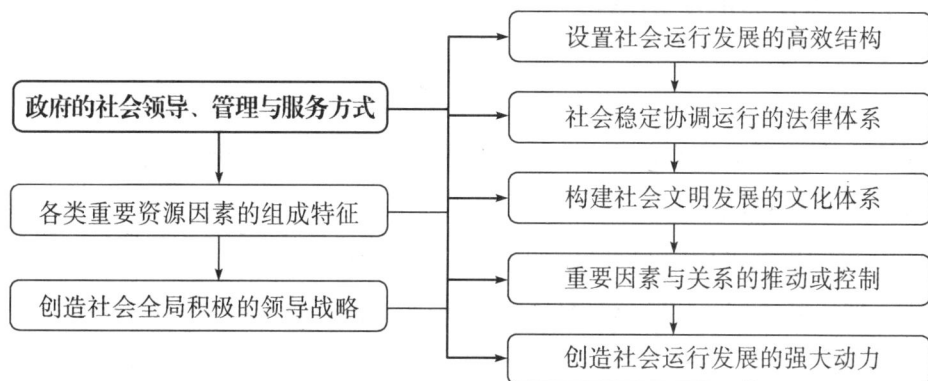

图6-11-5-3 政府的社会领导、管理与服务方式

（一）各类重要资源因素的组成特征

无论拥有怎样崇高的社会理想和信念，以及高尚的领导管理意识与理念，社会全局高质量进程或成就卓有成效的创造，无不需要得到各类重要资源因素的组成，及其相互作用与变化趋势全面准确辨识和把握的坚强支撑。广泛的实践中，唯有各类重要资源因素及其关系与变化，远见卓识洞察和把握的有力支持，才能卓有成效地设置或选择，社会全局高质量的方向和路线；才能积极主动地创造和推进，各类行之有效的专业化管理与服务的方式。

（二）创造社会全局积极的领导战略

为卓有成效地创造社会全局高质量的进程和成就，拥有睿智智慧与坚强力量的政府，必然能够根据整体社会内外资源因素的构成，及其相互间的作用和运行发展的趋势，依据自身对社会文明进步的长远美好愿景，以及由此铸建形成的坚定政治理想与信念，远见卓识地规划和创建能够睿智坚强地推动或兼顾，广泛社会群体潜在力量与利益的充分展示，各运行领域的密切支持和协作，及其不同发展阶段的有机衔接，积极而清晰的社会全局的领导战略。

（三）设置社会运行发展的高效结构

无论是人们自发地选择，还是政府主动积极地倡导与推动，任何社会都必然存在各类资源因素的关系结构。全局领导战略远见卓识地创建，广泛的实践中，不仅需要社会高效运转结构坚强有力的支撑，而且也为它的高质量设置，提供了强大的支持和推动力量。

尽管如此，长期以来，以蕴含强大能动性创造智慧与力量人的因素为核心，广泛社会资源及其关系潜在价值积极提升和展示，高效运转结构远见卓识地辨识和设置，普遍成为社会全局领导战略，卓有成效创建极其关键而复杂的挑战。

（四）社会稳定协调运行的法律体系

通过长期的实践，人们已经普遍地意识到，完善的法律规范体系，是确保整体社会稳定协调运行，不可或缺的重要推动和保障力量。事实上，缺乏高质量法律规范体系坚强有力的支撑，任何政府都必将难以卓有成效地推动和实现，自身社会领导与管理的良好意愿。

不仅如此，任何社会资源因素的构成及其关系的结构，在复杂多变的环境中，如果缺乏与时俱进完善法律规范体系卓有成效的推动，那么，它们的整体运转质量或效率，以及对于社会文明高质量进程，及其崇高政治愿景的积极价值，无不极易遭受显著的削弱。

（五）构建社会文明发展的文化体系

头脑中的文化意识及其推动形成的价值观念，无不对人们的思维与行为，具有普遍关键的决定性影响。因此，长期以来，文化一直成为社会文明进步和发展，强大的智慧力量与宝贵的精神财富。然而，在广泛的群体所构成的社会环境中，由于历史沉淀与人们生活职业所存在的巨大差异，而普遍呈现出显著差别的文化意识。

事实上，文化的积极与消极因素的普遍共存，以及相同文化意识在不同环境中，所体现的显著差异的价值，无不使得高质量文化体系卓有成效构建，普遍成为社会文明发展积极推动的艰难挑战。尽管如此，肩负社会文明进步与发展艰巨重任的政府，如果缺乏高质量文化体系积极构建的强烈意识和智慧才能，那么，任何社会领导与管理的美好意愿，都必将成为可望而不可即的海市蜃楼。

（六）重要因素与关系的推动或控制

睿智坚强地铸建社会全局高质量的进程或成就，政府无不需要依据既定的愿景，及其运行发展的方向和路线，并通过各种积极管理与服务方式的有效设置与推进，对各类重要资源因素的运行及其关系与变化，予以卓有成效的推动或控制。事实上，政府对事关全局重要资源因素的运行，及其关系与变化的积极推动或控制，普遍成为各类组织外部环境机遇与挑战的重要根源。

因此，广泛的社会组织，无不需要全面准确地辨识和理解，政府社会领导的整体思维与战略，以及与自身运营发展密切关联的专业性管理和服务的方式，并以此有效创造或推进积极主动的应对策略。

（七）创造社会运行发展的强大动力

在广泛的社会领导与管理的进程中，政府最为根本而重要的任务，及其最为复杂而艰难的挑战，普遍存在于对社会运行发展主体人的因素，以及组建形成的各类组织的本性特征深入准确的辨识，并通过各种自然和人文科学技术发展的积极推动与运用，卓有成效地推进社会各类群体的密切支持与协作，从而睿智坚强地铸就社会全局运行发展的强大动力。

实践中，对人们相互支持和依存高度智慧与情感天性的漠视，以及各类组织局部思维和行为显著倾向，对社会全局运行发展的强大动力，所存在负面影响睿智坚强应对力量的脆弱，无不成为政府社会领导与管理，高质量进程或成就卓有成效创造，普遍根本而关键的限制性因素。

三、争取或创造组织良好的政治环境

睿智坚强地推动社会全局高质量的进程，是一切卓越政治思维和行为的核心；卓有成效地推进广泛社会组织积极的运营发展，是政府卓越智慧与才能坚强展示的重要途径。广泛的实践中，政府领导或管理的智慧与才能，无不对整体社会及其各领域或行业的运行发展，具有极其关键的决定性影响，并普遍地体现为相关领域或行业的支持与限定政策。

因此，全面准确地辨识与自身的运营发展，密切关联的政策构成及其存在的机遇或挑战，并努力与政府机构构建良好的合作关系，从而卓有成效地争取或创造良好的政治环境，就普遍成为广泛社会组织，积极主动地应对政治与政府因素的重要任务（图6-11-5-4）。

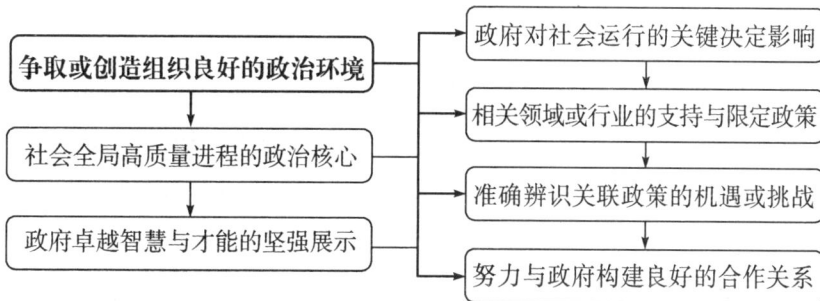

图 6-11-5-4　**争取或创造组织良好的政治环境**

（一）社会全局高质量进程的政治核心

由于涉及广泛资源因素的运行，及其相互关系与持续变化，极其复杂而艰难的挑战，任何社会高质量的全局进程或成就，无不需要得到睿智坚强的政治力量，关键决定性的有力支持与推动。换而言之，卓有成效地创造社会全局卓越的进程或成就，无不成为一切高质量政治思维或行为的核心。

事实上，任何睿智成熟的人士或组织，无不能够依据社会全局的基本原则和立场，远见卓识地洞察或辨识，政治环境中积极的正面力量抑或消极的负面因素。

（二）政府卓越智慧与才能的坚强展示

作为特殊的社会领导与管理的组织，政府运行发展力量或价值卓有成效的创造，无不从根本上源自对广泛社会组织高质量运营发展，所提供的积极引导和支持的服务。广泛的实践中，政府通常需要远见卓识地依靠，自身所掌握的强大社会资源力量，为广泛的社会组织或群体，提供公平公正并充满活力的积极政治环境，从而睿智坚强地创造，整体社会运行发展的强大动力。

事实上，任何领域或行业运行的普遍严重协调与困难，都极易给社会的全局带来不良的连锁反应，而必然成为政府需要关注或着力的焦点。同时，作为卓越智慧与才能睿智坚强展示的重要途径，政府无不需要不遗余力地积极引导和推动，广泛社会组织对自然和人文科技发展成果卓有成效的运用，并以此积极有效地提升或展示，整体社会物质与精神财富的强大创造力量。

（三）政府对社会运行的关键决定影响

居于社会构成的核心地位，显然，政府领导与管理的智慧和才能，无不对社会整体的运行发展，具有普遍关键的决定性影响。实践中，政府通常需要根据社会内外资源因素的构成，及其相互作用与变化发展的积极需求，远见卓识地确立全局领导的方向和路线。同时，还需依据广泛领域或群体社会财富的创造能力，卓有成效提升及其密切支持与协作的积极推动，睿智成熟地设置并推进，自身高质量的社会专业化的管理与服务。

（四）相关领域或行业的支持与限定政策

卓有成效地确保既定战略方向和路线的推进，铸建社会全局高质量运行发展的进程，并以此展示自身领导与管理的卓越智慧和才能，政府无不需要高瞻远瞩地设置并推进，社会全局背景下各领域或行业组织的密切协作与高度协调，坚强有力支持或限定的专业化运行管理的政策与策略。

显然，远见卓识的支持或限定政策与策略，高瞻远瞩地设置和推进，无不需要睿智成熟的全局思维意识坚强有力的支撑。换言之，浅显的局部或暂时的思维立场，所设置形成的支持与限定的政策和策略，无不极易导致某些运行领域或行业，社会资源的蜂拥而至或猢散逃离，从而造成社会全局的显著混乱，及其资源力量或财富的极大浪费。

（五）准确辨识关联政策的机遇或挑战

政府积极推进社会各领域组织的密切协作与高度协调，各类专业性支持或限定的政策与策略，无疑为广泛社会组织的运营发展，带来了普遍的积极机遇或艰难挑战。然而，关联政策或策略所存在的机遇与挑战，通常需要相关组织密切联结自身的全局战略，以及内外资源因素和运营发展能力的具有实际，才能得以全面准确的辨识和把握。

（六）努力与政府构建良好的合作关系

卓有成效地创造良好的政治环境，铸建运营发展高质量的进程，广泛社会组织无不需要睿智成熟地辨识，自身与整体社会运行所存在的局部和全局的基本关系，以及政府居于社会全局领导，及其专业管理与服务地位的根本属性。因此，任何试图远离政治或政府因素的思维意识，不仅显露着自身极其浅薄的全局素养，而且极易给组织的长远运营带来极大的被动。事实上，努力构建并保持与政府组织的良好合作关系，并积极有效地争取和依靠，政府强大资源力量的坚强支持，就普遍成为广泛社会组织运营发展的重要任务。

四、社会的公平、活力与垄断的矛盾

平等、公正地获得社会的资源及其发展的机会，是高度文明社会中，各类组织或群体的基本权益；社会的公平及其运行发展的活力，普遍成为文明进步的强大动力和重要标志。尽管如此，在社会的领导与管理进程中，为了确保全局的稳定及其高质量的进程，政府通常需要积极有效地推进，社会运行重点环节以及公共事业的发展。同时，各类社会组织通过自身独特的优势地位，也极易形成运营中的客观垄断行为。

垄断不仅严重限制着社会整体的公平及其持续发展的强大动力，而且也会极大地削弱垄断组织自身成长的旺盛活力。因此，清除社会各领域的垄断，普遍成为政府推进高质量社会管理所面临的重要职责（图6-11-5-5）。

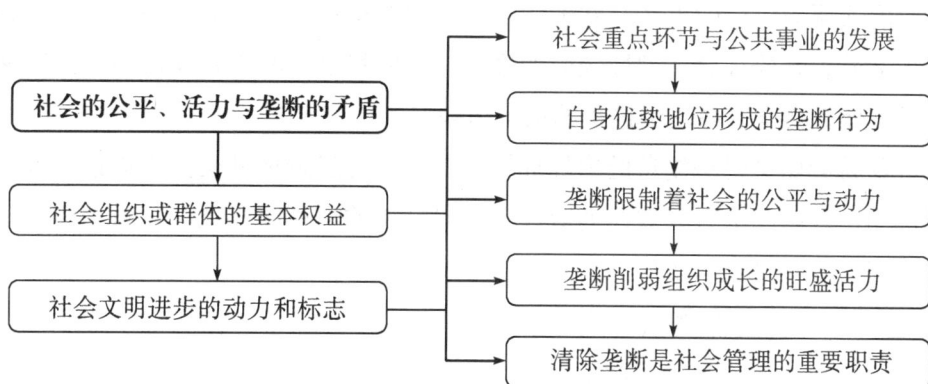

图 6-11-5-5　社会的公平、活力与垄断的矛盾

（一）社会组织或群体的基本权益

各类社会组织或群体，是否应该平等、公正地获得，自身责任范围中的社会资源及其发展机会，长期以来，一直成为广泛争议的焦点。事实上，任何社会组织或群体，如果缺乏足够资源力量的坚强支撑，它的长远运营发展无不将会受到极大的限制。而限制的积累，则必将显著削弱整体社会的创造力量，甚至动摇社会全局稳定运行的根基。

民主和文明，正日趋成为广泛睿智或贤能之士，共同的美好社会意愿。然而，如果失去了平等公正地获取，生存与发展资源的基本权力，显然，也就必然丧失了其他任何权益形成的基础，从而必将难以积极有效地承担，任何社会全局的艰难责任。因此，平等公正地获得生存与发展的社会资源和机会，普遍成为各类社会组织或群体的民主权益，以及整体社会强大的创造力量和积极的文明进程，卓有成效铸建的坚实基础。

（二）社会文明进步的动力和标志

长期以来，居于社会强势或优势地位的一些人士，及其他们的代言人，时常会依据自然界弱肉强食的普遍现象，奉行并兜售无情侵占弱势群体利益的思维行为原则。的确，自然界中从来都是狮子捕食羚羊，羚羊绝难啖食狮子。但在人类社会文明发展的进程中，高度的智慧与情感力量，必然会迫使饱受侵害的广泛弱势群体，在极端的背景下，不甘坐视肆意的欺凌而牢固缔结成强大的抗争力量。事实上，人类历史上难以尽述的社会激烈动荡或巨变，无一不是从根本上源自，运行进程中平等公平的严重丧失。为此，孔子也曾深邃洞察了，社会平等公平的关键价值："不患寡而患不均。"——不担心财富少，而是担忧分配不公平。

因此，社会全局进程中的平等与公正，不仅是各类群体或组织的密切协作，及其持续稳定运行发展的根基，而且也是整体强大的创造力量，及其旺盛的运行活力的关键保障，以及文明进步最为坚强的动力和重要的标志。

（三）社会重点环节与公共事业的发展

卓有成效地创造社会全局高质量的进程与成就，政府组织无不需要根据内外资源因素的构成，及其关系与变化的具体实际，积极推进事关全局的重点运行环节，及其社会民生公共事业的发展，并以此确保相关领域组织运营资源的优先供给，或者直接投入相应的资源构建形成专业化的服务机构。

显然，对重点领域组织的支持倾向，以及直接投入资源构建的专业性服务机构，极易形成限制其他组织运营发展或服务机会的事实，并削弱这类组织机构运营成长的活力。然而，完全放任重要环节组织的自主运营，开放社会关键性领域的准入，政府势必将面临相关组织片面追逐自身局部最大利益，而无以确保社会全局高质量进程的极大风险。

因此，在日新月异而又错综复杂的内外环境中，如何通过整体社会强大创造力量，远见卓识的激发、凝聚和运用，并以此卓有成效地创造社会全局卓越的进程或成就，正日趋成为政府睿智坚强的社会领导与管理，普遍面临的极其艰难的挑战。

（四）自身优势地位形成的垄断行为

整体社会的创造力量和运行发展，无不对所有组织的运营进程或成就，具有根本的决定性影响。然而，长期以来，一些浅薄短视之士时常会无视社会的全局，对自身组织长远运营发展的重要价值，总是千方百计甚至不择手段，竭力追逐自身局部的最大利益。

对此，孟子曾作了这样形象深刻的描述："古之为市也，以其所有易其所无者，有司者治之耳。有贱丈夫焉，必求垄断而登之，以左右望而罔市利。人皆以为贱，故从而征之。征商自此贱丈夫始矣。"——自古市场的交易，本来不过是以有换无，有关的部门进行管理。但却有那么一个卑鄙的汉子，一定要找一个独立的高地登上去，左边望望，右边看看，恨不得把整个市场的利益都收入囊中。大家都感觉这人极为自私卑鄙，因此就额外向他征税。征收商业税也就从这个自私卑鄙之人开始了。

事实上，在无序的完全自由化的背景下，追逐自身局部的最大利益，进而充分利用占据的运营优势地位，施展一系列的非常手段以获取高额的垄断利益，已普遍成为社会运行难以抗拒的消极力量。为此，美国经济学家熊彼特曾经断称："资本主义以其自身文明的逻辑性，不可避免地在社会动荡不安的局面下，创造、培育和助长起一个特权阶级。"

（五）垄断限制着社会的公平与动力

缺乏睿智成熟的社会全局的积极责任，及其远见卓识的长远运营发展思维意识的坚强支撑，垄断组织或群体通常能够轻易地运用，自身拥有的优势运营资源或地位，排斥他人对相关产品服务的经营，从而能够随心所欲地控制，相关领域或行业的运行，并以此获取高额的垄断利益。显然，这不仅严重制约了相关领域的健康发展，而且极大限制了社会运行的整体公平，并显著削弱了社会文明进步的强大动力。

（六）垄断削弱组织成长的旺盛活力

垄断组织由于绝对优势的资源和地位，通常会把运营中的各种低效或失误，视为理所当然而心安理得，并能够把其中的各类浪费与损失，轻易地转嫁到相关利益的各方。因此，垄断组织不仅普遍缺乏锐意进取和积极创新的强大动力，从而为目标对象提供持续高质量的产品与服务，而且在获取高额垄断利益纸醉金迷的同时，必将逐步丧失睿智坚强地辨识与应对，外部环境及其变化的旺盛生命力。事实上，垄断组织的肥胖躯体，无一例外能够逃脱他人盘中佳肴的最终命运。

（七）清除垄断是社会管理的重要职责

垄断组织对某一领域或行业运行的控制，严重背离了社会整体公平的基本原则，及其文明进步发展的必然趋势，并日益成为世界各国或地区政府，卓有成效地推进高质量的社会领导与管理，重要的限制性因素。

因此，积极有效地清除各领域运行的垄断控制，并以此睿智坚强地创造社会整体的公平与活力，就普遍成为错综复杂的环境中，政府社会管理面临的重要职责。事实上，在社会全局领导成熟坚定的政治方向和路线的基础上，卓有成效地提升社会专业化管理与服务的水平，并以此坚强有力地激发和凝聚，广泛的社会组织密切支持与协作，整体强大的创造智慧和力量，无不成为政府高质量社会管理的重要途径与任务。

五、政府社会领导与管理的官僚主义

官僚通常是指官员或领导人的智囊人员。竭力推卸一切实践责任，是官僚主义最为显著的特征；不尊重客观的实际及其运行的规律，是官僚主义作风最为普遍的表现。广泛的实践中，积极牢固的责任意识，以及立足于客观实际的思维行为准则，所坚强推动的卓越领导或管理，显然与官僚主义水火不容。

因此，深入准确地辨识官僚主义的形成背景，并以此给予卓有成效地清除，已日趋成为政府高质量的社会领导与管理，睿智坚强创造普遍面临的艰巨任务。同时，广泛的社会组织还必须能够充分考虑，政府中可能存在的官僚主义，对自身运营发展所产生的负面影响（图6-11-5-6）。

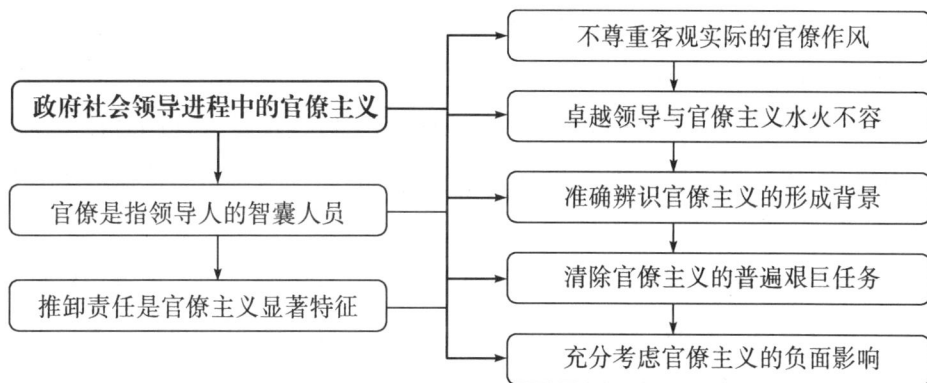

图 6-11-5-6 政府社会领导与管理的官僚主义

（一）官僚是指领导人的智囊人员

长期以来，承担重要而艰巨责任的官员或领导人，为睿智坚强地创造卓越的职业进程或成就，时常会积极设置能够卓有成效地提升，自身辨识思维能力的智囊或幕僚人员。因此，无论扮演着怎样重要的角色，幕僚人员只是待在幕府的深处，根据官员对相关事务的背景与要求的描述，予以分析判断并出谋划策，而极少抛头露面深入勘察事物的实情，并因此无须承担事务进程与结果的任何责任，普遍成为他们的显著职业特征。

（二）推卸责任是官僚主义显著特征

头脑中缺乏强烈的责任意识，遇到任何实际问题或工作挑战，总是千方百计地寻找或罗列，各式各样冠冕堂皇的理由予以推诿。譬如，工作运行的程序、客观条件的缺失、专业行业的通例等等，以博取人们对其无所作为的同情和认可。因此，竭力推卸一切职业或实践的责任，普遍成为官僚主义最为显著的特征。

（三）不尊重客观实际的官僚作风

全面准确地辨识和把握内外的具体实际，无不成为事物卓有成效应对的坚实基础。然而，复杂事物客观实际的准确辨识，普遍需要一系列深入细致的了解与思考极其辛劳的付出。显然，缺乏强烈责任意识的官僚主义，必将难以坚强有力地支持人们，应对复杂艰难挑战的艰辛付出。

于是，为了显示或维护自身职业的权威与尊严，他们时常只能凭借一鳞半爪的片面信息，或完全出于头脑中的主观臆断，发表一通令人匪夷或难以实行的工作指令。结果，官僚主义作风，已成为背离客观实际或事物运行规律，妇孺皆知的胡乱指挥的代名词。

（四）卓越领导与官僚主义水火不容

领导管理者的职业智慧与才能，无不对组织的运营发展，具有普遍关键的决定性价值。同时，广泛的实践中，领导管理者远见卓识的智慧与才能，又无不需要睿智成熟的责任意识，以及牢固地立足于团队和岗位的内外具体实际，高质量思维和行为坚强有力的支撑。

事实上，丧失坚强的责任意识，或无视遵循客观具体实际基本职业原则的官僚主义，无不显著地削弱领导管理者的思维智慧和行为价值，从而极大地限制他们高质量的职业进程或成就，并以此普遍成为卓越的领导与管理，水火不容的重要侵蚀性因素和力量。

（五）准确辨识官僚主义的形成背景

尽管官僚主义及其工作作风，无不对领导管理者的职业智慧与才能，以及团队运行发展的进程和成就，具有普遍的侵蚀力量或负面影响，然而，在官僚主义者头脑中，却鲜有自身或工作侵害的主观意念。事实上，辨识思维中缺乏积极牢固的责任意识，以及尊重客观的具体实际，对自身职业和团队运行高质量进程的关键价值或强大动力，睿智成熟的识别与辨悉，普遍成为官僚主义形成的深层背景。

实践中，任何组织的领导与管理，无不首先地表现为具有压倒一切，关键决定性价值的责任，而不是职业外表的身份象征。然而，责任的承担者是否拥有足够的职业智慧、勇气和才能，以睿智坚强地肩负起关键而艰巨的责任，则是广泛的社会运行发展进程中，普遍面临的极其复杂而艰难的挑战。为此，美国前总统福特曾经感慨万千："对于一个国家的首都来讲，一个永久不变的事实就是，官僚主义永远存在。"

（六）清除官僚主义的普遍艰巨任务

官僚主义的广泛蔓延，必将严重地削弱政府社会的领导与管理，整体强大的智慧和力量，显著地限制社会全局运行发展高质量的进程或成就，极大地制约崇高的社会信念与意愿的推进和实现。因此，在整体社会日新月异的变化发展，各种复杂艰难挑战层出不穷的背景下，卓有成效地清除官僚主义，已日趋成为政府高质量社会领导与管理的卓越创造，普遍面临的重要而艰巨的任务。

（七）充分考虑官僚主义的负面影响

政府承担着社会运行发展，重要而艰巨的领导与管理职责，显然，它所存在的显著官僚主义，无不对广泛社会组织的运营质量，具有普遍严重的负面影响。为此，在涉及自身全局重大事务的决策中，社会组织必须对此予以成熟的辨识和充分的考虑，并制定相应积极有效的应对策略。

通常，无论怎样缺乏积极而牢固的责任意识，职业人员都很少会拒绝更高质量的工作业绩。因此，睿智成熟地立足于对方的思维立场，并以此做好缜密充分的事前准备，极其耐心地阐述相关事务的积极推进，对其高质量工作业绩有效创造的重要价值，以及相应情况的具体实际及其适宜的应对方法，就普遍成为有效争取相关权力人士积极支持的重要方式。

六、极具长远广泛危害的腐败现象

把社会领导或管理所拥有的资源支配权力，用于谋取个人或小团体的私利，就形成了政府组织中最具深远与恶劣侵害的腐败现象。腐败普遍源自相关人员，积极思想意识及其权力实施监控的显著丧失。人事上的腐败通常最具危害的长期、隐蔽与严重性，并显现出强烈的易发性和传染性的显著特征。

政府的腐败，必将严重摧残社会积极的价值意识与运行秩序，并因此成为社会领导与管理的智慧和力量，最具侵蚀与挑战性因素。实践中，社会组织卷入政府人员的腐败，必将蒙受极大的运营风险（图6-11-5-7）。

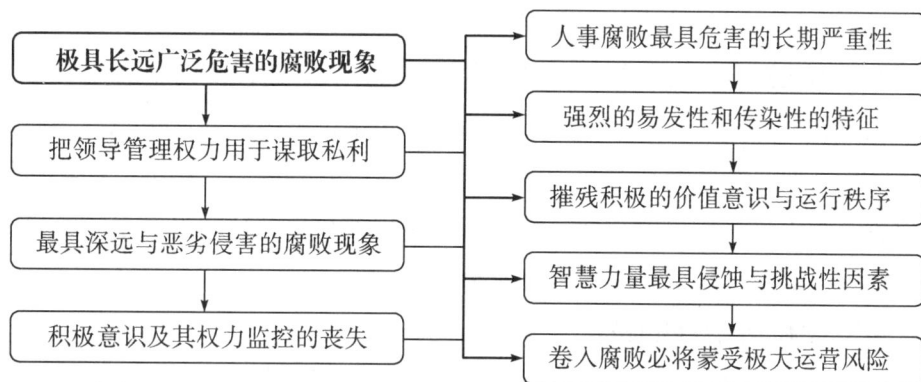

图 6-11-5-7　极具长远广泛危害的腐败现象

（一）把领导管理权力用于谋取私利

政府通常掌握着社会领导与管理，庞大资源的控制或支配权力。它的工作人员如果运用这些权力，谋取个人或小团体的非法私利，就形成了人们所普遍熟知的腐败。事实上，由于受到极端自私思维意识的影响，长期以来，在存在权力与私利的环境中，无不极易滋生人人痛恨并鄙视的腐败。因此，自古至今，它一直成为社会卓越的领导与管理，普遍面临的极其复杂而艰难的挑战。

（二）最具深远与恶劣侵害的腐败现象

远见卓识地辨识社会广泛的群体或民众，蕴含的强大能动性创造智慧与力量，及其长远根本利益积极维护和保障的关键价值，并以此睿智坚强地倡导和推进，高尚的思维意识与价值观念的牢固铸建，激发和凝聚相互间密切协作，积极奉献社会整体强大的创造力，无不成为政府卓越的社会领导与管理，普遍面临的最为艰难而核心的职责。

然而，政府腐败的普遍滋生或蔓延，无不将会极大地动摇人们积极的思维意识与价值观念，严重地削弱整体社会强大的凝聚力和创造力，显著地限制政府社会领导与管理的智慧和力量，甚而至于引发整体社会的强烈不满与动荡。因而，腐败普遍成为政府组织的强健肌体，及其社会领导或管理的智慧力量，最具深远与恶劣的侵害因素。

（三）积极意识及其权力监控的丧失

长期以来，广泛范围中的政府机构，为有效地遏制自身的腐败，无不进行着各种积极而又艰难的探索和实践。根据事物的运行变化，无不源自内外因素及其相互间作用共同推动的唯物辩证法基本原理，腐败的滋生或蔓延，也普遍存在重要的内外因素。

腐败的内因，主要源自权力人员的头脑中，致力于社会永恒的进步事业，高尚人生或职业信念的显著丧失。的确，任何物质的利益或显赫的名声，都不会比人的生命更具宝贵的价值。于是，对于缺乏崇高而坚定的人生与职业的信念，可以随时出卖自身灵魂的腐败之徒而言，渣滓洞的烈士宁愿放弃极其宝贵的生命，也绝不接受一个自首的手续，无不成为永远难以理解的怪诞之事。

对权力缺乏卓有成效的监控，是腐败滋生或蔓延普遍重要的外部因素。事实上，如果缺少所有利益相关人员的共同监控，无论物质的充沛或匮乏的环境，不管采取怎样先进的专业技术或途径，长期而广泛的实践充分显示，清理腐败都必将成为一项极其复杂而艰难的挑战。

（四）人事腐败最具危害的长期严重性

任何工作的运行结构或制度规范，无一不是一定权力人士的思维与意志的产物；任何工作的进程或成果，无论具有怎样的运行结构与制度规范，无不受到人的思维与行为关键决定性的影响。换而言之，人的因素无不从根本上决定着，一切工作的运行方式、进程及其成果。

因此，人事上存在的腐败，也就是说，无视相关人员推进整体社会或组织，高质量运行发展的坚定信念与卓越才能，而是视其能否有利于谋取或维护自身私利的立场标准，而把他们推上领导管理的关键职业位置，无不最具危害的长期、隐蔽与严重性的显著特征。事实上，人事上的腐败，极易把一个强健的组织，推向万劫不复彻底失败的深渊。

（五）强烈的易发性和传染性的特征

当人们对更为广泛的整体与长远的全局利益，缺乏足够睿智而成熟的辨识，通常就会把眼前一切能够获取自身暂时私利的方式，浅薄地视作为职业的良好机遇。一旦浅显短视的极端自私的思维意识，与手中的权力相互碰撞，无疑就会极易产生，以权力攫取私利的腐败行为。

同时，个别的腐败行为一旦得不到及时有效的抑制，那么，就必然会使得更多的私利为上的权力拥有者，把整体与长远的利益视为愚弄广泛民众的招牌，而把手中的权力作为谋取私利理所当然的工具，从而极易使得他们争先恐后地加入到腐败队伍的行列。

因此，自古以来，腐败无不呈现出强烈的易发性与传染性的显著特征，并成为整体社会高质量运行发展，最具侵蚀性力量的危害因素。

（六）摧残积极的价值意识与运行秩序

社会领导与管理强大的资源支配权力，一旦成为少数人谋取私利的工具，所有工作的性质或价值，无不极易遭受彻底的颠覆——腐败分子能够轻易地运用手中的权力，堂而皇之地把各种背离常规的事务，变为极其必要极为可行；把原本极具价值亟待推动的工作，冠之为不切实际无法实现的难题。于是，在灿烂耀眼的权力锦衣下，为了攫取极端的私利，他们无不翻云覆雨、混淆黑白、颠倒是非。

显然，腐败的猖獗，无不严重地摧残着人们积极的思维意识和价值观念，极大地扰乱着社会运行的正常秩序，显著地削弱着社会各领域发展的强劲动力，明显地阻碍着社会文明进步的前行步伐。

（七）智慧力量最具侵蚀与挑战性因素

腐败的产生，从根本上源自，权力人员对团队的强大力量和关键价值，睿智成熟辨识思维的极大限制，以及由此铸建形成的高尚坚定人生与职业信念的显著缺失，并以此体现为思维意识与价值观念的严重扭曲。显然，寄希望于腐败分子，能够远见卓识地辨识和应对复杂多变的内外因素，并以此睿智坚强地创造社会领导与管理高质量的进程，无异于缘木求鱼竹篮打水。

不仅如此，受到极端自私思想意识或价值观念的控制，凡事总是以贪婪地攫取自身最大的私利为原则，腐败分子的职业智慧与才能必将受到显著的限制。同时，他们居于社会领导或管理的关键位置，必然会严重地削弱社会运行发展强大的凝聚力和创造力。因此，腐败无不成为政府社会的领导或管理，睿智坚强的智慧和力量，最具侵蚀与挑战性的因素。

（八）卷入腐败必将蒙受极大运营风险

通过广泛正反两方面的经验与教训，各国或地区政府已经日趋成熟而深刻地意识到，腐败已日益成为自身卓越的社会领导与管理，极其重要的限制或侵害因素。为此，他们无不殚精竭虑倾尽心力，以卓有成效地争取和运用一切积极的力量，对腐败人员或行为给予坚强有力的打击和遏制。

这种背景下，社会组织与腐败分子狼狈为奸，向其输送肮脏的私利，以换取自身罪恶的利益，无疑将会给自己埋下极大的运营隐患。因此，各类社会组织或团队，无不需要牢固执守社会法律与道德的底线，以主动远离或避免卷入必将蒙受极大运营风险的腐败恶行。

第十二章

营造良好的行业与科技环境

卓越领导管理的关键途径和强大动力

行业与科技的环境因素，对组织内在各项专业运行的能力和进程，具有普遍重要的直接影响与价值。因此，与影响广泛而深远的社会和政治环境，以及主要积极适应的方式相对应，任何组织持续高质量的运营发展，无不需要得到行业与科技的环境及其价值，远见卓识辨识、创造或运用坚强有力的支撑。

本章的第一节巩固的基础与积极的发展，我们首先依据一定行业的环境背景，对睿智坚强地创造高质量的全局进程，必须铸就稳固而坚实的运营基础，才能卓有成效地推进组织持续积极发展的基本思想，及其所需遵循的若干重要原则和方法，展开了相应的探讨。在此基础上，第二节缔造积极坚强的合作同盟，分析了铸建强大的运营发展能力，及其高质量的全局进程或成就，组织需要远见卓识地铸就坚强合作同盟的成熟意识，以及所应采取的积极的思维和行为方式。

广泛的实践中，任何组织的卓越全局进程或成就，无不需要高质量的运营发展价值，积极辨识和创造坚强有力的支撑。为此，第三节铸建完整高效的产品价值通道，就组织高质量运营价值的辨识和创造，所需把握的若干重要原则与方式展开了相应的探讨。

从根本上说，对科学技术因素的辨识能力与运用水平，对组织的全局及其各项专业工作的进程，具有普遍关键的决定性影响。最后两节，我们分别就一定环境背景下，卓有成效地提升组织各项专业技术的能力，以及把组织推上光明灿烂的科学运营方向和道路，所应遵循的原则与方法进行了相应的探索（图 6–12–0–1）。

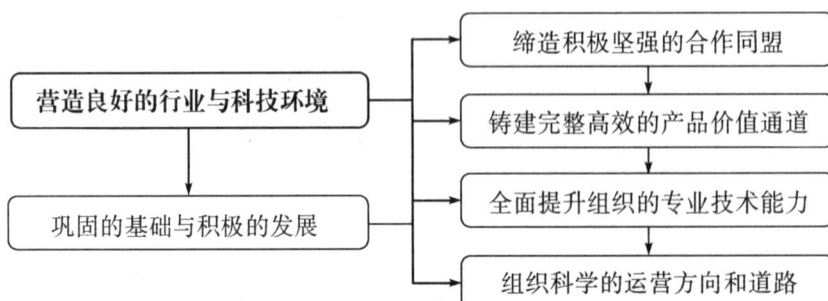

图 6–12–0–1　营造良好的行业与科技环境

第一节　巩固的基础与积极的发展

核心而又复杂的对立统一关系

就普遍的意义而言，任何组织无时无刻不在竭尽所能，全力以赴地应对极其复杂而艰难的，生存与发展对立统一的核心运营任务。事实上，在扑朔迷离的各种表象深处，广泛范围中的组织无不存在对其全局进程或成就，具有关键决定性价值的运营基础。基础的薄弱或动摇，普遍成为一个组织或团队运营力量的脆弱，以及必然趋于衰亡的重要根源。因此，睿智坚强地铸建并巩固，全局进程中不断遭受内外负面因素侵蚀的运营基础，普遍成为组织领导与管理的第一要务。

为此，《孙子兵法》曾经辩称："昔之善战者，先为不可胜，以待敌之可胜。不可胜在己，可胜在敌。故善战者，能为不可胜，不能使敌之可胜。故曰：胜可知而不可为。"

——过去那些善于指挥作战的人，总是先创造条件使自己处于不可战胜的地位，然后等待敌人能被我战胜的时机。做到不可战胜，关键在于自己创造充分的条件；可以战胜敌人，关键在于敌人出现可乘之隙。因而，善于指挥作战的人，必须能够首先做到自己不可被战胜，而不能使敌人一定被我战胜。所以说，胜利可以预测，但不可强求。

广泛的实践中，胸怀理想锐意进取的领导管理者，很少会满足或局限于团队基础的巩固。事实上，他们无不睿智坚强地把推进组织持续积极的发展，视作为自身的核心职责。为此，他们无不殚精竭虑集中心智，以远见卓识地辨识与把握，组织持续高质量运营发展的强大动力和重要保障，并努力通过运营产品结构与服务方式的积极提升，产品目标对象或区域的有效推广和拓展，以及多样化运营方式的成熟构建或发展，卓有成效地把外部产品的需求，与自身整体的运营能力予以紧密的联结（图 6-12-1-1）。

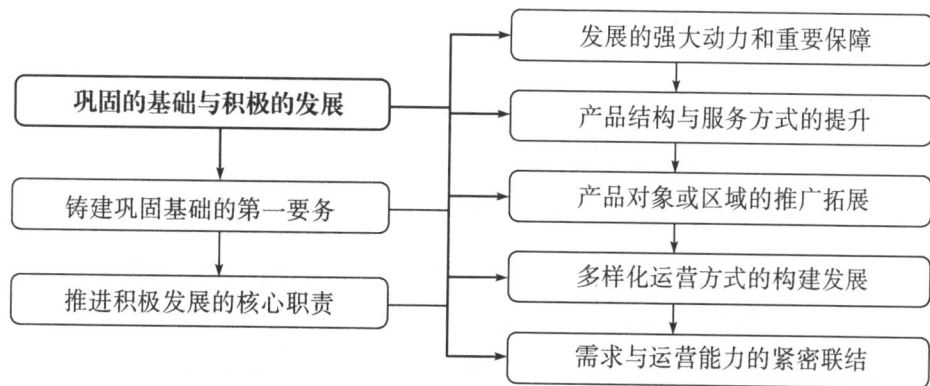

图 6-12-1-1　**巩固的基础与积极的发展**

一、铸建巩固基础的第一要务

睿智坚强地铸建并稳固坚实的运营基础，领导管理者无不需要深入准确地辨识，组织的巩固基础及其若干重要的表现，以及成为组织生存或发展不可或缺的必要条件，并对全局高质量进程具有普遍关键的决定性价值。不仅如此，领导管理者还必须能够远见卓识地洞察和辨悉，任何坚实的基础都极易遭受运营进程中，各种内外负面因素的显著侵蚀，并以此广泛地成为各类运营危机的重要根源，从而睿智成熟地把运营基础的持续积极巩固，牢固地置于组织高质量全局卓有成效创造的第一要务（图6-12-1-2）。

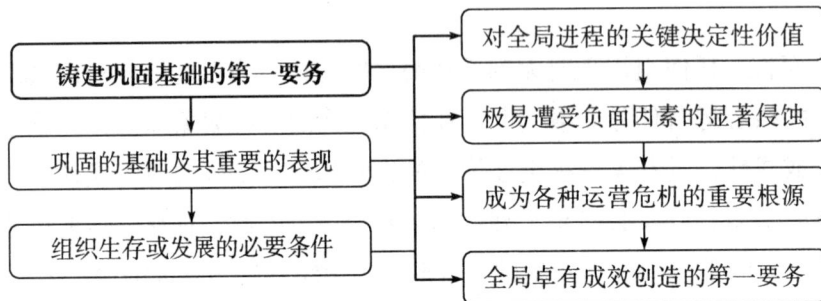

图 6-12-1-2　铸建巩固基础的第一要务

（一）巩固的基础及其重要的表现

巩固的基础，是指组织创建或运营进程中逐步构建形成的，能够全面准确地辨识和积极有效地应对，内外各类专业资源因素的运行，及其相互作用与持续变化完整的运营体系，并以此卓有成效地设置和推进，全局高质量的运营方向、路线与目标，以及坚强有力地承担各种运营风险成熟稳定的强大运营力量。其中，完整的运营体系及其成熟稳定的强大力量，普遍成为组织巩固基础关键而显著的特征。

1. 具有坚强成熟的领导核心团队，以远见卓识地引领和推进组织全局高质量的进程；

2. 拥有能够坚强有力地支持各重要职能或专业环节，卓有成效运转与协作的中坚力量；

3. 大多数员工经历了相应的职业训练，具备承担岗位工作的基本素养和技能；

4. 拥有性能和品质行业领先稳定，能够为目标对象广泛接受的产品或服务，以及产品服务的创造和推广成熟的专业技术能力；

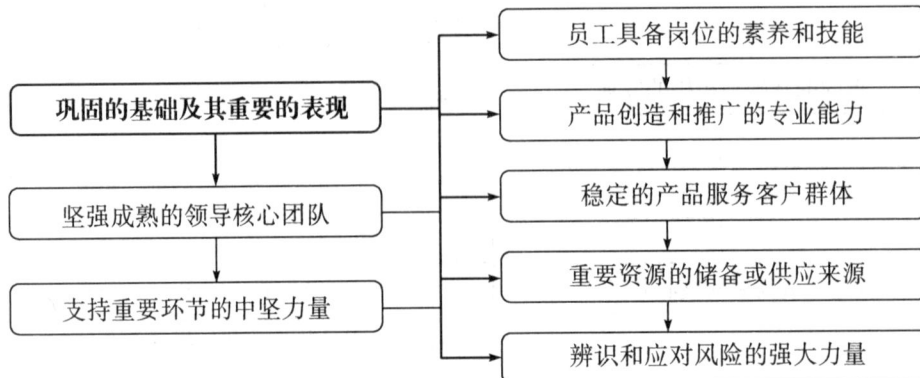

图 6-12-1-3　巩固的基础及其重要的表现

5. 建立了能够支持组织的正常运营，较为稳定的产品服务客户群体；

6.具有能够有效保障组织的正常运转，各项重要资源的储备或供应来源；

7.构建形成了能够积极有效地辨识和应对，各种内外因素侵蚀运营风险的强大力量。

（二）组织生存或发展的必要条件

任何组织的长期生存或高质量运营发展，无不需要得到各种重要资源因素的积极构造或运行，及其相互间作用与持续的变化，远见卓识的辨识和推进坚强有力的支撑。换而言之，缺乏各类重要资源因素及其关系或变化，高质量辨识与推进的强大力量，所形成的巩固基础坚强有力的支持，任何组织的长期生存或运营发展，都必将受到极其显著的限制。因此，巩固的基础，无不成为一切组织或团队，长期生存或高质量发展不可或缺的必要条件。

（三）对全局进程的关键决定性价值

唯有完整的运营体系及其成熟强大的运营力量，所铸就形成的巩固基础，才能睿智坚强地支持和推动组织，在各种复杂艰难的环境中，高瞻远瞩地设置并推进，积极的全局运营方向和路线；卓有成效地引导和激发，广大员工职业素养或技能持续高质量的提升，及其密切支持与协作整体强大创造力的坚强展示；全面准确地辨识和推进，内外资源因素高质量的运行、作用或变化；远见卓识地识别和应对，内外各种运营的机遇与挑战。

事实上，任何组织或团队，陷入极其艰难或被动的全局运营境地，无不与其巩固基础的显著缺失，存在着极为密切的关联。因此，巩固的基础，对组织全局高质量的进程与成就，具有普遍关键的决定性价值。

（四）极易遭受负面因素的显著侵蚀

复杂多变的环境中，任何坚实的基础，都极易遭受内外负面影响的显著侵蚀，而使得组织陷入极为艰难或被动的运营境地。实践中，内部的侵蚀因素，主要表现为领导人的思维意识，及其全局战略方向、路线和目标的设置或推进，产生的重大分歧并难以形成高度的统一；中坚人员为了谋取局部的利益，离心离德钩心斗角，组织却难以给予有效抑制；重要岗位员工各行其是或流失严重，显著削弱整体工作的积极进程。

外部的侵蚀因素，主要体现在产品需求的重大变化，且导致既有客户的大量流失；政府的支持或管控政策的重要改变，却难以做出准确的判断和应对；专业运行设施或技术的日趋落后，而无法得到卓有成效的改进，以及由此形成的组织整体运营的资源或能力，及其行业地位的日渐削弱。

（五）成为各种运营危机的重要根源

实践中，许多领导人时常倾向于，把组织运营的各种困难或危机，归咎于外部环境的复杂或艰难。然而，任何复杂艰难的环境中，都必然存在旺盛运营活力的组织或团队。事实上，难以全面准确地辨识和卓有成效地应对，内外各类重要资源因素及其相互间作用与持续的变化，并因此而产生各种运营的危机，无不从根本上源自组织运营基础的明显薄弱。因此，巩固基础的显著缺失或严重动摇，普遍成为组织各种运营危机，接踵而至并难以掌控的重要根源。

（六）全局卓有成效创造的第一要务

巩固的基础，是任何组织远见卓识地辨识并卓有成效地应对，内外资源因素及其关系和变化，不可或缺的坚强力量与保障。实践中，缺乏巩固基础坚强有力的支撑，任何组织的全局进程或成就，无不将会受到极其显著的限制。

尽管如此，一些浅显的领导人却时常臆断，组织的运营基础一旦得以构设，就必然能够一劳永逸地予以长久保持。然而，事实上，随着组织运营内外环境的不断变化，原先的坚实基础，必将遭受各种负面因素的显著侵蚀或动摇，而难以持久坚强地支撑全局高质量的运营发展。因此，远见卓识地审视和洞察组织基础的实际承载能力，并卓有成效地巩固新的全局形势下的运营基础，无不成为全局高质量进程或成就，睿智坚强创造的第一要务。

二、推进积极发展的核心职责

唯有卓有成效的发展，才能坚强有力地巩固组织的运营基础。组织高质量的发展，集中表现为整体运营能力的积极提升，并以此成为领导管理者职业才能与价值的核心体现。实践中，组织服务能力的全面提高，是整体运营发展的精髓；关键运行环节的突破，是推进运营发展的重要方式。睿智坚强地引领或推动组织的积极发展，领导管理者还必须能够远见卓识地辨识，组织运营发展的基本表现形成，并努力据此创造组织内外积极的运营力量和机遇（图6-12-1-4）。

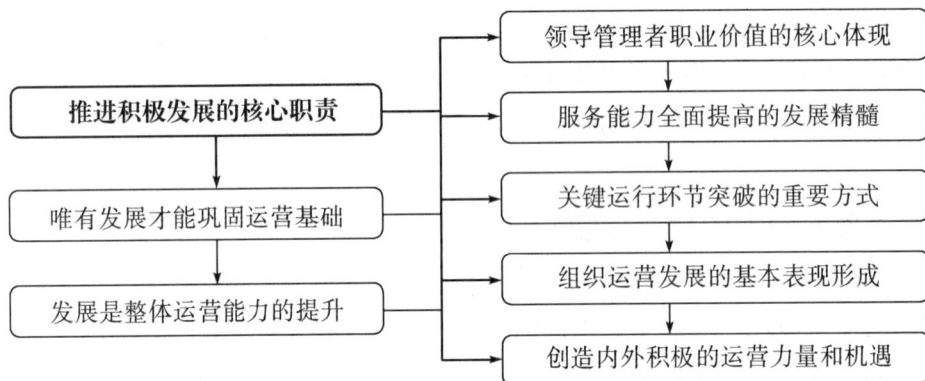

图 6-12-1-4　推进积极发展的核心职责

（一）唯有发展才能巩固运营基础

巩固的基础与积极的发展，是任何组织高质量全局进程和成就，卓有成效创造极其重要的辩证统一因素。换而言之，巩固的基础，无不成为组织持续高质量的运营发展，不可或缺的坚强保障。与此同时，唯有积极的发展，组织才能在持续变化的内外环境中，坚强有力地巩固自身坚实的运营基础。

不仅如此，广泛的实践中，任何组织一旦缺乏卓有成效发展的坚强支撑，它的全局进程或成就，无不将会受到极其显著的限制。因此，任何胸怀理想远见卓识的领导管理者，无不把推进组织持续高质量的运营发展，睿智坚强地视作自身的核心职责。

（二）发展是整体运营能力的提升

组织卓有成效的发展，通常涉及广泛内外资源因素及其关系与变化，所形成的极其复杂而重要的全局方向和路线。因此，对于组织持续高质量的发展，究竟主要地取决于并体现为怎样的关键因素，长期以来，一直成为人们广泛的争议焦点。

的确，为卓有成效地引导和推进组织的积极发展，迄今为止，人们已经设置了各种眼花缭乱，且时常相互冲突的专业性评价数据。然而，事实上，任何专业性的评价数据，都难以全面准确地反映各种不同内外环境中，以全体人的能动性创造智慧与力量为根本，组织运营发展的真实质量或水平。

换而言之，远见卓识地创造或推进组织持续高质量的发展，领导管理者无不需要睿智成熟地辨识，组织整体运营创造能力积极提升的核心。实践中，它们通常体现为：

1. 建立了适应内外环境巩固的运营体系和基础；

2. 运营方式兼顾了内外各种资源因素，及其关系与变化的具体实际；

3. 能够积极主动地创造良好的行业环境，而不是疲于被动地应付行业的变化；

4. 构建了全局关键运行环节的明显优势；

5. 通过人的能动性创造力的积极激发和凝聚，远见卓识地辨识与应对，内外各种运营的机遇或挑战，并以此展示整体强大的创造力量。

（三）领导管理者职业价值的核心体现

任何背景下，组织运营发展的质量及其全局的进程或成就，无不从根本上取决于整体运营的能力与水平。因此，睿智成熟地超越各种局部、短期或臆断负面因素的限制，远见卓识地辨识、推进或创造，内外资源因素的积极构成、运行与作用，并以此卓有成效地识别和应对，运营进程中的各种内外机遇或挑战，从而积极有效地推进，组织整体运营发展能力持续高质量的提升，就普遍成为领导管理者的职业才能与价值的核心体现。

（四）服务能力全面提高的发展精髓

具有成熟强烈责任意识的领导管理者，无不梦寐以求并殚精竭虑于组织持续高质量的发展。然而，如果不能远见卓识地辨识和把握，运营发展的精髓与关键，那么，组织的发展进程，无不将会受到极其显著的限制。

广泛的实践中，组织的有效构建与运营，普遍源自各类资源力量的密切联结，并以此形成外部环境积极而强大应对能力的根本。因此，远见卓识地辨识并依据外部环境的积极需求，卓有成效地推进内在资源力量的密切联结与作用，从而睿智坚强地创造全局高质量的方向和路线，并以此积极有效地推动整体服务能力的全面提高，就普遍成为组织运营的发展精髓和关键途径。

（五）关键运行环节突破的重要方式

组织的运营发展，通常受到广泛内外因素及其关系与变化的显著影响。因此，睿智坚强地超越各种孤立、暂时或表面辨识思维的限制，卓有成效地依据识别和把握，整体重点因素的哲学思想，以及全局重要环节、关系与变化，基本的战略思维和行为的原则，远见卓识地洞察并推进，关键运行环节质的飞跃或突破，就普遍成为复杂多变的环境中，组织运营持续高质量发展，积极有效推动的重要方式。

实践中，组织运营发展的关键环节，普遍地表现为对各项工作具有重要决定性影响，人的能动性创造智慧与力量的积极提升；服务对象需求及其变化的准确辨识，以及更高质量产品服务性能与品质的有效创造；产品服务更高效力的外部推广和传输。

（六）组织运营发展的基本表现形成

在以服务能力全面提高的精髓或中心的背景下，组织的运营发展通常表现为，产品结构与服务方式的有效提升，产品对象或服务区域的积极拓展，以及两者密切联结形成的多样化运营业务的构建等基本形式。

产品结构与服务方式的提升，主要体现为通过产品服务对象的需求，及其变化全面准确的辨识，并依据自身专业运行能力的积极构建和展示，卓有成效地推进产品服务的性能和品质整体显著的提高。

产品对象或服务区域的拓展，通常包括向不同需求特征的产品对象，以及更为广阔区域中的服务对象，积极推广既有的产品或服务。

多样化运营业务的构建或推进，是组织以显著差异性能和品质的产品，向不同的产品对象提供积极服务的运营方式。长期以来，它一直成为强大组织高质量运营发展的重要形式。

（七）创造内外积极的运营力量和机遇

在各种资源因素、关系与变化错综复杂的内外环境中，卓有成效地推进组织运营持续的积极发展，领导管理者必须能够深入成熟地洞察或识别，外部产品对象的需求或变化的积极满足，以及内部广大员工的密切支持与协作，及其形成的整体强大能动性创造力的关键价值，并努力通过行业运行与科技进步，强大力量的充分辨析和运用，自身各项专业运行能力的积极构建与提升，为更为广阔的服务对象，提供更高质量性能或品质的产品服务，从而睿智坚强地创造组织内外，积极而强大的运营发展力量和机遇。

三、发展的强大动力和重要保障

任何组织持续高质量的运营发展，无不需要得到睿智坚强的全局战略领导，整体专业骨干队伍的积极建设与发展，以及广大员工强大能动性创造力坚强铸建的有力支持。同时，运营资源储备与供应体系的有效构建，产品性能与品质结构的积极提升，产品外部推广与传输能力的持续发展，准确辨识和有效抵御各种运营风险的强大智慧与力量，也普遍成为广泛领域中组织，持续高质量运营发展的强大动力和重要保障（图6-12-1-5）。

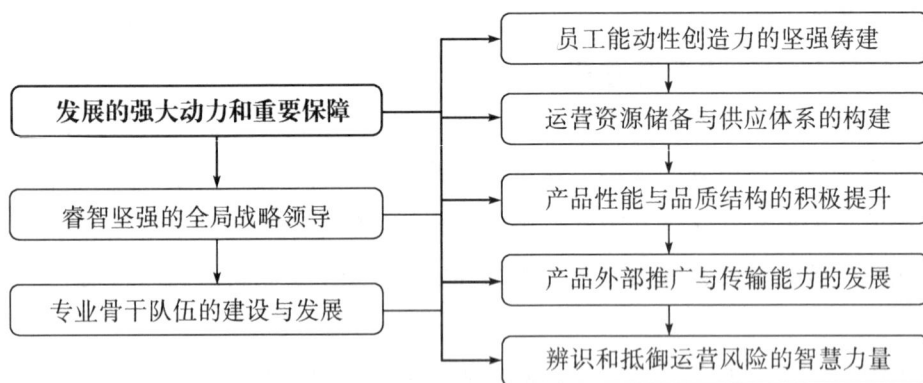

图 6-12-1-5　发展的强大动力和重要保障

（一）睿智坚强的全局战略领导

组织的运营发展，通常受到错综复杂的内外资源因素，及其关系与变化重要而显著的影响。全局战略领导的核心任务，就是依据组织的基本信念，通过各种内外重要资源因素及其关系与变化，全面准确的辨识和把握，睿智坚强地设置并推进，整体高质量运营发展的方向、路线与目标。因此，全局战略领导的智慧与才能，普遍成为广泛领域中组织，持续高质量运营发展最具强大的动力和重要的保障。

（二）专业骨干队伍的建设与发展

任何组织高质量的运营发展，无一不是通过重要环节的运行，及其相互间密切支持或协作的质量，卓有成效的提升而得以坚强积极地展示。同时，骨干中坚人员的职业素养，又无不成为专业环节的运行水平，及其密切支持与协作质量普遍关键的决定性因素。因此，专业骨干队伍的积极建设与持续发展，就成为组织整体运营卓有成效发展，普遍的关键途径和重要保障。

（三）员工能动性创造力的坚强铸建

广大员工积极而强烈的意愿，所铸建形成的强大能动性创造智慧与力量，无不对组织各项工作高质量的运行发展，具有普遍关键的决定性价值。事实上，能否远见卓识地洞察或辨识，广大员工强大能动性创造力的关键价值，并以此卓有成效地推进，各项专业资源的积极运行与密切联结，已日趋成为复杂多变的环境中，组织持续高质量的运营发展，以及领导管理者卓越的职业智慧与才能，睿智积极创造或展示的强大动力和坚强保障。

（四）运营资源储备与供应体系的构建

任何组织持续积极的发展，无不需要各种重要资源充沛储备与供应坚强有力的支撑。实践中，组织运营发展的困难与挑战，普遍源自某些关键或重要的资源力量，储备与供应所存在的显著薄弱。因此，远见卓识地洞察和辨识各类资源因素，尤其是人力资源和无形资源，对组织持续高质量运营发展的重要价值，并以此卓有成效地推进各类运营资源，完善储备与供应体系积极有效的构建，就普遍成为组织持续高质量的运营发展，不可或缺的坚强动力和重要保障。

（五）产品性能与品质结构的积极提升

产品服务的性能与品质，不仅是组织运营发展整体智慧和力量的集中体现，而且也是全局积极进程或成就普遍关键的决定性因素。事实上，缺乏产品性能与品质结构，持续高质量提升坚强有力的支撑，没有任何组织能够得以卓有成效的发展。因此，所有远见卓识的组织，无不集中心智殚精竭虑于自身产品性能与品质的结构，在服务对象需求积极满足的基础上，持续高质量的提升与发展，并以此睿智坚强地铸就和展示，自身运营发展的强大力量与卓越进程。

（六）产品外部推广与传输能力的发展

任何卓越性能与品质的产品服务，如果不能为潜在对象所充分感知，并得以广泛而积极的认同和接受，那么，自身及其组织运营的整体价值，无不将会受到极其显著的限制。换而言之，任何组织持续高质量的运营发展，无不需要与时俱进强大的产品或服务，外部推广与传输能力坚强有力的支撑。事实上，在日趋竞争激烈的环境中，产品服务外部推广与传输的整体能力，已日益成为组织运营发展的进程或成就，普遍关键的决定性因素。

（七）辨识和抵御运营风险的智慧力量

致力于组织持续高质量的运营发展，无不极易遭受各种内外负面因素或风险的显著限制。事实上，负面的内外运营因素或风险，无不成为组织全局高质量的进程或成就，普遍而重要的侵蚀性力量。因此，远见卓识地洞察和辨识，发展进程中潜在的内外风险或挑战，并以此睿智坚强地铸就积极有效抵御，各种内外运营风险的强大智慧与力量，无不成为组织持续高质量的运营发展，不可或缺的重要保障。

四、产品结构与服务方式的提升

产品结构与服务方式持续高质量的提升，是组织运营普遍而重要的发展途径或方式。它的卓有成效推进，无不需要成熟牢固地遵循，立足于组织运营内外具体实际的根本原则，并以此对外部产品或服务的需求特征与变化趋势，以及自身产品服务的构成技术和构造工艺，予以全面深入地分析和辨悉。

在此基础上，还必须能够通过产品结构与服务方式，整体运营价值深入成熟的辨识和把握，远见卓识地推进产品服务积极有效的创新和借鉴，以及进程中各项重大的运营风险，充分准确的识别与应对，从而睿智坚强地推动或创造，先进产品技术与积极产品需求的密切联结（图6-12-1-6）。

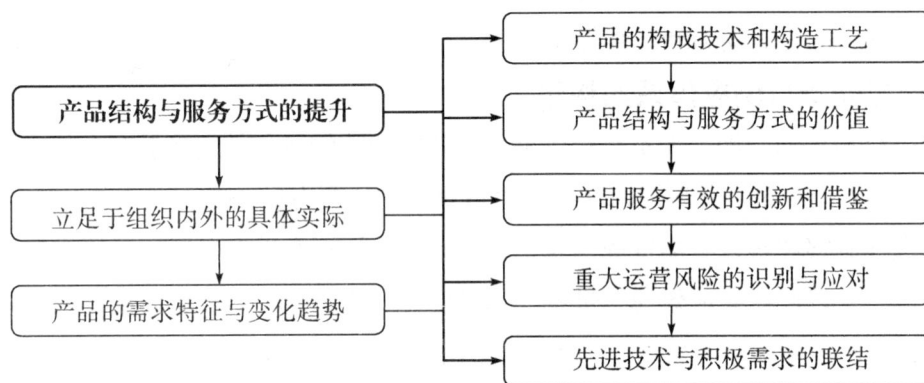

图 6-12-1-6　产品结构与服务方式的提升

（一）立足于组织内外的具体实际

产品结构与服务方式，是组织运营发展普遍的核心因素，并以此成为全局高质量进程或成就，极其重要而强大的推动力量。远见卓识地推进产品结构与服务方式持续积极的提升，无不需要成熟辨识并牢固立足，外部需求与自身运营能力的具体实际，并以此根据需求与能力的关系和变化，睿智坚强地推进内外资源因素的密切联结与融合。事实上，任何偏离外部需求或自身运营能力的具体实际，以及两者密切联结的发展方向和路线的基本原则，都必将显著限制组织运营的全局进程。

（二）产品的需求特征与变化趋势

任何组织运营创造的产品服务，无一不是为了有效满足外部需求的根本目的；任何组织持续高质量的运营发展，无不需要相应需求积极满足坚强有力的支撑。因此，远见卓识地辨识产品的需求特征与变化趋势，广泛的实践中，不仅是组织运营的产品结构与服务方式，卓有成效构建和持续高质量提升，最为根本的基础与强大的动力，而且也是组织运营发展整体智慧和力量的关键体现。

（三）产品的构成技术和构造工艺

任何高质量的产品服务，无不需要积极成熟的专业构成技术与构造工艺，坚强有力的支撑。事实上，高水平的产品创造技术与工艺，不仅成为广泛领域中组织，持续高质量运营发展普遍关键而强大的动力，而且也是整体社会文明进步，极其重要而显著的体现。任何社会组织，无不需要睿智坚强地承担，产品服务高水平专业技术与工艺，积极的探索或创造及其密切的联结与融合，并以此有效推进先进专业技术或工艺，高质量产品或服务卓有成效的转化，从而充分展示自身卓越运营价值的核心任务。

（四）产品结构与服务方式的价值

产品结构与服务方式的提升，广泛的实践中，通常包括组织运营整体产品或服务构成类型的积极发展，以及主要产品服务性能或品质的有效改进，两种基本的表现形式。新的产品结构或服务方式价值的分析辨识，通常包括：

1.战略适应性分析：能够更为积极地适应组织全局战略高质量进程，卓有成效推进或创造的需要；

2.需求满足性分析：能够更高质量地满足产品服务对象整体的积极需求；

3.运营发展性分析：能够积极有效地推进，组织整体运营结构、制度或文化体系高质量的提升与发展，以及更为主动或有利行业地位卓有成效的创造；

4.资源利用高效性分析：能够卓有成效地推进内外各类资源因素，密切联结或作用的潜在价值，充分提升和利用的整体效率；

5.运营收益性分析：能够为组织运营发展自身的收益和社会的价值，持续高质量创造提供坚强有力的支持。

（五）产品服务有效的创新和借鉴

产品结构或服务方式卓有成效的提升，普遍需要睿智成熟地辨识并遵循，有效的外部借鉴和积极的自主创新密切联结的基本原则。自主的积极创新，通常并非意味着一项新的产品或服务，必须创造形成前所未有的全新结构与性能，而是主要地体现为某些关键或重要的局部环节，所推进的更为积极成熟的改进。

因此，在各种专业技术与工艺日新月异发展的背景下，远见卓识地借鉴和吸收他人积极的思维或运行方式，并以此对自身运营的产品服务，予以创造性的高质量改进，已日益成为广泛领域中组织，产品结构与服务方式卓有成效的提升，日趋重要的途径和强大的动力。

（六）重大运营风险的识别与应对

产品结构与服务方式的提升进程，时常隐含着各类重大的运营风险。实践中，重大风险睿智成熟的识别与应对，通常包括内部能力的分析和外部影响因素的辨识：

内部的能力主要包括：

1.组织现有的专业技术与工艺的能力，能否卓有成效地支持高质量的产品性能和品质；

2.产品结构与服务方式提升的挫折或失败，组织是否具备足够强大的运营承受能力。

外部的影响主要包括：

1.目标对象对新的产品结构与服务方式，可能存在的超乎预期的漠视或抗拒的消极态度；

2.政府政策的管控，行业资源的供给，以及专业技术的产权，所存在的重大负面风险。

（七）先进技术与积极需求的联结

在各类专业性技术层出不穷、日新月异的社会文明发展进程中，远见卓识地洞察和展示各类先进的专业性技术，以及外部需求资源的潜在力量与价值，并以此通过更高质量产品结构与服务方式，卓有成效的探索和创造，从而推进它们更为密切的联结或融合，无不成为广泛领域中组织，更具积极主动的行业地位，以及高质量全局进程或成就，睿智坚强铸就的重要途径和强大动力。

五、产品对象或区域的推广拓展

新的目标对象或区域，卓有成效的产品推广与拓展，普遍成为组织运营发展的重要途径与艰难挑战，并具有广泛关键的全局战略价值。它的睿智坚强推进，无不需要深入准确地辨识和把握，新的目标对象或区域整体产品的供需状况，并依据全局运营发展的既定方向，对整体推广拓展工作给予缜密细致的规划。

不仅如此，产品推广或拓展工作的高质量进程，广泛的实践中，还无不需要精明强干推广拓展队伍的建设，积极的产品宣传与高效的渠道构建，以及与产品对象密切关联团队或群体的积极合作，远见卓识推进坚强有力的支撑（图 6-12-1-7）。

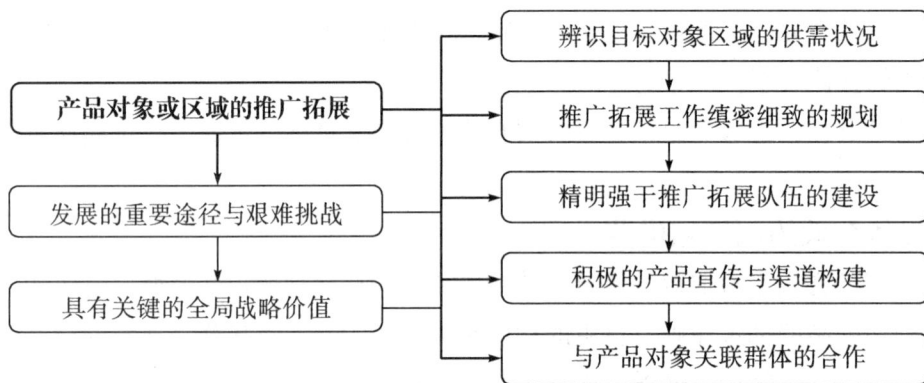

图 6-12-1-7　**产品对象或区域的推广拓展**

（一）发展的重要途径与艰难挑战

运营产品与服务对象两个基本而关键的要素，普遍构成了组织运营发展，极其重要的一组对立统一的关系。而产品的推广与拓展，则是两者密切联结和组织运营发展，普遍的关键途径和强大动力。

尽管如此，由于产品卓有成效的推广与拓展，不仅受到产品本身性能品质的重要影响，而且还更为主要地取决于目标对象的需求特征，目标对象对产品了解的广度与深度，以及同类产品或替代品的供应状况等诸多复杂因素的显著影响。因此，广泛的实践中，产品的对象推广和区域拓展，无不成为组织运营发展普遍的重要途径与艰难挑战。

（二）具有关键的全局战略价值

产品的推广拓展，是密切联结组织运营内外资源因素，极其重要的途径或手段。它的卓有成效推进，无不能够积极有效地提升和展示，内外资源因素潜在的运营价值，为产品结构或服务方式持续高质量的改进，指示正确的方向，并以此成为组织卓越的领导管理，以及高质量全局进程的强大动力。

事实上，产品的推广或拓展，无不具有普遍关键的全局战略价值。换而言之，在日趋复杂多变的环境中，唯有睿智成熟全局战略思维的坚强支撑，才能远见卓识地创造，产品推广或拓展的卓越进程。

（三）辨识目标对象区域的供需状况

产品推广与拓展工作卓有成效地推进，无不需要全面准确地辨识和把握，同类产品或替代品的供应及其竞争的状况，以及相应区域目标对象产品的需求特征与变化日趋，并依据自身运营发展的全局战略，产品服务性能与品质的具体特点，及其既有积极成熟的推广拓展方式，远见卓识地设置和选择，产品推广的主要对象与拓展的目标区域，以及所需采取的基本策略和运行方式。

（四）推广拓展工作缜密细致的规划

产品推广拓展工作的整体质量，不仅对组织运营发展的全局，具有普遍关键的决定性影响，而且还无不涉及产品的性能品质，目标对象的需求特征与变化，及其产品的管控或竞争等，诸多错综复杂的因素和关系，以及整体工作持续提升与发展显著的运行阶段。因此，产品推广拓展卓有成效地推进，无不需要整体工作全面深入的辨识，及其缜密细致规划坚强有力的支撑。事实上，缺乏事先积极而缜密的规划，无不成为推广拓展工作的重大挫折，普遍而关键的根源。

产品推广拓展工作远见卓识的规划，必须充分准确地辨识和把握，组织运营发展的全局战略与形成背景，产品性能品质的构成和表现特点，以及目标对象的需求特征，及其有效满足的竞争状况，并以此积极有效地设置和选择，整体工作卓有成效推进的方向、路线与目标，各项重要工作运行的程序规范，以及各种坚强有力的保障措施。

（五）精明强干推广拓展队伍的建设

产品新的目标对象或区域的推广拓展，通常是项涉及诸多复杂因素、关系与变化，具有显著创造性特征的挑战工作。广泛的实践中，它的卓有成效推进，无不需要精明强干的推广拓展团队，对各种积极或负面的因素及其关系与变化，睿智成熟辨识和应对的坚强支撑。

因此，远见卓识地洞察和辨识精明强干的队伍，对各项推广拓展工作高质量进程的关键决定性价值，从而睿智成熟地把推广拓展队伍的建设与发展，牢固地置于整体工作的核心位置，并以此持续积极地提升和改进，各项专业工作运行的程序与方法，就成为产品推广拓展工作的卓越进程或成就，卓有成效创造普遍的关键途径和重要保障。

（六）积极的产品宣传与渠道构建

积极的产品宣传与高效的渠道构建，是广泛区域中的目标对象，充分感知产品服务高质量的性能品质，从而有效予以选择或接受强大的支持与推动力量，并以此成为产品推广拓展卓有成效推进，普遍的关键途径和重要任务。

广泛的实践中，高效的产品流通渠道，不仅肩负着产品的外部积极传输，及其价值有效实现的基本职能，而且还普遍承担着产品的设计、制造与推广拓展整体流程中，各环节运行质量及时准确反馈的重要职责，并以此与产品宣传的信息外部传递，共同构成了产品信息传输的闭环系统，从而成为产品推广拓展工作，以及组织整体运营发展持续高质量进程，睿智坚强铸就的重要保障。

（七）与产品对象关联群体的合作

目标对象对专业产品或服务的辨识、倾向与选择，通常受到一系列外部因素错综复杂的重要影响。因此，产品推广或拓展卓有成效的推进，无不需要对目标对象产品选择的各项显著影响因素，远见卓识的洞察和把握，并努力依据组织运营发展的全局战略，及其产品推广拓展工作的整体规划，与目标对象密切关联的各类团队或群体，良好合作同盟积极构建与发展坚强有力的支持。

六、多样化运营方式的构建发展

组织的多样化运营，通常是指以显著差异的性能产品，在不同目标对象或区域中，予以推广的运营发展方式。它通常源自内外整体运营资源因素，积极而充分运用的根本目的，并普遍受到运营的愿景和使命，高质量提升发展坚强有力的支撑。

广泛的实践中，多样化运营远见卓识的推进，无不需要各种内外重要机遇和风险，全面深入的辨识与把握，以及强大的专业运行资源和能力，卓有成效的识别与构建坚强有力的支持，并因此而普遍受到全局战略领导的智慧与才能，持续高质量铸建和发展关键的决定性影响（图6-12-1-8）。

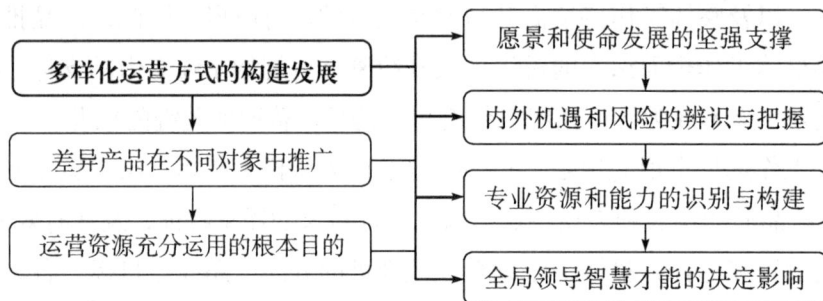

图 6-12-1-8　多样化运营方式的构建发展

（一）差异产品在不同对象中推广

以显著差异功能或性能的产品服务，在不同目标对象或区域中，予以推广拓展的多样化运营方式，显然，具有既能够为组织创造更为积极的运营发展机遇，又必然会产生更为艰巨风险挑战显著的运营特征。

因此，长期以来，在研究或实践领域，一直存在着把运营业务的鸡蛋，究竟存放在一个箩筐还是几个篮子中，更具远见卓识智慧广泛而激烈的争议。事实上，组织运营方式设置或选择的质量与水平，无不从根本上取决于内外具体实际的背景下，全局战略辨识、规划与推进的整体智慧和力量，而绝非人们主观倾向或臆断的必然产物。

（二）运营资源充分运用的根本目的

一些学者曾经提出了，组织推进多样化运营以减少风险、有效避税等，多项主要动因的研究成果。然而，事实上，如果缺乏内在人力、无形与有形运营资源，以及外部需求资源或有利因素，全面深入辨识的坚实基础，及其积极充分运用的根本目的，坚强有力的支持与推动，组织必将难以选择更具风险挑战的多样化运营方式。

换言之，多样化运营方式卓有成效的推进，组织无不需要依据睿智成熟的全局战略思维和领导方式，持续高质量地推进中坚骨干队伍的建设与发展，及其整体人力资源能动性创造力的积极提升，并以此有效推进外部各种运营机遇或挑战，全面准确的辨识和应对，从而积极创造内外资源因素密切联结坚强有力的支持。

（三）愿景和使命发展的坚强支撑

有些研究者把多样化运营的方式，主要归集于有效减轻当前的主营业务，所面临的巨大压力，而迫不得已采取的应对策略。然而，广泛的实践中，多样化运营方式的选择与推进，普遍源自通过长期不懈的努力，组织整体的运营基础和能力，具备了坚强充分的保障，从而积极推动了长远运营的愿景和使命，形成了卓有成效质的发展，并以此在既有产品结构提升与服务对象推广，持续高质量推进的基础上，主动采取的更具广阔发展空间，及其复杂艰难挑战的运营发展道路。因此，更具睿智高远的运营发展的愿景和使命，普遍成为组织多样化运营方式的主动选择或积极推进，最为根本而坚强的支持与推动力量。

（四）内外机遇和风险的辨识与把握

多样化运营发展的全局进程，无疑将会比单一性能的产品，及其明显集中的目标对象或区域的运营，面临着更为广泛而复杂的内外机遇和风险，及其更具挑战性的关系与变化，并以此而成为它的运营发展方式，极其重要而显著的特征。因此，依据睿智成熟的全局辨识思维的基本立场，远见卓识地洞察与把握，内外各种重要的机遇和挑战，就成为多样化运营发展卓有成效的推进，普遍的重要途径和任务。

（五）专业资源和能力的识别与构建

多样化运营发展卓有成效的推进，普遍受到诸多内外因素及其关系与变化，错综复杂的重要影响。它的持续高质量进程的卓越创造，无不需要各类重要专业资源和能力，睿智成熟识别与构建坚强有力的支持。

因此，远见卓识地洞察和辨悉，整体运营资源体系的完整构成，及其相互关系与变化趋势，以及全局进程中的地位和价值，并以此卓有成效地推进，各项专业运行能力的积极构建和密切联结，就普遍成为多样化运营持续高质量的发展，睿智坚强创造的重要途径和强大动力。

（六）全局领导智慧才能的决定影响

多样化运营发展的方式，广泛的实践中，依然遵循着事物正反两方面的因素，及其运营的机遇和风险密切联结对立统一，普遍而基本的规律。只是它的运营发展的进程，通常涉及比单一产品集中目标对象的推广，更为广泛而复杂的因素及其关系与变化，因而普遍面临着更具挑战性的内外机遇或风险，远见卓识辨识和把握的艰巨任务。

因此，多样化运营发展卓有成效的推进，无不需要更为睿智积极的全局战略领导的智慧与才能，对各类重要资源因素、关系或变化，以及由此形成各种重要运营机遇或风险，远见卓识辨识和把握坚强有力的支撑，并以此成为它们卓越的全局进程或成就，睿智坚强创造普遍关键的决定性因素。

七、需求与运营能力的紧密联结

外部需求的准确辨识与积极满足，是任何组织运营发展的关键基础和强大动力。因此，远见卓识地辨悉和把握，目标对象的需求特征与变化趋势，并以此卓有成效地推进，整体运营能力持续高质量的提升，无不成为组织运营发展的卓越进程，睿智坚强创造的关键途径和任务。

组织运营发展卓有成效的推进，广泛的实践中，还必须睿智成熟地辨识并坚持，牢固立足于自身内外具体实际的根本原则，并通过全局战略远见卓识地辨识和设置，从而始终睿智坚强地掌握运营发展的主动，并以此实现外部需求与自身运营能力的紧密联结（图6-12-1-9）。

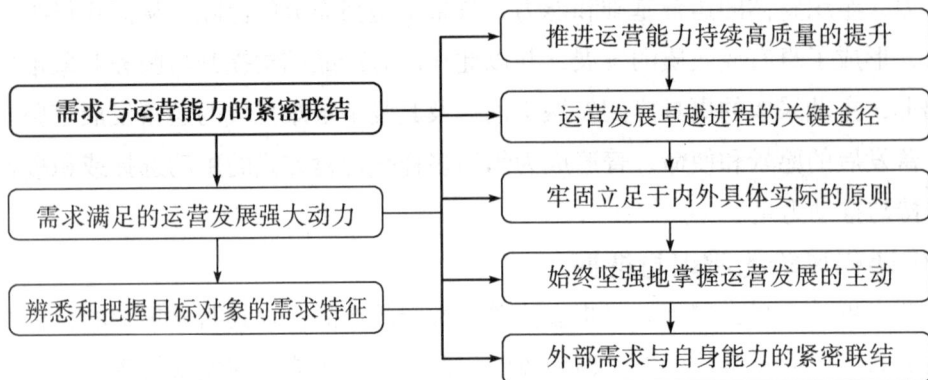

图 6-12-1-9　需求与运营能力的紧密联结

（一）需求满足的运营发展强大动力

组织运营发展持续高质量的进程，无不需要外部产品服务的需求，全面准确的辨识，及其积极有效满足坚强有力的支撑。广泛的实践中，唯有全面准确地识别，目标对象产品服务的需求，才能卓有成效地创造并提供，需求积极满足的高质量产品或服务；唯有高质量的产品服务，才能为目标对象广泛积极地选择或接收；唯有产品服务受到广泛积极的选择或接受，组织才能体现出运营发展的高质量价值；唯有体现出运营发展的高质量价值，组织才能获取运营发展卓越进程，所需各种资源力量坚强有力的支持。

因此，远见卓识地辨识并卓有成效地满足，目标对象产品服务的积极需求，普遍成为广泛领域中组织，持续高质量运营发展的关键基础和强大动力。

（二）辨悉和把握目标对象的需求特征

远见卓识地辨悉和把握，目标对象的需求特征与变化趋势，是组织睿智坚强地铸建或提升，运营发展的强大力量与卓越进程，普遍的关键途径和任务。广泛的实践中，它的睿智坚强推进，通常涉及若干密切联结的运行环节，并以此构成首尾相连完整的闭环体系：

1. 依据组织的行业性质和特征，对目标对象产品服务需求全面准确的辨识；

2. 把目标对象的积极需求，与组织专业产品或服务的创造能力，予以紧密的联结；

3. 运用积极的产品创造和推广技术，向目标对象提供高质量的产品服务；

4. 目标对象的产品反应与需求变化信息及时准确的反馈。

对目标对象需求远见卓识的辨识和把握，是组织运营发展普遍的关键任务与艰难挑战，并以此而成为组织全局进程，最为重要而显著的分水岭。

（三）推进运营能力持续高质量的提升

组织的运营发展，无不需要承担新的、更为广泛而复杂的因素、关系与变化，全面准确辨识和应对的艰巨任务或挑战。因此，睿智成熟地掌握并运用，各种积极而先进的专业技术，以卓有成效地推进各项专业环节的运行，及其相互间协作所形成的整体运营能力持续高质量的提升，无不成为组织运营发展的关键任务和强大动力。

（四）运营发展卓越进程的关键途径

广泛的实践中，任何组织持续高质量的运营发展，无一不是通过全局战略领导的智慧与力量卓有成效的发展，并以此睿智坚强地推进，广大员工能动性创造力，及其各项专业环节的运行和整体运营能力的积极提升，从而卓有成效地巩固运营发展的坚实基础，以实现各种内外机遇或挑战更高质量的识别和应对，外部需求更为积极而准确的辨识和满足，而得以坚强有力地铸就。

（五）牢固立足于内外具体实际的原则

组织持续高质量的运营发展，普遍涉及错综复杂的具体因素、关系或变化，显著而重要的影响。因此，长期以来，人们通过积极实践或深入探索，所精心提炼极具价值的发展方式，却时常把组织引向万劫不复的运营深渊。

事实上，任何组织的运营发展，无不拥有决定一切思维与行为的质量或价值，自身特定的全局内外背景。牢固立足于自身内外资源因素，及其关系与变化的具体实际，无不成为组织运营发展卓越的实践进程，睿智坚强创造必须坚持的根本原则。

（六）始终坚强地掌握运营发展的主动

复杂多变的环境中，卓有成效地推进组织持续高质量的运营发展，无不需要远见卓识地辨识并推进，内外各项资源因素的密切联结或积极作用，并以此始终睿智成熟地掌握，运营发展主动地位坚强有力的支撑。

1. 不要因暂时或局部性的困难，动摇深思熟虑形成的全局方向和路线；

2. 不要简单模仿或机械抄搬，他人显赫成就的特定发展方式，而是睿智成熟地分析和借鉴，相应方式积极价值的形成背景；

3. 根据自身内外运营资源因素，及其关系与变化的具体实际，深入缜密地分析并勾画，相应发展方式设置或推进的整体趋势与进程；

4. 必须集中心智地根据外部需求与自身能力的具体实际，远见卓识地推进细致缜密的运营发展的全局规划。

（七）外部需求与自身能力的紧密联结

人们时常感叹，组织持续高质量运营发展的复杂或艰难。事实上，无论置身于怎样复杂或艰难的内外环境，任何组织睿智坚强的运营发展，无不关键地取决于，外部需求远见卓识的辨识与满足，自身整体运营能力卓有成效的提升，并以此推进外部需求与自身运营能力，相互间密切联结与作用持续高质量的发展。

因此，睿智成熟地立足于目标对象的根本立场，远见卓识地审视并提升，自身运营的整体能力与价值，就普遍成为组织运营发展高质量进程，卓有成效创造的关键途径和强大动力。

第二节　缔造积极坚强的合作同盟

社会文明进步的强大动力

专业性资源因素的密切联结与协作，通常能够产生整体运行发展的能力及其进程，显著的质的提升和飞跃。因此，专业性的分工与协作，长期以来，无不成为整体社会的文明进步，普遍的强大动力和重要标志。

睿智坚强地创造组织运营发展，卓越的全局进程或成就，领导人无不需要高瞻远瞩地洞察和辨识，自身组织属于整体社会的运行，特定专业团队的基本事实，以及团队有限的专业运营能力与社会无限的良好发展机遇，极其重要而显著的关系特征，并以此远见卓识地识别并把握，广泛的积极合作，对于组织持续高质量运营发展的关键决定性价值，以及合作与竞争辩证统一的重要关系。

对组织全局卓越的进程或成就，具有普遍关键价值积极坚强的合作同盟，卓有成效的缔造和发展，在日趋复杂多变的环境中，组织无不需要远见卓识地辨识，各类重要的合作对象，并努力依据自身运营发展的全局战略和内外实际，卓有成效地设置与推进，各种积极的合作方式，睿智成熟地执守合作的诚信，以及尊重和支持合作伙伴积极的运营发展（图 6-12-2-1）。

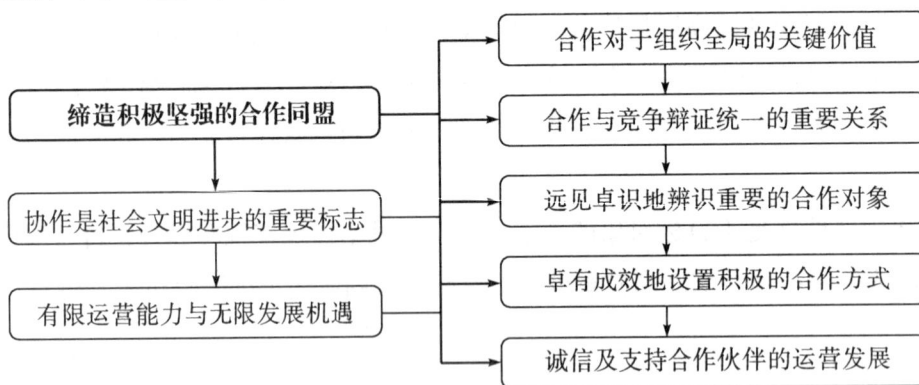

图 6-12-2-1　缔造积极坚强的合作同盟

一、协作是社会文明进步的重要标志

任何社会的有效形成及其高质量的运行发展，无不从根本上源自各类群体或团队，相互间的密切交往与协作。然而，随着社会各领域日新月异的快速发展，各类群体或组织又无不普遍地显示出，自身资源能力的构成及其价值，卓有成效提升或展示的显著限制。

通过长期的探索和实践，人们已经日趋普遍而深刻地意识到，广泛积极的相互支持和协作，无不能够睿智坚强地推动，各类群体或组织卓有成效地提升并展示，自身潜在资源能力的价值，远见卓识地辨识和把握，内外各种积极良好的运行发展机遇，并以此成为整体社会智慧与精神财富的重要源泉，社会文明进步进程的强大动力和核心体现，以及整体高质量运行发展的必然趋势。

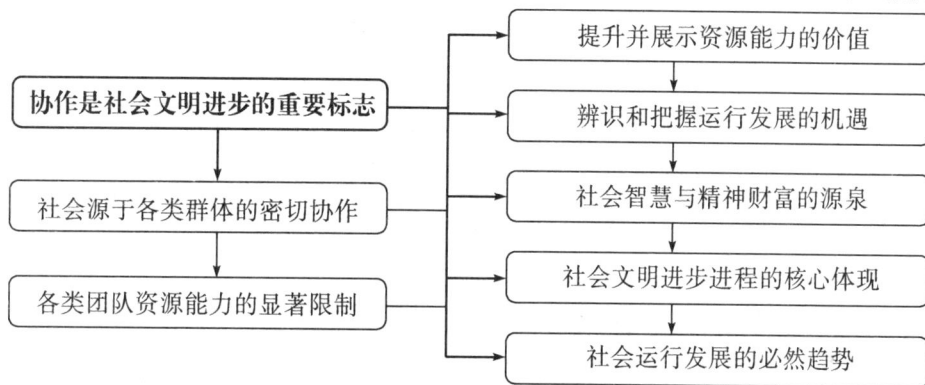

图 6-12-2-2　协作是社会文明进步的重要标志

（一）社会源于各类群体的密切协作

任何社会卓有成效的形成、运行和发展，无不从根本上源自广泛的各类群体或团队，相互间的密切交往与协作。缺乏各类群体密切交往与协作坚强有力的支撑，没有任何社会能够得以积极坚强地构建，并保持持续高质量的运行或发展。事实上，长期以来，一切社会的分裂或动荡，无不从根本上源于主要群体间，显著的愿景分歧、利益冲突和行为对抗，而使得相互间密切协作荡然无存。

（二）各类团队资源能力的显著限制

在广泛的社会运行发展进程中，任何组织或团队都必将遭遇，限制自身更为卓越的进程与成就，整体运营发展资源或能力极限的艰难挑战。这种背景下，高瞻远瞩地洞察和识别，内外环境中各种积极因素的潜在力量，并通过密切协作强大运营合作同盟，远见卓识的缔造与发展，从而卓有成效地提升和展示，自身更为强大的运营发展的资源与能力，无不成为组织卓越的全局进程或成就，睿智坚强创造的关键途径。

（三）提升并展示资源能力的价值

通过长期而广泛的实践，人们已经日趋普遍而成熟地意识到，新的资源因素的加入或作用，通常能够卓有成效地推动，既有资源能力构成与关系结构的事物，潜在力量与价值质的或量的积极提升和展示。因此，在日趋复杂多变的环境中，积极而坚强的合作同盟，已日益成为各类群体或组织，整体运行资源能力的潜在力量与价值，卓有成效地提升或展示，普遍的重要途径和强大动力。

（四）辨识和把握运行发展的机遇

积极坚强的合作同盟，远见卓识的缔造和发展，无不能够显著地提升社会各类群体或组织，整体的运行资源和能力，卓有成效地推进运行思维或行为方式的提高，并以此睿智坚强地辨识和把握，内外各种积极良好的运行与发展的机遇。

事实上，任何群体或组织运行发展的良好机遇，无一不是从根本上源自密切合作的伙伴，坚强积极的支持或协作而得以充分展示；任何运行进程中的复杂艰难挑战，总是源于合作同盟力量的显著缺失或脆弱。

（五）社会智慧与精神财富的源泉

各类群体或团队，相互间的密切支持与协作，对社会整体持续高质量的运行发展，具有普遍强大的推动力量和关键的决定性影响。换而言之，缺乏密切支持与协作的睿智智慧和关键价值，卓有成效的辨识、倡导或弘扬坚强有力的支撑，任何社会无不极易陷入各类群体或团队，一味追逐自身局部利益的混乱或动荡的运行境地，并以此导致整体社会运行的资源力量，持续高质量提升和展示的显著限制。

因此，长期以来，远见卓识的贤能睿智之士，无不殚精竭虑竭尽所能，艰辛探索并积极推进，以广泛的社会群体或团队密切支持与协作为核心，社会整体与长远高质量的运行发展，卓越的全局智慧卓有成效的构造、倡导和弘扬，从而睿智坚强地创造并发展了，极具社会文明进步宝贵价值和坚强动力的精神财富。

（六）社会文明进步进程的核心体现

随着人们对各类专业资源和能力，睿智成熟的构造与运用，人类社会逐步形成了，显著的专业化分工和协作的重要运行方式，并以此坚强有力地推动了各类专业性技术，及其资源运行能力与质量持续高质量的快速发展，以及整体社会物质与精神财富的创造力量，日新月异的积极提升和展示，从而使得原先弱小的群体或团队，只是作为梦幻的美好愿景，成为触手可及的客观现实。

因此，专业化的睿智分工与密切协作，无不成为人类社会文明进程的关键起点、重要标志和核心体现，以及一切强大的物质与精神财富的创造力量，卓有成效铸就的关键决定性因素。

（七）社会运行发展的必然趋势

社会的运行发展，普遍受到各类广泛的专业性资源与能力，及其相互作用和持续变化，卓有成效创造或推进关键而显著的影响。专业化的积极分工与密切协作，是广泛的专业性群体或组织，睿智坚强地构建和展示，自身强大的专业运营的资源与能力，创造或提供高质量性能品质的专业化产品与服务，从而积极有效地满足，持续发展的物质与精神产品需求的重要途径和强大动力，并以此成为整体社会运行发展的必然趋势。

二、有限运营能力与无限发展机遇

在广泛的社会运行发展进程中，任何组织或团队的资源能力，无不存在着更高运营目标背景下的显著限制。与此相对应，社会持续积极的运行发展，无不呈现出难以限量的各种高质量产品服务的需求，并以此为各类专业性组织或团队，提供了无限良好的发展机遇。

广泛的实践中，组织的使命，无一不是远见卓识地辨识并联结，无限机遇与有限能力的重要标杆和桥梁；战略的核心，无不体现为整体运营的资源和能力，卓有成效的提升与展示，并以此高质量地满足持续发展的产品服务需求。因此，局限于自身既有的运营资源或能力，特定产品的狭隘意识，无不显著地限制人们睿智的密切合作的运营思维，并难以抗拒地产生千方百计地挤兑，一切协作群体利益的浅薄行为。

事实上，能否远见卓识地辨识，自身资源能力卓有成效提升与展示的核心价值，并以此睿智成熟地缔造和发展，自身运营积极坚强的合作同盟，无不成为组织全局进程或成就的显著分水岭。

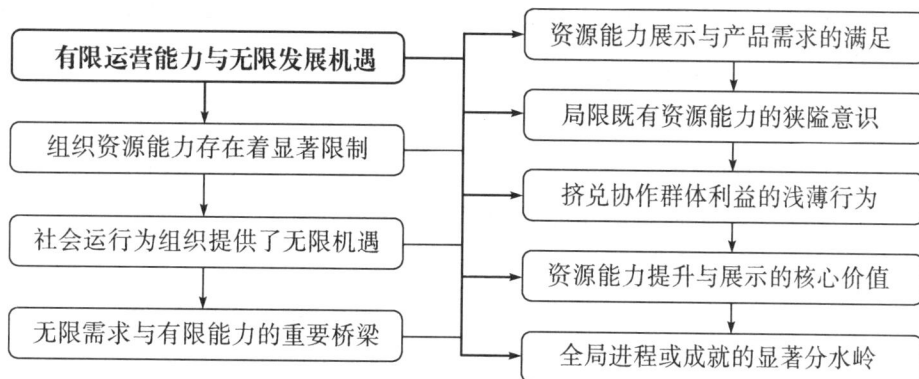

图 6-12-2-3　有限运营能力与无限发展机遇

（一）组织资源能力存在着显著限制

任何强大的组织或团队，总是存在着难以逾越的运营高峰，而呈现出资源能力的显著限制。不仅如此，它所拥有的资源能力，无论占据怎样的行业优势地位，也只能承担整体产品服务中部分价值的构造任务；它所提供的产品服务，无论涉及社会怎样的广泛领域，也只能满足整体社会运行发展的部分需求。因此，迄今为止，没有任何足够强大的组织或团队，能够完全凭借自身的资源能力或智慧力量，在广袤无垠的社会大地上，单枪匹马随心所欲地纵横驰骋。

（二）社会运行为组织提供了无限机遇

与各类专业性的组织或团队，有限运营资源能力的显著特征截然相对，社会持续积极的运行发展，无不呈现出各种高质量的产品服务，难以限量的巨大需求，并以此为各类专业组织或团队，卓越的全局进程或成就睿智坚强地创造，提供了无限良好的发展机遇。事实上，远见卓识地辨识并把握，社会运行发展进程中各类良好的机遇，无不成为组织持续高质量运营发展，普遍的关键任务和强大动力。

（三）无限需求与有限能力的重要桥梁

通过组织行业背景下的资源能力，及其能够提升或发展的潜在力量，以及社会和行业运行变化良好机遇远见卓识的辨识，并以此对全局进程或成就具有关键决定性价值，组织长远运营使命睿智坚强的设置和确立，普遍成为自身资源能力，及其外部良好机遇全面准确辨析的重要标杆，以及两者密切联结的钢铁桥梁。

事实上，缺乏睿智成熟使命坚强有力的支撑，没有任何组织能够全面深入地辨识和把握，自身资源能力的潜力或外部的良好机遇，从而卓有成效地推进，积极而坚强的运营合作同盟，持续高质量的缔造和发展。

（四）资源能力展示与产品需求的满足

以成熟开放性的辨识思维，卓有成效地引导和推进广泛的内外合作，并以此充分提升和展示自身资源能力的潜在力量，从而远见卓识地辨识和满足外部产品的积极需求，无不成为睿智坚强地创造和展示组织运营发展的卓越领导，及其高质量进程或成就，普遍的重要途径和强大动力。

（五）局限既有资源能力的狭隘意识

局限于自身既有的资源能力，狭隘浅显思维意识的领导人，通常只能浅薄地看到它们所构造的产品，普遍受到当前外部需求总量的显著限制，而难以积极充分地展示，强大的产品服务创造的潜在力量，从而必然地产生外部有限的产品需求，与自身几近无限的产品创造能力的关键性矛盾。

事实上，随着社会文明进步的快速发展，以及各类群体相互支持与协作日趋的广泛深入，究竟是以外部产品服务的需求为根本，并以此远见卓识地识别、提升与展示，自身资源能力的潜在力量或价值，还是以自身既有的资源能力为根本，并千方百计地推广所能提供的产品服务，无不成为组织运营发展的全局主动，睿智坚强辨识和把握的关键决定性因素。

（六）挤兑协作群体利益的浅薄行为

有限需求与无限能力的思维意识，无不驱使人们千方百计地排挤同类的产品。"同行是冤家"的俗语，就是极其典型的写照。事实上，持有排挤同行意念的组织，无论怎样绞尽脑汁，总会遭遇难以战胜的更为强大的巨人。

不仅如此，局限于自身既有资源能力的狭隘思维，还必然推动人们殚精竭虑地追逐于，它们所能带来的直接短期的最大利益。于是，千方百计地挤兑运营的资源供应、目标对象等，相关各方利益的浅薄行为，普遍成为难以抗拒的运营表现。甚至把不择手段或乘人之危侵占的利益，也毫无廉耻地视其为，资源能力创造的价值而自鸣得意。然而，实践中，缺乏积极坚强的合作同盟，睿智成熟思维意识的有力支撑，在日益复杂多变的环境中，任何组织独舞在运营舞台上的时间正变得日趋短暂。

（七）资源能力提升与展示的核心价值

内在的因素，普遍成为一切事物的运行发展，最具根本与关键的决定性力量。因此，那些具有卓越运营智慧的优秀组织，总是能够高瞻远瞩地辨识，自身资源能力持续高质量提升与展示的核心价值，并通过积极坚强的运营合作同盟，远见卓识的缔造和发展，睿智坚强地创造运营全局的卓越进程。福特公司创始人亨利曾站在竞争的思维立场辩称："最可怕的竞争对手是那些从不骚扰你，却总是不断地将自己的业务经营得更好的人。"

（八）全局进程或成就的显著分水岭

以更为开阔而成熟的辨识思维，全面深入地识别和把握，自身特定的运营资源能力，在整体社会或行业中的专业特征与地位，并以此远见卓识地缔造或发展，积极而强大的运营合作同盟，从而睿智坚强地推进自身资源能力，持续高质量的提升与展示；抑或狭隘浅显地保持固有的运营资源与能力，及其所能构造或提供的产品服务，从而显示外部产品需求及其变化的满足，浅薄的智慧、拙劣的能力与脆弱的价值，普遍成为组织全局卓越进程或成就的显著分水岭。

三、合作对于组织全局的关键价值

在各类专业资源能力日新月异的发展，各种交往与协作日趋广泛深入的社会环境中，成熟积极的运营合作，已日益成为组织卓越的全局进程，睿智坚强铸就的根本基础和强大动力，以及持续高质量运营发展，卓有成效创造的核心能力和关键任务。它的远见卓识推进，广泛的实践中，通常需要自身资源能力的构成，合作同盟积极缔造和运转的重要条件，以及合作高质量维护的基本准则，全面准确辨识与把握坚强有力的支持。

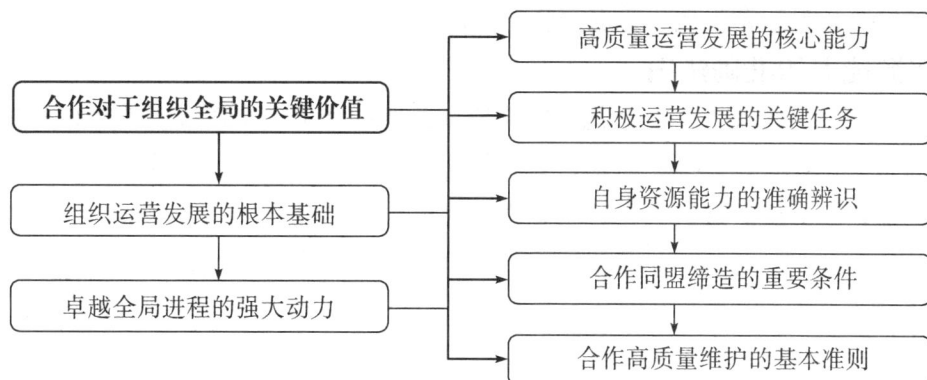

图 6-12-2-4　合作对于组织全局的关键价值

（一）组织运营发展的根本基础

任何组织长期稳定的运营发展，无不需要从外部得到源源不断的，各类必要资源的有效供给，并通过自身一系列卓有成效的专业性作用，构造形成具有相应需求满足功能的产品服务，再依据各种高效运转的传输渠道，向广泛的潜在目标对象，给予产品服务的有效推广，从而实现组织产品与运营的积极价值。

显然，资源的供给和作用，以及产品的推广与价值的实现等各运营环节，无一能够离开广泛的内外群体或团队，密切支持与协作坚强有力的支撑。因此，卓有成效的合作，无不成为组织运营发展普遍的根本基础。

（二）卓越全局进程的强大动力

任何组织卓越的全局进程睿智坚强的创造，无不需要内外资源因素的组成，及其关系与变化全面深入的辨识和把握，并以此卓有成效地推进，它们密切联结或融合坚强有力的支撑。

因此，广泛而积极的合作，并以此积极有效地推进，内外资源因素的密切联结或融合，无不成为复杂多变的环境中，组织卓越的全局进程或成就睿智坚强的创造，不可或缺的极其关键而强大的动力。事实上，组织合作的广度与深度，普遍成为运营全局的进程或成就，极其关键的决定性因素。

（三）高质量运营发展的核心能力

广泛而积极的合作，不仅是组织各项专业运行或发展能力，卓有成效构建的坚实基础，而且也是在更为广阔的运营发展空间中，远见卓识地辨识、把握或应对，各种积极的力量与有利的机遇，以及负面的风险或艰难的挑战，不可或缺的重要途径和强大动力。

因此，积极而坚强的合作，广泛的实践中，无不成为组织或团队睿智坚强的铸建，及其持续高质量运营发展，普遍的核心智慧与能力。事实上，任何组织运营发展的资源能力，长期而显著的薄弱或欠缺，无不从根本上体现为，睿智成熟的合作智慧或能力的明显缺失，并能够通过更为广泛、深入而积极的合作，得以卓有成效的坚强提升。

（四）积极运营发展的关键任务

在各类内外资源因素层出不穷，及其相互间的作用或影响，日趋广泛而深入的运营背景下，成熟积极的合作思维意识，正日益成为组织运营发展的全局战略，以及各专业环节积极的运行策略，远见卓识的辨识、设置与推进，并以此睿智坚强地提升或展示，内外资源因素积极的潜在力量与价值，普遍关键的决定性因素。

因此，睿智深邃地洞察广泛密切合作的重要价值，并以此远见卓识地推进坚强牢固的积极合作，无不成为组织持续高质量运营发展，普遍面临的关键任务。

（五）自身资源能力的准确辨识

对自身运营发展的资源能力，及其优势的构成或薄弱的环节，全面准确的辨识和把握，普遍成为合作对象睿智成熟的识别与判断，合作方式积极有效的设置和推进，以及整体运营积极坚强的合作及其稳固的同盟，卓有成效缔造或发展的关键基础和强大动力。

资源能力辨识和把握远见卓识地推进，广泛的实践中，通常需要成熟牢固地立足于，全局战略的既定方向、路线与目标，以及关键性的工作任务和运行程序，并通过推动或解除相应的有效合作，各类重要资源能力的状况，及其关系与变化的背景下，全局运营进程深入细致地推演和判断，才能得以全面准确的实现。

（六）合作同盟缔造的重要条件

运营的合作及其稳固同盟卓有成效的缔造和运转，普遍需要合作各方若干重要条件的有力支持。实践中，这些条件通常包括：

1. 具有相同或相近的组织运营发展的基本价值观。否则，在日趋复杂多变的环境中，必将难以共同远见卓识地应对或处理，合作进程中可能出现的，难以事先准确预见或判断的各类问题的挑战，而保持长期稳固的良好合作关系；

2. 具有其他合作各方所需要的重要专业资源或能力特长。这种专业资源或能力，能够坚强有力地支持和帮助其他合作各方，更为积极有效地辨识或应对，运营发展中的重要挑战或困难；

3. 合作各方都存在持续高质量地提升和展示，自身整体运营资源能力潜在价值的迫切愿望，并通过相应的积极合作，能够卓有成效地予以实现。

（七）合作高质量维护的基本准则

合作，是力量和利益的关联体；合作同盟，是前程与命运的共同体。换而言之，一方的根本利益受到严重损伤，其他相关各方的利益却丝毫未受影响；一方的前程光明灿烂，其他各方的前程却黯淡无光，广泛的实践中，从来未曾出现过这样背景下的真正合作或牢固同盟。

因此，睿智成熟地立足于合作伙伴的根本立场，深入辨识和审视共同面临的机遇或挑战，普遍成为运营合作高质量维护的基本思维准则；积极支持和帮助合作伙伴，创造优异的运营进程与成就，并以此睿智坚强地展示，自身运营发展的强大力量及其高质量价值，无不成为合作同盟卓有成效维护与发展，所应遵循的基本行为准则。

四、合作与竞争辩证统一的重要关系

合作与竞争，是围绕着持续高质量的运营发展，及其长远根本利益的核心，并普遍存在于广泛领域组织进程中，一对事关全局重要影响的矛盾体。合作，通常源自自身资源能力的积极提升与充分展示，及其服务对象需求卓有成效满足的根本立场，并成为整体社会文明进步的强大动力和必然趋势；竞争，则是着眼于关联组织或群体的资源能力，并以此谋取自身更大直接利益的运营方式。

广泛的实践中，立足于自身运营资源与服务对象需求根本立场的合作，及其着眼于他人运营能力和直接利益谋取的竞争，无不极易产生组织运营发展，截然不同的前行方向、路线和进程，并以此体现出全局主动性或被动性的关键决定性力量。事实上，竞争的主导思维意识与行为方式，在相互联系和影响日趋广泛深远的环境中，正日益成为组织运营发展的卓越智慧与强大力量，普遍关键而显著的限制性因素。

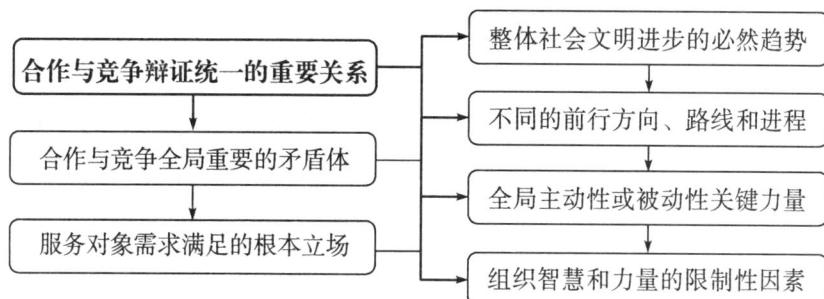

图 6-12-2-5　合作与竞争辩证统一的重要关系

（一）合作与竞争全局重要的矛盾体

随着社会各领域交往或影响日趋的广泛深入，任何组织的运营发展，无论采取相互支持和协作，抑或相互制约与对抗的方式，无不与外部的各类团队或群体，存在着千姿百态、千丝万缕的各种作用和关系，并以此形成了对自身全局运营发展，及其长远根本利益具有普遍关键决定性影响，合作与竞争辩证统一的矛盾关系。

睿智成熟的合作思维与行为，是任何组织高质量的全局进程或成就，卓有成效创造的根本基础和坚强动力，并以此牢固占据着对立统一矛盾体的主导地位；竞争，唯有围绕或获取更为积极而坚强的合作，才能充分体现出全局高质量的价值。

（二）服务对象需求满足的根本立场

远见卓识地辨识并推进，广泛而积极的运营合作，任何组织无不需要睿智成熟地立足于，自身资源能力卓有成效的提升和展示，并以此持续高质量地辨析与满足，服务对象积极需求的根本立场，强烈运营发展意愿坚强有力的支撑。

事实上，缺乏自身资源能力的积极提升和充分展示，并以此卓有成效地辨识与满足服务对象的需求，运营发展根本立场睿智成熟思维意识，坚强有力的支持与推动，没有任何组织或团队，能够远见卓识地辨识或推进，广泛而积极的运营合作。

（三）整体社会文明进步的必然趋势

通过广泛而长期的实践，人们已经普遍成熟地意识到，不同专业资源能力卓有成效的构造，及其密切联结或作用积极有效的推进，无不成为整体力量质的提升或飞跃，不可或缺的重要途径和强大动力。

事实上，积极而密切的合作，不仅是各类专业性组织或团队睿智坚强的构建，及其持续高质量运营发展的坚实基础，而且也是整体社会各类物质或精神财富强大的创造力量，卓有成效铸建与发展的坚强推动力量，并以此成为社会文明进步的重要标志和必然趋势。

（四）不同的前行方向、路线和进程

牢固立足于自身运营资源与服务对象需求的积极满足，抑或主要着眼于他人的运营能力和自身更大直接利益谋取的根本立场，无不对合作与竞争的辩证统一关系，及其居于的主导和从属地位，睿智成熟的洞察与辨识，以及组织全局运营发展的使命、方向、路线和进程，远见卓识的设置、选择或创造，具有普遍关键的决定性影响。

1. 运营发展的使命。以服务对象需求更高质量的辨识与满足的运营使命，必然能够睿智坚强地支持组织，远见卓识地推进广泛而积极的运营合作；追求自身短期直接更大利益的运营思维，则极易把任何关联的团队或群体，视作为运营的竞争对手；

2. 运营发展的方向。具有积极成熟合作思维意识与行为方式的团队，无不拥有远见卓识的特定服务对象的需求，更高质量辨识与满足的运营方向；竞争占据主导地位的运营思维，极易受到各种短期直接利益的显著限制，并以此难以设置或确立睿智积极的全局方向；

3. 运营发展的路线。通过广泛而积极的合作，组织通常能够卓有成效地创造、提升并展示，自身整体运营发展强大的资源力量；追求短期直接利益的运营指导思想或价值意识，必将陷入与各类关联团队或群体争夺利益的运营泥潭，从而严重制约长远运营发展强大的资源能力，睿智坚强的构建和展示；

4. 运营发展的进程。广泛而积极的合作，通常能够推动组织远见卓识地辨识与把握，内外各种积极的力量或机遇，从而卓有成效地创造运营发展持续高质量的进程；竞争的主导思维意识与行为方式，无不极易遭遇难以逾越的运营挑战或障碍，并以此陷入全局极度被动的运营状态。

（五）全局主动性或被动性关键力量

任何组织的运营资源能力，相对于其他专业性团队，及其服务对象需求持续高质量的满足，无不存在着普遍显著的限制。广泛而积极的合作，无疑成为有效弥补自身运营资源能力的限制或不足，并以此卓有成效地把握运营发展的全局主动，不可或缺的根本途径和重要力量。

与此相对应，试图强力制约或对抗自身难以完全掌控，资源能力不断提升的关联团队或群体的运营，并以此谋取短期直接更大利益的竞争指导思想，无疑出让了组织运营发展的主动权。因此，合作或竞争主导地位的思维意识，普遍成为广泛领域中组织，运营全局主动性或被动性的关键决定性因素和力量。

（六）组织智慧和力量的限制性因素

自然界优胜劣汰的研究成果，曾经为抱持强烈的竞争运营理念的团队，提供了近乎确凿的理论与事实的充分依据。然而，在亿万年的漫长自然进化的历程中，那些遭到完全淘汰而销声匿迹的种群，很少由于更为强大物种对其生存发展空间的限制。它们遭受淘汰的命运，无不从根本上源自，对环境及其变化辨识与适应智慧和力量的显著缺失。

事实上，在相互交往和影响日趋的广泛深入，各类团队与群体长远根本的利益，高度一体化的社会文明发展进程中，千方百计地侵蚀关联团队或群体的积极运行，并以此谋取自身更大短期直接利益，浅显狭隘的竞争主导思维意识与行为方式，正日益成为组织运营发展的睿智智慧、强大力量和卓越进程，普遍关键而显著的限制性因素。

五、远见卓识地辨识重要的合作对象

任何组织高质量的运营发展，无不需要诸多内外团队、机构或群体，密切支持与协作坚强有力的支撑。因此，远见卓识地辨识各类重要的合作对象，普遍成为广泛领域中组织高质量运营发展，面临的关键工作和任务。

组织的广大员工，是一切专业工作高质量推进或协作，及其资源能力的积极提升和展示，根本而关键的决定性因素。因此，与广大员工密切合作关系的积极构建与发展，普遍成为组织强大的运营合作同盟，睿智坚强铸建的关键途径和核心任务。

产品的目标对象，是任何组织的产品及其自身运营发展的整体价值，卓有成效创造和发展的关键决定性因素。因此，与产品目标对象密切合作关系的构建水平和质量，无不对组织运营发展的进程或成就，具有普遍关键的决定性影响。

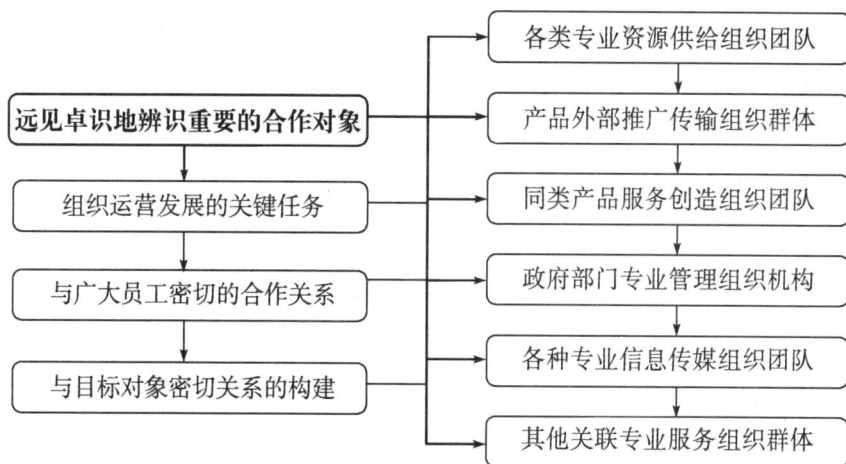

图 6-12-2-6　远见卓识地辨识重要的合作对象

不仅如此，广泛的实践中，各类专业资源供给组织团队，产品外部推广和传输渠道组织群体，同类产品服务创造组织团队，政府部门专业管理组织机构，各种专业信息传媒组织团队，以及其他关联专业服务组织群体，都可能成为任何一个专业组织或团队，运营发展进程显著的影响因素，并以此成为它的重要合作对象。

（一）组织运营发展的关键任务

广泛而积极的合作，及其发展形成的坚强牢固的同盟，能够卓有成效地推进，组织资源能力积极有效的提升和展示，以及产品与运营价值持续高质量的创造和发展，并以此成为组织卓越的全局进程与成就，睿智坚强铸就普遍的强大动力和关键任务。广泛的实践中，合作对象睿智成熟的辨识，通常需要依据自身运营发展的全局需要，以及潜在合作对象的运营能力和需求，两个基本视角或维度予以深入的分析。

自身运营发展的全局需要，主要通过组织基本使命背景下，各类资源能力的构成及其关系，及其形成的基本运营流程和相应辅助活动，展开相应的积极分析。潜在合作对象运营能力和需求的准确分析，通常包括组织所需的特定专业运营资源或能力，合作对象自身更高质量运行发展的需求，以及维系良好合作及其同盟关系，积极成熟的意识或素养等相应条件或因素。

（二）与广大员工密切的合作关系

广大员工，作为具有独立人格、情感、智慧与利益的个体，及其紧密团结和密切支持形成的群体，所展现的能动性创造力，无不对组织各项专业环节的运行与协作质量，以及各类资源能力的提升与展示水平，具有普遍关键的决定性影响。事实上，缺乏与广大员工密切牢固的合作关系，坚强有力的支持和推动，没有任何组织或团队，能够得以卓有成效的构建、运营和发展。

（三）与目标对象密切关系的构建

产品目标对象，是组织运营产品服务的选择接受者，并以此成为组织产品和运营价值的实现与发展，最具关键的决定性力量和因素。因此，集中心智聚精会神，远见卓识地分析和辨识，广泛目标对象的需求特征与变化趋势，并通过自身专业资源能力持续高质量的提升和展示，为目标对象提供与时俱进的卓越产品或服务，从而与其结成长期密切合作的积极关系，就普遍成为组织运营发展的坚强同盟，卓有成效缔造的核心任务与关键组成。

（四）各类专业资源供给组织团队

充沛、稳定、高品质的各类专业资源的供给，是任何组织持续高质量运营发展，不可或缺的重要基础和保障。因此，与各类专业资源供给团队或群体，缔结密切合作及其牢固同盟的关系，普遍成为广泛领域中组织，持续高质量运营发展积极创造的一项重要任务。

（五）产品外部推广传输组织群体

产品睿智积极的外部推广和传输，是任何组织的产品服务与运营价值，卓有成效实现和发展，极其关键而强大的支持与推动力量。因此，与产品外部推广和传输广泛的内外团队或群体，结成休戚相关荣辱与共密切的合作与同盟的关系，无不成为组织卓越的全局进程或成就，睿智坚强创造的强大动力和关键途径。

产品推广或传输密切的合作关系，及其牢固同盟远见卓识的构建，通常需要全面深入地辨识，相关渠道的团队或群体，产品服务的实际推广或传输的能力，与目标对象合作关系的水平与质量，以及相应的运营信誉和成本，并根据自身组织的产品特点，及其运营与发展两个方面的需求，予以稳健而积极地推进。

（六）同类产品服务创造组织团队

整个行业的运行质量和发展水平，以及由此形成的良好行业环境，无不对组织持续高质量的运营发展，具有极其重要而显著的影响。因此，与行业内的同类产品或服务，以及替代产品服务创造的组织团队，缔结密切联系和支持的积极合作关系，并以此睿智坚强地创造和维护，整体行业运行发展的良好秩序，就成为组织持续高质量的运营发展，普遍面临的重要任务。

（七）政府部门专业管理组织机构

对各类专业领域运行发展卓有成效的服务或管控，是政府社会领导与管理高质量进程或成就，睿智坚强创造普遍的强大动力和重要途径。事实上，任何社会组织或团队的运营发展，无不受到政府各类专业管理的服务或管控，显著而深远的重要影响。因此，与政府部门专业管理组织机构，缔结密切合作的良好关系，并以此深入准确地辨识和把握，政府社会领导与管理，各类关联的专业性政策或策略及其形成的背景，无不成为广泛领域中社会组织或团队，整体运营发展的积极主动地位，远见卓识创造的重要途径。

（八）各种专业信息传媒组织团队

在各类信息的形成与传播高度发达，并具广泛深远影响的现代社会环境中，各种专业信息传媒组织团队，正日益展示着社会运行发展，显著而重要的影响和价值。因此，与各种积极的信息传媒团队，构建并发展良好的合作关系，已日趋成为广泛领域中组织，卓有成效地推广自身的产品服务，展示或提升良好的运营形象，化解各类运营危机普遍的重要工作。

（九）其他关联专业服务组织群体

随着各类专业技术日新月异的快速发展，及其相互作用或联结的强大力量，对组织全局进程或成就日益显著的重要影响，组织全面准确地辨识和应对，各类重要的专业资源因素及其关系与变化，已日趋成为持续高质量的运营发展，普遍面临的极其艰难的挑战。

这种背景下，睿智成熟地依据社会运行发展，专业分工与协作的基本原则，远见卓识地推进与各类关联的专业服务团队或群体，积极而密切的合作，无不成为组织运营发展的卓越智慧和强大力量，睿智坚强创造与展示的重要途径。

六、卓有成效地设置积极的合作方式

自身资源能力积极有效的提升和展示，持续高质量运营发展进程睿智坚强的创造，任何组织无不需要与广泛的团队或群体，卓有成效的积极合作方式，远见卓识的辨识、设置和推进坚强有力的支撑。通过长期的不懈探索和实践，人们已经睿智成熟地创造，各类组织或群体相互间，诸多行之有效的积极合作方式。

按照相应的广度或深度，不同组织或群体相互间的合作，通常包括整体组织群体的合并与重新组编，新的组织机构共同合资组建，特定运营项目的合作承担，整体产品服务产业链的合作，相同目标对象不同产品的合作推广，专业工作运行或管理的委托，具有共同需求的特定合作约定等积极有效的方式（图6-12-2-7）。

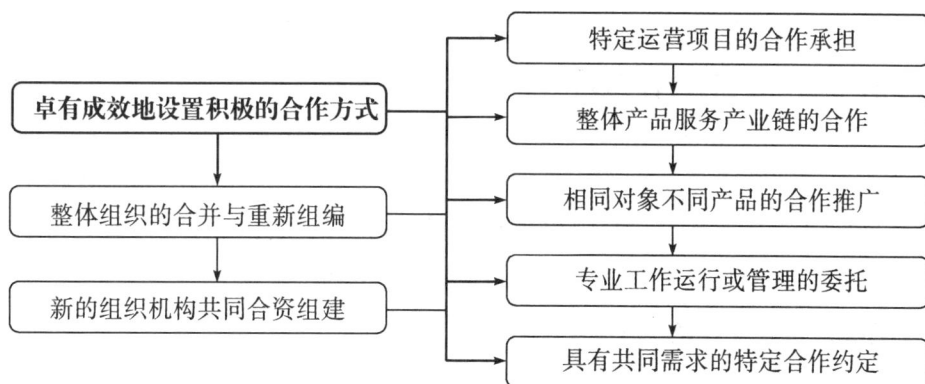

图6-12-2-7 **卓有成效地设置积极的合作方式**

（一）整体组织的合并与重新组编

不同的组织或群体，为了共同的意愿和使命，所远见卓识推进的运营资源的完全合并及其重新组编，通常能够卓有成效地提升和展示，更为强大的运营发展的资源能力，从而形成外部环境及其变化，更为睿智坚强辨识和应对的智慧与力量，并以此成为对合作各方的组织或群体，普遍最具深远运营或发展影响的合作方式。

广泛的实践中，合并的合作方式，通常源自单个的组织或群体，凭借自身现有显著薄弱的资源能力，已明显难以卓有成效地应对，持续变化的外部环境艰难挑战的背景，并放眼于组织或群体，更具长远运营发展高质量价值，睿智坚强创造积极成熟的思维意识。

（二）新的组织机构共同合资组建

根据外部环境产品服务需求的变化发展，不同的组织或团队，依据自身运营的全局战略，及其专业资源能力的构成实际，在相同或相近运营发展基本信念和价值观的基础上，为了充分展示各自运营资源能力的优势，并以此卓有成效地满足外部产品的需求和变化，而分别投入一定的运营资源，所组建新的运营组织机构的合作方式。

显而易见，共同投入运营资源合资组建的新的组织机构，通常能够充分运用合作各方的优势运营资源能力，尤其是在专业技术、管理方式、人力资源、地域因素等重要领域，展示出积极而强大的运行力量，因而已日趋成为不同组织或团队，广泛而重要的合作方式。

（三）特定运营项目的合作承担

一项复杂艰巨工作任务的完成或目标的实现，如果涉及广泛的专业技能或庞大的资源投入，无不极易给相应的组织团队，带来不可逾越的艰难挑战，及其难以承受的巨大风险。这种背景下，多个组织或团队通过相应的责任、权力与利益，卓有成效的设置和界定，以共同承担特定复杂而艰难的运营项目，就普遍成为一种行之有效的合作方式。

（四）整体产品服务产业链的合作

在社会运行的分工与协作，日益深入而成熟的背景下，产品服务产业链的形成，已日趋成为广泛领域中组织，最为普遍而积极的合作方式。换言之，任何产品服务，为终端目标对象所使用或消费，都必将经历一系列专业环节所形成的产业链，对其价值持续创造和积累的过程；任何组织或团队，都必将成为特定的产业链中，局部专业环节的运行组成。

因此，全面准确地辨识和把握，并以此卓有成效地推进，整体产业各类群体的密切合作，就普遍成为组织持续高质量运营发展，睿智坚强创造的重要途径与任务。

（五）相同对象不同产品的合作推广

产品服务卓有成效的外部推广，是广泛领域中组织持续高质量运营发展，普遍面临的重要而艰难的挑战。俗话说人多必然势众，对于具有相同目标区域或对象的不同产品服务，采取联合推进、相互支持的合作推广方式，无疑能够吸引更多潜在目标对象的关注，有效营造更为浓烈而积极的氛围，从而创造一定资源投入基础上，更为丰硕的产品推广成果。

（六）专业工作运行或管理的委托

在组织的运营发展进程中，时常会面临一些专业性较强，自身又难以短期构建和发展，或需要投入相当的资源力量，而显著偏离既定战略路线的必要工作。这种背景下，把相关专业工作的运行或管理，委托给相应的专业组织或团队，无疑是项极其睿智而理性的选择。

（七）具有共同需求的特定合作约定

各种因素的密切联结或作用，是一切事物运行变化最为根本而强大的动力。在整体社会文明进步及各项科技发展日新月异的背景下，各种行业各类组织持续高质量的运行发展，无不需要广泛而积极的密切合作，坚强有力的支撑。

事实上，根据组织运营发展内外的具体实际和需要，按照社会与行业运行的基本规范准则，睿智成熟地辨识并约定，各种灵活多样富有成效的特定合作方式，无不成为组织运营发展整体强大的智慧与力量，积极坚强创造和展示的重要途径。

七、诚信及支持合作伙伴的运营发展

任何组织持续稳定的运营发展，都必定拥有重要的合作伙伴。卓有成效地铸建和展示，强大的运营发展智慧与力量，组织无不需要睿智成熟地洞察和辨识，人的团队所具有的浓厚情感与友谊的根本特征和倾向；诚信是密切的情感与友谊，积极构建和发展普遍的坚实基础；相互尊重是一切积极合作的坚强保障；忠恕是任何密切持久的合作，睿智坚强铸就的强大动力；困境中坚强有力的支持，更具积极而宝贵的价值，并以此远见卓识地缔造和发展，积极而坚强的合作同盟（图6-12-2-8）。

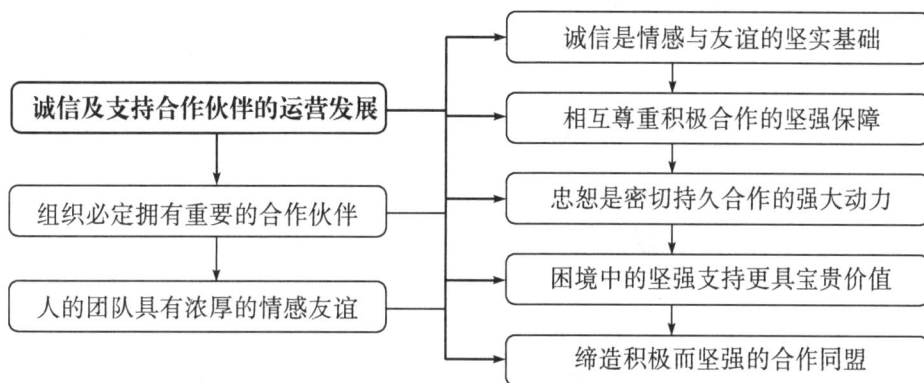

图 6-12-2-8　诚信及支持合作伙伴的运营发展

（一）组织必定拥有重要的合作伙伴

任何组织持续高质量的运营发展，无不拥有相互密切支持的重要合作伙伴。实践中，重要的运营合作伙伴，通常体现着三个方面的显著特征：

1. 具有相同或相近的运营基本理念与价值观，并且建立了良好的运营合作关系，即在组织需要时，总是能够得到及时有力的支持和帮助；

2. 在组织运营发展的进程中，相互间的合作关系，普遍占据着极为重要的地位。尤其是在专业资源能力的积极提升和展示，产品性能品质的构成技术或构造工艺，以及产品服务外部推广等重要运行环节，具有显著的重要影响；

3. 普遍成为组织全局运营战略，卓有成效设置和推进的重要依靠力量。

（二）人的团队具有浓厚的情感友谊

人们通常能够成熟地辨识和深切地体会，密切的情感与诚挚的友情，在个人工作和生活中的重要价值。然而，迄今为止，人们却时常受到引导并认定，人所构成的组织或团队，唯有利益的存在和关系。显然，浅显的利益关系思维意识，无不成为组织相互间的密切支持与合作，远见卓识辨识和推进显著的侵蚀性力量。

事实上，任何强大组织或团队成长壮大的进程中，无一没有受到具有积极的情感和友谊，密切合作伙伴坚强有力的支持。具有浓厚情感与友谊的根本特征和倾向，人所构成的组织或团队，在共同的风雨征程中，所结成的密切合作与积极支持的伙伴，无疑能够展示出比单个组织，独自应对各种复杂艰难的运营挑战，更为睿智坚强的智慧和力量。

（三）诚信是情感与友谊的坚实基础

睿智成熟地立足于内外具体的客观实际，所积极推进的事物高质量运行发展的执着探索，并坚定执守由此而做出的各种庄重行为承诺的诚信品德，无不成为广泛人们的密切情感与友谊，卓有成效铸建和发展的坚强基石。换言之，一个人傲视客观的具体实际，哗众取宠地给出种种令人目眩的承诺，继而却轻易地予以推翻和背叛，无不将坠入众叛亲离难以立身的悲惨境地。

同样，对于各种要约或承诺的合作意愿，是组织对内外全局形势及其变化发展，睿智成熟辨识和判断的积极选择。对它们的诚信执守，无不成为组织相互间的密切情感、友谊与合作，积极有效构建和巩固的坚实基础。事实上，背离诚信的基本准则，是任何价值观念或意识，都难以接受和容忍的卑劣行为。

（四）相互尊重积极合作的坚强保障

任何组织或团队，无论处于何种行业与运营发展的阶段，都必将拥有自身内外独特的资源因素构成，及其关系与变化的具体实际，以及由此形成的全局运营战略，各专业环节的运行与协作的方式。因此，以相互平等的积极思维意识，尊重合作伙伴运营发展，基本价值观念、全局战略或专业运行方式的选择，无不成为一切密切积极的合作，远见卓识构建和发展的坚强保障。

（五）忠恕是密切持久合作的强大动力

忠恕不仅是人们相互交往中的高尚品质，而且也是广泛的组织或团队，密切持久合作普遍的强大动力。所谓忠，通常是指对于合作伙伴能够尽力而为，在保障自身正常合规利益和稳定运营的基础上，竭尽所能地支持和帮助对方；所谓恕，就是指能够将心比心，始终远见卓识地立足于合作伙伴的基本立场，睿智成熟地选择和推进，相互合作积极的思维与行为方式。

忠恕并非偏颇地要求合作各方，无视自身长远根本的利益，及其运营发展的全局要求，而试图替代对方的运营智慧和力量，及其奋发进取的艰辛努力。而是睿智成熟地立足于，自身运营和发展的全部积极价值，无一不是对合作伙伴远见卓识的服务和支持，而得以卓有成效创造的根本立场。因此，睿智坚强地支持和帮助广泛的合作伙伴，已日趋成为成就自身运营发展的卓越价值，普遍的关键途径和强大动力。

（六）困境中的坚强支持更具宝贵价值

对合作伙伴卓有成效的支持和帮助，是自身运营发展的强大力量与良好机遇，远见卓识创造的重要途径。攀登运营发展的瞩目高峰，任何组织或团队，都必将难以避免暴风骤雨的严重侵袭。对困境中合作伙伴的鼎力支持，无不能够积极成就难以磨灭的深厚情感和友谊，从而睿智坚强地创造密切同盟背景下，自身运营发展的强大力量。

俗话说，雪里送炭真君子，锦上添花乃小人。唯有困境中的坚强支持与帮助，才能卓有成效地激发，合作伙伴超越暂时运营艰难的坚定信心，以及奋发进取的顽强精神力量，因而展示出更具积极而宝贵的价值。

（七）缔造积极而坚强的合作同盟

积极而坚强的合作同盟，无论是超越严峻的运营挑战，还是攀登峨巍的发展高峰，无不成为组织整体的运营资源能力，卓有成效提升或展示的重要途径和强大动力。

事实上，受到浅显狭隘思维意识的限制，完全凭借自身有限的资源力量，无不极易被前行征途中的惊涛骇浪所无情吞噬。而积极坚强的合作同盟，则能够卓有成效地支持和推动，组织运营发展智慧力量质的提升与展示。因此，远见卓识地缔造和发展，积极而坚强的运营合作同盟，普遍成为组织卓越的全局进程或成就，睿智坚强创造的关键途径和任务。

第三节　铸建完整高效的产品价值通道

产品价值远见卓识的辨识和创造

任何组织持续高质量的运营发展，无不需要卓越的产品价值，远见卓识辨识和创造坚强有力的支撑。通过长期广泛的探索与实践，人们已经日趋普遍而成熟地意识到，持续高质量产品价值的积极创造或提升，无不需要完整高效的产品价值及其通道，卓有成效辨识、铸建与发展坚强有力的支持。事实上，广泛的实践中，组织运营发展战略性的挫折或失败，普遍与其产品价值及其完整通道，睿智积极辨识、构建或运行的显著缺陷，存在着根本而密切的关联。

本节以组织产品价值形成的系统性思维，从价值通道的概念及其运行的关键作用着眼，首先分析了价值通道的信息系统，卓有成效构建与发展的关键决定性价值。

在此基础上，按照产品价值的识别、构造、实现与发展，一般性的流程或程序，逐步探讨了产品目标对象的需求特征，及其变化趋势全面准确的辨识；产品价值构造的专业方案，卓有成效的设计与实施；产品价值实现的外部推广与传输渠道，积极有效的构建和运行；与广泛的产品目标对象密切的合作关系，睿智成熟的构建和发展等，完整价值通道包含的若干重要组成，及其高质量铸建与运转，所应遵循的关键原则和采取的有效方法（图 6-12-3-1）。

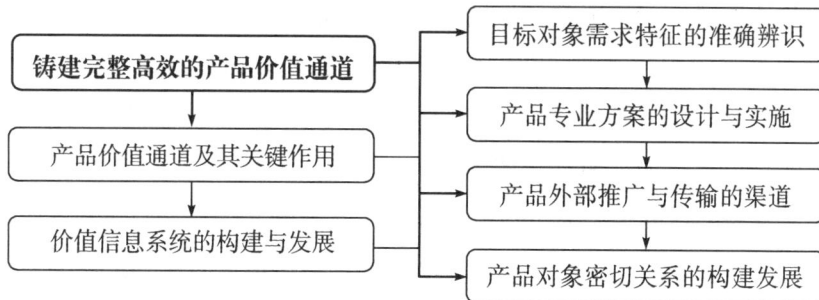

图 6-12-3-1　**铸建完整高效的产品价值通道**

一、产品价值通道及其关键作用

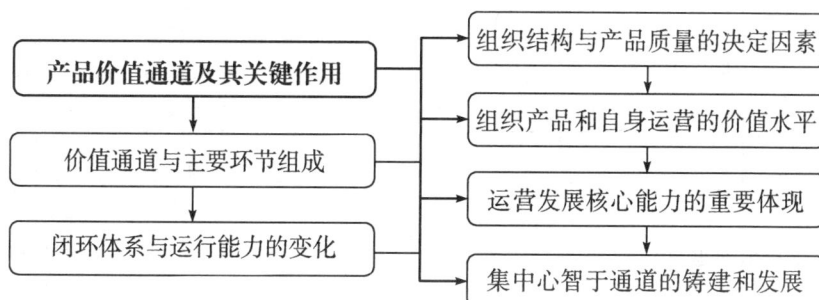

图 6-12-3-2　**产品价值通道及其关键作用**

卓有成效地推进产品价值通道的积极铸建、运行和发展，领导人无不需要对它的主要环节组成，及其密切联结或融合的闭环体系，整体运行能力持续变化的显著特征，以及价值通道的构成形式和运行效率，对组织整体运营结构与产品质量，及其组织产品和自身运营的价值水平，普遍根本而关键的决定性影响，从而成为组织运营发展核心能力的重要体现，予以全面深入洞察和辨识睿智坚强的支撑，并以此集中心智于它的铸建、运行和发展持续高质量的进程。

（一）价值通道与主要环节组成

产品的价值通道，就是依据组织的产品服务，及其自身整体运营价值持续高质量创造，所普遍涉及的价值辨识、构造、实现和提升，若干重要环节的组成密切联结和融合，所形成的完整的价值创造体系。显然，任何组织卓有成效的运营发展，无不需要高质量产品价值通道坚强有力的支撑。广泛的实践中，产品价值的通道，通常具有以下的重要特征或表现：

1. 产品或服务价值的创造，是价值通道功能的直接体现。而组织整体运营发展高质量价值的创造，则是它的全部智慧和力量的根本展示；

2. 它所包含的若干相互联结与支持，又相互对立和制约的运行环节，构成了具有高度创造智慧和力量的完整价值体系；

3. 产品价值通道，普遍包含着价值信息的传输系统；产品目标对象需求特征的辨识；产品构造专业方案的设计与实施；产品外部推广与传输的渠道；产品对象密切关系的缔结与发展等重要运行环节。

（二）闭环体系与运行能力的变化

产品价值通道的积极铸建和运行，具有显著全局性的重要特征。换言之，通道各环节组成的密切联结与作用，共同构成了组织产品或运营价值创造完整的闭环体系。同时，通道体系整体的铸建质量和运行能力，还普遍受到广泛的内外资源因素及其作用，持续变化的显著重要影响，而呈现出组织产品与运营的整体价值，卓有成效创造的不同进程或发展阶段。

因此，高质量地推进组织产品或运营的价值体系，远见卓识的铸建与发展，无不需要睿智成熟的全局思维意识，坚强有力的支持和推动，并以此深入准确地辨识与把握，价值通道的闭环体系及其运行能力的动态变化，根本而显著的重要特征。

在组织持续运营发展的进程中，通过信息系统积极有力的支持，从目标对象需求的辨识，经过产品价值构造方案的设计与实施，产品价值实现的外部推广与传输，直至与广泛目标对象密切关系的构建，从而成功地体现出组织产品与运营的价值。至此，通道的运行流程并未结束，它还需要把目标对象产品反应与需求变化的信息，及时准确地反馈至价值通道新的起点，并以此构成完整的价值闭环体系（图6-12-3-3）。

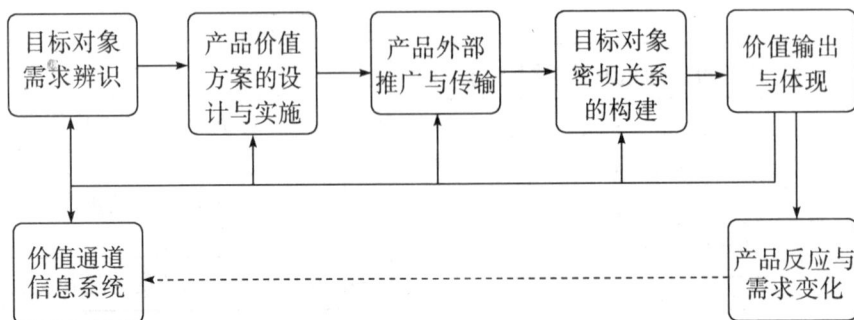

图 6-12-3-3　**价值通道的闭环体系**

（三）组织结构与产品质量的决定因素

广泛的实践中，组织任何专业运行环节及其相互间关系的设置，无不源自整体产品服务和运营发展，高质量价值卓有成效创造的根本目的。换言之，任何专业运行环节，都必须能够在组织产品和运营的整体价值，积极有效的辨识、构造与推广的通道体系中，有效承担某项特定专业性的功能与职责。因此，价值通道的构成形式，普遍成为组织整体运营结构的关键决定性因素。

不仅如此，依据目标对象整体需求积极满足的根本立场，产品的性能、品质、价格及其获取便利等各项重要因素，所形成的组织产品服务的整体质量，无不从根本上取决于完整价值通道的铸建水平或运行效率。事实上，任何产品服务满足目标对象需求的质量缺陷，无不源自价值通道某个环节运行能力的显著薄弱。

（四）组织产品和自身运营的价值水平

组织运营的价值通道，无一不是为了睿智积极地创造，组织产品服务与整体运营，持续高质量价值的根本目的，并通过对价值的辨识、设计、构造、实现和提升等运行程序，以及各环节工作高效运行及其密切联结或作用卓有成效推进，所形成的价值创造和发展的完整闭环体系。因此，它普遍成为组织产品和自身运营整体的价值水平，最为直接和关键的决定性因素。

（五）运营发展核心能力的重要体现

广泛的实践中，无论处于何种复杂多变的内外环境，持有怎样的运营信念、使命或全局的战略，组织运营发展的根本与实质，都在于有效通过目标对象的需求特征与变化趋势，全面准确的辨识和把握，以及自身整体专业运营能力，卓有成效的构建与展示，并以此为目标对象提供高质量价值的产品和服务，从而充分展现自身运营发展的积极价值。

因此，旨在推进目标对象需求远见卓识的辨识，高质量产品价值睿智积极的设计、构造与展示，高效价值通道体系卓有成效铸建和运行的整体质量，就普遍成为组织运营发展核心能力的重要体现。

（六）集中心智于通道的铸建和发展

价值通道体系是密切高效地联结，各种内外资源因素的重要途径和强大动力。它的卓有成效铸建、运行与发展，无不对组织整体产品和运营的高质量价值，以及卓越的全局进程或成就睿智坚强地创造，具有普遍关键的决定性影响。因此，任何背景下，领导人无不需要殚精竭虑集中心智，努力超越各种扑朔迷离的因素，及其关系与变化的干扰或限制，把自身职业的关注焦点和思维重心，睿智成熟地置于整体价值通道体系，持续高质量的铸建、运行与发展。

二、价值信息系统的构建与发展

任何产品价值通道体系卓有成效的铸建和运行，无不需要高质量价值信息系统，远见卓识构建与发展坚强有力的支撑。事实上，在日趋复杂多变的环境中，价值信息系统已日益成为完整产品价值通道，睿智坚强的铸建和发展，不可或缺的关键组成和强大动力。

广泛的实践中，价值信息系统远见卓识的构建与发展，普遍需要若干重要的原则，及其高质量运行的要求和方式，全面准确的辨识与把握，并以此对产品对象的构成分布、需求特征及其变化趋势，产品服务构造进程中的资源组成与关系结构，产品外部推广与传输渠道的构成与运行效力，以及政策法律、行业状况和科技发展等，与产品价值卓有成效创造和提升，密切关联的因素及其关系的重要信息，睿智成熟的摄取、分析与辨析坚强有力的支持。

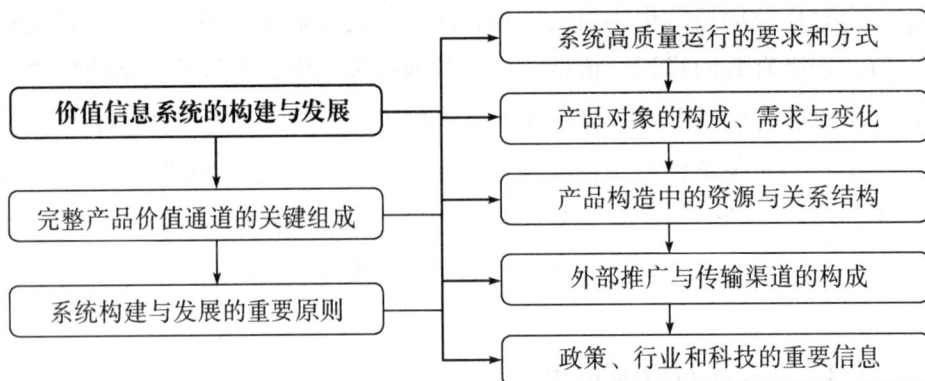

图 6-12-3-4　价值信息系统的构建与发展

（一）完整产品价值通道的关键组成

在社会各领域日新月异快速发展，以及相互间作用或影响日益广泛深入的背景下，对内外各类重要资源因素及其关系与变化的信息，全面准确的摄取、辨识和运用，正日趋成为组织产品与运营高质量价值，卓有成效辨识、创造和提升的关键途径和强大动力。因此，涉及产品与运营价值，积极有效识别、创造与提升的价值信息系统，在复杂多变的环境中，已成为组织运营价值通道体系，睿智坚强铸建与发展的关键组成和决定性因素。

（二）系统构建与发展的重要原则

产品价值信息系统，通常需要承担复杂多变环境中，组织产品与运营的整体价值，持续高质量创造和提升的关键任务。它的卓有成效构建与发展，无不需要一系列重要原则及其形成的背景，全面准确的辨识和把握坚强有力的支持：

1. 组织独有特征：卓有成效地推进组织产品与运营价值，持续高质量的创造或提升，信息系统无不需要依据内外环境的具体实际，予以睿智成熟的构建、运行与发展，从而形成具有组织具体运营实际独有的显著特征。

2. 循序渐进构建发展：价值信息系统，通常涉及与时俱进错综复杂的因素、关系或变化，并极易给全局战略的设置和推进，带来严重的负面影响。因此，它的卓有成效构建与发展，通常需要坚持循序渐进的基本原则。

3. 科学适用性原则：信息系统的构建发展，无不为了组织产品与运营价值，卓有成效创造和提升的根本目的。同时，它对价值创造或提升强大的支持力量，睿智坚强地铸就和展示，无不需要遵循产品价值通道各专业环节的构成，及其关系或变化的具体实际和蕴含的客观规律，并以此形成自身科学适用性的重要原则。

4. 完整运行系统：组织产品或运营价值的关键决定性因素，广泛的实践中，通常不是取决于拥有了若干的重要信息，而是丢失了多少关键的信息。因此，持续高质量地推进产品与运营价值的积极创造和提升，信息系统必须涵盖整体产品价值通道，各专业环节的运行及其关系与变化所有重要的信息，并以此体现出自身完整系统性的组成和运行的显著特征。

5. 先进技术的运用：在日趋复杂多变的环境中，为组织产品与运营的整体价值持续高质量的创造或提升，提供坚强有力的支持，信息系统的构建和发展，无不需要引入并运用行业或信息技术，各类先进的研究与实践成果。其中，几乎不受限制地储存、处理和检索，大量信息的计算机互联网络，已日趋成为价值信息系统不可或缺的重要工具。

（三）系统高质量运行的要求和方式

积极推进信息系统卓有成效的构建与发展，广泛的实践中，无不需要对其高质量运行的要求和方式，全面准确辨识与把握坚强有力的支撑：

1.重要工作信息的全面性：旨在推进组织产品或运营的整体价值，持续高质量创造和发展的价值信息系统，必须包含整体价值的辨识、构造、实现与提升，各专业环节的运行及其关系与变化各类重要的信息。

2.重要信息的准确完整性：信息系统高质量的构建与发展，必须以各类重要信息准确完整的摄取为基础。缺乏重要信息摄取准确完整性坚强有力的支撑，任何形式信息系统的实践价值，都必将受到极其显著的限制。

3.重要关系与变化模型的设置：任何孤立的信息，都必将难以创造或展示高质量的实践价值。因此，信息系统卓有成效的构建与运行，必须能够根据产品和组织运营价值创造的内外实际，构建或设置各类重要因素的相互作用关系，以及对整体工作变化发展影响的运行模型。

4.各类专业性问题的应对方式：为组织产品与运营的价值，持续高质量创造或发展提供坚强有力的支持，信息系统还必须全面准确地设置，各类专业性问题有效应对的积极方式。事实上，如果不能从重要因素相互作用的关系，及其对整体工作运行变化影响的信息模型中，卓有成效地得到各类专业性问题，积极应对方式坚强有力的支持，那么，整体信息系统的实践价值或力量，无不将会受到极大的限制。

5.持续的提升与改进：在各类资源因素层出不穷，各种关系与变化日新月异的复杂运营环境中，如果缺乏持续高质量提升与改进坚强有力的支撑，显然，任何曾经卓有成效的信息系统，都必将逐步丧失组织产品与运营价值，远见卓识创造或发展，强大的支持和推动力量。

（四）产品对象的构成、需求与变化

产品目标对象是组织产品与运营价值，远见卓识辨识、构造、推广和提升，各项专业工作运行的根本基础与指针。产品对象信息高质量的设置，既应包含组织产品对象的现有构成，也需涵盖未来推广的分布结构；既应包含产品对象自身的需求因素，也需涵盖产品选择的外部影响因素；既应包含目标对象对组织产品的选择情况，也需涵盖目标对象对同类或替代产品的选择状况；既应包含产品对象当前的需求特征，也需涵盖目标对象需求的变化趋势。其中，目标对象自身的需求因素，通常占据着所有因素的核心位置。

（五）产品构造中的资源与关系结构

产品服务构造进程中的信息，通常需要包含各类有形、无形与人力资源的构成，及其相互联结与作用方式或关系的结构，各专业环节工作运行的实时状况，以及运行质量或业绩的评价方式和标准。各专业环节潜在的积极与限定性因素，以及相应的表现和有效的专业应对措施与方法，尤其应该作为信息构成的重点内容。

根据专业资源及其作用的表现，并通过它们构成与关系结构深入细致的分析，从而卓有成效地创造整体资源构成，高质量产品价值积极构造强大的支持与推动力量，普遍成为信息系统的构建质量和运行水平，以及领导管理者职业智慧或才能的重要体现。

（六）外部推广与传输渠道的构成

产品外部推广与传输渠道的构成及其运行质量，普遍受到目标对象的产品需求与选择特征，各类合作伙伴的运营能力和水平，以及同类或替代产品的竞争等，诸多难以控制因素错综复杂的重要影响，并对产品价值的实现或提升，具有普遍关键的决定性影响。

因此，产品外部推广与传输的信息系统，卓有成效的构建与运行，通常需要包含一定产品的推广方式，产品传输渠道长度与宽度的结构，以及不同时间与区域的背景下，目标对象对产品推广的整体响应状况等，各种重要因素及其关系，高质量信息参考模型有效构造坚强有力的支持。

（七）政策、行业和科技的重要信息

政府的管控政策与法律，行业内的资源供给及其同类或替代产品，以及产品构造科学技术的发展成果，无不对组织产品与运营价值的创造或提升进程，具有普遍显著的重要影响。因此，完整的价值信息系统，无不需要包含政策、行业和科技等，对产品价值的创造或提升，具有显著影响的各类重要信息。

三、目标对象需求特征的准确辨识

目标对象是任何组织产品与运营价值，卓有成效实现或提升的关键基础和决定性因素。因此，对目标对象的需求特征与变化趋势，全面准确地辨识和反映，就成为价值通道高质量铸建与发展普遍的首要任务。

目标对象对产品的需求，通常受到自身因素形成的基本特征，以及若干外部因素对产品选择与接受共同的决定性影响。因此，全面准确地辨识目标对象的需求特征，通常需要根据内外影响因素的具体实际，卓有成效地构建目标对象，接受与使用产品的分析模型，并通过一定的实践验证，对其予以进一步完善和确认。

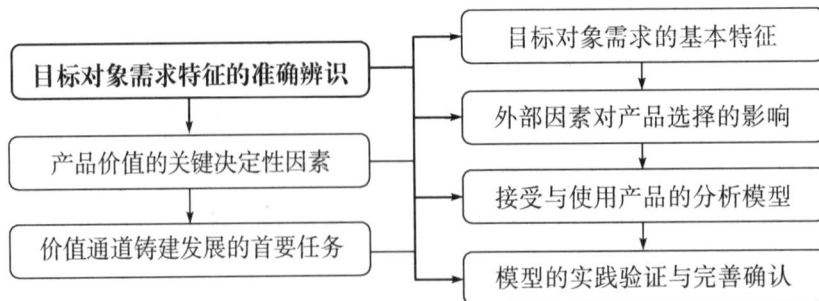

图 6-12-3-5　**目标对象需求特征的准确辨识**

（一）产品价值的关键决定性因素

随着科学技术日新月异的进步，以及专业化运行方式的快速发展，整体社会各类产品的生产制造能力，也得到了前所未有的显著提高，以至于各类产品相对于需求的明显过剩，已日益成为广泛领域中组织的运营，及其整体社会持续高质量运行发展，最为重要的限制性因素之一。这种背景下，目标对象无不成为组织产品或运营价值，卓有成效实现和提升普遍关键的决定性因素。

因此，全面准确地辨识和把握，目标对象的需求特征与变化趋势，并以此睿智坚强地提升和展示，自身强大的专业运营能力，就普遍成为广泛组织的产品与运营价值，有效实现和发展的关键途径与核心任务。

（二）价值通道铸建发展的首要任务

任何背景下，唯有对目标对象的需求特征及其变化趋势，形成全面准确的辨识和把握，才能卓有成效地根据自身内外资源因素的构成，积极设计和构造并有效推广或传输高价值的产品服务，并以此睿智坚强地推进组织产品与运营价值，创造和发展持续高质量的进程。

尽管如此，由于目标对象通常存在于广泛的外部空间，产品服务的需求、选择或接受，又普遍受到自身及其外部诸多因素错综复杂的重要影响。广泛的实践中，因为缺乏强大专业能力的有力支持，人们时常只能对至为关键的目标对象的需求特征、影响因素和变化趋势，采取直观或浅显的表象分析与判断。显然，这无不极易把组织产品与运营价值的创造和发展，以及运营的全局推入极其被动而艰难的境地。

因此，睿智成熟地辨识和把握，目标对象的需求特征与变化趋势，无不成为广泛领域中组织，高质量价值通道远见卓识的铸建与发展，普遍的首要任务和坚实基础。

（三）目标对象需求的基本特征

全面准确地识别和把握，目标对象源于自身的因素，所表现的产品服务需求的基本特征，无不成为广泛的产品价值，远见卓识地辨识、构造、推广与提升，普遍的重要基础和强大动力。不同的产品目标对象，无不存在各自需求的基本特征。对其中客观和主观因素的构成，深入的洞察与积极的把握，普遍成为需求的基本特征，睿智成熟分析或辨悉的重要途径：

客观的需求因素通常包括：

1. 满足生活、工作与学习的某项需求；

2. 再生产或增值的需要；

3. 受到购买能力的影响；

4. 购置的便捷或方便；

5. 自身因素对产品服务某些特定性能的偏好；

6. 决定购买与实际使用的分离。

主观的需求因素主要表现为：

1. 显示或象征某种特定的身份；

2. 具有一定区域或品牌等产品的情感倾向；

3. 更高产品性价比的追求；

4. 产品的性能品质易于分辨。

不同产品目标对象需求的基本特征，通常包含上述主客观多种因素，不同权重的组合。对它们的相互影响与密切联结，所形成的整体复杂的需求特征，全面准确的分析和辨识，时常需要根据目标对象的需求实际，构建辅助的图表或模型，给予积极有效的支持。

（四）外部因素对产品选择的影响

目标对象对产品的选择或接受，除了自身需求的基本特征外，还普遍受到若干外部重要因素显著或决定性的影响。准确辨识这些因素及其影响的程度，无不成为自身产品与运营价值，远见卓识创造和发展不可或缺的重要任务。

1. 产品的性能品质。无论是否存在真实与客观的需要，追求高质量性能与品质的产品服务，无不成为人们产品选择普遍的关键因素；

2. 同类产品的竞争。同类产品的竞争，显著扩展了目标对象产品的选择空间，却普遍成为提供者的产品价值，积极有效实现的重要限制性因素；

3. 产品的替代品。当未知或难以便利地得到相关的产品服务，或者替代产品能够更为积极地满足自身的需求，人们通常就会选择相应的替代产品；

4. 政治法律因素。随着社会文明进步的发展，政治法律因素正前所未有地影响着人们，对产品价值的判断和产品的最终选择；

5. 文化习俗因素。文化素养和传统习俗，对人们思维与行为的方式，具有普遍重要而显著的影响，并因此成为他们产品需求和选择的重要因素。

（五）接受与使用产品的分析模型

睿智坚强地铸建并确立，自身产品与运营价值的创造或发展牢固的主动地位，价值通道无不需要依据组织运营内外的客观实际，以及产品服务性能与品质的具体特征，卓有成效地构建目标对象，产品的认知、接受与使用高质量的分析模型。

分析模型高质量的构建与发展，实践中，通常需要包含以下主要的工作程序和内容：

1. 模型构建或发展，调研分析的涉及区域、目标对象和主要内容，以及推进方式的设置；

2. 目标对象基本的需求特征与选择的主要影响因素；

3. 目标对象对产品及其性能品质信息的感知途径或方式；

4. 产品价值的认可程度及其主要影响因素；

5. 产品的选择渠道或途径；

6. 产品接受的环境条件及其影响因素；

7. 产品使用的行为方式与过程；

8. 产品使用的满意度状况。

（六）模型的实践验证与完善确认

产品接受与使用的分析模型，积极有效的构建和发展，无不受到目标对象诸多内外复杂因素，及其相互作用和持续变化显著而重要的影响。同时，它的运行推演的高质量成果，又普遍成为组织产品与运营的整体价值，卓有成效创造或提升的重要依据和强大动力。因此，根据组织产品与运营的具体实际，对其给予一定专业、范围或深度的实践验证，并以此予以进一步完善和确认，就普遍成为它的睿智成熟构建或发展，不可或缺的重要工作和任务。

四、产品专业方案的设计与实施

专业方案的设计与实施，是产品服务价值构造形成的核心工作，并以此普遍成为组织整体运营能力的核心组成和体现。它们卓有成效的推进，无不需要睿智成熟地以产品对象的价值意愿，作为一切工作思维或行为的准则和指南。产品方案的设计，必须以自身专业资源和能力为根本基础。价值意愿与资源能力的密切联结和融合，是高质量产品性能品质及其价值，卓有成效设置与构造的关键途径和强大动力。

方案的实施是其设计思维的推进实践，其实质在于产品性能品质的可靠构造，并以此实现产品价值卓有成效的创造。积极提升并充分展示整体资源的潜在能力，并以此睿智坚强地推进，产品性能品质及其价值持续高质量的发展，是整体方案实施工作必须承担的核心任务（图 6-12-3-6）。

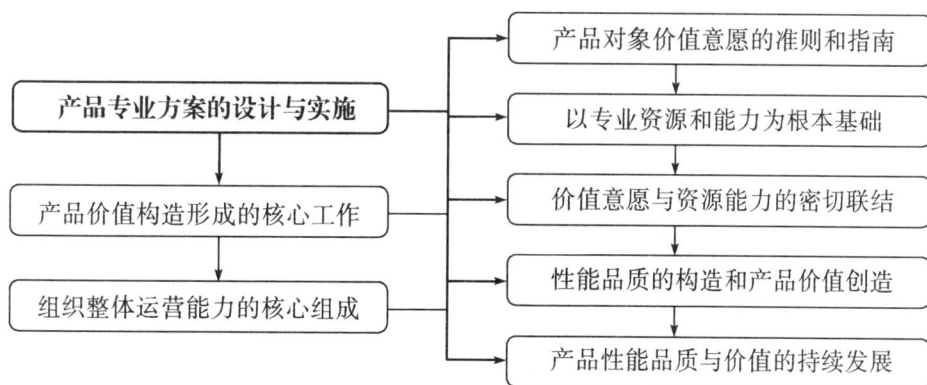

图 6-12-3-6　**产品专业方案的设计与实施**

（一）产品价值构造形成的核心工作

迄今为止，经济领域已经对产品的价值，进行了多种角度或立场，广泛而深入的专业性探索与研究。然而，如果不能睿智坚强地支持和推动广泛的社会群体，远见卓识地辨识、激发或满足人们积极的产品需求，那么，所有探索研究的价值都必将受到极大的限制。

事实上，广泛领域中组织，无一不在竭尽心智殚精竭虑地探索和创造，人们各类产品需求的高质量价值。实践中，它们总是通过产品专业方案的设计，充分展示对目标对象需求价值的深入理解；通过产品专业方案的实施，有效构造并形成产品的积极价值。因此，产品专业方案的设计与实施，无不成为各类产品的积极价值，卓有成效提炼、构造与形成，以及组织整体运营发展的核心工作。

（二）组织整体运营能力的核心组成

任何组织的运营能力，无不集中体现为运营产品服务的积极价值，远见卓识的辨识、提炼和构造的智慧与力量。因此，通过外部目标对象的需求特征与变化趋势，内在各类专业资源能力的构成，及其相互作用或有效发展的潜在力量与价值，全面准确辨识和把握的基础上，产品专业方案卓有成效的设计与实施，无不成为广泛的实践中，组织整体运营能力的核心组成和体现。

（三）产品对象价值意愿的准则和指南

任何组织的产品或运营的价值，广泛的实践中，无不需要产品对象的积极认可并选择，才能得以充分有效的实现。因此，产品专业方案的构思、设计与实施，以及质量的准确评价和验证，都必须坚持以产品对象的价值意愿，作为一切思维或行为的基本准则和指南。事实上，组织运营发展进程中的重大挫折，无不与显著偏离产品对象的真实价值意愿，存在着极其密切的关联。

（四）以专业资源和能力为根本基础

目标对象的需求意愿，只是产品价值的形成或创造的起点。它通常既会给组织高价值的产品设计或创造，及其整体运营发展提供良好的积极机遇，但也必将带来难以逾越极为复杂的艰难挑战。因此，睿智成熟地依据目标对象的需求意愿，准确辨识并牢固立足于自身资源能力的具体实际，就普遍成为产品专业方案卓有成效的设计，以及高价值产品远见卓识的创造，必须遵循的基本原则和关键途径。

（五）价值意愿与资源能力的密切联结

目标对象的价值意愿，与组织的专业运行资源能力，通常横亘着一道显著的鸿沟。产品专业方案的设计，就是努力设置连接它们的稳固桥梁。广泛的实践中，产品的服务性能与品质，普遍成为连接桥梁整体力量的集中体现，并以此从根本上决定着，组织产品和运营发展的整体价值。

换言之，任何睿智成熟的产品专业方案的设计，无不需要全面准确地辨识目标对象的价值意愿，以及自身整体运营资源能力的具体实际，并通过高价值产品性能与品质远见卓识的设计，卓有成效地推进两者间的密切联结。

（六）性能品质的构造和产品价值创造

任何产品的性能、品质和价值，都必须通过一定专业资源或能力，卓有成效的转换、联结与作用，才能得以睿智坚强地创造或展示。产品方案的实施，就是在整体产品设计思维和蓝图的指导下，通过一系列专业技术或工艺的方式与方法，把自身固有的资源能力联结构造成，具有相应性能、品质和价值产品的实践过程。

（七）产品性能品质与价值的持续发展

广泛的实践中，产品实施进程各专业环节运行和密切协作的质量，无不对产品整体性能品质及其价值的水平，具有普遍显著的重要影响。因此，努力推进更为积极的专业管理方式，及其专业运行技术与工艺的方法，以更为有效地提升和充分地展示，各类专业资源及其密切联结的潜在力量，并以此卓有成效地推动，产品性能品质与价值持续高质量的发展，就普遍成为整体方案实施进程中，各专业环节必须承担的核心任务。

五、产品外部推广与传输的渠道

产品服务的外部推广与传输渠道，是目标对象充分有效地获取，产品及其积极价值信息的重要途径，并以此成为产品价值卓有成效的实现或发展，普遍关键的决定性因素，以及完整产品价值通道不可或缺的重要组成。因此，组织无不需要睿智积极地创造，渠道构建和运行的主动地位。

广泛的实践中，向目标对象充分传递积极的产品价值信息，是各种产品推广传输渠道的核心任务；推动目标对象对产品予以有效的选择或接受，是它们运行普遍的根本目的；充分激发目标对象的产品需求，并以此彰显自身产品高质量的性能、品质及其价值，是产品推广与传输基本而又重要的运行方式。产品推广传输渠道，远见卓识的构建和发展，还必须能够成熟牢固地坚持，目标对象、产品特征与自身运营资源能力，密切联结或融合的基本原则（图6-12-3-7）。

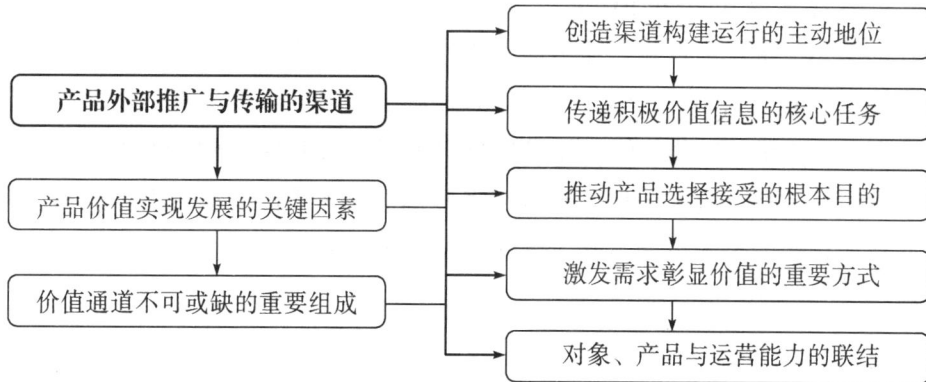

图 6-12-3-7　产品外部推广与传输的渠道

（一）产品价值实现发展的关键因素

广泛的组织实践中，存在一个极其重要的逻辑进程和客观事实：任何精心设计和构造高质量产品的价值，无不需要产品推广与传输渠道，积极有效的构建和运行，并以此坚强有力地推动广泛的目标对象，对产品高质量的性能、品质与价值，予以积极充分的感知和接受，才能得以卓有成效的实现和发展。因此，旨在向目标对象有效传递产品及其积极价值的推广传输渠道，整体的构建质量和运行水平，普遍成为产品价值实现或发展的关键决定性因素。

（二）价值通道不可或缺的重要组成

任何产品被目标对象广泛有效地接受或选择，并以此卓有成效地实现和发展积极的价值，无不需要高质量的产品及其价值，高效传递通道坚强有力的支持和推动。产品的推广与传输的渠道，就是承担向广泛的目标对象，充分有效地传递组织的产品，及其积极价值重要职责的通道。因此，它们普遍成为广泛领域中组织，完整产品价值通道不可或缺的重要组成。

（三）创造渠道构建运行的主动地位

推广与流通的渠道，对产品价值卓有成效的实现和发展，以及组织全局高质量的进程或成就，具有普遍关键的决定性影响。因此，任何背景下，组织都必须集中心智，努力投入最为优质的资源和坚强的力量，睿智积极地创造渠道的构建，及其运行整体工作的主动地位。

睿智坚强地创造或把握，渠道构建和运行的整体主动，组织必须持续探索并有效运用各种积极的方式，努力与广泛的渠道团队或人员，缔结良好稳固的合作同盟，并以此远见卓识地辨识、设置和推进，自身长远运营发展与近期利益的统一关系；自身运营发展与渠道机构或人员的合作关系；不同区域或类型渠道机构相互间的协调关系。

（四）传递积极价值信息的核心任务

受到各种内外因素及其关系和变化，错综复杂的重要影响，人们时常难以成熟深入地辨识或判断，自身真实而准确的价值需求。这种背景下，肩负组织产品或服务的价值，卓有成效实现和发展的核心职责，产品的推广与传输渠道，无不面临着向广泛的目标对象，充分积极地传递组织产品高质量性能、品质及其价值的信息，极其关键而艰巨的核心任务。

事实上，在各类产品服务日益丰富多彩的环境中，如果缺乏产品高质量性能、品质及其价值的积极信息，卓有成效的外部推广与传递坚强有力的支撑，任何卓越产品的价值实现和发展，都必将受到极其显著的限制。

（五）推动产品选择接受的根本目的

由于产品外部的积极推广与传输，通常需要投入相当的资源力量，并受到产品和目标对象关联的诸多因素，错综复杂的重要影响。因此，任何只是源于暂时或表象因素，短视与浅显的推广传输方式，无不极易丧失高质量的实践价值，并成为组织运营全局重要的侵蚀性力量。

广泛的实践中，任何产品推广与传输睿智坚强地推进，无不需要远见卓识地辨识和把握，推动目标对象产品选择或接受的根本目的，并以此细致缜密地分析和设置，整体工作卓有成效的推进方式、程序与进程。

（六）激发需求彰显价值的重要方式

任何背景下，目标对象成熟理性地选择或接受某项产品，无不表现为形成某类产品的明显需求，以及对比并选择有效适应自身特定需求的高价值产品，两个基本而显著的过程。与此相对应，产品推广与传输卓有成效地推进，也应该睿智成熟地依据目标对象的需求状况，积极有效地采取充分激发目标对象的产品需求意愿，以及彰显自身产品高质量的性能、品质及其价值，两种基本而又重要的推进方式。

（七）对象、产品与运营能力的联结

产品推广与传输渠道的构建、运行和发展，通常受到目标对象、产品特征与自身运营资源能力，及其相互关系和持续变化，极其复杂而重要的影响。因此，卓有成效地推进产品推广与传输渠道的积极构建或发展，并以此创造自身产品及其整体运营更高质量的价值，组织无不需要远见卓识地辨识和把握，目标对象、产品特征与自身运营资源能力的实际，并努力推进它们相互间的密切联结或融合。

六、产品对象密切关系的构建发展

产品目标对象，是广泛领域中组织的产品与运营价值，远见卓识地辨识、创造和发展，普遍根本与关键的决定因素。因此，有效构建并持续发展，与广泛产品对象密切的合作关系，就普遍成为组织运营核心能力的重要组成；始终坚持目标对象的根本立场，远见卓识地审视和辨识，自身产品与运营的价值水平，无不成为组织产品价值通道，卓有成效铸建和发展的关键途径。

睿智成熟地构建并发展与目标对象的密切关系，广泛的实践中，通常需要成熟强大的产品推广与服务队伍的建设，产品对象真实需求和变化趋势的准确辨识，以及与产品对象密切关联的推广服务工作，积极的规范或标准卓有成效设置和推进坚强有力的支持（图6-12-3-8）。

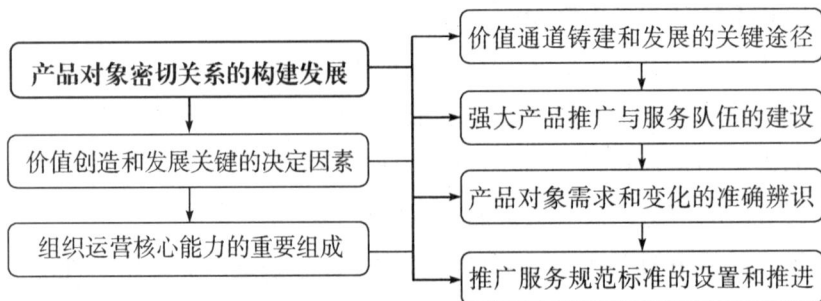

图 6-12-3-8　**产品对象密切关系的构建发展**

（一）价值创造和发展关键的决定因素

目标对象及其需求，是任何组织的产品与运营价值，远见卓识的辨识、构造和实现，最为根本而关键的决定性因素。缺乏目标对象的积极需求，对产品选择或接受的有效支持和推动，任何组织精心设计与构造的产品，及其奋发努力的运营价值，都必将难见天日。

同样，任何组织产品与运营价值卓有成效的发展，也无不从根本上源自，更为广泛的目标对象，在更高数量或质量的形式上，对组织创造或提供的产品服务，积极有效的选择或接受。因此，产品的目标对象，无不成为组织的产品与运营价值，睿智坚强的辨识、创造和发展，最具根本与关键的决定因素。

（二）组织运营核心能力的重要组成

通过长期的实践，人们已经日趋普遍而成熟地意识到，组织的运营能力并非主要地意味着，某项领先技术、性能或品质产品的有效创造，或者一次性与短期丰厚收益的获取，而是从根本上体现为，自身产品与运营价值有效实现的连续性，及其价值持续高质量发展的强劲趋势。

因此，卓有成效地构建和发展，与广泛的目标对象密切合作的良好关系，在各类产品服务竞争日趋激烈的环境中，已日益成为组织高效的产品价值通道，以及整体运营核心能力的重要组成。

（三）价值通道铸建和发展的关键途径

目标对象的需求意愿和产品的价值，普遍受到目标对象诸多内外因素，及其关系与变化复杂而重要的影响。因此，唯有与目标对象密切关系坚强有力的支持，并以此睿智成熟地立足于目标对象的根本价值立场，才能远见卓识地辨识和把握，组织产品与运营的真正价值；全面准确地识别或判断，自身产品或运营价值的真实水平；积极有效地提升组织运营的整体智慧与力量；卓有成效地推进产品价值通道，持续高质量的铸建和发展。

事实上，究竟浅显短视地保持，狭隘自身利益的思维立场，还是成熟积极地立足于，目标对象根本的价值立场，无不成为组织整体运营发展的智慧与力量，产品价值通道铸建运行的质量和水平，以及全局进程与成就的显著分水岭。

（四）强大产品推广与服务队伍的建设

与目标对象密切关系卓有成效的构建和发展，无不需要对他们的产品需求与价值意愿及其变化趋势，远见卓识辨识和把握的高度智慧，更高质量地满足他们潜在的积极产品服务需求，成熟而强烈的情感意愿和力量，所推进的通畅的沟通与交流，以及娴熟强大的产品服务专业技能睿智坚强的支撑。

因此，成熟强大的产品推广与服务队伍的建设，已日趋成为复杂多变、竞争激烈的环境中，组织与目标对象的密切合作关系，卓有成效构建或发展的重要途径与强大动力。

（五）产品对象需求和变化的准确辨识

远见卓识地洞察与把握，目标对象真实的需求意愿和变化趋势，普遍成为组织与目标对象的密切关系，睿智坚强构建或发展的关键基础和强大动力。广泛的实践中，人们时常通过目标对象需求的调研分析，或者千方百计地收集同行的行为信息，作为自身行动策略的指南。

然而，事实上，目标对象真实的需求意愿或特征，通常是在选择接受产品的过程中，才能得以全面准确的展示；可靠的变化与发展趋势，往往是在后续服务的进程中，才能予以远见卓识的辨识。

（六）推广服务规范标准的设置和推进

与目标对象密切关系卓有成效的构建和发展，普遍受到目标对象、产品价值与自身资源能力，诸多因素及其关系或变化错综复杂的重要影响，并以此成为组织产品价值通道的高质量铸建或运行，普遍艰难而复杂的挑战。

尽管如此，通过长期的实践探索，人们已经日趋广泛而成熟地意识到，思维行为规范或标准远见卓识的设置和推进，无不成为复杂多变的环境中，睿智坚强地辨识与应对，各种重要因素及其关系或变化，普遍的重要途径和强大动力。事实上，那些睿智成熟地创造与目标对象密切关系的团队，无不得到目标对象、产品价值与自身资源能力，全面准确辨识和把握的基础上，高质量的产品推广或服务的规范与标准，卓有成效设置和推进坚强有力的支持。

第四节　全面提升组织的专业技术能力

事物高质量运行辨识和推进的方法

各类专业技术层出不穷的创造及日新月异的发展，使得原本只是人们头脑中的幻想，或是难以想象的事物正在神奇般地成为触手可及的现实。专业技术或能力，从根本上说，就是人们依据特定的条件，对事物高质量运行发展积极辨识和推进的方法。

事实上，任何组织的运营发展，无一不是通过各类专业性技术与能力，睿智积极的辨识、创造和运用，从而把各种离散的资源因素，卓有成效地联结并转化为，能够有效满足人们工作或生活特定需求的产品服务。

本节从专业技术与能力的概念及其重要价值着眼，阐述了任何组织持续高质量的运营发展，必需强大专业技术能力坚强支撑的普遍事实。在此基础上，根据广泛的实践，提出并分别探讨了产品服务的构造方法，是任何组织必须具备的基本技术能力；外部推广的技术能力，决定着组织产品服务的价值水平；人际关系的技术能力，决定着组织运营发展的整体活力；各项专业环节的管理技术，是组织整体技术能力的关键决定因素等，主要的专业技术构成及其特征。

最后，我们还分析了在各类专业技术及其关系与变化，日趋错综复杂艰难挑战的背景下，积极有效地推进组织各项专业环节的运行，及其整体运营技术能力持续高质量的提升或展示，必须睿智成熟地辨识和坚持，专业技术高效与实用性的基本原则（图6-12-4-1）。

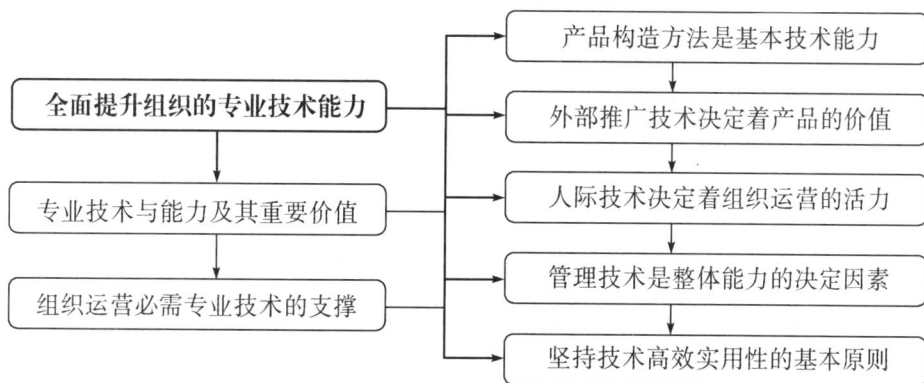

图 6-12-4-1　全面提升组织的专业技术能力

一、专业技术与能力及其重要价值

任何事物运行高质量的辨识和推进，无不需要一定积极的方式或方法坚强有力的支持。事物运行高质量辨识和推进的方式或方法，通常包含并体现着特定的专业知识与技能，并由此形成了各类专业技术及能力，若干重要而基本的特征和要求。

广泛的实践中，专业技术能力，普遍决定着人们工作的质量与价值。对它们卓有成效的掌握，通常需要经历若干有效学习和训练的过程，并以此成为各类工作，高质量推进的重要资源力量，以及人类文明进步的强大支持和推动力量。

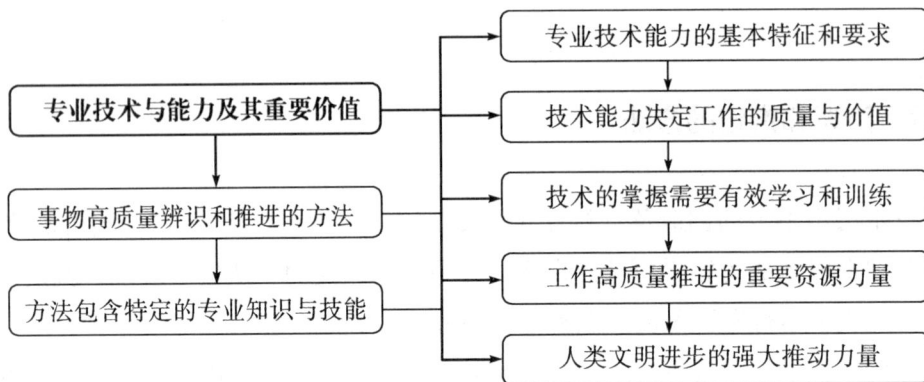

图 6-12-4-2　专业技术与能力及其重要价值

（一）事物高质量辨识和推进的方法

众所周知，采取事物运行变化不同的辨识或推进方法，无不极易使其产生天壤之别的进程和成果。换言之，睿智积极的方式或方法，普遍成为广泛事物的运行发展，卓有成效辨识或推进的重要途径与强大动力。事实上，任何事物运行变化辨识或推进的严重挫折，无不与方式方法的显著缺陷存在着密切的关联。

（二）方法包含特定的专业知识与技能

事物运行发展卓有成效辨识和推进的方式或方法，无不包含并体现着若干特定的专业知识与技能，并以此普遍表现出以下的重要特点：

1. 揭示并符合事物某项本性的特征，及其一定条件下的运行变化规律；

2. 具有辨识或推进事物运行变化更高质量价值的明确方向和目的；

3. 明确界定了事物高质量运行变化的进程和成果，以及所需作用的外部条件及其关系；

4. 需要通过若干不同作用条件背景下，事物运行变化的进程与成果，深入细致的分析、提炼和总结；

5. 具有相应作用条件背景下，该项事物运行变化的高度稳定性。

广泛的实践中，人们通常把包含并体现若干特定专业知识与技能，事物运行变化积极有效辨识和推进的方式或方法，称之为相关工作的专业技术；把相应知识与技能的理解和掌握的水平，称之为相关工作的专业能力。

（三）专业技术能力的基本特征和要求

专业技术及能力，通常体现着专业性、组合性与有效性，重要而基本的特征和要求。

1. 专业性。对于不同的事物，或同一事物不同的工作性质和任务，必须采取不同的专业方法或技术，才能实现预期辨识与推进的积极目标。换言之，以一项事物及其特定工作性质或任务背景下，有效辨识与推进的方法和技术，运用到其他事物，或同一事物不同性质与任务的工作中，必将难以实现预期的积极目标。

2. 组合性。成熟的专业技术在有效支持或推动人们，高质量地辨识和应对复杂的工作中，通常包含并体现着多种专业知识或技能组合的显著特征。因此，技术的创新和发展，普遍地表现为不同的专业知识或技能，更为积极有效的联结、作用与融合。

3. 有效性。显著的实践有效性，是一切专业技术与能力，卓有成效创造与发展，普遍的根本特征和强大动力。为此，杜拉克曾经辩称："技术必须是具体的，必须是一种技能，一种有用的知识而不是一种抽象的理论。学院中的学科并不是一种共同的技术，因为它们是以理论为中心而不是以技能为中心的，它们也不是解决问题的能力。许多企业或政府管理部门往往也把技术解释得过于广泛，他们认为技术就是意味着'我们在智力上能够掌握的东西'，而事实上技术的意思是'我们以很大的技能和高度的特长所能做的事情'。"

（四）技术能力决定工作的质量与价值

不同的技术方法与能力，必然将产生专业工作的辨识或推进，显著差异的进程和成果。换言之，专业性技术与能力，对人们各项专业性工作的质量或价值，具有普遍关键的决定性影响。因此，有效创造专业工作持续高质量的进程，无不需要积极强大的专业技术与能力，全面准确辨识和掌握坚强有力的支持。

（五）技术的掌握需要有效学习和训练

专业性技术，通常包含着相关工作主要组成因素与性质特征，相互关系和变化趋势一系列的专项知识，及其不同条件或进程背景下的应对方法。因此，卓有成效地掌握复杂的专业性技术，并以此形成人们高水平的专业工作技能，通常需要经历相关专项知识的有效学习，以及不同条件或进程背景下，各种应对实践的积极训练。

（六）工作高质量推进的重要资源力量

积极的专业技术和能力，是任何专业性工作卓有成效推进，不可或缺的重要基础和强大动力。实践中，不同的专业技术或能力，通常会使得一定内外资源条件下的工作，产生显著差异的进程与业绩。因此，专业技术和能力，普遍成为各项专业工作高质量推进，以及各类专业组织或团队积极构建和运营的重要资源力量。

（七）人类文明进步的强大推动力量

人们相互间的密切支持与协作，以及由此形成的物质和精神财富强大的创造力，无不成为人类文明进步的重要标志和坚强动力。立足于人们高质量实践的专业技术与能力，则是人们密切协作的坚强团队，卓有成效的构建和发展普遍重要的支持与推动力量。因此，各类专业技术与能力的有效创新和发展，并由此对广泛领域中组织或团队，强大的物质与精神财富创造力的坚强铸就，无不使其成为人类文明的积极进步，极其重要而强大的动力。

二、组织运营必需专业技术的支撑（图 6-12-4-3）

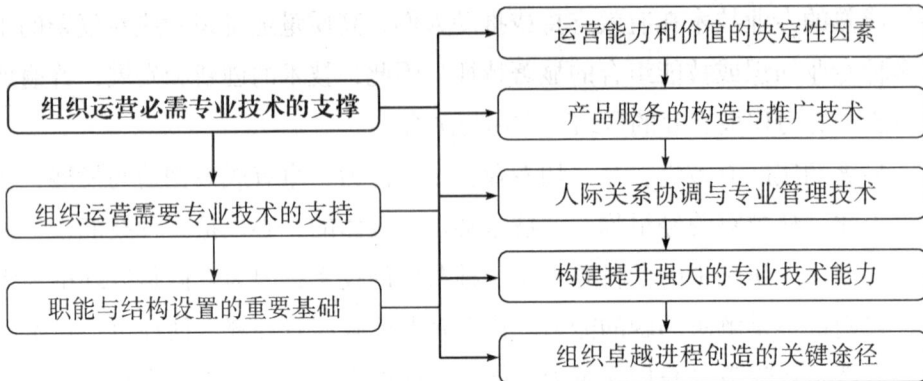

图 6-12-4-3　组织运营必需专业技术的支撑

任何组织的运营发展都需要若干的专业技术能力，及其密切联结和协作的有力支持，并使其成为组织专业职能与运营结构有效设置的重要基础，以及整体运营发展能力和价值的关键决定性因素。

广泛的实践中，任何组织持续高质量的运营发展，都必将显著体现或展示，产品服务的构造与推广技术，人际关系的协调与专业管理技术的强大力量。因此，卓有成效地构建和提升强大的专业技术与能力，普遍成为组织卓越的运营进程或成就，睿智坚强创造的关键途径和重要任务。

（一）组织运营需要专业技术的支持

任何组织无不面临内外资源因素及其关系与变化，卓有成效的辨识和推进，并以此创造高质量性能与品质的产品服务，从而实现自身运营发展卓越价值根本而艰巨的任务。换言之，任何组织持续高质量的运营发展，无不需要各类资源因素及其关系或变化，积极辨识与推进强大的专业技术和能力的有力支持。事实上，组织运营发展任何艰难的挑战，无不与重要专业技术或能力，及其联结与作用的显著限制存在着密切的关联。

（二）职能与结构设置的重要基础

运行的专业环节或职能及其形成的结构，对组织运营发展的整体能力与进程，具有普遍关键的决定性影响。专业运行环节及职能的有效设置，通常需要以专业环节运行的技术能力为基础，并通过专业环节相互间密切联结与作用，成熟积极的专业技术能力的有力支持，从而形成组织高效运转的整体运营结构。因此，专业环节运行及其密切联结的技术能力，普遍成为组织高质量的运行职能和运营结构的重要基础。

（三）运营能力和价值的决定性因素

组织运营产品服务的有效设计、构造与外部推广，广大员工强大能动性创造力的积极引导和激发，各类资源卓有成效构建、运行与密切作用的高质量管理，以及由此形成的整体强大的运营能力和价值，无不需要各类成熟积极的专业技术与能力，及其密切融合或作用坚强有力的支持。因此，专业技术与能力，及其密切融合作用的质量或水平，普遍成为组织运营发展整体能力和价值的关键决定性因素。

（四）产品服务的构造与推广技术

产品服务的设计与构造技术，是任何组织的有效构建和运营，必具的基本专业运行技术或能力，并以此决定着组织的行业属性和地位。事实上，任何组织卓越的运营智慧、才能或进程，无一不是根据外部需求及其内外资源条件的实际，通过产品服务积极领先的构造技术与能力，持续高质量的创造和发展，并以此睿智坚强地铸就行业运行的主动或优势地位而得以充分展示。

外部的推广技术，在各类产品服务日趋丰富多彩的环境中，已日益成为产品价值的实现和提升，以及组织持续高质量运营发展的关键决定性因素。换言之，缺乏产品目标对象及其需求特征的准确辨识，以及密切合作关系的积极构建和巩固，强大专业技术能力的有力支持，在日新月异的产品需求变化，及其有效满足的产品琳琅满目的背景下，没有任何组织能够睿智坚强地创造，运营发展的卓越进程或成就。

（五）人际关系协调与专业管理技术

人的因素，是任何组织持续高质量运营发展，普遍根本和关键的决定性资源力量。人际关系协调技术与能力，是深入准确地辨识人的智慧、情感和需求的根本特征，以及与其他专业技术能力高质量构建、提升与展示的密切关系，并以此卓有成效地激发和创造，整体人的团队强大能动性创造力，不可或缺的重要支持和推动力量。

专业管理技术，是以一定人力、有形和无形资源的构成，及其专业运行技术与能力为基础，依据组织全局的战略方向、路线和目标，并通过专业环节运行策略，睿智积极的辨识、设置与推进，从而实现专业环节运行发展对组织全局坚强有力的支持。

因此，缺乏强大的产品和人际技术能力的有力支撑，或者以片面的管理理论及理念，替代管理的实践技术与能力，无疑将会极大地限制专业管理技术，卓有成效的创造、提升和展示。

（六）构建提升强大的专业技术能力

各类专业技术与能力，及其密切联结构成的技术体系和能力结构，无不对组织各项专业环节的运行水平与质量，以及相互间密切协作所创造的整体运营进程或成就，具有普遍关键的决定性影响。因此，睿智坚强地创造和展示，组织领导或管理的卓越智慧与才能，无不需要卓有成效地构建和提升，团队强大的专业技术能力，及其密切联结形成的高质量的技术体系和能力结构。

（七）组织卓越进程创造的关键途径

组织的运营发展，无不涉及内外广泛的资源因素及其关系与变化，远见卓识辨识和应对复杂而艰难的挑战；它的持续高质量进程，无不需要与时俱进的各类强大的专业技术与能力，及其密切联结坚强有力的支撑。因此，根据自身运营发展的内外实际，卓有成效地创造和吸收各种积极的先进技术，就普遍成为组织卓越的运营进程或成就，睿智坚强创造的关键途径和强大动力。

三、产品构造方法是基本技术能力

产品的构造方法及其技术，是组织整体技术体系和能力结构最为基本的组成，并以此决定着组织运营发展的基本方式，行业的属性及其运行的地位，整体运营发展的进程和价值，以及若干显著的构成与运行的特征。持续高质量地推进产品构造技术的提升或发展，必须全面准确辨识和把握，它们卓有成效的选择原则与运用方式，以及外部先进技术的发展方向和路线（图6-12-4-4）。

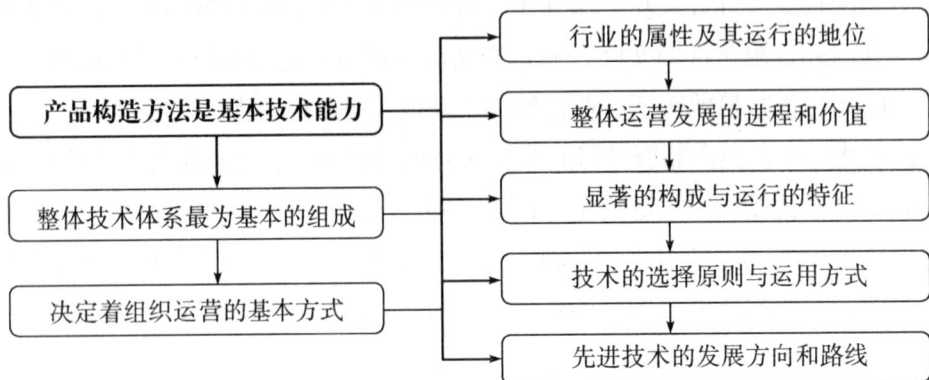

图 6-12-4-4　产品构造方法是基本技术能力

（一）整体技术体系最为基本的组成

产品服务的构造技术与能力，是组织运营整体技术体系和能力结构最为基本的组成。换言之，任何组织卓有成效的构建或运营，无不需要成熟积极的产品构造技术与能力坚强有力的支撑；任何专业技术与能力的有效创造和发展，都必须以产品的构造技术或能力的积极提升与展示为基础，并充分兼顾它们各自的重要运行特征。

广泛的实践中，产品的积极构造技术与能力，通常体现为：

1. 对目标对象的需求特征和变化趋势，予以全面准确的辨识与把握；

2. 对各类资源因素的组成和性质，及其相互关系与运行变化，予以积极有效的辨识或推动；

3. 卓有成效地设计并确保高质量的产品性能结构；

4. 有效保障构造全过程各项专业工作及其密切联结的积极进程，以及整体产品稳定优良的品质；

5. 积极提升并创造，地区或行业领先的性价比产品服务。

（二）决定着组织运营的基本方式

产品的构造方法及技术，通常包括目标对象需求的辨识，各类资源的供给或构建及相互联结与作用的推动，以及整体产品服务形成中各环节工作的运行形式和专业能力。显然，它们从根本上决定着组织整体运营发展的基本方式，以及产品逐步增值的全部过程。

实践中，对各专业环节的运行方式与技术能力，及其相互联结或作用所形成的整体产品增值进程全面积极的辨识，通常能够有效支持组织深入准确地识别，各专业环节及其关系在全局进程中的价值和地位，并以此远见卓识地规划与设置，整体产品构造技术能力的提升方向和路线。

（三）行业的属性及其运行的地位

任何组织的产品构造方法与技术，无不涉及诸多专业资源的构成及其作用关系。其中，主要资源的构成及其运行作用的方式和技术，通常决定着组织的行业属性及其运行的地位。因此，卓有成效地推进行业专业性技术和能力，以及与其他专业性技术密切联结或作用持续高质量地提升，正日益成为广泛领域中组织面临的重要而艰巨的任务。

（四）整体运营发展的进程和价值

整体产品的构造方法、技术与能力，无不对组织内外资源因素及其相互联结作用的潜在价值，卓有成效的辨识和展示；各专业环节运行及其相互协作的积极方式，远见卓识的创造或推进；卓越的产品性能、品质和价值，及其目标对象需求高质量的满足，睿智坚强的铸就与发展，具有普遍关键的决定性影响。因此，它们普遍成为组织运营发展的高质量进程或价值，积极创造的强大动力和决定因素。

（五）显著的构成与运行的特征

任何产品的构造方法与技术，总是为了创造特定资源条件下，高质量的产品性能和品质，从而实现目标对象需求积极满足的核心功效，并以此体现出它们的产品性能与品质，两个维度的显著构成特征：

1. 产品的性能。依据目标对象的需求，各类资源因素构成的性质特征，及其高质量联结或作用技术原理的准确辨识，并以此通过各类资源的积极构造或运行，及其密切联结与作用若干专业性方法的有效设计和推进，从而使得最终产品实现既定的使用性能。

2. 产品的品质。性能的可靠性或稳定性所体现的品质，是产品的价值和使用价值，高质量创造与展示的关键决定性因素。长期以来，人们通常倾向于运用品质管理的专业方法，实现对产品高品质创造的有力支持，并以此构建了人、机、料、环节、方法等因素，成熟有效的推进方式。

广泛的实践中，任何产品品质卓有成效的创造、保障或提升的思维与行为，无不受到一系列专业构造技术根本的决定性影响。换言之，专业构造技术，是一切高品质产品卓有成效的创造，最为根本而强大的支持与推动力量。

产品的构造方法与技术，通常具有以下若干重要而显著的运行特征：

1. 包含着积极与负面因素的相互转换，诸多复杂的专业性技术构成，并必然存在组织暂时难以超越的技术性挑战；

2. 是组织运营发展进程中，普遍变化发展最快的专业性技术；

3. 它们卓有成效的提升，能够对组织运营产品的性能品质及其整体结构，产生显著而重要的积极影响；

4. 它们持续高质量的提升，普遍成为组织产品与运营价值，卓有成效发展的重要途径和强大动力；

5. 作为组织运营发展行业优势地位的制高点，正日趋受到竞争环境中人们的日益广泛关注。

（六）技术的选择原则与运用方式

产品构造技术卓有成效的选择、运用和发展，对组织的全局进程或成就，具有普遍关键的决定性影响。为此，领导管理者必须能够睿智成熟地辨识和掌握，产品构造技术积极有效选择、运用或发展的基本原则与方式：

1. 以目标对象需求的积极满足为根本的原则和方向，在自身运营基本资源能力的基础上，定性地设置产品的性能和品质的结构，及其产品构造技术的主要组成与关系；

2. 根据行业同类产品的构造技术与自身资源能力的具体实际，定量地设计和选择组织产品的性能与品质，以及高质量创造的各项专业技术，及其有效运行和联结的规范标准体系；

3. 依据组织全局战略的方向和路线，设立组织产品构造技术的发展规划，及其卓有成效推进或实施的具体计划。

（七）先进技术的发展方向和路线

目标对象的需求及其变化，积极满足的产品性能与品质更高质量的创造，以及各项专业资源的运行，及其密切联结或作用方式与时俱进的创新，普遍成为广泛领域中组织的产品构造技术，卓有成效提升或发展的方向和路线。

因此，有效推进产品构造技术持续高质量的提升，组织无不需要关注内外环境中产品的性能与品质，积极创造的各项先进技术，及其密切联结或作用方式的发展进程，并通过卓有成效的探索、学习和运用，积极有效地转化为自身产品构造的强大技术与能力。

四、外部推广技术决定着产品的价值

外部推广技术，是组织密切联结外部环境极其重要的核心能力，以及产品与运营价值，持续高质量实现和发展极为关键的决定性力量，并以此普遍展示出若干重要而显著的运行特点。实践中，产品积极价值的信息，广泛而充分的传递和展示，是外部推广技术的普遍精髓；信息渠道睿智积极的构建与运行，是推广技术的核心体现。

产品推广技术，通常受到诸多内外因素、关系与变化，极其复杂而重要的影响。它的卓有成效构建、运行和发展，普遍需要目标对象需求特征准确辨识的技能，先进的信息与物流专业技术的有效学习和运用，以及各种重要影响因素、关系与变化的结构模型，睿智成熟设置坚强有力的支撑（图6-12-4-5）。

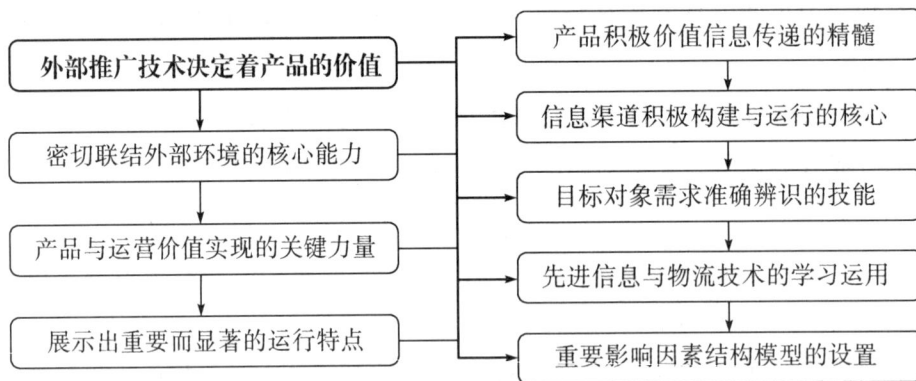

图6-12-4-5　外部推广技术决定着产品的价值

（一）密切联结外部环境的核心能力

与外部环境的密切联结，并以此实现产品服务为广泛的目标对象，所积极选择或接受，是任何组织卓越的运营进程与成就，睿智坚强创造的关键途径和强大动力。

产品推广的专业技术，就是通过各种重要影响因素及其关系与变化，全面准确的辨识和把握，卓有成效地运用各种积极有效的专业方法，推动目标对象充分感知自身的需求，以及组织的产品服务对其需求满足的高质量价值，从而实现目标对象对组织产品服务，积极选择或接受的有效技能。因此，产品的推广技术，普遍成为组织密切地联结外部环境，及其高质量运营发展的核心能力。

（二）产品与运营价值实现的关键力量

唯有构造的产品服务，能够为广泛的目标对象所积极地选择或接受，组织才能创造产品与运营价值持续高质量实现和发展的进程。因此，成熟牢固地立足于目标对象的根本立场，并以此有效传递并展示产品高质量价值的推广技术，普遍成为坚强有力地激发与推动，广泛目标对象对产品的积极选择或接受，从而持续高质量地实现和发展，组织产品与运营价值的关键决定性力量。

（三）展示出重要而显著的运行特点

作为组织运营发展的关键推动力量，产品推广技术通常具有自身重要而显著的运行特点：

1. 明显的行业、组织及其产品的特征。即不同的行业、组织或产品，通常具有自身高质量的产品推广技术的构成和关系；

2. 组织整体运营发展能力的核心组成。任何组织持续高质量的运营发展，无不得到强大产品推广技术和能力坚强有力的支持；

3. 受到外部广泛因素及其关系与变化的显著影响。作为联结内外因素的重要专业技术能力，产品推广技术不仅受到自身资源能力的根本决定性影响，而且还普遍受到目标对象的需求，同类产品组织的推广技术能力，推广渠道合作团队的运行专业能力等，广泛因素及其关系和变化重要而显著的影响；

4. 组织运营发展最具艰难挑战的因素之一。由于受到各种内外因素、关系与变化错综复杂的重要影响，使其普遍成为组织运营发展高质量的进程或成就，最具重要的限制性因素。

（四）产品积极价值信息传递的精髓

随着人类科学技术日新月异的快速发展，各类先进产品构造技术日趋广泛的积极运用，整体社会也日益呈现出各种产品服务前所未有的强大创造能力，以至于产品的目标对象，正日渐难以充分准确地辨识自身的真正需求，以及琳琅满目中的产品服务，对自身真正需求积极满足的高质量价值。

这种背景下，充分辨识并运用各种卓有成效的方法，以有效激发和推动目标对象的潜在积极需求，并全面充分地传递和展示，自身优越性能或品质的产品服务，对其需求有效满足的高质量价值的积极信息，就普遍成为产品服务远见卓识的推广，及其各类专业技术构成的根本与精髓。

（五）信息渠道积极构建与运行的核心

在各种产品服务日趋丰富多彩的环境中，对自身的真正需求和满足能力，以及相应产品的性能品质与积极价值，全面准确地感知和辨识，普遍成为目标对象的产品选择或接受的关键决定性因素。因此，卓有成效地辨识与激发目标对象的积极需求，全面充分地传递和展示自身产品的卓越价值，高质量信息渠道睿智积极的构建与运行，就普遍成为各类产品推广技术的核心构成和体现。

在日趋复杂多变的环境中，高质量的信息渠道，通常包括向目标对象充分传递产品的积极信息，以及向组织准确反馈目标对象的需求，及其产品选择或接受的特征与变化，双向的信息通道所构成的闭环系统，正日益成为产品的积极推广技术，以及组织运营全局的主动地位，睿智坚强创造的重要途径和强大动力。

（六）目标对象需求准确辨识的技能

目标对象的需求特征与变化趋势，不仅是产品推广技术积极构建的根本依据，以及整体产品推广工作的主动地位，睿智成熟创造的强大动力，而且也是产品构造技术远见卓识提升和发展的关键方向。因此，产品推广技术卓有成效的构建与发展，无不需要目标对象的需求特征和变化趋势，全面准确辨识技能坚强有力的支撑。

（七）先进信息与物流技术的学习运用

先进的信息与物流专业技术的快速发展，正日益给人们产品服务的需求，产品的辨识与选择方式，以及广泛领域组织的产品推广技术，带来前所未有的显著而深刻的影响。因此，学习和运用信息与物流领域各类先进技术的发展成果，正日趋成为高质量的产品推广技术，积极构建和展示的重要途径与强大动力。

（八）重要影响因素结构模型的设置

目标对象的产品需求与选择方式，通常受到产品的性能品质与自身的经济条件，团队运行或个人工作与生活的特定方式，社会科技文化与价值观的发展进程，以及同类或替代产品的构成与供给方式等诸多内外因素、关系与变化，极其复杂而重要的影响。因此，产品推广技术睿智积极的构建和发展，普遍需要目标对象的产品需求与选择，专业技术的构成和影响因素，以及它们关系与变化的结构模型，有效设置和提升的有力支撑。

五、人际技术决定着组织运营的活力

人们相互间的密切支持与协作，是一切团队整体强大运营发展力量的坚强保障，并使得人际技术的构建和推进，呈现出若干显著而重要的特征。实践中，全局的智慧与素养，普遍成为人际技术的根本基础和强大动力，并以此能够有力地激发和提升人性中各种积极的因素与力量。人际技术的有效构建与发展，通常需要积极的引导教育和制度保障体系的有力支持，并能够在复杂艰难的环境中，展示出更具关键的价值（图 6-12-4-6）。

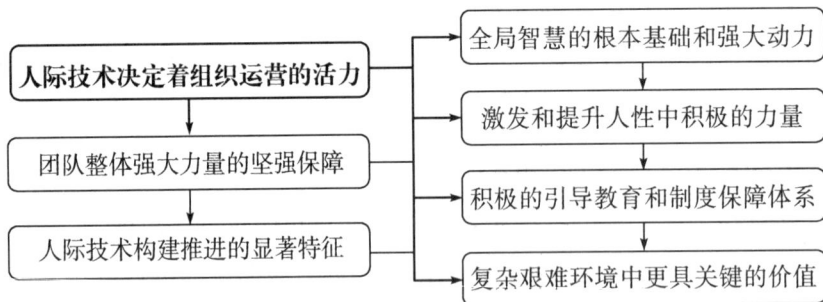

图 6-12-4-6　人际技术决定着组织运营的活力

（一）团队整体强大力量的坚强保障

任何团队无不由处于各运行岗位的人员或小的局部团队所组成，他们相互间的密切支持与协作的水平或质量，无不从根本上决定着团队整体运行发展的智慧与力量。因此，旨在推进人们相互间密切支持和协作的人际专业技术，在各种文化意识或价值观念，相互影响日趋广泛深入的背景下，无不成为各类组织或团队整体强大的运营发展力量，卓有成效铸建或提升的坚强保障。

（二）人际技术构建推进的显著特征

任何组织持续高质量的运营发展，必需各类专业环节或工作密切联结与协作的有力支持。而人的因素，又对各项专业环节或工作，相互间联结与协作的水平或质量，具有普遍关键的决定性影响，并以此形成了人际技术的构建和推进，若干显著而重要的特征：

1. 是任何组织整体强大的运营发展智慧与能力，睿智坚强铸建和展示的关键资源力量；

2. 能够为其他各类专业技术或资源能力的有效提升和运用，提供坚强有力的支持；

3. 受到人的思维意识、情感动力与职业技能，诸多复杂因素、关系与变化显著而重要的影响，从而使其成为组织运营发展进程中，普遍面临的极其复杂而艰难的挑战；

4. 时常被人们用其他的专业技术所替代，从而显著限制了组织的运营发展，整体技术结构或能力体系的质量与水平；

5. 极易受到各种浅显或消极的文化意识、价值观念的显著负面影响，并以此成为组织整体强大力量普遍而重要的限制性因素。

（三）全局智慧的根本基础和强大动力

相互间密切支持与协作的积极推进，需要人们对整体团队与单独个人的背景下，职业的能力、价值和利益，及其长远变化发展的进程与差异，全面深入辨识和把握的有力支持。

换言之，缺乏睿智成熟的全局辨识思维智慧的有力支持与推动，并以此通过美好共同愿景远见卓识的铸建，从而把团队所有其他的成员牢固地视作，自身职业不可分割的整体重要力量，以及自身职业价值和长远根本利益积极创造与发展的强大动力，那么，相互间的职业支持与协作的质量水平，必将受到极其显著的限制。因此，睿智积极的全局智慧与素养，普遍成为高质量的人际技术，卓有成效构建或推进的根本基础和强大动力。

（四）激发和提升人性中积极的力量

唯有密切支持与协作形成的强大团队力量，才能积极地创造或展示人们高质量的职业价值，并以此有效地提升和维护长远而根本的利益。因此，人际技术睿智成熟的构建与运行方式，就是在强大的整体或团队背景下，卓有成效地激发、提升并展示，人性中密切支持与协作各种积极的因素和力量，而不是个人暂时或浅显利益的直接交换。

事实上，当人们缺乏整体力量和长远利益全局思维坚强有力的支撑，无不极易陷入千方百计地谋取各自短期利益的职业泥潭，并必将导致各种利益的矛盾或冲突，以及整体团队力量的分崩离析。因此，能否睿智坚强地引导、激发和提升，人性中密切支持与协作积极的因素或力量，普遍成为积极抑或消极的文化意识和价值观念，及其人际技术显著而根本的分水岭。

（五）积极的引导教育和制度保障体系

任何专业技术的积极推进与发展，都必须要有有效的指导培训和制度保障体系的有力支持。作为通常受到各种负面文化或价值观，显著消极影响的人际技术，卓有成效的推进或提升，显然需要积极的引导教育和制度保障体系坚强有力的支持。

任何领导管理者，无不需要成熟牢固地肩负起，对自身团队整体运营发展力量或进程，具有关键决定性影响的人际技术，卓有成效构建和推进的重要职责。事实上，缺乏人际技术积极的引导教育，及其制度保障体系坚强有力的支持，任何团队运营发展的整体力量或进程，都必将受到极其显著的限制。

（六）复杂艰难环境中更具关键的价值

相互间密切支持与协作形成的强大团队力量，长期以来，一直成为人们睿智坚强地辨识和应对，各种复杂艰难挑战关键而积极的途径。事实上，职业进程中，人们遭遇的最为复杂而艰难的挑战，时常并非物质资源因素的辨识或应对专业性技术的缺失，而是相互间协作存在的无端猜疑，及其对应尽相互责任的推诿或逃避。换而言之，工作之所以极其复杂而艰难，缺乏密切支持与协作高质量人际技术的坚强支持，无不成为普遍的重要根源。因此，复杂艰难的环境中，人际技术高质量的提升与推进，通常会展示出更具积极而关键的价值。

六、管理技术是整体能力的决定因素

管理技术是推进并协调其他各种专业性技术，高质量运行及其相互积极作用的专项技能，并以此从根本上决定着组织各项专业技术的发展和展示的水平。与各类专业性技术的密切联结或融合，从而对专业环节运行发展的目标、策略与方案，以及各项专业工作的运行计划、制度和规范，卓有成效设置与推进提供坚强有力的支持，普遍成为管理技术睿智成熟构建和运行的重要途径与任务。

实践中，人的因素对管理技术的构建、运行或发展，具有普遍关键的决定性价值。因此，通过广大员工能动性创造力的积极提升与展示，从而有效创造团队运营发展整体强大的技术能力，就普遍成为管理技术持续高质量构建或提升的关键途径和任务（图6-12-4-7）。

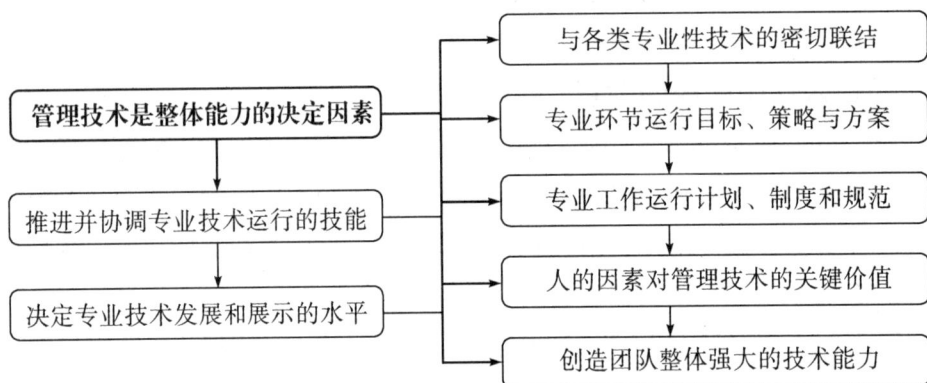

图 6-12-4-7　管理技术是整体能力的决定因素

（一）推进并协调专业技术运行的技能

管理技术，是以各类专业资源因素的本质属性与运行规律为基础，通过各项专业技术的构建和运行，及其相互间的密切联结与作用卓有成效的推进，从而持续高质量地提升和展示，各项专业技术与资源因素潜在积极力量和价值的专项技能。因此，管理技术普遍成为广泛的实践中，各类专业环节运行发展的整体技术结构与能力体系，最具重要的组成和关键的决定性因素。

（二）决定专业技术发展和展示的水平

管理技术的构建、选择与推进，最具显著而重要的特征之一，就是它们通常由掌握专业环节运行的最高权力的管理者，予以实施并承担最为重要的责任。因此，它们普遍决定着组织各项专业技术，及其相互作用的发展和展示的质量水平。

换言之，缺乏远见卓识的管理技术，睿智坚强的支持和推动，而试图实现某项专业性技术，独自卓有成效的提升或展示，无疑将成为一项难以逾越的艰难挑战。因此，持续高质量地推进各项专业技术的运行与发展，无不需要管理技术与时俱进提升的坚强支撑。

（三）与各类专业性技术的密切联结

管理技术构建或推进的质量与价值，普遍需要通过其他各项专业性技术，持续高质量的运行和作用，才能得以积极而充分的展示。事实上，难以全面准确地辨识和掌握，专业管理进程中各项重要专业技术的构成和关系，必将无以睿智坚强地推进，它们持续高质量的运行、作用与发展，从而显著限制管理工作的整体质量和进程。因此，管理技术远见卓识地构建和推进，必须以其他各项专业性技术的实际能力为基础，并与它们予以密切的联结与融合。

（四）专业环节运行目标、策略与方案

管理技术构建运行的核心任务和艰难挑战，普遍体现为全局的战略方向、路线与目标，以及专业环节内外资源因素和各项专业技术的构成，及其关系与变化实际全面准确的辨识和把握，并以此卓有成效地推动它们相互间的密切联结，从而远见卓识地设置和推进，专业环节运行发展高质量的目标、策略与方案。实践中，缺乏专业环节睿智成熟的运行发展目标、策略与方案的坚强支撑，任何管理技术的力量和价值，都必将受到极其显著的限制。

（五）专业工作运行计划、制度和规范

根据专业环节运行发展的目标、策略和方案，积极设置与推进各项专业工作运行的计划，及其有效落实与实施的专业制度和规范的保障体系，是管理技术高质量构建或推进的普遍重要途径和任务。实践中，专业工作运行发展计划设置与推进的质量，普遍成为管理技术整体水平的关键体现。

（六）人的因素对管理技术的关键价值

人的因素，是一切专业工作运行资源中，唯一具有高度的情感和智慧，并对各项资源能力和专业技术的构建或运行，及其相互作用与变化发展，具有强大能动性的创造力量。换言之，人的因素积极响应，对管理技术与时俱进的高质量构建、运行或发展，具有普遍关键的决定性价值。因此，任何管理技术睿智积极的创造和推进，都必须围绕人的因素坚强核心。

（七）创造团队整体强大的技术能力

管理技术最为核心的任务，就是睿智成熟地依据组织的全局战略，全面准确地辨识各项专业资源和技术能力的构成，及其相互作用与变化发展的实际，并通过广大员工强大的能动性创造智慧和力量，卓有成效的提升、激发与展示，从而创造团队内外资源因素及其关系和变化，持续高质量辨识与应对整体强大的技术能力，并以此为组织卓越的运营进程与成就提供坚强有力的支持。

为此，索尼公司前领导人盛田昭夫曾经辩称："仅仅试制出颇有特色的新产品之后就止步不前，是达不到产业上的真正成功。发明和发现固然重要，但它如何与商业结合起来，是切切不可忽视的。这就需要人们时常研究、改进自己的产品，使它日臻完善；并密切注视着市场的动态，随时制订并调整相应的产品计划。研究开发部门和销售、市场部门之间进行意见交换，事关企业前途，十分重要。"

七、坚持技术高效实用性的基本原则

任何专业性技术，都为了推进整体工作积极运行发展的根本目标，并因此而呈现出，专业技术多样性和具体性的显著重要特征。广泛的实践中，依据高质量的全局需要，推进专业技术高效的构建发展；成熟牢固地立足于自身工作内外资源因素的具体实际；保持专业技术与资源条件构成的高

度一致性；努力确保资源力量投入的整体积极成果和价值；全面准确地把握专业技术的构建与发展，工作持续高质量推进的核心任务，普遍成为各类专业技术卓有成效的创造与运用，必须遵循的重要方向和路线的原则（图6-12-4-8）。

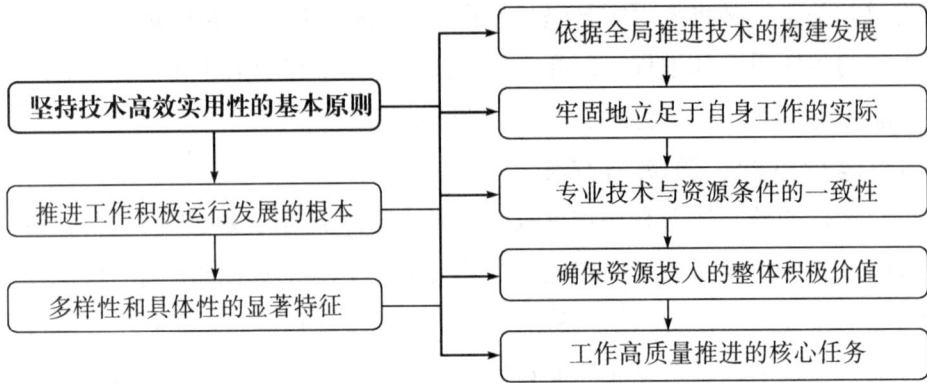

图 6-12-4-8　坚持技术高效实用性的基本原则

（一）推进工作积极运行发展的根本

卓有成效地推进专业技术的积极构建、运行和发展，必须能够睿智成熟地辨识与把握，任何技术方法的本身并非目的，它们无一例外需要承担各项专业或整体工作，高质量运行发展根本而核心的任务。实践中，任何组织持续高质量的运营发展，无不需要全面准确地辨识和把握，自身内外资源因素及其关系与变化，远见卓识地识别、构造或推进，所需的各项专业技术及其积极作用强大的技术能力结构与体系。

（二）多样性和具体性的显著特征

任何专业性技术睿智成熟的构造、选择或推进，无不源自特定的专业资源的构成，及其关系与变化形成的专业工作，卓有成效辨识和推动的根本任务。广泛的实践中，各类专业工作无不呈现着千姿百态、千差万别的资源构成和运行任务，并以此形成了专业技术，显著的多样性和具体性的重要特征。

换言之，卓有成效地推进专业技术高质量的构建和运行，必须能够全面准确地辨识与把握，任何技术形成的资源构成和运行任务的根本背景，以及多样性与具体性的显著重要特征。

（三）依据全局推进技术的构建发展

任何专业环节的运行，及其相互协作与变化发展的价值，无不需要通过全局进程的积极支持力量，才能得以全面准确的判断和辨识。因此，远见卓识地推进各项专业技术及其密切联结，整体强大的技术结构或能力体系的积极构建与发展，无不需要依据全局方向、路线和目标的背景，对各项重要专业技术的构成、关系与价值，全面深入辨识和把握坚强有力的支撑。

例如，拥有强大产品构造技术的制造性企业，时常会因为产品推广或人际与管理技术的显著薄弱，而呈现出整体技术结构或能力体系，以及全局运营发展进程的极大限制。

（四）牢固地立足于自身工作的实际

专业技术最为核心的任务，就是推进各项专业工作持续高质量的运行发展。显然，脱离专业工作内外资源因素的构成，及其关系与变化的具体实际，无不将会显著限制专业技术的力量或价值。

因此，专业技术的有效构建、创新、引入、运用或提升等，所有工作方式卓有成效的推进，无不需要成熟牢固地立足于，自身内外资源因素的具体实际，并把专业技术所提供的积极思维与行为的方法，与工作资源因素的构成和运行发展的目标，予以高质量的密切联结。

（五）专业技术与资源条件的一致性

任何专业技术的强大力量或高质量价值，无一不是通过对一定专业资源能力的构成与运行，及其密切联结和积极发展的方式，卓有成效的辨识、创造或推进而得以坚强展示。因此，保持专业技术与工作资源条件构成的高度一致性，就成为各项专业技术持续高质量的构建、运行或提升，普遍的关键途径和强大动力。

（六）确保资源投入的整体积极价值

专业性技术是人们积极辨识和推进，各种专业工作高质量的运行、联结和发展，普遍的强大动力与关键的决定性因素。因此，努力确保一定全局战略背景下，各项资源力量投入所形成的专业或整体工作，运行发展的积极成果和价值，就普遍成为各项专业技术，及其密切联结的技术能力结构，远见卓识的辨识、构建与提升，必须坚持的根本原则和方向。

（七）工作高质量推进的核心任务

对各类重要资源因素的构成，及其相互联结或作用变化的原理与方式，卓有成效的探索、分析和推动，普遍成为专业技术高质量构建与提升的重要途径和强大动力。因此，如果沉湎于专业技术中，时常存在的诱人的奇妙因素及其关系或变化，从而迷失或丢失了工作持续高质量运行发展，卓有成效推进的根本方向和核心任务，无不将会显著削弱专业技术卓越的实践价值。

为此，美国企业家博尔德，曾就欧洲信息技术的研究，提出了应该注重商品开发的意见："欧洲信息技术研究和发展战略规划不应光集中研究新技术，而且要注重开发具有最大用途的商品。"

第五节　组织科学的运营方向和道路

人类智慧与能力的核心体现

通过长期的积极探索与实践，人们已经日趋广泛而成熟地意识到，任何事物的运行变化，都必将受到自身内在因素的构成所形成的本性特征，以及特定外部环境的因素对其作用的共同影响，并以此呈现出该项事物特定的环境背景下，运行变化具体、客观的必然性规律。不仅如此，人们还把具有相同或相近本性特征的某类事物运行变化的普遍规律，提炼形成系统性地揭示，事物本性特征与外部因素，及其相互作用方式和必然成果的科学原理或体系。

科学原理或体系卓有成效的构建、发展与运用，是人们辨识和应对各类复杂事物或整体外部世界，一切积极的因素或负面的挑战，普遍的关键途径和强大动力，并以此成为人类智慧与能力的核心体现，以及社会文明进步最为坚强的推动力量。

组织或团队睿智成熟的构建、运营和发展，是人们辨识与应对外部环境及其变化，整体强大智慧和力量显著质的飞跃。它的卓越进程或成就睿智坚强的创造，无不需要成熟辨悉和牢固遵循，持续高质量运营发展的科学原则，并通过全局战略领导的灵魂与核心任务，深入准确地洞察和把握，远见卓识地辨识并选择，组织运营发展的科学方向与道路，从而卓有成效地推进内外资源因素的密切联结或融合（图 6-12-5-1）。

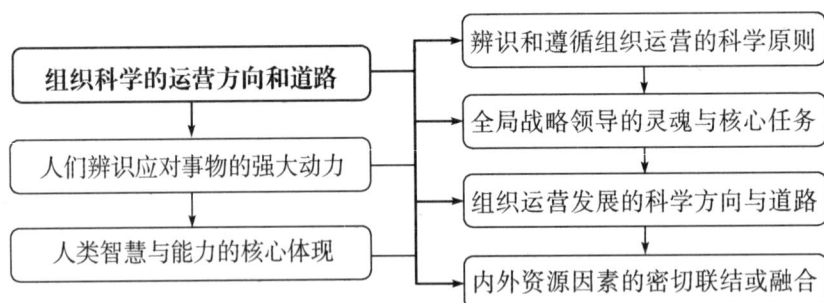

图 6-12-5-1　**组织科学的运营方向和道路**

一、人们辨识应对事物的强大动力

任何事物都存在特定的辨识或应对立场背景下，自身主要的因素构成及其关系与变化，所形成的本质属性或特征，以及受到外部其他事物的有效作用，所产生的整体运行变化具体、客观的必然性规律。科学就是对特定事物内在的本性特征，及其外部因素的构成与作用方式，以及由此形成的该类事物运行变化，普遍必然性规律的深入揭示。

因此，对内在主要因素的构成、关系与变化的本性特征，外部各种重要因素的构成与作用方式，以及共同推动的事物整体的运行变化，必然性进程或成果的规律，全面准确辨识和掌握的科学原理及原则，无不成为各类科学的理论或方法，卓有成效的探索、构建、运用与发展，普遍的重要途径和强大动力。

组织睿智成熟的运营发展，无不需要广泛自然和人文科学积极成果坚强有力的支持。因此，远见卓识地辨识与运用，自然和人文科学的先进积极成果，普遍成为广泛领域中组织卓越的运营进程或成就，睿智坚强创造的关键途径和任务（图6-12-5-2）。

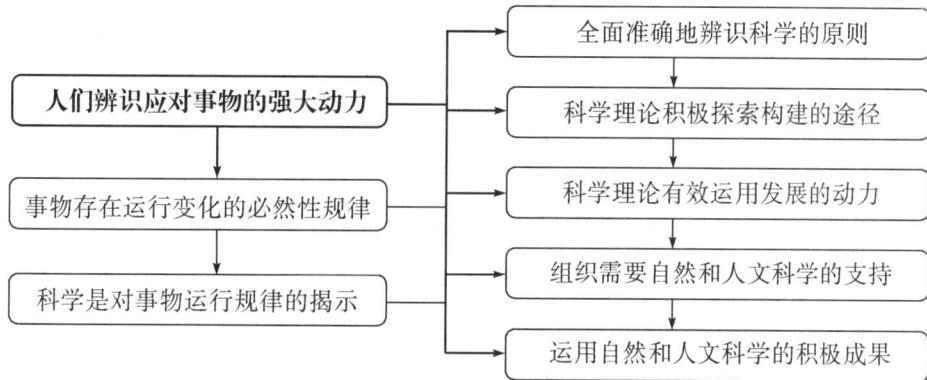

图 6-12-5-2　人们辨识应对事物的强大动力

（一）事物存在运行变化的必然性规律

在人类漫长的文明发展进程中，对事物特定辨识或应对的立场背景下，内在主要的因素构成、关系与变化的本性特征，以及受到外部其他事物的有效作用，所形成的整体运行变化具体、客观的必然性规律，睿智成熟的辨识和把握，无不成为人们一切高质量的思维与行为，卓有成效创造或展示最为重要的途径和强大的动力。

换言之，如果缺乏对事物的本性特征与外部的作用因素，及其密切联结所形成的运行变化必然性规律，全面准确的辨识和把握，人们必将无以睿智积极地识别或应对事物的运行变化。事实上，人们一切远见卓识的探索研究与推动实践，无不受到事物运行变化客观必然性规律，睿智成熟的理解和辨识坚强有力的支撑。从宏观天体到微观粒子的运行，从个人行为、团队运营到整体社会的发展，无一不呈现出客观必然性规律显著而重要的特征。

（二）科学是对事物运行规律的揭示

通过长期锲而不舍的艰辛探索，一些睿智贤能之士深邃洞察了，具有相同或相近本性特征的事物，在一定外部重要因素作用的背景下，所呈现的运行变化进程或成果，必然性规律的科学理论，以及该类事物高质量辨识或应对的科学方法，并以此成为人类文明进步普遍的坚强动力和宝贵财富。

尽管如此，由于人们的工作或职业，无不受到广泛的因素及其关系或变化，日趋复杂而显著的重要影响，睿智成熟地辨识、把握和运用，各类科学的理论与方法，正日益成为人们普遍面临的艰难挑战。

对此，美国孟山都公司前领导人玛密尼，曾经抱怨教育制度所存在的缺陷："我们创新自由的未来正受到当前教育制度的危害，很少有人知道科学是什么，以及科学应该是什么？他们已经长大成人，但对科学变得困惑而恐慌，因为他们不能区分伪科学和真科学。"

的确，全面准确地辨识和理解科学的实质与内涵，无不对人们的科学理论或方法，卓有成效的构建、运用和发展，具有普遍关键的决定性价值。事实上，"科"的本意，是对不同本性特征或作用事物的分类；"学"，通常是指理论的知识与学说。

因此，科学的实质，就是人们对某类特定本性特征的事物，在不同外部因素的作用下，所形成的运行变化必然性规律的揭示与运用。它的主要内涵通常包括：

1. 对事物主要构成因素及其关系与变化，所形成的本性特征全面准确的辨识，以及由此推进的积极应对或运用。

2. 根据外部因素对事物运行变化各种重要影响的准确辨识，以及积极应对事物的需要，对外部因素予以主动积极的设置或构造。

3. 不同的内在本性特征与外部作用因素，必将形成不以任何人的意愿而改变，事物运行变化进程或成果的必然性规律。换言之，人们只能积极主动地认识或运用规律，而绝无改变规律的能力。

4. 科学的体系，必须是对事物的本性特征与外部的作用因素，以及事物运行变化必然进程或成果的规律，予以全面完整的揭示。

显然，揭示某类本性特征的事物，运行变化必然性规律的科学理论及其应对方法，必将呈现出自身学科的显著特点。换言之，以特定内在本性特征与外部因素及其作用方法，推演另外事物运行变化的进程或成果，无不从根本上背离了科学的实质与内涵。

（三）全面准确地辨识科学的原则

科学理论或方法的有效探索、运用与发展，普遍受到人们主观的辨识思维能力，客观的事物内外因素的构成及其关系和变化，以及主客观因素的密切联结与作用显著而重要的影响。它们卓有成效的推进，无不需要得到科学的实质与内涵，及其形成的若干重要原则，全面准确识别和掌握坚强有力的支撑：

1. 深入洞察和辨识科学的理论与方法，对事物高质量的辨析和应对，以及自身整体职业智慧、才能与进程的关键决定性价值；

2. 根据特定明确的探索运用的方向或目标，全面深入地辨识事物内在主要因素的构成，及其关系与变化所形成的本性特征；

3. 全面准确地辨悉各种外部因素，对事物运行变化产生的重要影响及其作用方式；

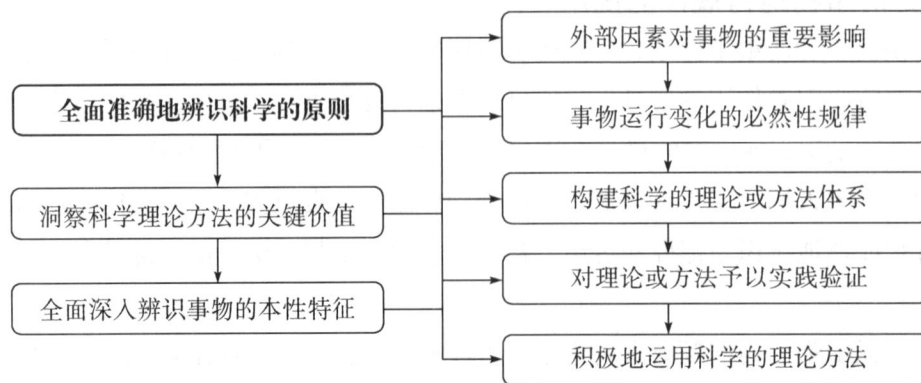

图 6-12-5-3　全面准确地辨识科学的原则

4. 深入全面地辨识特定本性事物，在外部重要影响因素作用的背景下，所形成的运行变化进程或成果的必然性规律；

5. 根据事物的本性特征，外部的作用或影响因素，及其事物运行变化的必然性规律，构建该类本性特征事物，运行变化科学的理论或辨识与应对的方法体系；

6. 对构建形成的科学理论或方法体系，予以足够深入而广泛的实践或实验的验证；

7. 辨识或应对该类本性特征的事物，必须主动积极地运用已经得以验证，成熟的科学理论或方法，并给予新的内在因素构成或外部影响因素背景下，理论或方法的积极提升。

（四）科学理论积极探索构建的途径

众所周知，内在因素及其形成的本性特征，是任何事物运行变化的根本；外部因素则是事物运行变化不可或缺的重要条件，并总是通过内因而对事物产生作用或影响。

因此，旨在揭示事物运行变化必然性规律的科学理论，及其有效辨识或应对的科学方法，睿智成熟的探索或构建，无不需要全面深入地洞察和把握，事物内在各项主要因素的构成，及其关系结构与持续变化所形成的本性特征，以及在外部各类重要因素的作用或影响背景下，事物运行变化进程或成果所形成的必然性规律。

换言之，通过外部重要因素作用背景下，事物运行变化的进程或成果，全面深入的分析和辨识，并以此推演形成事物内在各项主要因素的构成，相互作用的关系结构，及其持续变化的形态与性质，从而全面准确地辨悉并推断，事物内在本质属性的特征，及其各种不同外部因素作用条件下，运行变化进程或成果的必然性规律，以及充分的实践或实验的验证，就普遍成为睿智积极的科学理论或方法，卓有成效探索和构建的重要途径。

（五）科学理论有效运用发展的动力

全面准确地辨识和把握，事物运行变化必然性规律，以及科学理论与方法原则所形成的背景，普遍成为广泛研究与实践领域的人们，依据美好的意愿或明确的目标，远见卓识地构造事物积极的重要因素构成，及其相互作用与持续变化的形式，设置和选择外部作用影响的因素与方式，从而卓有成效地推进或创造，事物运行变化的高质量进程与成果，并以此睿智成熟地运用和发展，科学理论与方法的重要途径和强大动力。

（六）组织需要自然和人文科学的支持

通过长期卓有成效的探索与实践，人们已经睿智成熟地构建了，极其丰富和宝贵的自然科学，以及具有高度智慧、情感和能动性创造力本性特征，人的因素主要参与的广泛背景下，个人、集体和社会的积极活动或运行发展，必然性规律的人文科学。

从根本上说，任何组织或团队睿智积极的构建、运营与发展，都是自然和人文科学坚强支持或推动的必然成果，并以此成为自然或人文科学，卓有成效的探索、运用或发展的重要途径和强大动力。换言之，任何组织或团队，缺乏睿智成熟的自然和人文科学的强大智慧与力量，以及由此形成的科学运营发展的方向和道路坚强有力的支撑，那么，它的全局运营进程或成就，无不将会受到极其显著的限制。

（七）运用自然和人文科学的积极成果

在日趋复杂多变的内外环境中，卓有成效地构建或推进，各类积极资源因素的构成及其作用关系与运行变化，激发和展示整体人的因素，强大的能动性创造智慧与力量，并以此睿智坚强地铸就持续高质量的运营发展进程，组织无不需要与时俱进的自然和人文科学的积极成果，及其运营发展科学方向与道路坚强有力的支持。

因此，远见卓识地辨识与运用，自然和人文科学的先进积极成果，并以此睿智成熟地创建和选择科学的运营发展方向与道路，就普遍成为广泛领域中组织，卓越的运营发展进程和成就，卓有成效铸建或展示的关键途径与任务。

二、人类智慧与能力的核心体现

人类不仅具有感知和应对事物与生俱来的基本能力，而且拥有辨识和掌握复杂事物的内在本性，及其运行变化规律的高度智慧，以及相互间的密切关爱与支持，强烈的情感倾向显著的本性特征，并通过各种自然和人文科学，远见卓识的识别与运用，睿智坚强地推动了各类组织卓有成效的构建和运营，展现了平等互助社会科学文明运行发展的必然趋势（图6-12-5-4）。

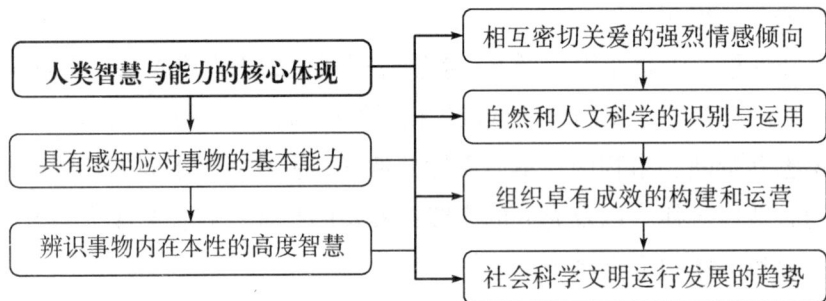

图 6-12-5-4　人类智慧与能力的核心体现

（一）具有感知应对事物的基本能力

在广泛的自然界，所有具有生命的生物体，无不拥有感知和应对外部环境的因素，及其运行变化的基本能力。感知或应对外部因素及其变化的基本能力，即生物体的本能，通常无须专门的思维器官予以支持，因而只能感知或应对事物的表象及其变化。

经过漫长的进化与发展，一些高级的动物具备了对自身的生存，具有关键决定性价值的专门的思维器官——大脑。大脑通常能够支持动物体，超越感知或应对事物表象及其变化的本能，辨识不同事物之间的相互联系，即能够从一种事物的表现，推断另外事物的必然产生。

显然，人类感知应对事物表象的本能，无疑成为一切积极思维和行为的根本基础，但同时，也是各种错误产生的重要根源。事实上，种种眼花缭乱的计谋，就是竞争环境中，为了迷惑对手而设置的各类事物的表象。实践中，睿智成熟地超越各种事物表象的限制，无不需要对其内在的本性特征，远见卓识辨识坚强有力的支持。

（二）辨识事物内在本性的高度智慧

与生存的本能，或事物的外部表象和联系的感知及其应对的能力相对应，迄今为止，人类已经拥有一个压倒一切、无与伦比，能够透过事物的各种外部表象或联系，分析推断出事物内在的各项重要因素的构成、关系与变化，所形成的本性特征，以及一定外部因素作用条件下，运行变化的必然趋势，从而展示出事物能动性创造应对的强大智慧与力量，极其关键而宝贵的思维头脑。

换言之，能够通过一系列的概念、判断或推理等复杂与高级的思维活动，卓有成效地透过事物的外部表象和联系，睿智成熟地辨识事物内在的本性特征，及其特定外部因素作用条件下，运行变化的必然趋势，普遍成为人类高度智慧的关键体现与显著特征。所谓的"窥一落叶而知天下秋""运筹于帷幄之中，决胜于千里之外"等生动形象的描绘，无不成为人类高度智慧的典型写照。

（三）相互密切关爱的强烈情感倾向

人类具有极其显著而重要的群居生活的天性，从而形成了对生活的群体和区域，以及群体中个体相互密切的关爱与支持，强烈的情感倾向本性特征。不仅如此，通过自身的高度思维智慧，人类亦已普遍成熟而深刻地感知和辨识，通过个体或小的团体间密切的关爱与支持，所缔结形成的强大群体或团队，能够卓有成效地提升、展示并超越，他们对外部生存环境及其变化，潜在的识别和应对的智慧与力量，并以此使其成为人类文明进步和发展，最为坚强的动力和显著的标志。

事实上，迄今为止，人类凭借着自身的积极天性和智慧，已经在广泛的全球范围内，睿智坚强地构建起旨在有效推动，人们相互间的密切关爱与支持，以及与生存的自然环境和睦相处，一系列卓有成效的文明规范或准则。一切与其背离的愚昧或野蛮行为，都必将受到普遍的谴责和对应的惩罚。

（四）自然和人文科学的识别与运用

在人类漫长的生存与文明发展的进程中，人们时常处于外部环境与自身因素及其相互关系和变化，严重威胁与复杂挑战的显著被动地位。

事实上，唯有通过广泛实践的艰辛探索与积极思考，睿智成熟地辨识和掌握了，自然事物与自身内在的本性特征，及其特定外部作用影响因素的背景下，运行变化或行为方式的必然性规律，所形成的各种自然和人文的科学，并以此指导和推动人们远见卓识的实践活动，人类才逐步坚强地创造并占据着，自身生存与文明发展的主动地位。因此，自然和人文科学睿智成熟的识别与运用，普遍成为人类智慧与能力，卓有成效提升和展示的关键途径与强大动力。

（五）组织卓有成效的构建和运营

组织卓有成效的构建和运营，是人类自然与人文科学，远见卓识辨识、运用和发展，极其重要的成果、关键的途径与强大的动力。通过长期复杂而艰难的探索和实践，人们逐步成熟而深刻地意识到，依据积极的专业分工及其密切支持与协作，所构建形成的坚强组织或团队，能够铸就产生持续高质量的辨识与应对，外部环境及其变化的强大智慧和力量，卓有成效地实现分散的个体，难以完成的复杂而艰巨的工作目标，并以此睿智坚强地创造和提升了，超越任何个体人生的需求、享乐或价值，积极支持与奉献强大的集体或团队，高尚的文化意识、价值观念和情感动力，关键而宝贵的精神力量与财富，从而有力地支持和推动了，人类文明的进程迈入了划时代的崭新纪元。

（六）社会科学文明运行发展的趋势

无须深邃的洞察智慧或辨识才能，人们就能够极其轻松而清晰地识别，化学科学的构建与发展，对鳞次栉比的大厦，琳琅满目的新型材料产品积极创造的强大推动力量；物理电子科学的成就，对我们甚至几十年前，还难以想象的手机、电脑广泛普及生活的重要价值。事实上，广泛自然领域的科学，日新月异的睿智辨识和积极运用，正日益成为人类社会运行发展极其显著而重要的特征。

尽管如此，如果缺乏强大人文科学坚强有力的支撑，一切自然科学成就的积极价值，无不受到极其显著的限制，甚至给人类自身的生存和文明，带来极其严重的威胁或挑战。事实上，通过长期的艰难探索和实践，人们已经日趋普遍而成熟地意识到，唯有人们、组织或群体之间的积极平等与密切互助，才能充分展示他们本性中潜在的强大创造智慧和力量，并以此睿智坚强地铸建或提升，共同高质量生存与发展积极的整体环境，从而使其成为社会科学文明的运行和进步，普遍的重要标志、强大动力与必然趋势。

三、辨识和遵循组织运营的科学原则

根据科学的实质与内涵，远见卓识地推进组织持续高质量的科学的运营发展，无不需要对组织创建根本目的的准确把握，运营发展的背景和实际的坚实基础，人文科学揭示的组织根本而强大的动力，自然与人文科学的积极有效运用，以科学原理或方法有效推动的专业技术能力的提升，兼顾相关各方积极而根本的利益，内外资源因素的密切联结或融合，以及先进的自然与人文科学的成果，积极推动的优良产品服务卓有成效创造等，若干重要的科学原则，睿智成熟辨识和遵循坚强有力的支撑（图6-12-5-5）。

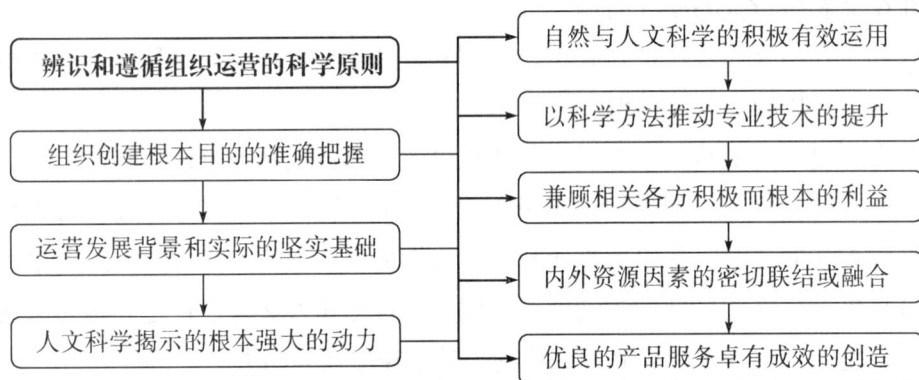

图 6-12-5-5　辨识和遵循组织运营的科学原则

（一）组织创建根本目的的准确把握

深入准确地识别和把握，组织创建的根本目的或初衷，是远见卓识地辨识组织内在各项资源因素的构成，及其关系与变化的价值，以及由此所形成的本性特征，外部作用影响因素的性质或力量，普遍根本与重要的基础。

换言之，缺乏对组织创建设立的根本目的或初衷，睿智成熟的洞察、坚持或发展坚强有力的支撑，任何旨在推进内在资源因素的构成、关系与变化，及其形成的组织本性特征的准确辨识，以及特定外部因素的作用与影响背景下，组织运营发展必然性规律的科学，卓有成效地探索、运用或发展的整体质量与水平，都必将受到极其显著的限制。

（二）运营发展背景和实际的坚实基础

任何事物运行变化的进程中，无一例外地会一方面，保留着原先若干重要的因素构成，及其关系的性质特征；另一方面，必将产生若干重要的因素构成，及其关系性质的改变，并以此展示着事物运行变化的复杂性，及其可知的发展的必然性规律。

换言之，推进组织高质量的科学运营发展，无不需要睿智成熟地辨识并依据，组织运营历史背景的轨迹，以及当前内外资源因素的构成，及其相互间关系具体实际的坚实基础。事实上，完全脱离运营的历史背景，无异于藐视组织固有的本性特征；无视运营历史的背景，与当前内外资源因素的构成，以及它们相互间关系与变化的具体实际，必将难以卓有成效地铸建并展示，组织科学运营发展的积极前景。

（三）人文科学揭示的根本强大的动力

人的因素，是任何组织运营发展的整体智慧与力量，最具关键决定性价值的资源组成。人文科学的原理或方法，就是揭示和阐明人性中积极的智慧、情感与力量，及其潜在价值卓有成效提升和展示的方向与途径，从而为各类群体或组织持续高质量的发展，指明了最为根本而强大的动力。因此，任何无视或抑制人的因素，强大能动性创造智慧与力量，卓有成效提升和展示的专业技术，都必将面临背离人文科学的原则，显著削弱组织整体运营发展的活力与能力的巨大风险。

（四）自然与人文科学的积极有效运用

广泛的自然与人文科学，所揭示的人的或各类事物的本性特征，以及一定外部作用或影响因素的背景下，人的反应或事物运行变化的必然性规律，不仅是各项专业环节高质量的运行，及其密切联结与积极发展的方式，卓有成效地探索、创新和推进，强大的支持与推动力量，而且也是组织卓越产品或运营价值，睿智坚强创造与展示的关键决定性因素。因此，远见卓识地辨识和运用，各种自然与人文科学的先进积极成果，普遍成为组织持续高质量运营发展的重要途径和强大动力。

（五）以科学方法推动专业技术的提升

有效创造或把握各类环节积极运行及其密切作用与持续发展，高水平专业技术的创新或运用的主动，显然，无不需要深入准确地揭示，各类专业环节或资源的本性特征，及其特定外部因素与方式作用下，运行变化的必然性规律，科学的原理或方法坚强有力的支撑，并以此展示出科学与技术对立统一的密切关系。

换言之，任何科学的原理与方法，如果不能卓有成效地转化为，各类环节或资源高质量运行强大的专业技术，睿智坚强的构建、提升与展示的积极力量，那么，它们任何卓越或宝贵的价值都必将难见天日。

（六）兼顾相关各方积极而根本的利益

组织的运营发展，通常受到内外相关广泛的群体或团队，积极的情感倾向与支持力量显著而重要的影响。因此，努力兼顾相关各方积极而根本的利益，普遍成为组织科学运营发展的智慧或能力，卓有成效创造与展示的关键途径和强大动力。事实上，组织运营发展的任何力量与价值，无一不是通过对内外各类相关群体积极而根本的利益，远见卓识的辨识、创造与推动，而得以坚强有力地铸就和展示。

（七）内外资源因素的密切联结或融合

对外部环境或变化的积极辨识与应对，是组织的有效创建、运营和发展，普遍的根本目的与强大动力。因此，内外资源因素的密切联结或融合，无不成为组织科学运营发展的重要途径和关键原则：

1. 自身运营资源能力的积极提升和发展，是持续高质量地辨识与应对，外部环境及其变化，最为根本而关键的决定性因素；

2.能否把外部环境的积极因素，睿智成熟地转化为自身资源能力的有效构成，普遍成为组织运营发展的强大智慧与力量，卓有成效铸建和展示的关键途径；

3.其他组织的良好外部环境，由于特定的使命、全局战略及其资源构成的背景，并非必然地成为自身运营发展的积极机遇；

4.其他组织普遍面临的外部环境及其变化的艰难挑战，由于自身独特的资源能力和全局战略，时常成为积极良好的运营发展机遇。

（八）优良的产品服务卓有成效的创造

优良性能与品质的产品服务及其价值，卓有成效的创造和发展，并以此高质量地满足目标对象的积极需求，通常不仅需要自然科学先进成果坚强有力的支持，而且需要产品服务高质量的需求辨识、设计、构造和外部推广等，一系列专业环节工作睿智积极的推进，及其相互间的密切支持与协作，所形成的整体强大能动性创造力的坚强推动。

换言之，优良性能与品质的产品服务及其价值，睿智积极的创造和发展，无不成为广泛领域中组织，自然与人文科学远见卓识的辨识和运用，整体智慧能力或质量水平普遍的核心体现。

四、全局战略领导的灵魂与核心任务

组织的运营发展，通常受到广泛的内外资源因素，及其相互作用与持续变化，极为复杂而重要的影响，并以此使得全局的战略领导，普遍成为极具艰难挑战的工作或任务。

卓越的全局战略领导睿智坚强地创造或推进，广泛的实践中，无不需要科学思维与行为战略领导的灵魂；内外资源因素密切联结推动的核心任务；自然与人文科学的先进积极成果，卓有成效的学习和运用；内外各项重要因素、关系与变化，全面准确的辨识和兼顾，全局睿智成熟的思维与行为的准则；组织科学的前行方向和道路，睿智积极的识别、指引与推动；外部积极因素，自身运营智慧与力量卓有成效的转化等若干重要工作或任务，远见卓识辨识和把握坚强有力的支持（图6-12-5-6）。

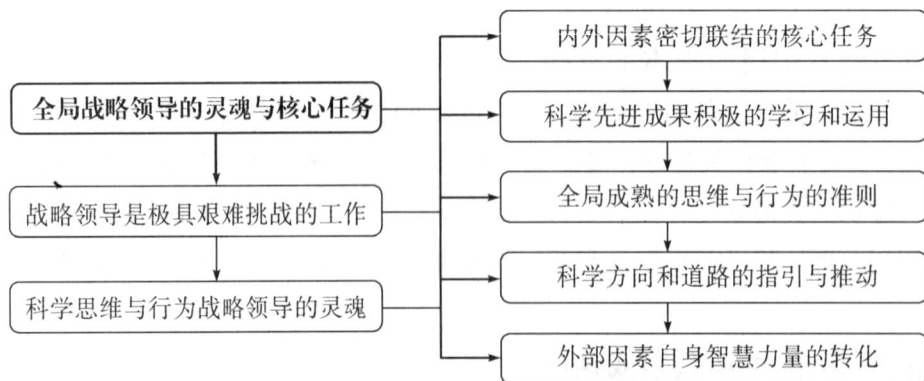

图 6-12-5-6　全局战略领导的灵魂与核心任务

（一）战略领导是极具艰难挑战的工作

组织运营发展的全局战略领导，通常受到广泛而复杂的内外因素，及其关系与变化显著而重要的影响，并以此使得领导人时常面临着自身职业智慧与才能极限的艰难挑战。事实上，如果缺乏最具强大的智慧力量，科学思维与行为方式坚强有力的支撑，没有任何睿智的领导人，能够真正展示远见卓识的战略领导。

（二）科学思维与行为战略领导的灵魂

科学的思维与行为，能够睿智积极地引导或支持领导人，远见卓识地辨识组织运营发展的卓越进程或成就，所需依据的自身资源能力的构成，及其关系和发展持续高质量创造的根本，以及由此推进的外部环境及其变化，成熟有效识别和应对的关键，并通过内外资源因素的密切联结，卓有成效地铸就和展示，战略领导卓越的智慧与才能。因此，科学的思维与行为，无不成为组织全局卓越的战略领导，睿智坚强推进或展示的灵魂。

（三）内外因素密切联结的核心任务

事物的运行变化，无不受到内外因素共同作用的决定性影响；科学的原理，无一不是揭示特定本性特征的事物，在一定外部因素作用背景下，所展示的运行变化必然性的规律。

事实上，脱离自身资源能力的构成，及其关系与变化具体实际的根本，辨识和应对外部环境及其变化；或者背离有效辨识与应对，外部环境及其变化运营发展的根本目的，无不将显著限制组织全局战略领导的智慧、才能和进程。因此，远见卓识地推进内外资源因素的密切联结或融合，普遍成为战略领导面临的核心任务。

（四）科学先进成果积极的学习和运用

在组织运营发展的全局进程，日趋受到广泛的内外资源因素及其关系和变化，日益复杂而深远重要影响的背景下，卓有成效地学习、掌握并运用，各类先进的自然和人文科学的积极成果，无不成为战略领导人远见卓识地辨识或推进，内外资源因素的构成及其关系与变化，普遍的重要途径和强大动力。

事实上，在日趋复杂多变的内外环境中，缺乏先进的自然和人文科学的积极成果，卓有成效的学习、掌握并运用坚强有力的支撑，已没有任何领导人能够睿智坚强地铸就并展示，全局战略领导卓越的智慧与才能。

（五）全局成熟的思维与行为的准则

组织运营发展的进程与成就，无不受到广泛内外资源因素的构成，及其相互作用和持续变化，复杂而深远的重要影响。因此，全面准确地辨识并卓有成效地兼顾，内外各项重要的因素及其关系与变化，普遍成为组织全局睿智成熟的战略领导，远见卓识的创造或推进，必须牢固遵循的思维与行为的核心准则。事实上，任何战略领导的重大挫折或失败，无一不是未能睿智成熟地辨识并兼顾，组织运营进程中，某些重要的因素、关系或变化而产生。

（六）科学方向和道路的指引与推动

任何领域高质量的科学理论的体系，无不能够深刻而完整地揭示，目标事物内在各项主要的因素构成，及其相互关系与持续变化所形成的本性特征，外部各类重要的因素，及其对事物作用影响的性质和方式，以及内外因素密切联系或作用的特定背景，所形成的事物运行变化的必然性规律。

为此，睿智积极地致力于组织运营发展的战略领导，领导人无不需要高瞻远瞩地洞察并依据，科学的思维与行为的基本原则和方法，并以此根据组织设置构建的初衷与长远运营发展的使命，全面准确地通过内外主要资源因素的构成，及其关系与变化具体实际的积极辨识和把握，远见卓识地指引与推动，旨在高质量地识别和应对，外部环境重要因素及其变化的运营方向，以及由此持续高质量地创造、提升并展示，内在资源能力的构成及其关系和发展，潜在积极力量与价值的运营道路，从而有效地铸建并展现组织运营发展卓越的全局进程与成就。

（七）外部因素自身智慧力量的转化

根据事物的运行变化，必将受到外部因素的重要作用显著影响的科学基本原理，以及外部环境因素及其变化积极辨识与应对，组织构建与运营普遍的根本目的，战略领导远见卓识的推进，无不需要睿智坚强地承担，外部一切积极的因素，自身强大运营发展的智慧与力量，卓有成效转化艰巨而重要的任务。

1. 努力通过各项自然与人文科学的先进成果，以及各类积极的人力、无形与有形资源，睿智成熟的学习、引入或运用，以有效提升组织全局的战略领导，以及各项专业环节管理和运行的水平与质量；

2. 全面准确地辨识目标对象的需求特征与变化趋势，高质量地设计和创造，性能品质优良的产品服务，并通过卓有成效的产品推广，实现产品与组织运营发展的卓越价值；

3. 与外部广泛的各类组织或团队，构建并发展各种富有成效的密切合作，与时俱进地提升和展示自身运营资源能力的潜在积极价值。

五、组织运营发展的科学方向与道路

以人们的密切支持与协作为核心，整体强大的能动性创造智慧和力量，睿智积极的辨识、提升与展示，人文科学卓有成效的构建和发展，已经为各类人的因素为根本组织的卓越运营发展，指明了科学的方向与道路。

根据科学的实质，以及唯物辩证法矛盾主次地位的关系准则，组织运营发展的科学方向和路线，远见卓识的设置与推进，通常包括领导管理者及其团队，职业素养和能力的积极发展；整体组织人的能动性创造智慧与力量，持续高质量的提升和展示；各项专业环节的运行，及其密切支持或协作能力与水平的提高；目标对象及其需求与变化，全面准确辨识和选择能力的发展；产品的设计、构造与推广能力，持续高质量的提升和展示；积极广泛运营合作同盟的睿智构建与发展等，若干密切联结相互影响的重要工作和任务（图 6-12-5-7）。

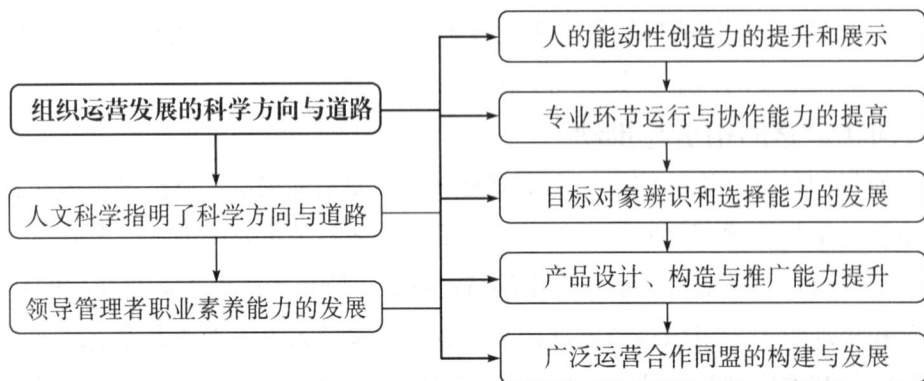

图 6-12-5-7　组织运营发展的科学方向与道路

（一）人文科学指明了科学方向与道路

长期以来，人们对人文科学的概念与内涵，存在着诸多不同的理解和描述。事实上，人文科学的实质，就是揭示和阐明人性中的各种因素，及其关系与变化所形成的人的本性特征，以及通过特定的外部作用力量和方式，推动人性中一切积极、美好与正面的因素，得以持续高质量的提升和展示，必然性进程与成果的规律。

时至今日，尽管人文科学的发展和运用，依然处于人类文明的幼儿时期，并时常遭受人性负面因素或浅薄思维人士的嘲弄，但人们已经日趋睿智而成熟地辨识了，相互间密切支持与协作的积极价值，推进了广泛组织或团队远见卓识的构建，及其运营发展的坚强实践，并以此卓有成效地铸建和展示了，整体强大能动性创造智慧与力量的丰硕成果，以至于迄今为止，任何缺乏人文科学睿智坚强引导与支持的组织或团队，都必将难以远见卓识地辨识和选择，持续高质量运营发展的科学方向与道路。

（二）领导管理者职业素养能力的发展

领导管理者及其团队，整体的职业素养、智慧与才能，广泛的实践中，无不对组织内在资源能力的构成、关系与发展，外部环境因素及其变化，全面准确的辨识与应对，以及内外资源因素密切联结，所形成的运营发展全局进程或成就，具有普遍关键的决定性价值。因此，领导管理者及其团队，整体职业素养和能力持续高质量的提升与发展，无不成为组织科学的运营发展道路，最具关键的组成和决定的因素。

（三）人的能动性创造力的提升和展示

广大员工的能动性创造智慧与力量，对组织自身资源能力的构成，及其相互作用与持续发展的潜在价值，卓有成效的提升和展示具有普遍关键的决定性影响。换言之，在日趋复杂多变的内外环境中，整体人的能动性创造智慧与力量，持续高质量的提升和展示，正日益成为广泛领域中组织，强大运营发展能力与时俱进的坚强动力，以及科学运营发展道路普遍的重要组成和体现。

（四）专业环节运行与协作能力的提高

任何背景下，专业环节的运行能力，无不成为组织运营发展的坚实基础；相互间的密切支持与协作，普遍成为整体强大运营发展能力的坚强保障。因此，睿智成熟地吸收并运用，外部各种先进的专业资源和技术，卓有成效地推进自身各项专业环节的运行，及其相互间密切支持与协作的能力或水平与时俱进的提升，无不成为组织科学的运营发展道路，不可或缺的重要组成和体现。

（五）目标对象辨识和选择能力的发展

根据组织长远运营发展的使命，以及内外资源因素及其关系与变化的具体实际，睿智成熟地辨识并选择，积极的产品目标对象及其服务方式，普遍成为组织产品与运营发展的高质量价值，以及由此推动展示的远见卓识的运营发展方向，卓有成效识别和设置的关键途径与强大动力。

换言之，在日趋复杂多变的内外环境中，睿智成熟地依据长远运营发展的使命，及其内外资源因素、关系与变化的具体实际，卓有成效的构建、提升与展示，产品目标对象及其服务方式积极的辨识和选择能力，已日益成为组织运营发展的科学方向，远见卓识洞察与设置的重要途径和坚强保障。

（六）产品设计、构造与推广能力提升

组织的产品服务及其性能品质，不仅是内在的专业资源及其作用与发展，以及外部环境及其变

化的辨识和应对整体运营能力，积极充分展示的关键途径，而且也是内外资源因素的密切联结，以及由此形成的高质量的运营与发展的进程、成就或价值，最具强大的推动力量和关键的决定性因素。

换言之，睿智坚强地创造与推进，运营发展的科学方向和道路，组织无不需要卓有成效地学习、吸收和运用，外部环境中积极的科学成果，及其先进的专业资源与技术，并以此远见卓识地构建和提升，长远运营发展使命的背景下，内外资源因素的密切联结或融合，以及目标对象需求持续高质量的满足，积极强大的产品服务的设计、构造与推广的能力。

（七）广泛运营合作同盟的构建与发展

在各类组织或群体的相互交往与影响，日趋广泛深入的背景下，睿智积极的运营合作及其同盟，正日益成为组织持续高质量的运营发展，不可或缺的重要途径和强大动力。因此，远见卓识地创造与推进，运营发展的科学方向和道路，组织无不需要睿智成熟地辨识，积极的内外合作及其同盟，对自身资源能力卓有成效的提升和展示，以及外部环境与变化积极有效辨识和应对的关键价值，并以此睿智坚强地推进积极广泛的运营合作及其同盟，持续高质量的构建与发展。

六、内外资源因素的密切联结或融合

根据内外因素的联结与作用，是任何事物运行变化决定性力量的科学原理，组织的自身资源能力，无不从根本上决定着整体外部环境的优劣；外部环境通常显著地影响着，内在资源能力提升和展示的质量水平；内外因素及其关系总是处于持续变化的进程中。

因此，睿智成熟地学习与运用，先进的自然和人文科学的积极成果，并以此卓有成效地构建、提升与展示，组织运营发展强大的能动性创造智慧和力量，及其内外资源因素密切联结高质量的社会价值，无不成为复杂多变的环境中，组织运营发展的科学方向和道路，远见卓识辨识、选择与推进普遍的关键途径（图6-12-5-8）。

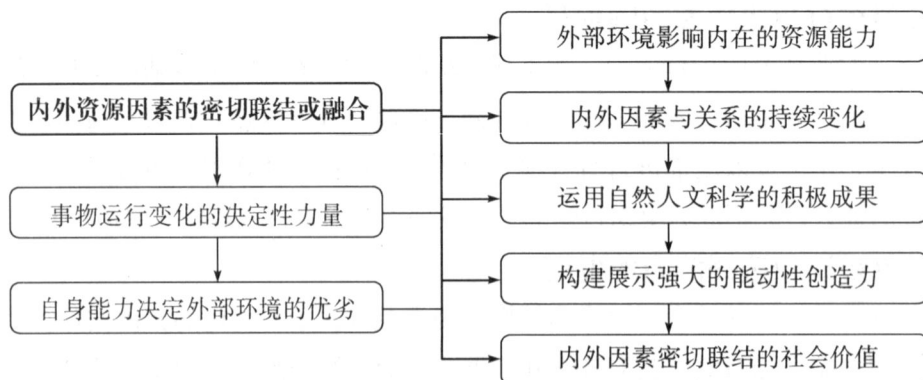

图 6-12-5-8　内外资源因素的密切联结或融合

（一）事物运行变化的决定性力量

科学是对事物特定的内在本性特征及其外部因素作用下，运行变化必然性规律的揭示或运用。因此，睿智成熟地洞察并依据，内外因素密切联结作用的辩证统一关系，全面准确地辨识和把握，内在的因素构成与外部的环境因素，及其密切联结作用的决定性力量，无不成为复杂多变的内外环境中，事物高质量运行发展的科学方向和道路，远见卓识探索与推进的关键途径和强大动力。

（二）自身能力决定外部环境的优劣

在内外因素联结与作用的辩证统一关系中，内在因素无不对外部因素的作用或影响，具有普遍关键的决定性价值。事实上，广泛的实践中，居于同一的外部环境，任何行业都必然存在由于自身运营资源能力的差异，或得以持续成长壮大，或逐步衰退消亡的组织，从而充分展示出内在的资源能力，对外部因素及其变化的辨识与应对的智慧力量，及其整体外部环境优劣的关键决定性价值。

（三）外部环境影响内在的资源能力

远见卓识地辨识与推进运营发展的科学方向和道路，领导人无不需要睿智成熟地洞察或识别，外部环境对组织自身的运营资源能力，积极有效的构建、提升与展示，普遍关键的重要影响和价值，并努力依据整体内外因素及其关系与变化背景下的长远使命，卓有成效地设置、选择和推进，组织持续高质量运营发展的科学方向和道路，从而睿智坚强地创造组织运营全局的牢固主动地位。

（四）内外因素与关系的持续变化

任何组织或团队的运营进程中，内在的资源能力与外部的影响因素，及其联结作用的方式或力量，总是处于持续的变化中，并以此或把组织推上持续高质量的发展，或把团队引入逐步衰落的深渊，从而充分展示出科学发展方向和道路的关键决定性价值。

事实上，卓越的组织领导，无一不是通过他人的成功经验或科学的理论方法，睿智成熟的借鉴和运用，牢固立足于内外资源因素及其关系与变化的具体实际，并依据成熟积极的科学思维的智慧和素养，远见卓识地分析与判断，各种内外因素的组成及其联结作用方式的背景下，组织运营全局的必然趋势与进程，从而高瞻远瞩地创造并指引，组织光明灿烂的科学的发展方向和道路而得以坚强展示。

（五）运用自然人文科学的积极成果

任何组织卓有成效的构建，及其持续高质量运营发展的科学方向和道路，远见卓识的创造与推进，无不需要先进自然和人文科学的积极成果，睿智坚强的引导与支持。因此，卓有成效地学习与运用，广泛自然和人文科学的先进积极成果，在日趋复杂多变的内外环境中，已日益成为广泛领域中组织，运营发展的科学方向和道路，远见卓识的辨识、创造或推进，不可或缺的重要途径和强大动力。

（六）构建展示强大的能动性创造力

以人的因素为根本，各类组织持续高质量的运营发展，无不需要全体员工的密切支持与协作，所形成的整体强大能动性创造力坚强有力的支撑。换言之，任何运营方向和道路的选择设置，如果不能卓有成效地构建、提升与展示，全体员工密切的支持和协作，整体强大的能动性创造智慧与力量，它们无疑从根本上背离了科学的基本原则，并必将把组织运营推向极其艰难的被动境地。

（七）内外因素密切联结的社会价值

在各类组织、团队或群体相互间的交往与影响，日益广泛而深入的社会文明进程中，各领域组织的运营发展无不受到广泛的社会因素，日趋显著而深远的重要影响。因此，睿智成熟地通过内在运营资源能力，持续高质量的构建、提升与展示，以卓有成效地与广泛的社会因素，予以密切的联结或融合，从而卓有成效地创造自身运营发展高质量的社会价值，无不成为广泛领域中组织，科学的运营发展方向和道路，远见卓识地辨识、设置与推进，普遍的关键途径和强大动力。

参考文献

[1] 中华教育研究会. 唐诗三百首 [G]. 海口：南海出版公司，2012.

[2] 天天文库. 哲学是全部科学研究之母 [EB/OL]. (2018-07-07)[2018-09-20]. http://www.wenku365.com/p-10655354.html.

[3] 张羽. 变局 [M]. 北京：中国工人出版社，2003：290.

[4] 老聃，庄周. 老子·庄子 [M]. 2版. 西宁：青海人民出版社，2003.

[5] 宋建林. 财富的神话 [M]. 北京：改革出版社，2000.

[6] 宏泰顾问. 缔造管理 [M]. 北京：中国纺织出版社，2004.

[7] 伍兹. 经理人箴言录 [M]. 万邵愉，译. 海口：海南出版社，2002.

[8] 韩非，管仲. 韩非子·管子 [M]. 2版. 西宁：青海人民出版社，2003.

[9] 吕不韦. 吕氏春秋 [M]. 太原：山西古籍出版社，2003.

[10] 吴楚材，吴调侯. 古文观止 [M]. 长春：时代文艺出版社，2003.

[11] 张馨. 尚书 [M]. 北京：中国文史出版社，2003.

[12] 孔子，等. 论语 [M]. 太原：山西古籍出版社，2003.

[13] 曾参，子思. 大学·中庸 [M]. 太原：山西古籍出版社，2003.

[14] 庄周. 庄子 [M]. 太原：山西古籍出版社，1999.

[15] 道客巴巴. 杰克·韦尔奇管理精髓 [EB/OL]. （2015-08-30）[2015-10-10].http://www.doc88.com/p-9746624332683.html.

[16] 谢丽玲. 丰满人性的图景 [J/OL].湛江：湛江师范学院学报，2001，22（1）：123-124[2005-11-10].http://www.doc88.com/p-1156887059135.html.

[17] 中冶南方自动化社区. 浅谈大局意识 [EB/OL].（2015-08-07）[2015-10-20].https://mp.weixin.qq.com/s?__biz=MzA5NDAzMjIwNg%3D%3D&idx=1&mid=208553284&sn=56059933f19bf5744c63d6fdad32674b.

[18] 戴蒂，安德森. 有才能的总经理 [M]. 沈泽芬，郑须弥，吕行健，译. 北京：时事出版社，1998.

[19] 金锄头文库. 对信息化作战决策弹性空间的把握 [EB/OL].（2017-12-01）[2017-12-20].https://www.jinchutou.com/p-23392096.html.

[20] 李理.略论管理学本土化研究 [J/OL].中共四川省委省级机关党校学报，2007（1）：42[2015-09-10].http://www.doc88.com/p-5791211821679.html.

[21] 官淑霞. 孙子兵法与世界谋略 [M]. 北京：中国戏剧出版社，1999.

[22] 孙武，等. 中华兵书大典 [M]. 2 版. 北京：线装书局，2010.

[23] 吴兢. 贞观政要 [M]. 长春：时代文艺出版社，2001.

[24] 荀况. 荀子 [M]. 太原：山西古籍出版社，2002.

[25] 王诩. 鬼谷子 [M]. 太原：山西古籍出版社，1999.

[26] 孟轲. 孟子 [M]. 海口：南海出版公司，2012.

[27] 戴圣. 礼记 [M]. 西安：陕西人民美术出版社，2012.

[28] 王应麟. 上下五千年 [M]. 长春：时代文艺出版社，2003.

[29] 王阳明. 传习录 [M]. 广州：广州出版社，2001.

[30] 留学社区. 古朗月行 [EB/OL].（2017-09-16）[2017-10-20].https://www.liuxue86.com/a/3395744.html.

[31] 豆丁网. 科学家的名言警句 [EB/OL].（2016-03-18）[2016-10-20].http://www.docin.com/p-1493556828.htmlb.

[32] 全国一级建造师职业资格考试用书编写委员会. 建设工程项目管理 [M]. 3 版. 北京：中国建筑工业出版社，2011：188.

[33] 刘安. 淮南子 [M]. 上海：上海古籍出版社，2016.

[34] 瑞文王. 贾谊《过秦论》原文及翻译 [EB/OL].（2018-04-11）[2018-6-20].http://www.ruiwen.com/guji/1432304.html.

[35] 中公教育. 申论热点："狮子型"干部 [EB/OL].（2017-09-11）[2017-10-20].http://www.offcn.com/shenlun/2017/0911/2355.html.

[36] 吕尚. 六韬 [M]. 太原：山西古籍出版社，1999.

[37] 阴法鲁. 古文观止译注 [M]. 长春：吉林人民出版社，1981.

[38] 中华励志网. 让热忱充满内心 [EB/OL].（2008-04-26）[2012-09-10].http://www.zhlzw.com/sj/gx/66488_3.html.

[39] 品牌网. 无知的驱动——错误的必要性和价值 [EB/OL].（2008-12-23）[2010-05-10].https://www.globrand.com/2008/97899.shtml.

[40] 知乎. 道德败坏的科学家是否必然不能做出成就？ [R/OL].（2017-06-12）[2017-08-10].https://www.zhihu.com/question/50477723/answer/182773116.

[41] 墨翟. 墨子 [M]. 呼和浩特：远方出版社，2004.

[42] 道客巴巴. 杨成武与长治 [EB/OL].（2015-08-22）[2015-10-10].http://www.doc88.com/p-2445313500745.html.

[43] 人民论坛. 领导的方法和被领导的方法 [EB/OL].（2017-02-14）[2017-10-15].http://politics.rmlt.com.cn/2017/0214/459504.shtml.

[44] 新浪博客. 魏文侯问李克 [EB/OL].（2010-10-22）[2012-04-15].http://blog.sina.com.cn/s/blog_6cfcd5250100ljcb.html.

[45] 个人图书馆. 苏轼《题西林壁》赏析 [EB/OL].（2014-12-29）[2015-05-15].http://www.360doc.com/content/14/1229/11/14510218_436570737.shtml.

[46] 喜马拉雅. 揭秘：吴子－励士 [EB/OL].（2018-05-03）[2018-07-15].https://www.ximalaya.com/youshengshu/15274954/86279753.

[47] 网易新闻. 牢固树立正确的价值观 [EB/OL].（2012-09-19）[2013-08-10].http://news.163.com/12/0919/06/8BOCS4BO00014AED.html.

[48] 刘勰. 文心雕龙 [M]. 呼和浩特：远方出版社，2004：1.

[49] 淘豆网. 高等教育创新元素 [EB/OL].（2019-03-04）[2019-05-10].https://www.taodocs.com/p-211875390.html.